# 사회관계론의 동 · 서 비교

## —새로운 심리학의 가능성 탐색 Ⅱ

## 조긍호

1948년 경기도 양평에서 태어나, 서울대학교 문리과대학 심리학과와 같은 대학교 대학원을 나왔다. 전남대학교 심리학과 교수를 거쳐 현재 서강대학교 교수로 재직하고 있다. '한국 사회 및 성격심리학회' 회장과 '한국심리학회' 회장을 역임하였으며, '대한민국 학술원상'(1999년), '서강학술상'(1999년), '한국심리학회 학술상'(2008년), '과학기술 우수논문상'(2010년)을 수상하였다. 서구와 동아시아 사회의 문화차와 그 사상적 배경에 관심을 가지고 있으며, 특히 동아시아인의 특징적인 심리와 행동의 근원을 유학의 고전에서 찾아 그 심리학적 의미를 천착하는 작업에 몰두하고 있다. 저서로는 『불평등사상의 연구』(1992년, 공저), 『유학심리학: 맹자 · 순자 편』(1998년, '대한민국 학술원상' 수상 저서), 『동양심리학: 서구심리학에 대한 대안 모색』(1999년, 공저), 『한국인 이해의 개념틀』(2003년), 『이상적 인간형론의 동 · 서 비교: 새로운 심리학의 가능성 탐색 I』(2006년), 『동아시아 집단주의의 유학사상적 배경: 심리학적 접근』(2007년), 『선진유학사상의 심리학적 함의』(2008년), 『사회계약론: 홉스 · 로크 · 루소를 중심으로』(2012년, 공저) 등이 있다.

서강학술총서
042

# 사회관계론의 동 · 서 비교

## 새로운 심리학의 가능성 탐색 Ⅱ

조긍호 지음

서강대학교출판부

서강학술총서 042

사회관계론의 동·서 비교

—새로운 심리학의 가능성 탐색 II

---

초판발행 | 2012년 9월 3일
지 은 이 | 조긍호
발 행 인 | 이종욱
편 집 인 | 우찬제
발 행 처 | 서강대학교 출판부
등록번호 | 1978년 9월 28일 제313-2002-170호

주 소 | 서울특별시 마포구 신수동 1번지
전 화 | (02) 705-8212
팩 스 | (02) 705-8612



ISBN 978-89-7273-208-2 94180
ISBN 978-89-7273-139-9(세트)

값 49,000원



* '서강학술총서'는 SK SUPEX 기금의 후원으로 제작됩니다.
* 이 저서는 2011년도 정부재원(교육과학기술부 사회과학지원사업비)으로
한국연구재단의 지원(NRF-2011-330-B00010)을 받아 연구되었습니다.

# 책머리에

필자가 심리학도의 안목으로 유학 경전들을 읽고, 이를 바탕으로 서구의 현대심리학을 대치할 수 있는 새로운 심리학의 가능성을 탐색해보고자 하는 작업에 착수한 지도 어언 27~28년쯤 되었다. 이립(而立)을 조금 지난 한창 왕성하던 청년기에 이 작업에 뛰어들었는데, 이미 이순(耳順)을 훨씬 넘겨 머리 밑이 희끗하고 주름살이 깊어지는 초로(初老)의 문턱을 넘고 있다.

처음 이 작업에 매달릴 때만 해도 20여 년쯤 한 우물을 파면 깊은 샘에 도달하여 맑은 물을 맘껏 퍼 올릴 수 있을 것이라고 기대하였으나, 지금 생각해보면 그것은 어림없는 자만심, 그 이상도 또 그 이하도 아니었다. 그것은 자신의 부족한 능력과 유학사상의 심원한 깊이를 전혀 고려하지 못한 철부지의 망상일 뿐이었던 것이다. 아! 강산이 두세 번 바뀔 만한 시간 동안에 청년기와 장년기를 몽땅 바쳐 이룬 결실이 겨우 이 정도밖에 되지 않는다니! 허망할 따름이다. 새로운 유학심리학 체계의 정립이라는 꿈은 한갓 부질없는 짝사랑이었단 말인가?

그러나 실연의 절망감이 주는 달콤한 나태에 빠져 있을 여유가 필자에게는 없다. 정년퇴임이 바로 코앞에 다가와 있으니, 그 전에 한 자라도 더 읽고 한 줄이라도 더 끼적여야 하겠기 때문이다. 이렇게 하는 것이 바로 하필 이 시대에 이 땅에 태어나 심리학을 공부한 사람에게 부여된 소명(召命)일 것이라는 생각이 필자를 바쁘게 몰아대고 있다.

계획대로라면, 이 책은 3년 전에 출간되었어야 했다. 그러나 지금까지 살아오면서 자주 느껴온 일이지만, 계획은 세우는 데에서만 그 의미를 찾을 수 있는 법인지, 이렇게 늦고야 말았다. 필자의 부족한 능력과 게으른 성품에 일차적인 원인이 있지만, 자위(自慰)를 위하여 구태여 다른 이유를 찾자면, 2008년 여름부터 2010년 여름까지 2년 동안 팔자에도 없는 학교의 보직을 맡아 연구실을 잠시 비워두어야 했기 때문이기도 하다.

존경하는 어느 선배 교수님의 말씀을 빌리자면, 공부하는 사람은 학교 안이나 밖을 막론하고 가능한 한 어떤 보직이라도 맡지 않는 것이 선비로서 바른 길을 가는 첩경이라는데, 사정이야 어찌됐던 스스로의 능력과 성격에도 맞지 않는 커다란 보직을 덜컥 맡아, 스스로에게나 학교에 누만 끼치면서 2년 동안을 허송하고 말았던 것이다.

비워두었던 연구실에 돌아와 새로이 공부하는 자세를 가다듬는 데 무척 힘이 많이 들었다. 이 책을 위해 그 전에 준비했던 자료들을 찾아내고 다시 살펴보는 데에 제법 품이 많이 들었으며, 새 자료를 찾아 읽는 데에도 이전과는 다른 노력이 요구되었다. 역시 공부는 공백 기간 없이 꾸준히 하는 것이 왕도일 듯하다.

유학경전의 심리학적 독서 작업을 시작한 지 12~13년이 지난 1997년 5월 초, 그해 가을 한국심리학회에서 개최하는 추계심포지엄의 발표를 위해 「선진(先秦) 유학사상의 심리학적 함의」라는 논문을 준비하던 도중에, 유학사상에서 심리학적 함의가 깊은 이론은 인성론(人性論) · 군자론

(君子論)·도덕실천론(道德實踐論)·수양론(修養論)의 네 체계로 정리해볼 수 있다는 깨달음을 얻게 되었다. 이때를 기점으로 해서 필자는 유학사상의 이 네 이론체계에 담긴 심리학적 함의를 천착(穿鑿)하고, 이로부터 서구심리학과는 다른 유학심리학의 체계를 새로이 구성해보려는 작업에 몰두해왔다.

인성론은 인간이 본유적으로 갖추고 태어나는 본성에 대한 탐색을 통해 우주상에서의 인간의 독특한 위상을 정위해보고자 하는 이론체계로서, 유학사상이 전개되는 논리적 기초를 이룬다. 유학자들은 인간의 영혼 또는 마음의 구성요소를 지·정·의(知·情·意)의 삼분체계로 개념화하여 온 서구 철학의 뿌리 깊은 전통과는 달리, 여기에 덕(德)의 요소를 첨가하여 덕·지·정·의 사분체계로 인간의 본성이 구성되는 것으로 이해한다.

군자론은 이러한 사분체계의 본성을 갖는 인간이 이루어낼 수 있는 가장 바람직한 인간상(人間像)에 관한 탐색의 체계로서, 인성론에서 정위된 현실적 인간상을 기초로 하여 인간이 지향하여야 할 삶의 목표를 정립하고자 하는 이론체계이다. 인성의 세 요소 가운데 지적인 요소가 핵심이라는 이성중심주의(理性中心主義)에 기울어져서 개체로서의 개인의 자기실현(自己實現)에 초점을 맞추어 이상적 인간상을 정립하려는 서구인들과는 달리, 유학자들은 인성을 구성하는 네 요소 중에서 가장 중핵이 되는 요소는 "함께 삶을 영위하고 있는 타인과 삶의 터전인 사회에 대한 관심과 배려"를 핵심으로 하는 덕이라는 덕성중심주의(德性中心主義)의 논지를 편다. 그러므로 유학사상에서는 개체로서의 개인적 성숙에 그치지 않고, 타인과 사회에 대한 책임을 자임(自任)하고, 삶의 과정에서 이러한 책임을 다하려고 노력하는 것이 이상적 인간의 기본조건으로 부각된다.

도덕실천론은 이러한 이상적 인간상에 도달한 군자가 다른 사람들과 관계를 맺어가면서 실제로 삶의 터전인 사회 속에서 살아가는 일상적 삶의 양태를 확인해보고자 하는 이론체계이다. 서구에서는 자유의 보유자이자 이성의 주체로서 상호 독립적이고 평등한 존재인 개인들이 사회구성의 기본단위를 이룬다고 보아, 집단이나 사회보다 개인에 우선성을 부여하는 전통이 강하다. 그러므로 서구 사회에서는 개인이 자율적인 선택과 합리적인 계산을 통해 자기이익의 최대화를 도모하는 것이 사회생활의 기본 목적이라고 간주하며, 이 과정에서 있을 수 있는 사회 성원 사이의 갈등을 공정한 교환의 원칙에 따라 해결하려는 경향을 띤다. 이와는 대조적으로, 유학자들은 인간을 사회적 관계체이자 덕성의 주체라고 여겨 인간의 존재 의의를 다른 사람들과 맺는 관계 속에서 찾으려 하며, 사회구성의 기본단위를 사람들 사이의 관계라고 보아, 개체로서의 개인보다 집단이나 사회에 우선성을 부여하는 전통이 강하다. 그러므로 유학사상에서는 사회관계의 조화와 질서를 이룩하는 것이 사회생활의 기본 목적이라고 간주하며, 이러한 조화와 질서는 각자가 사회관계 속에서 주어지는 역할을 쌍무적으로 수행함으로써 이루어질 수 있다고 인식한다.

수양론은 인성론에서 정위된 바의 현실적 인간이 군자론에서 제시된 바와 같은 이상적 인간상에 도달하기 위해서 어떻게 해야 하는지 하는 방법론을 제시하고자 하는 이론체계이다. 서구에서는 성격과 능력 같은 모든 특성을 완비하여 갖추고 있는 개인이 타인이나 외부 환경을 자기에게 맞추어 변화시키는 것을 통제의 핵심이라고 여겨, 상황을 통제하고 자기의 장점을 확인하여 늘려나가는 자기고양이 자기향상의 첩경이라고 본다. 그러나 유학사상에서는 인간은 부단한 변화 과정 속에 있는 가소적인 존재로서 타인이나 외부 환경에 맞추어 자기를 변화시키는 것을 통제의 핵심이라고 간주하여, 개인적인 욕구와 감정을 억제하고 다스려서 자기의 단점과 잘못을 고쳐나가는 자기개선이 자기 발전의 원동력이라고 여긴다.

그동안 필자는 이러한 상식적인 생각을 기초로 유학사상의 인성론 · 군자론 · 도덕실천론 · 수양론으로부터 각각 심리구성체론 · 이상적 인간형론 · 사회관계론 · 자기발전론과 관련된 심리학적 함의를 이끌어내고, 그 결과를 현대심리학의 이론적 바탕이 되고 있는 서구의 관점들과 대조하여 '동 · 서 비교 시리즈'로 출간하려는 작업에 몰두해왔다. 2006년에 출간한 『이상적 인간형론의 동 · 서 비교』는 이러한 작업의 효시이었으며, 유학사상의 도덕실천론에 담긴 심리학적 함의를 사회관계론으로 정리한 이 책은 이러한 작업의 두 번째 시도인 셈이다. 필자는 내년 말까지 『심리구성체론의 동 · 서 비교』와 『자기발전론의 동 · 서 비교』를 출간하여 '동 · 서 비교 시리즈'를 완성한 다음, 정년퇴임 직전인 후년에 이 네 시리즈의 결과를 묶어 『유학심리학의 체계』로 종합해볼 요량(料量)을 하고 있다. 이러한 꿈이 계획으로만 끝나지 않기를 바라면서…….

이 책은 모두 네 부분으로 구성되어 있다. 1부는 이 책 전체의 서론에 해당되는데, 두 개의 장으로 짜여 있다. 제1장에서는 동아시아와 서구에 각각 집단주의와 개인주의 문화가 꽃피게 된 역사적 배경과 각 문화권의 특징적인 인간관을 대조하여, 앞으로 전개될 논의들의 이론적 기초로 삼으려 하였다. 이 장의 내용은 지금까지 필자가 출간해온 선행 저술의 관련 내용들, 예를 들면 2006년 저술인 『이상적 인간형론의 동 · 서 비교』의 3 · 5 · 7장, 2007년 저술인 『동아시아 집단주의의 유학사상적 배경』의 1 · 2장, 2008년 저술인 『선진유학사상의 심리학적 함의』의 1장을 재정리하는 수준의 것이다. 제2장에서는 앞 장에서 제시된 인간관의 차이를 바탕으로 지금까지 필자가 진행해온 문화차 개관 연구의 기본틀을 제시한 다음, 이를 바탕으로 문화심리학에서 연구된 결과들을 개관하여, 현대 동아시아인과 서구인들의 특징적인 사회관계 행동의 차이를 정리해보았다. 이 장의 내용은 다음 장부터 제시될 서구와 동아시아의 사회관계론으로부터 도출되는 제반 차이에 대한 현실적인 근거 자료로서의 의미를 지닌다.

2부에서는 서구 개인주의 사회의 지배적인 사회관계론에 대해 살펴보았다. 현대 서구의 사회과학계에서 중심적인 사회관계론은 사회교환의 관점들이라고 볼 수 있는데, 그 이론적 뿌리는 17~18세기에 활짝 꽃피어 현대 서구 개인주의 문화의 배경이 된 자유주의(自由主義) 사상가들의 사회계약론(社會契約論)에서 찾을 수 있다. 그러므로 현대 서구의 사회관계론을 정리해보기 위해서는 필수적으로 그 이론적 뿌리인 자유주의자들의 사회계약론을 살펴보지 않을 수 없다. 이러한 맥락에서 제3장에서는 17세기 중·후반에 출간된 홉스(Thomas Hobbes)의 『리바이어던』(*Leviathan*)과 로크(John Locke)의 『통치론』(*The Second Treatise of Government*), 그리고 18세기 중반 출간된 루소(Jean-Jacques Rousseau)의 『사회계약론』(*Du Contrat social*)에 담긴 자유주의자들의 사회계약론의 개략을 살펴보고, 그들 이론의 공통점을 추출하여, 다음 장에서 제시되는 바와 같은 현대 서구 사회과학자들의 사회교환이론들의 논리적 근거로 삼으려 하였다. 이 세 사람의 사회계약론을 살펴보는 필자의 초고(草稿)는 A4용지로 170여 쪽이 넘어, 이 책의 한 장으로 넣기에는 양이 너무 많았다. 그리하여 이는 『사회계약론연구』라는 별도의 책으로 출판하기로 하고, 그 내용을 1/3 정도로 줄여 이 책에 실었다. 제4장에서는 현대 서구 사회과학자들이 제시한 사회관계론을 사회학자인 호만스(George C. Homans)의 '기본적 사회행동이론'(Theory of Elementary Forms of Social Behavior), 심리학자인 티보(John W. Thibaut)와 켈리(Harold H. Kelley)의 '상호의존성이론'(Theory of Interdependence), 역시 심리학자인 월스터(Elaine Walster) 등의 '형평이론'(Equity Theory) 같은 사회교환 관점의 이론들을 중심으로 정리하였는데, 이는 2008년에 출간한 선행 저술 중 4장 후반부의 내용을 확대 · 수정한 것이다. 이러한 이론의 개관에서 분명해진 것은 서구인들은 사회관계를 독립된 개인들이 삶의 제반요소들을 교환하는 관계로 개념화하여, 이러한 교환 과정에서 자기의 이익을 최대화하는 것을 사회관계의 목표로 인식하며, 이 과정에서 필연적으로 발생하는 개인 사이의 갈등을 공정한 교환의 원칙을 통해 해소하려고 한다는 사실이다.

3부에서는 동아시아 집단주의 사회의 사회관계론을 유학사상의 도덕실천론을 중심으로 하여 살펴보았다. 동아시아 사회에 집단주의 문화가 조성된 배경은 유학사상에서 찾을 수 있으므로, 유학자들이 전개하는 도덕실천론이 동아시아 사회의 특징적인 사회관계론의 모태라고 볼 수 있다. 이러한 맥락에서 제5장에서는 유학사상의 도덕실천론을 후대에 전개된 모든 유학 사조들의 뿌리인 선진유학(先秦儒學)에서 찾아, 공자(孔子)의 복례론(復禮論), 맹자(孟子)의 여인위선론(與人爲善論), 순자(荀子)의 군거화일론(群居和一論)을 중심으로 고찰하였는데, 이는 2008년에 출간한 선행 저술의 4장 전반부에 기술된 내용을 확장하고 발전시킨 것이다. 이러한 고찰을 통해, 유학사상에서는 인간의 삶이란 도덕주체로서의 개인이 더불어 삶을 영위하고 있는 다른 사람들과 함께 도덕성을 실천하는 과정이라고 보고, 이러한 과정에서 다른 사람들과 조화로운 관계를 이룩하는 것이 사회관계의 목표이며, 이러한 목표는 각자가 자기에게 부여된 역할과 의무를 다하는 데에서 달성될 수 있는 것으로 본다는 사실이 확인되었다. 제6장에서는 이러한 선진유학자들의 입론이 후대의 유학자들에게 이어지고 있으며, 이들이 후대 동아시아인들의 사회관계의 실제에 그대로 반영되고 있다는 사실을 우선 선진유학자들과 성리학자들의 교육론의 비교를 통해 확인해보았다. 이어서 이 장에서는 성리학의 핵심적인 아동교육서와 성인교육서인 『소학』(小學)과 『대학』(大學)의 내용 및 조선조 성리학자들의 인심도심설(人心道心說)과 거경(居敬)사상을 통해, 서구에서 자유주의 사상이 등장했던 비슷한 시기의 동아시아 사회, 특히 중국과 조선조의 선비들의 삶의 모습에 선진유학자들의 도덕실천론이 어떻게 반영되고 있는지를 확인해보고자 하였다.

지금까지 논의된 바를 요약 · 정리하여 동 · 서 사회관계론을 대조해보고, 이로부터 앞으로의 새로운 연구 문제를 도출해보고자 한 4부는 이 책 전체의 결론에 해당된다. 제7장에서는 우선 동 · 서 인간관의 특징을 대조하여, 현대 동아시아인과 서구인의 사회관계 행동의 실제적인 차이와 2부와 3부에서 제시된 서구와 동아시아의 사회관계론의 제반 차이가 이러한 인간관의 차이로부터 직접적으로 도출되는 것이었다는 사실을 확인해보고자 하였다. 끝으로 제8장에서는 이러한 동 · 서 사회관계론의 차이 대조를 통해 유학심리학의 체계를 구성할 때 도출되는 새로운 연구 문제를 제시하려고 하였다. 그것은 공자의 정명론(正名論)의 체계를 바탕으로 하는 역할심리학(役割心理學)의 문제와 한 사회가 보유하고 있는 유한한 자원 또는 공동 작업의 결과 얻어진 성과를 성원들이 나누어 쓰는 과정에서 발생하는 분배정의(分配正義)의 문제 및 조직 장면에서의 승진과 보수 체제 같은 경영관리(經營管理) 정책의 문제들이다.

이 책을 펴내는 과정에서도 이루 다 거명할 수 없을 정도로 많은 분들의 도움을 받았다. 너무 많은 분들의 도움을 받았기 때문에 이분들에게 일일이 개별적인 감사를 표하기는 힘들지만, 이 책의 준비 과정에서 직접적인 도움을 주셨던 몇몇 분들에게는 특별한 감사를 드리기로 한다.

서구 사회관계론의 이론적 뿌리를 17~18세기 자유주의자들의 사회계약론에서 찾을 수 있다는 사실과 유학사상의 사회관계론을 정리할 때는 조선조 성리학자들의 거경사상도 포함시켜야 할 것이라는 사실을 일깨워 주신 분은 필자의 스승이신 고 이인(里仁) 정양은(鄭良殷, 전 서울대학교 명예교수, 대한민국학술원 회원) 선생님이시다. 필자가 유학사상에 바탕을 둔 '동 · 서 비교 시리즈'를 구체적으로 구안한 것은 2000년에 들어서면서부터였는데, 2003년 겨울 해남(海南) 두륜산(頭崙山) 기슭 유선장(遊仙莊) 여관에서 두륜회(頭崙會) 모임을 가졌을 때, 이틀 동안 선생님을 모시고 같은 방에서 지내는 도중에 이 시리즈의 계획에 대해 말씀드리자, 사회관계론의 대비를 위해서는 서구 자유주의자들의 사회계약론과 조선조 성리학자들의 거경사상을 읽어보라는 귀중한 충고를 해주셨던 것이다. 이 책의 얼개는 이러한 선생님의 따끔한 가르침을 받아 다듬어진 것인데, 필자의 능력이 부족하여 이 정도로밖에 정리하지 못하였으니, 다시 뵐 수 없는 선생님께 죄송한 마음 가눌 길이 없다. 필자에게 청어람(靑於藍)이란 결코 풀리지 않는 숙제일 뿐이런가?

서구에 개인주의 문화가 꽃피게 된 역사적 배경에 관한 논의는 2006년 저술의 제3장을 기초로 한 것인데, 본래 이 분야 자료의 제공과 진술 내용의 초고에 대한 감수는 서양사학자인 김영한(金榮漢, 서강대학교 명예교수, 대한민국학술원 회원) 선생님께서 해주셨다. 홉스 · 로크 · 루소의 사회계약론의 독서를 위한 자료는 정치학자인 강정인(姜正仁, 서강대학교) 교수가 제공해주셨는데, 강 교수는 또한 제3장의 초고를 읽고 수정해주는 수고도 아끼지 않으셨다. 유학자인 이상익(李相益, 부산교육대학교) 교수는 제6장의 내용, 특히 성리학자들의 도덕실천론의 정리에 큰 도움을 주셨다. 물론 내용의 미비점은 모두 필자의 책임으로, 이 자리를 빌려 세 분께 감사드린다.

사회관계론의 비교를 통해 도출되는 새로운 심리학의 연구 문제로 보상체계의 동 · 서 차이의 문제를 제기해준 것은 조직심리학자인 김명언

(金明彦, 서울대학교), 박영석(朴泳錫, 가톨릭대학교), 이주일(李柱一, 한림대학교), 장재윤(張在閏, 서강대학교) 교수들이었다. 이들은 2006년 여름 방태산(芳泰山)에서 가진 두륜회 모임에서 필자가 이 책의 대략적인 얼개를 발표하였을 때, 일본의 대표적인 전기(電氣) 제품 회사인 후지쯔(富士通)가 선불리 서구의 성과주의(成果主義) 시스템을 도입하였다가 회사 자체의 몰락을 초래하였던 경험을 예로 들면서, 동아시아와 서구의 산업조직 장면에 적합한 인사관리 정책에 차이가 있음을 귀띔해주었다. 이들의 의견을 받아들여 필자가 이 문제에 관심을 가지고 관련 문헌들을 읽고 있을 때, 마침 친구인 후동(後童) 이상준(李相準) 형이 조 시게유키(城繁幸)의 최신 책인 『젊은이는 왜 3년 만에 그만두는가?』를 번역하여, 서구식 성과주의가 동아시아, 특히 일본 사회에서 어떻게 받아들여지고 있는지에 대해 알게 해주었다. 장재윤 교수는 이 분야의 최신 문헌을 필자에게 제공해주기도 하였다. 이밖에도 두륜회의 홍대식(洪大植, 성신여자대학교 명예교수), 안신호(安晨鎬, 부산대학교 명예교수), 민경환(閔庚煥, 서울대학교), 고 장성수(張聖洙, 전 한양대학교) 교수들과, 공부의 방향은 다르지만 존경하는 선배인 윤호균(尹虎均, 가톨릭대학교 명예교수) 선생님은 매 방학 공부모임을 가질 때나 가끔씩 만나 술잔을 기울일 때마다 필자의 자문에 자상하게 응해주셨다. 이분들은 필자의 학문적 동반자들로, 항상 감사하게 생각하고 있다.

반백년 가까이 우의를 다지고 있는 연수재(然水齋)와 석영(石影) 등 고등학교부터의 친구들과 후동(後童) 형, 단조로운 학교생활에 활력을 불어넣어주고 있는 서산회(西山會)와 서강(西江)의 친구들, 그리고 동도(同道)의 여러 선후배들에게 힘입어, 본래 게을러서 자칫 방심하기 쉬운 필자는 여러모로 구방심(求放心)의 자세를 가다듬을 수 있었다. 책을 쓴다는 핑계로 항상 바빠하는 형을 안타까워한 아우 민호(敏鎬)는 예정보다 일찍 고향에 집을 짓고 편찮으신 노모를 모시고 내려가, 필자가 이 책의 저술 작업에 몰두할 수 있게 해주었다. 모두 너무너무 고마울 따름이다.

같이 늙어가는 동반자인 아내는 보직을 맡았던 여파로 멍청하게 손을 놓고 있는 필자와 때로는 함께 술을 마셔주기도 하고, 때로는 산보와 여행을 함께 하기도 하면서, 필자가 다시 이 작업에 착수할 수 있도록 잔잔한 기다림 속에서 위로와 용기를 불어넣어주었다. 지금까지와 마찬가지로 아내가 원고의 수정과 기계화 작업에 큰 도움을 주었음은 두말할 나위도 없다. 아내는 지금까지의 저술은 읽기가 매우 까다로웠는데 이번 책은 쉽게 잘 읽힌다면서, 필자의 생각과 공부가 무르익은 것 같다고 괜히 우쭐해질 만큼 과분한 칭찬을 해주어, 필자의 사기를 북돋워주기도 하였다. 필자의 공부가 무르익은 것인지, 아내의 실력이 진보한 것인지, 아니면 단순히 용기를 북돋기 위한 빈말인지는 아직 감을 잡을 수 없지만, 여하튼 기분 좋은 일이 아닐 수 없다. 하긴 이번 책에는 과거 어느 책에 대해서보다 공력이 더 들어간 것만은 사실이었다. 근 1년 동안 일요일도 없이 밤늦게까지 연구실에 틀어박혀 있었으니까…….

큰아이 아라가 작년 초봄에 결혼하여, 필자에게는 박은수(朴銀洙)라는 듬직한 아들이 하나 새로 생겼다. 누나보다 일찍 3년 전에 결혼한 둘째 한민(漢珉)이와 연정(衍姃)이도 알콩달콩 잘 살고 있다. 대전에 살고 있는 큰아이 네는 매일 아침 8시가 좀 넘으면 어김없이 전화를 하여 필자의 안부를 챙기고 있으며, 한 달에 한번쯤은 우정 짬을 내어 얼굴을 보여주고 돌아간다. 둘째 네는 주말마다 빠짐없이 필자 내외와 술과 밥을 함께 하여 젊은 기운을 맛보게 해주고 있을 뿐만 아니라, 지난겨울에는 끌다시피 하여 필자 내외를 오사카로 데려가 저술 작업에 지친 필자에게 신선한 바람을 선사해주기도 하였다. 아이 키우는 재미가 이런 데 있나보다 하고 있다. 물론 두 아이 중 누구도 아직 할아버지를 만들어주지 않아 섭섭하기는 하지만…….

서강대학교는 앞선 책과 마찬가지로 이 책도 '서강학술총서'의 한 권으로 받아주었다. 고마운 일이다. 이 총서의 기획위원장인 국문학자 우찬제(禹燦濟), 사회학자 전상진(田尙鎭) 양 교수와 서강대학교 출판부의 여러분에게도 감사의 인사를 드린다.

늘 생각하고 있는 바이지만, 필자의 작업은 현재보다는 20~30년 후의 독자들을 위한 것이다. 심리학의 연구 동향을 감안해보면, 현재의 심리학자들에게 필자의 작업은 별로 할 일도 없으면서 아직 원기는 왕성한 늙은이의 여기(餘技) 정도로밖에 여겨지지 않을 것이다. 동아시아 사회가 좀 더 성장하여 세계의 중심권으로 우뚝 설 때쯤에야 필자의 작업에 대한 관심이 본격적으로 우러나게 될 것이라고 필자는 예상하고 있다. 그때의 독자들 가운데 사숙제자(私淑弟子)가 한두 사람쯤만 나와준다면, 그만한 천행(天幸)이 없을 텐데……. 그들에게 그런대로 볼 만한 읽을거리를 제공해 주어야겠다는 생각은 굴뚝같은데도, 그렇지 못한 것 같아 항상 조바심이 난다. 이번에도 책을 다 써놓고 보니, 용의 머리에다가 뱀의 꼬리를 붙이고, 게다가 다리도 몇 개 달아놓은 느낌이다. 그러나 어찌하랴! 이것이 필자의 그릇의 크기이고, 필자가 도달한 수준인 것을……. 하지만 그들이 이 책을 꼼꼼히 읽어준다면 그런대로 얻는 것이 전혀 없지는 않을 것이라는 자위(自慰)를 하면서, 이 상태로나마 상재(上梓)하기로 용기를 내었다. 필자가 몸담아 살고 있는 집의 당호(堂號)처럼 부끄러울 뿐이다.

2012년 오월 스무이레 날 한밤에

지이재(止耳齋)에서 만월(滿月)을 기다리며

퇴촌(退邨) 조긍호(趙兢鎬) 삼가 적음

## 차례

# 제1부
# 문화유형과 사회관계 행동의 차이

문화(文化)란 한 집단의 사람들이 공유하는 가치체계와 행동방식 같은 전반적인 삶의 양식을 가리킨다. 이러한 문화는 한 집단의 사람들이 오랜 시간에 걸쳐 쌓아온 모든 인위적인 유산으로 이루어진다. 그러므로 문화는 인간의 삶이 이루어지는 기본 바탕으로, 지구상에 살고 있는 모든 생명체 중에서 사람만이 문화를 창조하고, 그 속에서 삶을 영위하고 있다. 문화가 이렇게 한 집단의 사람들이 공유하고 있는 인간 삶의 터전이라는 점을 염두에 두고 보면, 서로 다른 생존조건 속에서 세상사를 서로 다른 관점에서 이해하며 살아온 서로 다른 집단 사람들의 심성과 행동양식은 크게 달라질 수밖에 없을 것이다.

이것이 바로 문화차의 문제로, 심리학자들이 이 문제에 대해 관심을 가지고 연구하기 시작한 것은 비교적 최근의 일이다. 이러한 작업들에서는 서로 대립적인 대표적인 문화유형을 찾아내고, 그 속에서 살고 있는 사람들이 보이는 심성과 행동의 제반 차이를 비교 · 고찰하는 방법으로 연구가 이루어져왔다. 지난 세기가 끝나기 직전인 1980년대에 들어서면서부터 본격적으로 진행된 이러한 문화비교심리학의 연구들에서 인간 심성과

행동의 차이를 탐색하는 중심적인 문화유형의 차원으로 등장한 것은 '개인주의(個人主義, individualism)—집단주의(集團主義, collectivism)'의 차원이었다.

집단이나 사회보다 개인에게 우선성을 부여하는 개인주의는 북 · 서유럽과 북미 및 오세아니아 같은 서구의 국가들에 지배적인 문화유형이다. 이러한 개인주의는 고대 그리스 문명(文明)에 그 기원을 두고 있다. 이에 비해, 개인보다 집단이나 사회에 우선성을 부여하는 집단주의는 아시아와 남미 및 아프리카 지역의 국가들에 지배적인 문화유형이다. 우리나라와 중국 및 일본 같은 동아시아 유교권(儒敎圈) 국가들은 강한 집단주의의 특징을 보이고 있는데, 그 원형은 황하(黃河) 유역의 고대 중국 문명에서 찾을 수 있다.

제1부에서는 동아시아와 서구 사회에서 각각 집단주의와 개인주의의 문화가 발달된 사상적 배경을 필두로 하여, 이 두 문화권에서 나타나는 제반 차이의 원천으로서 두 지역 사람들이 드러내는 인간을 파악하는 관점의 차이(제1장)를 살펴본 다음, 현대 문화비교심리학에서 이루어진 연구 결과들을 바탕으로 하여 실제로 이 두 문화권에 살고 있는 사람들이 보이는 사회관계 행동의 현실적인 차이(제2장)에 대해 고찰해보기로 하겠다.

# 제1장 동 · 서 문화차의 배경

한 사회의 성원들이 공유하고 있는 문화 내용이 무엇인지를 규정하기가 애매할 뿐만 아니라, 문화 사이의 차이를 비교할 수 있는 차원을 설정하기도 어렵고, 또한 이러한 공유 내용 규정 및 비교 차원 설정에 따르는 방법론적인 어려움도 만만치 않기 때문에,[1] 심리학자들이 문화를 그들의 이론적 관심사로 받아들여 문화가 인간 심성과 행동에 미치는 영향에 관해 진지하게 연구하기 시작한 것은 비교적 최근에 들어서면서부터이다.[2] 이러한 문화에 관한 심리학적 연구에서 연구자들이 부딪치는 가장 시급한 문제는 서로 대립적인 하나의 관점에서 다양한 문화를 상호 비교할 수 있는 대표적인 문화유형의 차원을 찾아내는 일이다. 이러한 맥락에서 많은 학자들이 문화 비교를 위한 다양한 체계들을 제시하려고 노력해왔다.[3]

1 Bond & Hwang, 1986; Fiske, A. P., Kitayama, Markus, & Nisbett, 1998; Markus & Kitayama, 1991a, b; Triandis, 1990, 1994a, b, 1995, 1996.

2 Doob, 1980.

3 이러한 다양한 문화 분류체계의 예들은 필자의 선행 저술(조긍호, 2003a, pp. 124~125, 주 20) 참조.

이러한 연구들에서 제시된 다양한 문화 비교의 차원 중에서 서구와 동아시아의 문화를 비교하는 가장 두드러진 체계로 부각되어온 것은 개인주의-집단주의의 차원으로, 1980년대 이후 문화비교심리학의 연구들은 이 차원을 중심으로 하여 진행되어왔다.[4] 개인주의와 집단주의 문화유형은 그 지역적 분포 양상이 서구와 동아시아로 서로 다를 뿐만 아니라, 역사적·사상적 배경 또한 서로 커다란 차이를 보인다. 서구의 지배적인 문화유형인 개인주의는 고대 그리스 철학과 르네상스 이후 발달된 자유주의 사상을 배경으로 하고 있으며, 동아시아의 지배적인 문화유형인 집단주의는 고대 중국에서 발원한 유학사상에 뿌리를 두고 있다.[5]

이 장에서는 서구와 동아시아 지역에 지배적인 개인주의 문화와 집단주의 문화의 특징을 대비해보고, 이어서 이 두 지역에 서로 다른 문화가 생성된 역사적·사상적 배경을 확인해본 다음, 이러한 사상적 배경의 차이는 곧바로 이 두 지역인들이 인간과 세상사를 파악하는 관점에 근본적인 차이를 유발하고 있다는 사실을 추론해봄으로써, 다음 장에서 현대 동아시아인과 서구인들이 실제로 보이는 사회관계 행동의 차이를 개관하는 이론적 기초로 삼고자 한다.

---

4 Kagitcibasi, 1994, p. 52; 1997, p. 39; Oyserman, Coon, & Kemmelmeier, 2002, p. 3.

5 이승환, 1999a, b; 조긍호, 1998a, 2003a, 2006, 2007a, b, 2008; 한규석, 2002; Bond & Hwang, 1986; Fiske, A. P. et al., 1998; Kagitcibasi, 1997; Kim, U., 1994, 1995; Kim, U. & Choi, S. C., 1993; King & Bond, 1985; Lew, S. K., 1977; Nisbett, 2003; Nisbett, Peng, Choi, I., & Norenzayan, 2001; Triandis, 1995; Tu Wei-Ming, 1985.

## 1. 개인주의 문화와 집단주의 문화

전 세계에 걸친 다양한 문화 사이의 차이를 비교하기 위한 공통의 차원을 찾아내려는 시도들 가운데 가장 대규모로 이루어진 것은 호프스테드(Geert Hofstede)[6]의 연구이었다. 호프스테드는 1967년부터 1973년 사이에 전세계에 걸친 다국적 거대기업인 IBM에 근무하는 66개국(53개 문화권) 117,000명의 종업원에게 작업 목표 및 가치와 관련된 '작업관련가치 조사'(Work-Related Values Survey)를 실시하였다. 이 연구의 대상은 모두 IBM이라는 같은 회사에 근무하는 사람들이었으므로, 근로조건이나 학력 및 연령 등은 대체로 비슷하고 단지 국적만 다르다는 사실에 비추어보면, 이 조사에서 드러나는 차이는 곧 국가 또는 문화의 차이를 반영하는 것으로 볼 수 있다는 것이 그의 생각이었다. 또한 그는 국가 사이의 차이를 부각시키기 위하여, 각 문항에 대한 개인별 점수가 아니라 응답자들의 국가별 평균치를 기초자료로 하여 요인분석을 실시하였다.[7]

이 분석에서 호프스테드는 국가 또는 문화 사이의 차이를 드러내는 네 가지 요인구조를 확인해내었다. 이들은 '권력거리'(power distance: 사회 내의 권력 분포의 불평등의 지표), '개인주의'(individualism: 개인의 자유와 선택을 중시하고, 개인 사이의 구속력이 느슨한 정도의 지표), '남성성'(masculinity: 자기주장 · 물질 · 경쟁 등의 남성적 가치를 선호하는 정도의 지표), '불확실성 회피'(uncertainty avoidance: 불확실한 상황이나 미지의 상황으로 인해 위협을 느끼는

---

**6** Hofstede, 1980, 1983, 1991.

**7** Hofstede(1980)는 이러한 국가 수준 또는 사회 수준의 분석을 '생태학적 분석'(ecological analysis)이라고 하여, 개인별 응답을 기초로 하여 분석하는 개인 수준 분석과 구별하고 있는데, 이러한 생태학적 분석을 시도하고 있다는 사실이 그의 연구로 하여금 문화비교심리학 분야에서 시원적인 작업으로서의 가치를 가지게 하는 주요 요인이 되고 있다.

정도의 지표)의 네 요인이었다. 처음의 분석[8]에서 그는 응답자의 수가 비교적 많은 40개국의 자료를 기초로 요인분석을 하여 이러한 네 가지 요인을 찾아내었으나, 후의 분석[9]에서는 먼저의 분석에 포함되지 않았던 10개국과 3개 문화권을 포함하여, 이들 53개 문화권에 대하여 이 네 차원 상에서의 서열과 요인 점수를 제시하고 있다.[10]

### 1) 문화비교연구의 중심축 : 개인주의-집단주의

이 네 요인 가운데 이후의 연구자들이 문화차를 가장 잘 드러낼 것으로 보고 주목한 요인은 '개인주의-집단주의'의 요인이었다.[11] "호프스테드가 제시한 이 차원은 문화차를 조직화하는 지배적인 양식으로서, 그 이후

**8** Hofstede, 1980.

**9** Hofstede, 1983, 1991.

**10** 이 분석에서 각 차원 점수의 분포 범위는 대체로 0~100점 내외로, 점수가 높을수록 해당 차원 지표의 정도가 강함을 나타내는데, 이론적으로 기대되는 평균치는 50점이다. 한국은 권력거리 차원에서 60점(점수 순위 27/28위)으로 약간 권력거리가 큰 문화에 속하고(이 차원에서 권력거리가 가장 작은 나라는 11점의 오스트리아이며, 가장 큰 나라는 104점의 말레이시아이다), 남성성 차원에서 39점(점수 순위 41위)으로 상당히 여성적 문화를 보유하고 있는 것으로 드러나고 있으며(이 차원에서 1위는 95점의 일본으로 남성적 문화의 극단을 보이고 있으며, 반대로 스웨덴은 5점으로 여성적 문화의 극단에 속하는 것으로 검출되고 있다), 불확실성 회피 차원에서는 85점(점수 순위 16/17위)으로 매우 불확실성 회피 수준이 높은 문화에 속하는 것으로 나타나고 있다(이 차원의 1위는 112점의 그리스이고, 싱가포르는 8점으로 가장 불확실성 회피 정도가 적은 것으로 드러나고 있다: 각각 Hofstede, 1991/1995, p. 52, 표 2.1; p. 129, 표 4.1; p. 169, 표 5.1). 또한 개인주의 차원에서 한국은 18점(점수 순위 43위)으로, 홍콩(25점, 37위)·싱가포르(20점, 37위)·대만(17점, 44위)·일본(46점, 22/23위) 같은 동아시아 유교권 국가들과 함께 강한 집단주의 문화권에 속하는 것으로 검출되고 있는데, 이 자료에서 개인주의의 극단에 있는 나라들은 미국(91점, 1위)·호주(90점, 2위)·영국(89점, 3위)·캐나다(80점, 4/5위)·네덜란드(80점, 4/5위)·뉴질랜드(79점, 6위)·이탈리아(76점, 7위)·벨기에(75점, 8위)·덴마크(74점, 9위)·스웨덴(71점, 10/11위)·프랑스(71점, 10/11위)·아일랜드(70점, 12위)·노르웨이(69점, 13위)·스위스(68점, 14위)·독일(67점, 15위) 같은 북미와 오세아니아 및 북·서유럽의 국가들이다(Hofstede, 1991/1995, p. 87, 표 3.1).

**11** Berry, Poortinga, Segall, & Dasen, 1992; Bond, 2002; Fiske, A. P., 2002; Kitayama, 2002; Miller, J. G., 2002; Triandis, 1988, 1989, 1990, 1994a, b, 1995, 1996, 1997, 2000 등.

지속되는 20여 년 동안 급속하게 팽창된 많은 문화 및 문화비교 연구들을 유도하고 촉진했다는 점에서 중요한 위치를 가지며",[12] 이러한 경향은 앞으로도 지속될 전망이다.[13] 문화비교심리학의 연구에서 이렇게 개인주의-집단주의의 분류체계에 관심이 집중된 데에는 다음과 같은 배경이 놓여 있다.[14]

우선 이 분류체계가 "전 세계에 걸친 다양한 문화들 사이에 사회행동의 차이를 가져오는 가장 중요한 차원"[15]으로서, 문화차를 설명하는 보편적인 원칙이 될 수 있을 것이라는 기대를 유발하였다는 점이다.[16] 다음으로 이 분류체계로 개인주의와 경제 발전 사이에 밀접한 관계를 설정함으로써,[17] 경제 발전 같은 사회현상을 성취동기나 근대화 성향 같은 심리적 특

---

**12** Oyserman et al., 2002, p. 3: 이보다 앞서 Kagitcibasi(1994)는 1980년대 말까지의 문화비교 연구들을 개관하면서 "1980년대는 문화비교심리학에서 개인주의-집단주의의 시대였다"(p. 52)라고 진술하고 있으며, "지금까지 이 분야의 연구 활동을 기준으로 하여 볼 때, 개인주의-집단주의 차원은 앞으로의 연구에서도 중심축이 될 것"(Kagitcibasi, 1997, p. 39)이라 전망하고 있다.

**13** Hermans & Kempen, 1998; Kagitcibasi, 1994, 1997; Kitayama, 2002; Lonner & Adamopoulos, 1997; Oyserman, Coon, & Kemmelmeier, 2002; Oyserman, Kemmelmeier, & Coon, 2002 등.

**14** Kagitcibasi, 1997, pp. 3~10.

**15** Triandis, 1988, p. 60.

**16** 개인을 집단보다 강조하느냐 아니면 집단을 개인보다 강조하느냐 하는 문제는 모든 문화가 다루어야 하는 "문화의 심층구조 원리"(deep structure principle of culture: Greenfield, 2000, p. 229)이다. 이러한 심층구조 원리로서 개인주의(개인을 집단보다 우선시)-집단주의(집단을 개인보다 우선시)의 체계가 정립되면, 이는 모든 사회적 맥락에서 문화차를 설명하고 통합할 수 있는 단순하고도 강력한 골격 틀(skeleton frame)의 기능을 수행하게 된다(Gelman & Williams, E. M., 1997). 곧 "개인주의와 집단주의는 문화 해석과 조직화의 심층 원리로서, 거대한 생성적 가치(generative value)를 지니게 되어, 마치 언어학에서 작용하는 문법(grammar) 처럼 개인주의-집단주의의 분류체계는 무한한 상황에서 행동을 산출해낼 뿐만 아니라, 타인의 행동을 이해하도록 할 수 있는 것이다"(Greenfield, 2000, p. 231). 이러한 논의들은 개인주의-집단주의 체계가 문화차를 설명하는 보편 원칙의 기능을 수행하고 있음을 시사하고 있다.

징을 통해 설명하려는 사회과학자들의 오랜 관심사를 부추길 수 있었다는 점이다.[18] 또한 이 체계가 퇴니스(Ferdinand Tönnies)[19]의 '이익사회

17 Hofstede(1980, pp. 165~169)는 자기의 원자료에 포함된 40개국의 개인주의 점수와 각국의 1970년도 1인당 GNP 사이에 $r = 0.82$의 높은 상관이 있음을 보고하고 있으며, 49개국으로 확대해보아도 각국의 개인주의 점수와 1987년도 1인당 GNP 사이에 $r = 0.77$(Hofstede, 1991/1995, pp. 116~119)의 여전히 높은 상관을 보임을 지적하고 있다. 또한 Hofstede의 자료(1991/1995, p. 87, 표 3.1)에서 개인주의의 극단에는 미국 · 호주 · 영국 · 캐나다 · 네덜란드 · 뉴질랜드 · 이탈리아 · 벨기에 · 덴마크 · 스웨덴 · 프랑스 · 아일랜드 · 노르웨이 · 스위스 · 독일 같은 서구 경제선진국들이 포진하고 있고, 집단주의의 극단에는 과테말라(6점, 53위) · 에콰도르(8점, 52위) · 파나마(11점, 51위) · 베네수엘라(12점, 50위) · 콜롬비아(13점, 49위) · 코스타리카(15점, 46위) · 페루(16점, 45위) 등의 남미와 인도네시아(14점, 47/48위) · 파키스탄(14점, 47/48위) · 태국(20점, 39/41위) · 말레이시아(26점, 36위) · 필리핀(32점, 31위) 등 동남아시아의 경제후진국들이 주축을 이루고 있다는 사실도 개인주의와 경제발전 사이에 밀접한 관계가 있음을 그럴듯하게 추론할 수 있게 한다. 이러한 자료들을 기초로 하여 Hofstede(1991/1995)는 "국가의 부와 개인주의 간에 강한 상관이 있는 것은 움직일 수 없는 사실"(p. 119)이라고 진술하고 있다.

18 사회과학자들의 오랜 관심사 중의 하나는 사회현상의 원인을 심리적 특징에서 찾아보려는 것이었다(Kagitcibasi, 1990). 이러한 연구 주제 가운데 대표적인 것은 경제 발전과 가치관이나 태도 또는 성격 특성 같은 심리적 특징 사이의 관계를 확인함으로써, "경제 발전에 기저하고 있는 비경제적 요인"(Kagitcibasi, 1997, p. 8)을 탐색해보려는 것이었다. Max Weber(1904~1905/1930)의 『프로테스탄티즘의 윤리와 자본주의 정신』이 이러한 관심사의 대표적인 작업이라고 볼 수 있다. 성취동기(achievement motive)나 개인적 근대성(individual modernity)과 같은 심리적 중개변인에 따라 경제 발전과 같은 사회현상을 설명하려는 '성취동기이론'(McClelland, 1961, 1985; McClelland, Atkinson, Clark, R. A., & Lowell, 1953)과 '근대화이론'(Inkeles, 1969; Inkeles & Smith, D. H., 1974)도 이러한 범주에 속하는 이론이었으며, 경제 발전과 개인주의 성향 사이에 밀접한 관계가 있음을 추론한 Hofstede(1980, 1991)의 작업도 같은 종류의 이론이었다(Kagltcibasi, 1997, pp. 8~10, 29~31). Hofstede(1991)는 "근대화(modernization)는 개인주의화(individualization)와 상응된다"(p. 74)고 표현하여, 개인주의 수준과 경제 수준 사이에 관계가 깊은 까닭을 근대화된 사회일수록 개인주의의 수준이 높아지기 때문이라고 보아, 근대화이론의 맥락에서 접근하고 있다. C. F. Yang(1988)은 근대화 이론가들이 제시했던 개인적 근대성의 특징(예: 도시생활 선호, 대중매체에의 노출, 개혁에의 개방성, 부모 및 귀속지위로부터의 해방, 상호의존적 관계의 탈피, 독립성과 자율성 가치 중시, 물질적 성취에의 열망, 종교보다 과학 중시 등) 20가지(Inkeles, 1969; Inkeles & Smith, D. H., 1974) 중에서 2/3 정도가 개인주의의 특징과 겹친다는 조사를 발표하면서, 1980년대 개인주의의 개념화는 1960년대 근대화이론의 현대판 전개와 같은 인상을 주고 있다고 지적한다. 그러나 Tawney(1938)가 프로테스탄트 정신이

(Gesellschaft)－공동사회(Gemeinschaft)'의 분류체계같이 전통적으로 사회과학자들에게 익숙하거나 상식적인 문화 분류체계와 공통점이 많다는 사실도 지적할 수 있다.[20] 그리고 하나의 설명 수단으로서 단순성과 포괄성을 가지고 있어서, 과학의 이론에 요구되는 '절약의 법칙'(law of parsimony)에 잘 부합하였다는 점도 연구자들의 관심을 끌어 모을 수 있었던 요인이라고 볼 수 있다.[21]

이러한 이론적인 요인 이외에, 개인주의－집단주의의 분류체계에 연구자들의 관심이 집중된 현실적인 맥락도 생각해볼 수 있다. 우선 1980년대에 문화차 문제에 관심이 집중된 배경에는 1970~1980년대에 들어서면서 서구의 사회과학자들 사이에 서구 사회와 대비되는 동아시아 사회

태동되기 전에 이미 항해술과 교역이 발달했던 데서 자본주의 체제가 발달했다고 주장함으로써, Weber의 "프로테스탄트 윤리 → 자본주의 정신 → 자본주의 발달"이라는 문화결정론의 한계를 지적한 이래, 근대화이론 같은 심리적 이론들의 한계도 많이 부각되고 있다(Kagitcibasi, 1997, pp. 8~10, 29~31: Kagitcibasi & Berry, 1989, pp. 517~518). 이에 관해서는 필자의 선행저술(조긍호, 2003a, pp. 110~113, 주 5; 2006, p. 36, 주 11) 참조.

**19** Tönnies, 1887/1957.

**20** "개인주의－집단주의의 체계는 현대심리학에만 국한된 분류체계가 아니다. 이는 문학비평에서 종교에 이르기까지, 그리고 정치철학에서 사회학에 이르기까지, 사회 및 행동과학과 인문학의 전 영역에 걸쳐 중요하게 취급되어온 체계였던 것이다"(Kagitcibasi, 1997, p. 3). 또한 이러한 개인주의－집단주의의 분류체계가 현대에 와서 갑자기 생겨난 것도 아니다. 이 분류체계는 18세기 말과 19세기 초에 주로 영국과 프랑스의 정치철학자들이 사용하기 시작했다. 곧 자유와 평등, 그리고 사유재산권과 행복추구권 같은 천부 인권을 중시하는 자유주의에 바탕을 둔 미국혁명(1776)과 프랑스혁명(1789)이 몰고 온 개인 중심의 흐름과, 이에 반대하고 공동체 중심의 과거 체제로 복귀할 것을 주장하는 보수주의(conservatism)의 반작용을 대비하고자 사용하기 시작한 데서 비롯되었다(조긍호, 2006, pp. 89~193; Dülmen, 1997/2004; Laurent, 1993/2001; Lukes, 1973; Triandis, 1995, pp. 19~30). 이렇게 "개인주의－집단주의는 인간의 본성과 인간 존재들 사이의 관계에 관한 사회사상에서 오랫동안 중요하게 다루어졌던 문제인 것이다"(Kagitcibasi, 1997, p. 8). 개인주의－집단주의 이외에 이와 관련된 다양한 문화분류체계를 개인주의－집단주의의 맥락에서 정리할 수 있다는 사실은 필자의 선행 저술(조긍호, 2003a, pp. 50~51, 주 22)과 Kagitcibasi(1997, pp. 3~5) 참조.

**21** Kagitcibasi, 1997, p. 9.

에 대한 관심이 부쩍 높아졌다는 사실이 놓여 있다.[22] 1980년대에 들어서면서 서구의 사회과학계에서는 '아시아적 가치'(Asian Values) 논의를 중심으로 하는 동아시아 담론이 활발하게 전개되었다. 이러한 동아시아 담론이 등장하게 된 원인은 정치 · 경제 · 사회적으로 다양하지만, 가장 중요한 것은 역시 1970~1980년대에 일본을 비롯한 한국 · 대만 · 홍콩 · 싱가포르 등 이른바 '4소룡'(four small dragons)이라고 불린 동아시아 국가들에서 이루어진 눈부신 경제 성장을 들 수 있다.[23] 일본을 비롯한 동아시아 4소룡이 짧은 시간 안에 이루어낸 눈부신 경제 성장의 원인을 이들 국가들의 공통된 문화적 기반인 유학의 가치에서 찾아보려는 움직임이 곧 아시아적 가치 논의인 것이다. 게다가 비슷한 시기에 근대화 이후 서구의 근대문명이 겪게 된 극단적 이기주의, 환경 파괴, 가치관의 부재, 인간소외, 정신건강 지표의 하락 같은 제반 사회문제를 치유할 대안을 다원주의와 도덕주의 및 인간 중심의 가치체계를 강조하는 유학의 공동체주의에서 찾아보려는 움직임이 서구 사회에서 대두된 것도 동아시아 담론이 전개된 중요한 배경으로 볼 수 있다.[24]

그런데 서구가 하나의 차원으로 묶이고, 동아시아 유교권 국가들이 그 반대되는 차원으로 묶이는 것은 개인주의－집단주의의 차원이 유일하다.

---

**22** 이에 대해서는 필자의 선행저술(조긍호, 1998a, pp. 30~41; 2007a, pp. 465~477) 참조.

**23** 1960년에 일본과 동아시아의 국민총생산 누계는 전 세계의 4%에 지나지 않았지만, 1990년대 중반 이 지역 국가들의 국민총생산 누계는 전 세계의 24%에 이르고 있다. 곧 동아시아는 그 경제적 비중만으로도 자기 목소리를 내면서 일정한 역할을 할 수 있을 정도로 성장하여, 세계무대에 등장했던 것이다. 이렇게 동아시아가 눈부신 경제 성장을 이루던 시기에 서구는 경제적으로 침체하고 있었다. 참고로 1960년에 미국 · 캐나다 · 멕시코를 포함한 북미의 국민총생산 누계는 전 세계의 37%에 이르렀으나, 1990년대 중반에는 24%로 떨어져 동아시아 국가들과 같은 수준이 되었다(Mahbubani, 1995, pp. 100~101).

**24** 길희성, 1998; 이광세, 1998; 이승환, 1998a, b; 조혜인, 1998; de Barry, 1983/1998; Hall, D. L., & Ames, 1987.

즉, 호프스테드가 밝혀낸 문화유형의 네 차원 가운데 권력거리 · 남성성 · 불확실성 회피 차원에서는 동아시아와 서구의 국가들이 서로 뒤섞여 있어 일관된 동 · 서 차이를 보이고 있지 않지만,[25] 개인주의—집단주의 차원의 경우에는 미국(1위) · 호주(2위) · 영국(3위) · 캐나다(4/5위) · 네덜란드(4/5위) · 뉴질랜드(6위) · 이탈리아(7위) · 벨기에(8위) · 덴마크(9위) · 스웨덴(10/11위) · 프랑스(10/11위) · 아일랜드(12위) · 노르웨이(13위) · 스위스(14위) · 독일(15위)과 같은 서구의 국가들이 개인주의의 극단으로 묶이고, 한국(43위) · 홍콩(37위) · 싱가포르(37위) · 대만(43위) · 일본(22/23위)과 같은 동아시아 유교권 국가들이 강한 집단주의 문화권에 속하는 것으로 묶이고 있는 것이다.[26] 이러한 맥락에서 개인주의—집단주의 차원이 동 · 서의 문화차를 비

**25** 권력거리 차원에서 오스트리아(53위) · 덴마크(51위) · 뉴질랜드(50위) 같은 서구의 국가들이 권력거리가 적은 사회에 속하고, 싱가포르(13위) · 홍콩(15/16위)은 권력거리가 큰 나라에 속하지만, 그 외에 한국(27/28위) · 대만(29/30위) · 일본(33위)은 스페인(31위) · 이탈리아(34위) · 미국(38위) · 캐나다(39위) · 네덜란드(40위) · 오스트리아(41위) 같은 나라와 함께 중간 정도의 성향을 보이고 있으며, 서구의 핵심의 하나인 프랑스(15/16위)는 권력거리가 매우 큰 사회로 드러나고 있어, 동 · 서 국가 사이에 일관된 양상을 찾기 힘들다(Hofstede, 1991/1995, p. 52, 표 2.1). 남성성 차원에서도 오스트리아(2위) · 이탈리아(4/5위) · 스위스(4/5위) · 영국(9/10위) · 독일(9/10위) · 미국(15위) · 호주(16위) · 뉴질랜드(17위) 같은 국가는 일본(1위)과 함께 매우 남성적인 문화를 보이고 있는 것으로 드러나고 있으나, 같은 서구에 속하는 스웨덴(53위) · 노르웨이(52위) · 네덜란드(51위) · 덴마크(50위) · 핀란드(47위) 등은 극단적인 여성적 문화의 보유국으로 드러나고 있으며, 홍콩(18/19위) · 싱가포르(28위) · 대만(32/33위) · 프랑스(35/36위) · 스페인(37/38위) · 한국(41위) 같은 나라는 중간에서 여성적인 쪽으로 치우친 결과를 보이고 있다(Hofstede, 1991/1995, p. 128, 표 4.1). 불확실성 회피 차원에서는 벨기에(5/6위) · 프랑스(10/15위) · 스페인(10/15위) · 이탈리아(23위) · 독일(29위) 같은 서구의 국가들이 일본(7위) · 한국(16/17위) · 대만(26위) 같은 동아시아 국가들과 함께 불확실성 회피 경향이 강한 문화를 보이고 있으며, 핀란드(31/32위) · 스위스(33위) · 네덜란드(35위) · 호주(37위) · 노르웨이(38위) · 뉴질랜드(39/40위) · 캐나다(41/42위) · 미국(43위)은 중간 정도에 속하고, 영국(47/48위) · 스웨덴(40/50위) · 덴마크(51위)는 홍콩(49/50위) · 싱가포르(53위)와 함께 불확실성에 대한 용인 정도가 매우 큰 문화를 보유하고 있는 것으로 드러나고 있다(Hofstede, 1991/1995, p. 169, 표 5.1).

**26** Hofstede, 1991/1995, p. 87, 표 3.1.

교하는 유일한 핵심 차원으로 등장하게 되는 까닭을 찾아볼 수 있다.

또한 이러한 문화 비교 연구의 중심지는 현대 사회과학 연구의 총본산인 미국으로서, 호프스테드의 네 차원 가운데 미국은 권력거리 차원에서 40점(38위), 남성성 차원에서 62점(15위), 불확실성 회피 차원에서 46점(43위)으로 대체로 중간 정도에 머물고 있음에 반해, 개인주의 차원에서는 91점으로 부동의 1위를 차지하고 있어, 미국의 학자들이 개인주의－집단주의 차원에 관심이 집중될 수밖에 없었다는 점에서도 이 차원이 문화 비교 연구의 중심축으로 떠오른 까닭의 일단을 찾아볼 수 있다. 개인주의가 미국의 국가적 가치와 이상으로 여겨져온 것은 오래전부터이다.[27] 이미 "남북전쟁이 끝날 즈음부터 개인주의는 미국인의 이념 사전에서 중요한 위치를 차지"[28]하였던 것이다. 이 시기에 개인주의가 미국 정신을 대표하는 이념으로 떠오른 것은, 인간의 평등과 자유를 강조하는 민주주의, 각 개인의 종교적 선택을 강조하는 개신교의 여러 교파, 개인의 완전성을 신뢰하는 초월주의, 자유방임과 완전경쟁을 통한 사회 발전을 주장하는 사회진화론, 사유재산권 · 자유경쟁 · 개방시장 · 자유기업을 강조하는 자본주의, 남북전쟁을 겪으면서 국가 통합 이념의 필요성을 절감하고 있던 자본주의적인 북부의 문화적 요구와 같은 요인들이 하나로 결합하면서였다고 할 수 있다.[29] 이렇게 하여 개인주의는 미국의 상징적 표어로 떠올라, 미국 국가정체성의 상징이 되었으며,[30] 이러한 배경에서 "에머슨(Ralph

**27** 미국 사회에서의 개인주의의 위상에 대해서는 필자의 선행 저술(조긍호, 2006, pp. 100~101) 참조.

**28** Lukes, 1973, p. 28.

**29** 조지형, 1996; Lukes, 1973.

**30** Arieli(1964)는 "개인주의는 미국의 특징적인 태도, 행동유형과 열망에 대한 합리화를 제공해 주었다. 이는 과거와 현재뿐만 아니라, 미래의 통합과 진보에 대하여 조망하도록 해주고 있다. 이는 이질성 속의 통합이라는 미국의 특이한 사회적 및 정치적 조직을 설명할 수 있는 이념이며, 미국식 경험과 조화를 이루는 사회조직의 이상을 보여주고 있는 것이다. 무엇보다도 개인

W. Emerson)은 개인주의를 완전에의 길이며, 개인의 자발적인 사회 참여의 길이라고 말하면서, 미국 연방의 이상은 개인주의 속에 깃들어 있다고 주장"[31]하고 있는 것이다. 이러한 맥락에서 미국 학자들이 개인주의 차원에 쏟는 관심의 크기를 짐작해볼 수 있다.

이와 더불어, 문화 비교 연구에서는 대조되는 문화권에서 상응하는 자료를 수집하는 작업이 필수적으로 요구되는 바, 한국 · 일본 · 중국 · 대만 · 홍콩 · 싱가포르 같은 동아시아 유교권 집단주의 사회의 경우, 같은 집단주의 문화를 보유하고 있는 과테말라 · 에콰도르 · 파나마 · 베네수엘라 · 콜롬비아 · 코스타리카 · 페루 같은 남미나 인도네시아 · 파키스탄 · 태국 · 말레이시아 · 필리핀 같은 동남아시아 국가들에 비해 미국에서 유학한 학자들이 절대적으로 많으므로,[32] 미국의 연구자들이 이들 동아시

주의는 미국이라는 국가 의식의 가장 핵심적인 특징인 보편주의와 이상주의를 드러내는 것이다"(pp. 345~346)라고 진술하여, 개인주의가 미국 국가정체성의 핵심임을 천명하고 있다.

**31** 김영한, 1975, p. 110.

**32** 다음 [표 1]은 미국 국립교육통계 센터(National Center for Educational Statistics)의 자료에 나와 있는, 미국의 고등교육기관(대학 · 대학원)에 등록한 전체 외국인 유학생 중 해당 지역의 유학생이 차지하는 비율(%)을 연도별로 제시한 것이다(출처: http://nces.ed.gov/programs/digest/d09/tables/dt09_418.asp).

**[표 1] 연도별 · 지역별 미국 대학(원) 유학생 수 비율(%)**

| 지역 \ 연도 | 1980~1981 | 1985~1986 | 1990~1991 | 1995~1996 | 2000~2001 | 2005~2006 |
|---|---|---|---|---|---|---|
| 동아시아[a] | 16.6 | 23.5 | 35.9 | 36.7 | 34.6 | 35.0 |
| 동남아시아[b] | 9.1 | 14.6 | 10.2 | 10.5 | 7.5 | 6.2 |
| 남미[c] | 8.4 | 6.3 | 4.7 | 4.9 | 5.9 | 5.5 |

a: 중국 · 홍콩 · 일본 · 한국 · 대만

b: 인도네시아 · 말레이시아 · 필리핀 · 태국 · 베트남 · 싱가포르

c: 브라질 · 콜롬비아 · 베네수엘라 · 기타

이 표에서 보면, 동아시아 국가들의 미국 유학생 수는 대체로 동남아시아 국가들의 2~5배, 남미 국가들의 2~7배에 이르고 있으며, 해가 지날수록 그 차이는 더욱 커지고 있는 실정이다. 국가별 미국 유학생 수의 순위는 연도에 따라 조금씩 차이가 있지만, 1990년대에 들어서면서는 대체로 중국 · 한국 · 일본 ·

아 유교권 집단주의 사회의 연구자들과 손잡고 연구할 수 있는 여건이 성숙되어 있었다는 사실도, 개인주의-집단주의 체계가 중심적인 동·서 문화비교 연구의 차원으로 떠오르는 과정에서 현실적으로 중요하게 작용하였으리라고 추론해볼 수 있을 것이다.

이러한 배경에서, 지금까지의 문화비교 연구들에서는 개인주의의 대표로 미국·캐나다·호주 같은 서구의 국가를 잡고, 집단주의 문화의 대표로 중국[33]·한국·일본 같은 동아시아 유교권 국가를 잡아, 이 두 지역인들의 행동과 심성의 특징을 대조·분석하는 연구들이 주류를 이루어왔던 것이다.[34]

### 2) 개인주의-집단주의 차원의 기본 속성

"개인과 집단 사이의 관계를 어떻게 정립할 것인가의 문제는 모든 문화가 다루어야 하는 문화의 심층구조 원리로서, 여기에는 두 가지 기본적인 선택지가 있을 뿐이다: 그것은 개인을 집단보다 우선시하느냐 아니면 집단을 개인보다 우선시하느냐 하는 것이다."[35] 가치 문제를 이렇게 이항대립의 양식으로 개념화하는 것은 전 세계적으로 보편적인 경향인데, 그

---

대만이 순서대로 1·2·3·4위를 점하는 것으로 드러나고 있다. 이러한 통계 자료에서 유추해보면, 한국·중국·대만·일본 같은 동아시아 유교권 국가의 학생들 중 미국에서 고등교육을 받고 귀국하여 본국의 대학이나 연구기관에서 활동하는 연구자의 수는, 같은 집단주의 문화권에 속하는 동남아시아나 남미의 국가들과는 비교할 수 없을 정도로 많을 것이다. 그러므로 미국의 연구자들이 문화 비교 연구의 파트너를 찾을 경우, 동아시아 지역이 동남아시아나 남미 지역보다 압도적으로 유리할 것임은 명약관화한 사실인 것이다.

**33** Hofstede(1980, 1983, 1991)의 자료에 중국은 포함되어 있지 않다. 그러나 Triandis(1995, pp. 90~91)에 따르면, 중국은 동아시아 지역의 어떤 나라보다도 집단주의 경향이 강한 나라라고 볼 수 있다.

**34** Kagitcibasi, 1997; Oyserman et al., 2002; Triandis, 1995.

**35** Greenfield, 2000, p. 229.

가운데 가장 대표적인 것이 개인을 중심의 위치에 놓을 것인지 아니면 집단을 중심의 위치에 놓을 것인지 하는 문제이다.[36] 전통적으로 서구의 철학 사상은, 특히 중세 이후 근대 세계로 접어들면서 성장한 자유주의에서는 개인을 중시하는 경향이 두드러진 반면, 동아시아의 철학, 그 중에서도 특히 유학사상은 집단과 사회를 중시하는 입장을 전개해왔으며, 이러한 맥락에서 서구와 동아시아의 국가들에서 각각 개인주의(집단보다 개인 우선시)와 집단주의(개인보다 집단 우선시) 문화가 발달한 배경을 찾아볼 수 있다.[37]

이렇게 문화유형을 개인주의－집단주의의 틀로 분류하는 것이 일반적

**36** Kluckhohn, 1956: 많은 철학자들과 사회과학자들이 직면했던 근본적인 물음은 바로 "사회 질서가 어떻게 가능한가?"(Kagitcibasi, 1997, p. 8) 또는 "개인이 어떻게 사회의 원인이면서 또한 결과일 수 있는가?"(Allport, G. W., 1968, p. 8) 하는 문제였으며, 이러한 사색은 개인과 사회 또는 집단의 접점에서 개인을 강조할 것인가 아니면 사회 또는 집단을 강조할 것인가를 선택하는 문제로 귀결되어졌던 것이다(Allport, G. W., 1968; Fiske, A. P. et al., 1998; Greenfield, 2000; Kagitcibasi, 1997; Kim, U., 1995; Nisbett, 2003; Triandis, 1995). 이렇게 개인과 집단의 관계에서 개인을 우선시키는지 아니면 집단을 우선시키는지 하는 "문화의 심층구조 원리"에 따라 다양한 문화를 두 가지 유형(개인 중시 문화와 집단 중시 문화)으로 분류하려는 시도는 지금까지 역사학 · 사회학 · 인류학 · 심리학과 같은 여러 분야에서 많이 제시되어왔다. 이러한 문화 분류체계 가운데 상당히 오래되고 또 일반인에게 널리 알려진 것이 Tönnies(1887/1957)가 제시한 "공동사회"와 "이익사회"의 분류체계이다. "공동사회"는 사회의 성원들이 하나의 공동체에 오래 함께 살아 서로 잘 알고, 협동과 신뢰를 바탕으로 관계를 맺고 유지하며, 공동 작업을 통해 공동체의 필요에 충당할 목적으로 물자를 생산하고, 신뢰 · 협동 · 보수주의가 일상적 삶의 바탕이 되는 사회이다. 이와 달리, "이익사회"는 성원들 사이에 수요－공급 원칙에 따라 계약을 바탕으로 관계가 이루어지고, 개인의 가치는 시장원리에 따라 결정되며, 개인적 이익을 얻기 위해 생산활동에 참여하고, 교환과 경쟁이 일상적 삶의 바탕이 되는 사회이다(Kim, U., 1995, p. 8 참조). 여기서 전자의 "공동사회"는 개인보다 집단을 강조하는 집단주의 경향을 강하게 띠는 사회이고, 후자의 "이익사회"는 집단보다 개인을 강조하는 개인주의 경향을 강하게 띠는 사회라고 볼 수 있는데, 이러한 사실은 개인주의－집단주의 차원의 주창자인 Hofstede(1980, p. 151)도 인정하고 있는 바이다. 이렇게 문화유형을 집단주의－개인주의의 틀로 분류하는 것은 학계의 오랜 전통이었던 것이다.

**37** 조긍호, 2003a, 2006, 2007a, b, 2008; Kagitcibasi, 1997; Kim, U., 1995; Nisbett, 2003; Triandis, 1995.

인 경향이라면, 한 사회의 문화 내용을 집단주의로 분류할 것인지 아니면 개인주의로 분류할 것인지 하는 기준은 무엇인가? 이 두 문화유형의 규범적 차이에 관해서는 다양한 논의가 제시되어왔는데, 이들은 대체로 호프스테드[38]와 트리안디스(Harry C. Triandis)[39]의 두 문화유형에 대한 개념 규정에 기초하여 이루어져왔다.[40] 이제 이들의 정의를 차례로 제시하면 다음과 같다.

> 개인주의는 개인 간의 연계성이 느슨한 사회를 말한다: 모든 사람은 자기 자신과 자기의 직속 가족을 돌보면 되는 것으로 생각한다. 반대로 집단주의는 태어날 때부터 줄곧 개인이 강하고 단결이 잘된 내집단(內集團, ingroup)에 통합되어 있으며, 평생 동안 무조건 내집단이 개인을 계속 보호해주는 그런 사회를 가리킨다.[41]

> 집단주의는 본래 스스로를 하나 또는 그 이상의 집합체(가족 · 공동작업자 · 부족 · 국가)의 일부분으로 보는, 밀접하게 연계된 개인들로 구성된 사회 형태로 정의된다: 이들은 주로 이러한 집합체에 의해 부과된 의무와 규범에 의해 동기화되고, 자신의 개인적 목표보다는 이러한 집합체의 목표에 우선권을 부여하려는 준비가 갖추어져 있으며, 이러한 집합체의 성원들과의 연계성을 강조한다. 이에 비해, 개인주의는 기본적으로 스스로를 집합체와는 독립적이라고 여기는, 서로 느슨하게 연계된 개인들로 구성된 사회 형태로 정의된다: 이들은 주로 자신의 선

---

**38** Hofstede, 1980, 1983, 1991.

**39** Hui & Triandis, 1986; Triandis, 1988, 1989, 1990, 1994a, b, 1995; Triandis, Bontempo, Villareal, Asai, & Lucca, 1988; Triandis & Gelfand, 1998; Triandis, Leung, K., Villareal, & Clark, F, L., 1985; Triandis, McCusker, & Hui, 1990.

**40** Bond, 1994; Kagitcibasi, 1997; Kim, U., 1995; Schwartz, S. H., 1994.

**41** Hofstede, 1991, p. 51.

호 · 욕구 · 권리 및 스스로가 타인과 수립한 계약에 의해 동기화되고, 타인들의 목표보다는 자기의 목표에 우선권을 부여하며, 타인과의 상호작용에 대한 합리적인 이해득실의 분석을 강조한다.[42]

이러한 정의들은 두 문화유형의 차이를 드러내는 많은 연구들의 성과에 기초해서 내려진 것들이다. 한 예로, 트리안디스[43]는 개인 수준 및 문화 수준에서 개인주의와 집단주의를 측정한 여러 연구들을 개관하여, 개인주의는 독립성, 자립성, 내집단으로부터의 거리, 경쟁, 쾌락 추구의 요인들을 포괄하며, 집단주의는 상호의존성, 사회성, 가족 통합의 요인들을 포괄하는 개념 체계임을 제시하고 있는데, 이러한 사실들에 바탕을 두고 그는 이 두 문화유형의 차이는 자기규정, 목표 우선성, 사회행위의 원동력 및 관계 중시 여부의 네 가지 측면에서 정리해낼 수 있다고 보고 있다.[44]

이러한 연구 결과들과 위의 정의들을 종합해보면, 두 문화유형의 규범적인 차이가 잘 드러난다. 곧 집단주의 사회가 사회성과 가족 통합, 내집단 성원들과 갖는 연계성과 상호의존성, 내집단에 대한 관심과 배려 및 헌신이 강조되는 사회라면, 개인주의 사회는 내집단과 거리 두기, 자기이

---

**42** Triandis, 1995, p. 2.

**43** Triandis, 1988, 1990.

**44** Triandis, 1995, pp. 43~44: 개인주의는 자기를 독립적인 개체로 보아 독립적 자기로 규정하고, 개인 목표와 집단 목표가 서로 결합되지 않는 것으로 보아 개인 목표를 앞세우며, 개인적 태도 · 욕구 · 권리 · 계약 같은 개인적 요인을 사회행위를 지도하는 원동력으로 간주하고, 사회관계를 유지할 것인지의 여부는 그 관계로부터 얻게 되는 이해득실의 합리적 계산에 의존해서 결정하게 되는 사회이다. 이에 반해, 집단주의는 자기를 타인과 맺는 관계 속의 존재로 보아 상호의존적 자기로 규정하고, 개인 목표와 집단 목표가 서로 결합되는 것으로 보아 집단 목표를 앞세우며, 관계 속의 규범 · 의무 · 책임 같은 관계적 요인을 사회행위의 원동력으로 간주하고, 관계의 유지가 개인에게 불리할지라도 관계를 계속 유지하는 것을 중요하게 생각하는 사회이다.

익 추구와 경쟁 및 개인의 독립성과 개체성이 강조되는 사회인 것이다.[45] 이렇게 다양하게 제시되어온 연구 결과들을 그 내용의 유사성에 따라 종합적으로 검토해보면, 한 사회의 문화를 집단주의 또는 개인주의로 규정하는 기준은 다음 몇 가지로 묶어볼 수 있다.[46]

첫째는 사회적 교환의 장면에서 나타나는 교환의 자원, 목표, 교환에 관한 시간전망과 같은 교환양식의 기준이다.[47] 비록 이러한 기준을 제시하는 사람들은 집단주의–개인주의라는 명칭을 사용하고 있지는 않지만, 이들의 분류에서 단기적 시간전망을 가지고, 등가적(等價的)인 경제적 가치의 자원을, 공정관계 형성 또는 자기이익 추구라는 관심과 합의된 계약을 바탕으로 교환하는 관계는 개인주의의 특징을 갖는 것이라고 볼 수 있다. 이와는 대조적으로, 장기적 시간전망을 가지고, 비등가적(非等價的)인 가치의 자원을, 상대방과의 조화 추구 또는 상대방의 복지에 대한 관심과 신뢰를 바탕으로 교환하는 관계는 집단주의의 특징을 갖는 것으로 볼 수 있다.[48]

둘째는 개인과 개인 사이의 상호의존성의 정도에 따른 기준이다.[49] 개인주의 사회에서 개인을 자율적이고 독립적이며, 상황에서 분리를 추구하는 존재로 보는 것과는 달리, 집단주의 사회에서는 개인을 타인과 연계

---

45 Bond, 1988, 1994; Kagitcibasi, 1990, 1994, 1996, 1997; Kim, U., 1995; Markus & Kitayama, 1991a, b; Schwartz, S. H., 1994; Triandis, 1988, 1989, 1990, 1994a, b, 1995; Triandis et al., 1985, 1988, 1990.

46 필자는 다양한 문화비교 연구를 개관하여 개인주의–집단주의 차원 분류의 기준을 여기서 제시되는 네 가지로 정리해왔다. 따라서 이하에서 제시되는 이 절의 내용들은 필자의 선행 저술(조긍호, 1993, pp. 130~133; 2003a, pp. 124~129; 2006, pp. 50~56; 2007a, pp. 58~63)의 해당 내용을 거의 그대로 옮겨온 것이다.

47 Clark, M. S., & Mills, 1979, 1993; Fiske, A. P., 1990; Goffman, 1961; Maine, 1963; Mills & Clark, M. S., 1982; Tönnies, 1887/1957 등.

48 Triandis, 1990, p. 60.

49 Hofstede, 1980, 1983, 1991; Hsu, 1971, 1983, 1985; Schwartz, B., 1986 등.

하여 상호의존적 관점에 따라 파악하고, 사회생활에서 타인이 미치는 영향을 강조한다. 호프스테드[50]는 개인주의-집단주의의 근본적인 문제는 해당 사회가 옹호하고 있는 상호의존성의 정도로서, 사람들이 '나'(I)의 자기 개념을 가지고 있느냐 아니면 '우리'(we)의 자기 개념을 가지고 있느냐와 관계가 있다고 봄으로써, 이러한 점을 분명히 드러내고 있다.

셋째는 개인과 내집단 사이의 관계에 따른 기준이다.[51] 개인주의 사회에서는 개인의 목표 추구가 집단에 해가 되더라도 집단의 목표에 선행시키며, 자기를 집단과는 분리된 존재로 생각하기 때문에 집단의 결속에는 관심이 없으며, 정서적으로도 거리감을 갖는다. 이와는 달리, 집단주의 사회에서는 개인의 목표를 내집단의 목표에 복속시키며, 내집단을 자기의 확장으로 받아들여 강한 내집단 정체감을 갖는다. 따라서 내집단의 통합과 조화를 강조하고, 내집단 규범을 보편타당한 것으로 지각하며, 내집단에 대해 강한 정서적 애착을 갖는다.

넷째는 사회구성의 궁극적 단위에 따른 기준이다.[52] 개인주의 사회에서는 사회의 궁극적인 존재론적 단위는 독립적인 개인이라고 보며, 사회는 이러한 개별적 개체들의 복수적인 집합일 뿐이라고 여긴다. 이와는 달리, 집단주의 사회에서는 사회의 궁극적 단위를 사람 사이의 관계 또는 이러한 관계의 원형인 가족과 같은 일차집단이라고 보아, 인간은 타인과 맺는 관계 속에 존재하고 이에 따라 규정되는 것으로 개념화하며, 따라서 사회는 구성원 각자가 이러한 관계에 내포된 역할을 충실히 수행함으로

---

**50** Hofstede, 1983.

**51** Hui & Triandis, 1986; Triandis, 1988, 1989, 1990; Triandis et al., 1985, 1988; Yang, K. S., 1981 등.

**52** Bond & Hwang, 1986; Chung, 1994; Hui & Triandis, 1986; Markus & Kitayama, 1991a, b, 1994a, b; Miller, J. G., 1984; Miller, J. G., & Bersoff, 1992 등.

써 유지된다고 본다.[53] 이렇게 개인주의 사회에서는 상황이나 타인과 분리된 독립적인 개인을 사회제도의 출발점으로 보기 때문에, 기본적으로 비사회적(asocial)인 개인을 사회행위의 규범적 단위로 보지만, 집단주의 사회에서는 개인 사이의 관계를 사회제도의 출발점으로 삼기 때문에, 관계 속에 내재해 있는 역할과 상호의존성을 사회행위의 규범적 단위로 보는 것이다.[54]

이러한 여러 기준들은 저마다 독특성을 가지고 있기는 하지만, 이들 가운데 가장 중요한 것은 사회구성의 기본단위에 대한 견해 차이로 보인다.[55] 왜냐하면, 사회구성의 기본단위를 개인 사이의 관계 또는 집단으로 보느냐 아니면 독립적이고 자율적인 개인으로 보느냐의 문제는 집단주의-개인주의 분류의 연원과 직결될 뿐만 아니라, 이에 따라 개인과 내집단의 관계, 개인 사이의 상호의존성의 정도 및 개인 사이의 교환 양상에 대한 견해 차이가 결과적으로 빚어질 것이기 때문이다. 이러한 사실은 집단주의-개인주의 구분의 기본적 출발점은 바로 기본적 사회단위의 인식 차라는 전제 아래, 자기를 집단의 일부로서 파악하느냐 아니면 집단과는 별개의 독특한 단위로서 파악하느냐에 따라 개인이 다른 사람들과 맺는 관계의 차원에서 드러나는 여러 가지 개인주의-집단주의의 차이를 정리해낼 수 있다[56]는 점에서도 분명해지는 것이다.

식량의 확보를 수렵 · 채취 · 목축 · 교역 및 분업화된 생산체제에 의존하는 사회에서는 사람들 사이의 협동보다는 경쟁 · 자립 · 독립성이 생존

---

**53** 정양은, 1988; 조긍호, 1993, 1996a, 1997a, 1999a, 2000, 2003a, 2006, 2007a, b; Bond & Hwang, 1986; Chung, 1994.

**54** Miller, J. G., 1984; Miller, J. G., & Bersoff, 1992.

**55** Hui & Triandis, 1986.

**56** Triandis et. al., 1988.

에 유리한 특성으로 부각되고, 식량의 확보를 농경에 의존하는 사회에서는 사람들 사이의 협동 · 조화 · 배려가 생존에 유리한 특성으로 부각된다는 사실이 일반적으로 밝혀져왔다.[57] 그 결과, 전자의 사회에서는 장(場) 독립적(field-independent)인 지각 경향과 사람들 사이의 독립성을 추구하는 분화적(分化的) 동기가 발달하고, 후자의 사회에서는 장 의존적(field-dependent)인 지각 경향과 사람들 사이의 결합을 추구하는 통합적(統合的) 동기가 발달한다는 사실이 확인되었다.[58] 그리하여 고대 그리스와 같은 전자의 사회에서는 두드러진 적응양식으로서 개인주의적 경향을 추구하지만, 고대 중국과 같은 후자의 사회에서는 두드러진 적응양식으로서 집단주의적 경향을 추구했던 것이다.[59]

이렇게 개인주의 사회에서는 필연적으로 개인을 서로 분리되고 독립적인 존재로 파악하여, 이렇게 개별적이고 자율적인 존재인 개인들이 모여 사회를 구성하는 것으로 인식하게 된다. 곧 사회의 궁극적인 구성단위를 독립적인 개인에게서 찾는 것이다. 이러한 사회에서는 서로 연계되지 않은 독립적인 개인들 사이의 계약이 사회 형성의 근거가 되므로, 사회생활은 평등하고 공정한 계약에 따른 교환의 양상을 띠게 되고, 결국 소속 집단의 목표나 이익보다는 개인의 목표나 이익에 일차적인 관심을 쏟게 된다.

이와는 달리, 집단주의 사회에서는 사람들을 서로 연계된 관계 속의 존재로 받아들일 수밖에 없게 되고, 결과적으로 이러한 사람들 사이의 관계

57 이에 대해서는 필자의 선행 저술(조긍호, 2006, pp. 33~49; 2007a, pp. 25~33) 참조.

58 Bakan, 1966; Geen, 1995a; Kagitcibasi, 1997; Triandis, 1995, p. 11; Wiggins, 1992; Witkin & Goodenough, 1977: 생태적 조건에 따라 주도적인 동기의 양상이 달라진다는 사실에 관해서는 필자의 선행 저술(조긍호, 2006, pp. 45~47) 참조.

59 조긍호, 2003a, pp. 130~135; 2006, pp. 47~49; 2007a, pp. 29~33; Nisbett, 2003, pp. 1~28, 29~39; Nisbett et al., 2001.

또는 그러한 관계의 원형인 가족과 같은 일차집단을 사회의 궁극적인 단위로 인식하게 된다. 그러므로 이러한 사회에서는 상호의존적인 사람들 사이의 신뢰에 바탕을 둔 서로에 대한 배려가 사회생활의 기초로 부각되고, 따라서 개인적 목표나 이익보다는 집단의 목표와 이익의 추구에 일차적인 관심을 쏟게 되는 것이다.

이러한 논의에 비추어보면, 사회의 궁극적인 구성단위를 상호독립적인 존재인 개인으로 보느냐(개인주의) 아니면 상호의존적인 존재인 사람들 사이의 관계로 보느냐(집단주의)에 따라, 어떤 기준으로 무엇을 서로 교환하느냐 하는 교환의 양식, 사람들 사이의 상호의존성을 중시하느냐 아니면 개인적인 독립성과 자율성을 중시하느냐 하는 삶의 태도, 그리고 개인을 앞세우느냐 아니면 소속 집단을 앞세우느냐 하는 우선순위 배정의 영역에서 특징적인 차이가 나타난다는 사실이 분명해지는 것이다.

## 2. 동 · 서 문화의 사상적 배경

서구와 동아시아 사회에서 각각 개인주의와 집단주의가 지배적인 문화유형으로 발달하게 된 근원에는 고대 그리스와 중국의 생태적 조건과 사회조직 및 관습의 차이에서 비롯하는 철학적 배경의 차이가 놓여 있다. 니스벳(Richard E. Nisbett)[60]에 따르면, 고대 그리스는 높은 산으로 막힌 좁은 해안가에서 중앙집권화하지 못한 도시국가가 발달되어, 도시 사이의 이주와 교역이 활발했으며, 따라서 시장과 정치집회에서 벌어지는 대립과 논쟁이 삶의 중요한 부분이었다. 그러므로 그리스인들은 나와 나 아닌

**60** Nisbett, 2003, pp. 1~28, 29~39.

것, 인간과 자연, 하나의 사물과 다른 사물을 엄격히 구별하여 범주화하고, 저마다 지니는 일관되고 불변하는 본질(essence)을 추상화하여, 그들을 지배하는 법칙을 찾아내려고 노력하게 되었으며, 결과적으로 맥락과 분리된 독립적인 대상(object)이 주의의 초점으로 부각되어, 이러한 분리된 대상의 안정적이고 불변적인 속성을 인식하는 데 힘을 쏟게 되었다. 그리하여 그리스인들에게서는 대상의 본질적인 속성을 논리 규칙에 따라 범주화(categorization)하는 '분석적 사고'(analytical thinking)의 양식이 발달하게 되었다는 것이다.

그러나 고대 중국은 넓고 비옥한 평원에서 중앙집권화 · 위계화한 사회가 형성되어, 사람들이 한 지역에 몇 세대 동안 정착하면서 농경에 힘썼으므로, 이웃과 협동하고 조화를 추구하는 일이 삶의 중요한 부분이었다. 그러므로 중국인들은 각 개체로서는 존재 의미가 없고, 모든 것은 연관적인 맥락 속에 존재한다고 인식하여, 항상 변화하는 상황 속에서 상호 연관된 역할과 의무 같은 규범을 파악하고 이에 맞추어감으로써 공동생활의 조화와 질서를 이루려고 노력하게 되었다. 따라서 그들에게는 분리되고 고립된 대상이 아니라 그들이 놓여 있는 전체 장(field)이 주의의 초점으로 부각되어, 전체 맥락 속에서 역동적으로 변화하는 가소성(可塑性, malleability)을 파악해서 통일성을 이루어내는 데 힘을 쏟게 되었다. 그리하여 중국인들에게서는 다양한 대상들을 그 관계의 유사성에 따라 통합적으로 함께 인식하는 '총체적 사고'(holistic thinking)의 양식이 발달하게 되었다는 것이다.

이러한 배경에서 지속적으로 고대 그리스 철학의 영향을 받아온 서구인들은, 사회는 상호 분리되고 독립적인 개인들을 기본단위로 하여 구성되는 복수적인 집합에 지나지 않는다고 인식하여, 집단보다 개인을 중시하는 개인주의의 경향을 띠게 되었다고 볼 수 있다. 이와는 대조적으로,

오랜 시대에 걸쳐 거듭 고대 중국철학의 영향을 받아온 동아시아인들은, 상호 연관된 사람들 사이의 관계 또는 그러한 관계의 원형인 가족과 같은 일차집단을 기본단위로 하여 구성되는 사회는 그 자체가 하나의 유기체라고 인식하여, 개인보다 그들이 놓여 있는 장으로서의 집단을 중시하는 집단주의의 경향을 띠게 되었다고 추론해볼 수 있다.

이렇게 개체로서 존재하는 개인을 그들이 소속되어 있는 맥락인 집단과 사회보다 우선시하는 서구 개인주의는, 상호 평등하고 독립적이며 자율적인 존재인 개인이 갖는 천부적인 자유와 권리 그리고 보편적인 이성을 중시하는 '자유주의'(自由主義, liberalism) 이념에서 그 절정을 맞는다. 곧 현대 서구 개인주의의 이념적 배경은 자유주의 사상이다.[61] 이와는 달리, 개체로서 존재하는 개인보다 그들로 구성된 집단(가족 · 친구 · 교회 · 향우회 · 동창회 · 회사의 소속 부서 들)을 우선시하는 동아시아 집단주의는, 사람들 사이의 관계를 중시하고, 이러한 관계를 맺는 타인에 대한 관심과 배려 그리고 사회적인 책임과 도덕성을 앞세우는 '유학'(儒學)의 체계에서 그 사상적 배경을 찾아볼 수 있다.[62]

### 1) 서구 개인주의 문화의 배경: 자유주의

개인주의는 현대 서구 사회를 특징짓는 이념일 뿐만 아니라,[63] "서구 문명의 본질이자 현대성의 진앙지"로서, 그 자체 "발전을 거듭하여, 이제

61 서구 개인주의의 사상적 배경이라고 할 '자유주의'에 관해서는 노명식(1991), Gray(1995/2007), 졸저(조긍호, 2006, pp. 89~193) 참조.

62 이승환, 1999a; 조긍호, 1998a, 2003a, 2006, 2007a, b, 2008; 최상진, 2000; 한규석, 2002; 한덕웅, 1994, 2000, 2003; Bond & Hwang, 1986; Fiske, A. P. et al., 1998; Hofstede, 1991; Kagitcibasi, 1997; Kim, U., 1994, 1995; Kim, U., & Choi, S. C., 1993; King & Bond, 1985; Lew, S. K., 1977; Nisbett, 2003; Nisbett et al., 2001; Triandis, 1995; Tu, Wei-Ming, 1985, 1996.

63 Dumont, 1983.

하나의 이념이 아니라 (서구의) 모든 사람에게 공통된 존재 방식이 되었다."[64] 알레뷔(Élie Halévy)[65]는 "오늘날 사회적 사실을 설명하는 방법으로든 아니면 개혁적 활동의 방향 설정을 위한 실제적 교의로든, 개인주의를 전면에 내세우는 것이 타당하게 받아들여지고 있다"면서, 이는 개인의 자율성과 인간존중에 따른 평등성 및 사회를 개인의지의 총합적인 산물로 간주하는 관념을 연결하는 "개인주의적 교의의 출현과 성공으로 인해서, 서구 사회에서 개인주의가 유일하게 진정한 철학"이 되었기 때문이라고 주장한다. 이렇게 개인주의는 곧 현대 서구 사회를 지배하는 핵심적인 이념이자 조류인 것이다.

서구 사회에서 개인주의가 지배적인 삶의 태도로 굳어지게 된 데는, 고대 그리스 문명에 의해 뿌려진 개인주의의 싹이 르네상스와 종교개혁을 통해 거세진 개인화의 흐름을 타고 17세기에 들어서면서 무르익은 자유주의 사상에 힘입어 활짝 꽃피게 되었다는 배경이 놓여 있다. 17세기에 절정을 맞게 된 자유주의의 물결은 뒤이은 계몽주의운동과 산업혁명을 통해 정치 · 경제 분야에 확산됨으로써, 서구인들로 하여금 개인주의적인 의식과 삶의 자세를 가지도록 확고한 자리를 차지하게 되었다.

자유주의는 "개인을 사회제도 및 사회구조에 앞서는 것으로 보아, 사회보다 더 현실적이고 보다 더 기본적인 것"[66]으로 여기는 신념체계이다. 곧 자유주의는 사회의 존재론적 구성단위를 서로 독립된 개체로 살아가는 개인이라고 보는 신념체계이며, 이렇게 "개인이 사회에 우선하고, 개인이 사회보다 더 절실하다"고 여김으로써, "논리상 사회는 개인들의 산술적 총계에 불과한 하나의 허구"[67]라고 인식한다. 사회보다 개인의 우선

**64** Laurent, 1993/2001, p. 9.
**65** Halévy, 1901~1904/1934, p. 504.
**66** 노명식, 1991, p. 31.

성을 주장하는 개인주의적 요소가 자유주의적 정체성의 제일의 특성이다.[68] 이와 같이 자유주의의 세계관에서는 움직일 수 없는 중심점을 개인에게 두고 있고, 그렇기 때문에 자유주의는 개인보다 사회를 앞세우는 어떤 종류의 사회이론에 대해서도 시종일관 대항해왔으며, 따라서 개인주의의 이념적 배경은 바로 자유주의에서 찾을 수 있는 것이다.

#### (1) 자유주의의 대두와 성장 배경

"자유주의의 인간관과 사회관은 [……] 개인주의적인 인간관과 사회관"이고, "따라서 자유주의의 철학적 핵심은 개인주의"[69]이다. 곧 자유주의의 정체성을 인식하게 해주는 가장 중요한 특성은 "집단성에 반대해 개인의 도덕적 우선성을 주장한다는 점에서 개인주의적 요소"[70]인 것이다. "그러므로 자유주의가 무엇인가를 물으려면 무엇보다도 먼저 개인주의가 무엇인가를 물어야"[71] 하며, 따라서 서구 사회에서 자유주의가 대두하고 성장한 역사적 배경을 탐색해보는 작업은 필연적으로 서구 개인주의의 역사적 배경을 탐색하는 작업이 된다.

서구 사회가 초기부터 개인 중심의 사조에 의해 지배되고 있었던 것은 아니었지만, 서구 역사의 방향을 특징짓는 주류는 한마디로 개인주의로의 이행이었다. 곧 서구의 역사에서도 고대 그리스 이전의 긴 기간은 전체(국가 또는 사회)를 앞세우는 관점이 지배하고 있다가, 인간 행위의 점차적인 개인화로 자유가 도래했고, 그 결과 개인과 전체 사이의 관계가 뒤

---

**67** 노명식, 1991, p. 43.
**68** Gray, 1885/2007, pp. 16, 155~156.
**69** 노명식, 1991, p. 27.
**70** Gray, 1995/2007, p. 155.
**71** 노명식, 1991, p. 27.

집어진 역사인 것이다. "단순한 상황의 산물이건, 인간 본성의 잠재적 가능성에 의한 예정된 목적에서건, 어쨌거나 인간 본성의 개인화와 내면화는 점점 더 복잡해지는 서구 사회와의 상관관계 속에서 필연적으로 성취될 수밖에 없었다. 이런저런 이념적 충돌이 있었음에도 이 개인화 과정의 문화적 역동성이 지금까지 약화된 적이 결코 없었고, 개인주의적 가치 체계가 전체론적 가치 체계를 압도"[72]하게 되었던 것이다.

부르크하르트(Jacob Burckhardt)[73]에 따르면, 서구 사회에서 개인화의 흐름이 거세게 나타남으로써 개인주의가 성장하게 된 결정적인 계기는 르네상스(Renaissance)에서 찾을 수 있다. "그의 주저인 『이탈리아 르네상스 문명』(*The Civilization of the Renaissance in Italy*)의 핵심 주제는 '개인주의'의 성장이었다."[74] 그러니까 개인주의의 이념이 본격적으로 서구 역사에 등장한 것은 14~16세기의 르네상스 시기부터라고 볼 수 있는 것이다.

이렇게 "중세 시대 내내 길고 보이지 않는 준비 과정이 진행되다가, 르네상스 시대에 이르러서야 비로소 사상이라는 범주에서, 그리고 경험적 현실로서 인식된 개인의 모습이 나타"[75]나기 시작한 다음, 17세기와 18세기에 자유주의가 무르익으면서부터 개인주의가 서구인의 삶의 중심체계로 역사의 전면에 등장하게 된 것이다. 이러한 맥락에서 여기서는 르네상스를 분기점으로 하여, 그 이전과 이후의 서구 역사에서 개인에 대한 인식이 어떻게 달라져왔는지를 커다란 역사적 사건 또는 사상적 조류를 중심으로 간략하게 살펴보기로 하겠다.[76]

---

**72** Laurent, 1993/2001, pp. 158~159.

**73** Burckhardt, 1860/1955.

**74** Lukes, 1973, p. 23.

**75** Laurent, 1993/2001, p. 21.

**76** 서구 사회에 개인주의가 대두하고 성장한 역사적 배경에 대해서는 김영한(1989, 1998), 노명식(1991), 민석홍(1984), 박우룡(1998), 박준철(1998), 조지형(1998), 주명철(1994), Burns,

(가) 르네상스 이전

인류가 환경세계와 외적의 위협으로부터 스스로를 보호하고 적응함으로써 살아남기 위해 택한 원초적인 삶의 양식은 집단적이고 전체주의적인 것이었다. 그 집단의 크기는 씨족 · 부족 · 국가 등으로 점차 넓혀져갔지만, 집단적인 양태가 삶을 영위하는 기본적인 양식이었던 것은 분명하였다. 이러한 사정은 고대 그리스에서도 마찬가지였다. 그러나 근대 개인주의 생성의 근원이라고 할 수 있는 르네상스는 "고대 그리스 · 로마 문화를 부활하여 이를 본받으려 한"[77] 문화운동으로서, 그리스 · 로마 시대에 비록 전반적으로는 전체론적 사회체제가 유지되었지만, 그 내면에는 개인의 가치에 대한 인식의 씨앗이 담겨져 있었다고 생각할 수 있다. 집단의 크기가 커지고 그 구조가 점점 복잡해지면서, 점차로 집단 속에서의 개인 존재의 특성에 대한 인식이 싹트기 시작하였던 것이다.

**고대 그리스 문명** 서구 역사에서 개인에 대한 관심이 싹튼 시기를 고대 그리스 문명으로부터 잡는 것이 보통이다. 그렇지만 그리스 문명의 핵심인 아테네가 흥성했던 기원전 5세기와 4세기 중반까지만 해도 개인에 대한 인식은 근대와 비교해보면 보잘것없었다. 일반적으로 고대 그리스 문화를 '인간중심적'이었다고 표현하지만, 이것은 근대 개인주의에서와 같이 개인 존재의 가치를 인정하고 찬양하는 수준은 아니었다. 고대 그리스에서 찬양된 인간은 보편적이고 추상적인 '우리들'로서의 인간이고, 신이나 자연과 대비되는 집단으로서의 인간이었지, 절대 근대적인 의

E. M., Lerner, R. E., & Meacham(1984/2003), Dülmen(1998/2005), Laurent(1993/2001), Lukes(1973), Rietbergen(1998/2003) 및 Russell, B.(1959/2003) 등에 의존하여 필자가 정리한 선행 저술(조긍호, 2006, pp. 143~193)의 내용을 기초로 하여 재정리한 것이다.

77 김영한, 1998, p. 13.

미에서 독립적인 개성의 주체로서의 '개인'이라고는 볼 수 없는 것이었다. 가장 민주적이었던 시기의 아테네에서도 참정권은 성인 남자인 시민에게만 허용되었고, 여자와 아이, 특히 노예들은 거의 인간으로 취급되지 않았다. 이는 플라톤(Platon)이 그리는 이상국가(理想國家)가 철저한 계급사회이자 통제 사회로서, "자립적인 인격체로서의 개인은 거의 존재할 수 없는 국가－기계와 같은 가공할 만한 사회상"[78]으로 그려지고 있다는 점에서도 드러난다. 아리스토텔레스(Aristoteles)도 플라톤처럼 '획일화된 통일체'로 이상국가를 그리고 있지는 않지만, 노예제도의 인정, 참정권의 제한, 그리스 식 도시국가 체제의 고수 등을 주장하고 있다는 점에서, 그도 개인 존재의 존엄성과 가치를 존중했다고 보기는 힘들다.[79]

이렇게 "기원전 4세기까지 모든 집단의 구성은 경험의 다양성과 관계없이 단 하나의 규범, 다시 말해 전체론적 규범에 의존하였다. 엄격하게 서열화된 유기적 전체로서 구성된 도시국가나 부족공동체가 어디서나 배타적으로 군림하였으며, 구속력이 강하고 상호의존성이 높은 관계로 묶인 구성원들을 절대적으로 지배하였다. 이런 사회에서 인간의 행동은 소속된 집단과 법에 대한 내면화된 복종심, 거의 변하지 않고 반복되는 전통 등에 의해 전적으로 결정된다. 이때 인간은 가치와 행동규범의 선택에 있어 어떤 자율성도 갖지 못하고, 자신을 고유한 개인으로 생각하거나 떠올리지 못하며, 단지 '우리'에 의존하는 단순한 분자로서 행동할 뿐"[80]이었다. 서구 사회에서 근대식 개인 존중의 가치가 인정되는 데에는 아직도 많은 시간이 필요했던 것이다.

**78** Russell, B., 1959/2003, p. 99.
**79** Russell, B., 1959/2003, pp. 142~145.

**헬레니즘과 로마 문명** 마케도니아의 알렉산더(Alexandros)는 그리스를 병합(B. C. 336)한 데 이어, 동방정복에 나서 페르시아 제국을 무너뜨리고, 불과 10년(B. C. 334~324) 만에 그리스에서 박트리아, 나일강에서 인더스강에 이르는 동방세계를 정복하여 대제국을 건설하였다. 그는 "자신이 그리스 문명의 전도사라고 여겼으며 [……] 자신의 군대가 점령하는 곳마다 그리스 식으로 운영되는 그리스다운 도시를 건설"[81]함으로써, 이른바 "그리스적 요소와 동방적 요소의 혼합에 바탕을 둔"[82] 헬레니즘(Hellenism) 문명이 탄생하는 계기를 만들었다.

헬레니즘이라는 말은 시대 개념인 동시에 문화 개념이다. 시대 개념으로는 알렉산더의 동방 원정으로부터 그의 사후 갈라진 여러 제국 중 가장 마지막까지 남았던 이집트의 프톨레미 왕조의 종말(B. C. 30)까지의 약 300년 동안을 말하고, 문화 개념으로는 그리스 문화를 위주로 동방 문화의 일부를 흡수하여 탄생한 문명을 가리킨다. 헬레니즘 문명을 통하여 그리스에 국한되었던 고대 그리스 문명의 좁은 울타리가 깨어지고, 세계적인 문화로 변화하게 되었으며,[83] 따라서 헬레니즘 문화에는 그리스의 지역적 요소에 보편적인 요소가 첨가되는 '세계시민주의'(cosmopolitanism)의 특성이 강하였다.[84]

헬레니즘 시대에 뒤이어 서구 사회를 지배한 것은 로마 문명이었다. 로마는 기원전 8세기 경부터 이탈리아 반도에서 태동되어, 기원전 1세기 말에 이르러 서유럽 대부분과 헬레니즘 세계 전체에 대한 지배권을 행사하

---

**80** Laurent, 1993/2001, p. 23.
**81** Russell, B., 1959/2003, p. 156.
**82** Burns, E. M. et al., 1984/2003, Vol., 1, p. 176.
**83** 민석홍, 1984, pp. 101~109.
**84** 윤진, 2003, p. 43; Rietbergen, 1998/2003, p. 84.

도록까지 성장한 다음, 성쇠와 부침을 계속하다가 기원후 476년에 게르만족에 의해 최후의 명목상의 황제가 폐위되어 서로마제국이 멸망됨으로써, 역사의 전면에서 사라졌다.[85] 중동지역을 위시한 동방세계가 헬레니즘 시대에 그리스화되었다면, "서부 유럽에서는 로마가 그리스의 유산을 전달하는 역할을 하였다."[86] 즉, "로마가 후세에 미친 가장 큰 공헌은 그리스 문명을 서유럽에 전달했다는 것"[87]으로서, 헬레니즘 시대와 마찬가지로 로마 시대에는 그리스 문명이 좀 더 넓은 규모로 세계시민적인 색채를 띠게 되었던 것이다.

그러나 세계시민주의적인 성격이 강하였던 헬레니즘과 로마 문명은 "개인의 등장을 불완전하게 예고했을 뿐, 개인주의와 역사의 만남은 아직 이루어지지 않았다. 그리스에서 '원자'(atome)라는 단어는 단지 물질세계의 구성요소만을 가리킬 뿐이다. 라틴어에서도 '개인'(individuum)이라는 말은 중세 시대에야 등장한다. 인간의 개인성이라는 범주를 표현하는 어휘는 아직 존재하지 않았던 것이다."[88] 이렇게 그리스 이후 헬레니즘과 로마 시대를 거치면서도 근대적 의미의 개인관이 싹트는 데에는 더 큰 계기가 필요했던 것이다. 그것은 바로 기독교의 성장이었다.

**기독교의 공인과 성장** 로마인이 개인주의 역사에 남긴 가장 큰 공헌은 기독교를 공인하고 국교화했다는 사실이다. 기독교는 콘스탄티누스

---

**85** "콘스탄티노플에 자리 잡은 동로마는 비잔틴제국(Byzantine Empire)으로 15세기 중엽까지 그 명맥을 유지했지만, 로마가 흥기한 본 고장인 이탈리아 반도를 중심으로 한 서로마제국은 몰락하였고, 이로써 역사가들은 그리스의 성장과 발전으로부터 시작된 유럽의 고전시대는 막을 내린 것으로 보고 있다"(민석홍, 1984, p. 154).

**86** Russell, B., 1959/2003, p. 171.

**87** Burns, E. M. et al., 1984/2003, Vol. 1, p. 244.

**88** Laurent, 1993/2001, p. 28.

(Constantinus) 대제의 '밀라노 칙령'(A. D. 313)으로 인해 공인된 후, 테오도시우스(Theodosius) 대제의 칙령(A. D. 380)에 의해 로마의 국교로 선포되었다. 그 후 이는 빠르게 전파되어, 서유럽과 동유럽 등 서구 전 지역에서 배타적 권위를 인정받는 유일 종교로 추앙되었다.

본래 기독교는 유대교에 배경을 두고 태어났다. 유대교는 '이스라엘 민족'이라는 선민(選民) 집단과 '야훼'라는 유일신(唯一神)과의 집단적 관계를 중핵으로 하는 종교이다. 즉, 신과 인간의 관계는 집단적 관계이지 절대 개인적이고 직접적인 관계가 아니며, 따라서 신의 일차적인 관심 대상은 이스라엘 민족이라는 선민 집단이라고 보는 것이 유대교이다. 그러나 '예수'(Jesus)라는 한 역사적 인물과 그를 뒤이은 사도(使徒)들의 노력으로 인해 신과 인간의 관계는 집단적 관계에서 개인적 관계로 변모되었다. 기독교에서는 이스라엘 민족이 아닌 사람도 포함해서 "모든 사람은 똑같이 신의 보호 아래에 있는 신의 자녀이며, 그 자신의 고유한 소명을 가진 존재"[89]라고 보며, 따라서 개인은 신앙 고백을 통해 신과 직접적으로 관계를 맺는 제일차적인 종교적 대상으로 부각된다. 그 결과 기독교는 이스라엘 민족의 집단적 종교에서 신앙 고백을 한 사람의 개인적 종교로 탈바꿈하게 된 것이다.

이렇게 "기독교는 처음부터 개인을 상대로 이야기하는 종교였다. 기독교는 개인 한 사람 한 사람의 구원을 다루며, 각 개인이 소속된 가족적 연대와 지배의 관계를 벗어나 노예나 피압박계층, 지배자나 귀족 할 것 없이 모든 개인에게 말을 걸기 때문이다."[90] 그러나 이처럼 기독교 교리에

**89** Lukes, 1973, p. 46.

**90** Dülmen, 1997/2005, pp. 22~23: 흔히 중세 기독교를 인간 속박과 억압의 장치였다고 생각하는 경향이 있는데, 이는 잘못된 생각이다(윤진, 2003). "중세 기독교는 분명히 사람들이 개성을 강화시키는 계기들을 가지고 있었고, 이것은 남성과 여성이 다 함께 참여했던 강력한

개인주의의 경향이 농후하게 갖추어져 있다고 해서, 기독교가 지배하는 중세 시대에 그만큼 개인화가 실제로 진행되었던 것은 아니라는 사실에 주목해야 한다. 중세는 신과 교회를 대표하는 교황과 세속적 통치력을 가진 황제 사이의 대립으로 점철된 시대이자 승려 계급과 속인 계급의 대립이 격화된 시대였다.[91] 이러한 대립과 반목의 과정에서 점차로 교회 조직의 부패와 타락이 심화되자 교회의 영적 지도력에 금이 가기 시작했고, 교회는 이를 만회하고자 신도들에 대한 통제력을 강화하는 일련의 조치들을 취하게 됨으로써, 기독교 자체에 내재해 있던 "해방과 개인화의 역

---

종교적 개인주의로 나타났다. 이 종교적 개인주의의 당연한 귀결이 바로 종교개혁"(Dülmen, 1997/2005, p. 26)인 것이다. Dülmen(1997/2005, pp. 22~26)은 중세시대 교회가 주도했던 개인화의 계기를 신앙고백 · 속죄 · 세례 · 혼인서약 · 종교적 삶의 선택의 다섯 가지로 들고 있다. 이렇게 "기독교는 인간을 자유롭고 유일한 인격체로 철저하게 내면화시키는 한편, 부족이나 국가에 대한 종속 상태에서 해방시킴으로써 개인을 보편적 인간성을 동등하게 구현하는 존재로 만드는 것이다. [……] 신과 직접적이고 내면화된 관계를 맺은 관계로 '세상 밖에서' 구원받을 수 있다고 믿었기 때문에, 이들은 마음 깊은 곳에서, 그리고 뒤에는 사회와의 관계에 있어서도 개인화되었던 것이다. [……] 존재의 가장 내밀한 곳에서 변화를 겪은 인간은 이제 스스로 주체가 되고, 자신은 물론 타인과의 관계를 자유롭게 처리할 수 있는 자율적 인격체로 변모한다. 독립적 성향이 싹트면서 인간은 개인의 출현을 진정으로 준비하는 시기에 돌입"(Laurent, 1993/2001, pp. 29~30)하게 되는 것이다. 암흑시대(Dark Age)처럼 보이는 중세가 오히려 역설적으로 근대적 개인의 출현을 적극적으로 준비하는 시기였던 것은 "개인적이고 초월적인 신에 기초한 기독교가 심층적 차원에서 해방과 개인화를 불러오는 역동적 힘"(p. 29)이기 때문이었던 것이다.

**91** Russell, B., 1959/2003, p. 185~186: 기독교의 평등성과 사제 조직도 기독교가 성공을 거둔 배경이다(Burns, E. M. et al., 1984/2003, Vol. 1, pp. 256~257). 기독교는 3세기에 이르러 신앙생활을 지도할 사제들의 위계조직을 발전시켰다. 이 조직은 신도들의 예배와 성사뿐만 아니라, 병자 간호나 노약자 보호 및 장례 등 그 자체 긴밀한 유대관계를 지닌 신앙공동체를 구성하고 효율적으로 지도하였다. 그러나 이러한 교회 조직은 시간이 흐를수록, 특히 세속 황제와의 세력 다툼의 와중에서 점점 엄격해지고 세속화해갔다. 결과적으로 조직의 부패 현상도 만연하게 되어, 처음에는 기독교 성장의 밑거름이 되었던 교회 조직이 나중에는 기독교 침체의 커다란 원인이 되었다. 16세기의 종교개혁은 어떻게 보면, 너무 세속화되고 타락한 교회 조직에 대한 개신운동의 성격이 강한 것이다.

동적 힘"[92]은 서서히 상실되어갔던 것이다.

이렇게 근대적 의미의 개인관의 씨앗은 기독교의 공인과 중세를 통한 그 성장에 있었다. 기독교는 유대교와 결별하면서 개인적인 종교로 부각되었고, 따라서 기독교의 공인과 성장은 서구 사회에 개인주의의 씨앗을 심는 계기였다. 그러나 중세 교회는 지나치게 세속화, 권력기관화함으로써, 기독교에 내재되어 있는 개인화를 이루어내는 보루로서의 역할을 스스로 포기하였다. 이러한 상황에서 기독교 교리에 내재되어 있는 진정한 개인화를 이루어내기 위해서는 새로운 기폭제가 필요했던 것이다.

### (나) 르네상스와 그 이후

서구 역사에서 중세의 몰락을 거쳐 17세기의 거대한 진보에 이르는 격랑기, 곧 근대가 출현한 배경에는 14~16세기 이탈리아를 중심으로 전개된 르네상스운동이 놓여 있다. 르네상스는 좁은 의미에서 "14~16세기의 유럽에서 일어난 새로운 문화운동"을 가리키기도 하고, 넓은 의미에서는 "중세에서 근대로 넘어가는 과도기"로서의 "역사적 시대 개념"을 뜻하기도 한다.[93] 이렇게 근대는 그리스 시대의 이상으로 돌아가자는 르네상스로부터 시작되어, 이로부터 파생되는 개인 존중 사상, 개인과 신 사이의 직교(直交)에 관한 사상, 개인이 제반 권리와 자유의 보유자라는 사상, 이성의 원칙에 따른 경험적 탐구를 통한 과학과 기술의 진보 및 상업자본주의의 대두와 성장 등을 중핵으로 하여 발전되었다고 볼 수 있다. 이러한 근대의 핵심은 개인화가 본격적으로 진행되었다는 것이다.[94] 서구 역사에서 근대는 곧 개인주의가 활짝 핀 시기인 것이다.

---

**92** Laurent, 1993/2001, p. 29.

**93** 김영한, 1998, pp. 13~14.

**94** Dülmen, 1997/2005; Laurent, 1993/2001.

**르네상스** 14세기경부터 16세기에 걸쳐 이탈리아에서 등장하여, 16세기 전반기 동안 북유럽으로 확산된 사상 · 문학 · 예술 분야에서의 주목할 만한 개신 경향이 르네상스이다. 당시 이탈리아인들의 관심사는 그리스 · 로마의 "고전 문화 전체의 부활과 그것을 발판으로 한 새로운 근대 문화의 창조"[95]에 있었다. 이러한 르네상스를 통해 고전 학문의 지속적인 재발견과 확산, 고전 학문의 새로운 활용, 그리고 문화의 일상화와 세속화가 이루어졌다.[96]

르네상스의 지적 이상을 가장 보편적이고 근본적으로 압축해서 표현해 주는 것은 '휴머니즘'(humanism)인데, 이는 좁은 의미에서 쓰이기도 하고, 넓은 의미에서 쓰이기도 한다.[97] 좁은 의미 또는 기술적 의미에서 쓰일 때 휴머니즘은 문법 · 시 · 수사학 · 역사 · 도덕철학의 인문학(studia humanitatis)을 강조하고자 하는 교육 · 문화 운동을 일컫는데, 이러한 의미로 쓰일 때 휴머니즘은 '인문주의'(人文主義)로 번역된다. 이에 비해 "넓은 의미의 휴머니즘은 인간의 가치와 존엄을 강조하고, 인간의 삶과 조건에 우선적으로 관심을 두는 사상과 사조를 가리킨다."[98] 이런 의미에서 사용될 때 휴머니즘은 '인본주의'(人本主義)로 번역된다.[99]

이렇게 르네상스 시대 인본주의에 바탕을 둔 인문주의의 융성은 "고대

---

**95** 민석홍, 1984, p. 335.

**96** Burns, E. M. et al., 1984/2003, Vol. 2, pp. 504~505.

**97** 김영한, 1998, pp. 11~18; 민석홍, 1984, pp. 344~348; Burns, E. M. et al., 1984/2003, Vol. 2, pp. 505~506.

**98** 김영한, 1998, p. 11.

**99** 이러한 휴머니즘의 의미와 역사를 개관해보면, "서양 근대 문화는 르네상스 휴머니즘의 산물임을 알 수 있다"(김영한, 1998, p. 13). 이러한 르네상스 휴머니즘이 서구 근대 세계에 끼친 영향은 고전 문화의 부활과 전승, 국민문학 또는 자국어(自國語) 문학의 발전, 종교개혁의 지적 배경 제공, 인간중심적 역사관의 도입 등 실로 광범위하였다(김영한, 1998, pp. 19~30; 민석홍, 1984, pp. 344~360; Burns, E. M. et al., 1984/2003, Vol. 2, pp. 509~548).

문화 전반에 대한 관심을 환기시키고, 이에 관한 인식이 깊어짐에 따라 중세와는 다른 새로운 인생관을 낳고, 인간과 자연에 대해서도 새로운 인식이 싹트게"[100] 하였다. 부르크하르트는 "자아의 각성, 개인 능력의 발휘, 개성의 성장이 르네상스 이탈리아에 그 원형이 있었고, 그것이 근대 사회의 심리적 · 정신적 요소를 형성하였음"[101]을 강조하여, 르네상스운동의 핵심을 "개인주의의 성장"이라고 보았다. 그에 따르면, 르네상스가 근대 세계에 끼친 공헌은 '개인과 세계의 발견'에서 찾을 수 있다는 것이다.[102]

르네상스로 인한 '개인의 발견'은 집단적 존재에서 개인적 존재로 인간을 보는 관점의 변화, 개인의 개성 존중과 그 발현의 장려 및 인간의 자유와 존엄성이라는 관념의 대두 등으로 드러나고 있다. 중세 시대까지만 해도 인간은 신분이나 사회 계층 또는 혈통이나 소속 집단의 구성원으로 인식될 뿐이었으나, 르네상스 시대에 와서 전체로서의 하나의 개인으로 인식되었던 것이다. 이러한 개인과 개성에 대한 자각은 "마침내 인간 전반의 문제로 관심을 확대시키게 되었고, 그 결과 인간의 자유와 존엄성의 관념이 대두되었다."[103] 이들은 오직 개인만이 스스로의 자유의사에 따라 성장하고 발전할 수 있어서, 도덕적인 자율성을 보유하고, 사생활의 자유를 개발하여, 개성의 완전한 발현을 도모할 수 있다고 보았다.[104]

---

**100** 민석홍, 1984, p. 348.

**101** 차하순, 1963, p. 62.

**102** Lukes(1973, p. 25)는 "부르크하르트에게 있어서 르네상스를 통한 개인주의의 성장은, 많은 역사철학자들에게서와 마찬가지로, 우연이 아니라 '역사적 필연'(historical necessity)이었다"고 지적함으로써, 부르크하르트가 르네상스를 개인주의 성장의 확고한 기폭제로 인식하고 있음을 지적하고 있다. 르네상스와 개인주의의 성장 사이의 관계에 대한 Burckhardt(1860/1955)의 작업에 대한 평가는 Lukes(1973, pp. 23~25) 참조.

**103** 김영한, 1998, p. 29.

**104** Lukes, 1973, p. 24.

르네상스는 이러한 '개인의 발견'과 함께 세계의 발견을 가져왔다. 르네상스 휴머니즘에 내포된 현세주의는 필연적으로 외부 세계와 자연에 대한 호기심을 자극하여, 이것으로 눈을 돌리게 하였다. 그 결과 두 가지 중요한 발견이 이루어졌다.[105] 그 하나는 유럽 이외의 외부 세계에 대한 호기심과 미지의 세계에 대한 탐험심의 표출로 인해 이루어진 신항로와 신대륙의 발견 같은 이른바 '지리상의 발견'이다. 인간의 능력에 대한 무한한 신뢰, 외부의 세계로 뻗어나가려는 팽창의 욕망, 이것이 바로 르네상스 시대 지리상의 발견의 배경이자 결과이었던 것이다. 르네상스로 인한 또 한 가지 세계의 발견은 '과학기술의 진보'이다. 고전 고대의 부활은 그리스 사람들의 자연관과 탐구 정신의 부활을 가져와, "중세 시대의 교회가 사람들에 대한 지배권을 확보하려고 애썼던 독단적 교조주의의 권위"[106]에서 벗어나서 공평무사하게 자연을 대하게 되었고, 따라서 자연 속에서 신의 섭리를 찾는 것이 아니라, 자연을 있는 그대로 보아 탐구하게 되었다. 결과적으로 사람들은 자신이 그 속에서 살고 있는 지구와 자연현상에 관해서 전보다 더 정확한 생각을 형성하게 되었고, 인간의 능력에 대한 낙관주의적 믿음을 형성하게 됨으로써, 근대과학과 기술 발달의 밑바탕이 갖추어졌다.

르네상스에 의한 이러한 '개인과 세계의 발견'은 인간의 능력과 가능성에 대한 확신, 개성과 그 발현에의 예찬, 그리고 도덕적 자율성의 확보를 가져와서, 결과적으로 근대 개인주의가 성장하는 데 크게 기여하였다. 곧 서구 개인주의는 르네상스로 인해 신이나 자연과 대립되는 집합적 개념으로서의 보편적 인간이 아니라, 삶의 주체로서 독립적으로 존재하는 개

---

**105** 김영한, 1998, pp. 29~30; 민석홍, 1984, pp. 348~351, 358~360, 374~377; Russell, B., 1959/2003, pp. 250~255.

**106** Russell, B., 1959/2003, p. 252.

성을 가진 개인이 관심의 초점으로 등장하면서부터 성장되었다. "이때부터 개인주의는 그 자체 좋건 싫건 간에, 사람들이 숨 쉬는 대기를 형성하게"[107] 되었던 것이다.

**종교개혁** 이탈리아 르네상스가 북방으로 전파되어 기독교 휴머니즘으로 전개되던 16세기 초반(1517년), 비텐베르크대학 신학교수인 루터(Martin Luther)가 당시 가톨릭교회의 면벌부(免罰符, Indulgentia)[108] 판매의 부당성을 지적하는 95개조의 반박문을 비텐베르크대학 부속 성당의 문에 게시하면서부터 시작되어, 16세기 초 · 중반 동안 광범위하게 로마 가톨릭에 반기를 든 종교개혁(Reformation)운동이 전개되었다. 이들 종교개혁운동가(Protestant)들의 주장은 상당히 다양하지만, 다음 세 가지는 모든 개신교파에 공통적인 것이다.[109]

첫째, 구원은 교회 의식의 준수나 인간의 선행에 의해서가 아니라, 개인의 자발적인 선택에 의한 믿음을 통해서만 얻어진다는 '믿음지상주의'이다. 개신교도들은 의식 준수와 외부로 나타나는 행위보다는 신과 개개인의 직접적인 교통의 결과인 내면적이고 자발적인 믿음만이 구원에 이르는 길이라고 주장하였다. 이러한 믿음지상주의의 새로운 구원론은 개인들에게 영적 자유와 자율성을 부여하여, 종교적 개인주의의 신조를 유포하게 되었다.

---

**107** Burckhardt, 1860/1955, p. 279.

**108** 박준철(1998, p. 60, 주 8)은 흔히 '면죄부'(免罪符)로 번역되는 Indulgentia는 '면벌부'로 부르는 것이 옳다는 견해를 제시하고 있다. 중세신학에 따르면, 죄는 고해성사를 통하여 사제가 신을 대리하여 용서하는 것인데, 그럼에도 불구하고 그 죄에 따르는 벌은 여전히 남게 되는 바, 연옥에서 받게 될 이 벌을 현세에서 대신하는 것이 참회고행이며, 이는 구원에 필요한 공적을 쌓는 수단이기도 한데, 참회고행의 한 형태로 인정된 Indulgentia의 구매는 '죄'를 용서하는 것이 아니라 '벌'을 면하게 하는 기능을 하기 때문이라는 것이다.

**109** 박준철, 1998, pp. 33~39.

둘째, 구원에 이르는 유일한 길이 개인의 내면적이고 자발적인 믿음에 있다면, 신과 인간과의 관계는 직접적인 교통의 관계이지 중개자를 필요로 하는 관계가 아니며, 따라서 모든 기독교도들은 스스로 자신의 사제가 된다는 '만인사제주의'(萬人司祭主義)이다. 신과 인간 사이의 관계를 새로이 설정한 것이 믿음지상주의라면, 만인사제주의는 성직자와 평신도의 관계를 재규정한 것이라고 볼 수 있다. 이러한 만인사제주의를 통해 개신교도들은 교회 및 사제의 권위로부터 해방되어, 자기의 자율적 결단에 따라 스스로가 스스로의 구원을 확보해야 하는 영적 책임성과 영적 평등성을 확보함으로써, 종교적 개인주의에 한 걸음 더 다가서게 되었던 것이다.

셋째, 오직 성경만이 믿음의 출처이고, 신앙생활의 지침이며, 교회와 교회 관례의 타당성에 대한 보증자로서, 성경만이 절대적이고도 유일한 권위를 갖는다는 '성경지상주의'(聖經至上主義)이다. 중세 가톨릭교회와는 달리, 성경만을 유일한 권위로 인정할 뿐, 교황의 교서나 종교회의의 결정 등 그 이외의 것에 대해서는 어떠한 권위도 인정하지 않겠다는 것이 성경지상주의의 태도이다. 물론 성경은 읽는 이에 따라 다양하게 해석될 수 있지만, 이러한 사실로부터 믿음의 내용과 신앙생활의 양식은 스스로의 이성에 따라 자율적으로 선택할 수밖에 없으며, 그에 따르는 책임은 스스로가 질 수밖에 없다는 태도를 유포하게 되었고, 결과적으로 종교적 개인주의의 신조가 성장하는 데 기여하게 되었던 것이다.

이상에서 보듯이, '종교적 개인주의'의 이념은 프로테스탄트들의 세 가지 공통적인 교의에 뿌리를 두고 있다. 그들의 믿음지상주의는 종교적 내면화(사유화)와 자율성을, 만인사제주의는 종교적 평등성을, 그리고 성경지상주의는 종교적 선택과 책임성을 개인에게 요구하고 부여하였던 것이다. 이렇게 "개인 신자는 신과의 사이에 어떠한 중개자도 필요로 하지 않으며, 자기의 영적 운명에 대해 스스로가 일차적인 책임을 져야 하므로, 자기 자신의 방법과 노력을 통해 신과 관계를 맺어야 할 권리와 의무가 개인에게 부여되어 있다는 견해가 곧 종교적 개인주의인 것이다."[110]

이러한 맥락에서 보면, "종교개혁과 더불어 개인화 과정의 또 다른 핵심적 측면, 다시 말해 정신적으로 자율적이고 자족적인 주체가 되는 인간의 내면화가 성취된다"[111]고 생각할 수 있다. 바로 이러한 종교적 개인주의로부터 근대적 개인이 출현된다. "자신의 내면으로 들어가라. 그리고 양심에 따라 살라는 구호는 개신교 내부에서 나온 강력한 요구였으며 [……] 여기에서 처음으로 근대적 개인성의 구조가 나타나고"[112] 있는 것이다. 이와 같이 종교개혁을 통해 개인의 자율성과 자족성, 그리고 내면화와 책임성이라는 개인주의의 핵심적 관념이 널리 받아들여지게 됨으로써, 개인의 위상은 더 한층 높아지게 되었던 것이다.

**명예혁명 · 과학혁명 · 상업혁명과 자유주의** 14~16세기의 르네상스와 종교개혁에 의해 발아한 개인주의의 싹은 중세 봉건체제의 붕괴를 가져왔으나, 곧 종교분쟁과 절대왕조 체제의 등장으로 위기를 맞게 되었다. 그러나 한번 타오르기 시작한 개인주의의 물결은 가라앉을 수 없었으며, 17세기에 들어서서 베이컨(Francis Bacon)과 뉴턴(Isaac Newton) 등에 의해 주도된 과학혁명, 종교분쟁의 결과 확고해진 종교적 관용주의 및 17세기 말엽 발발한 명예혁명(Glorious Revolution, 1688~1689), 그리고 상공업의 발달로 인해 촉진된 자본주의의 발전 등으로 인해 자유주의 사상이 대두되면서 개인화의 흐름은 역사의 대세가 되었다. 이렇게 근대 개인주의 성장

---

**110** Lukes, 1973, p. 94.
**111** Laurent, 1993/2001, pp. 36~37.
**112** Dülmen, 1997/2005, p. 93.

의 사상적 배경인 자유주의의 진원지는 과학혁명과 명예혁명 그리고 상업혁명의 발상지인 영국이었다.

'명예혁명'은 왕권과 시민권 사이의 대립이 격화되어 발발한 '청교도혁명'(Puritan Revolution, 1642~1660)의 역사적 귀결이었다. 청교도혁명은 "사회적으로나 경제적으로 귀족 계급을 잠식하면서 성장과 발전을 계속해온 지주(地主) 계층(gentry)을 주축으로 하여 절대왕정의 전제정치를 타도하고, 의회를 중심으로 영국 고유의 전통적인 헌정 상의 자유와 종교적 자유를 확립하려는 혁명"으로, "근대 사회의 민주주의가 싹트고 성장할 기름진 사상적 옥토였다." 청교도혁명은 비록 "왕정복고로 그 뜻의 달성이 일시 중단되었으나, 얼마 안 가서 명예혁명으로 그 뜻이 이루어"[113]졌다. 명예혁명을 통해 의회는 왕으로 하여금 권리장전(權利章典, Bill of Rights)을 선포케 하였는데, 이는 절대왕정의 완전한 항복 문서였다. 그 내용은 중세 이래 발전되어온 영국의 헌정적 전통을 종합하고 확인하면서, 왕권을 제약하고 의회의 우위를 확인함으로써, 개인의 자유를 크게 신장시켜, 국민의 의사와 법에 종속되는 근대국가 출현의 길을 열었다.[114] 이러한 "명예혁명은 사상 최초의 '자유주의혁명'이었다 [……] 이 혁명에 의해 촉진된 입헌주의, 종교적 관용, 상업 활동의 자유는 18세기 유럽과 미국 자유주의자들에게 '하나의 기준'이 되었"[115]던 것이다.

이러한 명예혁명에 이론적 정당성을 부여해준 것은 홉스(Thomas Hobbes)를 뒤이은 로크(John Locke) 등의 자연권 사상가들이었다.[116] 홉스는 『리바이어던』(*Leviathan*, 1651)에서 자연상태는 만인에 대한 만인의 투

**113** 민석홍, 1984, pp. 445~446.
**114** 민석홍, 1984, pp. 447~450.
**115** 박우룡, 1998, p. 69~70.
**116** Lukes, 1973, pp. 79~87.

쟁이 벌어지는 잔인한 상태로서, 개인들은 자기이익의 확보를 위해 상호 계약을 맺어 국가에 권력을 양도하게 된다는 사회계약론을 제시하였다. 이 이론은 인간의 본유적인 자연권을 인정하기는 하였으나, 자연상태를 부정적으로 보고, 그럼으로써 절대 권력을 정당화하는 결과를 초래하였다. 그러나 로크는 『통치론』(*Two Treatises of Government*, 1689)을 통해 자연상태는 절대적 자유와 평등이 팽배해 있는 상태로서, 자연상태에서 개인은 본유적인 생명 · 자유 · 자산에 대한 자연권(재산권)을 갖는데, 이를 보호하기 위해 스스로 자연법을 집행한다고 보았다. 이러한 과정에서 각 개인이 자신의 권리를 행사하려 하므로 불가피하게 혼란과 불안이 초래되고, 이러한 불편을 피하기 위해 정부에 일정한 권리를 양도하기로 합의하게 된다는 것이다. 그러나 개인들이 정부에 양도하는 것은 자연법을 집행할 권리뿐이며, 정부는 개인의 자연권을 보호할 뿐만 아니라 이를 신장시킬 의무도 지게 되므로, 만일 정부가 그 권력을 남용하거나 제대로 개인의 자연권을 보호 · 신장시키지 못하면, 인민은 이를 전복시킬 권리를 갖게 된다고 로크는 주장하였다. 이러한 로크의 정치적 자유에 대한 옹호는 모든 형태의 절대주의를 규탄함으로써, 명예혁명에 대한 이론적 근거를 제공해주었을 뿐만 아니라, 자유주의 사상이 꽃피는 밑바탕이 되었던 것이다.[117]

명예혁명과 자연권 사상 이외에 17세기 영국에서 자유주의 사상이 꽃피게 된 또 하나의 배경으로 베이컨과 뉴턴에 의한 '과학혁명'을 들 수 있다.[118] 과학혁명은 영국 경험주의 철학의 이성주의적 전통과 합리주의의

---

**117** 노명식, 1991, pp. 136~143; 민석홍, 1984, pp. 458~460; 박우룡 1998, pp. 69~70; Burns, E. M. et al., 1984/2003, Vol. 3, pp. 641~642, 728~733; Russell, B., 1959/2003, pp. 280~283, 313~321.

**118** 민석홍, 1984, pp. 453~455; 박우룡, 1998, pp. 67~69; Burns, E. M. et al., 1984/2003,

직접적인 소산이다.[119] "과학혁명은 질서정연하게 통합된 기계적인 우주상을 제시하는 동시에, 우주와 자연의 외관상의 혼란과 불규칙성에도 불구하고 합리적이고 법칙적인 질서가 존재하며, 인간의 이성은 이를 파악하고, 그럼으로써 이에 생산적인 조작을 가할 수 있다는 인식을 초래하였다."[120] 이렇게 과학혁명을 통해 인간 능력에 대한 무한한 신뢰와 자신감을 가지게 되었으며, "과학의 자율성"과 "정신의 자유로운 활동을 옹호"[121]함으로써, 자유로운 인간의 무한한 진보와 발전이라는 관념이 성숙되는 계기가 되었다.

르네상스와 종교개혁에 이은 자연권 사상의 대두와 과학혁명을 통해 자유주의 사상이 성숙할 계기는 대체로 마련되었으나, 17세기 영국에서 자유주의 사상이 무르익게 된 배경으로 또 한 가지 생각할 수 있는 것은 '상업혁명'과 '자본주의의 발전'이다.[122] 영국은 유럽 대륙과 비교해볼 때

Vol. 3, pp. 761~768; Russell, B., 1959/2003, pp. 271~280: "근대 과학은 르네상스에서 싹텄으나, 17세기에는 이의 발전을 촉진시킬 방법론과 그것을 실천할 수 있는 기구와 수단이 발달하였다"(민석홍, 1984, p. 453). 베이컨은 고대 이래 일반적으로 행해지던 '연역법'(演繹法, deduction)을 배격하고, 구체적인 사실과 현상의 가능한 한 많은 관찰과 이로부터 얻은 자료를 기초로 하여 일반적인 법칙에 도달하는 '귀납법'(歸納法, induction)을 과학의 기본적인 방법론으로 강조하였다. 귀납법과 관찰 및 실험의 강조는 근대 과학이 본격적으로 발전하는 데 커다란 공헌을 하였다. 이 이외에 관찰과 실험에 필요한 기구(망원경 · 현미경 · 기압계 등)도 17세기에 발명되어 과학 발전의 토대를 이루었다. 이러한 배경에서 뉴턴은 코페르니쿠스(Nikolaus Copernicus), 갈릴레이(Galileo Galilei), 케플러(Johanes Kepler) 등의 업적을 수렴하여 근대적인 새로운 우주상을 제시하였다.

**119** Russell, B., 1959/2003, pp. 312~321.

**120** 민석홍, 1984, p. 455.

**121** Burns, E, M. et al., 1984/2003, Vol. 3, p. 762.

**122** 노명식(1991)은 자유주의 사상 대두의 배경을 르네상스 · 종교개혁 · 과학혁명과 함께 자본주의의 발전으로 잡고 있다. 그에 따르면, "르네상스의 세속적 정신은 인간의 관심을 내세의 영생에서 현세의 삶으로 옮기게 하였고, 종교개혁은 개인적 판단에 의한 성서 해석의 길을 열어 교회의 초월적 권위를 부정하고 종교상의 개인주의를 촉진시켰다. 16~17세기의 과학혁명은 우주와 자연은 보편적 불변의 법칙에 의해 움직이는 하나의 기계라는 것을 증

상대적으로 국내 정치가 안정되어 있었으므로, 상업과 자본주의가 발달하여 경제 발전이 다른 나라보다 앞섰다.[123] 이러한 상업혁명과 자본주의의 발달은 개인의 사유재산권의 관념을 낳았고, 또 그것의 확보를 위한 자유로운 경제활동을 추구하도록 함으로써, 자유주의 사상이 성숙하는 또 하나의 계기가 되었다.

이상에서 보았듯이, 자유주의 사상은 르네상스와 종교개혁으로 인한 개인과 세계의 발견 및 신앙과 양심의 자유의 관념을 바탕으로 17세기 영국에서 발발한 명예혁명과 자연권 사상의 대두, 과학혁명 및 자유주의 경제체제의 성장을 통해 "16세기 이전의 중세적 사회의 온갖 국면이 근대적인 것으로 전혀 새롭게 변혁하는 가운데서 실제적 정당성과 이론적 타당성을 체계화하게 되었던 것이다."[124] 이러한 배경에서 자유주의는 신앙·양심·표현의 자유 및 제반 정치·경제적 자유, 다른 종교나 신념·양심·의견 등에 대한 관용과 이성적이고 합리적인 태도의 존중, 입헌주의와 민주주의, 그리고 사유재산권의 보호와 기회의 평등 등을 핵심 가치로 하는 사상 체계이다.[125] 이러한 자유주의의 철학적 핵심은 개인주의이다. 즉, 자유주의는 "개인을 사회와 사회제도 및 사회구조에 앞서는 것으로 보고, 사회보다 더 현실적이고 보다 더 기본적인 것으로" 간주하며, "사회나 집단보다는 개인에게 보다 더 높은 가치를 부여"하는 사상 체계이다. "따라서 개인의 권리와 요구는 사회의 그것보다 도덕적으로 우선한

---

명하였는데, 그 법칙 탐구의 과학적 방법은 자유주의의 모델이 되었다. 그리고 화폐 경제의 일반화에 따르는 자본주의적 경제생활은 봉건 사회의 공동체의식을 해체시키면서 개인주의적 관념과 사유재산의 관념을 낳아, 자유주의의 물질적 요인을 준비하고 있었다"(p. 89)는 것이다.

**123** 노명식, 1991, pp. 91~93, 121~124; 민석홍, 1984, pp. 399~403, 434~437, Burns, E. M. et al., 1984/2003, pp. 658~670.

**124** 노명식, 1991, p. 89.

**125** 노명식, 1991, pp. 53~84.

다"[126]고 보는 것이 바로 자유주의로서, 이는 근대 개인주의의 이론적 · 현실적인 바탕인 것이다. 17세기가 이러한 자유주의가 성숙한 시기라면, 곧 르네상스로부터 발아한 개인주의의 싹이 크게 꽃피운 시기도 바로 17세기부터라고 할 수 있을 것이다.

**계몽주의운동과 시민혁명** 영국에서 꽃피운 자유주의 사상은 볼테르(François Arouet de Voltaire)와 몽테스키외(Charles Montesquieu) 같은 사람들에 의해 프랑스에 유입되어 '계몽주의운동'(Enlightenment, Lumières, Aufklärung)으로 전개되면서, 서서히 유럽 전역으로 전파되어 18세기 서구 사회 전체를 지배하는 지성사의 강력한 흐름이 되었다. 이렇게 계몽주의의 사상적 근거는 17세기 영국의 자유주의였으며, 따라서 계몽주의운동을 특징짓는 핵심 주제들은 자유주의의 가치들인 이성 · 관용 · 자유 · 평등 · 교육 · 진보 등이었던 것이다.[127]

계몽사상가들은 이성의 탁월성에 대한 강력한 믿음을 가지고, 인간이 이성을 통해 우주와 사회를 움직이는 기본 원리를 파악할 수 있고, 이에 따라 사회를 개혁하고 향상시킬 수 있을 것이라고 믿었다. 그들은 "합리주의자라기보다는 경험론자"[128]로서, 인간의 마음이 백지(白紙, tabula rasa)

---

**126** 노명식, 1991, p. 31.

**127** 노명식, 1991, pp. 153~169; 민석홍, 1984, pp. 460~464; 주명철, 1994; Burns, E. M. et al., 1984/2003, Vol. 3, pp. 769~783; Laurent, 1993/2001, pp. 41~61; Russell, B., 1959/2003, pp. 336~347.

**128** 노명식, 1991, p. 156: Burns, E. M. 등(1984/2003)도 "볼테르의 가장 위대한 업적은 데카르트주의(Cartesianism)가 팽배해 있는 프랑스에서 영국 경험론의 대의명분을 대표한 데 있을 것이다"(Vol. 3, p. 773)라고 하여, 계몽사상의 바탕에 경험론 철학이 깔려 있다고 보았다. 계몽운동가들은 경험의 중시, 즉 사물의 특수성의 강조를 통해 "인간 생활의 모든 분야에서 경험론적이고 과학적인 접근을 과감히 시도하여, 이성의 이름으로 미신과 맹신과 경신(輕信) 및 종교적 완미(頑迷)와 싸웠"(노명식, 1991, p. 150)으며, 비판적으로 종교와 모든 사물을 대할 수 있었던 것이다.

상태라는 로크의 경험론의 교의를 받아들여, 교육을 통한 인간의 진보를 확신하였다.[129] 경험주의는 기본적으로 개인주의와 연결된다. '경험주의'는 지식을 엄밀하게 경험이라는 토대 위에 세우고자 하는 것인데, 결국 지식의 근거는 개인의 경험에서 나오는 것이므로, 특수성과 개체 존중의 태도가 이로부터 파생되기 때문이다.[130] 따라서 계몽사상가들이 개체의 특수성과 경험을 강조하는 태도는 곧바로 개인의 자유를 존중하는 태도와 연결된다. 그리하여 그들은 경제적 자유, 정치적 자유, 종교적 자유 등 타고난 권리로서의 개인적 자유의 확보와 이의 신장을 위해 열을 올렸으며,[131] 자유의 보유자로서 개인들은 모두 법 앞에서 평등하다고 믿었다.[132]

이렇게 이성의 탁월성에 대한 믿음에 기초하여 관용 · 자유 · 평등 및 교육과 진보의 이념에 헌신한 계몽사상가들은, 인류의 진보를 위해서는 계몽을 통하여 무지와 미신을 타파하고, 이성에 어긋나는 구습과 낡고 모

---

**129** 그들에 따르면, "사람의 마음이 본래 백지 상태이고 본유적인 관념이 없다면, 사람들이 가지고 있는 신념 · 지식 · 태도 같은 것은 모두 다 교육의 산물"이므로, "편견과 무지를 절멸시키려면, 합리적이고 계몽된 형태의 교육을 전반적으로 실시하기만 하면 된다"(노명식, 1991, p. 164)는 것이다. 이러한 낙관주의적 · 진보주의적 교육관은 계몽사상가들의 일반적인 특징인데, 특히 디드로(Diderot)와 달랑베르(D'Alembert) 등의 백과전서파(百科全書派)들은 이러한 신념의 실천가들이었다.

**130** Russell, B., 1959/2003, pp. 313~321.

**131** 루소(Rousseau)의 『사회계약론』(*Du Contrat social*, 1762)은 자연상태에서 인간이 보유하는 이러한 개인적 자유의 이념을 근간으로 하는 이론이며, 몽테스키외가 『법의 정신』(*L'Esprit des Lois*, 1748)에서 주장하는 삼권분립론(三權分立論)도 결국은 개인의 자유를 유지하기 위한 방편이었다.

**132** 계몽사상가들에게 평등은 아마도 자유보다 더욱 많이 논란의 대상이 된 문제일 것이다. 계몽사상가의 대부분은 법 앞에서 민사적 평등을 주장하였다. 루소는 이 시대 평등주의 관념의 대표자인데, "그는 모든 시민에게 정치적 평등이 수립되어야 한다고 주장하며, 국가의 임무는 사회적 형평을 확립하는 것이라고 지적"(주명철, 1994, p. 398)함으로써, 평등의 이념을 고취하였다.

순된 제도를 과감하게 시정하고 개혁할 것을 주장하였다. "그리하여 계몽 사상은 현존 질서를 타파하고 개혁하려는 혁신 사상이 되었으며, 현실적으로 미국혁명과 프랑스혁명의 사상적 기반이 되고, 새로운 시민사회 건설의 사상적 동력이 되었다."[133] 미국혁명(1776년)과 프랑스혁명(1789년)은 이러한 관점에서 이해할 수 있다. "계몽사상의 자유주의적 제 원리가 원리로만 남아 있지 않고 현실 생활에서 구체적으로 실현"[134]된 것이 바로 미국과 프랑스에서 발발한 시민혁명이었던 것이다.

이와 같이 "미국 독립혁명과 프랑스대혁명은 자유주의의 힘이 얼마나 큰가를 유감없이 발휘하였다. 프랑스혁명이 없었더라면, 계몽사상의 자유주의적 이념과 급진적 사상은 그저 진보적 지식인들 사이에 유행하는 하나의 사상에 머물고, 현실 생활에 구체적인 영향을 미치지 못했을 것이다."[135] 미국의 독립혁명과 프랑스혁명은 이렇게 자유 및 평등과 개인적 권리의 자유주의 이념을 현실의 정치에 실현시킴으로써, 서구 사회에서 사람들의 머릿속에 이념적으로만 머물던 개인주의의 실상이 현실 생활에 깊이 착근되도록 하였다.

**산업혁명과 공업화 및 도시화** 18세기 후반 미국과 대륙에서 정치적인 혁명이 진행되고 있을 때, 영국에서는 조용히 산업상의 큰 변혁인 산업혁명(産業革命, Industrial Revolution)이 이루어지고 있었다. '산업혁명'은 여러 민족국가 간의 치열한 경쟁, 해외 식민지 개척으로 인한 시장의 확대와 자본의 집중, 인구의 팽창과 잉여 노동력의 증가, 그리고 르네상스 이래 싹튼 사물에 대한 합리적 태도와 사회 및 자연 환경에 대한 무한한

**133** 민석홍, 1984, p. 461.
**134** 노명식, 1991, p. 171.
**135** 노명식, 1991, p. 177.

통제 및 지배 욕구의 팽배 등으로 인해 19세기 중반에 이르러서는 서구 세계 전역의 지배적인 조류가 되었다.[136]

산업혁명의 가장 직접적인 결과는 생산수단과 생산조직의 변혁이었다. 가내수공업 단계에서 기계를 사용하는 기계공업 단계로, 그리고 가족 단위 소규모 생산 단계에서 다수의 노동자를 한 장소에 집중시켜 감독과 일정한 규칙 하에 생산직에 종사케 하는 공장생산 단계로 변화하게 된 것이다. 이러한 변화는 농업 인구와 유휴 노동력을 공업 인구로 흡수하고, 국가 경제의 핵심이 농업에서 공업으로 변화하는 '공업화'(工業化, industrialization)가 이루어지게 하여, 생산양식뿐만 아니라 사회생활 전반에 획기적인 변화를 초래하게 되었다.

우선 새로운 제품을 값싸게 대량으로 생산하고, 발달된 교통수단을 통해 전 세계에 빠르게 확산시킴으로써 시장경제 체제가 보급되어, 삶의 양식에 커다란 변화를 가져오게 되었다. 근대적인 시장경제 체제가 보편화됨으로써, 이른바 '근대화'(近代化, modernization)가 빠르게 진행되었던 것이다. 근대화는 '도시화'(都市化, urbanization)와 맞물리면서 나타나는데, 생산과 소비의 중심지가 농촌에서 도시로 이동하였기 때문이다. 이러한 산업화와 도시화는 날로 새로워지고 발달하는 기술과 공업으로 인한 수요를 충족시키기 위한 교육제도의 혁신을 촉진하여, 전반적인 교육 수준이 향상되게 만들었다. 또한 완만하기는 하지만, 소득 수준의 전반적인 향상으로 인해 도시 중간계급의 성장이 서서히 이루어졌는데, 개인의 자

---

**136** 민석홍, 1984, pp. 501~611; Burns, E. M. et al., 1984/2003, Vol. 3, pp. 861~885: 거시적으로 본다면, "산업혁명은 농경과 가축 사육을 시작한 신석기혁명 이래 인류 생활에 가장 큰 변화를 가져왔으며"(민석홍, 1984, p. 502), 이는 "프랑스혁명과 더불어 유럽 근대 사회 확립의 가장 중요한 계기가 되었다. 이제 유럽은 계속되는 기계의 발명과 혁신으로 종전의 농업적인 사회를 탈피하고 산업사회(industrial society)로 발전하게 되었으며, 생산력의 비약적인 발전과 지속적인 경제 성장이 가능해진 것이다"(p. 508).

유 추구, 핵가족 단위의 안락한 가정생활 중시 등 이들의 개인주의적인 생활양식이 전 계층의 삶의 표준으로 등장하게 되었다. 통신기술의 발달로 인해 사회 한 부분에서의 변화가 사회 전 분야에 급속도로 전파될 수 있었기 때문이었다.

현대 문화비교심리학의 연구 결과를 보면, 도시 거주, 교육 수준의 향상 그리고 경제 수준의 향상은 개인주의와 밀접하게 관련되어 있는 요인들이다.[137] 즉, 도시에 거주하는 사람일수록,[138] 교육 수준이 높은 사람일수록,[139] 그리고 경제 수준이 높은 사람일수록[140] 개인주의 성향이 높다는 사실이 밝혀지고 있는 것이다. 이러한 맥락에서 보면, 산업혁명으로 인한 도시화와 교육 수준의 향상, 그리고 경제 수준의 향상은 서구 사회 전반에 걸친 개인주의 경향을 높임으로써, 개인주의가 근대 서구인의 현실적인 삶의 이념으로 받아들여지게 하는 배경이 되었다고 볼 수 있을 것이다.

#### (다) 현대 서구 사회에서 개인주의의 위상

지금까지 역사적 고찰을 통해 서구 사회에서 개인주의의 이념이 싹트고 성장한 배경에 대해 살펴보았다. 서구 역사에서 고대 그리스 이전의 긴 시대에는 집합적 위계가 사회를 지배하고 있다가, 고대 그리스로부터 르네상스에 이르는 시기에 비로소 개인주의의 씨앗이 뿌려진 다음, 14~16세기의 르네상스와 그 이후에 이르러서야 개인주의 이념의 싹이 트고 꽃이 피고 열매를 맺게 되었음을 확인할 수 있었다. 이렇게 보면, 서구에서도 개인주의의 역사는 비교적 일천한 것이다.

---

**137** 이에 관해서는 필자의 선행 저술(조긍호, 2003a, pp. 108~113) 참조.

**138** 장성수 · 이수원 · 정진곤, 1990; Kagitcibasi, 1996; Triandis, 1990, 1995.

**139** 나은영 · 민경환, 1998; 나은영 · 차재호, 1999; 차재호 · 정지원 1993; 한규석 · 신수진, 1997; Triandis, 1990, 1995.

**140** Hofstede, 1980, 1983, 1991; Triandis, 1990, 1995.

고대 그리스 문화는 인간중심적이기는 하였으나, 개인 존재의 가치를 인정하고 찬양하는 수준은 아니었으며, 이들이 의미하는 인간은 신 또는 자연과 대립되는 보편적이고 추상적인 존재일 뿐 구체적인 개체로서의 개인은 아니었다. 헬레니즘과 로마 시대에 와서 사람들은 세계 시민, 즉 코스모폴리탄으로서 사람들과 집단들 사이의 차이를 인식하게 됨으로써, 개인 존재에 눈을 뜨게 되었다. 그러나 이들도 아직 개체로서의 개인의 가치를 인정하지는 못하였는데, 이러한 사실은 이 시대에 아직까지 '개인'을 가리키는 말이 없었다는 점에서 단적으로 드러난다. 근대적 의미의 개인관의 씨앗은 기독교의 공인과 중세를 통한 그 성장에 있었다. 기독교는 유대교와 결별하면서 개인적인 종교로 부각되었고, 따라서 기독교의 공인과 성장은 서구 사회에 개인주의의 씨앗을 심는 계기였다. 그러나 중세 교회는 지나치게 세속화 · 권력기관화함으로써, 기독교에 내재되어 있는 개인화를 이루어내는 보루로서의 역할을 스스로 포기하였다.

고대와 중세에 뿌려진 이와 같은 개인주의의 씨앗이 발아한 것은 14~16세기의 르네상스를 통해서였다. 르네상스를 통해 '개인과 세계의 발견'이 이루어짐으로써, 인간의 능력에 대한 무한한 신뢰와 개성 존중의 태도가 형성되기 시작했던 것이다. 16세기에 시작된 종교개혁은 중세 교회의 속박으로부터 개인을 해방시키려는 사상운동으로서, 이를 통해 개인의 자율성과 내면성이 사람들 의식의 전면에 부각되었다. 17세기에 들어서면서 영국에서 명예혁명이 발발되어 생명 · 자유 · 재산에 관한 천부적인 자연권 사상이 대두되고, 과학혁명을 통해 합리적이고도 기계적인 우주관과 함께 자연과 사회를 탐구하는 과학적 방법을 갖추게 되었으며, 또한 상업혁명과 자본주의의 발달로 인해 개인의 사유재산권의 관념과 자유로운 경제적 이익 추구의 태도가 형성되어, 이 삼자가 근대 자유주의 사상으로 결합됨으로써, 그때까지 발아되었던 개인주의의 싹이 활짝 꽃피게 되었다. 이러한 자유주의 사상이 18세기에 프랑스에 도입되면서 모든 불합리하고 비이성적인 구습과 구제도를 타파하려는 계몽주의운동으로 전개됨으로써 미국혁명과 프랑스혁명의 사상적 기반으로 작용하였는데, 이 두 시민혁명은 근대 자유주의적 개인주의가 현실 생활에 뿌리를 깊게 내리는 계기가 되었다. 이어서 이 두 혁명과 같은 시기에 시작되어 19세기 중 · 후반에 열매를 맺은 산업혁명과 이로 인한 근대화와 도시화는 근대 서구인의 삶의 제반 측면에서 개인주의가 지도 이념으로 성숙되는 계기가 되었다.

그러나 이상과 같은 개인화가 서구의 역사에서 주류를 이루는 흐름이기는 하지만, 서구의 역사에서 그 반대의 흐름을 찾아볼 수 없는 것은 아니다. 프랑스혁명과 산업혁명이 몰고 온 사회적 혼란과 개인 이익의 과도한 추구로 인한 빈부 불평등의 심화는 격렬한 반개인주의적 경향을 촉발하였던 것이다.[141] 이러한 반개인주의적 경향은 두 가지 흐름으로 전개되었는데, 그 하나는 프랑스혁명 전의 기독교적 공동체로 복귀함으로써 혁명이 몰고 온 개인주의적 무질서와 혼란으로부터 사회질서를 회복시키고자 하는 '보수회귀적 반개인주의자들'이었다. 이들은 특히 자유주의의 자연권 사상에 대한 부정, 자연권 사상에 담긴 개인주의의 만연으로 인한 사회의 원자화와 무정부화를 비판하면서, 과거의 기독교적 공동체가 갖는 위계적이고 유기적이며 안정적인 사회체제로의 복귀를 주장하였다. 또 하나는 사유재산과 사적 이익의 과도한 추구와 자유경쟁 및 대량 기계생산 체제가 몰고 온 국민 대다수의 무산계급화와 인간의 황폐화 및 소외 등을 비판하면서, 부의 균등 분배를 통한 평등의 실현을 주장하고 등장한

**141** 서구의 역사에서 전개된 이러한 반개인주의적 흐름에 대해서는 필자의 선행 저술(조긍호, 2006, pp. 181~189)과 Laurent(1993/2001, pp. 91~118, 140~156) 참조.

'사회주의적 반개인주의자들'이었다. 이들은 과도한 개인적 자유, 특히 사적 소유권의 무한정한 추구는 결과적으로 평등 이념의 퇴보를 가져온다는 전제에서, 개인 및 집단 간의 연대와 국가의 개입을 강조함으로써, 평등하고 조화로운 공동체의 질서 회복을 꿈꾼다.[142]

그러나 현재의 서구 사회는 집단성을 우선시하는 여러 담론이 헤게모니를 쥐었던 시기(1925~1975)를 지나, 시계추가 거의 기계적으로 다시 개인주의 쪽으로 돌아와 있다. 이 시기에 "반개인주의적 이념과 관료주의는 서구의 문화적 현실을 부인하였지만, 서구인의 일상적 의식과 행동은 치유할 수 없을 만큼 개인화되어 있었다. 따라서 이전으로 돌아갈 수도 없고, 현대성을 의미하는 자유의 구가와 사적 행복을 포기할 수도 없었던 것이다. 실제로 삶의 개인화 과정은 한 번도 멈추지 않고 면면히 지속되었고 [……] 호전성이 사라지고 자아도취적 경향이 나타나는 1975년과 1980년 사이에는 오히려 더욱 가속화되었다. 그 때문에 교육과 소비와 커뮤니케이션의 발달, 민주화와 삶의 수준과 기술의 향상으로 고무된 서구인들은 보다 더 반개인주의를 거부"[143]하게 되었던 것이다.

이제 서구 사회 곳곳에서는 단순한 개인의 해방을 넘어서 독립된 개인을 근간으로 하는 새로운 사회상이 탄생하고 있다. "개인용 자동차, 흔히 정서적 집착의 대상이 되는 주거지의 소유권 획득(가정생활의 가치 부여), 점점 더 개인화되고(한 명의 개인만을 위해 준비되고) 개별화된(한 특정한 개인의 욕망에 맞추어진) 서비스와 재산의 소비, 자동화된 기술(비디오 · 개인용 컴퓨터 등)과 '자동' 또는 '셀프' 서비스에 대한 의존 등 수많은 혁신적 변화에 힘입어, 개인주의는 피할 수 없는 현대의 생활방식으로 확고하게 자리 잡

**142** 조긍호, 2006, p. 191.
**143** Laurent, 1993/2001, pp. 151~152.

게 된 것이다."[144] 이렇게 개인주의는 이제 '개인적' 개인주의의 차원을 넘어서 '대중적' 개인주의로 전향하고 있다. 르네상스를 통해 선포된 서구사회의 개인주의는 이제 결국 가장 비밀스러운 사회의 내면에까지 파고들어, 더 이상 하나의 이념이 아니라 모두에게 공통된 존재 방식과 삶 그 자체가 되어 있는 것이다.

(2) 자유주의가 추구하는 가치

이상에서 보아온 바와 같이, 자유주의는 개인 존재의 총합체가 곧 사회라는 관념, 곧 사회의 존재론적 구성단위는 개인이라고 보는 관념을 전제로 하고 있으며, 그런 점에서 개인주의를 그 자체 속에 내포하고 있는 사상체계이다. 이러한 사회의 궁극적 구성요소에 대한 인식은 곧바로 그에 일관되는 특징적인 인간관을 낳는다. 자유주의와 개인주의는 사회의 궁극적 구성단위를 개인이라고 본다는 점에서 기본 입장이 동일하다. 그러므로 자유주의적 인간관과 사회관은 개인주의적인 인간관과 사회관이다. 곧 자유주의의 기본적인 인간관도 개인주의와 마찬가지로 '개인중심적 인간관'인 것이다.

자유주의의 이러한 개인중심적 인간관은 자유주의가 추구하는 여러 가치들에서 그 구체적 내용이 확인될 수 있다. "자유주의는 일관성과 포괄성을 가지고 있는 하나의 세계관"으로서, 자유주의가 추구하고 있는 여러 가치들은 그것이 개념화하는 인간관과 사회관 속에서 통합적인 의미를 갖추기 때문이다. 곧 "자유주의적 가치들은 자유주의의 인간관과 사회관에 결부"[145]되어 있는 것이다. 그렇다면 자유주의는 어떠한 가치들을 추

144 Laurent, 1993/2001, p. 155.
145 노명식, 1991, p. 30.

구하는 이념체계인가?[146]

노명식은 개인적 자유, 관용과 이성, 입헌주의와 민주주의, 자본주의를 자유주의가 추구하는 기본 가치라고 보았다. 개인적 자유는 "개인이 강요당하지 않고, 제약받지 않고, 간섭받지 않고, 압력 받지 않는 조건으로서의 소극적 자유", 그리고 양심 · 신앙 · 표현 · 결사 · 정치 · 경제적인 여러 가지 자유와 자기실현의 자유 같은 적극적 자유를 포괄한다. "개인들의 행동과 사상의 다양성을 긍정"하는 것이 관용의 가치이고, "개인과 사회를 합리적으로 설계할 수 있게 하고, 사람들에게 어떤 목표를 선택할 수 있게 하는 적극적이고 낙관적이며 보편적인 힘"이 이성으로서, 자유주의의 진보 이념을 대표하는 것이 관용과 이성의 가치이다. "법에 의한 정부의 통치"와 선거에 의해 뽑힌 대표들의 합의체로 대변되는 인간 평등과 자기결정성의 신념에 바탕을 두고 있는 것이 합헌주의와 민주주의의 가치이다. 마지막으로, 사유재산권과 자기이익 추구권 및 합리적 선택에 따른 자유경쟁 이념에 근거를 두고 있는 것이 자본주의의 가치이다.[147]

그레이(John Gray)는 자유주의의 정체성을 구성하는 요소를 개인주의적 · 평등주의적 · 보편주의적 · 사회개량주의적 요소의 네 가지로 제시하고 있다. "자유주의는 집단성에 반대해 개인의 도덕적 우선성을 주장한다는 점에서 '개인주의적'이고, 모든 인간 존재에게 동일한 기본적인 도덕적 지위를 부여한다는 점에서 '평등주의적'이며, 인류의 도덕적 단일성을 주장한다는 점에서 '보편주의적'이고, 비판적 이성을 사용함으로써 인간의 삶을 무제한적으로 개선시킬 수 있다고 주장한 점에서 '사회개량주의적'이다."[148] 이렇게 그는 개인의 자유 · 평등 · 자율성[149] 및 이성과 진보

---

**146** 이 부분은 필자의 선행 저술(조긍호, 2007a, pp. 77~81)의 내용을 거의 그대로 따온 것이다.

**147** 노명식, 1991, pp. 53~84: 직접 인용은 순서대로 pp. 58, 64, 67, 71임.

의 가치를 자유주의의 정체성을 이루는 네 가지 기본 가치로 보고 있는 것이다.

이들 말고도 뒬멘(Richard van Dülmen), 로랑(Alain Laurent) 및 루크스(Steven Lukes) 같은 학자들은 서구 개인주의 성립의 과정을 역사적으로 고찰하면서, 개인주의가 추구하는 자유주의적 가치를 제시하고 있다. 뒬멘은 개인주의의 싹은 중세 시대부터 움트기 시작하여 자유주의와 계몽주의 시대에 꽃피우게 되었는데, 이 시기의 개인은 "스스로 생각하라(자기 생각)", "스스로를 교육하라(자기 교육)", "스스로 결정하라(자기 결정)", 그리고 "개인권을 보호하라(인권 투쟁)"라는 시대적 요구를 따르는 삶을 추구하였다고 보아, 이 네 가지가 개인주의와 그 배경인 자유주의의 핵심 가치 또는 요소라고 주장했다. 여기서 '자기 생각'은 개인의 합리적 이성을, '자기 교육'은 자기 독특성과 자기개발을, '자기 결정'은 자율성과 독립성을, 그리고 '인권 투쟁'은 사생활 자유의 옹호라는 가치를 담고 있는 것으로 볼 수 있다.[150]

개인주의의 역사를 포괄적으로 제시하여 이미 이 분야의 고전이 되어 있는 『개인주의』(*Individualism*)라는 저서를 펴낸 루크스는 존엄성 · 자율성 · 사생활의 자유 · 자기개발 · 추상적 개인이라는 다섯 가지를 자유주의 대두 이후 확산된 개인주의의 기본적인 단위관념(unit-ideas)으로 제시했다. 여기서 '존엄성'은 개인 존재의 유일성 또는 최종목적성을, '자율성'은 독립적인 자기결정성을, '사생활의 자유'는 개인적 자유와 자기소유성

---

**148** Gray, 1995/2007, pp. 15~18, 153~174: 직접 인용은 pp. 155~156임.

**149** Gray(1997/2007)는 "자율성의 가치를 인간 선의 보편적 구성요소로 만듦으로써 자율성의 가치를 지지하는 논증을 강화"(p. 166)할 필요가 있음을 역설하면서, "자유주의적 도덕성의 주요 관심사는 자율적 행동을 보여주는 생활양식들을 증진시키는 데 있다"(p. 157)고 진술함으로써, 개인의 자율성과 자기결정성이 자유주의의 보편적 요소임을 분명히 하고 있다.

**150** Dülmen, 1997/2005, pp. 249~286.

을, '자기개발'은 개체다운 독특성과 자기실현을, 그리고 '추상적 개인'은 원인행위자(原因行爲者, causal agent)로서 개인이 가지는 자족성(自足性)과 자기완비성을 나타낸다. 그는 이 다섯 가지 기본 관념을 날줄과 씨줄로 하여, 종교 · 정치 · 경제 · 윤리 및 방법론적 측면에서 개인주의를 분석하고 있다.[151]

이와 견주어, 로랑은 "종교개혁과 르네상스가 끝나갈 무렵 개인주의적 가치체계는 문화적 차원에서 형태를 갖추기 시작했다"고 보아, 17~18세기를 "개인의 코페르니쿠스적 혁명"이 일어난 시기로 규정하고 있다. 그는 "개인주의가 확산되는 결정적 순간은 스스로 생각할 수 있는 권리(비판적 합리주의)와 자신을 위해 살 수 있는 권리(사적 이익에 대한 관심)가 결합하는 시기이다. 내적인 자기결정 능력과 대외적인 주권행사의 욕망 사이에 이루어지는 연금술적인 과정에 의해, 개인은 인간성을 충분히 표현할 수 있는 유일한 존재로 인정받게 된다"면서, 이렇게 자유주의와 계몽주의 시대에 주도적 위치를 차지하게 되는 이 새로운 범주의 개인은 세 가지 모습으로 구체화될 수 있다고 주장한다. "세 가지 모습이란 '분리된 자의식과 이성을 지닌 주체', '자신을 소유하는 자유주의 시장의 주체', '민주주의적 인본주의를 신봉하는 평등한 시민'의 모습이다." 이러한 세 가지 주체인 개인의 가치는 각각 합리적 이성을 지닌 역동적 자족성과 자율성, 자기소유권과 독립성, 그리고 사회 구성단위로서 지니는 다른 개체에 대한 평등성으로 정리할 수 있다.[152]

이상에서 보듯이, 학자에 따라 자유주의와 근대 개인주의가 추구하는 핵심 가치와 거기에 담긴 내용 사이의 관련성을 개념화하는 양식에는 서

**151** Lukes, 1973, pp. 45~78.

**152** Laurent, 1993/2001, pp. 41~61: 직접 인용은 pp. 48, 41, 41~42, 42임.

로 차이가 있다. 그러나 이들이 제시하는 내용을 단순히 훑어보기만 해도, 서로 유사한 가치들이 중복되고 있음을 알 수 있다. 이러한 자유주의가 추구하는 가치들은 '자유와 자유의지', '이성과 진보', 그리고 '평등과 존엄성'의 세 가지 묶음으로 정리해볼 수 있다.

'자유와 자유의지' 차원의 가치에는 노명식의 개인적 자유와 자본주의의 가치, 그레이의 개인주의적 요소와 보편주의적 요소, 될멘의 자기결정과 인권 투쟁의 태도, 루크스의 자율성과 사생활의 자유 가치, 그리고 로랑의 자유시장 주체인 개인의 관념들이 묶일 수 있을 것이다. '이성과 진보' 차원의 가치에는 노명식의 관용과 이성 및 자본주의의 가치, 그레이의 사회개량주의적 요소, 될멘의 자기 생각과 자기 교육의 태도, 루크스의 자기완비성과 자기개발의 가치, 그리고 로랑의 이성 주체인 개인의 관념들이 묶일 수 있을 것이다. 마지막으로 '평등과 존엄성' 차원에는 노명식의 입헌주의와 민주주의 가치, 그레이의 평등주의적 요소, 될멘의 인권 투쟁의 태도, 루크스의 존엄성과 자기완비성의 가치, 그리고 로랑의 평등한 시민인 개인의 관념들이 묶일 수 있을 것이다.

### 2) 동아시아 집단주의 문화의 배경: 유학사상

동아시아인들은 자기와 타인 사이의 연계 속에서 개인의 존재 의의를 찾고, 개인에게 불리할지라도 소속 집단의 목표를 개인의 목표보다 앞세우며, 사회행위의 원동력을 개인의 내적 속성보다는 사회적 규범 · 의무 · 책임감 같은 관계적 · 상황적 요인에서 찾고, 내집단에 강하게 애착하여 내집단원들과 조화로운 관계를 유지하려는 특징을 보인다.[153] 이와 같이 한국 · 중국 · 일본 같은 동아시아 사회에서는 개인보다는 집단에

**153** Triandis, 1995, pp. 43~44.

더 큰 관심을 기울이고 중시하는 집단주의적인 행동양식을 높이 평가한다.

이러한 동아시아 사회의 정치 · 경제 · 문화 등 제반 삶의 영역에서 중심적인 역할을 한 나라는 역시 중국이었다. 지정학적으로 한국과 일본 같은 주변 국가들은 중국의 영향을 받지 않을 수 없는 위치에 놓여 있다. 전통적으로 중국은 동아시아에서 유일한 문화선진국이자 초강대국이었다. 게다가 역사적으로 동아시아 사회는 오랜 세월 동안 중국의 문자인 한자를 통해 문자 생활을 하는 한자문화권(漢字文化圈)을 형성해왔으므로, 중국의 선진(先進) 문화와 사상이 이들 동아시아 사회를 지배하게 되었던 것은 어쩌면 당연한 일이었다.

중국뿐만 아니라 한국과 일본 같은 동아시아 사회를 오랫동안, 특히 최근세까지 지배해왔던 대표적인 사상 체계는 유학(儒學)이었다. 중국에서는 한(漢, B. C. 202~A. D. 220)의 무제(武帝, 재위 B. C. 140~87) 이후 2천 년 이상의 긴 기간 동안 유학이 관학(官學)이자 국가 통치의 기본 이념으로서 사회 전체를 지배하였다. 한국에서는 조선(朝鮮, 1392~1910) 왕조가 등장하면서 유학이 관학으로 숭상되었으며, 일본에서는 에도 막부(江戶幕府, 1603~1867)가 통일 일본 사회를 지배하면서 유학이 국가 경영의 최고 이념으로 떠올랐다. 이와 같이 중국 · 한국 · 일본의 동아시아 사회는 유학을 공통의 사상적 기반으로 하는 유교문화권(儒教文化圈)을 형성하여 오늘에 이르고 있다.

이렇게 중국 · 한국 · 일본 같은 동아시아 사회에 집단주의 문화가 태동하게 된 밑바탕에는 공통된 문화적 배경으로 유학사상이 놓여 있다. 곧 사회의 기본적인 구성단위를 개체로서의 개인이 아니라, 개인 사이의 관계나 이러한 관계의 원형인 가족과 같은 일차집단에서 찾는 강한 집단주의 문화를 보유하고 있는 동아시아 사회의 공통적인 문화 기반은 유학사

상인 것이다.[154]

(1) 동아시아 사회와 유학사상

고대 중국에서는 사람들이 넓고 비옥한 황하 유역의 평원에서 농경에 종사하면서, 한 지역에서 오래 정착하는 삶을 영위하였다. 농경을 위해서는 많은 사람의 협력이 요구되었으므로, 이웃과의 협동과 조화의 추구가 이들의 삶의 중요한 부분이었다. 뿐만 아니라, 농경에 필요한 물을 얻으려면 여러 사람이 힘을 합쳐 관개와 치수를 해야 하였으므로, 많은 사람의 힘을 하나로 모으는 강력한 지배체제가 요구되었다. 따라서 고대 중국 사회에서는 오래전부터 중앙집권화된 왕조가 출현하여, 위계화되고 질서 잡힌 강력한 관료조직이 사회를 지배하고 있었다.

농경이란 홍수나 한발 같은 기후 조건과 토질 등 외부 환경에 크게 의존하는 삶의 양식이므로, 고대 중국인들은 기후의 변화 같은 환경 조건에 특히 주의를 기울이며 살아갈 수밖에 없었다. 또한 중앙집권화되어 격자같이 꽉 짜인 사회조직의 일원으로 살아야 했으므로, 그들은 함께 살아가고 있는 다른 사람들과 맺는 관계와 이러한 관계 속에서 각자에게 주어진 본분을 지키는 일에 항상 신경을 써야 했다.

이러한 배경에서 중국인들은 각 개체로서는 존재 의미가 없고, 모든 것은 상호 연관적인 맥락 속에 존재한다고 생각하게 되었다. 그들에게는 분리되고 고립된 개별적인 대상보다는 그들이 놓여 있는 상황 조건과 전체

154 필자는 앞선 작업(조긍호, 2007a, b)에서 동아시아 사회에서 유학사상이 차지해온 위상, 유학의 인간관과 개인관에 드러나 있는 집단주의적인 면모, 그리고 유학사상에서 사회인지 · 정서 · 동기 같은 인간 심성을 파악하는 기본 입장과 현대 동아시아인들이 보이는 사회인지 · 정서 · 동기 행동 사이의 논리적 및 사실적 연관성 들을 중심으로 하여 고찰함으로써, 그동안 상식적으로 운위되어오던 '동아시아 집단주의와 유학사상의 관련성'을 이론적으로 천착해내었다.

장(場)이 주의의 초점으로 떠올랐다. 그러므로 그들은 항상 변화하는 상황 속에서 상호 연관된 역할과 의무 같은 규범을 파악하여, 공동생활의 조화와 질서를 이루려고 노력하는 삶의 태도를 굳게 간직하게 되었다.

이러한 고대 중국인의 삶의 양식과 그로부터 비롯된 사고방식을 배경으로 하여 태동된 것이 유학사상이다. 유학은 춘추(春秋) 시대 공자(孔子, B. C. 551~479)에 의해 창시되어, 전국(戰國) 시대 맹자(孟子, B. C. 371~289)와 순자(荀子, B. C. 321~230) 같은 걸출한 사상가에 의해 기초가 닦인 사상체계이다. 이 시기는 주(周, B. C. 1050~256) 왕실이 쇠퇴하고, 여러 제후국들이 패권을 다투면서 합종연횡(合從連衡)에 열을 올리던 불안한 시대였다. 공자가 살았던 춘추 시대까지만 해도 주 왕실의 권위가 어느 정도 유지되고 있었으나, 맹자와 순자가 살았던 전국 시대에 이르러 주 왕실은 완전히 몰락하여 겨우 명맥만 유지하고 있을 뿐이었다.

이렇게 혼란한 춘추 · 전국 시대의 최대의 위기는 사회가 온통 이기적인 자기이익 추구에 혈안이 되어, 인간관계의 근본이 무너졌다는 데 있었다. 따라서 이 시기의 유학자들이 무너져버린 인간관계의 원형을 결코 해체될 수 없는 가족과 같은 일차집단에서 찾아, 이 관계에서 이루어지는 조화와 질서를 사회관계에까지 점진적으로 확장하는 일이 사회의 조화와 평화, 그리고 통일을 이루는 근본이라고 생각하게 된 것은 어쩌면 당연한 귀결이었다. 곧 개인과 집단 중에서 집단을 더 중시하고, 인간 존재의 사회성(인간의 상호의존성)과 도덕성(타인에 대한 관심 · 배려 · 헌신)을 회복하는 일이 이 시기 유학사상가들의 관심사였으며, 그런 점에서 유학사상은 동아시아 집단주의 문화의 사상적 모태로 자리 잡게 되었다.

이러한 유학사상은 동아시아 사회에서 오랫동안 국가의 지도이념으로 떠받들어졌고, 따라서 삶의 기본 철학으로 받아들여져왔다. 그러나 아편전쟁(阿片戰爭, 1840~1842) 이후 서세동점(西勢東漸)의 현상이 본격화하면서 유학의 지배적인 위상은 흔들리기 시작하였다. 근세에 와서 이렇게 유학의 위상이 격하되고 있기는 하지만, 유학사상은 여전히 동아시아인들의 의식구조와 삶의 근간이 되고 있다. 이러한 맥락에서 여기에서는 근세 이전과 그 이후로 나누어 동아시아 사회와 유학사상의 관계에 대해 살펴보기로 하겠다.[155]

### (가) 근세 이전: 유학의 관학화

18세기 중엽 아편전쟁에서 중국이 영국에 패하면서, 서구 세력에 밀려 개방의 압력과 침략의 위험이 높아지는 이른바 서세동점의 상황이 빚어지기 이전까지만 해도, 유학사상은 중국 · 한국 · 일본 같은 동아시아 사회에서 관학 또는 국교(國教)로서 독보적인 위상을 차지하고 있었다. 이러한 경향은 과거제(科擧制)가 실시되어 국가경영층이 유학자들로 충원된 중국과 한국에서 특히 심하였다. 곧 근세 이전 동아시아 사회의 지도 이념은 곧 유학사상이었던 것이다.

**중국 사회와 유학** 기원전 6세기부터 3세기에 걸치는 혼란의 시대에 공자에 의해 창시되고, 맹자와 순자 같은 학자들에 의해 기초가 닦인 체계가 유학사상이다. 초기 유학자들은 유학의 왕도(王道) 사상을 펼치고, 제자백가(諸子百家)와의 경합 속에서 유학을 수호하는 일을 사명으로 삼고 있었다. 이 시대의 유학을 진(秦, B. C. 221~207) 통일 이전의 유학이라고 하여 선진유학(先秦儒學) 또는 원시유학(原始儒學)이라 하는데, 이 시기는 이후 중국 · 한국 · 일본 등 동아시아의 정신사를 지배해왔던 유학사상

155 여기서는 필자의 선행 저술(조긍호, 2006, pp. 284~297; 2007a, pp. 34~52; 2008, pp. 28~42)의 해당 내용을 기초로 재정리하였는데, 필요한 경우에는 관련 내용을 그대로 따오기도 하였다.

의 기초가 확립되었던 시기였다.

그 뒤로 유학사상은 관학으로 승격되어 국가의 통치이념으로 부각된 한대로부터 당(唐, 618~907)대에 이르는 약 천 년 동안의 한당유학(漢唐儒學), 불교 및 도교와 경합하면서 형이상학적 철학 체계로 확립된 송(宋, 960~1270)대 이후의 신유학(新儒學), 유학에 차용된 도교와 불교의 사변적 경향을 제거하고 선진유학의 순수한 형태로 돌아가자는 청(淸, 1616~1912)대의 고증학(考證學)적 유학 등으로 발전해왔다.[156]

신유학과 고증학적 유학을 비롯한 새로운 유학의 사조들은 항상 선진유학의 본래 모습으로 돌아가자는 기치 아래, 선진유학의 경전들을 그 이전 시대와는 달리 새롭게 해석하려는 시도들이었다. 곧 "원시유학의 본래 사상으로 돌아간다는 주장은 사실 새로운 해석이 등장할 때마다 있었던 것이다."[157] 그러므로 선진유학은 가장 순수하고 원형적인 유학사상의 정수라고 볼 수 있다.

제자백가 중에서 유학만을 정통으로 인정하고, 따라서 이후 전개되는 중국 역사가 유학사상을 중심으로 전개되는 계기를 이룬 것은 진나라에 이어 중국을 통일(B. C. 202)한 한나라의 두 번째 황제인 무제 때부터이다. 한 무제 때 동중서(董仲舒, B. C. 198~106)가 "제자백가 중에서 유가만을 한 조의 정통신앙으로 확립하는 데 큰 공적을 세웠고, 또한 유교의 정통성을 수호하기 위하여 제도적인 기반을 창출해내기도 하였다. 중국의 과거제

**156** 김승혜, 1990, pp. 307~333: 근세에 서세동점(西勢東漸)의 여파로 말미암은 유학배척운동에 대항하여 서양 문명과 유학 전통의 절충적 종합을 통해 동양의 문화적 정체성(正體性)을 회복하고자 했던 1930년대 이후의 현대신유학(現代新儒學)의 사조(이승환, 1998a, pp. 367~385; 김성기, 2000, pp. 33~45)를 유학사상사에서 "새로운 조류의 형성이라고 보아야 할 것인가는 [……] 문제로 대두된다"(김승혜, 1990, p. 312). 이러한 현대신유학에 대해서는 근세 이후 유학의 역사를 정리하면서 다루기로 하겠다.

**157** 김승혜, 1990, p. 311.

도는 동중서의 생존 시에 벌써 그 윤곽이 짜이기 시작"[158]했던 것이다.

이 시기는 새로운 왕조가 출현하여 치국의 이념 정립이 시급히 요청되던 때였다. 이런 시기에 문벌이나 부귀에 의해서가 아니라 일정 기간에 실시하는 시험인 과거의 합격에 의하여 관리를 등용하게 되었다는 사실은, 전국적으로 인재를 등용한다는 의미 이외에도, 과거시험 과목으로 유학의 경전들이 채택되어 국가 경영의 담당자들이 모두 유학자들로 충원됨으로써 새로운 국가의 사상적 통일이 유학을 중심으로 이루어지게 되었음을 의미한다. 이때로부터 청의 멸망(1912)에 이르기까지 2천여 년 동안 과거제도는 중국에서 관리를 등용하는 기본이었는데, 과거시험이 유학의 경전을 중심으로 이루어졌다는 사실은 중국에서 유학이 계속 관학 또는 국교로 떠받들어졌음을 드러낸다. 곧 유학사상은 근세에 이르기까지 장구한 세월 동안 중국 사회를 지배하는 유일한 정통 이념으로 숭앙받아왔던 것이다.

**한국 사회와 유학** 유학사상은 삼국시대에 우리에게 전해져 고구려(高句麗, B. C. 37~A. D. 668)·백제(百濟, B. C. 18~A. D. 660)·신라(新羅, B. C. 57~A. D. 935)에 이미 태학(太學) 등의 국학(國學) 기관이 설립되어 교육을 실시했으며, 이 시대의 유학자로 설총(薛聰)과 최치원(崔致遠) 같은 이들이 있다.[159]

그러나 우리에게 유학사상은 고려 제4대 임금인 광종(光宗, 재위 949~975)이 과거제를 실시한 이후에 본격적으로 받아들여지기 시작했다.[160] 13세기 말과 14세기 초엽에는 안향(安珦, 1243~1306)과 백이정(白頤

---

**158** 馮友蘭, 1948/1977, p. 253.

**159** 현상윤, 1949, pp. 13~17.

**160** 고려시대에 과거제가 실시되고, 유학사상이 받아들여져 흥기한 역사에 대해서는

正, 1247~1323) 같은 이들에 힘입어 주자학(朱子學)이 도입되었고, 조선조에 와서는 이러한 주자학, 곧 신유학의 한 갈래인 성리학(性理學)이 국가 경영의 최고 이념이 되면서, 우리나라 정신사의 가장 기본적인 틀이 되어 오늘에 이르고 있다.[161]

17세기에 접어들면서, 유학사상의 중심인 중국 대륙의 주인이 한족(漢族)인 명(明, 1368~1644)에서 만주족(滿州族)인 청으로 바뀌자, 이러한 경향은 더욱 심화되었다. 곧 "명이 청에 망하자, 조선은 이제 자신이 명을 대신하여 중화 세계의 중심이라고 자부하였다. 이른바 '대중화'(大中華)가 사라져버렸기에 조선의 '소중화'(小中華)가 '우주'의 유일한 중심이라고 생각하게 되었으며, 이것이 조선 문화의 긍지를 뒷받침해주었던 것이다."[162]

더욱이 조선조에서는 강력한 억불숭유(抑佛崇儒)의 정책을 편 까닭에, 사회 상층부는 물론 일반 민중이 일상생활을 영위해나가는 모든 측면에서 유학사상이 지도이념으로서 지대한 영향을 끼쳤다. 따라서 동아시아의 국가들 가운데서도 한국은 가장 유교적인 국가로서, "홍콩이나 일본보다 더한 것은 말할 것도 없고, 대만이나 중국 자체보다도 더욱 유교적[……]이다. 19세기에 한국을 찾아왔던 선교사들이나 여행가들이 한국인의 생활 거의 모든 부분에 깊이 침투되어 있는 엄격한 유교적 제도와 유교적인 가치관을 보고서 큰 놀라움을 표명"하였으며, "또 현대의 많은 사회학자나 경제학자들도 현재의 한국인이 [……] 분명한 유교적인 태도와 사고방식을 가지고 있다는 데 대해서 역시 확신하고"[163] 있다.

이상에서 보듯이, 우리나라에서도 이미 10세기 중반부터 과거제도가

---

Deuchler(1992/2003, pp. 29~46) 참조.

**161** 윤사순, 1997, pp. 13~40.

**162** 장석만, 1999, pp. 266~267.

**163** 고병익, 1996, pp. 280~281.

실시되어 조선의 멸망(1910)까지 1천여 년 동안 이어지고, 과거시험이 유학의 경전을 중심으로 이루어짐으로써 유학사상이 계속 국가 경영의 기본 이념으로 작용해왔다고 볼 수 있다. 이렇게 유학사상은 장구한 세월 동안 한국인의 삶의 과정에 커다란 영향을 끼쳐, 한국인의 문화 전통과 의식구조의 중추가 되어 있는 것이다.[164]

**일본 사회와 유학** "일본의 유학은 서력 284년 백제로부터 아직기(阿直岐)가 건너가고, 다음 해 왕인(王仁)이 건너가 『논어』(論語) 10권과 『천자문』(千字文)을 전하면서부터 시작된다. 그러나 그 후 그다지 발전을 이룩하지는 못하였으므로, 일본 유학의 실질적 창시기는 주자학이 수입되고 정착된 에도(江戶) 시대(1603~1867)이고, 그 창시자는 유학으로써 문호를 세운 후지와라 세이카(藤原惺窩, 1561~1619)이다."[165] 그 이후 일본의 유학은 조선에서 받아들인 퇴계학(退溪學)을 기초로 하는 주자학 계열, 지행합일(知行合一)을 강조하는 양명학(陽明學) 계열, 한당유학의 영향을 받은 일본 고학(古學) 계열의 세 방향으로 나뉘어 정착되었다.[166]

어느 계열에 속하든 에도 시대에 본격적으로 받아들인 일본의 유학은 도쿠가와 막부 지배계층의 사회 통합과 사회윤리 구축이라는 목적에 철저히 부응한 사상체계였다. 곧 "일본의 에도 시대에도 조선과 마찬가지로 주자학을 관학으로 승인함으로써,[167] 유교가 공적으로는 일본의 사상계

**164** 이상은, 1976; 윤사순, 1997; 이광세, 1998; 이승환, 1998a, b, 1999a, 2004; 조긍호, 2003a, 2006, 2007a, b, 2008.

**165** 이기동, 2003, p. 59.

**166** 이기동, 2003, pp. 59~84: 조긍호, 2003a, pp. 289~292; 2007a, 42~45.

**167** 1790년(寬政 2년)에 "칸세이 이가쿠 노 킨"(寬政異學の禁)을 통해, 시바노 리쯔잔(柴野栗山)의 건의에 따라 주자학 이외의 학문을 금지시키고, 유학 특히 주자학을 관학으로 공식화했다(김석근, 2000, p. 61, 주 13).

를 독점할 수 있는 상황이 전개되었다. 에도 시대의 유교사상은 265년 동안 이어져 내려온 사 · 농 · 공 · 상의 신분질서를 정당화하는 체제상의 가치 규범이었다. 유교사상은 무사계급에 뿐만 아니라, 서민 교육기관을 통해 민중에게까지 깊숙이 침투하여 그들의 일상생활의 전반을 규제"[168]하고 있었던 것이다.[169]

이러한 사정은 유신 이후의 메이지기(明治期, 1868~1912)에도 마찬가지였다.[170] 오히려 "유교의 위상은 상대적으로 메이지 시대 이후 더 높아졌다. [……] 천황제 국가를 창출해낸 후, 상 · 하 관계와 상호간의 관계를 유지해가는 세속 윤리로 유교에 주목했으며, 유교적 덕치주의를 원용했기 때문이다. 특히 충과 효를 중시하는 형태로 일본 고유의 논리와 이어지게 되었고, 이어 '일본 이데올로기'의 주요한 측면을 이루게"[171] 되었던

---

**168** 김태영, 2002, p. 12.

**169** 그러나 유교가 유일한 일원적 통치이념으로 군림한 중국이나 조선과는 달리, "일본은 그들의 전통 종교인 신도(神道)와 중국과 조선으로부터 전래된 불교, 그리고 도쿠가와 시대의 국가윤리인 유교가 한데 섞이면서, 신 · 불 · 유가 서로 상해하지 않고 공존하는 종교 · 도덕의 다원적인 사상 구조를 유지하였다"(김태영, 2002, p. 12). 이렇게 된 배경에는 일본인들이 유교에 대해 갖는 친화성(親和性)의 문제(김석근, 2000, p. 61~62; 黑住眞, 1998, pp. 35~36)와 중국이나 조선과는 달리 일본에는 과거제도가 없었다는 점(김석근, 2000, p. 63; 김태영, 2002, pp. 13~14; 辻本雅史, 1998. p. 104)들이 작용한 것으로 보인다. 곧 유학을 자기들의 고유한 전통 사상이라고 여기는 한국인이나 중국인들과는 달리, 일본인들에게는 신도라는 분명한 전통이 있었던 만큼, 이것을 오히려 자신들의 고유한 문화와 사상으로 여겨 친화를 느낄 뿐(김석근, 2002, pp. 61~62), "유교는 자신의 것이 아니라고 여기는 감각이 너무나 강해서"(黑住眞, 1998, p. 36), 그들은 유학 유일체계를 인정할 수 없었다. 또한 과거제가 존재하지 않았으므로 "학문과 정치가 연결되지 않은 채 서로 별개의 영역으로 존재"(김석근, 2000, p. 63)했다. 그 결과 "학문이 특정의 계급과 고정적으로 이어지는 일이 없었다. [……] 따라서 [……] 유학은 지배계급의 지적 독점물이 되지 않았고, 중앙권력이 지적 세계를 독점하지도 못하였"(辻本雅史, 1998, p. 104)던 만큼, 지식인들 사이에서도 유학은 여러 지식체계 가운데 하나로 탐구될 뿐이었던 것이다.

**170** 김석근, 2000; 김태영, 2002; 이기동, 2003; 조경욱, 2000.

**171** 김석근, 2000, pp. 65~66.

것이다.[172]

(나) 근세 이후: 유학배척론과 유학개신론의 대립

앞에서 보았듯이, 중국에서는 한 무제 이후 2천여 년 동안, 한국에서는 고려 광종이 과거제를 실시한 이래 1천여 년 가까운 기간에 걸쳐, 특히 조선의 건국 이후 5백여 년 동안, 그리고 일본에서는 에도 막부의 성립 이후 4백여 년 가까운 세월 동안 유학사상은 국가의 지배적인 이념체계로 군림해왔다.[173] 그러나 이러한 사정은 아편전쟁 이후 서양 세력의 개방 압력과 침략 위협이 고조되면서 달라지기 시작했다. "서세동점의 여파로 19세기 후반기부터 20세기에 이르기까지 동아시아의 전통적 유교 국가들에서는 유교를 비판하는 현상이 현저"[174]하게 되었다. 동아시아 사회를 사상적으로 지배해왔던 유학의 체계가 이 지역의 정체성(停滯性)과 낙후성의 주범으로 인식되었기 때문이다.

**중국: 전반서화론과 중체서용론** 중국에서 유교배척운동은 '5 · 4운동'(1919년) 때에 절정에 이르렀는데, "이 시기 중국 지식인들의 당면 과제는 유교의 삼강오륜(三綱五倫)과 결별하고, 서구의 민주(民主)와 과학(科學)

---

172 "1872년부터 종래의 교육의 서구화 정책을 수정, 학교 교육에 유교 도덕을 끼워 넣기 시작" 한 일은 국민 교육에 유학사상을 동원한 실례이며, "이는 1890년에 공포된 '교육칙어'(教育勅語)에서 절정에 달했다. 교육칙어는 거의 모두가 사서오경에서 따온 구절들로 이루어져 있다 해도 과언이 아닐 정도"(김석근, 2000, p. 53, 주 3)였던 것이다.

173 동아시아 사회에 아직도 유학의 전통이 강하며, 이러한 유학의 전통은 현재도 동아시아인의 삶과 행동양식에 크게 영향을 미치고 있다는 사실은 많은 서구의 학자들(Davis, W. B., 1987; Deuchler, 1992; Hall, D. L., & Ames, 1987; Robinson, 1991 등)도 인정하고 있는 사실이다.

174 이광세, 1998, p. 64: 동아시아 사회와 서구 사회에서 전개된 유학사상에 대한 비판론과 옹호론의 대립에 관해서는 졸저(조긍호, 1998a, pp. 30~43) 참조.

을 받아들이는 일이었다. 따라서 철저하게 자신의 전통을 비판하고 서구 문화를 수용하려는 '전반서화론'(全盤西化論)이 시대정신으로 부상하게 되었다."[175]

극단적 유학배척론인 이러한 '전반서화론'은 서구의 사상과 과학을 받아들여 낙후되고 침체된 중국의 병폐를 치유하자는 근대화운동으로 이어졌다. 그러나 외세에 의한 국권 침탈이라는 혼란의 와중에서 구국운동이 급선무로 등장하게 됨으로써 근대화운동은 뒤로 돌려질 수밖에 없었으며, 따라서 그 이념적 배경인 유학배척론이 힘을 받을 수 없었다. 이러한 맥락에서 등장한 것이 '중체서용론'(中體西用論) 같은 유학개신론이었다.

중국에서는 이미 1920년대 '과학과 현학 논쟁'[科玄論戰]을 통해 전통에 깊은 애정을 지닌 일군의 지식인들[玄學派]이 유학배척론[科學派]과 대립하는 과정에서 '현대신유학'의 장을 열어, 전통문화의 회복과 근대화의 결합을 주장하였다. 이들의 주장은 "서양의 민주와 과학을 수용하면서, 동시에 유가 전통의 인문정신과 도덕의식을 계승"하려는 것이었다. 곧 "민주와 과학은 서양으로부터 수용하되[新外王], 내성(內聖)에 있어서는 유가의 '심성지학'(心性之學)을 계승하고자 했던 것이다."[176] 말하자면, 이들은 유가의 정신문화의 전통[中體] 위에 서구의 기술문화[西用]를 수용하는, 양자의 절충적 결합을 통해 동양의 문화적 정체성(正體性)을 회복하고자 했다고 볼 수 있다.

이러한 현대신유가들의 활동[177]에 힘입어 대만 · 홍콩 · 싱가포르 같은

**175** 이승환, 1998a, p. 368.

**176** 이승환, 1998a, pp. 371~372.

**177** 현대신유학은 1930~1940년대의 熊十力 · 梁漱溟을 비롯한 1세대, 1950~1960년대의 唐君毅 · 徐復觀 · 馮友蘭 · 牟宗三을 비롯한 2세대를 거쳐, 1970년대 이후의 杜維明 · 蔡仁厚를 비롯한 3세대의 학자들에 의해 주도되어 오늘에 이르고 있다(이승환, 1998a, pp. 368~371).

중화계 사회에서 유학배척론[全般西化論 · 科學派]은 오래전에 자취를 감추고, 유학은 새로이 "동 · 서 문화의 회통과 상호 보완처를 제창하여, 서방 문화의 장점과 유가 문화와의 새로운 만남"[178]의 장이 됨으로써, 중화 문화권의 지배적인 사상체계다운 위상을 되찾았다. 이러한 사정은 중국 대륙도 마찬가지이다. 공산화의 영향으로 1950~1970년대에 정치에 종속되고 이데올로기에 예속된 중국 대륙의 유학 연구는, 1980년대에 현대신유학의 영향을 받아 사상해방운동의 성격을 띠게 된 다음, 1990년대에 들어서 현대신유학을 적극 받아들임으로써 '대륙신유가'(大陸新儒家)가 출현하게 되었다. 곧 중국 대륙에서 "1980년대의 분위기는 단지 현대신유가에 대한 연구의 차원에 머물렀다면, 1990년대에는 직접 자신이 현대신유가를 자임"[179]하고 있는 것이다.

이러한 대륙신유가들은 "유가사상은 동아시아 지역에서 현대화를 실현한 주요 사상 자원이며, 따라서 중국 현대화의 사상 기초와 '동력원'(動力源)이 될 수 있다고 주장하고, 또 유가 윤리도덕을 전면 긍정하여 '오늘에도 여전히 쓸모가 있다'고 진단함으로써, 유가 윤리를 기초로 하여 오늘날 중국의 도덕규범 체계를 중건해야 한다고 주장하기도 한다."[180] 이제 중국 대륙에서도 유학은 중국인들의 새로운 삶의 철학으로 자리 잡고 있는 것이다.

**한국: 위정척사론 · 문명개화론과 동도서기론** 서구 문명의 동점 현상에 대응한 19세기 말 우리나라 유학자들의 다양한 반응 가운데, 초기에 힘을 얻은 것은 '위정척사론'(衛正斥邪論)이었다. 이는 "정신적으로나 물질

**178** 김성기, 2000, p. 34.
**179** 김성기, 2000, p. 41.
**180** 김성기, 2000, p. 43.

적으로 서구 문명 전체를 배격하고, 종래의 성리학적 문화를 옹호 · 유지"[181]하고자 하는 주장으로, 철저한 유학고수론이었다. 이러한 위정척사론자들은 구한말 항일 의병운동의 주축이 되고, 일제강점기에도 항일 민족주의운동과 관련을 맺음으로써, 어느 정도 민중적 지지를 확보하고 있었다.[182] 그러나 "나라가 일제에게 패망하자 그 책임이 조선 500년 동안 지배 이념이었던 유교에게 돌려졌다. 유교는 타도되어야 하며, 그 대안으로 서구의 과학기술과 제도는 물론 종교와 가치관까지도 받아들여야 한다고 주장"[183]하는 철저한 유학배척론이 등장하게 되었다. "이와 같은 주장은 1884년 갑신정변을 일으킨 김옥균 · 박영효 등 '문명개화론'(文明開化論)자들에게서 이미 보이고 있다. [……] 문명개화론자들은 서양 문화를 새로운 '보편 문화'로 받아들이고, 기독교를 포함한 서양 문화의 전면적 수용을 통해 개화를 이루어야 한다고 생각했다."[184]

유학고수론인 위정척사론과 유학배척론인 문명개화론이 대립하고 있던 20세기 초엽의 한국에서도 중국과 유사하게 "정신적인 가치관에 있어서는 전통적인 유학을 고수하면서도, 물질적인 과학기술 부분에서는 개방적 태도를 취하는"[185] 이른바 '동도서기론'(東道西器論)이 제시되어 대세를 장악하였다. 이러한 동도 · 서기의 구상은 전통적인 성리학의 사상 체계를 견지함으로써 동양의 문화적 정체성은 유지하되, 서구의 기술 문명을 수용함으로써 "개화로 상징되는 근대적 '부국강병'의 추진력"[186]을 얻으려 했다는 점에서, 중국 현대신유가의 중체서용론과 같은 동 · 서의 절

181 윤사순, 1997, p. 483.
182 윤사순, 1997, pp. 482~487.
183 최영진, 2000, p. 31.
184 최영진, 2000, p. 31, 주 10.
185 윤사순, 1997, p. 487.
186 윤사순, 1997, p. 490.

충적 통합론이었다.

이 시기 우리나라에서 전개된 동도서기론은 유교의 개신론이었다. 곧 "이 시기 유학의 주조는 '자강 · 자립 · 독립'을 위한 유교의 새로운 인식, 이른바 유교 개신의 경향"이었으며, "해방을 맞이한 이후에도 한국 유학은 일제강점기에 보인 개신의 노력을 지속시켜 스스로의 존재 가치를 확인하는 한편, 계속적인 발전의 길을 모색"[187]하면서 오늘에 이르고 있다.

이러한 유학계 자체의 개신의 노력으로 우리나라에서는 유교적 사고양식과 관습, 그리고 가치관이 강하게 남아 있다. 이는 1970~1980년대의 급속한 경제 발전과 1990년대의 정치 발전을 통해 "경제 성장과 민주화라는 두 가지 프로젝트를 이루어낸"[188] 배경이 되었거나, 또는 그 결과 생긴 자부심에 근원을 둔 "우리 것 찾기 운동"에 반영되어 있기도 하다. 어떤 연구자[189]는 1996~2000년 사이의 기간 동안 국내 일간지에 게재된 유교 관련 기사를 분석한 결과, "유교가 결코 박물관의 박제품이 아니라, 우리 사회에 살아 있는 역동적 기제임을 확인할 수 있었다"고 보고하고 있다.

**일본: 메이지유신과 탈아입구론** 서세동점 현상에 대한 근세 일본의 반응은 중국이나 한국과 사뭇 달랐다. 일본의 지도층은 철저한 서구 따라 배우기를 통한 근대화만이 일본의 살길이라고 인식하였다. 그들은 "위로부터의 혁명인 '메이지유신'(明治維新, 1868년)에 의해 근대 민족국가로서의 면모를 확립했을 뿐만 아니라, 나아가 동아시아의 제국주의 국가로 성장하게 되었다. 외국의 압력을 받으면서 자본주의 발전과 근대화를 수행

**187** 윤사순, 1997, pp. 497~498, 500.
**188** 최영진, 2000, p. 31.
**189** 최영진, 2000, p. 24.

하기 위해 구 지배 계급인 사무라이 계급의 계획과 지도 하에 메이지유신이 이루어졌다."[190] 이러한 근대화운동의 배경이 되었던 것은, 일본 사회를 지배해왔던 기존의 지식과 기술 및 가치관을 서구의 것으로 대체함으로써, 낙후된 아시아적 가치와 질서체계에서 탈피하고 선진화된 서구를 따라 배우자는 '탈아입구론'(脫亞入歐論)이었는데, 이는 중국과 한국의 유학배척론과 같은 성격의 것이었다고 할 수 있다.

중국과 한국에서 근대화의 동력으로 작용한 동·서의 절충적 통합론은 지배계층이 아니라 유학자들을 비롯한 지식인들과 일반 민중 사이에서 태동되었으나, 일본 사회에서는 메이지유신을 추진하던 지배 세력들에게서 이러한 움직임이 나왔다는 사실에서 일본이 단기간에 근대화에 성공한 배경을 찾을 수 있다. 이 시기 일본의 지배 세력들은 탈아입구론으로 무장하고 철저하게 서구를 따라 배움으로써, 사상적인 동요 없이 근대화를 추구할 수 있었던 것이다.

그러나 이 시기 일본 사회에서 유학의 가치가 완전히 무시되었던 것은 아니다. 서구의 과학기술을 도입함으로써 근대화를 추진하던 메이지유신의 추진 세력들은 외형상으로 입헌군주제를 채택하고 근대적인 법치국가를 정치의 방침으로 결정하기는 하였지만, 이전의 막부체제와는 다른 새로운 사회의 유지를 위해 군주와 인민, 그리고 인민들 사이의 관계를 규정하는 사회윤리 체계가 필요하다는 인식에 도달하게 되었던 것이다. 이 상황에서 그들이 주목했던 것이 에도 시대까지 일본 사회에서 선양되어 왔던 유교의 가치관이었다. "상·하 관계와 상호간의 관계를 유지하는 세속 윤리에 있어 가장 적합했던 것은 역시 유교였기 때문이다. [……] 다시 말해, 일본은 근대국가를 정비하고 이념적인 기초를 마련하는 과정에서,

**190** 김석근, 2000, p. 53.

특히 대내적인 인간관계 및 사회적 규범의 존재 양태를 규율하는 윤리를 전통적인 동양의 그것에서 찾았다. 그래서 충효와 같은 유교적인 윤리가 [……] 서양 학문과 근대화의 충격 속에서도 나름대로 그 모습을 유지"[191] 할 수 있었던 것이다.

이렇게 메이지유신이라는 위로부터의 혁명을 통해 서구 문물에 힘입은 근대화와 유학을 비롯한 기존 가치체계에 따른 사회 통합에 성공함으로써, 일본 사회에서 유교의 위상은 상대적으로 메이지 시대 이후 오히려 더 높아졌다고 볼 수 있다. 19세기 말엽 이래 일본의 유교 연구열이 세계에서 가장 치열하여, 일본인에게 유교가 가장 친숙한 주제 가운데 하나가 되어 있는 까닭은 이러한 배경에 그 근원이 있는 것이다.[192]

### (다) 현대 동아시아 사회에서 유학의 위상

이상에서 보아왔듯이, 중국인 · 한국인 · 일본인 같은 동아시아인들에게 유학사상은 더 이상 과거의 체계가 아니라, 아직도 살아남아 있는 현실의 체계이고, 이것이 동아시아 사회에서 유학이 차지하는 현재적 위상이다. 한 사회의 전통은 그 사회에 살고 있는 사람들이 그것을 잘 이해하고 있든 그렇지 못하든 간에 살아 있는 현실의 일부로서, 이러한 전통과의 교섭은 인간의 삶의 과정에서 피할 수 없는 운명과도 같은 것이라고 볼 수 있다. 한마디로, 전통 사상은 현대인의 삶과 행동 및 사유 속에 녹아들어서 현대인들이 그것을 인식하든 그렇지 못하든 간에 그들에게 영향을 미치고 있는 것이다. 이러한 전통 사상 가운데 "동아시아인의 생활과 의식구조의 뼈대"[193]를 이루어온 것은 바로 유학사상이었다. 곧 "유학

**191** 김성기, 2000, pp. 53~54.
**192** 김석근, 2000, pp. 52~56.
**193** 이광세, 1998, p. 41.

의 전통은 아직도 한국인은 물론이요, 동아시아인들 모두의 삶의 방식, 인생관과 가치관을 지배하고 있다 해도 과언이 아닌 것이다."[194]

뚜 웨이밍(Tu, Wei-Ming; 杜維明)은 현대 유교권 사람들의 의식구조 속에 공통적인 가치관과 행동 또는 사유방식으로 자리 잡은 유교 문화의 영향을 "마음의 유교적 습성들"(the Confucian habits of the heart)[195]이라고 부르고 있다. 이러한 습성들 안에는 "학문의 본질적 가치에 대한 인정, 유기적 인간관계, 신용과 신의에 기반을 둔 공동체로서의 사회, 개인적 이익과 공동선의 조화, 책임과 함께 증가하는 도덕의식, 지도자들이 도덕적 행동의 실천을 통해 모범이 되어야 한다는 기대, 문화적 엘리트의 사회적 책임, 수재 교육 제도 등이 포함되어 있다."[196] 이러한 "마음의 유교적 습성들"의 한 축을 형성하는 근면 · 절약 · 성실 · 청렴 및 교육의 중요성을 강조하는 유교의 전통적 가치관은 현대 동아시아인의 삶의 과정에 지대한 영향을 미쳐, 이 지역 국가들의 성공적인 경제 발전의 원동력이 되었던 것이다.[197]

이렇게 유교적 가치체계는 현대에도 동아시아 일반 민중의 생활에 광범위한 영향을 미치고 있으며, 따라서 유학사상은 동아시아인의 "문화 전통과 의식구조의 중추"[198]가 되어 있다. 이러한 사실과 관련하여, 현대 한국인의 종교 관련 신념과 행동을 심층적으로 분석한 어떤 연구[199]의 결과는 흥미 있는 시사점을 제시하고 있다. 이 연구에서 조사 대상자 가운데 자신이 '유교인'이라고 대답한 사람은 0.5%에 지나지 않아, 자신을 '개신

**194** 길희성, 1998, p. 3.
**195** Tu, Wei-Ming, 1996, p. 343.
**196** 이광세, 1998, p. 66.
**197** 이광세, 1998, pp. 66~67; 이승환, 2000, pp. 198~199.
**198** 이광세, 1998, p. 63.
**199** 윤이흠 · 박무익 · 허남린, 1985.

교인'이라고 답한 사람(26.25%), '천주교인'이라고 답한 사람(5.0%), '불교인'이라고 답한 사람(19.25%)과는 비교할 수 없을 만큼 적었다. 그러나 이들도 일반적 신념 내지 사상(효제충신 · 삼강오륜 · 인의예지 · 수신제가 같은 유교의 핵심 사상에 대한 확신), 일상생활의 기본 실천(조상의 제사, 부모에의 효도)과 일반적 관행(부계 가통, 동성동본 혼인 반대, 성묘와 시제, 삼년상, 폐백, 어른 공경), 그리고 집단 행사에 참여하는 일(가족이나 문중 행사, 종친회나 족보 사업)에서는 일정한 정도 이상으로 유교적 신념을 지닐 뿐만 아니라, 유교적 행동과 태도 및 습관을 보이고 있는 것으로 조사되었다. 조사 결과 확인된 불교인의 100%, 개신교인의 76.6%, 천주교인의 90%, 무종교인(47.25%)의 96.8% 등 전체 조사 대상자 중 91.7%가 그 신념이나 행동 · 습관으로 보아 유교도라고 볼 수 있어서, "한국인의 절대 다수가 유교의 실천 성원"[200]이라는 것이다.

이 조사에서 흥미로운 결과는 한국인은 외현적으로 밝히는 종교에 대한 자기 확인의 반응과는 상관없이, 실제로는 "유교적 가치관과 행습들이 다른 종교 신도들에게 대단히 강하게 침투해 들어가 있다는 사실이다."[201] 곧 한국 사회에서 "유교는 [……] 독립된 자기보존 조직(maintaining organization)으로서는 존재하지 않으면서도, 한국인의 심정적 확신과 내면적 가치관의 근거를 이루고 있음"이 확실하다. "한마디로, 한국인은 절대 다수가 유교라는 연성(軟性) 가치집단의 성원"이어서, "유교적 가치관은 현재 한국 사회의 정신적 가치관의 기초를 이루고 있음"[202]이 분명한 것이다.

유교가 경성(硬性) 종교조직인 기독교와는 달리 일정한 교당이나 예배

---

**200** 윤이흠 외, 1985, p. 370.
**201** 고병익, 1996, p. 294.
**202** 윤이흠 외, 1985, p. 358.

의식 및 입교 조건이 없는 연성 가치집단이라는 점에서,[203] 한국인에게서 나타난 이러한 종교 행동의 경향은 중국이나 대만 및 일본 같은 동아시아 유교권 국가들에서도 마찬가지로 나타날 것이라고 추측해볼 수 있다. 오랫동안 이 사회를 지배해왔던 유교적 삶의 방식은 동아시아인들의 생활에 광범위한 영향을 미쳐, 중국 · 한국 · 일본을 비롯한 동아시아인들의 공통적인 습성을 낳은 것이다. 동아시아인들의 일상생활에서 나타나는 신념 · 행동 · 습관의 근간에 이렇게 유학사상의 배경이 깔려 있다는 사실은 가치에 대한 문화비교연구의 결과에서도 드러난다.

본드(Michael Bond)를 중심으로 한 일군의 연구자들[204]은 22개국의 대학생을 대상으로 중국인에게 기본적인 가치 문항 40개로 구성된 '중국적 가치 검사'(Chinese Value Survey)를 실시하고, 호프스테드와 같은 생태학적 요인 분석을 진행했다. 그 결과, 호프스테드가 밝혀낸 네 차원 가운데 세 차원(권력거리 · 개인주의 · 남성성)과 함께 국가 간 차이를 드러내는 또 다른 가치 차원이 나타났는데,[205] 이는 인내심, 지위와 서열 존중, 절약, 검소, 염치, 체면 유지, 전통 존중, 인사치레와 은혜 갚기 같은 유교적 가치를 반영하는 차원이었다. 그들은 이를 "유교적 역동성"(Confucian dynamism)이라고 명명하고, 호프스테드의 연구에서 밝혀진 가치 차원과 관련지어 여러 관계를 분석하고 있다.[206]

이 척도에서 강한 유교적 역동성의 가치를 보유하고 있는 나라들은 중국(118점, 1위) · 홍콩(96점, 2위) · 대만(87점, 3위) · 일본(80점, 4위) · 한국(75점, 5위) 같은 동아시아의 유교권 국가들이고, 미국(29점, 17위) · 영국(25점,

**203** 윤이흠 외, 1985, pp. 346~348.

**204** Chinese Culture Connection, 1987.

**205** 이 연구에서 Hofstede(1980)의 "불확실성 회피" 차원은 검출되지 않고 있다.

**206** 예: Hofstede, 1991; Hofstede & Bond, 1988.

18위) · 캐나다(23점, 20위) 같은 서구의 국가들은 그 반대쪽의 가치를 지닌 것으로 밝혀지고 있다.[207] 이 연구에서도 "마음의 유교적 습성들"이 여전히 동아시아인의 행동과 사유의 근간을 이루고 있음이 드러나고 있는 것이다.

이러한 사실들을 함께 놓고 보면, 동아시아 사회에서 지배적인 집단주의 문화의 사상적 배경은 아직까지 동아시아인이 보유하고 있는 "마음의 유교적 습성들"에서 찾을 수 있다는 점이 확실해진다. "유교적 역동성"의 가치 차원에서 분명하게 드러나는 이러한 "마음의 유교적 습성들"을 트리안디스는 "집단주의적인 습성 구조"(collectivistic structure of habits)[208]라고 부르고 있는데, 이렇게 동아시아인이 드러내는 전형적인 신념 · 가치 · 태도 · 행동의 배후에는 아직도 이 사회에 살아 역동적으로 영향을 미치고 있는 유학사상이 놓여 있는 것이다.

#### (2) 유학사상이 추구하는 가치

이상에서 살펴본 바와 같이, 유학은 오랫동안 동아시아 사회의 역사를 지배해왔을 뿐만 아니라, 현재에도 이 지역인들의 마음속에 살아남아 역동적으로 영향을 끼치고 있는 사상 체계이다. 이러한 유학사상은 동아시아 사회인의 삶의 양식과 사유방식에 지속적으로 영향을 미쳐, 이 지역에 집단주의 문화를 꽃피우게 한 원동력이 되었다.

이렇게 동아시아인의 삶의 기반이 되어온 유학사상은 인간 존재의 사회적 도덕적 특성[人性論]을 전제로 하여, 이러한 존재 특성을 지닌 인간이 지향해야 할 이상적 상태[君子論 · 聖人論]를 정립한 다음, 이러한 이상

**207** Hofstede, 1991/1995, p. 244, 표 7.1.
**208** Triandis, 1995, p. 67.

적 인간의 사회적인 삶의 모습[道德實踐論 · 禮論]과 이상적 인간의 상태에 도달하기 위해 개인적으로 노력해야 할 바[修養論]를 제시한 이론체계라고 정리할 수 있다. 유학사상의 구조를 이루는 이러한 네 체계로부터 유학사상에서 추구하는 기본적인 가치의 내용을 도출해볼 수 있다.[209]

인성론(人性論)은 우주 안에서 인간의 독특한 위치와 특성은 무엇인가에 관한 사색의 산물로, 유학사상의 기초를 이루는 이론체계[210]이다. 유학자들이 제시하는 인성론의 핵심은 인간에게 본유한 특성을 생물적 욕구 체계와 감정 체계, 인지 능력의 체계 및 도덕성의 체계로 보고, 이 중에서 도덕성의 체계를 가장 핵심적인 것으로 간주하고 있다는 사실이다. 여기서 도덕성은 더불어 관계를 맺고 함께 삶을 영위하고 있는 타인 및 사회에 대한 관심과 배려를 말하는 것이다. 유학자들은 이러한 도덕성을 인간이 본유적으로 갖추고 있는 것으로 보며, 따라서 사회성을 중심으로 인간의 존재 특성을 규정하는 유학의 특징이 그들이 제시하는 인성론에서 잘 드러나고 있다. 이렇게 유학의 인성론은 도덕적 바탕[仁義禮智]을 인간이 본래부터 갖추고 있다는 인간 존재의 '사회성' · '도덕성'을 근거로 삼는 점에 그 특징이 있으며, 뒤이은 군자론 · 도덕실천론 · 수양론에서 인간관계의 사회성이 강조되는 배경에는 이러한 인성론의 특징이 그대로 자리 잡고 있는 것이다. 여기에서 바로 유학사상이 동아시아 집단주의의 사상적 바탕이 되는 근거가 나온다. 이와 같이 덕(德) · 지(知) · 정(情) · 의(意)의 사분체계론과 덕성우월론(德性優越論)을 기저로 하고 있는 유학의

**209** 유학사상의 이 네 이론체계가 갖는 심리학적 함의와 이로부터 도출되는 서구 현대심리학과 다른 새로운 유학심리학의 가능성에 대해서는 필자의 선행 저술(조긍호, 1998a, pp. 349~410; 1999b, pp. 31~161; 2007a, pp. 478~510; 2008) 참조.

**210** 김충렬, 1982, pp. 170, 172~175; 馮友蘭, 1948/1977, pp. 105~107; Needham, 1969/1986, Vol. II, pp. 21~29.

심리구성체론은, 인간 심리가 지 · 정 · 의 삼분체계로 구성되는 것으로 보고, 이 중에서 지적인 체계를 중시하는 인지우월론(認知優越論)을 견지하는 서구 현대심리학의 심리구성체론과는 다른 것이다.

다음으로 군자론(君子論) · 성인론(聖人論)은 이러한 본성을 가지고 있는 사람으로서 지향해야 할 최상의 이상적 상태는 어떤 것인가에 관한 탐색을 통해 인간의 삶이 지향해야 할 목표 상태를 정립하려 한 이론체계이다. 유학자들은 수기(修己)를 통한 자기완성(自己完成) 이외에, 대인관계에서의 조화와 안정을 통한 관계완성(關係完成)과 사회적인 책무의 자임(自任)과 완수를 통한 사회완성(社會完成)이 이상적 인간의 특징이라고 보고 있다. 이러한 유학의 군자론 · 성인론에서는 인간 존재의 사회성 · 도덕성과 함께, 인간이 무한한 '발전가능성'을 갖추고 있는 존재라고 보는 유학사상의 특징이 잘 드러나고 있다. 개별적 존재로서의 개체의 완성뿐만 아니라, 타인에 대한 배려와 조화를 추구하면서 사회에 대한 책임을 자임하고 수행하려는 존재로 그려내는 유학의 이상적 인간형론(理想的 人間型論)은, 이상적 인간의 전형을 자기 개체의 독립성과 독특성을 확인하고, 일상생활에서 자기의 독특한 특성과 능력을 최대로 발휘하는 자기실현(自己實現, self-actualization)을 이룬 사람에게서 찾는 서구 현대심리학의 이상적 인간형론과는 다른 것이다.[211]

이어서 도덕실천론(道德實踐論) · 예론(禮論)은 사회적 존재인 사람들 사이의 바람직한 관계는 어떠한 것인가에 관한 사색을 기초로 하여 이상적 인간의 상태에 이른 군자나 성인의 사회적 삶의 모습을 모색함으로써, 사회관계에서 지향해야 할 바를 정립하고자 한 이론체계이다. 선진유학자

---

**211** 이상적 인간형론의 동 · 서 차이와 이로부터 도출되는 심리학적 연구 문제의 차이에 관해서는 필자의 선행 저술(조긍호, 2006) 참조.

들은 사회구성의 기본단위는 사람들 사이의 관계 및 이러한 관계의 원형인 가족과 같은 일차집단으로서, 인간의 사회행위의 원동력은 이러한 관계 속에 내포된 예(禮)와 역할[分]이며, 이의 충실한 수행을 통해 관계의 조화와 질서가 완성될 수 있다고 본다. 즉 역할 수행을 통해 조화로운 인간관계와 질서 잡힌 사회를 이루는 일이 유학자들이 제시하는 사회관계론의 핵심으로, 이를 통해 유학자들은 인간 존재의 사회성과 도덕성의 일상적 실천이 곧 사회관계의 요체라는 사실을 강조하고 있다. 이와 같은 유학자들의 사회관계론은, 사회구성의 기본단위를 상호 독립적이고 평등한 이기적 존재로서의 개인으로 보고, 사회관계를 자기이익 최대화를 도모하는 개인들 사이의 교환과 거래의 관계라고 간주하는 현대 서구심리학의 사회관계론과는 근본적으로 다른 것이다.

끝으로 수양론(修養論)은 인성론에서 설정한 바대로 도덕적이고 사회적인 존재로서의 현실적인 인간이 군자론에서 설정한 바와 같은 이상적인 인간의 상태에 이르기 위해서 해야 할 일이 무엇인가에 관한 탐구로, 자기통제를 통해 이기적 · 생물체적 욕구를 제어하고 사적 감정의 표출을 절제하는 것이 이상적 인간의 상태에 이르는 길이라고 간주하는 자기발전론의 체계이다. 이러한 수양론은 배움과 교육을 통해 인간은 누구나 이상적 상태에 도달할 수 있는 가능성을 보유하고 있다는 유학자들의 기본 신념을 근간으로 하고 있다. 유학자들은 개인이 본유적으로 갖추고 있는 도덕성의 근거를 잘 간직하고 확충하며, 자기의 사적인 욕구와 감정을 절제함으로써, 외부 환경과 조화를 취하는 것이 바로 통제라고 보는 자기통제론을 바탕으로 하여, 자기의 잘못과 단점을 찾아 이를 일상생활에서 고쳐나가는 자기개선이 자기 발전을 이루는 핵심이라고 본다. 이러한 유학적 자기발전론은, 외부 환경세계를 자기에게 맞추어 변화시키는 것을 통제라고 보는 입장에서, 외적 보상의 크기를 조작함으로써 개인이 추구하는 목표 추구의 지속력을 유지하려고 하며, 독립적인 개인이 갖추고 있는 장점의 확인과 확충을 통해 자기향상을 도모하는 서구 현대심리학의 자기발전론과는 다른 것이다.

이상과 같은 유학사상의 네 이론체계에서 드러나고 있듯이, 유학사상에서 추구하고 있는 가치는 인간 존재의 '사회성'과 '도덕성' 그리고 '발전가능성'이라고 정리할 수 있을 것이다. 인성론 체계에서는 사회성과 도덕성의 가치가 강조되고 있으며, 군자론에서는 사회성과 도덕성에 더해서 발전가능성의 가치가 중요하게 대두되고, 도덕실천론에서는 사회성과 도덕성의 가치가 다시금 강조되며, 수양론에서는 발전가능성의 가치를 축으로 해서 도덕성과 사회성의 합일이 추구되고 있는 것이다. 이렇게 유학사상은 사회성 · 도덕성 · 가능성의 가치를 축으로 해서 인간 존재의 기본 특성을 파악하고, 또 이러한 세 가지 가치를 핵심으로 삼아 인간이 지향해야 할 삶의 양식을 제시하고 있는 철학체계인 것이다.

이렇게 보면, 유학사상의 핵심은 바로 '인간의 존재 확대'라고 요약할 수 있을 것이다.[212] 유학자들은 인간이 인간된 까닭에 관한 관점[인성론]을 통해 존재 확대의 가능성을 따져보고, 존재 확대의 이상적 모형[군자론]을 제시함으로써 이를 삶의 목표로 설정한 다음, 그 목표를 이루기 위한 방법[도덕실천론 · 수양론]을 제시하고 있는 것이다. 이러한 인간 존재의 확대에 대한 강조는 유학사상에서 추구하는 가치들로부터 직접 도출된다.

우선 '사회성'의 강조를 통해 유학자들은 '개체적 존재로부터 사회적 존재로의 확대'를 도모하였다고 볼 수 있다. 개체로서의 자기에 대한 관심과 배려를 관계를 맺고 있는 타인과 사회에 대한 관심과 배려로 확대하는 일이 올바른 삶의 자세라는 주장이 군자론 · 사회관계론 · 수양론의 이론

**212** 이에 관해서는 졸저(조긍호, 2003a, pp. 149~150, 주 31) 참조.

적 핵심인 것이다.

다음으로 '도덕성'의 강조를 통해 유학자들은 '생물체적 존재로부터 도덕적 존재로의 확대'를 꾀하였다고 볼 수 있다. 도덕성을 통해 인간은 욕구적 존재에서 인간적이고 도덕적인 존재로 변모하게 되는데, 유학사상의 이론적 기반인 인성론에서부터 이러한 논리체계가 부각되고 있는 것이다.

마지막으로 '가능성'의 강조를 통해 유학자들은 '미성숙한 존재에서 성숙한 존재로의 확대'를 꿈꾸었다고 볼 수 있다. 교육과 배움을 통해 스스로가 도덕주체라는 사실을 인식하고, 이를 바탕으로 한 자기성찰과 자기반성의 결과 자기개선을 이룸으로써, 소인의 상태에서 벗어나 군자가 될 수 있다는 것이 수양론의 체계이다. 곧 인간은 도덕성의 씨앗을 가지고 태어나지만, 후천적으로 수양을 통해 본유적으로 갖추고 있는 도덕성의 씨앗을 활짝 꽃피울 수 있는 가능성을 가지고 있으며, 이를 통해 동물적이고 욕구적인 미성숙 개체로부터 사회적이고 도덕적인 성숙한 인간으로 발전할 수 있다는 것이 수양론에서 전개하는 존재확대론의 논리적 근거인 것이다.

이렇게 유학사상에서 제시하는 인간 존재 확대의 길은, 타인에 대한 관심을 가지고 그들을 배려하여, 자기 자신뿐만 아니라 다른 사람들도 군자의 경지에 이르도록 도와줌으로써, 인간이 추구해야 할 도(道) 속에서 다른 사람과 자신의 일체화를 이루는 일이다. 이렇게 타인에 대한 관심과 배려를 인간 삶의 기본적 동인으로 삼는 유학사상은 역사적으로 이를 기본 철학으로 삼고 살아왔던 동아시아 사회에 집단주의적인 삶의 양식이 꽃피게 한 사상적 배경이었던 것이다.

## 3. 동 · 서 문화차의 근원: 인간관의 차이

이상에서 보듯이, 서구 역사의 흐름은 집단이나 사회보다 개인의 중요성을 강조해온 과정으로, 그 절정은 17세기에 대두된 자유주의 사상에서 찾을 수 있다. 자유주의 사상가들은 사회구성의 기본단위를 개인이라고 보아, 사회의 이해는 결국 그 구성요소인 개인의 이해를 통해서 가능하다고 간주하고, 개인이 이루어낸 안정적이고 불변하는 독특한 내적 속성(성격 · 능력 · 기호 · 태도 · 욕구 · 감정 · 의도 들)이 개인의 모든 행위와 사회 운용의 원천이라는 '개인중심적 인간관'을 가지고 있었으며, 스스로를 타인과 분리된 독립적이고 자율적 존재로 인식하고 있었다.

그러나 동아시아 사회는, 비록 근세에 와서 부침이 있기는 하였지만, 오래전부터 유학사상이 지배해왔다. 유학자들은 사회구성의 기본단위를 사람들 사이의 관계 또는 그러한 관계의 원형인 가족과 같은 일차집단이라고 보아, 그러한 관계 속에서 드러나는 각자의 역할과 의무 및 집단 규범이 개인의 행위와 사회 운용의 원천이라는 '관계중심적 인간관'을 가지고 있었으며, 스스로를 제반 관계의 연쇄망(network) 속에서 타인들과 연계되어 있는 존재로 인식하고 있었다.

이렇게 서구와 동아시아 사회는 그 역사적 배경과 지배적인 사상이 다른 만큼, 인간을 파악하는 관점에서도 커다란 차이를 보이고 있는데, 바로 이러한 인간관의 차이가 서구와 동아시아 사회에 각각 개인주의와 집단주의 문화가 조성되도록 한 직접적인 배경이었다고 볼 수 있다.

### 1) 서구 자유주의의 인간관

집단이나 사회보다 개인에게 우선성을 부여하는 자유주의의 철학적 핵심은 개인주의이고, 따라서 자유주의적인 인간관과 사회관은 곧 개인주의적인 인간관과 사회관이다. 이러한 자유주의의 인간관과 사회관을 탐구하는 문제는 곧 자유주의 체계에서 사회의 존재론적 구성단위로서의 개인을 어떻게 개념화하고 있느냐 하는 문제와 직결된다.

앞에서 보았듯이, 개인주의의 이념적 배경인 자유주의는 개인의 '자유와 자유의지', '이성과 진보', 그리고 '평등과 존엄성'의 가치들을 핵심적으로 추구하는 사상체계이다. 자유주의가 추구하는 이러한 세 차원의 가치에서 자유주의 체계가 사회구성의 기본단위인 개인 존재를 파악하는 관점을 직접 끌어낼 수 있다. '자유와 자유의지'의 가치에서는 인간 존재의 상호 독립성을 강조하여, 개인을 '자유의 보유자'로 파악하는 입장이 나온다. 이어서 '이성과 진보'의 가치에서는 인간의 합리성을 강조하여, 개인을 '이성의 주체'로 여기는 입장이 나온다. 그리고 '평등과 존엄성'의 가치에서는 인간의 자기완비성을 강조하여, 개인을 언제 어디에서나 일관적인 '안정적 실체'로 개념화하는 입장이 나오게 된다.[213]

#### (1) 자유의 보유자

개인주의의 사상적 배경이 되어온 자유주의에서는 사회의 궁극적인 구성단위를 상호 평등하고 독립된 개체적 존재인 개인에게서 찾는다. 사회는 이러한 평등하고 독립적인 개인들의 복수적인 집합에 불과하다는 것이다. 개인은 다른 사람들이 미치는 영향력과는 관계없이 존재하는 독립적 개체로서, 스스로 자기의 행위를 선택하여 수행할 수 있는 자율성을 보유하고 있는 독특한 존재라고 간주된다. 이와 같이 개인주의 사회에서는 사회의 구성단위인 개인 존재가 가지는 제일의 특징을 개인이 '자유의

---

213 서구 자유주의의 인간관은 필자의 선행 저술(조긍호, 2006, pp. 426~441; 2007a, pp. 81~97; 2008, pp. 75~92)의 내용을 기초로 재정리하였는데, 필요한 경우에는 관련 내용을 그대로 따오기도 하였다.

보유자'라는 사실에서 찾는 것이다.

"개인주의의 핵심적 가치는 개인의 자유이다."[214] 자유주의에서는 그 어느 가치보다도 자유가 최고의 위치를 차지하며, 개인적 자유 이외에 자유주의가 추구하는 모든 다른 가치들은 개인적 자유와 밀접하게 관련되어 있다. 자유라는 개념이 서구에서 그 나름의 자리를 차지하게 된 것은 17세기에 들어서서 자유주의 사상이 대두된 이후부터였다.

개성의 적극적인 발휘를 인정하고 존중하는 르네상스와 신앙과 양심의 자유라는 관념을 탄생시킨 종교개혁을 거치면서 정치적 자유, 표현의 자유, 경제적 자유 같은 근대적 자유의 관념이 보급되었을 뿐만 아니라, 이러한 시민적 제 자유는 곧 인간이 천부적으로 갖추고 있는 권리라는 인식이 뿌리를 내리게 된 것이 17세기였다. 그리하여 "홉스와 로크 시대에 이르면, 어떤 권위도 침범할 수 없는 자연적 · 초시간적 천부의 권리의 구체적 실체로서의 개인이라는 관념"이 자연권 사상과 함께 다양한 삶의 기반으로 굳어지게 되었으며, "여기서 시민적 제 자유(civic liberties)가 당연한 권리로서 주장되기에 이른 것이다. 이토록 16세기 이래 서구 세계에서는 양심의 자유, 신앙의 자유, 정치적 자유, 표현의 자유, 경제적 자유 및 시민적 제 자유의 기본적 관념들이 성장하여, 근대적 의미의 개인적 자유의 관념이 수립되었다."[215] 이렇게 근대적인 개인적 자유의 개념은 개인의 권리라는 개념과 동전의 앞뒷면처럼 쌍벽을 이루는 관계에 있다. 개인의 자유는 개인의 권리 수호를 목표로 하는 것이고, 개인의 권리는 개인의 자유의 확보를 그 바탕으로 하는 것이다.

자유주의가 추구해온 제일의 이념은 이와 같이 개인적 자유의 확보에

**214** 노명식, 1991, p. 53.
**215** 노명식, 1991, pp. 57~58.

있었다. 자유주의의 이념에 비추어볼 때, 개인은 자율적으로 신앙과 양심 및 도덕 표준을 누구의 간섭이나 제재도 받지 않고 스스로 선택하고 준수할 자유를 가진 존재이다. 개인은 이렇게 자기가 자율적으로 선택한 신앙 · 양심 · 사상 및 도덕 표준을 누구의 간섭이나 제재도 받지 않고 말이나 글 또는 행동으로 표현할 수 있는 자유를 가지고 있다. 뿐만 아니라, 개인은 스스로가 본래부터 갖추고 있는 여러 가지 권리를 보호하고 또 이를 신장시켜줄 수 있는 정치체제와 그 대표자들을 자율적으로 선정할 수 있는 자유를 지니고 있으며, 자기의 사적 소유권과 사적 이익을 어떠한 부당한 간섭이나 제재도 받지 않고 적극적으로 추구할 수 있는 자유를 갖추고 있다. 또한 개인은 사적 공간과 영역을 확보하여 진실로 자기 혼자만의 사생활을 즐기고, 자기만이 갖추고 있는 독특한 개성을 신장시킬 수 있는 자유도 가지고 있다. 자유주의의 이념에 따르면, 이러한 모든 자유는 개인에게 천부의 권리이기도 한 것이다.

이상에서 보듯이, 개인 존재가 '자유의 보유자'로서 지니는 가장 기본적인 특징은 자율적인 선택의 가능성이 그에게 주어져 있다는 사실이다. 개인은 스스로의 판단과 원망(願望)에 따라 자율적으로 자기에게 가장 유리하거나, 가장 적합하거나, 또는 가장 타당한 신앙 · 양심 · 사상 · 도덕률 · 정치체제 및 경제체제를 선택할 권리를 갖추고 있으며, 이것이 바로 개인적 자유의 내용인 것이다. 따라서 개인적 자유의 핵심은 바로 이러한 개인의 자율성에서 찾을 수 있다. 또한 자유주의 이념에서는, 개인은 자유의 보유자로서 이러한 자율성을 최대로 행사할 수 있는 자기만의 공간과 영역을 지니고, 그러한 사적 영역에서 자기 독특성의 발전을 최대한 꾀할 수 있다고 전제한다. 곧 누구의 간섭과 제재도 받지 않는 사적 영역의 확보는 자율성 행사의 전제조건인 것이다.

'자유의 보유자'인 개인의 가장 기본적인 특징인 자율성은 "개인이 독자적이고 합리적인 가치 판단의 주체임을 의미"[216]하는 것으로, 개인이 타인이나 사회 또는 여러 사회적 장치와는 분리된 독특한 존재라는 '독립성'과 '독특성'의 개념을 전제로 한다. 곧 개인의 사고와 행동은 독립적인 존재인 개인의 것이며, 그의 통제 밖에 있는 작인(作因)이나 원인에 지배되지 않고, 순전히 그 자신만의 독특한 의지와 의사에 따라 결정된다는 자발적 방향 설정 또는 자기결정성이 곧 '자율성'의 내용이다. 따라서 개인은 자기가 직면하는 압력과 규범을 의식적 비판적으로 평가하여 자기만의 독특한 의도를 형성하고, 또 독립적이고 합리적인 숙고를 거쳐 실제적 결정을 할 수 있는 한에서 자율적이다. 말하자면, 자율성은 개인의 독립성과 자기결정성 및 독특성을 통해 드러나는 가치인 것이다.

(2) 이성의 주체

자유주의에는 자기와 관련된 것은 무엇이든지 자기의 것이라는 소유의 개념이 깊이 스며 있다. 이렇게 무엇이라도 나와 관계된 것은 내 것이라는 생각은 17세기 이래 자유주의 철학에 깊이 침투하여, 자신의 생명뿐만 아니라 육체적이거나 정신적인 노동의 산물인 재산과 여러 결과물, 심지어는 인격까지도 자기의 소유라는 철저한 '소유의 개인주의'를 낳았다. 자유주의자들에 따르면, 이러한 소유와 재산을 얻을 수 있는 근거에는 두 가지가 있는데, "하나는 인간은 욕망에 의해 움직인다는 자유주의적 인간관이고, 또 하나는 그 욕망 충족을 추구하는 데는 이성의 엄격한 지시를 받는다는 이성관이다."[217]

이기적인 욕망이 인간 행동의 근본적인 동기라는 인간관은 자유주의의

**216** 김영한, 1975, p. 111.
**217** 노명식, 1991 p. 38.

가장 큰 특색이다. 자유주의자들은 개인은 기본적으로 이기적인 정열과 욕망에 따라 활동하고 행동하는 존재로서, 자기 자신의 행복과 쾌락 및 만족의 추구가 인간 행동의 제일 동인(動因)이라고 본다. 따라서 자유주의자들은 이러한 쾌락 추구를 위해 적극적으로 노력할 권리가 모든 개인에게 천부적으로 주어져 있을 뿐만 아니라, 아무런 외적인 간섭과 제재만 없다면 최대한의 쾌락 추구라는 자기 본위적 목표가 달성될 수 있다고 간주한다.

여기에서 자유주의의 욕망관과 이성관이 만나게 된다. 자유주의에서는 인간은 이기적인 쾌락 추구의 욕망과 함께 '이성의 주체'로서, 자기가 가지고 있는 욕망의 내용을 인식함은 물론, 이를 자기에게 유리하게 충족시킬 수 있는 방식을 합리적으로 선택할 수 있는 존재라고 보는 것이다. 이렇게 자유주의에서는 욕구의 인식과 그 실현 방법의 선택이 전적으로 개인이 가지고 있는 이성의 결과라고 보아, 욕망에 대한 이성의 우월성을 가정한다.[218]

자유주의의 욕망관과 이성관이 만나게 되는 또 하나의 접점은 개인 사이의 욕망 충돌의 가능성에서 찾을 수 있다. 누구든지 천부의 재산권과 소유권에 따라 자기의 이기적 욕구를 채우려 하다보면, 반드시 욕구의 충돌이 빚어질 수밖에 없고, 그렇게 되면 사회는 혼란에 빠져 서로 간에 공

218 욕망이 있고, 그것을 추구하는 동력이 있는 것만으로는 그 욕망의 충족이 보장되지 않는다. 이를 자기에게 가장 적절하고 유리한 방법을 선택하여 행동으로 옮겨야 욕망의 충족 여부가 결정된다. 이성은 이러한 선택의 기능을 수행하는 인간의 본성이다. 이성은 개인이 가진 서로 다른 욕망들이 경쟁할 때, 그리고 나의 욕구와 타인의 욕구가 충돌할 때 "가장 경제적인 방법으로 최대의 만족을 얻는 방법을 가르친다." 따라서 "이성은 본질적으로 자기이익을 가장 효과적으로 추구할 수 있는 계산 능력"(노명식, 1991, p. 41)을 본질로 한다. 이렇게 욕망이 이성보다 선행하는 것일지는 모르지만, 그 충족 여부는 오로지 그 충족 방법에 대한 합리적인 계산과 선택에 달려 있게 마련이고, 이러한 관점에서 보면 인간의 삶에서 이성은 욕망보다 우월한 것이다.

멸하는 상태에 이르게 될 것이다. 이러한 충돌을 피하기 위해 개인들이 동의하여 욕구 조정의 체제를 만들기로 합의하게 되고, 그 결과 나타나는 것이 국가체제라고 자유주의자들은 주장한다. 이것이 유명한 사회계약론(社會契約論)의 요지인데, 이러한 계약론의 근저에는 개인 존재가 가지고 있는 이성 혹은 합리성에 대한 믿음이 놓여 있다. 이렇게 개인들의 욕망이 충돌하여 낳게 될 파괴적 혼란을 방지해주는 장치가 바로 개인이 본래부터 갖추고 있는 이성 혹은 합리성이라고 보는 것이 자유주의의 기본 이념이다.

자유주의는 계몽사상으로 이어지면서 인간의 이성에 대해 초기보다 더 적극적이고도 낙관적인 관점을 밝히고 있다. "이 흐름의 자유주의자들에게 있어서 이성은 계산 능력보다 더 높은 차원의 것으로서, 개인생활과 사회생활을 그 이성의 이상(理想) 위에 수립할 수 있다고 믿는다."[219] 그들은 개인이나 사회는 이러한 합리적인 이성의 기능에 의해 자연과 인간성에 대한 합리적 이해를 할 수 있게 된다고 생각한다. 그뿐만 아니라 자유주의자들은 이러한 합리적 이해에 근거하여 불합리하거나 비합리적인 정열 · 욕망 · 증오 · 편견 · 습관 · 전통 따위의 굴레에서 벗어나게 되고, 그 결과 인류의 진보와 행복에 보편적으로 적용할 수 있는 원리들을 체계적으로 도출할 수 있게 된다고 믿는다. 이렇게 이성은 인간과 자연 및 인류사회를 지배하는 보편적 원리를 발견해낼 수 있는 과학적 탐구의 근거이며, 결과적으로 인류 사회의 진보는 바로 이성이 인간에게 본유적으로 갖추어져 있다는 사실 때문에 가능하게 된다고 자유주의자들은 보고 있는 것이다. 이와 같은 자유주의를 사상적 배경으로 하고 있는 개인주의 사회에서는 인간 존재를 '이성의 주체'로 파악하는 특징을 띤다.

---

**219** 노명식, 1991, p. 42.

이상에서 보듯이, '이성의 주체'로서 개인은 다른 사람들과의 충돌을 최소화하는 범위 안에서 자기의 개인적인 욕구를 실현할 수 있는 최선의 방책을 강구함으로써, 자기이익의 최대화를 꾀할 수 있는 존재이다. 이성은 합리적 선택의 근거이고, 앞에서 살펴본 자율성은 자유로운 선택을 의미하는 것이었다는 점에서, 이성의 주체로 개인 존재를 파악하는 자유주의의 입장은 개인의 '자율성'이라는 요소와도 관련을 맺고 있다고 할 수 있다. 이성 주체인 개인은 스스로의 이성에 따른 합리적 선택을 적극적으로 추구할 수 있는 권리를 지니고 있고, 이러한 과정에서 자기이익이 최대로 보장된다고 여긴다. 그러므로 이성의 주체인 개인들은 합리적이고 자율적인 선택을 거쳐 자기의 이익을 최대한도로 확보하기 위해 적극적으로 '자기주장'을 하는 일을 자연스럽게 받아들여 강조하게 된다.

#### (3) 안정적 실체

서구 사회에서는 일찍부터 모든 사물이 안정적이며 일관적인 특성을 가지고 있다고 믿고, 이를 사물의 본질이라고 여겼다. 이러한 안정적이며 일관적인 특성을 가지고 있는 것은 자연 사물뿐만 아니라 동·식물과 같은 생물들, 그리고 심지어는 사람도 마찬가지라고 여겼으며, 각각이 가지고 있는 안정적인 실체로서의 본질을 파악하게 되면, 세상의 모든 삼라만상을 이해할 수 있을 것이라고 생각했다. 이렇게 안정적인 실체로서 사물의 본질을 이해하려는 경향은 서구 문화 발상의 원천인 그리스 문명에서부터의 전통이었다.[220] 이러한 태도는 서구에서 과학이 발달하는 데 크게 영향을 미쳤는데, 17세기의 자유주의 시대에 이러한 전통은 더욱 확고해

**220** Nisbett, 2003, pp. 1~28, 29~39; Nisbett et al., 2001.

져서 과학혁명을 낳는 계기가 되었다.[221]

이와 같은 맥락에서 서구 사회에서는 모든 행위와 심리적 경향의 원천이 되는 내적 성향(성격 · 능력 · 감정 · 동기 등)을 개개인이 본유적으로 갖추고 있으며, 이러한 내적 성향은 시간과 상황에 따라 거의 달라지지 않는 불변적이며 안정적인 경향을 띤다고 인식하는 전통이 강하였다. 자유주의 사상가들은 사람은 누구나 스스로의 행동을 주도할 수 있는 불변적이고 안정적인 내적 속성을 갖추고 있으며, 또한 이를 개발하여 자기실현을 이룰 수 있는 자율성을 갖추고 있다는 점에서 인간은 평등하고, 그러한 내적 속성들은 각 개인에게 특유하다는 점에서 인간은 존엄하다고 보았다. 곧 안정적이고 불변하는 내적 속성을 갖추고 있다는 사실은 누구나 마찬가지고[평등성], 또 이러한 내적 속성은 안정적일 뿐만 아니라 불변적이기 때문에 그 특유성과 유일성을 갖는다는 점[존엄성]에서 인간의 평등성과 존엄성의 근거가 생겨난다는 것이다.[222]

이렇게 개인은 누구나가 고정적 불변적인 성향을 갖춘 '안정적 실체'이기 때문에 스스로에 대한 주권을 갖추고 있고, 이러한 점에서 누구나 평등하고 존엄한 존재이다. "자유주의의 철학적 핵심은 개인주의이고, 개인주의에 있어서의 개인의 개념은 본질적으로 보편적이고 평등주의적이다."[223] 비록 그 내용은 서로 다를지라도, 누구나가 똑같이 고정적 · 불변적인 성향을 갖추고 있는 안정적 실체이고, 이러한 점에서 누구나가 똑같은 주권적 실체라는 사실에서 인간 존엄성의 근거를 찾을 수 있는 것이다.

---

**221** 민석홍, 1984, pp. 453~455; 조긍호, 2006, pp. 167~173; Russell, B., 1959/2003, pp. 312~321.

**222** 조긍호, 2006, pp. 167~173; Lukes, 1973, pp. 45~51, 73~78, 125~137.

**223** 노명식, 1991, p. 82.

이와 같이 안정적이고 불변적인 심리적 속성이 개인에게 원천적으로 부여되어 있다는 사실은 개인을 단순히 그러한 속성들의 담지자로서 파악하는 개인에 대한 추상적 관념을 산출한다. 루크스에 따르면, 스스로의 행동과 제반 심리적 경향의 원천이 되는 내적 성향을 본유적으로 갖추고 있는 불변적 · 안정적인 실체로 개인 존재를 인식하는 개인에 대한 추상적 관념은 개인주의의 기본 요소의 하나로서, 이러한 관념은 17~18세기 자유주의 사상의 모태로 작용하였다. 더구나 이는 자유주의 이론가들의 자연권 사상과 사회계약론의 기초가 되어 있는 관념이기도 하다.[224] 곧 자유주의의 핵심인 자연권 사상과 사회계약론은 개인 존재에게 안정적이며 불변적인 기본권과 내적 성향이 본유적으로 갖추어져 있다는 사실을 전제로 하여 성립되고 있는 것이다.[225]

'안정적 실체'로서 개인 존재를 파악하는 자유주의의 이념을 그 사상적 배경으로 하고 있는 개인주의 사회에서는 세계를 서로 구별되는 독특한 불변적이고 일관적인 속성을 보유한 대상들로 구성되는 고정되고 안정된 곳이라고 본다. 이들은 개인의 성격 특성이나 능력도 선천적이고 안정적인 특성이어서 시간이나 노력에 따라 변화하지 않는다고 간주한다. 이렇게 개인주의 사회에서는 개인의 행위를 안정적이고 불변적인 내적 속성의 발현이라고 보아, 내적 속성과 외적 행위의 불일치, 내적 속성들 사이

**224** Lukes, 1973, pp. 73~78.

**225** 자연권 사상가들은 개인은 그의 행위와 심성의 모든 본질적 원천을 본유적으로 갖추고 있는데, 이는 고정적 · 불변적 · 안정적인 것으로서, 결코 남에게 양도할 수도 없고, 또 그 어떤 것으로부터 침해받아서도 안 되며, 이것이 바로 국가 형성 이전의 자연상태의 모습이라고 본다. 자연상태에서 개인이 가지는 스스로에 대한 원천적인 주권(sovereignty)은 바로 이러한 고정적 · 불변적 속성의 본유적인 소여성(所與性, givenness)에 그 근거가 있으며, "이러한 개인적 주권이 집단권위(Group-authority)의 유일한 원천으로서, 사회는 개인의 의지와 권력의 집합체(aggregate)일 뿐"(Lukes, 1973, p. 74)이라고 자유주의자들은 인식하고 있는 것이다.

의 상황 간 불일치 및 외적 행동들의 상황 간 불일치는 개인의 정체성에 심한 혼란을 야기하게 되고, 결과적으로 '안정성'과 '일관성' 추구의 경향이 강해지는 것이다. 또한 이렇게 안정적 실체로 개인 존재를 파악하게 되면, 자기가 미리부터 갖추고 있는 '장점의 확충'을 자기향상의 방안으로 중시하게 된다.

### 2) 동아시아 유학사상의 인간관

유학은 인간의 사회적 존재 특성을 기반으로 하여 성립하고 있는 사상체계이다. 유학사상은 인간이 태어날 때부터 도덕적 바탕을 본유하고 있다는 인간 존재의 사회성과 도덕성을 근거로 삼는 점에 그 특징이 있다. 동아시아 사회에 집단주의 문화가 꽃피게 된 배경에는 유학사상에서 인간을 파악하는 기본 관점이 이렇게 집단주의적이라는 사실이 놓여 있다. 앞에서 보았듯이, 유학사상의 핵심은 바로 '인간의 존재 확대'라고 요약할 수 있다. 유학자들은 인간이 인간된 까닭을 도덕적 존재로서의 인간의 사회성에서 찾음으로써 존재 확대의 가능성을 따져보고, 존재 확대의 이상적 모형을 군자와 성인으로 설정하여 삶의 목표로 삼은 다음, 그러한 목표를 이룬 사람의 실제적인 삶의 모습과 이러한 목표를 이루기 위한 방법론을 제시하고 있는 것이다. 이렇게 보면, 유학사상은 인간의 무한한 발전 가능성을 전제하고, 이를 지향하고자 하는 체계라고 볼 수 있다.

이렇게 유학자들은 인간 존재의 '사회성' · '도덕성' · '가능성'의 가치를 중시하고 추구하려고 한다. 이러한 맥락에서 보면, 유학사상에서는 인간을 '사회적 관계체'(關係體), '덕성 주체', 및 '무한한 가능체'(可能體)로 파악한다고 생각할 수 있다. 말하자면, 인간은 개체로서 지닌 존재 가치를 뛰어넘어, 사회에 대한 책임을 스스로 짊어지고 실천해야 하는 존재[關係體]로서, 능동적 · 주체적인 도덕 인식과 실천[德性主體]을 통하여 존재 확대를 이루어낼 수 있는 가능성[可能體]을 보유하고 있다는 것이다.

유학자들이 인간을 이러한 세 가지 관점에서 파악하고 있다는 사실은 유학의 창시자인 공자의 『논어』(論語) 첫 머리 「학이」(學而)편 1장에 제시되어 있는 삼호(三乎)에 관한 언급과, 공자에 이어 선진유학 체계를 완성한 맹자의 『맹자』(孟子) 「진심상」(盡心上)편 20장에 제시되어 있는 군자삼락(君子三樂)에 관한 논의에서 잘 드러난다.

> 배우고 그것을 항상 익히면, 또한 기쁘지 아니하겠는가? 벗이 있어 먼 곳으로부터 찾아오면, 또한 즐겁지 아니하겠는가? 남이 알아주지 않는다고 하더라도 노여워하지 않는다면, 또한 군자답지 아니하겠는가?[226]

> 군자에게는 세 가지 즐거움이 있는데, 천하에 왕 노릇 하는 일은 여기에 들지 못한다. 부모님이 함께 생존해 계시고, 형제들에게 아무런 탈이 없는 것, 이것이 첫 번째 즐거움이다. 위로 하늘에 부끄러움이 없고, 아래로 사람들에게 부끄러움이 없는 것, 이것이 두 번째 즐거움이다. 천하의 뛰어난 인재들을 얻어서 이들을 가르쳐 기르는 것, 이것이 세 번째 즐거움이다. 군자에게는 이러한 세 가지 즐거움이 있을 뿐, 천하에 왕 노릇 하는 일은 이러한 군자의 즐거움에 들지 못한다.[227]

여기서 공자의 1호[學而時習之 不亦說乎]와 맹자의 3락[得天下英才而教育

---

226 學而時習之 不亦說乎 有朋自遠方來 不亦樂乎 人不知而不慍 不亦君子乎(『論語』, 學而 1): 이는 朱熹의 『論語集註』의 편차에 따른 『論語』 學而篇 1장을 가리킨다. 이하 『論語』의 인용은 이 예에 따른다.

227 君子有三樂 而王天下不與存焉 父母俱存 兄弟無故 一樂也 仰不愧於天 俯不怍於人 二樂也 得天下英才而教育之 三樂也 君子有三樂 而王天下不與存焉(『孟子』, 盡心上 20): 이는 朱熹의 『孟子集註』의 편차에 따른 『孟子』 盡心上篇 20장을 가리킨다. 이하 『孟子』의 인용은 이 예에 따른다.

之 三樂也]은 '무한한 가능체'(배움을 통해 군자와 성인까지도 될 수 있는 존재)인 인간 존재의 특성을, 2호[有朋自遠方來 不亦樂乎]와 1락[父母俱存 兄弟無故 一樂也]은 '사회적 관계체'(가족 및 다른 사람과 맺는 관계 속에서 다른 사람들과 함께 어울리면서 살아가야 하는 존재)인 인간 존재의 특성을, 그리고 3호[人不知而不慍 不亦君子乎]와 2락[仰不愧於天 俯不怍於人 二樂也]은 '덕성 주체'(자기가 도덕적 주체로서, 스스로에게서 모든 일의 원인을 찾고, 스스로 모든 책임을 져야 하는 존재)인 인간 존재의 특성을 드러내고 있는 것이다.[228]

### (1) 사회적 관계체

유학자들은 인간을 함께 살아가고 있는 다른 사람들과 맺는 관계 속의 존재로 규정하고, 이러한 관계가 사회를 구성하는 근본적인 기본단위라고 인식한다. 곧 인간 존재의 생물적 특성이나 개체적 특성보다는, 사회적 특성을 중심으로 인간의 제반 문제를 바라보고자 하는 것이 유학사상의 가장 큰 특징이다.

이렇게 유학은 인간 존재의 기본 특성을 사람과 사람 사이의 관계라는 사회성에서 찾으려 하는 사상체계이다. 사람은 부모와 자식, 군주와 신하, 남편과 아내, 어른과 아이, 친구와 친구 사이의 관계 속에서 태어나서, 이러한 관계 속에서 살다가, 관계 속에서 죽어가는 존재이므로, 이러한 관계를 떠나서는 인간의 존재 의의를 찾을 수 없다고 보는 것이 유학사상이다. 이렇게 인간의 사회적 존재 특성을 내세워 인간을 '사회적 관계체'로 파악하는 것이 유학자들의 인간 파악의 기본 관점이다. 말하자면, 인간이 본래부터 지닌 도덕적 바탕[仁義禮智]은 바로 이러한 인간 존재

---

**228** 동아시아 유학사상의 인간관은 필자의 선행 저술(조긍호, 2006, pp. 297~352; 2007a, pp. 98~134; 2008, pp. 43~75)의 내용을 재정리하여 구성하였는데, 필요한 경우에는 관련 부분을 그대로 따오기도 하였다.

의 사회성에서 나온다는 관점이 유학사상의 핵심인 것이다.

『논어』에서 공자는 자기 사상의 핵심인 인(仁)을 "무릇 인이란 자기가 서고자 하면 남을 먼저 세워주고, 자기가 이루고자 하면 남이 먼저 이루게 해주는 일"[229]이라거나, "자기가 하려 하지 않는 것을 남에게 베풀지 않는 일,"[230] 또는 "남을 사랑하는 일"[231]로서, "자기의 사욕을 이기고, 예(禮)로 돌아가는 것이 인을 행하는 일"[232]이라고 제시하여, 타인에 대한 관심과 배려가 인의 핵심이라고 보고 있다. 이러한 사실은 공자가 인간의 사회성을 인간 존재의 중핵으로 규정하고 있음을 드러내는 것이다.

맹자는 인간이 선천적 인식능력[良知]과 선친적 도덕 행위능력[良能]을 갖추고 있다고 보는데, 이러한 사실은 누구나 어려서부터 배우지 않고도 자기 어버이를 사랑할 줄 알고, 자기 형을 공경할 줄 안다는 사실에서 드러난다. 맹자가 말하는 인의(仁義)는 다른 것이 아니라, 어버이를 친애하고[親親], 어른을 공경함[敬長]에서 비롯하는 것이다.[233] 곧 맹자는 "인(仁)의 핵심은 어버이를 모시는 것이고, 의(義)의 핵심은 형을 따르는 것이며, 지(智)의 핵심은 이 두 가지를 깨달아 이를 버리지 않는 것이고, 예(禮)의 핵심은 이 두 가지를 조절하고 아름답게 꾸미는 것"[234]이라고 본다. 이렇게 맹자는 인간 행위의 당위적 규범인 인의예지(仁義禮智)의 핵심을 바로 친친(親親)과 경장(敬長)에서 구하고 있는 것이다.

---

229 夫仁者 己欲立而立人 己欲達而達人(『論語』, 雍也 28).

230 仲弓問仁 子日 [⋯⋯] 己所不欲 勿施於人(顔淵 2); 子貢問日 有一言而可以終身行之者乎 子日 其恕乎 己所不欲 勿施於人(衛靈公 23).

231 樊遲問仁 子日 愛人(顔淵 22).

232 顔淵問仁 子日 克己復禮爲仁(顔淵 1).

233 人之所不學而能者 其良能也 所不慮而知者 其良知也 孩提之童 無不知愛其親也 及其長也 無不知敬其兄也 親親 仁也 敬長 義也 無他 達之天下也(『孟子』, 盡心上 15).

234 仁之實 事親是也 義之實 從兄是也 智之實 知斯二者弗去是也 禮之實 節文斯二者是也(離婁上 27).

이는 인간 존재의 기초를 부모－자식과 형－아우의 관계에서 구하고 있는 것이라고 해석할 수 있다. 그리하여 여기에서 체득한 인의의 도를 백성을 친애하고, 사물을 아끼고 사랑하는[親親而仁民 仁民而愛物][235] 단계까지 확장하여 실천하기에 이르러야 한다는 것이 바로 맹자 사상의 핵심이다. 이를 맹자는 "도는 가까이에 있는데 이를 멀리에서 구하고, 할 일은 쉬운 데에 있는데 이를 어려운 데서 구하려 한다. 사람마다 자기 어버이를 친애하고 자기 어른을 공경한다면, 천하가 화평하게 될 것"[236]이라고 지적하였다. 이러한 점에서 맹자가 군자의 세 가지 즐거움 가운데 첫 번째를 "부모가 모두 생존해 계시고 형제들에게 아무 탈이 없는 것"[237]으로 잡고 있는 까닭을 이해할 수 있는데, 이는 바로 이러한 인의(仁義) 체득과 실천의 객관적 대상이 존재하고 있기 때문에 즐겁다는 의미라고 풀이할 수 있다.

이러한 관점에서 보면, 맹자는 인간 존재의 의미를 사람과 사람 사이의 관계[人倫]에서 찾고 있다. 곧 부자 · 군신 · 부부 · 장유 · 붕우 사이의 관계에서 인간의 존재 특성이 부각되므로, 개별적인 존재에서는 인간 존재의 의미를 찾을 수 없다는 것이 맹자의 주장이다. 부자 · 군신 · 부부 · 장유 · 붕우 사이의 관계에서 각각 친(親) · 의(義) · 별(別) · 서(序) · 신(信)이

---

**235** 君子之於物也 愛之而不仁 於民也 仁之而不親 親親而仁民 仁民而愛物(盡心上 45).

**236** 道在爾而求諸遠 事在易而求諸難 人人親其親 長其長 而天下平(離婁上 11).

**237** 盡心上 20: 여기서 맹자가 말하는 군자의 세 가지 즐거움이 모두 인간의 사회성을 강하게 함축하고 있다는 사실을 주목할 필요가 있다. 一樂은 인의 체득과 실천의 대상(부모와 형제)이 존재하고 있기 때문에 느끼는 즐거움이고, 二樂은 실제로 인의를 체득하여 일상생활의 대인관계에서 실천함으로써 느끼는 즐거움이며, 三樂은 다른 사람들에게 스스로가 체득한 인의의 도를 가르쳐주는 즐거움이라고 해석할 수도 있다. 이렇게 보면, 맹자는 군자의 즐거움을 모두 사람들 사이의 관계에서 설정되는 것으로 보고 있으며, 사회 속에서 사회적 존재로서 성덕(成德)을 지향하는 데 즐거움의 근거가 있으므로, "천하를 지배하고 다스리는 것은 군자의 즐거움에 들지 못한다"(王天下不與存焉)는 당당함이 나오는 것이라고 하겠다.

있도록 하는 것이 바로 사람이 지켜야 할 다섯 가지 도리[五倫]인데, "사람이 편안히 살고 가르침이 없으면 새나 짐승과 같아질 수밖에 없으므로, 성인이 이를 걱정하여 이 다섯 가지 사람의 도리를 가르치게 하였다"[238]는 지적은 이러한 입장을 단적으로 드러내는 것이다. 이를 보면, 사람의 도리는 바로 사람들 사이의 관계에서 찾을 수 있고, 따라서 인간은 개별적인 존재로 태어나고 살아가는 것이 아니라, 이러한 관계 속에서 태어나고 살아가는 존재, 곧 사회적 관계체인 존재라는 것이 맹자의 인간 파악의 기본 관점이라고 하겠다.

순자도 인간의 사회성을 강조하며, 따라서 사회관계가 인간의 존재 특성을 규정하는 것으로 파악하고 있다. 순자는 다른 생물체에 견주어 인간 존재는 생득적으로 허약하고 무력한 까닭에 단결이 필요하고,[239] 개인적인 능력과 기술의 한계로 말미암아 협동과 상부상조가 필요하기[240] 때문에, 사람은 필연적으로 모여서 사회생활을 할 수밖에 없다[人生不能無群][241]고 본다. 이러한 점은 그의 명분사군(明分使群)의 예론을 통해 쉽게 이해될 수 있다. 곧 사람은 군신 · 부자 · 형제 · 부부 같은 사회윤리 관계나 사 · 농 · 공 · 상 따위의 사회직분 관계 속의 존재로서, 이러한 관계 속에서 예에 따라 규정되는 각자의 역할[分]을 충실히 수행함으로써 사회생

238 人之有道也 飽食暖衣 逸居而無教 則近於禽獸 聖人有憂之 使契爲司徒 教以人倫 父子有親 君臣有義 夫婦有別 長幼有序 朋友有信(滕文公上 4).

239 力不若牛 走不若馬 而牛馬爲用 何也 日 人能群 彼不能群也 人何以能群 日 分 分何以能行 日 以義 故義以分則和 和則一 一則多力 多力則彊 彊則勝物(『荀子』, 王制 20~21): 이는 富山房本 漢文大系 卷十五 『荀子集解』의 王制篇 pp. 20~21을 가리킨다. 이하 『荀子』 본문의 인용은 이 예에 따른다.

240 故百技所成 所以養一人也 而能不能兼技 人不能兼官 離居不相待則窮 群而無分則爭 窮者患也 爭者禍也 救患除禍 則莫若明分使群矣(富國 2~3).

241 故人生不能無群 群而無分則爭 爭則亂 亂則離 離則弱 弱則不能勝物(王制 21); 人之生不能無群 群而無分則爭 爭則亂 亂則窮矣 故無分者人之大害也 有分者天下之本利也(富國 6~7).

활[群]을 영위해야 하는 존재라는 것이다.[242] 이러한 관점은 인간을 상호 독립적이고 분리된 존재가 아니라, 사회관계에 따라 본질적으로 연관을 맺고 있는 상호의존적인 존재로 파악하는 시각을 잘 드러내는 것이다. 이러한 시각은 『순자』(荀子)의 「왕제」(王制)편에 나오는 다음의 지적에서 잘 드러난다.

> 군신 · 부자 · 형제 · 부부의 관계는 처음이자 마지막이고, 마지막이자 처음으로서, 천지와 더불어 이치를 같이 하고, 만세를 통하여 영구히 지속되는 것으로, 무릇 이를 일러 '위대한 근본'[大本]이라고 한다.[243]

이는 군신 · 부자 · 형제 · 부부 같은 사회관계가 지니는 보편성을 지적한 것으로서, 이러한 사람들 사이의 관계가 사회의 가장 궁극적인 단위임을 표현하는 것이라고 볼 수 있다. 바로 이러한 사실에서도 인간을 사회적인 관계체로 보는 순자의 관점을 확인해볼 수 있는 것이다.

이와 같이 '사회적 관계체'로서의 사람들이 사회관계 속에서 질서와 조화를 유지하여 관계적 존재로서의 존재의의를 달성하는 길은 각자에게 주어진 역할과 의무를 충실히 수행하는 일이다. 공자는 사회관계 속에서 각자에게 주어진 역할을 충실히 수행하는 것이 사회질서와 조화 유지의 핵심이라고 보고, 이를 정명론(正名論) 체계로 제시하고 있다. 그는 "군주는 군주의 역할을 다하고, 신하는 신하의 역할을 다하며, 부모는 부모의

242 夫貴爲天子 富有天下 是人情之所同欲也 然則從人之欲 則勢不能容 物不能贍也 故先王案爲之 制禮義以分之 使有貴賤之等 長幼之差 知賢愚能不能之分 皆使人載其事 而各得其宜 然後慤祿多少厚薄之稱 是夫群居和一之道也(榮辱 39~40): 王先謙(1891)의 『荀子集解』에서는 知賢愚에서 知는 智로 읽어야 하고, 賢은 원문에서 삭제되어야 하며, 慤祿은 穀祿이 되어야 한다고 본다.

243 君臣父子兄弟夫婦 始則終 終則始 與天地同理 與萬歲同久 夫是之謂大本(王制 19~20).

역할을 다하고, 자식은 자식의 역할을 다하는 것"[244]이 사회에 질서와 조화를 가져오는 정사(政事)의 근본이기 때문에, 자기에게 정사를 맡겨준다면 반드시 이름을 바로잡는 일[正名: 각자에게 주어진 역할을 충실히 수행하도록 하는 일]부터 하겠다[245]고 말하고 있는 것이다.

이렇게 유학의 창시자인 공자로부터 이미 인간을 기본적으로 타인에 대한 관심과 배려를 지닌 존재로 보기 시작했으며, 모든 사회행위의 원동력을 사회관계 속에 주어진 쌍무적인 역할에서 찾음으로써, 인간 존재의 사회성을 강조하고 있다. 바로 이렇게 인간을 사회적 관계체인 존재로 파악하는 것이 유학사상에서 인간을 파악하는 가장 기본적인 관점이다. 맹자와 순자도 이러한 공자의 정명론의 체계를 이어받아, 각 관계 속에서 이루어지는 역할과 의무 수행이 각 관계의 질서를 유지하는 핵심 요건이라고 보고 있다. 맹자는 이러한 견해를 "군주다운 군주가 되려면 군주의 역할과 도리를 다해야 하고, 신하다운 신하가 되려면 신하의 역할과 도리를 다해야 한다"[246]고 진술하고 있다. 순자는 이러한 견해를 좀 더 자세히 분석하여, 조화로운 사회관계를 이루기 위해서는 우선 사회관계에서 각자가 해야 할 역할과 의무를 명백히 하고[明分] 실생활에서 이를 실행해야 한다[守分]고 보고, 이를 명분사군론(明分使群論)[247] 또는 군거화일론(群居和一論)[248]으로 제시하고 있다.

이렇게 유학사상에서는 인간의 사회생활과 사회행위의 원동력을 사회관계 속의 역할과 의무에서 찾음으로써, 개체로서의 개인 존재를 '역할 ·

---

**244** 齊景公問政於孔子 孔子對曰 君君 臣臣 父父 子子(『論語』, 顔淵 11).

**245** 子路曰 衛君待子而爲政 子將奚先 子曰 必也正名乎(子路 3).

**246** 欲爲君 盡君道 欲爲臣 盡臣道(『孟子』, 離婁上 2).

**247** 『荀子』, 富國 2~3.

**248** 榮辱 39~40.

의무 · 배려의 복합체'로 간주하는 입장이 대두된다. 그리하여 개인이 수행하는 대부분의 사회행위의 원동력을 이러한 관계 속에 내재하고 있거나 이러한 관계가 요구하고 있는 역할과 의무 및 타인에 대한 배려에서 찾으려 하게 되며, 사회행위의 목표를 다른 사람 및 내집단과 원만하고 평화로운 관계를 맺고 유지하는 것에 두게 된다. 그러므로 이와 같이 인간 존재의 사회성을 앞세우는 유학사상을 삶의 철학으로 받아들여온 동아시아 사회인들은, 개체로서의 개인의 독립성과 자율성의 추구보다는, 사회관계에서의 '연계성'의 확립과 '조화성'의 추구를 강조하는 집단주의적인 행동 양식을 드러내게 되는 것이다.

(2) 덕성의 주체

유학자들은 타인 및 그들과 함께 삶을 영위하는 터전인 사회에 대한 관심과 배려가 곧 덕의 근원이라고 본다. 그들은 이러한 덕의 바탕이 인간에게 본래부터 갖추어져 있다는 전제에 따라, 사람은 스스로가 도덕의 주체라는 사실을 깨달아 이를 능동적 · 주체적으로 삶의 장면에서 실천함으로써, 개인적이고 이기적인 욕구와 감정 같은 나머지 인성 요소들이 덕에 맞추어 통제되도록 하는 것이 바른 삶의 자세라는 주장을 편다. 이렇게 유학사상에서는 사회적 존재로서의 인간이 지향해야 할 바람직한 삶의 자세는 능동적 · 주체적인 도덕 인식과 실천이라고 보아, 인간을 '덕성의 주체'로 파악한다.

『논어』에서 공자는 "인(仁)의 실천은 오로지 자신에게 달린 일이지, 남에게 달린 것이 아니다"[249]라고 하여, 덕의 근거가 인간에게 본유적으로 갖추어져 있다는 관점을 드러내고 있다. 공자에 따르면 자기에게 모든 도

---

**249** 爲仁由己 而由人乎哉(『論語』, 顔淵 1).

덕성의 근거가 갖추어져 있다는 사실을 깨달은 사람이 군자로서, 이렇게 군자는 스스로가 덕성의 주체라는 사실을 확고히 인식하고 있기 때문에, "남에게 모든 책임을 돌리는 소인(小人)과는 달리, 모든 일의 책임을 자기 자신에게서 찾으려 한다."[250]

이렇게 스스로가 덕성의 주체라는 자각을 도덕성의 바탕으로 강조하는 시각은 공자로부터 이어지는 유학사상의 전통이다. 공자는 "내가 인(仁)을 행하고자 하면, 곧바로 인이 이르게 된다"[251]고 보아, 도덕성이란 자기 몸에 그 근거가 갖추어져 있는 것이긴 하지만, 이를 자각하는 일이 무엇보다 중요함을 역설하고 있다. 그리하여 그는 인을 행하는 것은 자기에게 달려 있는 일이지, 남에게 달린 것이 아니므로,[252] "능히 가까이 자기 몸에서 취해서 남에게 비유할 수 있으면, 인을 행하는 방도라고 이를 만하다"[253]고 보고 있는 것이다. 이와 같이 공자는 덕성의 주체인 스스로에 대한 자각이 일상생활에서 도덕성을 실천하는 바탕임을 강조하고 있다.

이러한 인간의 도덕적인 능동성과 주체성의 근거를 맹자는 인의예지 같은 도덕의 뿌리가 인간에게 본래부터 내재하고 있다는 사실에서 구하고 있다. 여기서 한 걸음 더 나아가, 맹자는 인간이 본래 갖추고 있는 선단(善端)을 잃지 않고 그대로 간직[存心]하기 위해서는, 우선 스스로가 덕성의 주체라는 사실을 주체적으로 인식하여 이를 확충해야 한다고 보아, 다음과 같이 진술하고 있다.

> 사람은 누구나 남에게 차마 모질게 하지 못하는 마음을 가지고 있다. [……] 사람

---

**250** 君子求諸己 小人求諸人(衛靈公 20).
**251** 仁遠乎哉 我欲仁 斯仁至矣(述而 29).
**252** 顔淵 1.
**253** 夫仁者 己欲立而立人 己欲達而達人 能近取譬 可謂仁之方也已(雍也 28).

이 누구나 남에게 차마 모질게 하지 못하는 마음을 가지고 있다는 사실은, 누구든지 어떤 어린아이가 우물에 빠지게 된 것을 문득 보았다면, 깜짝 놀라 불쌍하게 여기는 마음을 가지게 된다는 데서 드러난다. [……] 이로 보건대, 불쌍히 여기는 마음[惻隱之心]이 없으면 사람이 아니요, 자기의 옳지 않음을 부끄러워하고 남의 옳지 않음을 미워하는 마음[羞惡之心]이 없으면 사람이 아니요, 사양하는 마음[辭讓之心]이 없으면 사람이 아니요, 옳고 그름을 가리려는 마음[是非之心]이 없으면 사람이 아니다. 불쌍히 여기는 마음은 인의 시초[仁之端]요, 부끄러워하고 미워하는 마음은 의의 시초[義之端]요, 사양하는 마음은 예의 시초[禮之端]요, 옳고 그름을 가리려는 마음은 지의 시초[智之端]이다. 사람이 이 네 가지 시초[四端]를 갖추고 있다는 사실은 마치 사람에게 사지(四肢)가 갖추어져 있는 것과 마찬가지다. [……] 무릇 나에게 갖추어져 있는 네 가지 시초를 모두 넓혀서 채울 줄 알게 되면, 마치 불이 처음 타오르고 샘물이 처음 흘러내리듯 할 것이니, 진실로 이를 채울 수 있으면 사해(四海)를 보전하고도 남음이 있을 것이지만, 진실로 이를 채우지 못하면 부모를 섬기기에도 부족할 것이다.[254]

맹자는 이렇게 사람에게는 인의예지 같은 도덕의 근거가 되는 측은지심 · 수오지심 · 사양지심 · 시비지심의 사단(四端)이 갖추어져 있고, 그렇기 때문에 인간의 본성은 착하다고 본다. 이것이 이른바 성선설(性善說)의 요지인데, 이를 통해 맹자가 제시하려고 한 것은 인의예지의 바탕이 인간 본성 속에 주체적으로 내재되어 있는 자연적인 것이지, 외부에서 주어지

254 人皆有不忍人之心 [……] 所以謂人皆有不忍人之心者 今人乍見孺子將入於井 皆有怵惕惻隱之心 [……] 由是觀之 無惻隱之心 非人也 無羞惡之心 非人也 無辭讓之心 非人也 無是非之心 非人也 惻隱之心 仁之端也 羞惡之心 義之端也 辭讓之心 禮之端也 是非之心 智之端也 人之有是四端也 猶其有四體也 [……] 凡有四端於我者 知皆擴而充之矣 若火之始然 泉之始達 苟能充之 足以保四海 苟不充之 不足以事父母(『孟子』, 公孫丑上 6).

는 인위적인 것은 아니라는 사실이다.[255] 이는 마치 사람이 팔 · 다리를 가지고 태어나는 것처럼 본래부터 갖추어져 있는 인간의 본성이라는 것이다.

맹자의 성선설에서도 도덕의 본유성보다 중요한 것은 이러한 사실에 대한 주체적 자각이 더욱 강조되고 있다는 점이다. 맹자는 인의예지를 비롯한 모든 인간 행위의 근거를 주체적 인식에서 구하고 있고, 따라서 인간의 도덕적 능동성과 주체성을 강조했던 것이다. 이러한 사실은 인간이 본래 갖추고 태어난 선단을 잃지 않고 그대로 간직[存心]하려면 우선 주체적으로 도를 인식해야[明道] 하고, 이러한 도의 주체적 인식을 위해서는 "모든 일의 책임을 스스로에게 돌이켜 찾아야 한다[反求諸己]"[256]는 주장에서도 잘 드러나고 있다. "만물의 이치는 모두 나에게 구비되어 있으므로"[257] 내가 모든 일의 주체이고, 따라서 모든 일이 나에게서 비롯하는 것이다. 그리하여 덕성의 주체인 자기에게서 모든 책임과 근거를 찾아야 한다는 것이 바로 맹자의 인간 이해의 핵심이다.

순자도 덕성 주체인 인간의 능동적 자각을 강조하고 있는데, 이는 그의 독특한 인도론(人道論)을 통해 확인할 수 있다. 그는 "도(道)는 하늘의 도도 아니고, 땅의 도도 아니며, 사람이 행해야 할 바로서 군자가 따르는 것"[258] 이라는 인도론의 근거에 따라, "군자는 자기에게 달려 있는 일[在己者]을 삼가 행할 뿐, 하늘에 달린 일[在天者]을 사모하지 않으며 [……] 그렇기 때

255 仁義禮智 非由外鑠我也 我固有之也 弗思耳矣(告子上 6).

256 愛人不親 反其仁 治人不治 反其智 禮人不答 反其敬 行有不得者 皆反求諸己 其身正而天下歸之(離婁上 4).

257 萬物皆備於我矣(盡心上 4).

258 道者非天之道 非地之道 人之所以道也 君子之所道也(『荀子』, 儒效 9~10): 楊倞은 『荀子注』에서 人之所以道也를 人之所行之道也로 풀고 있으며, 王先謙도 『荀子集解』에서 人之所以道也의 道를 行의 誤字로 보고 있다.

문에 날로 발전한다"[259]는 천인지분(天人之分)의 논리를 전개한다. 그에게 "자기에게 달린 일이란 마음과 뜻을 닦고, 덕행에 힘쓰며, 인식과 판단을 명확히 하고, 오늘날에 태어났지만 옛 사람의 도에 뜻을 두는 것,"[260] 곧 스스로가 도덕의 주체임을 자각하고, 이를 일상생활에서 실천하려고 노력하는 일인 것이다. 이러한 생각은 인간을 외부 환경조건의 영향을 받기만 하거나, 환경조건에 따라 수동적으로 규정되기만 하는 존재가 아니라, 능동적으로 스스로를 규정하는 덕성의 주체로 파악하는 시각을 명백히 드러내는 것이다.

이와 같이 공자 · 맹자 · 순자 같은 유학의 선구자들은 모두 스스로가 '덕성의 주체'라는 사실에 대한 자각에서 모든 일이 자기결정적이라는 확고한 인식이 나오게 된다고 보아, 결과적으로 일상생활에서 모든 일의 책임을 스스로가 지려 하는 삶의 태도[反求諸己]를 갖는 일이 중요함을 강조한다. 유학사상에서는 이렇게 인간의 도덕적 주체성을 강조하므로, 개체로서의 개인을 이성이나 감성 또는 욕구의 주체로서보다는 덕성의 주체로 간주하게 된다. 결과적으로 이러한 유학사상을 기본 철학으로 삼고 살아온 동아시아인들은 삶의 과정에서 적극적인 자기주장보다는 '자기억제'와 '자기은폐'를 강조하는 집단주의적인 삶의 태도를 발전시키게 되었다. 개인적인 욕구와 감정의 자유로운 표출은 사회와 그 기본단위인 내집단의 조화를 깨치게 되기 쉬우며, 이는 관계를 맺고 있는 타인에 대한 관심과 배려를 앞세우는 도덕 주체로서의 삶의 자세에도 어긋나게 되는 까닭이다.

---

**259** 故君子敬其在己者 而不慕其在天者 [……] 是以日進也(天論 28~29).

**260** 若夫心意修 德行厚 知慮明 生於今而志乎古 則是其在我者也(天論 28).

### (3) 무한한 가능체

유학은 성덕(成德)을 지향하는 체계로서, 인간은 누구나 도덕적인 완성을 이루고, 이를 사회생활에 실천하는 군자나 성인이 될 수 있는 가소적(可塑的)인 존재라고 유학자들은 보고 있다. 유학사상은 인간이란 가르침[教]과 배움[學]을 통해 누구나 덕을 이룰 수 있는 가소적인 존재, 곧 '무한한 가능체'라고 파악하는 입장을 바탕으로 하여 성립한다. 성덕이란 다른 사람들과의 바람직한 관계를 통해 이루어지는 것이므로, 이렇게 덕을 이루어 군자와 성인의 경지에 이를 수 있는 무한한 가능체로 인간 존재를 파악하는 인간관은 인간의 사회성과 도덕성을 강조하는 관점에서 연역되어 나오는 입장이다.

유학사상만큼 교육의 중요성을 인식하고, 이를 강조한 사상체계도 드물 것이다. 이는 선진유학 이래로 내려오는 유학의 전통이라고 볼 수 있다. 유학사상에서 이렇게 배움과 가르침을 중시한다는 것은, 유학자들이 인간을 안정적인 특성을 지닌 고정적인 실체로서가 아니라, 무한한 가소성을 지닌 가능체로서의 존재로 이해한다는 사실을 의미하는 것이다.

『논어』에서 공자는 스스로를 "배우기를 좋아하는 사람[好學者]"[261] 및 "가르치기를 게을리 하지 않는 사람[誨人不倦者]"[262]이라고 하여, 가르치고 배우는 일을 강조하였다. 배우고 가르치는 일, 그리고 배운 내용을 강구하고 실천함으로써 자기를 개선하는 일은 공자와 제자들이 자기를 성찰하는 핵심 내용이었던 것이다.[263]

---

**261** 十室之邑 必有忠信如丘者焉 不如丘之好學也(『論語』, 公冶長 27).

**262** 子日 若聖與仁 則吾豈敢 抑爲之不厭 誨人不倦 則可謂云爾已矣(述而 33).

**263** 默而識之 學而不厭 誨人不倦 何有於我哉(述而 2); 子日 德之不修 學之不講 聞義不能徙 不善不能改 是吾憂也(述而 3); 曾子日 吾日三省吾身 爲人謀而不忠乎 與朋友交而不信乎 傳不習乎(學而 4).

공자는 스스로를 호학자(好學者)라고 자평했지만, 제자 가운데는 안회(顏回)만이 "배우기를 좋아하는 사람"이라고 하면서, 호학의 조건으로 "같은 잘못을 두 번 저지르지 않는 일"[不貳過]을 들고 있다.[264] 그는 "잘못을 하고도 고치지 않는 것이 바로 잘못"[265]이라고 보고, "잘못이 있으면, 고치기를 꺼리지 말아야 한다"[266]고 강조한다. 이렇게 자기를 성찰하여 잘못을 고침으로써, 항상 자기개선을 이루려고 노력하는 자세,[267] 이것이 『논어』에서 도출되는 대인평가 기준의 하나로, 이는 인간을 무한한 가능체로 인식하는 공자의 시각을 잘 드러내는 것이다.

이러한 공자의 입장은 맹자와 순자에게도 그대로 이어지고 있는데, 그 가운데 맹자의 관점은 자못 독특한 데가 있다. 맹자도 교육을 중시하여, "천하의 영재를 얻어서 이들을 교육하는 일은 군자의 세 가지 즐거움 가운데 하나로서, 천하를 지배하고 다스리는 일은 군자의 즐거움에 들지 못한다"[268]라고 진술함으로써, 교육을 그 무엇보다 중요한 일로 내세우고 있다. 그는 한 걸음 더 나아가 교육을 선각자 또는 군자의 의무라고까지 격상시켜,[269] "중정(中正)의 도를 얻은 사람은 그렇지 못한 사람을 교육하고, 재능 있는 사람은 재능 없는 사람을 교육해야 한다. [……] 만일 중정

---

**264** 哀公問 弟子孰爲好學 孔子對曰 有顏回者好學 不遷怒 不貳過 不幸短命死矣 今也則亡 未聞好學者也(雍也 2).

**265** 過而不改 是謂過矣(衛靈公 29).

**266** 過則勿憚改(學而 8; 子罕 24).

**267** 見賢思齊焉 見不賢而內自省也(里仁 17); 三人行 必有我師焉 擇其善者而從之 其不善者而改之(述而 21); 內省不疚 夫何憂何懼(顏淵 4).

**268** 『孟子』, 盡心上 20: 오늘날 쓰이는 "敎育"이란 용어는 맹자가 이 장에서 제시한 君子三樂 중 세 번째 즐거움[得天下英才而敎育之 三樂也]을 기술하면서 처음 사용한 말이다.

**269** 天之生此民也 使先知覺後知 使先覺覺後覺也 予天民之先覺者也 予將以斯道覺斯民也 非予覺之而誰也(萬章上 7): 萬章下篇 1장에서 伯夷 · 伊尹 · 柳下惠 · 孔子와 비교하여 聖人의 품격을 논하면서 伊尹을 기술하는 데에도 같은 말이 나오고 있어, 맹자가 교육의 책임을 얼마나 통감하고 있는지 알 수 있게 한다.

의 도를 얻은 사람이 그렇지 못한 사람을 버리고, 재능 있는 사람이 그렇지 못한 사람을 버려 교육하지 않는다면, 현명한 사람과 어리석은 사람의 차이는 거의 없을 것이다"[270]라는 입장을 밝히고 있다. 공 · 맹의 이런 태도는 순자에게도 이어져, 『순자』 32편 가운데 제1편인 「권학」(勸學)편이 "배움이란 멈출 수 없는 것"[學不可以已]이라는 말로 시작하고 있는 것이다.[271]

이러한 배움의 목표는 도덕의 근거가 자신 속에 본래부터 갖추어져 있다는 사실을 자각하고, 이를 실생활에서 실현함으로써 인간의 존재 의의를 완성하는 일이다. 『논어』에서는 이를 "군자는 배움으로써 그 도를 이룩한다"[272]고 표현하고 있으며, 맹자는 "배움의 도란 다른 것이 아니라, 그 놓쳐버린 마음을 찾는 데 있을 뿐이다"[273]라고 하여, 도덕적 자각을 중요하게 여기고 있다. 맹자는 교육의 요체가 자신이 덕성의 주체라는 점에 대한 자각에 있다는 사실을 다음과 같이 강조하고 있다.

> 군자가 올바른 방법으로 깊이 탐구하여 나아가는 것은 스스로 깨달아 얻고자 하는 것이다. 스스로 깨달아 도를 얻으면 이에 처하는 것이 안정되고, 그렇게 되면 도를 활용하는 데 더욱 깊이가 있게 된다. 이렇게 도를 활용하는 데 깊이가 있게 되면, 자기의 좌우 가까이에서 항상 그 근원을 파악하게 된다. 그러므로 군자는 도를 깨달아 스스로 얻고자 하는 것이다.[274]

---

**270** 中也養不中 才也養不才 [……] 如中也棄不中 才也棄不才 則賢不肖之相去 其間不能以寸(離婁下 7).

**271** 君子曰 學不可以已 青取之於藍 而青於藍 氷水爲之 而寒於水 [……] 君子博學 而日參省乎己 則智明而行無過矣(『荀子』, 勸學 1~2).

**272** 君子學以致其道(『論語』, 子張 7).

**273** 學問之道無他 求其放心而已矣(『孟子』, 告子上 11).

**274** 君子深造之以道 欲其自得之也 自得之 則居之安 居之安 則資之深 資之深 則取之左右逢其原 故君子欲其自得之也(離婁下 14).

이 인용문에서 강조하듯이, 맹자는 스스로에게 본유적으로 갖추어져 있는 인의(仁義)의 도를 자각하여 스스로 체득하도록 하는 것이 교육의 기본적인 목표라고 보고 있다. 이렇게 인의를 자각하여 체득하게 되면 도에 처하는 것이 더욱 안정되고, 도를 활용하는 데 더욱 깊이가 있게 되며, 좌우 가까이에서 항상 도의 근원을 파악하는 사람, 곧 이상적 인간이 될 수 있다는 것이다.

순자는 배움의 목표가 이렇게 도의 자각을 통해 소인의 상태에서 이상적 인간의 상태로 변화하는 일에 있다는 사실을 직접 지적하여, "배움의 궁극적인 목표는 사(士)가 되는 데서 시작하여 성인(聖人)이 되는 데서 끝난다"[275]라거나 "배우는 사람은 본디 성인이 되기 위해 배우는 것"[276]이라고 진술하고 있다. 순자는 성인은 태어나면서부터 성인이 아니라, 사람이 할 일을 배우고 닦음으로써 보통 사람에서 변화하여 이르는 상태임을 강조한다.[277] 배움의 목표가 인간의 존재 의의를 완성한 성인의 상태에 도달하는 일이고, 따라서 성인은 배움을 통해서 이루어진다는 이러한 관점은 유학자들에게 공통적인 것이다.

이러한 배움에 대한 예찬은 인간의 무한한 가소성에 대한 믿음에 근거를 두고 있다. 유학자들은 사람에게 본래부터 인식능력과 도덕적 행위능력이 갖추어져 있음을 전제하고 있다. 맹자는 "생각하지 않고도 알 수 있는 인식능력"인 양지(良知)와 "배우지 않고도 행할 수 있는 도덕적 행위능력"인 양능(良能)의 본유설을 주장하고 있고,[278] 순자도 역시 인식능력[知]

275 學惡乎始 惡乎終 [……] 其義則始乎爲士 終乎爲聖人(『荀子』, 勸學 12).

276 聖人者道之極也 故學者固學爲聖人也(禮論 14).

277 涂之人百姓 積善而全盡 謂之聖人 彼求之而後得 爲之而後成 積之而後高 盡之而後聖 故聖人也者 人之所積也(儒效 36); 今使塗之人伏術爲學 專心一志 思索孰察 加日縣久 積善而不息 則通於神明 參於天地矣 故聖人者 人之所積而致也(性惡 14).

278 『孟子』, 盡心上 15.

과 도덕적 행위능력[能]의 본유설을 인정하고 있다.[279] 바로 이러한 선천적 인식능력과 도덕적 행위능력을 통해 사람은 스스로가 도덕 주체라는 사실을 자각하여 배울 수 있고, 이러한 배움을 실생활에서 실행함으로써 성인의 상태로 변화될 수 있다는 것이 유학자들의 한결같은 주장이다.

이러한 인식능력과 행위능력의 본유성에 대한 입장은 바로 인간의 '무한한 가능성'에 대한 확신의 배경이 되어, 자기 성찰과 자기개선을 통해 성인의 상태로 변모될 수 있는 근거를 이룬다. 곧 개체로서 개인은 불변적인 속성을 갖춘 고정적 실체가 아니라, 가르침과 배움, 그리고 자기 성찰과 자기개선을 통하여 자기향상을 이룰 수 있는 '가변적이고 과정적인 존재'라고 유학자들은 인식하는 것이다. 이와 같이 개인은 가변적이고 과정적인 존재이지, 절대로 불변적이거나 고정적인 존재로 볼 수 없다고 보는 유학사상의 관점에서는, 자기가 가지고 있는 단점을 확인하고 수용하며, 배움을 통해 이를 개선함으로써 자기향상을 이룰 수 있다고 보아, 인간의 '가변성'과 '자기개선'을 강조한다. 따라서 유학사상의 영향을 강하게 받은 동아시아 사회인들은 상황에 따른 행위가변성을 중시하고, 자기의 단점을 수용하고 고침으로써 자기 발전을 도모하려는 특징이 강하게 나타나는 것이다.

### 3) 자유주의와 유학사상의 인간 이해 관점의 대비

지금까지 동아시아 사회에 집단주의 문화가 태동하게 된 배경에는 고대 중국에서 발원하여 중국은 물론 그 이웃인 한국과 일본 같은 동아시아 사회를 오랫동안 지배해왔던 유학사상이 놓여 있음을 살펴보았다. 이러

279 所以知之在人者 謂之知 知有所合 謂之智 所以能之在人者 謂之能 能有所合 謂之能(『荀子』, 正名 3).

한 유학사상은 동아시아 사회의 과거를 지배해왔던 역사적 유물이기만 한 것이 아니라, 현재도 살아 이 지역 사람들의 "문화 전통과 의식구조의 중추"[280]를 형성하고 있다. 곧 동아시아인들은 아직도 "마음의 유교적 습성들"[281]을 지니고 살아가고 있다. 이렇게 유교적 가치체계는 동아시아인들의 현재의 삶을 지배하고 있는 현실의 체계인 것이다.

이렇게 유학적 가치를 사상적 배경으로 삼고 있는 동아시아 사회인들은 강한 집단주의 문화를 형성하였다. 이들은 사회의 궁극적인 구성요소를 개인들 사이의 관계라고 보아, 사람들 사이의 연계성과 상호의존성을 중시하며, 이러한 관계 속에서 조화를 이루는 일을 삶의 가장 중요한 주제로 삼는 자세를 굳게 지니고 있다. 이들은 개인적 감정이나 이기적 욕구는 대인관계와 집단의 조화를 해치는 핵심 요소라고 보아, 삶의 과정에서 이를 적극 억제하려고 한다. 인간은 이러한 자기억제를 통해 자기개선을 이룰 수 있고, 그럼으로써 이상적 상태에 이를 수 있는 가변적인 존재라고 이들은 인식한다. 이렇게 동아시아인들은 사람들 사이의 연계성 · 상호의존성 · 조화성을 추구하고, 자기억제를 중시하며, 가변성과 자기개선을 강조하는 삶의 태도를 지니고 있는데, 이러한 사실은 그들의 실제 행동과 심성에 그대로 드러나고 있다.

동아시아인들이 보이는 이러한 집단주의적인 삶의 모습은 기본적으로 이 사회를 오랫동안 지배해왔던 유학사상의 인간관에서 직접 도출되는 것이다. 유학사상에서는 인간을 개체적 존재로서는 그 존재 의의를 찾을 수 없는 '사회적 관계체', 모든 도덕의 근거를 스스로 갖추고 있는 '덕성의 주체', 그리고 자기 수련과 자기개선을 통해 이상적 인간의 상태에 도달

**280** 이광세, 1998, p. 63.
**281** Tu, Wei-Ming, 1996, p. 343.

할 수 있는 '무한한 가능체'로 파악한다. 이렇게 '사회적 관계체'로 인간을 인식하므로 사람들 사이의 연계성과 상호의존성, 그리고 조화성의 추구를 강조하게 되고, '덕성의 주체'로 인간을 파악하므로 도덕 주체인 스스로를 통제의 대상으로 보아 스스로에게서 모든 책임을 구하는 자기억제를 중시하게 되며, 사람을 '무한한 가능체'라고 생각하므로 자기향상을 위해 자기개선을 지향하는 태도를 간직하게 된다.

이와는 대조적으로, 서구 개인주의 사회인들은 독립적이고 평등한 개인들 각자가 사회구성의 궁극적 단위라고 보아, 개인의 자율성과 독립성, 그리고 독특성을 강조하고, 개인이 본유적으로 갖추고 있는 자유와 권리들을 적극적으로 드러내고 추구하는 일을 중시하며, 개인은 안정적이고도 고정된 속성을 갖춘 실체라고 인식한다. 이렇게 서구인들은 개체적 존재인 개인의 독립성 · 자율성 · 독특성을 중시하고, 적극적으로 자기주장을 하며, 개인의 고정된 안정성을 강조하는 삶의 태도를 지니고 있는데, 이는 그들의 실생활의 행동과 심성의 특징으로 고스란히 드러나고 있는 것이다.

서구인들이 보이는 이러한 개인주의적인 삶의 모습은 이 사회에서 인간과 세상사를 파악하는 배경으로 작용해온 자유주의 사상의 인간관에서 직접 나오는 것이다. 자유주의 사상에서는 사회를 이루는 기본단위인 개인을 '자유의 보유자', '이성의 주체', 그리고 고정적이고 안정적인 자기완비적인 '안정적 실체'라고 개념화한다. '자유의 보유자'이기 때문에 개인은 스스로의 자율적인 선택과 독특성을 중시하게 되고, 스스로가 '이성의 주체'로서 합리성의 원천이기 때문에 적극적인 자기주장을 강조하게 되며, 자기 완비적인 '안정적 실체'이므로 자기의 신념이나 행동체계들 사이의 일관된 안정성을 추구하는 삶의 태도를 갖추게 되는 것이다.

서구 자유주의자들과 동아시아 유학자들이 인간을 이해하는 기본 관점의 이러한 차이들을 표로 제시하면 다음 [표 2]와 같다.

[표 2] 인간 이해 관점의 동 · 서 대비

| 대립 내용 | 자유주의 | 선진유학 |
|---|---|---|
| 개체성 : 사회성 | 개체성 중시<br>→ 자유의 보유자<br><br>→ 자율성 · 독립성 · 독특성 강조 | 사회성 중시<br>→ 사회적 관계체<br>(의무 · 역할 · 배려의 복합체)<br>→ 연계성 · 조화성 · 배려성 강조 |
| 합리성 : 도덕성 | 합리성 중시<br>→ 이성 주체<br>→ 자기주장 강조 | 도덕성 중시<br>→ 덕성 주체<br>→ 자기억제 강조 |
| 완비체 : 가능체 | 안정성 중시<br>→ 안정적 실체<br><br>→ 일관성 · 안정성 강조 | 가변성 중시<br>→ 무한한 가능체<br>(과정적 존재)<br>→ 가변성 · 자기개선 강조 |

* 출처: 조긍호, 2008, p. 95, 표 1의 내용을 약간 수정함.

서구의 자유주의 사상에서 인간 존재를 이와 같이 개체성 · 합리성 · 안정성을 주축으로 하여 파악하는 관점은 서구 사회에서 발달해온 현대심리학의 연구 내용과 그 방향을 결정하는 역할을 해왔다. 심리학은 인간이 삶의 과정에서 경험하는 심리 내용과 그 과정 및 이의 행동적 표출에 대해 객관적으로 탐구하여 그 법칙성을 찾아내려는 학문이다. 그러므로 심리학은 그것이 탐구되고 있는 사회의 인간을 대상으로 할 수밖에 없으며, 따라서 해당 사회에서 인간을 파악하는 관점에 따라 탐구하는 내용이 달라지게 마련이다. 서구에서 발달한 현대심리학은 서구인이 가지고 있는 인간관을 그대로 반영하고 있는 것이다. 이러한 맥락에서 보면, 인간을 파악하는 관점이 서구와 다른 동아시아 사회, 곧 개체성 대신 사회성, 합리성 대신 도덕성, 그리고 안정성 대신 가변성을 주축으로 하여 인간을 이해하여온 동아시아 사회에서는 심리학의 체계를 서구와는 달리 구성할 수밖에 없을 것이다. 이 책은 이러한 가능성의 일단을 동 · 서 사회관계론의 차이를 중심으로 탐색해보고자 하는 목적에서 집필되었다.

## 4. 이 책의 구성

앞에서 심리학적 함의가 깊은 유학의 이론체계는 인성론 · 군자론 · 도덕실천론 · 수양론의 네 체계로 정리할 수 있으며, 이로부터 각각 서구 현대심리학의 심리구성체론 · 이상적 인간형론 · 사회관계론 · 자기발전론에서 전개하는 것과는 다른 새로운 심리학의 연구 문제들을 도출해낼 수 있다는 사실을 논의한 바 있다.[282] 필자는 이 네 이론체계에서 도출되는 심리학적 연구 문제의 동 · 서 차이를 이론적으로 천착하여, 이를 '동 · 서 비교 시리즈'로 정리해봄으로써, 서구 현대심리학을 대치할 수 있는 새로운 유학심리학의 가능성을 모색해보려는 작업에 몰두해왔다. 필자가 2006년에 출간한 『이상적 인간형론의 동 · 서 비교』는 이러한 작업의 효시로, 유학의 군자론 · 성인론에 전개된 이상적 인간형론을 서구의 대표적 이상적 인간형론인 성숙인격론(成熟人格論)과 대비하여 보고, 이러한 대비를 통해 서구의 현대심리학이 놓치고 있는 '도덕심리학'과 '자기심리학' 및 '정신건강과 심리치료' 분야의 연구 문제들을 발굴해내고자 한 것이었다. 이 책은 이러한 작업의 두 번째 시도로, 유학의 도덕실천론과 서구 현대심리학의 사회교환이론의 대비를 중심으로 하여 동아시아와 서구의 사회관계론을 비교해보고, 이로부터 새로운 심리학의 연구 문제를 도

282 필자는 선행 저술(조긍호, 2008)에서 이러한 사실을 집중적으로 탐구하였다.

출해보고자 한 것이다.

우선 제1장에서는 동아시아와 서구에 서로 다른 문화가 조성된 배경을 유학사상과 자유주의에서 찾아 그 역사적 전개 과정을 살펴보고, 이어서 각각이 추구하는 가치를 기반으로 하여 인간을 이해하는 관점의 차이를 대비하여 봄으로써, 동아시아 집단주의와 서구 개인주의 문화의 사상적 근거를 비교해보았다. 이러한 제1장의 내용은 앞으로의 논의를 전개하는 이론적 틀거리가 될 것이다.

제2장에서는 동아시아인과 서구인이 드러내는 특징적인 사회관계 행동의 차이를 현대 문화비교심리학의 결과들을 통해 살펴봄으로써, 두 지역에 지배적인 집단주의와 개인주의 문화에서 드러나는 현상적 차이의 실상을 사회관계 행동을 중심으로 하여 확인해볼 것이다. 이 장의 내용은 서구(3장 · 4장)와 동아시아(5장 · 6장) 사회에서 전개되어온 서로 다른 사회관계론이 이들 두 지역인들의 실제적인 삶의 과정에 영향을 끼침으로써, 각각 집단주의와 개인주의 문화가 조성되는 배경으로 작용해왔다는 사실에 대한 현실적인 근거 자료로서의 기능을 하게 될 것이다.

제3장에서는 서구 개인주의의 이론적 뿌리인 홉스(Thomas Hobbes), 로크(John Locke), 루소(Jean-Jacques Rousseau) 같은 자유주의자들의 사회계약론을 살펴봄으로써, 현대 서구 개인주의 사회의 사회관계론이 17~18세기 자유주의자들의 이론을 사상적 배경으로 하여 배태되었다는 사실을 확인하게 될 것이다. 이어서 제4장에서는 현대 사회과학계의 대표적인 사회관계론인 사회교환이론들을 호만스(George C. Homans), 티보(John W. Thibaut)와 켈리(Harold H. Kelley) 및 월스터(Elaine Walster), 월스터(G. William Walster)와 버샤이드(Ellen Berscheid)의 이론들을 중심으로 하여 살펴보고자 한다. 이러한 논의를 통해 분명해질 것은 이들 현대 서구 사회과학계의 대표적인 사회관계론은 자유주의자들의 사회계약론을 이론적

기반으로 하여 성립되고 있다는 사실과 함께, 이러한 이론들의 예측이 실제로 제2장에서 드러나고 있는 바와 같은 현대 서구인의 사회관계 행동들에 그대로 반영되고 있다는 사실이다.

제5장에서는 동아시아 집단주의의 이론적 기반인 유학사상의 사회관계론을 공자의 복례론(復禮論), 맹자의 여인위선론(與人爲善論), 순자의 군거화일론(群居和一論) 같은 선진유학의 도덕실천론을 중심으로 살펴봄으로써, 현대 동아시아 집단주의 문화권의 사회관계론의 사상적 배경이 유학사상의 도덕실천론에 있음을 확인해보고자 한다. 이어서 제6장에서는 선진유학자들의 이러한 사회관계론은 후대의 유학자들에게 그대로 이어지고 있다는 사실을 13~16세기 성리학자들의 교육론과 조선조 성리학자들의 인심도심설(人心道心說) 및 거경(居敬)사상을 바탕으로 고찰해보고자 한다. 이러한 논의를 통해 선진유학자들의 도덕실천론이 유학사상의 사회관계론의 이론적 기반이라는 사실과 함께, 유학의 도덕실천론에서 제시되는 사회관계의 강조점들이 현대 동아시아인들의 사회관계의 행동에 그대로 표출되고 있다는 사실이 확인될 것이다.

제7장에서는 2부(3장 · 4장)와 3부(5장 · 6장)에서 논의된 내용들을 사회구성의 기본단위에 대한 견해차, 사회관계의 목표에 대한 견해차, 사회관계 유지의 규범에 대한 견해차의 세 차원을 중심으로 요약함으로써, 동아시아 집단주의와 서구 개인주의 사회에서 제시된 사회관계론의 대체적인 차이를 종합적으로 대비하여 볼 것이다. 다음으로 제8장에서는 유학의 사회관계론에서 도출되는 새로운 심리학의 연구 문제를 역할심리학의 문제와 분배 정의의 문제 및 작업동기와 보수체계의 문제를 중심으로 하여 고찰해볼 것이다. 1부가 이 책의 서론이고, 2부와 3부가 본론이라면, 4부(7장 · 8장)의 내용은 이 책 전체의 이론적 결론에 해당되는 것이다.

# 제2장
# 동 · 서양인의 사회관계 행동의 차이

문화구성주의(cultural constructionism)는 사회 전반의 문화체계와 개인의 심성체계가 상호구성적인 영향을 주고받는다고 본다. 즉, 사회는 그 사회의 특징적인 문화적 사고양식 및 인간관에 일치하는 다양한 사회적 상황을 산출하고, 사회화 압력을 통해 성원들이 이에 합치되는 사고양식과 인간관을 가지도록 유도한다. 또한 이러한 사회화 과정을 통해 해당 사회의 문화적 사고양식과 인간관에 조율된 다양한 내용과 경향을 갖추게 된 성원들은, 이러한 문화적 사고양식 및 인간관에 합치되는 상황을 조성함으로써, 해당 문화의 조성과 유지에 기여하게 된다는 것이다. 이렇게 문화구성주의에서는 개인을 둘러싸고 있는 사회적 상황의 특징과 개인의 심리 과정 사이에 밀접한 상응관계가 있다고 봄으로써, 개인의 심리 기제의 문화적 근거를 밝히는 이론적 틀을 제공해준다.[1]

이러한 맥락에서 보면, 전술한 바와 같은 집단주의와 개인주의의 문화

---

**1** Gergen, K. J. & Davis, K. E., 1985; Markus & Kitayama, 1991a, b, 1994a, b; Nisbett, 2003; Sedikides & Brewer, 2001.

유형에 따른 인간관과 사고양식의 차이는 두 문화권에 살고 있는 사람들의 제반 심리적 특징과 행동의 차이를 유발하게 될 것이라고 추론할 수 있다. 이 장에서는 동아시아 집단주의 사회와 서구 개인주의 사회의 성원들이 실제로 보이는 사회관계 측면에서의 심성과 행동의 차이를 현대 문화비교심리학의 연구 결과들을 통해 살펴보기로 하겠다. 두 문화권의 성원들이 보이는 이러한 사회관계 행동의 차이는 이 두 문화권에서 제시하는 서로 다른 사회관계론의 논리적 타당성을 검증하는 경험적 근거 자료가 될 것이다.

이를 위해 우선 개인주의-집단주의 문화차를 개관하는 기본틀[2]을 각각의 사상적 배경인 자유주의와 유학사상에서 제시하는 인간관의 차이를 통해 정립한 다음, 두 문화권의 사람들이 실제로 드러내는 사회관계 행동이 과연 이러한 문화차 개관의 기본틀에서 예측하는 바대로의 차이와 일치하는지를 확인해보고자 한다.

## 1. 개인주의와 집단주의 문화차 개관의 기본틀

지금까지 보았듯이, 개인주의 사회에서는 사회구성의 기본단위를 독립적이고 자기완비적인 개인 존재에서 찾기 때문에, 인간 일반과 자기 자신을 타인과 명확하게 구별되는 개별적인 존재로 받아들여, 이러한 자기를

2 필자는 1990년대 초반부터 이 장에서 제시되는 기본틀을 통해 서구 개인주의와 동아시아 집단주의의 문화차를 개관해왔다. 필자가 제시하고 있는 이러한 문화차 개관의 기본틀은 필자의 선행 저술(조긍호, 1993, 1996a, 1997a, 1999a, 2000, 2003a, 2006, 2007a, b)을 참조할 것. 이 장에서는 이 중에서 가장 최신의 저술(2007a, pp. 68~75, 135~142)의 내용을 재정리한 것이다.

드러내고 자기 독특성을 실현하는 데서 삶의 의의를 찾을 수 있다고 본다. 그러므로 개인주의 사회에서는 '개체중심적 인간관'과 함께 '독립적 자기관' 또는 '분리적 자기관'이 지배적인 인간관과 자기관으로 떠오른다. 반면, 집단주의 사회에서는 사회구성의 기본단위를 사람들 사이의 관계와 이러한 관계의 원형인 가족과 같은 일차집단이라고 보기 때문에, 인간 일반과 자기 자신을 이러한 관계 속의 존재로 받아들여, 관계나 집단을 떠나서는 인간의 존재 의의를 찾을 수 없다고 간주한다. 그러므로 집단주의 사회에서는 '관계중심적 인간관'과 함께 '상호의존적 자기관' 또는 '관계적 자기관'이 지배적인 인간관과 자기관으로 떠오른다.[3]

집단주의와 개인주의 사회에서 지배적인 인간관과 자기관의 이러한 차이는 행위원동력의 소재, 행위 주체인 자기를 드러내는 양식, 그리고 자기의 상황 간 또는 시계열에 따른 변이가능성(變移可能性)과 같은 세 차원에서 근본적인 차이를 낳는다. 곧 문화유형에 따른 인간관과 자기관의 특징적인 차이는 이 세 차원의 강조점의 차이로 수렴해서 이해할 수 있는데, 말하자면 이 세 차원은 인간의 존재 양상에 대한 세 가지 핵심적인 인식의 양식을 반영하는 것이다.

'행위원동력의 소재' 차원은 개인으로서 자기가 타인과 어떤 관계에 있으며, 어떤 독특성을 보유하고 있느냐 하는 '사회성'의 문제와 직결된다. 이에 따라 모든 행위의 원동력을 스스로 완비하고 있는 개인 존재에 주의를 기울이게 되는지(개인주의), 아니면 행위 원천의 출처가 되는 상황 조건이나 다른 사람과 맺는 관계에 주의를 기울이게 되는지(집단주의)의 여부

3 Dumont, 1970; Fiske, A. P. et al., 1998; Greenfield, 2000; Kagitcibasi, 1990, 1994, 1996, 1997; Kim, U., 1995; Kitayama, Markus, Matsumoto, H., & Norasakkunkit, 1997; Miller, J. G., 1984; Miller, J. G., & Bersoff, 1992; Markus & Kitayama, 1991a, b, 1994a, b; Sampson, 1977, 1989; Triandis, 1989, 1990, 1995; Weldon, 1984.

가 달라진다.

행위 주체인 자기를 드러내야 하느냐 아니면 감추어야 하느냐 하는 '자기표현의 양식' 차원은 인간 '활동의 지향처' 문제와 직결된다. 이에 따라 스스로의 활동을 통해 환경 세계를 나에게 맞추어 변화시키고, 결과적으로 이 과정에서 적극적으로 자기를 드러내는 것이 바람직한지(개인주의), 아니면 자신을 환경이나 타인과 맺는 관계에 맞추어 변화시켜, 결과적으로 자신 속으로 침잠하는 것이 바람직한지(집단주의)의 여부가 달라진다.

시 · 공간적인 '변이가능성'의 차원은 개인 존재의 '안정성'의 문제와 직결된다. 이에 따라 개인 존재를 고정적이고 안정적인 특성을 지닌 실체적 존재로 파악하는지(개인주의), 아니면 상황이나 타인과 맺는 관계의 변화에 따라 달라지는 과정적 존재로 파악하는지(집단주의)의 여부가 달라진다. 이러한 인간 존재의 사회성 · 활동성 · 안정성의 문제는 지금까지 인간과 그들의 삶을 이해하고자 하는 많은 이론들이 추구해왔던 핵심 주제들이었던 것이다.[4]

### 1) 행위원동력의 소재와 주의의 초점

이 차원은 사회행위의 근본적인 추진력이 개인이 독특하게 가지고 있는 성격 · 능력 · 가치 · 욕구 · 감정 따위의 내적 속성에서 나오는 것인지 아니면 사회관계에서 나타나는 역할 · 의무 · 기대 · 규범과 같은 관계적 속성에서 나오는 것인지에 관한 문제이다. 이는 독립적인 개체로서 지닌 개별성이 주의의 초점인지, 아니면 행위자들 사이의 관계와 상호의존성이 주의의 초점인지 하는 '주의의 초점'에 대한 인식의 차이를 드러낸다.

이러한 '행위원동력의 소재' 차원은 개별적 실체이면서 동시에 사회적

4 이에 관해서는 졸저(조긍호, 2003a, pp. 477~484) 참조.

실체이기도 한 인간 존재의 이중성을 드러내는 차원으로서, 인간의 개별적 존재 특성을 중시하는지(개인주의), 아니면 사회적 존재 특성을 중시하는지(집단주의) 하는 주의의 초점에서 차이를 드러내는 것이다. 사실 이 두 가지 중 어느 것을 중시하느냐 하는 문제는 인류 역사에서 끊임없이 부침되어온 중심적 주제였다.[5] '개별성'을 중시하느냐 아니면 '사회성'을 중시하느냐에 따라 사회체제나 사회구조의 근본적인 차이가 드러나는 것이며,[6] 이는 앞 장에서 논의되었듯이 개인주의와 집단주의의 근본적인 차이를 보여주는 차원인 것이다.

'개인중심적 인간관'이 지배적인 개인주의 사회에서는 독립적이고 자기완비적인 개인이 가진 성격 · 능력 · 동기 · 정서 · 태도 · 가치 같은 내적 속성에서 사회행위의 원동력을 찾는다. 따라서 이 사회에서는 행위원동력의 출처인 개인과 그가 지닌 내적 속성이 주의의 초점으로 떠오른다. 그리하여 개인의 자율성과 독특성을 신장하는 일이 사회행위의 근본적인 목표라는 관점을 갖게 되고, 결과적으로 '자율성'과 '독특성'의 추구를 강조하게 된다(자율성 · 독특성 강조).

이와는 달리, '관계중심적 인간관'이 지배적인 집단주의 사회에서는 인간을 기본적으로 타인과 연계되어 있는 관계 속의 존재로 보기 때문에, 사회행위의 원동력을 관계 속에 내포된 역할과 규범, 그리고 타인에 대한 관심과 배려에서 찾는다. 따라서 이 사회에서는 이러한 개인 외적 관계와 상황의 특성 또는 관계를 맺고 있는 타인이 주의의 초점으로 떠오른다. 그리하여 이러한 관계 속에서 조화를 추구하는 일이 사회행위의 근본적

5 Allport, G. W., 1968; Dülmen, 1997/2005; Fiske, A. P. et al., 1998; Greenfield, 2000; Kagitcibasi, 1997; Kim, U., 1995; Laurent, 1993/2001; Lukes, 1973; Nisbett, 2003; Triandis, 1995.

6 Nisbett, 2003, pp. 29~39; Ross, L., & Nisbett, 1991, pp. 177~200.

인 목표라는 관점을 갖게 되고, 결과적으로 사람들 사이의 '연계성'과 '조화성'의 추구를 강조하게 된다(연계성 · 조화성 강조).

이 차원에서 드러나는 이러한 강조점의 차이는 '개체성－사회성' 가운데 어느 것을 중심으로 인간을 이해하느냐 하는 자유주의와 유학사상의 인간관의 차이로부터 직접 도출되는 것이다. 자유주의 이념에서는 개인 존재를 '자유의 보유자'로 인식한다. 17세기 이래 서구 사회에서는 개인이 신앙의 자유, 양심의 자유, 표현의 자유, 정치적 자유, 경제적 자유 및 사생활의 자유 같은 여러 자유를 보유하고 있다는 개인적 자유의 관념이 지배해왔으며, 이러한 생각이 자유주의 이념의 토대가 되고 있다. 자유주의가 추구해온 최고의 이념은 이와 같이 개인적 자유의 확보에 있었는데, 이러한 관념의 배후에는 자연권 사상이 놓여 있다. 곧 개인은 생명 · 재산 · 행복 추구에 대한 기본권을 천부적으로 부여받고 있으며, 이러한 기본권을 행사하거나 보호하기 위한 필수적인 장치가 바로 개인적 자유라는 것이다. 이러한 자유의 관념에는 개인이 그 어느 누구의 부당한 간섭이나 제재도 받지 않고, 자기에게 가장 유리하거나 적합하거나 또는 타당한 신앙 · 양심 · 사상 · 도덕률 · 정치 및 경제 체제를 자율적으로 선택할 수 있다는 '독립성'과 '자율성'에 대한 신념이 바탕에 깔려 있다.

'자유의 보유자'로 개인을 파악하는 관점은 곧 개인의 '독립성'과 '자율성' 및 '독특성'을 중시하는 삶의 태도를 낳게 되며, 결국 독립성 · 자율성 · 독특성을 높이 평가하고, 이를 일상생활에서 추구하는 심리적 · 행동적 경향을 촉발하게 된다. 이러한 개인 존재의 독립성과 자율성 및 독특성에 대한 강조는 개인의 사회행위의 원동력을 자유의 보유자인 개인이 갖추고 있는 독특한 내적 속성(성격 · 능력 · 욕구 · 감정 따위)에서 찾는 입장을 낳게 된다. 따라서 개인주의 사회에서는 '주의의 초점'이 '개인 존재 및 그의 내적 속성'에 쏠리게 마련인 만큼, 결과적으로 개인주의 사회인이 보이는 자기중심적인 심리와 행동의 특징이 유발되는 것이다.

자유의 보유자로 개인 존재를 인식하는 자유주의 이념과는 대조적으로, 유학사상은 인간을 '사회적 관계체'로 보는 입장에서, 개인 존재를 사회관계 속에 내포된 '역할 · 의무 및 타인에 대한 관심과 배려의 복합체'로 간주하는 관점을 굳게 지니고 있다. 유학사상에서는 사회를 이루는 기본 단위는 부자 · 군신 · 부부 · 장유 · 붕우 같은 사람들 사이의 관계라고 본다. 이러한 관점을 바탕으로 각 관계에서 당사자들에게 요구되는 쌍무적인 역할과 의무의 수행을 통해 관계의 조화와 질서가 달성되고, 그렇게 되면 조화롭고 평화로운 이상사회가 이루진다고 여긴다. 유학사상에서는 사회행위의 원동력을 개인이 처한 사회관계 속의 역할과 의무에서 찾게 되며, 결과적으로 이러한 역할과 의무의 근거인 관계당사자들 사이의 상호연계성이나 상대방에 대한 관심과 배려를 중시하게 된다.

이렇게 개인 존재를 '역할 · 의무 · 배려의 복합체'로 간주하는 관점은 관계당사자들 사이의 '연계성'과 '조화성'을 중시하는 삶의 태도를 낳으며, 결국 상호연계성과 조화성을 높이 평가하고, 이를 일상생활에서 추구하는 심리적 · 행동적 경향을 낳는다. 이러한 관계당사자들 사이의 연계성과 조화성의 강조는 자기 자신보다는 관계를 맺고 있는 상대방이나 집단이, 그리고 자기의 내적 속성보다는 '공적 규범과 상황적 요구'가 '주의의 초점'으로 부각되게 할 것이고, 결과적으로 집단주의 사회인이 보이는 타인 또는 집단중심적인 심리와 행동의 특징으로 연결되는 것이다.

이상에서 보듯이, '행위원동력의 소재'와 '주의의 초점' 차원에서 나타나는 개인주의와 집단주의 사회의 문화차를 개관하기 위한 기본틀의 특징은 개체로서의 '독립성 · 자율성 · 독특성'을 강조하느냐(개인주의) 아니면 사회적 관계체로서의 '연계성 · 조화성 · 배려성'을 강조하느냐(집단주의) 하는 것으로, 이는 두 사회에서 개인 존재를 각각 '자유의 보유자'로 인식하느냐 아니면 사회적 관계에 내포된 '역할 · 의무 · 배려의 복합체'로 인식하느냐 하는 차이에서 연유하는 것이다.

### 2) 자기표현의 양식과 통제의 대상

자기를 드러내는 양식의 차이는 인간의 활동성이 자기 외부로 발산되는 것이 바람직한지 아니면 자기 내부로 침잠하는 것이 바람직한지에 대한 인식의 차이를 드러낸다. 이 차원은 '통제의 대상'을 무엇으로 잡느냐에 대한 관점의 차이에서 비롯하는 것으로 볼 수 있다. 자기 자신이 모든 일의 중심이 되면, 자기 밖의 상황 조건이나 다른 사람이 활동의 지향처로 부각되어 자기 외부로 발양하게 된다. 따라서 자기와 타인 또는 상황 조건의 요구나 목표 사이에 불일치가 있게 되면, 변화시켜야 할 통제의 대상을 자기 이외의 상황 조건이나 타인에게서 찾게 된다. 곧 자기 밖의 것을 변화시켜서 자기에게 맞추려 하는 것이다. 반면에, 상황이나 타인과 맺는 관계가 모든 일의 중심이 되면, 자기 자신이 활동의 지향처로 부각되어 자기 내부로 침잠하게 된다. 따라서 자기와 타인 또는 상황 조건의 요구나 목표 사이에 불일치가 있게 되면, 변화시켜야 할 통제의 대상을 자신에게서 찾게 된다. 곧 자기를 억제하고 변화시켜서 상황 조건의 요구에 맞추려 하는 것이다.[7]

이렇게 자기를 드러내는 양식의 차원은 인간 '활동성의 지향처'에 대한 인식의 차이를 드러내는 것이다. 융(Carl G. Jung, 1875~1961)[8] 이후 사람의 성격 유형을 분류하는 대표적인 체계가 되어 온 '외향성'(extroversion)—'내향성'(introversion)의 차원은 바로 이러한 능동성과 활동성의 지향처가 드

---

7 Markus & Kitayama, 1991a, pp. 228~229.
8 Jung, 1923/1971.

러내는 차이를 문제삼아온 것이다. 융은 사람들이 가지고 있는 삶에 대한 일반적 태도를 외향과 내향의 상반되는 두 가지 지향성으로 나누어 개념화한다. 여기서 "외향성은 바깥 세계에 대하여 관심을 갖는 삶의 태도를 가리키고, 반대로 내향성은 자신의 내부 세계(사고 · 감정 · 경험 등)에 몰두하는 삶의 태도를 가리킨다."[9] 곧 "외향성은 개인의 주의가 외부 세계로 지향되어 있고, 내향성은 자신의 내부로 지향되어 있다."[10] 이러한 성격 유형의 외향성－내향성의 분류체계는 아이젱크(Hans J. Eysenck), 로터(Julian B. Rotter)를 비롯한 많은 성격심리학자의 이론과 현대의 '5대 모형'(Big Five Model) 들에 계속 이어져,[11] 전반적으로 인간의 외계 적응양식의 체계인 성격의 개인차를 분석하는 가장 기본적이고도 상식적인 틀 가운데 하나로 받아들여지고 있다.[12]

'개인중심적 인간관'이 지배적인 개인주의 사회에서는 자기의 내적 욕구나 목표의 추구는 인간의 자연스러운 권리라고 받아들여, 자기의 이익과 목표, 그리고 욕구를 추구하기 위해 환경이나 타인을 나에게 맞도록 통제하는 것이 당연하다고 여긴다. 그리하여 이 사회에서는 자기의 독특성을 드러내는 적극적인 '자기주장'과, 비록 그것이 집단의 조화를 해칠

---

**9** 민경환, 2002, p. 68.

**10** McAdams, 2001, p. 309.

**11** 홍숙기, 2004, pp. 190~192; Hall, C. S., & Lindzey, 1978/1987, pp. 154~159; McAdams, 2001, pp. 368~311.

**12** C. S. Hall과 Lindzey(1978/1987)는 "융의 성격이론은 현대 사상에서 가장 괄목할 만한 업적 중의 하나가 되고 있다. 융 사상의 독창성과 대담성은 최근의 과학사에서 그 유례를 찾기 어려우며, 프로이트(Sigmund Freud)를 제외한 그 누구도 융이 '인간의 영혼'이라 부르고자 한 것을 들여다보는 개념적 창을 더 많이 열지는 못했다"(p. 159)고 진술하여, 외향성－내향성에 관한 융의 이론체계를 높이 평가하고 있다. 이러한 융의 이론은 심리학 안에서보다는 인류학 · 민속학 등 심리학 밖에서 그 영향력이 더욱 지대한 것이 사실이다(홍숙기, 2004, p. 192). 융에 대한 이러한 호의적인 평가들은 능동성과 활동 지향성의 차원이 인간 이해를 위한 핵심 차원 가운데 하나임을 단적으로 드러내는 것이라고 볼 수 있다.

지라도 솔직하게 자기의 욕구나 목표 또는 감정을 드러내는 자기표현을 강조하게 된다(자기주장 강조).

그러나 '관계중심적 인간관'이 지배적인 집단주의 사회에서는 개인적인 욕구나 목표의 추구는 사회관계에서 갈등을 일으키고 조화를 해치기 쉬우므로, 가능하면 자신의 내적 욕구나 목표를 통제하고, '자기를 억제'하여 양보하고 협동할 것을 강조한다. 또한 이 사회에서는 가능하면 자기를 드러내지 않고 집단 속에 은폐시키는 것이 집단의 조화를 유지하는 방편이라고 여겨 자연스럽게 받아들인다(자기억제 강조).

이 차원에서 드러나는 이러한 강조점의 차이는 '합리성－도덕성' 가운데 어느 것을 인간의 가장 중요한 특성으로 개념화하느냐 하는 자유주의와 유학사상의 인간 이해 관점의 차이로부터 도출되는 것이다. 자유주의의 이념은 개인을 자신의 행복과 만족을 추구하는 존재, 곧 이기적인 정열과 욕망에 따라 활동하고 행동하는 존재라고 보는 전제 위에 성립하고 있다. 이렇게 사람들 모두가 이기적인 욕망을 추구하다보면, 필연적으로 욕구 충돌이 빚어질 수밖에 없다. 개인이 본래부터 지닌 이성의 힘이 빛을 발휘하게 되는 것은 이 지점에서라고 자유주의자들은 본다. 곧 '이성의 주체'로서 개인들은 욕구 충돌에서 오는 파국을 피하고, 그러면서도 최대한 각자의 이익을 보장하는 선에서 욕구를 조정하는 체제를 만들기로 합의하게 되고, 그 결과 나타난 것이 사회계약에 의한 국가체제라는 것이다. 이렇게 국가와 사회는 개인의 이성의 산물이라는 것이 자유주의자들의 생각이다. 이러한 이성은 자신에게 유익한 것을 합리적으로 계산하고 선택하는 능력으로 드러난다.

그러므로 '이성의 주체'로 개인 존재를 파악하는 자유주의 입장에서는 인간의 '합리성'을 강조하게 되며, 이성의 힘에 대한 강한 신뢰가 삶의 신조로 부각된다. 그 결과, 이성의 주체인 인간이 외부 환경세계를 통제할 수 있다고 믿고, 결국 '외부 환경을 통제의 대상으로 보는 태도'를 갖게 된다. 그리하여 이들은 이성 주체인 자기를 적극적으로 표출하고, 자기에게 이익을 가져올 수 있는 요인(자기의 장점이나 긍정적 특성 · 능력 · 감정 들)을 확장시키려고 노력하며, 자기의 현재와 미래를 과도하게 낙관적으로 인식하는 경향을 띤다. 따라서 이들에게는 개인주의 사회인이 보이는 바와 같은 적극적인 '자기주장'을 높이 평가하는 심리와 행동의 특징이 두드러지게 되는 것이다.

이성 주체로 개인 존재를 인식하는 자유주의 이념과는 대조적으로, 유학사상에서는 인간의 능동성과 주체성이 타인에 대한 관심과 배려라는 덕성에서 최대로 드러난다고 본다. 유학사상에서는 인간을 '덕성의 주체'로 파악하는 관점을 가지고 있는데, 이들에게 능동성과 주체성이란 인의예지(仁義禮智) 같은 도덕의 근거가 개인에게 본래부터 갖추어져 있다는 사실을 자각하고, 이를 실생활에서 실행하는 일을 뜻한다.

그러므로 유학자들에게 인간의 능동성과 주체성은 '모든 일의 책임을 덕성의 주체인 자기에게서 구하는 태도'와 직접 연결되고 있으며, 따라서 자기의 이기적이고 사적인 욕구와 감정을 억제하는 일이 인간의 능동성과 주체성을 발휘함으로써 삶의 목표인 도덕적 완성을 이루는 지름길이 된다고 본다. 그 결과, 유학사상에서는 통제의 대상을 '덕성의 주체'인 자기 자신에게서 찾음으로써, '겸양'과 '자기억제'를 강조하게 되며, 이러한 경향은 결과적으로 집단주의 사회인이 보이는 자기은폐적인 심리와 행동의 특징을 낳는 배경이 되고 있는 것이다.

위에서 분명하여졌듯이, '자기표현의 양식'과 '통제의 대상' 차원에서 나타나는 개인주의와 집단주의 사회의 문화차를 개관하기 위한 기본틀의 특징은 '자기주장'을 강조하느냐(개인주의) 아니면 '자기억제'를 강조하느냐(집단주의) 하는 것으로, 이는 두 사회에서 개인 존재를 각각 '이성의 주체'로 인식하느냐 아니면 '덕성의 주체'로 인식하느냐 하는 차이에서 연유하고 있는 것이다.

### 3) 변이가능성과 자기향상의 방안

개인의 특성과 행위의 '변이가능성' 차원은 사회 속에 존재하는 행위자인 개인이 시간(과거 · 현재 · 미래의 시계열)과 공간(다양한 관계와 상황)의 측면에서 고정된 존재인지 아니면 열린 존재인지에 대한 인식의 차이를 드러낸다. 곧 인간이 불변적이고 안정적인 속성을 가진 실체적인 존재인지 아니면 삶의 과정에서 겪는 상황과 관계가 달라지는 데에 따라 변화할 수 있는 과정적인 존재인지 하는 문제에 대한 인식의 차이를 드러내는 것이다.

변화가능성의 측면에서 인간 존재를 불변적이라고 보느냐 아니면 가변적으로 보느냐 하는 생각도 뿌리가 아주 깊어서, 성격이론들을 이 차원에서 대비해볼 수도 있다. 이러한 '불변성–가변성'의 차원은 "개인의 기본 성격구조가 시간에 따라 상당한 정도로 변화될 수 있는가 하는 문제이다. 한 걸음 더 나아가 성격 진보 또는 성격 발달에 있어서 기본 변화는 꼭 필요한 요소인가? 아니면 우리가 타인에게서 관찰할 수 있는 표면적 변화란 기본적 성격구조는 변화하지 않고 영향 받지 않은 채 나타나는 행동의 변화에 불과한 것인가? [……] 이 가정에 대해서는 이론가들 사이에 많은 차이가 있어서, 그들 이론의 강조점이 각각 다르게"[13] 되는 것이다. 예를 들면, 에릭슨(Erik H. Erikson)의 이론은 시간상에서 인간의 부단한 변화가능성을 전제하고 있지만, 프로이트(Sigmund Freud, 1856~1939)의 이론은 유아기에 경험되어 내재된 성격의 기본구조가 일생을 통해 불변한다고

13 Hjelle & Ziegler, 1981/1983, p. 35.

보는 점에 두 이론의 근본적인 차이가 있는 것이다.[14]

'개체중심적 인간관'이 지배적인 개인주의 사회에서는 사회의 안정은 그 구성요소인 개인의 안정을 바탕으로 한다고 본다. 따라서 각 개인은 지속적이고 일관되는 '안정성'을 가졌다고 보아, 상황과 관계가 달라지는 데에 따른 변이를 받아들이지 않으며, 이러한 변이 또는 비일관성은 개인에게 심각한 위협이 된다고 여겨 '일관성'을 중시한다. 또한 이 사회에서는 자기 단점의 수용과 개선보다는 본래부터 자기에게 갖추어져 있는 '장점을 찾아내어 이를 확충'하는 일에 관심을 쏟아, 이를 자기향상의 방안으로 중시한다(안정성 · 일관성 · 장점확충 강조).

이와는 대조적으로, '관계중심적 인간관'이 지배적인 집단주의 사회에서는 사회의 안정은 그 구성요소인 관계의 안정을 바탕으로 삼는다고 본다. 이 사회에서는 다양한 상황과 관계에 따른 역할의 변이에 맞추어 스스로의 행위를 유연하고 적합하게 조정하는 데서 안정이 이루어질 수 있다고 전제함으로써, 결국 상황에 따라 행위를 적합하게 조정하는 '가변성'과 '유연성'을 강조한다. 또한 집단주의 사회에서는 인간의 성격과 능력도 상황과 시간에 따라 변화할 수 있다고 보아, 자기의 '단점을 수용하여 개선'하는 일이 사회관계의 조화를 이루고 발전을 꾀할 수 있는 일이라고 받아들여 중히 여긴다(가변성 · 유연성 · 단점개선 강조).

'변이가능성'과 '자기향상의 방안' 차원에서 드러나는 이러한 강조점의

---

**14** Hjelle와 Ziegler(1981/1983)에 따르면, Freud(pp. 35~36, 83) 말고도 강한 불변론의 관점을 보유하고 있는 학자는 Adler(pp. 130~131)와 Murray(p. 211)를 들 수 있고, Erikson(pp. 35, 170~171) 말고도 강한 가변론의 관점을 피력하고 있는 학자는 Skinner(p. 257), Bandura(pp. 302~303), Kelly(pp. 394~395), Maslow(pp. 431~432), Rogers(pp. 475~476)를 들 수 있으며, Allport, G. W.(pp. 351~352)는 이 문제에 관해 중간적인 입장을 제시하고 있는 것으로 분석할 수 있다. 동 · 서 문화를 이 차원에서 대비하는 관점의 문제점에 관해서는 졸저(조긍호, 2003a, pp. 479~480, 주 1) 참조.

차이는 인간 존재를 자기완비적인 '완비체'로 보느냐 아니면 변화 과정 속에 있는 '가변체'로 보느냐 하는 자유주의와 유학사상의 인간관의 차이로부터 직접 도출되는 것이다. 자유주의의 이념에서는 개인 존재를 안정적이고 고정적이며 불변하는 자기완비적 실체로 인식한다. 모든 사물이 고정적 속성을 갖추고 있으며, 이러한 속성은 안정적이어서, 시간이나 상황에 따라 변화하지 않는다고 생각하는 것은 고대 그리스 시대부터 이어온 서구 문화의 전통이었다. 이러한 세상사에 대한 인식은 사람에 대한 이해에도 그대로 이어져왔는데, 특히 자유주의자들은 모든 개인은 자기만의 독특한 내적 성향(성격 · 능력 · 동기 들)을 완비하고 있으며, 이는 다른 사물들과 마찬가지로 '안정적이며 불변적인 실체'라고 본다. 곧 개인은 고정적인 성격 특성과 능력 및 동기 들을 갖추고 있으며, 이러한 고정적 속성들은 시간과 상황에 따라 달라지지 않는 안정성과 불변성을 띤다는 것이다.

이렇게 개인 존재를 안정적이고 불변적인 실체로 파악하는 입장은 현대 서구인들에게 그대로 이어져서, 개인의 성격과 능력은 시간과 상황이 달라져도 변화하지 않는다는 '실체설(entity theory)적 신념체계'[15]를 강하게 드러낸다. 따라서 개인의 내적 성향들 사이, 외적 행동들 사이, 그리고 내적 성향과 외적 행동 사이에는 어떠한 경우에도 안정적이고 불변적인 일관성이 존재하는 것으로 파악하는 경향을 띤다. 그 결과, 이들에게는 '안정성'과 '일관성'을 추구하는 심리와 행동의 특징이 강하게 나타나며, 자기향상은 본래부터 갖추고 있는 '장점의 확인과 확충'을 통해 이루어진다는 입장을 보이는 것이다.

---

**15** Chiu, C., Hong, & Dweck, 1997; Dweck, 1991; Dweck, Hong, & Chiu, C., 1993; Dweck & Leggett, 1988.

안정적이며 불변적인 실체로 개인 존재를 인식하는 자유주의 이념과는 대조적으로, 유학사상에서는 인간을 '무한한 가능체'로 보는 관점에 따라 개인을 '가변적이고 과정적인 존재'로 간주하게 된다. 성덕(成德)을 지향하는 체계인 유학사상은 일상생활에서 가르침과 배움을 통해 누구나 덕을 이룰 수 있는 가능성을 갖추고 있다고 여긴다. 배움을 통해 사람은 불완전한 소인(小人)의 상태에서 덕을 이룬 군자와 성인의 상태로 변화될 수 있다는 관점에 따라, 개인을 가변적이고 과정적인 존재로 파악하는 것이 유학사상의 특징인 것이다. 인간을 관계 속의 존재로 파악하는 유학사상에서는 맺고 있는 관계의 양상에 따라 달라지는 역할과 의무에 맞추어 스스로를 변화시키는 가변성을 강조하기도 한다.

이렇게 인간을 고정적이고 불변적인 존재가 아니라 과정적이고 가변적인 존재라고 보는 유학사상의 관점에서는 자기의 단점을 확인하고 수용하며, 배움을 통해 이를 개선함으로써 자기향상을 이룰 수 있다고 보아, 인간의 '가변성'과 '자기개선'을 강조한다. 개인 존재의 가변성과 자기개선을 강조하는 이러한 유학사상의 입장은 현대 동아시아인들에게도 그대로 이어져서, 개인의 성격과 능력은 시간과 상황에 따라 역동적으로 변화될 수 있다는 '증가설(incremental theory)적 신념체계'[16]를 강하게 드러낸다. 따라서 자기의 부정적 요인(단점과 부정적 특성 · 감정 들)도 무난히 수용하고, 이를 개선하는 일을 가치 있게 여기며, 성취 장면에서 능력보다는 노력을 높이 평가하는 경향을 낳게 된다. 그 결과, 이들에게서는 상황에 따른 행위가변성을 중시하고 자기의 '단점을 수용하고 개선'하려는 심리와 행동의 특징이 강하게 나타나는 것이다.

앞의 논의에서 확실하게 드러나듯이, '변화가능성'과 '자기향상의 방안'

**16** Chiu, C. et al., 1997; Dweck, 1991; Dweck et al., 1993; Dweck & Leggett, 1988.

차원에서 나타나는 개인주의와 집단주의 사회의 문화차를 개관하기 위한 기본틀의 특징은 '안정성 · 일관성 · 장점확충'을 강조하느냐(개인주의) 아니면 '가변성 · 유연성 · 단점개선'을 강조하느냐(집단주의) 하는 것으로, 이는 두 사회에서 개인 존재를 각각 안정적이고 불변적인 '완비체'로 인식하느냐 아니면 가소적이고 과정적인 '가변체'로 인식하느냐 하는 차이에서 비롯되는 것이다.

#### 4) 문화차 개관의 기본틀 대비

이상에서 보았듯이, 유학사상에서 개인을 '역할 · 의무 · 배려의 복합체'로 보는 관점은 자유주의에서 개인을 '자유의 보유자'로 인식하는 관점과 대를 이루어, 전자는 '주의의 초점' 차원에서 동아시아 집단주의 사회가 '연계성 · 조화성 · 배려성'을 강조하게 만드는 배경으로 작용하고, 후자는 서구 개인주의 사회가 '독립성 · 독특성 · 자율성'을 강조하게 만드는 배경으로 작용하고 있다.

또한 유학사상에서 개인을 '덕성의 주체'로 인식하는 관점은 자유주의에서 개인을 '이성의 주체'로 간주하는 관점과 대를 이루어, 동아시아 집단주의 사회와 서구 개인주의 사회에서 각각 '통제의 대상' 차원에서 '자기억제와 책임의 자기귀인'과 '자기주장과 자기고양'을 강조하는 태도를 유발하는 배경으로 작용하고 있다.

그리고 유학사상에서 개인을 '가변적이고 과정적인 존재'로 파악하는 관점과 자유주의에서 개인을 '안정적이며 불변적인 실체'로 보는 관점이 또 하나의 대를 이루어, 인간이 갖추고 있는 여러 가지 능력과 특성들의 '변이가능성' 차원에서 동아시아 집단주의 사회에서는 '가변성 · 유연성 · 자기개선'을 강조하도록 하고, 서구 개인주의 사회에서는 '안정성 · 일관성 · 장점확충'을 강조하도록 유도하고 있는 것이다.

문화유형에 따른 인간 이해 양식의 차이에서 도출되는 이러한 세 차원 강조점의 차이는 각 사회에서 중시하고 추구하는 '문화적 명제'(cultural imperative)가 된다. 곧 사람들 사이의 관계를 사회구성의 궁극적 단위로 보는 집단주의 사회에서는 연계성과 조화성의 추구, 자기억제, 상황가변성의 추구와 자기 단점의 개선이 문화적인 명제가 된다. 이와는 달리, 자기완비적이고 독립적으로 존재하는 개체를 사회구성의 궁극적 단위로 보는 개인주의 사회에서는 자율성과 독특성의 추구, 자기주장, 안정성의 추구와 자기 장점의 확충이 문화적인 명제가 되는 것이다. 문화구성주의의 입장에 따르면, 이러한 문화적 명제는 곧바로 인지 · 동기 · 정서와 같은 인간의 심리적 경향으로 조형되어, 두 문화권에 살고 있는 사람들의 제반 행동적 특징들을 유발한다.

이러한 맥락에서 다음 절부터는 두 문화권에서 드러나는 세 차원 강조점의 차이를 기본틀로 하여, 집단주의와 개인주의 사회에 살고 있는 사람들이 사회관계의 측면에서 실제로 드러내는 특징적인 차이를 개관해보기로 하겠다.[17] 이러한 문화차 개관의 기본틀을 정리하면, 다음 [표 3]과 같다.

17 필자는 이러한 문화차 개관의 기본틀을 기반으로 하여, 현대 문화비교심리학에서 밝혀진 대인평가와 귀인 같은 사회인지(조긍호, 1993, 1996a), 정서사회화와 정서 표출 같은 정서(조긍호, 1996b, 1997a, b), 특징적인 동기의 유형이나 추구 목표의 차이와 같은 동기(조긍호, 1999a, 2000)의 측면에서 드러나는 개인주의-집단주의의 문화차를 개관해왔으며, 이러한 결과들을 종합적으로 제시한 바 있다(조긍호, 2003a, pp. 167~223, 225~261, 263~314; 2006, pp. 63~79; 2007a. pp. 146~187, 251~274, 324~363). 이 장에서는 이러한 필자의 선행고찰 가운데 사회관계 행동과 관련된 내용들을 추려 정리함으로써, 현대인들에게서 드러나고 있는 사회관계 행동의 동 · 서 차이를 [표 3]에서 제시된 문화차 개관의 기본틀을 중심으로 확인해보고자 하였는데, 필요한 경우에는 선행 연구의 이곳저곳의 내용을 그대로 따오기도 하였다.

[표 3] 문화유형에 따른 세 차원 강조점의 차이: 문화차 개관의 기본틀

| 차원 | 개인주의<br>(개인중심적 인간관) | 집단주의<br>(관계중심적 인간관) |
|---|---|---|
| 사회 행위의 원동력<br>(주의의 초점) | 독립성 · 자율성 · 독특성 강조 | 연계성 · 조화성 · 배려성 강조 |
| 자기표현의 양식<br>(통제의 대상) | 자기주장 · 자기고양 강조 | 자기억제 · 겸양 강조 |
| 행위의 변이가능성<br>(자기향상의 방안) | 안정성 · 일관성 · 장점확충 강조 | 가변성 · 유연성 · 단점개선 강조 |

* 출처: 조긍호, 2007a, p. 75, 표 2-2를 약간 수정함.

지금까지 분명해졌듯이, 이 세 차원은 인간의 존재양식에 대한 핵심적인 차원의 인식, 곧 개인으로서 자기는 타인과 어떠한 관계에 있느냐(사회성), 자기를 감추어야 하느냐 아니면 드러내야 하느냐(활동성), 그리고 자기는 변화하는 것이냐 아니면 고정된 것이냐(변화가능성)를 나타낸다고 볼 수 있다. [표 3]을 앞 장에서 제시된 [표 2]와 연결해서 고찰해보면, 앞에서 논의한 바대로 이러한 문화차 개관의 기본틀은 서구 개인주의 문화와 동아시아 집단주의 문화의 사상적 배경인 자유주의와 유학사상의 인간관의 차이로부터 직접적으로 도출되는 것이라는 사실이 분명히 드러나고 있다. 이는 자유주의와 유학사상에서 인간을 파악하는 관점의 차이는 곧 이 두 사상체계가 사회성 · 활동성 · 변화가능성의 세 차원에서 인간 존재를 규정하는 관점의 차이로 환원하여 이해할 수 있음을 드러내는 것이다. 이러한 맥락에서 보면, 집단주의와 개인주의 문화권에서 드러나는 여러 가지 심성과 행동의 차이를 이 세 차원의 인식과 강조점의 차이로 수렴하여 이해하고자 하는 이 책에서의 문화차 개관의 기본틀은 두 문화권에서의 인간이해 관점의 차이로부터 연역되는 것으로서, 그 자체 타당한 논리적 정합성을 갖는다고 할 수 있을 것이다.

## 2. 사회관계 행동의 문화차: 주의의 초점 차원

개인을 자유의 보유자로 보아 개체중심적인 인간관이 지배하는 개인주의 사회에서는 사람을 상황유리적인 상호 독립적인 존재로 파악한다. 따라서 이러한 독립적인 개인이 갖추고 있는 내적 속성(성향 · 감정 · 욕구 · 목표 등)을 사회행위의 원동력으로 간주함으로써, 사회생활의 과정에서 원인행위자로서의 독립적인 개인이 주의의 초점으로 부각되며, 결과적으로 독립적인 개인의 자율성과 독특성의 추구를 강조하게 된다.

이와는 대조적으로, 개인을 사회적 관계체로 보아 관계중심적 인간관이 지배적인 집단주의 사회에서는 사람을 상황의존적인 관계 속의 존재로 파악한다. 따라서 이러한 관계 속에 내포된 역할과 의무 따위를 행위의 원동력으로 간주함으로써, 사회생활의 과정에서 관계당사자로서의 타인이나 집단이 주의의 초점으로 부각되며, 결과적으로 개인 사이의 연계성과 타인에 대한 관심과 배려 같은 조화성의 추구를 강조하게 된다.

### 1) 참조 기준의 차이

두 문화권 성원들이 보이는 이러한 주의의 차이는 몇 가지 흥미로운 연구들을 통해 확인된다. 트버스키(Tversky)[18]는 마드리드가 뉴욕과 비슷한 정도에 대한 판단은 뉴욕이 마드리드와 비슷한 정도에 대한 판단보다 높으며, 재칼이 개와 비슷한 정도에 대한 판단은 개가 재칼과 비슷한 정도에 대한 판단보다 높다는 결과를 근거로, 판단 대상 사이의 '유사성 판단의 비대칭성'(asymmetry in similarity judgment) 현상을 밝혔다. 그는 이러한 현상은 판단자에게 더 특출하고 중요하며 인지적으로 풍부한 대상을

**18** Tversky, 1977.

내현적 참조(implicit reference) 또는 비교의 표준(standard of comparison)으로 삼는 경향 때문에 나타나는 것이라고 설명했다. 따라서 덜 특출하고 덜 전형적이며 중요하지 않은 대상(비교의 대상: 이 경우에는 마드리드와 재칼)은 더 특출하고 전형적이며 중요한 대상(비교의 표준: 이 경우에는 뉴욕과 개)과 매우 유사한 것으로 지각되지만, 역의 경우에는 그렇지 않다는 것이다.

**유사성 판단의 비대칭성의 문화차** 이러한 관점에서 보면, 개인주의 사회에서는 타인보다 자기에 대한 지식이 더 정교하고 풍부하며 자기가 타인보다 더 특출한 인지의 초점이 되기 때문에[19] 이들은 자기를 비교의 표준으로 삼아서 자기와 타인 사이의 유사성을 판단하게 될 것이다. 이러한 사실은 미국 학생들은 자기가 다른 사람과 유사한 정도보다는 다른 사람이 자기와 유사한 정도가 더 높다고 생각한다[20]는 결과에서 드러난다. 그러나 미국의 학생들에게서도 이러한 경향은 사적(私的) 자의식(private self-consciousness)이 높아서, 자기가 일상생활에서 여러 가지에 대한 판단의 기준으로 작용하는 사람들의 경우에만 나타나지, 사적 자의식이 낮은 사람들의 경우에는 나타나지 않는다.[21] 따라서 전술한 바와 같은 유사성 판단의 비대칭성은 개인주의 사회에서 자기를 참조점(reference point)으로 하여, 자기와 타인 사이의 유사성을 판단하기 때문에 나타나는 결과라고 볼 수 있다.

그러나 미국에 유학하고 있는 인도 학생들에게서는 이와는 달리, 다른 사람이 자기와 유사한 정도보다는 자기가 다른 사람과 더 유사하다고 판

**19** 조긍호, 1993, 1996a; 조긍호 · 김은진, 2001; Kunda, 2000; Markus & Kitayama, 1991a, b.
**20** Holyoak & Gordon, 1983; Srull & Gaelick, 1983.
**21** Srull & Gaelick, 1983, 연구 3.

단하는 경향이 높게 나타난다.[22] 이는 집단주의 사회에서는 "자기에 대한 지식보다는 다른 사람에 대한 지식이 비교적 더 정교화되고 특출하므로" 유사성 판단에서 다른 사람을 기준점으로 삼기 때문에 나타난 결과라고 해석할 수 있다.[23] 곧 개인주의 사회에서는 자기에 대한 표상이 타인에 대한 표상보다 더 정교하고 풍부하지만, 집단주의 사회에서는 타인에 대한 표상이 자기에 대한 표상보다 더 정교하거나 "타인이 최소한 자기만큼 풍부하게 표상되기"[24] 때문인 것이다.

이러한 사실은 우리나라 대학생들을 집단중심성향자(집단중심성향은 높고, 개인중심성향은 낮은 집단)와 개인중심성향자(개인중심성향은 높고, 집단중심성향은 낮은 집단)로 나눈 연구에서도 확인되고 있다. 필자[25]에 따르면, 집단중심성향자들은 친구가 자기에게 유사한 정도(53.3%)보다는 자기가 친구에게 유사한 정도(59.7%)가 크다고 보는 반면, 개인중심성향자들은 자기가 친구에게 유사한 정도(38.2%)보다는 친구가 자기에게 유사한 정도(45.6%)가 더 크다고 보고 있다. 이는 집단주의자들에게는 타인(친구)이 참조의 기준이지만, 개인주의자들에게는 자기가 참조의 기준으로 작용함을 시사하는 것이다.

이렇게 집단중심성향자가 타인을 참조 기준으로 삼아 자신을 평가하는 경향이 높다는 사실은 필자의 연구[26]에서 거듭 검증되고 있다. 이 연구에서 대학생들을 집단중심성향자와 개인중심성향자로 나누었을 때, 자기의 경험을 타인의 관점에서 관찰하는 경향은 전자(평균 6.07)가 후자(평균 5.46)

---

**22** Kitayama, Markus, Tummala, Kurokawa, & Kato, 1990(Markus & Kitayama, 1991a, pp. 231~232에서 재인용).

**23** Markus & Kitayama, 1991a. p. 23.

**24** Kunda, 2000, p. 522.

**25** 조긍호, 2005, 연구 2.

**26** 조긍호, 2003b, 연구 2.

보다 유의미하게 높으며, 또한 전자(평균 5.71)는 후자(평균 4.57)보다 여러 가지 결정을 할 때 자신의 의견이나 감정보다 내집단원인 타인(친구)의 의견이나 감정을 더 고려하는 경향도 높은 것으로 검출되고 있는 것이다. 이러한 경향은 집단중심성향자들 사이에 동질화를 유발하여, 그들 사이의 유사성을 증가시키는 원천으로 작용하게 된다.

**내 · 외집단 유사성 지각 경향의 문화차** 이러한 차이는 개인주의 사회에서 일반적으로 나타나는 '내집단 이질성－외집단 동질성' 지각 경향[27]이 집단주의 사회에서는 '내집단 동질성－외집단 이질성' 지각 경향으로 나타나게 하는 원인이 되는 것이다.[28] 일단의 연구자들[29]은 미국 백인은 외집단원들(5.5~6.2)이 내집단원들(5.1~5.8)보다 서로 간에 더욱 유사한 것으로 지각하는 반면, 중국인들은 내집단원들(6.5~6.7) 사이가 외집단원들(4.8~5.8) 사이보다 서로 간에 더욱 유사한 것으로 지각함을 확인하고 있다.

이러한 결과들은 집단주의 사회에서는 타인을 참조로 하여 자기와 타인의 관계를 인식함으로써, 결과적으로 자기를 타인과 유사하게 지각하지만, 개인주의 사회에서는 자기를 참조로 하여 자기와 타인의 관계를 지각함으로써, 결과적으로 자기의 독특성을 과장하여 지각하게 됨을 뜻하는 것이다. 실제로 우리나라 고등학생과 대학생을 집단중심성향자와 개인중심성향자로 나누고, 이들에게 여러 사회적인 문제에 대해서 자기와 내집단 성원(같은 학교 학생들)이 가지고 있는 의견이나 태도 사이의 합치도를 평정하게 했을 때, 집단중심성향자(53.7~56.4%)가 개인중심성향자

**27** Quattrone, 1986.
**28** Triandis, 1990, pp. 96~100.
**29** Triandis, McCusker, & Hui, 1990.

(48.0~50.0%)보다 내집단 성원과의 합치도를 높게 추정하고 있다.[30] 이러한 사실들은 모두 문화유형에 따라 자기와 타인을 인식하는 참조 기준이 다름을 나타내주는 것이다.

**자의식의 문화차** 이렇게 개인주의 사회에서는 자신이 주의의 초점으로 부각되지만 집단주의 사회에서는 관계를 맺고 있는 타인이 주의의 초점으로 부각된다는 사실은, 집단주의 사회에서는 상호의존적 자기의 개념을 갖게 되지만 개인주의 사회에서는 독립적 자기의 개념을 갖게 된다는 사실,[31] 집단주의 사회에서는 도덕 판단의 근거를 사회관계에서 타인과 맺는 연계성에서 찾지만 개인주의 사회에서는 자율적 개인의 권리에서 찾는다는 사실,[32] 그리고 집단주의 사회에서는 공적 · 집단적 자기가 규범적인 자기개념이 되지만 개인주의 사회에서는 사적 자기가 규범적인 자기개념이 된다는 사실[33]들을 낳는 원인이 되고 있다.

우리나라의 고등학생과 대학생들을 집단중심성향자와 개인중심성향자로 나누어 비교해보면, 전자는 후자보다 공적(公的) 자의식(public self-consciousness) 수준은 높고, 사적 자의식 수준은 낮다.[34] 또한 상호의존성의 경향은 집단중심성향자가 개인중심성향자보다 높은 반면, 자율성의 경향은 후자가 전자보다 높은 것으로 확인되고 있기도 하다.[35] 곧 집단중심성향자들은 개인중심성향자보다 사회적 대상으로 존재하는 자기의 외

---

**30** 조긍호 · 김은진, 2001; 조긍호 · 명정완, 2001.

**31** Markus & Kitayama, 1991a, b.

**32** Miller, J. G., 1984, 1986, 1991; Miller, J. G., & Bersoff, 1992; Miller, J. G., Bersoff, & Harwood, 1990; Miller, J. G., & Luthar, 1989.

**33** Triandis, 1989, 1990.

**34** 조긍호 · 명정완, 2001.

**35** 조긍호 · 김지용 · 홍미화 · 김지현, 2002, 연구 3.

적 측면과 사회관계에 주목하는 경향은 높은 반면, 개인적 특성 · 사고 · 감정 · 가치 · 동기 같은 자기의 내적 측면에 주의를 기울이는 경향은 낮았던 것이다. 이러한 사실은 두 문화권에서 지배적인 정체감의 차이는 두 문화권의 성원들이 보이는 주의의 초점이 다르기 때문에 나타나는 것임을 뜻하는 것이다.

### 2) 자기 독특성 인식의 문화차

이러한 주의의 초점 차이는 두 문화권의 사람들이 중시하고 추구하는 특성의 차이를 낳게 된다. 집단주의 사회에서는 '내가 누구인가?'의 학습(집단 내에서의 위치 확인 및 내집단과의 동일성 추구)에 사회화의 강조점이 주어지고, 따라서 집단과의 관계에 따라 정체감이 정의되므로 사회적 정체감의 형성이 일차적인 과제가 되지만, 개인주의 사회에서는 '내가 무엇을 할 수 있나?'의 학습(능력 확인 및 독특성 추구)에 사회화의 강조점이 주어지고, 따라서 개인적인 소유(능력 · 경험 · 업적)에 따라 정체감이 정의되므로 개인적 정체감의 형성이 일차적인 과제가 되는 것이다.[36] 이러한 배경에서 보면, 개인주의 사회에서의 정적(正的) 자기 평가는 자기 독특성의 확인 및 인식과 깊은 관련을 맺을 것이라고 추론할 수 있다. 따라서 개인주의자들은 정적인 자기관을 갖기 위해서 자기의 능력과 정적인 성향의 독특성을 사실 이상으로 과장하여 지각하는 '허구적 독특성 지각'(false uniqueness perception)의 경향[37]을 강하게 보일 것이다.

마이어스(Myers, D. G.)[38]는 미국 대학생들 가운데 자기의 지도력이 평

---

**36** Kitayama et al., 1997; Triandis, 1990, pp. 72~77; Weldon, 1984.

**37** Goethals, Messick, & Allison, 1991; Marks, 1984; Mullen & Riordan, 1988; Snyder, C. R., & Fromkin, 1980; Tesser, 1988.

**38** Myers, 1987.

균 이상이라고 생각하는 학생은 70%에 이르고, 60%의 학생들은 남들과 잘 어울리는 능력이 상위 10% 안에 든다고 보고 있으며, 심지어 자기의 사교성이 상위 1% 안에 든다고 생각하는 학생도 25%에 이른다는 사실을 보고하여, 이러한 허구적 독특성 지각 경향이 개인주의 사회의 전형적인 특징임을 밝혀내고 있다. 이러한 허구적 독특성 지각 경향은 비현실적으로 정적인 자기 평가의 경향을 드러내는 것으로서, 과장된 통제력 착각 및 비현실적인 낙관주의와 함께 서구 사회에서 나타나는 '정적 착각'(positive illusion)의 일종[39]이라고 볼 수 있다.

이러한 허구적 독특성 지각 경향은 개인주의 사회의 특징인 것으로 밝혀져왔다. 마커스(Markus, H. R.)와 기타야마(Kitatama, S.)[40]는 일본과 미국의 대학생들에게 능력(지적 능력 · 기억력 · 운동 능력), 독립적 성향(독립성 · 자기 의견 고수 성향) 및 상호의존적 성향(동정심 · 따뜻한 마음씨)의 특성들을 제시하고, "같은 대학의 학생들 중 이 각각의 특성에서 자기보다 우수한 학생의 비율"을 추정해보도록 하였다. 그 결과 미국의 학생들은 세 특성 모두에서 강한 허구적 독특성 효과를 보이지만(각각 41.5%, 33.5%, 28.0%), 일본의 학생들은 세 특성 모두에서 평균적인 판단 경향(각각 53.5%, 50.0%, 44.5%)이 보임을 발견했다.[41]

---

**39** Taylor, S. E., & Brown, J. D., 1988, 1994a, b.

**40** Markus & Kitayama, 1991b.

**41** 이러한 연구들에서는 같은 배경을 가진 집단의 학생들 중에서 무선적으로 선별하여 여러 특성에서 자기의 상대적 위치를 추정하도록 했을 때, 이론적으로 기대되는 추정치는 50%일 것이므로, 이보다 낮은 추정치를 보일수록 자기를 허구적으로 독특하게 지각함을 나타내는 것이라고 전제한다. 물론 각 응답자 개개인에게, 특히 우수한 능력이나 특성의 소유자에게 이러한 독특성 과대 지각 경향은 주관적으로 또는 경험적으로 사실을 있는 그대로 반영하는 것일 수도 있다. 그러나 같은 배경의 많은 학생들(예: 우리 학교 학생들)과 비교하여 자기의 상대적 위치를 추정하게 하는 것이므로, 무선적으로 선발된 응답자 집단의 이론적으로 기대되는 추정치는 50%일 것이라는 점에서, 자기의 상대적 위치에 대한 추정치가 50%보다 낮아질수록 허구적 독특성 지각 경향이 높아지는 것이라고 볼 수 있는 것이다(Heine & Lehman,

또한 하이네(Heine, S. J.)와 레만(Lehman, D. R.)[42]은 일본과 캐나다 대학생들(아시아계 캐나다인과 유럽계 캐나다인)에게 독립적 특성(매력적이다 · 재미있다 · 독립적이다 · 자신감 있다 · 지적이다)과 상호의존적 특성(협조적이다 · 헌신적이다 · 배려심이 깊다 · 열심히 노력한다 · 믿음직하다)을 제시해주고, "같은 연령층의 동성들 중 이 각각의 특성에서 자기보다 나은 사람의 비율"을 추정해보도록 하였다. 그 결과, 유럽계 캐나다인은 강한 허구적 독특성 효과(각각 27.5%와 23.7%)를 보이지만, 일본 학생들은 평균적인 반응 경향(각각 47.3%와 43.9%)을 보이며, 아시아계 캐나다인은 그 중간(각각 36.3%와 27.4%)에 위치하고 있음을 발견했다.

이러한 사실은 박혜경[43]의 최근 연구에서도 확인되고 있다. 그녀는 미국과 한국의 대학생들에게 독립적 특성(경쟁적인 · 개성 있는 · 자유로운 · 자립심 있는 등)과 상호의존적 특성(공손한 · 협조적인 · 호의적인 · 예의 바른 등)을 제시해주고, "같은 학교 학생들 중 몇 퍼센트가 이러한 특성을 가지고 있는지" 평정해보도록 하였다. 그 결과 미국 대학생들이(독립성: 35.93%; 의존성: 28.06%) 한국 대학생들보다(독립성: 52.52%; 의존성: 43.47%) 강한 허구적 독특성 효과를 보여주고 있었다.

이러한 결과들은 자기의 독특성을 과장하여 지각하는 허구적 독특성 지각 경향은 개인주의 사회의 특징일 뿐 집단주의 사회에서는 나타나지 않는다는 사실을 시사하는 것으로 보인다. 이렇게 개인주의 사회에서 독특성을 중시한다는 사실은 주요 국가별 고교생 수학 성취도와 "수학에 자신 있다"는 학생들의 비율을 비교한 결과에서도 드러난다.[44] 이 조사에서

---

1995, 1997; Kunda, 2000; Markus & Kitayama, 1991b; Matsumoto, D., 2000).

**42** Heine & Lehman, 1997.

**43** 박혜경, 2011.

**44** 「중앙일보」, 1998년 10월 29일자, 9면.

한국 · 일본 · 홍콩 등 집단주의 사회의 고등학생들은 1,000점 만점의 수학시험에서 각각 702점, 669점, 643점의 높은 성취도를 보여주고 있으나, 뉴질랜드 · 영국 · 미국 등 개인주의 사회의 학생들은 동일한 시험에서 각각 559점, 538점, 534점의 성취도를 보일 뿐이었다. 그러나 같은 조사에서 이 시험에 참가한 고교생들 중 "수학에 자신 있다"는 응답을 한 한국 · 일본 · 홍콩의 학생은 각각 6%, 4%, 5%였을 뿐인데 반해, 뉴질랜드 · 영국 · 미국의 학생들 중 "수학에 자신 있다"는 응답을 한 비율은 각각 22%, 24%, 34%에 달하여, 전자보다 4~5배 이상 높은 결과를 보이고 있었다. 이는 개인주의자들이 자기의 독특성을 허구적으로 과장하여 인식하는 경향이 강함을 웅변적으로 드러내고 있는 현상이다.

이상의 결과들은 개인주의 사회인들은 자기를 사실 이상으로 독특한 존재로 인식하지만, 집단주의 사회인들은 그렇지 않음을 보여주고 있다. 이러한 차이는 두 문화권에서의 주의의 초점의 차이로부터 직접 도출되고 있는 현상인 것이다.

### 3) 주의의 초점 차이에 따른 사회관계 행동의 문화차

이상에서 보듯이, 개체중심적으로 인간을 파악하는 개인주의 사회에서는 스스로를 타인이나 상황과 분리된 독립적인 원인행위자로 이해하게 되므로, 사회 상황에서 자기 자신이 주의의 초점으로 부각된다. 이에 반해 관계중심적으로 인간을 파악하는 집단주의 사회에서는 스스로를 그를 둘러싸고 있는 상황과 연계하여 관계 속의 존재로 이해하게 되므로, 사회 상황에서 스스로가 처해 있는 상황이나 그가 맺고 있는 관계 및 관계 대상인 타인이 주의의 초점으로 부각된다.

그러므로 개인주의 사회에서는 독립적인 원인행위자로서의 개인의 행동은 그의 내적 속성에서 연유하는 것으로 받아들이므로, 결과적으로 개인의 자율성과 독특성을 중시하고, 사회관계에서 이를 추구하는 행동이 특징적으로 나타난다. 이에 비해 집단주의 사회에서는 상황 속의 존재로서의 개인의 행동은 그가 처해 있는 상황에서 요구하는 역할과 의무 등의 개인 외적 요인에서 연유하는 것으로 받아들여 사람들 사이의 상호의존성을 중시하고, 결과적으로 사회관계에서 타인과의 연계성과 그들과 맺는 관계의 조화성을 추구하는 행동이 특징적으로 나타난다. 그리하여 개인주의 사회에서는 자기의 독특성을 사실 이상으로 과장하여 지각하는 허구적 독특성 현상이 나타나지만, 집단주의 사회에서는 그런 경향이 거의 나타나지 않는다.

이렇게 주의의 초점이 자기 자신(개인주의)과 타인이나 상황적 요인(집단주의)으로 달라짐으로써 나타나는 사회관계 행동의 차이는 친교행동 · 조직행동 · 분배행동 및 공손(politeness)표현과 체면(體面)관련행동(facework) 같은 의사소통행동 등의 장면에서 드러나는 두 문화권 사람들의 실제적인 차이로 이어지고 있다.

#### (1) 친교행동의 문화차

앞에서 밝혀진 허구적 독특성의 지각 경향에 관한 연구 결과들에서 주목할 것은 비록 미국이나 캐나다 대학생들보다 크게 약하기는 하지만, 일본의 학생들도 소속 문화의 집단주의적 가치를 반영하는 상호의존적 성향의 평가에서는 이론적 기대치인 50%에 못 미치는(44.5%와 43.9%) 어느 정도의 허구적 독특성 지각 경향을 보이고 있다는 점이다.[45] 이러한 결과는 허구적 독특성 지각 경향은 개인주의 사회만의 특징이 아니라, 집단주의 사회에서도 나타날 가능성이 있음을 시사한다. 즉 각 사회의 문화적

---

**45** Markus와 Kitayama, 1991b; Heine & Lehman, 1997.

명제(개인주의=개체성 · 유능성 추구; 집단주의=배려성 · 조화성 추구)에 일치하는 특성에 대해서는 자기의 독특성을 과장하여 지각할 가능성이 있는 것이다.

이러한 사실은 필자[46]의 연구에서 확인되고 있다. 필자는 우리나라 고등학생과 대학생들을 개인중심성향자와 집단중심성향자로 나누고, 이들에게 세 개씩의 개인적 능력(지적 능력 · 기억력 · 운동 능력), 개체성 특성(독립성 · 자립성 · 자기주장성) 및 배려성 특성(동정심 · 따뜻한 마음씨 · 타인 사정 이해성)을 제시해준 다음, "같은 학교 학생들 중 이들 각각의 특성에서 자기보다 우수하다고 생각되는 비율"을 추정토록 하였다. 그 결과, 개인주의 사회에서 중시하는 능력과 개체성 특성에서는 개인중심성향자(능력: 34~35%; 개체성 특성: 29~31%)가 집단중심성향자(능력: 39~47%; 개체성 특성: 44~45%)보다 스스로의 독특성을 과대평가했으나, 집단주의 사회에서 중시하는 배려성 특성에서는 집단중심성향자(24~31%)가 개인중심성향자(36~39%)보다 스스로의 독특성을 과대평가함이 확인되었다.

물론 이 연구에서도 전반적으로 개인중심성향자(모두 34%)가 집단중심성향자(36~41%)보다 독특성 지각 경향이 큰 것으로 검출되어, 허구적 독특성 지각 경향이 개인주의 사회의 특징임이 드러나고 있기는 하다. 그러나 해당 사회의 문화적 명제와 일치하는 특성의 경우에 독특성 지각 경향이 높아진다는 이러한 결과들은 문화에 따라 자기 평가의 기준에 차이가 있음을 시사하는 것이다.[47]

---

**46** 조긍호, 2002.

**47** 조긍호, 2002; Fiske, A. P., et al., 1998; Heine, Lehman, Markus, & Kitayama, 1999; Kitayama, Markus, & Lieberman, 1995; Kitayama et al., 1997; Kunda, 2000; Markus & Kitayama, 1991a, b; Matsumoto, D., 2000 등.

**특성 중요도 인식의 문화차** 이러한 사실은 박혜경[48]의 최근 연구에서도 확인되고 있다. 그녀의 연구에서는 미국과 한국의 대학생들에게 8개씩의 독립적 특성과 상호의존적 특성을 제시해주고, "같은 학교 학생들 중 몇 퍼센트가 이러한 특성을 가지고 있는지"를 평정해보도록 한 결과, 미국 대학생들이 한국 대학생들보다 전반적으로 강한 허구적 독특성 효과를 보여주고 있었다. 그러나 미국과 한국의 대학생을 합하여 개인중심성향자와 집단중심성향자로 나누었을 때, 독립적 특성에서는 개인중심성향자들이 집단중심성향자들보다 허구적 독특성 효과가 강했으나(39.68% : 47.67%), 의존적 특성에서는 집단중심성향자들이 개인중심성향자들보다 허구적 독특성 효과가 더 큰 경향을 보이고 있었다(33.92% : 36.59%).

이 연구의 결과에서 중요한 점은 이러한 문화성향과 각 특성에 대한 허구적 독특성 효과의 상호작용이 나타난 것은 문화성향집단에 따라 두 특성의 중요도에 대한 평정이 달라지기 때문임이 밝혀지고 있다는 사실이다. 이 연구에서는 각각의 특성이 "자신에게 얼마나 중요한지"를 평정하게 하였는데, 개인중심성향자들은 독립적 특성(7.00)이 의존적 특성(6.57)보다 자기에게 더 중요하다고 평정하고 있으나, 집단중심성향자들은 의존적 특성(6.97)이 독립적 특성(6.62)보다 자신에게 더 중요하다고 평정하고 있는 것이다.

이 연구에서 자료로 사용된 독립적 특성들은 "경쟁적인, 리더십 있는, 목표의식이 있는 · 개성 있는 · 독립적인 · 박식한 · 부지런한 · 자유로운 · 독창적인 · 자립심 있는 · 자신감 있는"과 같은 것들로, 모두 개인의 능력과 독특성 · 독립성 · 자립성을 나타내는 특성들이다. 이에 반해 의존적 특성들은 "남의 말을 경청하는 · 공손한 · 호감이 가는 · 성실한 · 타협을 쉽게

---

**48** 박혜경, 2011.

하는 · 협조적인 · 자기를 희생하는 · 호의적인 · 신뢰할 만한 · 예의바른 · 인내심 있는"과 같이 타인과의 연계성, 타인에 대한 배려 및 관계의 조화 추구와 관련되는 특성들이다. 이러한 사실을 놓고 보면, 이 연구의 결과는 개인주의자들은 독립성 · 자율성 · 독특성을 연계성 · 배려성 · 조화성보다 높이 평가하고, 집단주의자들은 반대로 연계성 · 배려성 · 조화성을 독립성 · 자율성 · 독특성보다 높이 평가하는 경향이 있음을 확증해주고 있다.

바로 이렇게 문화권에 따른 독특성 추구와 조화성 추구 경향의 차이는 대인평가에서 중요하게 고려되는 특성의 차이를 유발하는 것이다. 미국인들은 자기를 진술할 때 독특한 개인적 특성에 따라 진술하지만, 한국 · 중국 · 일본 같은 동아시아인들은 자기를 진술할 때 관계적 · 조화 추구적 특성(예: 나는 부모님을 기쁘게 해드리기 위해 노력한다)으로 기술하는 비율이 50%를 넘는다(미국인은 24%)는 사실이 확인되었으며,[49] 이러한 차이는 미국인과 한국인의 비교에서도 거듭 밝혀진 바 있다.[50]

**선호 특성의 문화차** 스스로 중요하게 고려하는 특성이 문화권에 따라 차이가 있다는 이러한 결과들은 사회관계에서 친교대상자를 선택하는 장면에서의 차이와 직결될 것이라고 생각할 수 있다. 즉 개인주의자들은 자기들이 개인적으로 중요하게 고려하는 특성인 독립성 · 자율성 · 독특성의 소유자들을 친교대상자로 선호하고, 반대로 집단주의자들은 연계성 · 배려성 · 조화성의 특성을 소유하고 있는 사람들을 친교대상자로 선호하게 될 것이다.

이러한 사실은 학생들에게 친한 친구의 성격 특성을 기술하도록 한 연

---

**49** Markus, Mullally, & Kitayama, 1997.
**50** Rhee, Uleman, Lee, H. K., & Roman, 1995.

구들에서, 중국 학생들은 "친절함 · 타인 배려 · 상냥함 · 겸손함 · 이타적임 · 정직함 · 노력형임 · 관대함" 등을 제시하고 있는 반면,[51] 미국 학생들은 "유쾌함 · 열성적임 · 인기 있음 · 친절함 · 사교적임 · 지도력 있음 · 농담을 잘함 · 잘생김" 등을 제시하고 있다[52]는 점에서도 거듭 드러나고 있다. 이는 홍콩의 중국인과 호주인들의 친교대상자 선택 행동의 차이를 비교한 연구에서[53] 중국인들은 대인간 호의성(agreeableness)을 가장 중요한 요인으로 꼽고 있는 데 반해, 호주인들은 외향성을 가장 중요한 요인으로 꼽고 있다는 사실과도 일치하는 결과이다.

두 문화권에 따라 선호되는 성격특성의 차이는 성격의 '5대 모형'(Big Five Model)에 관한 문화비교연구들에서도 확인되고 있다. 이 모형에 따르면, 인간의 성격특성은 외향성(extroversion) · 호의성(agreeableness) · 성실성(conscientiousness) · 정서안정성(emotional stability) · 세련성(culture) 등 5대 차원으로 이루어져 있다.[54] 그런데 서구에서 찾아진 대인평가의 5대 차원 가운데 중국인들에게서는 호의성과 신뢰성이 사회적 도덕성(social morality) 차원으로 통합되고, 또 이 차원이 가장 핵심 차원임이 밝혀짐으로써,[55] 집단주의자들은 이 차원을 중심으로 타인을 평가함이 드러나고 있다. 중국인과 호주인을 비교한 연구에서는[56] 이러한 성격특성 차원과 대인행동 의도 간의 관계를 분석하여, 중국인들은 호의성을 상호작용 용이성의 지표로 받아들여 이를 친밀관계 형성의 기준으로 삼고, 성실성을

---

**51** Chang, W. J., 1983; Chien, 1977.

**52** Kuhlen & Lee, R. J., 1943.

**53** Bond & Forgas, 1984.

**54** Norman, 1963: 문화와 '5대 모형'과의 관련성에 대해서는 Smith, P. B., Bond, & Kagitcibasi(2006, pp. 130~144) 참조.

**55** Lew, W. J., 1983; Yang , K. S., & Bond, 1985.

**56** Bond & Forgas, 1984.

타인에 대한 배려의 지표로 받아들여 이를 의존관계 형성의 기준으로 삼는 반면, 호주인(개인주의자)들은 중국인들과는 달리 외향성과 정서적 안정성을 의존관계 형성의 중요한 기준으로 받아들이고 있음을 밝혀내었다. 이러한 결과는 집단주의 사회에서는 대인평가에서 호의성과 성실성을 무엇보다 중요하게 고려하는 반면, 개인주의 사회에서는 이보다는 외향성과 정서적 안정성을 더 중요하게 고려함을 나타내는 것이다.

일단의 연구자들은[57] 성격의 '5대 모형 척도'(NEO-PI-R)와 '중국 토착 성격검사'(Chinese Personality Assessment Inventory)를 합하여 중국인들에게 실시하고, 이 결과를 요인분석하였더니, '5대 모형'의 다섯 요인(외향성 · 호의성 · 성실성 · 정서안정성 · 세련성) 이외에 '대인관계성'(interpersonal relatedness)이 추가로 검출됨을 발견하였다. 이는 관계 지향 · 조화 추구 · 체면 중시같이 집단 내에서 적합한 위치를 찾아 적합한 행위를 수행하고, 내적이거나 외적인 대인간 갈등을 회피하며, 규범과 전통에 집착하는 등 도구적 관계에의 강한 지향을 나타내는 차원으로, 이들 연구자들은 이 차원이 집단주의 사회에서 선호되는 성격특성이라고 주장하였다. 또 다른 연구자들은 같은 척도를 싱가포르인들에게 실시하여 똑같은 결과를 얻어내고, "전통적으로 서구의 성격검사 도구들에서 '대인관계성' 요인이 찾아지지 않은 것은 서구 성격이론의 맹점을 보여준 것으로, 특히 서구의 성격이론에서 상호의존성의 영역이 상대적으로 거의 관심을 받지 못했음을 여실히 드러내준다"[58]고 역설하고 있다.

매력적인 성격특성에 관한 이러한 문화 간 차이는 두 문화에서 지배적인 '관계 관리'(relationship management)의 역동의 차이를 반영하는 것이다.

**57** Cheung, F. M., Leung, K., Fan, Song, Zhang. J. X., & Zhang, J. P., 1996.
**58** Cheung, F. M., Cheung, S. F., Leung, K., Ward, & Leong, 2003, p. 450.

곧 "집단주의 사회에서는 대인관계의 조화로운 유지와 위계적 사회 상황에서의 위치에 적합하게 행동할 것을 강조하지만, 개인주의 사회에서 주요 관심은 농담, 주도성 및 자기의 능력과 기술의 표현을 통해 사회관계를 형성하고, 사회적 지위를 획득하는 데 쏠리게 되는 것이다."[59]

(2) 조직행동의 문화차

개인주의 사회에서는 개인에게 초점을 맞추어 사회관계를 인식하고, 따라서 개인의 독립성과 자율성 그리고 독특성을 중시하며, 집단주의 사회에서는 사회 상황이나 타인에 초점을 맞추어 사회관계를 바라보고, 따라서 개인 사이의 연계성과 타인에 대한 배려 그리고 관계의 조화를 중시하는 경향이 강하다. 이러한 주의의 초점 차원의 두 문화권의 차이는 그대로 조직 장면에서의 제반 행동의 문화차를 유발한다.

**성취 목표와 작업동기의 차이** 어떤 탁월성의 표준에 비추어 보람 있는 목표를 이루고자 하는 동기인 성취동기는 작업 수행과 관련되어 가장 많이 연구가 이루어진 동기이다.[60] 성취동기는 범문화적인 보편 동기이기는 하지만,[61] 그 성취 목표나 대상은 문화권에 따라 다르다.[62] 곧 집단주의 사회에서는 '사회지향 성취동기'(socially oriented achievement motive)의 형태를 띠어, 중요한 타인(특히 가족)의 기대에 부응하려는 노력의 배경

---

**59** Bond & Hwang, 1986, p. 243.

**60** Hilgard, 1987; Ho, 1986; Markus & Kitayama, 1991a, b; Reeve, 2005; Yang, K. S., 1986.

**61** 안신호 · 김진 · 이상희, 1991; Blumenthal, 1977; Ho, 1986; McClelland, 1963; Yang, K. S., 1986.

**62** 한규석, 1991, 2002; DeVos, 1973; Ho, 1986; Kubany, Gallimore, & Buell, 1970; Maehr, 1974; Maehr & Nicholls, 1980; Markus & Kitayama, 1991a, b; Yang, K. S., 1982, 1986; Yang, K. S., & Liang, 1973.

이 되지만, 개인주의 사회에서는 '개인지향 성취동기'(individually oriented achievement motive)의 형태를 띠어, 성취 그 자체를 위한 노력의 배경이 된다는 것이다. 말하자면, 집단주의 사회에서 성취의 목적은 '집단'에 집중되지만, 개인주의 사회에서 성취의 목적은 '나'에 집중되는 것이다.[63]

문화 유형에 따른 이러한 성취 목표의 차이는 두 문화권에서 전형적인 사회화 과정과 자존감의 근거가 다른 데서 연유하는 것이다.[64] 집단주의 사회에서는 사회화 과정에서 의존성을 강조하게 되고, 관계를 바탕으로 정체성이 규정될 뿐만 아니라, 타인의 기대에 부응하여 인정을 받는 데서 느끼는 좋은 감정인 '사회적 존중감'(social esteem)이 자부심의 근원이 된다. 따라서 이 문화권에서는 성취 관련 행동, 탁월성의 표준 및 성과의 평가가 가족, 집단 또는 사회 전체와 같은 중요한 타인에 의해 규정되므로, 성취의 목표가 이들에게서 주어진다는 것이다. 이와는 대조적으로, 개인주의 사회에서는 사회화 과정에서 독립성을 강조하게 되고, 개인의 성취(소유물 · 경험 · 업적 · 능력 들)에 의해 정체성이 규정될 뿐만 아니라, 스스로가 이상적 수준에 근접한 성취를 해서 느끼는 좋은 감정인 '자기 존중감'(self-esteem)이 자부심의 근원이 된다.[65] 따라서 이 문화권에서는 성취 관련 행동, 탁월성의 표준 및 성과의 평가가 행위자 자신에 의해 규정되므로, 성취의 목표가 스스로에게서 나온다는 것이다.[66]

---

**63** Maehr, 1974; Maehr & Nicholls, 1980; Yu, A. B., 1996.

**64** Yang, K. S., 1982, 1986; Yang K. S., & Liang, 1973.

**65** Fiske, A. P. et al., 1998, p. 923; Geen, 1995a, pp. 104~105; Heine & Lehman, 1995; Kitayama, Markus, & Kurokawa, 1994; Kitayama et al., 1995, 1997; Triandis, 1988, 1989.

**66** K. S. Yang(1982, 1986; Yang, K. S., & Liang, 1973)이 성취동기를 이렇게 두 가지로 구분하는 이론을 제시한 배경에는 중국인과 미국인에게서 측정한 성취동기의 수준을 비교한 결과의 비일관성이 놓여 있다. 곧 TAT(Thematic Apperception Test) 같은 투사검사로 성취동기를 측정한 연구들에서는 미국인의 성취동기가 중국인의 그것보다 높게 검출된 반면, CPI(California Psychological Inventory)나 EPPS(Edwards Personality Preference Scale) 같

문화 유형에 따른 이러한 성취 목표의 차이는 그대로 이 두 사회에서 나타나는 작업동기(work motive)와 작업관련행동(work-related behavior)의 차이로 이어진다고 볼 수 있다. 문화 유형에 따른 이러한 성취동기와 작업동기의 근원의 차이는 집단 상황에서 작업을 할 때의 작업성과가 개인 혼자 작업할 때보다 더 높게 나타나거나[사회촉진, social facilitation] 낮게 나타나는[사회태만, social loafing] 현상의 문화차를 유발하게 된다. 서구에서 이루어진 이러한 연구들에서는 대체로 아주 쉬운 작업의 경우에는 사회촉진 현상이 관찰되지만, 작업곤란도가 높은 경우에는 사회태만 현상이 관찰된다는 사실이 밝혀졌다.[67] 그러나 손뼉치기나 고함지르기 같은 아주 사소하고 쉬운 과제에서도 사회태만 현상이 나타난다는 사실이 드러남으로써,[68] 사회태만은 어려운 작업에서나 아주 사소한 과제에서나 광범위하게 관찰되는 일반적인 현상임이 밝혀지고 있다.[69]

---

은 자기보고검사로 성취동기를 측정한 연구들에서는 중국인의 성취동기가 미국인의 그것보다 높은 것으로 검출되었던 것이다(Yang, K. S., 1986, pp. 108~115 참조). K. S. Yang은 성취의 목표가 스스로에게서 나오는 개인지향 성취동기(개인주의 사회의 특징적 성취동기)는 기능적 자동화(functional autonomy)가 이루어져서 내면화되었으므로 무의식화 되었을 것이고, 따라서 이는 TAT 같은 투사검사에서 잘 검출될 것이라고 본다. 이와는 대조적으로, 성취의 목표가 타인에 의해 주어지는 사회지향 성취동기(집단주의 사회의 특징적 성취동기)는 기능적 자동화가 이루어지지 않아, 타인 · 가족 · 집단 및 사회의 영향에 의식적으로 민감하게 되고, 따라서 이는 자기보고검사에 의해 효율적으로 측정될 것이라고 본다. E. S. H. Yu(1974)는 중국인의 가족주의와 효(孝)는 TAT로 측정한 성취동기와는 아무런 상관을 보이지 않지만, 자기보고검사로 측정한 성취동기와는 정적인 상관을 보임을 발견하여, 위의 추론의 타당성을 입증하고 있다. 그러나 이 두 가지 성취동기가 과연 기능적 자동화 여부에 따른 의식 수준의 차이를 갖는지에 대해서는 많은 연구가 뒤따라야 할 것이다.

**67** Geen, 1991, 1995a, b; Geen & Shea, 1997.

**68** Latané, Williams, K. D., & Harkins, 1979 등. 사실 사회태만 현상은 이렇게 사소하고 쉬운 과제에서 발견된 것이다. 19세기 말엽 프랑스의 공학자인 Ringelmann이 학생들에게 줄다리기를 하게 했을 때, 개별적으로는 평균 85kg의 힘으로 당겼으나, 7명이 동시에 당길 때는 일인당 평균 65kg, 14명이 동시에 당길 때는 61kg의 힘으로 당기는 것을 발견한 데서 사회태만 현상에 관한 연구가 시작되었던 것이다(Kravitz & Martin, 1986).

그러나 이러한 사회태만 현상은 집단주의 문화권에서는 거의 나타나지 않고,[70] 경우에 따라서는 반대로 사회촉진 현상이 나타남이 밝혀지고 있다.[71] 사회태만에 관한 78개 연구의 사후종합분석(meta-analysis)에서는, 개인주의 사회에서는 사회태만 현상이 아주 강하지만(평균 가중 효과량: 0.46), 집단주의 사회에서는 거의 나타나지 않음(평균 가중 효과량: 0.19)을 보고함으로써, 사회태만이 다른 어떤 요인보다 문화의 함수로서 달라지는 현상임이 밝혀지고 있다.[72]

이러한 사실은, 집단주의 사회에서는 성취동기와 작업동기가 타인에 대한 관심과 주의 같은 사회적 지향에서 나오므로, 집단에서 작업을 할 때 이러한 타인지향이 동기 유발의 역할을 하기 때문이라고 해석할 수 있다.[73] 인도 · 태국 · 대만 · 일본 · 중국 같은 집단주의 사회에서도 소리지르기와 손뼉치기 같은 아주 사소한 작업에서는 사회태만 현상이 나타난다[74]는 사실이나, 이스라엘과 중국 같은 집단주의 사회에서는 유사한 내집단 성원과 하는 공동 작업에서는 사회촉진을 보이지만, 외집단 성원과 하는 공동 작업에서는 약하게나마 사회태만 현상을 보인다[75]는 사실들은 이러한 해석을 지지해준다고 볼 수 있다. 과제가 중요하거나 집단 성원들이 중요할수록 타인지향의 경향이 강해질 것이기 때문이다. 이와는 대조적으로, 개인주의 사회에서는 성취동기와 작업동기가 스스로에게서 주어

---

**69** 한규석, 2002; Baron, R. A., & Byrne, 1997; Karau & Williams, K. D., 1993; Taylor, S. E., Peplau, & Sears, 2003.

**70** Matsui, Kakuyama, & Onglatco, 1987; Yamagishi, 1988.

**71** Early, 1989, 1993, 1994; Gabrenya, Wang, Y., & Latané, 1985.

**72** Karau & Williams, K. D., 1993.

**73** Baron R. A., & Byrne, 1997; Geen & Shea, 1997; Karau & Williams, K. D., 1993.

**74** Gabrenya, Latané, & Wang, Y., 1983; Latané, Williams, K. D., & Harkins, 1979.

**75** Early, 1989; Triandis, 1995, p. 79.

지므로, 자기의 특출성이 드러나지 않는 집단 장면에서는 이러한 동기들이 유발되기 힘들기 때문에, 사회태만 현상이 나타난다고 볼 수 있다.[76] 개인주의 사회에서도 집단 작업을 할 때, 개인의 작업량이 확인될 수 있도록 하여, 익명성의 장막을 걷어버림으로써 개인의 특출성을 부각시키면, 사회태만 현상이 나타나지 않는다는 사실들[77]은 이러한 해석을 지지해주고 있다.

**조직의 이익과 구성원에 대한 배려의 선호 차이** 개인주의 사회에서는 성취의 목표가 개인에게 집중되고 결과적으로 작업동기도 강한 '개인지향성'을 띠지만, 집단주의 사회에서는 성취의 목표가 집단에 집중되고 작업동기도 타인에 대한 관심 같은 '사회지향성'을 강하게 띤다는 사실로부터, 조직이나 개인의 이익 추구와 조직원에 대한 배려가 충돌하는 장면에서 두 문화권의 조직원들이 선호하는 선택 행동에 차이가 나타나게 될 것이라는 사실을 예측할 수 있다. 이러한 장면에서 개인주의자들은 조직이나 개인의 이익을 우선시하겠지만, 집단주의자들은 조직원에 대한 배려를 앞세우려 할 것이다.

이러한 사실은 14개국에 걸친 15,000여 명의 중간관리급 이상의 경영자들에 대한 조직관련 행동에 대한 조사 연구의 결과에서 확인되고 있다.[78] 이 조사에서 "(a) 개인의 자율성이 보장되고 개인의 자율권을 실현할 수 있는 직업"과 "(b) 일을 잘했다고 해서 특정 개인이 부각되지 않고 모두가 함께 일해야 하는 직업" 중 하나를 선택하게 했더니, 미국 · 캐나

---

**76** 개인주의 사회인 미국에서는 내집단 성원과의 공동 작업이나 외집단 성원과의 공동 작업의 경우 모두 사회태만을 보인다(Early, 1993).

**77** Geen, 1991, 1995a, b 참조.

**78** Hampden-Turner & Trompenaars, A., 1993(Nisbett, 2003, pp. 62~66에서 재인용).

다 · 호주 · 영국 · 네덜란드 · 스웨덴의 경영자들은 90% 이상이 (a)를 선택하여 자율성의 가치를 중시하고 있었으나, 일본과 싱가포르의 경영자들은 50% 이상이 (b)를 선택하여 조화성의 가치를 중시하고 있음이 드러나고 있다.

또한 "(a) 나는 평생 한 직장에서 근무할 것"이라는 문항과 "(b) 얼마 지나지 않아 다른 직장으로 옮길 것"이라는 문항에 대한 응답에 미국 · 캐나다 · 호주 · 영국 · 네덜란드의 경영자들은 90% 이상이 (b)를 택하였으나, 일본의 경영자들은 60% 이상이 (a)를 선택하였다. 그리고 "어떤 직원이 지난 15년 동안 회사를 위해 아주 많은 공헌을 해왔으나 지난 1년 동안의 업무 실적은 그다지 좋지 못하였고, 앞으로도 별로 업무 능력이 향상될 가능성이 희박한 상황이라면 어떻게 하는 것이 좋겠는가?"라는 물음에 대해, 미국인과 캐나다인은 75% 이상이 "(a) 과거의 공헌이나 나이와는 상관없이 현재의 업무 수행 능력만을 고려하여 해고시켜야 한다"고 응답하였으나, 한국인과 싱가포르인은 80% 이상이, 그리고 일본인은 70% 정도가 "(b) 그간의 공헌을 고려하여 회사가 그의 인생에 어느 정도 책임을 져야 하므로 해고해서는 안 된다"고 응답하였다.

이러한 결과들은 개인주의 사회에서는 개인의 자율성을 보장해주는 직업의 선택과 자기이익에 따른 전직(轉職)을 당연한 일로 받아들이고, 업무수행능력을 조직원에 대한 평가의 유일한 원칙으로 받아들이는 경향을 보이는 데 반해, 집단주의 사회에서는 조직원 모두의 조화와 그들에 대한 개인적인 배려, 그리고 회사에 대한 충성과 헌신을 조직체와 조직원 사이의 관계를 규정하는 핵심 요인으로 강조하는 경향을 보임을 나타내는 것이다.

**선호 지도자의 차이** 집단주의 사회에서는 성취관련행동과 목표가 중요한 타인에 의해 규정되므로, 작업 장면에서 지도자나 동료 또는 회사에 대한 개인적 애착이나 의무감이 작업동기의 원천으로 작용하는 경향이 강할 것이다. 그러나 개인주의 사회에서는 개인적 성취나 이익의 획득이 작업동기의 원천으로 작용할 것이다.[79] 이러한 사실은, 일본인이나 중국인은 미국인이나 영국인들과는 달리, '과제중심적 지도자'보다는 규정된 과업보다 더 많이 요구하지만 개인적 배려도 많이 해주는 '가부장적 지도자'를 더 선호하며,[80] 비록 직업 만족도는 낮을지라도, 이러한 지도자 밑에서 작업동기도 높고 작업수행 성과도 좋았다[81]는 결과들에서 입증되고 있다. 또한 집단주의 사회에서 효율적인 지도자는 먼저 집단성원들에 대한 관심과 배려를 보여준 다음에 집단의 과제나 목표에 대한 지시를 내리는 경향이 있다.[82]

그러므로 개인주의자들과는 달리 집단주의자들은 조직 장면에서 나이 많은 경영자를 선호하는 경향이 높다. 그래야 그들로부터 가부장적인 보호를 받을 수 있다고 생각하기 때문이다. 앞에서 인용된 국제비교 연구에서 "경영자는 부하 직원보다 나이가 많아야 하며, 나이든 사람은 젊은 사람보다 더 존경받는 것이 마땅하다"는 물음에 대해, 미국 · 캐나다 · 호주 · 영국 · 스웨덴 경영자의 60% 이상이 반대하였으나 일본 · 한국 · 싱가포르 경영자의 60% 이상은 찬성하여,[83] 이러한 사실을 확인시켜주고

---

**79** 조긍호, 1999a; Bond & Hwang, 1986; Hofstede, 1991; Markus & Kitayama, 1991a, b.

**80** Bond & Hwang, 1986; Hayashi, 1988; Misumi, 1985; Redding & Wong, G. Y. Y., 1986: 보통 '가부장주의'(家父長主義, paternalism)는 "상위자가 지도 · 양육 · 보호 · 배려를 제공하고, 하위자는 그에 대한 보답으로 충성과 존경을 하는 위계적 관계"(Smith, P. B. et al., 2006, p. 196)라고 정의된다.

**81** Dore, 1973; Kao & Ng, 1997.

**82** Sinha, 1980.

**83** Hampden-Turner & Trompenaars, A., 1993(Nisbett, 2003, p. 64에서 재인용).

있다. 집단주의 사회에서는 나이를 관대함과 포용성의 징표로 받아들여, 나이든 지도자일수록 조직원들에 대한 배려도 깊고, 따라서 조직 전체의 조화를 이루는 데는 나이든 지도자가 젊은 사람보다 낫다고 생각하는 것이다.

이렇게 집단주의 사회에서는 개인주의 사회에서보다 조직원에 개한 배려를 많이 해주는 지도자를 선호한다는 사실은 광범위한 조사 연구에서 거듭 확인되고 있다. 조직심리학자인 하우스(Robert House)를 비롯한 62개국의 200여 명 이상의 연구자들은[84] 각국의 텔레콤 · 재정서비스 · 식품 공급 회사에 근무하는 17,000여 명의 경영자들에게 효율적인 지도자의 특성을 평정케 한 결과를 기초로 'GLOBE(Global Leadership and Organizational Behavior Effectiveness) 조사' 연구를 실시하여, 효율적 지도자의 유형이 카리스마적(Charismatic) · 팀지향적(Team-oriented) · 참여적(Participative) · 온정적(Humane) · 자율적(Autonomous) · 자기방어적(Self-protective) 지도자의 여섯 유형으로 분류될 수 있음을 밝혀내었다. 이 연구에서는 문화권에 따라 선호하는 지도자 유형에 차이가 있는 것으로 확인되고 있다. '팀지향적 지도자'와 '자율적 지도자'는 모든 문화권에서 선호되는 데 반해, 미국과 캐나다 및 영국 같은 앵글로색슨 계통의 문화권에서는 '카리스마적 지도자'와 '참여적 지도자'를 선호하는 경향이 높은 반면, 중국 · 한국 · 일본 같은 유교문화권에서는 '온정적 지도자'와 '자기방어적 지도자'를 선호하는 경향이 높은 것으로 드러나고 있는 것이다.

**조직시민행동의 차이** '조직시민행동'(organizational citizenship

---

84 House, Hanges, Javidan, Dorfman, Gupta, & GLOBE associates, 2004(Smith, P. B. et al., 2006, pp. 193~195에서 재인용).

behavior)이란 "조직의 이익을 위하여 작업계약의 수준 이상으로 조직원에게 요구되는 행동"[85]이다. 일반적으로 이는 "종업원의 직무기술서에서 요구되지 않는 행동들(예: 결근한 동료를 도와주는 행동, 다른 사람들에게 예의 바르게 처신하는 행동) 또는 공식적으로 보상받지 않는 종업원의 행동을 말한다. 그런 행동들은 조직이 공식적으로 요구되는 것은 아니지만, 전체적으로 집단이나 조직의 효과성을 향상시킨다."[86] 이러한 조직시민행동들에는 이타행동(조직 장면에서 다른 사람을 도와주는 행동), 예의행동(회사 일의 진척 상황에 대해 알려주는 것같이 다른 사람에게 기본적인 배려심을 베푸는 행동), 스포츠맨십(특정 유형의 사항에 관여하지 않는 행동으로, 예컨대 사소한 불편사항에 대해 불평하지 않는 행동), 성실행동(직장에서 좋은 시민이 되는 것과 관련된 행동으로, 예컨대 회의시간에 정시에 도착하는 행동) 및 시민덕목(civic virtue)행동(조직이 후원하는 행사에 참여하는 것같이 목표 대상이 조직 또는 업무집단인 행동) 같은 것들이 보편적으로 포함된다.[87]

일본 · 홍콩 · 미국 · 호주의 4개국 종업원들에게 자기 조직에서 요구하는 조직시민행동의 종류를 기술하도록 한 연구에서는[88] 일본과 홍콩의 종업원들이 보고한 시민행동의 수는 미국이나 호주의 종업원들이 보고한 그것보다 훨씬 많은 것으로 검출되고 있다. 즉 동아시아 집단주의 사회에서는 서구 개인주의 사회에서보다 종업원들에게 직무기술서에 명시된 것보다 훨씬 많은 행동을 가외적 평가(extra credit)도 해주지 않으면서 요구하고 있는 것이다.

이러한 조직시민행동은 그 양에 있어서만이 아니라 좋은 조직시민이

**85** Smith, P. B. et al., 2006, p. 177.
**86** Jex & Britt, 2008/2011, p. 134.
**87** Organ, 1994.
**88** Lam, Hui, & Law, 1999.

해야 할 헌신의 본질에 있어서도 문화 사이에 차이가 있음이 밝혀지고 있다. 대만의 종업원들에게서 얻은 자료에 의하면,[89] 대만인들의 조직시민행동은 문화보편적(culture-general)인 것(예: 시민덕목행동 · 이타행동 · 성실행동) 이외에 문화특수적(culture-specific)인 것(예: 대인간 조화 추구행동, 회사자원 보호행동)도 있다는 사실이 밝혀지고 있다. 여기서 문화특수적인 것은 미국 같은 서구 사회에서는 나타나지 않는데, 대만의 종업원에게서만 관찰되는 조직시민행동을 말하는 것이다.

중국과 미국의 종업원들에게 726개의 조직시민행동에 관한 기술 자료를 얻어 내용 분석(content analysis)을 한 연구에서는[90] 모두 13개 유형의 조직시민행동이 얻어졌는데, 이 중 시민덕목행동(예: 집단활동 참여), 이타행동(예: 동료작업자에게 도움 제공), 성실행동(예: 주도적으로 작업 수행), 충성행동(예: 회사 이미지 제고), 자기주장행동(예: 불편사항에 대한 교정 요구)은 미국과 중국 종업원에게서 공통적으로 나타나는 문화보편적인 유형이었고, 예의행동, 스포츠맨십, 시민참여(advocacy participation) 행동(예: 타 종업원의 자기주장 독려)은 미국 문화에 특수적인 유형이었으며, 자기훈련(self training) 행동(예: 자기 기술을 향상시키기 위해 자발적으로 근무시간 외에 작업), 사회복지참여(social welfare participation) 행동(예: 회사 여가활동에 참여), 회사의 자원절약 및 보호 행동, 작업장 청소행동 및 대인간 조화 추구행동은 중국 문화에 특수적인 조직시민행동의 유형이었다.

이러한 연구들에서 드러나듯이, 개인주의 사회에서는 '자기주장의 독려' 같은 요인이 문화특수적인 조직시민행동으로 부각되고 있는 데 반해, 집단주의 사회에서는 '조직원과의 조화 추구'와 '조직에 대한 헌신' 같은

**89** Farth, Early, & Lin, 1997.
**90** Farth, Zhong, & Organ, 2004(Smith, P. B. et al., 2006, p. 178의 Box 9.1에서 재인용).

요인이 문화특수적인 조직시민행동으로 인식되고 있다.

**선호하는 광고 유형의 차이** 집단주의 사회에서 조화성 추구를 중시하고, 개인주의 사회에서 독특성 추구를 중시하는 경향은 두 사회에서 선호되는 광고의 유형에도 차이를 가져온다. 곧 미국의 잡지 광고는 개인 이익과 선호 · 개인적 성공 · 독립성 · 독특성 들을 강조하고, 한국의 잡지 광고는 내집단 이익 · 조화 · 가족 통합 들을 강조하는 경향이 높으며, 한국의 학생들은 후자의 광고가 전자보다 더욱 설득적이라고 평가하지만, 미국 학생들은 전자의 광고가 후자보다 더욱 설득적이라고 받아들인다.[91] 또한 미국 광고 가운데에는 독특성 가치를 주제로 하는 것(89%)이 동조 가치를 주제로 하는 것(65%)보다 많지만, 한국 광고 중에는 전자(49%)보다 후자(95%)가 훨씬 많다. 개인주의 사회는 이렇게 독특성을 강조하므로 미국인들은 두드러지고 독특한 그림이나 색깔을 선호하는 반면, 집단주의 사회는 조화성을 중시하므로 한국인이나 중국인은 두드러지지 않고 평범한 그림이나 색깔을 선호하는 경향을 띠게 되는 것이다.[92]

#### (3) 분배행동의 문화차

'분배정의'(distributive justice)의 문제는 한 사회가 보유하고 있는 유한한 자원이나 공동작업의 성과를 성원들에게 어떻게 분배하는 것이 정의로운가에 대한 문제이다. 이는 아리스토텔레스에 의해 제기된 정의(正義, justice)의 핵심 문제인데, 그에 따르면 공정성(公正性, fairness)이 분배 장면에서의 정의의 기준이다. 그렇다면 어떻게 분배하는 것이 유한한 자원과

---

**91** Han & Shavitt, 1994.
**92** Kim, H., & Markus, 1999.

공동작업의 성과를 공정하게 분배하는 것인가? 이에 관해서는 전통적으로 세 가지 공정분배의 원칙이 대립되어왔다.[93]

그 하나는 모든 성원들에게 균등하게 분배해주는 것이 공정한 분배를 이루는 길이라는 '균등(均等)원칙'(equality principle)이다. 이 원칙에서는 모든 성원에게 똑같은 양만큼씩 분배한다. 또 하나는 각 성원의 기여도에 따라 다르게 나누어주는 것이 공정한 분배라고 보는 '형평(衡平)원칙'(equity principle)이다. 이 원칙에서는 각 성원의 기여도에 비례해서 기여도가 큰 성원에게 많은 양을 분배한다. 나머지는 각 성원의 필요에 따라 나누어주는 것이 공정하다고 인식하는 '필요(必要)원칙'(need principle)이다. 이 원칙에서는 많이 필요한 성원에게 많은 양을 분배해준다.

이러한 분배정의의 원칙들은 각 원칙에 따라 분배했을 때 결과적으로 야기되는 효과가 다르기 때문에, 각 원칙의 선호조건이 달라진다. 경제적 이익의 최대화가 최우선적인 사회 장면에서는 형평원칙이 선호되고, 성원들 사이의 조화로운 관계의 형성과 유지가 최우선적인 사회 장면에서는 균등원칙이 선호되며, 성원 각자의 복지가 최우선적인 사회 장면에서는 필요원칙이 공정분배의 원칙으로 선호된다.[94] 이러한 맥락에서 보면, 성원들 사이의 조화성의 추구가 중시되는 집단주의 사회에서는 균등원칙이나 필요원칙이 분배정의의 원칙으로 선호되고, 성원들 각자의 독특성에 따른 자기이익의 추구를 당연시하는 개인주의 사회에서는 형평원칙을 선호하게 될 것이라고 볼 수 있다.

공동작업의 성과를 분배하는 장면에서 집단주의자들은 타인에 대한 관심과 배려 및 성원들 사이의 조화를 전제로 하는 균등원칙이나 필요원칙

**93** 분배정의의 원칙과 각 원칙의 선호조건에 관해서는 필자의 선행 논문(조긍호, 1992, pp. 127~182) 참조.

**94** Deutsch, 1975.

에 따른 분배를 선호하지만, 개인주의자들은 경쟁과 공정한 계산을 전제로 하는 형평원칙에 따른 분배를 선호한다는 결과[95]는 이러한 사실을 잘 드러내준다.

그러나 분배원칙 선호에 관한 25개 문화비교연구의 결과를 사후종합 분석한 최근의 연구에 따르면,[96] 집단주의 사회에서 개인주의 사회보다 균등원칙을 선호하는 약간의 경향성을 보이기는 하지만, 집단주의-개인주의 문화유형과 분배원칙 선호 사이에 일관된 경향성을 찾기는 힘들다는 결과가 밝혀지고 있다. 그 대신 이 연구에서는 '권력거리'(power distance) 차원이 분배원칙 선호 양상과 관련성이 큰 것으로 드러나고 있다. 즉 상·하위자 사이의 권력거리가 큰 사회일수록 형평원칙을 선호하는 경향이 크다는 것이다. 이러한 결과는 집단주의 사회라고 해서 누구나 균등원칙을 형평원칙보다 선호하고, 개인주의 사회라고 해서 누구나 형평원칙을 선호하는 것이 아니라, 개인에 따라 다르다는 사실을 암시해준다.

이러한 개인차 요인으로 생각해볼 수 있는 것이 집단주의와 개인주의의 수직성-수평성 차원이다.[97] 여기서 수직적 유형은 불평등을 수용하고 위계질서를 강조하는 반면, 수평적 유형은 평등과 동등성을 강조한다. 따라서 '수직적 개인주의자'(VI: vertical individualist)는 경쟁적이며 남들을 이기는 것을 중시하고, '수평적 개인주의자'(HI: horizontal individualist)는 개인의 독립성과 자율성을 중시한다. 반면 '수직적 집단주의자'(VC:

---

**95** 장성수·이수원·정진곤, 1990; Bond, Leung, K., & Wan, 1982; Hui, Triandis, & Yee, 1991; Leung, K. & Bond, 1982, 1984; Triandis, 1990; Triandis et. el., 1985.

**96** Fisher & Smith, P. B., 2003.

**97** 집단주의와 개인주의를 수평·수직 차원으로 나누어, 네 종류로 분석한 논의는 Singelis, Triandis, Bhawuk, & Gelfand(1995) 및 Triandis(1995, pp. 44~48) 참조.

vertical collectivist)는 집단과 가족을 개인보다 우선시하고, '수평적 집단주의자'(HC: horizontal collectivist)는 평등한 동료들 사이의 동료애와 협동을 중시한다.[98]

중국인을 대상으로 한 어떤 연구에서는[99] 성원들 사이의 조화를 중시하는 '수평적 집단주의자들'은 균등원칙을 선호하고, 상 · 하의 직위에 따른 구분과 집단이익을 개인이익보다 앞세우는 '수직적 집단주의자들'은 작업수행 성과에 따른 형평원칙을 공정분배의 원칙으로 선호하는 것으로 나타나고 있다. 이러한 결과도 성원들 사이의 조화의 추구를 중시할 때에는 균등의 원칙을, 경제적 이익의 추구를 중시할 때에는 형평의 원칙을 선호함을 드러낸다.[100] 집단주의 사회인들은 집단 성원과의 조화가 목표로 부각되는 내집단 성원들에게 분배할 때는 균등원칙을 선호하고, 전혀 낯선 외집단원에게 분배할 때는 형평원칙을 선호하지만, 개인주의자들은 내집단원이나 외집단원에게 모두 형평원칙으로 분배해주는 것으로 밝혀진 결과는[101] 이러한 추론을 지지해준다.

그러므로 전반적으로 볼 때 집단원들 사이의 조화를 중시하는 집단주의 사회의 성원들은 개인주의 사회의 성원들보다 균등원칙을 공정한 분

---

**98** Triandis(1995, pp. 44~48, 89~90)는 미국은 40%의 HI와 30%의 VI로 이루어진 개인주의 사회이고, 영국은 20%의 HI와 50%의 VI로 이루어진 개인주의 사회인 반면, 일본은 25%의 HC와 50%의 VC로 이루어진 집단주의 사회이고, 중국은 30%의 HC와 40%의 VC로 이루어진 집단주의 사회로 보고 있다. 이 책에서 한국의 결과는 제시되지 않고 있는데, 한국은 아마도 일본이나 중국보다 HC의 비율이 더 높은 집단주의 사회일 가능성이 높다.

**99** He, Chen, & Zhang, L. H., 2004.

**100** 집단주의 사회인들은 집단 성원과의 조화가 목표로 부각되는 내집단 성원들에게 분배할 때는 균등원칙을 선호하고, 전혀 낯선 외집단원에게 분배할 때는 형평원칙을 선호하지만, 개인주의자들은 내집단원이나 외집단원에게 모두 형평원칙으로 분배해주는 것으로 드러난 결과(Leung, K., & Bond, 1982, 1984; Hui et al., 1991)는 이러한 추론을 지지해준다.

**101** Leung, K., & Bond, 1984; Hui et al., 1991.

배원칙으로 선호할 가능성이 높다고 볼 수 있다. 한국인과 미국인을 대상으로 한 연구[102]에서 이런 결과가 얻어지고 있다. 이 연구에서 한국인들은 균등원칙을 형평원칙보다 더 선호하고, 미국인은 형평원칙을 균등원칙보다 선호하는 것으로 드러나고 있는 것이다.

#### (4) 의사소통행동의 문화차

개인주의 사회에서는 개인의 독특성을 추구하는 것이 문화적 명제이고, 집단주의 사회에서는 집단의 조화를 추구하는 것이 문화적 명제이다. 그러므로 개인주의 사회에서는 사회관계에서 자기 자신이 주의의 초점으로 부각되고, 집단주의 사회에서는 관계상대방이 주의의 초점으로 부각된다. 이러한 차이는 다른 사람과 대화를 할 때 화자(話者, speaker)가 무엇에 일차적인 주의를 기울일 것인가의 차이를 유발한다.

한국과 같은 집단주의 사회에서 화자는 청자(聽者, listener)의 감정을 해치지 않고 타인을 강요하지 않는 인상을 주도록 유념함으로써, 관계의 조화를 해치지 않도록 조심한다. 그러나 미국 같은 개인주의 사회에서 화자는 자기가 말하고자 하는 내용을 정확하게 전달하는 데 일차적으로 신경을 쓴다.[103] 한국 · 일본 · 하와이 · 미국 본토인을 대상으로 한 연구[104]에서도 같은 결과가 얻어지고 있다. 한국인과 일본인은 대화를 할 때 청자와의 관계조화를 이루는 일을 더욱 중시하는 반면, 미국인들은 과제의 원활한 수행을 위해 표현을 명확히 하는 일을 더욱 중시하고 있었던 것이다. 또한 집단주의 성향이 강한 국가일수록 서비스 제공자에게 서비스를 요청하는 상황(예: 고장 난 컴퓨터 수리)에서, 서비스 제공자와의 관계를 중

---

**102** Leung, K., & Park, 1986.

**103** Kim, M. S., 1994.

**104** Kim, M. S., Hunter, Miyahara, Hovarth, Bresnahan, & Yoon, H. J., 1996.

진하는 책략을 더 많이 사용한다는 사실이 밝혀지기도 하였다.[105]

이러한 결과들은 의사소통 상황에서 집단주의자들은 대화 상대방과의 관계의 조화를 일차적으로 고려하고, 개인주의자들은 자기 전달의 명확성과 과제수행을 일차적으로 중요하게 고려함을 의미하는 것이다. 문화유형에 따른 이러한 의사소통 양식의 차이는 공손표현의 문화차와 체면관련행동의 문화차 등 다양한 차이를 산출한다.

**공손표현의 문화차** 사람들 사이의 관계를 부드럽게 하고 상대방으로부터 협조를 얻어내기 위해 상대방에게 무엇을 요구하거나 부탁할 때 보통 공손한 표현을 사용한다. 이러한 공손표현은 대화 상대자와의 지위의 차이나 친밀도에 따라 달라진다. 미국 대학생과 한국 대학생의 공손표현에 관한 비교 연구에서는[106] 미국인들이 한국인들보다 공손한 표현을 더 자주 사용하는 것으로 드러나고 있다. 이들 연구에서는 한국인은 미국인보다 대화 상대방과의 관계의 밀접도나 지위 같은 맥락적 요인을 고려하여 공손표현을 달리하는 경향이 있음이 밝혀지고 있는데, 이러한 사실은 미국인들이 한국인들보다 공손표현을 더 자주 하는 까닭은 그들이 한국인보다 대화 상대방과의 관계를 덜 친밀한 것으로 인식하고 있기 때문임을 나타낸다. 이들 연구에서 두 문화집단의 친밀도의 정도는 같도록 통제하였지만, 한국인들은 친밀도나 지위의 차이 같은 상황적 단서의 영향을 많이 받는 경향을 보이고 있었던 것이다.

한국인들이 미국인보다 상황의 관계적 특징의 영향을 더 많이 받아 공손표현의 양상을 달리한다는 사실은 미국인과 한국인의 상호작용을 비디

**105** Chan, Bond, Spencer-Oatey, & Rojo-Laurilla, 2004.
**106** Holtgraves & Yang, J. N., 1990, 1992.

오로 찍어 비교 분석한 연구에서도 드러나고 있다.[107] 이 연구에서 한국인의 공손전략은 상황의 관계적 특징에 의해 영향을 받는 반면, 미국인의 공손전략은 상대방이 자기들에게 사용했던 실제의 말을 그대로 되돌려주는 경향이 있음이 관찰되었다. 즉 한국인은 상대방과의 친밀도나 지위에 따라 공손표현을 달리하여 관계의 조화를 유지하기 위해 노력하는 경향이 강한 데 비해, 미국인은 상대방과의 공정한 교환의 규칙에 의존하여 상대방이 공손하게 대하면 자기도 공손하게 대하고, 상대방이 무례하게 대하면 자기도 무례하게 대하는 경향을 보이고 있었던 것이다.

공손표현 양식에서 나타나는 한국인들의 이러한 관계 중시 경향은 그들의 체면과 관련된 공손성의 표현행동에서도 드러나고 있다. 대체로 서구인들은 공손성이란 타인의 체면이 손상당할 가능성이 있을 때 이를 제거하기 위해 정중한 언어를 전략적으로 사용하는 것이라고 본다. 즉, 공손성은 체면위협행위(face threatening action)의 결과로서 나온다는 것이다.[108] 구자숙[109]은 이러한 공손성은 서구의 개인주의 문화에 국한되어 적용되는 한계를 갖는다고 지적하고, 이의 확대 모형을 제시한 연구에서 공손한 언어 사용 행동의 문화비교 결과를 제시하고 있다. 그녀는 서구인들에게서 체면위협행위의 결과로서 나오는 공손성은 체면유지(face saving)라는 도구적 기능을 갖는 '의도적 공손성'(volitional politeness)이라고 보고, 이 이외에도 존댓말이 발달해 있는 한국에서는 상호작용을 하고 있는 당사자들 사이의 관계의 사회 지수화(social indexing)라는 규범적 기능을 갖는 '분별 공손성'(discernment politeness)의 차원이 있을 수 있음을 밝혀내고 있다. 그녀는 또한 미국인들은 체면 손상 위협의 정도라는 내용적 단서에

**107** Ambady, Koo, Lee, F., & Rosenthal, 1996.
**108** Brown, P. & Levinson, S. D., 1987.
**109** Koo, 1995.

초점을 맞추어 공손성을 표현하지만, 한국인들은 지위와 친숙도 같은 관계적 단서에 더 민감하게 반응하여 공손표현을 달리함을 발견하였다. 앞에서 인용된 연구들에서도 비슷한 결과가 얻어지고 있는데, 이러한 결과들에서 한국인들은 상호 간의 관계에 초점을 맞추어 대인 교류의 양상을 달리함을 볼 수 있다.

**체면관련행동의 문화차** 체면관련행동(facework)의 문화차 결과에서도 문화유형에 따른 사회관계에서의 주의의 초점의 차이가 드러난다. 개인주의 사회에서 제시된 '자기제시이론'(self-presentation theory)들은[110] 모두 자기체면의 유지에만 초점을 맞추고 있다. 즉 서구인들의 체면관련행동은 자기체면이 손상당하거나 그럴 가능성이 있을 때 이를 회복하는 데 초점을 맞춘다. 그러나 집단주의 사회인들은 개인의 체면손상은 그가 속한 집단의 체면 손상을 가져온다고 생각한다. 그들에게 있어 개인의 정체성은 집단에 의해 규정되므로 체면은 집단의 일이 되고, 따라서 집단의 조화를 유지하기 위해 그들은 집단체면 손상의 회복에 초점을 맞추며, 맥락을 중시하여 간접화법을 사용함으로써 자기와 자기 집단뿐만 아니라 타인과 타인이 속한 집단의 체면손상을 방지하려고 한다. 그리하여 집단주의 사회에서는 서로 대립되는 개인이나 집단 사이에서도 상대방과 그 소속집단의 체면을 세워주는 방향으로 노력하는 '체면협상'(face negotiation)이 다반사로 일어난다.[111]

---

**110** 이러한 이론들로는 Goffman(1955)의 '연출이론'(dramaturgical theory of self-presentation), Alexander 등(Alexander & Knight, 1971; Alexander & Lauderdale, 1977)의 '상황적 정체감이론'(theory of situated identity) 및 Jones(1990)의 '책략적 자기제시이론'(theory of strategic self-presentation) 등이 있다.

**111** Ting-Toomey, 1988, 1994.

중국인들의 체면관련행동은 자기체면 고양, 타인체면 고양, 자기체면 손상, 타인체면 손상, 자기체면 유지, 타인체면 유지의 여섯 가지 유형에 따라, 자기의 체면뿐만 아니라 타인체면의 유지와 고양에도 초점을 맞춘다는 연구 결과는[112] 사회관계의 조화를 중시하는 집단주의 사회에서 체면관련행동이 상당히 복잡하고 다양하다는 사실을 잘 드러내준다.

이러한 맥락에서 집단주의 사회에서는 체면과 관련된 용어가 잘 발달되어 있다는 사실을 이해할 수 있다. 중국인들에게 있어서 체면을 나타내는 대표적인 용어는 lian[臉]과 mianzi[面子]의 두 가지인데, 전자는 개인적/도덕적 통합성(personal or moral integrity)을 지칭하고, 후자는 개인이 다른 사람과의 관계에서 드러내는 사회적인 안면(social face)을 나타내는 것으로[113] 한국어의 체면(體面)과 일본어의 mentsu[面子]에 해당한다.[114] 대체로 동아시아 집단주의 사회인들은 체면을 '자기체면'(self-face), '타인체면'(other-face), 그리고 '상호체면'(mutual-face)을 포괄하여 말하는 것으로 받아들이는 것이다.[115]

중국 · 일본 · 독일 · 미국인 들의 자기개념과 체면관련행동을 비교한 연구[116]의 결과에 따르면, 독립적 자기관을 가지고 있는 사람들의 체면관련행동은 자기체면 관련 작업을 위주로 하여 자기체면의 손상을 상대방에 대한 비난을 통해 방지하려고 하는 반면, 상호의존적 자기관의 보유자들은 타인체면과 상호체면 관련 작업을 위주로 하여 타인체면과 상호체면의 손상을 갈등의 무시나 공동해결의 모색을 통해 방지하려고 하는 경

**112** Bond & Hwang, 1986.

**113** Ho, 1976(Smith, P. B. et al., 2006, p. 160에서 재인용).

**114** Choi, S. C., & Lee, S. J., 2002.

**115** Ting-Toomey, 1988, 1994.

**116** Oetzel & Ting-Toomey, 2003; Oetzel, Ting-Toomey, Masumoto, Yochi, Pan, Takai, & Wilcox, 2001.

향을 보인다. 즉 개인주의자들은 개인의 이익과 독특성을 강조하므로 자기체면 손상의 방지에만 관심을 쏟지만, 집단주의자들은 관계의 조화를 강조하므로 자기체면뿐만 아니라 타인체면과 상호체면의 고양과 유지에 관심을 쏟는다는 것이다.

**체면작업 실패로 인한 당혹감의 문화차** 이러한 체면관련작업이 실패하면 누구나 당혹감(embarrassment)을 느끼게 된다. 홍콩과 미국의 대학생들에게 체면관련작업이 자기의 잘못으로 인해 실패했을 때 느끼는 수치심인 '자기당혹감'(self-embarrassability)과 타인의 잘못으로 인해 실패했을 때 느끼는 수치심인 '공감적 당혹감'(empathetic embarrassability)으로 나누어 측정해본 연구에서는[117] 이 두 당혹감에서 모두 미국 대학생들이 느끼는 당혹감의 수준이 홍콩 대학생보다 낮다는 사실이 발견되었다. 이는 개인주의자들은 집단주의자들과는 달리 자기 실패나 타인 실패로 인해 수치심을 거의 느끼지 않음을 보여주는 결과이다.

이러한 결과는 타인의 평가가 개인에게 중요한 영향을 미치는 집단주의 사회일수록 '수치심'(shame)을 유발하는 사회비교(social comparing)가 사회화의 전략으로 사용되고, 타인의 평가를 그리 중요시하지 않는 개인주의 사회일수록 '죄책감'(guilt)을 유발하는 비난(blaming)이 중요한 사회화의 전략으로 사용될 가능성이 있음을 암시해준다.[118] 일본과 미국의 어머니가 일반적으로 아동의 잘못을 꾸짖는 데 사용하는 대표적인 말을 분석한 연구[119]에 따르면, 미국의 어머니들은 "너는 그것보다 더 잘할 수 있었잖아!" 같은 말을 많이 사용하여, 아동이 내면화하여야 한다고 간주되

---

**117** Singelis, Bond, Sharkey, & Lai, 1999.

**118** Smith, P. B. et al., 2006, pp. 160~161.

**119** Conroy, Hess, Azuma, & Kashiwagi, 1980.

는 권위나 규칙의 위반을 강조하는 경향이 강하였다. 이에 반해 일본의 어머니들은 "네가 잘못하면 다른 사람들이 곤란해지지 않겠니!" 같은 말을 많이 사용하여, 자기의 잘못으로 인해 타인에게 미칠 결과가 유발하게 될 감정을 강조하는 경향이 강하였다. 이렇게 집단주의 사회에서는 아동 양육 과정에서부터 사람들 사이의 상호의존성과 타인에 대한 관심과 배려를 강조하는 데 반해, 개인주의 사회에서는 개인의 독립성과 책임을 강조하는 차이를 보인다. 바로 이러한 차이로부터 집단주의 사회에서는 타인을 주의의 초점으로 삼아 사회관계의 조화를 추구하는 경향이 나오게 되고, 개인주의 사회에서는 개인을 주의의 초점으로 삼아 개인의 자율성과 독특성을 추구하는 경향이 지배적으로 나타나게 된다고 볼 수 있을 것이다.

## 3. 사회관계 행동의 문화차: 통제의 대상 차원

개인을 이성의 주체로 보는 개인주의 사회에서는 합리적인 선택을 통해 자기이익을 추구하는 것을 당연한 일로 받아들인다. 이 사회에서는 이성적 계산을 통해 외부 환경세계를 자기에게 맞추어 변화시키는 것을 통제의 본질로 인식하고, 이 과정에서 자기를 적극적으로 드러내고 표출하는 일을 중시한다. 자기에게 모든 행위의 원천이 되는 속성들(성격 · 능력 · 감정 · 의도 등)이 내재적으로 갖추어져 있다고 간주하여, 타인과 다른 자기 독특성의 추구에서 자존감의 근거를 찾으려고 하기 때문이다.

이에 반해 인간을 덕성의 주체로 인식하는 집단주의 사회에서는 자기이익의 추구보다 타인에 대한 관심과 배려를 중시한다. 덕이란 다른 사람을 자기보다 앞세우고 배려하는 삶의 자세를 낳으므로 집단주의 사회에서는 자기를 드러내지 않고, 자기의 욕구와 사적인 감정을 가능한 한 억제하는 일을 중시한다. 이 사회에서는 통제란 다른 사람이나 상황의 요구에 맞추어 자기를 변화시키는 것이라고 간주하여, 다른 사람과 잘 어울리는 일 또는 다른 사람에 의해 수용되는 일에서 자존감의 근거를 찾으려고 하기 때문이다.

#### 1) 통제행동의 차이

집단주의 사회에서는 충동의 억제와 집단지향적인 성취를 강조하는 반면, 개인주의 사회에서는 독립성과 자율성을 신장시킬 수 있는 자기주장을 적극 권장한다. 이러한 강조점의 차이로부터 '통제'(統制, control)의 의미와 '자존감'(自存感, self-esteem)의 근거에 대한 문화 간 차이가 유발된다.[120] 곧 집단주의 사회에서는 타인에 대한 민감성, 상황의 필요와 요구에 대한 적응 및 자기억제와 조절의 노력을 통해 개인적 역량이 체험되므로, 통제란 결국 상호의존성과 연계성을 실현하기 위하여 개인적 욕구와 목표 및 사적 감정 같은 내적 속성을 억제하는 것을 뜻하게 된다. 따라서 이 사회에서는 이렇게 자기를 억제하고, 상황에 잘 적응해가며, 대인관계에서 조화를 유지하는 일이 자존감의 근거가 된다.

이와는 반대로, 개인주의 사회에서는 자기의 내적 욕구와 권리 및 능력을 자유롭게 표출하고, 사회적 압력에 대해 저항하려는 노력을 통해 개인적 역량이 체험되므로, 통제란 결국 개별성과 자율성을 성취하기 위하여 사회 상황이나 외적 제약을 변화시키는 것을 뜻하게 된다. 따라서 이 사회에서는 독특성 · 수월성 · 자기표현의 유능성 및 외적 제약으로부터 자유로움이 자존감의 근거가 된다는 것이다.

**120** Markus & Kitayama, 1991a, pp. 228~230.

**일차통제와 이차통제** 지금까지 서구에서 제시된 통제에 관한 이론들[121]은 모두 통제를 "환경 세계를 개인의 욕구에 합치되도록 변화시킬 수 있는 능력"이라고 보아왔다. 이러한 이론들에서는 "개인의 욕구에 부합하도록 외부 세계를 변화시키기 위한 노력"[122]을 강조하는 입장에서, 능동성 · 도전 및 저항과 극복 같은 '외부지향적 행동'(outward behaviors)을 중시하고, 수동성 · 후퇴 및 순종 같은 '내부지향적 행동'(inward behaviors)을 통제 불능의 상태에서 나오는 병리적 현상으로 간주해왔던 것이다.

그러나 이러한 내부지향적 행동은 병리적 현상이 아니라, 자기의 제한된 능력과 운 같은 외적 제약의 작용 가능성을 인정하고, 동료나 집단에 대한 의존과 연합을 형성함으로써, 무모한 개인적인 도전으로부터 오는 실패와 그로 인한 실망감과 무기력으로부터 개인을 보호하고, 심리적 안정을 얻게 하는 긍정적 기능을 갖는 적응 유형의 하나라고 볼 수 있다. 이러한 내부지향적 행동들은 "자기를 외부 세계에 합치되도록 만들고, '현실과 타협'하려는 노력"[123]에서 나오는 것이어서 전자의 '일차통제'(primary control)와 대비하여 '이차통제'(secondary control)라고 부를 수 있다. 곧 일차통제는 타인 · 대상 및 환경조건 같은 외부의 현실을 자기에게 합치하도록 영향을 끼침으로써 보상을 얻으려 하지만, 이차통제는 자기의 기대 · 목표 · 원망(願望) 같은 자기 내부의 속성을 외부 현실에 맞게 변화시킴으로써 보상을 얻으려 하는 것이다.[124]

실제로 사람들은 일차통제만을 추구하는 것이 아니고, 이차통제를 추구하기도 한다. 곧 "사람들은 때때로 개인주의와 개인적 자율성을 제한하

---

**121** 예: Bandura, 1977, 1997; Seligman, 1975; White, R. W., 1959 등.

**122** Rothbaum, Weisz, & Snyder, S. S., 1982, p. 8.

**123** Rothbaum et al., 1982, p. 8.

**124** Weisz, Rothbaum, & Blackburn, 1984, p. 956, 표 1 참조.

고, 타인 · 대상 또는 환경세계의 조건들과의 연합 또는 합치를 높이는 행위를 통해서 기존 현실에 적응하려는 이차통제를 추구"[125]하기도 한다. 실제로는 "일차통제와 이차통제의 정합이 최적의 적응"[126]이 된다.

이러한 일차통제와 이차통제의 선호 비율은 문화에 따라 차이가 있음이 밝혀지고 있다. 일본인들은 미국인보다 외통제형[127]이 많고, 타인 및 집단과 맺는 연합을 선호하며, 아동 양육과 사회화 양식, 종교와 철학, 직업 및 심리치료의 장면에서도 이차통제를 추구하는 경향이 많음이 드러나고 있다.[128] 이는 집단주의 사회에서는 이차통제가 선호되고 실제로 이러한 통제 유형이 많지만, 개인주의 사회에서는 일차통제가 선호되고 실제로 이러한 통제 유형이 많음을 나타내주는 결과이다. 집단주의 사회에서 이차통제가 보편적인 통제양식임은 싱가포르인을 대상으로 한 연구 결과에서도 밝혀졌으며,[129] 최상진은 이러한 이차통제가 한국인의 통제 유형의 특징이라는 관점을 제시하기도 한다.[130] 또한 중국인에게는 외통제형이 내통제형보다 많으며, 외적 통제의 신념이 내적 통제의 신념보다 강하다는 결과들[131]도 이차통제가 집단주의 문화권의 특징임을 드러내주고 있는 것이다.

---

**125** Weisz et al., 1984, p. 956.

**126** Rothbaum et al., 1982, p. 8.

**127** Rotter(1966, 1975)는 자기에게 주어지는 보상이나 처벌, 또는 자기에게 벌어지는 여러 가지 사건이나 결과들의 원천이 자기 자신이라고 생각하는지, 아니면 운 · 환경 · 타인 등 외적 조건이라고 생각하는지에 따라, 사람들을 '내통제(內統制; internal locus of control) 형'과 '외통제(外統制, external locus of control) 형'으로 나눌 수 있다고 보고, 이를 측정하는 척도(I-E Scale)를 제작하였다. 여기서 내통제형은 일차통제가 특징적인 통제 유형의 사람이고, 외통제형은 이차통제가 특징적인 통제 유형의 사람이라고 볼 수 있다.

**128** Weisz et al., 1984.

**129** Chang, W. C., Chua, & Toh, 1997.

**130** 최상진, 1995.

**131** Bond & Hwang, 1986; Cheung, F. M., 1986; Liu, 1986; Yang, K. S., 1986 등.

개인주의 사회에서 일차통제가 통제의 기본 양식인 것과 달리 집단주의 사회에서는 이차통제가 통제의 기본 양식이 되는 까닭은, 두 문화권의 주의의 초점 차이 때문일 가능성이 검출되고 있다. 필자는 우리나라의 고등학생과 대학생을 집단중심성향자와 개인중심성향자로 나누고 이들이 선호하는 통제양식을 측정해본 결과, 일차통제 양식의 선호도는 후자가 전자보다 높음에 비해, 이차통제 양식의 선호도는 전자가 후자보다 높음을 밝혀, 문화성향과 통제양식 선호도의 상호작용 효과가 유의미함을 검출해내었다.[132] 그런데 이러한 상호작용 효과는, 두 문화성향자들이 "타인을 주의의 초점으로 삼는 경향"을 공변인(共變因, covariate)으로 하여 공변량 분석을 할 경우에는, 그 효과가 사라지고 있다. 이는 집단중심성향자와 개인중심성향자의 기본적인 차이는 전자가 후자보다 타인을 주의의 초점으로 삼는 경향이 크기 때문으로, 이러한 주의의 초점 차이가 두 문화성향자들의 통제양식 선호의 차이를 매개하는 요인임을 뜻하는 결과이다.

곧 집단중심성향자들은 자기보다 타인이나 상황 조건을 주의의 초점으로 삼는 경향이 크고, 따라서 세상사의 원인을 타인이나 상황 조건에서 찾음으로써, 통제력의 원천을 상황 조건에 두게 되고,[133] 결과적으로 상황 조건이나 타인보다는 자기 자신을 통제의 대상으로 보는 이차통제의 양식을 선호할 가능성이 커진다. 이와는 대조적으로, 개인중심성향자들

---

**132** 조긍호, 2003b.

**133** 지각의 장에서 특출성(salience)이 높은 자극은 지각자의 주의를 끌고, 지각자는 이렇게 자기의 주의를 끄는 자극을 상황 변화 또는 행동의 원인으로 인식하는 경향이 강하며(Taylor, S. E., & Fiske, S. T., 1975, 1978), 따라서 사람들은 자기들의 주의의 초점이 되는 자극에 원인을 귀속하는 경향이 강하기 때문에, 지각적으로 주의의 초점이 되는 자극을 통제력의 원천으로 보게 되는 현상은 인간의 지각 경험에서 사실상 자동적으로 이루어지는 추론 과정인 것이다(Jones & Nisbett, 1972; McArthur & Baron, R. M., 1983; Nisbett, 2003; Taylor, S. E. et al., 2003; Zebrowitz, 1990).

은 세상사의 원인을 안정적인 성향을 보유하고 있는 행위자 자신에게서 찾으므로, 통제력의 원천을 행위 당사자인 자기 자신에게 두게 되고, 따라서 자신보다는 상황 조건이나 타인을 통제 대상으로 볼 가능성이 커지는 것이다. 미국과 일본의 대학생들에게 환경을 스스로 통제했던 경험과 환경에 맞추어 스스로 적응하였던 경험을 기술하게 하였더니, 미국 학생들은 스스로 통제했던 경험을 더 많이 보고한 반면, 일본 학생들은 환경에 적응했던 경험을 더 많이 보고하고 있다는 연구 결과는[134] 이러한 사실을 잘 드러내준다.

아시아인이나 아시아계 미국인(집단주의자)들은 내적인 개인적 조건에 대한 스스로의 통제력을 높게 지각하는 반면, 유럽계 미국인(개인주의자)들은 외부 사태에 대한 통제력을 높게 지각한다는 결과[135]는, 집단주의자들에게 통제는 내부지향적이지만, 개인주의자들에게 통제는 외부지향적임을 잘 드러내주고 있다. 따라서 개인주의 사회에서 통제력 지각의 핵심은 스스로의 자유선택 여부에 있지만, 집단주의 사회에서는 그렇지 않다고 볼 수 있다.

이러한 사실은 아동에게 글자 짜 맞추기 과제를 자유선택 하도록 하거나 어머니가 지정해주고 수행하게 했을 때, 미국의 아동들은 자유선택조건의 수행률이 어머니 지정조건의 수행률보다 높았으나, 중국과 일본의 아동들은 어머니 지정조건의 수행률이 자유선택조건보다 훨씬 높았다[136]는 결과에서도 입증되고 있다. 이 결과는, 개인주의 사회에서는 아동기부터 중요한 타인인 어머니도 개인적 통제력을 저해하는 존재로 받아들여, 자유선택이 통제력 지각의 가장 중요한 조건이 되지만, 집단주의 사회에

**134** Morling, Kitayama, & Miyamoto, 2002.
**135** Morling, 1997; Morling et al., 2002; Sastry & Ross, C. E., 1998.
**136** Iyengar & Lepper, 1999.

서는 중요한 타인(어머니)이 결코 개인의 통제력을 저해하는 존재가 아니며, 오히려 이러한 중요한 타인과 맺는 연합 형성은 이차통제를 증진함을 뜻하는 것이다. 이렇게 집단주의 사회에서 어머니와 연합을 형성하는 것이 아동의 자기통제를 증진시켜 과제에 대한 몰입을 유도한다는 사실은, 우리나라의 아동을 대상으로 한 일련의 연구[137]에서도 밝혀지고 있다.

**통제력 착각 현상** 이상에서 보듯이, 개인주의 사회에서는 통제력의 근원을 타인이나 외적 조건과 분리된 개인에게서 찾으므로, 자기의 통제력을 사실보다 과장하여 지각하는 경향이 있다. 이들은 도박이나 주사위 던지기 또는 복권 당첨과 같은 순전히 운에 따라 결정되는 사건도 자신이 선택하여 스스로가 관련되어 있으면, 자기가 이를 통제하고 있다고 여기는 '통제력 착각'(illusion of control)의 경향이 강하다.[138] 또한 이들은 비슷한 타인들보다 자기 자신이 정적(正的, positive) 사건은 더 많이 경험하고 부적(負的, negative) 사건은 더 적게 경험할 것이라고 믿거나, 자기의 미래가 타인의 미래보다 더 나을 것이라고 기대하는 '비현실적인 낙관주의'(unrealistic optimism)의 경향도 강하다.[139] 개인주의 사회에서 이러한 '정적 착각'(positive illusion)은 정신 건강의 지표이며,[140] 정적 착각을 많이

137 정영숙, 1994, 1995, 1996.

138 Crocker, 1982; Langer, 1975; Langer & Roth, 1975; Taylor, S. E., & Brown, J. D., 1988.

139 Brown, J. D., 1986; Taylor, S. E., & Brown, J. D., 1988; Weinstein, 1980.

140 이 문제에 관해서는 아직 논쟁이 진행 중이다. 전통적으로 정확한 자기 인식이 정신 건강의 기초라는 고전적 입장(Jahoda, 1958; Jourard & Landsman, 1980)이 견지되어왔으나, Taylor, S. E.와 Brown, J. D.(1988)가 정적 착각은 정상적인 인간의 사고 특징이므로 정신 건강의 촉진제가 된다는 이론을 제시함으로써, 이러한 고전적 입장은 도전을 받게 되었다. 그러나 이러한 Taylor, S. E.와 Brown, J. D.(1988)의 입장에 대해 Shedler, Mayman과 Manis(1993)가 고전적 입장에서 반박하고, 이어서 Colvin과 Block(1994; Block & Colvin, 1994)이 이에 힘을 보태 Taylor, S. E.와 Brown, J. D.(1994a, b)와 논전을 벌이고 있다. 그

느끼는 사람일수록 행복감도 더 많이 느끼는 것으로[141] 보고되고 있다.

그러나 이러한 통제력 착각이나 비현실적 낙관주의의 경향은 통제력의 근거를 개인 안에서 찾으려고 하지 않는 집단주의 사회에서는 나타나지 않는다. 곧 일본인들은 캐나다인들과는 달리, 비현실적 낙관주의의 경향을 거의 보이지 않고 있는 것이다.[142] 따라서 정적 착각에 따른 통제력 과대 지각이 문화적인 요구로 작용하는 개인주의 사회에서는 이것이 적응 수준을 높여, 지진과 같은 자연재해에도 잘 대처하게 하고 또 행복감을 유발하지만, 그렇지 않은 집단주의 사회에서는 정적 착각이 적응 수준이나 자연재해에 대한 대처 및 행복감의 증진에 아무런 상관이 없거나, 오히려 역기능을 갖게 되는 것이다.[143] 미국인들에게 있어서 생활에 대한 통제감의 지각은 행복감과 직결되며, 따라서 그들의 정신건강에 유리하게 작용하지만, 일본인에게 있어서는 자기가 세상을 통제할 수 있다는 믿음보다는 자기를 통제해줄 만한 가까운 사람이 주위에 있을 때 더욱 행복감을 느끼고 정신적으로도 건강하다는 연구 결과는[144] 이러한 사실을 잘 드러내준다.

**개인효능감과 집단효능감** 여기서 한 가지 고찰해보아야 할 것은, 이상과 같은 논의를 따르자면 집단주의 사회에서는 '효능감'(效能感, efficacy)

---

러나 어떤 입장에서든 이 책의 관점에서 보면, 통제력의 근거를 개인 안에 두고 있고, 이것이 정신건강의 조건이라고 본다는 점은 모두 마찬가지인 것이다.

**141** Brown, J. D., & Taylor, S, E., 1986; Myers & Diener, E., 1995; Taylor, S. E., & Brown, J. D., 1988, 1994a, b.

**142** Heine & Lehman, 1995.

**143** Diener, E., & Diener, M., 1995; Heine & Lehman, 1995; Kitayama et al., 1994; Kitayama, Palm, Masuda, & Carroll, 1998.

**144** Sastry & Ross, C. E., 1998.

이 중요하지 않거나 경험되지 않을 것이라고 생각하기 쉬운데, 이는 그렇지 않다는 사실이다. 통제감의 주축인 효능감 신념의 기능적 가치는 문화보편적인 것이다. 하지만 "보편성이 탈문화적 관점(culture-free perspective)을 의미하는 것은 아니다. 자기가 바라는 효과를 산출할 수 있는 능력에 대한 신념은 어떤 문화권에서나 확립될 수 있는 것이다. 그러나 효능감 신념이 어떻게 발달되는지, 이것이 어떤 목적을 위해 쓰이는지, 그리고 특정 문화 환경 내에서 이것이 가장 잘 발휘될 수 있는 방법이 무엇인지는 문화적 가치와 실재가 결정하는 것이다. 따라서 효능감의 신념은 집단주의와 개인주의 사회에서 모두 생산성에 기여할 수 있는데, 다만 개인주의자들은 스스로가 사태를 관리할 수 있을 때 가장 효능감을 느끼고 생산적이지만, 집단주의자들은 타인들과 함께 사태를 관리할 때 가장 효능감을 느끼고 생산적일 뿐인 것이다."[145] 집단 작업이 개인주의 사회에서는 사회태만을 가져오지만, 집단주의 사회에서는 사회촉진을 가져온다[146]는 사실은 이를 입증해주고 있다. 따라서 개인주의 사회에서는 '개인효능감'(personal efficacy)이 중요하지만, 집단주의 사회에서는 '집단효능감'(collective efficacy)이 중요하며,[147] 이들은 각각 개인주의와 집단주의 사회의 일차통제와 이차통제의 주축이 되는 신념체계라고 볼 수 있는 것이다.

### 2) 자기표현 양상의 차이

이상과 같은 통제 행동의 문화차는 두 문화권에서 자기를 드러내는 양

**145** Bandura, 1997, p. 32.

**146** Early, 1989, 1993, 1994; Gabrenya et al., 1983, 1985; Geen & Shea, 1997; Karau & Williams, K. D., 1993.

**147** Bandura, 1997, pp. 31~33, 470~472.

식의 차이와 직결된다. 집단주의 사회에서는 개인적 원망이나 목표의 추구 및 내적 감정의 표현은 집단 내에 갈등을 불러오고 조화를 해치는 원인이라고 본다. 따라서 개인적인 욕구와 감정 표현, 특히 부적인 자아중심적 정서의 표현을 억제할 것을 강조하게 된다. 이와는 반대로, 개인주의 사회에서는 개인적 원망이나 목표의 추구 및 내적 감정의 표현은 자율적 인간의 당연한 권리라고 보아, 적극적이고도 솔직한 자기주장을 강조하게 된다. 이러한 자기표현 양식의 문화차는 두 문화권에서 많이 발견되는 전형적 성격(modal personality)과 귀인양식의 차이를 낳게 된다.

**사회화와 정서표출규칙의 문화차** 문화에 따른 이러한 자기표현에 대한 강조점의 차이는 사회화 과정에 그대로 반영된다. 곧 집단주의 사회에서는 사회관계의 조화를 유지하기 위해 사회화 과정에서 사적인 욕구와 감정의 억제를 강조하는 반면, 개인주의 사회에서는 개인의 독립성과 자율성, 그리고 독특성을 신장시킬 수 있는 자기주장을 적극 권장한다.[148]

이러한 경향은 정서의 '표출규칙'(display rule)에 그대로 이어져서, 집단주의 사회에서는 개인의 사적 감정, 특히 자부심이나 분노와 같은 자아중심적 정서의 표현은 집단의 조화를 깨뜨릴 위험이 있는 것으로 보아 적극적으로 억제한다. 그러나 개인주의 사회에서는 정서표현은 솔직성과 진실성의 반영이라고 보아, 분노나 자부심 같은 정서도 거리낌 없이 표현하도록 권장한다.[149] 이러한 사실은 정서표현에 대한 문화비교연구들을 통해 확인되고 있다.

미국 성인들을 대상으로 한 어떤 조사에 따르면, 미국인들은 주 1회 정

---

**148** Triandis, 1995, pp. 71~72.

**149** Gudykunst, 1993, p. 153; Markus & Kitayama, 1991a, b, 1994b.

도 가까운 사람들에게 분노를 표출한다.[150] 서구인(개인주의자)들에게서 이러한 분노의 표출은 두 사람 사이의 관계 조정의 기능을 한다. 곧 개인주의자들은 자기의 권리나 독립성이 침해받았을 때 분노를 경험하므로,[151] 자기의 권위나 독립성 또는 자기상의 증진이 분노 표출의 목적이라는 것이다. 이 조사에 따르면, 미국인들은 화난 사람의 62%와 그 화풀이의 대상이 되었던 사람의 70%가 분노 표출이 두 사람 사이의 관계의 조정에 유익한 결과를 가져왔다고 보고하고 있는 것이다. 이와는 대조적으로, 집단주의 사회에 속하는 북극지방 우트쿠 이누이트(Utku Inuit)족[152]이나 남태평양의 산호초섬인 이팔루크(Ifaluk)의 원주민[153]들은 분노를 전혀 경험하지 않거나, 또는 전혀 표출하지 않는 것으로 밝혀지고 있다.

일반적으로 집단주의자들은 개인주의자들보다 침묵을 높이 평가하고 잘 견디지만, 개인주의자들은 사람들이 모인 자리에서 서로 말하지 않고 있는 것을 못 견뎌 하는 경향이 있음이 밝혀지고 있다.[154] 이는 개인주의자들이 집단주의자들보다 정서표현을 더 자유롭게 자발적으로 많이 함을 시사하는 결과이다.

집단주의 사회와 개인주의 사회에서의 이러한 정서표출 양상의 차이는 많은 문화비교연구에서 거듭 밝혀져왔다. 예를 들면, 일본의 대학생들은 미국 같은 서구 문화권의 대학생들에 비해 분노 · 슬픔 · 기쁨 · 공포 같은 자아중심적 정서의 체험 시간이 짧고, 그 표현 강도가 낮으며, 내집단 성원같이 가까운 사람들과 함께 있을 때는 이 중에서도 특히 분노의 정서를

**150** Averill, 1982.
**151** Lewis, 1993.
**152** Briggs, 1970.
**153** Lutz, 1988; Oatley, Keltner, & Jenkins, J. M., 2006, pp. 70~72.
**154** Triandis, 1994c, p. 293; Triandis, 1995, pp. 76~77.

가능한 한 회피하려는 경향이 있음이 밝혀지고 있다.[155] 이렇게 보면, 집단주의 사회에서는 어려서부터 스스로 분노를 공개적으로 표현하거나, 타인에게서 분노의 표출을 목격하는 것이 비교적 희귀한 사건이 된다고 생각할 수 있다.

이러한 사실은 미국과 일본의 유아들이 어머니가 보이는 여러 정서에 대해 반응하는 시간을 측정한 연구에서 입증되고 있다.[156] 이 연구에서는 11개월짜리 유아들의 어머니가 기쁨 · 공포 및 분노의 정서를 언어로 표현하면서 유아들이 좋아하는 장난감을 제시해주었을 때, 이에 접근하려는 동작을 취하기까지 걸린 시간을 측정해보았다. 그 결과, 기쁨과 공포 조건에서는 문화권에 따른 차이가 없었으나, 유독 분노 조건에서만 차이가 있었다. 곧 어머니가 화난 소리를 내면서 장난감을 제시했을 때, 미국의 유아들은 18초 만에 접근 동작을 취했으나, 일본의 유아들은 48초가 지나서야 접근 동작을 시작했다. 이러한 결과는 일본에서는 분노의 표출이 아주 희귀한 사건이므로, 일본의 유아들은 어머니의 분노 표현에 상대적으로 충격을 많이 받았던 때문으로 해석해볼 수 있다.

이렇게 집단주의자들이 정서표출을 억제하는 경향은 타인의 안면 표정을 보고 정서를 정확하게 재인하는 '정확재인율'(correct recognition rates)을 떨어뜨린다. 일본인의 안면 표정에 따른 정서재인율은 미국인이나 유럽인보다 10~20% 정도 낮다는 사실이 보고되고 있다.[157] 이러한 결과는 "일본인들의 정서표출 및 해독 규칙(decoding rule)이 그들로 하여금 딱히 부적 정서만이 아니라 모든 정서를 제대로 표현하지 못하게 하고, 따라서

---

**155** Matsumoto, D., 1989; Matsumoto, D., & Ekman, 1989; Matsumoto, D., Kudoh, Scherer, & Wallbott, 1988.

**156** Miyake, Campos, Kagan, & Bradshaw, 1986.

**157** Izard, 1971, 1977.

제대로 지각하지 못하게 한다는 사실과 관계가 깊다"[158]는 점을 뜻하는 것이다.

정서 상태를 표현하는 표출규칙은 개인이 어릴 때부터 사회화되어, 어떤 사람이 어떤 상황에서 어떤 조절기법을 사용하여 정서를 억제 또는 표현해야 하는지를 구체적으로 결정해준다.[159] 이러한 표출규칙들은 사회적 맥락 안에서 정서의 표현을 조절하고 규제하기 위한 것이어서, 이는 사람들이 정서 상황에 적응할 때 사용하는 통제의 유형과 양을 결정해준다. 지금까지 보았듯이, 분노와 슬픔 같은 부정적 정서의 표현은 대인관계에 민감하므로, 가장 많이 조절되는 정서이다. 이러한 정서의 조절은 개인주의 사회보다는 집단주의 사회에서 더 핵심적인 문제로 등장한다고 볼 수 있다. 집단주의 사회에서 "정서의 표현은 개인의 사적인 감정과는 직접적인 관계가 없이, 다만 대인관계의 조화와 화목을 도모하기 위한 공적인 도구적 행위(public instrumental action)로서 간주되는 경우가 더 많기 때문이다."[160]

**전형적 성격유형의 문화차** 이렇게 자기를 드러내는 양식의 문화차가 문화권에 따른 아동 사회화 과정에서의 차이에서 기인하는 것이라면, 집단주의 사회에서는 자기를 잘 드러내지 않으려는 경향이 '전형적인 성격유형'으로 굳어지게 되고, 반대로 개인주의 사회에서는 적극적이고 솔직한 자기표현의 경향이 지배적인 성격특성으로 자리 잡게 되었을 것이라고 추론해볼 수 있다.

앞에서 제시되었듯이, 일본인과 중국인에게는 자기에게 벌어지는 여러

**158** Matsumoto, D., & Ekman, 1989, p. 155.
**159** Ekman, 1972, 1982.
**160** Markus & Kitayama, 1991a, p. 236.

가지 일이나 사건의 원천을 자기 자신에서보다는 상황이나 운 같은 외적 요인에서 찾는 외통제형이 많고, 미국인에게는 자기 자신에게서 원인을 찾는 내통제형이 많으며, 집단주의자들은 외적 통제의 신념이 내적 통제의 신념보다 강하고 개인주의자들은 그 반대이다.[161] 이러한 결과들은 집단주의자들은 스스로를 외부 환경의 영향을 받는 존재라고 인식하는 경향이 강하고, 개인주의자들은 스스로가 외부 환경에 작용을 가하는 존재라고 보는 경향이 있음을 나타내는 것이다. 이러한 맥락에서 보면, 집단주의 사회에서는 자기 내부로 침잠하는 성격유형(내향성)이, 그리고 개인주의 사회에서는 자기 외부로 발양하는 성격유형(외향성)이 전형적인 성격유형으로 받아들여질 가능성이 높다.

성격의 '5대 모형'을 36개국에 걸쳐 문화비교한 연구의[162] 결과에 따르면, 미국 · 캐나다 · 프랑스 · 독일 · 스위스 같은 서구인들은 외향성과 체험개방성(세련성)이 높은 데 반해 호의성 수준은 낮아, 자기를 드러내기를 좋아하고 새로운 사건에 대한 개방적인 태도가 높은 대신, 다른 사람을 잘 수용하지 못하는 특성이 강하다. 그러나 한국 · 중국 · 일본 · 대만 같은 동아시아인들은 외향성과 체험개방성은 낮은 대신 호의성 수준은 높아, 내향적이어서 자기를 잘 드러내지 않으려 하고 전통을 고수하려 하며, 대인관계에서 다른 사람에게 매우 포용적인 특성을 보이고 있다.

이렇게 개인주의 사회에서는 외향성 수준이 높고 집단주의 사회에서는 내향성 수준이 높은 경향은, 각국의 개인주의 점수와 외향성 점수 사이의 상관이[163] $r=0.64$로 매우 높은 것으로 검출되고 있다는[164] 사실에서 직

---

**161** Bond & Hwang, 1986; Cheung, F. M., 1986; Liu, 1986; Yang, K. S., 1986; Weisz et al., 1984.

**162** Allik & McCrae, 2004.

**163** 여기서 각국의 개인주의 점수는 Hofstede(1980, 1991)의 결과를 지표로 하고, 외향성 점수

접적으로 드러나고 있다. 이렇게 개인주의 사회에서는 외향성이 전형적인 성격유형인 데 반해, 집단주의 사회에서는 내향성이 전형적 성격유형인 것이다.

**자기고양편향과 겸양편향의 문화차** 집단주의 사회에서는 개인적 욕구나 목표의 추구는 집단 내에 갈등을 일으키고 조화를 해치는 원인이 된다고 본다. 따라서 집단주의 사회에서는 사회관계에서 자기억제를 강조하게 되고, 결과적으로 겸양과 조화 및 양보와 협동을 중시하게 된다. 그러므로 어떤 행동이나 성취 결과의 원인을 찾는 귀인(歸因, attribution) 장면에서 자기은폐(self-effacing)나 자기비하(self-derogation) 같은 '겸양편향'(modesty bias)의 양상이 나타난다. 이와는 반대로, 개인주의 사회에서는 개인적 욕구나 목표의 추구는 자율적 인간의 당연한 권리라고 본다. 따라서 개인주의 사회에서는 자기주장을 강조하게 됨으로써, 결과적으로 대인관계에서 자기존대를 추구하고, 독특성과 적극성을 중시하게 된다. 그러므로 성취 결과의 귀인 장면에서 '자기고양편향'(self-enhancing bias) 또는 '자기증진편향'(self-serving bias)이 나타난다.[165]

자존감(self-esteem)은 개인이 해당 사회의 문화적 명제를 충족시키고 있다고 지각할 때 증가하는 것이다.[166] 앞에서 보았듯이, 집단주의 사회의 문화적 명제는 조화성과 연계성의 확립이다. 따라서 이 문화에서는 자기의 정적 측면은 그렇게 강조하지 않는 대신, 부적 측면은 확인하고 수

---

는 Allik과 McCrae(2004)의 결과에서 외향성 척도의 개인별 점수를 각 국가 내에서 평균한 시민점수(citizen scores)로 계산하여, 36개 국가의 이 두 점수 사이의 상관을 계산한 것이다.

**164** Hofstede & McCrae, 2004.

**165** Diener, E., & Diener, M., 1995; Heine & Lehman, 1995; Kitayama et. al., 1997.

**166** Kitayama et. al., 1997.

정해감으로써 집단의 조화를 도모하는 데서 자존감이 증가하게 된다. 그러므로 필연적으로 자기은폐나 자기비하의 경향이 도출되는 것이다. 이와는 대조적으로, 개인주의 사회의 문화적 명제는 독립성과 자율성이다. 따라서 이 문화에서는 자기의 부적 측면은 회피하고 감추는 대신, 정적 측면은 확인하고 드러내는 데서 자존감이 증가하게 된다. 그러므로 필연적으로 자기고양의 경향이 나온다.[167]

바로 이러한 배경에서 개인주의 사회인 미국의 대학생에게서 발견되는 전형적인 자기고양 편향(자기의 성공에 대해서는 능력 같은 내적 성향에 귀인, 실패에 대해서는 운이나 과제 곤란도 같은 외적 상황에 귀인)이[168] 집단주의 사회에서는 반대의 경향, 곧 자기 성공은 과제 용이도나 운으로, 자기 실패는 노력 부족이나 능력 부족으로 귀인하는 겸양편향으로 나타나게 되는 것이다.[169] 글자 짜 맞추기 검사를 실시한 후, 자기 점수와 경쟁 상대의 점수를 귀환(feedback) 정보로 제시해줌으로써 성공(자기 점수가 상대방보다 높은 조건)과 실패(자기 점수가 상대방보다 낮은 조건)를 조작한 실험에서, 일본인 대학생들에게서는 미국인들과는 달리 자기 성공에 대해서는 과제의 용이도에 귀인하고, 실패에 대해서는 능력 부족에 귀인하는 경향이 검출되었다.[170] 또한 이 실험의 실패 조건에서는 성공 조건에서보다 검사 결과에 대한 확신도가 더 컸으며, 관련되는 문제 상황에 대해 추가적인 정보를 요구하는 경향은 더 작았다. 흥미롭게도, 상대방과 이후의 상호작용이 없을 것으로 믿게 한 비공개 상황과 경쟁 상대를 사람이 아닌 컴퓨터로 대

---

**167** Diener, E., & Diener, M., 1995; Heine & Lehman, 1995; Kitayama & Markus, 1995; Kitayama et. al., 1997; Taylor, S. E., 1983; Taylor, S. E., & Brown, J. D., 1988.

**168** Davis, M. H., & Stephan, 1989; Greenberg, J., Pyszczynski, & Solomon, 1982; Weiner, 1979, 1986.

**169** Bond & Hwang, 1986; Shikanai, 1978; Takata, 1987; Yamauchi, 1988, 1990 등.

**170** Takata, 1987.

체한 상황에서도 똑같은 결과가 나타났다. 이러한 결과는 타인과의 비교에서 자기가 열등한 것으로 밝혀지면, 제시된 정보에 대한 신뢰도가 저하하고, 또한 추가적인 정보를 요구하는 경향이 높아지는 것으로 나타난 미국 대학생들의 결과[171]와는 반대되는 것이다. 이러한 사실은 일본에서는 자기고양편향 대신 자기은폐편향 또는 자기비하편향이 일반적인 사회 비교의 양식임을 의미한다.[172]

집단주의 사회에서 나타나는 이러한 겸양편향은 자기 성취에 대한 귀인에서만 나타나는 것은 아니다. 미국의 대학생들은 자기의 성취에 대해서는 전술한 대로 자기고양편향을 보이지만, 직접적인 경쟁 상대의 성공에 대해서는 외부(운) 귀인, 실패에 대해서는 내부(기술과 노력) 귀인하는 타인비하편향(other-derogation bias)을 보인다.[173] 그러나 일본인은 자기 성공에 대해서는 운, 실패에 대해서는 능력과 노력 부족에 귀인하는 겸양편향을 보이지만, 경쟁 상대의 성공에 대해서는 능력과 노력에 귀인하고(타인고양편향, other-enhancing bias), 실패에 대해서는 운에 귀인하는 타인보호편향(other-protection bias) 또는 타인증진편향(other-serving bias)을 보인다.[174] 이러한 경향은 같은 집단주의 문화권인 중국인에게서도 똑같이 나타나고 있다.[175] 이렇게 집단주의 사회에서 자기 귀인을 할 때는 겸양편향이 나타나고, 타인 귀인을 할 때는 타인증진편향이 나타난다는 결과들은, 이 문화권에서 조화와 양보 같은 관계지향적 행동을 추구하는 경향이 강함을 잘 드러내준다고 볼 수 있을 것이다.

---

**171** Schwartz, J. M., & Smith, W. P., 1976.

**172** Markus & Kitayama, 1991a, b.

**173** Snyder, M., Stephan, & Rosenfield, 1976.

**174** Yamauchi, 1988, 1990.

**175** Bond, Hewstone, Wan, & Chiu, C. K., 1985; Hewstone, Bond, & Wan, 1983.

집단주의 사회에서 이러한 자기비하와 타인증진편향은 개인적인 성취 귀인의 장면에서뿐만 아니라, 집단작업 결과에 대한 귀인에서도 나타남이 밝혀지고 있다. 김혜숙[176]은 우리나라의 대학생들은 집단의 작업 결과에 대해 귀인할 때, 집단 성공에 대해서는 자신의 능력이나 노력보다는 동료의 능력이나 노력이 우수하거나 많았기 때문이라 귀인하고, 집단 실패에 대해서는 자신의 능력이나 노력이 동료의 능력이나 노력보다 못했기 때문이라 귀인하는 결과를 밝혀냈다. 이러한 경향은 귀인 결과가 공개되는 장면에서뿐만 아니라 공개되지 않는 익명의 상황에서도 마찬가지였다. 이러한 결과는 집단주의 문화권에서 사회 행위의 근본 원리로서 겸양이 가지는 가치를 잘 드러내주는 것이다.

이러한 겸양편향은 개인주의자들이 보기에는 남에게 좋은 인상을 심어주기 위한 일종의 자기 증진의 한 책략이라고 생각할 수도 있다.[177] 그러나 집단주의자들에게 "이러한 타인고양편향은 심리적으로 진실한 자기지각을 반영하거나 또는 이에 수반되는 것이다."[178] 이러한 사실은 앞서 제시한 연구에서 일본인들에게 겸양편향은 비공개 상황이나 컴퓨터 대체 상황에서도 나타난다는 결과에서 확인할 수 있다. 곧 개인주의자들에게는 능력의 탁월성이 자존심의 근거이기 때문에 자연스럽게 자기고양행동이 유발되지만, 집단주의자들에게는 사회관계 속에서 조화를 유지하는 일이 자존심의 근거이기 때문에 겸양을 통한 자기조절과 억제 행동이 자연스럽게 유발된다고 볼 수 있는 것이다.[179]

자기표현과 성취 귀인에 대한 이러한 입장의 차이는 결국 두 문화권에

**176** 김혜숙, 1995, 1997.

**177** Cialdini & De Nicholas, 1989; Markus & Kitayama, 1991a.

**178** Markus & Kitayama, 1991a, p. 244.

**179** Heine & Lehman, 1995; Kitayama et. al., 1997; Markus & Kitayama, 1991a.

서 중요한 것으로 추구하는 특성의 차이를 유발한다. 곧 집단주의 사회에서는 대인관계의 조화를 이룰 수 있는 양보와 협동을 추구하고, 개인주의 사회에서는 개인적인 독특성과 수월성을 가능하게 하는 적극성 · 솔직성 및 경쟁을 추구하는 것이다.[180]

### 3) 통제의 대상 차원에 따른 사회관계 행동의 문화차

이상에서 보듯이, 인간을 개체중심적으로 이해하는 개인주의 사회에서는 인간의 제반 행위의 원천을 개인 속에 갖추어진 성격 · 능력 · 감정 · 욕구 · 의도 같은 내적 속성에서 찾는다. 뿐만 아니라 개인주의 사회인들은 개인이 환경세계에 대한 통제력을 갖추고 있다고 보아, 환경세계를 통제하여 이를 개인의 욕구 · 감정 · 의도에 맞추어 변화시키려는 경향을 띤다. 이들은 개인을 이성의 주체로 인식하므로, 사회관계의 장면에서 인간은 자기이익의 확보에 유리한 선택지를 합리적으로 계산하여 선택하고, 이를 이루기 위해 노력하는 존재라고 간주한다. 그리하여 개인주의 사회인들은 자기의 독특성과 수월성을 과도하게 추구할 뿐만 아니라, 이를 솔직하게 표출하여 적극적으로 자기를 드러내려는 자기주장의 경향이 강하다. 따라서 개인주의 사회에서는 외향성이 전형적인 성격유형으로 받아들여진다.

이에 반해, 인간을 상황의존적인 존재라고 보아 관계중심적으로 이해하는 집단주의 사회에서는 상황과 관계 속에 갖추어진 역할 · 의무 및 타인과 소속집단에 대한 관심과 배려에서 사회행위의 근거를 찾는다. 집단

---

**180** Triandis 등(1988)은 대학생을 대상으로 한 개인주의 성향의 요인 분석적 연구에서 미국인들의 개인주의의 제1요인은 전체 변량의 35.2%를 차지하는 "경쟁을 동반하는 자립"(self-reliance with competition)임을 밝혀, 경쟁이 개인주의 성향을 구성하는 중요한 특성이라는 사실을 제시하고 있다.

주의 사회인들은 인간의 삶은 상황과 환경세계의 영향을 부단히 받으면서 이에 적응해가는 과정이라고 파악하여, 환경세계의 요구와 변화에 맞추어 자기의 욕구 · 감정 · 의도를 변화시키는 것을 통제의 핵심이라고 받아들인다. 이들은 개인을 덕성의 주체로 인식하므로, 사회관계에서 타인과 소속집단에 대한 관심과 배려를 앞세우고, 타인과 조화로운 관계를 맺기 위해 노력한다. 그리하여 집단주의 사회인들은 사회관계에서 자기를 드러내려 하지 않고 자기를 억제하는 경향이 강하다. 따라서 집단주의 사회에서는 겸양과 양보를 강조하며, 결과적으로 내향성이 전형적인 성격유형으로 받아들여진다.

통제의 대상과 자기표현의 양식에서 나타나는 이러한 문화차, 곧 통제의 대상을 환경세계로 보고 적극적인 자기주장을 강조하느냐(개인주의) 아니면 통제의 대상을 자기 자신이라고 보고 자기억제를 강조하느냐(집단주의) 하는 차이는 곧바로 두 문화유형의 의사소통 양식, 갈등해결 양식 및 친교행동의 차이를 낳게 된다.

#### (1) 의사소통 양식의 문화차

개인주의 사회에서는 성격 · 능력 · 감정 · 의도 · 의견 · 태도 같은 행위자의 내적 특성이 사회행위의 원동력이라고 여기므로, 상황적 단서나 관계의 양상 같은 외적 요인보다는 행위자의 내적 특성이 일차적인 주의의 초점으로 부각된다. 그러므로 의사소통 장면에서도 이러한 내적 특성의 정보를 명시적으로 드러내어 표현하는 '저맥락 의사소통'(low-context communication)의 양식이 두드러진다. 그러나 집단주의 사회에서는 상황적 요구나 역할 및 관계의 양상 같은 외적 요인이 사회행위의 결정요인으로 등장하게 되는 경우가 많고, 따라서 이러한 외적 요인이 주의의 초점으로 등장한다. 그러므로 의사소통 장면에서 이러한 상황 단서에 민감하게 되고, 이러한 상황적 단서는 자명한 것으로 받아들여 더 이상 언급하지 않고 넘어가는 '고맥락 의사소통'(high-context communication)의 양식이 두드러진다.[181]

그렇기 때문에 집단주의 사회에서 자명하다고 여겨지는 많은 것들을 개인주의 사회에서는 명시적으로 이야기해야 하고, 따라서 많은 말이 필요하게 된다. 이와는 달리 집단주의 사회에서는 대부분의 정보가 의사소통 당사자들의 상황 속에, 또는 그 사람 안에 이미 들어 있기 때문에, 이를 겉으로 드러내어 이야기할 필요가 없어지고, 따라서 말이 적어진다. 일반적으로 개인주의 사회에서는 다변과 말재주를 높이 평가하는 데 비해, 집단주의 사회에서는 침묵과 과묵함을 높이 평가하는 경향이 있는데, 그 까닭은 이러한 의사소통 양식의 차이에서 나오는 것이다.

이렇게 개인주의 사회에서는 '저맥락 의사소통'이 지배적인 의사소통의 양식으로 부각되고, 집단주의 사회에서는 '고맥락 의사소통'이 의사소통의 양식으로 두드러지게 되는 의사소통의 맥락적 관련성과 앞에서 언급한 자기표현 강조점의 차이(개인주의=자기주장 강조; 집단주의=자기억제 강조)가 어우러져서, 문화유형에 따른 의사소통 양식의 제반 차이가 나타나게 된다.

**직접표현 대 간접표현 선호의 차이** 저맥락 의사소통이 특징인 개인주의 사회에서는 의사소통은 상대적으로 상황적 맥락과 분리된 사건으로 받아들여진다. 이 사회에서는 의사소통은 특정 대인관계의 맥락에 대한 의존성이 거의 없이 이루어진다. 그러나 집단주의 사회에서는 의사소통은 이것이 이루어지는 관계의 맥락에 통합적으로 연계된 것으로 받아들

**181** Hall, E. T., 1976.

여진다. 따라서 이 사회에서는 화자와 청자 사이의 상호작용의 역사와 둘 사이의 공통적인 사전 지식과 이해 같은 것들이 의사소통에 개재하게 된다.

이러한 차이가 두 문화권에서의 표현 양식의 차이를 유발한다. 집단주의 사회에서는 대화 상대방과의 관계가 이미 잘 확립되어 있기 쉽고, 따라서 기존 조화 상태의 유지에 우선성이 주어지므로, 대화의 표현이 덜 외현적이고 더욱 간접적이다. 상호작용의 맥락이 언어화될 필요가 없는 의미를 이미 전달하기 때문이다. 그러나 개인주의 사회에서는 대화 자체가 맥락에의 의존성이 없는 채로 이루어지기 때문에, 전달할 내용을 외현적으로 직접 표현하여야 한다.[182]

개인주의 사회의 대화에서는 모든 문장에 대명사 '나'(I)를 사용하여 화자가 표현하려는 내용을 중심으로 삼는 데 반해, 집단주의 사회의 대화에서는 '나'는 대체로 생략하는 대신 '우리'(we)라는 대명사를 사용하여 맥락적 단서(어조 · 말소리의 크기 · 몸짓 · 자세 등)를 통해 의미를 전달하려는 경향이 많다.[183] 이러한 사실은 개인주의와 집단주의 사회에서 각각 저맥락 의사소통과 고맥락 의사소통이 지배적인 대화의 양식임을 드러내는 것이다.

이러한 두 문화권에서 지배적인 의사소통 양식의 차이는 많은 문화비교연구들에서 거듭 밝혀지고 있다. 일본인과 미국인의 의사소통 양식의 차이에 관한 어떤 조사연구에[184] 따르면, 일본인들은 표현의 보류 · 공식성 · 침묵 · 신중함 · 우회적 표현 같은 요인을 의사소통에서 중요한 특징으로 보고 있는 데 비해, 미국인들은 자기주장 · 솔직성 · 비공식성 · 자발

**182** Hall, E. T., 1966; Smith, P. B. et al., 2006, p. 153.
**183** Kashima, Y., & Kashima, E., 1998; Triandis, 1995, pp. 76, 125.
**184** Barnlund, 1975.

성 · 다변 같은 요인을 중요한 특징으로 보고 있다. 이러한 결과는 일본인들은 일상적인 대화에서 간접적인 표현을 더 많이 사용하는 반면, 미국인은 직접적인 표현을 더 많이 사용함을 알려주고 있다.

집단주의자들은 간접표현을 선호하고 개인주의자들은 직접표현을 선호한다는 사실은 한국인과 미국인의 비교연구[185]에서도 나타나고 있다. 대화 시에 간접표현을 사용하는 빈도와 상대방의 말 뒤에 숨어 있는 간접적 의미를 탐색하는 빈도를 자기보고의 방법으로 조사하여 '대화간접성'(conversational indirectness)의 지표를 계산해보면, 한국인의 간접성 지수가 미국인의 그것보다 매우 높았다. 이러한 차이는 한국인 · 중국인과 미국인의 비교에서도 마찬가지로 나타나고 있다.[186]

의사소통에서 맥락적 단서를 중요하게 고려하면 내－외집단원에 대한 의사소통 양식에 차이를 보이지만, 맥락적 단서를 중요하게 고려하지 않으면 내－외집단원에 대한 의사소통에 차이를 보이지 않을 것이라고 추론할 수 있다. 이러한 사실은 한국인 · 일본인 · 미국인 · 호주인 들을 대상으로 한 연구[187]에서 확인되고 있다. 이 연구에서 집단주의 사회인들은 내집단원과의 대화에서는 외현적 표현 없이도 상대방의 감정을 더 잘 이해하였으며, 그들 간에 공유하고 있는 관계망에 대해 더 많이 언급하였고, 서로간의 공통점을 더 잘 표현하고 질문도 더 많이 하였다. 그러나 개인주의자들은 내집단 성원과의 대화와 외집단 성원과의 대화 사이에 차이가 거의 없었다.

**다변 대 과묵함 선호의 차이** 이상의 결과는 집단주의 사회에서는 자

**185** Holtgraves, 1997.
**186** Sanchez-Burks, Lee, F., Choi, I., Nisbett et al., 2003.
**187** Gudykunst, Matsumoto, Y., Ting-Toomey, Nishida, T., Kim, K., & Heyman, 1996.

기를 적극적으로 드러내는 '자기노출'(自己露出, self-disclosure)을 억제하는 경향을 보이지만, 개인주의 사회에서는 자기노출을 권장하는 경향을 보임을 드러내는 것으로 해석할 수 있다. 문화 유형에 따른 이러한 자기노출에 대한 태도의 차이는 두 문화에서 말의 속도에 대한 시각의 차이를 가져오게 한다. 한국인과 미국인의 말의 속도와 이에 대한 그들의 평가의 차이를 비교해보면, 미국인들은 말을 빨리 하는 대상이 더 유능하다고 평가하며, 말을 빨리 하는 것은 진실성과 솔직성의 반영이라고 인식하여 그 내용을 더 신뢰한다. 이에 견주어, 한국인들은 말을 느리게 하는 사람이 더 유능하다고 평가하며, 말을 느리게 하는 것은 대화 상대방과 맥락을 신중하게 고려하는 것으로 인식하여 그 내용을 더 신뢰한다.[188]

이러한 배경에서 의사소통에서 나타나는 '침묵'(silence)을 받아들이는 태도에 집단 사이에 차이가 있다는 사실을 이해할 수 있다. 집단주의 사회의 의사소통에서는 대화자 사이에 침묵이 흐르는 시간이 비교적 길고, 자주 나타난다. 그러나 개인주의 사회인들은 대화가 끊기고 침묵이 흐르는 것을 못 견뎌하는 경향이 있다. 집단주의자들에게 침묵은 관계의 친밀함이나, 힘과 권력의 상징, 또는 경우에 따라서는 부동의(disagreement)의 의미로 여겨지는 경향이 있지만, 개인주의자들에게 침묵은 약함 · 수줍음 · 당혹감의 징표이거나 무시의 의미를 띤다.[189]

이와 같이 일반적으로 개인주의자들에게 침묵은 부정적인 것으로 인식되지만, 집단주의자들에게 침묵은 의사소통에서 자연스러운 일로 받아들여져 대화할 때 훨씬 자주 나타난다. 일본인과 미국인의 의사소통 양식을 비교한 연구[190]에 따르면, 일본인들의 의사소통에서는 미국인들의 의사

**188** Lee, H. O., & Boster, 1992.

**189** Bruneau & Ishii, S., 1988.

**190** Hasegawa & Gudykunst, 1998.

소통에서보다 침묵이 훨씬 자주 나타나며, 미국인들은 대화를 할 때 침묵이 이어지면 자의식(self-consciousness) 수준이 높아지지만 일본인들은 침묵이 이어져도 자의식이 유발되지 않는다. 처음 보는 낯선 사람과 대화할 때 침묵이 이어지면 미국인들은 불편함(uncomfortableness)을 많이 느끼지만, 일본인들은 침묵이 이어져도 불편해하지 않는다. 이렇게 일본인들은 침묵을 자연스러운 일로 받아들여 대화할 때 이를 의도적으로 활용하려고 하지 않지만, 미국인들은 이를 대화할 때 전략적으로 활용하는 경향이 강하다.

집단주의 사회에서는 "침묵은 금, 웅변은 은"같이 말이나 행동하기 전에 다시 한 번 생각해보는 일과 말을 신중하게 하는 일을 중시하며, 다변(多辯)을 경계하는 격언이나 속담이 많다는 사실은[191] 이 사회에서 의사소통의 상황에서 과묵함과 침묵에 커다란 가치를 부여하고 있다는 현실을 웅변해주고 있다. 특히 동아시아 사회에 집단주의 문화를 형성해왔던 사상적 기반인 유학사상에서는 그 창시자인 공자[192]로부터 다변을 경계하고 눌변(訥辯)을 권장하는 것이 전통이었다. 이렇게 집단주의 사회에서 자기표현의 억제를 강조하는 배경에는 바로 이러한 유학사상이 놓여 있다고 추론할 수 있을 것이다.

**191** Giles, Coupland, & Wiemann, 1992; Smith, P. B. et al., 2006, p. 158.

**192** 『論語』에서는 "말을 잘하고 얼굴빛을 잘 꾸미는 사람 중에 어진 사람이 적다"(巧言令色 鮮矣仁, 學而 3; 陽貨 17), "군자가 [……] 일에 민첩하고 말을 삼가면 [……] 배우기를 좋아한다고 이를 만하다"(君子 [……] 敏於事而愼於言 [……] 可謂好學也已, 學而 14), "군자는 말은 어눌하게 하고, 실행에는 민첩하고자 한다"(君子欲訥於言而敏於行, 里仁 24), "어질다는 것은 그 말을 참아서 하는 것이다"(仁者其言也訒, 顔淵 3)와 같이 자기표현을 삼가는 것이 중요한 덕목으로 강조되고 있다.

### (2) 갈등해결 양식의 문화차

집단주의 사회에서는 개인적 원망(願望)이나 목표의 추구는 집단 내에 갈등을 일으키고 조화를 해치는 원인이라고 본다. 따라서 개인적인 목표를 집단 목표에 복속시켜 개인적인 원망이나 욕구를 억제할 것을 강조하며, 그 결과 양보와 협동을 높이 평가한다. 이와는 반대로, 개인주의 사회에서는 개인적 원망이나 목표의 추구는 자율적 인간의 당연한 권리라고 보아, 개인 목표를 집단 목표에 앞세운다. 따라서 자기주장을 강조하며, 결과적으로 적극성과 솔직성 및 공정한 경쟁을 높이 평가한다.

**중재 · 타협 대 경쟁 · 대결 양식의 선호 차이** 두 문화권에서 나타나는 자기표현의 강조점에 대한 이러한 차이는 갈등 장면에서 이를 해결하는 양식의 차이를 통해 드러난다. 집단주의 사회에서는 갈등 장면에서 양보와 중재를 통해 해결하기를 좋아하며, 갈등에 직면하기보다는 이를 회피하는 책략을 선호하는 반면, 개인주의 사회에서는 이에 직면하여 경쟁과 대결을 통해 갈등을 해결하기를 좋아한다.[193] 한국과 미국의 은행원들을 비교한 연구에 따르면, 한국의 은행원들은 갈등 상황에서 타협과 화해에 의한 해결 양식을 선호하지만, 미국의 은행원들은 직접 대결하는 해결 양식을 선호하는 것으로 드러났다.[194]

이렇게 집단주의 사회에서 '화해와 중재'에 의한 해결을 선호하고, 개인주의 사회에서 '대결과 경쟁'을 선호한다는 사실은 "엔지니어에 대한 변호사 선호 비율"의 미국과 일본 간 비교에서도 잘 드러난다. 이는 한 사회 내의 변호사의 수를 엔지니어의 수로 나눈 값인데, 미국의 변호사 선

**193** Triandis, 1989, 1990.
**194** Lee, H. O., & Rogan, 1991.

호 비율은 일본의 그것의 무려 41배에 이르고 있다.[195] 미국의 변호사 선호 비율이 그렇게 높다는 것은 개인주의 사회의 성원들이 갈등에 직면하여 항상 선 · 악, 승 · 패를 명확하게 가르려 하는 경향이 있음을 드러낸다. 그러나 집단주의 사회에서는 법률 전문가인 변호사보다는 갈등 당사자들을 잘 아는 친지나 친구의 중재에 따른 화해와 타협이 갈등 해결의 방법으로 선호된다.[196] 따라서 집단주의 사회에서는 승자와 패자가 없이 서로의 주장을 절충하여, 양자가 조금씩 양보하는 식으로 갈등이 해결되는 경우가 다반사인 것이다.

두 특성은 다르고 나머지 특성들은 동일한 세 물품 중 하나를 선택하게 하여, 미국인과 홍콩인들의 소비자행동을 비교한 연구[197]에서 이러한 차이가 잘 드러나고 있다. 이 연구에서는 예를 들면 IBM(소니나 애플보다 하드드라이브 용량 우월), 애플(IBM이나 소니보다 RAM 우수), 소니(두 특성에서 IBM과 애플의 중간) 중에서 하나를 선택하게 하고, 그 이유를 제시하게 하였다. 그랬더니 미국인들은 IBM이나 애플 중 하나를 선택하고, 선택의 정당성을 어느 하나의 관점(예: RAM이 하드드라이브 용량보다 중요)에서 찾았으나, 홍콩인들은 중간치인 소니를 선택하고, 절충안 · 타협안(예: RAM과 하드드라이브 모두 중요)을 선택 이유로 제시하였다. 이러한 결과는 개인주의자들은 선 · 악이나 호 · 오를 명확히 구분하여 갈등을 해결하려고 하지만, 집단주의자들은 타협이나 절충을 통해 갈등을 해결하려는 경향이 있음을 드러내준다.

이러한 사실은 중국과 미국의 대학생들에게 대인간 갈등 상황(예: 어머니와 대학생이 된 딸의 갈등)과 내면적 갈등 상황(예: 놀고 싶은 마음과 공부해야

**195** Nisbett, 2003, pp. 193~194.
**196** Nisbett, 2003, pp. 120~121.
**197** Briley, Morris, & Simonson, 2000.

하는 의무감)을 진술해주고, 그 해결 방안을 제시해보도록 요구한 실험[198]에서 드러나고 있다. 대인간 갈등 상황에 대해 미국 학생들은 어느 한쪽을 두둔하는 해결(예: 어머니는 나이 찬 딸의 의견을 존중해야 한다)을 선호한 사람이 74%에 이르고 있음에 비해, 중국 학생들은 양쪽을 다 비난하거나 양쪽이 다 일리가 있다고 보아, 두 쪽을 모두 두둔하는 해결을 선호한 사람이 72%에 이르고 있다. 내면적 갈등 상황에 대해 미국 학생들은 어느 한쪽을 선택한 비율이 88%에 이르렀으나, 중국 학생들은 50%만이 이러한 선택을 하고 있다. 이 연구에서는 또한 중국어 속담에는 영어 속담보다 모순을 포함하는 것(예: 過恭非禮. Too humble is half proud)이 더 많을 뿐만 아니라, 중국 학생들은 미국 학생들보다 이러한 종류의 속담을 더 선호하는 것으로 밝혀지고 있다. 이러한 결과는 집단주의 사회에서는 타협과 화해에 의한 갈등 해결 양식을 선호하며, 일상적 삶의 장면에서도 이러한 화해와 타협이 장려되고 있음을 뜻하는 것이다.

**관계지향 대 성과지향의 차이** 북미의 연구자들이 대인간 갈등 장면에서 협상의 양식으로 제시한 대표적인 모형은 '이중관심모형'(dual-concern model)이다.[199] 이 모형에서는 갈등 장면에서의 협상양식(negotiation styles)은 자기성과와 상대방성과에 대한 관심의 비율에 따라 달라진다고 본다. 즉 자기성과에의 관심이 상대방성과에의 관심보다 크면 격렬한 경쟁의 자세로 협상에 임하고, 그 반대이면 조정의 자세로 협상에 임하며, 양자에 대한 관심이 모두 크면 문제해결적 자세, 그리고 양자에의 관심이 모두 작으면 갈등회피적 자세로 협상하게 된다는 것이다. 그러니

**198** Peng & Nisbett, 1999.
**199** 예: Pruitt & Carnevale, 1993.

까 이 모형은 갈등의 해결 양식을 결정하는 것은 자기와 상대방의 성과에 대한 관심이라는 것이다.

이에 비해 동아시아의 갈등해결모형들은 관계의 조화추구에 더 관심을 둔다. 대표적으로 륭(Kwok Leung)의 모형은[200] 갈등 장면에서 이를 해결하기 위한 전략은 '적대감해소'(animosity reduction)와 '분열회피'(disintegration avoidance)의 두 원칙에 의해 주도된다고 본다. 그는 이 두 원칙 중 어느 것에 의해 갈등을 해결하려고 하느냐는 갈등의 상대자가 내집단원이냐 외집단원이냐에 따라 달라진다고 주장한다. 내집단은 자기정체감의 핵심이므로 관계의 분열회피가 주 관심으로 등장하게 되지만, 외집단원과의 사이에서는 친밀감이나 공동 운명감을 적게 느끼는 대신 적대감으로 인한 위험이 커지므로 적대감해소가 주 관심으로 등장하게 된다는 것이다. 이렇게 이 모형은 관계의 조화추구를 갈등해결의 기본 요인으로 잡고 있다.

이 두 유형의 갈등해결모형을 검증하기 위한 많은 문화비교연구들이 수행되어왔다. 어떤 연구자들은[201] 16개국의 사업가들에게 구매자-판매자 사이의 협상을 모사한 장면을 제시해주고 최적의 성과에 도달하는 협상양식을 선택하도록 하였다. 이 연구에서 일본 · 한국 · 대만 같은 집단주의 사회의 협상자들은 문제해결적 자세를 최적의 협상양식으로 선택하여, 구매자와 판매자의 성과를 모두 높이는 데 관심이 높음을 보여주었다. 그러나 유럽 및 북미의 협상자는 경쟁적 자세를 최적의 협상양식으로 택하여, 자기 자신의 성과를 높이는 데 주력함을 보여주었다.

미국과 중국의 학생들에게 물건을 구매할 때 다양한 제안사항을 판매

---

**200** Leung, K., 1997.
**201** Graham, Mintu, & Rodgers, 1994.

자가 지키지 않아 발생한 갈등 상황을 제시해주고 그 해결방안을 찾아보게 한 연구[202]에서, 미국의 학생들은 도구적 관심을 강조하여 이 갈등 상황을 법적 책임에 기초해서 해석하려는 경향을 보였다. 그러나 중국의 학생들은 관계적 관심을 강조하여 이 상황을 도덕성과 판매자의 성격에 기초해서 해석하려는 경향을 보이고 있었다. 또한 어떤 연구에서[203] 일본인들은 내국인끼리 협상을 할 때와 외국인과 협상할 때의 자세가 크게 달라져, 내국인끼리 협상할 때는 분열회피의 자세를 보여주나, 외국인과 협상할 때는 직접적인 대결 자세를 보이고 있었다. 그러나 이 연구에서 미국인들은 어느 경우에나 대결 자세를 유지하는 것으로 나타났다.

대부분의 문화비교연구에서 이상의 연구와 유사한 결과가 얻어지고 있다.[204] 이러한 결과들은 개인주의 사회에서는 자기성과의 확보를 주 관심으로 하여 협상하려고 하지만, 집단주의 사회에서는 두 사람 사이의 관계의 유지를 주 관심으로 하여 협상하려고 하는 경향이 강함을 나타내준다고 볼 수 있다. 즉 개인주의자들은 갈등 장면에서 '성과지향적인 자세'를 가지고 갈등을 해결하려고 하지만, 집단주의자들은 '관계지향적인 자세'를 유지하면서 갈등을 해결하려고 하는 것이다.

#### (3) 친교행동의 문화차

앞에서 개인주의 사회에서는 사회관계에서 자기를 적극적으로 드러내는 외향성이 전형적인 성격유형이고, 집단주의 사회에서는 자기를 잘 드러내지 않고 자기 속에 침잠하는 내향성이 전형적인 성격유형이라는 사실을 논의하였다. 또한 성취 귀인의 장면에서 개인주의 사회에서는 자기

**202** Levinson, J. D., Peng, & Wang, L., 2004.
**203** Adair, Okumura, & Brett, 2001.
**204** Smith, P. B. et al., 2006, pp. 183~187 참조.

고양편향이 두드러지게 나타나고, 잡단주의 사회에서는 겸양편향이 특징적으로 나타남을 보았다. 이러한 맥락에서 고찰해보면, 개인주의 사회에서는 외향성의 사람과 자기고양적 귀인자를 친교대상자로 선호하고, 집단주의 사회에서는 내향성과 겸양귀인자를 선호할 것이라고 추론할 수 있다.

**개인주의자들의 외향성 선호** 중국의 학생들이 사귀고 싶은 친구의 성격으로 꼽고 있는 특성들은 '친절성 · 타인배려성 · 겸손성 · 이타성 · 정직성' 등인 데 반해, 미국의 학생들은 '유쾌성 · 열정성 · 인기성 · 사교성 · 주도성 · 말재주' 등이라는 사실이 밝혀져왔다.[205] 여기서 중국 학생들이 선호하는 특성들은 대체로 자기를 드러내려고 하기보다는 자기보다 타인을 앞세우는 것과 관련된 특성들이고, 미국의 학생들이 선호하는 특성들은 대체로 적극적으로 자기를 드러내는 성향과 관련된 특성들이라고 볼 수 있다. 이렇게 보면, 집단주의자들은 '내향적인 사람'을 친교대상으로 선호하고, 개인주의자들은 '외향적인 사람'을 친교대상으로 선호하는 경향이 강하다고 할 수 있다. 이러한 사실은 홍콩인과 호주인의 친교대상 선호 경향의 차이에서도 드러나고 있다.[206] 홍콩인은 호주인보다 '5대 모형'의 호의성 요인을 친교대상 선택에서 중시하고, 호주인은 홍콩인보다 외향성 요인을 친교대상 선택과정에서 중시하고 있는 것이다.

**집단주의자들의 겸양편향자 선호** 집단주의 사회에서는 자기 성공에 대해서는 외부귀인(예: 운이 좋았음)을 하고, 자기 실패에 대해서는 내부귀

**205** Bond & Hwang, 1986, p. 243.
**206** Bond & Forgas, 1984.

인(예: 노력 부족)을 하는 겸양편향이 두드러지게 나타난다. 이러한 겸양편향은 이 사회에서 바람직한 귀인의 경향으로 받아들여져 사회화 과정에서 강조하는 것으로, 집단주의자들은 이러한 겸양편향적 귀인을 하는 사람을 자기고양편향적 귀인을 하는 사람보다 더 좋아하는 경향이 있다. 일본의 학생들은 겸양편향적 귀인을 하는 동료들이 자기고양편향적 귀인을 하는 동료들보다 성격 특성도 더 좋고, 또 능력도 더 뛰어난 것으로 생각하는 경향을 띰으로써, 겸양의 특성이 조화를 추구하는 집단주의 사회에서 일반적으로 선호되는 것임을 드러내 보이고 있다.[207] 그 결과 이들은 자기 수행에 대해서는 자기은폐편향적 귀인자를 자기고양편향적 귀인자보다 더 좋아하고,[208] 집단 수행에 대해서는 타인증진편향적 귀인자를 더 좋아하는 것이다.[209]

이러한 현상은 우리나라 대학생과 일반인에게서도 사실로 확인되고 있다.[210] 필자와 공동연구자는[211] 우리나라 직장인을 대상으로 한 연구에서 자기성공(예: 계획 대비 실적의 초과 달성)에 대해 외귀인(예: 상사와 동료의 지원 덕분)하고 자기실패(예: 승진 누락)에 대해 내귀인(예: 나의 노력 부족 때문)하는 '겸양편향자'에 대해서 자기성공에 대해 내귀인(예: 열심히 노력한 덕분)하고 자기실패에 대해 외귀인(예: 부서장의 불공정 평가 때문)하는 '자기고양편향자'에 대해서보다 겸손성(10.24 : 6.75) · 신뢰성(9.29 : 7.71) · 유능성(8.66 : 8.18)을 높이 평가할 뿐만 아니라, 호감도(9.28 : 6.94) · 동료선호도(9.37 : 7.04) · 화친도[212](9.36 : 6.88)도 높게 평정함을 확인하였다. 이러한 경향은

---

**207** Yoshida, Kozo & Kaku, 1982(Markus & Kitayama, 1991a, pp. 242~243에서 재인용).
**208** Bond et al., 1982.
**209** Bond, Chiu, C. K., & Wan, 1984.
**210** 김혜숙 · 유주란, 1995; 조긍호 · 김소연, 1998.
**211** 조긍호 · 김소연, 1998, 연구 1.
**212** "좋아한다—싫어한다"로 측정한 친구로 사귀고 싶은 의도를 말함.

대학생을 대상으로 한 연구에서도 마찬가지로 얻어지고 있는데, 대학생들을 집단중심성향자와 개인중심성향자로 나누어 분석해보면, 이러한 겸양편향자의 선호 현상은 집단중심성향자에게서 훨씬 크게 나타나고 있었다.[213]

이러한 결과들은 집단주의 사회에서 겸양 특성에 대해 부여하는 가치를 잘 드러내준다. 즉 집단주의자들은 겸손한 사람은 겸손할 뿐만 아니라 신뢰성 있고 유능하기도 하다고 인식하여 그에 대해 호감을 느낌으로써, 그를 작업의 동료로도 선호하고 또 친구로서도 사귀고 싶어하는 것이다.

**친구의 수와 친교의 깊이 및 친교관계 지속성의 문화차** 집단주의 사회인들은 개인주의 사회에 사는 사람들보다 사회관계에서 자기를 잘 드러내려 하지 않고 자기 자신 속에 침잠하는 경향이 강하다. 그러므로 집단주의 사회인들은 친구를 잘 사귀지 못할 가능성이 높다. 이에 비해 개인주의자들은 사회관계에서 자기를 잘 드러내므로, 아무하고나 잘 사귈 가능성이 높다.

이러한 추론이 여러 연구에서 사실로 확인되고 있다. 네덜란드에 살고 있는 여러 인종의 사람들을 집단중심성향자와 개인중심성향자로 나누어 친교행동을 비교한 연구[214]에서는 개인중심성향자가 집단중심성향자보다 '절친한 친구'(best friend)라고 지목한 사람의 수는 많았지만, 그와의 관계의 '밀접도'(closeness)는 집단중심성향자보다 낮았다. 홍콩인과 미국인의 친교행동을 비교한 연구[215]에서도 같은 결과가 얻어졌는데, 홍콩인들이 미국인보다 절친한 친구의 수는 적었지만, 그와의 관계의 밀접도는 매

**213** 조긍호 · 김소연, 1998, 연구 2.
**214** Verkuyten & Masson, 1996.
**215** Wheeler, Reis, & Bond, 1989.

우 가까운 것으로 나타났던 것이다. 이러한 결과들은 집단주의 사회에서 친구 사이의 우정은 더욱 강렬하고 집중적이며 배타적인 성격을 띰을 나타내준다. 즉 집단주의 사회인들은 소수의 친구들과 아주 밀접하고도 오래 지속되는 관계를 형성하는 것이다.

두 문화유형 사이에는 이렇게 친구의 수와 그 관계의 밀접도에 차이가 있을 뿐만 아니라, 관계가 형성되는 과정의 '빠르기'(tempo)에도 차이가 있다.[216] 개인주의 사회에서는 사교적이고 많은 친구를 갖는 것이 좋은 일로 받아들여진다. 낯선 사람과 관계를 처음 맺을 때 개인주의 사회인들은 쉽게 접촉할 뿐만 아니라, 단순히 인사 정도만 나누어도 친구가 되었다고 생각한다. 그러나 그들 사이의 관계는 그리 오래 지속되지 못한다. 그들에게 있어 개인의 외부층(outer layer of the self)에는 쉽게 침투할 수 있지만, 그 내부층에는 쉽게 접근하기 힘들다. 그러나 집단주의 사회인들에게 있어서 개인의 외부층은 매우 견고하여 침투하기 힘들지만, 그들은 일단 타인을 친구로 받아들이면 그에게 자기의 내부층을 쉽게 열어 보이는 것이다.

이와 같이 개인주의자들은 많은 사람과 쉽게 그리고 빨리 관계를 맺지만, 그 관계는 피상적인 수준에 머무르기 쉽고 따라서 오래 지속되기도 힘들다. 그러나 집단주의자들은 소수의 사람들과 오랜 시간을 들여 관계를 형성하지만, 일단 친교관계가 형성되면 그 관계가 매우 밀접할 뿐만 아니라 쉽게 깨어지지 않고 오래 지속되는 것이다.

**216** Kagitcibasi, 1996.

## 4. 사회관계 행동의 문화차: 변이가능성 차원

개인주의 사회에서는 개인은 태어날 때부터 또는 태어난 이후의 아동기 동안에 모든 내적인 특성(성격 · 능력 · 욕구 · 의도 · 기본 감정 등)을 모두 갖추고 있거나 갖추게 되는 완비체로 인식한다. 이 사회에서는 개인을 고정적이고 안정적인 존재로 가정하며, 사회의 안정은 이러한 불변적이고 안정적인 개인의 속성으로부터 연유하는 것이라고 본다. 그러므로 개인주의 사회에서는 상황의 변화에도 불구하고 달라지지 않는 개인의 일관성을 중요하게 여기며, 자기의 제반 측면(예: 태도와 행동) 사이에 일관성을 유지하려고 노력한다. 따라서 개인주의자들은 자신의 부적인 특성과 감정은 될 수 있는 대로 외면하고 부정하려고 하며, 인간은 스스로가 갖추고 있는 장점을 찾아내어 이를 자꾸 늘려감으로써 자기발전을 도모할 수 있다고 간주한다.

이와는 달리 집단주의 사회에서는 인간은 무한한 가능성을 갖추고 부단한 변화 과정 속에 있는 존재로 인식한다. 이 사회에서는 인간은 상황과 관계 속의 존재로서 상황과 관계의 변이에 따라 유연하게 변화하는 것이 바람직한 삶의 자세라고 보아, 사회의 안정은 상황과 관계의 변이에 따른 유연한 적응에서 이루어지는 것이라고 간주한다. 그러므로 집단주의 사회에서는 상황의 변이에 따른 개인의 변화를 중시하여 상황의 변이에도 불구하고 달라지지 않는 일관성을 중시하지 않으며, 개인의 부적인 특성이나 감정도 개인에게 그리 큰 문제점이 되는 것으로 여기지 않는다. 따라서 집단주의자들은 자기가 가진 단점을 찾아 이를 개선하는 일을 자기발전을 이루는 핵심이라고 받아들인다.

### 1) 인간 존재의 변이가능성 인식의 차이

집단주의 사회에서는 사람이 다양한 상황과 관계에 의해 규정된다고 보며, 이러한 상황과 관계에 따른 역할 · 지위 및 책임이 사회행위의 원동력이라고 여긴다. 따라서 이러한 다양한 상황과 관계에 맞추어 스스로의 행위를 적합하게 조정할 것이 요구되므로, 상황과 관계에 따른 행위의 가변성을 인정하고 강조하게 된다. 이와는 대조적으로, 개인주의 사회에서는 사람은 스스로 보유하거나 이룩한 능력 · 태도 · 가치관 · 성격 · 정서 같은 내적 성향에 의해 규정된다고 보며, 이러한 내적 성향이 사회행위의 원동력이라고 여긴다. 따라서 지속적이고 안정된 내적 성향이 개인의 정체성의 바탕이 되므로, 상황과 관계의 변이가 있더라도 일관된 안정성을 유지할 것을 강조하게 된다.

문화유형에 따른 이러한 강조점의 차이는 두 문화권에서 중시하는 동기의 차이를 낳는다. 곧 집단주의 사회에서는 상황과 관계의 변이에 직면하여 스스로를 상황과 관계에 맞추어나가야 하기 때문에 일관성 추구의 동기가 그렇게 중요한 것으로 부각되지 않는다. 이와는 달리, 개인주의 사회에서는 개인의 여러 측면들은 개인의 정체감을 구성하는 핵심이므로, 이들 사이에 안정성과 일관성을 추구하는 동기가 아주 강하게 부각된다.

**실체설적 신념과 증가설적 신념** 집단주의 사회에서는 자기를 계속 상황에 조화롭게 적응시켜 개선할 수 있는 과정(process)적 존재로 보는 반면, 개인주의 사회에서는 자기를 안정적이고 고정된 실체(entity)로 파악한다.[217] 일단의 연구자들은[218] 성격과 능력 같은 개인의 내적 속성들에

**217** Fiske, A. P. et al., 1998; Kitayama et al., 1997: 최인철(Choi, I., 2002; Choi, I., & Choi, Y., 2002)은 이러한 문제와 관련하여, 집단주의 문화권에 살고 있는 동아시아인들은 개인주의 문화권에 살고 있는 미국인들보다 '자기개념 명확도'(self-concept clarity)는 낮게, '자

대해 사람들이 가지고 있는 내현적 이론(implicit theory)은 실체설(entity theory)과 증가설(incremental theory)의 두 가지로 나눌 수 있는데, 이러한 내현적 이론체계는 대인평가 · 자기지각 · 상호작용 · 성취 귀인 같은 장면에서 서로 다른 목표를 갖게 하여, 사회 상황에서 여러 가지 행동적 차이를 낳게 된다는 견해를 제시하였다.

여기서 '실체설'은 개인의 성격과 능력 같은 내적 특성은 상황이나 시간이 변화하더라도 비교적 고정적이고 안정되어 있으며 불변한다고 보는 신념체계이고, '증가설'은 개인의 성격이나 능력은 시간과 상황에 따라 체계적으로 변하기 때문에 역동적이고 가변적이라고 보는 신념체계이다. 실체설 신념자들은 사회 상황에서 자기에 대한 긍정적 평가를 추구하고, 부정적 평가를 회피하는 판단을 하려는 '수행목표'(performance goal)에 따라 동기화된다. 반면 증가설 신념자들은 자기의 능력이나 특성을 개선하려는 '학습목표'(learning goal)에 따라 동기화된다. 그 결과, 전자는 성공과 자기의 장점 및 긍정적 특성을 추구하고, 실패와 단점 및 부정적 특성을 회피하려고 하며, 성취 장면에서 장애를 만났을 때 쉽게 포기하는 경향이 높고, '하향적인 사회 비교'를 함으로써 자기를 끌어올리려는 경향이 높아진다. 이와는 반대로, 후자는 자기의 부정적 특성이나 단점도 비교적 무난히 수용하며, 성취 장면에서 실패했거나 장애를 경험해도 포기하지 않고 재도전하는 자기비판과 자기개선의 경향을 보인다.

---

기개념 유연성'(self-concept flexibility)은 높게 지각함을 발견했다. 그에 따르면, 한국 대학생들은 미국 대학생보다 자기개념 명확도(SCC)는 매우 낮고(Choi, I., 2002), 자기개념 유연성(SCF)은 매우 높다(Choi, I., & Choi, Y., 2002). 따라서 한국 대학생들은 상황에 따라 자기 성격이나 동료 집단에서의 상대적 위치 또는 삶의 가치에 대한 평가가 매우 달라질 뿐만 아니라(Choi, I., & Choi, Y., 2002), 서로 일치하지 않는 자기평가를 옳은 것으로 믿는 경향(Barnum effect)도 더 강한 것(Choi, I., 2002)으로 나타나고 있다.

**218** Chiu, C. et al., 1997; Dweck, 1991; Dweck et al., 1993; Dweck & Leggett, 1988.

이들 연구자들은 자신과 타인이 가변적인 특성들에 근거해서 행동한다고 받아들이는 증가론자와 고정된 특성에 근거해서 행동한다고 받아들이는 실체론자의 두 유형으로 사람들을 분류할 수 있다고 보았다. 그들에 따르면, 이 두 유형의 사람들은 세계를 아주 다르게 인식하는데, 예를 들면 증가론자들은 여러 사회추론에서 상황특수적인 추론을 많이 하는 반면, 실체론자들은 고정되고 안정된 성향에 기초한 추론을 많이 한다는 것이다. 이러한 사실에서 유추해보면, 집단주의 사회의 성원들은 증가론자의 특징을 보이고, 개인주의 사회의 성원들은 실체론자의 특징을 보인다고 해석할 수 있을 것이다.[219] 많은 문화비교연구들에서[220] 개인주의 사회에 사는 사람들은 '실체설적 신념체계'에 따라 자기를 파악하는 경향이 강하고, 집단주의 사회인들은 '증가설적 신념체계'에 따라 자기를 파악하는 경향이 강하다는 사실이 밝혀지고 있다.

이러한 신념체계에 따라 개인주의 사회인들은 개인의 성격 특성은 상황이나 시간에 따라 변화하지 않는 고정적인 것이라고 보는 경향이 강하지만, 집단주의 사회인들은 성격이란 살아가는 동안에 계속 변화하는 가변적인 것이라고 인식한다.[221] 성격에 대한 증가설과 실체설적 신념을 측정하는 척도를 미국 대학생과 한국 대학생에게 실시해본 한 연구[222]에서,

---

**219** 타인의 행동이나 사회적 사건의 원인을 추론할 때 집단주의 사회에서는 상황조건에서 원인을 찾는 '상황귀인'이 두드러지지만, 개인주의 사회에서는 개인의 속성에서 원인을 찾는 '성향귀인'이 두드러진다는 사실은 이미 잘 알려진 사실이다(조긍호, 1993, 1996a, 2007a, pp. 176~179; 한규석, 2002 참조).

**220** Chiu, C. et al., 1997; Cousins, 1989; Dweck et al., 1993; Heine, Kitayama, Lehman, Takata, Ide, Leung, C., & Matsumoto, H., 2001; Hong, Chiu, C., & Kung, 1997; Lee, F., Hallahan, & Herzog, T., 1996; Markus & Kitayama, 1991a, b, 1994a; Miller, J. G., 1984 등.

**221** Choi, I., & Nisbett, 1998, 2000; Choi, I., Nisbett, & Norenzayan, 1999; Nisbett, 2003; Norenzayan, Choi, I., & Nisbett, 2002.

**222** Norenzayan et al., 2002.

미국 학생들은 강한 실체설적 신념(일시적인 행동은 변화할 수 있어도, 근본적인 성격은 변화하지 않는다는 신념)을 가지고 있는 반면, 한국 학생들은 증가설적 신념(일시적 행동뿐만 아니라 근본적인 성격도 변화할 수 있다는 신념)을 강하게 가지고 있는 것으로 밝혀졌던 것이다. 또한 최인철 등[223]은 한국인들은 미국인들과는 달리, 개인의 성향은 실제로 주변 상황에 의해 조형된다는 신념이 강함을 발견하였다. 이러한 결과들은 집단주의 사회에서는 개인주의 사회와는 달리 여러 가지 능력뿐만 아니라 성격까지도 가변적이어서, 개인의 노력을 통해 변화시키고 증진할 수 있다는 강한 믿음을 가지고 있음을 보여주고 있다.

서구에서 제시된 성격이론들은 대체로 성격의 상황 불변성을 가정하여 "다양한 성격특성어들이 규칙적으로 그리고 보편적으로 발견된다는 사실은 이러한 특성들이 개인과 집단의 생존을 촉진시키는 과정에서 가지는 중요성을 반영한다"[224]고 보아, 성격특성의 불변성과 일관성을 당연한 것으로 받아들인다. 그러나 집단주의 사회인들은 상황의 변이에 따라 행동을 변화시키는 경향이 강하며, 이러한 변화는 행동의 표면적 수준(surface level of behavior)에서만이 아니라, 성격 그 자체에서도 끊임없는 재구조화가 이루어진다는 결과가 얻어지고 있다.[225] 이러한 맥락에서 보면, 집단주의 사회에서 "성격이란 특정한 방식으로 행동하는 보편적인 성향(predisposition)이 아니라, 상황적 요구(situational demands)에 맞추어 반응하려는 성향"[226]을 의미하는 것이라고 재정의해야 할지도 모른다.

또한 개인주의자들은 능력도 선천적이고 고정적인 안정된 특성이어서

---

**223** Choi, I., & Nisbett, 1998, 2000; Choi, I. et al., 1999; Norenzayan et al., 2002.
**224** Hogan, 1983, p. 59.
**225** Geertz, 1975; Shweder & Bourne, 1984(Smith, P. B. et al., 2006, p. 138에서 재인용).
**226** Smith, P. B. et al., 2006, p. 138.

시간이나 노력에 따라 변화할 수 없다고 보지만, 집단주의자들은 지능 같은 능력도 고정적인 것이 아니라 개인의 노력에 따라 얼마든지 변할 수 있다고 본다.[227] 이렇게 개인주의 사회에서는 대체로 능력을 선천적이고 고정된 안정적인 특성이라고 보지만, 집단주의 사회에서는 "능력도 오랜 기간에 걸친 노력을 통해 변화시킬 수 있다고 믿는 것이다."[228]

동아시아 집단주의 사회인들은 북미의 개인주의 사회인들보다 성격과 능력에서만이 아니라 대인관계와 기타 여러 가지 사회적 사건들의 변화가능성도 높게 추정하는 경향이 있다.[229] 중국 학생들과 미국 학생을 대상으로 한 어떤 연구[230]에서는 연애하고 있는 두 4학년 학생이 졸업 후 헤어질 가능성에 대해 미국인은 30%만이 그렇다고 응답했는데, 중국인은 50%가 헤어질 가능성이 있다고 응답하였다. 즉 중국 학생들이 상황의 변화가능성을 높게 추정하고 있는 것이다. 이러한 경향은 지난 3년 동안의 가상적인 국민총생산(GDP)의 변화율을 제시해주고 내년도의 변화율을 추정토록 한 과제에서, 미국 학생들은 변화량의 안정적인 지속가능성을 높게 추정한 반면, 중국 학생들은 성장 또는 감소 추세의 변화가능성을 높게 추정하였다는 결과에서도 나타나고 있다.

이렇게 개인주의 사회에서는 개인의 성격과 능력은 상대적으로 불변적 · 고정적인 것이어서 안정적으로 유지되는 것으로 받아들이며, 이러한 인식 경향은 여러 가지 사회적 사건에 대해서도 마찬가지로 나타난다. 이에 비해 집단주의 사회에서는 인간의 성격과 능력은 상황과 관계의 변이에 따라 부단히 변화하는 것으로 인식하며, 이러한 인식 경향은 여러 사

---

**227** Markus & Kitayama, 1991a; Weiner, 1979, 1991.

**228** Markus & Kitayama, 1991a, p. 244.

**229** Nisbett, 2003, pp. 102~109.

**230** Ji, Su, & Nisbett, 2001.

회적 사건에 대한 추론 과정에서도 똑같이 나타나는 것이다.

**일관성추구 경향의 문화차** 이상과 같은 인간의 변이가능성에 대한 인식의 차이는 개인의 여러 측면들 사이에 일관성을 추구하려는 경향의 문화차를 유발한다. 사실 자신의 여러 측면들(예: 태도 · 행동 · 신념 · 인지 내용) 사이의 균형과 일관적인 구조가 추구되고 선호된다는 생각[231]은 초창기부터 사회심리학의 가장 핵심적인 이론을 형성해왔다.[232] 이런 이론들에서는 자신의 행동과 태도 또는 여러 신념 및 인지 내용 사이에 불일치가 있으면, 이를 해소하려는 동기가 작동된다고 본다. "이러한 일관성의 추구 경향은 흔히 인간의 합리성의 징표로 받아들여졌으며, 따라서 이는 광범위하게 적용되는 보편적인 동기라고 간주되었다."[233] 그러나 최근에 와서 이러한 '일관성추구 동기'의 보편성에 관한 신념은 무너지게 되었다.[234]

개인주의 사회에서 개인의 행위는 안정된 내적 속성의 발현이므로, 내적 속성과 행위의 불일치 또는 상황 간 행위의 불일치는 개인의 정체감에 심한 혼란을 일으키게 되고, 결과적으로 일관성추구의 동기가 강할 수밖에 없다. 그러나 집단주의 사회에서 개인의 행위는 상황과 관계에 내재한 역할 · 지위 및 책임에 따른 것이므로, 개인의 내적 특성과 행위의 불일치는 문제로 부각되지 않고, 따라서 이 사회에서는 일관성추구의 동기가 그다지 작용하지 않게 된다.[235] 곧 개인주의 사회에서는 개인적 원망의 표

---

**231** 예: Festinger, 1957; Heider, 1958; Newcomb, 1961.

**232** Fiske, A. P. et al., 1998, pp. 937~939; Pittman, 1998, pp. 556~563.

**233** Fiske, A. P. et al., 1998, p. 938.

**234** 조긍호, 1993, 1996a; 한규석, 1991; Fiske, A. P. et al., 1998; Markus & Kitayama, 1991a, b; Pittman, 1998; Triandis, 1989, 1990, 1995.

**235** Markus & Kitayama, 1991a, pp. 240~241.

출과 개인적 목표의 추구에 가치를 두므로, 자기의 내적 속성(예: 태도)에 따라 행동하지 못하는 것은 외적 제약에 굴복하는 비겁함이나 자신에게 충실하지 못한 위선(僞善)으로 받아들여진다. 이와는 대조적으로, 집단주의 사회에서는 관계의 조화에 가치를 두므로, 개인의 내적 속성이 원만한 사회적 평형의 유지와 갈등할 때 이를 따르는 것은 이기적이고 미성숙하며 불성실한 징표로 받아들여지는 것이다.[236]

이러한 사실은 태도와 행동 사이의 일관성에 대한 신념은 호주인이 일본인보다 훨씬 강하며, 일본인들은 태도와 행동 사이의 불일치를 상황에 따른 유연성의 징표라고 받아들인다는 연구[237]에서 잘 드러나고 있다. 또한 집단주의 사회에서는 '공적 자기'와 '사적 자기'가 일치하지 않지만 개인주의 사회에서는 일치한다는 결과,[238] 집단주의 사회인 일본에서는 개인주의 사회와는 달리 속마음과 겉 표현이 다른 경우가 많다는 사실[239]도 위의 추론을 입증해주는 것이다.

이러한 연구 중에서 일본인과 미국인 피험자들에게 여러 가상적인 상황에서 가능한 몇 가지 행위를 제시해주고, 이 가운데서 최선의 반응과 최악의 반응이라고 생각하는 것을 선택하게 한 연구[240]는 특히 흥미를 끈다. 이 연구에서는 "자기 딸이 다른 인종의 남자를 결혼 상대자로 데리고 왔을 때"와 같은 상황에 대해 "속으로는 절대 허락하지 않을 것이라고 생각하지만, 그들 앞에서는 결혼을 찬성하겠다고 말한다"와 같은 선택지를 제시해주고, 이 행위를 평가하게 하였다. 그 결과 이 행위를 최선이라고

---

**236** Fiske, A. P. et al., 1998, p. 938.

**237** Kashima, Y., Siegel, Tanaka, & Kashima, E., 1992.

**238** Triandis, 1989, 1990.

**239** Doi, 1986; Iwao, 1988.

**240** Iwao, 1988(Triandis, 1989, p. 514에서 재인용).

응답한 피험자는 일본에서는 44%, 미국에서는 2%였고, 최악이라고 응답한 피험자는 일본에서는 7%였으나 미국에서는 48%였다. 이는 일본인들은 내적 의견(사적 자기의 내용)과 공개적 행동(공적 자기의 표출)의 불일치를 미국인들과는 달리 심각하게 생각하지 않음을 나타내는 결과이다.

집단주의 사회에서는 이렇게 개인의 내적 속성과 실제 외부로 드러나는 결과 사이의 불일치를 당연한 것으로 받아들이고, 따라서 기대했던 결과가 나타나지 않아도 그리 크게 놀라지 않는다. 그러나 개인주의 사회에서는 내적 속성(기대)과 실제 결과 사이의 불일치는 심한 혼란을 일으키고, 따라서 이러한 결과에 대해 크게 놀라게 될 것이다.[241] 이러한 사실은 한국 대학생들과 미국 대학생들을 대상으로 한 연구[242]에서 확인되고 있다. 이 연구에서 한국 학생들은 미국 학생들보다 기대에 일치하지 않는 결과에 대해 그다지 놀라지 않으며, 이러한 사실들에 대해 '사후설명편향'(hindsight bias)[243]을 보여주는 것으로 밝혀졌다. 예기치 않은 사건에 대해 집단주의자들이 개인주의자들보다 사후설명편향을 크게 보인다는 것은, 개인주의자들은 기대와 결과의 일치에 대한 신념이 강하여, 이것이 어그러졌을 때 사후설명에 어려움을 겪지만, 집단주의자들은 이의 일치에 대한 신념이 약하므로, 이의 불일치에 대한 설명을 쉽게 할 수 있음을 뜻하는 것이다.

문화유형에 따른 일관성추구 동기의 이러한 차이는 서구에서 지금까지 1,000개 이상의 연구가 진행되어, 사회심리학의 가장 중요하고도 풍요로

**241** Nisbett et al., 2001.

**242** Choi, I., & Nisbett, 2000.

**243** 어떤 일이 벌어진 이후에 그 일이 왜 벌어졌는가에 대한 설명(hindsight)은 어떤 일이 벌어지기 전에 그 일에 대해 예측하는 것(foresight)보다 쉬우며, 이러한 사후설명은 실제로 우연적인 사건일지라도 필연적으로 그렇게 벌어질 수밖에 없었던 것처럼 보이게 한다는 것이 '사후설명편향'이다(Fischhoff, 1975).

운 이론이었던[244] '인지부조화이론'(認知不調和理論, cognitive dissonance theory)[245]에서 예측하는 '부조화 해소 효과'가 집단주의 사회에서는 잘 나타나지 않는다는 사실에서도 드러난다.[246] 예를 들면, '불충분 타당화 효과'(insufficient justification effect)[247]는 동양에서 재검된 경우도 있으나[248] 전혀 나타나지 않은 경우도 있다.[249] 그리고 '선택 결정 후의 부조화 해소 효과'[250]가 미국인에게서는 거듭 재검되고 있으나, 일본인에게서는 이런 효과가 전혀 나타나지 않는 것으로 검출되기도 했던 것이다.[251]

---

**244** Cooper & Fazio, 1984, pp. 229~230.

**245** '인지부조화이론'(Festinger, 1957)은 1950년대 후반부터 1970년대 초반 사이의 사회심리학 연구를 주도했으나(Jones, 1985, p. 69), 그 이후 이 이론이 가지는 개념의 모호성과 실험 절차의 문제점이 지적되고(예: Rosenberg, M., 1965), 또 더 경제적인 설명체계(예: Bem, 1965, 1967의 '자기지각이론'에 의한 '불충분 타당화 효과' 설명)가 제시되면서 관심이 쇠퇴했다가, 최근에 와서 다시 관심이 나타나고 있다. Pittman(1998)은 최근에 인지부조화에 대한 연구 관심이 폭발하고 있다고 보면서, 이를 "인지부조화가 다시 원기를 회복하였다"(p. 561)고 적고 있다.

**246** Fiske, A. P. et al., 1998, pp. 937~939; Heine & Lehman, 1997; Markus & Kitayama, 1991a, pp. 240~241; Pittman, 1998, pp. 556~563.

**247** 태도와 일치되지 않는 행동을 한 대가로 보상을 불충분하게 주었을 때($1 제공)는 태도-행동의 불일치로 생겨난 부조화를 해소하기 위해 태도가 변화했으나, 오히려 보상을 충분하게 주었을 때($20 제공)는 불일치 행동에 대한 충분한 타당화가 이루어져 부조화가 일어나지 않은 탓에, 태도 변화가 나타나지 않은 현상(Festinger & Carlsmith, 1959). 이는 '인지부조화이론'의 설명이고, 이를 Bem(1965, 1967)은 '자기지각이론'에 따라 '부조화 해소 동기'를 가정하지 않고 귀인의 개념을 통해 설명한다. 이 두 이론의 대립에 대해서는 제6장의 "현대 사회심리학의 지-행 문제에 관한 논쟁"(pp. 697~708) 항목 참조.

**248** 예: Takata & Hashimoto, 1973.

**249** 예: Choi, I., Choi, K. J., & Cha, 1992; Yoshizaki, Ishii, S. & Ishii, K., 1977.

**250** 여러 선택지 중 하나를 선택하게 하면, 선택된 선택지의 부적(負的) 측면과 배척된 선택지의 정적(正的) 측면 사이에 불일치가 있게 되고, 여기서 부조화가 생겨난다. Brehm, J. W.(1956)에 따르면, 이를 해소하기 위해 선택한 선택지의 정적 측면을 과장하거나 부적 측면을 축소하게 되고, 배척한 선택지의 정적 측면을 축소하거나 부적 측면을 과장하게 되어, 결과적으로 선택한 선택지의 호감도는 선택 이전보다 높아지고, 배척한 선택지의 호감도는 낮아짐으로써, 선택 결정에 따른 부조화가 해소된다는 것이다.

**251** Heine & Lehman, 1997.

이밖에도 집단주의 사회에서는 내집단과 외집단 성원에 대한 여러 가지 행동(예: 친교행동 · 분배행동 · 동조행동 등) 사이에 차이가 크게 나지만, 개인주의 사회에서는 내집단 성원과 외집단 성원에 대한 행동이 달라지지 않는다는 연구들[252]도 개인주의 사회에서는 일관성 추구의 동기가 강하게 작용하지만, 집단주의 사회에서는 그다지 작용하지 않는다는 사실을 단적으로 드러내고 있는 것으로 볼 수 있을 것이다.

### 2) 자기향상 방안의 차이

집단주의 사회에서는 자기를 계속 상황에 조화롭게 적응시켜 개선할 수 있는 과정적 존재로 보는 반면, 개인주의 사회에서는 자기를 안정적이고 고정된 실체적 존재로 파악한다.[253] 그리하여 집단주의 사회에서는 자기의 부적(負的) 측면은 자기개선의 과정에서 필연적으로 요구되는 것으로 보아 무난히 수용하며, 삶의 과정에서 겪는 실패는 더 많은 노력이 필요하다는 징표로 받아들인다. 그러나 개인주의 사회에서 부적 측면은 부적인 자기개념의 원천이 되므로 적극 회피하고, 그 대신 정적(正的) 측면을 적극적으로 탐색하게 되며, 그 결과 삶의 과정에서 경험하는 실패는 능력 부족의 징표로 받아들여, 자기개념에 심각한 위협을 불러온다.[254] 이렇게 부적 특성과 부적 감정에 대한 수용도가 문화유형에 따라 달라지면, 결과적으로 두 문화권에서 제안하는 자기발전을 위한 방안에 차이가 유발될 것이다.

---

**252** 예: Bond & Hwang, 1986; Gudykunst, Yoon, Y., & Nishida, D., 1987; Leung, K., & Bond, 1982, 1984; Triandis, 1990, 1995; Williams, T. P., & Sogon, 1984.

**253** Choi, I., 2002; Choi, I., & Choi, Y., 2002; Fiske, A. P. et al., 1998; Kitayama et al., 1997.

**254** Morris & Peng, 1994; Pittman, 1998.

**부적 특성 수용도의 문화차** 집단주의 사회인들이 자기가 가지고 있는 부적 특성을 수용하는 정도가 개인주의 사회인들보다 클 것이라는 사실은 미국 성인의 자기개념을 구성하는 정적 특성은 부적 특성의 4~5배나 되지만,[255] 일본인,[256] 중국인[257] 및 한국인[258]에게서는 그렇지 않거나, 또는 부적 특성으로 자기를 기술하는 경향이 높다는 결과들에서 입증되고 있다. 또한 이러한 사실은 유럽계 캐나다인들의 자기존중감의 분포는 이론적 중간점으로부터 압도적 다수(약 93%)가 정적인 방향으로 편포되어 있으나, 일본인의 자기존중감 분포는 이론적 중간점을 기준으로 정상분포하고 있다는 결과에서도 잘 드러나고 있다.[259]

이러한 결과를 토대로 해서 보면, 집단주의자들에게서는 스스로가 정적 특성과 부적 특성을 공유하고 있다고 받아들이는 '바넘 효과'(Barnum effect)가 개인주의자들에게서보다 더 크게 나타날 것이라고 추론할 수 있다. 최인철[260]은 한국과 미국의 대학생들에게 서로 반대되는 특성(예: '무례하다'와 '예의바르다')을 포괄하는 여러 성격 특성들을 제시하고, 자기의 성격과 일치하는 정도를 평정하게 했다. 그는 이때 서로 반대되는 특성에 대한 일치도 평정치의 합이 논리적으로 100이 되도록 해놓았다. 평정 결과, 미국 학생들은 서로 반대되는 특성에 대한 일치도 평정치의 합이 대략 100에 근접하였으나, 한국 학생들의 평정치의 합은 100보다 훨씬 컸다. 이러한 결과는 미국인들은 자기가 정적 특성을 많이 가지고 있고 부적 특성은 그만큼 적게 가지고 있다고 생각하지만, 한국 학생들은 스스로

---

**255** Holmberg, Markus, Herzog, A. R., & Franks, 1997.
**256** Kitayama et al., 1995; Markus et al., 1997.
**257** Bond & Cheung, T. S., 1983; Stigler, Smith, S., & Mao, 1985.
**258** Ryff, Lee, Y., & Na, 1995; Schmutte, Lee, L. Y., & Ryff, 1995.
**259** Heine et al., 1999, p. 776~777, 그림 1과 그림 2.
**260** Choi, I., 2002; Choi, I., & Choi, Y., 2002.

가 정적 특성과 부적 특성을 함께 공유하고 있다고 인식한다는 사실을 나타낸다.

이렇게 집단주의 사회에서는 '부적 특성에 대한 수용의 폭'이 넓기 때문에, 개인주의 사회에서 지배적인 자기고양편향(자기의 성공에 대해서는 내부 귀인; 실패에 대해서는 외부 귀인)이 집단주의 사회에서는 나타나지 않거나, 그 반대의 겸양편향(자기의 성공에 대해서는 외부 귀인; 실패에 대해서는 내부 귀인)이 나타나게 되며,[261] 미국인들은 성공 상황이 실패 상황보다 훨씬 자존심과 관련이 높은 것으로 받아들이지만, 일본인들은 반대로 실패 상황이 성공 상황보다 자존심과 관련이 높은 것으로 받아들이는 것이다.[262]

**부적 정서 수용도의 문화차** 집단주의 사회에서는 사람들 사이의 연계성의 확립이 문화적 명제이다. 따라서 여기에서는 타인에 대한 배려와 조화의 유지를 강조하게 되고, 결과적으로 자기억제와 자기의 부적 측면의 발견 및 이의 개선에 초점이 맞추어진다. 그리하여 정적인 자기상이나 정적 감정보다는 자기의 부적인 측면과 부적 감정에 더 민감하고, 또 이의 경험에 대해 더 수용적이 될 가능성이 높다. 이와는 대조적으로, 개인주의 사회에서는 독립성이 문화적 명제이다. 따라서 개인주의 문화에서는 자기의 독특성을 강조하게 되고, 결과적으로 적극적인 자기주장과 자기현시를 정당한 것으로 받아들이게 되므로, 정적인 자기상과 정적인 감정의 추구를 지향하게 된다. 그러므로 정적 감정을 드러내는 것은 사회적으로 적절하고 또 바람직한 것으로 받아들여진다.[263]

**261** 조긍호, 1993, 1996a; 한규석, 1991, 2002; Diener, E., & Diener, M., 1995; Fiske, A. P. et al., 1998; Heine & Lehman, 1995; Kitayama & Markus, 1995; Kitayama et al., 1994, 1995, 1997; Markus & Kitayama, 1991a, b, 1994a 등.

**262** Kitayama et al., 1997.

**263** Diener, E., & Diener, M., 1995; Diener, E., & Larsen, 1993; Heine & Lehman, 1995;

이러한 사실은 인도인은 '수치심'(shame)을 공손함 · 겸양 · 사회질서의 유지를 위해 자기의 파괴적 힘을 억제할 수 있는 능력과 연결된 덕(德)이라고 보아 정적으로 받아들이는 데 반해, 미국인은 이를 자기 위신의 실추와 관련되는 것으로 보아 부적으로 받아들인다[264]는 데서도 잘 드러나고 있다. 또한 서양인에게는 '고통'의 회피가 보편적인 반응이지만, 중국인이나 인도인은 고통을 인간이 되는 과정의 한 부분으로서 사람을 고상하게 만드는 것으로 보아, 이를 '좋은 느낌'(good feeling)과 연합된 것으로 받아들인다[265]는 사실도 위의 논의를 지지해주는 결과이다.

집단주의 사회는 개인주의 사회보다 부적 정서에 대해 매우 수용적이라는 사실은 '주관적 안녕'(subjective well-being)의 문화차에 관한 연구들에서 분명하게 밝혀져왔다. 이러한 연구들에서는[266] 미국의 학생들은 정적 감정을 더욱 규범적이라고 믿는 반면, 한국과 중국 같은 동아시아의 학생들은 부적 감정 경험에 대해 더 수용적임이 발견되었다. "이러한 결과에 근거해서 보면, 개인주의 사회에서 삶의 만족도는 자기에 대한 정적인 느낌에 더 많이 근거하게 되지만, 이와는 대조적으로 집단주의 사회에서 삶의 만족도는 이 사회에서 더욱 지배적인 부적인 초점의 영향을 받으므로, 개인이 당면하는 문제와 사회적 갈등이 얼마나 많은가 하는 점에 더욱 의존하게 될 것이다."[267]

이러한 추론은 한국 · 일본 · 미국의 대학생을 대상으로 한 연구에서 그대로 드러나고 있다.[268] 이 연구에 따르면, 실제로 부적 감정 경험의 빈도

---

Kitayama & Markus, 1995; Kitayama et. al., 1997; Markus & Kitayama, 1994b.

**264** Shweder, 1993.

**265** Das, 1992; Kleinman, 1988.

**266** Diener, E., Suh, Smith, H., & Shao, 1995.

**267** Diener, E., & Diener, M., 1995, p. 662.

**268** 차경호, 1995.

에서는 국가 간에 차이가 없으나, 정적 감정은 미국 학생들이 한국이나 일본 학생들보다 더 자주 경험하는 것으로 나타나고 있다. 감정 경험의 이상적 수준에 대한 평정에서도 미국 학생들이 한국이나 일본 학생들보다 이상적인 정적 감정의 빈도를 더 높게 보고 있으나, 이상적인 부적 감정의 빈도 평정에서는 한국이나 일본의 학생들이 미국 학생들보다 높게 평정하고 있다. 또한 감정 경험의 적절성과 사회선망도를 기준으로 할 때, 정적 감정의 사회선망도는 문화 간에 차이가 없는 것으로 나타나고 있으나, 부적 감정의 적절성과 선망도는 한국과 일본 학생들이 미국 학생들보다 훨씬 높게 지각하고 있다. 이러한 결과들은 개인주의 사회에서는 정적 감정을 비교적 많이 경험하는 것이 사회 규범으로 되어 있음에 반해, 집단주의 사회에서는 부적 경험에 대한 사회적 용인도가 높아서, 정적 정서의 경험에 대한 사회 규범은 상대적으로 낮음을 의미하는 것이다. 이러한 사실은 한국 · 중국 · 미국의 대학생을 비교한 연구에서도 드러나고 있다.[269]

또한 미국 · 한국 · 중국의 성인들에게 보통 때 느끼는 정서 경험과 현재 느끼고 있는 정서 경험에 대해 조사한 또 다른 연구[270]에서 미국인들은 정적 정서 경험의 빈도가 부적 정서 경험의 빈도보다 유의미하게 높으며, 이 양자 사이에는 강한 역상관이 있지만, 한국인과 중국인의 경우 정적 정서 경험과 부적 정서 경험의 빈도 사이에 아무런 차이가 없으며, 두 정서 경험 사이에도 아무런 상관이 없는 것으로 검출된다는 사실이 밝혀지고 있다. 이러한 사실은 개인주의 사회에서는 정적 정서가 전형적으로 추구되는 정서이므로 부적 정서를 회피하려는 경향이 강하지만, 집단주

**269** Suh & Diener, E., 1995.
**270** Bagozzi, Wong, N., & Yi, 1999.

의 사회에서는 부적 정서에 대한 거부감이 적어 이를 무난히 수용함을 드러내는 것이다.

이렇게 집단주의 사회에서 부적 정서에 대해 훨씬 수용적이라는 사실은 집단주의 사회는 이러한 부적 정서에 대해 '과인지화'(過認知化, hypercognized)되어 있음[271]을 의미하는 것이다. 이러한 사실은, 우리나라 대학생들에게 최근 2~3일 동안의 자신의 기분 상태를 72개 정서어를 놓고 평가하게 하여, 이를 요인분석과 군집분석으로 처리한 결과, 유쾌 정서보다는 불쾌 정서가 훨씬 세분되어 나타난다[272]는 점에서 드러나고 있다. 중국어에서 '수치심'과 관련된 글자가 113개나 된다[273]는 사실은 집단주의 사회에서 부적 정서가 과인지화되어 있음을 웅변하고 있다.

이러한 결과는 한국어 정서어들의 인지구조를 분석한 연구[274]에서 정적 정서는 하나의 군집으로 묶이지만, 부적 정서는 하나로 묶이지 않고 다양한 종류로 분류되는 것으로 나타난 결과에서도 거듭 확인되고 있다. 서구의 연구 결과[275]에서는 정적 정서가 다양한 종류로 세분되어 나타난다. 이러한 결과들은 모두 우리나라 대학생들의 정서어의 인지구조와 정서 체험의 구조가 부적 정서에 과도하게 민감하도록 구성되어 있음을 시사하는 것이라고 하겠다.

집단주의 사회에서 부적 정서에 대해 수용적이고, 따라서 부적 감정에 과인지화되어 있는 것과는 달리, 개인주의 사회에서는 정적 정서가 규범적 정서이고 따라서 이에 대해 과인지화되어 있다. 한국 · 중국 · 일

---

**271** Heelas, 1986; Levy, 1984.

**272** 이만영 · 이훙철, 1990.

**273** Li, Wang, L., & Fischer, 2004.

**274** 안신호 · 이승혜 · 권오식, 1993.

**275** Watson & Tellegan, 1985.

본 같은 동아시아 집단주의 사회를 지배해온 유학 정신은 개인의 정서적 느낌보다는 대인간 조화와 의무의 중요성을 강조해왔다. 따라서 이들 사회에서 전형적으로 정적 감정 규범이 낮다는 사실은 개인적 행복과 같은 자기중심적 감정을 권장하지 않는 집단주의 문화의 특징이 반영되어 있는 것이라고 볼 수 있다.[276] 이와는 대조적으로, 개인주의 사회는 개인의 이익과 쾌락의 추구를 기본으로 하는 사회이다.[277] 이러한 관점에서 보면, 개인주의 사회에서는 집단주의 사회와는 달리, 일상생활의 정서 추구에서도 정서의 쾌락적 색조에 크게 영향을 받는다고 볼 수 있다. 따라서 그들은 부적 정서를 배척하고, 정적 정서를 추구하는 경향이 강한 것이다.

**장점확충과 단점개선** 이상에서 보듯이, 집단주의 사회에서는 개인이 다양한 상황과 관계에 따라 규정된다고 본다. 인간의 상황에 따른 변이가능성을 전제하는 집단주의 사회에서는 연계성이 문화적 명제이므로, 타인에 대한 배려와 조화의 유지를 강조하게 되고, 결과적으로 정적인 자기상이나 자기에 대한 정적인 감정보다는 자기의 부적인 측면과 부적 감정에 더 민감하고, 또 이러한 경험을 더 쉽게 수용할 가능성이 높다. 이와는 대조적으로, 개인주의 사회에서는 개인이 모든 내적 속성을 완비하고

**276** 이에 대해서는 필자(조긍호, 2007a, 제4장, pp. 247~320) 참조.

**277** Hofstede, 1980, 1983, 1991: 사실 현대 서구의 심리학에서 인간의 사회행동을 설명하는 "단순하면서도 최고의 이론체계"(simple and sovereign theories)로 제시된 것은 '쾌락주의'(hedonism)와 '이기주의'(egoism)였다(Allport, G. W., 1968, p. 10). 여기서 쾌락주의는 사람은 고통을 피하고 쾌락을 중시한다는 견해이고, 이기주의는 사람은 자기의 쾌락과 이익을 무엇보다도 중시한다는 관점이다. 현대심리학에서는 '강화의 원리' 또는 '효과의 법칙'이 쾌락주의를 대신하게 되었으며(Dollard & Miller, N. E., 1950), 이는 개인주의 사조에 힘입어 이기주의와 연합하게 되었던 것이다.

있는 불변적이고 안정적인 존재라고 인식하므로, 독립성과 독특성의 추구가 문화적 명제로 부각되고, 결과적으로 자기의 장점과 고유성에 민감하게 되어, 정적인 자기상과 자기에 대한 정적인 감정을 추구하게 된다.[278]

이와 같이 집단주의 사회에서는 자기비판과 이를 통한 자기개선의 방향으로 문화적 압력이 존재하게 되어, 자기의 부적 특성과 감정에 주의를 기울이고 이를 정교화하게 된다. 그리하여 집단주의 사회에서 '자기화'(self-making)는 집단의 기대에 비추어보아 자기에게 결여된 것이 무엇인가를 찾아내어, 이를 수정하는 '자기개선'이 주축이 되며, 이러한 자기개선이 자존심의 근거가 된다. 이에 견주어, 개인주의 사회에서는 자기고양의 방향으로 문화적 압력이 존재하게 되어, 자기의 부적 특성과 감정은 회피하거나 축소하는 대신, 자기의 정적 특성과 감정에 주의를 기울이고 이를 정교화하게 된다. 결과적으로 개인주의 사회에서 자기화는 자기 속에 갖추어져 있는 안정적이고 일관적인 정적 특성(성격과 능력의 장점)을 확인하고 고양시키는 일이 주축이 되며, 이러한 '자기고양'이 자존심의 근거가 된다.[279]

이와 같은 맥락에서 보면, 집단주의 사회인들은 자기의 단점이나 부적인 감정에 주의를 기울여, 이의 근원을 파악하여 개선하는 일을 자기발전의 핵심방안으로 받아들일 것이라고 추론할 수 있다. 곧 집단주의 사회에서는 '단점개선'이 자기발전의 통로가 되는 것이다. 이에 비해 개인주의 사회인들은 자기의 단점이나 부적 감정은 자기개념에 심각한 위협이 되

278 조긍호, 1997a; Diener, E., & Diener, M., 1995; Diener, E., & Larsen, 1993; Fiske, A. P. et al., 1998; Heine & Lehman, 1995; Kitayama & Markus, 1994, 1995; Kitayama et al., 1994, 1995, 1997; Markus & Kitayama, 1994a, b.

279 Fiske, A. P. et al., 1998; Kitayama et al., 1994, 1995, 1997.

는 것으로 인식하므로, 자기의 장점이나 정적인 감정을 확인하고 확충하려고 노력할 것이다. 즉 개인주의 사회에서는 '장점확충'을 통해 자기발전을 도모하려고 할 것이다.

그리하여 개인주의 사회에서는 부적 특성보다는 정적 특성을 더욱 규범적이고 정상적인 것으로 받아들여, 이러한 정적 특성의 보유에 따른 자기 만족도가 곧 행복감을 유발하는 근거가 된다. 그러나 집단주의 사회에서는 집단 내의 조화와 사회관계 속에서 자기가 차지하는 적합한 위치에 주의를 기울이게 되어, 조화를 해치거나 남에게 피해를 줄지도 모르는 부적 측면의 확인과 개선에 힘쓰게 되므로, 이러한 노력이 곧 행복감의 바탕이 된다. 이러한 사실은 개인주의 사회에서는 자기의 정적 측면의 확인에 근거한 자기 만족도가 삶의 만족도와 행복감의 직접적인 지표가 되지만, 집단주의 사회에서는 자기 만족도와 행복감은 아무런 상관이 없고, 타인에게 받아들여지는 수용감이나 대인관계에서 이루어지는 조화감이 행복감의 직접적인 지표가 된다는 연구들[280]에서 확인되고 있다. 또한 집단주의 사회인 일본에서 개인이 느끼는 행복감은 자기가 보유한 정적 특성의 지각 정도와는 무관하고, 자기가 부적 특성을 지니고 있지 않다는 지각 정도가 행복감의 직접적인 지표가 된다는 결과[281]도 이러한 추론의 타당성을 입증해주고 있다.

### 3) 변이가능성 차원에 따른 사회관계 행동의 문화차

이상에서 보듯이, 개인을 성격과 능력 같은 내적 특성을 완비하고 있는 완비체로 인식하는 개인주의 사회에서는 실체설적 신념체계에 따라 인간

---

**280** Diener, E., & Diener, M., 1995; Heine & Lehman, 1995; Kwan, Bond, & Singelis, 1997.
**281** Kitayama & Karasawa, 1995.

과 사회를 개념화하여 받아들임으로써, 개인의 성격은 안정성을 가지고 있어서 상황과 같은 외적 조건에 따라 변화하지 않으며, 능력도 고정적이고 불변적인 것이라고 본다. 이러한 관점에서 개인주의 사회인들은 상황과 관계의 변이에 따라 변화하지 않는 안정성과 일관성을 강조한다. 또한 그들은 개인의 부적 특성과 부적 감정은 개인의 자존감과 적응 과정에서 심각한 위협이 되는 것으로 받아들이며, 따라서 자기의 장점을 찾아 이를 확충시키고 정적 감정을 추구하는 과정에서 자기발전이 이루어진다고 간주한다.

이에 반해, 개인을 무한한 가능성을 가지고 있는 변화 과정 속의 존재로 인식하는 집단주의 사회에서는 증가설적 신념체계에 따라 인간과 사회를 개념화하여 받아들임으로써, 개인의 성격은 처해 있는 상황과 관계에 따라 변화하며, 능력도 노력의 여부에 따라 달라질 수 있는 가변적인 것이라고 본다. 이러한 관점에서 집단주의 사회인들은 상황과 관계에 따른 유연한 적응을 높이 평가하여, 상황과 관계의 변이에도 불구하고 일관성을 추구하려는 경향은 거의 나타나지 않는다. 그들은 자기의 부적 특성이나 부적 감정도 자기가 하기에 따라 변화될 수 있는 것으로 보아 무난히 수용하며, 일상생활의 과정에서 자기의 단점과 부적 감정의 근원을 찾아 이를 개선하는 일을 통해 자기발전이 이루어질 수 있다고 간주한다.

이러한 인간의 변이가능성에 대한 인식의 차이는 두 문화권 사람들의 사회관계의 행동에 그대로 반영된다. 이러한 사회관계 행동의 대표적인 예로는 집단의 압력을 받아 개인의 의견이나 행동을 변화시키는 동조행동, 조직 장면에서 나타나는 계약에 대한 인식의 차이, 성취관련 장면에서의 성취요인에 대한 인식의 차이 및 친교행동 장면에서 나타나는 차이 등을 생각해볼 수 있다.

### (1) 동조행동의 문화차

선분의 크기 비교와 같은 정답이 아주 분명한 장면에서도 개인의 견해와 집단의 견해가 서로 다를 때 일반적으로 사람들은 집단의 영향을 받아 자기의 기존 견해를 바꾸고 집단의 의견에 따라간다는 시원적인 연구[282] 이래, '동조'(同調, conformity)에 관한 연구들은 이것이 집단 과정에서 나타나는 보편적이고도 근본적인 현상[283]이라는 전제 아래 진행되어왔으며, 비교적 최근까지 이러한 현상의 문화차는 거의 무시되고 있었다.[284] 그러나 집단 규범에 대한 동조가 사회 · 문화적 진화를 촉진시키는 적응적 가치를 가지는 행동임이 밝혀지고, 또한 동조행동을 부정적으로 보고 자율성만을 강조하는 서구 개인주의 문화권의 독립적 자기관이 지닌 문제점이 드러나자, 자기와 집단에 대한 대안적 견해의 필요성이 대두되었다.[285] 그리하여 문화유형에 따른 동조행동의 차이 문제가 다시 연구자들의 관심을 끌고 있다.[286]

집단주의 사회에서는 사람들 사이의 상호의존성 및 집단의 통합과 조화를 강조하므로, 타인에게 단결심 · 공손성 · 배려성 · 소속감 등을 보이기 위해 노력한다. 이 사회에 사는 사람들은 내집단과 동일시된 자기관을 가지고 있으므로, 동조를 집단소속과 자기확대의 수단으로 보아 중시하게 된다. 이와는 대조적으로, 개인주의 사회에서는 개인의 자율성 · 독립성 · 자립성을 강조하므로, 타인에게 스스로의 독특성을 보이기 위해 노력한다. 이 사회의 사람들은 타인과 구획되고 분리된 개체로서의 자기관을 가지고 있으므로, 동조를 비독립성이나 비자율성의 표출로 보거나, 자

**282** Asch, 1951, 1956.
**283** Friend, Rafferty, & Bramel, 1990.
**284** Moscovici, 1985.
**285** Cialdini & Trost, 1998; Markus & Kitayama, 1994a, b; Triandis, 1994b.
**286** Bond, 1988; Bond & Smith, P. B., 1996; Mann, 1988; Triandis et al., 1988.

기이익을 보장하기 위한 수단으로 보기도 한다.[287]

그러므로 일반적으로 집단주의자들의 동조량이 개인주의자들의 동조량보다 크다.[288] 지금까지 17개국에서 이루어진 133개의 동조 행동에 관한 실험 연구들을 사후종합분석해본 결과, 각국의 개인주의 수준과 동조량 사이에 강력한 부적 회귀계수($\beta$)를 보임이 밝혀졌다.[289] 곧 여러 개인주의 척도[290]에 따른 각국의 개인주의 점수와 동조량 사이에 강한 역상관이 있음이 밝혀져, 집단주의 사회일수록 동조행동이 많고, 개인주의 사회일수록 동조행동이 적음을 보여주고 있는 것이다. 집단주의 사회의 동조행동이 개인주의 사회보다 많은 것은 집단주의 사회일수록 개인주의 사회보다 외통제의 성격 유형이 많다는 사실[291]에서도 유추할 수 있는데, 외통제형일수록 동조행동을 많이 하기 때문이다.[292]

그러나 집단주의 사회에 사는 사람들이라고 해서 누구에게나 동조하는 것은 아니다. 중국의 학생들은 같은 지위의 동료들 사이에는 동조가 크지만,[293] 낯선 사람에 대한 동조는 아주 작다.[294] 같은 경향이 일본에서도 밝혀지고 있는데, 일본의 학생들은 동조실험 장면에서 다수가 친구들로 구성되었을 때는 동조를 많이 하지만, 낯선 사람들로 구성되었을 때는 동조를 거의 하지 않거나,[295] 어떤 경우에는 오히려 적극적인 반동조(anti-

---

**287** Bond & Hwang, 1986; Bond & Smith, P. B., 1996; Chung, 1994; Markus & Kitayama, 1991a, b, 1994a, b; Triandis, 1989, 1990; Valentine, 1997.

**288** 조긍호 · 김은진, 2001; Bond, 1988; Mann, 1988; Triandis et al., 1988 등.

**289** Bond & Smith, P. B., 1996.

**290** Hofstede, 1980, 1983, 1991; Schwartz, S. H., 1994; Trompenaars, F., 1993.

**291** Cheung, F. M., 1986; Weisz et al., 1984; Yang, K. S., 1986.

**292** Lefcourt, 1966; Petri, 1996.

**293** Ho, 1979; Meade & Barnard, 1973, 1975.

**294** Bond & Hwang, 1986.

**295** Williams, T. P., & Sogon, 1984.

conformity) 경향을 보이기도 했던 것이다.[296] 이러한 결과들은 집단주의자들은 내집단 성원들에게는 동조를 잘 하지만, 외집단에 대해서는 거의 동조를 하지 않음을 보여주는 것이다.

이러한 사실은 집단주의 사회에서 동조행동이 갖는 사회적 의미에 대해 중요한 점을 시사해주고 있다. 곧 "집단주의자들은 사회 압력에 저항해서 자신의 지각 · 태도 · 신념 등을 유지하는 능력이 없는 것이 아니라, 이들에게 상호의존적인 타인에 대한 동조는 고도로 높이 평가되는 목표 상태로서, 이는 중요한 관계를 유지하기 위해 자기의 욕구와 원망을 조절하고 타인에게 화답하려는 용의성의 표현"[297]인 것이다.

이러한 동조행동의 문화 간 차이에 관한 연구들에서는 집단주의 사회에서 동조행동이 큰 까닭을 대체로 '괴리가설'(discrepancy hypothesis)이나 '인상관리책략'(strategy for impression–management)에 근거하여 설명하려고 했다.[298] 곧 집단주의 사회에서는 집단 성원과 조화를 유지하는 일을 중시하므로, 공적 신념과 사적 신념이 대립할 때 사적 신념을 포기하고 공적 신념을 수용하는 경향이 두드러지고, 따라서 동조 행동이 많아지므로, 공개적인 의견이나 태도는 진실한 내면적인 의견이나 태도가 아닐 가능성이 높다는 것이 이러한 관점들의 전제이다. 그러나 많은 학자들은 이에 대비되는 '내면화가설'(internalization hypothesis)을 제시하고 있다. 곧 집단주의 사회에서는 집단을 개인보다 앞세우고, 개인 존재는 집단 속에서만 그 존재 의미를 찾을 수 있다고 봄으로써, 집단 규범을 개인적 규범으로 받아들여 내면화하게 된다. 따라서 공개적인 의견이나 태도는 바로 개인에게 내면화된 가치의 반영이므로, 진실한 내면적인 의견이나 태도라고

**296** Frager, 1970.
**297** Markus & Kitayama, 1991a, p. 247.
**298** Bond & Hwang, 1986.

볼 수 있다는 것이다.[299]

집단주의자들이 이렇게 내집단 규범을 내면화했기 때문에 내집단원들에 대한 동조행동이 많아진다는 사실은 필자의 연구[300]에서도 밝혀지고 있다. 이 연구에서는 우리나라의 고등학생과 대학생을 집단중심성향자와 개인중심성향자로 나누었을 때, 전자가 후자보다 내집단원(친구들)에게 동조를 더 많이 함이 확인되어, 다른 문화비교연구와 같은 결과가 얻어졌다. 이 연구에서 더욱 중요한 결과는 참여자들을 동조를 많이 한 집단(동조자)과 동조를 하지 않은 집단(비동조자)으로 나누었을 때, 전자가 후자보다 자기와 친구들 사이의 유사성을 더 크게 인식하고, 또한 자기와 친구들 사이에 여러 가지 문제에 대한 가치관 · 태도 · 의견의 일치도가 더욱 큰 것으로 인식하는 점이 밝혀졌다는 사실이다. 이러한 결과들은 집단주의자들에게 동조는 굴복이 아니라, 내집단을 자신의 중요한 속성으로 내면화하는 자기확대의 중요한 통로 기능을 함[301]을 시사한다.

#### (2) 계약 내용의 변경가능성에 대한 인식의 문화차

서구인들은 스스로 제반 권리를 보유하고 있는 개인과 개인 사이 또는 개인과 국가 사이의 '계약'(contract)에 의해 사회나 국가가 설립되었다고 본다. 그들은 개인과 개인 또는 개인과 사회/국가의 관계는 동일한 권리와 의무를 갖는 독립적인 구성단위 사이의 관계라고 인식한다. 그러므로 이러한 독립적이고 평등한 구성단위 사이의 계약에는 계약 당사자들의 권리와 의무에 대한 조항이 포함되어 있으며, 그 계약의 내용은 항구적인

---

**299** Bond & Hwang, 1986; Bond & Smith, P. B., 1996; Markus & Kitayama, 1991a, b, 1994a.

**300** 조긍호 · 김은진, 2001.

**301** Markus & Kitayama, 1991a, p. 247; Valentine, 1997, pp. 107~108.

것이어서 변화할 수 없다고 인식한다.

그러나 동아시아인들에게 이러한 계약의 관념은 아주 생소한 것이다. 그들은 국가 또는 사회는 개인들의 단순한 집합이 아닌 거대한 유기체로서, 개인과 국가/사회와의 사이에는 '부분−전체'라는 관계가 성립한다고 믿는다. 그들에게 있어 전체(국가 또는 사회)와 개인이 동등한 무게의 권리와 의무를 갖는다는 관념은 매우 낯선 것이며, 따라서 계약에 의해 사회나 국가가 설립된다는 것은 이해하기 어려운 개념이다. 이들은 상황과 사정이 바뀌면, 부분−전체 또는 부분−부분 사이의 관계는 달라질 수 있다고 인식한다. 그러므로 이들에게 있어 계약의 내용은 항구적이거나 불변적인 것이 아니라, 상황과 사정의 변화에 따라 얼마든지 바뀔 수 있는 것이 된다.[302]

이렇게 '보편적인 규범'이 누구에게나 동일하게 적용되어야 한다고 생각하는 문화권의 사람과 그때그때 달라지는 상황을 고려해야 하고 서로 다른 사람에게는 서로 다른 규칙을 적용하는 것이 당연하다는 '특수주의적 규범'에 익숙한 문화권의 사람 사이의 상호작용에서는 갈등이 벌어지기 쉽다. "서구인들은 누구에게나 공통적으로 적용되는 추상적인 규칙이 있다고 믿고 이런 원칙에 따라 살려고 하기 때문에, 그들은 이러한 보편적인 규칙을 버려두고 각각의 경우에 맞추어 원칙을 조정하는 것은 부도덕한 일이라고 여긴다. 그러나 동아시아인들에게 있어 모든 경우에 대해서 똑같은 규칙을 적용하기를 고집하는 것은 지나치게 어리석고 고지식한 일일 뿐만 아니라, 심지어는 비정한 일로 여겨지기도 한다."[303]

서구인들의 이러한 보편적 규칙에 대한 집착은 개인과 개인 및 조직체

---

**302** Nisbett, 2003, pp. 198~199.
**303** Nisbett, 2003, pp. 64~65.

와 조직체 사이의 계약에 대한 관점에도 영향을 미친다. 그들은 일단 계약이 맺어지면 이는 계약 당사자들을 끝까지 구속하는 것이어서, 설사 상황이 급격하게 변화해서 어느 한쪽이 불리해지더라도 그 내용을 결코 변경해서는 안 된다고 인식한다. 그러나 상호의존적인 고맥락 사회인 동아시아에 살고 있는 사람들은 상황이 달라지면 계약 내용은 당연히 달라져야 한다고 생각한다.

이러한 인식의 차이는 호주인과 일본인의 사업계약을 둘러싼 다툼의 사례에 잘 반영되고 있다.[304] 1970년대 중반에 일본의 설탕제조업자들은 호주의 공급업자들과 1톤에 $160로 설탕을 공급받기로 하는 5년짜리 계약을 체결하였다. 계약을 체결한 직후 세계 시장에서의 설탕 가격이 폭락하였고, 일본인들은 사정이 달라졌으니 재협상을 하자고 요구하였다. 그러나 호주인들은 일단 체결된 계약은 그 자체로 지켜져야 한다면서, 사정이 어떻게 변화되었든 상관없이 재협상을 할 수는 없다며 거절하였다. 이는 개인주의자들과 집단주의자들이 계약을 보는 관점이 상이한 데서 빚어진 사건이었던 것이다.

이렇게 서구인들은 한번 맺어진 계약은 어떠한 경우에도 변경될 수 없다고 생각한다. 그러나 동아시아인들에게 계약의 내용은 상황의 변화에 따라 얼마든지 변경될 수 있는 것이다. 동아시아에서는 계약을 맺은 후에 상황이 달라지면 재협상을 하는 일이 흔하다. 일본에서는 눈이 많이 내려 영화 관객이 줄어들면, 영화공급업자들은 극장주에게 일정 부분을 보상해준다.[305] "조목조목 분석적으로 따지는 서구의 관점에서 보면 그러한 조정행위는 효율적이거나 합리적인 것이 아니지만, 공급자와 수요자 사이의 관계 강화라는 측면에서 보면 이는 매우 의미 깊은 행위라고 볼 수

**304** Hampden-Turner & Trompenaars, A., 1993.
**305** Nisbett, 2003, p. 197.

있다."[306] 한마디로, 집단주의자들은 사업관계에서 한 순간의 효용분석에 근거한 한 번의 계약에서 끝내려 하지 않고, 양자 사이의 오랜 관계의 유지를 위해 장기적인 시간전망을 고려하는 매우 통합적인 관점을 견지하는 것이다.

(3) 성취 장면에서의 문화차

집단주의 사회에서는 개인을 다양한 상황과 맺는 관계에 따라 규정하고, 따라서 이러한 다양성에 비추어 스스로의 행위를 적합하게 조절하는 가변성을 강조한다. 그러므로 다양한 상황에 맞추어가는 개인의 노력을 중시하게 되고, 결과적으로 개인의 성취를 가변적인 노력의 산물로 귀인하는 경향을 낳는다. 이와는 대조적으로, 개인주의 사회에는 개인의 지속적이고 안정된 속성이 모든 행위의 원동력이라고 봄으로써, 상황이 달라지더라도 일관된 안정성을 유지할 것을 강조한다. 따라서 성취 장면에서 개인의 안정적 속성인 능력을 중시하게 되고, 결과적으로 개인의 성취를 능력의 산물로 귀인하는 경향이 높아진다.

**성취요인에 대한 인식의 차이: 능력과 노력** 집단주의 사회에서는 자기의 부적 측면이나 부적 정서는 자기개선의 과정에서 필연적으로 요구되는 것으로 보아 무난히 수용하며, 삶의 과정에서 겪는 실패는 더 많은 노력이 필요하다는 징표로 받아들인다. 그러나 개인주의 사회에서 부적 측면이나 부적 정서는 부적인 자기개념의 원천이 되므로 적극 회피하고, 그 대신 정적 측면과 정적 정서를 적극적으로 탐색하게 되며, 그 결과 삶의 과정에서 경험하는 실패는 능력 부족의 징표로 받아들여, 자기개념에

**306** Hampden-Turner & Trompenaars, A., 1993, pp. 123~124.

심각한 위협을 불러온다.[307]

이러한 사실은 집단주의 사회에서는 학업 성취를 노력의 결과라고 보지만, 개인주의 사회에서는 이를 능력의 산물이라고 본다는 결과들[308]에 의해 입증되고 있다. 이러한 맥락에서 일본의 교사와 학생들은 학업 성취나 도덕적 행위를 노력의 문제라고 받아들여, 잘했을 때는 보상을 해주지만, 못했을 때는 비난을 하지 않는 반면, 미국의 교사나 학생들은 이를 능력의 문제라고 보아, 잘했을 때는 당연한 것으로 받아들이나, 못했을 때는 비난을 많이 하는 것이다.[309]

이렇게 개인주의자들은 성취가 노력보다는 고정적인 '능력'의 결과라 인식하지만, 집단주의자들은 성취는 '노력'의 결과라고 인식한다.[310] 따라서 서구인들은 성취 결과와 노력의 정도 사이에 높은 역상관($r=-0.91$)을 보여 강한 실체설적 신념체계를 드러내지만, 동아시아인들은 이 둘 사이에 매우 높은 정상관($r=0.64$)을 보여 성취는 노력의 산물이라고 인식하는 증가설적 신념체계를 드러내고 있는 것이다.[311]

**성취모형의 차이: 승산모형과 가산모형** 집단주의 사회에서는 노력을 성취의 제일 요인으로 중시하고 개인주의 사회에서는 능력을 성취의 핵심 요인으로 중시한다는 사실은 두 문화권에서 성취를 개념화하는 모형이 달라질 수 있음을 시사한다. 즉 집단주의 사회에서는 [능력+노력]이라는 '가산모형'(加算模型, additive model)으로 성취 결과를 인식하지만, 개인주의 사회에서는 [능력×노력]이라는 '승산모형'(乘算模型, multiplying

---

**307** Morris & Peng, 1994; Pittman, 1998.

**308** 조긍호, 1993, 1996a; Mizokawa & Ryckman, 1992; Stevenson & Stigler, 1992.

**309** Hamilton, Blumenfeld, Akoh, & Miura, 1990.

**310** Holloway, 1988; Stevenson & Stigler, 1992.

**311** Heine et al., 2001.

model)으로 성취 결과를 인식한다는 것이다.[312]

집단주의 사회에서는 이렇게 가산모형으로 성취 결과를 인식하고, 또한 능력 그 자체도 노력에 따라 증가된다[313]고 보므로, 선천적으로 결정되는 능력보다 후천적인 노력을 더 중시한다. 일본 성인 가운데 능력이 성공의 요인이라고 믿는 사람은 1%일 뿐이지만, 70% 이상의 사람들은 근면 · 참을성 · 노력을 성공의 요인이라고 본다[314]는 사실은 이러한 추론을 경험적으로 뒷받침하는 결과이다. 이에 견주어, 개인주의 사회에서는 승산모형으로 성취 결과를 인식하고, 능력은 선천적으로 결정되는 고정적이고 안정적인 내적 특성[315]이기 때문에, 능력이 성취의 제일 결정요인이 되므로 능력을 노력보다 중시하게 되는 것이다.

동아시아 사회의 치열한 교육열은 바로 성취 결과를 [능력+노력]이라는 가산모형으로 인식하기 때문에 빚어지는 현상이라고 볼 수 있다. 이 사회에서는 이러한 가산모형에 따라 능력이 좀 부족하더라도 적절한 환경에서 누구나 최선의 노력을 기울이면 바라는 결과를 이룰 수 있다고 믿는다. 게다가 이 사회에서는 능력이란 노력에 따라 얼마든지 키워질 수 있다고 여긴다. 그러나 서구에서는 성취 결과는 [능력×노력]이라는 승산모형에 따라 결정된다고 인식하여, 능력이 부족하다면 아무리 열심히 노력한다고 해도 바라는 결과를 얻을 수 없을 것이 뻔하다고 생각한다. 게다가 그들은 능력이란 가지고 태어나는 것으로서, 노력한다고 해서 달라지는 것이 아니라고 여긴다.[316] 바로 이러한 성취모형의 차이가 두 문화

312 Singh, 1981; Triandis, 1995, p. 73.
313 Markus & Kitayama, 1991a; Norenzayan et al., 2002.
314 Lebra, 1976.
315 Markus & Kitayama, 1991a; Norenzayan et al., 2002.
316 Nisbett, 2003, p. 189.

권의 교육열의 차이를 가져오는 원천인 것이다.

**성취귀인의 차이: 능력귀인과 노력귀인** 문화유형에 따라 달라지는 성취의 제일 요인에 대한 이러한 인식의 차이는 곧바로 성취 결과에 대한 귀인의 차이로 이어진다. 이러한 사실은 집단주의 사회에서는 학생이나 학부모 모두 학업 성취는 노력의 결과라고 보아, 성공이나 실패를 모두 노력에 귀인하지만(성공의 경우에는 열성적 노력, 실패의 경우에는 노력 부족), 개인주의 사회에서는 학업 성취를 선천적인 능력의 반영이라고 보아, 성공이나 실패를 모두 능력에 귀인한다(성공의 경우에는 탁월한 능력, 실패의 경우에는 능력 부족)는 연구 결과들에서 입증되고 있다. 이러한 결과는 중국인과 미국인의 비교,[317] 일본인과 미국인의 비교,[318] 중국인 · 일본인과 미국인의 비교[319]에서뿐만 아니라, 미국에 이민 간 아시아계인(한국인 · 필리핀인 · 중국인 · 일본인 · 베트남인 및 기타 동남아시아인)과 미국인의 비교[320]에서 한결같이 나타나고 있다.

집단주의 사회에서 이렇게 성취를 노력귀인하는 경향은 적응적 가치를 갖는 것이다. 곧 노력은 가변적이고 통제 가능한 요인으로서, 성취결과를 이에 귀인하면 실패를 했을 때 더욱 분발하게 하는 효과를 가져와 지속적인 실패를 피할 수 있지만, 비교적 고정적이고 통제 불가능한 요인인 능력에 귀인하면 실패를 했을 때 쉽게 포기하게 될 것이기 때문이다. 말하자면, 개인주의자들의 성취실패에 대한 '반사실적 추론'(counterfactual inference)은 "이 학생이 좀 더 좋은 유전자를 가지고 태어났더라면, 이 수

**317** Hess, Chang, C. M., & McDevitt, 1987.

**318** Holloway, Kashiwagi, Hess, & Azuma, 1986.

**319** Stevenson, Lee, S. Y., & Stigler, 1986; Stevenson & Stigler, 1992.

**320** Mizokawa & Ryckman, 1990.

학 시험에서 실패하지 않았을 텐데……"라는 것이 되어 문제 해결(상황 개선)의 여지가 없지만, 집단주의자들의 성취실패에 대한 반사실적 추론은 "이 학생과 선생님들이 좀 더 열심히 노력했더라면, 이 수학 시험에서 실패하지 않았을 텐데……"라는 것이 되어 문제 해결의 방법을 끌어낼 수 있는 것이다.[321] 이는 한마디로 노력을 더 많이 하는 것이다.

이러한 맥락에서 중국인들은 미국인들보다 학교에서는 학생들에게 숙제를 더 많이 내주고, 가정에서는 아이들이 숙제하는 것을 더 많이 도와주며, 아이들은 숙제를 하는 데 더 많은 시간을 소비한다.[322] 그 결과 동아시아 학생들의 학업성취도는 동일한 과제에 대한 미국 학생들의 학업성취도보다 전반적으로 매우 높아진다.[323] 곧 성취행동에 대한 귀인양식의 차이가 바로 이러한 학업성취도의 차이를 유발하고 있는 것이다.

#### (4) 친교행동의 차이

위에서 문화권에 따른 행위가변성과 안정성에 대한 강조점의 차이는 결과적으로 집단주의 사회에서는 가변적인 특성인 노력을 중시하게 하고, 개인주의 사회에서는 비교적 고정된 특성인 능력을 중시하게 한다는 사실을 고찰하였다. 이렇게 개인주의 사회에서 노력보다 능력을 강조하는 경향은, 대인평가에서 미국인들은 능력과 지식을 매우 강조한다는 결과[324]나 미국인들에게 자기가 '좋아하는 사람', '싫어하는 사람'과 '좋아하지도 싫어하지도 않는 그저 그런 사람'들을 뽑아 그들의 성격 특성을 기

---

**321** Morris & Peng, 1994, p. 966.
**322** Chen & Stevenson, 1989.
**323** Stevenson & Stigler, 1992.
**324** Korten, 1974.

술하게 한 연구에서도 여실히 드러난다. 곧 빈도 10 이상인 특성 110개 중 가장 빈도가 높은 특성 세 개는 '지적이다' · '친절하다' · '노력형이다'로 각각 빈도가 143, 80, 54인데, 이 가운데 두 개(지적이다 · 노력형이다)가 작업성취와 관련된 특성이지만, 그 중에서 능력의 정도를 나타내는 '지적이다'의 빈도는 노력의 정도를 나타내는 '노력형이다'의 빈도보다 3배 가까이 된다는 결과[325]가 나타난 것이다. 이러한 경향은, 개인주의 사회에서는 집단주의 사회와는 달리 "내가 무엇을 할 수 있나?" 하는 능력 확인과 독특성의 추구가 사회화의 가장 중요한 내용으로서, 그 결과 개인적 소유(능력이나 업적)에 따라 정체감이 규정된다는 사실[326]에서도 그 근거를 찾을 수 있을 것이다.

네덜란드와 중국의 어머니들에게 학령기인 자기 아이들의 특성을 자유롭게 기술하게 하고 그 내용을 분석한 연구[327]의 결과에 따르면, 중국의 어머니들이 네덜란드의 어머니들보다 노력의 정도와 과제 수행을 할 때의 신중함 등 과제수행의 태도와 관련된 영역인 '성실성'의 특성들로 자기 자녀를 기술하는 경향이 훨씬 강함을 보이고 있다. 이 차원의 특성으로 자기 자녀를 묘사한 말의 다양성과 수에 있어서 중국의 어머니들이 네덜란드의 어머니들을 압도하고 있었던 것이다. 이와 같이 집단주의 사회에서 노력의 특성을 중심적으로 하여 사람을 기술하고 있다는 사실은 이 사회에서 노력의 정도를 사람을 평가하는 데 얼마나 중요하게 고려하는지를 드러내주는 것이다.

이렇게 집단주의 사회에서는 노력을 능력보다 더 중시하고, 따라서 노력이 능력보다 대인관계에서 더 큰 영향력을 발휘하는 특성으로 작용한

---

**325** Rosenberg, S., & Sedlak, 1972.

**326** Triandis, 1990, pp. 72~77.

**327** Zhang, Y. C., Kohnstamm, Slotboom, Elphick, & Cheung, P. C., 2002.

다. 김혜숙과 유주란[328]에 따르면, 우리나라의 대학생들은 자기의 성공을 자신의 능력에 귀인하는 사람보다는 노력에 귀인하는 사람이 더욱 따뜻하고 겸손하다고 생각하며, 또한 집단의 성공을 자신과 동료의 능력에 귀인하는 사람보다는 노력에 귀인하는 사람이 더욱 따뜻하고, 겸손하며, 유능하기까지 한 것으로 지각하고 있다. 따라서 이들은 노력귀인자를 능력귀인자보다 친교대상자로 더 좋아한다.

필자와 공동연구자의 연구[329]에서도 같은 결과가 얻어지고 있다. 곧 대학생뿐만 아니라, 우리나라의 직장인들도 자신의 성공의 원인을 능력(예: 능력이 남보다 나은 덕분)보다 노력(예: 열심히 노력한 덕분)에 귀인하는 사람이 더 겸손하고, 신뢰로우며, 유능하다고 본다. 따라서 그들은 능력귀인자보다 노력귀인자에게 더 호감을 느끼며, 후자를 작업 동료나 친구로서 더 선호하는 것이다. 이러한 결과는 집단주의 사회에서는 가변적인 특성인 노력을 고정된 특성인 능력보다 중시함을 여실히 드러내는 것으로서, 실천적 노력을 강조하는 유교 문화의 특징[330]을 그대로 반영한다고 볼 수 있다.

## 5. 동 · 서 인간관과 사회관계 행동의 문화차

이상에서 [표 3]에서 제시된 세 차원의 문화차 개관의 기본틀을 기반으로 하여 현대 서구 개인주의 문화권과 동아시아 집단주의 문화권에 살고

**328** 김혜숙 · 유주란, 1995.

**329** 조긍호 · 김소연, 1998.

**330** 조긍호, 1990, 1991, 1994, 1995, 1997c, 1998a, b, 1999b; Bond & Hwang, 1986; Kim, U., 1995; Stevenson & Lee, S. Y., 1996; Yu, A. B., & Yang, K. S., 1994.

있는 사람들이 실제로 드러내고 있는 사회관계 행동의 차이에 대해 고찰해보았다. 이러한 문화차 개관의 기본틀은 두 문화권에서 인간을 보는 관점의 차이로부터 직접 도출되는 것이었다. 즉 인간을 '개체성'을 중시하여 이해하느냐(개인주의) 아니면 '사회성'을 중시하여 이해하느냐(집단주의)에 따라 '주의의 초점' 차원에서 개체로서의 개인에게 주의를 기울이느냐(개인주의) 아니면 상황과 관계 또는 타인과 집단에 주의를 기울이느냐(집단주의) 하는 두 문화권 사이의 차이가 도출된다. 또 인간을 '이성의 주체'로 인식하느냐(개인주의) 아니면 '덕성의 주체'로 인식하느냐(집단주의)에 따라 '통제의 대상' 차원에서 환경세계를 통제의 대상으로 삼느냐(개인주의) 아니면 자기 자신을 통제의 대상으로 삼느냐(집단주의) 하는 두 문화권 간 차이가 유발된다. 그리고 인간을 '완비체'로 이해하느냐(개인주의) 아니면 '가변체'로 이해하느냐(집단주의)에 따라 '변이가능성' 차원에서 인간을 고정적이고 안정적인 실체로 보느냐(개인주의) 아니면 변화 과정 속에 있는 존재로 보느냐(집단주의) 하는 두 문화권 사이의 차이가 나오게 된다.

여기에서는 지금까지 논의된 내용들을 기반으로 하여, 현대 개인주의와 집단주의 사회인들이 실제로 보이는 사회관계 행동의 문화차의 내용들을 정리하고, 이러한 문화차가 두 문화권에서 제시되어온 인간관의 차이와 직접적으로 관련되어 나오는 것이라는 사실을 확인해보기로 하겠다.

#### 1) 개체성-사회성과 주의의 초점 차원의 문화차

서구 개인주의 사회의 사상적 배경은 자유주의이다. 자유주의는 타인이나 상황과 분리된 독립적인 실체로 존재하는 개인이 스스로의 생명·재산·이익·사상·종교·신념을 자율적으로 선택하고 추구할 자유를 가지고 있으며, 이러한 자유권은 인간이 태어날 때부터 갖추고 있는 천부의 권리라는 관념을 기반으로 한다. 그러므로 자유주의를 이념적 바탕으로 삼고 있는 서구 개인주의 사회에서는 자유의 추구를 최고의 가치로 내세운다. 이러한 배경에서 개인주의 사회에서는 개인을 '자유의 보유자'로 인식한다.

이렇게 개인 존재를 자유의 보유자로 보는 관점이 전제하고 있는 것은 개인의 독립성과 자율성의 가치이다. 개인은 다른 개인 또는 집단과 분명한 경계를 가지고 있는 독립적인 실체이며, 스스로 현재와 미래를 선택하여 설계할 수 있는 자율적인 존재라고 보는 것이 자유주의에서 전제하는 자유의 가치이다. 이러한 맥락에서 자유의 보유자인 개인의 가치는 그가 향유하는 '독립성'과 '자율성'에서 최대로 드러나게 된다.

이 사회에서는 독립적이고 자율적인 개인이 사회구성의 기본단위가 된다고 보아, 개인의 '개체성'의 확보를 인간 삶의 가장 핵심적인 목적으로 내세운다. 그리하여 이 사회에 살고 있는 사람들은 개인이 독특하게 갖추고 있는 성격과 능력 등 내적 속성이 그가 하는 모든 행위의 원동력이라고 보아, 사회나 상황 또는 타인보다는 행위자 자신에게 주의를 기울이게 된다. 즉 개인이 '주의의 초점'으로 부각되며, 결과적으로 개인의 '독립성 · 자율성 · 독특성'을 강조하고, 이를 추구하는 삶의 자세를 가지게 된다.

이에 비해 동아시아 집단주의 사회의 이념적 배경은 유학사상이다. 유학사상에서는 인간은 다른 사람과의 관계 속에서 태어나고 살아가는 존재로서, 이러한 관계를 떠나서는 그 존재 의의 자체를 상실하게 되는 '사회적 관계체'라고 본다. 이 사회에서는 개인의 삶은 혼자만의 힘으로 이루어지는 것이 아니라, 서로 관계를 맺고 있는 사람들 사이의 상호의존성 속에서 이루어진다고 여긴다. 그러므로 집단주의 사회에서는 서로 의존하면서 살아가고 있는 다른 사람과의 연계성을 깊이 인식하고 그들과 조화로운 관계를 유지하는 일에 높은 가치를 부여한다.

이렇게 집단주의 사회에 살고 있는 사람들은 다른 사람과 맺는 관계가 사회구성의 기본단위라고 인식하므로, 모든 사회행위의 원동력을 이러한 관계적 속성에서 찾게 된다. 그러므로 이 사회에 살고 있는 사람들은 개인을 상황과 관계에서 요구하는 '역할과 의무의 복합체'라고 본다. 그들은 나뿐만 아니라 다른 사람들도 또한 역할과 의무의 체계라고 인식하므로, 더불어 삶을 영위하고 있는 사람들 사이의 상호의존성과 연계성, 그리고 관계의 조화성을 강조하고 중시하는 삶의 태도를 견지하게 된다.

인간을 이렇게 '사회성'에 기초해서 이해하게 되면 개인의 모든 관심은 다른 사람이나 집단, 그리고 이들과 맺는 관계의 속성 같은 자기 외적인 상황적 조건에 쏠릴 수밖에 없게 된다. 자기 자신이 아니라 자기 외적인 속성(타인 · 소속집단 · 상황)에 일차적으로 주의를 기울이게 되는 것이다. 그리하여 집단주의자들은 삶의 과정에서 타인에 대해 관심을 가지고 그들을 배려함으로써, 그들과 조화로운 관계를 유지하기 위해 노력한다. 이렇게 집단주의 사회에서는 타인과 집단 및 상황적 특성이 '주의의 초점'으로 부각됨으로써, 결과적으로 사람들 사이의 '연계성' · '배려성' · '조화성'을 강조하고, 이를 추구하는 삶의 자세를 가지게 된다.

인간 존재를 이렇게 '개체성'을 기초로 하여 이해하는 개인주의 사회에서는 사회행위의 원천으로서의 개인적 속성이 주의의 초점으로 부각되고, 결과적으로 개인의 '독립성 · 자율성 · 독특성'을 중시하고 추구하려고 한다. 이에 비해 '사회성'을 중심으로 하여 인간 존재를 이해하는 집단주의 사회에서는 상황이나 관계적 속성이 주의의 초점으로 부각되고, 결국 사람들 사이의 '연계성' · '배려성' · '조화성'을 중시하고 추구하려고 한다. 이러한 두 문화권의 차이는 그대로 문화유형에 따른 사회관계 행동의 차이로 이어지고 있다.

문화유형에 따라 주의의 초점이 달라진다는 사실은 유사성 판단의 비대칭성, 내 · 외집단 유사성 지각의 문화차 및 자의식 유형의 문화차의 결과들에서 확인되고 있다. 개인주의자들은 자기가 친구와 유사한 정도보다는 친구가 자기와 더 유사한 정도가 더 높다고 평정하여 자기-친구 사이의 유사성을 자기를 기준으로 하여 판단하고, 자기를 타인들과 이질적이라고 평가하며, 개인적 특성에 기초한 사적 자의식을 자기개념의 핵심 요인으로 여기고 있다. 이러한 결과는 개인주의자들이 자기를 주의의 초점으로 삼아, 자기와 타인에 대해 비교 판단을 할 때 자신을 참조기준으로 삼는 경향이 있음을 드러내는 것이다.

이에 비해 집단주의자들은 친구가 자기와 유사한 정도보다는 자기가 친구와 유사한 정도가 더 높다고 평정하여 자기-친구 사이의 유사성을 친구를 기준으로 하여 판단하고, 자기가 타인들과 매우 유사하다고 평가하며, 외적으로 드러나는 특성에 기초한 공적 자의식을 자기개념의 핵심 요인으로 여기고 있다. 이러한 결과는 집단주의자들이 친구 등 타인을 주의의 초점으로 삼아, 자기와 타인에 대한 여러 비교 판단에서 타인을 참조기준으로 삼는 경향이 있음을 시사하는 것이다.

문화유형에 따른 주의의 초점의 차이는, 개인주의자들은 타인들과 비교하여 자기의 독특성을 과장하여 지각하는 강한 허구적 독특성 지각 경향을 보이지만, 집단주의자들에게서는 이러한 독특성 지각 경향 대신 자신과 타인의 유사성을 과장하여 지각하는 경향을 보인다는 결과들에서도 잘 드러나고 있다. 이러한 문화유형에 따른 주의의 초점의 차이는 문화권에 따른 사회관계 행동의 여러 차이를 낳는 근원이 되고 있다.

친교행동의 측면에서 개인주의 사회에서는 독립성 · 자립성 · 독특성 같은 개체성 특성을 높이 평가하고, 이러한 특성의 소유자를 친교대상자로 선호하는 경향을 보이나, 집단주의 사회에서는 배려성 · 타인이해성 ·

조화성 같은 의존성 특성을 높이 평가하고, 이러한 특성을 보유하고 있는 사람을 친교대상자로 선호하는 경향이 강하다.

조직행동의 측면에서 두 문화권 사이에는 성취목표와 작업동기, 조직 구성원에 대한 배려 수준, 선호지도자, 조직시민행동, 선호하는 광고유형 등에서 차이를 보이고 있다. 개인주의 사회인이나 집단주의 사회인 모두 성취동기를 중시하고 있으나, 두 문화권에서 중요하게 고려하는 성취의 목표가 다르다. 즉 개인주의 사회에서 성취동기는 개인지향 성취동기의 형태를 띠어 성취의 목표가 개인의 이익에 집중되고, 따라서 작업동기도 개인지향성이 강하게 되어 집단작업에서 사회태만이 두드러지게 나타난다. 그러나 집단주의 사회에서 성취동기는 사회지향 성취동기의 형태를 띠어 성취의 목표가 집단의 이익에 집중되고, 따라서 작업동기도 집단지향성이 강하게 되어 집단작업에서 사회태만보다는 사회촉진이 나타나는 경향이 강하다.

개인/조직체의 이익과 조직원에 대한 배려가 충돌할 때 개인주의 사회인들은 개인/조직체의 이익을 앞세워, 개인의 자율성이 보장되는 직업을 개인이 부각되지 않는 직업보다 선호하며, 자기의 이익에 따라 직업을 바꾸는 경향이 높다. 그러나 집단주의 사회인들은 조직원에 대한 배려를 앞세워, 개인이 부각되지 않고 모두가 함께 일할 수 있는 직업을 선호하며, 한 직장에서 평생 일하려고 하는 경향이 높다.

두 문화권의 사람들은 선호지도자의 유형에서도 차이를 보여, 개인주의자들은 과제중심적인 젊은 지도자를 선호하지만, 집단주의 사회에서는 온정적이고 가부장적인 나이 많은 지도자를 더 선호하는 경향을 띤다. 또한 개인주의 사회에서는 자기주장의 독려가 조직시민행동으로 부각되고, 집단주의 사회에서는 조직원과의 조화 추구와 조직에 대한 헌신이 조직시민행동으로 부각된다.

개인주의 사회에서는 개인의 이익과 성공, 독립성과 독특성을 강조하는 광고가 선호되고 이런 광고가 더 설득력이 있는 것으로 여기지만, 집단주의 사회에서는 내집단의 이익, 집단원들 사이의 조화 및 가족통합을 강조하는 광고가 선호되고 이런 광고가 더 설득력을 가지는 것으로 여긴다.

개인의 이익을 집단의 조화나 통합보다 중시하는 개인주의 사회인들은 공동작업의 성과를 각자의 기여도에 따라 분배하는 형평규범을 공정한 분배원칙으로 선호하는 경향을 띤다. 그러나 집단의 조화를 강조하는 집단주의 사회인들은 균등규범이나 필요규범에 의한 분배를 선호하는 경향을 띤다.

두 문화유형에서 나타나는 주의의 초점의 차이는 그들의 의사소통 양식의 차이를 유발하기도 한다. 개인주의 사회인들은 대화를 할 때 화자(話者)가 말하고자 하는 내용을 정확히 전달하기 위해 노력하고, 공손표현도 자기이익의 확보를 위해 사용하는 경향을 띠며, 체면위협 장면에서 자기의 체면을 유지하기 위해 노력한다. 이에 반해 집단주의 사회인들은 대화 시에 청자(聽者)와의 관계를 조화롭게 이루기 위해 노력하고, 공손표현도 상대방과의 조화를 위해 상대방의 지위와 그와의 친밀도에 따라 다르게 하는 경향을 띠며, 체면위협 장면에서 자기의 체면뿐만 아니라 상대방의 체면, 그리고 공동의 체면을 유지하기 위해 노력한다.

주의의 초점 차원에서 나오는 이상과 같은 두 문화권 사람들의 사회관계 행동의 차이를 정리하면 다음 [표 4]와 같다.

[표 4] 사회관계 행동의 문화차: 주의의 초점 차원

| 구분 | | 개인주의(개체성 주축 인간관) | 집단주의(사회성 주축 인간관) |
|---|---|---|---|
| 기본 과정 | 참조기준 | 자기 | 타인/집단 |
| | 자기인식 | 자기독특성 과장 | 타인과의 유사성 과장 |
| 사회관계 행동 | 친교행동 | 개체성 선호 | 배려성 선호 |
| | 성취목표 | 개인지향 성취 | 사회지향 성취 |
| | 조직체-조직원 관계 | 조직체 이익 강조 | 조직원 배려 강조 |
| | 조직시민행동 | 자기주장 독려 | 조화추구 · 조직에의 헌신 |
| | 선호 지도자 | 과제중심 지도자 | 가부장적 지도자 |
| | 선호 광고 | 개인이익 · 성공 강조 | 내집단이익 · 조화 강조 |
| | 분배규범 | 형평규범 선호 | 균등규범 선호 |
| | 공손표현 | 자기이익 확보 목적 | 관계 조화 목적 |
| | 체면작업 | 자기체면 유지 | 자기 · 타인 · 공동체면 유지 |

이상과 같은 문화유형에 따른 사회관계 행동의 차이들은 모두 인간을 '개체성'과 '사회성'을 중심으로 파악하는 관점의 차이로부터 비롯되는 것이다. 인간 존재의 개체성을 주축으로 하여 인간을 이해하는 개인주의 사회에서는 개체적 존재로서의 개인에게 관심과 주의를 기울인다. 그러므로 이 사회에서는 사람 사이의 관계를 개인을 참조기준으로 하여 바라보고, 개인의 독립성과 자율성 그리고 독특성을 과장되게 추구하는 경향을 띤다.

이러한 개인주의 사회의 개체중심적 특징은 친교 장면에서 독립성과 독특성 및 자율성의 특성을 보유하고 있는 사람과의 친교를 선호하게 한다. 그런 특성이 이 사회에서 중시되므로 그런 사람과의 교류가 자기의 이익 확보에 유리할 것이기 때문이다. 이러한 독립성과 독특성의 중시 경향은 개인주의 사회에서 성취의 목표를 개인의 이익과 발전의 추구에서 찾게 하며, 작업동기를 개인지향적으로 이끄는 요인으로 작용한다. 이 사회인들이 조직원에 대한 배려보다는 개인이나 조직체의 이익보호를 앞세우는 경향이나, 조직시민행동으로 자기주장을 독려하는 경향, 그리고 과제중심적 지도자를 선호하는 경향 및 개인의 이익과 성공 및 독립성과 독특성을 강조하는 광고를 선호하는 배경에는, 이렇게 개체성을 주축으로 인간을 이해하여 개인을 주의의 초점으로 부각시키는 관점이 놓여 있다. 개인주의 사회인들이 공동작업의 성과를 개인의 기여도에 따라 분배하려는 경향도 개인의 독립성과 이익의 추구를 강조하는 이 사회의 인간관에서 나온다. 그리고 이 사회에서는 의사소통 과정에서의 공손 표현도 철저한 공정교환의 규범에 의존하며, 체면작업도 자기체면의 유지에 초점을 맞추는데, 이러한 경향도 이 사회에 살고 있는 사람들의 '자기중심성'을 잘 드러내주는 것이다.

이에 비해 인간 존재의 사회성을 주축으로 하여 인간을 사회적 · 관계적 존재로 이해하는 집단주의 사회에서는 다른 사람이나 소속집단에게 관심과 주의를 기울인다. 그러므로 이 사회에서는 상호의존적인 사람들 사이의 관계를 타인과 집단을 참조기준으로 하여 바라보고, 개인의 독특성보다는 사람들 사이의 유사성과 연계성, 그리고 조화로운 관계를 과장되게 추구하는 경향을 띤다.

이러한 집단주의 사회의 관계중심적 특징은 친교 장면에서 상호의존적이고 대인관계 지향적인 특성을 보유하고 있는 사람을 친교대상자로 선택하게 한다. 이런 사람은 다른 사람에 대한 배려가 깊어서 사회관계의 조화를 이루기가 쉽기 때문이다. 이러한 연계성과 배려성의 특성을 중시하는 경향은 집단주의 사회에서 성취의 목표를 집단의 이익과 조화의 달성에서 찾게 하고, 작업동기를 타인지향적으로 이끄는 요인으로 작용한다. 이 사회인들이 조직 장면에서 조직원에 대한 배려를 앞세우는 경향이나, 조직원과의 조화 추구를 가장 중요한 조직시민행동이라고 간주하는 경향, 조직원을 가족과 같이 보호하는 가부장적인 지도자를 선호하는 경향, 그리고 내집단의 조화를 강조하는 광고를 선호하는 배경에는, 이렇게 상호의존성을 주축으로 인간을 바라보아 타인/집단을 주의의 초점으로 부각시키는 관점이 놓여 있다. 집단주의 사회인들이 공동작업의 성과를, 특히 공동작업자가 내집단원일 때에는 균등하게 분배하려는 경향도 내집단원 사이의 연계와 조화를 강조하는 이 사회의 인간관에서 나온다. 그리고 이 사회에서는 의사소통의 과정에서 상대방의 연령이나 지위 및 관계의 밀접도 같은 요인에 따라 공손표현을 달리하며, 체면작업도 자기체면만이 아니라 상대방의 체면과 공동체면의 유지에도 초점을 맞추어 이루어지는데, 이러한 경향도 이 사회에 살고 있는 사람들의 '관계중심성'을 잘 드러내주는 것이다.

### 2) 이성주체 – 덕성주체와 통제의 대상 차원의 문화차

자유주의사상에서는 인간을 다른 동물과 구별짓는 가장 중핵적인 요인을 인간의 '합리성'에서 찾는다. 인간은 '이성의 주체'로서 합리적 계산을 통하여 자기에게 제시되어 있는 여러 가능성 가운데에서 가장 유리하고 바람직한 선택지를 골라 합리적 · 자율적으로 추구하는 존재라는 것이 자유주의자들의 관점이다. 이러한 합리적 선택의 과정에서 인간은 자신을 변화시켜 외부 환경세계에 맞추려 하기보다는 외부 환경을 변화시켜 자기에게 맞추려 노력한다. 자유주의자들은 인간이 가진 이성으로부터 환경세계에 대한 통제력이 나온다고 여겨, 환경과 인간 중에서 인간이 통제력의 주축이고 환경은 인간의 힘과 능력에 따라 변화하는 통제의 대상일 뿐이라고 보기 때문이다.

이성의 주체로 인간 존재를 파악하는 자유주의사상에서 개인의 합리성과 환경에 대한 개인의 통제력을 중시하는 경향은 곧바로 이를 이념적 바탕으로 하여 구축된 현대 개인주의 사회에 살고 있는 사람들의 심성과 행동의 특징으로 이어진다. 그들은 인간은 환경세계를 자기에게 맞추어 통제할 수 있다고 여기므로, 스스로의 이성적 능력을 통한 합리적 선택의 실현가능성을 확신한다. 그러므로 이들은 자기의 선택에 대해 과도한 자신감을 가지고, 이를 과감하게 드러내어 표출하려는 적극적인 '자기주장'을 강조하며, 삶의 과정에서 자기의 '안정성'과 '일관성'을 유지하려고 노력한다.

이와는 대조적으로, 동아시아 집단주의의 이념적 기반인 유학사상에서는 동물과 다른 인간의 특성을 '도덕성'에서 찾는다. 인간은 '덕성의 주체'로서 본유적으로 다른 사람과 사회에 대한 관심을 가지고 이들을 배려하는 존재라는 것이 유학자들의 관점이다. 유학자들은 인간은 상황과 관계 속의 존재로서 상황과 관계에서 요구되는 역할과 의무 같은 요인들이 인간 행동의 기본적인 결정요인으로 작용한다고 본다. 즉 인간은 부단히 외부 환경세계의 영향을 받으면서 살아간다는 것이다. 그러므로 유학자들은 상황과 관계의 변이에 맞추어 유연하게 자기를 변화시킬 것을 강조한다. 환경과 개인 중에서 근본적인 통제력을 가지고 있는 것은 상황과 관계 같은 외적인 환경요인들이고 개인은 이에 의해 영향을 받으면서 살고 있으므로, 환경세계를 자기에게 맞추어 변화시키려고 하기보다는 환경의 요구에 맞추어 자기를 변화시켜나가는 것이 바람직한 삶의 자세라는 것이다.

덕성의 주체로 인간 존재를 파악하는 유학사상에서 인간의 도덕성과 개인에 대한 환경의 통제력을 중시하는 경향은 곧바로 이를 이념적 기반으로 삼고 있는 동아시아 집단주의 사회에 살고 있는 사람들의 심성과 행동의 특징들을 산출한다. 동아시아인들은 인간의 삶의 바탕이 되고 있는 사람들 사이의 관계를 조화롭게 유지하는 일에 최대의 관심을 쏟으므로, 이러한 조화를 깨뜨리지 않으려고 노력하는 삶의 자세를 견지하고 있다.

게다가 그들은 인간은 부단히 환경의 통제력 아래에 놓여 있다고 여김으로써, 삶의 과정에서 가능한 한 자기를 드러내지 않고 숨기려 하는 경향이 강하다. 자기의 사적인 욕구와 감정을 드러내는 것은 관계의 조화를 유지하는 데 부정적인 결과를 초래하기 쉬울 것이기 때문이다. 그러므로 집단주의 사회인들은 삶의 과정에서 '가변성'과 '자기억제'를 중시하고, 상황과 관계의 변화에 자기를 맞추어가는 '유연성'을 강조한다.

인간 존재를 이렇게 '이성의 주체'로 인식하여 인간의 '합리성'을 강조하는 개인주의 사회에서는 '통제의 대상'을 환경세계라고 보고, 결과적으로 적극적인 '자기주장'과 자기가 갖추고 있는 성격과 능력 같은 내적 속성들의 '안정성'과 '일관성'을 중시하고 과도하게 추구한다. 이에 비해 인간을 '덕성의 주체'라고 인식하여 '도덕성'을 강조하는 집단주의 사회에서는 '통제의 대상'을 자기 자신이라고 보고, 결과적으로 '자기억제'와 자기를 상황과 관계의 변이에 따라 변화시키는 '가변성'과 '유연성'을 중시하고 추구한다. 이러한 두 문화권의 차이는 그대로 사회관계 행동의 문화차를 유발한다.

문화에 따라 통제의 대상이 달라진다는 사실은 통제행동, 통제력 착각 현상, 핵심적인 효능감 유형의 문화차에서 드러난다. 개인주의 사회에서는 환경세계와 대항해서 능동성 · 도전 및 저항과 극복 같은 일차통제가 기본적인 통제행동으로 부각된다. 이 사회인들은 자기가 가지는 환경통제력을 과장해서 인식하는 경향이 높고, 개인적으로 환경세계를 통제하는 유능성에 대한 신념인 개인효능감이 자존감의 핵심요인으로 강조된다.

이에 비해 집단주의 사회에서는 환경세계와 대항해서 적극적으로 대처하려고 하지 않고 수동적으로 자기 내부로 후퇴하는 이차통제가 기본적인 통제행동으로 부각되고, 환경세계에 대한 자신의 통제력을 과장하여 인식하는 통제력 착각 현상이 나타나지 않을 뿐만 아니라, 자기 혼자서가 아니라 타인들과 함께 사태를 관리할 때 생산성이 높아지는 집단효능감이 자존감의 결정요인으로 강조된다.

자기표현과 관련하여 개인주의 사회에서는 자기를 솔직하게 적극적으로 표출하는 것을 높이 평가한다. 특히 정서 상황에서 개인주의자들은 분노와 같은 정서도 거리낌 없이 솔직하게 표출하도록 사회화된다. 이 사회에서는 이렇게 적극적으로 자기를 드러내는 일을 강조하므로, 개인주의 사회의 전형적인 성격유형은 외향성이다. 이 사회인들은 성취에 대한 귀인 장면에서도 자기성공에 대해서는 능력과 같은 자기의 내적 요인에서 원인을 찾고, 자기실패에 대해서는 운이 나쁜 것과 같은 외적 요인에서 원인을 찾는 자기고양편향을 보편적으로 드러낸다.

이와는 달리 집단주의 사회에서는 자기를 드러내지 않도록 사회화되어, 특히 분노와 같이 대인관계의 조화를 깨뜨릴 가능성이 높은 정서는 적극 억제하려 한다. 이 사회인들이 이렇게 자기를 잘 드러내지 않는 경향은 이 사회에서 많이 관찰되는 전형적인 성격유형은 내향성이라는 사실에서도 잘 나타난다. 이 사회인들은 자기성공에 대해서는 타인의 도움 같은 외적 요인에 귀인하고, 자기실패에 대해서는 능력이나 노력 부족 같은 내적 요인에 귀인하는 겸양편향을 많이 보인다.

통제 대상과 그에 따른 자기표현 양식의 차원에서 나타나는 이러한 문화차는 두 문화권 사람들의 의사소통 양식, 갈등해결 양식 및 친교행동의 차이로 그대로 연결되고 있다. 개인주의 사회에서는 저맥락 의사소통이 지배적인 의사소통의 양식이어서, 자기가 표현하고자 하는 내용을 명확하게 직접 표현하는 경향이 강하다. 이에 비해 집단주의 사회에서는 고맥락 의사소통이 두드러지게 되어, 말하고자 하는 내용이 맥락의 단서에 이미 포함되어 있는 경우가 다반사이고, 따라서 간접표현이 많아진다. 그리하여 개인주의 사회에서는 똑같은 말이라면 누가 들어도 같은 내용으로 이해하지만, 집단주의 사회에서는 맥락과 상황이 달라지면 같은 말이라도 듣는 사람에 따라 서로 다른 내용으로 받아들이는 경우가 흔하다. 또한 개인주의 사회에서는 다변과 말재주를 높이 평가하지만, 집단주의 사회에서는 과묵함과 침묵을 높이 평가한다는 사실도 자기표현 양식의 문화차를 잘 드러내주고 있다.

개인과 개인 사이의 갈등 장면에서 이를 해결하는 양식도 문화권에 따라 극적인 차이를 보인다. 개인주의 사회에서는 대인갈등을 옳고 그름이나 승 · 패의 문제로 받아들여, 갈등 상황에서 승리를 쟁취함으로써 자기성과를 높이고자 하는 목표에서 당사자들 사이의 직접적인 경쟁과 대결을 통해 해결하려고 한다. 그러나 집단주의 사회에서는 대인갈등을 조화로운 관계를 유지하는 데 있어 심각한 장애를 유발하는 것으로 받아들여, 가능한 한 제삼자의 중재와 타협을 통해 해결함으로써 양자 사이의 관계를 깨뜨리지 않기 위해 노력한다.

친교행동에서도 개인주의 사회인들은 이 사회에 전형적인 외향성의 사람과 자기고양편향자를 친교대상으로 선호한다. 이들은 누구에게나 자기를 잘 드러내므로 많은 수의 사람들과 친교관계를 쉽게 형성한다. 그러나 이들의 관계는 친밀도가 그리 높지도 않고, 시간적으로도 오래 지속되지 않는 특징이 있다. 이에 비해 집단주의자들은 이 사회에 전형적인 내향성과 겸양편향자를 친교대상으로 선호한다. 그러나 이들이 밀접한 관계를 맺는 데에는 아주 오랜 시간이 걸린다. 그러므로 이 사회에서는 소수의 사람과만 친교관계를 형성하며, 일단 친교관계가 형성되면 매우 오래 지속되는 경향이 있다.

통제의 대상 차원에서 나타나는 이상과 같은 두 문화권의 사회관계 행동의 차이를 정리하면 다음 [표 5]와 같다.

[표 5] 사회관계 행동의 문화차: 통제의 대상 차원

| 구분 | | 개인주의(합리성 주축 인간관) | 집단주의(도덕성 주축 인간관) |
|---|---|---|---|
| 기본 과정 | 통제행동<br>자기표현 양식 | 일차통제<br>적극적 자기표출<br>(자기고양편향) | 이차통제<br>자기표출 억제<br>(겸양편향) |
| 사회관계 행동 | 의사소통 양식<br><br>갈등해결 양식<br>친교행동 | 저맥락 의사소통<br>(직접표현 · 다변)<br>경쟁 · 대결 양식<br>외향성 · 자기고양자 선호<br>(다수와 피상적 관계) | 고맥락 의사소통<br>(간접표현 · 과묵함)<br>중재 · 타협 양식<br>내향성 · 겸양편향자 선호<br>(소수와 밀접한 관계) |

이상과 같은 문화유형에 따른 사회관계 행동의 차이들은 인간을 '합리성'과 '도덕성'을 주축으로 하여 이해하는 관점의 차이로부터 비롯되는 것이다. 합리성을 바탕으로 하여 인간 존재를 '이성의 주체'라고 개념화하는 개인주의 사회에서는 개인의 합리적 계산에 의한 선택 과정을 중시하게 되고, 인간은 이성 능력을 기초로 하여 외부 환경세계에 대한 통제력을 갖추고 있다고 여긴다. 그리하여 이 사회인들은 환경세계를 통제의 대상으로 보아 환경세계를 자기에게 맞추어 변화시키려 하고, 이러한 과정에서 적극적으로 자기를 표현하고 드러내는 일을 당연하게 여겨 '자기주장'을 강조한다.

이러한 개인주의 사회의 합리적 인간이해의 특징은 의사소통 장면에서 남의 말을 듣기보다는 자기가 이야기하고자 하는 내용을 솔직하고도 명확하게 표현하는 데 일차적인 관심을 기울이도록 만든다. 자기를 명확하고 솔직하게 드러내는 일이 자기의 상황통제력을 높이는 방안이 될 것이기 때문이다. 그렇기 때문에 이 사회인들은 의사소통의 과정에서 상황과 맥락의 영향을 받지 않는 직접적인 표현을 위주로 하게 되며, 적극적인 자기표현을 위해 말을 정확하게 할 필요가 높아지므로, 다변과 말재주를 높이 평가한다. 따라서 이 사회에서는 자기를 드러내기를 좋아하는 외향성의 사람과 자기고양을 추구하는 사람을 친교대상자로 선호한다. 이 사회인들은 누구에게나 자기를 잘 노출하므로 누구하고나 친교관계를 쉽게 형성하지만, 그 관계가 다수의 사람들과 피상적인 수준에 머물고 마는 경향이 있다. 이 사회인들은 합리적 계산을 통해 자기이익을 추구하려는 성향이 강하므로, 대인갈등의 장면에서 적극적으로 자기주장을 하여 상대방을 설복시킴으로써 자기이익을 확보하기 위해 힘쓴다. 그러므로 이 사회에서는 대인갈등을 직접적인 대결과 경쟁을 통해 해결하려는 경향이 강하게 나타나는 것이다. 이러한 사실들은 이 사회인들의 강한 '자기지향성'을 잘 드러내주고 있다.

이에 비해 도덕성을 기반으로 하여 인간 존재를 '덕성의 주체'로 인식하는 집단주의 사회에서는 타인에 대한 배려와 관계의 조화를 강조한다. 이 사회에서 인간은 상황과 관계에 의해 규정되는 존재라고 인식하여, 자기를 억제하는 일을 통제의 핵심이라고 여긴다. 게다가 이 사회인들은 자기의 사적인 욕구와 감정을 있는 그대로 표출하는 것은 관계의 조화를 깨뜨릴 위험이 다분하다고 간주하므로, 사회관계의 과정에서 자기를 드러내지 않는 '자기억제'를 중시한다.

이러한 집단주의 사회의 도덕적 인간이해의 특징은 의사소통의 장면에서 자기가 하고 싶은 말을 표현하려고 하기보다는 상대방의 이야기를 경청하려는 자세를 갖추게 한다. 그것이 상대방에 대한 관심과 배려의 표시이기 때문이다. 그렇기 때문에 이 사회인들은 의사소통 과정에서 상황과 맥락을 중시하여 상대방을 배려하는 간접적인 표현을 위주로 하게 되며, 말을 많이 하는 것을 경시하고 과묵한 것을 높이 평가한다. 따라서 이 사회에서는 자기를 잘 드러내지 않는 내향성의 사람과 겸손한 사람을 친교

대상으로 선호한다. 이 사회인들은 친교관계를 형성하기는 매우 힘들지만, 소수의 사람들과 일단 친교관계가 형성되면 이 관계는 매우 친밀하게 오래 지속된다. 이 사회인들은 대인갈등의 상황에 직면해서도 상대방과의 관계의 원만한 유지를 위해서 제삼자의 중재를 통한 타협과 화해에 의해 갈등이 해결되기를 바란다. 이러한 사실들은 모두 이 사회인들의 강한 '관계지향성'을 잘 드러내주고 있는 것이다.

### 3) 완비성-가변성과 변이가능성 차원의 문화차

자유주의 사상가들은 세계를 이루고 있는 개별적인 대상들은 그 자체로 고정적이고 불변적인 속성을 지니고 있으며, 따라서 이 세계에 살고 있는 개인들도 마찬가지로 고정적이고 불변적인 안정적 속성을 갖추고 있는 '완비체'라고 여긴다. 인간은 성격과 능력 같은 내적 속성들을 완비하여 갖추고 있는 실체이며, 이러한 실체적 속성들은 고정적이고 안정적인 것이어서 좀처럼 변화하지 않는다는 것이 자유주의자들의 관점이다. 그들은 사회의 안정은 인간의 불변적인 완비성에서 나오는 이러한 안정성에 근거한다고 생각한다.

이러한 자유주의를 사상적 바탕으로 하고 있는 개인주의 사회에서는 인간이 고정적이고 불변적인 안정성을 갖추고 있다고 보아, 개인이 처하게 되는 상황이 아무리 변하더라도 인간의 내적인 안정성은 변화하지 않는다고 여긴다. 그리하여 이 사회에 살고 있는 사람들은 상황이 달라진다고 해서 안정성과 일관성을 잃게 되면 개인의 정체성에 심각한 위험이 따르는 것으로 인식하여, 상황의 변화에도 불구하고 '안정성'과 '일관성'을 지니기 위해 애를 쓴다. 그들은 자기에게 갖추어져 있는 안정적인 장점들과 정적(正的)인 측면들을 찾아내어 이를 확충하는 일에 관심을 쏟는다. 개인주의자들은 이러한 '장점확충'이 자기발전을 도모할 수 있는 기본 통로가 된다고 보아, 자기의 단점이나 부적(負的) 측면은 가능한 한 외면하거나 드러내지 않으려는 경향이 강하다.

이와는 대조적으로, 동아시아 집단주의의 이념적 배경인 유학사상에서는 인간은 태어날 때부터 완성된 실체적 존재가 아니라 무한한 가능성을 갖추고 변화하는 과정 속에 있는 '가변체'라고 인식한다. 즉 인간은 다양한 상황과 관계 속에서 변화하는 과정적 존재라는 것이다. 유학자들은 사회의 안정은 그 구성단위인 관계의 안정에서 이루어진다고 가정하여, 다양한 관계와 상황의 변화에 맞추어 스스로의 행위를 유연하게 변화시키는 일을 중요하게 여긴다.

이러한 유학사상을 기반으로 하여 집단주의 사회인들은 상황과 관계에 따른 인간의 변이가능성을 인정하고 받아들인다. 그들은 상황과 관계의 변화에도 불구하고 일관성을 고집하는 것은 개인의 정체성에 심각한 위협이 된다고 여겨, 상황에 따른 '가변성'과 '유연한 적응'을 강조하고 추구한다. 집단주의자들은 인간의 능력과 성격도 시간과 개인의 노력 여부에 따라 변화할 수 있다고 간주하여, 자기의 단점과 부적 측면도 무난히 수용하고 받아들인다. 그들은 이러한 단점과 부적 측면을 고쳐나가는 '자기개선'이 자기발전을 이룰 수 있는 기본 방안일 뿐만 아니라, 사회관계의 조화를 이룰 수 있는 방안도 된다고 여겨 중시한다.

인간 존재를 이렇게 '완비체'로 인식하여 내적 속성들의 '안정성'을 강조하는 개인주의 사회에서는 인간의 불변성을 전제로 하여 상황의 변이에도 불구하고 언제나 '일관성'을 유지하는 일을 중시하고, 개인이 가지고 있는 내적인 장점을 찾아내어 확충해가는 '장점확충'을 자기향상의 방안으로 여겨 중시한다. 이에 비해 인간을 변화 과정 속에 있는 '가변체'로 인식하여 성격과 능력 같은 내적 속성의 변화가능성을 인정하는 집단주의 사회에서는 상황과 관계에 따라 스스로를 변화시킬 수 있는 '유연성'을 강조하고, 개인이 가지고 있는 단점을 찾아 이를 고쳐나가는 '자기개선'을 자기발전의 방안으로 중시한다.

문화유형에 따른 안정성－가변성 차원에서 중시하는 내용의 차이는 인간의 성격과 능력의 변이가능성에 대한 인식, 일관성 추구 경향, 부적 특성과 정서의 수용도, 자기향상 방안 선호 등에서 서로 대립되는 차이를 유발한다. 개인주의 사회인들은 자기가 갖추고 있는 성격이나 능력 같은 내적 속성은 고정불변하다는 실체설적 신념체계를 가지고 자기와 타인을 바라본다. 그들은 상황의 변화에 따라 행동이나 태도가 달라지는 것은 개인의 적응에 심각한 위협이 되는 것으로 받아들인다. 이렇게 개인주의자들은 상황이 아무리 변하더라도 인간의 행동은 항상 일관적인 특징을 지닌다고 간주하여, 태도와 행동 사이에 일관성을 추구하려는 경향이 강하다.

이에 비해 집단주의 사회인들은 인간의 성격과 능력은 상황에 따라 달라지기도 하고 시간이 지남에 따라 달라지기도 하는 가변적인 것이라고 여기는 증가설적 신념체계를 가지고 세상을 바라본다. 그들은 상황의 변화에도 불구하고 똑같은 일관성을 유지하려고 하는 것은 고지식한 부적응의 증상이라고 여기며, 상황과 시간 및 관계 대상자에 따라 유연하게 적응하는 일을 중시한다. 그러므로 그들은 태도와 행동, 속마음과 겉 표현 사이에 일관성을 유지하는 일을 그리 중시하지 않는다.

이러한 불변적 자기인식의 경향은 개인주의 사회인들에게 자기의 부적 특성과 부적 감정을 가능한 한 외면하게 하는 원인으로 작용한다. 그들은 자기의 장점과 정적 감정을 과장되게 추구하려 하며, 이러한 장점의 확충을 통해 자기발전을 도모하려는 경향을 강하게 보인다. 이와는 반대로 인간의 가변성을 강조하는 집단주의 사회인들은 자기의 단점이나 부적인 감정도 무난히 자기체계 속에 받아들인다. 그들은 스스로에 대해서 갖는 수치심과 같은 부적인 감정은 자기의 단점을 개선할 수 있는 원동력이 된다고 여겨, 일상생활에서 자기의 단점을 찾아 개선하는 일을 자기향상의 방안으로 중시한다.

두 문화권 사람들의 이러한 인간의 변이가능성에 대한 인식의 차이와 결과적으로 도출되는 '자기향상'의 방안에 대한 차이는 그들의 동조행동, 계약에 대한 인식, 성취의 주요인에 대한 인식과 성취귀인 및 친교행동 같은 사회관계 행동에 상응하는 차이를 유발하는 원천으로 작용한다. 개인주의 사회에서는 집단의 압력을 받아 개인의 의견이나 행동이 달라지는 것은 개인의 나약함을 드러내는 것이라 여겨, 집단압력에 동조하는 행동이 비교적 적게 나타난다. 그러나 집단주의 사회에서는 집단압력에 따라 개인의 태도와 행동을 변화시키는 것은 집단규범을 내면화한 결과이기에, 집단압력에 동조하는 행동의 경향성이 상당히 커진다.

서구 개인주의 사회에서는 개인과 개인 또는 조직체와 조직체 사이의 계약은 사회가 형성되고 유지되게 하는 불변적이고도 보편적인 규칙의 체계라고 보아, 일단 계약이 맺어지면 상황이 어떻게 변하더라도 반드시 지켜져야 한다고 인식한다. 그러나 집단주의 사회에서는 개인과 개인 또는 조직체와 조직체 사이의 관계는 상황적 요인이 변화하면 언제나 따라서 변화해야 하는 것이라고 여긴다. 그러므로 그들은 일단 맺어진 계약일지라도 상황이 달라지면 당연히 그 내용은 조정될 수 있다고 인식하여, 그 내용의 조정을 위한 재협상에 들어가는 일이 흔하게 벌어진다.

인간의 변이가능성에 대한 개인주의 사회와 집단주의 사회의 이러한 관점의 차이는 성취 장면에서 무엇을 핵심적인 요인으로 간주하느냐 하는 차이를 유발한다. 개인주의 사회인들은 인간의 고정적인 불변성을 강조하므로 가변적인 노력보다는 안정적인 능력이 성취를 결정하는 핵심요인이라고 여긴다. 그러므로 그들은 성취 결과에 대해 능력귀인(성공에 대해서는 유능성, 실패에 대해서는 능력 부족에 귀인)하는 경향이 높고, 모든 성취에 대해서 [능력×노력]의 승산모형으로 개념화하여 받아들인다.

이에 비해 집단주의 사회인들은 인간의 가변성을 강조하므로 비교적 안정적인 능력보다는 개인이 하기에 따라 달라지는 노력이 성취 장면에서 그 결과를 결정하는 핵심요인이라고 여긴다. 따라서 그들은 성취 결과에 대해 노력귀인(성공에 대해서는 열심히 노력함, 실패에 대해서는 노력 부족에 귀인)하는 경향이 높고, 성취 장면을 [능력+노력]의 가산모형으로 개념화하여 받아들인다.

이러한 성취요인에 대한 인식의 차이는 두 문화권 사람들의 친교행동에 차이를 가져온다. 개인주의 사회인들은 노력형보다는 유능한 사람을 친교대상자로 선호하는 경향이 강하다. 그러나 집단주의 사회에서는 능력자보다는 노력형을 친교대상자로 선호하며, 성취의 결과를 능력에 귀인하는 사람보다는 노력에 귀인하는 사람을 더 높이 평가하는 경향을 보인다.

변이가능성 차원에서 나타나는 두 문화권 사람들의 사회관계 행동의 차이를 정리하여 제시하면 다음 [표 6]과 같다.

**[표 6] 사회관계 행동의 문화차: 변이가능성 차원**

| 구분 | | 개인주의(안정성 주축 인간관) | 집단주의(가변성 주축 인간관) |
|---|---|---|---|
| 기본 과정 | 변화에 대한 신념체계 | 실체설(일관성 추구 동기 강함) | 증가설(일관성 추구 동기 약함) |
| | 자기향상 방안 | 장점확충(부적 특성 수용도 낮음) | 단점개선(부적 특성 수용도 높음) |
| 사회관계 행동 | 동조행동 | 약함 | 강함 |
| | 계약에 대한 인식 | 계약의 불변성 | 계약의 조정가능성 |
| | 성취요인 | 능력요인 강조 | 노력요인 강조 |
| | 성취모형 | 승산모형 | 가산모형 |
| | 성취귀인 | 능력귀인 | 노력귀인 |
| | 친교요인 | 유능성(능력귀인자 선호) | 노력형(노력귀인자 선호) |

이상과 같은 사회관계 행동의 차이들은 인간을 '안정성'과 '가변성'을 주축으로 하여 이해하는 관점의 차이로부터 유발되는 것들이다. 인간의 성격과 능력 같은 내적 속성들이 안정적이고 고정적이라고 보는 개인주의 사회에서는 실체설적 신념체계에 근거하여 인간의 상황가변성을 부정한다. 따라서 개인주의 사회인들은 항상 똑같은 행동과 의견을 견지하는 것을 중시하고, 상황의 변이에도 불구하고 일관성을 유지하려는 경향이 높다. 이 사회인들은 자기가 갖추고 있는 여러 특성 중에서 부적인 측면은 자기개념에 부정적인 영향을 미치는 것이라고 보아 외면하려 하고, 자기의 정적인 측면에만 주의를 기울이게 된다. 그러므로 이 사회인들은 자기가 가진 장점을 확충함으로써 자기발전을 도모하려는 경향을 띤다.

이렇게 개인주의 사회에서 안정성과 불변성을 주축으로 하여 인간을 이해하려는 입장은 이 사회인들로 하여금 집단압력에 저항하여 이에 대한 동조를 회피하게 한다. 집단압력에 동조하는 것은 자기 의견이나 행동의 일관성을 유지하는 일에 위배되기 때문이다. 이 사회인들은 사회를 지배하는 규칙은 보편적이고 불변적이어서 상황이나 관계의 변이에도 불구하고 누구에게나 그리고 어떤 상황에서나 일관적으로 적용되어야 한다고 간주한다. 그러므로 이 사회인들은 개인과 개인 사이, 또는 조직체와 조직체 사이에 계약이 체결되면 그 내용은 어떤 경우에도 변경될 수 없다고 주장한다. 개인주의 사회를 지배하는 이러한 안정성의 추구 경향은 성취 장면에서도 드러난다. 개인주의자들은 성취의 기본적인 요인을 개인이 보유하고 있는 안정적 특성인 능력에서 찾는다. 그들은 성취란 근본적으로 개인이 보유하고 있는 능력에 의해 좌우된다고 보므로, 성취 결과의 원인을 행위자의 능력에서 찾는 경향이 크다. 이 사회의 기본적인 성취모형이 [능력×노력]의 승산모형인 것도 그들이 능력을 중심으로 성취 상황을 이해한다는 사실을 잘 드러내준다. 그들은 능력이 부족하다면 아무리 열심히 노력한다고 해도 좋은 결과를 기대하기 힘들다고 생각하는 것이다. 그러므로 이 사회인들은 노력을 열심히 하는 사람보다는 능력이 뛰어난 사람을 친교대상자로 선호하는 경향이 있다. 능력이 뛰어난 사람이라야 실생활에서 성공할 가능성이 크기 때문이다. 이러한 사실들은 모두 개인주의 사회인들이 인간을 '불변적 · 안정적 존재'로 인식하는 데서 나오는 특징들이다.

이와는 대조적으로, 인간의 능력과 성격 같은 특성들이 가변적이라고 인식하는 집단주의 사회에서는 증가설적 신념체계에 근거하여 인간의 변이가능성을 인정하고 받아들인다. 따라서 집단주의 사회인들은 상황과 관계의 변화에 따른 인간의 유연한 적응을 강조하며, 개인의 행동과 의견의 일관성을 추구하려는 경향은 거의 드러나지 않는다. 그들은 개인이 가진 단점이나 부적인 정서는 개인이 하기에 따라서 달라질 수 있다고 여김으로써, 자신의 부적 특성이나 정서도 무난히 자기체계 속에 받아들인다. 그리고 이러한 자신의 단점을 찾아 개선하는 일이 자기발전을 이루는 원동력이 된다고 생각한다.

이렇게 집단주의 사회에서 가변성과 유연성을 주축으로 하여 인간을 이해하려는 관점은 집단압력의 장면에서 자기의 기존 의견이나 행동을 고집하지 않고 집단압력에 따르는 동조행동을 낳는다. 사람은 사회화 과정을 통하여 어려서부터 집단의 규범을 받아들여 내면화하도록 길들여져 왔기 때문이다. 이 사회인들은 사회를 운영하는 규칙은 상황과 관계의 변화에 따라 얼마든지 변경될 수 있다고 여긴다. 그러므로 그들은 개인과 개인 사이 또는 조직체와 조직체 사이에 맺어진 계약의 내용은 계약 체결 이후에 상황이 바뀌면 얼마든지 조정될 수 있는 것으로 받아들인다. 집단주의 사회를 지배하는 이러한 가변성의 추구 경향은 성취 장면에서도 나타난다. 이 사회인들은 성취의 결과를 좌우하는 핵심요인은 개인의 노력의 정도라고 본다. 노력의 정도는 개인이 하기에 따라 달라지는 가변성을 갖기 때문이다. 그들은 성취의 장면을 [능력+노력]의 가산모형으로 개념화하여, 능력이 부족하더라도 개인이 열심히 노력하기만 하면 좋은 결과를 얻을 수 있다고 여긴다. 그러므로 집단주의자들은 성취의 결과를 노력에 귀인하는 경향을 강하게 드러내며, 친교과정에서도 노력형이나 노력귀인자를 친교대상자로 선호하는 양상을 드러낸다. 아무리 능력이 모자라는 사람일지라도 열심히 노력하다보면 부족하던 능력도 향상되고, 언젠가는 성공하게 될 것이라고 생각하기 때문이다. 이러한 사실들은 모두 집단주의 사회인들이 인간을 '가변적 · 과정적 존재'로 인식하는 데에서 도출되는 특징들인 것이다.

# 제2부
# 서구 개인주의 문화권의 사회관계론

앞에서 살펴본 바와 같은 현대 서구 개인주의 사회인들이 드러내는 사회관계 행동의 특징들—자율성 · 독특성 · 독립성 선호, 적극적 자기주장과 경쟁 선호, 안정성 · 일관성과 장점확충 선호—은 개체성 · 합리성(이성) · 완비성을 바탕으로 하여 인간 존재를 파악하는 자유주의의 인간관으로부터 도출되는 당연한 논리적인 귀결이다. 개인 존재를 모든 행위의 원천을 내적으로 완비하고 있는 평등하고 상호 독립적인 이성의 주체라고 파악하게 되면, 자유로운 자기이익 추구자인 개인의 자율성과 독특성의 제고, 이성 주체인 개인의 합리적인 자기이익의 선택과 이의 적극적인 추구, 그리고 평등하고 존엄한 자기본위적 존재인 개인의 일관성과 안정성의 확보가 사회관계에서 중요하게 드러날 수밖에 없을 것이다.

이렇게 상호 평등한 개체적 존재로서 개인이 보유하고 있는 이성을 중시하는 관점에 서면, 사람과 사람 사이에 맺는 관계에서 추구하는 목표는 각자가 이러한 관계에서 얻을 수 있는 이익의 최대화에서 찾게 된다. 이성은 본질적으로 자기이익을 가장 효과적으로 추구할 수 있는 계산 능력을 기초로 하는 것이기 때문이다. 이러한 맥락에서 현대 서구 개인주의 사회에서 사회관계를 인식하는 기본틀이 사회교환이론과 같은 합리적 계산자 모형(計算者 模型)이라는 점이 쉽게 이해될 수 있다.

이 모형은 사람들은 정보 · 도움 · 보상 · 애정 들을 주고받는 교환을 통해 자기의 이익을 최대화하려는 존재라는 기본 시각에서 비롯한다. 이렇게 각자가 자기이익 최대화를 도모하는 과정에서는 필연적으로 서로 간에 이익 갈등이 빚어질 수밖에 없으므로, 이를 해소하고 원만한 관계를 유지하려면 공정한 교환이라는 규범이 필요하게 된다. 이러한 교호성(交互性)과 공정성(公正性)을 원칙으로 삼는 합리적 계산의 과정에 따라 사회관계를 개념화하는 것이 현대 서구 사회과학에서 제시해온 사회관계론의 핵심인 것이다.

합리적 계산에 의한 자기이익 추구를 사회행위의 출발점으로 삼고, 공정한 교환의 규범을 통해 이익 갈등의 혼란으로부터 벗어나려고 하는 것을 사회관계의 핵심으로 보는 사회교환이론가들의 주장은 17~18세기 자유주의자들의 사회계약론(社會契約論)에서 그 이론적 모태를 찾아볼 수 있다. 자기이익 추구의 과정에서 나타나는 혼란이나 불편함을 해소하기 위하여 사람들은 자연권의 상호 공정한 양보에 합의하게 되고, 따라서 사람들은 서로 합의한 공정한 양보와 교환의 규범을 지킬 의무를 지게 되는데, 바로 여기에 사회 또는 국가 설립의 근거가 있다는 것이 홉스 · 로크 · 루소 같은 사회계약론자들의 주장의 핵심인 것이다.

제2부에서는 서구 사회관계론의 모태인 17~18세기 자유주의자들의 사회계약론을 통해 서구 사회관계론의 이론적 배경을 확인해보고(제3장), 이어서 현대 서구 사회과학계의 지배적인 사회관계론인 사회교환이론을 살펴본 다음, 이를 바탕으로 하여 현대 서구인의 사회관계 행동의 특징들이 이러한 이론적 배경에서 도출된 것임을 밝혀보고자 한다(제4장).

# 제3장
# 서구 사회관계론의 이론적 뿌리: 사회계약론

서구 사회에서 17세기는 근대의 문이 활짝 열린 획기적인 시기였다. 14~15세기의 르네상스와 16세기의 종교개혁을 거쳐 서구 역사 전개의 대세로 자리 잡은 '개인화'의 물결은 17세기에 들어서 인간 삶의 중심축이 신권(神權)이나 이를 등에 업은 왕권(王權)으로부터 개인이 태어날 때부터 보유하고 있는 인권(人權)으로 옮겨지는 계기를 제공하였다. 르네상스와 종교개혁으로 인해 야기된 개인중심주의는 때마침 발발한 영국의 정치혁명(청교도혁명 · 명예혁명)과 경제혁명(상업혁명)으로 인해 등장한 새로운 시민사회운동과 맞물리면서 새 시대를 이끌어갈 새로운 가치관을 요구하게 되었는데, 이러한 새로운 가치관에 대한 요구는 르네상스의 직접적인 결과로 야기된 과학혁명을 통해 확고해진 이성중심주의를 인간과 사회의 제반 현실과 현상을 이해하는 가장 기본적인 인식 태도로서 대두하게 만들었다. 서구 개인주의의 이론적 모태인 자유주의는 바로 이러한 개인중심주의와 이성중심주의를 배경으로 하여 17세기에 영국을 중심으로 하여 태동된 사상체계였던 것이다.

자유주의는 개인을 욕망의 주체로 인정하고, 인간은 삶의 과정에서 이러한 개인적 욕구를 적극적으로 추구할 수 있는 자유와 권리를 갖추고 있는 존재라고 본다. 신의 의지나 궁극적 선(善)의 실현보다는 개인적 욕구와 이익의 추구가 인간 삶의 근본적인 동인(動因)이며, 인간은 이러한 개인적 욕구와 이익을 적극적으로 추구할 수 있는 자유와 권리를 태어날 때부터 갖추고 있는 존재라는 것이다. 그러나 이러한 자기이익의 무제한적인 추구는 필연적으로 개인들 사이에 이익 갈등을 야기할 수밖에 없고, 결과적으로 사회는 혼란에 빠지게 될 것인데, 이러한 혼란으로부터 개인과 사회를 구제할 수 있는 장치의 필요성이 대두된다고 자유주의자들은 전제한다. 이러한 혼란 방지의 장치는 자기이익 추구의 자유와 권리의 상호 동등한 유보와 양도에서 찾아질 수밖에 없으며, 따라서 사람들은 스스로가 보유하고 있는 자유와 권리의 동등한 유보와 양도를 위한 협약을 맺게 되는데, 이러한 협약은 인간이 갖추고 있는 합리적 계산능력인 이성의 능력을 통해 가능하게 된다는 것이 자유주의자들의 주장이다. 곧 이성의 주체인 개인들 사이에 맺게 되는 계약을 통해 사회를 혼란으로부터 구제하고, 그럼으로써 제한된 범위에서나마 자기이익을 추구하고 확보하려고 한다는 것이다.

이것이 자유주의자들이 제시하는 사회계약론(社會契約論, social contract theory)의 요지인데, 17~18세기의 자유주의자들은 이러한 사회계약이 국가형성의 이론적 기초라는 주장을 제시하여, 아리스토텔레스와 같은 고대 그리스의 자연국가론(自然國家論)이나 중세 후기 절대군주론자들의 왕권신수설(王權神授說)에 대비되는 근대적 정치철학을 정립하였다. "초기 자유주의 정치철학의 주요 부분을 구성하는 사회계약론의 기본구조는 홉스를 통해 완성되었다. [……] 자유롭고 평등하지만 정념(情念, passion)으로 가득 찬 자연상태의 인간이 합리성의 결과인 사회계약을 통해 시민사회를 형성한다는 홉스의 사고는 17세기 유럽의 정치사상은 물론 향후 자유주의 정치이론에 있어 지속적으로 영향을 미친 새로운 정치이론의 출발점"[1]이었다.

홉스(Thomas Hobbes, 1588~1679)에 의해 제시된 사회계약론은 같은 17세기 영국의 로크(John Locke, 1632~1704)와 18세기 프랑스의 루소(Jean-Jacques Rousseau, 1712~1778) 등으로 이어져, 이 시기 자유주의자들의 정치이론의 전형이 되었으며, 이후 서구 지성사에 커다란 영향을 미쳤다. 서구 현대 사회과학계의 대표적 사회관계론인 사회교환이론(社會交換理論, social exchange theory)도 이들 사회계약론자들의 인간이해와 사회형성이론을 모태로 하고 있다고 볼 수 있다. 이들의 사회계약론은 국가권력 형성의 정당성과 권력구조에 관한 이론이 주축이 되어 있으나, 이 가운데 권력구조에 관한 부분을 제외하면 사회관계론의 이론적 뿌리를 이러한 사회계약론에서 찾아보려는 시도는 역사적으로나 이론적으로 타당성을 갖는다. 이 장에서는 홉스의 『리바이어던』(*Leviathan*, 1651), 로크의 『통치론』(*The Second Treatise of Government*, 1689), 루소의 『사회계약론』(*Du Contrat social*, 1762)을 중심으로 하여, 서구 사회관계론의 이론적 뿌리인 사회계약론의 개요를 살펴보기로 하겠다.

## 1. 토마스 홉스의 『리바이어던』

토마스 홉스[2]는 1588년에 영국 서남부 윌트셔(Wiltshire) 주 맘스베리(Malmesbury) 근처의 작은 마을 웨스트포트(Westport)에서 개신교 목사의

**1** 김병곤, 2007, p. 196.

**2** 홉스의 생애와 사상에 대해서는 강정인(1993)이 Tuck, R.(1989), Berns, L.(1973)과 Wolin, S.(1960)의 홉스 관련 논문을 번역하여 합본한 『홉스의 이해』(서울: 문학과지성사), 김용환

아들로 태어났다. 그의 어머니는 스페인 무적함대가 쳐들어온다는 소문을 듣고 놀라, 임신 7개월 만에 홉스를 조산한 것으로 알려져 있으며, 홉스는 후에 이를 빗대 "공포와 나는 쌍둥이로 태어났다"는 농담을 즐겨 했다고 한다. 작은 마을의 이름 없는 성직자였던 홉스의 아버지는 제대로 교육도 받지 못한 사람으로, 책임감이나 절제와는 거리가 멀어 술과 카드놀이에 빠져 지냈으며, 사소한 다툼으로 다른 성직자를 폭행하는 사건을 일으켜, 홉스가 어렸을 때 가족과 고향을 버리고 마을을 떠났으며, 그 후로 홉스는 아버지를 두 번 다시 만날 수 없었다. 다행히 홉스는 장갑제조업으로 부자가 된 큰아버지의 도움으로 학업을 마칠 수 있었다.

그는 어렸을 때부터 모국어인 영어뿐만 아니라 그리스어 · 라틴어 · 프랑스어 · 이탈리아어를 말하고 읽을 수 있는 탁월한 언어 재능을 보였다. 고향에서 초등학교를 마친 후, 그는 1603년(15세)에 옥스퍼드(Oxford) 대학에 입학하여 1608년(20세)에 졸업하였는데, 옥스퍼드에서 논리학과 아리스토텔레스의 자연학 등을 배웠지만, 대학생활에 만족하지 못하였다.[3]

---

(2005)의 『리바이어던: 국가라는 이름의 괴물』(서울: 살림), 박완규(2007)의 『리바이어던: 근대 국가의 탄생』(경기: 사계절), 전지선(2006)이 Kersting, W.(1992)의 *Thomas Hobbes zur Einfürung*(Junis Verlag GmbH)을 번역한 『홉스』(경기: 인간사랑), 그리고 진석용(2008, 경기: 나남)과 최공웅 · 최진원(2009, 서울: 동서문화사)의 『리바이어던』 번역본에 실린 "해제" 및 김병곤(2007)의 홉스에 관한 논문 등을 광범위하게 참고하였다. 이 책에서는 홉스의 생애와 사상에 관해 널리 알려진 사실이나 구태여 출처를 밝히지 않아도 될 일반적인 사항에 대해서는 출처를 명기하지 않고, 저자의 독창적인 해석을 제시하거나 원문을 그대로 인용하는 등 특별히 출처를 밝힐 필요가 있는 부분에 대해서만 이를 명기하기로 하겠다.

3 "그 이유는 아마도 과학혁명의 시대가 도래 했음에도 불구하고, 대학의 교과과정은 여전히 아리스토텔레스와 스콜라 철학 중심으로 이루어져 있었기 때문으로 생각된다"(김용환, 2005, p. 25). 옥스퍼드 시절에 경험한 아리스토텔레스에 대한 반감은 홉스의 철학 전반의 주조가 되어 있는데, 『리바이어던』 제4부의 44장에서 진리를 가리는 어두움을 세상에 가져온 세 번째 요인으로 기독교의 다양한 잔재들을 성경에 섞어 넣은 일을 들면서, "그 잔재의 주종은 헛되고 그릇된 그리스철학, 특히 아리스토텔레스의 철학이다"[『리바이어던 II』, 제4부, 44장, p. 311: 이는 진석용(2008)이 Molesworth, W.(Ed.)(1839~1845)가 편집한 『홉스 전집』(*The*

대학을 졸업하던 해에 그는 후에 데번셔 백작(Earl of Devonshire)이 된 윌리엄 카벤디쉬 경(Sir William Cavendish)의 개인비서 겸 그 아들의 가정교사로 들어갔다. 이때부터 시작된 홉스와 카벤디쉬 가(家)의 인연은 베이컨(Francis Bacon, 1561~1626)의 개인비서로 일한 몇 년(1621~1626?)과 클리프턴 경(Sir Gervase Clifton) 가문의 가정교사로 옮겨 일한 몇 년(1628~1631)을 제외하고는 평생 동안 이어져, 91세이던 1679년에 카벤디쉬 가의 한 저택인 하드윅 홀(Hardwick Hall)에서 숨을 거둘 때까지 지속되었다.

홉스는 귀족 가문의 가정교사 생활을 하면서, 자신이 가르치던 카벤디쉬 가와 클리프턴 가의 자제들과 함께 세 차례(1610~1615; 1628~1631; 1634~1637) 프랑스와 이탈리아를 비롯한 유럽 여행을 하여, 대륙의 학자들과 교유를 나누었다. 홉스의 학문적 전개 과정에서 특히 중요했던 것은 1634년부터 시작된 3차 여행이었는데, 이때 홉스가 교유한 대표적인 학자들로는 프랑스의 메르센느(Abbé Marin Mersenne, 1588~1648)를 비롯한 가상디(Petrus Gassendi, 1592~1655)와 데카르트(René Descartes, 1596~1650) 등이 있었으며, 특히 1636년에는 이탈리아의 피렌체를 방문하여 갈릴레이(Galileo Galilei, 1569~1642)와 긴밀한 유대관계를 맺기도 하였다. 이 여행을 통하여 홉스는 갈릴레이의 운동론과 유클리드 기하학을 알게 되었는데, 이는 그의 평생을 통한 학문생활의 지침이 된 커다란 사건이었다.

1637년인 그의 나이 49세 때 3차 유럽 여행에서 갈릴레이를 만나고 돌아온 직후, 홉스는 갈릴레이가 물리학에서 거둔 과학적 성공이 유클리드 기하학의 엄밀한 논증 방법을 적용한 데서 기인한다고 보고, 이를 사회철

---

*English Works of Thomas Hobbes*, 11 Vols., London: John Bohn, 1992)의 Vol. 3(*Leviathan*)을 두 권(제1권: 제1부와 제2부; 제2권: 제3부와 제4부)으로 나누어 번역한 『리바이어던』, 제2권, 제4부, 44장의 p. 311을 가리킨다. 앞으로 『리바이어던』의 인용은 특별한 표시가 없는 한 이 예를 따른다]라고 진술하고 있을 정도이다.

학에 응용하려는 철학적 대주제를 세웠다. 갈릴레이의 영향을 받아 우주에 실재하는 것은 물체뿐이라는 철저한 유물론(唯物論: materialism)에 기울어져 있던 홉스는 우주와 인간 사회를 구성하는 세 종류의 물체, 곧 자연적 물체(natural body), 사람의 몸(human body), 그리고 인공적 물체(artificial body)인 사회에 대한 과학적 지식을 체계적으로 정리하겠다는 야심을 가지고, 이를 각각 『물체론』·『인간론』·『시민론』으로 제시하고자 하였다.

홉스는 1640년인 그의 나이 52세 때 첫 번째 저작인 『법학요강』(*The Elements of Law*)을 발표하였는데, 정치철학에 관한 홉스 최초의 이 저서에 이미 절대주의의 요소가 강하게 나타나고 있다. 당시는 국왕인 찰스 1세(Charles I)와 의회의 대립이 격화되고 내란의 조짐이 보이던 시기였는데, 이 책으로 인해 왕당파로 의심을 받아왔던 홉스는 신변에 위협을 느끼고 프랑스로 피신하여 1652년 초까지 머물렀다. 1642년(54세)에 3부작 계획의 제3부에 해당하는 『시민론』(*De Cive*)을 파리에서 라틴어로 출간하였으며, 1651년(63세)에 그의 주저인 『리바이어던』을 런던에서 영어로 출간하였다. 1655년(67세)에는 3부작의 제1부에 해당하는 『물체론』(*De Copore*)을, 1658년(70세)에는 제2부에 해당하는 『인간론』(*De Homine*)을 출간하여, 20여 년 전에 계획했던 3부작을 완성하였다. 그는 노년에 이르기까지 왕성한 집필활동을 하여 80세이던 1668년에 영국 내전을 평가한 『비히모스』(Behemoth)를 완성하였으나, 출판은 사후인 1682년에 이루어졌다.

홉스의 『리바이어던』에는 이 3부작의 기본 사상이 체계적으로 집대성되어 전개되고 있다. 그렇기 때문에 홉스의 여러 저작 가운데 대표작은 역시 『리바이어던』이라고 볼 수 있다. 『리바이어던』은 모두 4개부로 구성되어 있다. 제1부 "인간에 대하여"에서는 국가 형성의 재료인 인간에 관한 논의를 유물론적 관점에서 전개하고 있으며, 제2부 "코먼웰스(commonwealth)에 대하여"에서는 인간을 재료로 설립된 국가의 형태 및 기능에 대해 논의하고 있다. 제3부 "기독교 코먼웰스에 대하여"에서는 교황이 국가통치권을 가질 권한이 없다는 사실을 성경에 근거하여 자세히 고찰하고 있고, 제4부 "어둠의 나라에 대하여"에서는 그릇된 신학이론으로 초래된 여러 가지 불합리한 현실에 대해 비판하고 있다.

### 1) 홉스의 사상적 배경과 연구방법론

서구 사회에서 중세 시대에는 교회가 세계의 중심이었다. 중세 사회의 학문의 중심은 신학을 위주로 하는 스콜라 철학이었는데, 이러한 중세의 철학자들 가운데 대표적인 사람은 "주로 플라톤(Platōn, 427~347 B. C.)의 영향을 받은 아우구스티누스(St. Augustinus, 354~430)"와 "아리스토텔레스(Aristotelēs, 384~322 B. C.) 철학을 기초로 삼고 기독교의 교리를 합리화시켰던 토마스 아퀴나스(St. Thomas Aquinas, 1225~1274)"[4]이었다. 중세 초기에는 플라톤의 영향이 지대하였으나, 시간이 흐를수록 점차 아리스토텔레스의 영향이 막강하여져서, 아퀴나스 이후 스콜라 철학은 대부분 아리스토텔레스의 철학을 기초로 하여 전개되었다.[5]

16세기 초엽(1517년) 면벌부(免罰符, Indulgentia) 판매의 부당성에 대한 항의로 촉발된 종교개혁운동으로 인해 서구 사회는 단일한 그리스도교 세계라는 중세의 이상을 더 이상 유지할 수 없게 되었다. 종교개혁은 교회가 아니라 개인이 종교 생활의 중심이 되는 결과를 가져와, 중세 시대의 특징인 교회 중심의 보편주의가 무너진 자리에 개인을 기초로 하는 근대 사회가 들어서게 되었다. 이 과정에서 자연과 인간 및 사람들로 구성되는 인공체인 사회에 대한 교조적인 인식에서 떠나, 이성을 바탕으로 한

4 Russell, B., 1959/2003, p. 186.
5 Russell, B., 1959/2003, pp. 209~249.

합리적이고 과학적인 이해를 강조하는 인간 해방이라는 이념이 사회 변화를 부추기고 있었다. 이미 사회는 더 이상 전통적인 위계질서에 의존하지 않았으며, 새로운 사회는 시장에서 볼 수 있는 것처럼 욕구와 이성의 주체인 평등한 개인들 사이의 자유로운 경쟁을 중심으로 움직이고 있었다.

이렇게 "개인이 중심이 되는 새 시대는 기존의 가치체계를 흔들면서 새로운 질서의 정립을 요구하고 있었다. 홉스는 중세의 전형적인 사고의 틀을 벗어나 근대 초기에 나타난 사회 · 정치 현상을 투명하게 바라보았으며, 『리바이어던』을 통해 당대의 현실 문제에 대한 처방을 제시하려고 했다."[6] 홉스는 누구보다도 먼저 인간과 국가에 대한 새로운 학문이 필요하다는 사실을 자각했을 뿐만 아니라, 이 새로운 학문을 성립시킨 사람이었던 것이다.[7] 넓은 시각에서 보면, 『리바이어던』을 통해 제시된 "홉스의 이론은 그 이전 정치사상사의 유산으로부터의 단절을 통해 새로운 이론적 기초를 다지려는 시도 위에 서 있었다. 첫 번째 단절은 중세 시대부터 서구의 정치적 사고의 중심이었던 '기독교와의 단절'이며, 두 번째 단절은 서구 학문의 중추인 '아리스토텔레스적 학문체계와의 단절'이다."[8]

**홉스의 인간중심주의와 기독교와의 단절** 홉스의 사회 · 정치사상 전개 과정에서 기독교와의 단절은 "그가 정치와 교회의 관계라는 전통적이면서 영원한 문제에 대한 근본적 해답을 제시하고 정당화하는 과정을 통해 이루어진다. [……] 그는 어떤 도덕적 윤리나 종교적 교리를 전제로 하지 않고, 각자의 신앙이나 도덕적 기준의 차이를 넘어서는 정치학의 출발

**6** 박완규, 2007, p. 41.
**7** Strauss, L., 1963, p. 1.
**8** 김병곤, 2007, p. 196.

점으로서 생존의 욕구와 이에 따른 공포를 제시한다. 홉스에 의해서 인간은 (종교적 교리와 이에 따른 보편적 절대선의 추구에서 벗어나) 각자 자유롭게 자신의 생존을 위해 최선을 다하고 미래의 생존을 확보하기 위해 권력을 갈구하지만, 능력의 평등함으로 인해 영속적인 투쟁의 굴레를 쓴 존재로 인식된다."[9]

홉스는 기독교와의 단절을 통해 인간행위의 근본 동인은 신의 의지가 아니라 인간의 욕구와 감정 같은 '정념'(情念, passion)이라고 주장하고, 선과 악을 파악하는 관점도 신의 의지에 기대는 절대적 보편주의에서 인간의 정념체계에 근거를 두는 '인간적 상대주의'로 변모시켰으며, 인간 삶의 표준을 설정하는 중심축도 교회권력이 아니라 국가권력이어야 한다는 '인간중심주의'를 천명하였다.

**홉스의 역동적 물질주의와 아리스토텔레스와의 단절** 홉스의 아리스토텔레스 학문체계와의 단절은 기하학의 엄밀한 개념 정의와 이를 통한 정밀한 논증 방법을 모델로 하는 갈릴레이의 신과학의 체계를 사회과학을 포함한 전 학문체계에 도입함으로써 아리스토텔레스를 정점으로 하는 구학문의 대안을 제시하려는 시도를 통해 이루어진다. "홉스의 학문체계는 (아리스토텔레스로 대표되는) 구시대의 세계관에 대한 전면적 도전이요, 구시대의 인식론에 대한 파괴요, 새로운 것을 창조하려는 노력의 결과"[10]였던 것이다.

홉스는 플라톤과 아리스토텔레스가 제시한 형상론(形相論)을 근간으로 하는 실재론을 거부하고 이 세상에 실재하는 것은 구체적인 사물밖에 없

**9** 김병곤, 2007, pp. 196~197.
**10** 김병곤, 2007, p. 204.

다는 '유물론'(唯物論)을 받아들였으며, 그 연장선상에서 보편성보다 개체성을 중시하는 '유명론'(唯名論)을 신봉하였다. 그는 사물의 본질적 상태를 정지된 안정 상태에서 찾으려는 아리스토텔레스와는 달리 역동적인 운동 상태에서 찾아야 한다고 역설하였으며, 인간의 사회적 본성에서 사회와 국가의 형성 근거를 찾으려는 자연국가론에서 탈피하여 인간의 이익 갈등을 인위적으로 조정할 필요성에서 사회와 국가가 형성된다는 '인위적 국가론'을 제시하였다. 이렇게 아리스토텔레스와의 단절을 통해 홉스는 '개인주의자'이면서 '자유주의자'로서의 면모를 유감없이 드러내었던 것이다.

**홉스의 기계적 과학주의와 연구방법론** 홉스는 물리학에서의 갈릴레이의 성공이 유클리드 기하학의 기초가 되어 있는 엄밀한 연역적 논증 방법의 적용에 그 근원이 있다고 보아, 기하학의 연역적 논증 방법을 사회과학을 포함한 전 학문체계에 도입함으로써 아리스토텔레스적 구과학의 대안을 제시하려고 하였다. 그는 기하학적 논증 방법이 더 이상 증명의 필요가 없는 단순한 공리의 개념 규정으로부터 복잡한 것의 증명에로 나아가는 것이었다고 보고, 이를 본받아 '분해와 종합'의 방법을 자기 연구의 기초로 삼았다. 대상을 더 이상 증명의 필요가 없는 가장 작은 단위로 나누는 것이 분해의 방법이고, 이를 토대로 더 복잡한 것으로 결합해나가는 것이 종합의 방법이다.

이러한 방법에 따라 그는 사회를 구성하는 가장 작은 단위는 개인이므로, 사회와 국가 형성의 원리는 개인의 속성에서 찾아야 한다고 보았다. 더 나아가 그는 개인의 운동을 유발하는 기본 원리를 개인의 정념에서 찾아 이의 결합을 통해 사회와 국가가 형성되는 과정을 추론해내려고 하였다. 이러한 점에서 홉스의 '기계적 과학주의'는 그의 '인간중심주의'와 맥을 같이하고 있는 것이다.

### 2) 홉스의 사회계약론

홉스는 갈릴레이의 운동관을 본받아 우주는 물체로 구성되어 있고, 자연의 본원적인 상태는 이를 구성하는 물체들의 운동 상태라는 철저한 유물론을 기조로 하여 사회사상을 전개하고 있다. 그는 사회와 국가를 그 가장 기본적인 구성요소들이 그 작용 원리, 곧 운동 원리에 따라 결합하여 구성되는 인공적인 구조물이라고 보았다. 그러므로 국가 같은 복잡한 조직체의 목적이나 제도도 이를 구성하는 기본적인 재료들로 분해한 다음, 그 재료들의 운동 원리에 따라 결합하면 쉽게 이해할 수 있다는 것이 홉스의 신념이었다.

홉스에 따르면, 국가를 구성하는 기본 재료는 '인간'이고, 그 작용 원리는 누구나 유사하게 가지고 있는 '정념'에서 찾아야 한다.[11] 그런데 국가를 구성하는 재료로서의 인간은 국가가 형성되기 이전인 자연상태의 인간이다. 즉 "국가로부터 더 이상 쪼개지지 않고 남아 있게 되는 것, 곧 분해의 산물은 자연상태의 인간이다. 국가를 구성성분으로 분해하는 과정은 그러므로 인간의 자연상태화 과정을 의미한다. 분해의 마지막에 남는 침전물이 바로 자연상태의 인간이다. [……] (그러므로 홉스의 연구는) 자연상태의 인간에 관한 기술 및 정치적 목적을 가지는 자연상태의 인간을 다루는 인간론으로부터 시작한다."[12]

---

**11** 홉스는 『리바이어던』의 "서설"에서 "('리바이어던'이라는 '인공 인간'의) '재료'는 무엇이며, 그 '제조자'는 누구인가? 둘 다 '인간'이다"(『리바이어던 I』, 서설, p. 23)라고 선언한 다음, 그 작용 원리, 곧 인간의 운동 원리는 누구나가 비슷하게 가지고 있는 "'욕망'과 '공포'와 '희망' 등의 '정념'"(『리바이어던 I』, 서설, p. 24)에서 찾아야 한다는 점을 분명히 하고 있다.

**12** Kersting, 1992/2006, p. 78.

이러한 관점에서 홉스의 『리바이어던』은 국가 형성 이전 상태, 곧 자연상태의 인간론(제1부 "인간에 대하여")으로부터 출발하여, 국가 형성 이후의 국가론(제2부 "코먼웰스에 대하여")으로 진행된다. 제1부 인간론에서 그는 국가의 구성 재료인 자연인의 작용 원리, 곧 운동 원리를 가장 단순한 '감각'(1장)으로부터 시작하여 "자발적 운동의 내적 발단"인 '정념'(6장) 등 점차 복잡한 수준으로 나아가, 자연상태에서의 인간 행동의 근본 원리를 찾아낸다. 이어서 아무런 인위적인 제한이 가해지지 않은 자연상태에서 이러한 인간 행동의 원리들이 작용하는 모습을 추론해내고, 이러한 자연상태로부터 사람들 사이의 연합의 가능성과 연합의 원리들을 도출해낸다. 제2부 국가론에서는 이러한 연합의 결과 구성된 국가권력의 제반 사항에 대해 조목조목 논의한다.

따라서 『리바이어던』에서 제시되고 있는 홉스의 '사회계약론'의 기본 요지를 파악하기 위해서는, 자연인의 자발적 운동을 야기하는 본유적인 특성에 관한 '인간론', 아무런 인위적 제한이 가해지기 이전의 사람들의 삶의 모습에 대한 '자연상태론', 이러한 자연상태를 벗어나 시민사회로 이행하는 과정에 관한 '계약론', 그리고 계약에 의해 설립되는 국가의 권력에 대한 '주권론'에 대해 차례대로 이해하여야 한다.

### (1) 자연인의 본성과 자발적 운동의 원천

홉스는 "인간의 '삶'은 '운동'에 불과하다"[13]는 철저한 유물론적 운동관에 입각하여 그의 인간론을 시작한다. 그는 "인체 내에서 실제로 일어나는 것은 바깥 물체의 움직임에 의해 생기는 운동뿐"[14]이라는 관점에서,

**13** 『리바이어던 I』, 제1부, 6장, p. 92.
**14** 『리바이어던 I』, 제1부, 6장, p. 80.

인간의 외계 인식 과정의 시초인 감각(sense)도 "외부 대상으로부터 압박을 받아 [……] 신체 내부에서 일어나는 다양한 운동일 뿐"[15]이라고 본다. 그는 생명체로서 인간이 하는 '자발적 운동'이 인간이 하는 모든 행위의 기초라고 보고 있는데, 『리바이어던』 6장의 제목을 "보통 정념이라고 불리는 자발적 운동의 내적 발단에 대하여"라고 붙여, 자연인의 자발적 운동을 야기하는 내적인 동인(動因)은 '정념'(情念, passion)에서 찾아야 한다는 점을 분명히 하고 있다. 이렇게 그는 자발적 운동의 원천인 '정념'을 인간 본성 가운데 핵심으로 보고 있다.

그러나 이러한 정념은 인간만이 아니라 동물들도 갖추고 있는 것이다. 홉스는 다른 동물들은 가지고 있지 못한데, 인간만이 고유하게 본유하고 있는 능력이 있다고 보았다. 그것은 바로 '이성'(理性, reason)이다.[16] 이러한 이성은 '추론'(推論, reason), 곧 합리적인 계산 능력을 의미한다.[17] 그러므로 정념에서 비롯되는 대상에 접근하거나 또는 대상으로부터 회피하는

---

15 『리바이어던 I』, 제1부, 1장, p. 28.

16 "인간과 '이성적 존재'라는 말은 외연이 동일하므로 서로 상대방을 포함하고 있다"(『리바이어던 I』, 제1부, 4장, p. 54); "어떤 일을 할 때 그 결과가 어떠할 것이며, 그 일에 자신이 어떤 효과를 미칠 수 있는지에 대해 탐구하는 능력(이성 능력)이 있다는 점에서, 인간은 다른 어떤 동물보다 우월하다."(『리바이어던 I』, 제1부, 5장, p. 69); "인간은 이성을 가지고 있다는 점 이외에도 바로 '호기심'(curiosity)이라는 정념을 가지고 있다는 점에서 다른 '동물들'과 다르다."(『리바이어던 I』, 제1부, 6장, p. 84); "동물들은 인간과는 달리 이성을 사용하지 않는다."(『리바이어던 I』, 제1부, 17장, p. 230); "이성이 없는 동물들은 '권리침해'와 '손해'의 개념이 없으므로 자기가 안락하기만 하면, 동료에게 반감을 갖지 않는다"(『리바이어던 I』, 제1부, 17장, p. 231) 같은 진술에서, 홉스가 동물과 인간의 차이를 이성 능력의 보유 여부에서 찾고 있다는 사실을 알 수 있다.

17 영어의 reason은 '이성'으로도 번역되고, '추론'으로도 번역된다. 홉스는 『리바이어던』, 제1부의 5장(『리바이어던 I』, pp. 65~75)을 추론과 그에 의해 얻게 되는 과학적 지식에 할애하고 있는데, 이 장은 곧 이성 능력에 대해 집중적으로 논의하고 있는 것으로도 볼 수 있다. 이 장의 서두에서 그는 "추론이란 각 부분을 '더하기'하여 합계를 생각하는 일, 혹은 어떤 액수에서 다른 액수를 '빼기'하여 나머지를 생각하는 것을 말한다"(p.65)고 진술하여, 추론의 기초가 계산에 있음을 분명히 하고 있다.

다양한 반응 중에서 개인에게 가장 유리한 것을 합리적으로 계산하여 선택하게 하는 도구적 기능을 수행하는 것이 바로 이성이라고 볼 수 있다.[18] 이러한 사실을 홉스는 "인간의 자발적 행위는 모두 자신의 이익을 도모하기 위한 것이며, 이 목적에 가장 도움이 되는 행위가 가장 이성적인 행위"[19]라고 진술하고 있다. 이렇게 홉스는 정념 이외에 합리적으로 욕구를 추구하는 도구적 기능을 수행하는 '이성'을 인간에게 본유적인 특성으로 제시하고 있다.

홉스가 이성 이외에 인간과 동물의 차이로 제시하고 있는 또 한 가지는 인간의 과도한 '권력추구욕망'이다. 그는 "인간은 명예와 지위를 위해 끊임없이 경쟁하지만, 동물들은 그렇지 않다"거나, "동물들은 공동 이익과 사적 이익이 다르지 않다. [……] 그러나 인간은 자기를 남과 비교하는 데에서 기쁨을 얻기 때문에 우월감 이외에는 아무것도 좋아하지 않는다", 또는 "동물들은 '권리침해'와 '손해'의 개념이 없으므로 자기가 안락하기만 하면, 동료들에게 반감을 갖지 않는다. 그러나 인간은 [……] 자신의 지혜를 과시하고 코먼웰스를 통치하는 사람들의 행동을 통제하고 싶어 한다"고 진술하여, 인간이 끝없는 권력추구욕망을 가지고 있음을 분명히 하고 있다.[20] 그는 "나는 모든 인간에게서 발견되는 일반적 성향으로서 죽을 때까지 계속되는 '권력'(權力, power)에 대한 끊임없는 욕망을 제일 먼저 들고자 한다"[21]라고 진술하여, '권력추구욕망'을 인간의 또 다른 본유적 성향으로 제시하고 있는 것이다.

---

**18** Kersting, 1992/2006, pp. 95~101.

**19** 『리바이어던 I』, 제1부, 15장, p. 198.

**20** 『리바이어던 I』, 제2부, 17장, pp. 230~231.

**21** 『리바이어던 I』, 제1부, 11장, p. 138: 진석용(2008)은 이 인용문의 power를 '힘'이라고 번역하고 있으나, 홉스에게서 이는 사회적 의미를 함유하는 용어라는 점에서 여기에서는 '권력'이라고 번역하기로 한다.

**자발적 운동의 동인: 정념** 홉스는 인간을 포함한 동물의 운동을 "혈액의 순환 · 맥박 · 호흡 · 소화 · 영양 · 배설" 같은 "생명의 지탱을 위한 운동"(vital motion)과 "걷고, 말하고, 사지를 움직이는 등 마음에 생각한 대로 나타나는 운동"인 "움직이는 생명체로서의 운동"(animal motion)의 두 가지로 나눈다. 이 중에서 전자는 "상상력의 도움을 필요로 하지 않는" 생명 현상 자체일 뿐이지만, 후자는 "항상 '어디로', '어떻게', '무엇을'이라는 사고에 의존하는 까닭"에, 상상력이 내적 동기로 작용하는 '자발적 운동'(voluntary motion)이다. 이러한 자발적 운동의 내적 단서들을 보통 '의도'(endeavour)라고 한다.[22] 그러므로 자발적 운동이 살아 있는 자연인이 삶을 영위하는 기본적인 운동인 셈인데, 이러한 자발적 운동은 곧 의도적 운동이라는 것이 홉스의 생각이다. 이러한 의도는 대상에 다가가거나 대상으로부터 멀어지려는 두 가지 방향으로 나타난다. 즉 자연인의 자발적 운동은 대상에 대한 접근 또는 대상으로부터의 회피의 두 가지 형태를 띤다. 대상에 접근하고자 하는 의도를 '욕구'(appetite) 또는 '욕망'(desire)이라고 하고, 이로부터 회피하려는 의도를 '혐오'(aversion)라고 부른다.[23]

홉스에 따르면, 욕구와 혐오는 대상에 대한 감정 그 자체이거나, 또는 대상에 대한 감정을 유발한다. 즉 욕구는 대상에 대한 '사랑'의 감정을 유발하고, 혐오는 대상에 대한 '미움'의 감정을 유발한다.[24] 홉스는 이러한 "욕구 · 욕망 · 사랑 · 혐오 · 미움 · 기쁨 · 슬픔" 등을 통틀어 '정념'이라고 부르고 있다.[25] 즉 정념이란 대상에 대한 욕구와 혐오 및 이로부터 유발되는 감정들을 아울러 일컫는 말인데, 홉스에 의하면 이러한 정념이 자연상

22 『리바이어던 I』, 제1부, 6장, pp. 76~77.
23 『리바이어던 I』, 제1부, 6장, p. 77.
24 『리바이어던 I』, 제1부, 6장, p. 78.
25 『리바이어던 I』, 제1부, 6장, p. 82.

태에서의 인간의 자발적 운동을 야기하는 내적인 동인이라는 것이다.

이러한 욕구와 혐오 같은 정념의 대상은 자연인에게 있어서 '선'과 '악'의 기준으로 작용한다. "어떤 인간이 욕구 또는 의욕을 갖는 것은 그 대상이 무엇이든지 그에게는 '선'(good)이며, 증오 또는 혐오의 대상이 되는 것은 '악'(evil)"[26]이라는 것이다. 홉스는 욕구 대상의 획득 또는 혐오 대상의 회피는 자연인에게 '쾌락'(pleasure) 혹은 '환희'(delight)를 가져오고, 이는 결국 "생명운동을 강화하고 또한 생명운동에 도움"이 되는 좋은 것(선)이지만, 그 반대의 것은 '훼방'(molestation) 혹은 '불쾌'(displeasure)를 유발하여, 결국 "생명운동을 방해하고 문제를 일으키는"[27] 나쁜 것(악)이라고 보았다. 이와 같이 홉스는 자연상태에서의 선 · 악의 기준은 신의 의지와 같은 절대적 보편성을 갖는 것이 아니라, 개체로서의 자연인의 욕구와 혐오 및 그 대상에 대한 접근 또는 회피 운동의 결과 얻게 되는 쾌락과 불쾌 같은 정념에 근거하고 있다는 '상대주의적 도덕관'을 주장한다. 이러한 그의 정념론의 근저에는 '개인주의'와 '쾌락주의'(快樂主義, hedonism)가 놓여 있는 것이다.[28]

자연인이 가지고 있는 다양한 정념 가운데 홉스가 최고의 욕구, 곧 자연인에게 최대의 쾌락을 가져다주는 욕구라고 내세운 것은 '자기보존(自己保存)의 욕구'이다. 홉스에 따르면, 인간의 "삶은 운동에 불과하고",[29] 이러한 운동은 생명현상 그 자체이거나(생명의 지탱을 위한 운동), 생명운동을 강화하는 운동(움직이는 생명체로서의 운동, 즉 자발적 운동)의 두 가지로서, 모두 자연인으로서의 생명의 유지, 곧 자기보존과 관련되는 것이기 때문

26 『리바이어던 I』, 제1부, 6장, p. 79.
27 『리바이어던 I』, 제1부, 6장, pp. 80~81.
28 박완규, 2007, pp. 64~66; 진석용, 2008, 제1권, p. 484; 제2권, p. 448.
29 『리바이어던 I』, 제1부, 6장, p. 92.

이다. 따라서 자기이익의 추구를 통해 자기보존을 이루는 것이야말로 자연상태에서의 인간 삶이 지향해야 하는 최고선(最高善)이라는 것이 홉스의 기본 논지이다. 이의 연장선상에서 자연인이 가장 혐오하는 것은 생명운동의 중단, 곧 '죽음에 대한 공포'라고 볼 수 있다. 죽음은 생명현상 그 자체 및 생명운동의 정지를 가져오는 것으로서, 생명체에게는 가장 부자연스러운 상태이기 때문이다. 따라서 죽음의 공포는 자연상태에서 최대의 불쾌를 가져오는 최고악(最高惡)인 것이다.

이러한 맥락에서 보면, 자연인의 모든 행위의 근본적인 동인은 죽음의 공포에서 벗어나 자기이익을 적극적으로 추구함으로써 자기보존을 이루려는 노력에서 찾을 수 있다는 주장이 홉스의 사회계약론의 출발 논지가 된다. 홉스에 따르면, 이는 기하학의 공리와 같이 더 이상 증명이 필요 없는 사회철학의 공리인 것이다.

**적절하고 합리적인 수단의 강구 능력: 이성** 정념의 대상에 대한 접근이나 회피 운동의 실제적이고도 합리적인 내용을 강구하고 선택적으로 실행하게 하는 도구적 · 전략적 기능을 수행하는 것이 다른 동물들과는 달리 인간만이 가지고 있는 '이성'의 기능이다. 즉 정념은 자연인의 운동을 유발하는 가능성의 체계일 뿐이지만, 이를 실제적인 운동으로 옮기도록 행동의 내용을 정하고, 그 방향을 설정하며, 이를 지속적으로 실행하도록 하는 것은 전적으로 이성의 기능이라는 것이 홉스의 생각이다.

홉스에 따르면, "(감각이나 상상 또는 정념 같은) 여타의 다른 의식 영역이나 의식 활동에 해당하는 것이 이성에도 해당된다. 그것은 바로 이성도 (감각이나 상상 또는 정념 같은 다른 활동과 마찬가지로) 인간의 운동체계의 한 분과이며, 전체적으로는 물리학의 개념으로 재구성될 수 있다는 것이다."[30] 이는 이성도 인간의 운동, 곧 행위의 준칙으로 작용함을 의미한다.

즉 이러한 이성에 의해 행위를 유발하는 선호 경향과 관심, 곧 정념이 무력해진다기보다는, 욕구 대상에 대한 접근과 혐오 대상의 회피라는 기본 원칙이 여전히 유효하게 남은 상태에서, 이성은 다만 그를 위한 충족행위와 기피행위의 방법을 규정하는 것이다.

이러한 이성은 언어를 매개로 하여 추론하는 능력인데,[31] 홉스에 따르면 추론은 곧 계산적 사고를 하는 것이다.[32] 바로 이성에 의한 이러한 계산적 사고를 통해 사람들은 다양한 행동 방식들의 실행가능성과 적합성 및 이들이 가져올 미래의 성과의 크기를 비교하여, 이 중에서 가장 큰 자기이익을 제공하면서 동시에 가장 작은 손실을 유발함으로써 결과적으로 자기보존의 욕구를 가장 잘 충족시켜줄 수 있는 행위를 선택하게 된다. 즉 이성적 합리성은 자기보존이라는 목표를 추구하는 과정에서 "수단의 최적화와 효과의 최대화를 목적"[33]으로 하는 것이다. 이러한 근거에서 홉스는 상호 전쟁의 상태인 자연상태에서 자연인들이 서로 합의할 수 있는 적절한 평화의 규약을 만들게 되는 바탕도 이성의 능력에서 찾는다.[34] 곧 자연상태라는 전쟁상태를 끝내고 평화를 이루기 위한, 그리하여 자기보존을 이루기 위한 협약의 근거도 이성의 계산 능력에 있다는 것이다. 이렇게 보면, 홉스에 의해 개념화된 이성관은 '도구적 이성관'이다.

---

**30** Kersting, 1992/2006, p. 95.

**31** 이러한 사실을 홉스는 "언어가 없으면 추론이 없다"(『리바이어던 I』, 제1부, 4장, p. 59)라는 말로 표현하고 있다. 그는 "모든 발명 중에서 가장 고귀하고 유익한 발명은 [……] 언어의 발명이었다"(『리바이어던 I』, 제1부, 4장, pp. 49~50)면서, "(이성 능력이 없는) 동물들은 [……] 언어를 사용할 줄 모른다"(『리바이어던 I』, 제2부, 17장, pp. 230~231)라고 진술하여, 언어에 의한 추론이 곧 이성의 작용임을 분명히 하고 있다.

**32** 『리바이어던 I』, 제1부, 5장, pp. 65~66.

**33** Kersting, 1992/2006, p. 98.

**34** "이성은 (가혹한 자연상태에서 빠져나오기 위해) 인간들이 서로 합의할 수 있는 적절한 평화의 '규약'(規約, article)들을 시사한다"(『리바이어던 I』, 제1부, 13장, p. 175).

**자기보존 수단의 확보와 유지: 권력추구의 욕망** "홉스가 보는 인간은 이성에 의해 필연적으로 권력적 존재가 된다."[35] 이성은 목적에 유용한 수단을 세심하게 마련하는 능력에서 나타나며, 모든 가능한 상황에 대해, 즉 현재의 욕구와 고통에 대해서 뿐만 아니라 미래의 욕구와 고통에 대해서도 조치를 취할 준비를 갖추게 한다. 이성을 통한 이러한 준비는 권력을 차지하고자 하는 노력을 통해 드러난다. 홉스는 이러한 '권력추구의 욕망'이 인간에게 본유적인 것이라고 본다.[36]

홉스가 말하는 '권력'이란 "미래에 분명히 이익이 될 것으로 보이는 것을 얻기 위한 현재의 수단"으로, 자기보존 수단의 범주에 포함되는 능력이나 힘 등 모든 것이 해당된다. 이에는 인간이 본유적으로 갖추고 있는 '자연적 권력'(natural power)뿐만이 아니라, 사회적으로 획득한 '도구적 권력'(instrumental power)까지 개인의 자기보존에 유익한 모든 것이 포함된다. 여기서 '자연적 권력'은 고유하게 타고난 "신체적 · 정신적 능력의 우월성"으로 정의되고, 획득된 '도구적 권력'도 "(다른 사람보다) 더 많이 획득하기 위한 수단"으로 정의된다[37]는 사실에 주목할 필요가 있다. 이는 "권력은 한 개인이 개인적인 능력을 발휘해 사물을 지배하는 데서 성립하는 것이 아니라, 한 개인의 능력이 다른 사람의 능력을 얼마나 능가하느냐 하는 능력의 초과분으로 이루어진다"[38]는 사실을 의미하는 것이다. 이러한 사실도 권력과 (비교 판단의 계산능력으로서의) 이성과의 불가분리성을 잘 드러내주고 있다.

이렇게 권력이란 절대적인 것이 아니라 상대적인 것이다. "이 때문에

---

**35** Kersting, 1992/2006, p. 100.

**36** 『리바이어던 I』, 제1부, 11장, p. 138.

**37** 『리바이어던 I』, 제1부, 10장, pp. 121~122.

**38** 박완규, 2007, p. 73.

인간 사회에서는 사람들이 다른 사람의 값을 정하는 권력 시장 같은 관계가 형성된다."[39] 홉스에 따르면, "인간의 '값어치'(value) 또는 '가치'(worth)는 다른 모든 것과 마찬가지로 그의 '시중가격'(市中價格, price)이다. 즉 그가 사용하는 힘의 양(量)에 상응하는 것이다. 그러므로 그것은 절대적인 것이 아니라 다른 사람의 필요와 판단에 달려 있다."[40] 바로 이렇게 시장에서의 상호 비교가 개인의 가치, 곧 권력의 크기를 결정하는 척도이기 때문에, 시장에서 사람들은 다른 사람보다 더 높은 가격을 받기 위해, 곧 더 큰 권력을 차지하기 위해 경쟁하게 된다고 홉스는 본다. 따라서 권력에의 욕망은 결과적으로 사람들 사이의 분쟁이나 투쟁을 야기하게 된다는 것이다.[41]

이와 같이 자연상태에서 권력에의 욕망을 끝없이 추구하다보면, 필연적으로 서로 간에 물고 물리는 전쟁상태에 돌입하게 되고, 결국 공통의 파멸에 이를 수밖에 없게 된다. 따라서 인간을 '권력적 존재'로 개념화하는 홉스의 논리 속에는 권력 욕구를 제한하거나 또는 유보시키는 것이 사회에 평화를 가져오는 핵심이라는 주장이 들어 있다고 추론할 수 있다. 이러한 자기보존의 방편으로서의 권력 추구가 도구적 이성에서 비롯되는 것이라면, 이의 제한이나 유보도 결국 도구적 이성에 의존할 수밖에 없다는 것이 홉스 사회계약론의 기본 논지이다. 홉스는 경쟁과 투쟁이 만연한 자연상태에서 권력추구의 욕망을 잠재우고 평화를 추구하게 하는 계율들은 모두 이성이 찾아낸 것이라고 본다. 이렇게 홉스에게 있어 이성은 권력추구의 투쟁을 야기하기도 하고, 반대로 평화를 지향하게 하기도 하는 양날의 칼인 셈이다.

---

**39** 박완규, 2007. p. 74.

**40** 『리바이어던 I』, 제1부, 10장, pp. 123~124.

**41** 『리바이어던 I』, 제1부, 11장, p. 139.

### (2) 자연상태와 자연권: 만인에 대한 만인의 전쟁

"자연상태는 법이나 계약을 강제하는 어떠한 권위도 존재하지 않을 때 현재 있는 그대로의 인간이 필연적으로 취하게 되는 행동양식을 묘사한 것이다. 곧 적절한 정치조직이 없을 때 인간이 놓이게 되는 상황을 뜻한다."[42] 홉스는 이러한 자연상태를 역사에서 끌어내지 않고, 인간의 '정념'에서 추론해냈다.[43] 즉 홉스의 자연상태론은 인간의 이기적인 정념에 근거한 허구적인 논리적 가설이지, 역사적 사실에 근거를 두고 있는 것이 아닌 것이다.[44] 이렇게 홉스의 자연상태는 "인류의 원시적 상태나 이미 극복해버린 역사적 과거가 아니라, 정부가 존재하기 전의 인간의 상태, 즉 정치적 사회상태에 대한 논리적 반대 개념이다. 즉 그것은 인간의 본성에 대한 고찰을 통하여 논리적으로 연역된 이론적 구성물이며, 인간이 정치공동체를 구성하는 의도와 목적을 결정하기 위한 합리적 허구인 것이다."[45]

그러나 홉스는 '자연상태론'이 역사적인 사실에 근거를 두고 있는 것이 아니라고 할지라도, 예를 들어 아메리카와 같이 홉스 당시(17세기)에도 아직 자연상태 하에서 살고 있는 지역들이 많이 있다는 사실, 문명사회에 살고 있는 사람들도 여행 갈 때 무장을 하고, 잠잘 때 문단속을 하며, 집에 있을 때도 금고 문을 단단히 잠그는 등 혹시 있을지도 모르는 타인으로부터의 위해(危害)에 적극적으로 대비한다는 사실, 그리고 문명국들이

---

42 박완규, 2007, p. 84.

43 홉스는 "(자연상태에서 벌어지는) 이런 일들에 대해 자세히 생각해보지 않은 사람들은 [……] 인간의 정념으로부터 이끌어낸 나의 추론이 과연 경험적으로도 뒷받침될 수 있는지 궁금해 할 것이다"(『리바이어던 I』, 제1부, 13장, p. 172)라고 진술하여, '자연상태론'이 그의 '정념론'에서 추론된 것임을 분명히 하고 있다.

44 『리바이어던 I』, 제1부, 13장, p. 173.

45 진석용, 2008, 제1권, p. 484; 제2권, p. 448.

군비경쟁을 하고 무장배치를 하는 등의 전쟁 준비태세를 갖춘다는 사실들을 통해 보면, 자기의 자연상태론이 경험적 근거를 갖고 있음을 주장한다.[46]

홉스는 인간의 실질적인 행위 동인인 '정념'에서 추론되는 이러한 자연상태에 대한 논리로부터 정치이론을 이끌어낸다. 그는 인간의 정치적 본성, 곧 인간의 기본적인 사회성을 가정하고 이로부터 국가 형성의 근거를 도출해내려는 고전적인 정치이론과는 달리, 개인의 정념에 근거를 둔 자연상태론에서 국가 형성의 근거를 유도해내려는 것이다.[47] 이렇게 홉스가 자연상태론을 기반으로 삼아 정치이론을 탐색하려고 한 데에는 이유가 있다. "기존의 사회관이 상정하고 있던 질서를 부정함으로써 전통적 · 공동체적인 연계를 단절한 뒤에, 자유롭고 평등한 개인으로 이루어지는 새로운 사회관계를 구상하려는 목적이 있었기 때문이다."[48] 이러한 관점에서 보면, 홉스의 자연상태론은 자유주의자이자 개인주의자로서의 그의 면모를 잘 드러내주는 이론체계이다.

**자연상태: 끝없는 경쟁과 갈등, 그리고 투쟁** 죽음의 공포를 이겨내고 자기이익을 확보함으로써 자기를 보존하고자 하는 욕구와 이러한 자기보존을 만족스럽게 이루기 위한 수단으로서의 권력을 소유하고자 하는 욕망이라는 정념이 자연인의 행위의 근본적인 동인으로 작용한다는 것이 홉스의 정념론의 핵심이다. 그런데 인간 삶의 장(場)인 자연에는 개인에게 이익을 가져다주는 대상이나 그 확보를 위한 권력이 무한정 주어져 있지 않다. 자연은 항상 한정적이고 제한적이어서, 자연인은 항상 결핍을

46 『리바이어던 I』, 제1부, 13장, pp. 172~174.
47 진석용, 2008, 제1권, p. 483; 제2권, p. 447.
48 박완규, 2007, p. 78.

느끼고 살기 마련이고, 결과적으로 사람들 상호 간에 경쟁이 불가피하게 된다.[49] 이렇게 홉스는 자기보존을 위한 행위에서 필연적으로 경쟁이 빚어질 수밖에 없다고 본다. 그러므로 사람들이 두려워할 아무런 공통의 권력이 없는 자연상태는 필연적으로 갈등과 경쟁과 투쟁이 만연하는 상태가 된다는 것이다.

> 사람들은 그들 모두를 위압하는 공통의 권력이 없이 생활하는 동안에는 전쟁이라고 부르는 상태에 있다. 이러한 전쟁은 만인에 대한 만인의 전쟁이다. 전쟁은 전투나 투쟁 행위에만 있는 것이 아니라 전투를 통해 싸우고자 하는 의사가 충분히 엿보이는 기간을 말하기 때문이다. [……] 전쟁의 본성은 실제 전투에 있는 것이 아니라, 전투할 의향이 있음이 잘 알려져 있는 것에 있다. 그 기간에는 반대의 방향으로 향하는 어떤 보장도 없는 것이다.[50]

이와 같은 자연상태에서 인간의 삶이 혼란에 빠질 수밖에 없는 것은, '선 · 악'과 '정의 · 불의' 또는 '옳음 · 그름'을 구별하는 공통의 기준이 없이, 그리고 이를 강제할 공통의 권력이 없이, 그 자체로서는 죄가 되지 않는 개인의 욕망과 정념만이 유일한 행위 표준이기 때문이다.[51] 이렇게 공통의 법과 권력이 없는 자연상태에서는 개인의 정념만이 유일한 행위의 표준이어서, '옳고 그름'이나 '정의 · 불의'를 판단할 기준이 없이 오로지 '폭력과 기만'이 판치게 되기 때문에,[52] 만인에 대한 만인의 전쟁이 벌어

---

**49** 『리바이어던 I』, 제1부, 13장, p. 169~170.

**50** 『리바이어던 I』, 제1부, 13장, pp. 171~172: 이 인용문의 번역은 박완규(2007, pp. 77~78)의 것이 더 유연하다고 판단되어, 이를 그대로 옮겼다.

**51** 『리바이어던 I』, 제1부, 13장, p. 173.

**52** 『리바이어던 I』, 제1부, 13장, p. 174.

지는 자연상태에서의 인간의 삶은 가혹할 수밖에 없다. 자연상태에서의 인간 삶의 가혹함에 대해서 홉스는 자주 인용되는 다음과 같은 유명한 말로 표현하고 있다.

> 전쟁상태에서 벌어지는 모든 일은 만인이 만인에 대해 적인 상태, 즉 자기 자신의 힘과 노력 이외에는 어떠한 안전대책도 존재하지 않는 상태에서도 똑같이 발생할 수 있다. 이러한 상태에서는 성과가 불확실하기 때문에 근로의 여지가 없다. 토지의 경작이나 해상무역, 편리한 건물, 무거운 물건을 움직이는 기계, 지구 표면에 관한 지식, 시간의 계산도 없고, 예술이나 학문도 없으며, 사회도 없다. 끊임없는 공포와 생사의 갈림길에서 인간의 삶은 고독하고, 가난하고, 험악하고, 잔인하고, 그리고 짧다.[53]

**자연적 평등성과 자연권: 자기보존권리의 무제한적인 추구** 자연상태에서 만인에 대한 만인의 전쟁이 벌어지는 데에는 인간이 신체적으로나 정신적으로 평등하게 태어났다는 사실이 놓여 있다. 이와 같은 "자연적 평등성은 위협의 대칭성을 내포하고 있다는 사실"[54]을 의미한다. 누구나 비슷한 능력을 가지고 태어나기 때문에 누구나 타인에 대해 삶을 위협하는 존재가 된다.

> 자연은 인간이 신체적 · 정신적 능력의 측면에서 평등하도록 창조했다. 간혹 신체적 능력이 남보다 더 강한 사람도 있고, 정신적 능력이 뛰어난 경우도 있지만, 양쪽을 모두 합하여 평가한다면, 인간들 사이에 능력 차이는 거의 없다. 있다고 하

53 『리바이어던 I』, 제1부, 13장, p. 172.
54 Kersting, 1992/2006, p. 138.

더라도 다른 사람보다 더 많은 이익을 주장할 수 있을 만큼 크지는 않다. 왜냐하면, 체력이 아무리 약한 사람이라고 하더라도 음모를 꾸미거나 혹은 같은 처지에 있는 약자들끼리 공모하면, 아무리 강한 사람이라도 충분히 죽일 수 있기 때문이다. 정신적 능력의 경우에는 체력보다도 오히려 더 평등하다고 나는 생각한다.[55]

이렇게 홉스가 말하는 평등의 개념은 '인권의 평등'과 같은 선언적 수사가 아니라, "어느 누구도 타인의 공격으로부터 안전할 수 없다"는 위협의 대칭성을 내포하는 매우 실질적인 개념이다. "인간의 가장 큰 관심사는 '자기보존'이기 때문에 타인을 죽일 수 있는 능력의 평등은 인간의 사회적 행동의 '합성' 과정에서 중요한 의미를 갖는다. 자기보존이 가장 주된 관심사라는 것은 곧 폭력에 의한 죽음의 공포가 인간의 가장 강렬한 정념이라는 것을 의미한다."[56]

이러한 '능력의 평등'이 위협의 대칭성을 가져오는 것은 능력의 평등으로부터 누구든지 자기가 하기에 따라 자기보존을 이룰 수 있다는 '희망의 평등'이 유추되기 때문이다.[57] 이렇게 홉스에 따르면, 자연상태에서의 능력의 평등은 누구나 자기보존의 목적을 달성할 수 있다는 희망의 평등을 가져오고, 이러한 희망의 평등은 누구나 평등하게 자기보존을 위해 노력할 수 있는 권리, 곧 자유를 평등하게 가지고 있다는 관념을 낳는다. 이렇게 "자신의 생명을 보존하기 위해 자기 뜻대로 힘을 사용할 수 있는 '자유'(liberty), 즉 그 자신의 판단과 이성에 따라 가장 적합한 조치라고 생각되는 어떤 일을 할 수 있는 자유"가 곧 '자연권'(right of nature)이다.[58] 이러

---

**55** 『리바이어던 I』, 제1부, 13장, pp. 168~169.

**56** 진석용, 2008, 제1권, p. 485; 제2권, p. 449.

**57** 『리바이어던 I』, 제1부, 13장, p. 169.

**58** 『리바이어던 I』, 제1부, 14장, p. 176.

한 자연권은 외부적 방해에도 불구하고 무제한적으로 자기이익을 추구하여 자기보존을 확보하려는 권리라는 것이다. 자연권의 핵심이 '자기보존 권리'의 무제한적인 추구에 놓여 있다는 사실을 홉스는 다음과 같이 적시하고 있다.

> 인간의 상태는 만인에 대한 만인의 전쟁상태이기 때문에, 모든 사람은 오직 자신의 이성의 지배만 받을 뿐이며, 적으로부터 자기의 생명을 지키는 데 도움이 되지 않는다고 판단되는 일은 결코 하지 않을 것이다. 따라서 만인은 만물에 대한 권리를 가지며, 심지어는 다른 사람의 신체에 대해서까지 권리를 갖는다. 이처럼 만인이 만물에 대하여 자연적 권리를 갖는 상황이 지속되는 한, 어느 누구도 천수를 안전하게 누릴 수 있다는 보장이 없다. 여기에는 강한 자이든 약한 자이든 예외가 없다.[59]

이와 같이 자연상태에서 인간이 가지는 자연권, 곧 자기보존의 권리는 심지어는 타인의 신체에 대한 권리까지도 포괄한다는 것이 홉스의 생각이다. 즉 자기보존권리의 행사에는 아무런 제한이 따르지 않는다는 것이다. 그러나 자연상태에서 인간은 바로 이러한 무제한적인 자연권, 곧 자유를 보유하고 있기 때문에, 결과적으로 자기 생명의 위협까지도 감수해야 하는 존재가 된다. 무제한적인 자연권의 추구는 결과적으로 개인에게 스스로를 구속하는 족쇄가 되는 것이다. 홉스는 자연상태를 논의하는 『리바이어던』 13장의 제목을 "인간의 자연상태, 그 복됨과 비참함에 대하여"라고 명명함으로써 자연권, 곧 자기보존의 자유가 함유하고 있는 이러한 이중성을 잘 드러내고 있다.

---

59 『리바이어던 I』, 제1부, 14장, p. 177.

**자연상태에서의 갈등의 요인: 경쟁 · 불신 · 공명심** 아무런 인위적인 강제력이 작용하지 않는 자연상태에서 자연권을 무제한적으로 추구하게 되면, 결과적으로 만인에 대한 만인의 전쟁상태가 야기된다. 그렇다면, 자연상태에서 사람들 사이에 갈등과 분쟁을 야기하는 구체적인 요인들에는 무엇이 있을까? 홉스는 경쟁과 불신과 공명심의 세 가지를 들고 있다.

> 인간의 본성이 바로 이러하기 때문에(자기보존을 목적으로 하기 때문에), 우리는 사람들 사이에 분쟁이 발생하는 원인을 세 가지로 정리할 수 있다. 첫째는 '경쟁'(competition)이고, 둘째는 '불신'(diffidence)이며, 셋째는 '공명심'(glory)이다. 인간은 경쟁 때문에 이익확보를 위한 약탈자가 되고, 불신 때문에 안전보장을 위한 침략자가 되며, 공명심 때문에 명예수호를 위한 공격자가 되는 것이다. 첫째는 타인과 그들의 처자권속 및 가축들을 지배하기 위해 폭력을 동원하는 것이고, 둘째는 자기방어를 위해 폭력을 동원하는 것이며, 셋째는 한마디 말, 혹은 단 한 번의 웃음, 혹은 의견의 차이 등 자신의 신상이나 자신의 친척 · 친구 · 직업 · 가문에 대해 얕잡아보는 사소한 표현들 때문에 폭력을 동원하는 것이다.[60]

홉스는 이렇게 한정된 자원에 대한 경쟁, 타인의 공격성에 대한 불신, 그리고 스스로의 명예를 지키고자 하는 공명심이 자연상태에서 사람들 사이에 분쟁을 일으켜, 결국 자연상태를 만인에 대한 만인의 전쟁상태로 이끄는 구체적인 요인으로 작용한다고 보고 있다. "홉스가 분쟁의 세 가지 원인으로 꼽고 있는 '경쟁 · 불신 · 공명심'은 자연상태의 인간만이 아니라, 문명사회의 인간이 지닌 자연적 성향이기도 하다."[61] 이렇게 이들

---

**60** 『리바이어던 I』, 제1부, 13장, p. 171.
**61** 박완규, 2007, p. 91.

은 오늘날에도 여전히 사회에 혼란을 가져오는 주요 원인임이 확실하며, 홉스의 자연상태론은 비록 논리적 구성물일 뿐 역사적 사실이 아니라고 해도, 오늘날의 사회상황을 분석하는 데에 적용될 수도 있는 이론적 가치를 지닌다고 할 수 있을 것이다.

#### (3) 자연법과 사회계약: 평화 추구와 국가의 형성

이상에서 보듯이, 아무런 인위적인 강제력이 없는 자연상태에서는 자기보존욕구를 무제한적으로 추구하는 자연권만이 작용하고 있어서, 필연적으로 만인의 만인에 대한 끊임없는 투쟁이 벌어짐으로써 폭력과 기만이 만연하는 가혹한 상황이 연출된다. 그렇다면, 이러한 자연상태로부터 벗어날 수 있는 방안은 없는가? 홉스는 이 부분에서 희망의 계율을 제시한다. 이는 자연권의 상호 동등한 양도에 합의함으로써 공통의 강제력을 수립하는 일이다.

> 인간이 가혹한 자연상태로부터 빠져나올 수 있는 가능성이 없는 것은 아니다. 그 가능성의 일부는 인간의 정념에서, 일부는 인간의 이성에서 생겨난다. 인간을 평화로 향하게 하는 정념으로는 죽음에 대한 공포, 생활의 편의를 돕는 각종 생활용품에 대한 욕망, 그러한 생활용품을 자신의 노력으로 획득할 수 있다는 희망 등이 있다. 그리고 이성은 인간들이 서로 합의할 수 있는 적절한 평화의 '규약'(規約, article)들을 시사한다. (이러한) 규약들은 '자연법'(自然法, Laws of Nature)이라고 불러도 좋을 것이다.[62]

여기서 죽음의 공포에 대한 정념은 이성에 의해 평화를 추구하는 자연

---

**62** 『리바이어던 I』, 제1부, 13장, pp. 174~175.

법이 작동하는 전제조건에 해당하고, 생활의 편의를 가져오는 생활용품을 획득하려는 희망은 자연상태에서 벗어나 평화를 이룩한 이후에 얻어지는 효과라고 볼 수 있다. 그러므로 자연상태의 비참함으로부터 벗어나려는 노력은 전적으로 인간의 이성에 의해 찾아낸 자연법을 따르는 일로 집약된다.

> '자연법'(*lex naturalis*)이란 인간의 이성이 찾아낸 '계율'(precept) 또는 '일반적 원칙'(general rule)을 말한다. 이 자연법에 따라 자신의 생명을 파괴하는 행위나 자신의 생명보존의 수단을 박탈하는 행위는 금지되며, 또한 자신의 생명보존에 가장 적합하다고 생각되는 행위를 포기하는 것이 금지된다.[63]

이 인용문에서 자명하게 드러나듯이, 이성이 찾아낸 자연법도 결국 자기보존의 욕구를 충족하려는 것을 목적으로 하고 있다. 즉 자연상태가 빚어내는 갈등과 투쟁의 혼란 속에서는 자기보존욕구를 충족하는 것이 어려워지므로, 몇 가지 제한조건을 붙여 서로 투쟁하지 못하도록 유도한 상태에서 자기보존을 이루려는 규율의 체계가 곧 자연법이다. 앞에서 홉스가 개념화하는 인간의 이성은 합리적 계산능력을 말하는 것으로, 다양한 가능 행위들 중에서 자기보존에 가장 유리한 행위를 합리적 계산을 통해 선택하여 수행하게 하는 도구적 · 전략적 기능이 이성의 핵심 기능임을 밝힌 바 있다. 이러한 이성이 찾아낸 평화의 규범이 바로 자연법으로, 자연법 이론은 홉스의 '도구적 · 전략적 이성관'을 잘 드러내주는 논리체계인 것이다.[64]

---

**63** 『리바이어던 I』, 제1부, 14장, p. 176.
**64** Kersting, 1992/2006, pp. 95~101, 143, 171~175.

자연법이 자기보존을 목적으로 하는 규율의 체계라면, 이는 자연상태에서 자기보존욕구를 추구할 자유인 자연권과는 어떠한 관계에 있는가? 이 문제에 대한 해답을 홉스는 권리와 법의 개념의 차이에서 찾고 있다. 홉스에 따르면, '자연권'은 자기보존을 위해 어떤 일을 하거나 하지 않을 결정이 전적으로 개인에게 주어져 있는 자유의 문제이지만, '자연법'은 자기보존을 위해 반드시 어떤 일을 하거나 하지 말아야 하는 강제적인 의무 사항이다.[65] 즉 자연법은 자연상태의 혼란에서 벗어나 평화의 상태로 이행하기 위한 강제적인 규율의 체계인 것이다.

**제1자연법: 평화 추구의 의무** 홉스가 만인의 만인에 대한 전쟁의 혼란으로부터 벗어나 평화를 이루기 위한 기본 원칙으로 제시하고 있는 제1의 자연법은 '평화 추구의 의무'를 규정한 것이다.

> '모든 사람은, 달성될 가망이 있는 한, 평화를 얻기 위해 노력해야 한다. 평화를 달성하는 일이 불가능할 경우에는 전쟁에서 승리하기 위한 어떤 수단이라도 사용해도 좋다.' 이 원칙의 앞부분은 자연법의 기본을 나타내고 있는 것으로서 '평화를 추구하라'는 것이고, 뒷부분은 자연권의 요지를 나타내고 있는 것으로서 '모든 수단을 동원하여 자신을 방어하라'는 것이다.[66]

이 제1자연법은 단순히 여러 개의 자연법 가운데 하나가 아니다. 홉스는 이를 '기본 자연법'이라고 하여, 다른 자연법보다 우위에 놓고 있다. 그가 평화 추구의 의무를 첫 번째 자리에 놓은 이유는 "홉스 정치철학의 목적이 바로 평화의 안정적 확보에 있기 때문이다. 전쟁과 평화의 문제는

---

**65** 『리바이어던 I』, 제1부, 14장, pp. 176~177.
**66** 『리바이어던 I』, 제1부, 14장, p. 177.

홉스뿐만 아니라 영국 시민전쟁(청교도혁명)을 직접 경험한 당시 모든 이의 관심사였을 것이다. 자연상태에서 시민사회로의 이행은 곧 평화와 안전의 확보를 의미하였다."[67] 이렇게 '평화를 추구하라'는 명령을 제1자연법으로 삼고 있다는 사실은 홉스 사상이 '평화애호주의'(pacificism)에 기초를 두고 있음을 잘 드러내준다.[68]

이 인용문에서 보듯이 홉스는 평화 추구의 의무와 자기보호의 권리를 나란히 진술하여, 그가 '자기보호'와 '평화의 추구'를 동의어로 보고 있음을 드러낸다. 그에게 있어서 평화를 추구하는 일과 자기보호는 동일한 목적의 다른 두 표현인 것이다. "평화에 대한 보장 없이 자기보호란 있을 수 없으며, 자기보호가 보장되지 않는 평화는 강요된 평화"[69]이거나 위장된 평화이기 때문이다. 홉스는 전투할 의도가 있을 때는 실제 전투행위의 발발 여부에 상관없이 전쟁상태이며, 전투의 의도가 없는 그 밖의 시간만이 평화라고 보아,[70] 평화를 이루는 일의 지난함을 지적한 바 있다. 제1자연

---

**67** 김용환, 2005, pp. 80~81.

**68** 물론 홉스의 평화애호주의는 대내적 평화에 국한된다는 한계를 갖는다. 홉스는 국제관계가 힘의 관계이고 자연상태라고 보았기 때문에(『리바이어던 I』, 제1부, 13장, pp. 173~174), 그의 제1자연법이 국제관계에서 평화를 애호하는 것으로 보기는 어렵다. 자연상태의 자연인에게 요구되는 평화애호의 자연법이 이의 준수를 통해 형성된 리바이어던, 곧 국가권력에 그대로 적용되는 것으로는 볼 수 없기 때문이다. 이를 위해서는 리바이어던 사이의 관계를 규제하는 또 다른 자연법(?)이 요구되는데, 홉스는 이를 명시하지 않고 있을 뿐만 아니라, "야수나 하느님과는 신의계약을 맺을 수 없다"(『리바이어던 I』, 제1부, 14장, pp. 187~188)고 지적하여, 신의계약을 맺는 근거인 자연법은 이성의 주체인 자연인들 사이의 규율임을 분명히 하고 있는 것이다. 그러므로 홉스의 평화애호주의는 힘의 국제관계에는 적용되지 않고, 대내적 평화에 국한된다는 한계를 갖는 것으로 보아야 한다. 이러한 맥락에서 김용환(2005, pp. 72~83)은 "개인이나 국가가 조직적으로 평화를 실현하기 위해 구체적으로 행동할 것을 요청하는 이념"인 "평화주의"(pacifism)(p. 338)와 구별하여, 홉스의 평화에 대한 일차적이고도 궁극적인 관심을 나타내기 위해 그의 입장을 "평화애호주의"라는 용어로 부르고 있다.

**69** 김용환, 2005, p. 82.

**70** 『리바이어던 I』, 제1부, 13장, pp. 171~172.

법은 평화 추구의 의무를 이성의 가장 기본적인 명령으로 규정함으로써, 평화가 곧 자기보존의 가장 확실한 길임을 명시하고 있는 것이다.

**제2자연법: 권리의 상호 동등한 양도에 관한 계약** 제1자연법은 전쟁 상태의 비참함으로부터 벗어나기 위해 평화를 추구할 것을 명령하고 있을 뿐, 누구나가 그토록 원하는 평화가 어떻게 조성될 수 있는가에 대해서는 아무런 방안도 제시하지 못한다. 구체적인 평화 추구의 규칙을 제시하고 있는 것이 제2자연법이다.

> 평화 추구의 의무를 규정한 기본 자연법으로부터 다음과 같은 제2의 자연법이 도출된다. '인간은 평화와 자기방어가 보장되는 한, 또한 다른 사람들도 다 같이 그렇게 할 경우, 만물에 대한 이러한 권리(만물을, 심지어는 다른 사람의 신체까지도 자기 뜻대로 처분할 수 있는 권리)를 기꺼이 포기하고, 자신이 타인에게 허락한 만큼의 자유를 타인에 대해 갖는 것으로 만족해야 한다.' 왜냐하면 모든 사람이 자기 뜻대로 무엇이든지 할 수 있는 그런 권리를 보유하는 한, 모든 인간은 전쟁상태에 놓이게 되기 때문이다. 그러나 자기는 그러한 권리를 포기할 의사가 있지만, 다른 사람들은 그러한 권리를 포기할 의사가 없는 경우에는, 어느 누구도 자신의 권리를 포기할 이유가 없다. 그것은 평화를 달성하는 일이 아니라 자기 자신을 타인의 먹이로 제공하는 일이기 때문이다.[71]

이 제2자연법에서 '자연권의 상호 동등한 양도'라는 홉스의 사회계약론의 요지가 개진되고 있다. 이 인용문에서 "권리를 '포기한다'(lay down)는 것은 다른 사람이 그런 권리를 누리는 것을 방해할 '자유'를 스스로 포기

71 『리바이어던 I』, 제1부, 14장, pp. 177~178.

한다는 것을 의미한다."[72] 위의 인용문에서 "권리의 포기는 상호 동등하게 이루어져야 한다"고 규정하고 있다는 점에 비추어보면, 권리의 포기는 '상호 양도'의 형태로 이루어져야지 "일방적으로 권리를 폐기"하는 방식으로 이루어져서는 안 된다는 것[73]이 홉스의 본뜻임을 짐작할 수 있다.

이러한 양도에 의해 권리를 포기하고 나면, "그로부터 이익을 얻을 사람의 권리행사를 방해하지 않을 '의무'(obliged)를 지거나, 혹은 방해하지 않도록 '속박'(bound)된다. 그는 (권리를 포기한) 자신의 자발적 행동을 무효화하지 '말아야 한다.' 그것이 바로 그의 '책무'(duty)이다. 만일 방해 행위를 한다면 그것은 '불의'(injustice)이며, 또한 '권리침해'(injury)에 해당한다. 방해할 권리를 이미 폐기했거나 양도했으므로 그럴 '권리가 없는' 상태에 있기 때문이다."[74] 이와 같이 권리의 양도에는 이에 수반되는 책무를 이행할 채무가 따른다.

권리의 양도에 따르는 채무의 이행은 즉각 이루어질 수도 있고, 일정 기간이 지난 후의 특정 시점에 이루어지도록 상대방을 신뢰하고 기다릴 수도 있다. 홉스에 따르면 계약이란, 채무의 이행을 즉각 하거나 신뢰를 바탕으로 이를 미루어주거나 간에, "권리를 상호 양도하는 행위"를 통틀어서 말한다.[75] 이 중에서 홉스가 강조하고 있는 것은 일방의 계약자는 채무를 즉각 이행하고, 상대방의 채무 이행은 그에 대한 신뢰를 바탕으로 하여 기다려주는 계약의 경우이다.[76] "이러한 종류의 계약은 채무를 먼저

---

72 『리바이어던 I』, 제1부, 14장, p. 178.

73 『리바이어던 I』, 제1부, 14장, p. 179.

74 『리바이어던 I』, 제1부, 14장, p. 179.

75 진석용(2008, 제1권, pp. 181~182, 역자주 4)은 홉스의 '계약'(contract), '약정'(pact) 및 '신의계약'(covenant)의 의미 차이에 대해 자세히 분석하고 있다.

76 홉스는 "『리바이어던』 전편에 걸쳐 주권 설립의 계약(곧 국가권력 형성의 계약)을 '신의계약'이라 표현하고 있다. 즉 자연권의 양도는 현재 이루어지는 반면(그 결과 주권이 성립한다),

이행한 선이행자(先履行者)의 입장에서 보면 '약정'(約定, pact) 또는 '신의계약'(信義契約, covenant)에 해당한다."[77]

일상생활에서 계약자 쌍방이 계약을 하고 곧바로 이에 따르는 채무를 이행하는 경우는 돈을 주고받으면서 물건을 사고파는 경우 이외에는 찾아보기 힘들다. 그 대신 계약자 중 한 편은 채무를 즉각 이행하는 데 반해 상대방은 이를 미룬다거나, 계약자 쌍방이 모두 채무이행을 미루는 신의계약이 대부분이다. 이러한 신의계약에는 '약속'(promise)이 포함되어 있고, 약속에는 반드시 '신뢰'가 전제되어 있다. 그러므로 상대방의 채무이행 약속에 대해 신뢰를 할 수 없는 경우에는 계약이 성립될 수 없다.

이러한 관점에서 보면, 신의계약에는 항상 채무의 이행을 강제할 공통의 권력에 대한 내용이 포함되어야 한다. 이 점이 바로 사회계약을 통한 국가주권의 성립이라는 홉스 사회계약론의 요체이다. 그런데 공통의 권력이 가지는 이러한 강제력의 근거는 공포심에 기반을 두고 있다는 것이 홉스의 주장이다.

> 말의 힘만으로는 인간이 스스로 맺은 신의계약을 이행하게 하도록 만들 수가 없다. 다만 인간의 본성 속에 신의계약의 이행을 강화시킬 것으로 [……] 기댈 수 있는 정념은 [……] 약속을 파기했을 때 생겨나는 결과에 대한 공포 하나뿐이다. [……] 그러므로 시민사회 이전이나 혹은 전쟁으로 시민사회가 중단된 기간에, 탐욕 · 야심 · 육욕 등의 강력한 욕망의 유혹에 대항하여 기존에 합의한 평화계약을 강화할 수 있는 것은 보이지 않는 힘에 대한 공포밖에 없다.[78]

---

주권으로부터의 보호는 현재로부터 미래에 이르기까지 계속되는 이른바 '약속'의 성격을 띤다"(진석용, 2008, 제1권, 역자주 4, p. 182)는 관점에서 신의계약을 강조하고 있다.

**77** 『리바이어던 I』, 제1부, 14장, pp. 181~182.

**78** 『리바이어던 I』, 제1부, 14장, pp. 191~192.

이렇게 공권력의 강제에 대한 공포가 신의계약에 따른 채무를 이행하게 하는 유일한 원천이다. 따라서 공통의 권력이 갖는 강제력에 대한 공포가 클수록 신의계약이 잘 지켜지고, 결과적으로 평화가 유지될 수 있다는 것이 홉스의 생각이다. 바로 이 점에서 홉스의 사회계약론과 '절대주권론'이 만나게 된다.

이러한 자연권 양도의 계약에서 모든 자연권을 무조건적으로 양도하기로 계약하는 것은 아니다. "인간이 자신의 권리를 양도할 때는 [……] 그렇게 하여 자기에게 돌아올 반대급부가 있거나, 혹은 다른 어떤 이익을 기대할 수 있기 때문이다. 자신의 권리를 포기하는 행위는 자발적 행위인데, 모든 자발적 행위는 '자신의 이익'을 목적으로 한다. 그러므로 어떤 서약과 어떤 표시에 의해서도 결코 폐기 또는 양도된 것으로 볼 수 없는 권리들이 존재한다"[79]는 것이 홉스의 주장이다. 그것은 "생명의 위협에 대해 저항할 권리"와 "생명보존의 수단들을 안전하게 확보하는 권리" 같은 것들이다.[80] 즉 자연상태의 위험으로부터 자기를 안전하게 지키기 위해 권리 양도의 계약을 맺는 것이므로, 양도되는 권리 속에 당연히 생명보존의 권리는 포함될 수 없다는 것이다. 절대주권의 유일한 한계는 바로 이렇게 구성원들 각자가 자신의 생명을 보존하려는 노력에 제한을 가할 수 없다는 데 있으며, 따라서 절대주권이 구성원들의 안전을 지켜주지 못하면 그 성립 근거를 잃게 된다는 것이 홉스의 주권론의 또 다른 요체이다.

이와 같이 자기이익을 안전하게 확보하려는 목적에서 자연상태로부터 탈피하기 위해, 개인이 가지고 있는 자연적 권리를 상호 동등한 만큼씩 양도하기로 합의하는 계약을 맺게 된다는 사실에서 국가 형성의 근거를

**79** 『리바이어던 I』, 제1부, 14장, p. 180.
**80** 『리바이어던 I』, 제1부, 14장, pp. 180~181.

찾으려는 것이 홉스의 사회계약론의 핵심이다. 따라서 이러한 규율을 제시하는 제2자연법이 홉스 사회이론의 기본이라고 볼 수 있다. 이러한 홉스의 이론은 '자기이익의 추구'를 사회생활의 목표라고 본다는 점, 그리고 '교호성'(交互性, reciprocity)과 '공정성'(公正性, fairness)을 사회관계의 형성과 유지의 기초로 삼고 있다는 점에서 현대 사회과학자들이 제시하는 대표적인 사회관계론인 '사회교환이론'과 맥을 같이하고 있다. 이러한 사실은 서구의 현대 사회관계론이 홉스와 같은 자유주의자들의 사회계약론을 이론적 모태로 삼아 정립된 것임을 암시해준다.

**제3자연법 및 기타: 신의계약 준수의 의무와 평화유지를 위한 제반 규율**

'평화 추구의 의무'와 '자연권의 상호 동등한 양도의 계약'을 명령한 제1과 제2의 자연법에 이어, 홉스는 '신의계약 준수의 의무'를 제3자연법으로 설정한다.

> 인간이 본래부터 가진 자연권은, 타인에게 양도하지 않고 자기가 가지고 있을 경우, 인류의 평화를 저해하게 된다. 그러므로 제1 및 제2의 자연법은 이 권리를 타인에게 양도할 것을 명하는데, 이로부터 제3의 자연법이 생겨난다. 그것은 "신의계약을 맺었으면 지켜야 한다"는 것이다. 이행의 의무가 없다면 신의계약은 아무 쓸모없는 공약(空約)에 불과하다. 만인에게 만물에 대한 권리가 남아 있는 한, 우리는 여전히 전쟁상태에 있게 된다.[81]

사회 형성의 근거인 계약을 준수하지 않을 경우 사회는 사회로서 존속할 수가 없다는 점에서, '신의계약 준수의 의무'를 명령한 제3자연법은 사

**81** 『리바이어던 I』, 제1부, 15장, p. 194.

회 유지의 의무를 규정하고 있는 것이다. 홉스의 제3자연법 속에는 이미 사회 유지를 위한 규범으로서의 정의의 원칙이 내포되어 있다.

> 이 제3자연법 속에 '정의'(正義, justice)의 원천이 들어 있다. 신의계약이 성립되기 전에는 어떠한 권리도 양도된 것이 아니며, 따라서 만인이 만물에 대하여 권리를 가지기 때문에 어떤 행위도 불의가 될 수 없다. 그러나 신의계약이 맺어지면 이것을 깨뜨리는 행위가 불의가 된다. '불의'(不義, injustice)란 간단히 말해서 '신의계약의 불이행'을 말한다.[82]

요컨대, 계약 준수를 이행하는 것이 바로 정의이고, 이를 이행하지 않는 것이 불의라는 것이다. 즉 "정의는 신의계약을 준수하는 것이며, 우리 자신의 생명에 파괴적인 어떤 일을 하지 못하도록 금지하는 이성의 법칙이며, 따라서 자연법"[83]이라는 것이다. 신의계약의 준수는 계약에 따르는 채무의 이행 행위를 통해 이루어지는데, 홉스에 따르면 이러한 채무이행 행위의 정의 여부는 전통적으로 '교환적 정의'(commutative justice)와 '분배적 정의'(distributive justice)의 두 측면에서 판정할 수 있다. 여기서 "교환적 정의는 계약을 통하여 발생한 쌍방의 채무가 동등한 가치, 즉 대가성을 지니는 것을 의미하고, 분배적 정의는 같은 자격을 가진 사람에게는 같은 이익을 분배해주는 것을 의미한다."[84] 그런데 이 두 정의의 판정 기준은 등가성(균등성)과 형평성으로 달라지기는 하지만, 모두 정당성 곧 공정성에 달려 있다는 것이 홉스의 의견이다.[85] 그러므로 사회 유지를 위한 규범

---

**82** 『리바이어던 I』, 제1부, 15장, p. 194.

**83** 『리바이어던 I』, 제1부, 15장, p. 200.

**84** 『리바이어던 I』, 제1부, 15장, p. 203.

**85** 『리바이어던 I』, 제1부, 15장, p. 203~204: 이 가운데 분배정의의 원칙으로서의 형평성

은 교환과 분배에서의 '공정성'에서 찾을 수 있다는 것이 홉스의 주장인 것이다.[86]

이와 같이 권리 양도의 계약에 관한 제2자연법과 계약 준수 의무에 관한 제3자연법은 모두 계약당사자 모두에게 공통되는 강제력을 갖는 권력 수립을 전제로 하여 의미를 가진다. 제2자연법은 강제력 수립의 정당한 근거를 규정하는 것이고, 제3자연법은 그렇게 수립된 강제력 유지의 조건을 규정하고 있다는 차이가 있을 뿐이다. 이렇게 홉스의 사회계약론은 자연권의 상호 동등한 양도에 관한 합의(사회계약)에서 국가권력 형성의 근거를 찾고자 하는 이론체계이다. 위의 인용문에서 보면, 이러한 국가가 형성된 이후에라야 각자는 자기의 것을 소유하고 향유하여 평화를 누릴 수 있다는 것이 홉스의 주장이다.

홉스는 이러한 세 가지 기본적인 자연권 이외에도 열여섯 가지 자연법을 열거하여, 모두 열아홉 개의 자연법을 제시하고 있다. 이 중에서 제4부터 제19까지의 자연법들은 평화를 유지하기 위한 생활태도(제4~제10), 자원 교환 및 분배의 공정성(제11~제14), 갈등의 공정한 해결(제15~제19)에 관해 규정함으로써, "군중(群衆)으로서의 인간에게 평화를 자기보존의 수단으로서 명하는 자연법들이다."[87] 즉 모든 자연법은 자연상태의 비참함으로부터 벗어나 평화를 이루는 길이며, 또한 이를 지키기 위한 규율의 체계들인 것이다.

---

[equity: 진석용(2008, 제1권, pp. 204, 209~210)은 이를 '공평성'이라고 번역하고 있으나, 전통적으로 사회심리학에서는 이를 형평성이라고 번역하고 있다]에 대해 홉스는 제11자연법(『리바이어던 I』, 제1부, 15장, pp. 209~210)으로, 교환의 등가성 또는 평등성(균등성)에 대해서는 제12자연법(『리바이어던 I』, 제1부, 15장, p. 210)으로 제시하고 있다.

**86** 이렇게 사회 유지의 규범을 공정한 정의의 규범으로 이해하는 홉스의 입장은 현대 서구 사회교환론자들의 이론으로 연결되고 있다.

**87** 『리바이어던 I』, 제1부, 15장, pp. 204~212.

### (4) 국가권력의 절대성: 절대주권론

자연상태에서 누구나가 가지는 만물에 대한 권리인 자연권을 포기하고 자연법을 준수하여 상호 동등한 권리의 양도를 위한 신의계약을 맺음으로써 국가(코먼웰스)가 형성된다. 이렇게 자연상태에서 누리는 자유를 포기하는 계약을 맺기로 합의하는 배경에는 비참한 전쟁상태로부터 벗어나 안전하게 "자기보존과 그로 인한 만족된 삶"을 도모하려는 이기적인 정념이 놓여 있다.[88] 그러나 "자연법 그 자체는 어떤 힘에 대한 공포 없이는 지켜지지 않는다. [……] 칼 없는 신의계약은 빈말에 불과하며, 인간을 보호할 힘이 전혀 없다. 자연법이 존재하더라도 어떤 권력이 확립되어 있지 않으면, 혹은 확립되어 있다고 하더라도 사람들의 안전을 보장하기에 족할 정도로 강력하지 않으면, 모든 인간은 타인에 대한 경계심을 품게 되고, 따라서 자기 자신의 힘과 기량에 의지하려 들 것이다. 이것은 합법적인 일이다."[89] 바로 여기에서 "인간을 두렵게 하고 공동이익에 맞게 행동하도록 지도하는 공통의 권력(common power)"[90]을 설립할 필요가 나온다.

> (외적의 침입과 상호간의 권리침해를 방지하고 [……] 쾌적한 생활을 보낼 수 있도록 하기 위한) 공통의 권력을 수립하는 유일한 길은 모든 사람의 의지를 다수결에 의해 하나의 의지로 결집하는 것, 즉 그들이 지닌 모든 권력과 힘을 '한 사람'(one Man) 혹은 '하나의 합의체'(one Assembly)에 양도하는 것이다. 다시 말하면, 자신들 모두의 '인격'(人格, person)을 지니는 한 사람 혹은 합의체를 임명하여, 그가 공공의 평화와 안전을 위해 어떤 행위를 하던, 혹은 (백성에게) 어떤 행위를 하게 하던,

---

**88** 『리바이어던 I』, 제2부, 17장, p. 227.
**89** 『리바이어던 I』, 제2부, 17장, pp. 227~228.
**90** 『리바이어던 I』, 제2부, 17장, p. 231.

각자가 그 모든 행위의 '본인'(本人, author)이 되고,[91] 또한 본인임을 인정함으로써, 개개인의 의지를 그의 의지에 종속시키고, 개개인의 다양한 판단들을 그의 단 하나의 판단에 위임하는 것이다. 이것은 동의 혹은 화합 이상의 것이며, 만인이 만인과 상호 신의계약을 체결함으로써 모든 인간이 단 하나의 인격으로 결합되는 것이다. 이것은 마치 만인이 만인을 향하여 다음과 같이 선언한 것과 같다: '나는 스스로를 다스리는 권리를 이 사람 혹은 이 합의체에 완전히 양도할 것을 승인한다. 단 그대도 그대의 권리를 양도하여 그의 활동을 승인한다는 조건 아래.' 이것이 달성되어 다수의 사람들이 하나의 인격으로 결합되어 통일되었을 때 그것을 '코먼웰스'(Commenwealth)라고 부른다. 이리하여 바로 저 위대한 '리바이어던'(*Leviathan*)이 탄생한다. 아니, 좀 더 경건하게 말하자면 '영원불멸의 하느님'(immortal God)의 가호 아래, 인간에게 평화와 방위를 보장하는 '지상의 신'(또는 '필멸의 신', mortal god)이 탄생하는 것이다. 이 지상의 신은 코먼웰스에 살고 있는 모든 개인이 부여한 권한으로, 강대한 권력과 힘을 사용하여 국내의 평화를 유지하고, 단결된 힘으로 외적을 물리치기 위해 사람들을 위협함으로써, 모든 개인의 의지를 하나의 의지로 만들어낸다.[92]

이것이 바로 국가의 본질이다. 홉스는 이 인용문에 이어서 코먼웰스, 즉 국가를 "다수의 사람들이 상호 신의계약을 체결하여 세운 하나의 인격으로서, 그들 각자가 그 인격이 한 행위의 본인이 됨으로써, 그들의 평화

**91** 홉스는 "인격이란 '말이나 행위가 그 자신의 것으로 간주되는 사람, 혹은 그의 말이나 행위가 타인 혹은 다른 사물의 말과 행위를 대표하고 있는 것으로 간주되는' 사람"을 가리키는 것으로 정의한다. '본인'은 '대리자'(代理者, actor)에 대립되는 말로 "그의 말과 행동을 소유하는 사람"을 가리키고, 대리인은 "그 말이나 행위가 타인의 말과 행위를 대표하고 있는 것으로 생각될 때"를 가리키는 것으로, "이 경우 대리인은 본인의 권한에 따라 행동한다"는 것이 홉스의 용법이다(『리바이어던 I』, 제1부, 16장, pp. 216~218).

**92** 『리바이어던 I』, 제2부, 17장, pp. 231~233.

와 공동방위를 위해 모든 사람의 힘과 수단을 그가 임의로 사용할 수 있도록 한 것"[93]이라고 간단히 정의하고 있다. 이때 이 인격을 지닌 자가 '주권자'(主權者, sovereign)이고, 그가 지닌 권력을 '주권적 권력'(sovereign power)이라고 하며, 그 외의 모든 사람은 '백성'(百姓, 또는 臣民, subjects)이다. 즉 국가란 모든 사람이 스스로의 권력을 모두 양도하기로 합의하는 신의계약에 따라 설립된 '법적 인격'(legal person)으로, 평화와 공동방위의 책임을 지며, 이를 위해 백성들의 힘과 수단을 무제한적으로 사용할 수 있는 무소불위의 권력을 가지는, 마치 '지상의 신'과 같은 존재라는 것이다.

이렇게 홉스에게 있어서 국가는 이성을 가진 주체적 개인 사이의 계약의 산물로 형성되는 것이다. 국가가 모든 성원들의 합의에 바탕을 두고 설립된다는 사실로부터 국가권력의 정당성을 찾으려는 것이 사회계약론의 논지이다. 이러한 계약론은 아리스토텔레스의 목적론적 국가론과 중세의 신분질서 관념이 체계적이고 규범적인 개인주의로 대체되면서 점점 증대하는 시민화 과정을 통해 점차 무르익어갔는데, "이러한 계약론의 발명자가 바로 토마스 홉스"[94]이며, "홉스에 와서 개인은 비로소 국가 철학적 계약주의의 주인공이 되었다."[95] 이와 같은 맥락에서 보면, 사회계약론에 따른 국가형성 이론은 근대 '개인주의'와 직접적인 연결고리를 갖고 있는 이론체계인 것이다.

**계약의 주체: 주권의 절대성** 이상에서 분명히 밝혀졌듯이, "국가는 '다수'의 인간이, 상호 평화롭게 지내고 다른 사람들의 위협으로부터 보

93 『리바이어던 I』, 제2부, 17장, p. 233.

94 Kersting, 1992/2006, p. 125.

95 Kersting, 1992/2006, p. 180.

호를 받을 목적으로, '만인 상호간에' 합의하여, 다수결에 의해 어느 '한 사람' 혹은 '하나의 합의체'에 모든 사람들의 인격을 '대표하는' '대표자'로서의 '권리'를 부여하고, 그 사람 혹은 합의체에 '찬성투표'한 자나 '반대투표'한 자나 모두 똑같이 그의 행위와 판단을 자기 자신의 것으로 승인하기로 '신의계약'을 체결할 때 설립된다."[96]

홉스에 따르면, 이렇게 국가를 설립하자는 신의계약은 다수의 개인들, 곧 인민들이 모여 개인들(인민들) 사이에 체결되는 것이고, 이들의 합의에 의해 모든 사람의 권한을 양도받은 대표자, 곧 주권자와 인민들 사이에 체결된 것이 아니다. 즉 계약의 주체, 곧 계약을 맺은 '본인'들은 국가를 구성하는 각각의 개인들이고, 이들에게서 권한을 위임받은 주권자는 '인위적 인격'(artificial person)으로서 그들의 '대리인'일 뿐이다. 이때 계약의 주체인 개인들은 "그 신의계약의 모든 결과에 종속"[97]되며, 신의계약을 체결한 "각자는 그들의 공통의 대표자에게 개별적으로 권한을 부여하지만, 그들이 대표자에게 무제한으로 권한을 부여하는 경우에는 대표자의 모든 행위를 자기의 행위로 승인하는 것이다."[98] 즉 대리인인 주권자는 계약의 본인인 인민들 모두에게서 그들의 모든 권한을 위임받았으므로, 인민들 각자가 원래 가지고 있던 권한보다 막강한 권한을 가지게 된다. 여기에서 계약의 주체가 아니면서도 주권자가 권력위임자인 인민들 각자의 권력을 뛰어넘는 무소불위의 '절대권력'을 가지게 되는 역설이 도출된다.

홉스에 따르면, 일단 합의에 의해 설립된 국가의 통치형태는 여하한 경우에도 변경될 수 없다는 점, 주권은 어떠한 경우에도 결코 박탈될 수 없

---

**96** 『리바이어던 I』, 제2부, 18장, p. 235.
**97** 『리바이어던 I』, 제1부, 16장, p. 218.
**98** 『리바이어던 I』, 제1부, 16장, p. 221.

다는 점, 주권은 모든 사람의 복종을 요구한다는 점, 주권자는 어떤 인민으로부터도 비판받지 않는다는 점, 그리고 주권자는 어떤 행위에 대해서도 처벌받지 않는다는 점에서 절대성을 갖는다.[99] 이와 같은 주권의 절대성은 인민들 스스로가 신의계약을 통해 그들의 모든 권력을 대표자(주권자)에게 이양하기로 주체적으로 합의하였다는 사실에서 나온다는 것이 홉스의 주장이다. 계약의 주체로서 본인들이 자발적으로 합의한 사항에 대해서는 전적으로 본인들이 책임을 져야 하기 때문이다.

홉스는 이러한 논거들에 기초하여 '절대주권론'을 주장한다. 이러한 절대주권론의 옹호는 사회철학자들이 홉스를 비판하는 요점의 하나이다.[100] 홉스 자신도 이렇게 지나치게 강력한 절대주권에 대한 반론이 없을 것이라고 보지는 않았다. 그러나 "인간이 겪는 그 어떠한 극심한 불편도 내란에 따르는 비참과 공포의 재난에 비하면, 또한 법에 대한 복종도 없고, 약탈과 복수를 못하도록 그들의 손을 묶는 강제력도 없이, 즉 지배자 없이 살아가는 사람들의 분열 상태에 비하면 아무것도 아니다"[101]라는 것이 절대주권론을 옹호하는 홉스의 답변이다. 인간의 이기성이라는 정념은 너무나 견고한 토대를 가지고 있어서 절대권력으로 통제하지 않으면 제어할 수가 없으므로, 주권의 절대성은 평화를 가져오기 위해 합리적으로 선택한 수단일 뿐이라는 것이다. 이렇게 절대주권론에 관한 주장은 그의 도구적 이성관에서 도출된 논리적 귀결인 것이다.

---

**99** 『리바이어던 I』, 제2부, 18장, pp. 235~240.

**100** 예를 들면, 커스팅은 홉스의 시민윤리는 "복종하라, 군주에 협력하라, 그리고 저항하지 말라"(Kersting, 1992/2006, p. 212)는 오직 하나의 조항으로 되어 있다고 비판한다. 시민의 평화를 위해 출발한 논리체계에서 시민의 자주성은 설자리를 잃고 말았다는 것이다.

**101** 『리바이어던 I』, 제2부, 18장, p. 247.

**주권자의 권리와 의무: 주권의 불가분리성과 분할불능성** 홉스에 따르면, "코먼웰스의 설립 목적은 전체 인민의 평화와 방위에 있기 때문에 이 목적에 대한 권리를 갖고 있는 자는 누구나 그 수단에 대한 권리도 갖는다."[102] 그러므로 신의계약에 의해 국가권력을 위임받은 주권자는 국가 운영에 관한 모든 권한을 위임받아 독점적으로 보유하고 있는 것으로 보아야 한다는 것이 홉스의 주장이다. 그리하여 주권자는 평화와 방위에 관한 모든 권한, 국가 통치를 위한 사상의 선정과 이의 교육권 및 검열권, 재산권의 규정 등 모든 시민법에 대한 입법권, 사법권, 외국과의 전쟁수행권 및 강화권, 공무원 선임권, 처벌권 및 보상권, 훈작서임권(勳爵敍任權), 그리고 기타 국가 행정에 수반되는 모든 권한을 갖는다는 것이다.[103]

이러한 주권은 신의계약을 맺는 모든 개인들이 자기들이 가진 자연권을 대표자에게 모두 위임한 것이기 때문에, 인민들 각자의 권리를 뛰어넘는 강력함을 지니며, 인민들 누구에게도 복종의 의무가 주어지는 무소불위의 강대함을 갖는다. 이들 모든 권리들은 주권이 누구에게 있는지에 대한 표시로써, 그 자체가 '주권의 본질'이다. 이러한 권리들은 "주권에 불가분리적으로 결부되어 있어서"[104] "나누어 가질 수도 없으며, 분할할 수도 없다."[105] 이렇게 주권은 주권자로부터 분리될 수도 없고, 그 내용을 분할할 수도 없는 '불가분리성'(不可分離性)과 '분할불능성'(分割不能性)을 특징으로 하며, 따라서 주권자가 분할 불가능한 무소불위의 모든 권력을 보유한다는 홉스의 주장은 그의 절대주권론의 입장에서 나오는 필연적인 논리적 귀결이다.

---

**102** 『리바이어던 I』, 제2부, 18장, p. 240.
**103** 『리바이어던 I』, 제2부, 18장, pp. 240~244.
**104** 『리바이어던 I』, 제2부, 18장, p. 245.
**105** 『리바이어던 I』, 제2부, 18장, p. 244.

그러나 주권은 인민들이 생명의 보호와 안전의 보장을 목적으로 하여 대표자에게 모든 권한을 위임하여 탄생한 인공 인간, 곧 '인위적 인격'(artificial person)이 갖는 권력이기 때문에, 그 설립 목적에 의해 그 권한이 제한될 수밖에 없다. 앞에서 자연상태의 자연인들이 상호 동등한 자연권의 양도를 위한 신의계약을 체결할 때에도, "생명의 위협에 저항할 권리"와 "생명보존의 수단들을 안전하게 확보할 권리", 즉 자기생명의 보존에 관한 권리는 결코 양도하지 않았다[106]는 사실을 적시한 바 있다. 그러므로 "폭력에 대한 자기방어의 권리를 포기하는 신의계약이 이루어졌다면, 이 계약은 무효"이며, "사면의 보장이 없는 상황에서 자신을 고소하기로 하는 신의계약도 또한 무효"이다.[107] 그러므로 "주권자가 어떤 사람에게 (설령 정당하게 유죄판결을 받은 자라고 하더라도) 자살하라고, 혹은 자해하라고, 혹은 불구가 되라고 명하거나, 공격을 하는 자에게 저항하지 말라고 명하거나, 혹은 공기 · 약품 등 생존에 필수적인 것들을 금지한 경우에는 그에 복종하지 않을 자유가 있다."[108] 이것이 절대권력의 유일한 한계이다.

인간의 모든 행동은 자신을 위한 것이고 자신을 위한 행위 중 가장 중심적인 것은 자기생명의 보존이기 때문에, 어떠한 계약도 그 계약의 당사자가 된 인간으로부터 그의 안전이나 생명을 보호하는 수단을 박탈하는 내용을 포함할 수는 없다. "법리 상, 사회계약은 그 계약의 목적, 즉 자기보존과 안전이 실현되었을 때에만 구속력을 갖는다."[109] 그러므로 국가가

106 『리바이어던 I』, 제1부, 14장, pp. 180~181.

107 『리바이어던 I』, 제1부, 14장, pp. 190~191.

108 『리바이어던 I』, 제2부, 214장, p. 289: 홉스는 『리바이어던 I』, 제2부, 21장(pp. 279~296)에서 '백성의 자유'를 논하면서, 이러한 불복종이 가능한 상황들을 제시하고 있다. 이들은 모두 주권의 명령에 의해 자기보존이 불가능해질 경우들이다.

109 진석용, 2008, 제1권, p. 495; 제2권, p. 459.

백성들의 생명을 지켜줄 능력을 상실하면, 그 존립근거를 잃는 셈이다.[110]

그렇다고 해서, 홉스가 인민들의 국가권력에의 저항권이나 혁명권을 옹호한 것은 아니다. 국가를 설립하기로 하는 신의계약을 체결하는 주체, 곧 계약의 본인은 개인들이고, 주권자는 다만 위임받은 권한만을 행사하는 대리인일 뿐이어서, 본인들이 자기생명을 위협하는 계약을 체결할 이유가 없고, 대리인인 주권자가 위임받지도 않은 권한을 행사할 수도 없다는 논리에서이다.[111] 그러므로 "백성 각자가 주권자의 모든 행위의 본인"이기 때문에, "주권을 지닌 대표자가 백성들에게 행하는 것은 어떤 경우에도 결과적으로 불의나 권리침해가 되지 않는다"[112]는 것이 홉스의 한결같은 주장이다.

**통치의 형태: 군주정의 옹호** 국가의 통치형태는 주권을 위임받은 대표자의 수에 따라 세 가지로 나뉜다. "대표자가 한 사람일 경우 그 코먼웰스는 '군주정'(君主政, monarchy)이고, 대표자가 모일 의사가 있는 모든 사람인 경우에는 '민주정'(民主政, democracy) 또는 '민중적 코먼웰스'(popular commonwealth)이며, 일부의 합의체가 대표자가 되는 경우에는 '귀족정'(貴族政, aristocracy)이라고 불린다."[113] 군주정에 불만을 갖는 사람들은 그것을 '폭군정'(暴君政, tyranny)이라고 하고, 귀족정을 혐오하는 사람들은 그것을 '과두정'(寡頭政, oligarchy)이라고 하며, 민주정이 못마땅한 사람들은 그것을 '무정부'(無政府, anarchy)라고 부를 뿐, 이들이 또 다른 통치형태는 아니다. 이와 같이 홉스는 통치형태를 군주정 · 귀족정 · 민주정의 세 가

110 『리바이어던 I』, 제2부, 21장, p. 294.

111 홉스는 『리바이어던 I』, 제1부, 16장(pp. 216~223)에서 "인격, 본인 및 대리인"에 관해 개념규정을 하면서, 이러한 논리를 제시하고 있다.

112 『리바이어던 I』, 제2부, 21장, p. 283.

113 『리바이어던 I』, 제2부, 19장, p. 248.

지로만 구분한다.

"이러한 세 종류의 코먼웰스 간의 차이는 권력의 차이에 있는 것이 아니라, 인민에게 평화와 안전을 제공하는 편의와 적절성의 차이에 있다. 인민의 평화와 안전이야말로 주권의 설립 목적이기 때문이다."[114] 홉스는 세 가지 가운데 군주정이 인민의 평화와 안전을 지키는 데 있어서 가장 효율적이고 편의적인 통치형태라고 본다. 그 이유를 홉스는 군주정이 갖는 다음 여섯 가지 장점에서 찾고 있다.

첫째, 대표자가 인민의 일부(귀족정)이든 인민 전체(민주정)이든 간에 여러 사람의 합의체일 경우와는 달리, 군주정에서는 공익과 사익이 일치한다. 둘째, 군주정에서는 국가통치에 필요한 조언을 쉽게 얻을 수 있다. 셋째, 군주정에서는 결단의 일관성이 잘 유지된다. 넷째, 군주정에서는 시기심이나 이해관계 때문에 주권자의 의견이 갈리는 일이 없다. 다섯째, 군주정에서도 백성들의 재산을 힘으로 빼앗는 등 부패가 있을 수 있지만, 그래도 많은 사람들의 합의체에 의존하는 다른 정치체제보다는 부패의 가능성도 낮고 그 정도도 약하다. 여섯째, 군주정에서는 때로 주권 승계에 불편이 따를 수 있으나, 이것은 어느 통치체제에서나 있을 수 있는 일로 특별히 군주정만의 약점은 아니다.[115]

이러한 이유를 근거로 들어 홉스는 한 사람의 군주에게 주권이 집중된 군주정을 다른 어떤 통치형태보다 선호한다. 그러므로 홉스에게 있어서 절대주권론은 곧 절대군주제와 일치한다. 홉스는 마키아벨리(Niccolò Machiavelli, 1469~1527)를 이은 근대 제일의 '절대군주제의 옹호자'이었던 것이다. 이러한 절대군주제의 옹호는 '무신론자'라는 혐의와 함께 홉스에

**114** 『리바이어던 I』, 제2부, 19장, p. 251.
**115** 『리바이어던 I』, 제2부, 19장, pp. 251~255.

대한 비판의 가장 중요한 요인이 되고 있다.

## 2. 존 로크의 『통치론』

존 로크[116]는 1632년에 영국 서남부 서머셋(Somerset) 주 링튼(Wrington)이라는 마을의 어느 젠트리(gentry) 가계(家系)에 속하는 중산층 가정에서 변호사의 아들로 태어났다. 그의 집안은 서머셋 주의 여러 곳에 다소의 토지를 가지고 있을 정도로 비교적 넉넉한 편이었으며, 양친은 모두 경건한 퓨리턴(淸敎徒, Puritan)이었다. 그의 아버지는 영국 내전(청교도혁명) 당시 의회군에서 복무하기도 하였는데, 이러한 가정 배경은 의회주의자로서의 그의 생애를 이해하는 데 중요한 요인이 되고 있다.

어린 시절 로크는 의회주의를 지지하고 있었던 웨스트민스터 학교(Westminster School)에 들어갔다. 그가 웨스트민스터를 다니는 동안 내전이 격렬하게 진행되고 있었으며, 17세이던 1649년에는 학교 근처에서 국왕인 찰스 1세가 의회파에 의해 처형되는 광경을 목격하기도 하였다. 웨스트민스터를 졸업한 후 장학생으로 선정된 그는 1652년(20세)에 옥스퍼

---

**116** 로크의 생애와 사상에 대해서는 강정인 · 문지영(1995)이 Barker, E.(1962), Dunn, J.(1984), Gough, J. W.(1976) 및 Pateman, C.(1975)의 로크 관련 저술을 번역하여 합본한 『로크의 이해』(서울: 문학과지성사), 강정인 · 문지영(1996)이 번역한 로크의 『통치론』(*The Second Treatise of Government*)(서울: 까치)에 붙인 "역자해제"(pp. 233~251), 이극찬(1985)이 번역한 『통치론』(서울: 삼성출판사)에 붙인 "해제"(pp. 12~28)와 강정인(2004b), 문지영(2007), 서병훈(2003) 및 정연교(1993)의 로크 관련 논문 등을 광범위하게 참고하였다. 이 책에서는 로크의 생애와 사상에 관해 널리 알려진 사실이나 구태여 출처를 밝히지 않아도 될 일반적인 사항에 대해서는 출처를 명기하지 않고, 저자의 독창적인 해석을 제시하거나 원문을 그대로 인용하는 등 특별히 출처를 밝힐 필요가 있는 부분에 대해서만 이를 명기하기로 하겠다.

드의 크라이스트 처치 칼리지(Christ Church College)로 진학하여, 1656년(24세)에 학사학위를, 그리고 1658년(26세)에는 석사학위를 취득하였다. 학위를 취득한 후에도 로크는 연구원으로서 또 그리스어와 철학 교수로서 이 대학에 머물렀는데, 1684년(52세)에 왕명에 의해 교수직을 박탈당할 때까지 30여 년 동안 그와 옥스퍼드의 인연은 지속되었다.

석사학위를 취득한 후 로크는 의학 공부를 새로이 시작하였다. 그의 흥미는 경험과학에 있었으므로, 자연과학에 대한 순수한 지적 흥미에 이끌려 이 연구를 시작한 것이었다. 이 당시 그는 자연과학자들과 폭넓게 교유하였는데, 그 중에서 '보일의 법칙'(일정한 온도에서 기체의 압력과 부피는 서로 반비례한다는 법칙)으로 유명한 로버트 보일(Robert Boyle, 1627~1691)과는 상당히 가깝게 지내 그의 실험을 직접 도와주기도 하였다. 그는 보일의 과학적 관찰 방법의 영향을 크게 받아, 그의 정치론이나 인식론 속에 나타나는 과학적 태도에는 보일의 영향이 압도적이었다고 할 수 있다. 그의 의학에 대한 관심은 평생 동안 지속되어, 드디어 1674년(42세)에 옥스퍼드에서 의학 학사학위를 취득하였으며, 1675년(42세)에는 크라이스트 처치 칼리지의 의학 특별연구원이 되어 의사로서 공인받게 되었다.

의학에 대한 로크의 관심은 단지 의사가 되는 것에 그치지 않고, 그의 후속되는 생애에 결정적인 영향을 끼쳤다. 의학 공부가 인연이 되어 1666년(34세)에 평생의 후원자가 된 애슐리 경(Lord Ashley)을 만나게 되었던 것이다. 애슐리 경은 후일(1672년) 샤프츠베리 백작(Earl of Shaftsbury)이 되었는데, 절대왕권에 반대하고 의회주의를 정강으로 채택하는 노선을 펼치던 휘그(Whig)당의 창립자이기도 한 사람이다. 1666년에 애슐리 경은 가슴에 생긴 종기의 치료약을 구하기 위해 옥스퍼드를 방문하였는데, 로크는 이때 우연한 인연으로 그를 만나게 되고, 그 후 그의 종기 제거수술을 집도하여 그의 생명의 은인이 되었다. 이 일을 계기로 하여 로크는 애슐리 경의 주치의가 되어 1667년(35세)에 런던에 있는 그의 저택으로 옮겨 살게 되었고, 1681년(49세)까지 그의 주치의 겸 비서로 활동하였다.

로크는 10대에는 청교도혁명(1642~1649), 50대에는 명예혁명(1688) 등 정치적 혼란을 몸소 겪었다. 청교도혁명의 와중에 찰스 1세의 처형을 직접 목격하기도 하였던 로크는 그 집안 배경과 애슐리 경과의 관계로 인해 줄곧 의회파와 결탁된 삶을 살았다. 찰스 2세의 왕정복고(1660년) 이후 왕당파인 토리(Tory)당과 의회파인 휘그당 사이의 대립에서 애슐리 경이 휘그당의 창도자였으므로, 그는 자연스럽게 그 이론적 지주 역할을 맡아 수행하였다. 1673년에 샤프츠베리 백작(애슐리 경)이 국왕과의 대립으로 실각함에 따라 로크도 비서직을 사임하였다.

샤프츠베리는 1681년에 반왕정(反王政) 음모가 발각되어 투옥되었다가 풀려나, 1682년 말경 네덜란드로 망명을 떠났다가 1683년 초 그곳에서 사망하였다. 이때 옥스퍼드에서 조용히 연구 활동에 전념하고 있던 로크는 반왕정 음모에 직접 가담한 것은 아니었으나, 샤프츠베리와의 관계 때문에 신변에 위협을 느끼고 1683년(51세) 가을에 네덜란드로 망명하였다. 네덜란드에서 5년 이상 망명생활을 하고 있던 로크는 명예혁명이 성공한 다음 해인 1689년(57세)에 귀국하였다. 명예혁명의 성공 이후 새로운 국왕(윌리엄 3세와 메리 2세)을 비롯하여 정부의 유력자들 중에는 로크의 친구들이 많아, 어떻게 해서든지 그를 정계에 끌어들이려 하였다. 그러나 그는 건강상의 이유로 거절하고 다만 “물품세에 관한 이의신청 심사관”과 “무역 및 식민지 위원회”의 감독관 등 한두 가지 한직(閑職)만을 맡았다가, 1696년(64세)에 런던 근교에 있는 프랜시스 경(Sir Francis)과 마샴 부인(Lady Masham)의 커드워드(Cudworth) 가로 은퇴하여, 그곳에서 1704년(72세) 봄에 죽음을 맞이하였다.

그는 망명생활에서 돌아온 1689년(57세)에 『관용에 관한 서한』(*The*

*Letters Concerning Toleration*)을 익명으로 출간하고, 그 다음 해인 1690년(58세)에 그의 주저인 『통치2론』(統治二論, *Two Treatises of Government*)과 『인간오성론』(人間悟性論, *Essays on Human Understanding*)을 역시 익명으로 출간하였다. 그 후 1692년(60세)에는 『금리 인하와 화폐가치 인상의 결과에 관한 고찰』(*Some Consideration of the Consequences of the Lowering of Interest and the Raising of the Value of Money*)을, 1693년(61세)에는 『교육론』(*Some Thoughts Concerning Education*)을, 그리고 1695년(63세)에는 『기독교의 합리성』(*The Reasonableness of Christianity*)을 또한 익명으로 출간하였다.

로크의 주저이자 그의 정치철학의 집대성작인 『통치2론』은 시기를 달리하여 쓴 두 개의 긴 논문인 『제1통치론』(*The First Treatise of Government*)과 『제2통치론』(*The Second Treatise of Government*)으로 구성되어 있다. 이 중 『제1통치론』은 왕권신수론자이자 절대군주론자인 필머 경이 1680년 출간한 『족장론』(族長論, *Patriarcha*)에 대해 의회주의자의 입장에서 조목조목 치밀하게 비판함으로써, 왕당파의 이론적 근거의 허구성을 드러내고자 하는 목적으로 집필된 것이다.

『통치2론』은 명예혁명을 옹호하고, 다음 세기에 영국정치를 지배하게 된 휘그당의 원칙을 정당화하기 위해 저술된 것이라는 평가를 받아온 작품으로,[117] 로크의 정치철학을 집약적으로 제시하고 있는 저술이다. 로크는 『제2통치론』의 「서론」(1장)에서 이 땅 위의 현재의 지배자들은 그 권력의 근원을 아담의 사적(私的) 지배권이나 부권(父權)으로부터 얻은 것이 아니라는 사실, 위정자가 신민에 대하여 갖는 권력은 아버지의 자식에 대한

**117** 강정인과 문지영(1996, pp. 240~243)은 로크의 『통치론』의 번역서에 붙인 '역자해제'(pp. 233~251)에서 로크가 『통치론』을 저술한 목적이 전적으로 명예혁명을 옹호하기 위해서였다는 일반적인 평가는 그 저술 배경을 너무 좁게 보고 있을 가능성이 높다는 점을 지적하고 있다.

권력, 주인의 하인에 대한 권력, 남편의 아내에 대한 권력, 노예 소유주의 노예에 대한 권력과 같은 가부장권(家父長權)과는 판이하게 다르다는 사실을 지적함으로써[118] 필머 경의 가부장권론을 비판하고 있다. 그는 이러한 비판에 이어 정치권력은 법률을 제정하는 입법권과 법률을 집행하는 집행권 및 외적의 침입으로부터 국가를 방위하는 무력사용권을 "(인민의) 재산을 보전할 목적으로" 그리고 "오직 공공선(公共善)을 위해서만 사용하는 권리"[119]라고 지적하여, 정치권력의 목적을 인민의 재산 보전과 공공선의 실현에 둠으로써, 필머 경 및 왕당파들과의 결별을 분명히 선언한다.

『제2통치론』에서 로크는 이러한 정치권력 설립의 근거를 자연상태와 사회계약에서 찾으려고 하는 논리와 이로부터 이어지는 정치권력의 내용 및 그 행사의 실제에 대해 자세하게 논의하고 있다. 그러므로 로크가 『통치2론』에서 제시하고자 하는 그의 정치철학의 핵심 내용은 온통 『제2통치론』에 담겨 있다고 보는 것이 통상적인 견해이다. 그리하여 보통 로크의 『통치론』 하면 그의 『제2통치론』을 가리키는 말로 사용하고 있다. 이러한 맥락에서 이 책에서도 로크의 『제2통치론』을 그냥 『통치론』이라고 부르고, 여기에 제시되고 있는 로크의 사회계약론을 살펴보기로 하겠다.

#### 1) 로크의 사상적 배경

17세기 영국에서는 데카르트와 스피노자(Baruch Spinoza, 1632~1677) 같

---

**118** 『통치론』, 1장, 1–2, pp. 7~9: 이는 강정인 · 문지영(1996)이 로크의 『제2통치론』을 Laslett, P.(1967)의 편찬본(Cambridge: Cambridge University Press)을 원전으로 하여 『통치론』이라는 제목으로 번역한 책(서울: 까치)의 1장, 1~2절, pp. 7~9를 가리킨다. 앞으로 『제2통치론』의 인용은 특별한 표시가 없는 한 이 예를 따른다.

**119** 『통치론』, 1장, 3, pp. 9~10.

은 철학자들이 옹호하던 대륙의 선험론(先驗論, nativism)에 대비되는 경험론(經驗論, empiricism)에 입각한 인식론이 태동하고, 개인의 자유를 최고의 가치로 여기는 자유주의가 싹터서 개인주의적 사조가 꽃을 피우고 있었다. 당시 영국에는 물리학자이자 생물학자인 하비(William Harvey, 1578~1657), 화학자인 보일, 생물학자인 후크(Robert Hooke, 1635~1703) 및 물리학자이자 수학자인 뉴턴(Sir Isaac Newton, 1642~1727) 등이 각자의 분야에서 눈부신 업적을 이루면서 과학혁명을 주도하고 있었다. 그리고 영국에서는 이미 14세기 초부터 의회가 구성되어 헌정(憲政)체제의 발달이 서서히 이루어져, 17세기에는 의회주의가 거스를 수 없는 대세로 굳어져 가고 있었다. 로크가 몸소 겪었던 청교도혁명은 절대군주주의와 의회주의의 한판 대결이었던 것이다.

또한 17세기 영국에서는 상공업이 크게 발달하여 농업보다 상공업이 국가경제의 중심 역할을 담당하고 있었으며, 젠트리 계층과 전문직 종사자의 수가 크게 늘고, 그들에게 부가 집중되어 자본의 축적이 이루어짐으로써 도시자본가 계급이 등장하였다. 이러한 상공업의 발달은 화폐경제를 널리 보급하여 상업혁명을 유발함으로써, 결과적으로 자본주의의 사조가 팽배하게 되었다. 이러한 상업혁명과 자본주의의 발달은 개인의 사유재산권 관념을 낳았고, 또 그것을 확보하기 위해 자유로운 경제활동의 추구를 자연스럽게 받아들이게 함으로써, 자유주의 사상이 성숙하는 계기가 되었다.[120]

한마디로 17세기는 서구 사회, 특히 영국에서는 중세가 퇴장하고 새로운 근대가 뿌리를 내리는 커다란 변혁의 시기였다. 이러한 변혁의 중심에 로크가 있었다. 로크는 영국 '경험주의' 철학 운동의 주도자였고, '자유주

**120** 민석홍, 1984, pp. 503~504; Burns, E. M. et al., 1984/2003, Vol. 3, pp. 658~667.

의' 사상의 강력한 옹호자였으며, '과학주의'의 실천자였고, '의회주의'의 이론 제공자였으며, 동시에 '자본주의' 운동의 선구자였던 것이다.

**경험주의자로서의 로크: 경험론적 인식론의 선도** 로크는 영국 경험주의 운동을 주도한 대표자 중의 한 사람이었다. 그의 인식론적 탐구의 핵심은 감각 경험의 요소를 강조하는 것이었다. 그는 인간의 정신이 원래 '백지'(白紙, *tabula rasa*) 상태와 같다고 보고, 이 하얀 종이 위에 정신적 내용을 기록하는 것이 경험이라고 주장하면서 백지 위에 기록되는 경험의 내용을 '관념'(idea)이라고 불렀다. 정신 작용의 재료로서의 이러한 관념들이 지식의 유일한 근원이어서, 인간의 사고는 경험을 통해 모은 관념들의 한계를 결코 넘어설 수 없다는 것이 그의 주장이었다.

지식의 원천을 개인의 경험에 두는 이러한 경험주의는 '인식론적 개인주의'를 낳는 배경이 되었다.[121] 또한 경험주의는 실증적인 검증을 중시하는 태도를 낳음으로써, 과학혁명의 배경으로 작용하기도 하였다. 이렇게 경험주의는 개인의 특수성과 개체 존중의 태도를 유발함으로써 기본적으로 개인주의와 연결된다. 사회보다 개인에게 우선적인 가치를 부여하는 개인주의는 개인이 자유의 주체라는 자유주의를 배경으로 하여 태동한 삶의 태도이다. 그러므로 개인주의는 자유주의와 불가분의 관계를 맺는다.[122] 이와 같은 맥락에서 보면, 인식론 철학에서의 로크의 '경험주의자'로서의 입장은 필연적으로 그로 하여금 개인의 자유를 강조하고 중

121 Lukes, 1973, p. 107; Lukes(1973, pp. 107~109)는 개인의 경험을 모든 지식의 원천으로 하는 경험주의는 '인식론적 개인주의'를 낳게 됨으로써, 개인주의가 태동하는 사상적 배경으로 작용하고 있다는 사실을 설파하고 있다.

122 노명식(1991, pp. 27~37), 박우룡(1998, pp. 72~74), Gray(1995/2007) 및 Lukes(1973)는 자유주의가 개인주의의 이론적 · 역사적 모태라는 사실을 설득력 있게 논증하고 있다.

시하는 자유주의적 태도를 가지도록 유도하게 된다는 점이 분명해진다.

**자유주의자로서의 로크: 자유주의의 체계화** 로크는 종교적 관용의 정신을 가진 사람이었는데, 종교적 관용에 대한 그의 굳건한 신념은 개인의 자유에 대한 신조로 이어진다. 그는 자연상태에서 인간은 "타인의 허락을 구하거나 그의 의지에 구애받지 않고 [……] 자신의 행동을 규율하고 자신의 소유물과 인신(人身, person)을 처분할 수 있는 완전한 자유의 상태"[123]에 있다고 규정한다. 로크는 인간의 자유를 이러한 자연상태의 자유와 시민법의 지배를 받는 시민상태의 자유로 나누고 있는데,[124] 어느 경우에나 자유의 핵심은 자율과 자결이다. 그러나 이러한 자유는 자연법과 시민법의 테두리 내에서의 '자율'과 '자결'이라는 한계를 갖는다는 것이 로크의 견해이다. 자유의 상태는 방종의 상태와는 다른 것으로, 이성에 따른 한계를 스스로 지우지 않을 수 없다는 것이다. 이렇게 인간의 자율과 자결의 권리, 곧 자유는 인간이 이성을 가지고 있다는 사실에서 그 근거를 찾을 수 있다는 것이 로크의 관점이다.

로크에게 있어서 인간이 본유적으로 갖추고 있는 자유의 요체는 재산권의 보호에 있다. 그에게 있어서 개인의 재산은 물질적인 자산만이 아니라 '생명 · 자유 · 자산'을 통칭하는 것이어서,[125] '재산권'이란 생명보전의 권리, 자유수호의 권리, 그리고 자산소유의 권리를 함께 일컫는 적극적이고도 폭넓은 개념이다. 그러므로 개인의 자유는 생명권 및 소유권과 연결

123 『통치론』, 2장, 4, p. 11.

124 『통치론』, 4장, 22, p. 29.

125 『통치론』, 7장 87절(p. 83) 및 9장 123절(p. 119)에서 "내가 재산이라는 일반적 명칭으로 부르는 것은 개인의 생명 · 자유 · 자산"이라고 표현하여, 그가 말하는 광의의 '재산'의 개념은 '생명 · 자유 · 자산'을 통칭하는 것임을 분명히 하고 있다.

되어 적극적으로 수호되고 보호받아야 할 가장 기본적인 인간의 권리에 속한다는 것이 로크의 주장이다. 이렇게 로크는 자유를 재산권의 토대 위에 체계화함으로써, 개인의 사유재산권과 자유권을 연결한 '자유주의의 옹호자'였다. "사적 소유라는 주요 권리가 없다면 자유가 실패로 끝나고 만다는 로크의 주장은 이후의 정치사상에 지속적인 영향을 주었으며, 영국의 자유주의를 규정하는 특징들 중 하나가 되었던 것이다."[126]

**경제적 개인주의자로서의 로크: 노동가치설의 제창과 소유불평등성의 옹호**

로크에게 있어서 재산의 보호는 가장 중요한 관심사이고, 개인의 자유는 이러한 재산권을 지키고 보호하는 권리를 핵심으로 하는 것이다. 이러한 사실은 "인간이 공동체를 결성하고 스스로를 정부의 지배 하에 두고자 하는 가장 크고 주된 목적은 그들의 재산을 보존하기 위함이다"[127]라는 진술에서 분명히 나타나고 있듯이, 로크가 국가 존립의 제일 근거를 개인의 재산권의 보호에서 찾고 있다는 논거에서 잘 드러난다. 로크에게 있어서 재산권은 인간의 양보할 수 없는 최고 권리이자 자유의 핵심 내용인 것이다. 그는 자유를 "자신의 소유물과 인신을 (아무의 간섭도 받지 않고 마음대로) 처분할 수 있는 권리"[128]라고 표현함으로써 '경제적 개인주의자'로서의 입장을 드러내고 있다.

로크는 재산소유권의 근거를, 개인의 인신이 배타적으로 자신의 소유

---

**126** Gray, 1995/2007, p. 39.

**127** 『통치론』, 9장, 124, p. 120: 로크는 『통치론』의 여러 곳에서(예: 1장, 3, p. 9; 7장, 82, p. 82; 7장, 87, p.83; 7장, 88, p. 84; 7장, 94, p. 91; 8장, 95, p. 93; 8장, 120, p. 115; 9장, 127, p. 121; 9장, 131, p. 123; 11장, 139, p. 134; 15장, 171, p. 162; 15장, 174, p. 165; 19장, 222, p. 208 등) 거듭거듭 사회와 국가형성의 목적이 '구성원의 재산 보존'에 있음을 밝히고 있다.

**128** 『통치론』, 2장, 4, p. 11.

인 것과 같이, 스스로의 노동을 투입하여 자연으로부터 얻어낸 모든 것은 결국 개인에게 귀속될 수밖에 없다는 사실에서 찾고 있다.[129] 개인의 노동이 사적 재산권의 근거가 되는 것은 노동이 공유물인 자연물에 새로운 가치를 창출하기 때문인데,[130] 이렇게 노동만이 자연물에 가치를 부여하는 원천이라고 보았다는 점에서 로크는 '노동가치설'의 창안자라고 할 만하다.

그러나 아무리 노동을 투입한다고 해도 개인은 자연물에 대해 노동한계(무제한적으로 노동을 투입할 수 없다는 제한), 손상한계(너무 많이 소유하여 손상되는 것에 대해서는 손상되지 않을 정도만 소유하여야 한다는 제한), 충분한계(타인이 사용할 수 있도록 충분한 양을 남겨놓아야 한다는 제한)의 한도 내에서만 소유권을 인정받을 수 있을 뿐인데,[131] 이러한 소유권의 한계는 화폐의 도입에 의해 뛰어넘을 수 있다[132]는 것이 로크의 입장이다. 이러한 관점을 통해 그는 '소유불평등'을 용인하고 있다는 지탄을 받는다. 뿐만 아니라 로크는 가난한 사람들의 빈곤의 원인을 사회제도적 요인에서 찾지 않고 개인의 '게으름'에서 찾음으로써,[133] 평등주의적인 것처럼 보이는 첫인상과는 달리 자기 출신 계층(젠트리 계층)인 재산소유자의 이익을 옹호하는 보수성을 강하게 띠고 있다는 비판을 받기도 한다.

**의회주의자로서의 로크: 의회중심주의 이론의 제공** 의회파와 국왕파의 대립으로 혼란스러웠던 청교도혁명(1642~1649)에 이은 왕정복고

129 『통치론』, 5장, 27, pp. 34~35; 28, pp. 35~36.

130 『통치론』, 5장, 40, p. 46; 41, p. 47; 43, pp. 48~49.

131 『통치론』, 5장, 27, p. 35; 31, pp. 37~38; 36, p. 41; 37, p. 44; 46, p. 51.

132 『통치론』, 5장, 36, p. 42; 46, pp. 51~52; 47, p. 52; 48, p. 52; 50, p. 53.

133 『통치론』, 5장, 34, pp. 39~40; 41, p. 46; 46, p. 51; 48, p. 52.

(1660~1688) 시절, 로크는 "휘그파(의회파)의 이익을 대변하는 이데올로그"[134]의 역할을 맡아 하였다. 그는 철저한 의회주의자로서, 『통치론』에서[135] 의회가 갖는 입법권을 국왕이 갖는 집행권(행정권)의 우위에 두었다. 로크가 휘그파의 이데올로그로서 강력한 의회중심주의 이론의 제공자가 된 데에는 의회파의 중심 세력이었던 젠트리 계층 출신이라는 가정 배경, 의회파의 지도 하에 있던 웨스트민스터 출신이라는 학업 배경, 그리고 휘그파의 창립자 중 한 사람인 애슐리 경(후일의 샤프츠베리 백작)을 만나고, 그의 주치의 겸 개인비서가 된 사건 등에서 그 원인을 찾아볼 수 있다. 게다가 그는 "현실에 근거해서 생각하는 사고구조를 가진 사람"[136]이었으므로, 왕권신수설과 국왕절대주의가 점차 빛이 바래가는 현실을 몸소 체험한 그가 이에 호감을 가질 수는 없었을 것이다. 이러한 맥락에서 그의 철저한 '의회중심주의자'로서의 입장을 이해할 수 있다.

이러한 맥락에서 『통치론』에서 전개되고 있는 그의 의회중심주의 사상은 자신의 계급적 이익을 대변한 것이었다는 비판을 받는 것이 사실이다. 그럼에도 불구하고 그의 『통치론』이 갖는 정치사상사적 의미가 과소평가될 수는 없다. 로크의 의회중심주의 사상은 '인민주권' 사상과 이어져, 영국 입헌주의의 기본 강령이 되었을 뿐만 아니라, 프랑스에서 절대군주제와 사회부정의를 공격하는 교리로 받아들여졌다. 무엇보다도 로크의 정치사상은 아메리카에서 가장 환영받았다. 로크의 의회중심주의 및 인민주권 사상은 미국 독립혁명(1776~1783)의 기폭제가 되어, '독립선언서'의 주요 지침으로 작용하였던 것이다.[137]

---

**134** 노명식, 1991, p. 140.

**135** 예: 『통치론』, 13장, 150, p. 144.

**136** Russell, B., 1959/2003, p. 316.

**137** 강정인 · 문지영, 1996, pp. 249~250.

### 2) 로크의 사회계약론

왕권신수론자들과 같이 국가권력의 근거와 정당성을 신의 의지와 명령에서 찾지 않고 사회구성원들의 의지와 합의에서 찾으려는 것이 홉스와 로크 및 루소 같은 17~18세기 사회계약론자들의 근본적인 입장이다. 그러므로 이들 사회계약론자들의 이론은 국가권력 형성 이전의 상태, 곧 아무런 인위적인 강제력이 존재하지 않는 자연상태에 대한 가정으로부터 출발한다. 이러한 자연상태는 아무런 제약이 가해지기 전의 인간의 본성과 그가 갖는 자연적인 권리(자연권)에 관한 논리적 전제로부터 연역되는 상태이다. 이러한 전제에 입각해서 국가권력과 같은 외적인 제약이 없는 자연상태에서 자연인의 삶의 모습은 어떠하며, 그리고 그러한 자연상태는 도대체 어떠한 상태이기에 자연인들이 이로부터 벗어나 사회와 국가를 형성하려 하는가 하는 점을 논리적으로 추적해보려는 것이 자연상태론이다.

자연상태는 자연인의 본성을 실현하기 불가능한 상태이거나(홉스의 경우) 아니면 그에 대한 불편이나 자연적 장애물이 발생하는 상태라는 것이(로크와 루소의 경우) 자연상태론의 논리적 귀결이다. 그러므로 자연인들은 자기들의 본성, 곧 삶의 목적을 제한된 범위에서나마 실현하기 위한 현실적인 방안을 강구하는 과정에서 자연상태로부터 벗어나 사회와 국가를 형성함으로써 공통의 강제력을 설립하기로 합의하게 되고, 그 결과 상호간에 사회계약을 체결하게 된다는 것이 사회계약론의 골자이다. 이 계약의 주된 내용은 자연상태에서 보유하던 자연권을 일정 부분 공통의 권력에게 양도하는 것이 된다. 사회계약론은 이어서 이러한 계약을 통하여 형성되는 국가권력이 어떠한 모습일 때 그리고 어떻게 행사될 때 계약 체결 당시의 목적을 가장 잘 달성할 수 있겠는지에 대한 고찰, 곧 권력구조에 대한 탐구로 이어진다.

(1) 자연인의 본성: 자유와 이성의 주체

인간은 자유와 권리의 주체로서 태어나며, 또한 이성의 주체로서 태어난다는 것이 로크의 관점이다. 자유와 권리의 주체로서 인간은 재산권의 보존을 그 핵심 내용으로 하는 '자연권의 보유자'이고, 이성의 주체로서 인간은 재산권을 합리적으로 보호하는 수단인 '자연법의 집행자'라는 것이 로크가 자연인을 보는 관점이다.

**자유와 권리의 주체: 자연권의 보유자** 인간은 "자신의 인신과 소유물을 처분할 수 있는 통제받지 않는 자유"[138]를 가지고 태어난다는 것이 로크의 주장이다. "절대적이고 자의적인 권력으로부터의 이러한 자유는 인간의 생존에 필수적이고 또한 밀접하게 결부되어 있기 때문에, 인간은 그 자신의 보존과 생명을 몰수당하게 만드는 행위에 의하지 않고서는 그것을 양도할 수 없다."[139] 이렇게 로크에게 자유는 자기 인신과 소유물을 아무의 간섭도 받지 않고 처분할 수 있는 권리로서, 결코 양도할 수 없는 것이다.

로크는 개인의 인신이 그 자신의 소유인 것처럼 그가 자신의 인신을 움직여 행한 노동도 오직 그 자신의 것이므로, 그의 노동을 통해 그가 자연의 공유물로부터 수취한 모든 것은 자연스럽게 그의 소유가 된다고 본다. 따라서 자연인은 부모의 재물을 물려받을 권리(상속권)뿐만 아니라[140] 그의 노동에 의해 수취한 모든 자산에 대한 소유권도 갖는다는 것이다. 로크는 생명(인신)과 소유물(자산)과 자유를 재산이라고 통칭하고 있다.[141] 이

**138** 『통치론』, 2장, 6, p. 13.
**139** 『통치론』, 4장, 23, pp. 29~30.
**140** 『통치론』, 2장, 16, p. 180.
**141** 『통치론』, 7장, 87, p. 83; 9장, 123, p. 119.

러한 맥락에서, 로크가 말하는 인신처분권과 상속권 및 자산소유권 같은 자유의 권리는 한마디로 '재산권'으로 집약된다고 볼 수 있다. 이러한 재산권이 자연인이 갖는 제일의 자연권인 셈이다.

이러한 재산권(생명 · 자유 · 자산에 대한 권리)이 자연인이 갖는 가장 기본적인 권리이기 때문에, 자연인은 다른 사람이 아무런 합당한 근거 없이 자기의 생명을 위협하거나 자유를 제한하거나 자산을 빼앗는 등 자기 재산권을 침해하여 손해를 끼치면, "그러한 경우에 손해를 입은 사람은 자신과 다른 사람이 공통으로 가지는 처벌권 이외에도 손해를 가한 사람으로부터 손해배상을 청구할 수 있는 특별한 권리를 가지게 된다."[142] 즉 자연인은 재산권과 함께, 이를 침해하는 자에 대한 '처벌권'과 '손해배상청구권'이라는 자연권을 가진다는 것이다. 이때 처벌권은 누구에게나 공통으로 주어져 있지만, 손해배상청구권은 피해당사자에게만 주어져 있다는 것이 로크의 생각이다.[143]

이렇게 자연인은 '자유의 주체'로서 자기의 인신을 포함하여 모든 소유물에 대한 재산권은 물론 이를 지키기 위한 부속 권리, 곧 재산권에 손해를 끼친 사람에 대한 처벌권과 손해배상청구권이라는 자연권을 보유하고 있는 존재라는 것이 로크의 주장이다. 이러한 자연권의 요체는 한마디로 자기보존의 권리라고 요약할 수 있다. 즉 자연권의 핵심은 아무의 침해도 받지 않고, 그리고 만일 남이 침해하면 보복을 하면서까지, 자기의 인신과 소유물을 지킬 수 있는 '자기보존의 권리'인 것이다.

**이성주체: 자연법의 집행자** 인간은 자유의 주체로서만이 아니라 '이

142 『통치론』, 2장, 10, p. 16.
143 『통치론』, 2장, 11, p. 17.

성의 주체'로 태어났다는 것이 로크의 생각이다.[144] 이러한 이성은 인간이 보유하는 자유의 근거이다. 곧 인간은 이성에 의해 자유롭게 된다는 것이다.[145] 이성이 자유의 근거가 되는 것은, 이성이란 "하느님이 인류에게 준 공통의 규칙과 척도"[146] 즉 "하느님이 인간들 상호 간의 규칙으로서 수여"[147]한 것이어서, "공통된 형평의 규칙"이자 "평화와 안전 보장의 체계"인 자연법[148]이 "선언되고 공포"[149]되는 기반이기 때문이다. 자연법이 평화와 안전 보장의 체계가 되는 까닭은 "자연의 이성이 우리들 자신 및 우리 자신과 마찬가지인 사람들 간의 평등한 관계로부터 삶을 지도하기 위한 몇 가지 규칙과 규범을 이끌어내기 때문"[150]이다. 자연인이 보유하는 "자연적 자유란 지상의 우월한 권력으로부터 자유로운 것으로서 타인의 의지나 입법권에 구속되지 않고 오로지 자연법만을 자신의 준칙으로 삼는 것"[151]이어서, 자연법이 자연적 자유를 보존하고 확장하는 데 기여하므로,[152] 그 기반이 되는 이성은 곧 자유의 근거가 된다는 논리인 것이다.

"자연법은 [……] 만인에게 영구적인 규칙"으로서 "신의 의지의 선언"과 같으며, 그 "근본적인 요소는 인류의 보존이므로 어떠한 인간적 규칙도 그것에 반해서는 정당하거나 유효할 수 없다."[153] 이러한 자연법은 인

144 "우리는 이성적 존재로 태어난 것과 마찬가지로 또한 자유롭게 태어났다."(『통치론』, 6장, 61, p. 62)

145 『통치론』, 3장, 17, p. 24; 6장, 61, p. 62; 6장, 63, p. 63.

146 『통치론』, 2장, 11, p. 17.

147 『통치론』, 15장, 172, p. 163.

148 『통치론』, 2장, 8, p. 15.

149 『통치론』, 6장, 57, p. 58.

150 『통치론』, 2장, 5, pp. 12~13.

151 『통치론』, 4장, 22, p. 29.

152 『통치론』, 6장, 57, pp. 58~59.

153 『통치론』, 11장, 135, p. 130.

간의 이성에 의해서만 선언되고 공포되므로, 인간은 이성에 의해 이러한 자연법을 이해하고, 그 법칙에 따라서 자신의 행동을 규제할 수 있다.[154] 그러므로 "자연법의 집행은 모든 사람의 수중에 맡겨져 있고,"[155] 따라서 이성을 가진 "모든 사람은 위반자를 처벌할 수 있는 권리를 가지며 자연법의 집행자가 된다"[156]는 것이 로크의 주장이다.

자연법의 집행자로서 자연인은 스스로가 가지고 있는 자연권(자기 인신과 소유물을 안전하게 보존하는 권리)의 침해자를 처벌하고 그에게 손해배상을 청구할 수 있는 권한을 갖는다. 즉 자연법의 핵심 내용은 자연권 침해자에 대한 처벌권과 손해배상청구권이다.[157] 그러나 자연법의 집행자가 피해자 본인이라는 사실은 그 자체 여러 가지 폐단을 가져올 수도 있다. "자신이 관련된 사건에 대해 스스로가 재판관이 됨"으로써 자기애(自己愛) 때문에 "편파적이 되거나" 복수심에 의해 타인을 "과도하게 처벌할" 수도 있는 것이다. 이러한 폐단은 자연법이 지배하는 자연상태를 떠나 시민정부를 구성하려는 시도의 원천으로 작용하게 된다.[158]

로크에게 있어서 이성은 이러한 자연법 집행자로서의 기능 이외에 자연의 공유물에 스스로의 노동을 투입하여 새로운 가치를 창출함으로써 공유물에 대한 사적인 소유권을 얻게 하는 기능을 갖는다.[159] 즉 "이성의

---

**154** 로크는 『통치론』 6장 60절(p. 61)에서 이성이란 "그것을 통해서 능히 법(자연법)을 이해할 수 있고 따라서 그 법칙에 따라서 생활할 수 있는" 능력이라고 규정하고 있으며, 같은 6장 59절(p. 60)에서도 "(이성을 가진 사람은) 능히 그 법(자연법)을 알 수 있다고 상정되며, 따라서 자신의 행동을 그 한도 내에서 규제할 수 있다"고 진술하여 똑같은 사실을 적시하고 있다.

**155** 『통치론』, 2장, 7, p. 14.

**156** 『통치론』, 2장, 8, p. 15.

**157** 『통치론』, 2장, 10, p. 16; 11장, pp. 17~18; 12, p. 18.

**158** 『통치론』, 2장, 13, p. 19.

**159** 『통치론』, 5장, 25, p. 33; 26, p. 34; 32, pp. 38~39.

법에 의해서 [……] 전에는 모든 사람의 공통된 권리였지만, 이제 그것에 그의 노동을 첨가한 사람의 재물이 되는 것이 허용된다"[160]는 것이다. 이렇게 이성은 사적 소유권의 근거이고, 따라서 인간 삶의 바탕인 재산권은 이성의 산물이라는 것이 로크의 주장이다.

(2) 자연상태: 목가적 이상상태(?)

이상에서 보듯이 자연인은 태어나면서부터 자유의 주체이면서 동시에 이성의 주체라는 것이 로크의 생각이다. 물론 자연인이 갖는 자연적 자유에도 자연법의 구속이라는 한계가 있고, 자연법 집행자로서의 이성에도 그에 따르는 폐단이 있는 것이 분명하지만, 자유의 주체이면서 동시에 이성의 주체인 자연인들이 살고 있는 로크의 자연상태는 자유와 이성이 지배하는 목가적(牧歌的)인 이상(理想)상태라고 볼 수 있다. 이렇게 로크가 그리는 자연상태는 "만인에 대한 만인의 전쟁상태"가 연출되는 홉스의 자연상태와는 근본적으로 다르다.

**자연상태: 자유와 평등의 상태** 로크는 자연상태에 관한 장(2장)의 서두를 "정치권력을 올바로 이해하고 그것을 그 기원으로부터 도출하기 위해서 우리는 모든 인간이 자연적으로 어떤 상태에 처해 있는가를 고찰해야 한다"는 전제로부터 시작한다. 이러한 전제에 이어 그는 자연상태를 자유와 평등의 상태로 규정한다.

> 자연상태란 사람들이 타인의 허락을 구하거나 그의 의지(will)에 구애받지 않고, 자연법의 테두리 안에서 스스로 적당하다고 생각하는 바에 따라서 자신의 행동

160 『통치론』, 5장, 30, p. 36.

을 규율하고 자신의 소유물과 인신(人身, person)을 처분할 수 있는 완전한 자유의 상태이다. 그것은 또한 평등의 상태이기도 한데, 거기서 모든 권력과 권한(jurisdiction)은 호혜적이며 무릇 어느 누구도 다른 사람보다 더 많이 가지지 않는다. 이 점은 동일한 종류의 피조물은 차별 없이 자연의 동일한 혜택을 받고 태어나 동일한 재능을 사용하기 때문에, 그 피조물의 주인이자 지배자가 그의 의지를 명시적으로 선언함으로써 어느 하나를 다른 하나보다 위에 놓고 뚜렷하고 명백한 지명을 통해서 의심할 여지없는 지배권과 주권을 그에게 수여하지 않는 한, 어떠한 복종이나 종속 없이 상호간에 평등해야 한다는 데서 명백히 드러나 있다.[161]

이렇게 자연상태에서 인간은 스스로 자기 자신과 그 소유물을 자율적으로 처분하고 결정할 수 있는 완전한 '자율과 자결'의 자유를 가진다는 것이 로크의 주장이다. 이러한 자연상태는 자연법이 지배하는 상태로서, 자연상태에서 인간이 누리는 완전한 자유의 유일한 제한은 자연법이다. 즉 자연상태에서 인간은 "자연법의 테두리 안에서", 곧 "오로지 자연법만을 자신의 준칙으로 삼는 자연적 자유"[162]를 향유한다는 것이다.

또한 자연상태에서 인간이 누리는 이러한 자율과 자결의 권한은 어느 누구나 동등한 만큼씩 가지고 있는 완전한 '평등성'을 기반으로 한다고 로크는 본다. 이러한 자연적 평등성은 "인간이 서로 사랑해야 하는 의무의 토대"로서, "평등한 사람은 모두 동일한 척도를 필요로 하기 때문에 [……] 삶을 지도하기 위한 몇 가지 규칙과 규범", 곧 자연법의 바탕이 된다.[163] 평등한 자유의 보유자로서 자연인은 스스로가 가지고 있는 이성의

**161** 『통치론』, 2장, 4, p. 11.
**162** 『통치론』, 4장, 22, p. 29.
**163** 『통치론』, 2장, 5, pp. 11~13.

규칙인 평등한 자연법의 실행자이자 집행자로서 자연법을 수호하게 되고, 그럼으로써 자연상태가 유지된다.

이와 같이 자연상태는 누구나가 평등하게 완전한 자율과 자결의 권리, 곧 자유를 누리는 "평화 · 선의 · 상호부조 및 보존"의 목가적인 이상상태라는 것이 로크의 자연상태론의 핵심이다. "모든 인간은 원래 (이러한 이상적인) 자연상태에 있으며, 그들 자신의 동의에 의해서 일정한 정치사회의 구성원이 될 때까지는 그러한 상태에 남아 있다"는 것이다.[164]

그러나 이러한 자연상태가 역사적이거나 현실적으로 인류사회에 존재한 적이 있었는가? 홉스도 이러한 문제에 봉착하여 그 역사성을 부인하고 단지 현실적 상황에서 그 근거를 찾으려고 하였는데,[165] 이렇게 현실적 상황에서 그 근거를 찾으려는 것은 로크도 마찬가지이다. 로크는 현재 "전 세계에 걸쳐 독립된 정부의 모든 군주와 통치자들은 서로 자연상태에 놓여 있기 때문에 많은 사람들이 그러한 상태에 놓여 있지 않은 세상이란 과거에도 없었고 앞으로도 결코 없을 것임이 명백하다"[166]고 진술하여, 자연상태의 현실성을 지적하고 있다.

---

**164** 『통치론』, 2장, 15, p. 21.

**165** 『리바이어던 I』, 제1부, 13장, pp. 172~174.

**166** 『통치론』, 2장, 14, p. 20: 이렇게 독립된 정부 사이의 관계는 하나의 정치체를 만들기로 합의하지 않았기 때문에 자연상태에 있는 것으로 보아야 하며, 따라서 자연상태는 국가 간에 현존하는 현실의 상태라는 것이다. 그러나 이런 논리는 억지이고 선후관계를 파악하지 못한 논리적 모순이다. 하나의 정치체를 결성하기로 합의하지 않은 사람들 또는 국가들 사이의 관계가 자연상태라면, 그들 사이의 관계가 과연 평등하고 그들이 완전한 자유를 누리는 평화의 상태에 놓여 있는가? 국가 사이의 관계가 자연상태라는 사실을 증명하려면, 그들이 자유와 평등의 상태에 놓여 있으며, 평화와 안전의 규범체계인 자연법을 준수하고 있다는 사실을 제시해야 할 텐데, 단지 그들이 하나의 정치체를 결성하기로 협약을 맺지 않았다는 사실만을 근거로 그들이 자연상태 하에 있다고 주장한다는 것은 선후관계를 파악하지 못한 논리적 모순이다.

**자연상태의 취약성: 재산권 보호 장치의 결여** 자연상태가 선의와 상호부조가 지배하는 평화의 상태라면, 그리고 자연법의 집행권이 본인 자신의 수중에 놓여 있어서 타인이나 외적인 강제력의 구속에서 해방된 완전한 자유의 상태라면, 사람들이 이러한 평화의 상태를 버리고 외적인 강제력의 구속 하에 들어가기로 합의하게 되는 까닭은 무엇인가?

> 이러한 질문에 대해서는 자연상태에서 개인은 그러한 권리(완전한 자유와 자연법의 집행권)를 가지고 있기는 하지만, 그 향유가 매우 불확실하고 끊임없이 다른 사람이 침해할 위험에 놓여 있기 때문이라고 분명히 답할 수 있다. 왜냐하면 모든 사람이 그와 마찬가지로 왕이고 모든 사람이 그와 평등하며, 그들의 대부분이 형평과 정의의 엄격한 준수자들이 아니므로, 그가 이 상태에서 가지고 있는 재산의 향유가 매우 불확실하기 때문이다. 이로 인해 그는 비록 자유롭지만 두려움과 지속적인 위험으로 가득 찬 이 상황을 기꺼이 떠나고자 한다.[167]

이렇게 자연상태에서 떠나 "공동체를 결성하고 스스로를 정부의 지배하에 두고자 하는 가장 크고 주된 목적은 그들의 재산을 보존하기 위함"[168]이라는 것이 로크의 생각이다. 자연상태는 두려움과 지속적인 위험으로 가득 차 있기 때문에, "다른 사람들과 더불어 그들의 '생명 · 자유 · 자산'의 상호보존을 위해서 사회를 결성할 것을 추구하거나 기꺼이 사회에 가입하려고 하는 것은 오히려 당연한 일"[169]이라는 것이다. 자연상태는 재산의 보존을 위해 필요한 다음과 같은 장치들이 결여되어 있다는 취약성을 갖는다는 것이 로크의 주장이다.

---

**167** 『통치론』, 9장, 123, p. 119.
**168** 『통치론』, 9장, 124, p. 120.
**169** 『통치론』, 9장, 123, p. 119.

첫째, 자연상태에는 옳고 그름을 판별하는 기준이자 사람들 사이에서 모든 분쟁을 해결하는 공통된 척도로서 공통의 동의를 통해서 수용되고 인정된 법률 그리고 확립되고 안정된, 잘 알려진 법률이 없다. 비록 자연법이 모든 이성적인 피조물들에게는 명백하고 이해 가능한 것이기는 하지만, 사람들은 연구를 하지 않아서 그 법에 대해 무지할 뿐만 아니라 자신들의 이해관계로 인해서 편파적이기 때문에, 자연법을 자신들이 관련된 특정한 사건에 적용할 때 자신들을 구속하는 법으로 인정하지 않으려는 경향이 있다.[170]

둘째, 자연상태에서는 확립된 법에 따라 모든 다툼을 해결할 수 있는 권위를 가진, 널리 알려진 공평무사한 재판관이 없다. 그 상태에서는 모든 사람이 자연법의 재판관이자 집행자인데, 인간은 자신에게 편파적이므로 다른 사람의 사건인 경우에는 게으름이나 무관심으로 인해 태만하기 십상인 반면, 자신들이 관련된 사건에 있어서는 격정이나 복수심으로 인해 극단으로 치닫거나 흥분하기 십상이다.[171]

셋째, 자연상태에는 비록 올바른 판결이 내려지더라도 이를 뒷받침해서 지원해주고 그 적절한 집행을 확보해주는 권력이 종종 결여되어 있다. 부정을 저지른 자들은 할 수만 있으면 무력으로라도 그들의 부정을 관철하는 데 좀처럼 실패하지 않는다. 그러한 저항 때문에 많은 경우에 처벌은 위험을 자초하는 일이 되며, 그것을 시도하는 자들이 빈번히 파멸에 빠지기도 한다.[172]

이렇게 자연상태에는 공통의 동의를 통해 확립된 법률, 공평무사한 재

---

**170** 『통치론』, 9장, 124, p. 120.
**171** 『통치론』, 9장, 125, p. 120.
**172** 『통치론』, 9장, 126, pp. 120~121.

판관, 판결의 집행권력이 결여되어 있다는 취약성을 내포하고 있고, 결과적으로 "거기에 남아 있는 동안 단지 열악한 상황에 시달리게"[173] 될 뿐이라는 것이다. 즉 자연상태가 가지는 이러한 취약성은 개인의 재산 보존의 무기력을 유발하고, 결과적으로 "적의와 파괴의 전쟁상태"[174]로 돌입하게 되기 쉬우므로, 사람들은 자기의 재산을 보전하기 위해서 사회를 결성함으로써 자연상태에서 벗어나려고 노력하게 된다는 것이[175] 로크의 관점이다.

### (3) 사회계약: 재산권 보호와 국가의 형성

이상에서 보듯이 자연상태는 자유와 평등이 지배하는 목가적인 이상상태이기는 하지만, 끊임없는 타인의 침해 위험에 노출되어 있어서 전쟁상태로 돌입하기 쉬운, 매우 불안정한 상태이기도 하다. 게다가 자연상태에는 공통의 동의를 얻은 법률, 공평무사한 재판관, 그리고 법률 집행의 권력이 결여되어 있어서 그 취약성이 더욱 가중되게 마련이다. 따라서 자연상태에서는 개인의 인신과 소유물을 보전하기 어렵게 된다. 그리하여 자연상태에서 사람들은 이러한 위험으로부터 벗어나 자신의 인신과 소유물을 안전하게 보전해줄 수 있는 방안을 강구하게 되고, 그 결과로 나타나는 것이 사회계약을 통한 국가권력의 설립이라는 것이 로크의 사회계약론의 요체이다.

> 인류는 자연상태에 따르는 온갖 특권에도 불구하고 그들이 거기에 남아 있는 동안 단지 열악한 상황에 시달리게 되므로 급기야는 사회에 들어가려고 서두른다.

---

**173** 『통치론』, 9장, 127, p. 121.
**174** 『통치론』, 3장, 16, p. 23.
**175** 『통치론』, 3장, 21, p. 27.

> 그렇기 때문에 우리는 일정한 수의 사람들이 잠시라도 함께 이러한 상태에서 사는 것을 발견하기가 어렵게 된다. 그들이 거기서 당면하게 되는 폐단, 곧 모든 사람이 가진, 타인의 위반행위를 처벌할 권한이 불규칙적이고 불확실하게 행사됨으로써 생기는 폐단으로 인해서 그들은 정부의 확립된 법이라는 성역으로 도망가며, 거기서 그들 재산의 보존을 꾀한다. 바로 이를 위해서 사람들은 각자 기꺼이 자신의 처벌권을 포기하여, 그것이 그들 중에서 임명된 사람들에 의해서만 행사되도록 그리고 공동사회나 그러한 목적을 위하여 그들로부터 권위를 위임받은 자들이 합의하는 규칙에 따라서만 행사되도록 하는 것이다. 그리고 바로 여기에서 우리는 정부와 사회 그 자체는 물론 입법권과 행정권 양자의 본래의 권리와 기원을 볼 수 있게 된다.[176]

이 인용문과 "하나의 공동체에 함께 가입하여 하나의 정치체를 만들기로 서로 합의하는 협약만이 인간들 사이의 자연상태를 종료시킨다"[177]는 진술을 결합하여 보면, 국가권력 설립의 원인은 자연상태의 폐단에 있고, 그 전제는 성원들의 합의이며, 그 내용은 자연권의 포기와 양도이고, 권력의 수탁자는 공동체이며, 그 목적은 성원들의 재산의 보전에 있다는 것이 로크의 사회계약론의 요체임이 분명해진다.

**사회계약의 전제조건: 자발적 합의** 앞에서 보듯이 사회계약을 통해 국가 사회를 설립하는 사회계약은 하나의 공동체를 구성하기로 하는 성원들의 합의를 전제로 하는 것이다.

---

**176** 『통치론』, 9장, 127, p. 121.
**177** 『통치론』, 2장, 14, p. 20.

> 어떤 사람이 자신의 자연적 자유를 포기하고 시민사회의 구속을 받아들이는 유일한 방도는 재산을 안전하게 향유하고 공동체에 속하지 않는 자들로부터 좀 더 많은 안전을 확보하면서, 그들 상호간에 안전하고 평화스러운 삶을 영위하기 위해서 다른 사람들과 함께 공동체를 결성하기로 합의하는 것이다.[178]

이렇게 구성원의 동의에 의한 합의만이 자연상태에서 탈출하여 시민사회를 구성하는 사회계약의 기본 전제이다. 로크는 또 다른 곳에서 "정부의 모든 평화적인 시작은 인민의 동의에 기초를 두고 있다"[179]고 진술함으로써, 이러한 사실을 재삼 확인하고 있다. 이러한 합의는 자유인들의 동의를 기초로 하는 것인 만큼 그 구성원들의 자발성을 바탕으로 하는 것이다.[180]

이렇게 정치사회를 구성하기로 하는 성원들 사이의 합의는 평등하고 독립적인 자유인들 사이에서 이루어지는 것이기 때문에, 그리고 그 결과가 그 후 개인들을 전적으로 구속하는 것이기 때문에, 성원 모두의 자발적인 동의를 필요로 하는 것이다. 로크는 "정치적 사회는 모두 자발적 결합 그리고 통치자와 정부형태를 선택함에 있어서 자유롭게 행동하는 사람들 상호간의 합의로부터 시작하였던 것"[181]이라고 진술하여, 성원들 사이의 자발적 합의가 정치사회 구성의 전제조건임을 명시하고 있으며, 부부사회도 "남자와 여자 사이의 자발적인 계약에 의해서 형성된다"[182]고 보아, 모든 계약은 자발성을 조건으로 하는 것이라는 사실을 암시하고 있다.

---

**178** 『통치론』, 8장, 95, p. 93.
**179** 『통치론』, 8장, 112, p. 109.
**180** 『통치론』, 8장, 95, p. 93.
**181** 『통치론』, 8장, 102, p. 99.
**182** 『통치론』, 7장, 78, p. 77.

**사회계약의 내용: 자연법 집행권의 포기와 양도** 그렇다면 사회의 성원들이 자발적으로 합의하는 사회계약의 내용은 무엇인가? 즉 그들은 사회를 구성하기 위해 무엇에 합의하는가? 앞에서 자연상태에서 평등하고 독립적인 자연인들은 자신의 생명 · 자유 · 자산, 곧 재산에 대한 권리(재산권)와 이를 지키기 위해 침해자에 대한 처벌권과 손해배상청구권을 가지고 있음을 보았다. 곧 자연상태에서 개인은 모든 자연법의 집행권을 스스로 가지고 있다는 것이다. 로크는 성원들 간에 자발적으로 합의하여 이루어지는 계약은 이러한 자연법의 집행권을 포기하고, 이를 공동체의 수중에 양도하는 것을 내용으로 한다고 본다.

> 일정한 수의 사람들이 결합하여 하나의 사회를 형성하고, 각자 모두 자연법의 집행권을 포기하여 그것을 공공체(the publick)에게 양도하는 곳에서만 비로소 정치사회(political society) 또는 시민사회(civil society)가 존재하게 된다. 그리고 이러한 일은 자연상태에 있는 일정한 수의 사람들이 최고의 통치권력 하에서 하나의 인민, 하나의 정치체를 결성하고자 사회에 가입하는 곳이면 어디서나 일어나고, 그밖에 어떤 사람이 이미 결성된 정부에 가담하여 그것과 일체(一體)가 된 경우에도 일어난다.[183]

이렇게 개인이 가진 자연법의 집행권을 포기하고 정치사회를 구성하기로 합의하는 것은 정치사회 자체가 그러한 권력을 가지지 않고는 성원들의 재산 보전과 안전의 확보라는 본래의 목적을 달성할 수 없기 때문이다.[184] 개인은 자연상태에서 "자연법이 허용하는 한도 내에서 자신과 타

**183** 『통치론』, 7장, 89, p. 85.
**184** 『통치론』, 7장, 87, p. 83.

인의 보존에 적합하다고 생각되는 바가 무엇이든지 그것을 행하는 권력"과 "자연법을 위반하여 저질러진 범죄를 처벌하는 권력"을 가지고 있는데, "이러한 두 개의 권력을 [……] 특정한 정치적 사회에 가입하거나 여타 인류로부터 분리된 별도의 국가를 형성할 때 포기"[185]하고, 이를 사회의 수중에 양도하는 것이다.

이러한 자연법 집행권을 포기하고 사회에 들어갈 때 사람들은 "그들이 자연상태에서 가졌던 평등, 자유 및 집행권을 사회의 선이 요구하는 바에 따라 [……] 사회의 수중에 양도한다. 그러나 그것은 오직 모든 사람이 그 자신, 그의 자유 및 그의 재산을 더욱 잘 보존하려는 의도에서 행하는 것이다."[186] 이와 같이 자발적 합의에 의해서 개인은 자연상태에서 각자가 가지고 있던 자연법 집행권을 포기하고, 이를 사회(공동체)의 수중에 양도하는 계약을 체결한다는 것이 로크의 사회계약론의 골자이다.

**권력의 수탁자: 공동체의 다수** 개인들이 자연상태에서 가지고 있던 자연법의 집행권을 포기하고 이를 양도하기로 합의할 때 이를 양도받는 권력의 수탁자는 공동체가 되어야 한다, 곧 개인이 아니라 여러 사람의 집단이 되어야 한다는 것이 로크의 주장이다. 이 점에서 이미 의회중심주의자로서의 로크의 면모가 잘 드러나고 있다.

> 일정한 수의 사람들이 하나의 공동체나 정부를 구성하기로 동의할 때, 그들은 즉시 하나의 단체로 결합되어 하나의 정치체를 결성하게 되며, 거기서는 다수(majority)가 여타 사람들을 움직이고 결정할 권리를 가진다.[187]

---

**185** 『통치론』, 9장, 128, pp. 121~122.
**186** 『통치론』, 9장, 131, pp. 122~123.
**187** 『통치론』, 8장, 95, p. 93.

이렇게 다수의 사람들로 이루어진 공동체에 권력을 위임하기로 하는 것은 "그 숫자와 관계없이 일정한 수의 사람들이 각자 개별적인 동의에 의해서 공동체를 결성했을 때, 그들은 그 행위를 통해서 그 공동체를 한 단체(一體, one body)로 만들었기 때문이다. 그 결과 공동체는 일체로서 행동할 수 있는 권력을 가지게 되며, 그 권력은 오직 다수의 의지와 결정에 따르게 된다. 왜냐하면, 어떤 공동체든 그것을 움직이게 하는 것은 오직 그 구성원들의 동의뿐인데, 한 단체는 한 방향으로 나갈 수밖에 없으므로 가장 커다란 힘, 곧 다수의 동의가 그것을 이끄는 방향으로 움직이지 않을 수 없기 때문이다. [……] 그러므로 동의에 의해서 모든 개인은 다수가 결정하는 바에 구속된다."[188] 즉 다수의 결정은 곧 그 자신이 한 결정과 동일한 구속력을 갖는 것이다.[189]

이렇게 각 개인의 자연법 집행권을 위임받은 공동체, 곧 국가(commonwealth)는 "그 사회의 구성원들 사이에서 저질러진, 의당 처벌되어야 한다고 생각되는 이러저러한 범죄에 어떤 처벌을 가할 것인가를 결정하는 권력(곧 법을 제정하는 권력)"과 더불어, "외부인이 그 구성원에게 가한 침해를 처벌할 수 있는 권력(곧 전쟁과 평화에 관한 권력)," 그리고 성원들 사이의 제반 분쟁에 대한 재판권 및 재판 결과의 집행권과 "필요할 때에는 구성원들이 가진 모든 힘을 사용할 수 있는 권력" 등 "전 구성원의 재산을 보존하기 위한" 모든 권력을 가진다.[190]

---

**188** 『통치론』, 8장, 96, pp. 93~94.

**189** 로크는 "모든 개인은 다른 사람들과 하나의 정치체를 결성하여 하나의 정부 하에 있는 데에 동의함으로써, 다수의 결정에 승복하고 구속될 의무를 그 사회의 모든 구성원에 대하여 부담하게 된다"(『통치론』, 8장, 97, p. 94)거나 "공동체의 재판은 그 자신이나 대표자가 하는 것이기 때문에 사실상 그 자신의 재판이다"(7장, 88, p. 85)라는 진술에서 이러한 견해를 드러내고 있다.

**190** 『통치론』, 7장, 88, pp. 84~85.

**계약 준수의 조건: 재산의 보존을 위한 공공선과 안전의 보장** 지금까지 분명해졌듯이, 자연상태가 가지는 세 가지 결함(공통의 동의를 통해 확립된 법률, 공평무사한 재판관, 판결의 집행권력의 결여)으로 인해 자연상태에서 인간은 각자의 생명 · 자유 · 자산, 곧 재산을 보존하기 힘들기 때문에, 사회계약을 통해 정치사회를 구성하게 된다는 것이 로크의 이론이다. 그러므로 국가권력 결성의 제일의 목표는 개인 재산의 보전에 있다.[191] 이렇게 사람들은 재산의 보전을 위해서만, 곧 "오직 공공선과 안전을 목적으로서만 통치권을 위탁하였던 것이다."[192]

> (계약을 통해 사회의 수중에 양도하여 설립되는) 그 권력은 자연상태를 그토록 불안하고 불편하게 만드는 상술한 세 가지 결함을 제거함으로써 모든 사람에게 재산을 보장해줄 의무를 부담한다. 그러므로 누구든 국가의 입법권이나 최고의 권력을 가진 자는 즉흥적인 법령이 아니라 국민에게 공포되어 널리 알려진, 확립된 일정한 법률로 다스려야 한다. 그는 또한 공평무사한 재판관을 임명하여 그로 하여금 그러한 법률에 따라 분쟁을 해결하도록 해야 한다. 그리고 공동체의 물리

**191** 개인의 재산 보전이 국가 또는 정부의 설립 목적이라는 사실은 『통치론』의 이곳저곳에서 거듭 제시되고 있는 로크 사상의 핵심이다: 예를 들면, 1장, 3, p. 9~10("정치권력은 재산을 규제하고 보존할 목적으로 [……] 행사하는 힘"); 7장, 85, p. 82("시민사회의 주된 목적은 재산의 보존"); 7장, 87, p. 83("어떠한 정치적 사회도 그 자체 내에 재산을 보존할 권력 [……]을 가지지 않고서는 존속할 수 없음"); 7장, 88, p. 84("이 모든 국가권력은 가능한 한 사회의 전 구성원의 재산을 보존하기 위한 것"); 7장, 94, p. 91("정부는 오직 재산의 보존만을 목적으로 함"); 9장, 123, p. 119("다른 사람들과 더불어 그들의 생명 · 자유 · 자산, 곧 재산의 상호보존을 위해서 사회를 결성"); 9장, 124, p.120("인간이 공동체를 결성하는 가장 크고 주된 목적은 그들의 재산을 보존하기 위함"); 9장, 127, p. 121("정부의 확립된 법이라는 성역으로 도망가며 거기서 그들 재산의 보존을 꾀함"); 9장, 131, p. 123("사회계약은 오직 모든 사람이 그 자신, 그의 자유 및 그의 재산을 더욱 잘 보존하려는 의도에서 행하는 것") 등에서 이러한 관점이 직접 제시되고 있다.

**192** 『통치론』, 8장, 110, p. 107.

력을 국내에서는 오직 그러한 법의 집행을 위해서, 그리고 대외적으로는 외국의 침해를 방지하거나 시정하고 공동체의 안보를 침입이나 침략으로부터 보장하기 위해서 사용해야 한다. 이 모든 것은 인민의 평화, 안전 및 공공선이 아닌 다른 목적을 위해서 행사되어서는 안 된다.[193]

그러므로 사회의 성원들은 사회의 평화 · 안전 및 공공선이 실현되어 모든 사람의 재산의 보존이 보장될 수 있을 때만 사회계약을 준수할 의무를 진다. 어떤 이유에서든 성원들의 재산이 보존되지 못하고 적법하지 않은 이유로 침해된다면 사회계약은 파기될 수밖에 없으며, 그러한 국가권력에 대하여 인민들은 저항할 권리를 가지고 있다는 것이 로크의 주장이다.[194] 생명권이 침해되는 경우를 제외하고는 인민의 저항권을 인정하지 않는 홉스와는 달리, 로크는 저항권을 적극적으로 허용함으로써 인민주권주의를 표명하고 있는 것이다.

#### (4) 국가권력의 분립성: 의회중심주의와 인민주권론

자연상태에서는 자연법의 집행권이 개인들에게 주어져 있어서 불안정할 뿐만 아니라 타인에 의한 권리침해의 위험에 끊임없이 노출되어 있어서 개인의 재산(생명과 자유와 자산)을 보전하기 힘들게 되므로, 자연인들은 자발적인 동의를 통해 각자가 가지고 있는 자연법 집행권을 포기하고 이를 공통의 권력, 곧 공동체의 수중에 양도하는 계약을 맺음으로써 국가권

193 『통치론』, 9장, 130, p. 123.

194 인민의 저항권을 허용하는 입장을 로크는 『통치론』의 13장(pp. 143~152), 14장(pp. 153~160), 18장(pp. 189~199) 및 19장(pp. 201~229)의 여러 곳에서 진술하고 있는데, 이에 대해서는 다음에 제시되는 "인민의 저항권: 혁명의 논리와 인민주권주의"(pp. 373~375) 항목에서 논의될 것이다.

력을 탄생시킨다는 것이 로크 사회계약론의 골자이다. 그렇다면 이렇게 설립되는 국가가 가지는 강제력, 곧 권력의 내용은 무엇이며, 그 구조는 어떠해야 하는가? 그리고 이렇게 설립되는 국가권력과 이를 설립하는 계약의 주체, 곧 인민은 어떠한 관계에 놓여 있는가? 인민은 다만 국가권력에 복종해야 하는 의무만 가질 뿐인가? 로크는 『통치론』의 총 19장 가운데 10개의 장(10~19장)을 이러한 국가권력의 내용과 구조 및 국가권력과 인민 사이의 관계 문제에 관한 논의에 할애하고 있다.[195]

**국가권력의 분립: 입법권 · 집행권 · 연합권** 로크는 『통치론』의 서두에서 "정치권력은 사형 및 그 이하의 모든 처벌을 가할 수 있는 법률을 제정하는 권리이며, 또한 재산(property)을 규제하고 보전할 목적으로 그러한 법률을 집행하기 위해서, 그리고 국가(commonwealth)를 외적의 침입으로부터 방어하기 위해서 공동체의 무력을 사용할 수 있는 권리이며, 이 모든 것을 오직 공공선(公共善)을 위해서만 행사하는 권리"[196]라고 지적하여, 정치권력의 내용과 그 목적을 분명히 제시한다. 우선 정치권력의 목적은 인민의 재산의 보전이라는 공공선의 실현에 두어야 하며, 그 내용은 법률제정권, 법률집행권 및 국가방위권을 핵심으로 한다는 것이다. 로크

195 로크는 '국가'를 지칭하는 말로 commonwealth라는 단어를 사용하여 '독립적인 공동체'의 의미로 쓰고 있다(『통치론』, 10장, 133, p. 126). 강정인 · 문지영(1996)은 영어의 commonwealth는 "어원에 충실할 경우 '공화국'(共和國)이라고 번역하는 것이 타당하지만, 우리말에서는 공화국을 주로 '군주국'에 대응하는 개념으로 이해하기 때문에 공화국으로 옮기는 것이 타당치 않다"(p. 9, 역자주)라고 보고, 이를 통상적인 용어인 '국가'라는 말로 옮기고 있다. 이 책에서도 이들의 견해를 따라 일관되게 '국가'라는 용어를 사용하였다. 또한 국가권력의 담당기구를 가리키는 government는 통상 '정부'라고 번역하나, 강정인 · 문지영(1996)은 좀 더 추상화된 행위를 지칭하는 의미로 '통치'라는 용어로 옮긴 경우도 있었는데(p. 8, 역자주), 여기에서는 그들의 용법을 그대로 따랐다.

196 『통치론』, 1장, 3, pp. 9~10.

는 『통치론』 12장("국가의 입법권, 집행권 및 연합권에 대하여")에서 국가권력의 내용을 입법권 · 집행권 · 연합권으로 정리하여 제시하고 있다.

"입법권이란 공동체와 그 구성원들을 보존하기 위해서 국가의 힘을 어떻게 사용할 것인가를 지도할 수 있는 권리를 가진 권력이다. [……] 전체의 선이 적절히 고려되는 잘 정비된 국가에서 입법권은 적절하게 소집된 다양한 사람의 수중에 맡겨지며, 그들은 그들만의 권한으로 또는 다른 사람들과 더불어 법률을 제정할 권력을 가진다. [……] 그들은 법률을 공공선을 위해서 만들게 된다."[197] 이렇게 입법권은 "국가가 그 사회의 구성원들 사이에서 저질러진, 의당 처벌되어야 한다고 생각되는 이러저러한 범죄에 어떤 처벌을 가할 것인가를 결정하는 권력(곧 법을 제정하는 권력)"[198]을 말하는 것이다. 이러한 법률들은 "지속적으로 집행되어야" 하지만, "단기간에 만들어질 수 있다. 따라서 입법부는 항상 업무가 있는 것이 아니기 때문에 상시적으로 개회중일 필요가 없다. [……] (그러므로) 그들은 그 일(법을 제정하는 일)을 완수하면, 다시 흩어져서 그들 자신이 제정한 법률에 복종하는 신민으로 되돌아간다."[199] 또한 로크는 입법부가 상시 개회하게 되면 "법률을 집행하는 권력까지 그들의 수중에 가지고자 하는 유혹이 너무나 커서 뿌리치기 어렵게" 될 뿐만 아니라, "자신들의 사적인 이득에 적합하게 법률을 뜯어고치게 될" 가능성도 있으므로,[200] 입법부는 상시 개회해서는 안 된다고 주장한다.[201]

"법률은 즉각적으로, 그리고 단기간에 만들어지지만 항구적이고 지속

---

**197** 『통치론』, 12장, 143, pp. 139~140.
**198** 『통치론』, 7장, 88, p. 84.
**199** 『통치론』, 12장, 143, p. 139.
**200** 『통치론』, 12장, 143, p. 139.
**201** 『통치론』, 13장, 153, p. 147.

적인 효력을 가지면서, 부단(不斷)한 집행 혹은 그것에 대한 배려를 필요로 한다. 그렇기 때문에 제정된 유효한 법의 집행을 담당하는 권력이 상시적으로 필요하다. 그리하여 입법권과 집행권은 종종 분리된다."[202] 이러한 집행권을 담당하는 기구가 '집행부' 또는 '행정부'이다.[203] 상시 존재하는 행정부는 집행권(행정권) 이외에도 기존 입법부의 임기가 끝났을 때 새로이 구성되는 입법부를 소집할 수 있는 권력과 긴급사태가 발생했을 때 기존의 입법부를 해산하고 선거를 통하여 새로운 입법부를 구성하는 권력을 가진다.[204] 그러나 "입법부를 소집하고 해산시킬 권력이 행정부에 있다고 해서 행정부가 입법부에 대해서 우위에 있는 것은 아니다. 그러한 권력은 확고하게 고정되어 있는 규칙이 인간사의 불확실성과 변화무쌍함에 대처하지 못하는 경우 인민의 안전을 위해서 행정부에 맡겨진 권력"[205]일 뿐이다.

입법권과 집행권(행정권) 이외에 "모든 국가에는 또 하나의 권력이 있다. 이것은 자연적인 권력이라고 부를 수 있는데, 그 이유는 그 권력이 모든 사람이 사회에 들어가기 전에 자연적으로 가지고 있던 권력에 상응하는 것이기 때문이다."[206] 이는 "전쟁 및 강화(講和)의 권력과 연맹 및 동맹의 권력 그리고 국가 밖에 있는 모든 사람 및 공동체와 모든 교섭을 할 수 있는 권력을 포함"하는 연합권(federative power)이다.[207]

---

**202** 『통치론』, 12장, 144, p. 140.

**203** 집행권을 담당하는 기구를 『통치론』 7장 89절(p. 85)에서는 '집행부', 13장 151절(p. 144), 154절(p. 147), 156절(pp. 148~150) 등에서는 '행정부'라고 명명되고 있으며, 그 권력도 '집행권'이 아닌 '행정권'(예: 7장, 152, p.145; 153, p. 146; 154, p. 147; 156, pp. 149~150 등)이라고 명명되고 있다.

**204** 『통치론』, 13장, 154, pp. 147~148.

**205** 『통치론』, 13장, 156, p. 148.

**206** 『통치론』, 12장, 145, p. 140.

**207** 『통치론』, 12장, 146, pp. 140~141.

집행권은 "사회 내에서 사회의 구성원 모두를 대상으로 하여 사회의 국내법의 집행을 담당하는 권력"이고, 연합권은 "대외적으로 사회가 이득이나 손해를 볼 수 있는 모든 자들을 대상으로 하여 공공의 안전과 이익을 다루는 권력"이어서 그 자체로서는 매우 상이한 권력이지만, "양자는 거의 항상 결합되어 있다."[208] 그리하여 이 두 권력은 항상 행정부에 맡겨져 있다. "왜냐하면 둘 다 그 행사를 위해서 사회의 힘을 요구하는데, 국가의 무력을 분리하여 별개의, 서로 독립된 기관에 맡기는 것, 또는 행정권과 연합권을 서로 독자적으로 행동하는 사람들에게 맡기는 것은 거의 실천 불가능하기 때문이다."[209]

이상에서 보듯이 로크는 국가권력을 입법권과 행정권 및 연합권의 셋으로 나누고, 그 관장기구를 입법부(입법권)와 행정부(행정권과 연합권)로 나누는 권력분립론을 제시하고 있다. 이렇게 로크는 몽테스키외보다 반세기 앞서 '권력분립론'을 제창했으나, 사법권이 독립된 지위를 갖지 못했다는 점, 그리고 최고 권력이 입법권에 집중되어 있어서 행정권이나 연합권은 그에 종속적인 권력으로 머무르고 있다는 점 등에서 여러모로 불완전한 것이었다.

**입법권의 우월성: 의회중심주의** 로크는 국가가 보유하는 세 권력 중에 입법권이 가장 우위에 있는 권력이라 보아 의회중심주의를 천명하였다. 그는 "정부가 존속하는 경우에는 언제나 입법부가 최고의 권력"인데, 그 까닭은 "다른 사람을 상대로 법률을 만드는 자가 그 다른 사람보다 우월한 것이 당연하기 때문"이라고 주장하였다. 입법부에서는 "사회의 모

**208** 『통치론』, 12장, 147, p. 141.
**209** 『통치론』, 12장, 148, pp. 141~142.

든 부분들 및 그 구성원들을 위해서 법률을 제정하고, 그들의 행동을 규제하는 규칙을 작성"할 뿐만 아니라, "그것의 집행권을 부여하는 권리"를 가지고 있으므로, "입법권은 필히 최고의 권력이 되어야 하며, 사회의 구성원이나 부분들이 가진 여타의 모든 권력은 입법권에서 비롯되며 또한 그것에 종속된다"[210]는 것이다.

입법부는 자신들이 제정한 법률의 집행권을 행정부에 부여하는 권력뿐만 아니라, "정당한 이유가 있을 때 그리고 법에 관한 잘못된 행정을 처벌하기 위해서 집행권을 그들로부터 회수할 수도 있다." 이는 연합권에 대해서도 마찬가지이다. 이렇게 "연합권과 행정권은 양자 공히 입법권에 대해서 보조적이고 종속적"인 권력인 것이다.[211]

입법권은 이렇게 법률의 제정권뿐만 아니라 그 집행권자의 임면권도 가지고 있는 최고의 권력이기 때문에 입법권이 누구에게 있느냐에 따라 국가의 형태, 곧 정부형태가 달라진다. "왜냐하면 정부형태는 최고의 권력, 곧 입법권을 어떻게 배치하는가에 따라 좌우되며, 하위 권력이 최고의 권력에게 명령을 내린다거나 최고의 권력 이외의 권력이 법을 만든다는 일은 상상할 수 없기 때문이다." 그리하여 입법권이 "인간이 처음으로 결합하여 사회를 형성하자마자 자연히(naturally) 공동체의 모든 권력을 장악한 다수"에게 있으면 '민주정'이 되고, "선택된 소수 또는 그들의 상속인이나 후계자들의 수중에 위임"되면 '과두정'이 되며, 한 사람의 수중에 맡겨지면 '군주정'이 된다.[212] 이 세 가지 정부형태 중에서 로크가 가장 정상적이고 자연적이라 여기는 것은 입법권이 다수의 수중에 놓여 있는 민주정이다. 자연상태에서 갖는 자연법 집행권을 포기하는 사회계약은 다

**210** 『통치론』, 13장, 150, p. 144.
**211** 『통치론』, 13장, 153, p. 146.
**212** 『통치론』, 10장, 132, pp. 125~126.

수의 자발적 합의를 전제로 하여 맺어진 것이고, 따라서 계약에 합의한 다수가 자기들을 규제할 법률과 규칙을 만드는 것이 당연하기 때문이라는 논리에서이다. 이 점에서 '의회중심주의자'로서의 로크의 면모가 잘 드러난다.

이렇게 입법권이 "여타의 모든 권력이 거기에 종속"되어야 하는 "단일의 최고 권력"이기는 하지만, 이에도 제한이 있다는 것이 로크의 생각이다. 로크는 "입법권은 일정한 목적을 위해서만 활동할 수 있는 단지 신탁(信託)된 권력이므로 입법부가 그들의 신탁에 반해서 행동하는 것이 발견될 때 입법부를 폐지하거나 변경할 수 있는 최고의 권력은 여전히 인민에게 있다. 왜냐하면 모든 권력은 그러한 목적에 의해서 제한되는 일정한 목적을 달성하기 위해 신탁으로 부여되는 것이므로, 권력이 그 목적을 소홀히 하거나 위반하면 신탁은 필연적으로 철회되며, 그 권력은 그것을 내준 자들의 손에 되돌아가기 때문이다. 그리고 권력을 회수한 자들은 자신들의 안전과 안보를 위해서 최선이라고 생각하는 곳에 그 권력을 새롭게 맡길 수 있다"[213]라고 진술하여, 입법권은 국가 설립의 목적(인민의 재산과 안전의 보호)이라는 한도 내에서만 그 권력을 보장받는다는 관점을 제시하고 있다. 여기에서 인민의 저항권을 인정하는 로크 사상의 급진성이 드러난다.[214]

이러한 제한 때문에 최고의 권력인 입법권의 주체인 입법부는 인민의 생명과 재산을 안전하게 보호해야 하는 공공선의 한계, 누구에게나 일률적으로 적용되는 법치의 한계, 사적 소유권을 보장하고 지켜주는 동의에 의한 과세라는 한계의 범위 내에서 입법권을 행사하여야 하고, 절대로 인

**213** 『통치론』, 13장, 149, p. 143.

**214** 문지영(2007, pp. 290~296)은 로크의 사상은 인민저항권의 인정이라는 급진성과 개인의 소유권과 재산축적의 정당화라는 보수성을 동시에 갖고 있다고 본다.

민의 인가와 허가를 받지 않고 그 권력을 타인이나 기관에 이전해서는 안 된다는 사실을 명심하여야 한다.[215] 언제나 권력의 참다운 실제 주인은 이를 양도한 인민들인 것이다.

**인민의 저항권: 혁명의 논리와 인민주권주의** 이상에서 살펴본 바와 같은 "정치권력은 모든 사람이 자연상태에서 가지고 있다가 사회의 수중에 넘긴 것이며, 사회가 명시적 또는 묵시적 신탁—그 권력이 구성원들의 복지와 재산의 보존을 위해 사용되어야 한다는—과 함께 스스로 정한 통치자에게 넘긴 권력이다. [……] 이 권력의 목적과 척도는 그것이 자연상태에서 모든 사람의 수중에 있을 때 인류 사회의 모든 성원, 곧 인류 일반을 보존하는 것이므로 그것이 위정자의 손에 있을 때에도 그 사회 구성원들의 생명 · 자유 · 소유물을 보존하는 것 이외에 다른 목적이나 척도를 가질 수 없다."[216] 그러므로 "정치권력이 야심 · 공포 · 어리석음 또는 부패로 인해 인민의 생명 · 자유 및 자산에 대한 절대적인 권력을 자신들의 수중에 장악하거나 아니면 그 밖의 다른 자들의 수중에 넘겨줌으로써 사회의 기본적인 규칙을 침해하게 되면, 언제나 그들은 인민이 그것과는 상반된 목적으로 그들의 수중에 맡긴 권력을 신탁 위반으로 상실하게 된다. 그 권력은 인민에게 돌아가며, 인민은 그들의 원래의 자유를 회복할 권리와 (그들이 적합하다고 생각하는 바에 따라) 새로운 정치권력을 설립함으로써, 바로 그들이 사회에 가입한 목적에 다름 아닌 그들 자신의 안전과 안보를 강구할 수 있는 권리를 가지게 된다."[217] 이렇게 정치권력이 본래의 목적을 수행

**215** 로크는 『통치론』 11장 "입법권의 범위에 관하여"(pp. 127~137)에서 이러한 입법권의 한계에 대해 논의하고 있다.

**216** 『통치론』, 15장, 171, p. 162.

**217** 『통치론』, 19장, 222, pp. 208~209: 원문에는 이 인용문의 '정치권력'은 '입법부'라고 되어

하지 못하여 그 위임의 신탁을 위반하게 되면, 인민은 그들 자신의 재산과 안전을 확보하기 위해 정치권력에 저항하여 그 신탁을 철회할 수 있다는 것이 '인민저항권'의 논리이다.

로크가 제안하는 인민저항권은 매우 적극적인 것이었다는 점에서 단지 상징적인 주장에만 머무르는 것은 아니었다. 그가 옹호하는 저항권은 "폭정으로부터 벗어날 권리뿐만 아니라 그것을 예방할 권리"[218]까지 포함하는 것이라는 점에서 매우 적극적인 것이다. 그는 "불법적인 행위의 범위가 다수의 인민에게 확산되는 경우"뿐만 아니라, "폐해나 억압이 단지 소수의 사람에게만 영향을 미치지만 선례나 결과를 고려할 때 모든 사람을 위협하는 것으로 보이는 경우"에도 저항권을 가지며, "인민이 그들의 재산 · 자유 및 생명과 더불어 그들의 법률과 어쩌면 그들의 종교 역시 위험에 처해 있다고 마음속으로 믿게 되는 경우"[219]같이 단지 위험에 대해 마음속으로 예상되는 경우에도 저항할 수 있다고 본다. 뿐만 아니라 인민의 저항권은 단지 비폭력인 시민 불복종의 형태에 한정되는 것이 아니라 무력을 통한 폭력적 저항까지도 용인함으로써[220] 로크는 인민저항권에 적극성을 부여한다.

인민의 저항권에 대한 로크의 정당화는 국가권력의 행사가 인민에 의한 것일 뿐만 아니라 인민을 위한 것이기도 해야 한다는 원칙을 재삼 확인하는 것이다. "로크의 이러한 생각은 18세기에 영국과 미국 · 프랑스 등에서 절대주의 국가에 대항하는 혁명들의 사상적 기초로 작용했는데,

---

있으나, 바로 이어서 "내가 여기서 입법부에 관해서 말한 것은 일반적으로 최고행정권자에 관해서도 적용된다"는 말이 나오고 있어서 입법부와 행정부를 포괄하여 언급하고 있는 것임이 분명하므로, 여기서는 이 둘을 합하여 '정치권력'이라고 고쳐 제시하였다.

**218** 『통치론』, 19장, 220, p. 207.

**219** 『통치론』, 18장, 209, p. 198.

**220** 『통치론』, 13장, 155, p. 148; 19장, 235, pp. 220~221.

이로써 그의 사상의 급진성이 유감없이 발휘된 셈이었다. 나아가 인민의 저항권에 대한 그의 주장은 19~20세기에 벌어진 전체주의 및 독재 국가에 대한 아래로부터의 저항과 시민봉기의 정당화에도 적용"[221]되었던 것이다. 철학적 · 정치적 사유에 있어서의 논리적 비약이나 치밀성의 부족에도 불구하고 로크의 사상이 성공을 거둘 수 있었던 까닭은, 그가 인민저항권의 옹호론에서 전개한 인민주권사상이 그 후 벌어진 많은 시민혁명의 이론적 밑받침으로 작용한 데서 찾아야 할 것이다.

## 3. 장-자크 루소의 『사회계약론』

장-자크 루소[222]는 1712년에 제네바 공화국에서 시계공의 둘째아들로 태어났다. 루소의 어머니는 그가 태어난 지 9일 만에 출산후유증으로 세상을 떠나, 그는 아버지와 고모에 의해 양육되었다. 루소가 열 살이던 1722년에 그의 아버지는 사소한 싸움 끝에 제네바를 떠나게 되었고, 루소는 랑베르시에(Lambercier) 목사에게 위탁되었다. 랑베르시에 목사에게

221 문지영, 2007, p. 292.

222 루소의 생애와 사상에 대해서는 강정인 · 문지영(1995)이 로크 · 흄 · 루소의 사회계약론을 비교한 Barker, E.(1962)의 논문 등을 편역한 『로크의 이해』(서울: 문학과지성사, pp. 11~62), 김영인(2006)의 『맹자와 루소의 인성론 비교연구』(경기: 한국학술정보), 김용민(2004)의 『루소의 정치철학』(경기: 인간사랑), 이용철(2006)의 『루소: 분열된 영혼』(경기: 태학사), 이환(1999)이 『사회계약론』(서울: 서울대학교 출판부) 번역판에 붙인 "해설"(pp. 181~219), 이태일 · 최현(2002)이 『사회계약론 외』(서울: 범우사) 번역판에 붙인 "해설"(pp. 342~354), 김용민(2007), 민문홍(2003)의 루소 관련 논문을 광범위하게 참고하였다. 이 책에서는 루소의 생애와 사상에 관해 널리 알려진 사실이나 구태여 출처를 밝히지 않아도 될 일반적인 사항에 대해서는 출처를 명기하지 않고, 저자의 독창적인 해석을 제시하거나 원문을 그대로 인용하는 등 특별히 출처를 밝힐 필요가 있는 부분에 대해서만 이를 명기하기로 하겠다.

위탁된 지 3년 만인 1725년(13세)에 어느 조각공의 도제로 들어갔다가, 16세이던 1728년에 제네바에서 도망쳐 프랑스 곳곳을 전전하면서 보냈다.

이 시절 안느 시에서 바랑(Mme de Warens) 부인을 만났는데, 이는 그의 일생에 결정적인 영향을 미친 사건이었다. 바랑 부인을 만난 후에도 그의 방랑생활은 계속되어, 몇몇 귀족 집에서 종복 노릇도 하고, 토리노 시 수도원 보호시설에 들어가기도 하고, 교회 성가대에서 음악수업을 받기도 하였다. 그는 21세 이던 1733년 가을에 바랑 부인과 깊은 관계로 맺어져, 그녀의 보호 밑에서 수년 동안 독서와 공부에 전념하면서 그의 일생 중 가장 평화롭고 행복한 나날을 보냈다. 1738년(26세)에 바랑 부인과 결별하고, 가정교사와 음악악보 기술 작업 등으로 생활을 꾸려나갔다.

1742년(30세)부터 파리에서 디드로(Denis Diderot, 1713~1784) · 달랑베르(d'Alembert, 1717~1783) · 볼테르(Voltaire, 1694~1778) 등 백과전서파와 교유하기 시작하였으나, 이들과의 교제는 그리 오래 지속되지 못하였다. 이들 백과전서파는 계몽주의자들로 이성과 학문 및 교육에 의한 인간 사회의 진보에 대해 굳은 믿음을 가지고 있었으나, 루소는 이성보다는 자유로운 감정과 욕망의 표출을 중시하는 낭만주의자였을 뿐만 아니라, 학문과 교양이 인간을 타락시킨다는 믿음을 가지고 있었으므로, 양자 사이에는 결코 융합되기 어려운 신념의 차이가 가로막고 있었기 때문이었다.

그는 33세이던 1745년에 하숙집 세탁부이던 르봐쉐르(Thérèse Levasseur, 당시 23세)와 만나 곧 동거하기 시작하였다. 르봐쉐르는 글을 모르는 것은 물론, 숫자도 모르고 심지어는 시계 보는 법도 익히지 못할 정도로 무식한 여자였다. 루소는 그녀와 결혼은 하지 않고 동거만 하였는데, 그들의 동거는 죽을 때까지 지속되었다. 그녀와 루소 사이에는 다섯 명의 아이가 출생하였는데, 루소는 자기 아이들을 키우지 않고 낳자마자 고아원으로 보내버렸다. 18세기 최고의 교육서이자 그의 주저 중의 하나

이기도 한 『에밀』의 저자인 루소가 정작 자기 자식들을 직접 키우지 않고 고아원에 내버렸다는 사실은 그에게 있어서 평생 따라다니는 짐이었으며, 그에 대한 비판의 중요한 요인이 되었다.

루소의 일생에 있어서 1749년(37세)은 획기적인 한 해였다. 그해 10월에 그는 벵센느 성에 수감되어 있던 디드로를 면회하러 가는 길에, 어느 잡지에 실린 디종 아카데미의 현상논문 제목("학문과 예술의 진보는 도덕을 타락시키는 데 기여하였는가? 아니면 순화시키는 데 기여하였는가?")을 보게 되었다. 이 제목을 읽는 순간 루소는 감전된 듯한 심한 흥분을 느껴 반시간 동안이나 정신을 잃고 쓰러질 정도였다고 한다. 이때 그의 뇌리 속에는 "본래 선하게 태어난 인간은 사회와 문명에 의해 타락하였다"는 그의 평생의 명제가 섬광같이 스쳐 지나갔다. 그리하여 "루소는 당시 백과전서파로 대표되는 계몽주의자들의 상식적인 주장과는 달리, 학문과 예술의 발달이 인간의 도덕성을 타락시켜왔음을 주장하는 논지로 현상논문을 써서 응모"[223]하였으며, 이 논문은 최고상을 받았다. 루소의 주저 중의 하나인 이 논문은 흔히 『학문예술론』(*Discours sur les Sciences et les Arts*, 1750) 또는 『제1논문』으로 불리는데, 이로 인해 루소는 프랑스는 물론 전 유럽에서 촉망받는 지성인으로 떠오르게 되었다.

이 논문으로 유명해진 루소는 1753년에 다시 디종 아카데미의 현상논문("인간들 사이의 불평등의 기원은 무엇인가? 그리고 그것은 자연법에 의해 허용되는가?")에 응모하였다. 이는 당선을 목적으로 쓴 것은 아니고, 앞의 논문에서 개진한 자기의 주장을 사회적인 문제 전반으로 확대 적용하기 위해 집필한 것이었다. 이 논문은 1755년(43세)에 『인간불평등기원론』(*Discours sur l'Origine et le Fondaments de l'Inégalité parmi les Hommes*)이라는 제목으

**223** 김용민, 2007, p. 377.

로 출간되었는데, 『제2논문』이라고 불리기도 하는 이 논문도 그의 주저 중의 하나이다. 그는 이 논문에서 본래 자유롭고 평등하며 선량하게 태어난 인간이 생산관계의 진화에 의하여 소유와 부의 측면뿐만 아니라 정치적 측면에서도 불평등한 존재로 전락하고 말았다는 사실을 설파하고 있다.

루소는 1756년(44세)부터 1762년(50세)까지 이곳저곳에서 칩거하면서 왕성한 집필활동을 하여, 1761년(49세)에 서간체의 연애소설인 『신엘로이즈』(*Julie, ou la Novelle Héloïse*)를 출간하여 큰 성공을 거두었다. 이어서 1762년에는 정치이론서인 『사회계약론』(*Du Contrat social, ou Principes du droit politique*)과 교육이론서인 『에밀』(*Émile*)을 잇달아 출간하였다. 이 두 책도 그의 사상을 집대성한 그의 주저로 꼽히는데, 『에밀』의 이신론(理神論)적인 종교적 내용 때문에 파리 고등법원에서 유죄판결을 받아 1762년 여름부터 그는 여러 곳을 전전하면서 은둔생활을 하게 되었다.

1766년에는 흄(David Hume, 1711~1776)의 초청으로 영국에 건너가기도 하였으나, 소심함과 강박적인 편집증으로 인해 누구하고도 잘 사귀지 못하는 성품의 소유자였던 그는 1년 만에 흄과도 결별하고, 프랑스로 돌아와 몇 해를 전전하며 가명으로 지냈다. 그의 은둔생활은 파리로 돌아와 안착하는 1770년(58세)에야 종지부를 찍었다. 파리에 안착한 후 루소는 『고백록』(*Les Confessions*), 『장-자크의 심판자로서의 루소: 대화』(*Rousseau juge de Jean-Jacques, Dialogues*), 『고독한 산책자의 몽상』(*Réveries du promeneur solitaire*) 같은 자기고백적인 작품들을 집필하였다.

루소는 그의 나이 66세인 1778년에 사망하여 파리 근교에 안장되었는데, "급진에서 보수에 이르기까지 프랑스대혁명에 참가한 모든 사람의 정신적 지주로 추앙받던 그는, 혁명이 마무리되어가던 1794년에 그 유해가 위대한 국가적 영웅만이 영면을 취할 수 있는 파리의 팡테옹으로 이장되었다."[224] 이러한 사실에서 프랑스인들의 루소에 대한 존경심을 읽을 수 있는데, 그의 사람됨과 사상에 대한 많은 비판에도 불구하고 『사회계약론』을 비롯한 그의 저술이 근대의 정치 및 사회질서를 구축하는 중요한 축의 하나가 되어왔음을 부인하기는 어렵다.

### 1) 루소의 사상적 배경

루소는 어느 친구에게 쓴 편지에서 "『학문예술론』 · 『인간불평등기원론』 · 『에밀』 세 작품은 서로 분리될 수 없고 함께 모여 '하나의 전체'를 이룬다"[225]고 강조하고 있다. 그러나 『사회계약론』은 누구나가 인정하듯이 "루소가 자신의 이론적 논의의 역량을 최대한 발휘"[226]하여 집필한 그의 대표작이다. 그러므로 그의 정치 및 사회사상을 제대로 파악하기 위해서는 『학문예술론』 · 『인간불평등기원론』 · 『에밀』과 함께 『사회계약론』을 고찰하지 않을 수 없다. 이러한 맥락에서 이 책에서는 전자의 세 작품과 『신엘로이즈』 및 『고백록』 등을 중심으로 하여 루소의 사상적 배경을 살펴보고, 이를 바탕으로 다음 절에서 『사회계약론』에 나타난 그의 사회계약사상을 고찰해보기로 하겠다.

**낭만주의자로서의 루소: 인간 본성의 선함과 문명에 의한 타락** 『학문예술론』에서 루소는 "인간은 본성적으로 선하며, 단지 제도에 의해서 사악하게 된다"는, 계몽주의가 맹위를 떨치던 당시로서는 파격적인 주장을 펼치고 있다. 『학문예술론』은 2부로 구성되어 있는데, 제1부에서 루소는 인간생활의 타락이 항상 문명의 발전에 수반되었음을 입증하기 위해, 이

---

**224** 김용민, 2007, p. 378.
**225** 김용민, 2004, p. 266, 주 6; 2007, p. 377.
**226** Russell, B., 1959/2003, p. 346.

집트 · 그리스(특히 아테네) · 로마 · 동로마제국 · 중국 · 페르시아, 그리고 근대국가 등에서 그 예를 찾아 원시생활의 행복과 문명의 해독을 대비시키면서, 일련의 역사적 고찰을 펼쳐나간다. 이들 국가들에서 학문과 문예가 발달하기 전에는 미덕이 지배하고 있었으나, 문명의 발달과 더불어 인간의 타락이 시작되었다는 것이다.[227]

제2부에서 루소는 학문의 기원과 목적 및 그 영향에 관한 이론적인 설명을 시도함으로써, 자신의 주장에 대해 변호하고 있다. 우선 모든 학문은 지식 연마에 대한 본질적인 흥미보다는 세속적인 욕망이나 허구에 그 기원과 목적을 두고 있어서 신빙성이 없을 뿐만 아니라,[228] 그 방법과 결과에 있어서 불확실하고 오류 또한 많다는 것이 루소의 생각이다.[229] 이러한 학문은 인간에게 유익하지도 않은 일에 대한 시간 낭비, 사치의 조장과 순박한 풍속 및 덕행의 문란, 타인의 칭찬과 외관에의 집착 및 좋은 취향의 타락, 덕행교육보다는 재능교육에 우위를 두는 분별없는 교육의 유도와 같은 폐해를 유발함으로써 인간을 타락시킨다는 것이다.[230]

이렇게 학문과 예술은 인간이 본래 갖추고 있는 순박한 미덕과 자유의 감정을 말살함으로써, 인간을 타락과 예속의 나락으로 전락시킨다는 것이 『학문예술론』에서 루소가 제시하고 있는 요지이다. 여기서 학문은 인간 이성의 산물임을 돌이켜볼 필요가 있다. 이렇게 보면, 학문의 폐해를 다룬 『학문예술론』을 통해서 "루소는 이성의 불완전성을 지적하였으며,

---

**227** 『학문예술론』, 제1부, pp. 40~42: 이는 김중현(2007)이 루소의 *Discours sur les Sciences et les Arts*(역자는 어느 판을 원전으로 하였는지 밝히지 않고 있다)를 번역하여 『학문과 예술에 대하여 외』라는 제목으로 출간한 책(경기: 한길사)의 제1부 중 pp. 40~42를 가리킨다. 앞으로 『학문예술론』의 인용은 이 예를 따른다.

**228** 『학문예술론』, 제2부, p. 49.

**229** 『학문예술론』, 제2부, pp. 50~51.

**230** 『학문예술론』, 제2부, pp. 50~61.

이성에 못지않게 느낌과 감수성을 중시"[231]하였던 것이다. 이와 같이 루소는 이성(학문 연구의 기반)보다 감성(미덕과 자유의 기반)이 인간에게 있어 더욱 중요한 본성임을 강조하고 있다. 그는 크게 성공을 거둔 『신엘로이즈』에서 사랑의 정열을 찬양하고 있으며, 『고백록』은 그의 열정, 특히 성적 열망과 연애 감정을 숨김없이 적나라하고도 솔직하게 토로한 작품이라는 사실도 그가 이성보다 감성을 중시하였음을 단적으로 보여주고 있다. 이러한 맥락에서 루소는 계몽주의 시대에 때 이르게 나타난 '낭만주의(浪漫主義, romanticism)[232]의 원조'라고 볼 수 있다.

**자연주의자로서의 루소: 인류사회의 진화와 자연복귀론의 제창** 『학문예술론』에서 자연적으로 선한 감성과 자유를 가지고 태어난 인간이 사회의 산물인 학문과 예술에 의해 타락하고 예속된다는 주장을 폄으로써 사회문제에 대한 관심을 드러낸 루소는, 『인간불평등기원론』에서 "자연이 인간에게 베풀어준 평등과 인간이 스스로 만든 불평등"[233]의 문제를 고찰함으로써 사회문제에 대한 관심을 좀 더 심화시키고 있다. 이 두 책

**231** 이종훈, 1994, p. 470.

**232** 낭만주의는 감성과 직관을 강조하는 반이성주의, 자연 예찬과 자연적 신비관, 개성주의와 유기체적 사회관, 전통 숭상과 역사적 사고를 특징으로 하는 사상운동이다. 이는 루소가 살았던 18세기 프랑스를 중심으로 펼쳐진 이성과 합리성을 강조하는 계몽주의에 대립하여 대두된 사상체계였다(이종훈, 1994, pp. 468~504). 계몽주의는 이성을 통하여 세계를 과학적으로 인식하고, 이러한 인식을 기초로 세계에 합리적인 질서를 세워나가려는 사상운동이었지만, "루소는 이성만으로는 새로운 질서가 이루어지리라고 믿지 않았다. 이성은 올바른 감성의 토대에 기초를 두어야만 진정한 의미의 합리성을 획득할 수 있다고 생각했기 때문이다."(이용철, 2006, p. 7).

**233** 『인간불평등기원론』, 제네바 공화국에 바치는 글, p. 185: 이는 이태일 · 최현(2002)이 루소의 *Du Contrat social*과 *Discours sur l'Origine et le Fondaments de l'Inégalité parmi les Hommes*(역자들은 어느 판을 원전으로 하였는지 밝히지 않고 있다)를 번역하여 『사회계약론 외』라는 제목으로 출간한 책(서울: 범우사) 중 "인간불평등기원론" 부분의 "제네바 공화국에 바치는 글"(p. 185)을 가리킨다. 앞으로 『인간불평등기원론』의 인용은 이 예를 따른다.

뿐만 아니라 루소의 저술 전체의 기본적인 패러다임은 이렇게 자연과 인간사회를 대비시켜, 전자는 "선함과 자유 · 평등 그리고 행복의 상태"이지만 후자는 "타락과 예속 · 불평등 그리고 불행의 상태"로 그리고 있다는 것이다. 여기에서 "자연으로 돌아가자"[234]는 루소의 자연복귀론이 도출되며, 이런 점에서 루소는 '자연주의자'라고 볼 수 있다.

루소는 "인간은 본래 서로 평등하다"는 전제에서 출발한다. "그것은 마치 어떤 종류의 동물도 여러 가지 물리적 원인에 따라 오늘날 우리가 인정하는 것 같은 변종(變種)을 발생시키기 전에는 모두 평등했던 것과 마찬가지"[235]라는 것이다. 그러나 자연적인 물리적 요인에 의해 변종이 생기고 또 사회적인 요인이 이에 가세함에 따라, 사람들 사이에는 연령이나 체력 및 정신적 자질 등 '자연적 불평등'과 경제적 풍요와 존경 또는 권력 같은 '사회적 불평등'의 두 가지 불평등이 생기게 되었다고 루소는 본다.[236] 그러나 루소는 "인간과 인간의 차이가 자연상태에서는 사회상태에서보다 훨씬 적으며, 아울러 자연의 불평등이 인류에게 있어서는 제도의 불평등에 따라 한층 증대되어 있다는 사실을 이해할 수 있을 것"[237]이라고 주장한다. 즉 그는 "불평등은 자연상태에서는 거의 느낄 수 없으며 그

---

234 『인간불평등기원론』, 총론, pp. 211~212; 제1부, 원주 7, p. 314: '자연으로 돌아가자'는 루소의 주장은 현재의 현실 사회를 탈피하여 원시의 자연상태로 돌아가자는 의미가 아니다. "이 외침은 불평등이 제도화된 사회상태를 타파하고 원시시대로 돌아가거나 자연적인 환경으로 돌아가자는 말이 아니라, 자연인이 지녔던 자연적인 선함과 행복을 올바른 이성—그것은 결국 양심의 지배를 받는 이성인데—의 도움을 빌려 현 사회에서 복구하자는 말이다"(김용민, 2007, pp. 399~400). 루소는 『인간불평등기원론』에서 '인간의 자연'(Human Nature) 곧 '인간의 본성'이 무엇이며 이는 어떠한 과정을 통해 변화하고 진화해왔는지를 고찰한 후, '자연과 역사'가 결합된 바탕 위에서 사회에 살고 있는 사람들의 행복도 가능하다는 사실을 통찰해내고 있는 것이다.

235 『인간불평등기원론』, 머리말, p. 201.

236 『인간불평등기원론』, 총론, p. 208.

237 『인간불평등기원론』, 제1부, p. 249.

영향도 거의 무(無)에 가깝다"면서, "그 불평등의 기원과 발전은 인간정신의 연속적인 진보 속에서 찾아야 한다"[238]고 역설하는 것이다.

『인간불평등기원론』의 본론은 2부로 구성되어 있다. 제1부는 원시상태, 곧 인간정신의 진화가 이루어지기 전의 미개상태에서의 평등성에 대해 논의하고 있으며, 제2부에서는 인간정신의 진화에 따라 사회가 형성되면서부터 불평등이 야기되고 심화되어왔음을 밝히고 있다. 루소는 이 책에서 우선 철학적 추론을 통해 '자연상태'를 가설적으로 구성하고, "가설적(假說的)이고 조건적인 추리(推理)"에 따라 자연인의 본성과 자연상태의 특징을 고찰함으로써 인간 진화의 역사를 탐색하고,[239] 이로부터 인간 불평등의 기원을 검토하고 있다.

『인간불평등기원론』의 제1부에서 루소는 인간의 자연적 본성과 자연과의 동화에 대해 고찰함으로써 원시상태에서의 인간 삶의 행복과 평등성에 관해 논의하고 있다. 그에 따르면 원시의 자연상태에서 인간은 "자신의 안녕과 보존에 대한 욕구"와 "다른 개체에 대한 연민과 동정심"이라는 두 가지의 '정념'을 갖추고 있는데, 이는 다른 동물도 마찬가지이다.[240] 이러한 정념 이외에 다른 동물과는 달리 인간에게만 갖추어져 있는 정신적인 특성이 두 가지가 있는데, 이는 스스로가 자유의지를 갖추고 있다는 '자유에 대한 인식'과[241] 이성 능력에 기초를 둔 인간의 '완성가능성'(perfectibility)이다.[242] 원시상태에서 인간은 아직 이성 능력이 발달하지 않아, 무한한 자유를 느끼면서 동물적인 욕구를 추구하는 고립생활을 하

238 『인간불평등기원론』, 제1부, p. 250.
239 『인간불평등기원론』, 머리말, p. 207; 총론, pp. 210~211; 제1부, p. 251.
240 『인간불평등기원론』, 머리말, pp. 205~206; 제1부, pp. 226, 230, 240~244.
241 『인간불평등기원론』, 제1부, pp. 223~224.
242 『인간불평등기원론』, 제1부, pp. 224~225.

고 있었는데, 이때의 생활은 전적인 자유와 평등이 보장된 평화 그 자체이었다는 것이 루소의 추론이다.

『인간불평등기원론』의 제2부에서 루소는 이러한 원시상태의 평등과 평화는 "여러 가지 우연의 작용"에 따라 인간 정신이 진화함으로써[243] 불평등과 불화의 시대로 옮겨졌다고 주장한다. 그는 자연상태에서의 인간 정신의 진화 과정을 다섯 단계로 구분하는데, 이러한 진화에 따라 인간은 점차 자연과 괴리된 생활을 하게 되고, 사람들 사이에는 불평등이 야기되었다는 것이다. 제일 첫 단계는 위에 제시된 바와 같은 "동물적인 생존 감정"과 "자기보존의 배려"에 따라 고립생활을 하던 원시상태로서, 자연과 완전히 동화되어 생활함으로써 자신을 자연과 분리된 대상으로 인식하지 못하고 원시적인 자유와 평등을 누리던 '유사인간'[244]의 단계이다.

이런 원시상태가 오래 지속된 후 "인구의 증가"에 따라 자연이 본래의 풍요를 잃게 되어 다른 동물들과 경쟁을 하지 않을 수 없게 되고, 따라서 스스로의 노력으로 먹을거리를 구하게 되면서,[245] 동료 인간과 다른 동물들을 비교하여 구별하게 되고,[246] 그 결과 자연과의 완전한 동화에서 탈피하여 자연을 대상으로 파악하게 되었다. 그러나 이 단계의 자연인들이 공동생활을 한 것은 아니고, 아직 자유롭고 평등한 고립생활을 즐기고 있었다.

다음으로 인간은 집을 발명하여 거주생활을 하는 단계로 진화하였다.

243 『인간불평등기원론』, 제1부, pp. 250~251.

244 "(이러한) 원시의 인간 상태에서 (인간의 삶은) 순수한 감각에 국한되며, 자연이 준 선물을 거의 이용하지 않고 자연에서 아무것도 빼앗으려고 하지 않는 동물의 생활"(『인간불평등기원론』, 제2부, p. 254) 바로 그것이었다. 이러한 관점에서 김용민(2004, pp. 63~65)은 이 원시상태의 인간을 '유사인간'(proto-human being)이라고 부르고 있다.

245 『인간불평등기원론』, 제2부, pp. 254~255.

246 『인간불평등기원론』, 제2부, p. 255.

집이 발명되어 거주생활을 하게 되자 그때까지 우연적으로 결합하던 이성(異性)들 사이에 한 사람과의 결합을 선호하는 연애감정이 생겨났으며, 가족생활을 하게 됨으로써 부부애(夫婦愛)와 부성애(父性愛) 같은 가족 간의 애착이 생겨났을 뿐만 아니라, 지금까지 동일했던 남녀의 생활양식 속에 처음으로 차이가 생겨나 성역할의 분화가 시작되었다.[247] 이러한 가족생활의 결과, 이 단계의 사람들은 여러 가지 도구의 발명 등으로 생활이 풍족하게 되면서 여가를 활용하고 즐길 수 있게 되었다.[248] 그러나 이 상태에서 인간은 "그 본성에 따라 자유롭고 건장하고 선량하고 행복하게 살면서 서로 독립된 상태에서 교제를 나누는 즐거움을 계속해서 누릴 수 있었으며,"[249] 그런 의미에서 이 시기는 인류 역사에서 "가장 행복하고 건실"하며 "인간에게 최고로 바람직한 상태"로 "세계의 청년기"라고 부를 만한 시기였다.[250]

인간 진화의 네 번째 단계는 우연히 발견된 "농업기술과 야금술(冶金術)"이라는 기술의 발달로 야기된 "거대한 혁명"이었다.[251] 이러한 기술의 발달로 말미암아 공동생활을 하게 되고 노동이 분화되었으며, 더욱이 여분의 물자에 대한 비축의 필요성이 생겨남으로써 사유(私有)가 본격화되어, 평등이 소멸되고 빈부의 격차가 생기게 되었다.[252] 이러한 변화는 토지의 사유화와 더불어 촉진되었는데,[253] 이렇게 농업기술과 야금술의 발달에 따른 거대한 혁명으로 인해 인간의 평등성은 자취도 없이 사라지고,

---

247 『인간불평등기원론』, 제2부, p. 258.
248 『인간불평등기원론』, 제2부, pp. 258~260.
249 『인간불평등기원론』, 제2부, p. 262.
250 『인간불평등기원론』, 제2부, pp. 261~262.
251 『인간불평등기원론』, 제2부, pp. 262~264.
252 『인간불평등기원론』, 제2부, p. 262.
253 『인간불평등기원론』, 제2부, pp. 264~265.

불평등과 그로 인한 제반 폐단이 지배하는 상황이 연출되었다.

자연상태의 마지막 단계에서는 인간의 능력이 최고도로 발전되면서, 인간성이 타락되고 불평등이 만연하여 사람들 사이에 투쟁과 살육이 자행되는 무서운 "전쟁상태"에 이르게 된다. 이 단계에서 "우리 인간의 모든 능력은 발전하였고 기억력과 상상력은 마음껏 나래를 폈으며, 이기심은 이해(利害)에 눈뜨고 이성(理性)은 활발하게 되었으며, 정신은 도달할 수 있는 한 거의 완성의 정점에 도달해 있다."[254] 이 상태에서 각자의 지위와 운명은 재산의 다과(多寡)와 이를 지킬 수 있는 권력뿐만 아니라, 아름다움 · 체력 · 능력 · 장점 · 재능 등 개인적인 특성에 따라 달라진다. 그러므로 사람들은 이러한 것들을 추구하여, 비록 이들을 갖고 있지 않을지라도 갖고 있는 척 위장하거나 기만적인 책략으로 서로 속이는 악덕이 판을 치게 되었다.[255] 상황을 더욱 악화시킨 것은 "화폐의 발명"으로 인해 부의 축적과 상속에 한계가 사라짐으로써 빈부의 격차가 더욱 심화되어, 분쟁과 살육이 끊임없이 벌어지게 되었다는 사실이다.[256] 이렇게 자연상태의 마지막 단계에서 인간사회는 더할 나위 없이 "무서운 전쟁상태"로 변해버렸으며, 드디어는 스스로 멸망 직전에 이르렀다.[257]

이와 같이 루소는 인간정신의 진화를 통해 변화하는 자연상태의 다섯 단계 중 앞의 세 단계는 사람들 사이에 완전한 평등 또는 그런대로 평등이 보장되고 있는 평화의 시대이지만, 뒤의 두 단계는 불평등이 점차 심화되고 폭발 직전에 있는 불화의 시대라고 본다. 이처럼 루소는 자연상태를 온통 평등성이 지배하고 있는 상태로 규정하고 있는 것은 아니다. 즉

254 『인간불평등기원론』, 제2부, p. 266.
255 『인간불평등기원론』, 제2부, pp. 266~267.
256 『인간불평등기원론』, 제2부, pp. 267~268.
257 『인간불평등기원론』, 제2부, p. 268.

인간정신의 진화에 따라 사회화가 진행되면서 점차로 불평등이 심화된 과정이 인류의 역사라는 것이 『인간불평등기원론』에서 전개하고 있는 루소의 생각이다.

**자유주의자로서의 루소: 교육을 통한 자유의 체득 및 증진** 루소의 사상 전체를 꿰뚫고 있는 핵심 화두는 '자연'과 '자유'인데, 이 두 가지는 스스로가 자기의 가장 위대한 작품이라고 평가하는 교육이론서 『에밀』에서 결합되고 있다. 『에밀』은 루소가 가상의 제자인 '에밀'에게 태어나면서부터 다섯 살까지의 유년기, 다섯 살부터 열두 살까지의 아동기, 열두 살부터 열다섯 살까지의 소년기, 열다섯 살에서 스무 살까지의 청년기, 스무 살에서 결혼하는 스물다섯 살까지의 성인기에 베푸는 가정교육의 내용을 한 부씩으로 하여, 모두 5부로 구성되어 있는 교육소설이다. 이러한 과정을 통하여 '에밀'은 자연으로부터 갖추고 태어난 자유를 최대한으로 만끽하는 하나의 인간이자 정치적으로도 자유로운 민주 시민으로 성장하는 것으로 그려진다. 이러한 점에서 자유의 개념을 절대화한 '자유주의자'로서의 루소의 모습을 볼 수 있다.

『에밀』에서 루소는 교육의 목표를 인간이 본연적으로 갖추고 있는 자유를 보존하고 신장시키는 데 두고 있다. 사회생활을 하지 않을 수 없는 인간은 자연인이자 시민의 신분으로 살아가야 한다. 자연인으로서의 개인은 교육을 통해 자연이 부여해준 자유의지를 손상당하지 않고 펼침으로써, "자기가 자신의 주인"이라는 인식에 도달해야 한다.[258] 그러나 시민으로서의 인간은 남의 자유를 침해하지 않으면서 "일반의지"의 지도를

258 『에밀』, 제2부, p. 288: 이는 김중현(2008)이 루소의 *Émile, ou de l'Éducation*(역자는 어느 판을 원전으로 하였는지 밝히지 않고 있다)을 번역하여 출간한 『에밀』(경기: 한길사)의 제2부 중 p. 288을 가리킨다. 앞으로 『에밀』의 인용은 이 예를 따른다.

받는 시민법의 테두리 속에서 양심과 이성에 따라 공익을 추구하고, 그것을 자신의 이익으로 받아들여, 시민적 질서 속에서 자유를 찾도록 해야 하는데, 이는 정치교육을 통해 이루어져야 한다는 것이 루소의 견해이다.[259]

자유의 보존과 신장이라는 이러한 교육의 목표는 자연이 부여해준 대로의 발달과정에 따를 뿐 발달과정을 뛰어넘으려고 하거나 각 단계에서 무리한 일을 억지로 요구하지 않는 '자연적 교육',[260] 교육의 장면에서 그 어떤 인위적 개입도 하지 않는 '소극적 교육',[261] 그리고 사물을 직접 감각하고 경험하게 하는 '체험적 교육'[262]을 통해서만 달성될 수 있다는 것이 『에밀』에서 제기하는 루소의 주장이다.

### 2) 루소의 사회계약론

『인간불평등기원론』에서 루소는 인간의 가설적 역사에 대한 철학적 추론을 통해 자연인의 본성과 자연상태의 특징에 관한 추론으로부터 논의를 시작하여, 인간의 자연상태는 다섯 단계를 거쳐 평등한 상태에서 불평등한 상태로 변화하게 되었다고 본다. 이어서 『사회계약론』에서는 자연상태의 최후 단계에서 심화되어 구조화된 불평등을 해소하고 인간의 본래 모습인 평등성을 사회상태에서 다시 실현시킬 수 있는 방안을 모색하고 있다. 루소의 『사회계약론』은 모두 4부로 구성되어 있는데,[263] 그는 제

---

**259** 『에밀』, 제5부, pp. 856~857.

**260** 『에밀』, 서문, p. 55; 제1부, p. 69; 제2부, pp. 154~155, 158.

**261** 『에밀』, 제2부, pp. 163~164, 288.

**262** 『에밀』, 제1부, p. 107; 제2부, pp. 206, 213, 265, 286; 제3부, pp. 316, 319; 제4부, p. 386.

**263** 루소는 제1부(Book 1)에서 구성원 각자가 '일반의지'에 따르기로 하는 '사회계약'만이 사회와 국가 형성의 유일하고도 정당한 근거라는 사실을 설파하고 있고, 제2부(Book 2)에서 '일반의지'에 따라 성립되는 주권의 기본 특징들 및 입법의 원리에 대해 다루고 있으며, 제3부

1부의 「서문」을 다음과 같은 진술로 시작하고 있다.

> 나는 인간을 '있는 그대로의 모습'으로 보고 또 법은 '달라질 수 있는 가능성을 지니고 있는 것'으로 파악하면서, 시민적 질서 속에서 정당하고도 확고한 통치의 법칙이 있을 수 있는지 탐구해보고자 한다. 이 연구에서 나는 정의(justice)와 유용성(utility)이 결코 분리되지 않도록 하기 위하여, 항상 권리(right)가 허용하는 바와 이익(interest)이 요구하는 바를 결합시키고자 노력할 것이다.[264]

『사회계약론』 전체의 서두를 장식하는 이 인용문에서 루소는 이 책에서 탐구할 내용과 그 전제에 대해 진술하고 있다. 우선 그는 '시민적 질서의 정당성'을 탐구하려는 것이 이 책의 목적임을 분명히 하고 있다. 앞으로 보게 되겠지만, 시민적 질서란 '일반의지'에 근거한 법의 규정을 준수하는 데서 이루어진다는 것이 루소의 생각이다. 그러므로 법의 정당성 또

---

(Book 3)에서는 주권의 집행자로서의 정부의 설립과 정부의 형태에 대하여, 그리고 제4부(Book 4)에서는 투표와 선거 등 정치의 실제 문제를 로마 정치사에 초점을 맞추어 다루고 있다. 즉 제1부와 제2부에서는 국가권력의 형성과 그 정당성에 관한 문제가 다루어지고 있으며, 제3부와 제4부에서는 계약에 의해 국가가 형성된 이후 이의 운영을 위한 입법과 정부의 문제가 다루어지고 있다.

**264** 『사회계약론』, 제1부, 서문, p. 41: 이는 루소(1762)의 *Du Contrat social*을 Gourevitch, V.(1997)가 영어로 번역한 *The Social Contract and Other Later Political Writings*(Cambridge: Cambridge University Press.)의 p. 41에 나오는 제1부의 「서문」을 가리킨다. 루소 『사회계약론』의 우리말 번역본은 이환(1999), 이태일 · 최현(2002)의 것 등 여러 권이 있으나, 어느 것도 만족할 만한 수준의 번역이 아니었다. 특히 이환(1999)의 번역본에서는 루소 사회계약설의 가장 핵심적인 개념인 '일반의지'(volonté générale, general will)를 "전체의사", '전체의지'(volonté de tous, will of all)를 "모든 사람의 의사", '특수의지'(volonté particulère, particular will)를 "한 개별적 의사"라고 번역하여 정치철학 분야의 일반적인 용법과는 동떨어진 번역을 하고 있다. 이에 이 책에서는 기존의 여러 번역본을 참고로 하되, Gourevitch(1997)의 영역본을 원전으로 필자가 필요한 부분을 번역하여, 루소의 『사회계약론』을 정리하였다.

는 법에 대한 시민적 복종의 정당성의 근거를 밝히려는 것이 『사회계약론』 집필의 목적임을 루소는 이 인용문에서 진술하고 있는 것이다. 이어서 그는 "사회질서는 다른 모든 권리의 근거가 되는 신성한 권리"로서, 폭력에 의한 복종을 통해서는 그 정당성을 얻을 수 없고, 오로지 사람들 사이의 인위적인 '협약'(convention)을 통해서만 얻어질 수 있는 것으로, 자기가 탐구해야 할 것은 "이러한 협약이 어떠한 것인가를 알아내는 문제"라고 진술한다.[265]

루소는 이러한 사회질서의 정당성은 개인의 권리와 이익의 조화, 그리고 법이 추구하는 정의와 사회적 유용성의 결합 속에서 찾아야 한다고 본다. 즉 폭력에 의한 완전한 예속과 억압 속에서는 개인의 권리와 이익, 그리고 사회가 추구하는 정의와 유용성이 조화될 수 없고, 따라서 사회계약에 의해서만 국가권력과 법의 정당성이 담보될 수 있다는 것이 루소의 주장인 것이다. 이러한 『사회계약론』의 저술 목적은 "인간을 있는 그대로의 모습"으로 보고, "법은 달라질 수 있는 가능성을 지니고 있는 것"으로 간주하는 두 가지 전제 위에서 진행되어야 한다는 것이 루소의 의견이다.

루소가 여기서 제기하는 "있는 그대로의 인간"이란 어떤 모습일까? 이 구절을 두고 두 가지 해석이 있을 수 있다. "있는 그대로의 인간이란 자연적 선함을 지니고 있는 자유롭고 평등한 자연인이라는 해석과 우리가 현실에서 볼 수 있는 인간, 다시 말해 사회상태 속에서 이미 타락하여 사악하고 자기이익만을 탐하는 사회인이라는 해석이 그것이다."[266] 여기서 루소가 언급하는 "있는 그대로의 인간"은 자연상태 초기의 자유롭고 평등한 인간이 아니라 적어도 불평등과 예속이 심화되어 전쟁상태에 이른 자

**265** 『사회계약론』, 제1부, 1장, p. 41.
**266** 김용민, 2004, p. 142; 2007, p. 387.

연상태 말기 또는 사회상태 초기의 인간으로 보아야 한다는 것이 일반적인 견해이다. 자유롭고 평등한 초기 자연상태는 법이 필요하지 않은 상태이며, 따라서 사회계약의 필요성은 이미 예속과 불평등이 심화된 자연상태 말기 또는 사회상태 초기에 가서야 도출되기 때문이다. 루소가 초기의 평화로운 자연상태를 그리고 있는 것은 『인간불평등기원론』에서뿐이고, 『사회계약론』에서 그러한 초기 자연상태의 모습은 전혀 제시되고 있지 않다는 사실이 이러한 해석을 지지해준다. 이렇게 『사회계약론』의 출발점은 자연상태 초기의 자연인이 아니라, "본래 자유롭게 태어났지만, 이미 도처에서 사슬에 매여 있는"[267] 사악하며 이기적인 인간이다. "이와 같이 루소는 대단히 현실적인 인간관에서부터 출발하여 정치사상을 구성하고 있는데, 우리는 여기서 그의 정치사상을 구축하는 중요한 축의 하나가 '현실주의'(realism)임을 간파할 수 있다."[268]

루소가 『사회계약론』을 전개하는 또 하나의 전제는 "법은 달라질 수 있는 가능성을 지니고 있는 것"으로 간주한다는 것이다. "루소는 법을 시민들의 동의의 산물, 다시 말해 자기입법의 결과물이라고 생각한다. 이렇게 만들어지는 법은 시민들의 동의 외에는 어떤 초월적인 권위에 의해서도 제한받지 않는다. 시민들의 자유로운 동의에 입각한 법은 그 동의의 내용에 따라 변하게 되며, 기독교의 신적 권위 [……] 등에 의해 고정되거나 제한받지 않는다. 이처럼 법의 변화가능성을 인정해야만 인간은 보다 자유롭게 자신의 이익을 보장해줄 수 있는 법을 만들 수 있다."[269] 이러한 근거에서 루소는 법이란 인민의 수준과 기질,[270] "영토의 넓이"와 "주민의

**267** 『사회계약론』, 제1부, 1장, p. 41.
**268** 김용민, 2004, p. 143; 2007, p. 388.
**269** 김용민, 2004, p. 144; 2007, p. 388.
**270** 『사회계약론』, 제2부, 8장(pp. 72~73), 9장(pp. 73~75), 10장(pp. 75~78).

수"[271] 그리고 토지의 비옥도와 위치(평야지대인지 해안지대인지 등)[272] 같은 삶의 제반 조건에 따라 달라져야 함을 장황하게 논술하고 있다.

이상에서 보듯이 루소는 자연상태를 벗어난 인간의 이기심과 예속성, 그리고 인간조건이나 자연조건에 따른 법의 변화가능성을 전제한 다음, 개인적인 권리와 이익의 조화, 그리고 사회적인 정의와 유용성의 결합을 통해 시민적 질서가 정당성을 얻는 근거를 『사회계약론』에서 탐색하고자 한다. 이러한 루소의 작업은 결국 '일반의지'라는 혁신적인 개념에 기대는 것으로 귀결된다.[273] 일반의지는 루소의 정치철학의 핵심개념인데, "그는 일반의지가 한편으로는 정의와 권리에 근거한 도덕적 요구와 다른 한편으로는 이익과 유용성에 근거한 타산적이고 현실적인 요구, 다시 말해 공리주의적 요구를 동시에 만족시키게 된다고 주장한다."[274] 루소에게 있어서 일반의지는 정치의 도덕성과 현실성을 보장해줌으로써 '정당하고도 확고한 통치의 법칙'이 도출되는 근거가 된다. 이러한 점에서 루소의

---

**271** 『사회계약론』, 제2부, 10장, pp. 75~78.

**272** 『사회계약론』, 제2부, 11장, pp. 78~80.

**273** '일반의지'는 루소의 정치사상을 대변하는 가장 핵심적인 용어이다. 흔히 일반의지는 루소의 철학적 전유물로 알려져 있어서, 루소 이전에는 일반의지라는 개념도 없었다는 오해가 있다. 그러나 "루소 이전에도 일반의지란 용어가 있었으며, 루소보다 앞선 시대에 살았던 몽테스키외나 루소와 같은 시대에 살았던 디드로가 이미 이 용어를 사용하고 있다"(김용민, 2004, p. 129; 2007, p. 392). 이처럼 루소가 일반의지라는 용어를 새롭게 만들어낸 것은 아니다. 쉬클라(J. N. Shklar)에 따르면, 루소가 이룬 업적은 "일반의지의 역사"를 만든 것이다[Shklar, J. N.(1973), General will. In P. P. Wiener(Ed.), *Dictionary of the History of Ideas*, Vol. 2. New York: Charles Scriber's Son. p. 275](김용민, 2007, p. 393에서 재인용). 즉, 루소는 일반의지의 개념을 자신의 정치 · 도덕철학의 중심에 놓음으로써 일반의지의 새로운 역사를 만들었다는 것이다. 그러나 루소의 일반의지는 모든 인류에게 보편적으로 적용되는 것은 아니라는 한계를 갖는다. 이는 공동체를 지도하는 최고 원리이기는 하지만, "다른 정치 공동체와 구별되는 경계가 있는 하나의 정치 공동체의 시민에게 일반적으로 적용"될 뿐, 국가 사이의 질서를 규율하는 것을 목적으로 하는 개념은 아니다(김용민, 2007, p. 393).

**274** 김용민, 2004, p. 144; 2007, pp. 388~389.

『사회계약론』은 '일반의지'에 관한 이론체계라고 볼 수 있다.

### (1) 자연인의 본성: 자기보존욕구, 사회적 본성, 자유의지 및 이성의 주체

전술한 바와 같이 루소가 사회계약의 필요성이 도출되는 시기를 자연상태 말기의 전쟁상태로 잡고 있는 것은 사실이지만, 그의 『사회계약론』을 이해하기 위해서는 그가 자연인의 본성, 곧 인간의 본성을 어떻게 개념화하고 있는지에 관한 논의로부터 시작하지 않을 수 없다. 루소는 이 문제를 『인간불평등기원론』에서 자세히 논의하고 있는데, 여기에서 그는 인간의 본성을 자기보존의 '이기적 욕구', 타인에 대한 '연민과 동정', 자유의 주체로서의 '자유의지', 그리고 인간의 '완성가능성'의 네 측면으로 나누어 고찰하고 있다.

**자기보존의 이기적 욕구: 사적인 특수의지의 근원** 자기보존을 위한 동물적인 이기적 욕구가 인간행동의 제1동인이라는 사실은 『인간불평등기원론』에서뿐만 아니라[275] 『사회계약론』에서도 자주 언급되고 있다. 특히 『사회계약론』은 사회계약 직전인 자연상태 말기 또는 부자와 강자에 의한 빈자와 약자의 예속이 구조화한 사회상태로부터 논의를 출발함으로써, '자기보존을 위한 이기적 욕구'를 인간행동의 기본 동인으로 보는 경향은 『인간불평등기원론』에서보다 심하다고 볼 수 있다. 그는 『사회계약론』의 여러 곳에서 자기보존을 위해 자기이익을 추구하는 이기적 욕구가 인간행동의 제1동인이라는 사실을 언급하고 있다.[276] 이러한 개인의 자기

**275** 『인간불평등기원론』, 머리말, pp. 205~206; 제1부, pp. 213~222, 226.

**276** 『사회계약론』, 제1부, 2장, p. 42; 4장, p. 47; 6장, p. 49; 7장, pp. 52~53; 9장, pp. 54~55; 제2부, 1장, p. 57; 3장, pp. 59~60; 4장, p. 61; 5장, p. 64; 11장, p. 78; 제3부, 2장, p. 87; 9장, p. 105; 제4부, 1장, p. 122.

보존을 위한 이기적 욕구는 사적인 '특수의지'(特殊意志, une volonté particulière, a particular will)의 근원이다. 즉 "사적인 이익(private interest)을 염두에 두고 이를 추구하는 것이 바로 특수의지"[277] 인 것이다.

> 각 개인은 하나의 인간으로서 '특수의지'를 가지는데, 이는 시민으로서 가지는 '일반의지'와 상반되거나 그것과는 다를 수도 있다. 그리하여 한 개인의 특수한 이익은 그로 하여금 공동의 이익이 지시하는 행동과는 전혀 다른 행동을 하도록 유도할 수도 있다. 본래 절대적이고 독립적인 그의 존재는 그에게 공동 의무에 대한 기여는 무상의 기여행위라고 간주하게 하여, 자기가 공공의 이익을 포기함으로써 타인이 받게 되는 손해는 공동 의무의 이행을 위해 자신이 치르는 부담보다 가볍다고 생각하게 만들기도 한다.[278]

이렇게 자기의 개인적인 이익만을 추구하는 특수의지는 그 어떤 다른 의지보다 강하다는 것이 루소의 생각이다. 개인의 특수한 이익만을 고려하는 이러한 사적인 특수의지는 한 단체의 이익을 고려하는 의지나 공동체 전체의 이익을 고려하는 의지보다 항상 가장 강하게 작용한다는 것이다.[279] 바로 여기에 사회적인 혼란의 근원이 놓여 있으며, 사회계약의 목적은 각 개인의 특수의지를 다른 더 큰 의지의 작용력에 합법적으로 복종하게 하는 데서 찾아야 한다는 것이 루소의 『사회계약론』의 요지이다.

**타인에 대한 연민과 동정: 일반의지의 근원으로서의 사회적 본성** 『인간불평등기원론』에서 루소는 자기이익에 대한 추구 이외에 인간에게 본

277 『사회계약론』, 제2부, 3장, p. 60.
278 『사회계약론』, 제1부, 7장, p. 52~53.
279 『사회계약론』, 제3부, 2장, p. 87.

유적으로 갖추어져 있는 정념으로 '타인에 대한 연민과 동정'을 들고 있다.[280] 루소에 따르면, 이러한 타인에 대한 연민과 동정심은 "괴로워하는 사람의 처지에서 느끼는 감정이다. [……] 이는 괴로움을 느끼고 있는 타인과 내면적으로 깊이 동화될수록 점점 강해지는 [……] 자연스러운 감정으로 [……] 각 개인이 (자기이익을 추구하는) 자기애의 활동을 조절하고 종 전체의 상호 보호에 협력"하게 함으로써, "인간의 모든 미덕의 근원"으로 작용하는 것이다.[281] 이렇게 타인에 대한 연민과 동정심은 자기이익의 추구라는 정념만을 가지고 있었다면 '고립적인 존재'로 머물고 말았을 인간을 '사회적인 존재'로 만드는 원동력이다. 이러한 타인에 대한 연민과 동정심이라는 정념을 인간본성에 부여함으로써 루소는 "인간은 천성적으로 '사회적 존재'라고 단언"[282]하고 있다.

이와 같은 관점에서 고찰해보면, 인간의 사회성의 근원인 타인에 대한 연민과 동정심으로부터 자기이익을 넘어서는 공동의 이익에 대한 관심, 곧 '일반의지'(一般意志, la volonté générale, the general will)가 태동된다고 생각할 수 있다. 일반의지는 개인의 사적이익을 추구하는 것이 아니라 타인들에 대한 관심에 바탕을 두고 모든 사람의 이익에 관심을 쏟는 것이기 때문에, "언제나 공명정대하고 항상 공공의 유용성(public utility)을 도모한다."[283] 실제로 "어떤 문제에 대해 (한 개인의 이익을 추구하는) 특수의지가 (공동의 이익을 추구하는) 일반의지와 항상 일치하지 않는 것은 아니지만, 일치가 이루어진다고 해도 이러한 일치가 지속적이거나 항구적일 수는 없다. 왜냐하면 일반의지는 모든 사람의 평등성을 지향하는 반면에, 특수의

**280** 『인간불평등기원론』, 머리말, pp. 205~206; 제1부, pp. 240~244.
**281** 『인간불평등기원론』, 제1부, pp. 242~243.
**282** 이환, 1999, p. 200.
**283** 『사회계약론』, 제2부, 3장, p. 59.

지는 본질적으로 한 개인의 편파성을 지향하기 때문이다."[284] 그러므로 특수의지들을 모두 모아놓는다고 해서 그대로 일반의지가 되는 것은 아닙니다.

> '전체의지'(全體意志, la volonté de tous, the will of all)와 '일반의지' 사이에는 흔히 많은 차이가 있다. 후자는 오로지 '공동의 이익'(common interest)에만 유의하는 반면, 전자는 '사적인 이익'(private interest)을 염두에 두는 '특수의지'들의 총화(總和)에 불과할 뿐이다. 그러나 이러한 개개의 특수의지들 중에서 서로 상쇄되는 지나친 것과 모자라는 것을 제거하였을 때 남게 되는 차이들의 총화, 이것이 바로 일반의지이다.[285]

이 인용문에서 보듯이, 각 개인이 가지고 있는 특수의지에는 각자의 사적 이익을 도모하는 의지도 있지만 공동의 이익에 대한 관심도 있는데, 순전히 사적 이익에만 관계되는 넘치고 모자라는 부분들을 가감상쇄하고 남는 것이 바로 자기에게도 결과적으로 이익을 가져오고 사회 전체적으로도 이익을 가져오는 공동이익의 부분이고, 이것을 추구하는 것이 바로 일반의지라는 것이다. 이러한 "일반의지는 (개인 속에) 언제나 존재하고 변하지 않으며 순수한데, 다만 그것은 더 강력한 다른 의지들(특수의지들)에 압도되어 있을 뿐으로서, 사람들 각자는 공동이익으로부터 자기들 각자의 사적인 이익을 분리해내면서도, 이 양자를 완전히 분리할 수는 없다는 사실을 잘 알고 있어서, [……] 자기의 개인적인 이익을 제외하고 나면, 자기 자신을 위해서도 누구 못지않게 공동의 이익을 바라게 된다."[286]

**284** 『사회계약론』, 제2부, 1장, p. 57.
**285** 『사회계약론』, 제2부, 3장, p. 60.
**286** 『사회계약론』, 제4부, 1장, p. 122.

바로 이러한 일반의지가 사람들을 결합하여 정당한 사회를 설립하는 근거로 작용한다는 것이 루소의 생각이다. 즉 "인간의 의지를 일반적인 것으로 만드는 것은 [……] 그들을 결합시키는 공동의 이익"[287]으로서, 공동이익을 추구하는 일반의지를 결합함으로써 개인적인 이익을 추구하는 특수의지의 영향력을 압도하는 정당한 힘을 창출할 수 있고, 그렇게 하는 것이 바로 사회계약이라는 것이 루소가 『사회계약론』에서 주장하는 핵심 논지인 것이다.

**자유의지: 자유의 주체로서의 개인** 『인간불평등기원론』에서 루소가 동물과는 다른 인간의 본성으로 강조하는 것은 인간의 '자유의지에 대한 인식'이다.[288] 루소에게 있어 자유의 문제는 『인간불평등기원론』보다는 『사회계약론』에서 더욱 중요하게 다루어지고 있는데, 이는 후자의 출발점을 자연상태 말기 또는 사회상태 초기에 이미 부자와 강자에 대한 빈자와 약자의 예속이 심화 및 구조화되어 인간의 본성적인 자유가 상실된 상황으로 인식하고 있기 때문일 것이다. 그는 누구보다도 자유를 강조하여 '자유의 절대화'를 부르짖은 사람이었다.[289]

> 인간이 자유를 포기하는 것은 인간으로서의 자격을 포기하는 것이며, 인간의 권리, 나아가서는 그 의무마저도 포기하는 것이다. 이렇게 모든 것을 포기하는 자에게는 어떠한 보상도 있을 수 없다. 이러한 포기는 인간의 본성에 어긋나는 것이며, 인간의 의지로부터 자유를 완전히 빼앗는다는 것은 바로 인간의 행위로부

287 『사회계약론』, 제2부, 4장, p. 62.

288 『인간불평등기원론』, 제1부, pp. 223~224.

289 자유의 문제가 루소의 철학체계의 핵심개념이라는 사실에 대해서는 김용민(2004, 제4장 "루소의 자유개념", pp. 115~135) 참조.

터 도덕성을 완전히 빼앗는 것과 마찬가지이다.[290]

이렇게 루소는 자유란 인간의 자격 그 자체로서, 인간으로서의 권리와 의무 및 도덕성의 근원이라고 보아 자유를 절대화하고 있다. 그는 『사회계약론』의 거의 모든 장에서 인간이 본성적으로 자유롭게 태어났다는 사실을 강조하고 있으며,[291] 이렇게 타고난 자유를 합법적으로 보장해주는 것이 바로 사회계약의 목적임을 분명히 하고 있다.[292]

루소는 "사회계약에 의해 각 개인은 자유롭게 되도록 강요받는다"[293]고 진술하여, 사회계약이 자유보장의 체계임을 밝히고 있다.[294] 그는 인간의 자유를 자연상태에서 누리는 '자연적 자유'와 사회계약 이후 시민상태에서 누리는 '시민적 자유' 및 '정신적 자유'[295]로 구분하고, 사회계약은 개인

---

**290** 『사회계약론』, 제1부, 4장, p. 45.

**291** 『사회계약론』, 제1부, 1장, p. 41; 2장, p. 42; 3장, p. 44; 4장, p. 45; 5장, p. 48; 제2부, 1장, p. 57; 8장, p. 73; 제3부, 4장, p. 92; 제4부, 2장, p. 123.

**292** 『사회계약론』, 제1부, 6장, pp. 49~50.

**293** 『사회계약론』, 제1부, 7장, p. 53.

**294** 루소는 사회계약에 의해 사람들은 본래 가지고 있던 것을 포기하거나 양도하는 것이 아니라 "일종의 유리한 교환"을 하는 것으로, 이러한 유리한 교환 중에는 "자연적 독립 대신에 (시민적) 자유를 얻는 것"도 포함된다고 보고 있으며(『사회계약론』, 제2부, 4장, p. 63), 사회계약에 의해 설립되는 "사회체 속에서 오성과 자유의지가 결합"(제2부, 6장, p. 68)되므로, "모든 입법체계의 목적인 '만인의 최대 행복'은 '자유'와 '평등'이라는 두 원리에 의해 보장되는데, 모든 개인적 예속은 그만큼 국가라는 정치체의 힘을 약화시키기 때문에 자유가 필요하고, 평등이 없이는 자유가 존속할 수 없기 때문에 평등이 필요하다"(제2부, 11장, p. 78)고 진술하여, 사회계약이 그 본연의 목적을 달성하기 위해서는 자유가 전제조건으로 요구됨을 역설하고 있다.

**295** 여기서 '정신적 자유'는 'moral freedom'에 대한 번역이다. "프랑스인들은 인간의 정신적 · 내면적 삶을 'moral'이란 말로 불렀고, 그것의 내밀한 움직임과 법칙을 탐구하는 사람을 'moralist'라고 불렀다"(이환, 1999, p. 197). 이러한 맥락에서 이 책에서는 루소의 'moral'이라는 용어를 '정신적'이라고 옮겼는데, 인간의 정신적 · 내면적 삶의 핵심을 이루는 것이 '도덕성'이라고 본다면, 이는 '도덕적'이라고 옮겨도 좋을 것이다.

의 힘에만 의존하는 자연적 자유를 확고한 합법적 자유로 대치하는 장치라고 주장함으로써, 자유의 측면에서 사회계약에 적극적인 의미를 부여하고 있다.

> 인간이 사회계약으로 상실하는 것은 그의 '자연적 자유'(natural freedom)와 그가 마음이 끌리면 언제나 취할 수 있는 모든 것에 대한 '무제한적인 권리'인 반면, 획득하는 것은 '시민적 자유'(civil freedom)와 그가 소유하는 모든 것에 대한 '재산권'(property)이다. 이 득실의 대조에 있어 오류가 없으려면, '개인의 힘'의 한계 내에서만 작용하는 자연적 자유와 '일반의지'에 의한 힘의 총화를 기반으로 작용하는 시민적 자유를 구별해야 하고, 또한 개인적 힘이나 선점자(先占者)의 권리로 생긴 것일 뿐인 '소유'와 명확하고도 적극적인 자격에 근거를 두고 성립되는 '재산권'을 엄격히 구별해야 한다. 이외에도 시민상태에서 획득한 것으로 '정신적 자유'(moral freedom)를 들 수 있다. 이는 인간이 진실로 자신의 주인이 되게 하는 것인데, 단지 욕망의 충동만을 따르는 것은 노예적 굴종에 불과할 뿐이지만, 자기가 스스로 만든 법에 복종하는 것은 자유이기 때문이다.[296]

이 인용문에서 보듯이, 개체로서의 개인적 힘에 의지하여 사적인 이기적 욕망을 무제한적으로 추구하던 자연인의 '자연적 자유'는 사회계약을 통하여 일반의지의 지도 아래 놓임으로써 합법적으로 정당화된 권리를 추구하는 '시민적 자유'로 확장되고, 급기야는 스스로의 진정한 주인이 되는 '정신적 자유'의 경지로까지 승화된다는 것이 루소의 주장이다. 이와 같이 루소에게 있어 사회계약은, 사회적 존재인 인간의 모든 활동을 정당화하는 근거인 일반의지에의 복종을 통해, 역설적으로 인간이 본성

**296** 『사회계약론』, 제1부, 8장, pp. 53~54.

적으로 갖추고 있는 절대가치인 자유를 사회적으로 그리고 정신적으로 실현하는 해방자로서의 의미를 갖는 것이다.

**이성주체로서 갖는 인간의 완성가능성: 사회계약을 통한 인간의 고양**

『인간불평등기원론』에서 루소는 동물과는 다른 인간만의 본성으로 자유의지 이외에 인간의 완성가능성을 들고 있다. 이러한 '완성가능성'에 의해 인간은 불의 사용, 농경의 기술 발견, 언어의 필요성의 인식과 그 사용 등을 할 수 있게 되며, 결과적으로 고립생활을 하는 동물적 상태에서 탈피하여 사회생활을 할 수 있게 된다. 이러한 인간의 완성가능성은 그에게 본유적으로 갖추어져 있는 사물에 대한 이해력과 추리력 및 판단력, 곧 오성(悟性)과 이성(理性)의 능력을 통해서 이루어진다는 것이 루소의 생각이다.[297] 『인간불평등기원론』에서는 이러한 완성가능성이 인간 사회에 "악덕과 미덕을 부화시키고" 불평등을 만연하게 하여 "원시상태에서의 평온과 무사한 행복"으로부터 인간을 이끌어내는 "모든 불행의 원천"[298]이라고 인식되고 있다. 그러나 『사회계약론』에서 루소는 사회계약에 의해 인간은 이전의 예속과 불평등에서 벗어나 진정한 자유와 평등의 주체로 거듭나게 된다고 보므로, 인간의 완성가능성의 근거인 '이성'에도 긍정적인 의미를 부여하고 있다.

루소는 이성의 능력이 발달함에 따라 인간이 자유의 주체로 성장하게 된다고 본다.[299] 뿐만 아니라 이성은 정의(正義, justice)의 근원이기도 하다. 루소에 따르면 사회계약에 의해 생성되는 정의는 지고한 신(神)으로부터 나오는 것이 아니라 '이성으로부터 나오는 보편적인 것'이며, 그렇

**297** 『인간불평등기원론』, 제1부, pp. 224~240.

**298** 『인간불평등기원론』, 제1부, pp. 224~225.

**299** 『사회계약론』, 제1부, 2장, p. 42.

기 때문에 계약자들 사이의 상호적인 규범으로 작용한다는 것이다.[300] 루소는 "개인은 참된 이익을 보고도 그것을 배척하는 수가 있고, 공중(公衆, the public)은 이익을 바라지만 그것을 알지 못하는 수가 있으므로 [……] 전자에게는 그들의 의지를 이성에 일치시키도록 강제해야 하고, 후자에게는 그들이 원하는 바가 무엇인지를 가르쳐주어야 한다. 그렇게 되면 공중은 계몽되어 사회체(social body) 속에서 오성과 의지가 결합됨으로써, 이러한 결합을 통해 각 부분들 사이의 원활한 협력이 이루어지고, 결과적으로 전체는 자신의 역량을 최대한도로 발휘하게 될 것"[301]이라고 진술함으로써, 오성과 이성이 사회계약의 목적 달성에 핵심적인 기능을 하게 된다는 사실을 밝히고 있다.

그는 사회계약을 통해 자연상태에서 시민상태로 이행하게 되면, 이기적 욕구의 휘둘림에서 벗어나 이성의 지배를 받게 됨으로써, 인간이 "어리석고 유한한 일 개 동물"의 존재로부터 해방되어 "지성적인 존재"로 고양된다고 보아,[302] 이성의 가치를 높이 평가하고 있다.

#### (2) 자연상태: 평등의 평화상태에서 불평등의 전쟁상태로의 이행

앞에서 언급되었듯이, 루소는 『인간불평등기원론』에서 인간 정신의 진화가 이루어짐에 따라 자연상태는 '자연과 완전히 동화된 원시상태' → '자연을 대상화하여 파악하고 동물과 인간의 차이를 인식하는 단계' → '집이 발명되어 거주생활과 가족생활이 시작되는 단계' → '농업기술과 야금술의 발달로 인해 사유재산이 생기고 불평등이 야기되는 단계' → '화폐의 발명으로 인해 불평등이 심화됨으로써 사람들 사이에 투쟁이 벌어지

**300** 『사회계약론』, 제2부, 6장, p. 66.
**301** 『사회계약론』, 제2부, 6장, p. 68.
**302** 『사회계약론』, 제1부, 8장, p. 53.

는 전쟁상태'의 다섯 단계를 거쳐 사회상태로 이행되었다고 주장한다. 이와 같이 인간의 자연상태는 평등하고 평화로운 3단계까지의 초기 상태로부터 불평등과 불화가 만연하는 후기 상태로 변화하였다는 것이 루소의 생각이다.

이렇게 "인간과 세계를 까마득한 출발점으로부터 현재 우리가 보고 있는 지점으로 끌고 오는 데에는" 불의 사용법 및 농업기술과 야금술의 터득과 같은 "여러 가지 우연"[303]이나 인구의 증가와 같은 "여러 가지 어려움"[304] 또는 "인간의 생존에 해로운 장애물"[305]이 나타나 원시상태의 평화에 위협을 가했기 때문이었다. 루소가 『사회계약론』에서 사회계약이 이루어지기 직전에 인간이 처한 상태로 제시하고 있는 것은 이와 같은 자연상태 말기의 모습이다.

> 나는 자연상태에서 인간의 생존을 방해하는 많은 장애물의 저항력이 강해져서, 각 개인이 그 상태에서 자신을 유지하기 위해 사용할 수 있는 힘을 능가해버린 그런 시점에 이미 인간이 도달했다고 생각한다. 그렇게 되어 그러한 원시상태는 더 이상 존속할 수 없게 되었으며, 그래서 인류는 그 '존재양식'을 바꾸지 않으면 멸망해버릴 수밖에 없는 지경에 도달하고 말았다.[306]

이 인용문에서 루소가 말하는 '인류의 새로운 존재양식'은 전제군주 시대와 같이 '힘으로 힘을 굴복시키는 것'이 아니다. 그는 "인간은 새로운 힘을 만들어낼 수는 없고 단지 기존의 힘을 통합하여 방향을 새로 정할

---

**303** 『인간불평등기원론』, 제1부, p. 251.
**304** 『인간불평등기원론』, 제1부, p. 254.
**305** 『사회계약론』, 제1부, 6장, p. 49.
**306** 『사회계약론』, 제1부, 6장, p. 49.

수밖에 없으므로, 인간이 생존하기 위해서는 단결하여 그러한 저항을 이겨낼 힘의 총화를 이루며, 그것을 단 하나의 동기(impetus)로써 가동시키고, 합심해서 행동하게 하는 것 이외에는 다른 방법이 없다"[307]고 본다. 이러한 유일한 방법이 바로 모든 사람의 동의에 의한 사회계약이라는 것이 『사회계약론』의 핵심 논지이다.

(3) 사회계약: 일반의지에 따른 자기입법과 자유와 평등의 보장

이상에서 보듯이, 자연상태 말기의 전쟁상태 또는 혼란상태에 만연되고 구조화된 예속과 불평등으로부터 탈피하여 인간이 자연상태에서 갖추고 태어난 자유와 평등을 회복할 수 있는 방안으로 루소가 제시하는 것이 바로 사회계약이다. 이는 한마디로 구성원들의 힘과 의지를 하나로 모으는 일이다.

> 완전한 공공의 힘으로 각 구성원의 신체와 재산을 방어하고 보호해주는 한 연합의 형태, 그리고 이것에 의해 각 개인은 전체와 결합되지만 자기 자신에게만 복종하고, 이전과 마찬가지로 자유로울 수 있는 그런 연합의 형태를 발견할 것, 이것이 바로 '사회계약'(social contract)이 해답을 주어야 할 근본적인 문제이다.[308]

이러한 사회계약은 "모든 다른 권리의 기초가 되는 신성한 권리인 사회질서(social order)가 성립되는 근거"[309]이다. "개인이 가지고 있는 물리적 능력"인 "힘이 권리를 만드는 것이 아니므로, 사람은 오직 정당한 권력

307 『사회계약론』, 제1부, 6장, p. 49.
308 『사회계약론』, 제1부, 6장, pp. 49~50.
309 『사회계약론』, 제1부, 1장, p. 41.

(legitimate power)에만 복종할 의무가 있다"[310]는 관점에서 고찰해보면, "어떤 사람도 다른 사람에 대해 자연적 권위(natural authority)를 가지고 있지 않고, 또 힘은 어떤 권리도 만들어내지 못하므로, 사람들 사이에 맺는 협약만이 모든 정당한 권위(legitimate authority)의 기초로 남게 된다"[311]는 사실이 분명해진다. 이와 같이 사회계약은 구성원들의 힘을 하나로 결합하여 전체의 공통된 힘으로 만듦으로써, 이렇게 결합된 사회체에 정당한 권력과 권위를 부여하는 근거가 된다. 곧 정당하고 합법적인 국가권력의 생성 근거가 바로 사회계약이라는 사실이 루소가 주장하고자 하는 논지인 것이다.

**사회계약의 기반과 그 내용: 일반의지에의 복종과 자기 자신의 전적인 양도**

그렇다면, 이러한 사회계약은 무엇을 기반으로 하여 이루어지며, 그 기본적인 내용은 무엇인가? 루소에 따르면, 사회계약은 공동의 이익을 추구하고자 하는 '일반의지'를 기반으로 하여 이루어진다. "일반의지가 진정으로 일반의지가 되기 위해서는 그 본질에 있어서와 마찬가지로 그 대상에 있어서도 일반적이어야 하며, 따라서 일반의지는 전체에서 시작하여 전체에 적용되어야 하고, 그것이 어느 특수한 개인이나 특정한 대상에 편중되어 사용되면 그 본래의 정당성을 상실하고 말기" 때문에. "사람들을 전체로 결합시키는 것은 오직 공동이익에의 추구",[312] 곧 일반의지뿐인 것이다.

사회계약의 본질은 우리 각자가 자신의 인신(人身, person) 및 모든 능력과 힘을

310 『사회계약론』, 제1부, 3장, p. 44.
311 『사회계약론』, 제1부, 4장, p. 44.
312 『사회계약론』, 제2부, 4장, p. 62.

> 공동의 것으로 하여, '일반의지의 최고지도 하에' 둔다는 데 있다. 이때 그러한 하나의 결합체를 구성하는 성원들인 우리 모두는 각자를 전체에서 떼어낼 수 없는 한 부분으로 받아들인다. 이렇게 사회계약을 하는 순간 각 계약자의 '사적인 인격'(private person)은 사라지고, 그 대신 '하나의 정신적이고도 집합적인 단체'(a moral and collective body) [……] 곧 '공적 인격'(public person)이 형성된다.[313]

이 인용문에서 사회계약이 이루어지는 기반과 그 내용이 제시되고 있다. 즉 사회계약이 이루어지는 기반은 일반의지이고, 그 내용은 각자가 신체와 능력과 힘 등 자신의 모든 것을 정신적·집합적 단체에 공동의 것으로 내어놓는 것이다. 곧 각자가 자신의 모든 것을 계약에 의해 구성되는 결합체인 공적 인격에 양도하는 것이 계약의 기본적인 내용이다.

> 사회계약의 내용은 다음과 같은 단 하나의 조항에 귀착된다. 그것은 구성원 각자가 자기의 모든 권리와 함께 자기 자신을 전체 공동체에 전적으로 양도한다는 것이다. 왜냐하면 각자가 자신을 전적으로 양도하게 되면 조건은 누구에게나 평등해지고, 또 조건이 모든 사람들에게 평등하게 되면 누구도 타인의 조건을 자기보다 무겁게 만드는 데 관심을 가지지 않을 것이기 때문이다.[314]

이렇게 "사회계약에 따라 공동체가 구성되는 바로 그 순간에 공동체의 모든 성원들은 자기 자신과 자기가 소유하고 있는 재산을 포함한 모든 힘

---

**313** 『사회계약론』, 제1부, 6장, p. 50: 루소는 이어서(p. 51) 사회계약에 의해 형성되는 공적 인격의 적극적이고 능동적인 측면을 가리킬 때는 '주권자'(Soverain, Sovereign), 이 공적 인격의 소극적이고 정태적인 측면을 가리킬 때는 '국가'(État, State), 이러한 단체의 구성원들을 집합적으로는 '인민'(人民, Peuple, People), 개인적으로는 '시민'(Citoyen, Citizen), 국가의 법률에 종속된다는 의미로는 '신민'(臣民, Sujet, Subject)으로 부른다고 진술하고 있다.

**314** 『사회계약론』, 제1부, 6장, p. 50.

을 전부 공동체에 내어놓는다."[315] "게다가 이 양도는 아무런 유보조건이 없는 전적인 것이어서 그렇게 형성되는 결합은 가능한 최고로 완전한 것이고, 따라서 각 개인은 (자기가 양도한 것에 대해) 더 이상 자기의 것이라고 주장할 수 없게 된다."[316] 이렇게 구성원 각자는 공동체가 필요로 하는 모든 것을 공동체가 원하는 만큼 양도해야 하는 것이다.[317] 이렇게 사회계약은 공동체의 구성원들이 자신의 모든 것을 공동체에 양도한다는 것을 내용으로 하는 계약인 것이다.

**사회계약의 주체: 사회구성원 전체** 이와 같이 일반의지에 따라 새로 형성되는 공동체(국가)에 자신의 모든 것을 양도하는 계약은 도대체 누가 누구와 맺는 것인가? 앞에서도 언급하였듯이, 사회계약은 일반의지의 지도에 따라 각 성원이 자기의 모든 것을 공동체에 양도하는 협약이다. 사회계약의 기반인 일반의지는 사적 이익 가운데 포함되어 있는 공동의 이익을 추구하려는 의지이다. 이렇게 "일반의지는 개인이 가진 특수의지의 일부분이기 때문에, 일반의지를 따른다는 것은 자기의 자유의지를 따르는 것이 된다."[318]

이와 같이 사회계약은 '자유의지'에 따른 자발적인 행위이기 때문에, 그리고 이는 기본적으로 그에 따라 형성되는 공동체인 국가에 자신의 모든 것을 양도하는 것을 내용으로 하기 때문에, 이는 모든 성원들이 다른 모든 성원들과 맺는 것이다. 자신을 양도하기 싫은 사람 또는 이를 거부하는 사람은 사회계약의 주체가 될 수 없다. 그러므로 사회계약은 모든

**315** 『사회계약론』, 제1부, 9장, p. 54.
**316** 『사회계약론』, 제1부, 6장, p. 50.
**317** 『사회계약론』, 제2부, 4장, p. 61.
**318** 김용민, 2004, p. 129.

사람의 동의, 곧 만장일치를 전제로 한다.

> 본질적으로 사회계약은 만장일치의 동의를 필요로 하는 유일한 법률이다. 왜냐하면 시민의 결합을 목적으로 하는 행위, 곧 사회계약의 행위는 모든 행위 가운데서 가장 자발적인 행위이기 때문이다. 모든 인간은 태어날 때부터 자유롭고 자기 자신의 주인이므로, 그 누구도 어떤 구실을 붙이든지 간에 그의 동의 없이는 그를 복종시킬 수 없다. [……] 따라서 사회계약을 체결할 때 혹시 반대자가 있다고 하더라도, 그 때문에 그 계약이 무효가 되는 것은 아니다. 그 반대는 다만 그 반대자가 계약에 포함되지 않도록 스스로가 스스로를 배제할 뿐이다. 그는 시민이 되지 못하고 시민 속에 섞여 있는 외국인이나 마찬가지이다. 일단 국가가 건설된 다음 그 안에 살고 있다는 사실은 이미 그 국가건설에 동의하였다는 사실을 내포한다. 어떤 국가의 영토 내에 거주한다는 것은 그 주권에 복종한다는 것과 같은 의미인 것이다.[319]

이 인용문 이외에도 공동체 곧 국가를 형성하기로 하는 사회계약이 이렇게 만장일치를 전제로 한다는 사실에 대해 루소는 여러 곳에서 강조하고 있다.[320] 사회계약이 이렇게 계약자, 곧 그 계약을 통해 구성되는 공동체의 모든 성원들의 만장일치의 동의를 전제로 하는 것은 그 계약이 쌍무적인 것이어서, 결국은 자기 자신과 계약을 맺는 셈이 된다는 데에 근거한다.[321] 자유로운 주체로서 누구나 자기에게 불리한 계약에는 동의하지 않을 것이기 때문이다.[322]

---

**319** 『사회계약론』, 제4부, 2장, pp. 123~124.
**320** 『사회계약론』, 제1부, 4장, p. 45; 6장, pp. 49~50.
**321** 『사회계약론』, 제1부, 7장, p. 51.
**322** 『사회계약론』, 제2부, 4장, p. 61.

이와 같이 각 개인은 모든 다른 성원들과 계약을 맺으면서 결국은 자기 자신과 계약을 맺는 셈이 되므로, "결국 각 개인은 자신을 전체에 양도한다고는 하지만 사실은 아무에게도 양도하지 않는 것과 마찬가지가 된다. (쌍무적인 사회계약을 통해) 구성원 각자는 누구나 남에게 양도하는 자신에 대한 권리와 동일한 권리를 남에 대해 획득하는 것이므로, 결국 사람은 자기가 상실한 것과 동일한 대가를 얻게 되고, 자기가 소유하는 것을 보존하기에 더욱 큰 힘을 얻는 셈이다."[323] 이렇게 사회계약의 당사자들은 이를 통해 손해 볼 것은 아무것도 없고 오히려 더 큰 힘을 얻을 뿐이므로, 이에 동의하지 않을 리가 없게 된다. 이러한 관점에서 사회계약은 당연히 구성원 모두의 만장일치를 통해 체결되는 것이라는 논리가 나오게 되는 것이다.

**사회계약의 목적과 효과: 주권의 설립 및 자유와 평등의 보장** 이상에서 보듯이, 사회계약은 이를 체결하는 각 성원이 보유하고 있는 인신(人身)을 비롯한 개인적인 힘과 재산 등 모든 것을 결합하여 계약에 의해 구성되는 사회체, 곧 국가에 양도함으로써, 최고의 권력에 정당성을 부여하는 절차이다.

> 국가 또는 도시는 그 구성원들의 연합 속에서만 그 생존력을 가질 수 있는 '정신적 인격'(a moral person)이고, 그 가장 중요한 관심은 자기보존에 대한 관심이므로, 국가는 전체에 가장 적합한 방식으로 각 부분(각 성원들)을 동원하고 배치하는 '보편적이고도 강제적인 힘'(universal and coercive force)을 가지지 않으면 안 된다. 마치 자연이 인간 각자에게 자기 신체의 각 부분들에 대한 절대적인 권한

**323** 『사회계약론』, 제1부, 6장, p. 50.

을 부여한 것처럼, 사회계약도 그에 의해 형성되는 '정치체'(政治體, the body politic)에 그 단체의 전 구성원을 지배할 '절대적 권력'(absolute power)을 부여한다. 일반의지에 따라 지도되는 이 권력이 바로 '주권'(主權, sovereignty)이다.[324]

사회계약에 의해 설립되는 국가권력, 곧 주권은 이와 같이 절대적인 것이기 때문에 국가는 시민에게 그 자체의 존속을 위해 필요한 모든 것을 의무로서 부과할 수 있다. "따라서 사회계약은 유명무실한 규정이 되지 않도록 하기 위하여, 일반의지에 복종하기를 거부하는 자는 누구든지 전 단체(국가)에 의해 그것을 따르도록 강요되어야 한다는 약속을 암암리에 내포하고 있다. 우선 이 약속이 전제되어야만 다른 약속들도 효력을 발생할 수 있기 때문이다."[325] 그러므로 "시민이 국가에 대해 할 수 있는 모든 봉사는 주권자가 그것을 요구하는 순간부터 국가에 대한 시민의 의무가 되는 것이다."[326]

이와 같이 시민은 국가가 필요로 하는 것은 무엇이든지 행해야 할 의무를 지지만, "주권자의 편에서는 공동체에 무용(無用)한 어떤 속박도 시민들에게 부과할 수는 없으며, 또 주권자는 그것을 원하는 것조차 안 된다. 왜냐하면 '이성의 법칙'(the law of reason) 하에서도 '자연의 법칙'(the law of nature) 하에서와 마찬가지로 정당한 이유가 없는 일은 결코 행해질 수가 없기 때문이다."[327] 앞에서 언급하였듯이, 사회계약은 "구성원 모두의 신체와 재산을 보호하고, [……] 그들이 전체와 결합되지만 [……] 그들에게 계약을 맺기 이전과 마찬가지로 자유로울 수 있는 결합의 형태를

---

**324** 『사회계약론』, 제2부, 4장, p. 61.
**325** 『사회계약론』, 제1부, 7장, p. 53.
**326** 『사회계약론』, 제2부, 4장, p. 61.
**327** 『사회계약론』, 제2부, 4장, p. 61.

발견"하려는 목적에서 체결되는 것이다. 이러한 관점에서 보면, 국민들에게 의무를 부과하는 국가의 강제력은 이러한 근본목적의 테두리를 벗어날 수 없다.

이러한 맥락에서 고찰하면, 사회계약은 절대적인 권력인 주권의 설립을 통하여 인간에게 본유적인 자유의지와 평등성을 합법적으로 보장하는 장치가 된다고 볼 수 있다. 루소는 "인간은 누구나 평등하고 자유롭게 태어난 만큼, 자기들의 자유를 공동체에 양도할 때에도 이는 오직 자신의 이익을 도모하기 위해서이다"[328]라고 진술하여, 사회계약의 가장 근본적인 목적은 태어날 때부터 인간에게 갖추어져 있는, 그러나 자연상태 말기 또는 사회상태 초기에 상실해버린 자유와 평등을 합법적으로 보장하는 것이 되어야 한다고 역설하고 있다. 따라서 사회계약은 "개인적 힘의 한계라는 제한을 갖던 자연상태에서의 자연적 자유"를, 사회 성원들의 개인적 힘을 모두 합하여 무한한 힘을 가지는 "일반의지의 지배를 받는 시민적 자유"로, 그리고 "제 자신의 참다운 주인이 되는 정신적 자유"로 교환해주는 자유의 진정한 보장자의 기능을 수행할 뿐만 아니라,[329] "인간에게 본유적인 '자연적 평등'을 파괴하는 것이 아니라, 반대로 사람들 사이에 자연적으로 생겨난 '신체적 불평등'을 '정신적이고 정당한 평등'으로 대체"[330]함으로써, "시민들을 모두 평등한 존재"[331]로 만드는 평등성의 회복장치이기도 하다는 것이 루소의 주장이다.

이상에서 보듯이 '자유와 평등'은 사회계약이 체결되기 위한 기본 요건이며, 또한 사회계약이 달성해야 할 목적이기도 하다. 일반의지에 따르기

---

**328** 『사회계약론』, 제1부, 2장, p. 42.
**329** 『사회계약론』, 제1부, 8장, pp. 53~54.
**330** 『사회계약론』, 제1부, 9장, p. 56.
**331** 『사회계약론』, 제3부, 16장, p. 116.

로 하는 사회계약은, 일반의지에의 추구 자체가 자유의지를 전제로 한다는 점에서, 그리고 "일반의지는 항상 공명정대하고 공익을 도모하는 것"[332]으로서 본질적으로 "평등성을 지향"[333]하는 것이라는 점에서, 자유와 평등을 기초로 하여 성립되는 체계일 뿐만 아니라, 같은 논리에서 자유와 평등은 사회계약이 지향하는 목적을 달성하기 위한 요건이 된다고 볼 수 있는 것이다.[334]

(4) 국가권력: 주권자의 입법권과 정부의 집행권

일정한 영토 내에 거주하고 있는 모든 성원들이 공동의 이익을 추구하는 일반의지에 따르기로 하는 사회계약에 의해 형성되는 정치체, 곧 '공적 인격'이 바로 국가이다. 이렇게 형성되는 국가는 스스로의 존립을 위해 모든 인민을 동원하고 배치할 수 있는 '절대적인 권력'을 가지게 되는데, 이것이 바로 '주권'이다. 그런데 국가가 형성되는 기반인 사회계약의 주체는 모든 성원들이므로, 인민들 모두가 주권의 담당자, 곧 '주권자'이다.[335]

사회계약을 체결한 다음에 주권자인 인민들은 "사회계약에 의해 자기들이 탄생시켜 그 존재와 생명을 부여한 정치체, 곧 국가에 그 활동과 의지를 부여하는 법을 만들어주어야 한다. 정치체가 형성되고 결합되게 하는 이 원초적인 행위(사회계약의 행위)는 아직까지 그 보존을 위해 무엇을 해야 할 것인지에 대해서는 아무것도 규정하고 있지 않기 때문이다."[336] 이것이 바로 입법(立法, legislation)의 문제인데, 이는 당연히 사회계약의

332 『사회계약론』, 제2부, 3장, p. 59.
333 『사회계약론』, 제2부, 1장, p. 57.
334 『사회계약론』, 제2부, 11장, p. 78.
335 『사회계약론』, 제1부, 7장, p. 52.
336 『사회계약론』, 제2부, 6장, p. 66.

주체로서 국가를 탄생시킨 장본인인 주권자로서의 인민들이 해야 할 일이다. 즉 "입법권(legislative power)은 오로지 인민에게만 속해 있는 권리"[337]로서 다른 누구도 이를 대신할 수 없는 배타적인 권리이다.

주권자들은 법을 제정한 다음에 이의 집행을 담당하는 정부를 구성하여야 한다. 이는 "신민과 주권자 사이의 상호 연락을 위하여 설치되어, 법의 집행과 시민적 · 정치적 자유를 유지하는 소임을 맡은 일종의 '중간적 단체'(an intermediate body)이다."[338] 루소는 "모든 자유로운 행위에는 서로 협력하는 두 개의 요인이 있는데, 그 하나는 정신적인 것으로서 행위를 하도록 결정하는 의지이고, 다른 하나는 물리적인 것으로서 행위를 실행에 옮기는 힘"이라면서, 이 중에서 "의지에 해당하는 것이 '입법권'이고, 힘에 해당하는 것이 '집행권'으로, 이 둘의 협력이 없이는 정치체가 운영될 수 없으며, 또 그래서도 안 된다"[339]고 보고 있다.

루소에 따르면, 입법권은 주권자의 배타적인 권리이지만 "집행권은 입법자나 주권자로서의 인민 전체에게 속할 수 없다"고 강조하여 말하고 있다. 그 까닭은 "집행권은 개별적 행위로만 구성되어 있는데, 본래 개별적 행위는 법의 관할 안에도, 그리고 결과적으로 그 행위가 모두 법률이 될 수밖에 없는 주권자의 관할 안에도 있지 않기 때문"이라는 것이다. "그리하여 공공의 힘은 일반의지의 지도에 따라 그 힘을 통합하여 작용케 하는 적당한 '대리인'(agent)을 선정하여, 이 대리인으로 하여금 국가와 주권자를 연결함으로써, 마치 개인에게 있어 정신과 육체를 연결하는 것과 같은 '공적 인격'(public person) 안에서 수행하도록 할 필요가 있다"[340]는 것이

**337** 『사회계약론』, 제3부, 1장, p. 82.
**338** 『사회계약론』, 제3부, 1장, p. 83.
**339** 『사회계약론』, 제3부, 1장, p. 82.
**340** 『사회계약론』, 제3부, 1장, p. 82.

루소의 의견이다. 이러한 대리인이 바로 '정부'이고, 이 중간적 단체의 구성원을 '행정관'(magistrates)이나 '왕'(Kings) 또는 통칭하여 '행정수반'(Governors)이나 '군주'(Prince)라고 부른다.[341]

**주권의 특성: 양도불가성과 분할불능성** 사회계약의 산물로 발생하는 주권은 계약 당사자인 인민 모두, 곧 주권자가 가지는 권력이다. 이는 "언제나 존재하고, 변화하지 않으며, 그 자체로 순수한 일반의지"에 따르기로 하는 계약의 결과로 생긴 절대권력이기 때문에, 그 탄생 근거인 일반의지 자체가 무효화되지 않는 한 결코 그 누구에게도 양도될 수 없다.[342] 이를 어느 개인이나 단체에 양도한다는 것은 이미 그 생성 근거인 일반의지 자체를 부정하는 것이기 때문이다.[343]

또한 인간이 갖는 자유의지는 "인민 전체의 의지로서 일반의지이거나 아니면 단지 인민 중 일부의 사적인 의지이어서 일반의지가 아니거나 한데, 인민 전체의 일반의지로 공표된 경우 이는 곧 '주권행위'(act of sovereignty)이고 '법'(law)이 되지만, 인민 중 일부의 의지인 경우 이는 하나의 특수의지이어서 '행정기관의 행위'(act of magistracy) 또는 고작해야 일종의 '시행령'(decree)에 불과할 뿐이다."[344] 이와 같이 일반의지는 인민 모두에게 보편적이고 통합적인 의지이기 때문에, 이의 지도에 따라 생성되는 주권은 마찬가지로 보편적이고 통합적인 것이어서 분할될 수 없다는 것이 루소의 주장이다.[345]

---

**341** 『사회계약론』, 제3부, 1장, p. 83.

**342** 루소는 『사회계약론』, 제2부의 1장(pp. 57~58)을 "주권의 양도불가성에 대하여"(That Sovereignty Is Inalienable)로 잡아, 주권의 양도불가성에 대해 논의하고 있다.

**343** 『사회계약론』, 제2부, 1장, p. 57.

**344** 『사회계약론』, 제2부, 2장, p. 58.

**345** 루소는 『사회계약론』, 제2부의 2장(pp. 58~59)을 "주권의 분할불능성에 대하여"(That

"주권의 일부로 보이는 세부 권리들은 실은 모두 주권에 종속된 것이고, 따라서 이 권리들은 항상 최고의지(supreme wills)(일반의지)의 존재를 전제로 하고 있는 것이어서, 분할가능한 것처럼 보이는 이 권리들은 실제로는 그 집행 수단에 불과할 뿐"[346]이기 때문에, 절대권력으로서의 주권은 결코 분할될 수 있는 성질의 것이 아니라는 관점이 루소의 논지이다. 즉 "주권은 단일한 것으로서, 이를 분할하면 반드시 파괴되어 버리고 만다"[347]는 것이다.

**주권의 목표와 한계: 공공선과 보편성의 추구** 이와 같이 사회계약은 그 결과물인 "정치체에게 일반의지에 따라 지도되는 주권이라는 절대권력을 부여하여, 국민 모두를 지배하게 한다."[348] 이렇게 "주권은 절대적이고 신성하며 그 누구도 침해할 수 없는 권력이다. 그러나 주권자가 갖는 권력이 이처럼 비록 절대적이고 신성불가침의 것이라고 해도, 그것은 일반적인 협약의 한계를 넘지도 않고 또 넘어서도 안 된다."[349] 이는 공공선의 실현이라는 국가의 설립 목적과 보편성을 전제로 하는 일반의지에 의해 제한되는 한계를 갖는다.[350]

국민들이 사회계약을 맺어 국가를 설립하는 목적은 자기 자신의 보전과 공동의 이익, 곧 '공공선'(common good)의 실현에 있다. 국가의 설립 목적이 이렇게 공동의 이익과 개인의 보전과 번영에 있다는 사실은 거듭 강조되고 있는 『사회계약론』의 요지이다.[351] 이러한 목적에 의해 통치될 때

Sovereignty Is Indivisible)로 잡아, 주권의 분할불능성에 대해 논의하고 있다.

**346** 『사회계약론』, 제2부, 2장, p. 59.

**347** 『사회계약론』, 제3부, 13장, p. 111.

**348** 『사회계약론』, 제2부, 4장, p. 61.

**349** 『사회계약론』, 제2부, 4장, p. 63.

**350** 『사회계약론』, 제1부, 7장, p. 52.

국가는 가장 원활하게 기능을 하게 되므로, 국가의 모든 권력은 구성원 모두를 위한 '공공선의 실현'이라는 한계를 갖는다는 것이 루소의 주장이다.[352]

사회계약은 일반의지를 기반으로 하여 성원들 사이에 체결되는 것이다. 그러므로 이에 의해 생성되는 주권은, 공공선의 실현이라는 한계와 함께, 그 본질과 대상에 있어 보편성을 전제로 하는 일반의지의 지도를 받아야 한다는 한계를 갖는다. "특수의지는 본질적으로 편파성을 지향하는 반면, 일반의지는 평등성을 지향한다."[353] 그러므로 "일반의지는 언제나 공명정대하고, 항상 공익을 도모한다."[354] 이러한 "일반의지가 진실로 일반의지가 되기 위해서는, 공동의 이익을 추구한다는 본질에 있어서와 같이, 그 대상에 있어서도 일반적이어야 한다. 따라서 일반의지는 전체에서 시작하여 전체에 적용되어야 하며, 그것이 어느 개인적이고 한정된 대상에 편중되어 사용되는 경우 그 본래의 정당성을 상실하고 만다."[355]

이렇게 본질상으로나 그 대상에 있어서 보편성을 전제로 하는 일반의지를 따르기로 하는 "사회계약은 시민들 사이에 평등을 수립하고, 그럼으로써 그들은 모두 동일한 계약 조건에 놓이게 되며, 동일한 권리를 모두가 향유한다. 이러한 사회계약의 본성에 따라 주권의 모든 행위는 [……] 오직 일체(一體)로서의 인민을 인정할 뿐, 구성원 각자에게 차별을 두지 않는다."[356] 이러한 보편성은 입법의 보편성으로 표출되어야 한다. 이렇

**351** 『사회계약론』, 제1부, 6장, pp. 49~50; 제2부, 1장, p. 57; 4장, p. 62; 5장, p. 64; 10장, p. 77; 11장, p. 78; 제3부, 9장, p. 105.

**352** 『사회계약론』, 제4부, 1장, p. 121.

**353** 『사회계약론』, 제2부, 1장, p. 57.

**354** 『사회계약론』, 제2부, 3장, p. 59.

**355** 『사회계약론』, 제2부, 4장, p. 62.

**356** 『사회계약론』, 제2부, 4장, pp. 62~63.

게 입법의 보편성을 담보해야 한다는 것이 절대적인 주권의 또 하나의 한계인 것이다.[357]

**주권의 대리자로서의 정부: 민주정 · 귀족정 · 군주정과 공화정** 앞에서도 언급하였듯이, 루소는 입법권은 주권자로서의 인민 모두의 배타적인 권리이지만, 법의 집행권은 주권자의 대리인에 불과할 뿐인 정부에 속하는 권한이라고 본다. 그에 따르면, 주권자로부터 법의 집행권을 위임받는 정부를 구성하는 '행정관'(magistrate)의 수에 따라 정부의 형태가 달라진다. 법의 집행권이 인민 전체 또는 대다수에게 위임되는 정부형태가 '민주정'(Democracy)이고, 소수의 인민에게 위임되는 경우가 '귀족정'(Aristocracy)이며, 한 사람에게 위임되는 경우가 '군주정'(Monarchy) 또는 '왕정'(Royal Government)이다.[358]

이러한 세 가지 정부형태 중에서 "유일하고 절대적인 정부란 존재할 수 없고, 국가의 크기가 달라지면 그만큼 다른 성질의 많은 정부가 존재한다"[359]는 것이 루소의 생각이다. 루소는 "일반적으로 민주정은 작은 국가에 적합하고, 귀족정은 중간 정도의 국가에 적합하며, 군주정은 큰 국가에 적합하다"[360]고 본다. 또한 국민들이 부담해야 하는 국가 운영에 소요되는 비용을 고려해보면, "군주정은 부유한 나라에만 적합하고, 귀족정은 면적이나 부유함의 정도가 중간 수준인 나라에 적합하며, 민주정은 가난하고 작은 나라에 적합하다"[361]는 것이다. 이 이외에도 자연적인 풍토와

---

**357** 『사회계약론』, 제2부, 6장, p. 67.
**358** 『사회계약론』, 제3부, 3장, p. 89.
**359** 『사회계약론』, 제3부, 1장, p. 85.
**360** 『사회계약론』, 제3부, 3장, p. 90.
**361** 『사회계약론』, 제3부, 8장, p. 101.

지리상의 위치나 기후, 그리고 국민의 식성과 사치의 정도 등에 따라 적합한 정부의 형태가 달라질 수 있다는 것이 루소의 생각이다.[362] 그러나 루소는 세 정부형태 중에서 "군주정이 의문의 여지없이 가장 강력한 정부이고, 일반의지에 적합한 정부의 의지만 있으면 최선의 정부가 될 수 있기 때문에, 다른 어떤 것보다 확실히 가장 바람직한(preferable) 정부형태"[363]라고 치켜세운다.

루소는 이러한 세 정부형태와 '공화정'(共和政, Republican Government)을 개념적으로 분리하고 있다. 그는 "정부형태가 어떤 것이든지 간에 법에 의해 통치되는 국가를 '공화국'(Republic)이라고 부른다"고 주장한다. 그 까닭은 "이때에라야 비로소 '공공이익'(public interest)이 국가를 지배하고, '공공의 것'(public things)이 중요성을 지니게 되기 때문인데, 그러므로 모든 합법적인 정부는 모두 공화정"[364]이라는 것이 루소의 관점이다. 그러므로 귀족정이나 민주정뿐만 아니라, 군주정도 법, 곧 일반의지에 따라 통치된다면 공화정이 된다는 것이다.[365] 이렇게 보면 루소는 정부가 어떤 형태를 띠든지 간에 법, 곧 일반의지에 따라 통치된다는 원칙이 지켜지는 정부가 가장 바람직한 정부라고 주장하고 있는 셈이다.

이처럼 "국가는 (원초적인 사회계약에 의해) 그 자체로 존재하지만, 정부는 주권자에 의해서만 존재한다. 그러므로 정부의 담당자를 지배하는 의지는 곧 일반의지 또는 법률에 불과한 것이며, 그 이외의 어떤 것이 되어서도 안 된다. 그의 힘은 그 안에 집중되어 있는 공공의 힘일 따름이다."[366]

---

**362** 『사회계약론』, 제3부, 8장, p. 100~104.
**363** 『사회계약론』, 제3부, 6장, p. 98.
**364** 『사회계약론』, 제2부, 6장, p. 67.
**365** 『사회계약론』, 제2부, 6장, p. 67의 루소의 원주(原註).
**366** 『사회계약론』, 제3부, 1장, p. 85.

이렇게 정부의 담당자인 '행정관'이나 '군주'의 "법집행 행위는 어디까지나 위임이나 고용에 불과한 것이다. 그들은 주권자의 단순한 '관리'(officer)이며, 그들에게 맡겨진 권한을 주권자의 이름으로 행사하는 것에 지나지 않는다. 그러한 법의 집행권은 사회계약의 본질상 전적으로 양도할 수 있는 것도 아니고 또 그렇게 하는 것은 사회체(국가)를 구성하는 목적에도 위배되는 것이므로, 주권자는 필요할 때는 언제라도 정부에 위임했던 이 권한을 제한하고 수정하며 회수할 수 있다"[367]는 것이 루소의 의견이다.

이렇게 주권과 정부를 구분하는 논의를 통해 루소는 인민주권 또는 인민저항권의 논리를 제시하고 있다고 볼 수 있다. 그러나 이러한 저항권은 "통치자가 법률에 따라 통치하지 않고 주권을 찬탈(簒奪)하는 경우"에 한해서만 인정된다는 것이 루소의 견해이다. "정부가 주권을 찬탈하면 곧바로 사회계약은 파기되고 개인으로서의 모든 시민은 당연히 계약 이전의 자연적 자유를 회복하며, 따라서 복종을 강요당하더라도 복종할 의무가 없게 되기 때문"이라는 것이다.[368] 이러한 점에서 루소가 인정하는 인민의 저항권은 실제적인 권리가 아니라, 단지 수사적인 것에 불과하다는 느낌을 받을 만하다.

## 4. 자유주의자들의 사회계약론 종합

이상에서 17세기와 18세기에 활동했던 자유주의자들인 홉스 · 로크 ·

**367** 『사회계약론』, 제3부, 1장, p. 83.
**368** 『사회계약론』, 제3부, 10장, pp. 107~108.

루소의 사회계약론의 대강을 살펴보았다. 이들은 모두 출신지역(홉스와 로크는 영국; 루소는 프랑스)과 시대적 배경(홉스는 17세기 초 · 중반의 영국 청교도혁명과 왕정복고 시기; 로크는 17세기 중 · 후반의 영국 청교도혁명과 명예혁명 시기; 루소는 18세기 중반의 프랑스 앙시앙 레짐과 프랑스혁명의 기운이 무르익던 시기), 출신배경(홉스는 가난하고 무식한 성직자의 아들; 루소는 젠트리계층의 부유한 법률가의 아들; 루소는 가난하고 격정적인 시계공의 아들), 학문배경(홉스와 로크는 옥스퍼드 출신의 철학자; 루소는 정상적인 교육을 전혀 받지 못한 문필가) 및 후원자(홉스와 로크는 부유한 정치가인 귀족의 비서; 루소는 몇몇 귀부인의 도움 이외에 아무런 후원자가 없었음) 등에서 커다란 차이가 있었다. 그러나 그럼에도 불구하고 그들은 17~18세기의 시대정신이었던 자유주의와 개인주의를 온몸으로 구현한 사상가들로서, 사회계약론이라는 독창적인 정치 · 사회이론을 제시하고 발전시킨 사람이라는 공통점을 가지고 있다.

일반적으로 사회계약론은 "인간의 마음이 항상 신봉하고 있는 두 가지의 근본적인 관념이나 가치를 표현하는 방식이었다. 두 가지의 가치란 자유의 가치, 곧 '힘'(Force)이 아니라 '의지'(will)가 통치의 기초가 된다는 관념과, 정의의 가치, 곧 '무력'(might)이 아니라 '정당함' 또는 '권리'(right)가 모든 정치 사회와 정치질서의 기초가 된다는 관념을 말한다."[369] 홉스나 로크 및 루소의 사회계약론은 모두 사회질서와 평화 또는 국가권력의 정당성을 신의 의지 또는 개인이 보유하고 있는 힘이나 무력에서 찾으려고 하지 않고, 개인의 '자유의지에 따른 자발적인 합의'와 이에서 도출되는 권리에서 찾고자 하는 이론체계인 것이다.

이들은 국가권력의 근거와 정당성을 신의 의지와 명령에서 찾으려는 왕권신수론(王權神授論)이나 사회와 국가는 인간의 사회적 본성에 따라 자

**369** Barker, 1962/1995, p. 12.

연스럽게 형성되는 것이라고 보는 아리스토텔레스 등의 자연국가론(自然國家論)과는 달리, 이기적인 개인들의 자유의지에 따른 합리적 선택과 합의를 통해 사회와 국가가 설립되며, 바로 이러한 인위적인 선택과 계약에서 국가권력의 근거와 정당성을 찾으려는 '인위적 국가론'(人爲的 國家論)을 제시하고 있다.

이들 사회계약론자들은 아무런 인위적 강제력이 존재하기 이전의 자연상태를 가정하여 자기들의 논리 전개의 기초로 삼고 있다. 이러한 자연상태는 본질적으로(홉스의 경우) 또는 여러 가지 취약성이나(로크의 경우) 자연스러운 진화의 결과로(루소의 경우) 인해 자연인의 본성을 실현하기 어려운 상태라는 것이 그들의 논리적인 귀결이다. 그리하여 자연상태의 사람들은 자유의지와 합리적 선택에 따라 자기들의 생명과 재산을 보전하고 평화를 이루기 위한 체제를 만들기로 하는 계약을 체결하게 된다고 그들은 추론한다. 이러한 계약은 자연상태에서 자연인들이 누리던 자기 자신의 인신과 소유물에 대한 권리를 새로 형성되는 국가공동체에 일정 부분 또는 전적으로 양도하는 것을 핵심 내용으로 한다. 국가권력은 성원들 모두의 동의에 의한 이러한 사회계약을 통해 탄생되는 것이고, 따라서 자유의지에 따라 합의한 계약자 모두를 지배하는 정당성을 확보하게 된다는 것이 이들 사회계약론자들의 주장의 요체인 것이다.

그러므로 이들이 제시하는 사회계약론은 공통적으로 자연인, 곧 인간은 어떠한 특성을 가지고 있는 존재인가 하는 자연인의 본성에 관한 논의, 아무런 인위적인 강제가 가해지기 이전 상태에서의 인간 삶의 모습에 관한 자연상태의 특징에 관한 논의, 자연상태를 벗어나 시민상태로 이행하는 과정에서 체결하는 사회계약의 과정과 내용에 관한 논의, 그리고 계약에 의해 창출되는 국가권력의 내용과 구조에 관한 논의라는 기본틀을 갖추고 있다.

### 1) 자연인의 본성: 이기적 욕구와 자유의지 및 합리적 이성의 주체

홉스는 인간행위의 모든 원천을 신의 의지와 속성으로부터 추론해내는 기독교와의 단절을 통해 인간중심주의를 부르짖고, 또한 실재론을 전개하는 아리스토텔레스와의 단절을 통해 역동적 물질주의를 부르짖으면서, 인간의 본성을 철저하게 개체로서의 개인의 자발적인 운동에서 찾으려 하였다. 로크는 경험주의와 자유주의의 관점에서 개인의 재산소유권을 중심으로 하여 인간의 본성을 추론해내었다. 루소는 낭만주의와 자연주의 및 공화주의의 면모가 강한 자유주의의 관점에서 개인의 본성을 감성과 자유 그리고 이성을 축으로 하여 추론해내었다. 이들은 이렇게 그 사상적 배경이 서로 다름에도 불구하고 '개인주의자'와 '자유주의자'라는 공통점을 가지고 있다.

#### (1) 홉스: 정념 · 이성 · 권력추구욕망

홉스는 대상에 접근하거나 회피하는 자발적 운동의 동인으로서의 '정념'(情念, passion), 적절하고 합리적인 수단의 강구 능력인 '이성', 그리고 자기보존 수단의 확보와 유지를 위한 '권력추구의 욕망'을 인간이 본유적으로 갖추고 있다고 본다. 이 중에서 정념은 자기에게 유리한 결과를 가져오는 대상을 추구하고, 자기에게 불리한 결과를 가져오는 대상을 회피하려는 욕구와 의도, 그리고 이러한 접근과 회피 행위의 성공과 실패로 인해 유발되는 감정을 포괄하는 개념으로, 인간의 모든 자발적인 운동의 동인으로 작용한다. 그러므로 이는 자기보전을 위한 이기적 욕구와 이를 달성하기 위한 자유의지를 포괄적으로 가리키는 것으로 볼 수 있다.

정념의 대상에 대한 접근과 회피 운동의 실제적이고도 합리적인 방안을 강구하고 선택적으로 실행하게 하는 도구적 · 전략적 기능을 담당하는 것이 이성이다. 이는 정념으로부터 비롯되는 대상에 접근하거나 회피하는 다양한 반응 중에서 개인에게 가장 유리한 것을 합리적으로 계산하여 선택하게 하는 계산능력을 핵심으로 한다.

홉스는 권력추구의 욕망 또는 의지가 인간에게 보편적으로 갖추어져 있다고 본다. 그가 말하는 권력이란 자기보전 수단의 범주에 포함되는 능력이나 힘 등 모든 것이 포괄된다. 이는 현재 자기에게 유리한 것을 확보할 수 있는 힘일 뿐만 아니라, 미래에 자기에게 이익이 될 것으로 보이는 것을 획득하기 위한 수단이기도 하다. 이런 점에서 권력추구의 욕망 또는 의지는 자기이익의 확보를 목적으로 하는 것이며, 자기이익을 지키기 위한 자유의지를 전제로 하는 것이다.

이렇게 홉스는 자연인의 본성을 자기보전을 위한 자기이익 추구의 욕구, 자발적으로 자기보전을 도모하는 자유의지, 그리고 가능한 다양한 방법 중에서 자기에게 가장 유리한 방안을 계산해서 선택할 수 있게 하는 합리적 행동의 근거인 이성의 세 가지에서 찾고 있는 것으로 볼 수 있다.

#### (2) 로크: 재산추구의 욕구 · 자유의지 · 이성

로크의 인간 본성론에서 핵심적인 개념은 '자유'와 '이성'이다. 인간은 다른 동물과는 달리 자유의 주체이면서 동시에 이성의 주체라는 것이다. 자유의 주체로서 인간은 '재산권'의 보존을 핵심으로 하는 자연권의 보유자이고, 이성의 주체로서 인간은 자기의 재산권을 합리적으로 보호하는 수단인 자연법의 집행자라는 것이 로크의 관점이다.

여기서 로크에게 있어서 인간이 본유적으로 갖추고 있는 자유와 이성은 모두 재산의 추구와 보존에 집중되고 있다는 사실에 주목해야 한다. 로크가 말하는 재산은 개인의 생명(인신)과 소유물(자산) 그리고 자유를 통칭하는 개념이다. 즉 그는 그 누구의 것도 될 수 없는 개인의 인신, 인신을 투입하여 자연으로부터 얻어낸 모든 자산, 그리고 자신의 생명을 보전하고 자산을 늘리고자 하는 자유의지를 포괄하여 재산이라고 부르고 있는 것이다. 말하자면 로크가 말하는 재산권은 개인이 자기보전과 자기이익을 추구하는 자발적인 욕구를 기반으로 하는 셈이다.

이렇게 보면 로크도 홉스와 마찬가지로 자기보전과 자기이익 추구의 욕구, 자발적으로 자기의 인신과 이익을 추구할 수 있는 자유의지, 그리고 스스로가 확보한 재산을 합리적으로 보호할 수 있는 능력인 이성의 세 가지에서 인간의 본성을 찾고 있는 것이다.

### (3) 루소: 자기보존욕구 · 동정심 · 자유의지 · 이성

루소는 인간이 '자기보존의 이기적 욕구', '타인에 대한 연민과 동정심', 자유의 주체로서 갖는 '자유의지', 그리고 인간의 완성가능성의 근거인 '이성'의 네 가지 본성을 가지는 것으로 보고 있다. 이 가운데 전자의 두 가지는 인간 존재의 감성적 측면으로부터 기원하는 것이다. 이 가운데 자기보존을 위한 이기적 욕구는 개인의 사적인 이익을 추구하는 특수의지를 낳는 인간행동의 제1동인이다. 자연상태 초기인 원시상태의 인간은 스스로의 생존과 개인적인 이익만을 고려하는 이러한 동물적인 욕구에 의해서만 생활한다는 것이 루소의 견해이다.

인간은 이러한 자기보전의 욕구 이외에 다른 사람의 처지에서 느끼는 연민과 동정심을 갖추고 있어서, 다른 사람과 일체화를 이룰 수 있다는 것이 루소의 생각이다. 이렇게 타인에 대한 연민과 동정심은 인간을 사회적 존재로 만드는 원동력이다. 그는 만일 인간에게 자기보전의 욕구만이 있었다면 인간은 고립적인 존재가 되고 말았을 터이지만, 타인에의 연민과 동정심으로 인해 사회적인 존재가 될 수 있었다는 것이다. 그러므로 이는 공동의 이익을 추구하는 일반의지의 근거이며, 자연상태에서 시민상태로 이행하는 바탕으로 작용한다.

루소는 자유란 인간의 자격 그 자체로서, 인간으로서의 권리와 의무 및 도덕성의 근원으로, 모든 인간에게 본유적으로 갖추어져 있다고 본다. 그는 인간을 진실로 인간답게 하는 특성은 스스로가 갖추고 있는 자유의지에 대한 인식에 있다고 보아 자유를 절대화하고 있다. 이러한 자유는 사적인 이익의 추구, 곧 특수의지를 포기하고 공동의 이익의 추구, 곧 일반의지를 따르기로 하는 사회계약의 바탕이 된다.

루소는 이러한 자유의지 이외에 인간은 자연상태에서 벗어나 시민상태로 이행함으로써 동물적인 존재로부터 탈피하여 사회적인 존재로 격상될 수 있는 완성가능성을 갖추고 있다고 본다. 이러한 인간의 완성가능성은 이성의 능력을 기반으로 한다는 것이 루소의 생각이다. 이러한 이성의 능력은 특수의지와 일반의지를 구분하고, 일반의지가 참된 이익이 된다는 사실을 깨닫게 해주어 합리적으로 이를 따르게 함으로써, 어리석고 유한한 일개 동물에 불과하였던 인간을 지성적인 존재로 변모시킨다는 것이다.

#### (4) 사회계약론자들의 인간본성론 종합

이상에서 보듯이 홉스 · 로크 · 루소 같은 사회계약론자들은 공통적으로 인간을 자기보전과 자기이익을 추구하려는 욕구를 행동의 제1동인으로 하는 '욕구의 주체', 욕구의 추구를 자기결정에 따라 자율적으로 규제하는 '자유의 주체', 그리고 욕구의 추구를 합리적인 방법으로 하는 '이성의 주체'로 설정하고 있다. 평등하게 태어난 인간은 자유의지에 따라 자발적으로, 그리고 이성의 능력에 따라 합리적으로 자기보전과 자기이익을 추구하는 존재라는 것이 이들의 인간관의 요지이다. 즉 인간은 자율적이고도(자유의 주체) 합리적인(이성의 주체) 자기이익 추구자(욕구의 주체)라는 것이다.

### 2) 자연상태: 목가적 이상상태 또는 전쟁상태

국가권력의 강제력이 작용하기 이전의 상태를 자연상태라고 하는데, 사회계약론자들은 이 상태는 자기본전이라는 목적을 실현하기에 적합한 상태가 아니라고 보고, 이로부터 사회계약의 필요성을 도출하는 근거로 삼고 있다. 이렇게 전반적인 틀은 서로 비슷하지만 홉스 · 로크 · 루소는 이러한 자연상태에 대해 서로 다른 관점을 제시한다.

#### (1) 홉스: 전쟁상태로서의 자연상태

홉스의 자연상태론은 인간의 이기적 정념에 근거한 논리적 가설일 뿐, 역사적 사실에 근거를 두고 있는 것은 아니다. 그러나 홉스는 이러한 자연상태가 역사적인 근거를 가지고 있지는 않다고 하더라도, 국가 간의 대립이나 일상생활에서 문단속을 철저히 하려고 한다는 사실 등에 비추어 보면 현실세계에서 이러한 자연상태의 모습을 발견할 수 있다는 점에서 경험적 근거를 가지고 있다고 주장한다.

죽음의 공포를 이겨내고 자기를 보존하고자 하는 욕구와 이러한 자기보존을 위한 수단으로서의 권력추구의 욕망이라는 정념이 자연인의 제반 행위의 근본적인 동인으로 작용한다는 것이 홉스의 정념론의 핵심이다. 그러나 인간의 삶의 장(場)인 자연은 항상 한정적이고 제한적이어서, 사람들은 이러한 한정된 자원을 놓고 서로 경쟁하지 않을 수 없다. 게다가 자연상태에서 인간은 평등한 자유의 주체로서 각자가 자기의 이익을 무한정 추구하려는 자연권을 보유하고 있을 뿐만 아니라, 경쟁과 불신과 공명심으로 인해 끝없는 갈등의 상황에 놓이게 된다. 그러므로 자연상태에서는 '만인에 대한 만인의 투쟁'이 벌어져, 결과적으로 자연상태는 각자가 자기보존을 담보할 수 없는 살벌한 전쟁상태가 되고 만다는 것이다. 여기에서 바로 자기보존과 자기이익을 보장해줄 수 있는 방안으로서의 사회계약의 필요성이 도출된다는 것이 홉스의 논리이다.

(2) 로크: 취약성을 갖는 목가적 이상상태

로크는 정부 사이의 관계는 현실적으로 자연상태에 놓여 있는 것으로 보아야 한다는 점에서 자연상태론이 현실적인 근거를 가지고 있다고 본다. 그는 자유의 주체로서 인간은 자연상태에서 스스로 자기 자신과 그 재산을 자율적으로 처분하고 결정할 수 있는 완전한 자율성과 자결성을 누린다고 주장한다. 물론 이러한 자율성과 자결성은 개인의 인신과 재산을 보전하고 추구하는 이기적인 본성에서 비롯되는 것이다. 또한 인간은 평등하게 태어난 존재로서 자연상태에서 누구나 누리는 자율과 자결의 권한은 어느 누구에게나 동등한 완전한 평등성이 전제되고 있다고 로크는 주장한다. 자연상태에서 누리는 이러한 자유와 평등은 '자연법의 테두리 안에서'라는 한계를 갖는다는 것이 또한 로크의 주장이다. 이성의 주체로서 인간은 이성의 합리적인 규제를 스스로 선택하게 된다는 것이다.

그러나 로크에 따르면 자연상태가 이렇게 자유와 평등이 보장되는 목가적인 이상상태이기만 한 것은 아니다. 각자가 자연법의 한계를 무시하고 자기에게 주어져 있는 자연권을 무한정으로 추구하여 자연법을 위반하게 되면, 평화가 깨어지고 전쟁상태가 빚어지게 된다는 것이 로크의 주장이다. 자연상태는 이러한 상황에서 개인 간의 이익 갈등을 조정하기 위해 공통의 동의를 통해 확립된 법률, 공평무사한 재판관, 그리고 판결의 집행권력이 결여되어 있다는 취약성을 갖는다. 그러므로 자연상태는 전쟁상태로 이끌리기 쉽고, 특히 화폐의 도입 이후 자연상태가 가지는 이러한 취약성에서 사회계약의 필요성이 도출된다는 것이 로크의 관점이다.

### (3) 루소: 평등의 평화상태에서 불평등의 전쟁상태로의 이행

루소는 철학적 인류학이라는 철학적 추론을 통해 자연상태에서의 인간의 진화과정을 그려낸다. 그는 가설적 역사에 대한 이러한 추론을 통해 읽어낸 자연상태론은 자연 속에서 찾아낸 진리라고 주장한다. 즉 자연상태론은 철학적 추론에 근거하여 얻은 인류의 가설적 역사이지만, 사실적 근거를 가지고 있다는 것이다.

루소는 인류의 자연상태는 인간 정신의 진보에 따라 다섯 단계를 거쳐 진화해왔다고 주장한다. 곧 자연상태는 자연과 완전히 동화되어 고립된 생활을 하며 자기보존의 욕구에 의해 생활하는 원시상태(1단계), 자연을 대상화하여 파악하고 다른 동물과 인간의 차이를 인식하지만 아직 자기보존욕구에 의해 지배되어 고립된 생활을 영위하는 단계(2단계), 집이 발명되어 가족생활이 시작되는 황금시기(3단계), 농업기술과 야금술의 발달로 인해 사유재산이 생겨 불평등이 야기되는 단계(4단계), 그리고 화폐의 발명으로 인해 불평등이 심화됨으로써 사람들 사이에 투쟁이 만연되는 전쟁상태(5단계)의 다섯 단계를 거쳐 진화한다는 것이다. 여기서 제3단계까지는 평화와 평등이 지배하는 상태이지만, 제4단계부터는 불평등과 불화가 심화되는 상태이다.

이렇게 인류의 자연상태는 평화와 평등이 지배하는 이상적인 상태로부터 불화와 불평등이 지배하는 전쟁상태로 변화하였고, 이 최후의 자연상태, 곧 전쟁상태에서 사회계약의 필요성이 도출된다고 루소는 주장한다.

### (4) 사회계약론자들의 자연상태론 종합

이상에서 보듯이 홉스 · 로크 · 루소의 자연상태론은 겉보기에는 서로 매우 다른 양상을 보이고 있다. 홉스는 자연상태는 전쟁상태라고 한마디로 규정하고, 로크는 자연상태는 기본적으로 목가적인 평화상태이지만 그 자체가 가지고 있는 한계로 인해 전쟁상태로 변모되기 쉬운 취약성을 지니고 있는 상태로 그리고 있으며, 루소는 자연상태가 평화와 평등의 상태로부터 불화와 불평등이 심화되는 전쟁상태로 변화하게 된다고 본다. 여기서 루소의 자연상태론은 어느 정도 로크와 홉스의 이론을 결합한 형태를 띠고 있음을 주목할 필요가 있다. 즉 루소의 이론에 따르면, 홉스는 인류 정신 진화의 말기 상태에만 초점을 맞추고 있고, 로크는 초기 상태에 초점을 맞추어 자연상태론을 전개하고 있다고 볼 수 있는 것이다.

홉스와 로크와 루소의 자연상태론이 이렇게 서로 다르기는 하지만, 여기서 눈여겨보아야 할 것은 세 사람 모두 사회계약 직전의 상황을 혼란이 극에 달한 전쟁상태로 개념화하고 있다는 사실이다. 이러한 혼란은 모두 자연상태에서 인간은 본유적으로 갖추고 있는 자연적 자유에만 의존하여 자기보존과 자기이익만을 추구하기 때문에 발생하는 것이다. 즉 사회계약론자들은 모두 자연상태는 인간의 본성 가운데 아직 이성의 기능이 작용하지 않거나 온전히 작용하기 이전의 상태라고 가정하고, 오직 자연적 자유와 자기이익 추구의 욕구만이 작용하고 있는 상태라고 보는 것이다. 그리하여 자연상태에서는 결과적으로 혼란의 상황이 연출되고, 이러한 혼란은 개인의 자기보전이나 자기이익을 보장하기 어렵게 만들므로, 따라서 사람들은 이러한 혼란을 잠재움으로써 자기의 생명과 재산 그리고 이익을 보장해줄 수 있는 방안을 희구하게 된다는 것이다.

### 3) 사회계약: 자기이익 추구를 위한 공정성의 협약

자기보전과 자기이익의 확보를 어렵게 하는 자연상태에서 벗어나 이를 보장해주는 유일한 방안은, 성원들이 합의하여 혼란을 제거하고 각 개인을 보호해줄 수 있는 공통의 권력을 가지는 국가를 형성하기로 하는 사회계약을 맺는 방법밖에 없다는 것이 사회계약론자들의 주장이다. 이러한 사회계약은 자연상태에서 각 개인이 누리고 있던 자연권(홉스의 경우), 자연법 집행권(로크의 경우), 또는 자신의 인신과 소유물 및 이에 대한 모든 권리와 힘(루소의 경우)을 계약에 의해 설립되는 공동체, 곧 국가에 상호 동등하게 전적으로 양도하는 것을 골자로 한다.

이렇게 홉스와 로크와 루소가 공동체에 양도하는 내용을 다르게 개념화하는 것은 삼자가 평화를 깨뜨리고 개인 간에 갈등과 불평등을 유발하는 요인을 달리 보기 때문이다. 홉스는 자연상태에서 각자가 가지는 자기보존과 자기이익을 무제한적으로 추구하는 권리인 자연권이 혼란의 주범이라고 본다, 그러므로 그는 자연권의 상호 동등한 양도를 계약 조건으로 내세운다. 로크는 자연법의 규제를 받는 자유로운 자기이익 추구의 권리, 곧 자연권이 갈등과 혼란의 주범이 아니라, 이성의 주체로서 개인이 갖는 자연법 위반자를 처벌하고 그로부터 받은 손해를 배상받으려 하는 자연법 집행권이 혼란과 갈등을 야기하는 근원이라고 본다. 그러므로 그는 자연법 집행권의 양도를 사회계약의 내용으로 강조한다. 이에 비해 루소는 각자가 자연상태에서 가지는 자기 인신과 이를 통해 얻은 소유물 및 이에 관한 권리가 혼란과 갈등의 원천이라고 봄으로써, 사회계약은 이를 전적으로 양도하고 오로지 공동이익만을 추구하기로, 곧 일반의지를 따르기로 하는 것을 내용으로 하게 된다고 주장한다.

#### (1) 홉스: 자기이익 추구권(자연권)의 상호 동등한 양도

홉스는 만인에 대한 만인의 투쟁에서 오는 혼란으로부터 스스로를 지키고 평화를 유지하기 위한 규범이 이성 주체인 인간에게 갖추어져 있다고 보고, 이를 자연법이라고 부른다. 그는 이러한 자연법을 지키려는 자발적인 의지에서 평화를 추구하는 사회계약을 체결하게 된다고 본다. 그는 모두 19가지의 자연법을 제시하고 있는데, 이들은 모두 인간 이성의 산물로 혼란의 전쟁상태를 피하고 평화를 유지하기 위한 규약들이다. 이러한 자연법이 이성의 산물이라면, 홉스에게 있어 이러한 자연법을 따르기로 하는 사회계약은 인간이 가진 이성의 능력에 근원을 두고 있는 것이 된다.

제반 자연법 중에서 가장 중요한 것은 평화 추구의 의무를 규정한 제1자연법과 그러기 위해 자연권의 상호 동등한 양도를 규정한 제2자연법, 그리고 자연권을 양도하기로 한 신의계약의 준수 의무를 규정한 제3자연법이다. 그 외의 자연법들은 평화를 유지하기 위한 생활태도, 자원 교환과 분배의 공정성 및 갈등의 공정한 해결 방안에 대해 규정하고 있다. 곧 홉스에게 있어 사회계약은 평화를 위한 협약이라고 볼 수 있는데, 이러한 평화협정을 맺는 근본 목적은 자기보전과 자기이익의 안정적 확보에 있다.

홉스가 제시하는 19가지의 자연법 가운데서 핵심은 역시 모든 자연권의 양도를 규정한 제2자연법이다. 그러나 이에는 한 가지 유보조건이 따른다는 것이 홉스의 생각이다. 그는 제2자연법에 따라 자기이익 추구를 위한 자연권은 모두 양도될 수 있지만, 그 중에서 생명의 위협에 저항할 권리와 생명보존의 수단들을 안전하게 확보할 권리 같은 '생명권'은 결코 양도될 수 없는 것이라고 선언한다. 이는 자기보존을 위한 핵심적인 권리이기 때문이다. 그러므로 홉스에게 있어서 계약을 통해 양도되는 권리 중에 생명권은 제외된다.

이렇게 생명권을 제외한 모든 자연권의 상호 동등한 양도를 위한 계약은 성원들 모두의 자발적 합의를 전제로 한다는 것이 홉스의 주장이다. 성원들이 자발적으로 동의하지 않으면 계약 당사자들이 합의하여 만들어내는 강제력의 체계, 곧 국가권력이 정당성을 상실하게 되기 때문이다.

### (2) 로크: 자연법 집행권의 포기와 양도

로크는 각자가 자신의 생명과 재산을 자율적으로 추구하는 자연권은 자연법의 테두리 안에서 향유된다는 한계를 지닌다고 본다. 각자가 이러한 자연권을 무제한으로 추구하여 자연법을 위반하게 되면 자기의 재산권이 침해되므로, 자연상태에서 각자는 이러한 자연법 위반자를 처벌하고 자기가 입은 손해에 대한 배상을 청구할 수 있는 권리, 곧 자연법 집행권을 갖는다는 것이 로크의 견해이다. 이러한 자연법 집행권을 각자가 가지고 있다는 데에서 혼란과 갈등이 유발되므로, 이를 포기하고 공동체의 수중에 양도함으로써 사회적 혼란에서 벗어나 재산권을 안전하게 향유할 수 있게 되는데, 이것이 바로 사회계약의 핵심이라는 것이 로크의 주장이다.

로크에게 있어서 자연법은 이성의 규율로서, 자유의 주체로서의 개인이 재산권, 곧 자연권을 추구하는 데 설정된 한계로서 작용한다. 즉 이는 각자의 재산권 추구의 합리적인 테두리를 설정함으로써 성원들 사이에 발생하게 될 갈등과 혼란을 방지하려는 목적을 갖는 것이다. 자연법 집행권의 포기와 양도도 결국은 갈등과 혼란을 방지하려는 것이다. 다만 이는 이미 발생된 갈등과 혼란을 방지하려는 목표가 더 크다는 차이가 있을 뿐이다. 그러므로 로크에게 있어 자연법 집행권의 양도를 위한 계약은 인간이 본유하고 있는 이성의 능력에서 나오는 행위라고 볼 수 있다.

자연법의 집행권을 포기하고 양도하는 이러한 사회계약은 계약 당사자들의 자발적인 합의를 전제로 하여 이루어져야 한다는 것이 로크의 의견이다. 오직 이것만이 사회계약과 이에 의해 산출되는 국가권력에 정당성을 부여할 수 있기 때문이다.

### (3) 루소: 일반의지에의 복종과 자기 자신의 전적인 양도

루소는 자기 인신과 소유물을 보호하려는 의지와 힘, 곧 사적인 이익을 추구하려는 특수의지가 사회적 갈등과 혼란을 야기하는 원천이라고 본다. 그러므로 그는 오로지 공동의 이익만을 추구하고자 하는 일반의지의 지도에 따라 자기의 인신과 소유물 및 이를 추구하는 권리와 능력 등 모든 것을 전적으로 양도하여 공동의 힘을 형성하는 것이 사회계약의 핵심이라고 본다. 이러한 사회계약에 따라 일반의지에 복종하는 것만이 자기의 사적 이익을 보호하는 유일하고도 평화로운 길이 된다는 것이다. 공동의 이익은 사적인 이익을 구성하는 한 부분이기 때문이다.

개인의 사적인 이익을 추구하는 것(특수의지)보다 공동의 이익을 추구하는 것(일반의지)이 결과적으로 자기의 이익을 보전하는 길이 된다는 인식을 하는 데에는 인간의 완성가능성의 근거인 이성의 능력이 전제가 된다. 또한 이성은 사적인 특수의지들 가운데 공통적인 일반의지를 찾아내는 근거이기도 하다는 것이 루소의 생각이다. 그러므로 루소에게 있어서도 일반의지에 따르기로 하고, 개인의 인신과 소유물을 전적으로 사회체에 양도하기로 하는 이러한 사회계약은 인간의 이성 능력에 근거를 두고 있는 것이다.

루소도 이러한 사회계약은 계약 당사자 모두의 자발적인 합의, 곧 만장일치를 통하여 체결되어야 한다고 주장한다. 자유의 주체로서의 개인을 공동체에 양도하기로 하는 결정은 오로지 자신의 전적인 동의만을 전제로 하기 때문이다. 모든 인간은 태어날 때부터 자기 자신의 주인이므로, 그 누구도 어떤 구실을 붙이든지 간에 그의 동의 없이는 그를 복종시킬 수 없다는 것이다.

### (4) 사회계약론자들의 사회계약의 내용과 자발성 종합

이와 같이 홉스 · 로크 · 루소 같은 사회계약론자들은 사회의 성원들은 사회에 혼란을 가져오는 원천, 곧 자기이익 추구의 무제한적인 권리인 자연권이나 자연법 집행권 또는 개인의 인신이나 소유물에 대한 배타적 권리와 이를 추구하는 개인적인 힘을 계약의 결과로 설립되는 공동체에 상호 동등하게 모두 양도하기로 하는 계약을 통해 혼란과 갈등을 해소하고, 사회에 평화를 정착시키고자 한다고 본다. 이러한 계약의 가장 근본적인 목적은 자기이익의 보장에 있다는 것이 이들의 공통적인 주장이다. 또한 이러한 사회계약은 인간의 이성 능력에 근원을 두고 이루어진다고 보는 점도 사회계약론자들의 공통점이다.

이러한 양도 계약은 성원 간에 쌍무적으로 이루어지는 것이고, 이를 준수할 의무를 모두에게 똑같이 지우는 '공정성의 원리'에 따라 이루어지는 것이다. 사회계약론자들은 인간을 자유의 주체로 개념화하고 있으므로, 이러한 계약은 성원 모두의 자발적인 동의를 전제로 한다는 공통성을 띠고 있다. 즉 성원 모두의 자발적인 동의만이 사회계약 그 자체와 이에 의해 설립되는 국가권력에 합법성과 정당성을 보증해준다는 것이다.

## 4) 국가권력: 분할불능성 또는 분할가능성

이상에서 보듯이, 홉스와 로크 및 루소는 자연인의 본성, 자연상태의 특징, 사회계약의 내용 등에 관해 대체로 유사한 이론을 제시하고 있다. 이러한 세 측면에 관한 그들의 이론들에는 차이점도 많지만, 그럼에도 불구하고 공통점을 찾아낼 수 있었으며, 이것이 이들 사회계약론자들의 주장의 공통성을 형성하는 것이었다. 그러나 사회계약에 의해 형성되는 국가권력의 내용과 그 구조에 관한 논의에서는 세 사람 사이에 공통점보다는 차이점이 더 많이 발견된다. 이것이 이들의 이론에 각각의 특이한 위치를 부여해주는 요인인 것이다.

(1) 홉스: 국가권력의 절대성과 절대군주제의 옹호

홉스는 성원 간에 혼란한 투쟁이 빚어지는 자연상태에서는 개인의 안정적인 자기보전과 자기이익 추구가 불가능하게 되므로 자연법 위반자를 처벌할 수 있는 무소불위의 강제력을 가지는 인위적인 법적 인격인 리바이어던, 곧 국가를 설립하기로 하고, 이에 모든 개인의 자연권을 자발적으로 상호 동등하게 양도하기로 약정하는 것이 사회계약이라고 본다. 즉 사회계약의 가장 직접적인 결과는 모든 성원들을 법적으로 대표하는 인위적 인격인 국가가 형성되는 것이다. 이때 계약의 주체(본인)인 개인들은 자기들의 무제한적인 자연권을 결합하여 이 법적 인격에게 양도하게 되는데, 이 모든 권력을 양도받는 법적 인격, 곧 통치자를 주권자라고 하고, 그가 가지는 무소불위의 권력을 주권이라고 부른다는 것이 홉스의 생각이다.

이러한 주권은 그 생성 근거인 사회계약의 본질상 타인이나 다른 단체에 양도할 수도 없고 또 그 내용이 여러 가지로 나뉠 수도 없는 불가분리성과 분할불능성을 특징으로 한다. 즉 주권자로서의 통치자는 자신과 분리할 수도 없고 또 나누어 가질 수도 없는 절대권력을 가진다는 것이다. 홉스는 법적 인격인 국가를 인위적으로 형성하기로 하는 계약자인 인민 모두가 자기들의 자연권을 결합하여 이를 양도한 대리인, 곧 주권자의 수에 따라 통치의 형태는 민주정 · 귀족정 · 군주정으로 나뉘는데, 이 중에서 군주정이 가장 효율적이고도 편의적인 통치형태라고 보아 군주정을 옹호한다. 이렇게 주권은 절대성을 가지며, 이는 절대군주 한 사람에게 독점되는 권한이라는 것이 홉스의 주장인 것이다.

이것이 주권의 절대성과 '절대군주제'를 옹호하는 홉스의 논리인데, 이러한 절대군주제에 대한 옹호는 무신론자라는 비난과 함께 홉스에 대한 비판의 초점이 되고 있다. 홉스가 『리바이어던』을 출간한 1651년은 청교도혁명의 여파로 국왕 찰스 1세가 처형된(1649년) 바로 직후였을 뿐만 아니라, 크롬웰에 의한 독재(1642~1658)와 왕정복고(1660~1685) 및 명예혁명(1689년)이 이어지던 불안정한 시대였는데, 당시에 대세는 이미 의회중심주의로 기울어져 있었다. 이러한 상황에서 절대군주제를 옹호하는 논리를 들고 나왔으니 비판받는 것은 오히려 당연한 일이었던 것이다.

홉스에 따르면, 군주가 갖는 권력은 이렇게 절대적이기는 하지만, 이는 사회계약의 유보조건과 국가의 설립 목적에 의해 제한될 수밖에 없다. 사회계약에 의해서도 개인의 '생명권'은 결코 양도한 바가 없으므로 아무리 절대군주라고 해도 개인의 생명에 위해를 가하는 명령을 내릴 수는 없으며, 인민이 이러한 명령에 복종할 의무는 없다는 것이 홉스의 주장이다. 또한 국가의 설립 목적은 개인의 안전과 사회의 평화를 보장하는 데 있으므로, 주권자의 권력은 이러한 한계 내에서 행사될 수밖에 없다고 홉스는 주장한다.

그러나 국가를 체결하기로 하는 신의계약의 체결 주체는 인민들이고, 주권자는 다만 위임받은 권한만을 행사하는 대리인일 뿐이어서, 계약의 주체들이 자기 생명을 위협하거나 자기이익 또는 사회의 안전과 평화에 위반되는 계약을 체결할 이유가 없고, 주권자인 군주도 자기에게 위임되지 않은 권한을 행사할 리도 없을 것이라고 홉스는 주장한다. 이러한 논리에서 홉스는 인민의 저항권은 인정하지 않는다. 그는 주권은 계약의 주체, 곧 본인으로서의 인민에게 있는 것이 아니라, 인위적이고 법적인 인격으로서의 대리인인 통치자(군주)에게 위임되어 있다고 가정하여 인민주권론을 부정하기 때문이다.

### (2) 로크: 국가권력의 분립성과 의회중심주의의 옹호

자연상태에서는 자연법의 집행권(타인의 자연권을 침해하는 자에 대한 처벌권과 그로부터 입은 손해에 대한 배상청구권)이 자연인 각자에게 주어져 있어서 불안정할 뿐만 아니라, 타인에 의한 권리침해의 위험에 끊임없이 노출되어 있어서 개인의 재산(생명과 자유와 자산)을 보전하기 힘들게 되므로, 자연인들은 자발적 동의를 통해 각자가 가지고 있는 자연법 집행권을 포기하고, 이를 공통의 권력, 곧 공동체의 수중에 양도하기로 하는 계약을 맺음으로써 국가권력을 탄생시킨다는 것이 로크의 사회계약론의 골자이다. 이렇게 로크에게 있어서도 사회계약의 직접적인 결과는 국가권력의 설립이다.

이러한 국가권력은 공동체와 그 구성원들의 재산을 보전하기 위하여 국가의 힘을 사용하고 평화 위반자를 처벌할 수 있는 규범인 법률을 제정할 수 있는 입법권, 이러한 법률을 집행하여 국가 사회를 평화롭게 유지하는 집행권(행정권), 그리고 국가를 외적의 침입으로부터 보호하고 안전하게 지키기 위해 외국과 강화하고 교섭할 수 있는 연합권으로 분할된다는 것이 로크의 의견이다. 그는 『통치론』 전체에서 주권 또는 주권자라는 용어를 한 번도 사용하고 있지 않지만, 주권의 분할불능성을 주장한 홉스와는 달리 국가권력의 분할가능성을 논파하고 있는 것이다.

이 세 국가권력 가운데 입법권을 담당하는 기관이 입법부이고, 집행권과 연합권은 행정부에 위임된 권한이라는 것이 로크의 의견이다. 그는 이 세 권력 중에서 입법권이 가장 핵심적인 최고의 권력이라고 보는데, 법률의 제정 행위는 사회의 모든 부분 및 그 구성원들의 행위를 규제하는 규칙을 만드는 것이므로, 이를 제정하는 행위는 국가의 골격을 세우는 작업이기 때문이다. 그러므로 입법권에는 자기들이 제정한 법률을 집행하기 위한 집행권을 부여할 권리도 속하며, 따라서 행정권과 연합권의 담당자 곧 행정권자(통치자)를 선정할 권리도 당연히 입법부에 귀속된다. 이런 점에서 로크는 행정권과 연합권은 입법권에 종속되는 보조적인 권력에 불과하다고 보아, '의회중심주의'의 기치를 내세운다.

이러한 입법권이 누구의 수중에 있느냐에 따라 국가의 형태, 곧 정부의 형태가 달라진다. 입법권이 사회계약의 당사자 다수에게 장악되어 있으면 민주정이 되고, 소수에게 위임되어 있으면 과두정이 되며, 한 사람의 수중에 맡겨지면 군주정이 되는데, 이 세 가지 정부형태 중에서 군주정은 군주 한 사람이 입법권과 행정권을 독점하는 체제이므로 바람직하지 않고, 가장 정상적이고 자연적인 것은 입법권이 다수의 수중에 장악되어 있는 민주정이라는 것이 로크의 주장이다. 자연상태에서 갖는 자연법 집행권을 포기하기로 하는 사회계약은 다수의 자발적 합의를 전제로 하는 것이고, 따라서 계약에 합의한 다수가 자기들을 규제할 법률과 규칙을 만드는 것이 가장 자연스럽고 합당하기 때문이라는 것이다.

국가의 최고 권력인 입법권에도 기본적인 한계가 있다는 것이 로크의 생각이다. 그것은 국가 설립의 목적이 개인의 재산권의 보호에 있으므로, 모든 법률은 이에 맞게 제정되어야 한다는 한계이다. 그리고 행정부도 구성원들의 복지와 재산권의 안전한 보호라는 한계 내에서 자신들에게 위임된 집행권과 연합권을 행사하여야 한다는 한계를 갖는다. 만일 행정부가 이러한 목적에 부응하지 못하거나 이러한 한계의 범위를 넘어서서 위임된 권력을 행사한다면, 인민은 그들 자신의 재산과 안전을 확보하기 위해 정치권력에 대항하여 그 위임을 철회할 수 있다고 로크는 주장한다. 로크가 주장하는 이러한 '인민의 저항권'은 폭정으로부터 벗어날 권리뿐만 아니라 그것을 예방할 권리까지 포함하며, 비폭력적인 시민 불복종에 국한되는 것이 아니라 무력을 통한 폭력적인 저항까지도 용인된다는 점에서, 인민의 적극적인 저항권을 인정하는 것이다. 이런 점에서 그는 비록 주권이라는 용어를 사용하고 있지는 않지만, '인민주권론자'라고 부를 수 있을 것이다.

### (3) 루소: 주권의 절대성과 공화제의 옹호

루소는 일정한 영토 안에 살고 있는 모든 사람들이 공동의 이익을 추구하는 일반의지의 지도에 따르기로 하고, 자기들이 자연상태에서 가지고 있는 스스로의 인신과 소유물, 그리고 이에 대한 권리를 새로 형성되는 공적 인격인 정치체에 전적으로 양도하기로 하는 협약을 맺음으로써, 고립적인 자연인이 하나의 단체인 정치체에 소속되는 집합적인 시민으로 변모하게 되는 것이 바로 사회계약이라고 본다. 이렇게 루소에게 있어서도 사회계약의 직접적인 결과는 국가권력의 형성이다.

루소는 사회계약에 의해 설립되는 정신적 인격인 국가는 스스로의 존립을 위해 모든 인민의 힘을 하나로 모아 동원하고 배치할 수 있는 절대권력을 가진다고 본다. 그는 국가가 형성되는 기반인 사회계약은 모든 사람의 자발적인 합의를 바탕으로 하므로, 인민 모두가 이러한 절대권력 곧 주권의 담당자인 주권자라고 주장한다. 이렇게 루소는 주권자가 인민 전체라고 본다는 점에서 통치권력을 위임받은 통치자(군주)가 바로 주권자라는 홉스의 관점과 다르고, 오히려 최고 권력인 입법권이 계약 당사자 다수에게 있다고 보는 로크의 관점과 비슷한 이론을 제시하고 있다.

루소는 주권자가 가지는 권력은 절대적이고 신성불가침한 것이기는 하지만, 이는 일반적인 협약의 한계를 넘지도 또 넘을 수도 없다는 한계를 갖는다. 이는 국가 설립의 목적, 곧 개인의 인신과 소유물의 보호 및 공공선의 추구라는 한계 내에서만 작동되어야 하고, 일반의지에 따르기로 하는 계약이라는 한계, 곧 어떤 특수한 개인이나 집단에 대한 편파성에서 벗어나 모든 성원들에게 보편적으로 적용되어야 한다는 한계를 갖는다.

정부의 법 집행이 이러한 한계를 넘을 때, 루소도 인민의 저항권을 인정하고 있다. 그러나 이는 정부의 주권 찬탈의 경우로 제한됨으로써, 다만 수사적인 권리에 그칠 가능성이 높다.

루소는 주권자인 인민 모두가 가지고 있는 절대권력, 곧 주권은 양도불가성과 분할불능성을 특징으로 한다고 본다. 이 점에서는 홉스와 유사하다고 볼 수 있다. 그러나 루소는 주권자가 가지는 양도할 수 없고 분할할 수도 없는 주권은 법률을 제정하는 입법권에만 한정되고, 주권자인 인민은 자기들이 제정한 법률을 집행하는 권한을 중간적인 단체, 곧 정부를 선정하여 위임해야 한다고 주장한다. 법률의 집행 행위는 특수한 상황에 적용하는 특수한 행위에 불과하므로, 일반적이고 보편적인 행위 곧 일반의지에 따르는 행위라고 볼 수 없기 때문이라는 논리에서이다. 이렇게 루소는 주권자인 인민 전체에게 속하는 입법권과 이의 집행을 위해 선정되어 주권자의 위임에 따라 이를 집행하는 정부가 갖는 집행권을 구분하고 있다. 이런 측면에서 보면 루소의 관점은 로크의 관점과 유사하다고 하겠다.

루소는 주권자의 심부름꾼에 불과한 정부의 형태는 법률의 집행권을 담당한 사람의 수에 따라, 주권자 모두에게 위임되는 민주정, 소수에게 위임되는 귀족정, 그리고 한 사람에게 위임되는 군주정으로 나눌 수 있다고 보고 있는데, 이는 홉스 및 로크와 마찬가지이다. 그러나 루소는 정부가 어떤 형태를 띠든지 간에 법에 의해 통치되는 정부를 공화정이라고 한다면서, 이를 가장 합법적인 정부형태라고 보아 공화정을 옹호하고 있다. 그러나 루소는 군주정도 일반의지, 곧 법에 따라 통치된다면 공화정이라고 볼 수 있다고 주장한다는 점, 그가 말하는 민주정은 주권자인 인민 모두가 한곳에 정기적으로 모일 수 있는 작은 나라에만 적합하다고 보아 직접민주주의에 국한시키고 있다는 점, 주권자의 권리인 입법권은 모든 주권자들이 가지고 있는 배타적인 권리로서 결코 대표자에게 위임될 수 있는 것이 아니라고 주장하여 대의민주주의를 거부하고 있다는 점, 그리고 군주정이 가장 효율적이고 가장 바람직한 정부형태라고 치켜세우고 있다는 점 등에 비추어볼 때, 전제군주정의 옹호자라는 비판을 받기도 한다.

#### (4) 사회계약론자들의 국가권력론 종합

이상에서 보듯이 홉스 · 로크 · 루소가 제시하는 국가권력론 사이에는 국가권력이 사회계약의 결과 생성되는 것이라고 보아, 그 정당성을 계약을 맺는 모든 사람의 자발적인 합의에서 구하고 있다는 사실을 제외하고는 공통점보다는 차이점이 더 많다.

우선 홉스는 절대적인 권력인 주권은 계약을 통해 형성되는 법적 인격인 국가 자체에게 귀속된 것으로, 통치자가 곧 주권자라고 본다. 통치자인 주권자는 스스로와 분리할 수도 없고, 또 나눌 수도 없는 모든 국가권력을 독점한다는 것이다. 이에 비해 로크는 국가권력은 입법권과 행정권 및 연합권으로 분할되며, 이 중에서 최고의 권력인 입법권은 입법부에 속하고, 행정권과 연합권은 입법부가 선정하는 행정부에 속한다고 본다. 루소는 양자를 절충하는 입장을 취하는데, 주권자인 인민 모두가 입법권을 가지며, 주권자들의 대리인에 불과한 정부가 법의 집행권을 맡는다고 본다.

이 세 사람은 정부형태를 민주정 · 귀족정(과두정) · 군주정으로 나눌 수 있다고 보는 공통점을 갖는다. 이는 권력 담당자의 수에 따라 달라진다. 그러나 어느 것이 가장 효율적인 정부형태인지에 대해서는 서로 매우 다른 견해를 표명한다. 홉스는 군주정이 최선의 정부형태라고 보지만, 로크는 최고의 권력인 입법권을 가진 입법부가 가장 중요하다고 보아 의회중심주의의 논지를 전개한다. 이에 비해 루소는 공화정이 가장 합리적인 정부형태라는 유보조건을 달기는 하지만, 민주정보다는 군주정을 선호하는 이론을 전개하고 있다. 그러나 루소는 철저하게 인민주권론을 주장하여, 군주정도 행정권이 1인에게 맡겨진 것일 뿐, 군주에게 입법권이 있다고는 보지 않는다는 점에서 홉스와 차이를 보인다.

국가권력은 개인의 안전과 자유 · 생명 그리고 재산의 보호와 공공선의 실현이라는 목적에 맞게 운영되어야 한다는 한계를 설정하고 있는 점은 삼자가 공통적이다. 그러나 홉스는 국가권력에 대한 인민의 저항권을 인정하지 않고, 루소는 제한적으로 인정하고 있을 뿐인데 반해, 로크는 인민의 적극적인 저항권을 인정하고 있다. 이러한 논의를 종합해볼 때 홉스의 국가권력론은 전형적인 '절대군주론'으로, 로크의 이론은 '의회중심주의론'으로, 그리고 루소의 이론은 '공화주의론'으로 특징지을 수 있을 것이다.

루소에게서는 공화주의적 면모가 다분히 발견된다는 사실이 홉스 및 로크와 다른 독특성이다. 공화주의는 시민의 공공선 추구, 정치참여와 애국심을 긍정적으로 평가하는 이념체계이다. 이에 비해 자유주의는 개인의 자기이익 추구의 자유를 강조하고 정치참여에 소극적이라는 점, 아울러 국가를 경계하고 국가로부터의 개인의 자유를 주장한다는 점에서 공화주의와 대비된다. 로크가 소극적 자유, 비정치적 자유를 옹호하고 있다면, 루소는 적극적 자유, 공적인 자유를 강조하는 경향을 띤다는 점에서 루소는 공화주의자이다. 그러나 개인을 자유의지의 주체로 여겨 자유를 인간의 가장 중핵적인 가치로 내세운다는 점에서 루소는 자유주의자이기도 하다.[370]

370 이러한 논의는 이 장의 내용을 감수해준 강정인 교수에게 시사 받은 것임.

## 제4장
## 현대 서구 사회과학의 사회관계론

현대 서구 사회과학계에서 "사회관계에 대한 가장 영향력 있는 관점은 다양한 사회교환이론(社會交換理論, social exchange theory)들에 의해 제공되고 있다."[1] 이 관점은 한 개인의 사회행동을 분석하는 거대 이론인 "학습이론(學習理論)과 의사결정이론(意思決定理論)의 두 가지를 토대로 구축"[2]되어, 둘 이상의 사람 사이의 관계를 분석하는 데 사용되어온, 현대 사회심리학의 가장 기본적인 이론체계 중의 하나이다.[3] 학습이론에 토대를 두고 있으므로 교환이론에서는 상호작용에서 얻게 되는 보상과 이익 같은 '강화'(强化, reinforcement)를 중시하고, 의사결정이론에 토대를 두고 있으므로 교환이론가들은 행동 선택과정에서의 '합리성'(合理性, rationality)을 중시한다. 이러한 교환의 관점은 심리학뿐만 아니라 사회과학 전체에 걸쳐 광범위하게 연구자들의 관심을 사로잡아온 이론틀이다.

1 Taylor, S. E. et al., 2003, p. 263.

2 Taylor, S. E. et al., 2003, p. 10.

3 Brehm, S. S., 1992, p. 157; Emerson, 1992, pp. 30~31; Shaw & Constanzo, 1982/1985, p. 90.

교환이론의 영향을 받은 연구 영역들에는 '사회심리학'의 협동 · 경쟁 · 갈등 · 동조 · 리더십 · 도움행동 · 규범형성 · 대인매력 · 동맹형성 · 분배정의 · 친밀관계형성 · 자기제시 같은 연구, '사회학'의 조직행동 · 조직간 관계 · 작업역할 · 행정의사결정 · 아노미 · 일탈 · 집단의사결정 · 권력배분 · 사회적 의무 같은 연구, '인류학'의 선물교환 · 교호성 · 의례활동 · 원시무역 · 원시문화의 구조 같은 연구, '정치학'의 개인 간 및 국가 간의 갈등 · 협상 · 의사결정 같은 연구, 그리고 '법학'의 형사재판제도 · 계약법 같은 연구들을 나열할 수 있을 정도로, 현대 사회과학의 거의 전 연구 분야가 망라되고 있다.[4]

이러한 사회교환이론들의 배경에는 '경제적인 은유'(economical metaphor)가 놓여 있다. 시장(市場)에서의 경험은 인간 사회 어디에서나 이루어지고, 시장의 영상(映像)은 복잡하고 풍성한 감흥을 불러일으킬 뿐만 아니라, 그 도전은 감동적이기까지 하다. 그러므로 "사회생활의 다양한 영역을 모두 각자가 자기의 이익을 최대화하기 위해 애쓰는 시장의 확대판이라고 생각하는 것은 지적으로나 정서적으로 매우 고무적인 일이 아닐 수 없다."[5] 다양한 형태의 사회교환이론들은 이렇게 '경제적 인간'(*homo economicus*)으로 사람의 특성을 파악하는 관점을 배경으로 하여 태어났던 것이다.

이러한 맥락에서 사회교환이론들에서는 인간을 쾌락적인 동기에 따라 행동하는 존재라고 보는 고전경제학(古典經濟學)의 전제를 따르고 있다. 인간의 모든 행위는 기본적으로 쾌락의 획득 및 고통의 회피를 목적으로 하고 있다는 것이다. 이 이론의 주창자들은 사회생활에서 이러한 목적에

4 Gergen, K. J., Greenberg, M. S., & Willis, 1980, pp. viii~ix.

5 Gergen, K. J. et al., 1980, p. vii.

기여하는 행동은 유지되고 강화되지만, 이러한 목적을 방해하거나 이에 도움이 되지 못하는 행동은 제거되기 마련이라고 본다. 이 점에서 사회교환이론들은 조작적 조건형성의 강화이론과 손을 잡게 된다. 이와 같이 사회교환이론은 고전경제학과 행동주의심리학의 강화이론을 바탕으로 하고 있는 것이다.[6]

사회교환이론들에서는 이성적 존재인 인간이 합리적 계산과 선택을 거쳐 보상과 부담을 주고받는 교환의 과정을 중시한다.[7] 사회교환이론가들은 자기이익 최대화를 추구하는 과정에서 사람들은 이러한 목적을 달성하는 데 가장 효과적인 교환의 규범을 합리적인 계산을 통해 선택하고 발전시키게 된다고 가정한다. 자기이익의 최대화를 도모할 수 있는 최적의 교환 규범에 관한 관점의 차이가 바로 다양한 교환이론들의 차이를 낳는다고 볼 수 있다. 이러한 교환이론들 중 대표적인 것은 사회학자인 호만스(G. C. Homans)[8] 및 블라우(P. M. Blau)[9] 그리고 심리학자인 티보(J. W. Thibaut)와 켈리(H. H. Kelley)[10] 및 월스터(E. E. Walster), 버샤이드(E. Berscheid)와 월스터(G. W. Walster)[11]의 이론들을 들 수 있다.[12] 이 가운데 블라우의 이론은 호만스의 이론을 기초로 하여, 이를 '사회 권력'(social power)의 여러 문제 상황으로 확장한 것이다.[13] 그러므로 여기서는 그를

---

**6** Shaw & Constanzo, 1982/1985, p. 90; Gergen, K. J. et al., 1980, p. vii~viii.

**7** Emerson, 1992, p. 30.

**8** Homans, 1961, 1974.

**9** Blau, 1964.

**10** Thibaut & Kelley, 1959; Kelley, 1979; Kelley & Thibaut, 1978.

**11** Walster, E. E., Berscheid, & Walster, G. W, 1976; Walster, E. E., Walster, G. W., & Berscheid, 1978.

**12** Gergen, K. J. et al., 1980, p. vii.; Shaw & Constanzo, 1982/1985, pp. 90~145.

**13** Blau(1964, p. vii)는 자기 저서의 서문에서 "이 책의 앞부분 절반 정도에는, 연구 접근에서 몇 가지 기본적인 차이는 있지만, 호만스의 이론이 지배적으로 스며들어 있다"고 적시함으로써, 그의 이론이 대체로 호만스의 것을 따르고 있음을 밝히고 있다.

뺀 나머지 세 이론을 중심으로 사회교환이론의 기본 내용을 살펴보기로 하겠다.[14]

## 1. 호만스의 기본적 사회행동이론

호만스의 이론은 사회행동의 '기본적 형태'(elementary forms)를 다루고 있다.[15] 그는 단순한 수준에서부터 복잡한 수준에 이르는 다양한 사회 단위(예: 두 사람 · 소집단 · 지역사회 · 회사조직 · 국가 등) 가운데 어떤 수준의 사회 단위에나 적용되는 보편적인 행동법칙이 있을 수 있다고 여기고, 이는 기본적 형태의 사회행동에 관한 연구를 통해 밝혀질 수 있다고 보았다. 여기서 호만스가 말하는 사회행동의 기본적 형태란 '이자관계'(dyads) 같은 소집단의 상호작용에서 이루어지는 개인의 자연적이고도 자발적인 행동의 근본적인 과정을 의미하는 것이다.

이러한 행동은 "구체적인 행동 그 자체가 아니라 그러한 행동이 이루어지는 근본적인 과정을 가리킨다"는 사실, 이러한 행동은 "의식적으로 이를 조직화하려고 하든 또는 그렇지 않든 간에 저절로 나오게 된다"는 사

---

14 이 세 이론에 대한 설명은 저자의 선행 연구(조긍호, 2008, pp. 354~389)의 내용에 새로운 자료와 관점을 첨가하여 대폭 수정한 것이다.

15 Homans의 이론은 원래 1961년에 *Social Behavior: Its Elementary Forms*라는 표제의 책에 제시되어 있으나, 그는 1974년에 같은 제목으로 개정판을 출간하였다. 개정판의 서문에서 그는 1961년 이래 받아온 많은 비판과 그동안 쌓인 연구 자료들을 포괄하기 위해 개정판을 내게 되었다면서, "원저술의 장들과 페이지 가운데 바뀌지 않은 것은 거의 없을 정도로 철저히 개정하였음"(Homans, 1974, p. v)을 밝히고 있다. 그러므로 그의 이론의 진면목은 원저술보다는 개정판에서 잘 드러나고 있는데, 이러한 맥락에서 Shaw와 Constanzo(1982/1985, pp. 91~106)도 개정판을 기초로 Homans의 이론을 소개하고 있다. 이러한 배경을 고려하여 이 책에서도 1974년의 개정판을 참고하여 그의 이론을 살펴보기로 하겠다.

실, 그리고 "거대 집단은 소집단들을 요소로 하여 구성될 수밖에 없다"는 사실 때문에 기본적 사회행동이라고 불린다.[16] 이러한 맥락에서 호만스는 "두 사람 사이의 대면관계에서 일어나는 '이익'(profit)과 '부담'(cost)의 교환행동"을 기본적 사회행동이라고 보고, 이 가운데 "이익을 가져오는 상호작용의 행동은 지속되지만, 그렇지 못한 행동은 사라지게 된다"[17]는 관점에서 사회교환행동에 관한 연구를 진행하였다.

호만스의 이론은 "집단 현상에 관한 '환원주의적 모형'(reductionist model)이다. [……] 그는 '조작적 행동주의'(operant behaviorism)에서 밝혀진 '기본 사실들'을 상호의존적 사회행동의 분석에 적용시키려고 하였다." 이러한 관점에서 그는 첫째, 모든 유기체에게는 보편적인 행동법칙이 있다; 둘째, 이들 행동법칙들은 기본 과정의 수준에서 이해될 수 있으며, 따라서 다양한 사회적 영역에 적용될 수 있다; 셋째, 이러한 기본 과정은 이익과 만족의 최대화와 부담과 손해의 최소화 같은 '기능적 쾌락주의'(funtional hedonism)의 원칙을 따른다와 같은 '작업가정'(作業假定, working assumptions)을 가지고 연구를 진행하고 있다.[18]

### 1) 연구의 배경과 전제

호만스의 교환이론은 고전경제학과 조작적 조건형성에 관한 행동주의 심리학을 배경으로 하고 있다. 그는 기본적 사회행동은 이자관계에서 이루어지는 이익과 부담의 교환행동이며, 이러한 교환행동은 조작적 조건형성 과정의 원리에 따라 이루어진다는 기본 전제에서 출발하고 있다.

그의 이론은 고전경제학의 '쾌락주의적 관점'(hedonistic perspective)을

16 Homans, 1974, pp. 2~6.

17 Shaw & Constanzo, 1982/1985, pp. 92~93.

18 Shaw & Constanzo, 1982/1985, pp. 91~92.

이어받고 있다. 이러한 쾌락주의적 관점을 따르면, 이자관계에서 각 개인은 이익과 부담의 교환을 통해 자기이익을 최대화하려 한다고 가정하게 된다. 곧 사회관계의 기본 목표는 자기이익의 최대화에 있다는 것이다. 이러한 배경에서 그의 이론에서는 이익 · 부담 · 한계효용 체감(diminishing marginal utility) · 시장(market) · 경쟁(competition) · 기회비용(opportunity cost) · 합리적 선택(rational choice) 같은 고전경제학의 용어를 동원하여 이자관계의 교환행동을 이해하려고 한다.[19]

그의 이론은 또한 조작적 조건형성에 관한 행동주의심리학의 원리들을 상호의존적인 사회행동의 분석에 적용하려고 한다. 그는 개인에게 보상을 가져오는 행동은 유지되거나 존속되는 반면, 보상을 가져오지 못하거나 처벌을 수반하는 행동은 개인의 행동목록에서 사라지게 된다는 '효과의 법칙'(law of effect)이 교환관계에 있는 개인의 행동을 지배하는 기본적인 원리라고 여긴다. 그는 이러한 사회행동의 기본원리를 통해 복잡한 사회행동을 모두 이해할 수 있다는 '환원주의적 관점'(reductionistic perspective)을 받아들인다. 그에게 있어서 이러한 환원주의는 자기의 선배 사회학자인 뒤르껭(Emile Durkheim)의 입장[20]과는 다른 '심리학적 환원'(psychological reduction)을 의미한다.[21] 그러므로 그의 이론에는 보상(reward) · 처벌(punishment) · 정적 강화(positive reinforcement) · 부적 강화(negative reinforcement) · 강화계획(reinforcement schedule) 같은 행동주의 심리학자, 특히 스키너(B. F. Skinner)의 용어들이 자주 등장한다.[22]

---

**19** Homans, 1974, pp. 67~69.

**20** Durkheim(1927, p. 125)은 "사회학은 심리학의 추론(corollary)일 수는 없어서, 인간 행동을 설명하는 사회학의 명제(propositions)는 심리학의 그것에서 도출되어서는 안 된다"(Homans, 1974, p. 12에서 재인용)고 주장한다.

**21** Homans, 1974, p. 12.

**22** Emerson, 1992, pp. 30~65; Shaw & Constanzo, 1982/1985, pp. 91~106.

이러한 호만스의 이론은 인간 존재와 사회구성의 기본단위에 대한 '개인주의적 관점'을 전제로 하고 있다.[23] 인간은 스스로 모든 행위원동력을 내적으로 갖추고 있는 존재이며, 사회는 이러한 개별적이고 독립적인 개인들의 집합체라는 것이 고전경제학과 행동주의심리학에서 인간을 파악하는 기본 관점이다. 개인은 시장에서의 무한경쟁의 주체이며, 이러한 평등하고 독립적인 개인들 사이의 '거래'(transaction) 관계가 곧 사회관계라고 보는 것이 고전경제학이다. 그리고 이러한 개인들의 행동 원리를 개인이 과거에 강화 받아온 경험에서 찾아보려는 것이 행동주의심리학이다. 따라서 고전경제학과 행동주의심리학에서는 개체로서 존재하는 상호독립적인 개인을 사회구성의 기본단위라고 인식하여, 개인의 특성과 경험에서 모든 사회행동의 원인을 찾아보려는 환원주의적 색채를 띠게 되는 것이다. 이러한 맥락에서 고전경제학과 행동주의심리학의 영향을 받은 호만스의 이론이 개인중심적인 경향을 보이는 것은 당연한 일이다.

호만스의 이론의 또 하나의 전제는 인간의 사회행동을 합리적 선택의 과정으로 본다는 사실이다.[24] 고전경제학에서는 인간은 이성의 주체로서, 다양한 선택지 중에서 자기에게 가장 이득을 가져다줄 수 있는 행동을 선택하여 수행한다고 본다. 이러한 선택행동을 통해 개인은 자기이익의 최대화를 이룰 수 있게 된다. 이러한 맥락에서 보면, 고전경제학의 영향을 받은 호만스의 이론에서는 인간의 사회행위의 목표를 바로 자기이익의 최대화에서 찾으려는 전제를 깔고 있는 것이다.

호만스의 이론은 이와 같이 고전경제학과 행동주의 심리학을 배경으로 하여 성립되고 있으므로, 이론의 전개에서 이 두 분야의 용어들과 변인들

**23** Ekeh, 1974.
**24** Heath, 1976.

을 기반으로 삼고 있다. 그가 사용하는 핵심적인 용어들은 '행위'(act, action), '감정'(sentiment) 및 '상호작용'(interaction)이다. 행위는 스키너의 '조작적(操作的, operant) 행위'를 말하는 것으로, 비자발적인 반사(反射, reflex) 활동이 아니라 유기체가 방출(放出)한 자발적(voluntary) 행동을 말한다.[25] 감정은 "어떤 특정의 '상징적 공동체'(symbolic community)의 성원들 사이에서 통용되는, 대상에 대해 갖는 태도 및 느낌에 대한 신호가 되는 것"으로서, "자동적으로나 도구적으로 표출되는 분노나 인정 같은 변인"을 가리킨다.[26] 상호작용은 "한 개인의 행위와 감정이 다른 사람이 방출한 행위와 감정에 의해서 보상을 받거나 처벌을 받는 것", 곧 '보상의 교환'(exchange of rewards)을 말한다.[27]

이러한 내용들은 '양'(quantity)과 '가치'(value)의 두 차원에서 수량적으로 측정된다. 여기서 '양'은 "특정 시간 내에 해당 유기체가 방출하는 행위의 수나 크기"[28]를 말하는 것으로, 행위의 빈도(frequency), 감정의 크기, 상호작용의 지속성과 빈도 등으로 측정된다. '가치'는 어떤 행위가 유발하는 정적(正的, positive)이거나 부적(否的, negative)인 강화의 정도를 말하는 것으로, "개인의 행위가 유발하는 정적인 가치를 '보상'(報償, reward)이라고 하고, 부적인 가치를 '처벌'(處罰, punishment)이라고 한다. [……] 보상에는 '내재적 보상'(intrinsic reward)과 '처벌의 회피'(avoidance of punishment)의 두 종류가 있고, 처벌에도 '내재적 처벌'(intrinsic punishment)과 '보상의 회수'(withholding of reward)의 두 종류가 있다."[29]

---

**25** Homans, 1974, p. 16; Shaw & Constanzo, 1982/1985, p. 94.
**26** Homans, 1961, p. 33; 1974, p. 40.
**27** Homans, 1961, p. 35; 1974, p. 56.
**28** Homans, 1961, p. 36.
**29** Homans, 1974, pp. 25~26.

호만스의 기본적 사회행동이론은 양과 가치의 차원에서 측정된 개인의 행위와 감정과 상호작용에 관한 일반적인 원칙들을 소수의 '명제'(命題, propositions)들로 정리하여, 인간의 사회행동을 설명하기 위한 근본적인 원리로 제시하고자 하는 이론체계이다.

### 2) 기본적 사회행동의 일반 명제

이성의 주체인 인간이 사회적 교환을 통해 자기이익의 최대화를 도모하는 과정에서 실제로 수행하는 행동에 관한 원리를 고전경제학과 조작적 행동주의심리학에서 추출하여, 이자관계를 비롯한 소집단의 교환행동과 이에 기초를 둔 복잡한 사회행동에 적용하려고 한 것이 호만스의 교환이론의 핵심이다. 그는 기본적 사회행동의 원리를 다음과 같은 여섯 개의 명제로 정리하여 제시하고 있다.

이러한 명제들의 기본적인 특징은 이들이 모두 개체로서의 개인의 행동의 원칙을 다루고 있다는 것이다. 이들은 모두 "개인의 행동은 그 행동으로 인해 얻어지는 성과(그것이 보상이든 아니면 처벌이든 간에)의 함수이며, 이러한 성과가 비인간적인 환경(nonhuman environment)에 의해 유발되던 아니면 타인에 의해 유발되던 상관없이 행동의 원천으로서 유효하게 작용한다"는 사실에 근거를 두고 있다. 즉 "이들은 단일한 개체로서의 개인의 비사회적 행동에 적용되는 명제들인데, 이들은 상호작용을 하고 있는 사람들의 사회행동을 설명할 수 있는 유효한 원칙이 된다"는 것이다.[30]

이러한 전제는 사회집단 또는 사회는 이를 구성하는 개체로서의 독립적인 개인으로 형성되는 것으로서, 독립적인 개인들의 자발적인 행동원

**30** Homans, 1974, p. 12.

칙이 상호작용 장면에서의 모든 행동의 기본적인 원칙으로 작용할 수밖에 없다는 추론으로부터 나오는 것이다. 말하자면, “사회집단과 사회는 의심할 바 없이 그 구성단위로서의 개인들 사이의 오랜 시간에 걸친 상호작용의 결과물일 뿐, 그 이상도 그 이하도 아니므로,”[31] 사회행동의 근본원칙은 개체의 행동원칙으로부터만 도출될 수 있다는 것이다.

**명제 1: 성공명제(success proposition)** 사회교환의 제1명제는 ‘효과의 법칙’에서 직접 유도된 것으로, 이는 “개인이 수행하는 모든 행위 가운데, 특정 행위가 개인에게 더 자주 보상을 가져올수록, 개인이 그 행위를 수행할 가능성은 더욱 커진다”[32]는 것이다. 이는 개인의 어떤 행위가 보상을 가져오면, 이 행동이 반복될 것이라는 학습의 기본 원리에 관한 일반 명제이다.

이 명제는 얼핏 보면 어떤 행동은 그것이 야기할 결과에 의해 촉발된다, 곧 행동 결과에 대한 예측이 행동을 유발하는 원인으로 작용한다는 사실을 의미하는 것 같지만, 그렇지는 않다. 이는 우선 개인이 어떤 행동을 하고, 다음으로 이것이 보상적 결과를 수반하면, 결과적으로 원래의 행동 또는 이와 유사한 행동이 반복된다는 일련의 사건의 계열로 이루어진다. 즉 행위의 결과로 보상이 주어지는 것이지, 최초의 행위가 이루어지기 전에는 그것이 보상을 가져올지 아니면 처벌을 가져올지 알지 못한다는 것이다. 이는 ‘학습이론’들의 기본 명제이다.[33]

인간과 동물의 학습과정에 관한 많은 실험들에서 이러한 ‘성공명제’, 곧 ‘효과의 법칙’은 이미 확증된 된 사실이다. 그러므로 이는 “행동의 빈

---

**31** Homans, 1974, p. 12.
**32** Homans, 1974, p. 16.
**33** Homans, 1974, pp. 16~17.

도와 보상의 빈도 사이의 함수적 관계에 대한 일반 명제"[34]인 것이다.

**명제 2: 자극명제(stimulus proposition)** 이 명제는 "과거에 어떤 특정한 자극에 대한 행위가 보상을 가져왔다면, 현재의 자극이 이 과거의 자극과 유사할수록 과거에 수행했던 행위 또는 이와 유사한 행위를 수행할 가능성이 높아진다"[35]는 것이다. 이는 학습심리학에서 밝혀진 '일반화'(一般化, generalization)와 '변별'(辨別, discrimination)의 현상을 진술한 것이다. 곧 과거에 보상을 가져온 자극과 유사한 자극 사태에서 개인은 과거의 것과 유사한 반응을 하게 됨으로써, 계속 보상을 얻으려고 한다는 것이다.

이 자극명제에서 행위의 재(再)수행은 "과거의 보수의 직접적인 함수라기보다는 보상에 연합되어 있는 자극의 존재에 대한 반응"[36]으로 나타나는 것이다. 이러한 점에서 '명제 2'는 행동에 대한 '자극통제'(stimulus control of behavior)의 과정을 진술하고 있는 것이다. 곧 "유기체는 보상을 가져오거나 처벌을 가져오는 자극 상황에 대해 민감하거나 주의를 기울임으로써, 이러한 자극에 대한 민감성과 주의는 그 자체가 보상을 가져오는 행위를 더 자주 수행하도록 하는 유기체의 제반 행위의 근거"[37]가 된다는 것이다. 곧 '명제 2'는 유기체의 보상추구 행위는 자극 상황의 함수로 이해할 수 있음을 진술하는 명제라고 볼 수 있다.

**명제 3: 가치명제(value proposition)** 앞의 성공명제는 보상을 가져

**34** Shaw & Constanzo, 1982/1985, p. 98.
**35** Homans, 1974, pp. 22~23.
**36** Shaw & Constanzo, 1982/1985, p. 99.
**37** Homans, 1974, p. 23.

온 행동의 빈도와 관련된 것이었다. 곧 보상을 가져온 빈도가 높은 행동일수록 반복될 가능성이 커진다는 것이었다. 이에 비해 가치명제는 "어떤 행위의 결과 얻은 가치가 클수록, 그 행위를 수행할 가능성이 높아진다"[38]는 것으로, 보상의 빈도 이외에 보상의 가치도 행위가 반복될 가능성을 결정하는 요인으로 작용함을 나타내고 있다.

교환이론의 관점에서 표현하면, 가치명제는 행위자들 사이의 행위의 교환에서 '이익'(profit)을 거둘수록 그 행위는 재현될 가능성이 커지지만, 행위의 교환을 통해 지게 되는 '부담'(cost)이 커질수록 그 행위는 개인의 '행동목록'(行動目錄, behavior repertoire)에서 사라지게 될 것이라는 사실을 진술하고 있다. 즉 교환관계에서 어떤 행위의 재수행의 여부는 그 행위가 갖는 '보상가치'(報償價値, rewarding value)의 크기의 함수라는 것이다. 즉 교환관계에서 더 큰 보상가치를 갖는 행위일수록 재현될 가능성이 더 커진다는 것이다.[39]

**명제 4: 결핍-포만명제(deprivation-satiation proposition)** 앞의 가치명제는 특정 행동 또는 자극이 갖는 가치가 다양한 상황에 걸쳐 안정적일 경우에 적용되는 행동 명제이다. 그러나 특정한 보상의 가치가 상황에 따라 동일하지 않은 경우가 발생할 수 있다. 곧 상황에 따라 특정 행동이나 자극이 갖는 가치가 달라질 수 있을 것이다. 이 명제는 이러한 경우에 적용되는 것으로, "한 개인이 최근에 특정 보상을 자주 받았을수록, 이 보상이 갖는 추가적인 가치는 줄어든다"[40]는 것이다. 이는 보상의 가치에도 '한계효용 체감의 법칙'이 적용됨을 의미하는 명제이다.

---

**38** Homans, 1974, p. 25.
**39** Shaw & Constanzo, 1982/1985, p. 100.
**40** Homans, 1974, p. 29.

이 명제는 어떤 행위가 갖는 보상가치는 '최근의 과거'(recent past)에 보상받은 빈도의 함수로서 달라질 것이라는 사실을 지적하고 있다. 어떤 행위가 최근에 자주 보상을 받았을수록 포만감을 느껴 그 행위가 가져오는 보상가치가 줄어들게 되고, 따라서 그렇게 되면 '명제 3'의 원리에 따라 그런 행위의 재수행 빈도가 줄어들게 될 것이다. 그러나 어떤 특정한 보상의 가치를 학습한 사람이 최근에 그러한 보상을 받지 못했을수록 그러한 보상에 대해 결핍감을 느끼게 될 것이고, 따라서 결핍된 보상의 가치는 상승하게 되어, 이를 추구하는 행위의 강도가 강해질 것이다. 이렇게 어떤 행위가 가져오는 보상가치는 최근의 욕구충족 경험에 따른 포만과 결핍의 함수로서 달라진다는 사실을 진술하고 있는 것이 '명제 4'이다.

**명제 5: 공격 – 인정명제(aggression – approval proposition)** 앞의 명제들은 모두 특정한 사회적 교환을 하게 되는 선행 확률에 관한 것이다. 즉, 보상을 가져온 선행 행위(명제 1)나 이와 유사한 자극(명제 2), 그리고 보상가가 높은 행위나 자극(명제 3)에 대한 반응의 확률은 높아지지만, 최근에 자주 보상을 받아 그 한계효용이 낮아진 행위나 자극(명제 4)에 대한 반응 확률은 낮아진다는 것이었다. 간단히 말하자면, 이들은 보상에 대한 기대와 행동 확률 사이의 관계에 대해 진술하고 있다. '명제 5'는 이와는 달리 특정 행위가 가져오는 감정적 결과와 차후 행위 사이의 관계에 대한 것이다. 이는 공격명제와 인정명제로 나눠지는데, '공격명제'는 "어떤 행위의 결과 기대했던 보상을 받지 못하거나 예기치 못한 처벌을 받게 되면, 그는 분노를 느껴, 상대방에게 공격적 행위를 하게 될 가능성이 커지

---

**41** Homans, 1974, p. 37.

고, 이러한 공격 행위는 그에게 더욱 가치 있게 된다"[41]는 것이다. 이는 '좌절-공격 가설'(frustration-aggression hypothesis)[42]에 기초한 것으로, 교환관계에서 나타나는 공격행위의 근거에 관한 것이다. '인정명제'는 "어떤 행위의 결과 기대했던 것보다 더 큰 보상을 받거나 예상했던 처벌을 받지 않게 되면, 그는 쾌감을 느껴, 상대방을 인정하는 행위를 수행할 가능성이 커지고, 이러한 행위는 그에게 더욱 가치 있게 된다"[43]는 것이다. 이 명제는 교환관계에서 나타나는 경쟁과 협동의 근거를 제시하고 있다.

이 명제는 상호작용 상황에서의 개인의 행동은 과거 경험에 의한 보상 경험이나 자극 상황뿐만 아니라, 보상에 대한 기대와 연관된 감정에 따라서도 달라짐을 진술하고 있다. 즉 기대에 못 미치는 보상의 획득은 공격행위를 유발하고, 기대에 넘치는 보상 또는 예상치 못한 보상의 획득은 그 행동의 재수행이나 상호작용 상대방과의 협동의 행위를 유발하게 될 것인데, 이러한 차후의 공격이나 협동의 행위는 원초의 행위 결과가 유발하는 분노나 쾌감 같은 감정의 함수로 달라진다는 것이 이 명제의 골자이다.

**명제 6: 합리성명제(rationality proposition)** 이는 다양한 선택지가 있는 복잡한 사회관계에 처해서 사람들이 어떤 선택을 하게 되는지를 규정하는 명제이다. "여러 대안적 행위들 중에서 선택을 해야 할 때, 각 행위의 결과가 갖는 가치(V)와 그러한 결과를 얻을 수 있는 확률(*p*)을 곱한 수치가 가장 커지는 선택지를 선택할 것"[44]이라고 이 명제에서는 예측한다. 즉, 사람들은 "어떤 행동의 기대된 유용성(expected utility)을 최대화시

---

**42** Miller, N. E., & Dollard, 1941.
**43** Homans, 1974, p. 39.
**44** Homans, 1974, p. 43.
**45** Ofshe, L. & Ofshe, R., 1970, p. 3.

키려고 행동"하므로,[45] 각 행동에 부수되는 가치와 그러한 가치를 얻을 확률을 곱해서 나온 수치가 선택되는 행동의 내용을 결정하게 된다는 것이다. 바로 이러한 계산의 과정이 합리적인 선택의 과정이라는 것이 이 명제의 골자이다. 이 명제는 의사결정에 관한 '기대-가치이론'(expectancy-value theory)[46]을 답습하고 있는 것으로, 성공명제($p$)와 가치명제(V)의 결합의 형태로 이루어져 있어서, 이러한 합리적 선택이 교환관계에서 자기이익을 최대로 확보하는 길임을 강조하고 있다.

이 명제는 A=$p$V(여기서 A는 action을 가리킴)라는 수식의 형태로 표현된다. 즉 다양한 선택지를 갖는 상황에서 어떤 행위를 선택하느냐 하는 것은 다양한 선택지가 갖는 가치(V)와 과거에 그러한 결과를 얻었던 성공확률($p$)의 적(積)이 최대가 되는 선택지를 선택하게 된다는 것이다. 만일 과거에 여러 선택지의 성공확률($p$)이 100%였다면($p$=1), 이 공식은 A=V로서 가치명제(명제 3)와 일치한다. 만일 모든 선택지의 가치가 동일하다면, 이 공식은 A=$p$로서 성공명제(명제 1)와 일치한다. 이렇게 이 '명제 6'은 '명제 1'과 '명제 3'을 결합한 형태로 진술되고 있다.

호만스는 이 공식에서 성공확률은 단 한 번 수행하여 원하는 보상을 얻든지 100번 수행하여 원하는 보상을 얻든지 동일하다는 문제점, 곧 행위의 강도를 제대로 고려하지 않은 문제점이 있다고 보고, 이 공식의 $p$, 곧 성공확률을 어떤 선택지가 보상을 받은 실제의 빈도수(R)로 대치하여 A=RV라는 공식으로 대체하여 제시하고 있다.[47] 어쨌든 이 명제는 여러 선택지 사이에서 어떤 행위를 하게 될는지는 과거에 원하는 선택지를 얻었던 경험과 각 선택지가 가져오는 가치의 함수로 달라짐을 진술하고 있

**46** Edwards, W., 1954.
**47** Homans, 1974, pp. 43~45.

다. 즉 상호작용의 과정에서 인간은 합리적 계산을 통해 자기에게 최대의 이익을 가져오는 선택지를 선택하여 행동하게 된다는 것이다.

### 3) 호만스 이론의 핵심: 사회교환의 목표 규정

이상에서 살펴본 바와 같이, 호만스는 두 사람 사이 또는 소집단 내에서 이익과 부담을 주고받는 교환행동을 사회행동의 가장 기본적인 형태로 간주하고, 이러한 기본적인 사회행동이 이루어지는 과정에서 작동하는 원칙들을 조작적 조건형성의 원리를 바탕으로 하여 도출해내고 있다. 사회교환 장면에서 각 사람이 하는 행동의 확률은 각 행동이 수반하는 보상(명제 1), 보상을 수반하는 자극 상황과의 유사성(명제 2), 각 행동의 가치(명제 3) 및 각 행동의 한계효용(명제 4)에 비례해서 커진다. 곧 교환행동은 모든 종류의 행동이 학습되는 '효과의 법칙'에 따라 이루어진다는 것이다. 이러한 행동의 결과가 예측한 기대에 미치면 쾌락을 느끼지만, 기대에 어긋나면 분노를 경험하며(명제 5), 다양한 선택지 사이에서 선택을 해야 하는 상황에서는 최대의 보상이 예상되는 행동을 선택하게 된다(명제 6). 호만스는 이러한 기본적인 사회행동의 원리를 통해 사회 장면에서의 제반 현상—권력과 권위, 협동·동조 및 경쟁, 지위, 리더십 등—을 분석하고 있다.

그의 여섯 개의 명제 가운데 가장 중핵적인 것은 '명제 6'의 합리성 명제라고 볼 수 있다. 이는 '명제 1'의 성공명제와 '명제 3'의 가치명제를 결합한 것으로, 교환 장면에 놓여 있는 다양한 행동 중 가치와 기대의 곱이 가장 커지는 행동을 선택하게 되는 까닭은 그런 행동이 개인에게 최대의 이익을 보장해줄 수 있기 때문이다. 이렇게 보면, 호만스의 이론은 가장 기본적인 형태로부터 시작하여 모든 사회교환의 목표를 '자기이익의 최대화'에 두고 있다는 점이 분명해진다. 이는 그의 이론이 인간을 이기적인 쾌락 추구 존재라고 보는 고전경제학의 기본 이념을 바탕에 깔고 있다는 사실에서 나오는 자연스러운 결과이다. 이와 같이 호만스가 제시하는 교환이론의 핵심은 모든 사회관계의 목표는 이익과 부담의 교환을 통해 각자가 자기이익을 최대화하는 데 있다는 점을 행동주의심리학과 고전경제학의 원리들을 동원하여 강조하고 있다는 사실에 있는 것이다.

#### 4) 호만스 이론의 적용: 균형이론과 분배정의이론을 중심으로

호만스는 이러한 여섯 가지 기본 명제를 기본적 사회행동의 설명 원리로 설정한 다음, 인간 사회의 다양한 상호작용은 이러한 원칙에 따라 보상과 처벌 및 부담을 주고받는 교환의 관계로 환원하여 이해할 수 있다고 보고 있다. 그는 1974년 개정판의 제3장(pp. 51~69)에서 하이더(F. Heider)의 '균형이론'(balance theory)을 자기의 모델에 따라 분석하고 있으며, 제4장(pp. 70~93)에서는 '권력과 권위'(power and authority)의 문제, 제5장(pp. 94~114)에서는 '협동 · 동조 · 경쟁'(cooperation, conformity, competition)의 문제, 제9장(pp. 193~224)에서는 '지위'(status)의 문제, 제11장(pp. 241~268)에서는 '분배정의'(distributive justice)의 문제, 제12장(pp. 269~298)에서는 '리더십'(leadership)의 문제들을 자기의 기본적 사회행동이론에 의해 분석하고 있다. 이처럼 호만스는 고전적 경제이론과 행동주의심리학의 학습이론에서 도출한 단순한 행동명제를 통해 인간의 거의 전 범위의 상호작용을 설명하고자 시도하고 있는 것이다.

호만스가 자기의 이론을 실제 사회행동의 문제에 적용하여 해석한 첫 주제는 '균형이론'(均衡理論)의 문제였다. 이는 본래 하이더가 일상의 사회상황에서 두 사람 또는 세 사람 사이에는 특정 대상에 대한 의견이나 감정 상태 사이에 균형을 취하려고 하는 경향이 있다는 사실을 바탕으로 하여 사회관계를 이해하고자 제시된 이론이다.[48] 이 이론은 첫째, 두 사람(P와 O) 사이에는 특정 대상(X: 이는 제삼자일 수도 있고, 다른 대상물일 수도 있다)

에 대한 감정에 균형을 취하려는 경향이 있다; 둘째, 만일 두 사람의 특정 대상에 대한 감정 사이에 불균형(不均衡, imbalance)이 있게 되면 이는 두 사람 사이에 불쾌한 긴장을 유발하여, 이 두 사람은 이러한 불균형을 해소하고 균형 상태로 돌아가려는 노력을 하게 된다는 두 가지 전제로 구성되어 있다.

예를 들면, 서로 좋은 감정(+)을 가지고 상호작용을 하고 있는 P와 O가 대상 X에 대해 같이 좋아하거나(+) 싫어하는(−) 경우나, 서로 나쁜 감정(−)을 가지고 상호작용을 하는 P와 O가 대상 X에 대해 한 사람은 좋아하고(+) 한 사람은 싫어하는(−) 경우 P−O−X 사이에는 아무런 긴장이 없는 균형관계가 성립되어, 둘 사이의 관계가 그대로 유지된다. 그러나 서로 좋아하는(+) P와 O가 동일한 X에 대해 서로 일치하지 않는 감정(한 사람은 좋아하고, 다른 사람은 싫어하는 감정)을 가지거나, 서로 싫어하는(−) P와 O가 대상 X에 대해 일치하는 감정(둘 다 좋아하거나, 둘 다 싫어하는 감정)을 가진 경우에는 P−O−X 사이에 불쾌한 긴장이 조성되어, 이러한 불균형을 해소하기 위해 노력하게 된다는 것이다.

하이더는 상호작용을 하고 있는 두 사람 또는 세 사람 사이의 관계는 이렇게 서로 간의 감정의 균형을 취하려는 경향으로 이해할 수 있다고 보고 있다. 호만스는 이러한 하이더의 균형이론은 자기의 기본적 사회행동의 일반명제들에 의해 해석할 수 있다고 본다. 즉 좋아하는 감정을 가지고 상호작용을 하고 있는 상대방이 동일한 대상에 대해 나와 일치하는 감정을 가지는 경우(균형상태) 나는 상대방으로부터 보상을 얻는 셈이므로, 보상을 주는 상대방과의 관계를 유지하게 되지만, 동일 대상에 대해 일치하지 않는 감정을 가지는 경우(불균형상태)에는 상대방으로부터 처벌을 받

**48** Heider, 1958, pp. 174~217.

는 셈이 되어 균형을 취하기 위해 관계를 해소하거나 하는 등의 행동을 취하게 되는 것은 제1명제, 제3명제 및 제5명제에 의해 설명될 수 있다는 것이다. 또한 상호작용을 하고 있는 두 사람 P와 O가 전혀 낯모르는 사람 X와 처음 만나 상호작용을 할 때, 이 세 사람 사이의 관계는 P－O－X 사이의 감정의 균형을 취하는 방식으로 이루어질 것이라는 하이더의 예언은 호만스의 제6명제에 의해 설명될 수 있다. 이와 같이 호만스는 대인관계의 형성과 지속 여부에 관한 균형이론의 예측들은 행동주의심리학의 학습 원리에 근거를 두고 도출한 자기의 명제들에 의해 "상호작용으로 인한 보상과 처벌의 교환"[49] 장면으로 환원하여 이해할 수 있다고 주장하는 것이다.

다음으로 '분배정의'의 문제는 호만스가 처음으로 체계화한 이론체계이다.[50] 호만스는 1961년의 초판에서 이 문제를 공식화하고 있는데, 그에 따르면 사회적인 교환의 장면에서 "한 개인 또는 집단이 다른 개인 또는 집단과의 비교에서 특정 보상에 관해 '상대적 박탈'(relative deprivation)을 경험"하면, 그들 사이에 정의가 깨어진 것으로 인식하여 불쾌한 긴장을 경험하게 되므로, 다시 정의를 회복하려는 노력을 하게 된다고 보았다. 그는 이 문제를 상대적 박탈의 개념으로 정리하려고 한 이전의 연구자들과는 달리 "분배정의의 문제라고 개념화하고 있다."[51]

그가 제시하는 분배정의의 규칙은 "타인과의 교환관계 속에서 사람들은 각자의 보상은 각자의 부담에 비례하며(즉 부담이 클수록 보상이 더 커야 한다), 각자의 총보상이나 이익은 각자의 투자에 비례한다(즉 투자가 클수록 이익이 더 커야 한다)"[52]는 것이다. 즉 한정된 자원을 성원들에게 분배할 때

49 Homans, 1974, p. 69.
50 Adams, 1965, p. 272.
51 Homans, 1974, pp. 241~242.

나 공동작업의 성과를 성원들에게 분배할 때는 각자의 기여도(부담과 투자)에 비례하여, 부담이나 투자와 분배받는 성과의 비율이 모든 사람에게 동등해야 한다는 것이 호만스의 분배정의이론의 골자이다.

호만스는 분배정의의 규칙이 제대로 적용되지 않을 때 '부정의'(injustice)가 발생하는데, 이렇게 "분배정의가 실현되지 않아서 어떤 사람이 불리함을 받게 될수록 그가 분노를 느끼고, 이에 따른 정서적 행위를 하게 될 가능성이 커진다"[53]고 진술한다. 이렇게 부정의를 느끼게 되면 사람들은 상대방에 대해 분노와 적대감을 느끼게 되는데, 결과적으로 이를 해소하고 형평의 관계를 회복하기 위해 노력하게 된다는 것이다. 이러한 호만스의 논의는 다음에 제시될 월스터 등의 '형평이론'(equity theory)의 원형으로, 월스터 등은 호만스의 이 논의를 체계적으로 확대 수정하여 자기들의 이론으로 정립하고 있는 것이다.

이러한 호만스의 분배정의이론은 보상과 부담의 '공정한 교환'(fair excange)을 정의 문제의 핵심으로 제시하고 있는 것으로, 그가 스스로 밝히고 있듯이 아리스토텔레스의 정의 개념에 기대고 있다.[54] 이러한 호만스의 분배정의이론은 앞에서 제시된 기본적 사회행동의 제3명제(가치명제), 제5명제(공격-인정명제), 그리고 제6명제(합리성명제)로부터 직접 도출되는 것이다. 투자에 비례하여 성과분배를 해야 한다는 분배정의이론의 명제는 그렇게 하는 것이 다양한 분배행위 가운데 가장 합리적이고도 공정한 행위라는 점에서 합리성명제인 제6명제로부터 나오는 행동이라고 볼 수 있다. 또한 분배 과정에서 자기가 의당 받아야 할 성과를 받지 못하면, 이에 대한 욕구(결핍된 보상에 대한 욕구)가 더 강해질 뿐만 아니라, 상대

---

**52** Homans, 1961, p. 75.

**53** Homans, 1961, p. 75.

**54** Homans, 1974, pp. 242, 248~252.

방에 대한 분노를 느껴 그에 대한 공격행동을 하게 된다는 가정은 제4명제와 제5명제로부터 직접 도출되는 것으로 볼 수 있다.

이와 같이 호만스의 이론적 틀은 인간의 사회적 상호작용을 이해하기 위한 유용한 접근 방식을 제공해준다. 이 이론체계 속에 들어 있는 중요한 생각은, 대인적 행동의 발생은 개인의 행동들처럼 그러한 행동이 가치를 두고 있는 보상을 가져올 확률에 의해 매개되어지며, 더 나아가서 이들 행동들이 행해지게 되는 상호작용 관계의 지속 여부는 행위자들이 받는 통상의 이익과 손해에 의존된다는 것이다.

호만스의 이론이 가지는 매력은 "그의 이론이 복잡한 인간 현상을 설명하기 위해서 매우 적은 수의 변인과 용어 및 명제를 도입"[55]하고 있다는 점이다. 그의 이론은 이러한 명제들의 상호의존성에 대한 인식을 바탕으로 현실 사회행동의 이해에 적용되어야 한다는 특징을 갖는다. 앞에서 고찰한 분배정의의 문제도 개개의 명제들이 아니라 이들 간의 상호의존성, 곧 결핍은 가치의 상승을 낳고(제4명제), 가치 있는 이익에의 기대가 충족되지 못하면 분노가 유발되며(제5명제), 그러므로 가치 있는 결과를 얻기 위한 최선의 합리적인 행위를 선택하여(제6명제) 공정한 분배가 이루어지도록 해야 한다는 식으로, 명제들 간의 상호의존성을 전제로 하고 있는 것이다.

## 2. 티보와 켈리의 상호의존성이론

심리학자인 티보와 켈리도 두 사람 사이에 보상과 부담을 주고받는 교

55 Shaw & Constanzo, 1982/1985, p. 104.

환관계가 모든 사회적 상호작용의 기초라고 보고, 이러한 이자관계를 분석하여 '상호의존성(相互依存性)이론'(theory of interdependence)을 제안하였다.[56] 이들의 이론은 많은 점에서 호만스의 교환이론과 유사하지만, 이 두 이론 사이에는 다른 점도 많다.

우선 호만스는 동물학습과 인간학습의 연결성과 연속성을 전제하고 동물학습에서 밝혀진 원리를 인간의 교환행동에 그대로 적용하려고 한 반면, 티보와 켈리는 이 둘의 차이를 인정하고 인간의 상호작용에서 나오는 보상과 부담을 독특하게 인간적인 변인(예: 매력 · 유사성 · 상보성 · 사회규범 · 동맹형성 등)과 연결해 해석하였다. 다음으로 호만스는 사회행동의 기본적인 형태인 이자관계의 원리들을 광범위한 사회적 상호작용 장면에 확장시키려고 하였지만, 티보와 켈리는 자기들의 관점을 철저하게 이자관계나 소집단의 상호작용에 국한시켰다. 그리고 호만스가 1974년 수정판에서 받아들여 자신의 명제를 세련화하는 데 이용하고 있기는 하지만,[57] 티보와 켈리는 상호의존적인 사회관계의 분석을 위한 '성과행렬'(成

---

**56** 이들의 이론은 그들이 공동 저술한 원저술인 *The Social Psychology of Groups*(Thibaut & Kelley, 1959)에 실려 있다. 그러나 이 책에서 그들은 이론의 개발보다는 사회교환의 과정 그 자체에 관심이 있었기 때문에, 자기들의 관점을 하나의 이론이라고 부르지 않았다. 그들은 이 책에서 제안한 소집단에서의 상호의존성의 과정에 개재하는 여러 가지 문제점을 정교하게 다듬기 위해 원저술에 대한 자매편(*Interpersonal Relations: A Theory of Interdependence*)을 발간하면서, 자기들의 관점을 '상호의존성이론'이라고 부르기 시작하였다(Kelley & Thibaut, 1978, p. v). 그들의 1978년 저술은 1959년의 원저술의 관점을 일부 새롭게 확장하고 세련화시킨 것일 뿐, 원저술의 기본틀은 자매편인 새 저술에도 그대로 이어지고 있다(Shaw & Constanzo, 1982/1985, p. 107). 이러한 사실은 그들이 1986년에 자기들의 원저술을 그대로 새로운 판(Transaction edition)으로 출판하면서, 그 서문에서 "원저술에 제시된 사회적 상호의존성이론의 기본 개념은 원저술이 출판된 이후 우리들 자신과 다른 학자들에 의해 더욱 분석되고, 그 의미가 더욱 세련화되었지만, 그 기본틀은 견고하게 그대로 유지되고 있다"(Thibaut & Kelley, 1986, p. v)고 진술하고 있다는 사실에서 잘 드러난다. 그러므로 이 책에서는 1959년의 원저술에 기초하여 그들의 이론을 살펴보기로 하겠다.

**57** Homans, 1974, pp. 70~93.

果行列, outcome matrix)의 개념을 제안하여, 이를 소집단 연구를 위한 전형적인 틀로 발전시키고 있다.[58]

이자간의 상호작용을 분석하는 유용한 도구로서 '성과행렬'을 광범위하게 활용하는 그들의 이론은, 그들이 이 행렬에서 첫째, 다양한 행동선택지를 강조하고 있다는 사실, 둘째, 대안적 사회관계도 선택지의 하나로 가정하고 있다는 사실, 그리고 셋째, 다양한 선택지 중에서의 선택은 자기이익 최대화의 경향에 의해 주도된다고 가정하고 있다는 사실을 바탕으로 하여 보면, '합리적 선택모형'(rational-choice model)이라고 부를 수 있다.[59] 사회적 상호작용을 합리적 선택을 통한 자기이익 최대화를 도모하는 것으로 보고 접근하는 이러한 입장은 호만스와 유사한 점으로, 이들뿐만 아니라 모든 교환이론가들의 공통점이다.

#### 1) 상호의존성이론의 기본 개념

티보와 켈리는 모든 대인관계의 본질이 상호작용이라고 보았다. 그들은 서로 마주하고 있는 두 사람 사이의 상호작용, 곧 '이자간 대인관계'(dyadic personal relationship)에서 모든 상호작용의 기본 원리들을 찾아낼 수 있다고 보았다. 이러한 이자간 대인관계에는 모든 대인관계에 공통적인 세 가지 기본적인 요소가 갖추어져 있기 때문이다. 이들은 상호작용을 하고 있는 두 사람이 하는 특정 행동의 결과들은 공통성(commonality)과 이익갈등 모두에서 상호의존적이라는 점, 이러한 상호작용에서는 서로가 서로 간의 성과에 책임이 있다는 점, 그리고 상호작용에서 벌어지는 모든 사건들은 서로의 내적 성향으로부터 비롯되는 것으로 인식된다는

---

**58** Shaw & Constanzo, 1982/1985, pp. 106~108.
**59** Emerson, 1992, pp. 42~43.

점들이다.[60] 이렇게 대인관계는 기본적으로 서로가 상대방에게 의존하고 있는 상황에서 이루어지기 때문에, 그들은 자기들의 이론을 '상호의존성 이론'이라고 불렀다.

이러한 상호작용을 하고 있는 두 사람은 보상과 부담을 주고받는 '교환의 문제'뿐만 아니라, 서로 상대방을 방해하지 않으면서 양자 관계를 촉진하는 활동으로 결합해야 하는 '정합(整合, coordination)의 문제'를 내포하기 때문에, 그들의 이론은 '교환이론'이면서 동시에 '정합이론'이 되며, 이들이 말하는 상호의존성이란 이러한 두 측면을 모두 가리켜 말하는 것이다.[61] 켈리는 대인관계에서 나타나는 상호의존성은 교호적일 뿐만 아니라 전반적이며, 서로의 성과가 대등성(對等性, correspondence)을 갖는 특징이 있다고 본다. 그러므로 대인관계에서 사람들은 항상 자신뿐만 아니라 상대방에게 관심을 기울이지 않을 수 없다고 보는 것이다.[62]

티보와 켈리의 상호의존성이론은 다음에 설명될 '성과행렬'에서 보듯이 매우 구조적인 특징을 띠고 있다. 이 이론에서는 상호작용하고 있는 두 사람은 성과행렬이라는 "객관적인 또는 외적으로 조정된 형태의 상호의존성 구조 안에서 (보상과 부담을 교환하는) 행동을 하게 된다"[63]고 전제하는 것이다. 이 이론은 이렇게 구조적인 형식으로 제시되고 있기 때문에, 몇 가지 기본 개념만 알게 되면 그 골자가 쉽게 드러난다.

**보상 · 부담 · 성과** '보상'(報償, reward)은 상호작용을 통해 개인이 얻게 되는 이익을 말한다. 이렇게 상호작용 과정에서 또는 그 결과로 "개

---

**60** Kelley, 1979, pp. 3~4.
**61** Kelley, 1979, pp. 23~32.
**62** Kelley, 1979, p. 33.
**63** Emerson, 1992, p. 43.

인이 향유하는 쾌락 · 만족감 및 충족이 곧 보상이다. 이러한 보상은 개인이 가지고 있는 어떤 충동을 감소시키거나 욕구를 충족시키는 수단을 제공함으로써 얻어진다. 그러한 충동의 감소나 욕구의 충족 경험에 의해 제공되는 보상의 양은 객관적으로 측정될 수 있으며, 다양한 종류의 욕구 충족에 수반되는 보상의 가치는 단일한 심리적 척도로 환원될 수 있는 것으로 가정된다."[64]

'부담'(負擔, cost)은 상호작용 과정에서 또는 그 결과 개인이 입게 되는 손해를 말한다. "이러한 부담은 어떤 행동 계열의 수행을 억제하거나 지연시키는 요인들을 가리킨다. 주어진 행위를 지연시키는 힘이 클수록—개인이 극복해야 하는 억제력이 클수록— 그 행위를 수행하는 데 요구되는 부담은 커진다. 그러므로 어떤 행위를 수행하기 위해 물리적 · 심리적인 노력이 더 크게 요구되거나, 그러한 행위의 결과 당혹감이나 불안이 수반되거나, 또는 이러한 행위의 수행과 갈등을 일으키는 힘이나 이와 경쟁하는 반응 경향이 존재하고 있을 경우에 부담이 커지게 된다. 이러한 다양한 요인 때문에 도출되는 부담의 크기도 보상의 경우와 마찬가지로 공통적인 심리적 척도로 측정될 수 있으며, 다양한 종류의 부담은 누적되는 효과를 갖는 것으로 가정된다."[65]

개인이 상대방과의 상호작용을 통해 얻는 보상과 이를 통해 지게 되는 부담은 상호작용의 관계 외적인 '외인성(外因性) 요인'(exogenous factors)과 상호작용 자체에 내재적인 '내인성(內因性) 요인'(endogenous factors)에 따라 달라진다. 전자는 상호작용을 하고 있는 각자가 상호작용을 하기 전에 가지고 있는 가치 · 욕구 · 기술 · 도구 및 대인관계에 대한 불안 수준 등

---

**64** Thibaut & Kelley, 1959, p. 12.
**65** Thibaut & Kelley, 1959, pp. 12~13.

을 말하고, 후자는 상호작용 자체에 내포되어 있는 성과행렬에 따라 달라지는 요인을 말한다. 즉 현재의 상호작용의 결과에 직접적인 영향을 미치는 상호작용 자체가 갖는 요인이 내인성 요인이고, 외인성 요인은 상호작용을 하는 개인의 성향을 유발해온 과거 경험 등을 말한다.[66]

개인이 다른 사람과 가진 상호작용에서 얻은 보상과 그러한 상호작용에 투입한 부담의 차이가 상호작용의 '성과'(成果, outcome)이다. 곧 성과는 보상의 크기에서 부담의 크기를 뺀 결과(outcome=reward−cost: O=R−C)이다. "이러한 성과의 크기는 두 사람이 상호작용 과정에서 산출한 행동 항목에 따라 달라진다. [……] 보상이 크고 부담이 작을 때 성과의 가치는 커지며, 반대로 보상이 작고 부담이 클 때 성과의 가치는 작아진다."[67] 이러한 성과의 가치, 곧 그 크기는 두 사람 사이의 상호작용의 지속 여부와 만족도를 결정하는 중요한 요인이다.

사람들은 타인과의 상호작용을 통해 얻는 보상은 가능한 한 크게 하고, 이에 들어가는 부담은 가능한 한 줄이려고 노력한다는 것이 교환의 관점에서 사회관계를 이해하려는 이론들의 기본 전제이다. 그러므로 상호작용의 결과 야기되는 성과의 크기가 커질수록 상대방과의 상호작용에 대

---

**66** Thibaut & Kelley, 1959, pp. 14~18: 티보와 켈리(pp. 37~49)가 중요한 것으로 언급하고 있는 외인성 요인에는 '능력'(유능한 사람과의 관계에서 더 많은 정적 성과가 얻어진다), '근접성'(공간적으로 가까운 사람들 간의 관계일수록 정적 성과가 더 크고, 관계도 오래 지속된다), '유사성'(유사성이 높은 사람들 사이의 상호작용일수록, 정적 성과가 커진다), '상보성'(두 사람이 서로 다르고 상보적인 욕구를 가지고 있을수록, 관계에서 얻는 정적 성과가 커진다), '지위'(지위가 비슷한 사람 사이의 관계일수록, 정적 성과가 커진다) 등이 있다. 상호작용의 성과에 영향을 미치는 내인성 요인들은 "상호작용의 과정 동안에 또는 그 결과로서 생겨나는 요인들"(Shaw & Constanzo, 1982/1985, p. 117)인데, 티보와 켈리가 제시하는 대표적인 것(pp. 18~19)으로 '포만감'(상호작용 당사자들이 계속해서 같은 선택지를 선택하면, 이로부터 얻는 성과의 가치에 포만감을 느껴 그 가치가 하락된다)과 '피로'(상호작용에서 피로감을 느낄수록, 그에서 얻는 성과의 가치가 떨어진다)를 들 수 있다.

**67** Thibaut & Kelley, 1959, p. 13.

해 만족하고, 따라서 둘 사이의 관계를 지속하려는 경향이 커지게 되는 것이다.

**비교수준** 두 사람 사이의 상호작용에 대한 만족도는 성과의 크기에 크게 의존하지만, 이것만 가지고는 해당 관계에 만족하는지의 여부를 평가할 수 없다. 성과의 크기를 '비교수준'(比較水準, comparison level: CL)과 대비해보아야 상호작용에 대한 만족의 여부를 평가할 수 있다는 것이 티보와 켈리의 생각이다. 비교수준은 상호작용 당사자들이 해당 관계의 매력도 또는 그 만족도를 평가하는 표준이다.

"비교수준은 개인이 어떤 관계에서 자기가 받아서 마땅하다고 느끼는 바에 바탕을 두고 주어진 관계의 보상과 부담을 평가하는 표준이다. 비교수준보다 높은 성과(O > CL)를 가져오는 관계는 상대적으로 성원들에게 만족감을 주어 성원들은 이 관계에 매력을 느끼지만, 비교수준보다 낮은 성과(O < CL)를 가져오는 관계는 상대적으로 성원들에게 불만족감을 주어 성원들이 매력을 느끼지 못하게 된다."[68] 이렇게 비교수준은 개인의 성과 척도 상에서 유의미한 '심리적 중간점'(mid-point)의 기능을 한다. 곧 개인의 불만족–만족의 전체 범위에 이르는 척도 상의 중앙점이 비교수준이 되는 것이다.

이러한 비교수준의 크기를 결정하는 요인은 크게 세 가지이다. 그 하나는 개인이 직접 경험하거나 또는 다른 사람의 경험을 관찰함으로써 알게 된 모든 성과들의 수준이다. 과거에 지속적으로 높은 수준의 성과를 경험한 사람의 비교수준은 그렇지 않은 사람에 비해 높아질 것이다. 또 하나는 이러한 성과들의 상황에 따른 특출성(salience)이다. 상황에 따라 여러

**68** Thibaut & Kelley, 1959, p. 21.

성과들의 특출성이 달라질 수 있으므로, 해당 장면에서 특출성이 높은 성과일수록 더 중요한 것으로 부각될 것이다. 비교수준은 이러한 두 요인—각 성과의 크기와 그 특출성—을 곱한 점수들의 평균치 또는 최빈치로 계산할 수 있다. 티보와 켈리에 따르면, 각 성과의 특출성은 상황에 따라 달라질 수 있으므로, 비교수준의 위치는 상황과 시간에 따라 달라진다. 즉, 상호작용의 만족도를 평가하는 기준은 고정되어 있거나 일정하지 않다는 것이 상호의존성이론의 주장이다. 나머지 하나는 개인차 요인이다. 자기의 미래를 이상화(idealization)하는 낙관적인 사람은 그렇지 않은 사람에 비해 비교수준을 높게 잡을 것이다.[69]

이렇게 한 개인이 다른 사람과 갖는 상호작용의 만족도를 평가하는 표준인 비교수준은 그가 경험한 과거의 성과 수준, 상황에 따른 각 성과의 특출성, 그리고 그의 낙관주의 경향성에 따라 달라진다. 이러한 점에서 비교수준의 개념은 헬슨(H. Helson)이 제시한 정신물리학적 현상의 '순응수준'(順應水準, adaptation-level)의 개념과 유사하다고 티보와 켈리는 보고 있다.[70] 헬슨은 어떤 물리적 자극의 강도를 판단하는 기준인 순응수준은 그 자극에 대한 과거의 경험수준과 현 자극의 수준, 그리고 개인차를 반영하는 잔여(殘餘, residual) 변인에 따라 달라진다는 사실을 밝혀내었던 것이다.[71]

**대안적 비교수준** '대안적(代案的) 비교수준'(comparison level for alternatives: CLalt)은 상호작용 당사자가 그러한 관계에 계속 남아 있을지 아니면 떠나야 할지를 결정하는 표준이다. 이는 앞의 비교수준과는 다른

**69** Thibaut & Kelley, 1959, pp. 21~24, 80~99.

**70** Thibaut & Kelley, 1959, p. 82.

**71** Helson, 1948.

것인데, 상황에 따라 만족하지 않는 관계를 지속해야 하는 경우도 있을 수 있기 때문이다.

대안적 비교수준은 "어떤 상호작용의 성원이 사용 가능한 대안적 기회들에 비추어 받아들일 수 있는 최저 수준의 성과이다. 그러므로 개인이 얻는 성과가 대안적 비교수준에 미치지 못하게 되면, 그는 곧 상호작용을 중단할 것이다. 이러한 대안적 비교수준의 크기는 그가 사용할 수 있는 선택지 중 최상의 것, 즉 다른 가용적인 관계 가운데 가장 만족할 만한 관계에 있는 것으로 믿어지는 보상-부담의 크기에 의존해서 달라진다."[72]

대안적 비교수준을 산출하는 과정에서 현재의 관계와 비교되어지는 대안적 관계는 다른 사람과 이자관계를 맺는 것, 여러 사람과 더 복잡한 관계를 맺는 것, 또는 집단에서 떠나 홀로 있는 것 등 여러 가지 대안들이 포함될 수 있다. 이용 가능한 대안적 관계의 종류 중에 집단에서 떠나 혼자 있는 것이 포함될 수 있다는 사실은, 개인의 대안적 비교수준이 그가 타인과 관계를 맺지 않고 혼자 있으면서 겪는 부담을 상회하는 보상을 산출해낼 수 있는 정도에 따라 높아지게 될 것이라는 사실을 드러내고 있다. 더 정확하게 말하자면, 개인이 타인과 관계를 맺지 않고 혼자 있으면서 받을 수 있는 보상과 혼자 있으면서 갖게 되는 부담의 차이가 클수록 대안적 비교수준은 높아질 것이다.

이러한 대안적 비교수준보다 높은 성과를 산출하는 관계(O > CLalt)는 계속 유지되지만, 이에 미치지 못하는 성과를 산출하는 관계(O < CLalt)는 즉각 중단될 것이라는 것이 티보와 켈리의 생각이다. 그러므로 개인이 특정 관계에서 얻는 성과가 대안적 비교수준을 상회하는 정도는 그가 해당 상호작용에 얼마나 의존하게 될는지 하는 정도를 결정하게 된다. 곧 개인

---

**72** Thibaut & Kelley, 1959, pp. 21~22.

이 현재의 상호작용을 계속 유지할는지의 여부는 대안적 비교수준과 현 상호작용에서 얻는 성과 사이의 차이에 의존하게 되며, 개인이 현재의 관계에 만족하고 매력을 느끼느냐의 여부는 현재 얻는 성과와 비교수준의 차이에 의존해서 달라지는 것이다.[73]

**성과행렬** '성과행렬'(成果行列, outcome matrix)은 티보와 켈리의 이론에서 대인 상호작용을 분석하는 기본틀이다. 이 행렬은 상호작용을 하고 있는 두 사람이 동시에 수행하는 행동들을 모두 고려하여 이루어진다. 이 행렬의 횡축에는 한 상호작용 당사자 A의 행동목록 속에 들어 있는 모든 행동들이 기술되고, 종축에는 다른 상호작용 당사자 B의 행동목록에 들어 있는 모든 행동들이 기술된다. 횡축과 종축이 교차하여 만들어지는 칸(cell)들은 A · B 두 사람의 상호작용에서 발생할 수 있는 모든 가능한 행위사건들을 나타내며, 이 칸들 속에는 두 사람이 상호작용을 통하여 각각 얻게 되는 성과가 표시된다. 이때 사선의 위쪽에는 A가 얻게 되는 성과가, 사선의 아래쪽에는 B가 얻게 되는 성과가 들어간다.[74] 이러한 성과행렬의 가상적인 예가 [그림 1]에 제시되어 있다.

이러한 성과행렬은 첫째, 어떤 특정의 상호작용에 개재하는 보상과 부담에 관한 모든 관련된 가능성들이 각 칸에 나타내진다; 둘째, 표적 상호작용에 특유한 모든 가능한 행동의 목록들이 칸 외에 표시된다; 셋째, 보상과 부담의 가치는 항상 일정한 것이 아니라 시간에 따라 달라진다(예를 들면, 상호작용이 진행되면서 당사자들이 느끼는 포만과 피로에 따라 각 칸의 성과는 달라질 수 있다); 넷째, 이 행렬식은 상호작용 이전에는 당사자들에게 알려

**73** Thibaut & Kelley, 1959, pp. 21~24, 100~101.
**74** Thibaut & Kelley, 1959, pp. 13~14.

져 있지 않으며, 그들은 상호작용이 진전됨에 따라 가능한 결과와 아울러 자기 상대방의 성과목록을 계속해서 알게 된다는 특징을 갖는다.[75]

이 성과행렬에서 A와 B가 동시에 $a_1$과 $b_1$의 행동을 선택하면, A는 6만큼의 성과를 얻고 B는 2만큼의 성과를 얻는다. 이에 비해 A와 B가 동시에 $a_2$와 $b_2$의 행동을 선택하면, A와 B가 각각 얻는 성과는 2와 5가 된다. 이 성과행렬의 예에서 보듯이, A · B 두 사람이 상호작용을 하여 얻게 되는 성과의 크기는 자신의 선택뿐만 아니라 상대방의 선택에 따라서도 영향을 받아 달라진다. 이렇게 A · B 양자는 자기 자신과 상대방의 성과에 대해 통제력을 갖고 있는 것으로 개념화된다.

"성과행렬에서 단순히 개인 A가 어떤 선택지를 선택하느냐에 따라, 상대방 B의 선택에 상관없이 그는 상대방 B의 성과를 다르게 할 수 있는데, 이때 A는 B에 대해 '운명통제'(運命統制, fate control)를 하는 것이다."[76] [그림 1]에서 B의 선택과는 무관하게 A가 $a_1$을 선택하느냐 $a_2$를 선택하느냐에 따라 B가 얻는 성과가 달라진다. 또한 "자기의 선택을 바꿈으로써 A는 B도 자기 선택을 바꾸는 것이 유리하도록 B의 행동에 영향을 미칠 수 있는데, 이때 A는 B에 대해 '행동통제'(行動統制, behavior control)를 하는 것이다."[77] [그림 1]에서 A가 자기의 선택을 $a_2$에서 $a_1$로 바꾸면, B도 자기 선택을 $b_2$에서 $b_1$로 바꾸는 것이 유리하다. 이때 상호작용을 하고 있는 각자는 자기의 선택에 의해 상대방에게 운명통제와 행동통제를 할 뿐만 아니라, 그러한 통제는 결국 자기의 성과에도 영향을 미치게 된다. 이를 '반사통제'(反射統制, reflexive control)라고 한다.[78] 이렇게 상호작용을 하고

---

**75** Shaw & Constanzo, 1982/1985, p. 112.

**76** Thibaut & Kelley, 1959, p. 102; Kelley & Thibaut, 1978, p. 31.

**77** Thibaut & Kelley, 1959, p. 103; Kelley & Thibaut, 1978, p. 31.

**78** Kelley & Thibaut, 1978, p. 31.

있는 두 사람은 서로 상대방에게 통제력을 행사하고, 따라서 각자의 성과는 자기의 행동뿐만 아니라 상대방의 행동에 따라서도 달라지므로, 서로 의존하지 않을 수 없게 된다. 티보와 켈리가 성과행렬을 바탕으로 사회관계를 분석하는 자기들의 이론을 '상호의존성이론'이라고 부르는 데에는 이러한 배경이 놓여 있는 것이다.

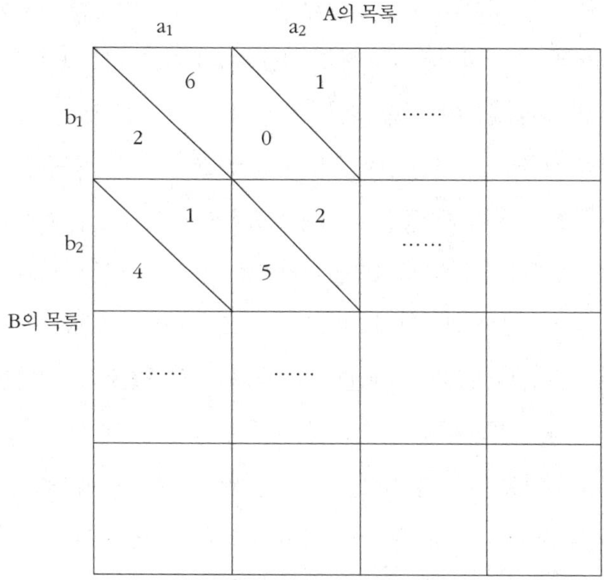


[그림 1] 가상적 성과행렬의 예[79]

이러한 성과행렬의 다양한 선택지 가운데 어떤 선택지를 두 사람이 선택하여 상호작용을 하게 될는지 하는 점은 이러한 성과행렬의 구조나 상호작용 당사자들의 특성, 상호작용의 목표, 두 사람 사이의 세력의 분포,

**79** Thibaut & Kelley, 1959, p. 15, Table 2-2에서 따옴.

문제가 되고 있는 현안의 사회규범 등 다양한 변인에 따라 달라진다는 것이 티보와 켈리의 주장이다. 예를 들면, 두 사람이 협동적 관계를 맺을 때 양측은 상대방에게 가장 큰 긍정적 성과를 낳는 행동들을 수행함으로써 각자의 성과를 최대화시키려고 하기 쉬울 것이다. 반대로 경쟁적 관계에서는 각 성원이 자기의 성과를 가장 크게 하는 행동계열을 선택하기 쉬울 것이다. 티보와 켈리의 상호의존성이론은 어떤 성과행렬에 제시되어 있는 다양한 행동계열 가운데 어떤 행동계열이 선택되어 수행될는지 하는데 영향을 미치는 여러 변인들 사이의 관계를 분석하고자 하는 모형이다.

이 성과행렬 안에 제시되는 성과의 크기는 각 행동이 가져오는 보상과 부담의 차이로 계산되고, 어떤 상호작용의 만족도는 이 성과행렬에서 예측하는 성과의 크기와 비교수준을 대비해봄으로써 결정되며, 상호작용을 계속할는지의 여부는 최초의 상호작용에서 얻는 성과가 대안적 비교수준을 상회하느냐의 여부에 의존하게 된다. 그러므로 앞에서 고찰한 기본 개념들(보상 · 부담 · 성과 · 비교수준 · 대안적 비교수준)은 성과행렬의 개념으로 통합된다. 티보와 켈리의 상호의존성이론에서는 이러한 성과행렬의 분석을 통해 상호작용하고 있는 당사자들 사이의 관계, 상호작용에 대한 만족도, 상호작용의 지속 여부 등 두 사람 사이의 상호작용에 개재하는 제반 사항들을 분석하려고 하는 것이다.[80]

이러한 성과행렬의 개념은 게임이론(game theory)[81]의 분배행렬(payoff matrix)과 유사하다. 그렇지만 분배 결과의 고정성을 전제하는 게임이론과는 달리, 상호의존성이론에서는 같은 성과행렬일지라도 행렬 내의 성과가 고정된 것이 아니라 수시로 변화한다고 가정한다는 점, 그리고 게임이

**80** Thibaut & Kelley, 1959, p. 10, pp. 13~30.
**81** Luce & Raiffa, 1957.

론과는 달리 상호의존성이론에서는 상호작용 당사자가 사전에 전체 성과 행렬에 대한 완전한 지식을 가지고 상호작용을 시작하는 것이 아니라고 가정한다는 점에 게임이론과 다른 상호의존성이론의 특징이 있다.[82]

### 2) 티보와 켈리 이론의 핵심: 상호작용 만족도와 지속 여부의 판단

상호작용에서 얻는 보상에서 이러한 상호작용을 위해 지게 되는 부담을 뺀 값인 성과를 크게 하려는 것이 상호작용을 하고 있는 사람들의 기본적인 관심이다. 곧 보상의 크기를 가능한 한 크게 하고, 부담의 크기를 될 수 있는 대로 작게 함으로써, 상호작용을 통해 얻는 성과의 크기를 최대화하려는 것이 대부분의 경우에 상호작용 당사자들이 갖는 목표인 것이다. 이러한 상호작용을 통해 얻는 성과는 자신의 선택뿐만 아니라 상대방의 선택에 따라서도 달라지게 마련이므로, 상호작용의 과정에서는 서로가 서로에게 의존하는 상호의존관계가 형성된다는 것이 티보와 켈리의 주장이다.

이러한 상호작용에 대한 만족도는 이를 통해 얻게 되는 성과의 크기에 따라 달라지지만, 직접적으로 성과의 크기에만 의존하는 것은 아니라는 것이 상호의존성이론의 핵심이다. 현재 하고 있는 상호작용의 만족도는 이를 통해 개인이 얻는 성과의 매력을 평가하는 표준인 비교수준과 대비해보아서 평가된다는 것이다. 비교수준은 개인이 과거에 같은 관계에서 지속적으로 얻었던 성과의 수준, 과거에 다른 사람들이 같은 관계에서 얻는 것을 관찰했던 성과의 수준, 현재의 행동 선택지가 가져올 성과의 특출성, 그리고 개인이 스스로의 장래에 대해 가지고 있는 낙관적인 기대의 수준에 따라 달라진다. 현재의 관계에서 얻는 성과가 비교수준보다 높으

---

**82** Thibaut & Kelley, 1959, pp. 24~25.

면 현 관계에 매력을 느끼고 만족하지만, 성과의 크기가 비교수준보다 작으면 현재의 관계에 만족하지 못하게 된다는 것이다. 이렇게 사회관계의 만족 여부를 결정하는 분명한 기준을 제시하고 있다는 것이 여타 사회교환이론들과 다른 상호의존성이론의 골자이다.

현재의 상호작용에 대해 만족하게 되면 그 관계를 지속하려고 하고, 이에 불만족하게 되면 그 관계를 중단하려는 경향이 높지만, 관계의 중단 또는 지속 여부가 그 만족도, 곧 성과의 크기와 비교수준의 대비에만 의존하는 것은 아니다. 관계의 지속 또는 중단의 여부를 평가하는 표준이 대안적 비교수준이다. 이는 관계를 맺지 않고 혼자 있는 것을 포함해서 개인이 다른 최상의 대안적 관계를 통해 얻으리라고 예측하는 최저 수준의 성과치이다. 현재의 관계에서 얻는 성과가 대안적 비교수준보다 높으면 그 관계를 지속하려고 하겠지만, 이보다 낮으면 관계를 중단하게 될 것이라는 주장이 티보와 켈리 이론의 또 다른 골자이다.

이러한 성과와 성과행렬, 비교수준, 대안적 비교수준은 모두 개인이 과거에 특정 상호작용을 통해 얻어왔거나, 현재 얻고 있는, 또는 앞으로 얻을 것으로 예측하는 보상과 부담을 철저하게 계산한 결과로 갖게 되는 평가치들이다. 이러한 맥락에서 보면, 티보와 켈리의 상호의존성이론은 인간이 합리적 계산능력을 보유하고 있으며, 인간의 상호작용은 이러한 계산능력을 동원한 합리적 선택의 과정이라는 사실을 전제하고 있는 이론이다. 이렇게 상호작용의 만족도와 그 지속 여부를 평가하는 객관적 표준과 그 계산양식을 제공하고 있다는 점, 그리고 성과행렬이라는 소집단 상호작용 연구의 기본틀을 제공하고 있다는 점이 티보와 켈리 이론이 갖는 핵심적인 특징인 것이다.

### 3) 티보와 켈리 이론의 적용: 친교관계의 지속과 붕괴 문제를 중심으로

앞에서 서술하였듯이, 자기의 기본적 사회행동이론을 광범위한 사회행동에 적용하여 해석하려고 했던 호만스와는 달리, 티보와 켈리는 자기들의 이론을 대체로 이자관계나 소집단 상호작용의 장면에 국한시켜서 제시하고 있다. 켈리와 티보는 1978년의 수정판에서 자기들의 이론을 기껏해야 '삼자관계'(triads)나 소집단의 '동맹형성'(coalition formation)에 적용하고 있을 뿐이다.[83] 이러한 티보와 켈리의 상호의존성이론이 가장 잘 적용되는 영역은 이자관계의 지속과 붕괴에 대한 연구의 영역이다.

대인관계에서 두 사람 사이에 '친교'(親交, liking) 관계가 형성되어 깊은 단계로 발전한 경우에도 이 관계가 항상 그대로 유지되는 것은 아니다. 많은 경우에 이 관계가 쉽게 깨어지기도 한다. 예를 들면, 남녀 사이의 관계에서 가장 깊은 관계로 발전한 경우는 결혼관계일 텐데, 결혼한 부부가 계속 함께 살지 못하고 이혼하는 경우를 일상생활에서 자주 목격할 수 있다. 그렇다면, 깊은 관계로까지 발전했던 친교관계가 붕괴되는 까닭은 무엇인가? 티보와 켈리의 교환이론의 관점에서 가장 쉽게 접근할 수 있는 대인관계 행동의 영역이 바로 이러한 친교관계의 유지와 붕괴의 문제이다.

티보와 켈리의 상호의존성이론에 따르면, 사회적인 상호작용에서 사람들은 서로 보상과 부담을 주고받는데, 이때 보상(R)과 부담(C)의 차이가 바로 이러한 상호작용에서 직접적으로 얻게 되는 성과(O)이다. 즉 성과는 O=R−C의 공식으로 계산된다. 예를 들면, 서울에 살고 있는 60대의 대학교수인 남성 A씨가 자기가 결혼관계에서 얻고 있는 보상의 총계가 80이고 결혼관계에 들이는 부담의 총계가 30이라고 생각한다면, 그가 결혼

---

83 Kelley & Thibaut, 1978, pp. 243~278, 280~312.

관계로 얻는 성과는 +50만큼 이익을 보고 있는 셈이다. 그러나 똑같은 조건의 B씨가 결혼관계에서 얻는 보상의 총계는 30인데 부담의 총계가 80이라고 느낀다면, 그는 결혼관계에서 −50만큼 손해를 보고 있는 셈이다.

친교관계가 계속 유지되느냐 아니면 붕괴되고 마느냐 하는 것은 성과의 크기에 달려 있다. 앞의 예에서 전자의 경우에는 결혼관계가 유지될 가능성이 크지만, 후자의 경우에는 붕괴될 가능성이 크다. 그러나 이 성과의 크기만이 친교관계의 유지 또는 붕괴를 결정하는 요인은 아니라는 것이 티보와 켈리의 생각이다. 즉 A씨는 +50만큼 이익을 보고 있으므로 결혼관계를 계속 유지하려고 하고, B씨는 −50만큼 손해를 보고 있으므로 결혼관계를 깨려 할 것이라고 볼 수는 없다는 것이다.

친교관계에서 개인은 이러한 관계를 통해 얻으리라고 기대하는 성과에 대한 기대치를 갖게 되는데, 이것이 비교수준(CL)이다. 이 비교수준과 개인이 실제로 얻는 성과를 비교해보아야 한다는 것이 티보와 켈리의 이론이 가정하는 바이다. 성과의 직접적인 크기에는 상관없이 O > CL인 조건, 즉 비교수준과 대비해서 성과가 큰 조건에서는 부부 사이에 만족스러운 관계가 유지되지만, O < CL인 조건, 즉 비교수준과 대비해서 성과가 작은 조건에서는 부부 사이의 관계에 대해 불만족하게 된다는 것이다. 말하자면, A씨의 경우 비교 대상이 되는 다른 남성들이 결혼관계에서 얻는 성과(비교수준)가 80 정도라고 생각한다면 그는 현재의 결혼관계에서 이익을 보고 있음에도 불구하고 불만족을 느낄 것이며, B씨의 경우 다른 남성들이 결혼관계에서 얻는 성과가 −80 정도라고 생각한다면 그는 현재의 결혼관계에서 손해를 보고 있음에도 불구하고 자기의 결혼관계에 대해 만족할 것이라는 것이 티보와 켈리의 가정이다.

그러므로 친교관계의 만족 여부는 비교수준을 어떻게 잡느냐에 따라 달라진다. 비교수준을 높게 잡으면 실제로 얻는 성과가 아무리 크더라도 불만족할 가능성이 있으며, 이를 낮게 잡으면 실제로 얻는 성과가 작더라도 만족할 수가 있는 것이다. 앞의 예에서 A씨와 B씨는 자기가 소속된 집단인 한국의 모든 60대 남자, 서울에 살고 있는 60대 남자, 서울에 살고 있는 남자 대학교수 등을 비교대상으로 삼을 수 있는데, 어떤 것을 비교대상으로 삼느냐에 따라 비교수준의 크기는 달라진다. 이때 비교수준을 낮추어 잡을수록 관계만족도는 커질 것이다. "내려다보고 살아라"는 속담은 이렇게 비교수준을 낮춰 잡으라는 충고라고 볼 수 있다.

그러나 여기서 O < CL의 경우라고 해서 친교관계가 그대로 붕괴되지는 않는다는 것이 티보와 켈리의 이론이 예측하는 바이다. 이 경우에는 현재의 관계를 다른 관계로 대체했을 때 얻을 것이라고 기대되는 성과의 기대치, 곧 대안적 비교수준(CLalt)과 대비해보게 된다는 것이다. 즉 결혼관계를 다른 것으로 대체했을 때(예를 들면, 이혼했을 때) 얻을 것으로 기대되는 성과가 현재의 결혼관계에서 얻는 성과보다 클 경우 (CLalt > O)에는 친교관계가 붕괴되어 이혼을 하게 되지만, 대안적 비교수준이 현재의 관계에서 얻는 성과보다 작을 경우 (CLalt < O)에는 불만족한 상태로 관계가 지속된다는 것이 티보와 켈리의 예측이다.

이상에서 보듯이 티보와 켈리의 상호의존성이론은 친교관계는 기본적으로 보상과 부담을 주고받는 교환의 관계인데, 이러한 교환을 통해 얻는 성과의 크기에 대한 합리적인 계산과 비교의 과정을 통해 친교관계가 유지되느냐 아니면 붕괴되고 마느냐의 여부가 결정된다고 주장한다. 즉 모든 대인관계는 합리적인 계산을 통한 교환의 관계로 환원하여 이해할 수 있다는 것이 그들의 이론이 주장하는 기본 골자인 것이다.

## 3. 월스터 등의 형평이론

월스터 등의 '형평이론'(衡平理論, equity theory)도 호만스나 티보와 켈리의 이론들처럼 행동주의심리학의 강화 원리와 고전경제학의 기초 원리에 근거를 두고 있는 사회관계의 이해를 위한 일반모형이다.[84] 월스터 등은 그동안 사회심리학에서 소규모의 정교한 이론체계는 많았으나, 이들을 아우를 수 있는 거대 보편모형은 없었다면서, "형평이론은 이러한 보편이론에 대한 사회심리학계의 오랜 요구에 부응하기 위해 개발된 이론이다. 이는 강화이론 · 인지일관성(認知一貫性)이론(cognitive consistency theory) · 정신분석적 이론 및 교환이론에서 제시된 인간의 사회행동에 대한 관점들을 통합하려는 시도"[85]라고 주장하고 있다.

이러한 형평이론의 최초의 공식적인 제안은 호만스와 애덤스(J. S. Adams)[86]에 의해 제시되었는데, 이 이론은 암묵적인 사회계약에 포함되어 있는 '사회정의'(social justice)의 원리에 기초하고 있다. 형평이론은 자기 자신의 보상을 최대화하려는 개인의 경향성과 한정된 자원을 적절하고도 공정하게 분배하려는 사회 집단들의 요구 사이에 개재하는 갈등의 결과 나타나는 교환의 원리라고 볼 수 있다. 사회적 교환을 지배하는 원리로서의 이러한 형평성은 사회화 과정을 통해 내면화된 것이다. 이렇게 내면화된 형평규범은 불공정한 보상의 분배로 부당한 이익을 보거나 손해를 입은 사람 모두에게 불편한 긴장을 느끼게 하여, 그러한 불공정을 시정하려고 노력하게 된다는 것이 형평이론의 주장이다. 곧 형평이론은 보상과 부담의 공정한 교환뿐만 아니라, 교환의 결과로 나타나는 불공정성 또는 부

**84** Shaw & Constanzo, 1982/1985, p. 136.
**85** Walster, E. E. et al., 1978, p. 2.
**86** Adams, 1963.

정의에 대한 심리적 · 행동적 반응까지도 하나의 이론적 틀 속에 통합하려 하고 있는 것이다.[87]

### 1) 연구의 배경과 형평성의 공식

사회정의와 호혜적 교환의 원칙은 인류 사회가 직면한 가장 큰 관심사였다. "진리가 사상 체계의 최고 덕목이라면, 정의는 사회제도의 최고 덕목"[88]이라고 표현될 정도로 정의의 문제는 인류 역사를 통하여 가장 중시해온 문제였다. 아리스토텔레스 이후 이러한 정의의 문제는 한정된 사회자원이나 공동 작업의 성과를 해당 성원들에게 나누어주는 장면에서 각자에게 합당한 몫을 공정하게 분배해주어야 한다는 '분배정의'(分配正義, distributive justice)의 문제로 탐구되어왔다.[89]

한정된 자원이나 공동 작업의 성과를 정의롭게 분배하는 원칙의 핵심은 '공정성'(公正性, fairness)이다. 그러니까 분배정의의 문제는 어떻게 분배하는 것이 공정한가 하는 문제로 귀결된다. 한정된 자원과 공동작업의 성과를 공정하게 분배하는 원칙에는, 이를 모든 성원들에게 균등하게 분배해주어야 공정한 분배가 이루어진다고 보는 '균등규범'(均等規範, equality norm), 각자의 투입량에 따라 차등적으로 분배해주는 것이 공정하다는 '형평규범'(衡平規範, equity norm), 각자의 필요에 따라 분배해주는 것이 공정하다는 '필요규범'(必要規範, need norm) 등 다양한 공정성의 원칙이 있을 수 있다.[90] 형평이론가들은 균등규범이나 필요규범은 형평규범

---

**87** Shaw & Constanzo, 1982/1985, pp. 136~138; Walster, E. E. et al., 1978, pp. 1~5.

**88** Rawls, 1971, p. 3.

**89** Cohen & Greenberg, J., 1982, pp. 3~4; Homans, 1961, p. 242; Homans, 1982, pp. xii~xiv.

**90** Deutsch, 1975; Homans, 1982, pp. xii~xiv; Leventhal, 1976; Schwinger, 1980, pp. 99~106.

의 한 특수한 경우에 해당한다고 보아, 형평규범이 유일한 공정분배의 규범이 된다고 주장한다. 즉, 균등규범은 누구나 존엄성을 지니는 인간이라는 사실만을 투입 요인으로 보는 경우의 형평규범이고, 필요규범은 개인의 현실적 필요만을 투입요인으로 삼을 경우의 형평규범이라는 것이다.[91]

형평이론은 이렇게 형평성이 사회교환의 기본 원칙이라고 보는 이론이다. 이 이론의 기본 개념은 호만스나 티보와 켈리의 것과 마찬가지로 행동주의심리학의 강화 원리와 고전경제학의 가치이론과 깊은 관련을 맺고 있다.

**투입** "교환에 대해 참여자들이 기여한 정도로서, 참여자들에게 보상을 받거나 부담을 질 자격을 부여하는 내용으로 인정되는 것"[92]을 '투입'(投入, input: I)이라고 한다. 이때 참여자 A의 투입은 $I_A$, 참여자 B의 투입은 $I_B$라고 쓴다. 참여자들이 교환관계에 기여하는 투입은 그들이 보상을 받는 근거가 될 수 있는 자산(assets)이나 그들이 겪게 되는 고통의 근거가 될 수 있는 채무(liabilities)들이 모두 포함된다.

상황에 따라서 서로 다른 요인이 투입 요인으로 인정된다. 예를 들면, 산업 장면에서 사업가들은 '자본'이나 '노동력' 같은 요인을 합당한 보상을 얻을 자격을 부여하는 투입 요인으로 받아들이고, '무능력'이나 '불성실' 같은 요인을 상호작용에 부담을 지우는 투입 요인으로 받아들인다. 사회 장면의 친구들 사이에서는 '미모'나 '친절성' 같은 요인이 보상받을 자격을 가져오는 투입 요인으로 받아들여지고, '과음'이나 '잔혹성' 같은 요인은 부담을 지우는 요인으로 간주된다.

**91** 조긍호, 1992, pp. 145~165; Austin & Hatfield, 1980, pp. 46~49; Mikula, 1980, pp. 15~18; Walster, E. E., & Walster, G. W., 1975.

**92** Walster, E. E. et al., 1978, pp. 11~12.

**성과** "성과"(成果, outcome: O)는 "상호작용에 참여한 당사자가 상대방과 가진 교환의 과정에서 얻게 된 긍정적이거나 부정적인 결과들"[93]이다. 이때 참여자 A의 성과는 $O_A$, 참여자 B의 성과는 $O_B$라고 쓴다. 상호작용 참여자가 얻는 성과는 교환의 관계에서 그가 얻은 '보상'(reward: R)으로부터 교환관계를 위해 지게 된 '부담'(cost: C)을 뺀 값(O=R−C)이다.

**순이익 · 순손실** 상호작용 참여자들이 "이 관계를 통해 얻게 된 성과의 크기에서 이 관계에 들인 투입의 크기를 뺀 값이 '순이익'(純利益, net gain) 또는 '순손실'(純損失, net loss)이다."[94] 이때 '성과−투입'(O−I)의 값이 양수이면(O > I) 교환을 통해 순이익을 얻은 셈이고, 음수이면(O < I) 교환을 통해 순손실을 본 셈이며, 0이면(O=I) 이익도 보지 못하고 손해도 입지 않은 것을 가리킨다. 참여자 A가 얻은 순이익 또는 순손실은 $[O_A - I_A]$라고 표시되고, 참여자 B의 순이익 또는 순손실은 $[O_B - I_B]$라고 표시된다.

**형평성의 공식** 상호작용을 통해 얻는 성과의 크기는 이에 들인 투입의 크기에 비례해야 한다는 것이 형평규범의 골자이다. 곧 상호작용에 더 크게 투입을 한 사람은 많은 성과를 얻는 것이 마땅하고, 조금밖에 투입하지 않은 사람은 성과도 조금만 얻어야 한다는 것이다. 이렇게 투입량과 성과의 양 사이에 '비례균등'(比例均等, proportional equality)이 성립되는 것을 형평성이라고 한다는 관점이 형평이론의 주장이다. 애덤스는 이러한 맥락에서 다음과 같은 형평 공식을 제안하였다.[95]

**93** Walster, E. E. et al., 1978, p. 12.
**94** Walster, E. E. et al., 1978, p. 12.
**95** Adams, 1963.

$$\frac{O_A}{I_A} = \frac{O_B}{I_B}$$

이러한 단순한 공식은 임금이 성과가 되고 노동시간이 투입이 되는 것과 같이 I($I_A$와 $I_B$)와 O($O_A$와 $O_B$)가 모두 양수인 장면에는 잘 적용된다. 그러나 이 가운데 음수가 섞여 있는 장면에는 적용할 수 없다. 예를 들면, $I_A=5$, $O_A=-10$, $I_B=-5$, $O_B=10$인 경우, 애덤스의 공식대로 하면 A와 B 사이에 형평관계가 성립된 것으로 볼 수 있으나, 이는 잘못이다. 이러한 문제를 해결하기 위하여 월스터 등은 형평성의 공식을 다음과 같이 수정하였다.[96]

$$\frac{(O_A - I_A)}{(|I_A|)^{k_A}} = \frac{(O_B - I_B)}{(|I_B|)^{k_B}}$$

이 공식에서 지수 $k_A$와 $k_B$는 +1과 −1의 값을 갖는데, 각각 $k_A$=($I_A$의 기호)×($O_A-I_A$의 기호), $k_B$=($I_B$의 기호)×($O_B-I_B$의 기호)에 따라 계산된다. 또한 이 공식에서 투입량은 0의 값을 가질 수 없다.

이 공식은 참여자 A의 순이익 또는 순손실($O_A-I_A$)과 참여자 B의 순이익 또는 순손실($O_B-I_B$)이 각자의 투입($I_A$와 $I_B$)의 절대치와 똑같은 비례 관계에 있을 때, 형평성이 이루어졌음을 나타낸다. 월스터 등의 이 공식은 부적 입력과 부적 성과들 모두를 고려할 수 있게 해주면서도, 결국엔 애덤스의 원공식과 같은 결과를 낳게 된다. 다만 애덤스는 투입과 성과 사이의 비율을 형평의 기본 요인으로 삼고 있는 데 반해, 월스터 등은 투입과 순이익 또는 순손실 사이의 비율을 형평의 기본 요인으로 삼고 있다는

**96** Walster, E. E. et al., 1976, pp. 2~4; 1978, pp. 9~12.

점이 다를 뿐이다.

### 2) 형평이론의 기본 명제

월스터 등의 형평이론은 네 개의 기본 명제로 구성되어 있다. "이 명제들 중 처음의 두 개는 주로 인간 행위와 사회의 기능에 관한 가정들인 반면에, 나머지 두 개의 가정들은 주로 예언된 불형평에 관련된 자료에서 유도된 개념적 가설들이다."[97]

**명제 1: 사회관계의 목표** 이 이론의 '명제 1'은 사회관계의 목표를 규정한 것으로, "사람들은 자신의 성과(보상에서 부담을 뺀 값)를 최대화하기 위해 노력할 것"[98]이라는 내용이다. 곧 이는 고전경제학의 쾌락주의적 인간관을 그대로 드러내는 명제로, 호만스나 티보와 켈리의 이론 등 교환이론들에 공통되는 것이다. 이 '명제 1'에서 "사람들은 자기들이 형평스럽게 행동함으로써 자신의 성과를 최대화시킬 수 있다고 인식하면, 그렇게 행동할 것이다. 그러나 자기들이 불형평스럽게 행동함으로써 자신의 성과를 최대화시킬 수 있다고 인식하면, 또한 그렇게 할 것"[99]이라는 '방계명제'(傍系命題, corollary)가 도출된다. 이는 사람들이 사회관계에서 추구하는 가장 중요한 목표는 '자기이익의 최대화'라는 사실을 거듭 밝히고 있는 것으로, 이 방계명제를 통해 월스터 등은 쾌락주의적 관심이 다음 '명제 2'에서 제시될 형평에 대한 관심보다 선행하는 것임을 분명히 하고 있다. 곧 이 '명제 1'은 "형평이론은 인간이 이기적 존재라는 가정에 기초하여 성립하고 있다"[100]는 사실을 잘 드러내주고 있는 것이다.

---

**97** Shaw & Constanzo, 1982/1985, p. 141.
**98** Walster, E. E. et al., 1976, p. 2; 1978, p. 6.
**99** Walster, E. E. et al., 1976, p. 5; 1978, p. 16.

**명제 2: 형평규범의 제도화** 사회의 모든 성원들이 자기 성과의 최대화를 위해 노력한다면, 그들은 필연적으로 공동체의 자원을 독점하려고 할 것이고, 이러한 과정에서는 반드시 만인에 대한 만인의 투쟁이 벌어지게 될 것이다. 이러한 지속적인 투쟁의 혼란으로부터 벗어나 그런 대로 자기이익을 지키는 길은 타협을 통해 집단적 보상을 최대화하는 길밖에 없음을 사람들이 인식하게 되고, 그 결과 형평규범을 개발하여 이를 성원들에게 교육시킴으로써 이를 제도화하게 될 것이다. 이러한 형평규범의 개발을 명시한 것이 '명제 2A'로, "집단들은 그 성원들에게 보상과 부담을 '형평스럽게' 분배하기 위한 공인받는 체계를 개발함으로써 집단적 보상을 최대화할 수 있을 것이다. 그러므로 집단의 성원들은 이러한 형평체계를 개발하고, 이를 수용하고 준수하기 위해 노력하게 될 것"[101]이라는 내용이다. 곧 형평규범의 개발과 그 준수를 위한 노력을 명시하고 있는 것이 '명제 2A'이다.

이렇게 제도화된 형평규범을 성원들이 지키도록 하려면, 이를 준수하여 사회관계에서 형평스럽게 행동하는 것이 개인에게 더 큰 이익을 가져오는 길이라는 사실을 인식하도록 할 수밖에 없을 것이다. 그러므로 어떤 집단이든지 '상'과 '벌'의 적용을 통해 성원들에게 형평행동의 수익성을 보장해줌으로써, 성원들이 형평규범을 내면화하도록 유도하게 된다. 이러한 사실을 명시하고 있는 것이 "집단들은 일반적으로 다른 사람들을 형평하게 대우해주는 성원들에게 보상을 해주고, 다른 사람을 불형평하게 대우하는 성원들에게 벌을 줄 것(그러한 행동에 대한 부담을 증가시킬 것)"[102]이라는 것이 '명제 2B'의 내용이다.

---

**100** Walster, E. E. et al., 1976, p. 2.

**101** Walster, E. E. et al., 1976, p. 2; 1978, p. 7.

**102** Walster, E. E. et al., 1976, p. 2; 1978, p. 9.

**명제 3: 불형평에 대한 심리적 반응** 어느 집단이든지 그 성원들이 형평규범을 내면화하여 이에 알맞게 행동하도록 온갖 노력을 다 기울이게 된다. 이러한 노력은 주로 형평규범에 잘 따르는 사람에게는 보상을 해주고, 이에 따르지 않는 사람에게는 부담을 크게 지우는 형식으로 나타난다(명제 2B). 이러한 사회화를 통해 형평규범을 내면화하게 된 성원들에게 형평규범은 강력한 사회규범으로 작용하게 될 것이다. 그러므로 이러한 형평규범의 준수는 심리적 안정감과 유쾌한 기분을 느끼게 하겠지만, 이를 어기게 되면 불쾌한 긴장감을 느끼게 될 것이다. 곧 "사람들은 스스로가 불형평한 관계에 참여하고 있다는 사실을 인식하게 되면, 심리적으로 불편함을 느끼게 될 것이다. 이때 그 관계가 불형평할수록, 개인이 느끼는 불편감은 더 커질 것"[103]이라는 것이 형평이론에서 가정하는 '명제 3'의 내용이다. 불형평한 상태에서 느끼는 '심리적 불편감' 및 '긴장'의 내용은 '죄책감'이나 '보복 공포'(불형평 관계로 인해 이익을 본 사람의 경우) 또는 '자기비하감'이나 '분노'(불형평 관계로 인해 손해를 본 사람의 경우)의 형태로 나타나게 된다.[104]

**명제 4: 형평 회복을 위한 노력** 불형평한 관계에서 경험되는 심리적 불편감은 개인 내에 불쾌한 긴장을 유발함으로써, 이를 제거하고 다시 심리적이거나 실제적인 안정을 회복하려는 행동을 유발하게 될 것이라는 점이 형평이론의 기본 가정이다. 이러한 가정은 "자기가 불형평한 관계에 놓여 있음을 인식하게 되면, 사람들은 형평성을 회복함으로써 심리적 불편감을 제거시키려고 노력하게 될 것이다. 그들이 경험하는 불형평의 크

**103** Walster, E. E. et al., 1976, p. 6; 1978, p. 17.
**104** Walster, E. E. et al., 1976, pp. 8~9, 24~25; 1978, pp. 17~18, 22~24, 43~44.

기가 클수록 심리적 불편감의 크기가 커지고, 형평을 회복하기 위한 노력의 강도도 강해질 것"[105]이라는 '명제 4'로 표현되고 있다. 이러한 형평 회복은 심리적 수준에서의 회복과 실제적인 회복의 두 가지 방법으로 이루어진다. '심리적 회복'(psychological restoration)은 각자의 투입량(예: 이익을 본 사람은 자기 투입량의 과대평가, 손해를 본 사람은 과소평가)이나 성과(예: 이익을 본 사람은 자기 성과의 과소평가, 손해를 본 사람은 과대평가)에 대한 지각을 왜곡함으로써, 심정적으로 형평이 회복된 것으로 여기는 것이다. '실제적 회복'(actual restoration)은 두 사람의 투입량(예: 이익을 본 사람은 자기 투입량의 증대, 손해를 본 사람은 절감)과 성과(예: 이익을 본 사람은 자기 성과의 일부를 양여, 손해를 본 사람은 성과 증대)를 실제로 조정함으로써, 실제로 형평을 회복하는 것이다.[106]

'명제 4'를 보면, 형평이론은 인지일관성이론들과 맥이 닿아 있음을 알 수 있다. 이는 여타 교환이론과 다른 형평이론만의 특징으로, 월스터 등이 자기들의 이론을 사회행동의 보편이론이라고 부르는 데에는 이러한 사실도 한몫 하고 있다.

### 3) 형평이론의 핵심: 사회관계 유지의 규범

사회정의 문제에 대한 인류의 지속적인 관심에 토대를 두고 있는 형평이론은 사회교환의 규범을 직접 다루고 있다는 점에서 다른 교환이론들과 차별성을 보이고 있다. 호만스도 자기의 원이론에서 분배정의의 문제를 다루고 있으나, 그의 주 관심은 조작적 강화의 원리를 기본적 사회행동의 분석에 적용하려는 데 있었을 뿐, 분배정의의 문제가 그의 이론의

**105** Walster, E. E. et al., 1976, p. 6; 1978, p. 18.
**106** Walster, E. E. et al., 1976, pp. 9~24; 1978, pp. 21~83.

핵심은 아니었다. 그는 교환관계에서 발생하는 '상대적 탈핍'(relative deprivation)의 문제를 해소하고 자기이익을 최대로 하는 방안의 하나로 분배정의의 문제를 다루고 있는 것이다.[107] 그러나 월스터 등은 사회적 자원과 공동작업의 성과를 성원들에게 공정하게 분배하는 분배정의의 원칙을 그들 이론의 중심에 놓음으로써, 사회교환의 규범을 직접 다루고 있다.

이들은 모든 사회관계 유지의 규범을 공정한 교환에서 찾는다. 그들에 따르면, 각 상호작용 당사자가 사회관계에 기여한 투입량에 비례해서 성과를 분배받을 때 공정한 교환이 이루어지고, 이러한 공정한 교환이 이루어질 때만이 사회관계에 개재하는 이익 갈등을 해소하고 각자가 자기이익을 제한된 범위 안에서 최대화할 수 있게 됨으로써, 사회관계가 원만히 유지될 수 있다는 것이다. 즉, 사회관계를 유지하는 유일한 규범은 투입량에 비례해서 성과를 부여받는 형평규범이라는 것이 이들의 이론의 골자이다.

이들은 더 나아가 사회관계에서 이러한 형평이 깨지게 되면, 사회관계 자체가 붕괴하게 된다고 본다. 그리하여 상호작용 당사자들은 사회관계에서 항상 형평한 관계, 곧 공정한 교환이 이루어지도록 노력하게 된다고 주장한다. 월스터 등이 제시한 네 개의 명제 가운데 사회관계의 목표를 규정한 '명제 1'을 제외한 '명제 2, 3, 4'가 모두 공정교환의 규범을 다루고 있다는 사실은, 그들의 이론의 핵심이 사회관계 유지의 규범에 집중되고 있다는 사실을 잘 드러내주고 있는 것이다.

---

**107** Homans, 1961, pp. 241~268.

#### 4) 형평이론의 적용: 형평 회복을 위한 노력의 문제를 중심으로

월스터 등의 형평이론은 아리스토텔레스로부터 비롯되어 호만스와 애덤스에 의해 제기된 분배정의의 문제를 구체화하고 이를 확장함으로써, 사회관계를 이해하는 보편이론으로 정립하려는 시도에서 개발된 이론이다.[108] 이 이론은 사회는 한정된 자원이나 공동작업의 성과를 성원들에게 공정하게 분배하는 원칙을 각자의 투입에 비례해서 성과를 분배하는 형평규범으로 정립하고('명제 1'과 '명제 2'), 이러한 형평의 규범이 자원과 성과 분배의 장면뿐만 아니라 사회관계의 여러 장면에 통용되는 일반적인 원칙으로 작용할 것이라는 전제에서 출발하고 있다. 즉 사회관계의 형성과 유지의 과정에서 가장 중요한 것은 '공정성의 원리'라는 것이다. 이 이론은 나아가 이러한 공정한 교환의 원칙이 지켜지지 않을 때 사람들은 '부정의'(不正義, injustice)를 경험하게 되고, 이러한 부정의감은 상호작용 당사자들에게 '심리적 불편감'(psychological distress)을 느끼게 만들어(명제 3), 그들은 결과적으로 부정의를 해소함으로써 심리적 불편감에서 해방되려는 심리적 · 실제적 노력을 하게 될 것(명제 4)이라고 주장한다. 월스터 등은 이 이론이 특히 '사업관계' · '착취관계'(exploitive relationships) · '도움관계' 및 '친밀관계'의 상호작용 장면에 적용력이 크다고 보고 있다.[109] 이 중에서 그들이 가장 집중적으로 연구하고 있는 분야는 착취관계의 문제이다.[110]

---

108 Adams와 Freedman(1976)은 "형평이론은 결국 사회관계에 대한 포괄적인 이론이 될 것이다. 현재 이 이론은 명확하게 구조화되어 있고, 경제적으로 우수하며, 예언 범위가 점증하고 있다는 점에서 우리를 매료시키고 있다"(p. 44)고 진술하여, 이 이론을 추켜세우고 있다.

109 Walster, E. E. et al., 1976, pp. 9~10.

110 Walster, E. E. 등(1976)의 논문에서 착취관계의 분석은 전체 38쪽 가운데 20쪽(pp. 7~26)에 이르러, 도움행동(pp. 26~31), 친밀행동(pp. 31~36)에 비해 압도적으로 많은 양을 할애하고 있다. 그들의 책(1978)에서도 착취관계의 문제(pp. 21~83)는 도움행동(pp. 84~113), 사업관계 행동(pp. 114~142)이나 친밀행동(pp. 143~200)보다 비중 있게 다루어지고 있다.

분배의 공정성을 확보하기 위한 분배규범으로는 성원 각자의 투입에 비례하여 분배하는 것이 공정하다는 형평규범 이외에도, 모든 성원들에게 똑같이 나누어주는 것이 공정하다는 균등규범과 성원들의 필요에 따라 나누어주는 것이 공정하다는 필요규범이 있을 수 있다. 월스터 등은 균등규범은 "누구나 평등하게 창조된 존재이므로 똑같이 분배받을 자격이 있다"는 논리에 근거하고 있고, 필요규범은 가족관계 같이 "각자의 필요에 상응하는 자원의 이용"을 강조하는 장면에서 적용되지만, 이들은 누구나가 평등하고 존엄한 존재라는 사실(균등규범)과 각자의 필요(필요규범)만을 투입 요인으로 보는 경우의 형평규범에 불과하다고 본다. 즉 형평규범만이 이 모든 규범들을 통합할 수 있는 "단일한 일반적 원칙"(a single general principle)이라고 주장한다.[111] 이러한 입장을 '형평규범 유일론'이라고 하는데, 이에 비해 형평원칙 이외에 균등원칙과 필요원칙도 공정한 분배의 원칙으로 인정해야 한다는 '다원칙론'을 주장하는 사람들도 많이 있다.[112]

다원칙론자들은 형평원칙 유일론이 사람들이 가지고 있는 일상적 정의감에 합치하지 않는 단지 이론적 절약의 목표를 위한 형식적 통일에 불과할 뿐이라고 주장한다. 그들은 또한 균등 · 형평 · 필요의 세 원칙에 따라 분배할 때 결과적으로 야기되는 효과가 달라진다는 사실에 근거하여, 어떤 상황에서 어떤 분배원칙을 선택할 것인지가 새로운 문제로 대두된다면서, 각 원칙의 선호조건에 관한 연구에 관심을 쏟는다.[113] 이들 다원칙

---

**111** Walster, E. E. et al., 1978, p. 7.

**112** 장성수, 1987; Deutsch, 1975; Lerner, M. J., 1982; Levental, 1980; Mikula, 1980; Sampson, 1983 등.

**113** 이들 다원칙론자들의 연구에서는 균등원칙은 성원 간의 조화의 증진이라는 긍정적 효과가 있는 반면 집단 전체의 생산성의 저하라는 부정적 효과가 있고, 형평원칙은 생산성의 증대라는 긍정적 효과가 있지만 성원 간의 조화가 깨진다는 부정적 효과를 유발하며, 필요원칙

론자들은 "형평원칙은 집단의 생산성을 극대화하려고 하거나 주어진 과제가 협동이 요구되지 않는 경우에 선호되고, 개인 간의 사회정서적 관계와 조화를 극대화하고 개인 간의 갈등을 극소화하려고 할 때는 균등원칙이 선호되며, 개인 간의 관계가 친밀하고 분배자가 피분배자의 안녕과 복지에 책임이 있는 경우에는 필요원칙이 선호된다"[114]고 주장한다. 그러나 형평원칙 유일론이든 아니면 다원칙론이든 공정성을 자원과 성과분배의 기본 원칙으로 보고, 사회장면에서 이것에 위배되는 교환이 이루어지면 사회관계가 붕괴될 위험이 초래된다고 보는 점에 있어서는 공통적이다. 이 문제에 대해서는 월스터 등이 집중적으로 연구하고 있을 뿐, 다원칙론자들은 각 분배원칙의 선호조건의 확인에 주된 관심을 쏟는다.

월스터 등은 분배 장면에서 형평분배가 이루어지지 않으면, 결과적으로 분배를 통해 이익을 본 사람과 손해를 본 사람이 발생하게 되는데, 그들은 전자를 '착취자'(exploiter), 후자를 '피해자'(victim)라고 부르고, 이 두 사람의 차후 행동에 대해 관심을 기울인다. 이러한 '불형평'(inequity) 관계는 곧 정의롭지 못한 관계이어서 양자 모두에게 '심리적 불편감'을 느끼게 만든다(명제 3)는 것이 이들의 주장이다. 형평한 분배가 이루어지는 것이 상호작용에서 가장 편안하고 선호되는 상태이기 때문이다. 이러한 심리적 불편감은 '보복불편감'(報復不便感, retaliation distress)과 '자기개념 불편감'(self-concept distress)의 두 가지가 있는데, 착취자와 피해자는 각각 '보복에의 공포'(fear of retaliation)와 '분노'(anger)의 형태로 보복불편감을 느끼고, 또 '죄책감'(guilt)과 '자기비하감'(self-derogation)의 형태로 자기개념 불

---

은 성원 각자의 복지의 증진이라는 긍정적 효과가 있지만 무임승차자의 문제 등 부정적인 효과를 유발하게 된다는 사실이 밝혀지고 있다: 다원칙론자들과 월스터 등 형평유일론자 간의 대립에 대해서는 조긍호(1992, pp. 127~182) 참조.

**114** 장성수, 1987, p. 13.

편감을 경험한다는 것이다. 물론 "피해자가 느끼는 심리적 불편감은 가해자의 그것보다 심하고"[115] "불형평이 클수록 심리적 불편감이 커지고, 불형평을 해소하기 위한 노력의 강도도 커진다"[116]는 것이 그들의 주장이다.

불형평으로 인한 심리적 불편감을 해소하기 위한 노력은 불형평관계를 타파하고 형평관계를 회복하려는 노력으로 이루어지는데, 이는 '심리적 회복'(psychological restoration)과 '실제적 회복'(actual restoration)의 두 가지 방법으로 이루어진다. 심리적 회복은 현실을 왜곡하여 불형평관계를 형평관계로 오인함으로써 불형평이 없는 것으로 보려는 것으로, 착취자는 "피해자에 대한 비난(blaming)", "피해자의 고통의 부정과 최소화 인식" 그리고 "피해자의 고통에 대한 책임의 회피", "사과"(apology) 등으로 이루어지고,[117] 피해자의 측면에서는 "불형평 관계에 대한 정당화(justification)"[118]와 "용서"(forgiveness)[119] 등으로 이루어진다는 것이 월스터 등의 연구에서 밝혀진 사실이다.

심리적 회복의 방법으로도 불형평이 해소되지 않으면, 실제의 행동을 통해 불형평을 해소하려고 한다는 것이 형평이론가들의 주장이다. 이때 착취자는 피해자의 성과를 증진시켜주거나 피해자의 투입을 감소시켜주는 '보상'(補償, conpensation), 자신의 투입을 늘리거나 성과를 감소시키는 '자기탈핍'(self-deprivation) 등의 방법으로 둘 사이의 형평관계를 회복하려고 하고, 피해자는 자기의 투입을 줄이거나 성과에 대한 보전을 요구하는

**115** Walster, E. E. et al., 1978, p. 43, Derivation 1.

**116** Walster, E. E. et al., 1978, p. 23.

**117** Walster, E. E. et al., 1978, pp. 30~33.

**118** Walster, E. E. et al., 1978, pp. 46~56.

**119** Walster, E. E. et al., 1976, pp. 20~21.

'보복'(retaliation)의 방법으로 깨어진 형평관계를 회복하려고 시도하게 된다.

이상에서 보듯이, 형평이론은 대인관계의 장면에서 사람들은 스스로의 성과를 최대화하기 위해 노력하는데(명제 1), 사회에서는 이를 형평분배의 규범으로 체계화하여 이를 제도화함으로써 사회화 과정을 통해 성원들에게 강요하고, 성원들은 이러한 형평의 관계를 공정하고 정의로운 관계로 받아들여 준수하게 된다(명제 2)는 사실을 전제로 하여 성립된다. 그 결과 이러한 형평관계가 깨어지면 사람들은 심리적 불편감을 느끼게 되고(명제 3), 대인관계에서 이를 회복하기 위해 동기화된다(명제 4)고 주장한다. 이러한 맥락에서 형평이론가들은 보상과 부담의 공정한 교환(형평적 교환)이 모든 대인관계 행동의 기본적인 원칙이라고 보아, 이 원칙에 따라 사업관계 · 도움행동 · 친밀행동 등에서 나타나는 상호작용을 분석하고 이해하려 하는 것이다.

## 4. 사회교환이론 종합

이상에서 호만스의 기본적 사회행동이론, 티보와 켈리의 상호의존성이론, 월스터 등의 형평이론을 중심으로 현대 서구의 사회과학자들이 제시하고 있는 사회관계론의 대체적인 모습을 살펴보았다. 이 가운데 호만스의 이론은 사회관계의 목표의 제시에 이론의 초점이 모아지고 있고, 티보와 켈리의 이론은 사회관계를 평가하는 기준의 제시에 이론의 핵심이 있으며, 월스터 등의 이론은 사회관계 유지의 규범을 제시하는 데 관심이 집중되고 있다.

### 1) 사회관계의 목표 : 자기이익의 최대화

교환이론들은 모두 인간은 사회관계에서 가능한 한 보상을 크게 하고 부담은 줄이려는 이기적 관심을 가지고 있는 존재라고 가정하는 고전경제학의 인간관을 배경에 깔고 있다. 고전경제학에서는 합리적 이성을 갖추고 있는 존재인 인간은 합리적 계산과 선택을 통해 이러한 이기적 관심을 충족시키려고 한다고 본다.

교환이론가들의 이론의 배경을 이루고 있는 또 하나의 공통 가정은 이러한 자기이익 추구의 행동은 행동주의심리학에서 밝혀진 강화의 원리에 따라 이루어진다는 것이다. 즉, 교환이론가들은 사회관계에서 보상을 받았던 행동은 계속 추구하고, 부담을 유발했던 행동은 행동목록에서 제거함으로써, 자기이익을 최대화할 수 있게 된다고 전제한다.

이러한 맥락에서 교환이론가들은 상호작용을 하고 있는 당사자들이 강화의 원리에 따른 합리적 선택의 과정을 통해 사회관계를 통해 보상을 크게 하고, 부담을 줄이려는 노력을 한다고 본다. 곧 사회관계의 목표는 '자기이익 최대화'에서 찾을 수 있다는 것이 교환이론가들의 기본 전제인 것이다.

이러한 관점은 호만스의 이론에 잘 드러나고 있다. 그가 제시하고 있는 기본적 사회행동의 여섯 명제들은 모두 자기이익을 최대화하려는 행동의 원리들을 제시하고 있는 것이라고 볼 수 있다. 티보와 켈리도 상호작용에서 얻는 보상에서 이에 소요되는 부담을 뺀 값, 곧 성과의 크기를 가능한 한 크게 하려는 것을 사회교환의 목표로 규정하고 있다. 월스터 등이 제시한 '명제 1'에서도 사회관계의 목표를 상호작용을 통해 얻는 보상에서 부담을 뺀 값, 곧 성과를 크게 하는 것으로 잡고 있다. 이러한 사실들은 사회교환이론들이 모두 사회관계의 목표를 상호작용을 통해 얻게 되는 자기이익의 최대화에서 찾고 있다는 점을 확실히 드러내주고 있는 것이다.

### 2) 사회관계의 평가: 비교수준과의 대비

사회적 상호작용의 목표가 개인적 이익의 최대화에 있다면, 상호작용에서 개인이 얻는 성과가 커질수록 해당 사회관계에 대한 만족도가 커질 것이라고 생각할 수 있다. 그러나 티보와 켈리에 따르면, 성과의 크기만 가지고는 관계 당사자가 해당 관계에 대해 만족할는지의 여부를 판정할 수 없다. 사회관계의 만족도는 상호작용에서 얻는 성과가 비교수준보다 높아야 한다는 것이다.

비교수준은 상호작용에의 참여자가 해당 관계를 통해 얻어 마땅하다고 느끼는 성과의 정도이다. 상호작용 참여자가 해당 상호작용을 통해 얻어 마땅하다고 느끼는 비교수준은 참여자 스스로가 과거에 지속적으로 경험했던 성과의 수준, 그가 지금까지 대리적인 경험을 통해 관찰해왔던 타인들의 성과 수준, 현재의 관계에서 얻는 성과의 특출성 및 개인이 스스로의 장래에 대해 기대하는 낙관성의 수준들에 따라 달라진다는 것이 티보와 켈리의 생각이다. 비교수준은 이러한 여러 요인들의 평균치 또는 최빈치로 계산된다.

개인이 현재의 상호작용에서 얻는 성과가 비교수준보다 높을수록 그는 해당 관계에 대해 만족하고 매력을 느끼게 될 것이다. 반대로 현재의 성과가 비교수준보다 작을수록 그는 해당 관계에 대해 불만족하는 정도가 커질 것이다. 그러나 해당 관계에 대한 불만족이 크다고 해서 곧바로 관계를 중단하게 되지는 않는다는 것이 티보와 켈리의 주장이다. 관계의 중단 여부는 해당 관계를 다른 것으로 대체했을 때 얻어질 것으로 기대하는 성과의 최저 수준인 대안적 비교수준과 대비해보아야 알 수 있다는 것이다. 현재의 성과가 비교수준에 대비해서 아무리 낮더라도 대안적 비교수준보다 높다면 관계가 붕괴되지는 않을 것이라고 티보와 켈리는 가정한다. 그러니까 상호작용 관계가 붕괴되는 것은 현재의 관계에서 얻는 성과가 대안적 비교수준보다 낮을 때이다.

상호작용 관계의 만족도를 평가하는 표준인 비교수준과 관계의 중단 여부를 판정하는 표준인 대안적 비교수준은 이에 영향을 미치는 요인들의 크기에 따라 달라지므로, 고정되어 있는 것이 아니라 수시로 변화하게 된다. 또한 이는 상호작용 당사자들에게 주어져 있는 성과행렬의 구조에 의해서도 영향을 받기 마련이다. 그러므로 해당 관계의 지속 여부와 그 만족도의 평가에는 다양한 요인들을 종합하여 평가하는 고도의 계산 과정이 개재하게 된다고 티보와 켈리는 가정한다.

이렇게 상호작용의 만족도와 그 중단의 여부를 평가하는 기준의 문제는 티보와 켈리가 제시한 상호의존성이론의 핵심이다. 호만스나 월스터 등의 교환이론에서는 이러한 기준에 대해 언급하고 있지 않다. 바로 이 점이 티보와 켈리의 이론이 갖는 특이점이라고 할 수 있을 것이다.

### 3) 사회관계 유지의 규범: 공정한 교환

호만스의 이론이 사회관계의 목표 설정에 초점을 맞추고, 티보와 켈리의 이론이 사회관계의 평가에 중점을 두고 있다면, 월스터 등의 이론은 사회관계를 유지하는 규범의 확인을 핵심으로 삼고 있다. 월스터 등은 사회관계의 목표 설정을 위한 '명제 1' 이외에 나머지 명제들을 모두 공정교환 규범의 제도화('명제 2')와 이의 준수의 문제('명제 3'과 '명제 4')에 할애하고 있는 것이다.

형평이론에 따르면, 사회관계의 유지를 위한 가장 기본적인 규범은 사회적 자원이나 공동작업의 성과를 성원들에게 공정하게 분배해주는 일이다. 즉, 공정교환이 사회관계를 유지하는 핵심 규범이라는 것이 형평이론의 골자이다. 그리하여 어느 사회이든지 상호작용 당사자들이 관계에 기여한 바에 따라 성과를 공정하게 분배하는 형평분배의 규범을 제도화하여 사회화 과정을 통해 성원들에게 이의 준수를 강요하고('명제 2'), 그 결과 성원들은 이러한 규범을 내면화하여 간직하게 되므로, 이를 어겼을 때 심리적인 불편감을 가지며('명제 3'), 이러한 불편감을 해소하고, 공정한 관계를 회복하기 위해 노력하게 된다('명제 4')는 것이다.

한 사회가 보유하고 있는 가치 있는 자원에는 한계가 있기 마련이다. 또한 공동작업을 통해 얻는 성과의 크기도 제한되어 있는 것이 보통이다. 이러한 상황에서 사회의 성원들이 무제한적으로 자기이익의 최대화를 도모하다보면, 필연적으로 성원 사이에 갈등이 빚어질 수밖에 없다. 그러므로 이러한 이익 갈등을 회피하고, 제한된 범위에서나마 각자의 이익을 보호하기 위해서는 공정한 교환과 분배의 원칙이 필요해지게 된다. 이는 서구 자유주의 이념의 근거가 되고 있는 '사회계약론'의 기본 전제이다. 이러한 '공정한 교환'의 핵심이 바로 형평규범이라는 것이 형평이론가들의 주장이다. 상호작용에 투입하는 기여도와 이로부터 얻는 성과를 공정하게 분배해야 모든 사회관계가 원만하게 유지됨으로써, 제한된 범위 안에서나마 개인의 이익을 최대화할 수 있게 된다는 것이다. 곧 사회관계 유지의 규범은 공정한 교환에서 찾아야 한다는 것이 형평이론의 핵심인 것이다.

#### 4) 사회교환이론 요약과 이에 대한 비판

이러한 사회교환이론들은 "사회적인 상호작용의 과정에서 개인들이 얻게 되는 또는 산출하는 이익(benefit)과 손해(loss)에 최우선적으로 초점을 맞추어 접근한다. 이러한 이익과 손해는 각 이론이 제시된 모학문(母學問) 분야(경제학 · 심리학 · 인류학 · 사회학 등)에 따라 서로 다른 기술적인 용어들로 표현되고 있지만(보상 · 효용성 · 성과 · 정적 강화 · 부담 · 비효용 · 기회비용 · 부적 강화 등), 그들의 핵심적인 의미는 기본적으로 동일하다."[120] 그러므로 모든 사회교환이론들은 다음과 같은 핵심적인 세 가지 공통적인 가정에 기초하고 있다.[121]

첫째, 모든 종류의 "이익을 가져오는 사건들"(beneficial events)은 그것이 돈이든 물품이든 칭찬이든 또는 단순히 사회적 관심이든 간에, 모두 동일한 효과를 가지며, 따라서 "개인들은 자기들에게 무엇이든지 이익을 가져다주는 활동을 수행한다"는 가정이다. 이러한 활동들은 그 모학문에 따라 '합리적(rational) 행동', '합목적적(purposeful) 행동' 또는 '조작적(또는 자발적, operant) 행동'이라고 간주된다. 즉 자기이익 추구 행동은 합리적이고 합목적적이며 자발적인 행동이라는 것이다.

둘째, "모든 종류의 이익을 가져오는 가치 있는 사건들은 '포만(satiation)의 원칙', '가치순응(value adaptation)의 원칙' 또는 '한계효용체감(diminishing marginal utility)의 원칙'의 지배를 받는다"는 가정이다. 이는 어떤 사건 또는 대상이 제공하는 이익은 항상 똑같은 것이 아니라 시간이나 상황에 따라 달라지며, 또한 계속적으로 이를 받게 되면 그 가치가 줄어든다는 가정이다. 따라서 개인은 항상 동일한 대상 또는 사건을 선호하는 것이 아니라, 주어진 상황에서 자기에게 최대의 이익을 가져다줄 수 있는 대상 또는 사건을 선택하려고 한다. 즉 개인은 최대이익 추구자라는 것이다.

셋째, "사회 과정을 통해 획득되는 이익은 '교환의 과정 속에서' 얻어지는 것"이라는 가정이다. 사회적인 상호작용은 서로 이익과 부담을 주고받

---

**120** Emerson, 1992, p. 31.
**121** Emerson, 1992, pp. 31~33.

는 교환의 과정이어서, 일방적으로 한 사람에게만 이익을 주거나 부담을 지우는 것이 아니라, 상호의존적으로 이익과 부담을 교환하는 과정 속에서 이루어진다. 이렇게 사회교환이론들은 사회적 상호작용을 정태적(靜態的)으로 분석하려고 하지 않고, 상호작용을 통해 이익과 부담을 주고받는 흐름에 초점을 맞추는 동태적(動態的)인 이론의 형태를 띤다는 것이다.

이러한 세 가지 공통적인 가정에 근거하여 호만스, 티보와 켈리, 그리고 월스터 등 교환이론가들은 사회적인 상호작용을 개인들이 자기이익을 최대화할 수 있는 합리적인 행위를 선택하여 수행하는 교환의 과정이라고 개념화하는 공통성을 지니고 있다. 따라서 '자기이익 최대화' · '합리적 선택' · '공정한 교환' 등이 그들 이론의 핵심 요지로 부각되는 것이다.

이러한 교환이론들은 제시된 직후부터 많은 비판에 시달리기도 하였다. 이러한 비판들은 인간을, 보상을 최대화하고 부담을 회피하려는 존재라고 보는, '이기적 쾌락주의'(egoistic hedonism)의 관점에서 이해하려고 한다는 점[122]과 '계산적 합리성'(calculative rationality)에 따른 자발적 선택행위를 과도하게 강조한다는 점[123] 및 지나치게 '이자관계'에 초점을 맞추고 있다는 점[124] 등 교환이론들이 오로지 '개인주의적인 인간관'(individualistic conception of man)에 토대를 두고 있다는 사실에 대한 비판으로 모아진다.

이러한 비판은 주로 '사회학적 집단주의자'(sociological collectivists)들이 제시하고 있는데, 이들은 사회란 자기이익 추구자들로 구성되어져 있고, 인간의 사회행위는 이러한 자기이익 추구자들의 합리적 선택에 의존해서 이루어지는 것으로만 이해할 수는 없다고 주장한다. 이들은 사회란 규범적인 규정들 속에 존재하는 것이라고 보아, 사회교환이론들은 인간의 사

**122** Abrahamson, 1970, pp. 273~275.

**123** Bierstedt, 1965, pp. 789~790.

**124** Ekeh, 1974.

회행위에 영향을 미치는 규범의 영향을 도외시하고, 의사결정이론에 토대를 둔 선택 결정의 과정에만 지나치게 초점을 맞춤으로써, 인간 행동의 이해 과정에서 사회적 요인을 고려하고 있지 못하다고 주장한다. 교환행동은 개인적 이익을 추구하는 행동이라기보다는 '집단적 연대감'(collective solidarity)을 증진시키는 행동으로 보아야 하지 않겠느냐 하는 것이 이들의 주장인 것이다.[125]

사회교환이론가들은 이러한 비판에 대응하여, 자기들의 이론 속에 사회적인 요인과 장면을 포괄하려고 시도하고 있다. 예를 들면, 티보와 켈리는 성과행렬의 여러 선택지 중의 선택에 직면해서 개인은 상호작용 당사자들의 개인적 특성이나 상호작용의 목표 같은 개인적 요인 이외에도 두 사람 사이의 세력의 분포나 현안의 사회규범 같은 사회적 요인도 중요하게 고려하는 것으로 수정하고 있다. 그리하여 그들은 1978년의 개정판에서는 성과행렬이 이러한 개인 내적 · 외적(사회적) 요인에 따라 '변형되는 과정'(transformation process)을 거쳐 '효과적 성과행렬'(effective matrix)이라는 실제의 선택행동과 연관된 새로운 행렬로 변화되는 과정을 제시하고 있는데,[126] 이는 1959년의 원이론에서는 제시되지 않았던 개념이다. 또한 월스터 등도 자기들의 '명제 2'를 형평규범의 제도화로 제시함으로써 분배행동을 사회규범에 따른 행동으로 개념화하고 있다. 그뿐만 아니라, 이들 사회교환이론가들은 자기들의 교환이론을 "이자관계를 넘어 다자(多者) 간 기업집단(corporate groups)과 연결망 구조(network structure)까지를 포괄하도록 이론적으로 확장"[127]하기도 하였다.

**125** Emerson, 1992, p. 2.
**126** Kelley & Thibaut, 1978, pp. 14~23, 137~206.
**127** Emerson, 1992, p. 3.

## 5. 사회계약론과 사회교환이론

앞 장에서 17~18세기 홉스 · 로크 · 루소 같은 자유주의자들의 사회계약론이 현대 서구 사회과학자들이 제시하는 사회교환이론의 이론적 모태가 되어왔다는 전제에서 그들의 이론을 개관해보았다. 일반적으로 사회계약의 관념은 '통치계약'(the contract of government)과 '사회계약'(the contract of society)이라는 두 개의 관념으로 구성되어 있다. 여기서 통치계약은 통치자와 신민 간의 계약으로서 권력, 오직 권력만을 창출하는 계약이다. 이에 비해 사회계약은 통치계약이 이루어지기 위한 전제로서, 사회를 구성하는 전 성원들이 합의하여 사회 자체를 창출하기 위한 계약이다. 통치계약이 이루어지기 위해서는 이미 사회가 형성되어 공통된 사회적 의지로 응집된 잠재적 신민 집단과 그러한 의지에 부응하여 통치의 부담을 떠맡을 태세가 되어 있는 잠재적 통치자가 있어야 한다. 사회는 권력보다 크거나 아니면 여하튼 권력에 선행하는 것이기 때문이다.[128]

"중세의 스콜라 학자들과 16세기 후반과 17세기 초의 대부분의 가톨릭 및 칼뱅주의 이론가들이 전적으로 몰두했던 것은 통치계약이었다. 그러나 홉스와 마찬가지로 로크와 루소가 강조했던 것은 바로 사회계약이었다. 심지어 우리는 삼인 중 어느 누구도 통치계약에는 관심이 없었다고까지 말할 수 있다." 사회계약에 의해 "공동체가 일단 형성된 후에 성원들은 자신을 비워서 각자의 모든 권리와 권력을 주권자인 리바이어던에게 넘겨주며, 리바이어던은 공동체나 성원들과 아무런 계약을 체결하지 않고, 따라서 통치계약에 따르는 어떠한 한계에도 복종하지 않는다"는 것이 홉스의 이론이다. 사회계약에 의해 일단 형성된 후에 "공동체나 그 성원들

**128** Barker, 1962/1995, pp. 17~18.

은 정부와 아무런 계약을 맺지 않으면서도 수탁자로서 정부를 임명하고, 신탁의 성격에 대한 나름대로의 해석에 근거하여 신탁의 위반을 근거로 정부를 해임할 수 있다"는 것이 로크의 이론이다. "사회계약에 의해 형성된 공동체는 통치자와 신민의 구분 없이 자치적(self-governing)이고, 따라서 서로 간에 통치계약을 따로 체결할 필요가 없다"는 것이 루소의 이론이다.[129]

이러한 관점에서 홉스와 로크, 그리고 루소가 원초적으로 관심을 기울였던 것은 사회 자체의 형성에 관한 문제이고, 그 이후에 창출되는 국가권력의 문제는 그들의 부차적인 관심사였다고도 볼 수 있다. 바로 이런 점에서 이들의 사회계약론을 현대 서구의 사회관계론의 모태로 보는 이 책에서의 관점이 타당성을 얻을 수 있을 것이다. 사회란 그를 구성하는 개인들로 이루어지는 것이고, 성원들의 대인관계와 같은 사회관계 행위에 관한 이론들은 사회 형성의 원리에 관한 이론체계를 모태로 하여 찾아볼 수밖에 없을 것이기 때문이다.

여기에서는 17~18세기 자유주의자들의 사회계약론이 현대 사회교환이론의 이론적 모태로 작용하였다는 사실을 두 이론체계의 논리적 정합성의 검토를 통해 확인해보기로 하겠다. 이는 사회교환이론의 기본틀을 이루는 사회구성의 기본단위에 대한 인식, 인간 존재의 기본 특성에 대한 인식, 사회관계의 목표에 대한 인식, 그리고 사회관계 유지의 규범에 대한 인식의 측면에서 양자 사이에 공통점이 있는지의 확인을 통해 이루어질 것이다. 만약 이 네 측면에 공통점이 찾아진다면, 현대 사회교환이론은 17~18세기에 전개된 사회계약론을 모태로 하여 성립된 이론체계라는 사실이 확인될 수 있을 것이다.

---

**129** Barker, 1962/1995, pp. 18~19.

### 1) 사회구성의 기본단위: 독립적이고 평등한 자유의 주체로서의 개인

홉스와 로크 및 루소 같은 사회계약론자들은 사회가 형성되기 이전의 자연상태에서 사람들은 모두 평등하고 독립적인 자유를 가지고 있는 존재들이라고 개념화한다. 그들은 독립적이고 평등한 '자유의 주체'로서의 개인들이 자발적으로 합의하여 사회계약을 맺음으로써 사회가 형성된다고 주장한다.

홉스는 본래 평등하게 태어난 인간은 누구나 자기에게 이익이 되는 욕구 대상을 추구하고 자기가 혐오하는 대상을 회피하는 자발성을 갖추고 있는 자유의 주체라고 본다. 그는 자연상태에서는 누구나 평등하게 자기의 이익을 자유롭게 마음대로 추구할 수 있는 권리인 자연권을 보유하고 있는데, 이 상태에서 자기이익을 무제한으로 추구하다보면 필연적으로 이익 갈등이 빚어지게 되므로, 자연상태는 필연적으로 만인에 대한 만인의 전쟁상태가 될 수밖에 없다고 본다. 이러한 전쟁상태에서는 자기보전이 어렵게 되므로, 개인들은 서로 합의하여 평화를 도모하기로 계약을 맺게 되고, 그 결과 사회가 형성된다는 것이다. 그러므로 홉스는 사회구성의 기본단위는 독립적이고 평등한 자유의 주체로서의 개인들이라고 주장한다.

로크도 인간은 본래 평등하게 태어난 자유의 주체라고 본다. 개인은 자신의 인신과 재산을 아무의 간섭도 받지 않고 자유롭게 처분할 수 있는 자연권을 보유하고 있을 뿐만 아니라, 타인이 자기의 재산을 침해할 경우 이를 처벌하고 손해배상을 청구할 수 있는 권리까지 갖추고 있다는 것이다. 그러나 자연상태에서는 개인들이 동의하여 제정한 공통의 법률과 재판관이 없을 뿐만 아니라, 이러한 재판 결과를 집행할 수 있는 공통의 권력도 없으므로, 결과적으로 자연상태는 매우 위험하고 취약한 상태로 변질될 수밖에 없다는 것이 로크의 생각이다. 그리하여 개인들은 자기 인신과 자산 및 자유의 보호를 위해 자발적으로 계약을 맺음으로써 사회를 형성하게 된다는 것이다. 그러므로 로크에게 있어서도 사회구성의 기본단위는 자유의 주체로서의 개인들이다.

루소도 인간은 본래 평등하게 태어나며, 자기의 사적인 이익을 자유롭게 추구하는 권리를 갖추고 있는 존재라고 본다. 사적 이익을 추구하는 자유를 그는 특수의지라고 하는데, 이러한 사적 이익을 무제한으로 추구하게 되면 결국 부자와 빈자 간의 불평등이 심화되어 무질서한 상태로 전락하게 된다는 것이 루소의 생각이다. 이러한 혼란상태에서는 자기의 사적 이익과 자유 및 평등의 확보가 어렵게 되므로, 타인에 대한 동정심에서 기원하는 공동 이익을 추구하는 자유, 곧 일반의지에 따르기로 합의하는 계약을 자발적으로 맺게 되고, 그리하여 결국 사회를 형성하게 된다는 것이다. 이렇게 루소도 사회구성의 기본단위는 자유의 주체로서의 평등한 개인들로 본다.

자유의 주체로서의 독립적이고 평등한 개인들이 사회구성의 기본단위라는 17~18세기 사회계약론자들의 주장은 20세기 중·후반 호만스, 티보와 켈리, 월스터 등 같은 서구 사회과학자들의 사회교환이론에 그대로 반영되고 있다. 그들은 인간의 사회행동은 모두 개인이 과거 경험을 통해 습득한 학습의 원리, 곧 자기에게 보상과 이익을 가져오는 행동 또는 그런 선택지는 선택하여 계속 수행하고, 개인에게 부담과 손해를 안겨주는 행동 또는 그런 선택지는 회피하게 된다는 효과의 법칙에 따라 이루어지는 것이라고 본다. 즉 모든 사회행위는 개인의 이익추구 행동으로 환원하여 이해할 수 있다는 것이다.

교환이론가들은 사회장면에서 개인 사이의 상호작용은 서로가 서로에게 보상과 부담을 주고받는 교환의 과정으로 분석할 수 있다고 본다. 이렇게 상호작용을 교환의 과정으로 개념화하는 배경에는 교환당사자인 개인들이 서로 평등하고 자발적인 행위와 선택의 주체라는 관념이 놓여 있다. 곧 독립적이고 평등한 '자유의 주체'로서의 개인들의 자발적인 교환행동이 모든 사회행동의 근원이라는 것이다.

이렇게 보면 호만스, 티보와 켈리, 월스터 등과 같은 사회교환론자들도 홉스, 로크와 루소와 같은 사회계약론자들과 마찬가지로 '사회는 독립적이고 평등한 자유의 주체로서의 개인들을 기본단위로 하여 형성되는 집합체'라고 인식하고 있는 것이다. 여기에서 현대 교환이론이 근대의 사회계약론에 토대를 두고 있다는 추론이 타당성을 갖는 제1의 근거를 찾아볼 수 있다.

### 2) 인간존재의 기본특성: 이성을 갖춘 합리적 계산자

자유의 주체라는 사실 이외에 사회계약론자들이 인간의 기본적인 특성이라고 개념화하는 또 한 가지는 인간을 '이성의 주체'라고 가정한다는 사실이다. 그들은 혼란한 자연상태에서 평화로운 사회상태로 이행하는 계약을 맺게 되는 근거는 인간이 이성을 갖춘 '합리적 계산자'이기 때문이라는 사실에서 도출된다고 본다.

홉스는 만인에 대한 만인의 전쟁이 빚어지는 혼란한 자연상태에서는 자기보전과 자기이익의 추구가 불가능하게 되므로, 사람들은 이러한 혼란으로부터 벗어나 평화를 추구하는 계약을 맺게 되는데, 이는 인간이 본유적으로 갖추고 있는 이성으로부터 유도되는 평화 추구의 자연법을 따르는 일로 집약된다고 본다. 즉 자연상태의 혼란으로부터 벗어나 평화상태로 이행하는 유일하고도 가장 합리적인 선택이 바로 이성의 계율인 자연법을 따르는 일이라는 것이다. 홉스가 제시하는 이러한 자연법은 모두 19개의 계율로 이루어져 있는데, 그 중 제2자연법이 곧 사회계약에 관한 것이다. 이렇게 홉스는 혼란한 자연상태로부터 자기 생명과 이익을 보전할 수 있는 유일한 길은 이성에 의한 합리적 계산을 통해 자연상태의 무제한적인 자연권을 포기하고, 이를 새로 형성되는 사회에 양도하는 계약을 맺는 길밖에 없다고 주장한다. 곧 홉스에게 있어 사회계약은 이성을 통한 합리적 계산의 산물인 것이다.

로크도 인간을 이성의 주체로 보는 것은 홉스와 마찬가지이다. 로크도 자연상태가 갖는 취약성으로 인해 개인의 재산권, 곧 인신과 자산의 자유로운 처분권을 지킬 수 있는 유일하고도 합리적인 방법은 자연상태에서 가지는 자연법의 집행권(자기 권리를 침해하는 사람에 대한 처벌권과 손해배상청구권)을 포기하고 이를 사회의 수중에 양도하는 계약을 서로 간에 맺을 수밖에 없다고 본다. 즉 로크도 이러한 사회계약은 인간이 본유적으로 갖추고 있는 이성의 능력에 따른 합리적인 계산의 결과라고 주장하는 것이다.

루소도 인간은 자유의 주체일 뿐만 아니라 이성의 주체이기도 하다고 보는 점은 홉스나 로크와 마찬가지인데, 그는 이러한 이성이 인간의 완성가능성의 근거로 작용하여 인간 진화의 근원이 된다고 주장한다. 루소는 사적인 이익을 추구하는 특수의지에 따르기만 하면 결과적으로 혼란이 유발되어 자유와 평등을 상실하게 되므로, 공동의 이익을 추구하는 일반의지에 따르기로 하는 계약을 맺게 되는데, 이는 전적으로 인간의 이성능력을 통한 합리적인 계산의 결과라고 주장한다. 즉 사회계약이 자연상태 말기의 혼란으로부터 스스로의 자유와 상실해버린 평등을 회복할 수 있는 유일한 합리적인 선택으로 등장하고, 이는 이성 능력의 발현 결과라는 것이다.

인간을 이렇게 '이성 능력을 갖춘 합리적 계산자'라고 보는 사회계약론자들의 관점은 사회교환이론가들에 의해 그대로 답습되고 있다. 호만스는 보상과 부담을 주고받는 교환의 과정에서 개인은 다양한 선택지 중 자기에게 가장 커다란 이익을 가져다주거나 최소의 부담을 안겨줄 수 있는 선택지를 합리적으로 선택하여 행동하게 될 것이라고 본다. 이것이 그의 합리성명제(명제 6)이다.

티보와 켈리도 개인은 서로 의존하고 있는 선택행동의 장면에서 교환행동을 통해 얻을 수 있는 각자의 성과에 대한 기대치인 성과행렬을 면밀히 검토하여, 자기에게 가장 커다란 이익을 가져다줄 수 있는 선택지를 합리적인 계산을 통하여 선택하게 된다고 본다. 그들은 특히 친교관계의 유지와 붕괴는 현재 개인이 해당 관계에서 얻는 성과와 개인이 비교대상으로 삼는 사람들이 동종의 관계에서 얻을 것이라고 생각하는 비교수준, 그리고 다른 대안적 선택지를 선택했을 때 얻을 것이라고 기대하는 성과의 기대치인 대안적 비교수준 사이의 상호 비교에 따른 합리적인 계산의 결과로 달라질 것이라고 주장하여, 합리적 계산이 사람들 사이의 상호작용 행동의 제1의 요인임을 강조하고 있다.

월스터 등은 한정된 자원 또는 공동작업으로 인해 얻은 성과를 분배하는 장면에서 사람들은 공정한 분배를 가장 바람직한 것으로 인식하는데, 이는 각자가 기여한 정도와 분배받는 성과의 비율을 모든 사람에게 동등하게 하는 형평분배를 통해 이루어진다고 주장한다. 이러한 형평분배는 각자의 투입과 성과 사이의 비율에 대한 합리적인 계산을 통해 이루어진다는 것이 그들의 이론이다. 즉 합리적 계산을 통한 형평관계의 추구가 교환행동의 요체라는 것이 형평이론의 주장인 것이다.

이렇게 호만스, 티보와 켈리, 월스터 등 교환이론가들도 홉스 · 로크 · 루소 같은 사회계약론자들과 마찬가지로 인간을 '이성 능력을 갖춘 합리적 계산자'로 보고 있다는 공통점을 갖는다. 이것이 바로 현대 사회과학자들의 교환이론이 17~18세기에 제시된 사회계약론을 모태로 하여 성립되고 있다는 추론이 타당성을 갖고 있다는 제2의 근거가 된다.

### 3) 사회관계의 목표 : 자기이익의 최대화

전술한 바대로 사회계약론자들은 모두 인간은 태어나면서부터 자기의 보전과 자기이익의 확보에 관심을 가지고 있는 자기이익 추구자라고 보고 있다. 홉스는 인간 행동의 제1동인을 정념에서 찾고 있는데, 그 가장 핵심적인 내용은 자기이익의 추구와 최대화이다. 로크는 개인행동의 기본 동인은 각자가 가지고 있는 인신과 자산과 자유를 아무의 간섭도 받지 않고 마음대로 처분할 수 있는 재산권에서 찾는다. 이러한 재산권은 곧 자기의 노동을 통하여 얻은 자산을 자유의지에 따라 최대화하는 일로 집약된다. 곧 자기이익의 최대화가 인간의 최대 관심사라는 것이 로크의 관점이다. 루소도 개인의 사적인 이익을 추구하는 특수의지는 공동의 이익을 추구하는 일반의지보다 항상 강하다고 보아, 자기이익의 추구와 최대화가 인간 행동의 제1동인임을 인정하고 있다.

사회계약론자들은 자연상태에서 사람들이 사회계약을 맺어 사회를 형성하기로 하는 근본적인 동인은 그렇게 하는 것이 자기이익을 평화롭고 안전하게 확보할 수 있는 최선의 합리적인 선택이기 때문이라고 여긴다. 즉 사회계약은 자기이익의 추구와 확보의 안전성을 담보하기 위한 장치로서의 의미를 갖는다는 것이 홉스 · 로크 · 루소 같은 사회계약론자들의 공통된 주장이다. 이렇게 사회계약론자들은 사회를 구성하는 모든 성원들이 추구하는 '자기이익의 확보와 최대화'를 사회형성, 곧 사회관계의 목표라고 보고 있는 것이다.

사회관계의 목표를 '자기이익의 최대화'로 잡고 있는 것은 현대 교환론자들도 마찬가지이다. 호만스가 제시하는 제1부터 제6까지의 모든 명제의 내용을 한마디로 요약하면, 개인은 교환의 과정에서 자기이익을 최대화하기 위해 노력하며, 따라서 이것이 모든 사회관계의 목표로 부각된다는 점이 될 것이다. 티보와 켈리의 상호의존성이론도 상호작용을 하고 있는 서로 의존하고 있는 개인들은 상호작용을 통해 각자가 자기이익의 최대화를 도모한다는 한마디로 요약될 수 있다. 월스터 등의 형평이론에서는 제1명제를 "사람들은 사회관계에서 자기이익을 최대화하기 위해 노력할 것"이라고 제시함으로써 이러한 논점을 직접적으로 표현하고 있다.

자기이익의 최대화를 이렇게 사회관계의 목표로 부각시키는 입장은 전술한 바대로 인간을 평등하고 독립적인 자유의 주체이면서 동시에 이성을 통한 합리적 계산자로 개념화하는 관점으로부터 직접 도출되는 것이다. 자유의 주체로서 인간은 보상과 부담을 주고받는 교환의 과정에서 자발적이고도 능동적으로 자기의 이익에 대한 관심을 증폭시키게 될 것이고, 합리적인 이성의 주체로서 인간은 여러 선택지 가운데서 자기에게 최대로 유리한 선택지를 선택하여 행동하게 될 것이므로, 결과적으로 '자기이익의 최대화'가 사회관계에서 추구되는 목표로 부각될 수밖에 없는 것이다. 이러한 점에서 사회계약론과 교환이론의 접합점을 찾을 수 있고, 여기에서 17~18세기의 사회계약론이 현대 교환이론의 이론적 모태로 작용하고 있다는 추론의 타당성을 지지하는 제3의 근거를 찾을 수 있을 것이다.

#### 4) 사회관계 유지의 규범: 공정한 교환

사회계약론들에서는 사회계약이란 계약의 당사자들이 자연상태에서 가지고 있던 무제한적인 권리를 사회에 양도하는 대신 사회로부터 안전과 평화를 보장받는 교환이 이루어지는 협정이라고 개념화한다. 이러한 사회계약은 계약자와 사회 사이의 '공정한 교환'을 전제로 하고 있을 뿐만 아니라, 계약의 당사자들도 동등한 만큼씩 자기들의 권리를 내놓기로 계약하는 것이므로 사회구성원 사이에서도 '공정한 교환'이 전제되고 있는 것이라고 볼 수 있다.

홉스는 사회계약은 사회를 형성하기로 합의하는 성원들 사이에서 이루어지는 것인데, 그 내용은 자연상태에서 가지는 자연권을 상호 동등하게 양도하기로 하는 것을 내용으로 한다고 본다. 그러므로 계약의 당사자들 사이에서는 공정한 교환이 이루어지는 셈이다. 그에 따르면 이러한 개인들의 권리는 총합해서 새로 형성되는 국가, 곧 리바이어던에게 양도된다. 그 대신 국가라는 인위적 인격은 사회 성원들에게 안전하고 평화롭게 자기보전과 자기이익을 추구하도록 보장해야 한다. 그러므로 국가라는 사회와 그 구성원들 사이에서도 공정한 교환이 이루어지는 셈이다. 이러한 공정한 교환이 실현되지 않으면, 곧 국가가 성원들의 안전과 평화를 보장해주지 못하면, 사회는 혼란에 빠지고 국가권력은 그 존재 자체가 위태롭게 될 수 있다. 이렇게 보면, 홉스는 성원들 사이에서나 국가와 집합체로서의 성원들 사이에 공정한 교환의 원칙이 지켜질 때 사회는 평화롭게 유지된다고 주장하고 있는 것이다.

로크도 사회계약의 당사자들인 성원들은 자기들의 자연법 집행권을 똑같이 새로 형성되는 사회 공동체의 수중에 양도하기로 합의한다고 본다. 즉 그에게 있어서도 계약 당사자들 사이에서는 공정한 교환의 원칙이 지켜지고 있는 것이다. 또한 로크는 이러한 권력의 수탁자(입법의 기능을 담당하는 입법부와 입법부에 의해 선정되어 법의 집행권을 위임받은 행정부)는 성원들이 모아서 양도한 권리를 맡는 대신, 그들에게 안전과 평화를 보장해주어야 하는 책임을 진다. 그러므로 집합체로서의 사회성원들과 이들의 권리를 모아 가진 권력의 수탁자 사이에서도 공정한 교환이 이루어지고 있는 셈이다. 이러한 공정교환의 원칙이 지켜지지 않을 때, 특히 입법부가 이러한 공정교환의 원칙을 무너뜨리고 인민들의 안전과 평화를 보장해주지 못할 때, 인민들은 사회계약 자체를 무효화하고 자기들의 관계를 원상회복시킬 권리(저항권)를 갖는다. 로크는 이러한 인민저항권의 논리를 통해서 공정한 교환의 원칙의 준수가 사회관계 유지의 관건임을 천명하고 있는 것이다.

루소도 홉스 및 로크와 대동소이한 이론을 제시한다. 그도 사회계약의 당사자들은 일반의지에 복종하기로 하는 계약을 통해 자기들 자신과 소유물을 똑같은 만큼씩 새로 형성되는 공적 인격인 사회공동체의 수중에 양도하므로, 성원 사이에서는 평등하고도 공정한 교환이 이루어진다고 본다. 또한 성원들의 권리와 소유물을 모두 모아 양도받는 사회공동체는 이러한 권리들을 양도받는 대가로 그들의 자유와 안전을 평화롭게 보장해주어야 하는 책임을 진다. 그러므로 사회공동체와 성원집단 사이에도 공정한 교환이 이루어지고 있다. 사회가 평화롭게 유지되기 위해서는 이러한 공정한 교환의 원칙이 지켜져, 사회가 형성된 근본적인 목적(공공선의 실현과 평등성의 보장)이 제대로 실현되어야 한다. 즉 루소도 인민들과 국가권력 사이의 공정교환의 원칙이 깨어지면, 사회 자체의 존립 근거가 상실된다고 주장함으로써, 사회관계 유지의 규범을 공정한 교환에서 찾고 있는 것이다.

교환이론들에서도 사회관계 유지의 규범을 '공정한 교환'에서 찾는다. 호만스는 자기의 기본적 사회행동이론을 분배정의의 문제에 적용하면서, "분배정의가 실현되지 않아서 어떤 사람이 불리함을 받게 될수록 분노를 느끼고 이에 따른 정서적 행위를 하게 될 것"이라고 예측하고 있는데, 이는 공정한 교환이 관계 유지의 핵심 규범임을 드러내고 있는 것이다. 이러한 공정 교환의 규범은 그의 제3, 제5 및 제6명제로부터 직접 도출되는 것이다. 티보와 켈리의 이론은 상호작용의 만족도와 지속의 여부를 공정한 교환에서 찾고자 하는 이론이라고 요약할 수 있다. 교환이론들 가운데 공정한 교환을 사회관계 유지의 기초로 제시하는 대표적인 이론은 월스터 등의 형평이론이다. 그들은 '명제 3'과 '명제 4'에서 이러한 논리를 직접적으로 내세우고 있다.

이와 같이 사회계약론이나 사회교환이론 모두 '공정한 교환'을 강조하고 있으며, 이를 사회관계가 유지되느냐 아니면 깨어지고 마느냐를 가름하는 핵심 규범으로 내세우고 있다. 이러한 사실은 사회계약론이 후대의 사회교환이론의 기반으로 작용하고 있다는 추론의 타당성을 제공하는 제4의 근거라고 볼 수 있음을 명확하게 드러내주고 있는 것이다.

제3부

# 동아시아 집단주의 문화권의 사회관계론

제2장에서 살펴보았듯이 현대 동아시아 사회인들이 드러내는 사회관계 행동들은 연계성 · 조화성 · 배려성 선호, 자기억제와 책임의 자기귀인 선호, 가변성 · 유연성과 단점개선 선호의 특징을 갖는 것으로 정리할 수 있는데, 이들은 사회성 · 도덕성 · 가능성을 바탕으로 하여 인간 존재를 파악하는 유학사상의 인간관으로부터 도출되는 당연한 논리적인 귀결이다. 인간 존재를 도덕성의 근거를 본유적으로 갖추고 있는 덕성의 주체로서 사회관계 속에서 이러한 도덕성을 실천해야 하는 의무와 역할의 복합체라고 파악하게 되면, 사회적 관계체로서의 상호연계성과 타인에의 배려성 및 관계의 조화성 제고, 덕성주체로서의 자기억제와 책임의 자기귀인 자세에 대한 강조, 그리고 상황에 따른 인간의 가변성의 인정과 자기개선을 통한 자기향상의 도모 경향이 자연스럽게 중시될 수밖에 없을 것이다.

이렇게 관계 속의 존재로서 인간이 본유적으로 갖추고 있는 덕성을 중시하는 입장에 서면, 사람과 사람 사이에서 다른 사람에 대한 관심과 배려를 기반으로 하는 관계의 조화 추구가 대인관계의 목표로 부각된다. 유학자들은 다른 사람에 대한 관심과 배려를 덕성의 본질로 상정하기 때문이다. 이러한 맥락에서 유학사상을 모태로 하여 성립되고 있는 현대 동아시아 집단주의 사회에서 사회관계를 인식하는 기본틀은 인간을 관계 속의 조화 추구자로 보는 입장을 토대로 하고 있다는 사실이 자연스럽게 이해될 수 있다.

이러한 입장은 동아시아 사회를 오랫동안 지배해왔던 유학사상, 그 중에서도 특히 후대에 전개된 모든 유학사상의 뿌리인 공자와 맹자 및 순자 같은 선진유학자들의 인간파악의 기본관점으로부터 도출되는 것이다. 그들은 인간이 지적 능력의 체계, 욕구체계, 감정체계뿐만 아니라 도덕성의 체계까지도 본유적으로 갖추고 있는 존재이며, 이 네 체계 중에서 도덕성의 체계가 인간을 인간답게 만드는 중심체계라는 덕성우월주의의 인성론을 전개하고 있다. 또한 그들은 태어날 때부터 이러한 네 체계를 본유적으로 갖추고 있는 인간은 개인적인 도덕성의 완성뿐만 아니라 일상생활에서 자기를 확장시켜 타인과 사회에 대한 책임을 스스로 맡아 수행해야 한다고 본다. 이러한 사람이 군자와 성인인데, 그들은 이러한 군자와 성인을 가장 바람직한 이상적 인간상으로 설정하고 있다.

유학의 사회관계론은 이러한 군자와 성인이 사회관계를 어떻게 맺고, 또 그들은 사회관계에서 무엇을 추구하며, 사회관계 유지의 규범을 무엇이라고 보는지에 대한 논리체계로 집약된다. 그들은 이를 한마디로 일상생활에서 도덕을 실천하는 과정이라고 보는데, 따라서 유학적 사회관계론은 곧 도덕실천론으로 귀결되는 것이다.

이러한 맥락에서 제3부에서는 동아시아 집단주의 사회의 대표적인 사회관계론을 우선 선진유학자들의 도덕실천론을 통해 살펴보고(제5장), 이어서 동아시아의 근대를 지배해온 신유학, 곧 성리학자들이 실제로 수행하고 있는 아동교육의 활동과 삶의 제반 활동에 선진유학자들의 도덕실천론이 어떻게 반영되고 있는지를 확인해봄으로써(제6장), 유학사상의 도덕실천론이 과거뿐만 아니라 최근세 아니 현대까지도 동아시아인들의 사회관계 행동의 이론적 근거로 작용해왔음을 고찰해보고자 한다.

# 제5장
# 동아시아 사회관계론의 이론적 뿌리: 선진유학사상의 도덕실천론

유학사상에서는 이상적 인간의 상태에 도달한 군자와 성인을 자기 스스로의 수양과 완성에만 머무르고 이에 만족하는 사람이 아니라, 더불어 살아가고 있는 다른 사람들에게 관심을 가지고, 그들도 도덕적 수양을 통해 자기완성에 이르도록 하려는 책임감을 느끼고, 이러한 책임을 실생활에서 실천하고자 노력하는 사람으로 그려내고 있다. 이는 사회성과 도덕성, 그리고 가변성을 바탕으로 하여 인간을 파악하는 유학자들의 입장에서 나오는 당연한 논리적인 귀결이다. 개인 존재를 사회관계에 내포되어 있는 의무 · 역할의 복합체라고 보아, 타인과 사회에 대한 관심과 배려의 주체, 곧 덕성의 주체라고 파악하게 되면, 삶의 목표를 함께 살아가고 있는 다른 사람들과 맺는 사회관계의 조화와 질서의 추구에서 찾게 될 것이기 때문이다.

이렇게 사람들 사이의 관계에서 요구되는 질서와 조화의 추구가 사회관계의 목표라는 전제에서 출발하는 것이 유학사상에서 도출되는 사회관계론의 특징이다. 이는 사회구성의 궁극적 단위를 독립적인 개인이 아니라, 사람들 사이의 관계에서 찾는 견해로부터 나오는 자연스러운 관점이다. 이러한 관점에서는 독립적인 개인끼리 공정한 교환을 거쳐 각자의 이익을 추구하는 것이 사회관계의 목표가 아니라, 특정 관계 당사자들(부모-자식, 군주-신하, 남편-아내, 형-아우, 친구-친구) 사이에서 추구하고 달성해야 할 기본적인 조화[親 · 義 · 別 · 序 · 信]의 추구가 사회관계의 목표로 부각될 수밖에 없다. 이러한 맥락에서 보면, 유학적 사회관계론의 핵심은 사회관계에서 요구되는 조화의 추구와 덕의 실천에 관한 이론, 곧 도덕실천론이 될 수밖에 없는 것이다.

나아가 유학사상에서는 이러한 조화의 달성은 각 관계에 본래부터 내포되어 있는 역할을 수행함으로써 이루어진다고 보아, 역할 수행을 사회관계 유지의 핵심 규범으로 여긴다. 이것이 이른바 "군주는 군주의 역할을 다하고, 신하는 신하의 역할을 다하며, 부모는 부모의 역할을 다하고, 자식은 자식의 역할을 다 해야 한다"[1]는 정명론(正名論)의 체계이다. 이렇게 유학자들은 역할의 문제를 사회가 구성된 이후에 사회를 유지하기 위해 필요한 제도의 한 가지로 생겨나는 것이라고 보는 것이 아니라, 인간이 본래부터 지니고 있는 존재의 근거 그 자체로 본다.

이 장에서는 선진유학자들의 사회관계론인 도덕실천론을 『논어』 · 『맹자』 · 『순자』에서 찾아보고자 하였다. 이러한 유학자들의 도덕실천론을 제대로 파악하기 위해서는 그들이 인간에게 본유한 것이라고 보는 특성에 관한 이론인 인성론과 이러한 본성을 갖추고 있는 현실적인 인간이 도달할 수 있는 가장 바람직한 상태에 관한 군자론 · 성인론에 대한 이해가 선행되어야 할 것이다. 도덕 실천은 군자와 성인의 사회관계의 행위를 통해 가장 잘 드러날 것이기 때문이다. 또한 유학자들은 사회형성의 근거를 어디에서 찾고 있는지, 그리고 그들은 이상사회의 모습을 어떻게 추정하

1 君君 臣臣 父父 子子(『論語』, 顔淵 11).

고 있는지 하는 점에 대한 이해도 그들의 도덕실천론을 유기적으로 파악하기 위해 필요할 것이다.

이러한 맥락에서 이 장에서는 유학적 도덕실천론의 배경을 이해하기 위해 우선 그들의 인성론과 군자론 · 성인론을 살펴보기로 하겠다. 이어서 유학자들이 제시하고 있는 사회형성의 근거에 관한 논의와 이상사회론을 살펴봄으로써, 유학적 도덕실천론이 유학자들의 사회이론에서 어떠한 위상을 갖는지에 관해서 확인해볼 것이다. 이러한 이론적 배경을 토대로 하여, 마지막으로 공자와 맹자 및 순자가 제시하는 도덕실천론을 고찰해보기로 하겠다.

## 1. 유학적 도덕실천론의 이론적 배경

오래전부터 동아시아인들의 삶의 기반이 되어온 유학사상은 인간 존재의 사회적 · 도덕적 특성[人性論]을 전제로 하여, 이러한 존재 특성을 지닌 현실적 인간이 지향해야 할 이상적 인간상[君子論 · 聖人論]을 정립한 다음, 이러한 이상적 인간의 사회적인 삶의 모습[道德實踐論]과 이상적 인간상에 도달하기 위해 개인적으로 노력해야 할 바[修養論]를 제시한 이론체계이다. 이러한 맥락에서 보면, 유학사상의 핵심은 바로 '인간의 존재 확대'에 있다고 볼 수 있다. 유학자들은 인간이 인간된 까닭에 대한 관점(인성론)을 통해 존재 확대의 가능성을 확인해보고, 존재 확대의 이상적 모형(군자론 · 성인론)을 제시하여 삶의 목표로 설정한 다음, 그 목표를 이룬 사람들의 실제적인 삶의 양태(도덕실천론)와 이러한 목표를 이루기 위한 방법론(수양론)을 제시하고 있는 것이다.[2]

이러한 네 체계 가운데 유학사상의 기초는 인성론과 군자론 · 성인론이다. 유학의 인성론은 인간이 본래부터 다른 사람에 대한 관심과 배려를 축으로 하는 인의예지(仁義禮智) 같은 도덕적 바탕을 갖추고 있다는 전제에서 출발한다. 이렇게 유학의 인성론은 인간 존재의 사회성 · 도덕성을 근거로 삼는 점에 가장 기본적인 특징이 있는 것이다. 인간 존재가 가지는 이러한 사회성과 도덕성을 실현하여 존재 확대의 이상을 이룬 사람이 바로 군자와 성인이다. 그러므로 군자와 성인은 자기 일신의 도덕적 완성에만 머무르지 않고, 더불어 살아가고 있는 다른 사람과 몸담아 살아가고 있는 삶의 터전인 사회에 대한 책임을 기꺼이 지고자 하는 태도를 갖추고 있는 사람들이다.

삶의 표본으로서의 군자와 성인이 실제로 다른 사람들과의 관계에서 추구하는 것은 바로 인간 존재를 규정하는 핵심인 사회성과 도덕성이다. 유학사상에서 도덕 실천의 문제는 인간의 사회성과 도덕성을 일상생활에서 발휘하는 핵심이며, 그 전형은 군자와 성인의 사회관계의 행동에서 찾아볼 수 있다. 이러한 맥락에서 유학사상의 도덕실천론은 인성론과 군자론 · 성인론의 배경에서 도출되는 이론체계라고 볼 수 있다.

### 1) 인간의 본성: 인성론

유학의 체계는 우주 안에서 인간이 차지하는 독특한 위상을 인간이 갖추고 태어나는 본성에서 찾으려는 인성론을 바탕으로 하여 성립되고 있다.[3] 유학의 인성론은 동물과 다른 인간의 본성이 착한지 아니면 악한지의 문제를 중심으로 고찰하는 것이 전통이 되어왔다. 그리하여 유학사상사에서는 "맹자의 성선설(性善說)과 순자의 성악설(性惡說)의 두 주류를 유

2 조긍호, 2007a, p. 98.

3 김충렬, 1982, pp. 180~182; 馮友蘭, 1948/1977, pp. 105~107; Needham, 1969/1986, Vol. II, pp. 21~29.

학적 인성론의 비조로 삼기 일쑤였다."[4] 일반적으로 맹자는 동물과는 달리 인간만이 갖추고 있는 도덕성을 인성의 핵심이라고 보아 성선을 주장하고, 순자는 인간과 동물이 공유하고 있는 욕구와 감정을 인성의 핵심이라고 보아 성악을 주장하였다고 본다.

그러나 맹자도 인간의 욕구와 감정을 부인한 것은 아니고, 순자도 인간의 도덕성을 부인한 것은 아니다. 보통 "성선 · 성악 하니까 극단으로 대립하는 학설 같으나, 인간성의 양면을 각기 다른 면에서 본 것이기 때문에 양 설을 합쳐야 보다 전반적인 인성을 보았다고 할 수 있을 것이다."[5] 이러한 맥락에서 여기에서는 선 · 악의 관점에서 떠나, 유학자들이 인간의 심성에 본유한 것으로 여기는 특성은 그것이 동물적인 근거를 갖는 것이든 아니면 인간에게만 고유한 것이든 가리지 않고 모두 인성의 요소라고 보는 관점에서 유학의 인성론을 고찰하고자 한다.[6] 그러므로 여기에서 인성론은 인간의 심리체계를 구성하는 심리구성체론과 같은 의미를 내포하는 개념으로 사용되고 있는 셈이다.

#### (1) 선진유학사상의 사분체계론

서구에서는 플라톤 같은 고대 철학자들로부터 인간의 심성은 이성 · 감성 · 욕구의 세 체계로 구성되어 있다고 보는 삼분체계론이 주류를 이루어왔다.[7] 그러나 유학사상에서는 공자로부터 인성을 지적 능력의 체계 · 감정체계 · 욕구체계 및 도덕성의 체계의 네 체계로 구성되어 있다고 보는 사분체계론이 제시되고 있다.

4 김충렬, 1982, p. 170.

5 김충렬, 1982, p. 175.

6 유학사상의 인성론에 관해서는 졸저(조긍호, 2008, pp. 107~168) 참조.

7 졸저(조긍호, 2008, pp. 169~183) 참조.

**공자의 사분체계론** 『논어』에서는 성(性)이 두 번 나올 뿐으로,[8] 공자는 인성에 대해서 직접적으로는 거론하지 않고 있다. 그러나 『논어』를 잘 고찰해보면, 공자가 욕구체계, 감정체계, 지적 능력의 체계, 그리고 도덕적 지향성의 체계가 인성에 본유한 것으로 보고 있다는 사실이 잘 드러난다.

사람의 욕구체계를 가리키는 욕(欲)이라는 글자는 『논어』에서 모두 45회나 나오고 있는데,[9] 이 중 32회 정도가 그 추구 대상이 분명하게 제시되어 욕구나 동기 상태를 지칭하는 용어로 사용되고 있다. 이밖에 '생물체적 생존욕구'[食 · 色 · 居 · 生 등], '이기적 욕구'[富 · 貴 · 利 · 得 등], '자기제시 욕구'[言 · 伐 · 克 · 鬪 등]를 지칭하는 용어들도 다수 출현하여, 공자가 이러한 욕구체계를 인성의 한 요소로 간주하고 있음을 알 수 있다.

『논어』에서는 정(情)이라는 글자는 두 번 나오는데,[10] 모두 '진심'이나 '진실'의 뜻으로 쓰일 뿐 감정이나 정서의 뜻은 없다. 그러나 구체적인 정서를 나타내는 용어들은 다수 출현하여 공자가 감정체계를 인성의 한 요소로 잡고 있음을 나타내준다. 이들은 '타인중심적 정서'를 가리키는 용어들[哀 · 愛 · 好 · 樂 · 恥 · 矜 등]과 '자기중심적 정서'를 가리키는 용어들[喜 · 怒 · 懼 · 惡 · 患 · 憂 · 恐 · 疾 · 怨 · 忿 등]로 나뉘는데, 대체로 전자의 정서는 권장되는 반면 후자는 억제해야 하는 것으로 제시되고 있다.

지적 인식능력과 이러한 인식능력의 작용 결과를 나타내는 용어인 지(知)는 『논어』에서 모두 118회 나오는데,[11] 이 가운데 95회의 용례들이 인

8 性相近也 習相遠也(『論語』, 陽貨 2); 子貢日 [……] 夫子之言性與天道 不可得而聞也(公冶長 12).

9 『論語引得』(Harvard–Yenching Institute, Sinological Index Series, Supplement 16, 1940) 참조.

10 上好信 則民莫敢不用情(子路 4); 曾子日 上失其道 民散久矣 如得其情 則哀矜而勿喜(子張 19).

11 『論語引得』 참조.

식작용, 인식능력 및 인식 결과를 나타내는 것으로 사용되고 있어, 공자가 인식능력을 인간의 본유적인 특성으로 여기고 있음을 드러내준다.

『논어』에서 공자가 가장 중요시하는 덕목은 인(仁)이다. 그는 이러한 인을 추구하고자 하는 도덕적 지향성이 인간에게 본유하고 있다는 사실을 자주 언급하여[12] 도덕적 지향성의 체계가 인성의 한 요소임을 분명히 하고 있다. 그 외에도 공자는 선(善)과 의(義)의 추구 및 효제(孝悌)의 실천 지향성이 인간에게 본유적으로 갖추어져 있음을 밝히고 있다.

**맹자의 사분체계론** 맹자는 유명한 사단설(四端說)[13]을 제시하여 인성의 선함을 강조하였지만, 그가 인간에게 갖추어져 있는 욕구나 감정 그리고 지적 능력의 체계를 부인한 것은 아니다.

『맹자』 전체에서 사람의 욕구체계를 가리키는 욕(欲)이라는 글자는 93회 나오는데,[14] 이 중에서 50회 정도가 그 추구 대상이 분명하게 제시되어 욕구나 동기 상태를 지칭하고 있다. 그밖에도 『맹자』에는 '생물체적 생존욕구'[食 · 色 · 生 등]와 '이기적 동기'[富 · 貴 · 利 등]를 가리키는 용어들이 다수 출현하여, 맹자가 이러한 욕구체계를 인성의 한 요소로 여기고 있음을 드러내준다.

『맹자』에서도 정(情)은 네 번 나오는데,[15] 모두 '본질 · 실정 · 본성'의 뜻으로만 쓰일 뿐 정서나 감정의 의미는 없다. 그러나 구체적인 정서를 가

12 仁遠乎哉 我欲仁 斯仁至矣(述而 29); 爲仁由己 而由人乎哉(顔淵 1); 夫仁者 己欲立而立人 己欲達而達人 能近取譬 可謂仁之方也已(雍也 28).

13 惻隱之心 仁之端也 羞惡之心 義之端也 辭讓之心 禮之端也 是非之心 智之端也(『孟子』, 公孫丑上 6).

14 『孟子引得』(Harvard-Yenching Institute, Sinological Index Series, Supplement 17, 1941) 참조.

15 『孟子引得』 참조.

리키는 용어는 다수 출현하여 맹자가 감정체계를 인성의 한 요소로 간주하고 있음을 드러낸다. 이들은 '타인 및 규범지향 정서'를 가리키는 용어들[哀 · 愛 · 樂 · 恥 · 惻隱 · 羞惡 등]과 '자기중심적 정서'를 가리키는 용어들[喜 · 怒 · 懼 · 惡 · 患 · 憂 · 恐 · 畏 · 怨 등]로 나뉘는데, 맹자도 공자와 마찬가지로 전자의 정서는 권장하고 후자는 억제할 것을 주문하고 있다.

지적 인식능력과 그 작용 결과를 나타내는 지(知)는 『맹자』에서 114회 나오는데,[16] 이 중에서 105회 정도가 인식능력의 본유성을 가리키는 용법으로 사용되고 있다. 맹자는 감각기관[耳目之官]과 마음[心]의 기능을 분리하여, 마음에 사고기능을 부여함으로써[17] 인식능력의 본유성을 확실히 하고 있다.

맹자는 측은지심 · 수오지심 · 사양지심 · 시비지심을 근거로 하는 인 · 의 · 예 · 지 같은 도덕성의 체계가 인간에게 본유적으로 갖추어져 있는 인간의 본성임을 분명히 하고 있다.[18] 맹자는 이러한 도덕성을 인식할 수 있는 양지(良知)와 이를 실제로 실천할 수 있는 양능(良能)이 인간에게 갖추어져 있다고 보고 있는데,[19] 이러한 사실도 맹자가 도덕성의 체계를 인간에게 본유적으로 갖추어져 있는 심성의 핵심요소로 보고 있다는 사실을 드러내고 있는 것이다. 여기서 양지 · 양능은 인간에게 본유적인 도덕성의 인식과 실천 능력을 말한다.

---

16 『孟子引得』 참조.

17 心之官則思 思則得之 不思則不得也 此天之所與我者(『孟子』, 告子上 15).

18 無惻隱之心 非人也 無羞惡之心 非人也 無辭讓之心 非人也 無是非之心 非人也 惻隱之心 仁之端也 羞惡之心 義之端也 辭讓之心 禮之端也 是非之心 智之端也 人之有是四端也 猶其有四體也(公孫丑上 6); 測隱之心 人皆有之 羞惡之心 人皆有之 恭敬之心 人皆有之 是非之心 人皆有之 惻隱之心 仁也 羞惡之心 義也 恭敬之心 禮也 是非之心 智也 仁義禮智非由外鑠我也 我固有之也(告子上 6); 君子所性 仁義禮智根於心(盡心上 21).

19 人之所不學而能者 其良能也 所不慮而知者 其良知也 孩提之童 無不知愛其親也 及其長也 無不知敬其兄也 親親 仁也 敬長 義也 無他 達之天下也(盡心上 15).

**순자의 사분체계론** 보통 순자의 인성론은 성악설(性惡說)로 알려져 있지만, 최근에는 순자의 이론을 성악설로 단정 짓는 것은 문제가 많다는 주장이 설득력을 얻어가고 있으며,[20] 그의 이론체계에서도 도덕적 지향성이 인간에게 갖추어져 있다는 사실을 부정하지는 않는다.

『순자』에도 '생물체적 생존욕구'[食 · 飮 · 衣 · 居 · 色 · 壽 · 安佚 등], '이기적 동기'[富 · 貴 · 利 등], '사회적 동기'[勝人 · 好榮 · 惡辱 · 爵 · 功名 · 群 등] 같은 욕구체계가 인간에게 본유적으로 갖추어져 있다는 사실이 자주 언급되고 있다.

정(情)이라는 글자는 『순자』에 118회 나오는데,[21] 이 중 7회 정도는 분명히 정서와 감정의 의미로 쓰이고 있다.[22] 예를 들면, 「정명」(正名)편에서는 "사람의 본성에 갖추어져 있는 '좋아함 · 미워함 · 기쁨 · 성냄 · 슬픔 · 즐거움'[好 · 惡 · 喜 · 怒 · 哀 · 樂]을 일러 '정'이라고 한다"[23]고 진술하여, 정(情)을 각 개별적인 감정 반응을 아우르는 유개념(類槪念)의 뜻으로 쓰고 있다. 이밖에도 『순자』에는 각 개별적인 감정을 표현하는 용어[愛 · 懼 · 恥 · 怨 · 恐 · 患 · 憂 등]들이 자주 등장되고 있어, 순자가 감정체계를 인성의 한 요소로 중시함을 드러내준다.

『순자』에는 인식능력과 인식작용의 결과를 표현하는 지(知)가 482회나 출현하여,[24] 순자가 지적 능력의 체계를 지극히 강조하고 있음을 드러내준다. 그는 "사물에 대해 알 수 있는 근거가 사람에게 갖추어져 있는 것을

---

20 郭沫若, 1945/1991, pp. 256~265; 김승혜, 1990, pp. 220~221, 244~245; 조긍호, 1995, pp. 4~6; 1998a, pp. 215~219.

21 『荀子引得』(Harvard-Yenching Institute, Sinological Index Series, Supplement 22, 1950) 참조.

22 『荀子』, 天論 24, 25; 正名 2, 22.

23 性之好惡喜怒哀樂 謂之情(正名 2).

24 『荀子引得』 참조.

지적 능력이라고 하고, 이러한 지적 능력을 통해 받아들인 내용이 외부 사물과 합치되는 것을 지식이라고 한다"[25]고 진술하여, 지적 능력의 본유성에 대해 직접 언급하고 있다.

순자도 공자나 맹자와 마찬가지로 사람에게 도덕성이 본유적으로 갖추어져 있다고 보고, 사람과 동물의 차이는 이렇게 인간에게 의(義)와 변(辨) 같은 도덕성이 갖추어져 있다는 사실에서 찾는다.[26] 또한 그는 인간에게 도덕성을 실천할 수 있는 능력이 본유하고 있다고 간주하여,[27] 도덕적 지향성이 인성의 핵심적인 요소임을 주장한다.

### (2) 선진유학사상의 덕성우월주의

서구인들은 고대 플라톤과 아리스토텔레스 시대로부터 인간 심성을 구성하는 이성 · 감성 · 욕구 중에서 이성이 인간과 동물의 차이를 유발하는 핵심요인이라고 보고, 이러한 이성우월주의의 관점에서 인간을 이해하려는 입장을 견지해왔다.[28] 그러나 유학사상에서는 인간의 심성에 본유적인 덕성 · 지성 · 감성 · 욕구 중에서 덕성이 인간과 동물의 차이를 유발하는 핵심요인이라는 관점에서, 나머지 요소들은 덕성의 요소에 의해 통제되어야 한다는 덕성우월주의의 입장을 주축으로 하여 인간을 파악해왔다.

25 所以知之在人者 謂之知 知有所合 謂之知(正名 3).

26 水火有氣而無生 草木有生而無知 禽獸有知而無義 人有氣有生有知 亦且有義 故最爲天下貴也(王制 20); 人之所以爲人者 非特以其二足而無毛也 以其有辨也 夫禽獸有父子 而無父子之親 有牝牡 而無男女之別 故人道莫不有辨(非相 9~10).

27 所以能之在人者 謂之能 能有所合 謂之能(正名 3); 凡禹之所以爲禹者 以其爲仁義法正也 然則仁義法正 有可知可能之理 然而塗之人也 皆有可以知仁義法正之質 皆有可以能仁義法正之具(性惡 13).

28 졸저(조긍호, 2008, pp. 183~193) 참조.

**공자의 덕성우월주의** 공자는 도덕성에 의해 욕구체계, 감정체계 및 지적 능력의 체계가 조절되고 제어되어야 한다는 사실을 자주 강조함으로써 덕성우월주의를 제창하고 있다. 이러한 사실을 공자는 한 마디로 '극기복례'(克己復禮)라고 표현하고 있는데,[29] 여기서 '극기'는 생물체적 욕구, 자기중심적 감정 및 도덕성의 지배에서 벗어난 지적 활동이 도덕성의 지도를 받아 통제되어야 함을 포괄적으로 의미하는 것이고, '복례'란 도덕성을 생활의 중심체계로 설정해야 함을 말하는 것이다.

이렇게 다른 심성요소들이 도덕성에 의해 통제되어야 하는 까닭을 공자는 자기의 도(道)가 덕성으로 통합되어 있다는 사실에서 찾고 있다. 공자의 도를 하나로 꿰뚫고 있는 원리는 "자기를 다하는 충(忠)"과 "자기를 남에게까지 미루어 가는 서(恕)"인데,[30] 여기서 '충'은 바로 '극기'를 말하는 것이고 '서'는 '복례'를 의미하는 것이다. 즉 스스로에게 본유적인 도덕성을 기반으로 하여 자기의 사적이고 이기적인 욕구 · 감정 · 사고를 통제하는 '극기'가 바로 덕성주체로서의 자기를 다하는 '충'이고, 그리하여 본유적인 도덕성이 자신의 모든 삶의 중심이 되도록 하는 '복례'가 바로 남에 대한 배려인 '서'의 근거가 된다고 공자는 보고 있는 것이다. 그러므로 삶의 과정에서는 항상 도덕성을 중심에 두고 있어야 한다고[31] 공자는 주장하는 것이다.

**맹자의 덕성우월주의** 맹자에게 있어서는 욕구체계나 감정체계뿐만 아니라 지적 능력의 체계까지도 모두 도덕성을 바탕으로 하여 이의 실천

29 子日 克己復禮爲仁(『論語』, 顔淵 1).

30 子日 參乎 吾道一以貫之 曾子日 唯 子出 門人問日 何謂也 曾子日 夫子之道 忠恕而已矣(里仁 15).

31 君子去仁 惡乎成名 君子無終食之間違仁 造次必於是 顚沛必於是(里仁 5).

을 지향하는 체계로 통합되고 있으며, 이것이 그의 성선설의 요지이다. 맹자는 이러한 통합 기능을 도덕성의 인식과 실천의 기관인 마음[心]에 부여하고 있다.[32] 즉 심에 의해 스스로가 도덕주체임을 인식함으로써, 욕구·감정·사고 등이 외부 사물에 휘둘리지 않도록 해야 한다는 것이 맹자의 덕성우월주의의 내용인 것이다.

도덕성이 나머지 심성요소들을 통제할 수 있는 까닭은, 욕구나 감정 등은 그 유발 조건이나 충족 여부가 외부 환경요소에 달려 있어서[在外者] 개인이 노력한다고 해서 얻어질 수 있는 것이 아니지만, 도덕성은 인간에게 본유적인 것이어서[在我者] 애써 노력하면 반드시 이루어질 수 있기 때문이라는 것이 맹자의 생각이다.[33] 그러므로 재외자인 욕구나 감정 등이 아니라 재아자인 도덕성이 삶의 중심체계가 되어야 한다고 맹자는 주장하는 것이다.

**순자의 덕성우월주의** 순자도 공자 및 맹자와 마찬가지로 도덕성이 심성의 나머지 요소들을 통합하고 지도해야 한다는 덕성우월주의의 관점을 제시하고 있다. 순자는 이러한 덕성우월주의의 근거를 세 가지로 제시한다.

우선 의(義)와 변(辨) 같은 도덕성은 다른 동물들에게는 없고 인간에게만 갖추어져 있어서, 인간이 인간된 근거 또는 인간이 다른 생물체보다 가장 우수한 존재로 부각되는 원천이기 때문이다.[34] 다음으로 도덕성의

32 耳目之官 不思而蔽於物 物交物 則引之而已矣 心之官則思 思則得之 不思而不得也 此天之所與我者(『孟子』, 告子上 15).

33 求則得之 舍則失之 是求有益於得也 求在我者也 求之有道 得之有命 是求無益於得也 求在外者也(盡心上 3).

34 『荀子』, 王制 20; 非相 9~10.

담당기관인 심은 인간의 중심에 자리 잡고 있어서 욕구와 감정의 담당기관인 감각기관을 다스리기 때문이다.[35] 마지막으로 도덕성의 인식과 실천은 본인이 하기에 달린 것, 곧 스스로 통제할 수 있는 것[在己者 · 由中出者]이지만, 욕구의 충족과 감정의 유발 조건은 외부 상황의 요인에 달린 것, 곧 본인이 스스로 통제할 수 없는 것[在天者 · 從外至者]이기 때문이다.[36]

### (3) 선진유학사상의 인성론 종합

이상에서 보듯이 서구인들은 고대 그리스 시대로부터 인간의 심성은 지적 인식의 근거인 이성, 감정 반응의 근거인 감성, 대상에 대한 접근과 회피 행동의 근거인 욕구로 구성되어 있다는 '삼분체계설'을 견지해왔으며, 이 세 체계 가운데 이성이 인간 활동의 중핵 요소라고 보는 '이성우월주의'를 표방해왔다. 이러한 경향은 현대 사회과학, 특히 심리학의 연구로까지 면면히 이어지고 있다. 인간의 사회관계를 합리적 계산자 모형을 통해 이해하려는 서구 사회관계론은 이러한 배경에서 필연적으로 도출되는 것이었다고 볼 수 있다.

그러나 공자 · 맹자 · 순자 같은 선진유학자들은 인간의 심성을 구성하는 요소는 생물체 및 개체로서 갖는 욕구의 체계, 감정 반응의 체계, 지적 능력의 체계뿐만 아니라, 타인에 대한 관심과 배려를 기반으로 하는 도덕성의 네 체계로 상정할 수 있다는 '사분체계론'을 제시하고, 이 네 체계 중

---

**35** 耳目鼻口形能 各有接而不相能也 夫是之謂天官 心居中虛 以治五官 夫是之謂天君(天論 24~25); 心者形之君也 而神明之主也 出令而無所受令(解蔽 14).

**36** 若夫心意修 德行厚 知慮明 生於今而志乎古 則是在我者也 故君子敬其在己者 而不慕其在天者(天論 28~29); 志意修 德行厚 知慮明 是榮之由中出者也 夫是之謂義榮 爵列尊 貢祿厚 形勢勝 上爲天子諸侯 下爲卿相士大夫 是榮之從外至者也 夫是之謂勢榮(正論 28~29).

에서 도덕성의 체계가 인간 삶의 중추 요소가 되어야 한다는 '덕성우월주의'를 견지해왔다. 이러한 유학자들의 인성론적 전통에 따르면, 사회 속에서의 인간 삶에 대한 연구에서는 반드시 도덕성의 요소가 중핵적인 문제로 등장되어야 할 것이다. 따라서 유학사상의 배경에서 도출되는 사회관계론은 이성의 합리성을 축으로 해서가 아니라 덕성의 사회성, 즉 도덕의 일상적 실천을 축으로 하여 성립될 수밖에 없는 것이다.

#### 2) 이상적 인간상: 군자론 · 성인론

유학사상은 위에서 제시된 바와 같은 네 체계(욕구 · 감정 · 지적 능력 · 도덕성)를 본유적으로 갖추고 태어나는 현실적 인간이 도달할 수 있는 이상적 상태를 상정하고, 이를 삶의 목표로 삼고자 하는 이론체계이다. 유학적 사회관계론은 이러한 이상적 상태에 도달한 인간의 사회관계의 모습을 정리한 것으로 볼 수 있다. 그러므로 유학사상에서 도출되는 사회관계론은 그들의 이상적 인간형론과 직접적인 관련을 맺고 있다.

유학사상에서 제시하는 이상적 인간상은 대인(大人) · 대장부(大丈夫) · 대유(大儒) · 현인(賢人) · 지인(至人) · 성인(成人) · 군자(君子) · 성인(聖人) 등 여러 가지가 있으나, 이 가운데 가장 널리 쓰이는 것은 군자와 성인(聖人)이다. 이러한 군자론 · 성인론의 문제는 이들이 실제로 이룬 인격의 특징에 관한 이론과 이러한 이상적 상태에 도달하는 단계에 관한 이론으로 나누어볼 수 있다.[37]

##### (1) 군자 · 성인의 특징론

서구의 현대심리학에서 제시하는 대표적인 이상적 인간형론은 '성숙인

37 유학사상의 군자론 · 성인론에 대해서는 졸저(조긍호, 2006, pp. 379~420; 2008, pp. 208~256) 참조.

격론'(成熟人格論)이다. 이들은 자유롭고 평등한 이성주체로서의 개인이 일상생활에서 자기의 능력과 가능성을 최대로 발휘하는 '자기실현'(自己實現, self-actualization)에 초점을 맞추어 이상적 인간의 특징을 고찰하고 있다. 이는 개체적 존재로서의 개인을 사회구성의 기본단위로 인식하는 서구적 관점에서 도출되는 자연스러운 결과일 것이다.[38]

이에 비해 선진유학자들은 개체로서의 자기완성에 이르는 것에서 더 나아가 타인과 사회에 대한 배려와 관심 그리고 책무의 자임(自任)을 이상적 인간의 특징으로 포괄하는 입장을 취한다. 이는 이들이 인간을 사회적 관계체와 덕성의 주체로 파악하는 관점에서 나오는 당연한 귀결이다. 즉 인간은 사회적 관계를 떠나서는 그 존재 의의를 찾기 힘들고, 이러한 관계 속의 타인에 대한 관심과 배려, 곧 도덕성을 본유적으로 갖추고 있는 덕성의 주체이므로, 삶의 과정에서 타인과 사회에 대한 책무를 스스로가 떠맡으려고 하는 것이 이상적 인간의 삶의 자세가 되지 않을 수가 없다는 주장이 유학자들의 기본 입장인 것이다.

**공자의 군자론** 공자는 제자인 자로(子路)와의 문답에서 군자의 특징을 "자기를 닦음으로써 삼가는 사람"[修己以敬], "자기를 닦음으로써 사람들을 편하게 해주는 사람"[修己以安人], 그리고 "자기를 닦음으로써 온 천하 사람들을 편안하게 해주는 사람"[修己以安百姓]이라고 진술하여,[39] 군자의 특징을 이러한 수기(修己)·안인(安人)·안백성(安百姓)의 세 가지로 들고 있다.

'수기이경'은 군자가 자기의 사적 욕구와 감정을 억제하고, 모든 일에

38 졸저(조긍호, 2006, pp. 222~264, 466~479; 2008, pp. 258~275) 참조.

39 子路問君子 子曰 修己以敬 曰 如斯而已乎 曰 修己以安人 曰 如斯而已乎 曰 修己以安百姓 修己以安百姓 堯舜其猶病諸(『論語』, 憲問 45).

대한 책임을 남에게 미루지 않으며, 자기개선을 이루어 자기향상을 도모함으로써, 도덕주체로서의 인식을 확고히 이룬 상태를 말한다. 즉 이는 개체로서의 자기 인격의 완성을 이룬 상태를 말하는 것이라고 볼 수 있다.

'수기이안인'은 인의를 기초로 자기 몸을 닦아 도덕적 수양을 이룬 이후에 일상생활에서 주위 사람들을 편안하게 이끌어주는 상태를 말한다. 즉 이는 대인관계에서 조화를 이룬 상태, 곧 관계의 완성을 이룬 상태를 말하는 것이라고 볼 수 있다.

'수기이안백성'은 수기를 통해 수양을 이룬 군자가 가족·친구 등 주변 사람들만 포용하고 그들과만 조화를 이루고자 하는 것이 아니라, 사회에 대한 책무를 스스로 자임함으로써, 온 천하 사람, 곧 사회 전체를 편안하게 이끄는 상태를 말한다. 즉 이는 사회적 책무를 자임하고, 이를 완수하기 위해 노력하는 자세를 말하는 것이라고 볼 수 있다.

**맹자의 성인론** 맹자는 옛 성인인 백이(伯夷)·이윤(伊尹)·유하혜(柳下惠)·공자를 비교하면서, 전자의 세 사람을 각각 성지청자(聖之淸者)·성지임자(聖之任者)·성지화자(聖之和者)라고 진술하고, 공자는 성지시자(聖之時者)라고 하여 앞 사람들의 청(淸)·화(和)·임(任)을 "모두 모아 크게 이룬 사람"[集大成者]이라 평가하고 있다.[40] 이렇게 맹자는 성인의 특징을 '깨끗한 본성의 견지'[聖之淸], '대인관계의 조화 달성'[聖之和] 및 '사회적 책무의 자임과 완수'[聖之任]의 세 가지로 제시하고 있는 것이다.

'성지청'은 수기를 통하여 인의를 체득함으로써 본래 타고난 깨끗하고

40 伯夷聖之淸者也 伊尹聖之任者也 柳下惠聖之和者也 孔子聖之時者也 孔子之謂集大成(『孟子』, 萬章下 1).

순수한 도덕적 성품을 잃지 않고 간직하고 있는 상태를 말하는 것으로, 공자의 '수기이경'과 같은 경지에 이른 상태라고 볼 수 있다.

'성지화'는 수기를 통하여 체득한 인의를 대인관계에서 발현함으로써 사람들 사이에 조화를 이루고 편안한 관계를 유지하는 상태를 말하는 것으로, 공자의 '수기이안인'을 달리 표현하고 있는 것으로 볼 수 있다.

'성지임'은 수기의 결과 체득한 인의를 사회적으로 구현함으로써 사회적인 책임을 강하게 느끼고 이를 널리 실천하는 상태를 가리키는 것으로, 공자의 '수기이안백성'과 같은 경지를 말하는 것으로 볼 수 있다.

**순자의 군자론** 순자는 공자나 맹자와는 달리 군자나 성인의 특징을 꿰뚫어 담아내는 용어를 사용하고 있지는 않다. 그러나 「군도」(君道)편에서 그는 군자의 특징을 12가지로 제시하고 있는데,[41] 이들은 크게 '자기수양'·'대인관계'·'사회에 대한 책임'의 세 범주로 묶을 수 있다.

'자기수양'의 측면에서 군자는 예(禮)에 안주하고, 이에 따라 근신하며, 스스로를 가다듬을 뿐만 아니라, 일처리를 하는 데에도 실수가 없고, 사물의 가치를 바르게 인식하고 실생활에 바르게 활용하는 사람이다. 이러한 군자의 특징은 '수기이경'이나 '성지청'의 상태와 유사하다고 볼 수 있다.

'대인관계'의 측면에서 군자는 다른 사람과 예의에 따라 사귀고, 넓은 포용력을 가지고 다른 사람을 너그럽게 수용하는 사람이다. 이는 '안인' 및 '성지화'의 상태와 일치하는 군자의 특징이라고 하겠다.

---

41 故君子之於禮 敬而安之 其於事也 徑而不失 其於人也 寡怨寬裕而無阿 其爲身也 謹修飭而不危 其應變故也 齊給便捷而不惑 其於天地萬物也 不務說其所以然 而致善用其材 其於百官之事 技藝之人也 不與之爭能 而致善用其功 其待上也 忠順而不懈 其使下也 均徧而不偏 其交遊也 緣義而有類 其居鄉里也 容而不亂(『荀子』, 君道 6~7).

'사회에 대한 책임'의 측면에서 군자는 예의로써 위아래 사람을 잘 섬기거나 부리며, 그들과 경쟁하려고 하지 않고 오로지 자기 책임을 다하고, 그들도 그들의 책임을 다하도록 도와준다. 군자는 "그 도를 닦고, 그 의를 행하여 천하 사람들이 함께 바라는 이익을 일으켜주고, 그들 모두에게 해가 되는 일을 제거해주는 사람,"[42] 곧 사회적인 책임을 자임하고 완수하려고 노력하는 사람이다. 이는 '안백성' 및 '성지임'의 상태를 말하는 것이라고 볼 수 있다.

### (2) 군자 · 성인에 도달하는 단계론

유학자들은 이렇게 군자와 성인을 자기의 도덕적 완성, 대인관계에서의 조화, 그리고 사회적인 책무의 자임과 완수의 세 가지 특징으로 정리하고 있다. 그렇다면, 이 세 특징은 어떠한 단계를 거쳐 군자와 성인의 특징으로 통합되는가 하는 문제를 다루고 있는 것이 단계론이다.

**공자의 점진적 확대론** 공자가 보는 군자의 세 특징은 모두 수기(修己)를 그 바탕으로 하고 있다는 사실에 주목해야 한다. 이러한 수기의 기초는 바로 인의(仁義)이고, 군자는 모두 이러한 인의를 자각하여 체득했다는 공통점을 가지고 있다. 따라서 군자의 세 가지 특징은 이러한 인의가 상황과 처지에 따라 달리 표출되고 있을 뿐인 것이다. 이러한 수기의 효과는 자신에서부터 비롯하여, 다른 사람과의 관계, 그리고 사회 전체로 확대된다는 것이 공자의 관점이다. 이는 두 가지 측면에서 정리될 수 있는데, 하나는 적용 범위의 크기의 측면이고, 다른 하나는 그 실현 곤란성의 측면이다.

42 修其道 行其義 興天下之同利 除天下之同害 而天下歸之也(正論 5).

「헌문」(憲問)편에 제시된 자로와의 문답에서 공자는 '수기 → 안인 → 안백성'의 순서로 응답하여 그 적용 범위를 점차 확대하고 있다. 뿐만 아니라, 자로의 거듭되는 질문에 대해 맨 마지막에 "수기이안백성은 옛 성인인 요(堯)와 순(舜)도 오히려 어렵게 여겼던 경지"라고 응답하여, 그 실현의 곤란도에 있어서도 '수기 → 안인 → 안백성'의 순서임을 암시하고 있는 것이다.

**맹자의 점진적 확대론** 맹자는 제자인 호생불해(浩生不害)와의 문답에서 사람의 등급을 인의의 덕을 체득하여 모든 사람이 욕심내는 '선인'(善人), 선한 덕성을 몸에 지녀 다른 사람의 믿음을 얻은 '신인'(信人), 선을 힘써 실천하여 이를 꽉 채운 '미인'(美人), 충실하고 또 그 덕업이 크게 빛을 발휘하는 '대인'(大人), 크면서도 노력함이 없이도 도와 일치하여 다른 사람들을 모두 감화시키는 '성인'(聖人)의 다섯 단계로 제시하고 있다.[43]

여기서 '선인'은 개인적인 도의 체득의 측면, '신인'과 '미인'은 대인관계의 측면, 그리고 '대인'과 '성인'은 사회적 책임 측면의 이상적 인간의 특징과 결부되는 것으로 볼 수 있다. 따라서 맹자는 '도의 체득을 통한 깨끗함과 순수함의 견지'[聖之淸] → '대인관계에서의 조화의 달성'[聖之和] → '사회적 책임의 완수'[聖之任]의 점진적 확대 과정으로 이상적 인간에 도달하는 단계를 논하고 있다고 할 수 있을 것이다.

43 可欲之謂善 有諸己之謂信 充實之謂美 充實而光輝之謂大 大而化之之謂聖 聖而不可知之之謂神(『孟子』, 盡心下 25): 朱熹는 『孟子集註』에서 程子의 말을 인용하여 이 글의 맨 마지막에 나오는 "성불가지(聖不可知)란 성(聖)의 지극히 묘함을 사람이 헤아릴 수 없다는 말이지, 성인의 위에 또 한 등급의 신인(神人)이 있다는 말은 아니다"라고 진술하여, 맹자의 입장을 '선 · 신 · 미 · 대 · 성'의 다섯 단계로 정리하고 있다.

**순자의 다방면 동시 점심주의** 순자는 이상적 인간에 도달하는 단계를 '사(士) → 군자 → 성인'의 3단계로 제시하고 있는데,[44] 이들은 도덕성을 체득하고자 하는 의지[志], 일상생활에서의 도덕성의 실천[行], 그리고 도덕성에 두루 밝게 통달해서 막힘이 없게 되는 완전한 인식[知]의 세 가지 측면에서의 점진적인 심화 정도에 차이가 있다고 보고 있다.[45]

이렇게 순자는 도덕 의지, 도덕 실천, 그리고 도덕 인식의 측면에서 동시에 점진적으로 심화되는 과정, 곧 도덕 의지가 점차로 확고해지고, 도덕 실천의 범위가 점차 확장되며, 도덕 인식이 점차 깊어지는 과정을 통해 사(士)에서 군자를 거쳐 성인의 상태에 이르게 된다고 보고 있는 것이다.

#### (3) 선진유학사상의 군자론 · 성인론 종합

서구인들은 태어날 때부터 모든 특성을 완비하고 있는 평등하고 자유로운 개인을 사회구성의 기본단위로 인식하는 관점에서, 개체가 갖추고 있는 능력과 가능성을 실생활에서 최대로 실현하는 사람, 곧 자기실현인을 이상적 인간상으로 설정해왔다. 이렇게 이상적 인간상을 개체중심적으로 보는 입장에서는 사회관계를 이성주체로서의 개인에게 초점을 맞추어 설정할 수밖에 없을 것이며, 따라서 합리적 계산자 모형이 사회관계론의 핵심으로 떠오르게 된다고 추론할 수 있는 것이다.

---

44 學惡乎始 惡乎終 [……] 其義則始乎爲士 終乎爲聖人(『荀子』, 勸學 12): 王先謙은 『荀子集解』에서 이 구절을 해설하면서 "『순자』에서는 사 · 군자 · 성인을 세 등급으로 보고 있다"고 진술하여, 순자의 3단계론을 확인해주고 있다.

45 好法而行士也 篤志而體君子也 齊明而不竭聖人也(修身 36); 彼學者 行之曰士也 敦慕焉君子也 知之聖人也(儒效 13~14); 志忍私 然後能公 行忍情性 然後能修 知而好問 然後能才 公修而才 可謂小儒矣 志安公 行安修 知通統類 如是則可謂大儒矣(儒效 37~38); 故學者以聖王爲師 案以聖王之制爲法 法其法以求其統類 以務象效其人 嚮是而務士也 類是而幾君子也 知之聖人也(解蔽 26).

그러나 유학사상에서는 사회성과 도덕성을 인간을 파악하는 중심에 놓아 사회를 구성하는 기본단위를 덕성주체로서의 사람들 사이의 관계라고 인식함으로써, 도덕적인 자기완성뿐만 아니라 함께 사회를 이루어 살아가고 있는 다른 사람에 대한 관심과 배려, 그리고 그들과 함께 삶을 영위하는 장(場)인 사회에 대한 책무의 자임과 완수를 위한 노력을 이상적 인간의 특징으로 부각시킨다. 즉 유학자들은 도덕적인 자기완성[수기이경(공자)·성지청(맹자)·자기수양(순자)], 대인관계에서의 조화의 달성[안인(공자)·성지화(맹자)·대인관계(순자)], 그리고 사회적 책무의 자임과 완수[안백성(공자)·성지임(맹자)·사회에 대한 책임(순자)]의 세 측면에서 이상적 인간의 특징을 논의하고 있다. 이렇게 인간은 사회적인 관계 속에서 살아가면서 스스로 도덕적인 수양을 쌓아야 할 뿐만 아니라, 다른 사람과 조화로운 관계를 이루기 위해 노력하면서 사회에 대한 책임도 다하려는 자세를 갖추어야 한다는 것이 유학자들이 설정하는 이상적 인간상의 핵심인 것이다.

유학자들은 이러한 이상적 인간의 상태에는 자기의 수양으로부터 비롯하여 주위 사람과의 관계의 조화를 거쳐 사회에 대한 책무의 자임으로 점차 확대되어가는 과정을 통해 도달될 수 있다고 본다. 즉 '자기수양' → '관계의 조화' → '사회적 책무의 자임'의 순서로 점진적으로 확대되거나(공자와 맹자의 경우) 점진적으로 심화되는(순자의 경우) 과정을 거쳐 이상적 인간의 상태에 도달할 수 있다는 것이다.

이러한 유학자들의 관점에서 보면, 관계의 조화 달성과 사회적 책무의 자임이 사람들이 사회관계에서 추구하는 목표로 부각될 수밖에 없다. 그러므로 유학사상에서 도출되는 사회관계론은 합리적 자기이익의 추구를 목표로 설정하는 서구의 사회관계론과는 다른 모습의 것이 될 수밖에 없을 것이다. 이렇게 유학사상의 이상적 인간형론은 인간의 사회성과 도덕성을 강조함으로써 사회관계의 목표와 그 과정을 도출하는 이론적 배경으로 작용하고 있다.

## 2. 유학사상의 사회이론: 대동사회론과 소강사회론

앞에서 17~18세기 자유주의자들이 제시한 사회계약론은 사회형성의 기초를 자유롭고 평등한 개인들의 합리적 선택에 따른 자발적 합의에서 찾고 있는 이론체계임을 살펴보았다. 이러한 사회계약론들은 그 주창자인 홉스와 로크 및 루소가 가지고 있는 사회형성 이전의 자연상태에 관한 이론을 기반으로 성립되는 것이었다. 홉스는 자연상태를 혼란의 상태라고 규정하고 있고, 로크는 본래 평화로운 자연상태는 그 자체가 갖는 취약성들로 인하여 혼란의 가능성을 내포하고 있는 상태라고 보며, 루소는 본래 자유롭고 평등한 자연상태가 인간 정신의 진화에 따라 불화와 불평등의 상태로 전락하게 마련이라고 상정한다.

자연상태는 이러한 문제점을 가지고 있기 때문에, 자연상태 하에서 인간은 삶의 목표인 자기보전의 확보와 자기이익의 추구에 어려움을 겪지 않을 수 없게 되고, 따라서 평화롭고 안전하게 자기를 보전하고 자기이익을 지키기 위한 합리적인 방안을 모색하는 과정에서 사회를 형성하기로 서로 간에 계약을 맺게 된다는 것이 사회계약론의 요체이다. 즉 사회계약론에서는 인간의 정념이나 욕구에서 나오는 목표(자기보전과 자기이익 확보)를 안전하게 달성하기 위한 필요성에 따라 사회가 형성되고, 사회는 계약자들 사이에 맺어진 공정한 교환의 규범을 준수할 때 안전하게 유지된다고 가정한다.

이러한 사회계약론은 그 후 전개된 대표적인 사회관계론인 사회교환론의 이론적 모태로 작용해왔다. 합리적 계산자 모형에 근거하고 있는 사회교환이론들에서 제시하고 있는 사회관계의 목표(자기이익의 최대화)와 사회관계 유지의 규범(공정한 교환)은 모두 사회계약론에서 도출되고 있는 것이다.

이와 같이 서구의 사회관계론은 혼란한 자연상태에서 탈피하여 사회상태로 이행하게 된다는 사회형성이론에 뿌리박고 있는 이론체계이다. 그렇다면 유학자들은 사회형성의 근거를 어디에서 찾으려 하는가? 그리고 그들의 사회관계론과 사회형성이론은 어떠한 관련성이 있는가? 유학자들의 사회관계론의 특징도 그들의 사회형성이론에서 도출될 수 있는가? 여기에서는 이러한 문제에 대해 간단히 고찰해보기로 하겠다.

### 1) 사회 형성의 배경: 순자를 중심으로

유학사상은 인간이 본유적으로 갖추고 있는 덕성을 실현하여 "성인이 되는 것을 인생의 최고의 목표로 생각한다. 내성외왕(內聖外王)이 바로 그것이다."[46] 여기서 스스로 도덕적 완성을 이루는 '내성'과 이를 실제 사회생활의 장면에 펼치는 '외왕'은 모두 성인의 경지에 도달하였다는 공통점이 있는데, "유가의 학문은 '내성'을 본질로 삼고, '외왕'은 그 공능의 표현으로 본다."[47] 이렇게 이상적 인간이 사회에 대한 책임을 져야 한다는 것이 유가의 근본이념인데, 이러한 근거에서 유학자들은 인성론을 근거로 하여 이상적 인간의 상태(군자론 · 성인론)를 삶의 목표로 설정하고, 사회 속에서 이러한 이상적 인간이 실제로 어떻게 살아가고 있는가(도덕실천론) 하는 점과 어떻게 하면 이러한 이상적 인간의 상태에 이를 수 있는가(수양론) 하는 문제에 초점을 맞추고 있는 이론체계이다.

---

**46** 정인재, 1992, p. 57.
**47** 蔡仁厚, 1984, p. 456.

이러한 유학사상의 초점은 인간의 윤리적인 사회생활에 맞추어져 있을 뿐, 사회가 형성되는 배경이나 기초에 대한 논의는 찾아보기 힘들다. 유학자들은 사회가 형성된 이후에 함께 모여 살면서 조화롭고 덕스러운 사회생활을 해야 하는 문제에 관심을 기울였을 뿐이었다. 그리하여 『논어』에서는 사회형성이론의 실마리가 될 만한 내용을 찾아볼 수 없으며, 이는 『맹자』에서도 마찬가지이다. 다만 『맹자』에서는 사단과 같은 착한 본성을 갖추고 태어나는 인간이 이를 잃고[放心] 불선(不善)에 이르게 되는 원인에 대한 논의가 있을 뿐이다. 맹자는 이를 환경의 영향[48]과 다욕(多欲)[49]의 두 가지 요인에서 찾고 있다.[50]

선진유학자들 가운데 사회형성의 기초에 대해 비교적 명확한 견해를 밝히고 있는 사람은 순자이다. 순자는 인간과 동물의 차이에 관한 논의에서부터 사회형성의 논리를 찾는다. 순자는 동물과 다른 인간의 특유성을 두 가지 근거에서 찾고 있다. 이는 다른 동물들과는 달리 인간만이 '옳고 그름을 변별할 수 있는 능력'[辨][51]과 '윤리적 행위 능력'[義]을 갖추고 있다는 사실이다.[52] 순자는 이러한 특유성을 갖추고 있는 인간은 천지의 화육에 참여하여 '질서를 부여할 수 있다'[治][53]고 본다. 즉 우주에 질서를 부여하여 조화로운 삶을 영위할 수 있는 능력이 인간에게 갖추어져 있으며, 이렇게 질서를 부여하는 것이 '하늘의 도'[天道]나 '땅의 도'[地道]와는 다른 '사람의 도'[人道][54]라는 것이 순자의 생각이다.[55]

48 예: 『孟子』, 告子上 2, 7, 8.

49 예: 告子上 10; 盡心下 35.

50 졸저(조긍호, 1998a, pp. 85~90) 참조.

51 『荀子』, 非相 9~10.

52 王制 20.

53 天有其時 地有其財 人有其治 夫是之爲能參(天論 23).

54 道者非天之道 非地之道 人之所以道也 君子之所道也(儒效 9~10).

순자는 인간생활의 질서는 사회생활을 통해 이루어질 수 있다고 본다. 그에게 있어 사람은 기본적으로 사회조직을 떠나서는 살 수 없는 존재, 곧 필연적으로 사회를 형성하여 모여 살 수밖에 없는 존재인 것이다.[56] 순자가 사회형성의 배경 요인으로 제시하는 것으로는 세 가지를 들 수 있다.[57]

첫째는 인간은 다른 동물과 비교하여 태어날 때부터 허약하고 무력한 존재라는 사실에서 연유한다. 그러므로 다른 동물과의 생존경쟁에서 살아남기 위해서는 단결할 필요가 있으므로 사회를 형성하게 되었다는 것이다. 이러한 점을 순자는 다음과 같이 지적한다.

> 사람의 힘은 소만 못하고, 빠르기는 말만 못하다. 그런데도 사람이 소와 말을 부려 쓸 수 있는 까닭은 무엇인가? 이는 사람은 사회를 이루어 모여 살지만, 소나 말은 사회생활을 하지 못하기 때문이다. 그렇다면 사람은 어떻게 사회생활을 할 수 있는가? 이는 직분을 나누어[分] 가진다는 사실에 근거한다. 이렇게 직분을 나누어 가지는 것은 무엇을 통해 이루어지는가? 이는 올바른 윤리적 원칙[義]에 의해서이다. 이렇게 올바른 원칙에 의해 직분을 나누어 가지면 조화[和]가 이루어지고, 조화가 이루어지면 하나로 뭉치게 되며, 하나로 뭉치면 힘이 많아지고, 힘이 많아지면 강하게 되며, 강하게 되면 만물을 이길 수 있다. [……] 그러므로 사람은 살아가면서 사회를 이루지 않을 수 없는데, 사회생활을 하면서 직분과 몫의 나뉨이 없으면 서로 다투게 되고, 서로 다투면 혼란스럽게 되며, 혼란스러우면 약해지고, 약하게 되면 만물을 이길 수 없게 된다.[58]

---

55 졸저(조긍호, 1998a, pp. 189~203) 참조.

56 故人生不能無群(王制 21); 人之生不能無群(富國 6).

57 馮友蘭(1948/1977, pp. 202~204)은 순자가 제시하는 사회형성 요인으로 아래에 제시되는 첫 요인과 둘째 요인만을 언급하고 있다.

둘째는 한 개인의 능력에는 한계가 있다는 사실에서 연유한다. 그 결과, 생활에 필요한 물자를 충당하기 위해서는 다른 사람에게 의존하지 않을 수 없으므로 사회를 형성하게 되었다는 것이다. 다음의 진술은 순자가 이러한 점을 지적한 것이다.

> 수많은 기술자들이 이루어놓은 것은 한 사람의 생존을 위해 필요한 것이다. 아무리 능력이 출중한 사람이라도 여러 가지 기술을 다 가질 수는 없다. 사람은 여러 기능을 겸전할 수 없는 것이다. 따라서 고립해 살면서 서로 의존하지 않으면 궁핍하게 되고, 더불어 모여 살면서 직분과 몫의 나뉨이 없으면 서로 다투게 된다. 궁핍한 것은 환란을 부르고, 다툼은 화를 부른다. 그러므로 환란과 화를 제거하기 위해서는 직분과 몫의 나눔을 분명히 하여 사회를 형성해 모여 사는[名分使群] 수밖에 다른 도리가 없는 것이다.[59]

셋째는 사람들의 욕구는 많은데 물자는 부족하다는 사실에서 연유한다. 그 결과 사람들 사이에 투쟁이 빚어지고, 따라서 이러한 투쟁에서 빚어지는 혼란으로부터 탈피하기 위해 올바른 분배의 규범이 필요하게 되므로, 이를 위해 사회를 형성하게 되었다는 것이다. 『순자』에서는 이러한 논리가 다음과 같이 제시되고 있다.

> 사람들은 같은 물건을 가지고 싶어 하기도 하고, 또 싫어하기도 한다. 그런데 이

58 力不若牛 走不若馬 而牛馬爲用 何也 曰人能群 彼不能群也 人何以能群 曰分 分何以能行 曰以義 故義以分則和 和則一 一則多力 多力則彊 彊則勝物 [……] 故人生不能無群 群而無分則爭 爭則亂 亂則弱 弱則不能勝物(王制 20~21).

59 故百技所成 所以養一人也 而能不能兼技 人不能兼官 離居不相待則窮 群而無分則爭 窮者患也 爭者禍也 救患除禍 則莫若明分使群矣(富國 2~3).

러한 물자에 대한 욕구는 많은데, 물자는 부족한 것이 현실이다. 이렇게 물자가 부족하다보면, 반드시 서로 다투게 된다.[60]

> (사회가 형성되지 않아) 세력과 지위가 동등하면서 같은 물건을 서로 추구하거나 회피하게 되면 물자가 부족할 수밖에 없게 되고, 그렇게 되면 반드시 다투게 된다. 서로 다투면 혼란해지고, 혼란해지면 궁핍하게 된다. 옛 선왕(先王)들은 이러한 혼란을 싫어해서, 예의(禮義)의 규범을 제정하여 각자의 합당한 몫을 나누어 주었다. 그리하여 빈부와 귀천의 등급이 있게 함으로써 모든 사람이 서로 모여 살면서 부족함을 느끼지 않도록 하였다. 이렇게 사회를 형성하여 각자가 합당한 몫을 나누어 쓰도록 하는 일이 바로 천하를 기르는 근본인 것이다.[61]

이렇게 추구하고자 하는 욕구는 많은데 물자가 부족한 데서 사회형성의 한 가지 배경을 찾으려는 순자의 견해는 맹자가 인간이 불선(不善)하게 되는 요인으로 환경의 영향과 다욕(多欲)을 들고 있다는 사실과 일맥상통하는 관점이다. 맹자는 "풍년이 들면 물자가 남아돎으로 사람들이 신뢰심이 깊어지고, 흉년이 들면 물자가 부족하여 사람들이 포악하게 되는" 등 사람은 물자의 풍족과 부족 같은 환경의 영향을 받게 마련이므로,[62] "마음을 기르는 데에는 욕심을 줄이는 것보다 더 좋은 방법이 없다"고 주장하여,[63] 물자의 부족과 다욕을 혼란의 요인으로 지적하고 있다. 순자는 바로 이러한 요인이 사회형성의 한 가지 배경으로 작용한다고 논리를 확

---

60 欲惡同物 欲多而物寡 寡則必爭矣(富國 2).

61 埶位齊而欲惡同 物不能澹 則必爭 爭則亂 亂則窮矣 先王惡其亂也 故制禮義以分之 使有貧富貴賤之等 足以相兼臨者 是養天下之本也(王制 6).

62 富歲子弟多賴 凶歲子弟多暴 非天之降才爾殊也 其所以陷溺其心者然也(『孟子』, 告子上 7).

63 養心莫善於寡欲 其爲人也寡欲 雖有不存焉者寡矣 其爲人也多欲 雖有存焉者寡矣(盡心下 35).

장하고 있는 셈이다.

이상에서 보듯이 순자는 다른 동물과의 경쟁에서 살아남기 위해서 단결할 필요성이 있고, 일상생활에서 요구되는 물자를 충당하기 위해서도 다른 사람과 상부상조할 필요성이 있으며, 또한 물자는 부족한데 똑같은 사물을 추구하는 욕구는 많으므로 여기서 생기는 혼란을 잠재울 필요가 있다는 사실에서 사회형성의 근거를 찾는 것이다. 위의 인용문들에서 순자는 윤리적 원칙에 따른 직분과 몫의 나눔을 바르게 함으로써 사회의 조화와 통일을 이루는 것을 사회생활의 핵심으로 잡고 있다. 즉 사회형성의 목표는 사회관계의 조화와 통일을 이루는 것이고, 그러한 관계의 유지는 직분과 몫의 나뉨이 바르게 이루어져야 한다는 것이다. 이러한 사실은 순자뿐만 아니라, 비록 사회형성에 관한 분명한 이론을 제시하고 있지는 않지만, 공자와 맹자의 사회관계론에도 공통적인 강조점이 되고 있다.

### 2) 유학적 이상사회: 대동사회

이상에서 보듯이 유학자들은 사회생활을 인간의 원초적인 삶의 모습으로 상정하고 있다. 그렇다면 유학의 이상이 실현된 사회생활의 모습은 어떠한 것인가? 『예기(禮記)』「예운」(禮運)편에 제시되고 있는 '대동(大同)사회'는 "유학적 이상사회의 대명사이다."[64]

대도(大道)가 행해질 때는 천하가 공공(公共)의 것이었다[天下爲公]. 어질고 능력 있는 사람을 등용하여 신의(信義)를 가르치고 화목(和睦)을 닦았다. 그러므로 사람들은 자기의 어버이만을 어버이로 여기거나, 자기의 자식만을 자식으로 여기지 않았다. 노인은 편안히 여생을 마치도록 하였고, 젊은이는 자기의 능력을 발

64 이상익, 2001, p. 87.

휘할 수 있도록 하였으며, 어린이는 잘 자라나도록 하였다. 홀아비 · 과부 · 고아 · 늙어서 자식이 없는 사람 · 몹쓸 병을 앓는 사람 등이 모두 먹고살 수 있도록 하였으며, 남자들은 직업이 있고, 여자들은 시집갈 곳이 있게 하였다. 재물이 낭비되는 것은 미워했지만 반드시 자기가 소유하려고 하지는 않았으며, 몸소 일을 하지 않는 것을 미워했으나 반드시 자기만을 위해서 일하지는 않았다. 그러므로 간사한 음모가 생겨나지 않았고, 도둑이나 난리도 일어나지 않았다. 그리하여 문을 밖으로 하여 잠그지도 않았다. 이를 일러 '대동'(大同)이라고 한다.[65]

이러한 대동사회는 '천하위공'(天下爲公)의 사회이다. '천하를 공공의 것으로 여기는' 천하위공에 대해서는 두 가지의 해석이 가능하다.[66]

첫째는 통치권의 향방과 책무에 초점을 맞추어, 특정 개인이 천하를 소유하려고 하지 않고 오로지 현능(賢能)한 사람으로 하여금 사람들을 교화(敎化)시키기만 하는 상태를 말하는 것으로 해석하는 것이다. 요 · 순(堯 · 舜)의 대동 시대에서는 천하는 공공의 것이라고 여기기 때문에 통치권을 세습하지 않고, 어질고 능력 있는 사람을 발굴하여 이를 선양(禪讓)한다. 대동사회는 현능한 사람의 인격적 자질에 의해 통치되는 '덕치'(德治)의 사회이기 때문이다. 또한 대동사회에서 통치자들은 사회와 국가를 지배하려고 하지 않고, 다만 사람들에게 본유적으로 갖추어져 있는 인류애,

---

**65** 大道之行也 天下爲公 選賢與能 講信脩睦 故人不獨親其親 不獨子其子 使老有所終 壯有所用 幼有所長 矜寡孤獨廢疾者 皆有所養 男有分 女有歸 貨惡其棄於地也 不必藏於己 力惡其不出於身也 不必爲己 是故 謀閉而不興 盜竊亂賊而不作 故外戶而不閉 是爲大同(『禮記』, 禮運 290): 이는 王夢鷗 註譯(1969), 『禮記今註今譯』(臺北: 臺灣商務印書館)의 禮運篇 p. 290을 가리킨다. 앞으로 『禮記』의 인용은 이 예에 따른다. 본문의 번역은 이상익(2001, 『유가 사회철학 연구』, 서울: 심산, p. 87)을 그대로 따랐다.

**66** 대동사회의 특징 및 소강사회와의 대비에 대해서는 이상익(2001, pp. 87~97)과 강정인(2005, 2010) 참조.

곧 다른 사람 모두에 대한 관심과 배려를 깨우쳐주고 실현하도록 한다. 그리하여 모든 사람이 각자의 직분을 맡아 자기 일을 다 하게 함으로써 생활의 편안함을 누리도록 하고, 돌보아줄 사람이 없는 어려운 처지의 사람들을 우선적으로 배려하도록 한다.

둘째는 소유의 방식 또는 사적 소유에 대한 관심에 초점을 맞추어, 천하의 모든 재화를 공적인 것으로 여겨 이를 공유하거나, 사적 소유를 인정하더라도 그에 대해 그리 집착하지 않는 상태를 말하는 것으로 해석하는 것이다.[67] 그리하여 대동사회에서는 재화에 대한 집착에서 벗어나 남의 물건을 탐내거나 훔치려고 하지 않는다.

이와 같이 대동사회는 타인에 대한 관심과 배려가 자기 가족이나 아는 사람에게만 국한되지 않고 모든 사람에게 확대되어 있는 사회, 곧 완전한 자기확대가 이루어진 이상적인 사회였다. 말하자면, '안백성'이 자연스럽게 이루어지고 있었던 사회가 바로 대동사회였고, 따라서 유학적 이상이 구현된 사회였다. 즉 대동사회는 사회관계의 목표, 곧 타인에 대한 관심과 배려를 기반으로 하여 사회관계의 조화를 이루려는 목표가 실현된 사회였던 것이다. 이렇게 대동사회는 사회관계의 목표가 자연스럽게 달성되고 있는 사회였으므로, 사회관계를 조화롭게 유지하기 위한 규범이 아직 필요하지 않은 사회였다. 그 규범은 사회의 혼란을 전제로 해서라야 필요하게 되기 때문이다. 그것은 다음에 출현하는 소강사회의 몫이었던 것이다.

67 이상익(2001, p. 89)은 대동사회는 사적인 "이기심이 전혀 작용하지 않거나 또는 부정되는 사회"로서 "천하의 모든 재화를 공유"하는 사회로 보고 있으나, 강정인(2005, p. 240)은 『書經』의 요순 치세(治世)에 대한 분석을 통해 "대동사회에서도 인간의 이기심은 존재하되, (소강사회에 비해) 그 정도에 있어서 차이"가 있었을 뿐이라고 본다. 강정인(2010, p. 12)은 또한 율곡(栗谷)의 관점에 기대어, "대동사회에서도 초보적인 형태의 사유재산이 형성되어 있었다"고 진술하고 있다.

### 3) 이상사회의 현실적 실현: 소강사회

유학의 전통에서 대동사회는 요 · 순의 치세에 국한하는 것으로 받아들여진다. 그 이후 하(夏) · 은(殷) · 주(周)의 삼대(三代) 시대에는 이미 대동이 무너지고, 사회규범이 필요한 '소강(小康)사회'로 이행했다는 것이다.

> 이제 대도(大道)가 이미 숨어 천하가 개인의 가(家)처럼 되었다[天下爲家]. 그리하여 각각 자기의 어버이만 어버이로 여기고, 자기의 자식만 자식으로 여기며, 재물과 힘을 자기를 위해 사용하게 되었다. 천자(天子)와 제후(諸侯)의 자리를 부자간에 전승하거나 형제간에 전승하는 것을 예로 여기고, 성곽과 구지(溝池)를 견고하게 하였으며, 예의(禮義)로 기강(紀綱)을 세웠다. 이로써 군신 관계를 바르게, 부자 관계를 돈독하게, 형제 관계를 화목하게, 부부 관계를 조화롭게 하였다. 또한 이로써 제도(制度)를 베풀고, 경작지와 마을을 세웠으며, 용기와 지식이 있는 사람을 훌륭하게 여기고, 공(功)을 자기의 것으로 삼았다. 그러므로 꾀를 씀이 생겨나고, 전쟁이 이로써 일어나게 되었다. 우(禹) · 탕(湯) · 문(文) · 무(武) · 성왕(成王) · 주공(周公)은 이러한 상황에서 선출된 사람들이다. 이 여섯 군자들은 예를 삼가지 않은 사람이 없었다. 이로써 의(義)를 밝히고, 신(信)을 이루고, 허물을 밝히고, 인(仁)을 모범으로 삼고, 겸양(謙讓)을 가르쳐서, 백성들에게 떳떳한 법도를 보여주었다. 만일 이러한 것에 말미암지 않은 군주가 있다면, 백성에게 재앙을 끼치는 군주라고 하여 폐출(廢黜)하였다. 이를 일러 '소강'(小康)이라고 한다.[68]

---

**68** 今大道旣隱 天下爲家 各親其親 各子其子 貨力爲己 大人世及以爲禮 城郭溝池以爲固 禮義以爲紀 以正君臣 以篤父子 以睦兄弟 以和夫婦 以設制度 以立田里 以賢勇知 以功爲己 故謀用始作 而兵由此起 禹湯文武成王周公 由此其選也 此六君子者 未有不謹於禮者也 以著其義 以考其信 著有過 刑仁講讓 示民有常 如有不由此者 在執者去 衆以爲殃 是爲小康(『禮記』, 禮運 290): 본문의 번역은 이상익(2001, p. 88)을 그대로 따랐다.

이 인용문에서 소강사회는 하(夏)의 우(禹), 은(殷)의 탕(湯), 주(周)의 문왕(文王)·무왕(武王)·성왕(成王)·주공(周公)의 치세를 가리키는 것으로 진술되어 있는데, 이는 그 전의 대동이 '천하위공'의 사회였던 데 비해 "천하를 사적인 집으로 여기는 천하위가"(天下爲家)의 사회로 묘사되고 있다. 즉 "대동사회가 자(自)·타(他)의 구별을 벗어난 사회였다면, 소강사회는 자·타의 구별을 전제로 한 사회"로서, "자·타의 구별이 존재함으로써, 이제 사람들은 자신의 이익, 자기 가족의 행복, 자기 국가의 번영을 추구하는 사회가 되었다"[69]는 것이다. 소강의 '천하위가'는 대동의 '천하위공'과 두 가지 점에서 차이가 있다.

우선 통치권의 향방과 책무의 측면에서 대동이 선양(禪讓)을 통해 통치권이 이양되고 그 책무가 백성의 교화에 집중되었다면, 소강사회에서는 통치권이 세습적으로 전승될 뿐만 아니라, 군신·부자·형제·부부 사이의 인륜(人倫)의 규범을 설정하여 백성들을 교화하고, 나아가 제도(制度)를 정비하여 실행하며, 국가를 부강하게 하여 안전을 지킴으로써, 사회를 혼란으로부터 건져내야 하는 책무를 통치자가 짊어지게 된다. 즉 소강사회에서 통치자의 기본 임무는 사회의 규범(예와 제도의 법)을 설정하고, 이를 실천에 옮기도록 사회 성원들을 독려함으로써 조화로운 사회를 이루는 일이다. 다시 말해 대동과 소강의 가장 기본적인 차이는 전자의 사회에서는 사회 유지의 규범이 필요하지 않았으나, 후자의 사회에서는 그것이 필요하게 되었다는 사실에 있는 것이다.

다음으로 소강의 천하위가 사회는 사적인 "이기심이 작용하거나 긍정되는 사회"로서, "천하의 모든 재화를 가족 단위로 분할하여 사유"하는 사회이다. 그러나 "소강이라고 하더라도 인간의 이기심을 전면적으로 긍

69 이상익, 2001, pp. 88~89.

정하고 수용하는 것이 아니라, 인의예지신(仁義禮智信) 등의 기강과 법제 등의 제도적인 장치들로써 통제"[70]하는 법치(法治)의 사회이다. 인륜이나 제도 등으로 구체화된 사회 규범이 재화의 사유 문제에도 적용되는 것이다.

이러한 맥락에서 보면 소강사회는 자기와 타인이 구별되는 현실적 상황에서 요구되는 질서와 규범을 정비하고, 이를 실생활의 장면에서 실천하려고 한 사회라고 볼 수 있다. 즉 사회관계의 조화 추구라는 사회관계의 이상적 목표는 대동사회에서 설정되고 있지만, 이의 현실적 실현을 위한 규범은 소강사회에서 정비되고 있는 것이다.

앞에서 유학은 사회성과 도덕성을 인간 존재의 기본으로 설정하고 있는 이론체계임을 고찰하였다. '대동사회'와 '소강사회'는 이 두 특성의 범위 설정에서 차이를 보이고 있다고 볼 수 있다. 대동은 '천하위공'의 관점에서 인간의 사회적 특성과 도덕적 특성을 전체 인민으로 확대하여 이해하는 관점이다. 곧 천하의 모든 사람과의 관계성 속에서 스스로의 존재를 확인하고, 모든 사람에 대해 관심을 가지고 배려하는 '천하위공'의 사회가 대동사회인 것이다. 그러므로 이 사회에서는 대인관계의 조화가 아무런 규범이 없이도 자연스럽게 이루어지는 사회였다. 아직 사회관계 유지의 규범이 필요하지 않은 사회였던 것이다.

그러나 소강은 '천하위가'의 관점에서 인간의 사회성과 도덕성을 가족관계에 국한해서 파악하는 사회이다. 사회관계의 원형을 부부 · 부자 · 형제 같은 가족관계에서 찾으려 하였으며, 다른 사람에 대한 관심과 배려도 우선 가족의 성원에게로 지향되었다. 이렇게 소강사회에서는 스스로의 존재의의를 가족관계 속에서 찾으려고 하였으며, 인간에게 요구되는 도

**70** 이상익, 2001, p. 89.

덕성도 가족의 성원에 대한 관심과 배려를 원형으로 삼게 되었다. 따라서 삶의 장면에서 실행해야 하는 규범체계도 관계 대상에 따라 별도로 설정되는 것으로 파악하였다. 곧 부부 사이에는 조화와 책무의 나뉨[別], 부모와 자식 사이에는 친애함[親], 형제 사이에는 우애와 질서[序] 같은 덕목이 관계의 조화를 이루는 핵심으로 설정되었다.

그러나 소강사회라고 해서 인간의 삶이 가족관계에서만 이루어지는 것은 아니다. 그러므로 소강사회에서는 가족관계의 규범을 가족을 넘어서는 사회와 국가로 확대할 필요가 대두되었다. 그리하여 가족관계의 윤리규범을 군주와 신하 그리고 친구들 사이로 넓혀, 군주와 신하 사이에는 올바른 질서[義], 친구들 사이에서는 서로 간의 신뢰[信]가 각 관계의 조화를 이루는 핵심 요건으로 상정되었다. 즉 대동사회에서는 자연스럽게 온 천하 사람들과 조화로운 관계[안백성]가 형성되었으나, 소강사회에서 '안백성'은 '안인'을 거쳐 확대되어야 하는 것이었다. 그런데 가족관계 안의 조화를 핵으로 하는 안인은 비교적 쉽게 달성될 수 있으나, 이를 안백성으로까지 확대하는 데에는 커다란 노력이 요구되었다. 여기에서 소강을 유지하기 위한 제반 규범이 필요하게 되는 근거가 도출되었다고 볼 수 있다.

### 4) 대동사회와 소강사회의 관련성

앞에서도 언급하였듯이, 유학자들에게서 대동사회는 요 · 순의 치세를 가리키는 말이다. 공자 · 맹자 · 순자는 한결같이 요와 순의 치세를 이상사회로 보고, 이들을 자주 언급하면서[71] 그 덕을 기리고 있다. 공자는 제

---

71 『論語』에서 堯는 4회, 舜은 7회 언급되고 있고, 『孟子』에서는 堯가 98회, 舜이 58회나 언급되고 있으며, 『荀子』에서는 堯와 舜이 각각 45회와 54회 언급되고 있다(『論語引得』, 『孟子引得』, 『荀子引得』 참조.) 이러한 사실은 공 · 맹 · 순이 이들을 얼마나 높이 평가하고 있는지 알게 해준다.

자인 자공(子貢)과의 문답에서 "널리 백성에게 은택을 베풀어 많은 사람을 구제한다면 [……] 반드시 성인이라고 할 만한데, 이는 요 · 순도 오히려 어렵게 여겼을 만하다"고 하여,[72] 요 · 순이 최고의 경지에 오른 성인임을 우회적으로 지적하고 있다. 이러한 사실은 군자에 관한 자로와의 문답 마지막에 "수기한 다음에 온 천하 사람들을 편안하게 하는 일[修己以安百姓]은 요 · 순도 오히려 어렵게 여겼다"[73]고 진술한 평가와 상통한다.

맹자는 공자보다 요 · 순을 더 높이 평가하고 있는 것으로 보인다. "그는 인간 본성의 착함을 말할 때는 언제나 요 · 순을 지칭"[74]하였으며, 특히 "위대한 순임금은 역시 위대한 점이 있었는데, 이는 착한 일을 남과 함께 이루었다는 점"이라면서 "군자에게 있어 착한 일을 남과 함께 이루는 일[與人爲善]보다 위대한 일은 없다"고 진술하여,[75] 순을 군자의 표준으로 설정하고 있다. 뿐만 아니라 그는 "요와 순은 천성이 혼전하여 닦고 익히지 않고도 본성대로 이룬 반면, 탕(湯) 임금과 무왕(武王)은 몸을 닦고 도를 체행하여 그 본성을 회복한 것"[76]으로 평하여, 소강 시대에 속하는 탕 · 무보다 대동 시대의 요 · 순을 한 단계 높은 경지로 격상시키고 있다.

유학사상에 있어 이렇게 요 · 순의 대동사회가 추구해야 할 목표로서의 이상사회라면, 우 · 탕 · 문 · 무 · 성왕 · 주공의 소강사회는 어떤 의미를 갖는가? 공자와 맹자 · 순자는 이들에 대해서도 자주 언급하면서 그 덕과 그들이 이룬 업적을 기리고 있다.[77] 이러한 사실은 공 · 맹 · 순이 이들

---

72 子貢曰 如有博施於民而能濟衆 何如 可謂仁乎 子曰 何事於仁 必也聖乎 堯舜其猶病諸(『論語』, 雍也 28).

73 修己以安百姓 堯舜其猶病諸(憲問 45).

74 孟子道性善 言必稱堯舜(『孟子』, 滕文公上 1).

75 大舜有大焉 善與人同 舍己從人 樂取於人 以爲善 [……] 故君子莫大乎與人爲善(公孫丑上 8).

76 孟子曰 堯舜性之 湯武身之(盡心上 30).

77 『論語』에서는 禹 · 湯 · 文王 · 武王 · 周公이 각각 4회, 1회, 3회, 3회, 4회 언급되고 있고, 『孟

하 · 은 · 주 삼대의 창시자들을 그 이전의 요나 순만큼 높이 평가하고 있음을 나타내는 것이다.

선진유학자 중 특히 삼대의 성왕(聖王)들을 존숭하고 있는 사람은 공자이다. 공자는 주공을 따르고 본받을 스승으로 삼아 항상 주공의 도를 행하려고 하여, 꿈속에서도 주공을 만날 정도였다고 한다. 그는 자기가 노쇠하여 주공의 꿈도 꾸지 못하게 되자, "심하도다. 나의 노쇠함이여! 주공을 꿈속에서나마 다시 보지 못한 지가 오래 되었도다"[78]라고 한탄하고 있을 정도이다. 공자는 삼대의 마지막인 주(周)의 창시자 문왕(文王)을 두고 "천하를 셋으로 나누어 그 중의 둘을 소유하고도, 오히려 복종하여 은(殷)을 섬겼으니, 주나라의 덕은 '지극한 덕'[至德]이라고 할 만하다"[79]라고 하여 주나라를 높이 평가하고 있다. 그리하여 공자는 "주나라는 하(夏)와 은 이대(二代)를 보아 그들의 예를 증감(增減)하여 크게 갖추었으니, 문화가 찬란하다. 그러니 나는 주나라의 문화를 따르겠다"[80]라고까지 주를 존숭하고 있는 것이다.

맹자도 공자를 본받아 주공을 스승으로 삼고 있다. 그는 "후대에 이르러 성왕이 나오지 아니하여 [……] 양주(楊朱)와 묵적(墨翟)의 설이 천하에 가득하게 되었는데 [……] 양주는 위아설(爲我說)을 주장하니 이는 군주를 폐하자는 것[無君]이고, 묵적은 겸애설(兼愛說)을 주장하니 이는 부모도 무시하는 것[無父]인데, 이러한 무부(無父) · 무군(無君)의 상태는 짐승의 상태"라면서, "무부 · 무군은 주공이 응징한 것으로, 나 또한 주공이나 공자

---

子』에서는 각각 30회, 34회, 33회, 10회, 18회 언급되고 있으며, 『荀子』에서는 각각 56회, 50회, 18회, 41회, 23회 언급되고, 成王도 13회나 기술되고 있다(『論語引得』, 『孟子引得』, 『荀子引得』 참조).

**78** 子日 甚矣吾衰也 久矣吾不復夢見周公(『論語』, 述而 5).

**79** 三分天下 有其二 以服事殷 周之德 其可謂至德也已矣(泰伯 20).

**80** 子日 周監於二代 郁郁乎文哉 吾從周(八佾 14).

와 마찬가지로 사람의 마음을 바로잡으며, 양주와 묵적 등의 그릇된 학설을 종식시키고, 잘못된 행실을 막으며, 음탕한 이론을 추방하여 우(禹)·주공·공자의 세 성인을 계승하려고 한다"고 진술하여,[81] 주공을 공자와 마찬가지로 높이 평가하고 있다.

순자도 공자를 평하면서 "공자는 인(仁)과 지(知)를 겸비한 위에 마음에 아무것도 가린 바가 없는 분이었다. [……] 그는 일가를 이루어 주나라의 도를 깨우쳐 이를 실제에 널리 활용하였는데, 이는 낡은 습관에 가려지지 않은 때문이었다. 그러므로 그의 덕은 주공과 같고, 이름은 우·탕·문·무 등 삼왕(三王)과 아울러 불렸다"[82]라고 진술하여, 주공·우·탕·문·무 등 소강 시대의 성인들을 공자와 같은 반열에 올려놓고 있는 것이다.

여기서 공자와 맹자 및 순자가 존숭하고 있는 주공 등 삼대의 성인들은 '천하위가'의 소강 시대의 인물들이며, 특히 공자가 따르겠다고 한 주례(周禮)는 대동사회의 것이 아니라 소강사회의 삶의 원칙이라는 사실을 주목할 필요가 있다. "이렇게 볼 때, 유가는 완벽한 이상으로는 '천하위공'의 '대동'을 설정하지만, 자·타의 구별이 존재하는 현실에서 실제로 실현 가능한 이상으로는 '소강'을 추구"[83]하였다고 볼 수 있다. 즉 현실적 여건의 토대 위에서 이루어지는 대동사회가 바로 소강사회인 것이다.[84]

---

**81** 聖王不作 [……] 處士橫議 楊朱墨翟之言盈天下 [……] 楊氏爲我 是無君也 墨氏兼愛 是無父也 無父無君 是禽獸也 [……] 無父無君 是周公之所膺也 我亦正人心 息邪說 距詖行 放淫辭 以承三聖者(『孟子』, 滕文公下 9).

**82** 孔子仁知且不蔽 [……] 一家 得周道 擧而用之 不蔽於成積也 故德與周公齊 名與三王竝(『荀子』, 解蔽 9~10).

**83** 이상익, 2001, p. 91.

**84** 『禮記』 「禮運」편에 진술된 이러한 구분에 대해 유학자들이 모두 동의하는 것은 아니다. 강정인(2005, 2010)은 조선조 栗谷 李珥(1536~1584)의 『聖學輯要』 卷8 「聖賢道統篇」의 분석을 통해, "율곡은 「禮運」에 나오는 대동과 소강의 구분을 원칙적으로는 부정"하고, "「禮運」의 소강—오륜 등—을 위주로 하여 자신의 대동사회론을 새롭게 형성했다"(2005, p. 248)고 주장

## 3. 선진유학사상의 도덕실천론

이상의 논의에 바탕을 두고 생각해보면, 공자로부터 비롯되는 유학사상은 소강사회의 현실적 실현을 위한 이론체계라고 볼 수 있다. '천하위가'의 상황에서 가족관계 속에서 살아가는 것이 인간 삶의 현실이므로, 가족관계에서 시작하여 온 천하의 사람과의 관계로 확대되어가는 삶의 목표·규범 및 방법을 제시하고 있는 것이 바로 유학사상인 것이다. 유학자들은 일관되게 관계 속에서 살아가는 인간은 기본적으로 사회적인 존재로서 타인과 사회에 대한 관심과 배려를 삶의 과정에서 발현하고 사회적 책임을 다함으로써, 이러한 관계의 조화를 이루어야 하는 것이 삶의 목표라고 주장한다.

이러한 인간 삶의 이상적 목표 상태에 이른 사람들이 바로 군자와 성인이다. 유학의 사회관계론은 이러한 군자와 성인의 사회적인 삶의 양태를 제시하고 있는 것으로, 이를 공자는 '복례론'(復禮論)으로, 맹자는 '여인위선론'(與人爲善論)으로, 그리고 순자는 '군거화일론'(群居和一論)으로 제시

---

한다. 즉 율곡은 대동·소강의 구분을 폐기하고, 이 둘을 일원론적으로 통합한 대동사회론으로 제시하고 있다는 것이다. 강정인(2010, p. 11)은 율곡의 대동사회는 五倫의 도입, 백성들 사이의 다툼과 갈등의 인정, 다양한 법제 정비 등 "「禮運」의 소강사회의 성격을 더 강하게 지니고 있어서 [……] 대동사회보다는 소강사회에 더 가깝다"면서, "이 점에서 율곡의 대동사회는 소강적 제도 정비와 백성의 교화를 통해 '마침내 귀착된 상태', 즉 '소강의 최대치'로 나타난다"는 관점을 제시하고 있다. 朱熹(1130~1200)는 「禮運」의 대동·소강론은 大道의 行隱 운운한 점 및 대동을 無爲之治의 극단으로 설정한 점 등에서 道家와 비슷하지 않느냐는 질문에 대해 "이는 聖人(공자를 가리킴: 「禮運」편에서 대동·소강사회론은 공자가 직접 전개하는 것으로 되어 있음)의 글이 아니다"라고 대답하여(이상익, 2001, p. 90, 주 14에서 재인용), 대동·소강론을 부정하는 자세를 취하고 있다. 율곡도 대동사회 일원론을 전개하면서 "「禮運」의 대동사회에 나오는 도가적 색체를 지닌 구절—'대도'의 시행 여부, 천하위공과 천하위가의 구분 등—을 삭제"(강정인, 2005, p. 236)하고 있다. 그러나 율곡을 위시하여 (그는 비록 대동을 소강의 상태로 개념화하기는 하지만) 많은 학자들이 대동을 유가의 이상사회로 설정하고 있다는 것은 분명한 사실인 것이다(이상익, 2001, p. 90, 주 14 참조).

하고 있다. 이들의 특징은 세 사람 모두 군자와 성인의 일상적인 도덕 실천을 사회관계의 핵심으로 설정하고 있다는 것이다. 그러므로 유학자들의 사회관계론은 한마디로 '도덕실천론'이라고 볼 수 있다.

유학은 지행합일(知行合一)을 지향하고 있는 윤리체계이다. 유학자들은 스스로가 도덕 주체라는 사실에 대한 인식과 자기 수련을 통한 도덕적 완성에 그치지 않고, 이를 일상생활에서 실천하는 것이 사회적 관계체인 인간이 그 존재 의의를 달성하는 일이라고 본다. 실생활에서 도덕을 실천하여 사회관계의 조화를 달성함으로써 이상적인 공동체, 곧 소강사회를 이룰 수 있게 된다는 것이다. 이렇게 도덕실천론은 바람직한 사회생활의 양태란 어떠한 것인가에 대한 유학자들의 이론체계라고 볼 수 있다. 이러한 도덕실천론에서는 사회관계에서 인간이 추구해야 할 것은 무엇이며, 사회관계를 유지하기 위해 해야 할 일은 무엇인지의 문제에 관한 심리학적 함의를 이끌어낼 수 있다.

#### 1) 공자의 복례론

『논어』에서 제시되고 있는 공자의 도덕실천론은 덕이 가장 높았던 제자인 안연(顔淵)[85]과 공자의 인(仁)에 대한 문답 속에 잘 드러나 있다.

> 안연이 인(仁)에 대해 여쭙자, 공자께서 "자기를 극복하고[克己], 예(禮)로 돌아가는 것[復禮]이 인을 이루는 일이다. 하루라도 자기를 극복하고 예로 돌아간다면, 천하가 인을 따르게 될 것이다. 인을 이루는 일은 자기에게 달려 있는 일이지, 남에게 달려 있는 일이겠느냐?"라고 대답하셨다. 안연이 그 세목을 청하자, 공자께

85 子曰 從我於陳蔡者 皆不及門也 德行顏淵閔子騫冉伯牛仲弓 言語宰我子貢 政事冉有季路 文學子游子夏(『論語』, 先進 2).

서는 "예가 아니거든 보지도 말고, 예가 아니거든 듣지도 말며, 예가 아니거든 말하지도 말고, 예가 아니거든 움직이지도 말아라"라고 대답하셨다.[86]

이 문답에서 "자기를 극복하고, 예로 돌아가는 것이 인을 이루는 일"[克己復禮爲仁]이라고 한 응답은 "가장 함축적이고 정확한 인에 대한 공자의 설명이었다고 평가된다."[87] 여기서 인의 실행을 구성하는 두 요소, 곧 '극기'(克己)와 '복례'(復禮)는 각각 공자가 제시하는 군자의 특징 가운데 '수기'와 '안인 · 안백성'에 대응된다. 극기(수기)는 자기의 인격을 닦는 일, 곧 자기 수양을 말하는 것이고, 복례(안인 · 안백성)는 사람들과의 관계 안에서 예에 맞는 바를 실천하여 사람들을 편안하게 이끌어주는 일, 곧 일상적인 도덕 실천을 말하는 것이다. "다시 말해서 극기 · 복례란 자기에게서 시작되어(자기 수양) 남에게로 확대되는 (도덕 실천) 인(仁)의 사회적 성격을 드러낸다."[88] 이렇게 공자에게 있어 '극기론'은 곧 수양론이 되고, '복례론'은 곧 도덕실천론이 되는 것이다.[89]

#### (1) 도덕 실천의 목표: 복례를 통한 사회관계의 조화 추구

공자 사상의 핵심인 인(仁)에 대해 공자 자신은 "자기가 서고자 하면 남을 먼저 세워주고, 자기가 이루고자 하면 남이 먼저 이루게 해주는 일"[90]이라거나 "자기가 하려 하지 않는 것을 남에게 베풀지 않는 일"[91] 또는

---

86 顔淵問仁 子曰 克己復禮爲仁 一日克己復禮 天下歸仁焉 爲仁由己 而由人乎哉 顔淵曰 請問其目 子曰 非禮勿視 非禮勿聽 非禮勿言 非禮勿動(顔淵 1).

87 김승혜, 1990, p. 112.

88 김승혜, 1990, p. 113.

89 공자의 도덕실천론은 졸저(조긍호, 2008, pp. 300~310)의 내용에 새로운 자료를 첨가하여 수정하고 보완하였다.

90 雍也 28.

91 顔淵 2; 衛靈公 23.

"어려운 일은 남보다 먼저 하지만, 그 대가는 남보다 나중에 받는 일"[92]과 같이 "남을 아끼고 사랑하는 일"[93]을 근간으로 하는 덕목이라고 보고 있다. 이렇게 더불어 살아가고 있는 다른 사람들에 대해 관심을 가지고 그들을 우선 배려해주는 일이 곧 공자가 주장하는 인의 내용인 것이다.

공자는 앞서 인용한 「안연」(顔淵)편 1장에서 이러한 인을 이루는 일, 곧 타인에 대한 관심과 배려를 실현하는 요체는 '자기를 극복하는 극기'와 '예의 체계로 돌아가는 복례'라는 사실을 분명히 하고 있다. 여기서 극기는 자기 수양을 말하고, 복례는 일상적 도덕 실천을 말하는 것이라는 사실을 상기해보면, 타인에 대한 관심과 배려를 이루는 일은 개체의 이기적이고 사적인 욕구와 감정의 지배에서 벗어나서 대인관계와 사회생활의 규범 체계인 예[94]의 정신을 회복하는 일을 바탕으로 하는 것이라는 사실이 명백해진다. 이러한 배경에서 공자는 극기 · 복례의 요체를 묻는 안연에게 "예가 아니거든 보지도, 듣지도, 말하지도, 움직이지도 말 것"을 주문하고 있다. 이러한 주문을 통해 공자는 인을 이루어 성덕하는 일의 핵심은 예의 인식과 실천, 곧 복례에 있음을 분명히 밝히고 있는 것이다.

이렇게 일상적 도덕 실천의 목표를 예의 체계로 돌아가는 복례에 두는 것이 바로 공자 사상의 요점이다. 이러한 사실은 안연과 함께 덕행에 뛰어났던 제자인 중궁(仲弓)과 가진 다음의 문답에서 잘 드러난다.

중궁이 인에 대해 여쭙자, 공자께서는 "문을 나가 남들과 대할 때는 큰 손님[大

---

**92** 雍也 20.

**93** 顔淵 22.

**94** 『論語』에서 禮는 學而 12, 13, 15; 爲政 3, 5, 23; 八佾 3, 4, 8, 9, 15, 17, 18, 19, 22, 26; 里仁 13; 雍也 25; 述而 17, 30; 泰伯 2, 8; 子罕 3, 10; 鄕黨 5; 先進 1, 25; 顔淵 1, 5, 15; 子路 3, 4; 憲問 13, 44; 衛靈公 17, 32; 季氏 2, 5, 13; 陽貨 11, 21, 24; 堯曰 3 등에 모두 75회 나오고 있다(『論語引得』 참조).

賓]을 뵙는 듯이 공경스럽게 하고, 나라 일을 맡아 백성들에게 일을 시킬 때는 큰 제사[大祭]를 받들 듯이 조심스럽게 하여라. 자기가 원하지 않는 바를 남에게 베풀지 않으면, 나라 안에 있어도 원망을 받지 않을 것이고, 집안에 있어도 원망을 받지 않을 것이다"라고 대답하셨다.[95]

이 인용문의 앞부분에서는 사람들을 대할 때와 나라 일을 처리할 때의 마음가짐과 예에 대해 언급하여, 사회관계의 기초가 큰 손님과 큰 제사를 받드는 것과 같은 일상적인 예의 정신을 지키고, 이를 일상생활에서 펴는 것임을 밝히고 있다. 그리고 이 인용문의 뒷부분에서는 그렇게 예를 실천했을 때 얻어지는 효과에 대해 언급하고 있다. 예의 실천의 효과는 다른 사람들의 원망을 받지 않는 일, 곧 사회관계에서 조화를 이루는 일인 것이다. 예를 실천하는 목표가 이렇게 사회관계에서 조화를 이루는 일이라는 사실은 다음 진술문에 잘 드러나 있다.

예의 쓰임에서는 조화를 이루는 일을 귀하게 여긴다. 선왕의 도는 이렇게 조화를 이루는 일을 아름답게 여겨, 작은 일이나 큰 일이나 모두 이를 따랐다. 그러나 이러한 원칙이 행해지지 않는 경우도 있는데, 조화를 이루는 것만 알아서 오로지 조화만 이루려고 하고 예로써 절제하지 않는다면, (이는 예에 돌아가는 복례의 본연이 아니어서) 역시 행해지지 못하는 것이다.[96]

이 인용문에서 분명히 밝혀지고 있듯이, 예의 효용가치는 사회생활에서 조화를 이루는 일이다. 예의 실천의 목표는 바로 사람들 사이에 조화

95 仲弓問仁 子曰 出門如見大賓 使民如承大祭 己所不欲 勿施於人 在邦無怨 在家無怨(顔淵 2).

96 有子曰 禮之用 和爲貴 先王之道 斯爲美 小大由之 有所不行 知和而和 不以禮節之 亦不可行也(學而 12).

를 취하는 일인 것이다. 그러나 오로지 조화만을 취하려 한다고 해서, 저절로 사람들 사이에 조화가 이루어지는 것은 아니다. 작은 일을 할 때나 큰 일을 할 때나 사람들과의 사이에 지켜야 할 예의 규범을 따르고, 예로써 절제하여, 예가 아니거든 보지도, 듣지도, 말하지도, 행동하지도 않도록 하여야 사회관계에 조화가 이루어진다는 것이 『논어』에 제시되어 있는 논리인 것이다. 이와 같이 예의 효용가치, 그리고 그 일상적 실천의 목표는 사회관계에 조화를 이루는 일이다.

예를 통해 이렇게 사회관계의 조화를 이룰 수 있는 것은 예를 실천하는 근본이 바로 인(仁), 곧 다른 사람에 대한 관심과 배려에 있기 때문이다. 공자는 "사람으로서 어질지[仁] 못하다면, 예가 있은들 무엇 하겠는가?"[97] 라고 하여, 이러한 견해를 표현하고 있다. 이렇게 예는 속에 갖추어져 있어야 할 근본, 곧 어진 마음의 바탕이 갖추어져 있어야 성립하는 것이어서,[98] 겉으로 드러나는 꾸밈만 있어서는[99] 사회관계의 조화 추구라는 목표를 이룰 수 없는 것이다.

이와 같이 예는 사회관계에 조화를 가져옴으로써, 예를 실천하면 치욕을 받지 않게 되고,[100] 헛되이 수고롭거나, 두려워지거나, 혼란스럽거나, 절박하지 않게 된다.[101] "널리 배우고 예로써 몸을 단속하면, 사람의 도리에 어긋나지 않게 되기"[102] 때문에, 도덕성의 인식과 이의 체득 이후에 사

---

**97** 子曰 人而不仁 如禮何(八佾 3).

**98** 林放問禮之本 子曰 大哉問 禮如其奢也寧儉 喪如其易也寧戚(八佾 4); 子曰 繪事後素 曰 禮後乎 子曰 起予者商也 始可與言詩已矣(八佾 8); 子路問成人 子曰 若臧武仲之知 公綽之不欲 卞莊子之勇 冉求之藝 文之以禮樂 亦可以爲成人矣(憲問 13).

**99** 子曰 禮云禮云 玉帛云乎哉(陽貨 11).

**100** 恭近於禮 遠恥辱也(學而 13).

**101** 子曰 恭而無禮則勞 愼而無禮則葸 勇而無禮則亂 直而無禮則絞(泰伯 2).

**102** 子曰 博學於文 約之以禮 亦可以弗畔矣夫(雍也 25; 顔淵 15); 顔淵喟然歎曰 [……] 夫子循循然善誘人 博我以文 約我以禮(子罕 10).

람을 선(善)으로 이끄는 것은 바로 예의 실천인 것이다.[103] 그러므로 예는 나라를 다스리는 근본이기도 하다.[104] 그러기에 공자는 "예를 모르고서는 홀로 설 수가 없다"[105]고 보아, 평소에 예를 배울 것과[106] 이를 일상적으로 실천할 것을[107] 그토록 강조하였던 것이다.

도덕 실천의 목표를 이렇게 사회관계의 조화 추구에서 찾는 것은 인간 존재를 사회성과 도덕성을 기본으로 하여 개념화하는 유학사상의 자연스러운 귀결이다. 사회관계 속에서 살아가면서 함께 살아가고 있는 다른 사람에 대해 관심을 가지고 그들을 보살펴주는 것이 바로 인간 본성의 핵심이기 때문이다. 군자와 성인은 이러한 인간의 도덕성을 체득하여 이를 대인관계와 사회에 대한 책무의 자임으로까지 확대하고 있는 사람이므로, 언제나 사회관계에서 조화를 추구하고 이를 잘 달성하고 있는 사람인 것이다.

'대인관계의 조화 추구'라는 도덕 실천의 목표가 자연스럽게 이루어지는 사회가 바로 대동사회이고, 이의 달성을 위한 규범인 예의 체계에 따름으로써 이러한 목표에 도달하는 사회가 소강사회이다. 공자가 복례를 사회관계의 목표 추구를 위한 핵심 규범으로 잡고 있다는 사실은 유학이 대동의 현실적 실현을 위한 규범의 설정을 근간으로 하는 이론체계라는 사실을 잘 드러내준다고 할 수 있겠다.

103 子曰 知及之 仁不能守之 雖得之 必失之 知及之 仁能守之 不莊以涖之 則民不敬 知及之 仁能守之 莊以涖之 動之不以禮 未善也(衛靈公 32).

104 子曰 道之以政 齊之以刑 民免而無恥 道之以德 齊之以禮 有恥且格(爲政 3); 子曰 能以禮讓爲國乎 何有 不能以禮讓爲國 如禮何(里仁 13); 爲國以禮(先進 25).

105 子曰 [……] 不知禮 無以立也(堯曰 3); 子曰 興於詩 立於禮 成於樂(泰伯 8).

106 曰 學詩乎 [……] 不學詩 無以言 [……] 學禮乎 [……] 不學禮 無以立(季氏 13).

107 子所雅言 詩書執禮 皆雅言也(述而 17).

(2) 사회관계 유지의 규범: 정명(正名: 역할의 인식과 수행)

이상에서 보았듯이, 공자에게 도덕 실천은 예의 인식과 실천, 곧 복례를 의미하는 것이며, 그 목표는 사회관계에서 조화를 이루는 일에 있다. 예란 사회관계와 사회행위의 규범 체계이다. 이러한 관계와 행위의 규범이 가장 잘 정립된 영역은 사회구성의 가장 기초 단위인 가족생활의 영역과 그 가장 큰 단위인 국가생활의 영역이라고 볼 수 있다. 가족은 '수기'가 이루어지는 바탕이고, 국가는 '안인'과 '안백성'의 무대이므로, 인간의 삶이 이루어지는 가장 중요한 근거가 되기 때문이다.

사회관계에서 각자의 위치에 따라 요구되는 행위 규범의 체계가 곧 예의 체계이고, 이는 각자에게 요구되는 '역할'[名]로 구체화된다는 것이 공자의 생각이다. 그러므로 공자는 '사회생활을 하는 각자가 자기에게 부여된 역할을 충실히 수행하는 것'[正名]이 사회관계에 조화를 가져오는 지름길이 된다고 본다. 이것이 다음과 같은 공자의 유명한 '정명론'(正名論)의 체계이다.

> 제(齊) 나라 경공(景公)이 공자께 정사(政事)에 대해 물었다. 이에 대해 공자께서는 "군주는 군주의 역할을 다하고, 신하는 신하의 역할을 다하며, 부모는 부모의 역할을 다하고, 자식은 자식의 역할을 다하는 것입니다"라고 대답하였다. 이 말을 듣고 경공은 "좋습니다. 진실로 군주가 군주의 역할을 다하지 못하고, 신하가 신하의 역할을 다하지 못하며, 부모가 부모의 역할을 다하지 못하고, 자식이 자식의 역할을 다하지 못한다면, 비록 곡식이 있은들 내가 그것을 얻어먹을 수 있겠습니까?"라고 말하였다.[108]

---

**108** 齊景公問政於孔子 孔子對日 君君 臣臣 父父 子子 公日 善哉 信如君不君 臣不臣 父不父 子不子 雖有粟 吾得而食諸(顔淵 11).

이 인용문에서 공자는 군주－신하 그리고 부모－자식의 쌍무적인 관계에서 각자에게 부여된 역할을 충실히 수행하는 것, 이것이 군주－신하 그리고 부모－자식 사이에 있어야 할 질서와 조화가 이루어지는 유일한 길이라는 견해를 피력하고 있다. 이렇게 각자가 각자에게 요구되는 역할을 충실히 수행해야만 경제생활 같은 삶의 기초가 안정되어, 사회관계의 조화가 이루어지게 된다는 것이다. 이러한 사실은 정사(政事)에 뛰어났던 제자인 자로(子路)와 가진 문답에 잘 드러나 있다.

> 자로가 공자께 “위(衛)나라 군주가 선생님을 맞아들여 정사를 펴려 한다면, 선생님께서는 장차 무엇을 우선 하시렵니까?”라고 여쭈었다. 이에 대해 공자께서는 “반드시 ‘각자가 해야 할 역할을 분명히 하는 일’[正名]부터 시작하겠다. [……] 각자가 해야 할 역할이 분명하지 못하면 말이 이치에 맞지 않고, 말이 이치에 맞지 않으면 일이 이루어지지 않는다. 일이 이루어지지 않으면 예악(禮樂)이 일어나지 못하고, 예악이 일어나지 못하면 형벌이 알맞지 못하게 되며, 형벌이 알맞지 못하게 되면 백성들이 손발을 둘 곳이 없어진다. 그러므로 군자가 각자의 역할을 분명히 밝혀주면 반드시 말이 이치에 맞게 되고, 말이 이치에 맞으면 반드시 모든 일이 올바르게 행해지는 법이다. 이렇게 군자는 (각자의 역할을 분명히 하는) 말을 세움에 있어서 조금도 구차함이 없게 할 따름인 것이다”라고 말씀하셨다.[109]

이 인용문에서 공자는 각자가 해야 할 역할을 분명히 함으로써 각자가 자기의 역할을 충실히 수행하게 되면, 모든 이치가 순조롭게 시행되어 모든 일이 제대로 이루어지게 된다고 보고 있다. 그러므로 사회관계에서 각

---

**109** 子路曰 衛君待子而爲政 子將奚先 子曰 必也正名乎 [……] 名不正 則言不順 言不順 則事不成 事不成 則禮樂不興 禮樂不興 則刑罰不中 刑罰不中 則民無所措手足 故君子名之必可言也 言之必可行也 君子於其言 無所苟而已矣(子路 3).

자가 해야 할 역할을 분명하게 규정하는 일, 곧 정명이 모든 일에 우선해서 해야 할 일이 된다는 것이다. 그러기에 공자는 정사에 대해 묻는 노(魯)나라의 실권자인 계강자(季康子)에게 "정사란 각자가 해야 할 일을 바르게 세우는 일입니다. 그대가 자기의 역할을 바르게 수행함으로써 솔선수범한다면, 누가 감히 자기가 해야 할 일을 다 하지 않겠습니까?"라고 대답하였던 것이다.[110]

이와 같이 사회관계에 내재되어 있는 역할의 충실한 수행을 통하여 사회관계가 조화롭게 유지될 수 있다는 정명론의 체계는 인간을 '사회적 관계체'로 이해하는 유학자들의 인간 파악의 관점과 자연스럽게 연결된다. 유학자들은 그 창시자인 공자로부터 이미 인간을 기본적으로 함께 관계를 맺으면서 살아가고 있는 다른 사람들에 대한 관심과 배려를 지닌 존재로 보기 시작했으며, 모든 사회행위의 원동력을 사회관계 속에 주어진 쌍무적인 역할에서 찾음으로써, 인간 존재가 갖추고 있는 사회성을 강조하고 있다. 바로 이렇게 인간을 사회적 관계체로 파악하는 관점으로부터 사회관계의 목표를 타인과의 조화 추구에서 찾고, 이어서 이러한 조화를 이룰 수 있는 방법론을 사회관계 속에 내재한 '역할의 쌍무적인 수행'에서 찾는 견해가 자연스럽게 도출되고 있는 것이다.

대도가 행해지고 있는 대동사회에서는 모든 사람이 아무런 인위적인 통제가 없더라도 각자의 역할을 깨달아 수행하고 있는 사회이다. 그러나 소강사회에서는 이러한 역할은 쌍무적으로 규정되고 있으므로, 이의 쌍무적인 수행을 위해 제도와 규율이 필요하게 된다. 그것을 공자는 정사(政事)의 핵심으로 규정하고 있다. 그가 정명론을 정사의 측면에서 개진하고 있는 배경에는 이러한 인식이 놓여 있는 것으로 보인다. 그는 이러한

110 季康子問政於孔子 孔子對曰 政者正也 子帥以正 孰敢不正(顔淵 17).

관점에서 "정사란 역할을 바르게 하는 일"[政者正也]이므로, 자기에게 정사를 맡겨준다면 "각자의 역할을 바르게 하는 일[正名]부터 시작하겠다"는 포부를 개진하고 있는 것이다.

#### (3) 도덕 실천의 점진적 확대

앞에서 보았듯이, 공자는 이상적 인간이 되는 단계를 '수기 → 안인 → 안백성'의 세 단계로 제시하고 있다. 곧 자기 몸을 닦아 모든 일에 삼가게 된 다음에 사람들과의 사이에 조화를 이루게 되고, 사람들과의 사이에 조화를 이룬 다음에 온 천하의 사람들을 편안하게 이끌 수 있게 된다고 공자는 보고 있는 것이다. 이러한 군자가 되는 단계론은 그대로 일상생활에서 도덕 실천을 하는 단계론으로 연결된다고 볼 수 있다.

"무릇 인이란 자기가 서고자 하는 곳에 남을 먼저 세워주고, 자기가 이루고자 하는 일을 남이 먼저 이루도록 해주는 것이다. 능히 자기 몸 가까이에서 취해 남들에게 미루어 가는 것, 이것이 바로 인을 행하는 방도라고 할 만하다"[111]는 진술에서 공자가 말하고자 하는 것은, 도덕 실천이 가깝고 쉬운 '나'에게서 시작하여 멀고 어려운 '남'에게로 점진적으로 확대되어야 한다는 의미라고 생각할 수 있는 것이다. 이러한 사실은 공자가 제자들과 가진 다음과 같은 문답에 잘 드러나 있다.

> 공자께서 "삼(參)아! 나의 도는 한 가지 이치로 관통되어 있다"라고 말씀하시자, 증자(曾子)가 "예"라고 대답하였다. 그러고 나서 공자께서 방에서 나가시자, 제자들이 "무슨 말씀입니까?"라고 증자에게 물었다. 이에 대해 증자는 "선생님의 도는 '자기를 다하는 일'[忠]과 '자기를 미루어 남에게 미치게 하는 일'[恕]일 뿐이다"

**111** 夫仁者 己欲立而立人 己欲達而達人 能近取譬 可謂仁之方也已(雍也 28).

라고 대답하였다.[112]

자공(子貢)이 "한마디 말로써 죽을 때까지 행할 만한 것이 있겠습니까?"라고 여쭈었다. 이에 대해 공자께서는 "그것은 '자기를 미루어 남에게 미치게 하는 일'[恕]일 것이다. 자기가 바라지 않는 일을 남에게 베풀지 말아야 할 것이니라"라고 대답하셨다.[113]

첫 인용문의 '충'과 '서'에 대해 주희(朱熹)는 "자기를 다하는 일"[盡己]과 "자기를 미루어 남에게 미치게 하는 일"[推己]이라고 풀이하여,[114] 가까이 자기에게서 시작하여 멀리 남에게 이르는 인의 사회적 성격을 드러내는 표현으로 간주하고 있다. 다음의 인용문에서 공자는 이러한 도덕 실천의 점진적 확대는 일생 동안 지켜야 할 군자의 의무임을 명백히 하고 있다. 이러한 논의들은 인(仁)의 실행, 곧 도덕 실천이 점진적으로 확대되어야 함을 강조하고 있는 것으로, 앞에서 인용한 「안연」편 1장의 극기 · 복례에서 주장하고 있는 도덕 실천의 '점진적 확대론'을 재삼 분명히 드러내고 있다고 볼 수 있는 것이다.

이밖에도 공자는 도덕 실천을 자기 자신에게서 시작하여 가족관계에로 넓혀가고 드디어 사회로까지 확장해야 한다는 사실에 대해 자주 진술하고 있다. 다음은 이러한 도덕 실천의 점진적 확대에 대해 진술하고 있는 예들이다.

---

**112** 子曰 參乎 吾道一以貫之 曾子曰 唯 子出 門人問曰 何謂也 曾子曰 夫子之道 忠恕而已矣(里仁 15).

**113** 子貢問曰 有一言而可以終身行之者乎 子曰 其恕乎 己所不欲 勿施於人(衛靈公 23).

**114** 盡己之謂忠 推己之謂恕(『論語集註』).

공자께서 자산(子産)의 사람됨에 대해 "그는 군자의 도 네 가지를 갖추었으니, 몸가짐은 공손했고, 어른을 섬김에는 공경스러웠으며, 백성을 기름에는 은혜로웠고, 백성에게 일을 시킴에는 의로웠다"라고 평가하셨다.[115]

공자께서 "젊은 사람들이 집에 들어가서는 효도하고, 밖에 나와서는 공손하고 행실을 삼가며 신뢰롭게 하고, 널리 사람들을 아끼고 사랑하며 어진 사람을 가까이 해야 한다. 그러고도 남는 힘이 있거든 글을 배워야 한다"고 말씀하셨다.[116]

위의 인용문에서 몸가짐이 공손한 것은 '수기', 어른을 공경하는 것은 '안인'에 속하는 일이라면, 백성들을 은혜로 기르고 의롭게 일시키는 것은 '안백성'에 속하는 일이라고 할 수 있다. 이렇게 군자는 수기의 바탕을 자기의 인격적 완성, 대인관계에서의 조화의 달성, 그리고 사회적 책무의 자임과 완수로 확대해가는 사람이라는 것이 이 인용문에서 공자가 말하려는 진의라고 해석할 수 있다. 밑의 인용문에서도 가족 내의 관계에서 할 일[孝]을 다 하고, 주변 사람과의 관계를 조화롭게 하며[弟 · 謹 · 信], 그 다음에 널리 사람들을 아끼고 친애해야[愛 · 親] 한다는 점진적 확대에 대해 밝히고 있다. 글을 배우는 것은 이렇게 대인관계의 조화를 이룬 다음에 할 일이라는 것이다.

이렇게 가까이에서부터 멀리로 도덕 실천의 범위를 확대해나가야 하는 것은 가족관계가 삶의 근본이기 때문이다. 즉 가족관계에서 각자가 해야 할 일을 수행하는 것이 모든 관계에서 조화를 이루는 기본이 된다는 것이다. 이러한 사실을 공자는 "군자는 근본에 힘써야 할 것이니, 근본이 확립

**115** 子謂子産 有君子之道四焉 其行己也恭 其事上也敬 其養民也惠 其使民也義(公冶長 15).
**116** 子曰 弟子入則孝 出則弟 謹而信 汎愛衆而親仁 行有餘力 則以學文(學而 6).

되면 도가 살아나기 때문이다. 어버이에게 효도하고 형제간에 우애로운 것, 이것이 바로 인(仁)을 행하는 근본"[117]이라고 진술하고 있다. 이러한 관점에서 공자는 어떤 사람이 "선생님같이 훌륭하신 분이 왜 정사에 참여하지 않으십니까?"라고 여쭙자, "『서경』(書經)에 말하기를 '오로지 부모에게 효도하고 형제간에 우애한 다음에라야 비로소 정사에 베푼다'라고 하였는데, 이렇게 가족관계에서 할 일을 다 하는 것이 정사의 근본이니, 어찌 정사에 실제로 참여하는 것만이 정사를 하는 것이겠는가?"라고 대답하고 있는 것이다.[118]

이상에서 분명해졌듯이, 공자는 가까이 자기 자신의 몸가짐에서 시작하여 가족관계와 주위 사람, 그리고 그 후에 사회 전체에 이르기까지 도덕 실천의 범위를 점진적으로 확대해나가야 한다고 역설하고 있다. 이렇게 공자는 개인의 도덕적 수양과 가족관계의 조화와 질서가 우선적으로 이루어지는 것이 결국 소강사회 전체의 조화가 이루어지는 근본이라고 주장하고 있는 것이다.

### 2) 맹자의 여인위선론

맹자는 인을 행하는 방법으로 '극기'를 '복례'보다 중시하여, 주관 내재적인 도덕성의 인식과 실천을 강조하고 있다. 그는 "사회관계에서 마음의 다잡음과 일처리 과정에서의 올바름"인 의(義)[119]를 예(5회, 16%)보다는 인(26회, 84%)과 함께 더 많이 연용하여, 이러한 사실을 드러내고 있다.[120] 맹

117 君子務本 本立而道生 孝弟也者 其爲仁之本與(學而 2).

118 或謂孔子日 子奚不爲政 子日 書云孝乎 惟孝 友于兄弟 施於有政 是亦爲政 奚其爲爲政(爲政 21).

119 朱熹는 『孟子』 「梁惠王上」 1장의 王何必日利 亦有仁義而已矣에 대한 註에서 義者心之制 事之宜也(『孟子集註』)라고 하여, 의가 "마음가짐과 일처리에서의 마땅함"이라는 점을 밝히고 있다.

자의 이러한 관점에 따르면, 일상적 도덕 실천의 문제는 일상생활에서 의를 차근차근 모두어 축적하는 일, 곧 '집의'(集義)라고 할 수 있다. 그는 유명한 '양호연지기론'(養浩然之氣論)에서 호연지기[121]에 대해 설명하면서, "이 호연지기는 지극히 크고 지극히 강건하여, 곧게 길러 아무런 해침이 없으면 천지 사이에 꽉 차 있게 된다. 이는 '의와 도에 짝하는 것'[配義與道]이어서, 이것[의(義)와 도(道)]이 없으면 시들어버린다. 이는 일상생활에서 차근차근 의를 모두어서[集義] 생겨나는 것이지, 하루아침에 갑자기 의

---

120 '극기'와 '복례'를 인을 이루는 방법으로 존숭하는 것은 공자 이후 유학의 전통이 되어왔다. 그런데 이 두 측면 중에서 어느 것을 더 강조하느냐 하는 점에 대해서는 학자마다 차이를 보이고 있다. 예를 들면, 이 두 가지 측면 중에서 맹자는 도덕적이고 내면적인 극기를 강조하고, 순자는 사회 · 문화적인 복례를 강조하는 이론을 각각 전개하였다. 이러한 사실은 일과 대인관계에서의 올바름[義]에 대한 양자의 입장의 차이에서 극명하게 드러난다. 즉, "양자가 말하는 의(義)의 내포적 의미는 서로 다른데, 맹자는 주관 내재적 의미에서 의를 말하여 인(仁)과 의가 상통하는 것으로 보았고, 순자는 객관적 의미를 중시하여 예(禮)와 의를 함께 칭하고 있다. 인의(仁義)를 말하게 되면 이는 수양성덕(修養成德)을 문제의 핵심으로 삼게 되고, 예의(禮義)를 강조하게 되면 이는 정치 · 사회 방면의 효용을 중시하게 된다"(蔡仁厚, 1984, p. 456). 그리하여 공자는 仁義 또는 禮義라고 연용하여 사용한 경우가 전혀 없는 데 반하여(『論語引得』 참조), 『孟子』에는 仁義라고 연용한 경우가 26회(84%)로 禮義라고 연용한 5회(16%)보다 압도적으로 많으며(『孟子引得』 참조), 반대로 『荀子』에서는 禮義라고 연용한 경우(112회, 78%)가 仁義라고 연용한 경우(32회, 22%)보다 압도적으로 많다(『荀子引得』 참조). 바로 이러한 차이 때문에 맹자는 사람을 교육하는 데 있어서 "인에 거(居)하며, 의를 따른다"(居仁由義 大人之事備矣, 『孟子』, 盡心上 33)는 인의설(仁義說)을 주장하고 있는 데 반해, 순자는 "예를 높이고, 의를 귀히 여긴다"(隆禮貴義者 其國治, 『荀子』, 議兵 7)는 예의설(禮義說)을 주장하고 있는 것(張其昀, 1984, pp. 117~119, 186~190)이라고 볼 수 있다.

121 朱子는 "氣는 바로 이른바 '몸에 충만되어 있는 것'으로, 본래는 스스로 넓고 큰[浩然] 것이로되, 그 기름을 잃기 때문에 부족하게 된다. 오직 맹자가 이를 잘 길러 그 본초의 상태를 회복하였다. [……] 이 호연지기를 잘 기르면 도의에 배합되어서 천하의 일에 두려운 바가 없으니, 이 때문에 큰 책임을 담당하여도 마음이 동요되지 않는 것[不動心]이다"(氣則所謂體之充者 本自浩然 失養故餒 惟孟子爲善養之 以復其初也 [……] 養氣 則有以配夫道義 而於天下之事無所懼 此其所以當大任而不動心也, 『孟子集註』)라고 진술하여, 호연지기가 군자가 천하의 책임을 자임할 수 있는 당당함의 근거라고 보고 있다. 그러므로 군자와 성인이 수기 · 안인 · 안백성할 수 있는 배경에는 호연지기가 놓여 있다는 것이다.

식적으로 노력한다고 해서 얻어지는 것은 아니다"[122]라고 하여, 이러한 견해를 밝히고 있다.

맹자는 이러한 일상적 도덕 실천, 곧 집의는 "이를 일삼되 그 효과를 미리 기대하지 말고[勿正], 마음에 잊지 말며[勿忘], 성급하게 조장하려고 하지 말아야[勿助長] 한다"[123]고 주장하고 있다. 즉 도덕 실천은 일상생활에서 억지로 하려고 하지 말고 차근차근 자연스럽게 항상 마음에 두고 이루어나가야 한다는 것이다. 집의의 효과를 기대하고 억지로 행하면 "마음에 혹(惑)함이 심하게 되어 결국에는 반드시 몸을 망치게 될 것"[124]이기 때문에, 성급하게 하지 말고 오랫동안 "인(仁)에 거하고 의(義)에 말미암도록"[125] 해야 집의의 목표를 이룰 수 있다는 것이 맹자의 관점이다.

이러한 일상적 도덕 실천, 곧 집의(集義)는 다른 사람들과 함께 선을 이루는 일이다. 집의는 적선(積善), 곧 선을 모두어 쌓는 일[126]을 말하는 것이기 때문이다. 그러므로 맹자의 '집의론'은 곧 '여인위선론'(與人爲善論)이며, 이것이 그의 도덕실천론의 요체라고 볼 수 있다. 다른 사람들과 함께 선을 이루는 여인위선(與人爲善)이 일상적 도덕 실천의 요체라는 사실은 『맹자』에서 고대의 성왕(聖王)인 순(舜)을 예로 하여 제시되고 있다.

> 순임금은 역시 큰 덕을 지녔다. 그는 착한 일을 다른 사람들과 함께 하였으며, 다른 사람이 옳을 때는 언제나 자기를 버리고 다른 사람을 따랐고, 또 자진해서 다

122 其爲氣也 至大至剛 以直養而無害 則塞於天地之間 其爲氣也 配義與道 無是餒也 是集義所生者 非義襲而取之也(『孟子』, 公孫丑上 2).

123 必有事焉 而勿正 心勿忘 勿助長也(公孫丑上 2): 勿正 · 勿忘 · 勿助長의 내용에 대해서는 졸저(조긍호, 1998a, pp. 94~97) 참조.

124 今之人 修其天爵 以要人爵 旣得人爵 而棄其天爵 則惑之甚者也 終亦必亡而已矣(告子上 16).

125 居仁由義 大人之事備矣(盡心上 33).

126 集義猶言積善(『孟子集註』).

른 사람의 장점을 취해 착한 일 하기를 즐겁게 여겼다. 그는 일찍이 미천하여 농사짓고, 질그릇 굽고, 물고기를 잡아 생활을 꾸려나갔을 때부터 후에 임금 자리에 올랐을 때까지, 언제나 다른 사람의 착한 점을 취하지 않은 일이 없었던 것이다. 다른 사람의 착한 점을 취하여 선을 행한다는 것은 '다른 사람들과 더불어 선을 이루는 일'[與人爲善]이다. 그러므로 군자에게 다른 사람들과 더불어 선을 이루는 일보다 더 큰 일은 없는 것이다.[127]

이렇게 일상적 도덕 실천, 곧 집의는 자기 혼자에만 머무르는 것이 아니라, 다른 사람들과 함께 행해야 한다는 것이 『맹자』에서 도출되는 도덕 실천론의 기본 취지이다. 곧 집의를 통하여 사람들은 스스로 체득한 도를 일상생활에서 실천하게 되고, 그렇게 함으로써 다른 사람들과 함께 인의(仁義)의 덕을 이룰 수 있게 된다는 것이다. 이와 같이 다른 사람들과 더불어 하는 일상적 도덕 실천을 통해 사회적 관계망(關係網) 속에서 생존하고 있는 사람들이 그들의 존재 의의를 달성하여 사회적 책임을 다하게 되는 것이며, 바로 여기에서 여인위선을 강조하는 맹자의 도덕실천론의 의의를 찾아볼 수 있는 것이다.[128]

#### (1) 도덕 실천의 목표: 여인위선을 통한 관계 융합의 도모

유학자들은 인간을 사회적 관계망 속에서 파악하며, 이러한 사회적 관계가 인간의 존재 의미를 규정하는 것이라고 본다. 이러한 사실은 전술한 바와 같이, 이상적 인간의 가장 중요한 특징 중의 하나를 사회적 책임의

127 大舜有大焉 善與人同 舍己從人 樂取於人以爲善 自耕稼陶漁 以至爲帝 無非取於人者 取諸人以爲善 是與人爲善者也 故君子莫大乎與人爲善(公孫丑上 8).

128 맹자의 도덕실천론은 졸저(조긍호, 1998a, pp. 155~175, 377~381, 390~393; 2008, pp. 310~323 )의 내용에 새로운 자료를 첨가하고 대폭 수정하여 보완하였다.

완수라고 보고 있다는 점에서도 단적으로 드러나고 있다. 이러한 배경에서 맹자는 사람은 스스로가 체득한 인의의 도를 일상생활에서 실천함으로써 다른 사람들과 함께 선을 이루도록[與人爲善] 노력해야 하며, 이것이 바른 삶의 태도라고 여기는 것이다.

이렇게 다른 사람들과 함께 선을 이룬다는 것은 "뜻을 얻으면 백성들과 함께 도를 행하고, 뜻을 얻지 못하면 혼자서라도 그 도를 실천하는"[129] 대장부(大丈夫)의 태도를 말하는 것이다. 곧 "궁하면 혼자서라도 그 몸을 선하게 하고, 영달하면 온 천하를 모두 선하게 함으로써"[130] "위아래가 모두 천지의 조화와 일치하여 흐르도록 하는 것",[131] 이것이 바로 여인위선의 길인 것이다.

이와 같이 다른 사람과 함께 선을 이루게 되면, 사람의 도리를 다하게 되어 사람들 사이에 조화가 이루어짐으로써, 사회관계가 융합되는 효과를 얻게 된다. 이러한 사실은 오륜(五倫)에 관한 논의에서 확인할 수 있다.

> 사람에게는 반드시 이루어야 할 도리가 있는데, 사람이 배불리 먹고 따뜻하게 입기만 하면서 배움이 없으면, 새나 짐승과 다를 바가 없게 된다. 성인(여기서는 순임금을 가리킴)이 이를 걱정하여, 신하인 설(契)에게 사도[司徒: 주로 백성의 교화를 맡아 보았던 관리]를 시켜, 사람의 도리[人倫]을 가르치게 하였다: 이는 '부모와 자식 사이에는 친애함'이 있어야 하고[父子有親], '군주와 신하 사이에는 의로움'이 있어야 하며[君臣有義], '남편과 아내 사이에는 직분의 나뉨'이 있어야 하고[夫婦有別], '어른과 아이 사이에는 순서'가 있어야 하며[長幼有序], '벗과 벗 사이에

---

**129** 居天下之廣居 立天下之正位 行天下之大道 得志 與民由之 不得志 獨行其道 富貴不能淫 貧賤不能移 威武不能屈 此之謂大丈夫(滕文公下 2).

**130** 古之人得志 澤加於民 不得志 修身見於世 窮則獨善其身 達則兼善天下(盡心上 9).

**131** 夫君子所過者化 所存者神 上下與天地同流 豈曰小補之哉(盡心上 13).

는 믿음'이 있어야 한다[朋友有信]는 다섯 가지이다.[132]

유명한 이 오륜설을 통해 맹자가 주장하려고 했던 바의 핵심은, '인간 사회는 개별적인 개체로 존재하는 개인으로 구성되는 것이 아니라, 부모-자식 · 군주-신하 · 남편-아내 · 어른-아이 · 벗-벗의 관계로 구성되며, 이들 관계에는 필연적으로 친애함 · 올바름 · 분별 · 순서 · 믿음[親 · 義 · 別 · 序 · 信]의 질서가 이루어져야 하고, 그래야 조화롭고 평화로운 사회가 만들어질 수 있다'는 사실이다. 이러한 관점에서는 모든 사회 행위는 각 관계 속에 내포되어 있는 질서와 조화의 달성을 목표로 삼게 된다는 논리가 이어진다.

오륜설에서는 부모와 자식 사이의 관계는 친애함이 있어야 융합되고, 군주와 신하 사이의 관계는 의로움이 있어야 융합되며, 남편과 아내 사이의 관계는 직분의 분별이 있어야 융합되고, 어른과 아이 사이에는 순서가 있어야 융합되며, 벗과 벗 사이의 관계는 믿음이 있어야 융합된다고 주장한다. 부자 · 군신 · 부부 · 장유 · 붕우 관계에서는 각각 서로 친애하는 것, 의롭게 대하는 것, 직분을 분별하는 것, 순서를 지키는 것, 신뢰하는 것이 각 관계의 질서와 조화를 이루는 근본이기 때문이라는 것이다.

이러한 논리를 미루어보면, 앞에서 언급했던 여인위선, 곧 다른 사람들과 함께 선을 이루는 일의 목표는 다른 것이 아니라, 사람들 사이에 조화와 질서를 이룸으로써 관계 융합을 도모하는 일이라는 사실이 분명해진다. 사회생활의 최대의 목표는 사람들 사이의 관계에 조화를 이루는 일이기 때문에, 사람들 사이의 관계의 융합은 곧 사람들과 더불어 선을 이루

132 人之有道也 飽食暖衣 逸居而無教 則近於禽獸 聖人有憂之 使契爲司徒 教以人倫 父子有親 君臣有義 夫婦有別 長幼有序 朋友有信(滕文公上 4).

는 일의 요체가 되는 것이다. 말하자면, 사회관계 융합을 통한 여인위선의 도모, 이것이 바로 『맹자』에서 제시되고 있는 도덕 실천[集義]의 목표인 것이다.

이렇게 『맹자』에서 도덕 실천은 일상생활에서 인의를 실행함으로써 다른 사람들과 함께 선을 이루어 '사회관계에 질서와 조화를 이루는 일', 그리하여 '관계 융합을 이루는 일'을 목표로 하는 삶의 양식이다. 오륜설에서 관계 대상에 따라 관계 융합을 이루는 원칙이 달라지는 것은 맹자가 제시하는 오륜이 이미 천하위가의 소강사회에서 요구되는 규범이기 때문이다. 『예기』 「예운」편의 소강사회에 대한 진술에서 드러나고 있듯이, 소강사회에서는 대동사회와는 달리 군신 · 부자 · 형제 · 부부의 관계에 따른 융화의 규범이 각각 올바름[正] · 돈독함[篤] · 화목함[睦] · 조화로움[和]으로 달라지고 있는 것이다.

#### (2) 관계 유지의 규범: 명도(明道: 역할의 인식)와 진도(盡道: 역할의 수행)

다른 유학자들과 마찬가지로 맹자는 개인 존재를 사회적 관계망 속의 상호 연관적인 존재로 본다. 개별적 존재로서의 개인은 이러한 사회적 관계망 속의 일부라는 의미만을 가질 뿐이며, 사회적 관계를 떠나서는 존재 의의를 찾을 수 없다는 것이다. 개인 존재에 의의를 부여하는 이러한 관계망으로는 부자 · 군신 · 부부 · 장유 · 붕우 등을 들 수 있으며, 이 중 부부와 부자 및 장유(형제) 같은 가족 관계가 가장 기본적인 것이다. 이렇게 맹자는 사회관계의 단위를 개인 존재가 아닌 그가 속한 관계망으로 잡고 출발하는 것이다.

또한 맹자는 인간에게는 본유적으로 선단(善端)이 갖추어져 있으며, 스스로 이를 자각하고 일상생활에서 실천할 수 있다고 본다. 그가 보는 선단은 "곤경에 빠진 사람을 불쌍하게 여기는 마음"[惻隱之心], "자기의 착하지 못함을 부끄러워하고 남의 착하지 못함을 미워하는 마음"[羞惡之心], "남을 공경하고 남에게 사양하는 마음"[辭讓之心], "옳고 그름을 가리려는 마음"[是非之心]같이[133] 대체로 다른 사람과의 관계를 지향하고 있는 것이다.[134] 곧 사람은 기본적으로 타인에 대한 관심과 사랑을 갖추고 있는 존재라고 맹자는 보는 것이다.

이러한 전제에서 보면, 사회관계에서 사람들이 추구하고 있는 목표는 각 관계에서 이루어야 할 자연적인 조화와 질서이다. 곧 부자 · 군신 · 부부 · 장유 · 붕우 사이의 관계에서 각각 친(親) · 의(義) · 별(別) · 서(序) · 신(信)을 유지함으로써, 각 관계에 내재하는 조화와 질서를 도모하는 것이 사회관계의 목표라고 보는 것이다. 이러한 조화와 질서는 각자가 놓아져 있는 관계망 속에서 각자가 '나'와 '너'라는 별개의 존재로서가 아니라, '우리'라는 하나의 단위로 통합되는 관계 융합을 통해 이루어진다고 볼 수 있다. 이렇게 보면, 맹자가 보는 사회관계의 목표는 바로 사람들 사이의 '관계 융합'이라고 할 수 있는 것이다.

앞에서 맹자는 인간 존재를 성선의 관점에서 이해함을 보았다. 그러나 그렇다고 해서 맹자가 인간의 생물적 · 이기적 욕구를 완전히 부정하는 것은 아니다.[135] 아직 선단의 확충이 이루어지지 않아 물욕(物欲)에 가려지면, 이기적 욕구에 휩쓸릴 수도 있다는 점을 맹자도 받아들이는 것이다.[136] 이렇게 보면, 사회구성 이후 사람들 사이에 이기적 갈등이 빚어질 가능성이 있다는 점은 맹자도 인정하는 셈이다. 그렇다면, 맹자에게 있어서 이러한 사회관계에서의 이익 갈등을 제거함으로써 사회관계를 유지하

**133** 公孫丑上 6.

**134** 정양은, 1970, pp. 86~90; 한덕웅, 1994, pp. 108~134, 221~222.

**135** 예: 萬章上 1; 告子上 7; 盡心下 24.

**136** 예: 告子上 7, 10, 15; 盡心下 35.

는 방법은 무엇인가? 맹자는 이를 사회관계 속에 내재된 역할의 인식과 수행에서 찾는다. 맹자는 사회관계에 내포되어 있는 역할을 인식하는 일을 도를 깨닫는 일, 곧 '명도'(明道)라고 하고,[137] 이를 충실히 수행하는 일을 도를 이루는 길, 곧 '진도'(盡道)라고 표현하고 있다.[138]

**명도** 맹자는 "인의예지(仁義禮智)는 밖으로부터 인간에게 주어져 있는 것이 아니라 본래부터 인간이 갖추고 있는 것"[139]이어서, 사람에게 갖추어져 있는 이러한 "도는 마치 대로와 같아서 결코 알기에 어렵지 않은데도 사람들의 병폐는 단지 이를 구하지 않을 뿐"[140]이라고 본다. 그러므로 천성적으로 갖추어져 있는 "마음의 생각하는 기능을 발휘하여 생각하면 이를 깨달아 알 수 있는데도"[141] 단지 "사색하여 이를 자각하지 못할 뿐"[142]이다. 즉 자기에게 도덕적으로 기초가 갖추어져 있고, 따라서 자기가 도덕적 주체임을 자각하는 것이 본래의 착한 마음을 간직하여 기름으로써 사회관계의 융합을 이루는 요체라는 것이 맹자의 생각이다.[143]

이렇게 자기가 도덕적 주체임을 깨달아 동물과 인간의 차이에 눈을 뜸으로써, 사물의 이치와 인간의 도리를 밝고도 자세하게 이해하는 것이 바로 '명도'(明道)이다. 순(舜)임금이 다른 사람들과 함께 선을 이룰 수[與人爲

---

137 離婁下 19.

138 離婁上 2.

139 仁義禮智非由外鑠我也 我固有之也(告子上 6).

140 夫道若大路然 豈難知哉 人病不求耳(告子下 2).

141 心之官則思 思則得之 不思則不得也(告子上 15).

142 이러한 논지는 『孟子』 전편에서 자주 발견된다. 예를 들면, 「告子上」 6(仁義禮智 [……]我固有之也 弗思耳矣), 「告子上」 13(皆知所以養之者 [……] 弗思甚也), 「告子上」 17(人人有貴於己者 弗思耳) 등에서 이러한 점이 직접적으로 표현되고 있다.

143 君子深造之以道 欲其自得之也 自得之 則居之安 居之安 則資之深 資之深 則取之左右逢其原 故君子欲其自得之也(離婁下 14).

善] 있었던 것은 바로 이러한 명도에 철저했던 배경이 놓여 있다고 맹자는 보고 있다.

> 사람이 짐승과 다른 점은 아주 적다. 그런데 보통 사람들은 이를 없애버려 짐승같이 되고, 군자는 이를 잘 간직하여 사람다운 사람이 된다. 순임금은 '모든 사물의 이치를 밝게 깨달았고'[明於庶物] 아울러 '인간의 도리도 자세히 이해하여'[察於人倫], 자연스럽게 천성적인 인의(仁義)를 따라 행하였지 억지로 인의를 행하려 하지는 않았다.[144]

여기서 "사물의 이치와 사람의 도리를 밝게 깨닫는 일"[明於庶物 察於人倫]이 바로 명도를 가리키는 것이다. 이는 자신이 도덕 주체임을 깨닫는 일이다.[145] 이러한 도덕 주체로서의 자각이 맹자의 성선설의 요지인데,[146] 이러한 도덕적 자각의 요체는 인간이 바로 선성(善性)에 비추어 사회관계에서 "마땅히 해야 할 일"[所爲]과 "해서는 안 될 일"[所不爲]을 분별하는 것이다.[147] 즉 "사람에게는 해서는 안 될 일이 있고 난 후에야 할 일을 이룰 수 있게"[148] 되므로, "해서는 안 될 일은 하지 않고, 또 바라서는 안 될 것은 바라지 않도록"[149] 하기 위하여, 도덕적 주체가 바로 자신임을 자각하는 것이 바로 명도의 내용인 것이다.

이렇게 사람으로서 '해야 할 일'[所爲]과 '해서는 안 될 일'[所不爲], 그리

---

144 人之所以異於禽獸者幾希 庶民去之 君子存之 舜明於庶物 察於人倫 由仁義行 非行仁義也(離婁下 19).

145 勞思光,1967/1986, p. 131; 蔡仁厚, 1984, pp. 217~219.

146 졸저(조긍호, 1998a, pp. 76~82) 참조.

147 勞思光, 1967/1986, pp. 123~127.

148 人有不爲也而後 可以有爲(離婁下 8).

149 無爲其所不爲 無欲其所不欲 如此而已矣(盡心上 17).

고 '바랄 것'[所欲]과 '바라서는 안 될 것'[所不欲]을 명확하게 깨닫는 일이 바로 명도의 핵심 내용이다. 그렇다면 사람에게 있어 '소위'(所爲)와 '소욕'(所欲)은 무엇이고, 또 '소불위'(所不爲)와 '소불욕'(所不欲)은 과연 무엇인가? 이는 앞의 「이루하」(離婁下)편 19장의 인용문에 이미 그 해답이 제시되어 있다. 즉 "인간의 도리를 자세히 이해하는 일"[察於人倫], 곧 인륜(人倫)에 비추어보아, 부자 · 군신 · 부부 · 장유 · 붕우 사이의 관계에서 각자가 해야 할 역할이 바로 사람으로서 마땅히 해야 할 소위이고, 이를 통해 각 관계에서 친 · 의 · 별 · 서 · 신의 조화가 이루어지도록 하는 일이 바로 사람으로서 마땅히 바랄 소욕임을 깨닫는 것이 바로 '명도'라는 것이 맹자의 생각이다. 이렇게 제반 사회관계에서의 조화를 이루기 위해 각자가 각 관계에서 수행해야 할 '역할을 분명히 인식하는 일'이 명도의 핵심인 것이다.

**진도** 그렇다면, 사회관계에서 각자가 해야 할 일을 분명히 깨닫기만 하면 관계의 조화가 저절로 달성될 수 있는가? 그렇지는 않다. 맹자는 역할의 인식은 이의 수행을 위한 전제조건일 뿐으로, 관계 속의 '역할의 수행'[盡道]이 관계의 조화를 달성하여 이를 유지하는 기반이라고 주장한다.

맹자가 보는 사람을 둘러싸고 있는 기본적인 사회관계망은 부자 · 군신 · 부부 · 장유 · 붕우의 다섯 가지이다. 이 다섯 가지 가운데 전자의 네 가지는 역할 구분에 의한 관계이다. 맹자에 따르면, 이러한 역할 구분은 인간 생활에서 필연적인 것이다. 그는 "무릇 모든 사물이 서로 같지 않은 것은 사물의 실상"[150]이므로, "대인(大人)이 할 일이 있고 또 소인(小人)이

**150** 夫物之不齊 物之情也(滕文公上 4).

할 일이 있다. [……] 어떤 이는 마음을 쓰게 마련이고, 또 어떤 이는 힘을 쓰게 마련"[151]이라고 본다. 따라서 사람들은 사회적 관계망 속에서 자기에게 부여된 역할을 충실히 수행하여야 이러한 관계의 목표가 달성되어 관계가 원만히 유지될 수 있다는 것이다. 이러한 사실은 공자도 이미 지적하고 있었던 바이다. 공자는 "제(齊)나라 경공이 정치에 대하여 묻자, '정치란 군주는 군주의 구실을 다하고 신하는 신하의 구실을 다하며, 부모는 부모의 구실을 다하고 자식은 자식의 구실을 다하는 것일 뿐'이라고 답하여"[152] 유명한 정명론을 펴고 있다. 곧 각각의 관계망 속에 내재된 역할을 충실히 수행하는 것이 모든 일의 근본이 된다는 것이다.

맹자는 사회관계에서 이러한 역할을 수행하는 것은 바로 인의를 실행하는 일이라고 본다. 이러한 사실은 다음 진술문에 잘 드러나 있다.

> 군주다운 군주가 되려면 군주가 해야 할 일을 다 해야 하고[盡君道], 신하다운 신하가 되려면 신하가 해야 할 일을 다 해야 한다[盡臣道]. 이 두 가지는 모두 요·순(堯舜)을 본받아야 한다. 신하인 순(舜)이 군주인 요(堯)를 섬겼듯이 자기 군주를 섬기지 않으면 이는 자기 군주를 공경하지 않는 것이고, 요임금이 자기 백성들을 다스렸듯이 자기 백성을 다스리지 않으면 이는 자기 백성을 해치는 것이다. 공자께서도 이미 "도는 인(仁)을 지키느냐 아니면 인을 지키지 못 하느냐의 두 가지가 있을 뿐이다"라고 말씀하신 바 있다.[153]

이 인용문에서 보듯이, 사회관계에서 각자에게 부여된 역할을 충실히

---

**151** 有大人之事 有小人之事 [……] 故日 或勞心 或勞力(滕文公上 4).

**152** 『論語』, 顔淵 11.

**153** 欲爲君 盡君道 欲爲臣 盡臣道 二者皆法堯舜而已矣 不以舜之所以事堯事君 不敬其君者也 不以堯之所以治民治民 賊其民者也 孔子曰 道二 仁與不仁而已矣(『孟子』, 離婁上 2).

수행하는 것이 바로 인을 실행하는 길이며, 따라서 이를 통해 사회관계가 유지되는 것이라는 주장이 바로 맹자의 기본 입장이다. 맹자는 이 진술문에서 공자의 말씀을 인용하여, 각자의 역할을 다하는 것이 바로 인을 지키는 길이라고 함으로써, 사회관계에 내포되어 있는 역할을 충실히 수행하는 일은 인을 지키는 일, 곧 여인위선을 통해 사회관계의 질서와 조화를 도모하는 일의 핵심임을 천명하고 있다. 이렇게 맹자는 사회관계 유지의 규범을 각 관계에 내재한 '역할의 인식과 수행'에서 찾고 있는 것이다.

⑶ 도덕 실천의 점진적 확대

이상에서 본 바와 같이, 사회관계에서 각자가 자기의 역할을 충실히 수행함으로써 일상생활에서 남들과 더불어 인의(仁義)를 이루는 일이 바로 사회관계의 조화를 이룰 수 있는 방안이라는 것이 맹자의 도덕실천론의 요점이다. 맹자에게 도덕 실천은 곧 인의의 실천을 의미한다. 여기서 인(仁)은 곧 사랑이고, 의(義)는 인을 실행하는 일에서의 마땅함이다.[154] 그렇다면, 이러한 사랑의 실행은 처음부터 누구든지 똑같이 사랑하는 것이 마땅하다고 맹자는 생각하는가? 그렇지는 않다. 사랑의 실행에는 마땅히 그 차등 또는 단계가 있다는 '차등애설'(差等愛說) 또는 '단계설'을 주장하는 것이 바로 맹자의 입장인 것이다.[155]

그는 인의는 곧 어버이를 친애하고[親親] 어른을 공경하는 것[敬長]에서 출발한다고 본다. 즉 어버이를 친애하는 '친친'(親親)과 어른을 공경하는 '경장'(敬長)이 인의의 근본이며, 출발점이 된다는 것이다. 그는 "인(仁)의

154 朱熹는 『孟子集註』에서 "인은 마음의 덕으로 사랑의 이치이고, 의는 마음을 다잡는 것으로 일의 마땅함이다"(仁者心之德 愛之理 義者心之制 事之宜也; 梁惠王上 1)라고 봄으로써, 인은 곧 사랑이고, 의는 곧 이를 실행하는 일에 있어서의 마땅함이라고 보고 있다.

155 馮友蘭, 1948/1977, pp. 108~110.

핵심은 어버이를 모시는 것이고, 의(義)의 핵심은 형을 따르는 것이며, 지(智)의 핵심은 이 두 가지를 깨달아 이를 버리지 않는 것이고, 예(禮)의 핵심은 이 두 가지를 조절하고 아름답게 꾸미는 것"[156]이라고 표현함으로써, 인간 행위의 당위적 규범인 인의예지의 핵심을 바로 친친과 경장에서 구하고 있는 것이다.

이러한 친친과 경장은 바로 사람이 '양지'(良知)와 '양능'(良能)을 구비하고 있음으로써 나오는 자연스러운 것이지, 결코 인위적인 것이 아니다. 곧 "사람은 누구나 배우지 않고서도 할 수 있는 본연의 '양능'과 배우지 않고서도 알 수 있는 본연의 '양지'를 가지고 있는데, 바로 이러한 양지와 양능을 구비하고 있음으로 해서 사람은 누구나 어려서부터 자기 어버이를 사랑할 줄 알고, 점차 자라나면서는 누구나 자기 형을 공경할 줄 알게 마련이다. 어버이를 친애하는 친친이 바로 인이고, 윗사람을 공경하는 경장이 바로 의로서, 인의란 다른 것이 아니라 바로 이러한 친친과 경장을 넓혀서 천하에 달통하도록 하는 일일 뿐인 것이다."[157]

따라서 "누구를 섬기는 것이 위대한가 하면 바로 어버이를 섬기는 것이 위대하다. [……] 누구를 섬기든 섬기는 것이 아니랴마는 어버이를 섬기는 일이 섬김의 근본인 것이다."[158] 곧 어버이를 섬기는 사친(事親)이 모든 일의 근본이 되는 것이며, 그렇기 때문에 "부모의 마음에 들지 못 하면 사람이라고 할 수 없고, 부모에게 순종하지 않으면 자식이라고 할 수 없는 것이다."[159]

---

**156** 孟子曰 仁之實 事親是也 義之實 從兄是也 智之實 知斯二者弗去是也 禮之實 節文斯二者是也(離婁上 27).

**157** 孟子曰 人之所不學而能者 其良能也 所不慮而知者 其良知也 孩提之童無不知愛其親也 及其長也 無不知敬其兄也 親親 仁也 敬長 義也 無他 達之天下也(盡心上 15).

**158** 孟子曰 事孰爲大 事親爲大 [……] 孰不爲事 事親事之本也(離婁上 19).

**159** 不得乎親 不可以爲人 不順乎親 不可以爲子(離婁上 28).

바로 이렇게 내 가까이에서 출발되는 친친과 경장의 도를 백성을 인애하고 사물을 아끼는 데까지 확장해야 한다는 것이 맹자의 단계설 또는 '점진적 확장주의'의 핵심이다. 이를 맹자는 다음과 같이 표현하고 있다.

> 군자가 사물을 대할 때는 이를 아끼고 사랑하기는 하지만, 사람을 대하듯이 인애하지는 않는다. 군자가 사람들을 대할 때는 그들을 인애하기는 하지만, 어버이를 대하듯이 친애하지는 않는다. 군자는 어버이를 친애하고 나서[親親] 사람들을 인애하고[仁民], 사람들을 인애하고 나서 사물을 아끼고 사랑하는[愛物] 것이다.[160]

여기서 볼 수 있는 바와 같이, 다른 사람을 인애하는 것은 어버이를 친애한 후의 일이며, 사물을 아끼고 사랑하는 것은 다른 사람을 인애한 후의 일이라는 것이 맹자의 생각이다. 이렇게 친친과 경장을 '인민'(仁民)과 '애물'(愛物)로까지 확장하는 것이 바로 인의 실행의 단계이다. 이러한 '친친 → 인민 → 애물'로의 확장을 통하여 결국 '여인위선'으로까지 발전할 수 있게 되는 것이다. 맹자는 이러한 인의의 점진적 확장을 강조하면서, 이를 "도는 가까이에 있는데 이를 멀리에서 구하려고 하며, 해야 할 일은 쉬운 데 있는데 이를 어려운 데서 찾으려 한다. 사람마다 자기 어버이를 친애하고 자기 어른을 공경한다면, 천하가 화평하게 될 것"[161]이라고 표현하고 있기도 하다. 이렇게 맹자는 여인위선을 통해 사회관계의 조화를 이루는 일은 가족관계 안에서 부모 · 형제 사이에 조화를 이루는 일을 바탕으로 삼아 점진적으로 미루어 나가야 할 일이라고 여기는 것이다.

---

**160** 孟子曰 君子之於物也 愛之而不仁 於民也 仁之而弗親 親親而仁民 仁民而愛物(盡心上 45).
**161** 孟子曰 道在邇而求諸遠 事在易而求諸難 人人親其親 長其長 而天下平(離婁上 11).

그렇다면 이러한 도덕 실천의 점진적 확장은 구체적으로 어떻게 이룰 수 있는가? 『맹자』에서 제시되고 있는 인의를 실천하는 점진적 확장의 요체는 자기를 미루어 다른 사람에게 미루어 가는 '추기급인'(推己及人)과 백성들과 즐거움과 괴로움을 함께 하는 '여민동지'(與民同之)의 두 가지이다.

**추기급인** 공자는 "자기가 서고자 하는 곳에 남을 먼저 서게 하고, 자기가 이르고자 하는 곳에 남을 먼저 이르게 하는 일"[162] 또는 "자기가 바라지 않는 일을 남에게 베풀지 않는 일"[163]이 바로 인(仁)이라고 하여, 타인에 대한 관심과 배려가 인의 핵심임을 천명하고 있다. 맹자도 이러한 관점을 이어받아, "어진 사람은 자기가 아끼고 사랑하는 것을 그 사랑하지 않는 것에까지 미루어 감으로써 그것까지도 아끼게 되고, 어질지 못한 사람은 자기가 하고자 하지 않는 일을 그 아끼고 사랑하는 바에까지 미치게 하여 그것까지도 아끼지 못하게 된다"[164]고 보면서, 이렇게 "자기가 바라는 일을 남과 더불어 모으고, 자기가 싫어하는 일을 남에게 베풀지 않으면, 사람들의 마음을 얻게 된다"[165]고 생각함으로써, 자기를 미루어 다른 사람에게 미루어 가는 '추기급인'이 백성들의 마음을 얻고 나아가 천하를 얻는 기초가 된다고까지 표현하여, 이에 적극적인 의미를 부여하고 있다. 이러한 관점은 다음과 같은 진술문에 잘 드러나 있다.

나의 집 어른을 어른으로 공경하고 나아가 이런 공경심을 다른 사람의 어른에게

162 『論語』, 雍也 28.

163 顏淵 2; 衛靈公 23.

164 仁者以其所愛 及其所不愛 不仁者以其所不愛 及其所愛(『孟子』, 盡心下 1).

165 得天下有道 得其民斯得天下矣 得其民有道 得其心斯得民矣 得其心有道 所欲與之聚之 所惡勿施爾也(離婁上 9).

까지 미루어 가고, 나의 집 어린이를 사랑으로 보살피고 나아가 이런 마음을 다른 사람의 어린이에게까지 미루어 가게 되면, 천하는 마치 손바닥 위에 올려놓은 듯 다스릴 수 있다. [……] 그러므로 은덕을 널리 미루어 가면 사해(四海)까지도 보전할 수 있지만, 은덕을 널리 미루어 나가지 못 하면 처자(妻子)도 보양할 수가 없다. 옛 성인들이 다른 사람들보다 크게 뛰어났던 것은 다름이 아니라, 오직 그 해야 할 바를 잘 미루어 간 데 있을 따름인 것이다.[166]

이 인용문에서 추기급인은 자기의 가족관계에서 탈피하여 주위 사람과 온 천하 사람까지로 확장되고 있다. '천하위가'의 소강으로부터 '천하위공'의 대동으로까지 확장되고 있는 것이다. 이것이 바로 유학사상이 추구하고 있는 이상이다. 오륜설에서 맹자가 주장하고자 하는 것은 자기의 가족관계에서만 조화가 이루어져야 한다는 것이 아니라, 이를 넓혀서 온 천하 사람에게까지 미치도록 해야 한다는 사실인 것이다.

이렇게 자기가 해야 할 바를 다른 사람들에게까지 미치도록 미루어 가고, 또한 자기가 바라는 바를 다른 사람들에게까지 미치도록 미루어 가는 것[推己及人], 이것이 바로 사람들과 더불어 선을 이룸으로써[與人爲善] 사회관계의 융합을 이루는 하나의 요체라고 맹자는 보고 있다.

**여민동지** 추기급인 이외에 집의하여 사회관계의 융합을 도모하는 또 하나의 요체로 맹자가 들고 있는 것은 남과 더불어 즐거움과 걱정을 함께 하는 '여민동지'이다. 이러한 여민동지의 태도는 특히 군주에게 요청되는 것으로, 이러한 점을 지적하여 맹자는 "군주가 백성들과 즐거움을

**166** 老吾老 以及人之老 幼吾幼 以及人之幼 天下可運於掌 [……] 故推恩 足以保四海 不推恩 無以保妻子 古之人 所以大過人者無他焉 善推其所爲而已矣(梁惠王上 7).

함께 하게 되면, 왕 노릇 하는 데 아무런 문제가 없게 될 것"[167]이라고 보고 있다.[168] 곧 "군주가 백성들의 즐거움을 자기의 즐거움으로 삼게 되면 백성들도 또한 군주의 즐거움을 자기들의 즐거움으로 삼게 되고, 군주가 백성들의 걱정을 자기의 걱정으로 여기게 되면 백성들도 또한 군주의 걱정을 자기들의 걱정으로 여기게 된다. 이는 천하와 함께 즐거워하고 또 천하와 함께 걱정하는 것으로, 그러고도 왕 노릇을 못 한 사람은 아직까지 없었다"[169]고 맹자는 보고 있는 것이다.

그러나 여민동지는 단순히 선심(善心)만을 갖는다거나 또는 올바른 법도만을 갖추고 있다고 해서 이루어지는 것은 아니다. 이를 맹자는 다음과 같이 지적하고 있다.

> 요 · 순의 도를 갖추고 있다고 해도 실제로 인정(仁政)을 베풀지 않으면 천하를 화평하게 다스릴 수가 없다. [……] 그러므로 한갓 착한 마음만을 지니고 있다고 해서 올바른 정사가 저절로 행해지는 것은 아니고, 한갓 옳은 법도만을 갖추고 있다고 해서 이것이 스스로 행해지는 것은 아니다. [……] 성인은 이미 그 마음과 생각을 다 기울이고 나서도, 이어서 '남에게 차마 잔인하게 하지 못 하는 정사'[不忍人之政]를 베풀었기 때문에, 인(仁)으로 천하를 덮을 수가 있었던 것이다.[170]

---

**167** 今王與百姓同樂則王矣(梁惠王下 1).

**168** 이러한 생각은 『孟子』의 첫 편인 「梁惠王」편의 중심이 되고 있다. 예를 들면, 「梁惠王下」 1장 이외에도 「梁惠王上」 2(古之人 與民偕樂 故能樂也), 「梁惠王下」 2(文王之囿 方七十里 [……] 與民同之 民以爲小 不亦宜乎), 「梁惠王下」 4(爲民上而不與民同樂者 亦非也 樂民之樂者 民亦樂其樂 憂民之憂者 民亦憂其憂 樂以天下 憂以天下 然而不王者未之有也), 「梁惠王下」 5(王如好貨 與百姓同之 於王何有 [……] 王如好色 與百姓同之 於王何有) 등에서 이러한 견해가 직접 표출되고 있다.

**169** 樂民之樂者 民亦樂其樂 憂民之憂者 民亦憂其憂 樂以天下 憂以天下 然而不王者未之有也(梁惠王下 4).

**170** 堯舜之道 不以仁政 不能平治天下 [……] 故曰 徒善不足以爲政 徒法不能以自行 [……] 聖人

이렇게 "천하에 물에 빠진 사람이 있으면 마치 자기가 빠뜨린 것처럼 생각하는 우(禹)나, 천하에 굶주리는 사람이 있으면 마치 자기가 굶주리게 한 것처럼 생각하는 후직(后稷)"[171]처럼, 천하의 중책을 자임하여,[172] 남에게 인의를 베푸는 것이 바로 남들과 더불어 즐거움과 걱정을 함께하는 여민동지의 길이며, 이것이 바로 추기급인과 함께 여인위선을 통해 사회관계의 융합을 도모하는 또 하나의 요체라고 맹자는 보고 있는 것이다.

이와 같이 맹자는 자기 수양, 곧 '성지청'과 대인관계의 조화, 곧 '성지화'의 단계에만 머무르지 않고 사회 전체에 대한 책임, 곧 '성지임'의 상태에까지 이르는 것, 따라서 사회적 책무를 스스로가 떠맡음으로써 온 천하 사람들과 즐거움과 괴로움을 함께 나누는 것, 이것이 바로 도덕 실천의 점진적 확장을 통해 이루어야 하는 궁극적인 경지라고 주장한다. 여기에서도 소강의 규범은 대동을 지향하는 것이라는 유학자들의 기본 관점이 잘 드러나고 있는 것이다.

### 3) 순자의 군거화일론

공자가 제시한 '극기'와 '복례' 중에서 '극기'를 '복례'보다 중시하여 주관 내재적인 도덕성의 인식과 실천을 중시하는 맹자와는 달리, 순자는 '복례'를 '극기'보다 중시하여 사회 · 문화적인 효용을 중시하고 있다. 그는 올바른 도리인 '의'(義)를 '인'(仁)과 연용(32회, 22%)하여 쓰기보다는 '예'(禮)와 연용(112회, 78%)하여 사용한 경우가 훨씬 많아, "예를 높이고 의를 귀하게 여기는 태도"[隆禮貴義]를 보이고 있다.[173] 이렇게 "맹자는 공자

[……] 旣竭心思焉 繼之以不忍人之政 而仁覆天下矣(離婁上 1).

171 禹思天下有溺者 由己溺之也 稷思天下有飢者 由己飢之也(離婁下 29).

172 思天下之民匹夫匹婦有不與被堯舜之澤者 若己推而內之溝中 其自任以天下之重也(萬章下 1).

의 인(仁)을 이어받아 이를 발휘함으로써 심성학의 주관 내재적인 의의를 드러낸 데 비하여, 순자는 공자의 '외왕예헌'(外王禮憲)의 실마리를 이음으로써 예의의 근본됨[禮義之統]을 밝게 드러내었으며," 바로 이 점에서 유가의 "객관 정신이 스스로 밝게 드러나게 되었던 것이다."[174]

순자는 "도(道)는 하늘의 도도 아니고, 땅의 도도 아니며, 사람이 행해야 할 바로서 군자가 따르는 것"[175]이라는 유명한 '인도론'(人道論)을 제시하고 있는데, 이러한 인도의 표준이 바로 예(禮)이다.[176] 그러므로 순자의 예론은 곧 그의 인도론이 되는 셈이며, 이러한 점에서 순자 사상의 핵심[177]이라고 볼 수 있다. 순자에 따르면 예는 "욕구는 많고 물자는 적은 현실"[欲多而物寡]에서 몫을 합당하게 나누는 '분'(分), 욕구를 지도하여[道欲] 한도를 넘지 않게 절제하게 하는 '절'(節), 삶의 표준을 설정하는 '중'(中), 그리고 삶의 고비 고비에서 감정을 순화시켜주고 정화시켜주는 '문식'(文飾) 등의 기능을 하는 인간 삶에서 없어서는 안 될 중심체계이다.[178]

순자 사상의 핵심으로서 이러한 예는 어느 시대, 어느 사회에서나 누구나 걸어야 할 보편적인 이치이다.[179] 곧 예는 순자에게 있어서 절대 규범

---

**173** 이 장의 주 120(p. 571) 참조.

**174** 蔡仁厚, 1984, pp. 362~364.

**175** 道者非天之道 非地之道 人之所以道也 君子之所道也(『荀子』, 儒效 9~10): 楊倞(818)은 『荀子注』에서 人之所以道也를 人之所行之道也로 풀고 있으며, 王先謙(1891)도 『荀子集解』에서 人之所以道也의 道를 行의 誤字로 보고 있다.

**176** 禮者人道之極也(禮論 13).

**177** 王先謙(1891)은 『荀子集解』의 序에서 "순자가 學을 논하고 治를 논함에 있어 모두 禮를 그 종지로 삼아 세밀한 부분을 반복하여 제시함으로써, 그 지향하는 뜻을 밝히기에 힘썼다"(荀子論學論治 皆以禮爲宗 反復推詳 務明其指趣)고 하여, 순자 사상의 핵심은 예론에 있음을 밝히고 있다. 이렇게 예론을 순자 사상의 핵심으로 보는 것은 순자에 관한 연구자들의 공통적인 견해이다. 이에 대해서는 졸저(조긍호, 1998a, pp. 272~273) 참조.

**178** 순자가 제시하는 예의 기능에 대해서는 졸저(조긍호, 1998a, pp. 263~272) 참조.

**179** 蔡仁厚, 1984, pp. 362~367.

으로 부각되고 있으며,[180] 이러한 절대 규범으로서의 예를 인위적인 노력을 통해 체득하고 일상생활에서 실천하는 것이 사람의 도리이며, 사람으로서 해야 할 일이라는 것이다. 이 점에서 바로 순자의 예론이 그의 인간론 전체에서 중심적인 위치를 차지하는 까닭을 찾아볼 수 있으며, 결과적으로 순자의 도덕실천론은 그의 예론을 근간으로 하고 있다고 생각할 수 있다.[181]

순자에게 예의 실천이 곧 도덕 실천이 되는 까닭은 순자가 예를 개인의 일상생활과 사회생활의 기본적인 규범이라고 보기 때문이다. 이러한 사실은 다음과 같은 진술문들에 잘 드러나 있다.

> 때를 만났을 때뿐만 아니라 궁할 경우에도 알맞고 이로운 것, 이것이 바로 예이다. 무릇 혈기와 의지와 사려는 예에 따르면 다스려지고 통하지만, 예에 따르지 않으면 어그러지고 느스러진다. 음식과 의복과 거처와 행동은 예에 따르면 조화롭고 절도에 맞지만, 예에 따르지 않으면 조화를 잃어 병이 생기게 된다. 용모와 태도와 여러 동작은 예에 따르면 고상해지지만, 예에 따르지 않으면 거만하고 어긋나고 속되고 야비하게 된다. 그러므로 사람으로서 예가 없으면 살아갈 수가 없을 것이고, 어떤 일이든지 예가 없으면 이루어지지 않을 것이며, 나라 안에 예가 없으면 평안하게 될 수가 없을 것이다.[182]

천지는 예로 인해 합해지고, 해와 달은 예로 인해 밝아지며, 사계절은 예로 인해

---

**180** 김승혜, 1990, pp. 261~271.

**181** 순자의 예론과 이에 근거를 둔 군거화일론은 졸저(조긍호, 1998a, pp. 253~297, 381~387, 393~398; 2008, pp. 323~342)의 내용에 새로운 자료를 첨가하여 수정하고 보완하였다.

**182** 宜於時通 利以處窮 禮信是也 凡用血氣志意知慮 由禮則治通 不由禮則勃亂提僈 食飮衣服 居處動靜 由禮則和節 不由禮則觸陷生疾 容貌態度 進退趨行 由禮則雅 不由禮則夷固僻違 庸衆而野 故人無禮則不生 事無禮則不成 國家無禮則不寧(修身 24~26).

순환하고, 별들은 예로 인해 운행하며, 강물은 예로 인해 흐르고, 만물은 예로 인해 번창한다. 좋아함과 싫어함[好惡]은 예로 인해 절도가 있게 되고, 기쁨과 노함[喜怒]은 예로 인해 온당하게 된다. 예로써 아랫사람 노릇하면 순조롭게 되고, 예로써 윗사람 노릇하면 밝게 통하게 된다. 만물이 변하여도 문란해지지 않고, 이에서 어긋나면 패망하게 되니, 예가 어찌 지극한 것이 아니겠는가? 그러므로 예를 근본으로 세워 표준으로 삼으면, 천하에 아무도 여기에 더할 것도 없고 또 덜어낼 것도 없을 것이다.[183]

위의 첫 인용문에서는 대체로 예가 개인의 일상생활의 규범임을 말하고 있고, 두 번째 인용문에서는 예가 자연질서의 유지,[184] 개인감정의 조화 및 사회질서 유지의 규범으로도 작용하고 있음을 밝히고 있다. 이렇게 예는 모든 규범의 총칭이자 최고의 규범으로, 더 이상 더하거나 뺄 것이 없다는 것이다. 곧 "근본과 종말, 처음과 끝이 서로 따르고 맞지 않는 것이 없어서 만세의 법칙이 되기에 족한 것, 이것이 바로 예"[185]라는 것이다. 그러므로 순자에게 예는 바로 개인을 바로잡는 도구이면서[186] 동시에 국가와 온 세상을 바로잡는 도구이기도 한 것이다.[187] 바로 이러한 맥락

183 天地以合 日月以明 四時以序 星辰以行 江河以流 萬物以昌 好惡以節 喜怒以當 以爲下則順 以爲上則明 萬物變而不亂 貳之則喪也 禮豈不至矣哉 立隆以爲極 而天下莫之能損益也(禮論 11~12): 본문의 天地以合부터 以爲上則明까지에서 以는 모두 以禮를 가리킨다.

184 禮가 개인감정의 조화나 사회질서의 유지 이외에도 이렇게 자연질서 유지의 규범으로도 작용한다는 것은 人道인 禮를 극진히 함으로써 사람이 천지에 참여하여(參於天地) 천지의 화육을 완성시킬 수 있다고 순자가 보고 있기 때문이다. 이는 天地者生之始也 禮義者治之始也 君子者禮義之始也 爲之貫之 積重之 致好之者 君子之始也 故天地生君子 君子理天地 君子者天地之參也 萬物之摠也 民之父母也 無君子 則天地不理 禮義無統(王制 19); 天地生之 聖人成之(富國 11)와 같은 순자 자신의 진술에서 잘 드러나고 있다.

185 使本末終始 莫不順比 足以爲萬世則 是禮也(禮論 24).

186 禮者所以正身也 [……] 無禮何以正身(修身 36); 禮及身而行修(致士 16).

187 國無禮則不正 禮之所以正國也 譬之猶衡之於輕重也(王霸 11); 禮者表也 非禮昏世也(天論 36).

에서 『순자』에서 예(禮)가 곧 사회관계를 맺는 핵심 규범체계로 등장하게 된 까닭을 찾아볼 수 있다.

#### (1) 사회관계의 목표: 군거화일(群居和一: 함께 모여 살면서 조화롭게 통일을 이루는 일)

순자는 사람은 기본적으로 사회조직을 떠나서는 살 수 없는 존재라고 본다. 곧 사람은 필연적으로 서로 모여 살[群] 수밖에 없는 존재라는 것이다.[188] 이렇게 사회생활을 할 수밖에 없는 까닭은 세 가지이다. 첫째, 인간은 태어날 때부터 허약하고 무력한 존재이기 때문에, 다른 생물과의 생존경쟁에서 살아남기 위해서 단결할 필요가 생긴다는 것이다.[189] 둘째, 인간 개개인은 능력과 기술에 한계가 있기 때문에, 삶을 영위하기 위하여 협동하고 상부상조할 필요가 생긴다는 것이다.[190] 그리고 셋째 욕구는 많고 물자는 부족하므로 필연적으로 다툼이 빚어지고, 이에서 나오는 혼란을 제거할 필요가 생긴다는 것이다.[191]

이렇게 인간은 태어날 때부터 허약하고 무력하며, 또한 한 개인의 능력에는 한계가 있을 뿐만 아니라, 물자는 부족하고 욕구는 많아 이를 제어할 필요가 생기기 때문에 필연적으로 더불어 모여 살 수밖에 없는 존재로서, 이렇게 모여 살게 되면 다툼이 있게 되는데, 이러한 다툼을 제거할 수 있는 원칙이 필요하게 된다고 순자는 보고 있다. 이러한 "모여 사는 도리[群道]가 올바르면, 만물이 모두 마땅함[宜]을 얻게 되고, 가축들이 모두 잘 자라게 되며, 뭇 생물들이 모두 그 명(命)을 보존하게 되는데"[192] 이러한

188 王制 21; 富國 6.
189 王制 20~21.
190 富國 2~3.
191 富國 2; 王制 6.
192 群道當 則萬物皆得其宜 六畜皆得其長 群生皆得其命(王制 21).

올바른 사회생활의 도리, 곧 '군도'(群道)가 바로 인도의 표준인 예의라는 것이 순자의 논리인 것이다. 이러한 사실을 순자는 다음과 같이 지적하고 있다.

> 사람은 모여서 사회생활을 하지 않을 수 없다. 모여 살면서 예에 따른 직분과 몫을 나눔이 없으면 서로 다투게 되고, 서로 다투면 혼란해지며, 혼란해지면 서로 흩어져 사회생활을 하지 못하게 되며, 서로 흩어져 사회생활을 하지 못하게 되면 힘을 모으지 못해 약해지고, 약하게 되면 사물과의 경쟁에서 그들을 이길 수 없게 된다. 그렇게 되면 집을 지어 거처할 수조차 없게 된다. 이는 잠시라도 예의를 버려둘 수 없음을 말하는 것이다.[193]

그렇다면, 사회관계에서 이러한 예의 실천, 곧 도덕 실천을 통해 인간이 얻게 되는 효과는 무엇인가? 순자는 인간은 자연상태 그대로는 이기적 욕구에 가려 악하게 될 가능성이 크지만, 후천적으로 몸과 마음을 두고 익히는 '주조습속'(注錯習俗)에 따라 착하게 될 수 있는 존재라고 본다.[194] 곧 "반드시 장차 스승과 법의 감화와 예의의 인도가 있게 되면, 사양하는 데로 나아가고 규범과 합치되어, 안정된 사회가 이루어질 수 있다"[195]는 것이다.

앞에서 보았듯이, 이렇게 예의의 감화를 받을 수 있는 가능성을 지닌

193 故人生不能無群 群而無分則爭 爭則亂 亂則離 離則弱 弱則不能勝物 故宮室不可得而居也 不可少頃舍禮義之謂也(王制 21).

194 性也者 吾所不能爲也 然而可化也 情也者 非吾所有也 然而可爲也 注錯習俗 所以化性也(儒效 35): 『荀子注』에서는 情也者의 情을 積의 誤字로 보고 있다; 材性知能 君子小人一也 好榮惡辱 好利惡害 是君子小人之所同也 若其所以求之之道則異矣 [……] 君子注錯之當 而小人注錯之過也 故熟察小人之知能 足以知其有餘可以爲君子之所爲也 譬之越人安越 楚人安楚 君子安雅 是非材性知能然也 是注錯習俗之節異也(榮辱 28~30).

195 故必將有師法之化 禮義之道 然後出於辭讓 合於文理 而歸於治(性惡 2).

사람들은 서로 의존하면서 사회를 이루어 모여 살지 않을 수 없는 존재이어서, 사회관계를 떠나서는 존재 의의를 찾기 힘들다는 것이 순자가 인간을 파악하는 기본 관점이다. 그런데 사람들의 욕구는 많고, 자원은 부족하다는 데서 문제가 발생한다. 곧 "사람들은 같은 물건을 가지고 싶어 하기도 하고, 또 싫어하기도 한다. 또한 욕구는 많고, 자원은 부족하다. 이렇게 자원이 부족하면, 반드시 다투게 되는 것이다."[196] 그렇다고 해서 서로 떨어져서 살 수도 없는 노릇이다. 따라서 '몫과 사회적 역할을 분명히 하여 더불어 모여 삶'[明分使群]으로써,[197] 이러한 다툼을 방지하고, 사회생활을 평화롭게 하는 장치가 필요해지는 것이다. 이것이 바로 예로서, 예의 목적은 이렇게 사회관계에 조화를 이루게 하는 일인 것이다. 그러니까 예의 필요성은 직접적으로 인간의 사회성에서 나오는 것으로, 순자는 바로 이러한 인간의 사회성에서 예의 필요성을 도출해내고 있다.[198] 그는 이를 다음과 같이 표현하고 있다.

> 무릇 귀(貴)하기로는 천자가 되고 부(富)하기로는 천하를 차지하는 것, 이것은 사람의 성정으로 똑같이 바라는 것이다. 따라서 사람의 욕구에만 따르면, 그 세(勢)는 용납할 수가 없고, 자원은 넉넉할 수가 없다. 그러므로 선왕(先王)이 그것을 위해 감안해서 예의를 제정하여, 각자의 몫과 할 일[分]을 나누었다. 그리하여 귀천의 등급, 장유의 차이, 지혜로운 사람과 어리석은 사람[智 · 愚], 유능한 사람과 무능한 사람[能 · 不能]의 구분[分]이 있도록 하여, 사람들로 하여금 모두 자기의 일을 하도록 맡기고, 각각 그 합당함[宜]을 얻도록 하였다. 그런 뒤에 보수[穀祿]를 많거나 적게 하고, 후하거나 박하게 하는 알맞음[稱]이 있도록 하였다. 이것이

196 欲惡同物 欲多而物寡 寡則必爭矣(富國 2); 勢位齊 而欲惡同 物不能澹 則必爭(王制 6).
197 離居不相待則窮 君而無分則爭 窮者患也 爭者禍也 求患除禍 則莫若明分使群矣(富國 2~3).
198 김형효, 1990, pp. 122~133.

대체로 '함께 모여 살면서 조화롭게 통일을 이루는 길'[群居和一之道]이다.[199]

이렇게 예의는 함께 모여 살면서 욕구는 많고 자원은 부족한 데에서[欲多而物寡] 필연적으로 빚어지는 다툼[爭]을 방지함으로써 '더불어 모여 살면서 조화롭게 통일을 이루는 길'[群居和一之道]이다. 이러한 사회생활에서 혼란 방지와 질서 유지의 필요성에서 바로 예의의 필요성이 도출되는 것이다. 그러므로 순자는 일상생활에서 예의를 실천하게 되면, '사회관계의 조화와 통일'이 이루어진다고 본다. 이와 같이 예의 실천을 통해 더불어 모여 살면서 조화롭게 통일을 이루는 '군거화일'(群居和一)이 바로 모든 사회관계가 지향하는 목표라는 것이 순자의 예론의 핵심 요체인 것이다.

#### (2) 관계 유지의 규범: 명분(明分: 역할의 인식)과 수분(守分: 역할의 쌍무적 수행)

위의 인용문에서 보듯이, 순자는 일상적 도덕 실천, 곧 예의 실천의 목표를 '군거화일'에서 찾고 있다. 이러한 예를 통해 욕구는 많은데 자원은 부족한 데서 오는 다툼을 방지함으로써, 사회관계에 조화와 통일을 가져올 수 있다는 것이다. 서로 떨어져서 사는 환란과 서로 다투는 재앙을 방지하기 위해서는 서로의 몫과 역할을 나누어 같이 모여 살도록[明分使群] 할 수밖에 없는데,[200] 이렇게 사회생활에서 각자의 역할과 그에 알맞은 몫을 나누는 규범체계가 바로 예라는 것이 『순자』에서 제시되는 '예론'의 논리이다.

---

199 夫貴爲天子 富有天下 是人情之所同欲也 然則從人之欲 則勢不能容 物不能贍也 故先王案爲之制禮義以分之 使有貴賤之等 長幼之差 知賢愚能不能之分 皆使人載其事 而各得其宜 然後慤祿多少厚薄之稱 是夫群居和一之道也(榮辱 39~40): 『荀子集解』에서는 知賢愚에서 知는 智로 읽어야 하고, 賢은 원문에서 삭제되어야 하며, 慤祿은 穀祿이 되어야 한다고 본다.

200 富國 2~3.

순자는 "사람은 무리지어 살지 않을 수 없다. 그런데 무리지어 살되 역할과 몫의 나뉨[分]이 없으면 다투게 되고, 다투면 혼란해지며, 혼란해지면 곤궁하게 된다. 그러므로 역할과 몫의 나뉨이 없는 것은 사람의 커다란 재앙이고, 나뉨이 있는 것은 천하의 근본적인 이익"[201]이라고 봄으로써, 사회생활에서 역할과 몫의 구분이 가지는 가치를 높이 평가하고 있다. 이러한 구분의 기준이 바로 예인데, 그는 이를 "사람의 도(道)에는 변별[辨]이 없을 수 없고, 변별함에는 역할과 몫의 나눔[分]보다 더 큰 것이 없으며, 이러한 나눔의 기준으로 예보다 더 큰 것은 없다"[202]라고 표현함으로써, 예의 가장 기본적인 기능이 역할과 몫의 구분임을 명백히 하고 있다. 이러한 그의 관점은 다음 진술에서 더욱 분명히 드러나고 있다.

> 나눔이 똑같게 되면 두루 미치지 못하고, 세력이 가지런하면 통일되지 못하며, 무리가 똑같으면 서로 부리지 못한다. 하늘이 있고 땅이 있듯이 위·아래의 차별이 있는 법으로서, 밝은 제왕[明王]이 세워져야 비로소 나라 일 처리함에 등차[制]가 생기게 된다. 대체로 두 귀한 존재는 서로 섬길 수가 없고, 두 천한 존재도 서로 부릴 수가 없는 법이다. 이것이 천수(天數)이다. 세력과 지위가 나란하고, 하고 싶은 것과 싫어하는 것이 같은데 자원이 풍부하지 못하면, 반드시 다투게 된다. 다투면 혼란해지고, 혼란해지면 곤궁해진다. 선왕은 이러한 혼란을 싫어하였다. 그리하여 예의를 제정해서 몫을 나누어, 가난한 이와 부자, 귀한 이와 천한 이의 등급이 있게 함으로써, 서로 겸하여 마주 대하기에 충분하게 하였다. 이것이 천하 사람들을 기르는 근본이다. 『서경』(書經)에 이르기를 "오로지 가지런하기만 한 것은 가지런한 것이 아니다"[維齊非齊]라고 했는데, 바로 이것을 말한

**201** 人之生不能無群 群而無分則爭 爭則亂 亂則窮矣 故無分者 人之大害也 有分者 天下之本利也(富國 6~7).

**202** 故人道莫不有辨 辨莫大於分 分莫大於禮(非相 10).

것이다.[203]

그렇다면, 이러한 예에 의해 무엇을 나누고, 또 이러한 나눔의 결과는 무엇인가? 앞에 인용된 「영욕」(榮辱)편의 '군거화일'의 논리에 따르면, 예의에 의해 "귀천의 등급, 장유의 차이, 지혜로운 사람과 어리석은 사람[知 · 愚], 유능한 사람과 무능한 사람[能 · 不能]의 나뉨이 있게 되고, 그 결과 사람들이 모두 자기의 일을 맡아서 각각 그 합당함을 얻게 되며, 그런 뒤에 보수의 다소(多少)와 후박(厚薄)의 알맞음이 있게 된다." 이 인용문에서 보면, 예의에 의하여 귀천으로 대표되는 '사회등급', 장유로 대표되는 '사회윤리', 지 · 우와 능 · 불능으로 대표되는 '사회직분'이 나누어지게 된다. 그리고 이러한 나눔의 결과, 각자가 자기의 일을 맡아서[各得其事] 그에 맞는 합당한 보수를 얻게 됨으로써[稱宜][204] 사회생활을 조화롭게 유지하게 되는 것[群居和一]이다.

예를 통한 나눔의 결과, 상례와 제례 같은 사회의식(儀式), 귀천과 같은 사회등급, 군신 · 부자 · 형제 같은 사회윤리, 그리고 사 · 농 · 공 · 상 같은 사회직분이 모두 예에서 통일되어, 각각이 맡은 몫과 역할을 충실히 수행하게 된다고 순자는 보고 있는데, 이러한 사실은 다음과 같은 지적에서 잘 드러나고 있다.

---

203 分均則不偏 勢齊則不壹 衆齊則不使 有天有地 而上下有差 明王始立 而處國有制 夫兩貴之不能相事 兩賤之不能相使 是天數也 勢位齊 而欲惡同 物不能澹 則必爭 爭則亂 亂則窮矣 先王惡其亂也 故制禮義以分之 使有貧富貴賤之等 足以相兼臨者 是養天下之本也 書曰 維齊非齊 此之謂也(王制 5~6): 『荀子集解』에서는 分均則不偏의 偏를 徧으로 읽어야 한다고 보고 있다.

204 禮者貴賤有等 長幼有差 貧富輕重 皆有稱者也(富國 5); 曷謂別 曰 貴賤有等 長幼有差 貧富輕重 皆有稱者也(禮論 2).

> 그러므로 상례와 제례[喪祭], 조정의 의식[朝聘], 군대의 의례[師旅]가 결국 하나로 통일된다. 사회적 신분[貴賤], 사법 제도의 적용[殺生], 정치 권한의 실천[與奪]도 하나로 통일된다. 군주가 군주의 역할을 다하고[君君] 신하가 신하의 역할을 다하는 것[臣臣], 부모가 부모의 역할을 다하고[父父] 자식이 자식의 역할을 다하는 것[子子], 형이 형의 역할을 다하고[兄兄] 아우가 아우의 역할을 다하는 것[弟弟]도 모두 하나로 통일된다. 그리고 농부가 농부의 역할을 다하고[農農], 선비가 선비의 역할을 다하며[士士], 공인이 공인의 역할을 다하고[工工], 상인이 상인의 역할을 다하는 것[商商]도 모두 하나로 통일되는 것이다.[205]

여기서 사회의식과 사회제도 및 사회등급, 사회윤리, 사회직분 같은 모든 사회관계를 하나로 통일하는 원리는 바로 예이다. 바로 이렇게 예에 의해 일체의 관계를 조율하여[206] 군거화일할 수 있는 것은, 바로 예가 사회관계에서 각자가 해야 할 역할과 그 합당한 몫을 나누는 분(分)의 체계이기 때문인 것이다.

이렇게 나눔을 통해 다툼을 방지하고 군거화일을 이루기 위해서는 우선 '각자가 할 일과 그 몫을 분명히 해야 하고'[明分], 이러한 기초 위에서 '각자의 직분을 충실히 수행해야 한다'[守分]는 것이 순자의 생각이다. 곧 순자의 사회관계론에서는 사회관계 유지의 규범을 바로 '명분'(明分)과 '수분'(守分)에서 찾고 있는 것이다. 다양한 사회관계 가운데 순자가 특히 중

---

**205** 故喪祭朝聘師旅一也 貴賤殺生與奪一也 君君臣臣父父子子兄兄弟弟一也 農農士士工工商商一也(王制 20).

**206** 修身 24~26; 程者物之準也 禮者節之準也(致士 19); 夫義者 所以限禁人之爲惡與姦者也 [……] 夫義者內節於人 而外節於萬物者也 上安於主 而下調於民者也 內外上下節者 義之情也(彊國 19~20: 이 구절의 결론 부분에 故爲人上者 必將愼禮義 務忠信 然後可 此君人者之大本也라는 말이 이어지는데, 여기서는 禮義라고 연용되고 있는 것으로 보아, 본문의 義는 禮義라고 보아야 한다). 『荀子』에서 禮는 義와 연결되어 같은 의미로 사용되는 경우가 많은데, 이에 대해서는 이 장의 주 120(p. 571) 참조.

시하고 있는 것은 군신 · 부자 · 부부 · 장유 · 형제 같은 '사회윤리'의 관계와 사 · 농 · 공 · 상 같은 '사회직분'의 관계이다. 그러므로 사회관계 유지의 규범으로서의 명분(明分)과 수분(守分)도 이 두 관계의 측면으로 나누어 고찰해볼 수 있다.

**명분** 사회윤리 관계에서 각자가 할 일은 예에 의해 규정되는데,[207] 이의 핵심은 공경(恭敬)이다.[208] 곧 모든 사람을 예에 따라 공경하는 것이 바로 인륜(人倫)이라는 것이다.[209] 이러한 예에 따른 공경은 대상에 따라 다르게 불리는데, "예란 귀한 이에게는 삼가는 것[敬]이고, 노인에게는 잘 섬기는 것[孝]이며, 어른에게는 공손한 것[弟]이고, 어린이에게는 사랑을 베푸는 것[慈]이며, 천한 이에게는 은혜를 베푸는 것[惠]이다."[210]

따라서 이렇게 예에 의해 규정된 각 관계에 따른 올바른 도리[義]를 익히고 닦는 일이 인륜의 요체라는 것이 순자의 견해이다. 이는 다음 진술문에 잘 드러나 있다.

> 군주에게는 신하의 도리를 닦고, 동네 사람에게는 장유(長幼)의 도리를 닦으며, 어른에게는 젊은이[子弟]의 도리를 닦고, 벗에게는 예절과 사양의 도리를 닦으며, 신분이 낮고 나이가 젊은 사람에게는 바르게 타일러 이끌어주고 관용을 베푸는 도리를 닦아야 한다. 그리하여 마치 천지가 만물을 널리 끌어안듯이 누구나 다 사랑하고, 누구나 다 공경하며, 누구하고도 다투지 않아야 한다. 이렇게 하면, 현

207 禮以定倫(致士 19).

208 恭敬禮也(臣道 2); 君子之於禮 敬而安之(君道 6).

209 仁者必敬人 凡人非賢 則案不肖也 [……] 敬人有道 賢者則貴而敬之 不肖者則畏而敬之 賢者則親而敬之 不肖者則疏而敬之 其敬一也 其情二也 若夫忠信端愨而不害傷 則無接而不然 是仁人之質也(臣道 10~12).

210 禮也者 貴者敬焉 老者孝焉 長者弟焉 幼者慈焉 賤者惠焉(大略 6).

명한 사람은 그를 귀히 여기고, 어리석은 사람을 그를 친애하게 될 것이다.[211]

이러한 사회윤리 관계에서 각자가 해야 할 역할을 바르게 하는 명분의 원칙은 사회직분 관계에도 그대로 적용된다. 특히 이 경우에는 "덕에 비추어서 지위를 정하고, 능력을 헤아려서 관직을 수여함으로써, 각자가 맡아서 할 일을 분명히 하여 사회생활의 올바름을 이루는 일"[212]에 주안점을 두게 된다. 이러한 사회직분 관계에서 "할 일을 분명히 하는 것은 온 천하 사람들을 풍족하게 하는 길"[213]이 되기 때문에, 사회관계를 유지하는 규범으로서의 명분은 또한 치국(治國)의 근본이기도 한 것이다.[214] 이러한 사실은 다음과 같은 진술에 잘 드러나 있다.

> 농민은 토지를 나누어 경작하고, 상인은 재화를 나누어 판매하며, 여러 기술자들은 일을 나누어 근로하고, 사대부는 직책을 나누어 정사에 참여하며, 나라를 세운 제후의 군주는 영토를 나누어 수호하고, 삼공(三公)은 방략을 총괄하여 의논하니, 천자는 다만 자기 몸을 삼가기만 하면 될 뿐이다. 나가거나 들어오거나 이와 같아서, 천하에 평화롭고 고르지 않은 곳이 없고, 다스려지지 않은 곳이 없게 하는 것, 이것이 모든 임금이 실천해온 바이고, '예법에 따른 큰 나눔'[禮法之大分]인 것이다.[215]

---

**211** 遇君則修臣下之義 遇鄕則修長幼之義 遇長則修子弟之義 遇友則修禮節辭讓之義 遇賤而少者 則修告導寬容之義 無不愛也 無不敬也 無與人爭也 恢然如天地之苞萬物 如是則賢者貴之不肖者親之(非十二子 33).

**212** 論德而定次 量能而授官 皆使其人載其事 而各得其所宜(君道 12); 德以敍位 能以授官(致士 19).

**213** 兼足天下之道 在明分(富國 12).

**214** 王覇 11; 天論 36; 彼國者亦有砥礪 禮義節奏是也 故人之命在天 國之命在禮(彊國 1~2).

**215** 農分田而耕 賈分貨而販 百工分事而勸 士大夫分職而聽 建國諸侯之君 分土而守 三公總方而

이렇게 예에 따라 "모든 사람이 각각 그 일을 맡아 그 합당함을 얻게 하는 일"[216]이 바로 사회윤리 관계나 사회직분 관계 같은 모든 사회관계 유지의 제일 규범이라는 것이 순자의 입장인 것이다.

**수분** 순자가 보는 사회관계 유지의 두 번째 규범은 명분에 의해 밝혀진 각자의 일을 사회관계에서 충실히 지키고 수행하는 일[守分]이다. 이러한 사실을 그는 다음과 같이 진술하고 있다.

> 무릇 군주와 신하 사이의 의(義), 부모와 자식 사이의 친(親), 남편과 아내 사이의 별(別) 같은 것은 매일매일 닦아서 실행하는 데 쉼이 없어야 한다.[217]

> 농민은 힘으로써 농사일에 최선을 다하고, 상인은 시장 동향을 잘 살핌으로써 재물을 늘이는 일에 최선을 다하며, 여러 기술자들은 도구와 그릇을 만드는 일에 최선을 다하고, 사대부 이상 공후(公侯)에 이르기까지는 누구나 어짊과 후덕함 및 지혜와 능력으로써 관직을 충실히 수행하는 데 최선을 다한다. 무릇 이러한 것을 일러 '지극한 평화'[至平]라고 한다.[218]

여기서 앞의 인용문은 사회윤리 관계에서의 수분을 말하는 것이고, 나중의 인용문은 사회직분 관계에서의 수분을 말하는 것이다. 그렇다면, 이

---

議 則天子共己而已矣 出若入若 天下莫不平均 莫不治辨 是百王之所同也 而禮法之大分也(王霸 16~17, 25~26): 『荀子注』에서는 天子共己의 共을 恭으로 보고 있으며, 禮法之大分也의 分에 대해 禮法大分 在任人各使當其職分也라고 하여, 여기서의 分을 '각자에게 적합한 역할을 맡기는 것'이라는 뜻으로 풀고 있다.

**216** 榮辱 40; 君道 12.

**217** 若夫君臣之義 父子之親 夫婦之別 則日切別 而不舍也(天論 33).

**218** 農以力盡田 賈以察盡財 百工以巧盡械器 士大夫以上至於公侯 莫不以仁厚知能盡官職 夫是之謂至平(榮辱 40).

러한 수분은 각각 어떻게 해야 하는가? 사회윤리 관계에서의 수분은 두 사람 사이의 관계에서 요구되는 역할을 쌍무적으로 수행하는 일이다. 이를 순자는 다음과 같이 비교적 자세하게 진술하고 있다.

> 남의 군주[人君] 노릇하는 방법은 백성과 신하들에게 예로써 나누어 베풀어 고르게 두루 미치면서 치우치지 않게 하는 것이고, 남의 신하[人臣] 노릇하는 방법은 예로써 군주를 모시고 충성스럽게 순종하면서 게으르지 않은 것이다. 남의 부모[人父] 노릇하는 방법은 자식들에게 너그럽게 베풀되 예를 지키는 것이고, 남의 자식[人子] 노릇하는 방법은 부모를 경애하면서 그들에게 지극히 공손한 것이다. 남의 형[人兄] 노릇하는 방법은 아우에게 자애로우며 우애를 보여주는 것이고, 남의 아우[人弟] 노릇하는 방법은 형을 공경하여 굽히고 어긋나지 않는 것이다. 남의 남편[人夫] 노릇하는 방법은 아내와 조화를 이루려고 노력하되 음란하지 않고, 일에 임하여 분별이 있는 것이고, 남의 아내[人妻] 노릇하는 방법은 남편이 예가 있으면 부드럽게 따라서 듣고 모시고, 남편이 예가 없으면 두려워하여 스스로 나서지 않는 것이다. 이러한 역할 수행의 도를 한쪽만 지키면 둘 사이의 관계가 혼란스럽게 되지만[偏立而亂], 양쪽이 다 지키면 두 사람 사이의 관계에 조화와 질서가 이루어지게 될 것이니[俱立而治], 잘 상고해보아야 할 것이다.[219]

이 인용문은 사회윤리 관계에서 할 일은 쌍무적인 것이므로, 각자가 자

---

219 請問爲人君 曰以禮分施 均徧而不偏 請問爲人臣 曰以禮待君 忠順而不懈 請問爲人父 曰寬惠而有禮 請問爲人子 曰敬愛而致文 請問爲人兄 曰慈愛而見友 請問爲人弟 曰敬詘而不苟 請問爲人夫 曰致功而不流 致臨而有辨 請問爲人妻 曰夫有禮 則柔從聽侍 夫無禮 則恐懼而自竦也 此道也 偏立而亂 俱立而治 其足以稽矣(君道 5): 『荀子集解』에 따라 人子句의 文은 恭, 人弟句의 苟는 悖로 보고, 人夫句의 功은 鄭長澈(1992, p. 273)과 鄭仁在(1992, p. 68)를 따라 和로 보았다.

기에게 주어진 역할을 동시에 함께 수행해야 양자 사이에 질서가 이루어져 관계의 유지가 가능함을 말하고 있다. 이는 군주–신하 · 부모–자식 · 형–아우 · 남편–아내 사이의 관계가 엄격한 상하 관계가 아니라 쌍무적이고 상호의존적인 관계임을 의미하는 것으로, 이러한 '역할 수행의 쌍무성'(상호의존성)이 바로 사회윤리 관계에서 각자가 자기의 역할을 수행하는 수분의 핵심이라는 순자의 관점을 잘 드러내고 있는 것이다.

이에 견주어, 사회직분 관계에서 각자의 역할을 수행하는 수분의 방법으로 순자가 제시하는 것은 "각자가 자기의 일을 익히고 이를 확고히 지키며, 마치 눈 · 코 · 입 · 귀 같은 기관이 그 기능을 서로 빌려서 할 수 없듯이 사람의 모든 일도 마찬가지이므로, 일단 일이 나누어지면 다른 일을 찾지 말고, 차례가 정해지면 순서를 혼란스럽게 하지 말아야 한다"[220]는 것이다. 즉 누구나 자기의 일에만 열중할 뿐, 남의 일에 마음을 빼앗겨서는 안 된다는 것이다. 이러한 관점을 순자는 다음과 같이 표현하고 있다.

> 잘 다스려지는 나라에는 각자의 직분이 이미 정해져 있으므로, 군주와 신하 및 기타 모든 관리에 이르기까지 모두가 각기 자기의 직분에 대하여 들은 것만 삼가 지켜나갈 뿐, 듣지 못한 자기 직분 밖의 일은 들으려고 하지 않고, 각기 자기의 직분에 대하여 본 것만 삼가 지켜나갈 뿐, 보지 못한 자기 직분 밖의 일은 보려고 하지 않는다. 이와 같이 각자의 직분에 대하여 보고 듣는 것이 참으로 가지런하고 바르다면, 비록 먼 산간벽지에 사는 사람일지라도 누구나 다 자기의 본분을 소중히 여기며, 나라의 제도에 안심하여[敬分安制], 그 윗사람에게 감화를 받지 않는 사람이 없을 것이다. 이것이 바로 잘 다스려지는 나라의 징표인

**220** 人習其事而固 人之百事 如耳目鼻口之不可以相借官也 故職分而民不探 次定而序不亂(君道 15).

것이다.[221]

이렇게 사회직분 관계에서의 수분의 방법은 다른 사람의 일에는 관여하지 말고, 자기에게 주어진 직분에만 충실하는 일이다. 곧 "군신과 상하, 귀천과 장유로부터 모든 서민에 이르기까지 모두가 예를 높여서 바른 표준으로 삼은 다음에, 안으로 스스로를 살펴서 자기의 본분에만 삼가 열심히 하는 것[謹於分], 이것은 모든 임금들이 같이 실천한 바로서 바로 예법의 핵심"[222]이라는 것이다. 이렇게 자기의 본분만을 삼가고 지켜서, 모든 사람이 자기의 일에만 열심이고, 다른 일에는 마음을 쏟지 않는 것,[223] 이것이 바로 사회직분 관계에서의 수분의 핵심이라는 것이 순자의 논지이다. 이렇게 해야 자기가 할 일 밖의 일을 찾아다니느라고 자기가 할 일을 미루어두는 일이 없어지게 됨으로써, 각자가 충실하게 자기 역할을 수행할 수 있을 것이기 때문이다.[224]

#### (3) 도덕 실천의 점진적 확대

순자는 사람이 우주 안에서 가장 귀한 존재가 되는 까닭을, 우주 안의 모든 생명체 가운데 사람만이 '변'(辨)[225]과 '의'(義)[226] 같은 도덕성의 체계

---

**221** 治國者 分已定 則主相臣下百吏 各謹其所聞 不務聽其所不聞 各謹其所見 不務視其所不見 所聞所見 誠以齊矣 則雖幽閒隱辟 百姓莫敢不敬分安制 以化其上 是治國之徵也(王覇 28~29).

**222** 君臣上下 貴賤長幼 至于庶人 莫不以是爲隆正 然後皆內自省 以謹於分 是百王之所以同也 而禮法之樞要也(王覇 25).

**223** 순자는 이러한 생각을 농부를 예로 들어 "농부가 성실하게 농사일에만 힘을 쓰고, 다른 일은 잘하지 못하게 한다"(使農夫樸力而寡能, 王制 6; 農夫朴力而寡能, 王覇 36; 農夫莫不朴力而寡能矣, 王覇 36)고 여러 번 진술하고 있다.

**224** 故職分而民不探 次定而序不亂 兼聽齊明 而百事不留 如是則臣下百吏 至于庶人 莫不修己而後敢安止 誠能而後敢受職(君道 15).

**225** 非相 9~10.

**226** 王制 20.

를 갖추고 있다는 사실에서 찾고 있다. 여기서 '변'은 사회를 구성하는 사람들 각자가 해야 할 '역할과 몫을 나누는 일'을 말하고, '의'는 이러한 과정에서의 '마땅하고 올바름'을 말한다. 그러므로 순자에게 '변'과 '의'는 곧 예의 체계를 말하는 것이고, 따라서 인간이 우주 안에서 가장 귀한 존재가 되는 까닭은 바로 인간만이 예의 체계를 갖추고, 이를 통해 사물과 사회생활에 질서를 부여함으로써[治] 천지의 화육(化育)에 동참하기[能參][227] 때문이라는 것이 순자의 주장이다.

여기서 사회관계에서 각자가 마땅히 해야 할 역할과 그에 합당한 몫을 나누는 '변'은 도덕적 인식 능력인 '지'(知)를 기초로 하는 것이고, '의'는 사회관계에서 각자에게 부여된 역할을 올바르고 마땅하게 실행하는 도덕적 행위능력인 '능'(能)을 기초로 하는 것이다. 이러한 사실은 다음의 진술에서 잘 드러나고 있다.

> 무릇 우(禹) 임금 같은 성인이 우 임금이 될 수 있었던 까닭은 그가 인 · 의 같은 도덕성과 사회규범 및 올바른 도덕 원칙을 일상생활에서 실천하여 행할 수 있었기 때문이다. 그러므로 도덕성과 사회규범 및 올바른 행위 원칙에는 이를 인식하여 알 수 있고, 또 이를 일상생활에서 실천해낼 수 있는 이치가 갖추어져 있는 법이다. 그렇다면, 길거리의 보통 사람들에게도 누구에게나 도덕성과 사회규범 및 올바른 행위 원칙을 깨달아 알 수 있는 바의 바탕이 갖추어져 있을 뿐만 아니라, 이러한 도덕성과 사회 규범 및 올바른 행위 원칙을 일상생활에서 실천할 수 있는 바의 능력이 본디부터 갖추어져 있는 셈이다.[228]

---

**227** 天論 23.

**228** 凡禹之所以爲禹者 以其爲仁義法正也 然則仁義法正 有可知可能之理 然而塗之人也 皆有可以知仁義法正之質 皆有可以能仁義法正之具(性惡 13).

사람에게 본유적으로 갖추어져 있는 올바른 도덕 원칙을 알 수 있는 근거[所以知]를 '지'(知), 곧 도덕적 인식능력이라고 한다. [……] 사람에게 본유적으로 갖추어져 있는 도덕성을 올바르게 실천할 수 있는 근거[所以能]를 '능'(能), 곧 도덕적 행위능력이라고 한다.[229]

순자는 자주 도덕적 인식 능력인 '지'와 도덕적 행위능력인 '능'을 함께 언급하여,[230] 도덕성의 인식은 그 실천을 목표로 하는 것으로 보고 있다. 이는 지행합일을 강조하는 유학사상의 기본 입장에 비추어볼 때 매우 당연한 논리적인 귀결이라고 할 수 있는 것이다.

이러한 예의 인식과 실천의 관계에 대해 순자는 "도를 알기만 하는 것은 이를 행하는 것만 못하다. 배움이란 배운 것을 실제로 행하는 데에서 끝나는 것"[231]이라고 하여, 예의 인식은 그 실천을 위해 필요한 단계일 뿐이며, 예의 실천이 그 목표임을 분명히 하고 있다. 다음 인용문은 여기서 더 나아가 도덕적 인식과 실천의 구체적 내용에 대해 진술하고 있다.

마음으로 도를 인식하게[知道] 된 다음에라야 도를 올바른 것으로 인정하여 받아들이게[可道] 되고, 도를 올바른 것으로 인정하여 받아들인 다음에라야 도덕 실천 능력을 통해 도를 지키고[守道], 그럼으로써 도가 아닌 것을 금할 수 있게[禁非道] 되는 것이다.[232]

이 인용문에서는 '지도(知道) → 가도(可道) → 수도(守道) → 금비도(禁非

---

**229** 所以知之在人者 謂之知 [……] 所以能之在人者 謂之能(正名 3).
**230** 榮辱 28~30; 性惡 13.
**231** 知之不若行之 學至於行之而止矣(儒效 33).
**232** 心知道 然後可道 可道然後能守道 以禁非道(解蔽 11).

道)'의 순서를 도덕성의 인식과 그 일상적 실천의 순서로 제시하고 있다. 여기서 도를 옳은 것으로 받아들이는 '가도'(可道)는 도덕적 선택 작용을 말하고, 이를 일상생활에서 지키는 '수도'(守道)와 도가 아닌 것을 금하는 '금비도'(禁非道)는 도덕적 실천을 말하는 것이다. 이러한 도덕적 선택과 실천이 바로 도덕적 행위라고 보면, 이의 근거는 도덕성의 인식, 곧 '지도'(知道)에 있다는 사실이 이 인용문에서 순자가 밝히려고 했던 내용이라고 볼 수 있다. 이렇게 보면, 순자도 공자나 맹자와 마찬가지로 도덕성의 인식은 이의 일상적 실천을 목표로 하는 것이라는 관점을 지니고 있음이 분명하다. 다만 순자는 인간의 지성주체로서의 측면을 강조하여,[233] 도덕성의 실천은 도덕성, 곧 예의 체계에 대한 확실한 인식과 상황에 알맞은 내용의 선택을 전제로 하여 이루어지는 것이라는 견해를 강하게 피력하고 있다는 특징을 보이고 있는 것이다.

이러한 도덕성의 인식과 실천을 통합하여 온전하게 도를 체득한 성인(聖人)[234]이 되는 일이 배움의 목표이면서, 동시에 인간 삶의 최종적인 지향점이 된다는 주장[235]이 순자의 성인론의 특징이다. 순자는 이러한 성인의 단계는 '사(士) → 군자 → 성인'의 3단계를 거쳐 도달하게 된다고 본다. 이러한 사실은 "배움의 궁극적인 의의는 사(士)가 되는 데에서 시작하여 성인이 되는 데에서 끝난다"[236]는 구절에서 잘 드러나고 있다.

그런데 순자에게 사 · 군자 · 성인은 '도덕 의지'[志] · '도덕적 행실'[行] 및 '도덕적 지식'[知]의 세 측면에서 어느 정도의 강도 또는 깊이까지 나아

---

**233** 牟宗三, 1979, pp. 224~225; 蔡錦昌, 1989, pp. 82~86; 蔡仁厚, 1984, pp. 405~409; 黃公偉, 1974, pp. 454~458: 이에 대해서는 졸고(조긍호, 1995, pp. 2~18; 1998a, pp. 210~245) 참조.

**234** 儒效 36; 正論 6; 解蔽 13.

**235** 勸學 12; 儒效 13~14, 33; 禮論 14; 解蔽 26.

**236** 學惡乎始 惡乎終 [……] 其義則始乎爲士 終乎爲聖人(勸學 12).

갔는지 하는 점에서의 차이를 통해 드러나는 것이다.[237] 이렇게 순자가 "지(志)·행(行)·지(知)의 세 방면에서 인격의 등급을 논하고 있다"[238]는 사실은 다음 진술문에서 잘 드러난다.

> '도덕 의지'[志]는 애써 사욕을 억제한 뒤에야 비로소 공평해지고, '도덕적 행실'[行]은 애써 자기 성정을 억제한 뒤에야 비로소 닦여지며, '도덕적 지식'[知]은 남에게 즐겨 물어본 뒤에야 비로소 재능이 갖추어지게 된다. 이렇게 되어 의지가 공평해지고, 행실이 닦여지고, 도덕적 재능이 갖추어진 사람은 소유(小儒)라고 할 만하다. 그러나 아무런 인위적인 노력 없이도 의지[志]는 저절로 공평하고, 행실[行]은 저절로 닦여졌으며, 지식[知]은 모든 법도와 원리에 통달했으면 대유(大儒)라고 할 만한 것이다.[239]

이와 같이 도덕 의지, 도덕적 행실, 그리고 도덕적 지식을 닦는 과정에 있는 사람이 '사'(士)이고, 상당히 닦여 있지만 아직 미진한 상태에 있는 사람이 '군자'이며, 완전히 도와 일체가 되어 억지로 노력함이 없이도 스스로 편안하게 된 사람이 '성인'이라는 것이 바로 순자의 생각이다.[240]곧 성인은 후천적인 노력을 통해 이루어지는 것으로서,[241] 이들은 태어나면서부터 보통 사람과 다른 것이 아니라, 후천적인 쌓음의 정도가 다를 뿐이라는 것이다.[242] 이렇게 보면, 의지·행실·지식 세 측면의 점진적인

---

**237** 修身 36; 儒效 13~14, 19~20, 37~38; 解蔽 26.

**238** 蔡仁厚, 1984, p. 495.

**239** 志忍私 然後能公 行忍情性 然後能修 知而好問 然後能才 公修而才 可謂小儒矣 志安公 行安修 知通統類 如是則可謂大儒矣(儒效 37~38).

**240** 修身 36; 儒效 13~14; 解蔽 26.

**241** 儒效 36; 性惡 4.

**242** 榮辱 28~30, 31~32; 性惡 7, 11.

축적 과정[243]을 통해 '사 → 군자 → 성인'의 단계를 거쳐 도덕적 완성의 상태에 도달하게 된다는 '다방면 동시점심주의'(同時漸深主義)가 바로 순자가 보는 도덕 실천의 점진적 확대론인 것이다.

## 4. 선진유학사상의 도덕실천론 종합

지금까지 『논어』·『맹자』·『순자』 같은 선진유학의 경전에 드러나 있는 도덕실천론을 통해 선진유학자들의 사회관계론의 모습을 살펴보았다. 선진유학자들은 '수기'를 통해 체득한 도덕성을 일상생활에서 실천하는 일이 군자와 성인이 사회적인 삶을 영위하는 기본적인 모습이라고 보며, 따라서 도덕실천론이 곧 그들의 사회관계론이 된다. 이러한 선진유학자들의 도덕실천론은 사회관계의 융합과 조화를 이루는 일을 사회생활의 목표라고 보는 공통성을 띠고 있다.

선진유학자들의 사회관계론이 갖고 있는 또 하나의 공통점은, 그들이 모두 사회관계의 조화 추구라는 도덕 실천의 목표는 각 관계에 내재해 있는 역할의 충실한 수행을 통하여 이루어진다고 주장하고 있다는 사실이다. 공자의 '정명론', 맹자의 '명도 · 진도론', 순자의 '명분 · 수분론'은 모두 역할의 명확한 인식과 수행을 사회관계 유지의 가장 중핵적인 규범으로 여기는 체계들인 것이다.

이러한 선진유학자들의 사회관계론은 '사회성'을 강조하여 인간 존재를 파악하는 그들의 인간관을 그대로 반영하고 있다. 곧 인간은 개체적

**243** 이 세 측면에서의 축적을 표현하는 순자의 진술은 위의 인용문(儒效 37~38) 이외에도 榮辱 28; 非相 15, 19; 王覇 3; 君道 7, 16; 天論 28; 正論 6, 28~29; 解蔽 13 등 여러 곳에서 산견된다.

특성만으로 살아가는 존재가 아니라, 태어날 때부터 다른 사람들과 맺는 관계 속에서 살아가는 존재라는 관점, 곧 인간 존재의 사회성에서 도덕 실천의 근거를 찾는 것이 선진유학자들의 견해인 것이다. 이제 여기에서는 선진유학자들의 이러한 사회관계론을 종합하여 정리해보기로 하겠다.

#### 1) 사회관계의 목표: 사회관계의 융합과 조화의 추구

공자는 개체가 지닌 이기적 욕구와 감정을 극복하는 '극기'가 이루어진 다음에, 일상적 도덕성의 체계인 예로 돌아가는 '복례'를 통해 사회관계의 조화를 도모하는 일이 도덕 실천의 목표라고 보는 '복례론'을 제시하고 있다. 맹자는 일상적 도덕 실천, 곧 '집의'를 통해 다른 사람들과 함께 선을 이룸으로써 사회관계의 융합을 이루는 일이 도덕 실천의 목표라는 '여인위선론'을 제시하고 있다. 순자는 도는 하늘의 도나 땅의 도가 아니라 사람이 행해야 하는 일에서 찾아야 한다는 '인도론'의 바탕 위에서, 이러한 인도의 표준인 예의 체계를 일상적으로 실천함으로써 사회생활의 조화와 통일을 이루는 것이 도덕 실천의 목표라는 '군거화일론'을 제시하고 있다.

**공자: 복례를 통한 사회관계의 조화** 공자는 자기의 사욕을 극복하는 극기와 사회생활에서 예의 체계로 돌아가는 복례가 곧 인을 행하는 길이라는 극기 · 복례론을 제시하여, 유학적 사회관계론의 초석을 놓고 있다. 그런데 극기와 복례 중에서 공자가 더 중시한 것은 복례이다. 공자는 인을 행하는 세목을 묻는 안연에게 "예가 아니면, 보지도, 듣지도, 말하지도, 움직이지도 말 것"을 주문함으로써,[244] 이러한 관점을 드러내 보이고

244 『論語』, 顏淵 1.

있는 것이다.

공자는 예가 없으면 사람의 자격을 갖추어 설 수가 없다고 보아,[245] 항상 예로써 자기 몸을 단속할 것을 강조하였다.[246] 그리하여 그는 예를 배우는 일을 배움의 가장 중요한 내용으로 중시하였던 것이다.[247] 공자가 이렇게 복례를 강조하는 까닭은 예를 통해 사회관계의 질서와 조화를 이룰 수 있기 때문이다.[248] 이와 같이 예의 근본으로 돌아가 일상생활에서 이를 실천함으로써 '사회관계의 질서와 조화'를 이루는 일, 이것이 도덕실천의 근본 목표라고 보는 것이 공자의 복례론의 핵심이다.

**맹자: 여인위선을 통한 사회관계의 융합** 맹자는 인을 이루는 방법으로 공자가 제시한 극기와 복례 가운데 극기의 측면을 복례보다 더 중시하였다. 맹자는 인의 외현적 표현보다는 그 내재적 본유성을 더욱 강조하여, 사회관계에서 "마음을 다잡음과 일처리의 마땅함"[249]을 나타내는 의(義)를 예보다는 인과 함께 더 연용하여 사용함으로써,[250] 이러한 입장을 드러내고 있다. 그러므로 맹자의 도덕실천론은 인의를 일상생활에서 펼치는 집의설(集義說)로 모두어지는 것으로 볼 수 있으며,[251] 이러한 인의

**245** 堯日 3; 泰伯 8.

**246** 雍也 25; 子罕 10; 顏淵 15.

**247** 述而 17; 季氏 13.

**248** 學而 13.

**249** 義者心之制 事之義也(『孟子集註』): 이는 『孟子』「梁惠王上」편 1장의 王何必曰利 亦有仁義而已矣에 대한 朱熹의 註이다. 맹자는 義의 外在說을 주장하는 告子의 주장을 반박하여 義의 內在說을 펼침으로써(告子上 4), 仁과 義의 人性本有說을 내세우고 있고, 따라서 義를 통한 仁의 실천을 강조하는 관점을 제시하고 있는 것이다. 이에 대해서는 졸고(조긍호, 1990, pp. 62~65) 및 蔡仁厚(1984, pp. 455~456) 참조.

**250** 이 장의 주 120(p. 571) 참조.

**251** 公孫丑上 2.

의 일상적 실천을 통해 다른 사람들과 더불어 사회관계에서 선을 이루는 일, 곧 여인위선이라는 목표를 달성할 수 있게 된다는 것이 맹자의 도덕 실천론의 요체이다.[252]

이러한 도덕 실천은 일상생활에서 차근차근 의를 모두어서[集義] 생겨나는 것이지, 하루아침에 갑자기 의식적으로 노력한다고 해서 얻어지는 것은 아니다. 맹자는 이러한 일상적 도덕 실천, 곧 "집의는 그 효과를 미리 기대하지 말고[勿正], 마음에 잊지 말며[勿忘], 성급하게 조장하려고 하지 말아야[勿助長] 한다"[253]고 주장하고 있다. 즉 도덕 실천은 일상생활에서 억지로 하려고 하지 말고 차근차근 자연스럽게 항상 마음에 두고 이루어나가야 한다는 것이다.

이렇게 집의를 통해 여인위선을 이루게 되면 사회관계에 질서와 조화가 이루어져 '사회관계의 융합'이 도모된다는 것이 맹자의 생각이다. 맹자는 오륜설을 통해 인간이 집의를 통해 이루어야 할 사회관계의 융합은 부자 · 군신 · 부부 · 장유 · 붕우 사이에 친 · 의 · 별 · 서 · 신이 확립됨으로써 달성된다고 보고 있다. 곧 일상적 도덕 실천을 통해 부모와 자식 사이의 친애함, 군주와 신하 사이의 올바름, 남편과 아내 사이의 직분의 나뉨, 어른과 아이 사이의 순서, 벗과 벗 사이의 신뢰 같은 오륜이 갖추어지게 되면,[254] 사회를 구성하는 근본적인 단위인 사회관계가 융합됨으로써 사회에 질서와 조화가 이루어지게 된다는 것이다. 이렇게 보면 맹자가 제시하는 오륜의 사회 질서는 천하위가의 소강사회에서 요구되는 사회관계의 목표라고 해석할 수 있다.

---

**252** 公孫丑上 8.
**253** 公孫丑上 2.
**254** 滕文公上 4.

**순자: 예의 실천을 통한 사회생활의 조화와 통일** 선진유학자 가운데 인간의 사회성을 가장 강조하고 있는 사람은 순자인데, 이는 그의 논리적인 탐색의 결과였다. 그는 인간이 다른 동물들에 비해 허약하고 무력하게 태어나기 때문에 생존경쟁에서 살아남기 위하여 단결할 필요가 생긴다는 사실[255]과 개개인의 능력과 기술에 한계가 있으므로 삶을 영위하기 위해 협동하고 상부상조할 필요가 생긴다는 사실,[256] 그리고 물자는 적은데 욕구는 많기 때문에 생기는 혼란을 잠재우기 위한 필요[257]에서 인간의 사회성의 근거를 찾고 있다. 바로 이러한 생존의 필요성 때문에 인간은 서로 모여서 사회생활을 하지 않을 수 없는데,[258] 이렇게 사회생활을 하는 인도의 표준이 곧 예의라는 것이다.[259] 도는 곧 사람이 해야 할 일이라는 인도론[260]과 이러한 인도의 표준이 곧 예의라는 근거에서 보면, 순자의 도덕실천론은 곧 그의 예론을 바탕으로 하고 있으며, 이 점에서 순자가 공자의 극기 · 복례 가운데 극기보다 복례를 강조하는 입장을 전개하는 까닭을 찾아볼 수 있다.

순자는 사람들이 모여서 사회생활을 하게 되면, 사람의 욕구는 많고, 자원은 부족하기 때문에 필연적으로 다툼이 빚어질 수밖에 없다고 본다.[261] 그렇다고 해서 서로 떨어져 살게 되면, 다른 동물과의 생존경쟁에서 살아남기 힘들 뿐만 아니라 상부상조를 하지도 못하니, 필연적으로 궁핍해질 수밖에 없다. 여기에서 사회관계에서 각자가 해야 할 역할과 각자

255 『荀子』, 王制 20~21.
256 富國 2~3.
257 王制 6; 富國 2.
258 王制 21; 富國 6.
259 禮論 13.
260 儒效 9~10.
261 王制 6; 富國 2.

의 합당한 몫을 나누는 체계인 예가 필요해지는 근거를 찾을 수 있으며, 결국 사람들은 이러한 나눔의 체계인 예를 통해 사회생활을 할 수 있게 된다[明分使群]는 것이다.[262] 이렇게 예를 통해 사회생활을 하게 되면 더불어 모여 살면서 조화롭게 통일을 이룰 수 있게 되며[群居和一],[263] 이러한 '군거화일'이 바로 도덕 실천, 곧 일상적 예의 실행의 근본적인 목표라는 것이 순자의 사회관계론의 요점인 것이다.

### 2) 사회관계 유지의 규범: 역할의 인식과 수행

이상에서 보듯이, 선진유학자들은 모두 도덕 실천의 목표를 사회관계의 조화 추구에서 찾고 있다. 그렇다면, 이러한 사회관계의 조화를 이룰 수 있는 방법은 무엇인가? 사회관계에서 생겨나는 갈등을 해소하고 조화를 이루는 방법으로 선진유학자들이 공통적으로 강조하는 것은 사회관계에 내재해 있는 역할을 충실히 수행하는 일이다. 공자는 '정명론'의 체계를 통해 이러한 관점의 단초를 열었다. 맹자는 이를 '명도 · 진도론'으로 전개하고 있으며, 순자는 '명분 · 수분론'으로 구체화하고 있다.

**공자: 정명론** 공자는 '수기'와 '안인 · 안백성'이 이루어지는 영역인 가족생활과 사회생활에서 각자가 자기에게 부여되어 있는 역할을 정확하게 인식하여 이를 충실히 수행하는 일을 '이름을 바로잡는 일', 곧 정명(正名)이라고 하여, 사회관계 유지의 핵심으로 잡고 있다.[264] 그는 이렇게 각자가 할 일을 분명히 하는 정명은 정사의 근본이므로, 자기에게 정사를 맡겨준다면 각자가 할 일을 분명하게 하는 일부터 하겠다고 말하고 있다.

**262** 富國 2~3.
**263** 榮辱 39~40.
**264** 『論語』, 顔淵 11.

이러한 정명을 통해 정령이 순조롭게 시행되고, 사람들이 교화되며, 사법 제도가 제대로 시행되는 것과 같이 모든 일이 제대로 실행되어, 사회생활에 조화가 이루어지게 되기 때문이라는 것[265]이 공자가 정명론에서 주장하고자 하는 요점이다. 이렇게 공자는 사회관계를 유지하는 핵심 규범을 각 관계에 내재되어 있는 '역할의 충실한 수행'에서 찾고 있는 것이다. 이러한 정명론은 이후 모든 유학자들이 받아들이는 유학사상의 기초가 되어 있다.

**맹자: 명도 · 진도론** 맹자도 공자의 정명론을 이어받아, 사회관계에 내재되어 있는 역할을 충실하게 수행하는 일을 사회관계를 유지함으로써 다른 사람들과 더불어 선을 이룰 수 있는 방법으로 중시하고 있다. 그는 군주다운 군주가 되려면 군주가 해야 할 일을 다 해야 하고, 신하다운 신하가 되려면 신하가 해야 할 일을 다 해야 한다면서, 이렇게 사회관계에서 각자의 역할을 충실히 수행하는 일은 인(仁)을 지키는 일이 된다고 보아, '도를 이루는 길', 곧 진도(盡道)라고 표현하고 있다.[266]

이러한 진도는 각 사회관계에서 각자가 마땅히 '해야 할 일'[所爲]과 '해서는 안 되는 일'[所不爲]을 명확하게 인식해야 하는 명도(明道)를 전제로 한다.[267] 즉 사회관계에서 각자가 해야 할 일을 명확히 인식한 근거 위에서 각자의 역할을 다할 수 있다는 것이다.

맹자는 사회관계에 내재되어 있는 각자의 역할이 달라지는 까닭을 무릇 모든 사물이 서로 같지 않은 것이 사물의 본질이기 때문이라고 보고 있다. 그리하여 사회가 형성되고 나면, 각자가 해야 할 일이 나눠지게 마

---

**265** 子路 3.

**266** 『孟子』, 離婁上 2.

**267** 離婁下 8, 19; 盡心上 17.

련이라는 것이다.[268] 즉, 부모-자식 · 군주-신하 · 남편-아내 · 어른-아이 · 벗-벗의 관계에서 각자가 해야 할 일이 달라지는 것이 자연스럽고도 당연한 일이므로, 이를 잘 인식하여 각자가 자기의 '역할을 충실히 수행'해야 각 관계에서 이루어져야 할 질서와 조화, 곧 친애함, 의로움, 직분의 나뉨, 순서를 지킴 및 신의로움이 이루어지게 된다는 주장이 맹자의 명도 · 진도론의 골자이다.

**순자: 명분 · 수분론** 순자도 맹자와 마찬가지로 사회관계에서 각자가 해야 할 역할과 몫을 알맞게 나누는 일은 각자의 능력과 지위가 다른 데에서 나오는 필연적인 결과라고 본다.[269] 그러므로 인도의 표준인 예에 따라 각자가 마땅히 해야 할 일과 그에 따른 합당한 몫을 나누어야 하며[明分], 이렇게 구분된 역할을 일상생활에서 충실하게 수행하는 일[守分]이 사회생활을 하면서 조화롭게 통일을 이루는 방법이라는 것이다.[270] 이러한 순자의 명분 · 수분론도 공자의 정명론의 논리를 그대로 이어받고 있는데, 순자의 명분론과 수분론은 공자의 정명론이나 맹자의 명도 · 진도론에 비해 매우 구체적이라는 특징을 띠고 있다.

우선 순자의 명분론과 수분론의 특징은 명분과 수분의 영역을 비교적 자세히 언급하고 있다는 사실이다. 공자나 맹자가 주로 사회등급이나 사회윤리의 측면에서 역할의 구분과 그 수행에 대해 언급하고 있는 데 반해, 순자는 상례와 제례 같은 사회의식, 사법제도 같은 사회제도, 군주와 신하 같은 사회등급, 부모-자식이나 형-아우 같은 사회윤리, 사농공상 같은 사회직분의 관계에서 각자가 해야 할 역할을 분명히 규정하고, 이를

**268** 滕文公上 4.
**269** 『荀子』, 王制 5~6; 非相 10.
**270** 榮辱 39~40.

일상생활에서 충실히 수행해야 사회 전체에 조화로운 통일이 이루어지게 된다고 명시하여,[271] 명분과 수분이 이루어져야 하는 영역을 세분화하고 있는 것이다.

다음으로 순자의 명분론에는 이와 같은 제반 사회관계에서 각자의 역할을 나누는 기준이 분명히 제시되고 있다는 사실이다. 예를 들면, 사회윤리 관계에서 역할을 나누는 기준은 공경·효성·자애·공손 같은 인륜이 되어야 하고,[272] 사회직분 관계에서 역할과 몫을 나누는 기준은 각자가 이룬 덕과 능력이 되어야 한다[273]는 것이다.

이어서 순자의 수분론에는 각 사회관계에서 규정된 역할을 충실히 수행하는 데 요구되는 원칙이 명시되고 있다는 사실이다. 예를 들면, 사회등급과 사회윤리 관계에서 각자의 역할을 수행하는 데는 교호성이 요구된다는 것이다. 군주–신하·부모–자식·형–아우·남편–아내 및 벗–벗의 관계는 기본적으로 쌍무적인 관계이므로, 어느 한쪽만 역할 수행을 하면 둘 사이의 관계가 혼란스럽게 될 뿐이어서, 양쪽이 모두 각자의 역할을 동시에 수행해야 둘 사이의 관계에 조화가 이루어지기 때문이다.[274] 이에 비해, 사농공상 같은 사회직분 관계에서 역할 수행을 하는 데에는 각자가 자기의 역할만을 삼가 행할 뿐[謹於分], 자기에게 주어지지 않은 일에는 마음을 쓰거나 바라지 않는 일이 중요하다[275]는 것이다. 이렇게 누구나가 자기 일에만 마음을 쓰고 삼가 행해야 다른 일을 찾아다니지 않게 되어, 각자가 할 일을 묵혀두는 폐단이 없이 각자의 '역할을 충실

**271** 王制 20.
**272** 非十二子 33; 致士 19; 大略 6.
**273** 君道 12; 致士 19; 王覇 16~17, 25~26.
**274** 君道 5.
**275** 王制 6; 王覇 25, 28~29, 36.

히 수행'할 수 있게 될 것이기 때문이다.[276]

### 3) 도덕 실천의 점진적 확대

선진유학자들의 도덕실천론이 가지는 또 하나의 공통점은 그들이 모두 도덕 실천의 점진적 확대를 부르짖고 있다는 사실이다. 그러나 공자와 맹자의 점진적 확대주의와 순자의 그것은 자못 다른 데가 있다. 공자와 맹자는 도덕 실천 대상의 점진적 확대를 주장하는 데 반해, 순자는 도덕 수준이 개인 내에서 점차 깊어져가는 과정의 점진적 확대를 주장하는 것이다.

**공자: 충(忠)에서 서(恕)로의 확대** 효행에 뛰어났던 제자인 증자는 한 가지로 관통되는 공자의 도를 '충'과 '서'로 해석하였다.[277] 주희는 여기서의 '충'을 "자기를 다하는 일"[盡己], 그리고 '서'를 "자기를 미루어 남에게까지 미치게 하는 일"[推己]이라고 하여,[278] 자기에게서 시작하여 멀리 남에게까지 이르는 인(仁), 곧 도덕 실천의 사회적 확대를 가리키는 말로 풀이하고 있다.

공자의 도덕 실천의 '점진적 확대론'이 이렇게 도덕 실천 대상의 점진적 확대를 가리킨다는 사실은 인을 실행하는 일이 극기에서 시작하여 복례에서 마치는 것으로 제시된 점[279]에서도 잘 드러나고 있다. 공자는 "능히 가까운 데서 취하여 남에게까지 비유해나가는 것이 인을 행하는 방

---

276 君道 15.
277 『論語』, 里仁 15.
278 『論語集註』.
279 顔淵 1.
280 雍也 28.

도”[280]라고 하여, 도덕 실천 대상의 점진적 확대를 주장하고 있기도 하다.

또한 군자가 되는 단계를 ‘수기 → 안인 → 안백성’의 3단계로 제시하고 있다는 사실[281]에서도 공자의 점진적 확대론을 읽어낼 수 있다. 이렇게 공자는 자기에게서 시작하여 주위 사람과 온 천하의 사람에게로 도덕 실천 대상을 점진적으로 확대해나가는 것이 일상적으로 도덕 실천을 하는 과정에서 요구되는 과정이라고 보고 있는 것이다.

이러한 점진적 확대론은 소강적 상태에서 대동적 상태로의 변모를 도모하는 것이라고 해석할 수 있다. 이러한 맥락에서 공자는 유학적 이상인 대동사회는 현실적 소강사회의 달성을 통해 이루어질 수 있는 것이지, 한꺼번에 가능한 것이 아니라고 보고 있다고 할 수 있을 것이다.

**맹자: 가족[親親]에서 주위 사람[仁民]과 사물[愛物]로의 확대** 맹자도 공자와 마찬가지로 인의(仁義) 실천 대상의 ‘점진적 확대론’을 펴고 있다. 그러나 맹자의 확대론은 공자보다 더욱 구체적일 뿐만 아니라, 그 범위도 더욱 넓다는 특징이 있다.

맹자는 인의의 본질을 어버이를 친애하는 친친(親親)과 형을 공경하는 경장(敬長)에서 찾으면서,[282] 이러한 친친과 경장의 도를 주위 사람과 온 천하의 사람에게로 확대해나가는 일이 바로 인의를 실행하는 길이라고 보고 있다.[283] 이렇게 맹자가 인의 실행의 단계설 또는 ‘차등애설’을 주장하는 것은 그것이 인간의 본성에 맞는다고 보기 때문이다. 이러한 관점에서 맹자는 극단적 이기주의자인 양주(楊朱)의 위아설(爲我說)과 극단적 박애주의자인 묵적(墨翟)의 겸애설(兼愛說)을 비판하여, 다음과 같이 말하고

**281** 憲問 45.
**282** 『孟子』, 離婁上 27.
**283** 梁惠王上 7.

있다.

> 양주는 자신만을 위하니 이는 사회적 책임을 무시하는 것이고, 묵적은 무차별적인 사랑인 겸애를 주장하니 이는 부모를 무시하는 것이다. 부모도 무시하고 사회적 책임도 무시하면, 이는 새나 짐승과 다를 것이 없다. [……] 이러한 그릇된 학설은 백성들을 속이고, 인의의 도를 막아버리게 된다. 인의의 도를 막아버리면, 짐승들을 몰아서 사람을 잡아먹게 하다가 끝내는 사람들끼리 서로 잡아먹게 만들고 말 것이다.[284]

이렇게 맹자는 극단적인 이기주의나 박애주의는 모두 인간의 본성에서 벗어나는 것일 뿐만 아니라, 인의의 도에 어긋나는 일이라고 본다. 가까이 자기 부모와 형제부터 사랑하고, 이를 다른 사람을 아끼고 사랑하는 데까지 확대해나가는 것이 인간의 본성에 맞는 일이라는 것이다. 친친과 경장이 사람의 본성에 맞는 까닭은 "누구나 배우지 않고도 어려서부터 자기 어버이를 친애할 줄 알고, 커서는 자기 형을 공경할 줄 알고 있기 때문이다."[285]

맹자는 "자기를 미루어 다른 사람에게까지 미쳐가는 추기급인"[286]과 "백성들과 더불어 즐거움과 괴로움을 함께 하는 여민동지"[287]가 인의 실천 대상을 점진적으로 확대함으로써, 사람들과 더불어 선을 이룰 수 있는

**284** 楊氏爲我 是無君也 墨氏兼愛 是無父也 無父無君 是禽獸也 [……] 是邪說誣民 充塞仁義也 仁義充塞 則率獸食人 人將相食(滕文公下 9): 군주와 신하의 관계는 사회적 책임을 위주로 하는 관계라고 보아, 여기서는 본문의 無君也를 "사회적 책임을 무시하는 것"이라는 뜻으로 새겼다.

**285** 盡心上 15.

**286** 梁惠王上 7.

**287** 梁惠王下 4.

요체라고 보았다. 이런 까닭에 맹자는 가족관계에서 인의를 실행한 다음에 주위 사람으로 이를 넓혀가고, 이러한 마음을 사물을 아끼고 사랑하는 데까지 미루어가야 한다고 보는 것이다. 곧 친친(親親)한 다음에 인민(仁民)하고, 인민한 다음에 애물(愛物)해야 한다[288]는 것이 맹자의 점진적 확대론의 본지이다.

이와 같이 맹자는 인의 실천을 가족이나 주위 사람들과의 관계에만 국한하지 않고, 온 천하의 사람들과 사물로까지 확대해야 한다고 보고 있다. 곧 그는 도덕 실천 대상을 사물과의 관계까지로 확대하고 있으며, 이 점이 사람 사이의 관계에만 국한하고 있는 공자의 확대론과 다른 맹자의 점진적 확대론의 특징인 것이다.

**순자: 도덕 의지[志]·행실[行]·지식[知]의 동시점심주의** 순자도 도덕 실천의 점진적 확대론을 펴고 있으나, 그의 확대론은 공자나 맹자의 확대론과는 사뭇 다르다. 순자는 도덕적 인식[知道]이 이루어진 다음에 도덕적 선택[可道]이 이루어지고, 그 다음에 도덕적 실천[守道·禁非道]이 이루어진다고 보아,[289] 도덕 실천은 도덕 인식과 도덕 선택을 근거로 한다는 관점을 제시하고 있다. 한 걸음 더 나아가, 그는 이러한 도덕 실천의 단계는 도덕 의지[志]·도덕 행위[行] 및 도덕 지식[知]의 수준이 점차 깊어져가는 과정으로 볼 수 있다[290]는 '다방면 동시점심주의'를 제시하고 있다.

이러한 순자의 다방면 동시점심주의는 공자와 맹자의 도덕 실천의 점진적 확대론과는 다르다. 앞에서 보았듯이 공자는 '수기 → 안인 → 안백성'의 점진적 확대를, 그리고 맹자는 추기급인과 여민동지를 통한 '친친

288 盡心上 45.
289 『荀子』, 解蔽 11.
290 儒效 37~38.

→ 인민 → 애물'의 점진적 확대를 주장하고 있다. 이렇게 공자와 맹자의 점진적 확대론은 도덕 실천 대상의 확대론을 의미하는 것이다. 곧 자기 자신에게서 시작하여, 가족과 같은 가까운 주위 사람에게로 넓혀가고, 이어서 사회의 모든 사람과 사물로까지 확대하여 도덕 실천을 해야 하며, 이것이 도덕적 성숙이 이루어지는 자연스러운 과정이라는 것이 공자와 맹자의 관점인 것이다.

이에 견주어, 순자의 점진적 확대는 그 실천 대상의 범위를 점차 넓혀가는 것이 아니라, 한 개인의 도덕 의지, 도덕적 행실, 그리고 도덕적 지식의 차원이 점차 확고해짐으로써, 개인 내에서 도덕성의 수준이 점진적으로 깊어져 감을 의미하는 것이다. 다시 말하면, 순자에게 도덕적 성숙은 도덕 의지 · 행실 · 지식의 수준이 함께 깊어져가는 과정에 따라 이루어지는 것이 된다. '사 → 군자 → 성인'의 상태로 발전해가는 과정은 이 세 수준의 깊이가 점차 깊어져가는 과정으로 정리할 수 있다는 순자의 관점[291]은 이러한 사실을 잘 드러내준다. 이렇게 보면, 공자와 맹자는 개인 간의 '공간적 확대론'을 편 반면, 순자는 개인 내의 '수준차 확대론'을 전개하였다고 할 수 있을 것이다.

## 5. 유학사상의 군자론, 이상사회론, 그리고 도덕실천론

유학사상은 '사회성'과 '도덕성'을 바탕으로 하여 인간을 이해하고자 하는 이론체계이다. 유학자들도 인간이 다른 동물들과 마찬가지로 생물학

---

**291** 榮辱 28; 非相 15, 19; 儒效 19~20, 37~38; 王覇 3; 君道 7, 16; 天論 28; 正論 6, 28~29; 解蔽 13.

적 욕구와 이기적 욕구 같은 '욕구체계'를 갖추고 있음을 인정한다. 또한 인간은 '감정의 체계'와 '지적 능력의 체계'도 갖추고 있다. 그러나 인간은 다른 동물들과는 달리 '도덕적 지향성의 체계'를 갖추고 있다. 이러한 맥락에서 유학자들은 인간을 '덕성 주체'로 보고, 이러한 덕성이 인성의 중심이라는 '덕성우월론'을 제시한다. 인간의 욕구와 감정, 그리고 지적 인식은 모두 도덕성에 의해 통제되고 이를 지향해야 한다는 것이다.

유학자들은 사회를 구성하는 궁극적 요소는 개체로서의 개인이 아니라 사람들 사이의 관계라고 본다. 인간은 부자 · 군신 · 부부 · 장유 · 붕우라는 관계망 속에서 태어나, 이러한 관계망 속에서 살다가, 관계망 속에서 죽어가는 존재라는 것이다. 그러므로 사회관계를 떠나서는 인간의 존재의미 자체가 사라지고 만다는 것이 유학자들의 입장이다. 여기서 도덕성은 기본적으로 다른 사람과 사회에 대한 관심과 배려에서 드러나는 것이라는 사실을 고려하면, 인간에게 갖추어져 있는 도덕성은 인간 존재의 사회성과 관련을 맺지 않을 수 없다. 즉 인간은 사회적 존재로서 사회관계 속에서 스스로에게 갖추어져 있는 도덕성을 실천해야 할 의무를 가지고 있다는 것이 유학자들이 인간을 파악하는 핵심 요지인 것이다.

### 1) 군자론과 도덕실천론

이렇게 사회성과 도덕성을 주축으로 해서 인간을 이해하는 입장에 서면, 인간으로서 도달할 수 있는 이상적 인간상은 사회관계 속에서 도덕성을 실현한 인물로 설정될 수밖에 없다. 이러한 이상적 인간상이 바로 군자와 성인이다. 군자와 성인은 도덕적 자기수양을 이룬 근거 위에서 다른 사람과 조화로운 관계를 맺어 그들을 편안하게 해주고, 더 나아가 함께 삶을 영위하는 터전인 사회를 편안하게 이끌고자 하는 책임을 기꺼이 지고자 하는 사람이다. 즉 군자와 성인은 자기수양의 결과를 미루어 나가 주변 사람들과 조화로운 관계를 이루며, 이를 다시 사회적인 책무의 자임에까지 미루어 나가는 사람인 것이다.

군자와 성인이 자기수양에만 머물지 않고, 대인관계의 조화와 사회적 책무의 자임까지도 이루려고 하는 것은 그것이 바로 자신이 할 일이라고 받아들이기 때문이다. 군자와 성인은 사회관계 속에서 마땅히 자신이 해야 할 일[所爲]과 해서는 안 되는 일[所不爲]을 밝게 깨달은 사람이다. 그것이 바로 그들의 도덕적 수양의 핵심이다. 도덕적 수양을 통해 군자와 성인은 사회관계 속의 존재로서 다른 사람에 대해 관심을 가지고 그들을 보살펴주어야 할 뿐만 아니라, 사회 자체에 대해서도 책임을 져야 한다는 의식을 강하게 가지게 된다.

군자와 성인이 이렇게 다른 사람과 사회에 대해 관심을 가지고 그들에 대한 책임을 다하려는 방법으로 중시하는 것은 사람들에게 스스로가 도덕 주체라는 사실을 깨닫게 하는 '교육'(敎育)과 현실 정치에 참여하여 '인정'(仁政)을 베푸는 두 가지이다. 공자 · 맹자 · 순자는 모두 제자들을 교육하면서, 현실 정치에 참여할 방법을 찾기 위해 동분서주하였던 사람들이었다.

그들은 "중정(中正)의 도를 얻은 사람은 그렇지 못한 사람을 교육하고, 재능 있는 사람은 재능 없는 사람을 교육해야 한다. [……] 만일 중정의 도를 얻은 사람이 그렇지 못한 사람을 버리고, 재능 있는 사람이 그렇지 못한 사람을 버려 교육하지 않는다면, 현명한 사람과 어리석은 사람의 차이는 거의 없을 것"[292]이라는 관점에서, "나는 하늘이 낳은 백성 가운데 선각자이다. 그러니 나는 장차 내가 깨달은 도를 가지고 이 백성들을 깨

---

**292** 中也養不中 才也養不才 [……] 如中也棄不中 才也棄不才 則賢不肖之相去 其間不能以寸(『孟子』, 離婁下 7).

우쳐주려고 한다. 내가 그들을 깨우쳐주지 않는다면, 그 누가 대신 하겠는가?"[293]라는 사명감을 가지고 교육 활동에 전념하였던 것이다. 군자와 성인은 이러한 교육 활동 이외에도 "그 마음과 생각을 다하고, 이어서 '남에게 차마 잔인하게 하지 못하는 정치'[不忍人之政: 사람들을 혼란한 상태에 그냥 내버려두는 것이 아니라, 그들을 그러한 혼란으로부터 건져내려는 어진 정치를 가리킴]를 베풂으로써, 인(仁)이 온 천하를 덮고 가득 차게 하려고 노력하였다."[294]

군자와 성인의 이러한 세 가지 특징[자기수양 · 조화로운 대인관계 · 사회적 책무의 자임]은 한꺼번에 달성되는 것이 아니라 점진적으로 이루어지는 것이라고 유학자들은 개념화한다. 즉 자기수양을 이룬 다음에 다른 사람과의 관계의 조화를 이루는 데로 나아가고, 관계의 조화가 이루어진 다음에라야 사회적 책무를 자임하는 단계로 발전할 수 있다는 것이다. 이것이 바로 유학자들이 제시하는 '점진적 확대론'의 요체이다.

이렇게 군자와 성인은 자기완성 또는 자기실현에만 머무르지 않고, 자기가 이룩한 도를 주변 사람과 사회에까지 확대하여 실천하려고 노력하는 사람들이다. 이러한 군자와 성인의 삶의 모습은 한마디로 자기들이 체득한 도덕성을 일상생활에서 실천하는 것으로 특징지을 수 있다. 이러한 일상적 도덕 실천의 과정이 곧 사회관계론의 중심축이라는 것이 유학자들의 주장이다. 여기에서 바로 유학들이 제시하는 사회관계론 곧 도덕실천론이 유학의 군자론 · 성인론에서 도출되고 있다는 근거를 찾을 수

---

**293** 天之生此民也 使先知覺後知 使先覺覺後覺也 予天民之先覺者也 予將以斯道覺斯民也 非予覺之而誰也(萬章上 7): 이는 맹자가 聖之任의 전형으로 꼽고 있는 伊尹의 말인데, 「萬章下」편 1장에서 伯夷 · 伊尹 · 柳下惠 · 孔子와 비교하여 聖人의 품격을 논하면서 伊尹을 기술하는 데에도 같은 말이 나오고 있어, 맹자가 교육의 책임을 얼마나 통감하고 있는지 알 수 있게 한다.

**294** 聖人 [……] 旣竭心思焉 繼之以不忍人之政 而仁覆天下矣(離婁上 1).

있다.

우선 군자론 · 성인론에서 군자와 성인은 일상적 도덕 실천을 통하여 대인관계의 조화를 이루고자 하는 사람으로 제시되고 있다. 유학자들의 도덕실천론에서는 사회관계에서 추구하는 목표를 사회관계의 융합과 조화의 추구로 보고 있다. 사회관계의 목표에 대한 이러한 도덕실천론의 관점은 '안인'과 '성지화'를 강조하는 군자론 · 성인론으로부터 직접적으로 도출되고 있는 것이다.

다음으로 군자론 · 성인론에서 군자와 성인은 도(道)의 체득과 실천을 통한 사회적 책무를 자임하는 사람으로 그려지고 있다. 여기서 그들이 체득한 도란 곧 '소위'와 '소불위' 그리고 '소욕'과 '소불욕'에 대한 명확한 인식을 전제로 하여, 이를 일상생활에서 실천함으로써 '소위'만을 행하고 '소욕'만을 바라는 것을 말한다.[295] 이렇게 군자와 성인은 소위만을 행하고 소욕만을 바라는 사람으로, 그들의 소위와 소욕은 대인관계의 조화[안인 · 성지화]와 사회적 책무의 자임[안백성 · 성지임]으로 구체화되고 있다. 도덕실천론에서도 사회관계의 유지와 규범은 정명, 곧 '명도 · 명분'과 '진도 · 수분'에서 찾고 있는데, 이러한 사실에서도 도덕실천론과 군자론 · 성인론의 관련성을 짐작할 수 있다.

끝으로 군자론 · 성인론에서는 '도덕적 자기수양 → 대인관계의 조화 → 사회적 책무의 자임'의 점진적 확대론을 편다. 즉 '수기 · 성지청 → 안인 · 성지화 → 안백성 · 성지임'의 상태로 이상적 인간이 되는 과정을 단

---

**295** 공자가 연령 단계론(吾十有五而志于學 三十而立 四十而不惑 五十而知天命 六十而耳順 七十而從心所欲 不踰矩, 『論語』, 爲政 4)에서 밝힌 "지학(志學) · 이립(而立) · 불혹(不惑)"의 단계까지는 소위와 소욕에 대한 명확한 인식의 상태[明道 · 明分]에 해당하고, "지명(知命) · 이순(耳順) · 종심(從心)"의 단계는 소위를 실천하고 소욕만을 바라는 상태[盡道 · 守分]에 해당하는 것이라고 해석할 수도 있다.

계화하여 받아들인다. 도덕실천론에서도 '충 → 서'(공자의 경우), '친친 → 인민 → 애물'(맹자의 경우), '사 → 군자 → 성인'(순자의 경우) 같은 점진적 확대론을 제시한다. 이러한 사실에서도 도덕실천론이 군자론 · 성인론의 논리에서 도출된 사회관계론임을 추론할 수 있다.

이상에서 보듯이, 유학적 사회관계론, 곧 도덕실천론은 덕성우월주의의 관점에서 인간의 중핵적 특성을 도덕성이라고 보는 인성론과, 인간의 사회성을 기반으로 하여 이상적 인간의 핵심을 다른 사람에 대한 관심과 배려 및 사회에 대한 책무의 자임에서 찾으려는 군자론 · 성인론에서 직접적으로 도출되고 있다. 도덕성의 개인적 체득을 바탕으로 하여 이를 일상생활에서 실천함으로써 다른 사람과 조화를 이루고, 더 나아가 사회적 책무를 스스로 지려는 것이 바로 군자와 성인 같은 이상적 인간의 삶의 모습으로서, 모든 사람은 이러한 삶의 태도를 본받아 일상생활에서 도덕적 실천을 이루려고 노력해야 하며, 이것이 바른 삶의 자세라고 유학자들은 주장하고 있는 것이다.

### 2) 이상사회론과 도덕실천론

『예기』「예운」편에서 제시되고 있는 대동사회론과 소강사회론은 유학자들이 제시하고 있는 대표적 이상사회론이다. '대동사회'는 대도가 밝게 행해진 '천하위공'의 사회로서, 아직 사적 소유가 시작되지 않았거나 사적 소유가 시작되었다고 하더라도 이에 그리 집착하지 않아, 사람들 사이에 갈등이 없고 평화의 상태가 지속된 사회로 제시되고 있다. 대동은 보편적인 인류애에 기초하여 모든 사람에 대한 폭넓은 관심과 사랑이 지배하고 있을 뿐만 아니라, 모든 사람에 대한 배려가 철저하게 이루어지고 있던 이상적인 평화의 사회였다. 이에 비해 '소강사회'는 자기와 타인의 구별이 시작되고 가족관계가 중심이 되는 '천하위가'의 사회였다. 가족관계에서의 윤리 규범이 설정되고 이를 국가 사회에까지 확대하려고 하였으며, 이를 기초로 하여 각자의 역할을 정하고 이를 다하게 하기 위한 제도적 정비가 이루어졌다. 소강은 이러한 가족관계 중심의 윤리가 제대로 실현됨으로써 사회관계에 조화가 이루어진 준(準)평화의 사회였다.

유학자들은 요(堯)와 순(舜)이 각각 순과 우(禹)에게 정치권력을 선양한 삼대(三代) 이전의 시대를 대동사회로 보고, 정치권력이 부자간이나 형제간에 세습된 하(夏) · 은(殷) · 주(周)의 삼대 시대, 그 중에서도 우 · 탕(湯) · 문(文) · 무(武) · 성왕(成王) · 주공(周公) 같은 성왕(聖王)이 다스리던 시대를 소강사회라고 본다. 그러나 요와 순이 다스리던 시대는, 통치권의 선양이 이루어졌다는 사실을 제외하고는, 『예기』에서 제시되고 있는 대동사회보다는 소강사회의 모습과 더 가깝다는 주장이 있다.

『서경』의 「요전」(堯典)과 「순전」(舜典)의 내용을 분석해보면, 「예운」편의 "대동사회에서는 보편적 인류애가 넘치기 때문에 효(孝)를 비롯한 오륜의 강조가 없는 데 반해, 『서경』에 묘사된 요 · 순의 치세는 그와 달리" 가족관계의 효가 중시되고 있다는 점, "대동사회에는 인간들 사이의 분쟁이나 갈등이 거의 없는 데 반해 [……] 요 · 순 시대에는 상당한 수준의 분쟁과 불화가 존재했으며, 또한 사유재산의 존재, 금속의 제련, 교환수단으로서의 황금의 사용 등 높은 수준의 문명적 삶을 누리고 있는" 것으로 기술되고 있다는 점, 그리고 대동사회는 아무런 법제의 정비가 없었던 사회로 그려지고 있는 데 반해, 『서경』에서 순이 한 일에는 제도와 법률의 정비에 관한 언급이 많은 점 등에서 요 · 순 시대는 대동사회보다는 소강사회와 더 일치하는 점이 많다는 것이다.[296]

이렇게 보면, 대동사회는 현실에서 실제로 존재한 적이 없었던 완벽한

**296** 강정인, 2005, pp. 237~239.

몽환(夢幻)적 이상사회일 뿐, 자 · 타의 구별과 가족관계가 사회형성의 기초로서 존재하는 현실에서 유학자들이 실제적으로 실현 가능한 이상사회라고 보고 추구한 것은 소강사회라고 생각할 수 있다.[297] 유학은 바로 '천하위가'의 소강을 이상으로 설정하고, 이 속에서의 인간의 윤리적 · 사회적 삶의 체계를 정립하려고 한 이론체계로서, 유학자들은 유학적 도덕 실천을 통해 현실사회에서 이러한 이상을 실현시키려고 노력하는 사람들인 것이다.

그러나 소강사회라고 해서 인간의 삶이 가족관계 안에서만 이루어지는 것은 아니다. 그러므로 부자 · 부부 · 형제 같은 가족관계의 규범을 장유 · 붕우 · 군신 같은 가족관계를 넘어서는 관계로까지 확장할 필요가 생긴다. 오륜에는 이미 이렇게 확대된 인간관계의 규범이 포함되고 있으며, 이는 군자와 성인의 특징을 추기급인과 여민동지를 통한 '안인'과 '안백성'까지로 확대해서 개념화하는 군자론 · 성인론의 체계에 그대로 반영되어 있다. 이러한 맥락에서 보면, 유학사상에서 대동은 글자 그대로 몽환적 이상에 그치는 것이 아니라, 소강의 체제 속에서 인간의 존재를 가족관계를 넘어서서 인간 일반 및 사회 전체로 확대하려는 목표를 설정하는 근거로 사용되고 있다고 생각할 수 있다. 즉 유학은 소강 속의 대동의 실현을 이상으로 잡고 있는 체계라고 볼 수 있는 것이다.

이러한 사실은, 예를 들면 재화의 분배 또는 역할의 구분 과정에서 '균등'(대동의 이상)과 '형평 속의 균등'(소강의 이상)을 추구한 공자와 순자의 논리에서 잘 드러나고 있다. 공자는 "나는 '나라와 집안을 거느리고 있는 사람은 적음을 걱정하지 말고 고르지 못함을 걱정해야 하며[患不均], 가난을

---

297 강정인(2005, 2010)에 따르면, 栗谷도 대동과 소강을 구분하지 않고 대동일원론을 제시하고 있는데, 栗谷이 제시하는 대동은 곧 소강의 의미이다.

걱정하지 말고 안정되지 않음을 걱정해야 한다[患不安]'는 말을 들었다. 대체로 균등하면 가난 걱정 없이 조화를 이루고[均無貧], 조화롭게 되면 부족함을 느끼지 않으며[和無寡], 안정되면 국가나 집안이 기울어지지 않는 법[安無傾]"[298]이라고 하여, 균등분배가 사회 안정의 기초라는 사실을 역설하고 있다. 이는 균등분배를 통한 조화의 추구가 사회 안정의 기초임을 역설한 것으로, 대동사회에서의 분배의 모습이라고 할 수 있다.

그러나 "공자는 환불균(患不均)의 문제를 제기하였으나, 어떻게 균등하게 분배하는가 하는 방법을 제시하지는 못하였다."[299] 이러한 문제에 대한 해답은 순자에게서 찾을 수 있다. 순자는 모두에게 똑같이 나누어주는 것이 사회 안정의 기초라고 생각하지 않았다. 그는 '차등 속의 평등'과 '다양성 속의 통일성'을 추구하려고 하였다.[300] 순자는 "오로지 가지런하기만 한 것은 궁극적으로 가지런한 것이 아니며,"[301] "나눔이 똑같으면 두루 미치지 못한다"[302]고 보았다.

순자는 "예의에 따라 나누어서 귀천(貴賤)의 등급, 장유(長幼)의 차이, 지우(知愚) · 능불능(能不能)의 구분이 있게 하고, 그 결과 각 사람이 각자의 일을 맡아서 각각 그 합당함[各得其宜]을 얻음으로써, 보수의 많고 적음[多少], 후함과 박함[厚薄]의 알맞음[稱]이 있게 하는 것, 이것이 바로 군거화일(群居和一)의 도"[303]라고 주장한다. 그는 각자가 각자의 맡은 일을 다

298 丘也聞 有國有家者 不患寡而患不均 不患貧而患不安 蓋均無貧 和無寡 安無傾(『論語』, 季氏 1).

299 정인재, 1992, p. 53.

300 이상익, 2001, p. 96.

301 維齊非齊(『荀子』, 王制 6).

302 分均而不偏(王制 5).

303 故先王案爲之制禮義以分之 使有貴賤之等 長幼之差 知愚能不能之分 皆使人載其事 而各得其宜 然後使穀祿多少厚薄之稱 是夫群居和一之道也(榮辱 39~40).

하고 그 결과에 따라 서로 다른 몫을 받는 것이 '지극한 평등'[至平]이라는 관점에서,[304] "가지런하지 않으면서도 가지런하고, 굽으면서도 순조로우며, 같지 않으면서도 하나로 통일되어 있는 것, 이것을 일러 '사람의 도리'[人倫]라고 한다"[305]는 입장을 편다. 곧 형평 속의 균등, 곧 차등 속의 평등이 사회에 안정과 평화를 가져오는 분배의 이상적인 규범이라는 것이 순자의 주장이다.

그러나 순자가 제시하는 형평의 인정은 사회가 보유하고 있는 자원과 재화를 분배하는 과정에서의 형평이라기보다는 역할의 구분 과정에서의 형평이라고 보아야 할 것이다.[306] 순자는 이러한 사실을 사회윤리 관계에서 각자가 할 일은 예에 의해 규정된다[307]거나, 사회직분 관계에서는 개인이 이룬 도덕성과 능력의 정도에 따라 각자의 직분이 나누어지도록 해야 한다[308]고 논술하여, 개인이 이루어낸 도덕성과 능력에 따라 각자에게 적합한 역할과 그에 알맞은 몫을 나누는 것이 사회의 혼란과 폐해를 방지하여 조화롭게 모여 사는 최대의 방안[309]이라는 관점을 피력하고 있다. 이러한 순자의 관점은 소강 속에서 대동을 추구하는 유학자들의 전형을 여실히 드러내고 있다.

맹자는 일상적 도덕실천을 통해 가족관계에서의 조화의 추구[親親]에

**304** 故仁人在上 則農以力盡田 賈以察盡財 百工以巧盡械器 士大夫以上至於公侯 莫不以仁厚知能盡官職 夫是之謂至平(榮辱 40).

**305** 故曰 斬而齊 枉而順 不同而一 夫是之謂人倫(榮辱 41).

**306** 사실 순자의 형평은 역할 및 직분의 구분을 도덕적 수양의 정도를 기준으로 하여 나누어야 한다는 의미이다. 이는 공 · 맹 · 순의 공통된 주장으로, 분배규범이라고는 볼 수 없고 역할 부여의 기준이라고 보는 것이 옳을 것이다. 이에 대해서는 제8장의 "유학사상과 분배정의의 문제"(pp. 894~919) 항목에서 자세히 논의될 것이다.

**307** 禮以定倫(致士 19).

**308** 論德以定次 量能以授官 皆使其人載其事 而各得其宜(君道 12); 德以敍位 能以授官(致士 19).

**309** 球患除禍 莫若明分使群矣(富國 2~3).

머무르지 말고, 주변 사람 모두에 대한 인애[仁民]로까지 확대해나가며, 끝으로는 사물을 아끼고 사랑하는 데[愛物]까지 확장해나가는 것이 일상적 도덕 실천이라고 보고 있다. 공자는 일상적 도덕 실천은 자기를 다하는 일[忠]로부터 시작하여 모든 사람에게로 넓혀가야[恕] 한다고 주장하였다. 이렇게 도덕 실천의 점진적 확대를 중핵으로 하는 유학의 도덕실천론에는 소강 속에서 대동의 이상을 추구하는 유학자들의 기본 입장이 그대로 반영되어 있다고 볼 수 있는 것이다.

### 3) 유학사상에서의 도덕실천론의 위상

앞에서 유학사상은 인성론을 통해 인간의 인간된 근거를 제시하고, 군자론 · 성인론을 통해 인간 삶의 이상적 목표 상태를 설정한 다음, 도덕실천론을 통해 이러한 목표 상태에 이른 사람들의 일상적 삶의 모습을 정리하고, 마지막으로 수양론을 통해 인성론에서 제시된 바와 같은 특성을 갖추고 있는 현실적 인간이 이상적 인간(군자 · 성인)의 상태에 이를 수 있는 방법론을 제시하고자 하는 이론체계라는 사실을 논의하였다. 이러한 관점에서 보면, 유학사상은 '사회성'과 '도덕성'을 중심으로 인간의 특성을 정립한 기초 위에서 인간의 무한한 '발전가능성'을 전제하고, 이러한 가능성을 통해 개체로서의 자신 속에 주위 사람이나 사회까지도 포괄하는 '자기 확대'를 이상으로 삼는 이론체계인 것이다.

이렇게 유학자들은 인간이 지향해야 하는 바람직한 삶의 모습을 자기 확대의 과정 속에서 찾으려는 입장을 견지하고 있다. 인성론은 자기 확대의 가능성과 그 근거를 제시하고 있는 이론체계이고, 군자론 · 성인론은 자기 확대로 이룰 수 있는 최종 목표를 설정하고 있는 이론체계이며, 수양론은 자기 확대를 해나가는 현실적인 방법론을 제시하고 있는 이론체계이다. 그렇다면, 이러한 자기 확대의 맥락에서 도덕실천론은 어떠한 의미를 가지는 이론체계인가?

한마디로 도덕실천론은 인간이 일상적으로 사회생활을 해나가면서 이루어야 하는 '자기 확대의 내용을 구체화'하고 있는 이론체계라고 볼 수 있다. 유학자들의 도덕실천론에서는 사회관계의 목표를 사회관계의 융합과 조화 추구에서 찾는다. 이는 유학적 자기 확대란 곧 주위 사람 및 인간 일반과 맺는 관계의 융합을 이루어 그 조화를 이루는 일을 기본 내용으로 한다는 사실을 제시하고 있는 것이다. 즉 일상생활에서 사회관계의 융합과 조화의 달성이 곧 자기 확대의 근본적인 의미이다.

도덕실천론에서는 사회관계의 융합과 조화 달성이라는 목표를 이루어 사회관계를 원만하게 유지할 수 있는 규범을 사회관계에서 요구되는 역할의 분명한 인식과 수행에서 찾는다. 또한 사회생활의 범위가 확장되면서 개인이 수행해야 할 역할이 점차 확장되고, 따라서 이를 수행하기 위한 노력도 더 많이 요구된다고 도덕실천론에서는 주장한다. 이러한 점에서 자기 확대는 역할이 확대되는 과정으로 정리할 수 있다는 사실이 드러난다. '역할의 점진적 확대'와 이의 수행을 위한 의지 · 행위 · 지식 등이 점차 심화되는 것, 이것이 바로 자기 확대의 내용으로 떠오르는 것이다.

이렇게 유학의 도덕실천론은 유학적 이상인 자기 확대의 요체를 제시하고 있는 이론체계라고 볼 수 있다. 이러한 맥락에서 보면, 유학적 자기 확대란 일상생활을 해나가는 과정에서 점증하는 역할의 인식과 수행을 내용으로 하여 사회관계의 융합과 조화를 달성하는 일이라고 그 의미를 규정할 수 있을 것이다.

## 제6장
## 유학적 도덕실천론의 현실적 전개

유학은 기원전 6세기 선진(先秦) 시대 공자에 의해 창시된 후 기원전 4~3세기의 맹자와 순자에 의해 기초가 닦여져서, 19세기 말엽에 이르기까지 동아시아 사회의 이념적 기초로서 이 사회를 지배해왔던 사상체계였다. 공·맹·순 시대의 유학을 선진유학이라고 하는데, 그 후 유학사상은 한(漢)대 초기 과거제의 실시와 함께 관학(官學)으로 승격되어 국가의 통치이념으로 부각됨으로써 선진유학의 오륜(五倫)을 핵으로 하는 평등주의적 윤리 대신 삼강(三綱)의 엄격한 상하관계의 윤리체계를 중심으로 인간을 파악하던 한당(漢唐)유학, 불교 및 도교와 경합하면서 윤리학적 색채에 머물던 그 이전의 체계와는 달리 형이상학적 철학체계로 확립된 송(宋)대의 신(新)유학, 훈고학(訓詁學)적 고증을 통해 신유학의 사변적 영향을 제거하고 선진유학의 순수한 형태로 돌아가자던 청(淸)대의 고증학(考證學)적 유학, 서세동점 이후 서구의 과학문명을 받아들이면서 유학적 정신문화의 혁신을 도모하고자 했던 20세기 초·중반의 현대신유학을 거쳐 오늘에 이르고 있다.

이 중에서 신유학은 중·근세 이후 우리나라를 비롯한 동아시아 사회에 지배적인 영향을 끼친 유학의 사조였다. 이는 남송(南宋)의 정호(程顥, 호 明道, 1032~1085)와 정이(程頤, 호 伊川, 1033~1107) 형제에 이어 주희(朱熹, 호 晦庵, 1130~1200)에 의해 종합화된 새로운 유학의 체계이다. 그들은 당(唐)대 이후 도교와 불교의 영향으로 오염된 유학의 해석을 일신하여 선진유학의 본래의 모습을 회복하고자 하였으며, 인간을 포함한 우주 만물의 생성과 존재의 근본을 그 원리인 이(理)와 물질적 기초인 기(氣)의 작용으로 파악하는 이기론(理氣論)의 독특한 형이상학체계를 확립하였다. 또한 그들은 이기론의 기초 위에서 인간의 심성을 그 작용 이전의 원리인 성(性)과 작용 이후의 정(情)으로 파악하는 성정론(性情論)을 제시하였다.

그러나 이들 신유학자들은 항상 공자 · 맹자 시대의 유학의 순수성을 회복하려는 것을 사명으로 삼고 공 · 맹의 저술을 자기들의 이기론과 성정론의 토대 위에서 새롭게 해석하려고 하였을 뿐, 선진유학을 부정하였던 것은 아니었다. 이러한 경향은 고증학적 유학의 경우에도 마찬가지였는데, 청대의 유학자들은 그 당시 발달하였던 금석학(金石學)의 영향을 받아 신유학자들이 이기론의 틀에 맞추어 해석하였던 공 · 맹의 저술을 공 · 맹 시대의 문자 용례(用例)에 따라 새롭게 해석하려고 하였을 뿐이었다. 이렇게 유학의 새로운 사조들은 각 시대의 상황에서 선진유학의 본래 모습을 회복하고자 한 것이었으며, 따라서 선진유학은 언제나 가장 순수하고 원형적인 유학사상의 정수라고 받아들여져왔다.

필자는 서구 개인주의와 동아시아 집단주의의 사상적 뿌리를 대비하는 작업을 펴오면서, 서구 개인주의의 배경에는 14세기 르네상스와 16세기 종교개혁의 영향을 받아 17세기에 태동된 자유주의사상이 놓여 있다고 보는 반면, 동아시아 집단주의의 사상적 배경은 선진유학에서 찾는 입장을 전개해왔다. 동아시아 사회를 지배해왔던 이념적 배경의 원형은 선진유학에 있으며, 시대에 따라 그 해석에 조금씩의 변화는 있을지언정 그 기본 내용이 변한 것은 아니었으므로, 자유주의와 선진유학을 직접 비교하는 데에 커다란 문제는 없을 것이라고 추론했기 때문이었다. 그럼에도 불구하고 기원전 6~3세기의 선진유학과 기원후 14~17세기의 자유주의 사상을 직접 비교하는 것은 문제가 아닐 수 없다.

그리하여 이 장에서는 서구 사회에 자유주의가 태동하여 그들의 정신사의 중심축이 되고 있던 14~17세기에 동아시아 정신사를 지배하고 있던 신유학의 한 갈래인 성리학(性理學)의 교육론과 조선조 성리학자들의 삶의 모습에 선진유학의 도덕실천론이 어떻게 이어지고 있는지를 고찰해 봄으로써, 선진유학자들의 도덕실천론이 동아시아 사회의 대표적인 사회관계론으로 받아들여져왔다는 사실을 확인해보고자 하였다.

## 1. 유학사상과 교육

유학사상만큼 교육의 중요성을 인식하고 이를 강조한 사상체계도 드물 것이다. 유학자들의 교육에 대한 강조는 유학적 이상이 현실적으로 실현된 소강(小康)사회에서부터 이미 군주가 해야 할 중요한 일로 교육이 제시되고 있다는 사실에서 드러난다. 『예기』「예운」편에서는 소강사회를 설명하면서 "우 · 탕 · 문 · 무 · 성왕 · 주공은 예를 삼감으로써 의를 밝히고, 신(信)을 이루고, 허물을 밝히고, 인(仁)을 모범으로 삼고, 겸양을 가르쳐서, 백성들에게 떳떳한 법도를 보여주었다"[1]고 진술하여 백성들에게 인의도덕을 교육하는 일이 군주의 의무이어서, 교육이 소강사회를 이루는

1 禹湯文武成王周公 由此其選也 此六君子者 未有不謹於禮者也 以著其義 以考其信 著有過 刑仁講讓 示民有常(『禮記』, 禮運 290).

첩경임을 진술하고 있다.

또한 유학사상에서는 이상적 인간, 곧 군자와 성인이 사회적 책무를 자임하고 완수하는 구체적인 방법으로 교육과 정사에 참여하는 일을 들고 있는데,[2] 이 중에서 교육을 정사에 참여하는 일보다 더 중요시하고 있다. 이러한 사실은 『논어』에서 '정'(政)은 40회 나오는 데 비해, '학'(學)과 '교'(敎)는 각각 64회와 7회나 출현하고 있으며, 『맹자』에서는 정 · 학 · 교가 각각 54회 · 32회 · 35회 출현하고, 『순자』에서는 각각 91회 · 81회 · 42회 출현하여,[3] 정(政)보다 학(學)과 교(敎)가 1.3~1.8배나 더 많이 언급된다는 사실에서 잘 드러난다. 맹자는 좋은 정사를 펴는 일[善政]보다 교육을 잘하는 일[善敎]이 더 중요하다는 사실을 다음과 같이 진술하고 있다.

> 선정(善政)을 하는 것은 선교(善敎)를 통해 백성들의 마음을 얻는 것보다 못하다. 정치를 잘하면 백성들에게 두려운 마음을 갖게 하여 따르게 할 수 있으나, 가르침을 잘 베풀면 백성들로 하여금 스스로 사랑하여 따르게 할 수 있다. 정치를 잘하면 백성들을 부유케 하여 그들의 재물을 얻어 쓸 수 있을 뿐이지만, 가르침을 잘 베풀면 백성들의 마음을 얻을 수 있는 것이다.[4]

이렇게 유학자들은 교육을 군주의 의무일 뿐만 아니라 군자와 성인의 의무이기도 하다고 보고 있는 것이다. 이러한 맥락에서 공자는 스스로를 "배우기를 좋아하는 사람"[好學者][5] 및 "가르치기를 게을리 하지 않는 사람"[誨人不倦者][6]이라고 자평하여, 가르치고 배우는 일의 중요성을 강조하

2 졸저(조긍호, 2006, pp. 397~399, 493~498) 참조.

3 『論語引得』, 『孟子引得』, 『荀子引得』 참조.

4 善政不如善敎之得民也 善政民畏之 善敎民愛之 善政得民財 善敎得民心(『孟子』, 盡心上 14).

5 子曰 十室之邑 必有忠信如丘者焉 不如丘之好學也(『論語』, 公冶長 27).

6 子曰 若聖與仁 則吾豈敢 抑爲之不厭 誨人不倦 則可謂云爾已矣(述而 33).

고 있다. 『논어』는 “배우고 항상 이를 익히면, 또한 기쁘지 아니 하겠는가?”[7]라고 하여 배움[學]이란 말로 시작되고 있다. 교육을 강조하는 공자의 입장은 맹자와 순자에게 있어서도 마찬가지이다. 맹자는 “천하의 꽃다운 재주꾼들을 얻어서 이들을 가르치는 일은 군자의 세 가지 즐거움 가운데 하나로서, 천하를 지배하고 다스리는 일은 군자의 즐거움에 들지 못한다”[8]고 진술하여, 교육을 왕천하(王天下)하는 일보다 높이 평가하고 있으며, 순자도 그의 저술인 『순자』의 첫머리를 “배움이란 멈출 수 없는 것”[9]이라는 말로 시작함으로써, 교육이란 완성된 인격체인 성인이 되는 과정으로서 잠시라도 버려둘 수 없는 것임을[10] 강조하고 있다.

이러한 선진유학자들의 관점은 성리학자들에게로 그대로 이어지고 있다. 성리학의 완성자인 주희는 제자인 유청지(劉淸之, 1139~1195)와 함께 유학 최고의 아동교육서인 『소학』(小學)을 편찬하였다. 그는 또한 본래 『예기』 49편 중 제42편으로 들어 있던 『대학』(大學)을 제31편이던 『중용』(中庸)과 함께 따로 떼어내 『논어』 및 『맹자』와 묶어 ‘사서’(四書)로 합편하여 높임으로써, 유학 최고의 경전으로 받아들여지게 하였다. 그는 『대학장구』(大學章句)와 『대학혹문』(大學或問) 등을 저술하여, 『대학』을 군자지학(君子之學)의 기본 교재로 존숭함으로써, 이를 성인교육서의 핵심 교재로 삼았다. 이렇게 주희는 이후 유학자들이 유학의 가장 중핵적인 교재로 받아들이는 아동교육서와 성인교육서를 편찬함으로써 교육의 중요성을 부각시켰던 것이다.

---

**7** 子曰 學而時習之 不亦說乎(學而 1).

**8** 孟子曰 君子有三樂而王天下不與存焉 [……] 得天下英才而敎育之 三樂也 君子有三樂而王天下不與存焉(『孟子』, 盡心上 20).

**9** 君子曰 學不可已(『荀子』, 勸學 1).

**10** 學惡乎始 惡乎終 曰 其數則始乎誦經 終乎讀禮 其義則始乎爲士 終乎爲聖人 眞積力久則入 學至乎沒而後止也 故學數有終 若其義則不可須臾舍也 爲之人也 舍之禽獸也(勸學 12).

주희는 친구인 여조겸(呂祖謙, 1137~1181)과 함께 정자(程子: 정호와 정이 형제) 등의 저술에서 "학문의 대체와 관련이 있고 일상생활에 절실한 글들을 채록하여 초학자(初學者)들을 위한 입문서"[11]로서 『근사록』(近思錄)을 편찬하였다. 모두 14권으로 이루어진 이 책에서 제1권은 성리학적 도(道)의 본체를 드러낸 것이고, 그 이외의 내용은 "대체로 학문 방법 및 일상생활에서 실천해야 할 내용과 관련된 것"[12]으로서 학문과 교육에 관한 내용으로 이루어져 있다. 이러한 사실도 성리학자들이 교육을 얼마나 중시하였는지를 드러내준다.

조선조의 성리학자들도 교육을 중시하고 제자들을 널리 모아 이들을 교육하는 일을 자신들의 사명으로 여겼다. 조선조의 성리학자들이 교육을 얼마나 중시하였는지에 대해서는 사립교육기관인 서원(書院)의 설립이 조선조에 성행하였다는 사실에서도 드러난다. 서원은 선현(先賢)에 대한 제사라는 기능 이외에도, 과거시험에 대비하는 기능과 선현의 저술을 탐구하는 기능, 즉 교육기능을 수행하였던 오늘날의 사립대학과 같은 곳이다.[13]

조선조 성리학자들의 교육에 대한 관심은 군자지학(君子之學)에 집중되어 대체로 성인교육에 치중되어 있었으나, 율곡(栗谷) 이이(李珥, 1536~1584)의 입장은 자못 특이한 바가 있었다. 율곡은 『격몽요결』(擊蒙要訣)이라는 아동교육서를 지어 아동교육에 대해 지대한 관심을 표명하였을 뿐만 아니라, 당시 중국에서 만들어진 『소학』에 대한 각종 주석서 중

11 葉采 저, 이광호 역주(2004), 『근사록집해』(近思錄集解) 1권, p. 5.

12 葉采 저, 이광호 역주(2004), 『근사록집해』(近思錄集解) 1권, p. 17.

13 Deuchler, 1992/2003, p. 25: 高宗 8년(1870) 大院君에 의해 철폐된 서원의 수가 600여개 소나 되었다(震檀學會 편, 1967, 『韓國史: 朝鮮後期篇』, pp. 383~384)는 사실은 조선시대에 서원이 얼마나 성행하였는지 알 수 있게 한다.

에서 그 정수만을 뽑아 『소학집주』(小學集註)를 편찬하기도 하였다. 그는 『격몽요결』「독서장」(讀書章)에서 『소학』을 사서와 함께 '오서'(五書)라고 일컫고, 배우는 사람이 가장 먼저 읽어야 할 책으로 명기하였다.[14]

유학자들은 이와 같이 아동기부터의 교육을 중시하였는데, 그들이 교육을 그토록 중시한 배경에는 교육을 통해 일상생활과 가족관계 및 다른 사람들과의 관계에서 요구되는 도덕규범을 실천하고, 그 근본적인 이치, 곧 인간이 왜 도덕규범을 실천해야 하는지에 대한 까닭[所以然]을 이해할 수 있다고 보았다는 사실이 놓여있다. 『소학』을 통해 도덕규범의 실천을 강조했다면, 『대학』을 비롯한 성인교육에서는 도덕규범을 실천해야 하는 까닭의 이해를 도모하려고 하였던 것이다.

유학자들은 사람의 도란 어버이에게 효도하고 형제들과 우애로운 것 같은 가족관계의 윤리규범에서 시작되는 것이므로,[15] 이를 일상생활에서 인식하고 실천하는 것이 바로 군자가 되는 길이 된다고 본다. 가족관계라는 자기 몸 가까이에서 친친(親親)과 경장(敬長)을 실천하는 데에서부터 하늘의 도를 투철하게 인식하는 근거가 도출된다고 유학자들은 주장한다. 이러한 맥락에서 고찰해보면, 유학사상에서 교육을 그토록 중시하는 것은 유학자들이 도덕 실천을 통해 도를 인식하는 활동의 핵심에 교육이 놓여 있다고 여기기 때문이다. 유학자들에게 교육론은 곧 도덕실천론으로 부각되는 것이다.

---

14 凡讀書者 [……] 先讀小學 [……] 次讀大學 · 論語 · 孟子 · 中庸 [……] 次讀詩經 · 禮經 · 書經 · 易經 · 春秋 [……] 五書五經 循環熟讀(『栗谷全書 二』, 擊蒙要訣, 讀書章 84~85): 이는 成均館大學校 大東文化硏究所 간(1971), 『栗谷全書』 제2권의 「擊蒙要訣」 중 讀書章의 pp. 84~85를 가리킨다. 앞으로 栗谷의 인용은 이 예를 따른다.

15 仁之實 事親是也 義之實 從兄是也 智之實 知斯二者弗去是也 禮之實 節文斯二者是也(『孟子』, 離婁上 27); 堯舜之道 孝弟而已矣(告子下 2); 親親 仁也 敬長 義也 無他 達之天下也(盡心上 15).

### 1) 교육의 대상과 그 주체

유학자들은 인간은 누구나 사람으로서 해야 할 일을 배워서 익히면 군자와 성인의 상태에까지 이를 수 있다고 보아, 인간 존재의 무한한 가능성을 인정하고 받아들인다. 공자는 "타고난 본성은 누구나 서로 비슷하지만, 그 배우고 익히는 바에 따라 서로 크게 달라진다"[16]고 진술하여, 교육을 통한 인간의 변화가능성을 분명히 하고 있다. 맹자도 스스로에게 갖추어져 있는 선단(善端)을 깨달아 이를 넓혀서 채우면,[17] "누구나 다 요·순 같은 성인이 될 수 있는 가능성을 가지고 있음"[18]을 밝히고 있으며, 순자도 누구나 본유적으로 갖추고 있는 도덕적 인식과 실행의 능력을 발휘하여 도의 최고 규범인 예를 배우고 익히면 성인의 상태에 도달할 수 있는 가능성을 갖추고 있다고 본다.[19]

#### (1) 교육의 대상

교육의 가능성을 '무한한 가능체'로서의 인간의 존재 특성에서 찾으려는 것이 유학자들의 관점이다. 이렇게 인간이라면 누구나 무한한 가능성을 갖추고 있는 존재라고 보는 관점으로부터 교육의 대상에는 차별이 있을 수 없다는 입장이 도출된다.

---

**16** 子曰 性相近也 習相遠也(『論語』, 陽貨 2).

**17** 凡有四端於我者 知皆擴而充之矣 若火之始然 泉之始達 苟能充之 足以保四海 苟不充之 不足以事父母(『孟子』, 公孫丑上 6).

**18** 曹交問曰 人皆可以爲堯舜 有諸 孟子曰 然(告子下 2).

**19** 이러한 입장은 『荀子』 전체에서 산견되는 순자의 인성론과 수양론의 핵심이다. 예를 들면, 「榮辱」 31~32(可以爲堯禹 [……] 在注錯習俗之所積耳), 「儒效」 36(故聖人者 人之所積也 [……] 故人知謹注錯 愼習俗 大積靡 則爲君子矣), 「性惡」 2~3(今之人化師法 積文學 道禮義者爲君子), 「性惡」 13~14(塗之人可以爲禹 [……] 今使塗之人伏術爲學 專心一志 思索孰察 加日縣久 積善而不息 則通於神明 參於天地矣 故聖人者 人之所積而致也) 등에서 이러한 논지가 구체적으로 드러나고 있다.

**선진유학자들의 관점** 이러한 관점에서 공자는 가르침을 베풀면 누구나 착하게 된다고 보고 사람을 가리지 않아,[20] 예의를 갖추고 찾아오는 사람에게는 누구에게나 가르침을 베풀었다.[21]

이러한 태도는 맹자에게도 그대로 이어졌다. 이러한 사실은 어떤 사람이 맹자를 평하여 "선생님께서 가르침을 베푸심에 있어, 가는 사람은 좇지 않고 오는 사람은 거절하지 않으셨다. 진실로 도를 배우겠다는 마음으로 찾아오면, 이를 모두 받아들이실 뿐이었다"[22]라고 말한 데에서 잘 나타난다.

순자도 누구나 배우고 익히는 바에 따라 성인이 될 가능성을 갖추고 있으므로, 교육의 대상을 가리지 않는 입장을 편다. 그는 "비록 왕이나 귀인 또는 사대부의 자손이라 할지라도 예의에 힘쓰지 않으면 서인의 신분으로 낮추고, 비록 서인의 자손이라 할지라도 문식과 배움을 쌓고 몸가짐과 행동을 바르게 하여 예의에 힘쓴다면, 재상이나 사대부로 끌어올려야 한다"[23]고 진술하여, 가르침의 대상을 가리지 않는 관점을 피력하고 있다.

선진유학자들이 이렇게 사람이면 누구나 교육의 대상이 될 수 있다고 여겼다고 해서, 누구에게나 똑같은 가르침을 베풀었던 것은 아니다. 제자들이 여러 가지 문제에 대해 공자에게 물었을 때 공자의 대답은 모두 달랐으며, 심지어 같은 제자가 물은 똑같은 물음에 대해 답이 달랐던 경우

---

**20** 子曰 有教無類(『論語』, 衛靈公 38): 何晏 등의 古注의 전통에서는 이를 "가르치는 데에는 그 대상을 가리지 않는다"(人在見教 無有種類)고 보아, 가르침을 베풀기 이전의 그 대상 측면에서 해석하고 있으나, 朱熹의 新注에서는 "가르침을 받으면 모두가 선을 회복하므로, 그 대상의 선하고 악함을 다시 논하는 것은 옳지 못하다"(故君子有教 則人皆可以復於善 而不當復論其類之惡矣)고 보아, 가르침을 베푼 이후의 효과 측면에 초점을 맞추어 해석하고 있다.

**21** 子曰 自行束脩以上 吾未嘗無誨焉(述而 7).

**22** 夫子之設科也 往者不追 來者不拒 苟以是心至 斯受之而已矣(『孟子』, 盡心下 30).

**23** 雖王公士大夫之子孫也 不能屬於禮義 則歸之庶人 雖庶人之子孫也 積文學 正身行 能屬於禮義 則歸之卿相士大夫(『荀子』, 王制 1~2).

도 있다.[24] 같은 물음에 대한 공자의 대답이 이렇게 달라진 대표적인 예와 이에 대한 공자의 입장은 다음 인용문에 잘 드러나 있다.

> 자로가 "옳은 것을 들으면 바로 행해야 합니까?" 하고 묻자, 공자께서 "부형께서 살아계시니, 어찌 들었다고 바로 실행할 수 있겠는가?"라고 대답하셨다. 염유(冉有)가 "옳은 것을 들으면 바로 행해야 합니까?" 하고 묻자, 공자께서 "들으면 바로 실행해야 한다"라고 대답하셨다. 공서화(公西華)가 "자로가 물었을 때는 '부형이 살아계시다' 하시고, 염유가 물었을 때는 '바로 실행해야 한다'고 말씀하시니 저는 미혹되어 감히 묻습니다. 어찌 된 일입니까?" 하고 말씀드리자, 공자께서 "염유는 소극적인 성품이므로 부추겨 나아가게 한 것이고, 자로는 보통 사람보다 적극적인 성품이므로 붙잡아 물러나게 한 것이다"라고 대답하셨다.[25]

이 인용문에서 드러나고 있듯이, 공자는 모든 사람에게 똑같이 교육을 베푼 것이 아니라 피교육자의 타고난 성품과 익힌 바의 습성을 감안하여, 그 재질에 따라 서로 다른 교육을 베푸는 '인재시교'(因材施敎)를 원칙으로 하고 있었음을 알 수 있다. 이렇게 교육 대상자의 재질에 따라 베푸는 교육의 내용이 달라지는 인재시교의 원칙은 맹자에게서도 마찬가지이다. 이에 대해 맹자는 다음과 같이 말하고 있다.

---

**24** 예를 들면, 孝에 대한 孟懿子(『論語』, 爲政 5), 孟武伯(爲政 6), 子游(爲政 7) 및 子夏(爲政 8)의 물음에 대한 孔子의 대답, 政에 대한 子貢(顔淵 7), 齊景公(顔淵 11), 子張(顔淵 14), 季康子(顔淵, 17, 19), 子路(子路 1), 仲弓(子路 2) 및 葉公(子路 16)의 물음에 대한 대답, 仁에 대한 樊遲(雍也 20; 顔淵 22; 子路 19), 顔淵(顔淵 1), 仲弓(顔淵 2), 司馬牛(顔淵 3), 子貢(衛靈公 9) 및 子張(陽貨 6)의 물음에 대한 대답, 君子에 대한 子貢(爲政 13), 司馬牛(顔淵 4) 및 子路(憲問 45)의 물음에 대한 대답이 모두 다르다.

**25** 子路問 聞斯行諸 子曰 有父兄在 如之何其聞斯行之 冉有問 聞斯行諸 子曰 聞斯行之 公西華曰 由也問聞斯行諸 子曰 有父兄在 求也問聞斯行諸 子曰 聞斯行之 赤也惑 敢問 子曰 求也退 故進之 由也兼人 故退之(先進 21).

> 군자가 사람을 교육하는 데 다섯 가지 방법이 있다. 즉, 때를 맞추어 비가 초목을 적시어 자라게 하는 것같이 하는 방법[如時雨化之], 덕을 이루게 해주는 방법[成德], 자신의 재능을 통달시키게 해주는 방법[達材], 의문을 풀어주는 방법[答問], 그리고 직접 배우지 않고도 군자의 언행을 본받아 스스로 수양하게 해주는 방법[私淑艾] 등이다. 이 다섯 가지가 바로 사람을 교육하는 방법이다.[26]

주희는 『맹자집주』에서 이 장의 뜻을 "성현이 가르침을 베푸는 데는 각자 그 재질에 맞도록 하여, 작은 재질의 사람은 작게 성취케 하고, 큰 재질의 사람은 크게 이르게 함으로써 어떤 사람도 버리지 않는 것이다"[27]라고 풀이하여, 맹자의 인재시교의 관점을 드러내는 것으로 보고 있다. 이렇게 맹자도 개인의 재질에 맞는 개별적 또는 개성적인 교수 방법을 중시하고 있다. 이러한 맹자의 인재시교의 입장은 그가 스스로 "가르치는 데에는 여러 가지 방법이 있다"고 말하면서, 심지어 "내가 달갑게 여기지 않아 거절하고 가르치지 않는 것도 역시 가르치는 방법의 하나"[28]라고 기술하고 있는 데에서 단적으로 표출되고 있다. "거절당한 사람이 만일 이에 능히 감동되어 물러가 스스로 자신의 과오를 닦고 살핀다면, 이 또한 내가 그를 가르치는 것"[29]이 되기 때문이라는 것이다.

**성리학자들의 관점** 사람은 누구나 군자와 성인이 될 수 있는 가능성을 가지고 있으므로, 모두가 교육의 대상이 되어야 한다는 입장은 성리

---

26 孟子曰 君子之所以教者五 如時雨化之者 有成德者 有達財者 有問答者 有私淑艾者 此五者 君子之所以教也(『孟子』, 盡心上 40): 朱熹는 達財의 財를 材와 같은 뜻으로 보고 있다.

27 聖賢施教 各因其材 小以成小 大以成大 無棄人也(『孟子集註』).

28 孟子曰 教亦多術矣 予不屑之教誨也者 是亦教誨之而已矣(告子下 16).

29 其人若能感此 退自修省 則是亦我教誨之也(『孟子集註』).

학자들에게도 그대로 이어지고 있다. 주희는 『대학장구』 「서」(序)에서 "과거 하 · 은 · 주의 삼대가 융성하였을 때에 교육의 법이 점점 갖추어졌는데, 그러한 연후에 왕궁과 국도(國都)로부터 시골 마을에 이르기까지 학교(學校)가 설치되지 않은 곳이 없었다. 모든 사람이 나이 8세가 되면, 왕공의 자식으로부터 서인의 자손에 이르기까지 소학에 입학하여 배웠다"[30] 고 진술하여, 교육의 대상에 차이를 두지 않고 모든 사람에게 교육을 실시하였음을 밝히고 있다.

율곡도 『소학집주』 「총론」(總論)에서 정자의 말을 인용하여 "옛사람들은 아이들이 밥을 먹고 말을 시작할 때부터 가르쳤다. 그러므로 『소학』의 법은 미리 예비함을 우선으로 삼는 것이다"[31] 라고 하여, 누구에게나 유아시기부터 교육을 실시하여야 함을 진술하고 있다. 이와 같이 유학자들은 선진유학자들이나 성리학자나 마찬가지로 인간을 무한한 가능체로 간주하고, 누구나 교육의 대상으로 삼아야 함을 역설하고 있는 것이다. 누구나 일상생활에서 도덕 실천을 해야 하는 존재들이기 때문이다.

성리학자들도 선진유학자들의 인재시교(因材施敎)의 원칙을 높이 평가하고 있다. 주희는 『논어집주』에서 효(孝)에 관한 제자들의 물음에 공자가 각기 다르게 대답한 데 대해, 정자의 말을 인용하여 "맹의자(孟懿子)에게 대답한 것은 보통 사람을 대상으로 하여 응답한 것이고, 맹무백(孟武伯)에게 대답한 것은 그가 걱정이 많은 사람이기 때문이었으며, 자유(子游)는 봉양은 잘하나 공경을 잘못할까 염려해서였고, 자하(子夏)는 강직하고 의

---

30 三代之隆 其法寖備 然後 王公國都 以及閭巷 莫不有學 人生八歲 則自王公以下 至於庶人之子弟 皆入小學(『大學』, 大學章句序): 이는 주희의 『大學章句』의 편차에 따른 序를 말한다. 앞으로 『大學』의 인용은 이 예를 따른다.

31 程子曰 古之人 自能食能言而教之 是故 小學之法 以豫爲先(『小學』, 小學集註總論): 이는 栗谷의 『小學集註』의 편차에 따른 小學集註總論을 가리킨다. 앞으로 『小學』의 인용은 이 예를 따른다.

로우나 온화한 빛이 혹 부족하기 때문이었으니, 각각 그 재질의 높고 낮음과 그 결함에 따라 응답해주셨으므로 말씀이 똑같지 않은 것"[32]이라고 풀이하고 있으며, 인(仁)에 관한 서로 다른 대답에 대해서는 "대체로 성인(공자를 가리킴)의 말씀은 비록 높고 낮음과 크고 작음의 차이가 있어 서로 같지 않으나, 배우는 사람의 재질에 따라 각자의 몸에 간절한 것이어서 모두 덕으로 들어가는 요체가 됨은 애당초부터 다르지 않은 것이니, 독자들은 이 점을 깊이 생각해보아야 할 것"[33]이라고 주문하고 있다. 이 외에도 주희는 『논어집주』와 『맹자집주』에서 거듭 인재시교의 관점에서 본문에 주석을 달아,[34] 교육의 대상에는 구별을 두지 않으나 그 재질에 따라 가르침의 내용이 달라야 함을 강조하고 있는 것이다.

### (2) 교육의 주체

그렇다면, 이러한 교육을 담당할 주체는 누구인가? 유학자들은 이를 도를 먼저 깨달은 사람들의 책임이라고 본다. 그러나 교육의 주체가 오로지 군자와 성인에게만 국한되는 것인가?

**선진유학자들의 관점** 공자는 스스로를 "사람들에게 도를 가르치는 데 게을리 하지 않았다"[35]고 자평하여, 교육을 자신의 책임으로 삼고 있었음을 드러내고 있다. 교육의 주체를 이렇게 도를 먼저 깨달은 군자와

---

32 程子曰 告懿子 告衆人者也 告武伯者 以其人多可憂之事 子游能養而或失於敬 子夏能直義而或少溫潤之色 各因其材之高下 與其所失而告之 故不同也(『論語集註』, 爲政 8).

33 蓋聖人之言 雖有高下大小之不同 然 其切於學者之身 而皆爲入德之要 則又初不異也 讀者其致思焉(『論語集註』, 顔淵 3).

34 예: 『論語集註』, 先進 21; 顔淵 4, 14, 17, 22; 子路 19; 陽貨 6; 『孟子集註』, 告子下 16; 盡心上 40.

35 『論語』, 述而 33.

성인의 책임이라고 보는 견해는 맹자에게서 두드러지게 나타난다. 이는 제자인 만장(萬章)과의 문답에서 맹자가 은나라 초기의 현인(賢人)인 이윤(伊尹)의 말을 인용해 제시한 다음 구절에 잘 드러나 있다.

> 하늘이 이 백성을 양생하심에 있어서 선지자(先知者)로 하여금 아직 도를 알지 못하는 사람을 깨우쳐주고, 선각자(先覺者)로 하여금 아직 도를 깨우치지 못한 사람을 깨우쳐주도록 하였다. 나는 하늘이 낳은 백성 중에서 선각자이다. 따라서 나는 응당 내가 먼저 터득한 도를 가지고 세상 백성들을 깨우쳐주려고 한다. 만약 내가 그들을 깨우쳐주지 않는다면, 다른 누가 하겠는가?[36]

이렇게 "중정(中正)의 도를 얻은 사람은 그렇지 못한 사람을 교육해야 하고, 재능 있는 사람은 재능 없는 사람을 교육해야 한다. [……] 만일 중정의 도를 얻은 사람이 그렇지 못한 사람을 버리고, 재능 있는 사람이 재능 없는 사람을 버려 교육하지 않는다면, 현명한 사람과 어리석은 사람의 차이는 거의 없을 것"[37]이라고 맹자는 주장한다. 이와 같이 교육을 통해 사람들에게 사람으로서의 도를 깨닫도록 해주는 일은 도를 먼저 깨달은 사람들의 책임이기 때문에 교육은 군자의 커다란 즐거움이 된다. 맹자는 군자삼락(君子三樂) 중 세 번째를 "천하의 영재를 얻어서 그들을 교육하는 것"[38]으로 들고 있는데, 이는 그가 교육을 군자의 책임으로 얼마나 중시

---

36 天之生此民也 使先知覺後知 使先覺覺後覺也 予天民之先覺者也 予將以斯道覺斯民也 非予覺之而誰也(『孟子』, 萬章上 7): 「萬章下」편 1장에서 伯夷 · 伊尹 · 柳下惠 · 孔子와 비교하여 聖人의 품격을 논하면서 伊尹을 기술하는 데에도 같은 말이 나오고 있어, 맹자가 교육의 책임을 얼마나 통감하고 있는지 알 수 있게 한다.

37 中也養不中 才也養不才 [……] 如中也棄不中 才也棄不才 則賢不肖之相去 其間不能以寸(離婁下 7).

38 盡心上 20.

하였는가에 대한 반증이다.

그러나 교육의 주체가 군자와 성인이기만 한 것은 아니다. 실생활에서는 누구나 다른 사람의 스승이 될 수 있다. 이러한 입장은 다음과 같은 공자의 진술에서 두드러지게 나타나고 있다.

> 나하고 다른 두 사람이 함께 가면, 그 가운데 반드시 나의 스승이 있는 법이다. 그 중의 착한 사람을 택하여 그를 따르고, 착하지 못한 사람을 택하여 나의 잘못을 고친다면, 누구나 나의 스승이 될 수 있는 것이다.[39]

이렇게 누구나가 스스로의 행실을 통하여 타인의 스승이 될 수 있는 교육의 주체라는 것이 공자의 입장이다. 그러므로 일상생활에서 누구나 "어진 사람을 보면 그와 같아질 것을 생각하고, 어질지 못한 사람을 보면 안으로 스스로를 반성해보아야 한다"[40]는 것이다. 이러한 공자의 관점은 교육이 일상적 도덕의 실천체계라는 사실을 잘 드러내준다. 곧 교육은 도의 인식뿐만이 아니라, 사람으로서 해야 할 일을 일상적으로 실천하는 데에 더 큰 의의를 두어야 하는 활동이라는 것이다.

**성리학자들의 관점** 교육을 군자의 책임으로 자임하는 태도는 선진 유학자들에게 국한된 삶의 자세는 아니었다. 성리학자들도 교육을 군자의 책임으로 받아들이고 있다. 주희는 여조겸과 함께 편찬한 『소학』에 붙인 「소학서제」(小學書題)에서 삼대 시대에 아동교육기관인 소학(小學)에서 사용하던 아동교육의 교재가 산일(散逸)되어 없어져, "이제 그 완전한 책

39 子日 三人行 必有我師焉 擇其善者而從之 其不善者而改之(『論語』, 述而 21).
40 子日 見賢思齊焉 見不賢而內自省也(里仁 17).

을 비록 볼 수는 없지만 옛사람들의 전기(傳記)에 여기저기 섞여 나오는 것이 많이 남아 있으므로, [……] 자못 대체로 수집하여 이 책을 만들어서 아동들에게 제공함으로써 그 강습에 이용하게 하노니, 행여 그들의 교화에 만분의 일이라도 보탬이 되게 하고자 한다"[41] 고 『소학』을 편찬한 목적을 진술하고 있다.

또한 그는 『대학장구』에 붙인 「서」(序)에서도 "무릇 하늘이 사람들을 태어나게 하심에 인의예지의 본성을 부여해주지 않은 사람이 없건마는, 그 기질(氣質)을 받은 것이 혹 똑같지는 않으므로, 누구나 그 본성에 갖추어져 있는 도덕성을 깨달아 온전히 하는 것은 아니라"면서, "한 사람이라도 총명하고 지혜가 밝아 능히 그 본성을 다한 사람이 백성들 중에서 나오게 되면, 하늘은 그로 하여금 만백성의 군주와 스승으로 삼아 나머지 백성들을 가르치고 다스리게 함으로써, 그 본성을 회복하게 하는 사명을 내려주었다"[42] 고 진술함으로써, 교육을 하늘이 부여한 군자의 책임으로 높이고 있다.

율곡도 『격몽요결』에 붙인 「서」(서)에서 자기가 이 책을 지은 목적에 대해 "이제 사람들이 배움이란 일상생활에 있는 줄을 모르고, 헛되이 멀고 높으며 행하기 어려운 데에 뜻을 두어, 특별한 사람에게만 미루고 스스로는 자포자기하니, 불쌍하지 않을 수 없다"면서, "이에 간략하게 한 책을 지어, 대체로 마음을 세우고 몸을 가다듬으며, 부모를 봉양하고 남을 대접하는 방법을 서술하였다"[43] 고 진술하고 있다. 이렇게 아직 사람의 도를

41 今其全書 雖不可見 而雜出於傳記者亦多 [……] 今頗蒐輯 以爲此書 授之童蒙 資其講習 庶幾有補於風化之萬一云爾(『小學』, 小學書題).

42 蓋自天降生民 則旣莫不與之以仁義禮智之性矣 然其氣質之稟 或不能齊 是以 不能皆有以知其性之所有而全之也 一有聰明睿智能盡其性者 出於其間 則天必命之 以爲億兆之君師 使之治而教之 以復其性(『大學』, 大學章句序).

43 今人不知學問在於日用 而妄意高遠難行 故推與別人 自安暴棄 豈不可哀也 [……] 故略書一冊

깨닫지 못하고 자포자기하는 사람들을 깨우치는 일을 군자의 책무라고 인식하여 교육의 책임을 자임하는 것은, 선진유학자뿐만 아니라 모든 유학자들에게 공통적인 태도이었던 것이다.

율곡은 앞에서 진술한 공자의 관점을 이어받아 군자와 성인만이 교육의 주체인 것은 아니라고 본다. 그는 이러한 공자의 입장을 확대하여 누구나 서로 가르치고 배워야 함을 역설하고 있다. 그는 『격몽요결』의 「서」에서 이 책을 통하여 "학도들로 하여금 마음을 닦고 설 바를 바로 세워 즉시 공부에 착수하게 할 뿐만 아니라, 나 자신도 또한 오랜 구습에 얽매어 괴로워했었던 바 이 책으로 인해 스스로 경계하고 스스로를 돌아보고자 한다"[44]고 말하여, 교육이 그 대상에게만 향하는 것이 아니라 교육 주체가 스스로를 반성하는 활동도 된다는 '효학반'(斅學半)의 관점을 제시하고 있다.

### 2) 교육의 목표 : 도(道)의 인식과 실천

그렇다면, 이러한 교육을 통하여 이루고자 하는 목표는 무엇인가? 한마디로 유학자들이 설정하고 있는 교육의 목표는 스스로가 도덕 주체라는 인식과 스스로에게 갖추어져 있는 도덕성을 일상생활에서 실천하는 일이다. 이러한 입장은 선진유학자들이나 성리학자들에게 공통적인 관점이다. 유학은 성덕(成德)을 목표로 하여 지행합일(知行合一)을 추구하는 이론체계이기 때문이다.

**선진유학자들의 관점** 『논어』에서는 "온갖 기술자들은 공장에서 자

子 粗敍立心飭躬奉親接物之方 名日 擊蒙要訣(『栗谷全書 二』, 擊蒙要訣, 序 82).

44 欲使學徒觀此 洗心立脚 當日下功 而余亦久患因循欲 而自警省焉(『栗谷全書 二』, 擊蒙要訣, 序 82).

기 일을 익힘으로써 그 맡은 일을 이루어내고, 군자는 배움으로써 그 도를 다 이루어내야 한다"[45]고 표현하여, 도의 인식과 실천이 교육의 목표임을 분명히 하고 있다. 여기서 군자가 배움으로써 그 도를 다 이루어낸다는 것은, 기술자들이 자기 기술을 익힘으로써 맡은 바 소임을 다하듯이, 군자는 자기에게 갖추어져 있는 도덕성의 근원을 밝게 인식하여 일상생활에서 이를 실천해야 함을 말하는 것이다.

공자는 자기의 도의 핵심인 인(仁)은 가족관계라는 자기 몸 가까이에 있는 것임을 말하여, 도덕 실천은 자기 가까이에서부터 비롯해야 하는 것임을 다음과 같이 강조하고 있다.

> 군자는 근본에 힘써야 한다. 근본이 제대로 서 있어야 도가 거기서 나오기 때문이다. 부모에게 효도하는 것과 어른에게 공손한 것, 이것이 바로 인(仁)을 행하는 근본이다.[46]

이 인용문에서 인(仁)은 고원(高遠)하거나 실천하기 어려운 일[難行]이 아니라 가족관계에서 실행해야 하는 가깝고 쉬운 일이라는 사실이 드러나고 있다. 공자는 이를 "인이 멀리 있는가? 그렇지 않다. 내가 인을 행하고자 하면 인이 곧바로 나에게 다가온다"[47]거나 "무릇 인이란 '내가 서고자 하면 남을 먼저 서게 해주고, 내가 이루고자 하는 것을 남이 먼저 이루게 해주는 일'이다. 가까이 자기 몸에서 취해 남에게로 미루어가는 일, 이것이 바로 인을 행하는 방도"[48]라고 진술하고 있다. 그렇기 때문에 공자

---

45 子夏曰 百工居肆以成其事 君子學以致其道(『論語』, 子張 7).

46 君子務本 本立而道生 孝弟也者 其爲人之本與(學而 2).

47 子曰 仁遠乎哉 我欲仁 斯仁至矣(述而 29).

48 子曰 [……] 夫仁者 己欲立而立人 己欲達而達人 能近取譬 可謂仁之方也已(雍也 28).

는 "인을 행하는 일은 나에게로부터 시작되는 일이지 남으로부터 시작되는 일이 아니다"[49]라고 진술하여, 도덕 실천은 가까이 자기에게서 시작하여 남에게까지 확대해야 하는 것임을 주장하고 있는 것이다.

『논어』에서는 학문에 뛰어났던 제자인 자하(子夏)의 다음과 같은 말이 등장하여, 교육의 목표는 도의 인식과 실천이라는 사실이 재삼 강조되고 있다.

> 자하는 "배우기를 널리 하고[博學] 뜻을 독실히 하며[篤志], 절실하게 묻고[切問] 가까이에서 생각하면[近思], 인이 바로 그 가운데 있게 된다"고 말하였다.[50]

여기서 박학(博學)과 절문(切問)은 '도의 인식'을 말하는 것이고, 독지(篤志)와 근사(近思)는 바로 일상적 '도덕 실천'을 말하는 것이라고 볼 수 있다.[51] 이렇게 공자는 널리 배우고 절실하게 물음으로써 도를 인식하고, 뜻을 독실하게 하여 자기 가까이에서 도를 실행하려는 의지를 가지고 실천하는 일을 교육의 목표로 설정하고 있는 것이다.

이러한 공자의 입장을 맹자와 순자도 그대로 이어받고 있다. 맹자는 "인(仁)은 사람의 마음이고 의(義)는 사람의 길이다. 바른 길을 버리고 따르지 않으며, 바른 마음을 놓치고 찾을 줄 모르니 애석한 일이다. 사람은 기르던 개나 닭을 잃으면 찾을 줄 알면서도, 자기의 본심을 놓치고도[放心] 찾을 줄을 모른다. 학문의 도란 다른 것이 아니다. 다만 놓쳐버린 본심

---

**49** 子曰 [……] 爲仁由己 而由人乎哉(顔淵 1).

**50** 子夏曰 博學而篤志 切問而近思 仁在其中矣(子張 6).

**51** 朱熹가 呂祖謙과 함께 초학자들을 위한 입문서로 편찬한 책의 제명을 『近思錄』이라고 명명한 것은 이 구절에서 따온 것이다. 여기서 博學 · 篤志 · 切問 · 近思는 교육의 목표를 진술하고 있는 것이 아니라 학문의 방법을 진술한 것으로 볼 수도 있다. 이에 대해서는 다음 절에서 논의할 것이다.

을 찾는 것일 뿐이다"[52]라고 주장하였다.

여기서 놓쳐버린 본심은 인 · 의 · 예 · 지의 근거인 측은지심 · 수오지심 · 사양지심 · 시비지심의 사단을 말한다. 맹자는 이렇게 본심을 놓치거나 잃어버려 방심(放心)하게 되는 것은 마음의 생각하는 기능을 적극적으로 활용하지 않기 때문이라고 본다. 즉 "마음의 기관은 생각하는 기능을 갖추고 있어서 생각하면 본심을 인식하게 되고, 생각하지 않으면 이를 인식하지 못하게 되는데도"[53] 불구하고, 단지 생각하여 이를 구하지 않기 때문에 본심을 잃고 모든 도덕성의 근거가 자기 자신에게 갖추어져 있어서 스스로가 도덕 주체라는 사실을 인식하지 못하게 된다는 것이다.[54]

그러므로 교육의 기본적인 목표는 사람들로 하여금 자기에게 갖추어져 있는 인의의 도를 깨달아 스스로 자각함으로써, 이를 실생활에서 실천하도록 하는 일이라고 맹자는 보고 있다. 이러한 주장은 다음 진술에서 잘 표명되고 있다.

> 군자가 올바른 방법으로 깊이 탐구하여 나아가는 것은 스스로 깨달아 얻고자 하는 것이다. 스스로 깨달아 도를 얻으면 이에 처하는 것이 안정되고, 그렇게 되면 도를 활용하는 데 더욱 깊이가 있게 된다. 이렇게 도를 활용하는 데 깊이가 있게 되면, 자기의 좌우 가까이에서 항상 그 근원을 파악하게 된다. 그러므로 군자는

52 仁人心也 義人路也 舍其路而不由 放其心而不知求 哀哉 人有鷄犬放 則知求之 有放心而不知求 學問之道無他 求其放心而已矣(『孟子』, 告子上 11).

53 心之官則思 思則得之 不思則不得也(告子上 15).

54 이러한 논지는 『孟子』 전편에서 자주 발견된다. 예를 들면, 「告子上」 6(仁義禮智 非由外鑠我也 我固有之也 弗思耳矣), 「告子上」 13(拱把之桐梓 人苟欲生之 皆知所以養之者 至於身而不知所以養之者 豈愛身不若桐梓哉 弗思甚也), 「告子上」 17(欲貴者人之同心也 人人有貴於己者 弗思耳), 「告子下」 2(夫道若大路然 豈難知哉 人病不求耳) 등에서 이러한 논지가 직접 표현되고 있다.

도를 깨달아 스스로 얻고자 하는 것이다.[55]

이러한 맥락에서 맹자는 등문공(滕文公)이 나라 다스리는 요체를 물어 온 데 대해 “상(庠) · 서(序) · 학(學) · 교(校) 등의 교육기관을 설립하여 백성들을 교육하십시오. [……] 예전에 이들 교육기관에서는 모두 사람의 도리[人倫]를 밝히고 가르쳤습니다”[56]라고 하여, 교육을 권하고 있는 것이다. 여기서 백성들에게 가르쳐야 하는 인륜은 부자유친 · 군신유의 · 부부유별 · 장유유서 · 붕우유신 같은 오륜을 말한다.[57] 이러한 인륜은 자식이 부모에게 친애하고 동생이 형을 공경하는 것 같은 가까운 가족관계의 윤리를 실천하는 일로부터 비롯된다는 것이 맹자의 생각이다.[58] 맹자는 이를 “도는 가까이에 있는데도 이를 멀리에서 구하려 하고, 할 일은 쉬운데도 이를 어려운 데서 찾으려고 한다. 누구나 다 어버이를 친애하고 어른을 공경한다면, 천하가 곧 화평하게 될 것”[59]이라고 역설하고 있다. 이렇게 맹자도 교육은 인륜의 도를 인식하는 것에 못지않게 이를 실천하는 데에 그 목표를 두어야 함을 역설하고 있는 것이다.

이러한 관점은 순자에게도 그대로 이어지고 있다. 순자는 “마음이 도를 인식한[知道] 뒤에야 도를 옳은 것으로 받아들일 수[可道] 있고, 도를 옳은 것으로 받아들인 후에야 비로소 도를 지키고[守道] 도가 아닌 것을 하지

---

**55** 君子深造之以道 欲其自得之也 自得之 則居之安 居之安 則資之深 資之深 則取之左右逢其原 故君子欲其自得之也(離婁下 14).

**56** 設爲庠序學校以敎之 [……] 皆所以明人倫也(滕文公上 3).

**57** 人之有道也 飽食暖衣 逸居而無敎 則近於禽獸 聖人有憂之 使契爲司徒 敎以人倫 父子有親 君臣有義 夫婦有別 長幼有序 朋友有信(滕文公上 4).

**58** 孩提之童 無不知愛其親也 及其長也 無不知敬其兄也 親親 仁也 敬長 義也 無他 達之天下也(盡心上 15); 仁之實 事親是也 義之實 從兄是也 智之實 知斯二者弗去是也 禮之實 節文斯二者是也(離婁上 27).

**59** 道在爾而求諸遠 事在易而求諸難 人人親其親 長其長 而天下平(離婁上 11).

않을 수[禁非道] 있게 된다"[60]고 하여, 도의 인식[知道 · 可道]과 실천[守道 · 禁非道]이 교육의 목표라는 사실을 분명히 하고 있다. 순자는 "도를 밝게 인식하고, 이렇게 인식한 도를 실행하면 도를 체득한 사람"[61]이라고 하여, 도를 밝게 인식하는 '찰도'(察道)와 이를 실행하는 '행도'(行道)가 도를 체득한 '체도자'(體道者)가 되는 길이라고 진술하여 이러한 입장을 거듭 드러내고 있다.

앞에서 맹자는 도를 인식하는 방법으로 사고[思]를 중시함을 보았다.[62] 그러나 순자는 사고보다 배움[學]을 더 중시한다. 순자는 "내가 일찍이 하루 종일 생각해[思] 보았지만, 이것은 잠시 동안이라도 배우는[學] 것만 못하였다"[63]라고 진술하여 이러한 관점을 드러낸다. 이러한 양자의 차이는 공자가 "배우기만 하고 생각하지 않으면 미혹되고[罔], 생각하기만 하고 배우지 않으면 위태롭게 된다[殆]"[64]고 하여, 사고와 배움을 모두 중시한 데 대한 양자의 입장의 차이를 드러내고 있다. 즉 맹자는 반성적 사고를 중시하는 입장인 데 반해, 순자는 스승의 감화를 통한 배움을 중시하는 입장인 것이다. 그리하여 순자는 "본받을 스승과 법도가 있는 것은 사람에게 크게 보배로운 일이지만, 본받을 스승과 법도가 없는 것은 사람에게 커다란 재앙"[65]이라고 본다.

반성적 사고보다 스승을 따라 배우는 것을 앞세우는 순자의 태도는 그로 하여금 도의 인식보다 실천을 더 중시하는 입장으로 유도한다. 앞에서 진술한 지도(知道)와 가도(可道)라는 도의 인식[察道]은 수도(守道)와 금비

---

**60** 心知道 然後可道 可道然後能守道 以禁非道(『荀子』, 解蔽 11).

**61** 知道察 知道行 體道者也(解蔽 13).

**62** 이 장의 주 53, 54(p. 653) 참조.

**63** 吾嘗終日而思矣 不如須臾之所學也(勸學 4).

**64** 子曰 學而不思則罔 思而不學則殆(『論語』, 爲政 15).

**65** 故有師法者 人之大寶也 無師法者 人之大殃也(『荀子』, 儒效 34).

도(禁非道)라는 도의 실행[行道]의 전제조건으로서의 의미를 가질 뿐이라는 것이 순자의 관점이다. 순자는 이러한 입장을 "도를 인식하기만 하는 것은 이를 실행함만 못하다. 배움이란 배운 것을 실행하는 데에서 끝난다. [……] 알기만 하고 실행하지 않으면, 비록 아는 것이 많고 풍부하다 할지라도, 실생활에서는 어려움에 빠질 뿐"[66]이라고 진술하고 있다.

**성리학자들의 관점** 교육의 목표를 사람의 도리의 인식과 이의 실천에 두고 있는 공자·맹자·순자 같은 선진유학자들의 관점은 성리학자들에게도 이어지고 있다. 성리학자들이 도의 인식과 실행을 교육의 근본 목표로 잡고 있는 것은 그들이 『소학』과 『대학』을 교육의 기본 교재로 삼고 있다는 데서 드러난다.[67] 주희는 "옛날의 가르침에는 『소학』이 있고 『대학』이 있었는데, 그 도는 하나일 뿐이었다. 『소학』은 일상생활에서 실천해야 하는 일로서 군주를 섬기고 부모와 형을 섬기는 등의 일이고, 『대학』은 곧 이러한 일들의 이치를 밝히는 것으로서 그 실천한 위로 나아가 군주를 섬기고 부모를 섬기는 등의 일의 까닭이 무엇인지를 강구하여 곡진하게 하고자 하는 것"[68]이라고 하여, 『소학』을 통해 자기 몸 가까이에서

66 知之不若行之 學至於行之而止矣 [……] 知之不行 雖敦必困(儒效 33).

67 여기서 『大學』을 선진유학의 경전이 아니라 성리학자들의 핵심 경전으로 보는 견해에 대해서는 많은 비판이 따를 수 있을 것이다. 이는 본래 『禮記』의 제42편으로 들어 있던 것이었는데, 그 제31편이던 『中庸』과 함께 주희가 따로 떼어내어 『論語』, 『孟子』와 함께 四書로 높임으로써, 유학의 최고 반열에 오른 경전이다. "『論語』에서 공자가 직접 언급한 경전은 『詩經』과 『書經』뿐이었고"(김승혜, 1990, p. 15), 『禮記』는 기원전 1세기의 前漢시대 戴聖이 편찬한 것일 가능성이 높은 저술(김승혜, 1990, p. 321, 주 35)이라는 사실을 참고해 보면, 『大學』과 『中庸』을 중시한 것은 南宋시대 이후의 일이다(김승혜, 1990, pp. 9~39 참조). 이러한 점에서 이는 선진유학 시대에는 있지도 않았거나 또는 있었다고 하더라도 전혀 주목을 받지 못하였는데, 12세기에 들어서서 성리학자들이 四書의 하나로 존숭함으로써 비로소 중시되기 시작한 경전임은 분명한 사실인 것이다.

68 古之敎者 有小學 有大學 其道則一而已 小學是事 如事君事父兄等事 大學是發明此事之理 就

도를 실천하게 하고, 이어서 『대학』을 통해 도의 인식에 이르게 한 것임을 밝히고 있다. 이렇게 성리학자들도 도의 실천과 인식을 교육의 목표로 삼고 있는 것이다.

여기서 한 가지 짚고 넘어갈 것은 성리학자들은 도의 인식보다 도의 실천이 우선되어야 한다고 여기고 있다는 사실이다. 그들은 『소학』의 교육을 통해 아동들로 하여금 자기 몸 가까이에서부터 일상적 도를 실천하도록 한 뒤에, 『대학』의 교육을 통해 도의 명확한 인식에 도달해야 하는 것으로 보고 있다. 즉 도의 인식보다 이의 실천이 우선되어야 한다고 성리학자들은 간주한다.[69] "『소학』의 도란 물 뿌리고 쓸며, 응하고 대답하며, 나가고 물러나는 예절로부터 비롯하여, 어버이를 사랑하고 어른을 공경하며, 스승을 존경하고 벗과 친애하는 데로 나아가는데, 이는 모두 몸을 닦고[修身] 집안을 가지런히 하며[齊家] 나라를 다스리고[治國] 천하를 평안히 하는[平天下] 일의 근본이 되기 때문"[70]에, 도의 인식보다 자기 몸 가까이에서부터 도를 실천하는 것이 우선되어야 할 일이라는 관점이 성리학자들의 입장인 것이다.

주희가 여조겸과 함께 『근사록』을 편찬하고, 그 제목을 "자기 몸 가까이에서 깨우침"[近思]이라고 붙여, "일상생활에서 몸소 실천해야 하는 내용"[71]을 위주로 한 까닭도 바로 여기서 찾을 수 있다. '근사'(近思)의 목적은 바로 도의 실천에 있는 것이다.

율곡도 『격몽요결』 「서」에서 "사람이 이 세상에 태어나서 배우지 않으

上面講究委曲所以事君事親等事如何(『小學』, 小學集註總論).

69 이러한 입장의 내용과 그 심리학적 의미에 대해서는 다음 절에서 『小學』의 교육을 진술할 때 자세히 논의하게 될 것이다.

70 古者小學 敎人以灑掃應對進退之節 愛親敬長隆師親友之道 皆所以爲修身齊家治國平天下之本(『小學』, 小學書題).

71 葉采 저, 이광호 역주(2004), 『근사록집해』(近思錄集解) 1권, p. 17.

면 사람다운 사람이 될 수 없다"면서, "학문이란 것은 역시 이상스럽고 별다른 것이 아니고, 어버이 된 사람은 마땅히 자애롭고, 자식 된 사람은 마땅히 효도하며, 신하 된 사람은 마땅히 충성하고, 부부 된 사람들은 마땅히 유별(有別)하며, 형제 된 사람들은 마땅히 우애롭고, 젊은이 된 사람은 마땅히 어른을 공경하며, 친구 된 사람들은 마땅히 신의가 있어서, 일상의 모든 일에 있어서 일에 따라 마땅히 해야 할 바를 행할 뿐이지, 현묘(玄妙)하고 보기 힘들며 기이한 것에 마음을 빼앗겨서는 안 된다"[72]고 진술하여, 일상적 실천이 우선임을 확실히 하고 있다.

이상에서 보듯이, 성리학자들도 선진유학자들과 마찬가지로 교육의 목표를 도의 인식과 실천에 두고 있다. 그러나 그들은 도의 인식은 그 일상적 실천의 근거 위에서 이루어져야 한다는 입장을 한결같이 견지하고 있다는 특징을 드러내고 있는 것이다.

### 3) 교육의 방법과 순서

교육의 목표가 이와 같이 사람으로서 해야 할 일의 인식과 이의 일상적 실천에 있다면, 이러한 목표를 이루기 위한 방법은 어떠해야 하는가? 선진유학자들은 이를 널리 배우고 도덕규범에 따라 몸을 단속하는 일[博文約禮]에서 찾고 있으며, 성리학자들은 이를 경(敬) 상태에 머물러 사물의 이치를 궁구하는 일[居敬窮理]에서 찾고 있다.

**선진유학자들의 관점** 앞에서 보았듯이 『논어』에서 자하는 "널리 글을 배우고[博學], 뜻을 독실하게 하며[篤志], 절실하게 묻고[切問], 자기 몸

72 人生斯世 非學問無以爲人 所謂學問者 亦非異常別件物事也 只是爲父當慈 爲子當孝 爲臣當忠 爲夫婦當別 爲兄弟當友 爲少者當敬長 爲朋友當有信 皆於日用動靜之間 隨事各得其當而已 非馳心玄妙希覬奇效者也(『栗谷全書 二』, 擊蒙要訣, 序 82).

가까이에서 생각하는[近思] 일"[73]을 교수 및 학습의 방법으로 제시하고 있다. 여기서 '박학'(博學)과 '절문'(切問)은 도의 인식과 관련되는 교육 방법이고, '독지'(篤志)와 '근사'(近思)는 도의 실천과 관련되는 교육 방법이라고 볼 수 있다. 이러한 자하의 관점은 공자의 '박문약례'(博文約禮)의 교육 방법을 그대로 표현한 것이다.

> 공자께서 "군자가 글을 널리 배우고[博學於文], 예로써 자기 몸을 단속한다면[約之以禮], 또한 도에 어긋나지 않을 것이다"라고 말씀하셨다.[74]

이 인용문에서 글을 널리 배우는 '박문'(博文)은 자하의 '박학'과 '절문'에 해당되고, 예로써 몸을 단속하는 '약례'(約禮)는 '독지'와 '근사'에 해당하는 것으로 볼 수 있다. 그러므로 이는 도의 인식은 '박문'의 방법으로 이루고, 도의 실천은 '약례'의 방법을 통해 이루어야 함을 말하고 있는 것이라고 해석할 수 있다. 주희는 이 인용문에 대한 주석에서 정자의 말을 인용해 "널리 글을 배웠다고 해도 예로써 몸을 단속하지 않으면, 산만하여 기준이 없게 된다. 그러므로 널리 배운 뒤에 또 능히 예를 지켜 행위 규범[規矩]을 따르면, 또한 도에 위반되지 않게 될 것이다"[75]고 진술하여, '박문'은 '도의 인식'을 위한 방법이고, '약례'는 '도의 실천'을 위한 방법이라는 사실을 분명히 하고 있다.

이렇게 공자가 '박문'과 '약례' 두 가지를 교육의 방법으로 강조하였다는 사실은 공자가 가장 아꼈던 제자인 안연(顔淵)의 다음과 같은 공자에

---

73 『論語』, 子張 6.

74 子曰 君子博學於文 約之以禮 亦可以弗畔矣夫(雍也 25; 顔淵 15).

75 程子曰 博學於文而不約之以禮 必至於汗漫 博學矣 又能守禮而由於規矩 則亦可以不畔道矣(『論語集註』).

대한 평가에서 잘 드러난다.

> 안연이 크게 탄식하여 [……] "선생님께서는 차근차근히 사람을 잘 이끄시어, 글로써 나의 지식을 넓혀주시고[博我以文], 예로써 나의 몸을 단속하게 해주셨다[約我以禮]"고 말했다.[76]

주희는 『논어집주』에서 "박문약례(博文約禮)는 가르침의 순서를 말한 것이다. 공자의 도가 비록 높고 묘하나, 사람에게 가르치는 데에는 순서가 있는 것이다"[77]라고 풀이하여, '박문'을 통해 도를 인식한 후에 '약례'를 통하여 도의 실천을 도모하는 것이 공자가 제시하는 교육의 순서라고 진술하고 있다. 이러한 순서는 '거경궁리'(居敬窮理)라고 하여 도의 실천을 그 인식보다 앞세운 성리학자들의 그것과는 다르다.

맹자는 "학문의 도는 다른 것이 아니라, 그 놓쳐버린 본심을 찾는 것[求放心]일 뿐"[78]이라고 하여, 교육이란 인간이 갖추고 있는 측은 · 수오 · 사양 · 시비지심[四端] 같은 본유적인 도덕성을 회복하는 일이라고 보고 있다. 그는 "보통 사람은 사람과 동물의 차이의 근거인 이러한 도덕성을 놓쳐버리고 말지만, 군자는 이를 잘 간직함으로써 사람의 도를 잘 깨달아, 이를 일상생활에서 자연스럽게 실행할 수 있다"[79]고 하여, 도덕성의 회복은 도의 인식과 그 실천을 목적으로 하는 것임을 분명히 하고 있다. 이러한 도의 인식과 실천을 위해 필요한 교육의 방법에 대해 맹자는 다음과

---

**76** 顔淵喟然嘆曰 [……] 夫子循循然善誘人 博我以文 約我以禮(子罕 10).

**77** 博文約禮 教之序也 言夫子道雖高妙 而教人有序也(『論語集註』).

**78** 學問之道無他 求其放心而已矣(『孟子』, 告子上 11).

**79** 孟子曰 人之所以異於禽獸者幾希 庶人去之 君子存之 舜明於庶物 察於人倫 由仁義行 非行仁義也(離婁下 19).

같이 간략하게 진술하고 있다.

> 맹자는 "널리 배우고 상세히 가르침은 장차 돌이켜 몸을 단속해야 함을 알게 하기 위해서이다"라고 말하였다.[80]

이 인용문에서 드러나고 있듯이, 맹자도 공자와 마찬가지로 교육의 방법을 널리 자세히 배우는 '박학'(博學)과 자기 몸에 돌이켜 단속하는 '반약'(反約)에서 찾고 있으며, 그 순서는 '박학'이 우선이고 '반약'은 그에 이어지는 것으로 진술하고 있다. 맹자가 교육의 순서를 도의 인식을 우선으로 하고 도의 실천을 그에 따르는 것으로 잡고 있다는 사실은, 그가 "군자가 올바른 방법으로 깊이 탐구하여 나아가는 것은 도를 깨달아 얻고자 하는 것인데[도의 인식], 우선 도를 깨달아 인식하고 나면 후에 이에 처하는 것이 안정되고 또 이를 활용하는 데[도의 실천] 깊이가 있게 된다"[81]고 진술하고 있다는 점에서 잘 드러나고 있다. 이렇게 맹자도 공자와 같이 '선지후행'(先知後行)을 교육의 순서로 제시하고 있는 것이다.

순자는 교육의 목표를 도를 밝게 인식하고[察道] 이를 일상생활에서 실천하여[行道] 도를 체득한 사람[體道者]이 되는 일에서 찾고 있는데,[82] 이러한 교육의 방법과 순서에 대하여 『순자』 첫머리인 「권학」(勸學)편에서 비교적 자세하게 언급하고 있다. 그가 제시하는 교육의 방법은 널리 배우는 '박학'(博學)과 배운 바를 자기에게 참험(參驗)하여 살펴보는 '참기'(參己)이다.

---

80 孟子曰 博學而詳說之 將以反說約也(離婁下 15): 필자는 여기서의 約을 『論語』(雍也 25; 子罕 10; 顏淵 15)의 예를 따라 約禮의 約으로 풀이하였다.

81 離婁下 14.

82 『荀子』, 解蔽 13.

> 군자는 널리 배우고[博學], 배운 바를 매일 자기 몸에 참험하여 살펴보아야 한다[參己]. 그렇게 되면 도덕 인식이 밝아지고[知明] 행실에 잘못이 없게 된다[行無過].[83]

여기서 박학은 도덕 인식이 밝아지는[知明] 효과를 가져 오는 교육 방법이고, 참기는 행실에 잘못이 없게 되는[行無過] 효과를 가져 오는 교육 방법이다. 즉 도덕 인식을 위한 교육 방법이 곧 '박학'이고, 도덕 실천을 위한 교육 방법이 곧 '참기'인 것이다.

순자는 이러한 '박학'을 통한 도의 인식과 '참기'를 통한 도의 실천이라는 교육의 두 가지 목표에 분명한 순서를 부여하고 있다. 도의 인식이 도의 실천보다 선행되어야 한다는 것이다. 이러한 순자의 관점은 다음 인용문에 분명히 제시되고 있다.

> 그러므로 마음으로 도를 인식하지 않을 수 없다. 마음으로 도를 인식하지 못하면, 올바른 도를 옳은 것으로 여겨 선택하지 못하게 되고, 그 대신 도가 아닌 것을 옳다고 여겨 선택하게 된다. 자기가 마음대로 하고 싶다고 해서, 자기가 옳다고 여기지 않는 것을 지키기 위해 옳다고 여기는 것을 하지 않으려고 할 사람이 누가 있겠는가? [……] 마음으로 도를 밝게 인식한[知道] 다음에라야 도를 옳은 것으로 여겨 선택하게 되고[可道], 도를 옳은 것으로 여겨 선택한 후에야 비로소 도를 지킴으로써[守道] 도 아닌 것을 하지 않을 수 있게[禁非道] 되는

83 君子博學 而日參省乎己 則智明而行無過矣(勸學 2): 王先謙(1891)의 『荀子集解』에 인용된 俞樾은 본문 중 省乎 두 글자는 본래는 없었던 것으로, 후대인들이 參을 三으로 읽어 『論語』「學而」편 4장의 吾日三省吾身에 의거하여 잘못 첨가한 것으로 보고 있다. 따라서 그는 參을 驗의 뜻으로 보아, 參己를 "자기에게 참험하여 살펴본다" 또는 "자기에게 비추어 살펴본다"의 의미로 풀이하고 있다. 또한 그는 智도 知의 오자로 보아 智明을 知明으로 풀이하고 있다. 여기서는 이러한 俞說을 따랐다.

것이다.[84]

이 인용문에서 순자는 도의 인식과 선택[知道 · 可道]은 도의 실천[守道 · 禁非道]의 선행 조건이라는 명확한 입장을 드러내고 있다. 그러므로 도의 인식[察道]을 위한 '박학'(博學)은 도의 실천[行道]을 위한 '참기'(參己)보다 선행해야 하는 교육 방법인 것이다.

그러나 도의 인식이 그 실천보다 선행되어야 한다고 보는 순자의 관점이 이 둘의 분리를 의미하는 것은 아니다. 다만 도의 실천은 이에 대한 명확한 인식의 바탕 위에서 이루어져야 한다고 볼 뿐이다. 순자는 "군자의 배움은 귀로 들어와 마음에 꼭 달라붙어, 온몸에 퍼지고 일상생활의 실천으로 드러나 [……] 모두 행위의 규범으로 작용하게 되지만, 소인의 배움은 귀로 들어와 곧바로 입으로 나가버리고 마니 [……] 어찌 사람의 몸을 아름답게 할 수 있겠는가?"[85]라고 진술하여, 도덕 인식은 그 실천의 전제일 뿐 그 자체가 목표가 될 수는 없음을 분명히 하고 있는 것이다.

이상에서 드러나고 있듯이, 공자 · 맹자 · 순자 같은 선진유학자들은 도의 인식을 위한 교육 방법으로 널리 가르치고 배우는 일[博文 · 博學]을 들고 있고, 도의 실천을 위한 교육 방법으로 자기 몸의 단속[約禮 · 反約 · 參己]을 들고 있다. 또한 그들은 도의 인식이 도의 실천보다 선행되어야 할 교육의 목표라는 '선지후행'(先知後行)을 교육의 원칙으로 삼는 공통성이 있는 것이다.

---

84 故心不可以不知道 心不知道 則不可道 而可非道 人孰欲得恣 而守其所不可 以禁其所可 [……] 心知道 然後可道 可道然後能守道 以禁非道(解蔽 10~11).

85 君子之學也 入乎耳 箸乎心 布乎四體 形乎動靜 [……] 一可以爲法則 小人之學也 入乎耳 出乎口 [……] 曷足以美七尺之軀哉(勸學 13~14).

**성리학자들의 관점** 조선조의 성리학자들은 이기적 욕구에 물든 인심(人心)을 버리고[遏人欲], 천리를 간직한 도심(道心)을 지향해 나가는 것[存天理]이 사람의 할 일이라고 보고, 이러한 '알인욕'(遏人欲) · '존천리'(存天理)가 마음을 다잡는 공부의 목표가 된다고 보고 있다. 이러한 사실을 지적하여 퇴계(退溪) 이황(李滉, 1501~1570)은 다음과 같이 지적하고 있다.

> 대체로 마음을 다잡는 공부, 곧 심학(心學)의 방법은 비록 많지만, 그 요점을 종합해서 말하면, 사람의 욕구를 억제하고[遏人欲] 천리를 보존하는[存天理] 두 가지에 불과하다.[86]

여기서 사람의 욕구를 버리고 천리를 보존하는 것은 일상적으로 도를 실천하는 일[居敬]과 도의 원천을 강구하여 인식하는 일[窮理]을 통해 이루어진다는 것이 조선조 성리학자들의 주장이다. 퇴계는 이를 "만일 사람의 욕구에 물드는 폐단을 면하려고 하면, 다른 데 기대어 구하려 하지 말고, 오직 온 힘을 다하여 '거경'(居敬)과 '궁리'(窮理)의 공부에 힘을 쓰면 된다"[87]고 표현하고 있다.

그런데 도의 인식을 위한 공부인 '궁리'는 도의 실천 공부인 '거경'의 기초 위에서 이루어져야 한다는 것이 성리학자들의 한결같은 입장이다. "경(敬)은 마음의 주재로서, 온갖 일의 근본이 되는 것"[88]이어서, "경은 성인

86 大dtype心學雖多端 總要而言之 不過遏人欲存天理兩事而已(『退溪全書 二』, 書, 答李平叔 259): 이는 成均館大學校 大東文化硏究所 간(1997) 『退溪全書』 제2권의 「書」 중 答李平叔의 p. 259를 가리킨다. 앞으로 退溪의 인용은 이 예를 따른다.

87 如欲免此 亦不待他求 惟十分勉力於窮理居敬之工(『退溪全書 一』, 書, 答李叔獻 359).

88 敬者一心之主宰 而萬事之本根也(『退溪全書 一』, 聖學十圖, 大學圖 203); 蓋心者一身之主宰 而敬又一心之主宰也(『退溪全書 一』, 聖學十圖, 心學圖說 208); 爲學莫如先立其主宰 日 何如可以能立其主宰乎 日 敬可以立主宰(『退溪全書 四』, 言行錄一, 論持敬 175).

이 되고자 하는 학문[聖學: 유학 전체를 가리킴]의 처음이자 마지막"[89]이 되는 요체라는 데에 퇴계와 율곡 등 조선조 성리학자들의 생각이 일치하고 있다. 경 상태에 머물러 도를 실천하는 '거경'은 사물의 이치를 깊이 탐구하는 '궁리'의 근본이 되기 때문에,[90] 따라서 거경은 성학(聖學)의 처음이자 마지막이 된다는 것이다. 이러한 사실을 율곡은 주자와 정자를 인용하면서 다음과 같이 단언하고 있다.

> 경(敬)은 성학의 처음이자 마지막이 되는 요체이다. 주자(朱子)는 "경 상태를 간직하는 것은 사물의 이치를 탐구하는 궁리의 근본이다. 아직 도를 깨닫지 못한 사람이 경 상태를 말미암지 않고 도를 깨달을 수는 없다"고 하였으며, 정자(程子)는 "도에 들어가는 데에는 경만한 것이 없다. 사물의 이치를 모두 깨달은[致知] 사람치고 경 상태에 머물지 않았던 사람은 없었다"고 말하였다. 이는 경이 배움의 처음이 됨을 말한 것이다. 또한 주자는 "이미 도를 깨우친 사람은 경을 말미암지 않고는 도를 간수할 수 없다"고 하였으며, 정자는 "경과 의가 이루어져야 덕이 외롭지 않게[德不孤] 되는데, 성인까지도 또한 경에 머무르실 뿐이었다"고 말하였다. 이는 경이 배움의 마지막이 됨을 말한 것이다.[91]

---

89 敬爲聖學之始終 豈不信哉(『退溪全書 一』, 聖學十圖, 敬齋箴 210); 敬之一字 豈非聖學始終之要也哉(『退溪全書 一』, 聖學十圖, 大學圖 203); 敬者聖學之始終也(『栗谷全書 一』, 聖學輯要, 修己上, 收斂章 431).

90 敬以爲主 而事事物物 莫不窮其所當然與其所以然之故 [……] 至如敬以爲本 而窮理以致知 反躬以踐實 此乃妙心法 而傳道學之要(『退溪全書 一』, 疏, 戊辰六條疏 185~186); 持敬是窮理之本 未知者 非敬無以知(『栗谷全書 一』, 聖學輯要, 修己上, 收斂章 431); 大抵敬字 徹上徹下 格物致知 乃其間節次進步處 又日 今人皆不肯於根本上理會 如敬字只是將來說 更不做將去 根本不立 故其他零碎工夫無湊泊處(『栗谷全書 一』, 聖學輯要, 修己上, 收斂章 433~434).

91 敬者聖學之始終也 故朱子日 持敬是窮理之本 未知者 非敬無以知 程子日 入道莫如敬 未有能致知而不在敬者 此言敬爲學之始也 朱子日 已知者 非敬無以守 程子日 敬義立而德不孤 至于聖人亦止如是 此言敬爲學之終也(『栗谷全書 一』, 聖學輯要, 修己上, 收斂章 431).

이 인용문에서 명백하게 드러나듯이, '거경'을 통한 도의 실천은 '궁리'를 통한 도의 인식보다 우선해야 할 일이라는 것이 율곡의 주장이다. 이러한 근거에서 그는 『성학집요』(聖學輯要)를 찬술하면서 『소학』 공부의 효과에 해당하는 「수렴」(收斂)장(마음을 다잡아 일상생활에서 실천해야 함을 역설한 장)을 『대학』 공부에 해당하는 「궁리」(窮理)장(도의 인식을 강조한 장)의 앞에 배치하여,[92] 도의 실천을 그 인식보다 중시하는 입장을 드러내고 있다.

여기서 도의 인식을 위한 교육 또는 학습의 방법으로서의 '궁리'는 공자가 말하는 '박문'과 맹자 및 순자가 말하는 '박학'과 같은 것이고, 도의 실천을 위한 학습의 방법으로서의 '거경'은 공자가 말하는 '약례'와 맹자의 '반약' 및 순자의 '참기'와 같은 것이라고 볼 수 있다. 그러나 조선조 성리학자들의 '거경'은 '궁리'의 근본이기도 하다는 점에서 '약례 · 반약 · 참기'에 국한되는 것으로 보기는 힘들고, '박문 · 박학'도 '거경'을 위주로 하여야 하는 것으로 보아야 할 것이다. 이러한 점에서 성리학자들은 도덕 실천이 도덕 인식보다 선행하여야 한다는 '선행후지'(先行後知)의 입장을 견지하는 것으로 보인다.

그러나 그렇다고 해서 도덕 실천만을 위주로 한다거나 도덕 인식은 뒤로 미루어도 된다고 성리학자들이 주장하고 있는 것은 아니다. 양자는 비록 선후는 있지만, 함께 진행되어야 하는 것이다. 퇴계는 이러한 사실을 다음과 같이 진술하고 있다.

**92** 『聖學輯要』에는 「總說」편 다음에 「修己上」편이 나오는데, 「修己上」편에는 「立志」·「收斂」·「窮理」장이 순서대로 배치되어 있다. 김경호(2008, pp. 280~290)는 율곡의 공부 순서에 관한 입장은 그가 『聖學輯要』를 저술한 40세(1575) 이전과 이후가 다르다고 본다. 40세 이전에는 '궁리 → 거경 → 역행'이었다가 『聖學輯要』 이후에 '거경 → 궁리 → 역행'으로 입장이 변화하였다는 것이다.

> 경(敬)을 근본으로 하여 궁리함으로써 완전한 도덕 인식에 이르고, 경을 근본으로 하여 자기 몸을 돌이켜봄으로써 실천함에 이르는 일, 이것은 마음을 다잡는 법을 이루고 도학(道學)을 세상에 퍼뜨리는 요체이다. [……] 도를 진정으로 깨닫는 일[眞知]과 이를 실제로 실행하는 일[實踐]은 차의 두 바퀴와 같아 하나라도 없어서는 안 된다. 이는 마치 사람의 두 다리가 서로 의지하여 앞으로 나아갈 수 있는 것과 같은 것이다. 그러므로 정자는 "완전한 도덕 인식에 이른 사람치고 경 상태에 머물지 않았던 사람은 없었다"고 말하였고, 주자는 "몸소 실천하는 공부를 하지 않으면 또한 궁리하는 공부도 없다"고 하였다. 이것은 이 두 가지 공부는 합해서 말하면 서로 처음과 끝이 된다는 것이고, 나누어서 말하면 각각이 또 처음과 끝을 가지고 있다는 말이다.[93]

이 인용문에서 퇴계는 거경(居敬)은 궁리(窮理)를 통한 치지(致知), 곧 도의 인식과 역행(力行)을 통한 도의 실천의 바탕이 됨을 분명히 하고 있다. 즉 "도를 인식하는 치지의 방법과 도를 실천하는 역행의 공부는 경 상태에 머무르는 거경에서 시작된다고 말할 수 있다"[94]는 것이 퇴계의 입장인 것이다. 그러므로 성리학자들의 교육 방법을 단순히 '거경 · 궁리'라고 하기보다는 '거경'을 위주로 한 '치지'와 '역행'이라고 보는 것이 옳을 것이다.[95]

---

93 至如敬以爲本 而窮理以致知 反躬以實踐 此乃妙心法 而傳道學之要 [……] 抑眞知與實踐 如車兩輪 闕一不可 如人兩脚 相待互進 故程子曰 未有致知而不在敬者 朱子曰 若躬行上未有工夫 亦無窮理處 是以二者之功 合而言之 相爲始終 分而言之 則又各自有始終焉(『退溪全書 一』, 疏, 戊辰六條疏 186).

94 其於致知之方 力行之功 亦可謂其始矣(『退溪全書 一』, 疏, 戊辰六條疏 185).

95 신동은(2002, pp. 18~43)은 敬 · 知 · 行을 성리학의 세 가지 교육 영역이라고 제시하여 居敬을 致知 및 力行과 동급에 놓고 있으나, 위의 인용문들에서 보면 居敬은 致知와 力行의 바탕이 되는 준비 상태 또는 기본이고, 致知와 力行은 그 바탕 위에서 이루어지는 교육 활동 또는 삶의 양식이라고 보는 것이 옳을 듯하다.

율곡도 『성학집요』의 첫머리인 「수기」(修己)장의 총론(總論) 말미에 "몸을 닦는 공부는 거경과 궁리와 역행의 세 가지에서 벗어나지 않는다"[96]고 말하면서, 『격몽요결』의 「지신」(持身)장에서는 이 삼자의 관계에 대해 "삼가 몸가짐을 바르게 하는 거경으로 그 근본을 삼고, 이치를 궁구하는 궁리를 통해 착한 본성을 밝게 깨달으며, 힘써 실행하는 역행을 통해 그 실상을 실천해야 한다"[97]고 하여, '거경'을 '궁리'와 '역행'의 바탕으로 보고 있다.[98]

여기서 '거경'은 도덕 인식과 도덕 실천의 바탕이 되는 마음가짐과 몸가짐 및 행동거지를 삼가고 추스르는 일이다. 이렇게 마음가짐과 몸가짐을 삼가고 추스르는 일을 일상적 도덕 실천의 한 양태라고 본다면, '거경'을 '치지'와 '역행'의 바탕이라고 보는 견해는 성리학자들의 '선행후지'의 교육관을 드러내고 있는 것이라고 생각할 수 있을 것이다.

### 4) 교육의 교재

이렇게 도의 인식과 실천을 교육의 목표로 잡고 그에 따르는 교육 방법을 제시해온 유학자들이 실제로 교육의 교재로 삼은 것들은 무엇이었을까? 대체로 말하면, 『순자』를 제외한 『논어』와 『맹자』가 스승과 제자 사이의 문답에 관한 기록을 위주로 편찬된 것으로 보아, 맹자 시대까지만 해도 아직 정해진 교재가 없이 제자와 스승의 토론에 의해 교육이 진행된

---

**96** 修己之功 不出於居敬窮理力行(『栗谷全書 一』, 聖學輯要, 修己上, 總論 428).

**97** 居敬以立其本 窮理以明乎善 力行以踐其實(『栗谷全書 一』, 擊蒙要訣, 持身章 84).

**98** 栗谷은 제자들과의 문답에서 이러한 사실을 거듭 밝히고 있다. 예를 들면 問 輯要存德性道問學章下通論曰 居敬窮理力行三者 於此章略發其端 愚意以爲尊德性兼居敬力行 而道問學只是窮理也 曰 然 力行兼於尊德性中矣 窮理則專屬於道問學(『栗谷全書 二』, 語錄上 240) 및 問 輯要所論居敬窮理力行三者 似未明白 曰 尊德性是居敬 博學於文是窮理 約之以禮是力行 但約禮於力行意似未足(『栗谷全書 二』, 語錄上 255) 같은 데에서 栗谷의 이러한 입장이 잘 드러나고 있다.

것으로 여겨지며, 순자 이후, 본격적으로는 한나라에서 과거제가 실시된 이후에 유학의 경전들이 정식 교재로 채택되어 교육 과정에서 사용되었다고 볼 수 있다.

**선진유학자들의 교재** 선진유학자들은 도덕 인식을 중시하였으므로 그들이 교육의 교재로 삼았던 것은 유학의 경전들이었을 것이다. "『논어』에서 공자가 직접 언급한 경전은 시(詩)와 서(書)뿐"이었는데, "『논어』와 『맹자』에는 아직 경(經)이라는 확실한 개념이 보이지 않는다."[99]

『논어』에는 "공자께서 평소에 늘 말씀하시는 것은 시(詩)와 서(書)와 예를 지키는 일[執禮]이었으니, 이것이 평소에 늘 하시던 말씀이었다"[100]는 말이 나오는데, 여기서 집례(執禮)는 예를 지키는 일을 가리키는 것이었지 오늘날의 『예기』를 가리키는 것은 아니다. 『예기』는 기원전 1세기에 편찬된 저술이라는 것이 정설이므로,[101] 『논어』에 나오는 예는 경전이 아니라[102] 당시에 남아 있던 주례(周禮)를 지키는 일을 가리키는 말이었을 가능성이 높다. 또한 "『논어』에는 단 한번 역(易)이 나오는데,[103] 그것도 문헌학적으로 전승 상의 문제를 안고 있어서 그 역사성이 의심"[104]된다. 이렇게 보면 『논어』에서 교육의 교재로 직접 언급된 것은 시(詩)와 서(書)뿐이었다고 할 수 있다.

---

**99** 김승혜, 1990, p. 15.

**100** 子所雅言 詩書執禮 皆雅言也(『論語』, 述而 17).

**101** 김승혜, 1990, p. 321, 주 35.

**102** 『論語』에는 위의 「述而」편 17장 이외에 「季氏」편 13장에 공자가 아들인 伯魚에게 "예를 배웠느냐?"고 물으면서 "예를 배우지 않으면 사람으로서 설 수 없다"고 훈계하는 장면이 나오는데(日 學禮乎 對日 未也 不學禮 無以立), 여기서의 예도 경전의 의미는 아닐 가능성이 높다.

**103** 子日 假我數年 卒以學易 可以無大過矣(述而 16).

**104** 김승혜, 1990, pp. 15~16.

『맹자』에는 시(詩), 서(書), 『춘추』(春秋)는 자주 언급되거나 인용되고 있으나, 역(易)은 전혀 언급되지 않는다. 유가 역사상 "처음으로 오경(五經)이 언급된 것은 유교 전통의 일차적 체계화가 이루어진 『순자』에서이다. 『순자』에는 「권학」편에서 [……] 군자가 되기 위해 배워야 될 과정으로 시, 서, 악(樂), 춘추, 예를 들고 있다.[105] 여기서 악(樂)과 예는 그 당시까지 아직 문서화되지 않은 문화적 실천과 규범을 지칭한 것이었을 것이며, 무엇보다 놀라운 사실은 역(易)이 빠져 있다는 사실이다."[106] 이렇게 보면 선진유학 시대에는 아직 정형화된 교육의 교재는 없었다고 볼 수 있다.

**성리학자들의 교재** 선진시대 유학자들은 아직 아동교육을 위한 교재를 따로 제시하고 있지 않으나, 성리학자들은 아동교육을 위한 교재를 별도로 편찬하여 성인교육을 위한 교재와 구별하고 있다. 주희는 『대학장구』에 붙인 「서」에서 "사람이 태어나 여덟 살이 되면 누구나 지방의 보통 교육기관인 '소학'(小學)에 입학하게 하여 쇄소(灑掃: 물 뿌리고 청소함)·응대(應對: 부름에 응하고 물음에 대답함)·진퇴(進退: 나아가고 물러남)와 같은 일상적 예절과 예(禮)·악(樂)·사(射)·어(御)·서(書)·수(數) 같은 일상적 행위 규범과 기술을 가르치고, 나이 열다섯이 되면 중앙의 고등교육기관인 '태학'(太學)에 입학하게 하여 궁리(窮理)·정심(正心)·수기(修己)·치인(治人)의 도를 가르쳤으니, 이렇게 하여 학교의 가르침에 있어서의 크고 작은 절차를 나누었다"[107]고 하여, 아동교육과 성인교육을 구분하고 있

**105** 『荀子』, 勸學 12~13.

**106** 김승혜, 1990, p. 15.

**107** 人生八歲 則自王公以下 至於庶人之子弟 皆入小學 而敎之以灑掃應對進退之節 禮樂射御書數之文 及其十有五年 自天子之元子衆子 以至公卿大夫元士之適子 與凡民之俊秀 皆入大學 而敎之以窮理正心修己治人之道 此又學校之敎 大小之節 所以分也(『大學』, 大學章句序).

다.

그러나 아동교육을 위한 교재가 변변한 것이 없었으므로, 주희는 유청지와 함께 "옛날의 전적(典籍)들을 크게 수집하여 『소학』을 편찬해 아동교육의 교재로 활용케 하였으며"[108] 또한 여조겸과 함께 선유(先儒)들의 글에서 아동교육에 긴요한 내용들을 가려 뽑아 『근사록』을 펴내기도 하였다. 조선조의 율곡은 『소학집주』를 편찬하여 『소학』을 아동교육에 활용하기 쉽게 주석하였을 뿐만 아니라, 이를 사서(四書)와 함께 오서(五書)라 칭하여 아동교육을 위한 핵심 교재로 존숭하였다.[109] 또한 그는 아동 교육서로서 『격몽요결』을 펴내어, 아동교육에 지대한 관심을 드러내기도 하였다.

성리학자들이 15세가 지난 청년기 이후의 성인을 위한 교재로 중시한 것은 『대학』을 비롯한 『논어』·『맹자』·『중용』의 사서(四書)와 『시경』(詩經)·『예경』(禮經)·『서경』(書經)·『역경』(易經)·『춘추』(春秋)의 오경(五經)이었다. 율곡은 『격몽요결』 「독서」(讀書)장에서 공부의 순서에 대해 "제일 먼저 『소학』을 읽어 어버이를 섬기고[事親], 형을 공경하며[敬兄], 군주에게 충성하고[忠君], 어른에게 공손하며[弟長], 스승을 존경하고[隆師], 벗과 친애하는[親友] 도를 하나하나 자세히 완상하여 힘써 실천한 다음에", 『대학』·『논어』·『맹자』·『중용』·『시경』·『예경』·『서경』·『역경』·『춘추』의 순서로 읽어 "그 이치를 깨달아 쉼이 없게 함으로써, 의리(義理)가 날로 밝아지도록 할 것"[110]을 주문하고 있다.

---

108 『小學』, 小學書題.

109 『栗谷全書 二』, 擊蒙要訣, 讀書章 85.

110 先讀小學 於事親敬兄忠君弟長隆師親友之道 一一詳玩而力行之 次讀大學·論語·孟子·中庸 [……] 次讀詩經·禮經·書經·易經·春秋 [……] 五書五經 循環熟讀 理會不已 使義理日明(『栗谷全書 二』, 擊蒙要訣, 讀書章 84~85).

퇴계도 『성학십도』(聖學十圖)에서 제3도를 「소학도」(小學圖)로 하고, 제4도를 「대학도」(大學圖)로 하여 『소학』과 『대학』을 교육의 교재로 중시하는 입장을 드러내고 있다. 그는 「소학도」에서 "대체로 『소학』과 『대학』은 서로를 의지하여 이루어지는 것으로, 그렇기 때문에 이 두 책은 하나이면서 둘이고, 둘이면서 하나이다"[111]라고 하여, 『대학』의 공부는 반드시 『소학』을 공부한 다음에 해야 함을 주장하고 있다. 퇴계는 어떤 문인이 "공부하는 선후의 과정과 그 규모"에 대해 묻자, "반드시 『소학』을 먼저 공부한 다음에 『대학』을 나중에 공부하여야 한다. 공부의 규모와 절차 및 조목은 이 두 책에 갖추어져 있으니, 공부하는 사람은 마음을 다하고 힘을 다하여 이를 추구해야 한다"[112]고 대답하여, 『소학』을 먼저 배우고 난 다음에 『대학』을 배워야 함을 분명히 하고 있다.

이렇게 성리학자들은 『소학』의 교육을 통해 우선 아동들로 하여금 일상생활의 가까운 데에서 행실을 바로 가지고 대인관계에서의 예절을 실행하는 일을 위주로 하였으며, 그 이후 『대학』과 기타 경전의 교육을 통해 그러한 도덕의 근거와 이를 실천해야 하는 당위를 깨닫도록 하는 일에 힘을 쏟도록 하였다. 주희는 이러한 일을 자주 언급하여 "『소학』은 사군(事君) · 사부형(事父兄) 등의 일의 실천에 관한 것이고, 『대학』은 이러한 일들의 이치를 드러내 밝힘으로써 사군 · 사친 등의 일을 실천해야 하는 까닭이 무엇인지를 강구하여 곡진하게 밝히고자 한 것"이어서, "『소학』으로부터 시작하여 『대학』으로 나아가게 한 것이니 [……] 『대학』의 순서는 다만 『소학』에서 이루어진 공(功)에 의존할 뿐"[113]이라고 주장하였다.

---

**111** 蓋小學大學相待而成 所以一而二 二而一者也(『退溪全書 一』, 聖學十圖, 小學圖 202).

**112** 所問工夫先後立程規模 則須先小學後大學 而規模節目各具於書 在吾盡心全力以求之耳(『退溪全書 二』, 書, 答李宏仲 214).

**113** 朱子又曰 小學是事 如事君事父兄等事 大學是發明此事之理 就上面講究委曲所以事君事親

여기에서도 성리학자들이 교육의 순서로 제시하는 '선행후지'(先行後知)의 입장이 잘 드러나고 있다. 즉 교육은 『소학』을 통하여 "해야 할 일을 가르침으로써 곧 스스로 그 마음을 길러서 자신도 깨닫지 못하는 사이에 저절로 좋게 변하도록 한 다음, 점차로 나이를 먹어가면서 (『대학』 등의 경전을 통하여) 사물의 이치를 두루 통달해서 장차 하지 못하는 일이 없도록 해야 한다"[114]는 것이다. 이렇게 도덕 실천을 위주로 하는 아동교육의 핵심 교재는 『소학』이고, 도의 인식을 위주로 하는 청년기 이후 성인교육의 최우선적인 교재는 『대학』이라는 것이 성리학자들의 공통적인 의견인 것이다.

## 2. 아동교육과 도덕 실천: 『소학』을 중심으로

이상에서 보듯이, 『소학』은 성리학자들이 중시했던 아동교육의 교재였다. 『천자문』(千字文)을 통해 글자를 익힌 다음에 아동들이 가장 먼저 배워야 하는 것이 『소학』이었다. 이 책은 주희가 제자인 유청지와 함께 『예기』의 「곡례」(曲禮) · 「소의」(少儀) · 「내칙」(內則) 같은 편과 『관자』(管子)의 「제자직」(弟子職)편[115] 및 『논어』 · 『맹자』 · 『주례』(周禮) · 『열녀전』(列女

等事是如何 又曰 古人由小學而進於大學 其於灑掃應對進退之間 持守堅定 涵養純熟 固已久矣 大學之序 特因小學已成之功(『小學』, 小學集註總論).

114 朱子又曰 古人小學 敎之以事 便自養得他心 不知不覺自好了 到得漸長 更歷通達事物 將無所不能(『小學』, 小學集註總論).

115 朱熹의 『大學章句』 「序」에는 若曲禮少儀內則弟子職諸篇 固小學之支流餘裔라고 나와 『小學』이 曲禮 · 少儀 · 內則 · 弟子職 편들을 위주로 하여 편찬되었음을 밝히고 있다. 栗谷은 『小學集註』 總論에서 許衡(1209~1281)의 말을 인용해서 新安朱文公 以孔門聖賢爲敎爲學之遺意 參以曲禮少儀弟子職諸篇 輯爲小學之書라 기술하여 이러한 사실을 지지하고 있다. 그러나 『小學』에는 이 이외에도 본문에 제시된 여러 문헌들에서 뽑아온 내용들이 많이 제

傳)·『효경』(孝經)과 기타 『예기』의 여러 편들에서 아동들이 일상생활에서 실행해야 할 행실과 대인관계에서 실천해야 할 내용들을 가려내어 하나의 책으로 편집한 것이다. 주희가 유청지에게 보낸 편지를 통해 볼 때 이 책의 "편집 기간은 대략 1183년에서 시작해서 1187년까지 적어도 4년 이상이 걸렸다. 책이 완성됐을 때 주희는 58세, 유청지는 49세였다."[116]

주희는 「소학제사」(小學題辭)에서 "『소학』의 교육 방법은 물 뿌리고 쓸며, 부름에 응하고 물음에 답하는 것, 그리고 집에 들어와서는 효도하고 밖에 나가서는 공손한 것 같은 일상적 행실이 조금도 예의에 어긋남이 없게 하고자 하는 데에 있다. 그리고 나서도 남는 힘이 있으면 시를 외우고 책을 읽으며 노래와 춤을 통해 음악을 배워, 생각이 바른 도리에서 벗어나지 않도록 해야 한다"[117]고 하여, 아동교육에 있어서 학문을 하는 것은 나중의 일이고, 우선은 일상생활의 예절을 몸 가까이에서 익히고 실행하는 일부터 시작해야 한다고 진술하고 있다. 즉 먼저 예의를 익히고 실천한 다음에, 그러고도 남는 힘이 있으면 이러한 실천의 바탕 위에서 그 이치와 이를 실천해야 하는 까닭에 대한 이해를 도모해야 한다는 것이 교육의 순서에 대한 주희의 입장이다. 이러한 맥락에서 성리학자들은 『소학』을 모든 교육이 시작되는 출발점으로 중시하고 있는 것이다.

### 1) 『소학』의 구성과 내용

『소학』은 크게 「내편」(內篇)과 「외편」(外篇)으로 이루어져 있다. 「내편」은 네 권(卷) 총 214장으로 이루어져 있는데, 제1권은 배움의 자세를 제시

---

시되고 있다.

116 윤호창 역, 2009, 『소학』, p. 14.

117 小學之方 灑掃應對 入孝出恭 動罔或悖 行有餘力 誦詩讀書 詠歌舞蹈 思罔或逾(『小學』, 小學題辭).

한 '입교'(立教) 13장, 제2권은 대인관계에서 실천해야 할 규범을 제시한 '명륜'(明倫) 108장, 제3권은 몸가짐과 마음가짐의 바른 길을 제시한 '경신'(敬身) 46장으로 이루어져 있으며, 제4권은 삼대(三代)시대 성현의 행적을 기록함으로써 '입교 · 명륜 · 경신'의 모범과 효과를 실증하여 고대의 도를 밝히는 '계고'(稽古) 47장으로 구성되어 있다. 다음 「외편」은 두 권 총 172장으로 이루어져 있는데, 제5권은 성현들이 세 강목, 즉 '입교 · 명륜 · 경신'에 관해 하였던 아름다운 말을 통해 이 세 강목을 널리 드러내고자 한 '가언'(嘉言) 91장, 제6권은 선인들의 아름다운 행실을 통해 위 세 강목을 실증해 보이려고 한 '선행'(善行) 81장으로 구성되어 있다.

#### (1) 일상적 도덕 실천의 세 기초: 입교 · 명륜 · 경신

이렇게 『소학』은 제1권에서 제3권까지 내세운 세 강목[立教 · 明倫 · 敬身]을 제4권에서 제6권까지 고대의 도[稽古]와 아름다운 말[嘉言]과 착한 행실[善行]을 통하여 다시 설명하고 실증하는 중층적인 구조로 되어 있다. 그러므로 『소학』에서 제시하고 있는 아동교육의 내용은 배움의 의지를 굳건히 하고 그 태도를 익히는 일[立教], 사람의 다섯 가지 도리[五倫]를 실천하는 세목을 익히는 일[明倫], 그리고 인륜을 실천하기 위해 필요한 경건한 몸가짐을 간직하는 일[敬身]의 세 강목을 주축으로 구성되어 있는 것이다.

**입교(立教)** 제1권에서는 가르침에 대한 방침과 가르침을 받는 태도가 제대로 세워져야 교육이 제대로 이루어질 수 있다는 생각에 기초해서, "스승의 측면에서는 가르쳐야 할 내용을, 그리고 제자의 측면에서는 배우는 태도 가운데 유의해야 할 내용"[118]을 제시하고 있다. 태교(胎教)할 때 유의할 점(1장)으로부터 시작하여, 가정교육에서 가르쳐야 할 내용과 주의할 점(2~3장)에 이어, 공식적인 학교교육에서 아동에게 가르쳐야 할 내용(4~8장)과 제자가 익혀야 하는 올바른 배움의 태도와 행실(9~13장)이 기술되고 있다.

제4권 '계고'(稽古)의 4개장이 '입교'에 관한 성현의 행적인데, 1장에서는 주 문왕(文王)의 어머니인 태임(太姙)의 예가, 2장에서는 맹자의 어머니의 예가 제시되고 있으며, 3~4장에는 공자가 아들 백어(伯魚)를 가르친 예가 제시되어 있다. 제5권 '가언'(嘉言) 중 14개장(1~14장)이 배움을 세우는 뜻을 넓히는 것과 관련된 아름다운 말을 제시한 '광입교'(廣立敎)이고, 제6권 '선행'(善行) 중 8개장(1~8장)이 가정교육과 학교교육의 효과를 실증하는 착한 행실을 기록한 '실입교'(實立敎)로 되어 있다.

**명륜(明倫)** 제2권에서는 모두 108개장에 걸쳐 사람이 대인관계에서 지켜야 할 다섯 가지 도리[五倫]와 관련된 세부 행동지침을 오륜(五倫) 각각에 대해 상세히 제시하고 있다.

"부모와 지식 사이에 친애함이 있어야 한다"는 조목[明父子之親]은 39개장(1~39장)에서 논의되고 있는데, 1~4장에서는 아침 문안, 잠자리와 식사 봉양, 부모 앞에서 삼갈 일 등 부모를 섬기는 세부 예절[事親之禮], 5~10장에서는 자식으로서 지킬 예절[人子之禮], 11~15장에서는 부모의 말씀을 공경하는 것과 관련된 예절[敬親命之禮], 16~20장에서는 부모의 애증(愛憎) 대상을 대하는 예절[廣愛敬之禮], 21~23장에서는 부모의 잘못을 간(諫)하는 예절[諫過之禮], 24~25장에서는 부모의 병간호하는 예절[侍養疾病之禮], 26~27장에서는 부모의 이름을 욕되지 않도록 근신하는 것과 관련된 예절[謹身之禮], 28~33장에서는 제사모시는 예절[祭享大意], 34~36장에서

118 俾爲師者 知所以教 而弟子知所以學(『小學』, 立敎 序).

는 효자의 몸가짐[孝親之道], 그리고 37~39장에서는 불효(不孝)의 내용이 구체적으로 제시되고 있다.[119] 제4권 '계고'의 '명륜' 중 17개장(5~21장), 제5권 '가언'의 '광명륜'(廣明倫) 중 14개장(15~28장), 제6권 '선행'의 '실명륜'(實明倫) 중 10개장(9~18장)이 '명부자지친'과 관련된 실증 예들이다.

"군주와 신하 사이에는 의로움이 있어야 한다"는 조목[明君臣之義]은 20개장(40~59장)에서 언급되고 있는데, 40~51장에서는 군주를 만나고 명을 받드는 등 실제로 군주를 모시는 예절[事君之禮]에 대해서, 그리고 53~59장에서는 신하로서 지켜야 할 예절[爲臣之節]에 대해 자세히 기술하고 있다.[120] 제4권 '계고'의 '명륜' 중 5개장(22~26장), 제5권 '가언'의 '광명륜' 중 10개장(29~38장), 제6권 '선행'의 '실명륜' 중 8개장(19~26장)에서 '명군신지의'와 관련된 실증적인 예들이 제시되고 있다.

"남편과 아내 사이에는 구별이 있어야 한다"는 조목[明夫婦之別]은 9개장(60~68장)에서 제시되고 있는데, 60~64장에서는 혼인예식과 관련된 예절[婚姻之禮], 65~66장에서는 남편과 아내의 직분의 구별과 내외(內外)의 예절[男女之別], 67장은 아내의 거취에 관한 올바른 규범[去取之義], 마지막 68장은 과부의 자식과의 교유에 관한 행동지침이 다루어지고 있다.[121] 제4권 '계고'의 '명륜' 중 4개장(27~30장), 제5권 '가언'의 '광명륜' 중 9개장(39~47장), 제6권 '선행'의 '실명륜' 중 5개장(27~31장)에서 '명부부지별'과 관련된 선현들의 행적과 말씀 및 선행이 언급되고 있다.

"어른과 아이 사이에는 순서가 있어야 한다"는 조목[明長幼之序]은 20개장(69~88장)에서 논의되고 있는데, 69~70장에서는 형을 공경하는 예절[敬兄之禮], 71~88장에서는 나아가고 물러나며, 응하고 대답하며, 물 뿌리고

119 『小學』, 小學集註總目, 明倫, 明父子之親.
120 『小學』, 小學集註總目, 明倫, 明君臣之義.
121 『小學』, 小學集註總目, 明倫, 明夫婦之別.

청소하는 것과 같은 일상생활의 예절[凡進退應對灑掃飮食燕射行坐之禮]이 상세하게 제시되고 있다.[122] 제4권 '계고'의 '명륜' 중 3개장(31~33장), 제5권 '가언'의 '광명륜' 중 3개장(48~50장), 제6권 '선행'의 '실명륜' 중 10개장(32~41장)에서 '명장유지서'와 관련된 실증적 예들이 다루어지고 있다.

그리고 "벗들 사이에는 믿음이 있어야 한다"는 조목[明朋友之交]은 11개장(89~99장)에서 언급되고 있는데, 89장에서는 벗들 사이에 서로 도와 인(仁)을 이루도록 해야 하는 책임[輔仁之職], 90~91장에서는 친구 사이에 책선(責善)하는 도리[責善之義], 92장에서는 책선이 받아들여지지 않을 때의 행동거지[不可則止], 93~95장에서는 벗을 사귀는 방법[取友之義], 96~99장에서는 사양하고 받는 예절과 주인과 손님의 의례[辭受賓主之儀]에 관해 구체적으로 제시되고 있다.[123] 제4권 '계고'의 '명륜' 중 2개장(34~35장), 제5권 '가언'의 '광명륜' 중 3개장(51~53장), 제6권 '선행'의 '실명륜' 중 1개장(42장)에서 '명붕우지교'의 실증 예들이 다루어지고 있다.

마지막으로 제2권 '명륜'의 끝 9개장(100~108장)에서는 '통론'(通論)이라고 하여, 오륜 사이의 관계와 각각의 실천 사이의 관련성이 제시되고 있다. 제4권 '계고'의 마지막 3개장(45~47장)이 '통론'에 할애되고 있는데, 45장에서는 '입교'가 '명륜'의 바탕이 된다는 사실을 사례를 들어 논하고 있다.[124] 즉 올바른 배움의 태도와 행실을 갖추고 있어야 사람의 도리를 밝게 실천할 수 있게 된다는 것이다. 46장에서는 다음에 제시될 '경신'(敬身)의 사례를 제시한 후에, 47장에서 "삼가 위엄 있고 올바른 행동거지[威儀]를 유지함을 말하여 경신을 논한 다음에, 또한 군신과 상하로부터 붕우에

122 『小學』, 小學集註總目, 明倫, 明長幼之序.

123 『小學』, 小學集註總目, 明倫, 明朋友之交.

124 首章言敎以義方 論立敎也 又言六順六逆 則論立敎以明倫也(『小學』, 小學集註總目, 稽古, 通論).

이르기까지를 말하여 올바른 몸가짐[敬身]이 오륜을 밝게 실천하는[明倫] 바탕이 됨을 구체적인 사례를 들어 논의"[125]하고 있다. 제5권 '가언'의 '광명륜' 중 끝의 2개장(54~55장), 제6권 '선행'의 '실명륜' 중 마지막 11개장(43~53장)은 '통론'과 관련된 실증 자료에 할애되고 있다.

**경신(敬身)** 제3권에서는 "몸가짐을 삼가 바로 하는 일"[敬身]의 세목(細目)이 상세히 제시되고 있다. 『소학』의 편찬자들(朱熹와 劉淸之)은 『예기』 「애공문」(哀公問)편에 나오는 공자의 말[126]을 인용하여, "군자는 삼가지[敬] 않을 수 없는데, 삼가야 할 일 중에서 '몸가짐을 삼가 바로 하는 것'[敬身]이 가장 큰 일이다. 내 몸은 부모의 가지이니, 감히 삼가지 않을 수 있겠는가? 자기 몸을 삼가지 못하면 이는 부모를 상하게 하는 것이요, 부모를 상하게 하면 이는 그 근본(뿌리)을 상하게 하는 것이니, 그 뿌리가 상하게 되면 가지 또한 따라서 망하게 될 것"[127]이라면서 경신(敬身)의 중요성을 부각시키고 있다. 그들은 삼가 올바른 마음가짐을 가지는 일[敬身]은 사람의 도리[人倫]를 밝게 실천하는 바탕이 된다는 관점[128]에서 경신을 중시하는 것이다. 즉 명륜(明倫)은 경신(敬身)의 바탕 위에서 이루어질 수 있다는 것이 『소학』의 입장인 것이다. 『소학』 제3권에서는 네 가지 측면[明心術之要 · 明威儀之則 · 明衣服之制 · 明飮食之節]에서 몸가짐을 삼가 바로

125 末章言敬愼威儀 論敬身也 又言君臣上下至朋友 則論敬身以明倫也(『小學』, 小學集註總目, 稽古, 通論).

126 孔子遂言曰 昔三代明王之政 必敬其妻子也 有道 妻也者 親之主也 敢不敬與 子也者 親之後也 敢不敬與 君子無不敬也 敬身爲大 [……] 三者 百姓之象也 身以及身 子以及子 妃以及妃 君行此三者 則愾乎天下矣 大王之道也 如此 國家順矣(『禮記』, 哀公問 655).

127 孔子曰 君子無不敬也 敬身爲大 身也者 親之枝也 敢不敬與 不能敬其身 是傷其親 傷其親 是傷其本 傷其本 枝從而亡(『小學』, 敬身 序).

128 『小學』, 小學集註總目, 稽古, 通論.

하는 일에 대해 모두 46개장에서 상세히 진술하고 있다.

"마음가짐의 요체"에 관한 조목[明心術之要]은 모두 12개장(1~12장)에서 논의되고 있는데, 우선 경(敬)이 조심하고 두려워하는[畏懼] 마음을 근거로 하고 있다는 사실(1장)을 밝힌 다음, 경의 세목(2장)에 대해 제시하고, 이어서 경을 위주로 근본의 착한 마음을 함양하는 방법(3장~8장)과 경을 간직하는[持敬] 공부의 방법(9장~11장)에 관해 열거한 후에, 12장에서 두려워하고 조심하는 일이 마음가짐의 절실한 요체임을 결론적으로 논술하고 있다.[129] 제4권 '계고'의 '경신' 중 3개장(36~38장), 제5권 '가언'의 '광경신'(廣敬身) 중 16개장(56~71장), 제6권 '선행'의 '실경신'(實敬身)의 14개장(54~67장)에서 '명심술지요'의 실증 사례들이 제시되고 있다.

"조심스럽고 위엄 있는 행동거지의 원칙"에 관한 조목[明威儀之則]은 모두 21개장(13~33장)에서 진술되고 있는데, 우선 13장에서 무릇 예의는 몸가짐을 바르게 하고 안색을 가지런히 하며 말을 공손하게 하는 일에서 비롯됨을 말하여 행동거지를 바르게 하는 일의 기초를 설파하고, 이어서 14~31장에서 시선을 두는 법, 말을 공손히 하는 법, 잠잘 때의 예절, 방에 들어갈 때의 예절, 물건을 주고받을 때의 예절 등 여러 생활 장면에서의 구체적인 행동거지에 관해 언급한 다음, 32~33장에서 행동거지와 마음가짐을 함께 배양해야 함[威儀·心術交相培養之禮]을 역설하였다.[130] 제4권 '계고'의 '경신' 중 2개장(39~40장), 제5권 '가언'의 '광경신' 중 5개장(72~76장), 제6권 '선행'의 '실경신' 중 7개장(68~74장)에서 '명위의지칙'에 관한 선현들의 행적과 말씀과 선행의 예들이 제시되고 있다.

"옷차림의 법식"에 관한 조목[明衣服之制]은 모두 7개장(34~40장)에서

---

**129** 『小學』, 小學集註總目, 敬身, 明心術之要.

**130** 『小學』, 小學集註總目, 敬身, 明威儀之則.

언급되고 있는데, 우선 34장에서 성인식[冠禮]에서의 복식(服飾)에 관해 말하여 옷차림의 중요성을 일깨운 다음, 35~38장에서 상황에 따른 바른 옷차림의 법식을 제시하고, 37장에서는 어린이의 옷차림, 38장에서는 옷차림에 대한 마음가짐을 제시하였다.[131] 제4권 '계고'의 '경신' 중 3개장(41~43장), 제5권 '가언'의 '광경신' 중 2개장(77~78장),[132] 제6권 '선행'의 '실경신' 중 1개장(75장)에서 '명의복지제'의 실증 예들이 진술되고 있다.

마지막으로 "음식을 먹는 예절"에 관한 조목[明飮食之節]은 모두 6개장(41~46장)에서 언급되고 있는데, 혼자서나 어른을 모시고 음식을 먹을 때의 예절이 매우 구체적으로 열거되고 있다. 제4권 '계고'의 '경신' 중 1개장(44장), 제5권 '가언'의 '광경신' 중 2개장(77~78장)에서 의복 및 다른 행동거지와 함께, 제6권 '선행'의 '실경신' 중 6개장(76~81장)에서 '명음식지절'의 실증 사례들이 제시되고 있다.

### (2) 입교 · 명륜 · 경신 사이의 관계

여기서 한 가지 지적할 점은 제5권 '가언'의 '광경신' 중 마지막 13개장(79~91장)에서는 책을 다룰 때의 자세, 공부하는 방법과 자세, 공부의 순서, 각 경전을 읽을 때 유의할 점, 이단(異端)의 폐해 등 "책을 읽어 공부하는 것과 이단에 대한 분별을 넓혀 진술"[廣讀書爲學與異端之辨][133]하고 있다는 사실이다. 『소학』의 편찬자들이 이러한 내용들을 "가르치고 배우는 태도"[立敎]의 중요성을 널리 드러내는 '광입교'에 관한 아름다운 말씀[嘉言]에 넣지 않고, "몸가짐을 삼가 바로 하는 일"[敬身]의 중요성을 널리 드러내는 '광경신'에 관한 가언(嘉言)으로 분류하여 편찬한 까닭이 무엇

131 『小學』, 小學集註總目, 敬身, 明衣服之制.

132 이 두 장은 의복과 음식 및 기타 행동거지에 대한 좋은 말씀[嘉言]을 광범위하게 싣고 있다.

133 『小學』, 小學集註總目, 嘉言, 廣敬身.

일까? 얼핏 생각하면, '책을 읽어 공부하고 이단을 분별하는 일'은 '몸가짐을 바로 하는 일'의 중요성을 드러내는 것보다는 '가르치고 배우는 태도와 자세'의 중요성을 드러내는 것과 더 관련이 깊은 것으로 보이는데도 말이다.

한마디로 말해서, 이러한 사실은 성리학자들이 일상생활의 몸가짐을 삼가고 바로 하는 일[敬身]이 가르치고 배우는 태도와 자세[立敎]를 바로 잡는 근거가 된다고 생각하고 있음을 입증해준다고 볼 수 있다. 즉 '경신'이 바로 되어야 올바르게 '입교'할 수 있다고 성리학자들은 간주하는 것이다.

앞에서 제4권 '계고'의 마지막 3개장(45~47장) 가운데 46장은 오로지 '경신'에 관한 선현들의 행적만을 기술하고 있는 반면에, 45장에서는 '입교'에 관한 내용과 함께 '명륜'의 행적을 기록하여 '입교'와 '명륜'의 관계를 "입교를 통해 명륜하게 되는 것으로 설정"[論立敎以明倫]하고 있다는 사실과, 47장에서는 '경신'에 관한 내용과 함께 '명륜'에 관한 내용을 말하여 '경신'과 '명륜'의 관계를 "경신을 통하여 명륜하게 되는 것으로 설정"[論敬身以明倫]하고 있다는 사실[134]을 지적한 바 있다. 이러한 해석은 몸가짐을 삼가고 바로 하는 일은 배우는 자세를 바로 하는 일이나 대인관계에서 요구되는 도리를 실천하는 일이 이루어지기 전에 갖추어져 있어야 한다는 추론을 하게 한다.

이러한 사실과 위에서 지적한 독서와 학문에 대한 '가언'을 '광입교'가 아니라 '광경신'으로 분류하고 있다는 사실을 종합적으로 고찰해보면, 성리학자들, 특히 『소학』의 편찬자인 주희와 유청지는 '경신 → 입교 → 명륜'으로 일상적 도덕 실천의 단계를 설정하고 있다고 추론할 수 있다.

**134** 『小學』, 小學集註總目, 稽古, 通論.

“『소학』이라는 책의 구성상, 그리고 내용상 무게 중심은 ‘몸을 경건하게 추스르는 일’[敬身]에 놓여 있는 것이다.”[135] 즉 일상생활에서 마음가짐과 행동거지를 삼가고 바로잡은 다음에라야 가르침을 받고자 하는 바른 태도와 자세가 갖추어지고, 가르침을 받고자 하는 태도와 자세가 바로잡힌 다음에라야 인간관계의 바른 도리를 실천할 수 있게 된다는 것이 성리학자들이 중시하는 『소학』의 기본적인 관점인 것이다.

### 2) 『소학』에서 추구하는 목표: 습여지장(習與智長)과 화여심성(化與心成)

이상과 같이 『소학』에서는 몸가짐을 삼가고 바로 하는 ‘경신’, 배움의 태도와 자세를 가다듬는 ‘입교’, 그리고 실생활의 부자 · 군신 · 부부 · 장유 · 붕우 관계에서 사람으로서 해야 일을 제대로 실천하는 ‘명륜’의 내용을 아동들에게 가르쳐 익히게 하려는 목적에서 편찬된 아동교육의 교재이다. 『소학』에서는 아동들에게 경신 · 입교 · 명륜의 원리나 그러한 실천을 해야 하는 당위성을 인식시키려고 하기보다는, 우선 몸가짐을 바로하고, 배움의 자세를 가다듬으며, 다른 사람과의 관계에서 해야 할 바른 행동을 실천할 것을 요구한다. 그리하여 『소학』에서는 아침에 일어나서 제일 처음 할 일, 옷 입는 바른 자세, 물 뿌리고 청소하는 방법, 어른을 대할 때의 행동거지와 말하는 방법, 밥 먹을 때의 자세, 잠잘 때의 자세 등 아침에 일어나서부터 저녁에 잠자리에 들 때까지의 행동양식들을 매우 구체적으로 제시하고 있으며, 이러한 행동의 모범이 되는 선현들의 행적 · 말씀 · 선행을 통해 이러한 실천의 표준을 실증하여 보이고 있다.

그렇다면 이러한 구체적인 행동양식들의 익힘을 통해 이루고자 하는 목표는 무엇인가? 『소학』 교육에서 추구하는 목표를 그 편찬자인 주희는

---

135 de Bary, Wm. T., 1983/1998, p. 73.

「소학서제」에서 다음과 같이 진술하고 있다.

> 옛날에 초등교육기관인 '소학'에서 아동들을 가르치되, "물 뿌리고 청소하며, 부름에 응답하고 물음에 대답하며, 나아가고 물러나는 예절과, 어버이를 사랑하고 어른을 공경하며, 스승을 존숭하고 벗을 친애하는 방도"로써 하였으니, 이들은 모두 고등교육기관인 '태학'에서 가르치는 바의 "자기 몸을 닦고 집안을 가지런히 하며, 나라를 다스리고 천하를 평안하게 하는 일"의 근본이 되기 때문인 것이다. 이러한 일상적 행실을 어릴 때에 가르쳐 익히게 한 것은, 그 익힘이 지혜와 더불어 자라며[習與智長] 교화가 본래의 착한 마음과 더불어 이루어지게[化與心成] 함으로써, 혹시 성장한 후에 익힌 바를 거슬려 감당하지 못하는 일이 있지 않을까 하는 걱정을 없애고자 한 것이다.[136]

주희는 이 인용문에서 세 가지 점을 밝히고 있다. 우선 초등교육기관과 고등교육기관에서 가르치는 내용이 다르다는 것이다. 초등교육기관에서는 『소학』을 교재로 하여 일상생활의 기본 행동거지와 몸가짐을 익히게 하는 일을 위주로 하고, 고등교육기관에서는 『대학』을 비롯한 여러 경전을 통하여 수기치인(修己治人)의 학(學)을 가르친다는 것이 주희의 생각이다. 즉 아동교육에서는 일상적인 몸가짐과 행동거지의 습관 형성을 위주로 하는 반면, 성인교육에서는 수기치인의 도를 밝게 깨닫는 도덕 인식을 위주로 한다는 것이다.

다음으로 어렸을 때 익히는 바른 마음가짐과 몸가짐 및 행동거지는 성인이 된 후에 수기치인의 도를 깨우치는 바탕이 된다는 것이다. 바른 마

---

**136** 古者小學 敎人以灑掃應對進退之節 愛親敬長隆師親友之道 皆所以爲修身齊家治國平天下之本 而使其講而習之於幼穉之時 欲其習與智長 化與心成 而無扞格不勝之患也(『小學』, 小學書題).

음가짐과 몸가짐 및 행동거지를 충실히 익히지 않으면 성인(成人)이 된 후에 수기치인의 도를 바르게 인식할 수 없다는 것이 주희의 의견이다. 즉 어렸을 때 바른 습관을 길러놓지 않으면, 성인이 된 후에 깨우쳐야 할 수기치인의 도를 인식할 근거가 막혀 이를 감당하지 못하게[扞格而不勝] 될 위험이 있다는 것이다.

마지막으로 『소학』 교육의 목적은 이를 통해 익히게 되는 바른 습관을 근거로 해서 도덕적 인식이 자라나게 하는 '습여지장'(習與智長)과 외적 행동의 변화를 통해 내적으로 갖추고 있는 본래의 선심(善心)이 이루어지기를 도모하는 '화여심성'(化與心成)에 있다는 사실이다. 위의 두 가지 논점과 결부시켜보면, 이 말은 아동교육을 통해 길러지고 이루어지는 바른 습관[習]과 외적인 행동의 변화[化]가 기초가 되어, 성인교육과 함께 명징(明澄)한 도덕 인식[智]과 본래의 선성[心]의 성장[習與智長]과 실현[化與心成]이 이루어지게 된다는 의미로 풀이할 수 있다.

여기서 선진유학자들이나 성리학자들 모두 도덕 인식과 그 실천을 교육의 목표로 설정하고 있다는 사실을 상기해볼 필요가 있다. 이렇게 보면, 주희가 말하는 '습여지장'과 '화여심성'은 유학자들에게 있어서 모든 교육 활동이 지향하는 목표가 된다. 다만 습(習)과 화(化), 곧 도덕 실천은 『소학』을 통한 아동교육에서 지향하는 제일의 목표인 반면, 지(智)와 심(心), 곧 도덕 인식은 『대학』을 통한 청년기 이후의 성인교육에서 지향하는 제일의 목표가 되는 것으로, 이 둘이 함께 자라고[長] 실현되는[成] '습여지장'과 '화여심성', 이것이 바로 쉬지 않고 이루어져야 하는 모든 교육 활동이 지향하는 목표로 부각되는 것이다.

앞에서 『소학』의 세 강목[立敎 · 明倫 · 敬身] 가운데 '경신'이 핵심임을 논의하였다. 이렇게 "『소학』 교육은 경(敬)의 태도를 확립함으로써 이후의 학습이 이에 근거하도록 하였고, 『대학』 교육은 『소학』에서 확립된 (삼가고 조심하는) 경의 태도를 견지하면서 학습과 실천을 확대해나간다. 이러한 점에서 『소학』의 교육적 의의를 '근본배양'(根本培養)이라고 할 수 있다."[137] 이렇게 『소학』에서 지향하는 교육이 '근본배양'이라는 사실은 "『소학』은 사람을 만드는 틀"이라고 보는 주희의 견해,[138] "덕성을 기르고, 근본을 세우는 일은 『소학』에 달려 있다"는 퇴계의 관점,[139] "『소학』의 가르침을 아동 초기에 베풀면, 양지(良知)를 개발하여 나아갈 방향을 드러내고, 아동을 바르게 길러 근본을 배양해서, 모든 일과 행위에 있어 남보다 앞서 바르게 하도록 함으로써, 가정에서 일상생활을 하는 데 도리가 아닌 것이 없게 된다"는 성혼(成渾, 1535~1598)의 견해[140] 등에서 그 근거를 찾을 수 있다.[141]

이렇게 『소학』은 '유교적 인격주의'의 요체를 가장 잘 드러낸 일종의 자기수양서라고 볼 수 있다.[142] 자기 몸가짐을 삼가고 조심하는 '경신'을 통해 인격 수양의 근본을 배양한 다음, 배움의 자세를 바르게 하고[입교] 가족을 비롯한 대인관계에서 사람의 도리를 실천함으로써[명륜], 자기에게 갖추어져 있는 본래의 착한 마음과 지혜를 실현하고 자라나게 하는 근거를 이루게 하는 것이 바로 『소학』에서 추구하는 아동교육의 목표인 것이다.

---

**137** 신동은, 2002, p. 54.

**138** 朱子日 後生初學 且看小學書 那箇是做人底樣子(『小學』, 小學集註總論).

**139** 養德性而立根本 在乎小學 廣規模而達幹支 在乎大學(『退溪全書 二』, 記, 開寧鄕校聖殿重修記 368).

**140** 小學之敎 加之幼穉之初 發良知而示趨向 正蒙養而培本原 先諸事爲 無非家庭日用之常(『小學』, 小學集註跋).

**141** 신동은, 2002, pp. 53~57 참조.

**142** de Bary, 1983/1998, pp. 67~74 참조.

### 3) 내적 인식과 외적 실천: 선지후행(先知後行)과 선행후지(先行後知)의 문제

앞에서 퇴계와 율곡은 '거경'을 위주로 하여 '치지' 또는 '궁리'와 '역행'을 이루어야 한다고 보았음을 진술하였다. 여기서 '거경'도 도덕 실천의 한 양태라고 본다면, 이는 '거경 → 치지(궁리) → 역행'의 순서, 곧 '행 → 지 → 행'의 부단한 순환 과정을 언급한 것이라고 볼 수 있다.[143] 즉 단순한 '선행후지'가 아니라, '선행후지이우행'(先行後知而又行)이 성리학자들의 본뜻이라고 할 수 있다. 이를 중간 이전에서 끊어보면 '선행후지'이지만, 중간 이후로 끊으면 '선지후행'이 될 것이다. 이렇게 조선조 성리학자들은 도덕 인식과 도덕 실천의 상호의존성을 주장하고 있는 것이다. 이러한 관점은 퇴계의 다음 서간문에 잘 드러나 있다.

> 내가 가만히 살펴보건대, 지(知)와 행(行) 두 가지는 마치 차의 두 바퀴나 새의 두 날개와 같아서 서로 선후(先後)가 되고 서로 경중(輕重)이 되는 것이다. 성현의 말씀에는 "먼저 깨닫고 나서 나중에 행해야 할 것"[先知而後行者]도 있고 [……] "먼저 행하고 나서 나중에 깨달아야 할 것"[先行而後知者]도 있는 법이다. [……] 이러한 것들은 너무 많아 이루 다 열거할 수 없을 정도이다. 그러나 먼저 깨달을 것이라고 해서 그것을 완전히 깨달은 다음에라야 비로소 행해야 하는 것이 아니고, 먼저 행해야 할 것이라고 해서 그것을 완전히 행하고 난 다음에라야 비로소 깨닫게 되는 것도 아니다. 이치를 처음 깨닫기 시작할 때부터 완전한 깨달음에 이르러 그칠 때까지, 그리고 처음 행하기 시작할 때부터 그칠 곳을 알아 그만둘 때까지, 지와 행은 항상 서로 의뢰하고 함께 나아가야 하는 것이다.[144]

---

**143** 陳來, 1987/2008, p. 366.

**144** 竊意知行二者 如兩輪兩翼 互爲先後 相爲輕重 故聖賢之言 有先知而後行者 [……] 有先行而

퇴계가 이 편지에서 "먼저 깨닫고 나서 나중에 행해야 할"[先知而後行者] 성현의 말씀으로 꼽고 있는 대표적인 것이 『대학』이고, "먼저 행하고 나서 나중에 깨달아야 할"[先行而後知者] 대표적인 것이 『중용』이다. 『소학』은 아마도 이 후자에 속할 것인데,[145] 퇴계는 "선 『소학』, 후 『대학』"(先小學後大學)을 공부의 순서로 제시하였다[146]는 점에서, 퇴계와 율곡 같은 성리학자들은 아마도 '선행후지'의 입장에 더 기울어지고 있지 않았나 싶다.

그렇다면, 퇴계와 율곡 이외의 성리학자들은 대체로 이 문제에 대해 어떤 입장을 취하고 있었을까? 그리고 이 문제는 현대심리학적으로 어떤 함의를 가지고 있는가? 전자의 문제에 대해서는 성리학의 완성자인 주희의 관점을 통해 살펴볼 것이고, 후자의 문제에 대해서는 현대 사회심리학에서 논의된 태도(態度)와 행동의 선후 문제에 대한 페스팅어(Leon Festinger)와 벰(Daryl J. Bem)의 관점을 대조하여 살펴보기로 하겠다.

### (1) 주희의 중행경지(重行輕知)와 주경종지(主敬從知)의 관점

현대 중국의 대표적인 주희 연구자인 진래(陳來)는 주희의 지행(知行)에 관한 관점을 논의하면서, 주희에게서 이 문제는 '치지(致知)－역행(力行)', '치지－함양(涵養)', '치지－주경(主敬)'의 세 측면에서 서로 다른 관점으로 정리할 수 있다고 보았다. 여기서 "치지와 역행은 '도덕 인식' 및 '도덕관념의 실천 내지 실행'의 상호 관계를 가리키며, 치지와 함양은 위기지학(爲己之學)으로서의 도학(道學)에 있어서 '지식의 확충'과 '수신양성'(修身養

---

後知者 [……] 似此甚多 不可勝擧 然先知者 非盡知而後始行也 先行者 非盡行而後始知也 自始知至知至至之 始行至知終終之 貫徹相資而互進也(『退溪全書 一』, 書, 答李剛而問目 521).

**145** 『退溪全書 二』, 記, 開寧鄕校聖殿重修記 368.

**146** 『退溪全書 二』, 書, 答李宏仲 214.

性) 두 가지 기본적인 방법 간의 상호 관계를 의미한다. 그리고 치지와 주경은 '주체적인 수양'이 '격물치지'(格物致知)의 과정 중에 작용하는 것을 말한다."[147]

우선 '치지'와 '역행' 간의 문제로 도덕 인식[知]과 도덕 실천[行]의 관계를 정리하면, 도덕 실천의 근거로서 도덕 인식이 선행되어야 한다는 것이 송유(宋儒)들의 입장이라고 진래는 보았다. 그는 이의 근거로 "도덕 인식과 그 실천은 모름지기 서로 의존하는 것인데, 이는 마치 눈이 있어도 발이 없으면 나아가지 못하고, 발이 있어도 눈이 없으면 나아갈 길을 볼 수 없는 것과 같다. 이 양자의 선후(先後)를 논하자면 도덕 인식인 지(知)가 우선이고, 그 경중(輕重)을 논하자면 도덕 실천인 행(行)이 더 중요하다"[148]는 주희의 진술을 들고 있다. 그러나 주희는 '선지후행'이라고 해서 모든 인식을 완전히 갖춘 다음에라야 비로소 실천이 시작되는 것이라고 보지는 않았다.

> 만약 반드시 인식이 지극한 데에 이른 다음에라야 이를 실행할 수 있다고 한다면, 무릇 어버이를 섬기고 형을 공경하며, 어른을 따르고 아랫사람을 대하는 것과 같이 사람의 삶에서 단 하루라도 폐할 수 없는 일에 대해서도 "내 지식이 아직 지극한 데 이르지 못했으므로, 이를 행하기를 잠시 미뤄두고 지식이 지극해지기를 기다린 후에 행하겠다"라고 할 수 있겠는가?[149]

---

**147** 陳來, 1987/2008, pp. 367~368. 이하 본문에서 언급되는 陳來의 논의는 그의 책의 pp. 365~406의 내용을 참조한 것으로, 그의 말을 직접 인용할 때 외에는 출처를 밝히지 않았으며, 그의 주장을 감안하여 필자의 의견에 따라 확대 해석한 것도 있다.

**148** 知行常相須 如目無足不行 足無目不見 論先後 知爲先 論輕重 行爲重(『性理大全 卷四十八』, 學六, 知行 759): 이는 光成文化社 간(1975) 『性理大全』 卷48의 學六 중 知行 p. 759를 가리킨다. 앞으로 『性理大全』의 인용은 이 예를 따른다.

**149** 若曰必俟知至而後可行 則夫事親從兄承上接下 乃人生之所不能一日廢者 豈可謂吾知未至而

진래는 "주희가 '선지후행설'에서 논의한 것은 '행-지-행'의 순차에 관한 것이었다"면서, "여기서 뒷부분의 '지-행' 구조는 행위란 사상의 실행이며, 반드시 이성적 지식의 지도를 받는다는 점을 거듭 강조한 것"[150] 이라고 진술하고 있다. 이렇게 보면 '치지-역행'의 관계에 관한 주희의 입장을 단순히 '선지후행설'이라고 하기보다는 '중행경지설'(重行輕知說)이라고 보는 것이 타당할 것이다.

다음으로 '치지'와 '함양' 간의 문제로 지와 행의 관계를 정리하면, "도덕 인식이 이루어진 후에 실천이 이를 따르지 못한다면, 그 도덕 인식이 아직 얕은 데에 머물러"[151] "도덕 인식이 지극한 데에 이르지 못했기 때문"[152]으로, 사물의 이치를 깊게 깨우치는 진지(眞知)에 이르면 곧 도를 실천하는 바탕이 함양되어 도덕 실천에 이르게 되므로, 굳이 그 선후를 논할 수 없는 '지행병진'(知行竝進)이 이루어진다는 것이 주희의 관점이다. 이는 다음과 같은 진술에 잘 드러나 있다.

> 혹자가 "반드시 먼저 안 다음에 행해야 하는 것입니까?" 하고 묻자, 주희가 "아직 도리[理]가 밝혀짐을 이루지 못했다고 해서 모두 그 도리를 '간직하여 지키지'[持守] 못할 리가 있겠는가? 증점(曾點)과 증자(曾子) 부자(父子)가 이러한 두 가지 예를 잘 드러내준다. 증점은 이해는 하였지만 행동은 이에 따르지 못하였고, 증자는 이해하기 이전부터 굳게 지켰기 때문에 두루 도리에 밝게 통하게 되었다.[153]

---

暫輟以俟其至而後行哉(『性理大全 卷四十八』, 學六, 知行 762).

150 陳來, 1987/2008, p. 374.

151 論知之與行 日 方其知之而行未及之 則知尙淺(『性理大全 卷四十八』, 學六, 知行 759).

152 未有知之而不能行者 謂知之而未能行 是知之未至也(『性理大全 卷四十八』, 學六, 知行 759).

153 問 須是先知而後行否 日 不成未明理 便都不持守了 且如曾點與曾子便是兩箇樣子 曾點便是理會得底 而行有不揜 曾子便是合下持守 旋旋明理到一唯處(『性理大全 卷四十八』, 學六, 知行 760).

> 일상적 실천을 통해 함양하는 가운데 자연히 이치를 궁구하는 공부가 갖추어져 있어서 그 길러야 할 바의 도리가 궁구되어지며, 사물의 이치를 궁리하는 가운데 자연히 함양하는 공부가 갖추어져 있어서 무릇 궁구해야 할 이치가 길러진다. 이 양자는 서로 떨어질 수 없는 것이어서, 만일 두 가지를 따로 기르려고 하면 이루어질 수 없을 것이다.[154]

이와 같이 치지와 함양, 곧 지식의 확충과 수신양성은 서로 병행하여 이루어지는 것이라는 '지행병진설'이 주자의 관점이라고 진래는 보고 있다. 그러나 '지행병진'이라고 해서, 주희의 입장이 '지'와 '행'의 완전한 병진을 의미한 것은 아니다. '치지'는 '함양'의 바탕 위에서 이루어져야 한다고 주희는 보고 있는데, 이러한 태도는 다음 진술문에서 잘 드러나고 있다.

> 주자는 "옛사람의 학문은 진실로 '치지격물'을 우선으로 삼았다. 그러나 그 처음에는 반드시 『소학』에서 함양함을 먼저 하였으니, 이는 쇄소 · 응대 · 진퇴의 바른 몸가짐과 예 · 악 · 사 · 어 · 서 · 수의 올바른 배움의 기초와 자세를 익히고 기르는 일에 있을 뿐이었다. 성현께서 후인들에게 배움에 나아가는 선후의 차례를 열어 보여주신 것이 여기에서 극명하게 드러나고 있는 것이다"라고 말하였다.[155]

이렇게 보면 주희는 '치지'와 '함양' 간의 관계도 일률적인 '병진'이 아니

---

154 涵養中自有窮理工夫 窮其所養之理 窮理中自有涵養工夫 養其所窮之理 兩項都不相離 纔見成兩處便不得(『性理大全 卷四十八』, 學六, 知行 760).

155 朱子又曰 古人之學 固以致知格物爲先 然其始也 必養之於小學 則在乎灑掃應對進退之節 禮樂射御書數之習而已 聖賢開示後人進學門庭先後次序 極爲明備(『小學』, 小學集註總論).

라, '함양→치지'의 순서로 정리하고 있다고 할 수 있을 것이다.

마지막으로 '치지'와 '주경' 간의 문제로 지와 행의 관계를 정리하면, 한마디로 몸가짐과 행동거지를 삼가고 바르게 하는 경 상태를 바탕으로 하여 그 근거 위에서 치지를 이루도록 해야 한다는 것이 주희의 생각이다. 주희는 "경을 위주로 하는 주경(主敬)은 선한 마음가짐을 간직하는[存心] 요체이고, 치지(致知)는 배움에 정진한[進學] 공효이다. 이 두 가지가 서로 발하여 이루어주면, 아는 것은 더욱 밝아지고 지키는 것은 더욱 견고해져서, 자기도 모르는 사이에 옛날의 잘못이 스스로 날로 고쳐지고 달로 변화될 것"[156]이라거나, "배우는 사람의 공부는 오로지 거경(居敬)과 궁리 이 두 가지에 있다. 이 두 가지 일은 서로 이루어주는 것인데, 궁리를 잘하면 거경 공부가 나날이 더욱 발전하고, 거경을 잘하면 궁리 공부가 나날이 더욱 정밀해진다. 이는 비유컨대 사람의 두 발과 같아서, 왼발이 나가면 오른발이 멈추고 오른발이 나가면 왼발이 멈추는 것과 같다"[157]고 진술하여, '지행병진설'의 입장을 피력하고 있다. 그러나 그가 '치지'와 '거경'에 똑같은 무게를 두고 있는 것은 아니다. 그는 이를 다음과 같이 표현하고 있다.

> 경 상태를 간직하는 것[持敬]은 사물의 이치를 궁구하는 궁리(窮理)의 터전이다. 이 터전 위에서 궁구하여 이치를 명확히 깨닫게 되면, 이는 또한 마음을 기르는 데 도움이 된다.[158]

---

**156** 主敬者存心之要 而致知者進學之功 二者交相發焉 則知日益明 守日益固 而舊習之非自將日改月化於冥冥之中矣(『性理大全 卷四十四』, 學二, 總論爲學之方 704).

**157** 學者工夫唯在居敬窮理二事 此二事互相發 能窮理則居敬工夫日益進 能居敬則窮理工夫日益密 譬如人之兩足 左足行則右足止 右足行則左足止(『性理大全 卷四十八』, 學六, 知行 760).

**158** 持敬是窮理之本 窮得理明 又是養心之助(『性理大全 卷四十八』, 學六, 知行 760).

조선조의 율곡은, 주희가 주장하는 바와 같이, 경 상태를 함양하는 것이 위주가 되고 치지를 위한 궁리는 그 터전 위에서 이루어지는 것이어서, 양자는 주종(主從)의 관계에 있다는 사실을 다음과 같이 제시하고 있다.

> 어떤 문인이 "처음 배우는 사람이 아직 함양에 착수하지 않은 상태에서도 성찰하는 일에 힘을 쏟을 수 있습니까?"라고 묻자, 율곡은 "이것을 주종(主從)으로 비유하자면, 반드시 함양을 주(主)로 삼고 성찰을 종(從)으로 삼아야 한다. 그런 다음에라야 배우는 사람의 공부가 비로소 발전할 수 있다. 혹시라도 함양을 가볍게 여긴다면 이는 잘못이다"라고 대답하였다.[159]

여기서 율곡이 말하는 '함양'과 '성찰'은 위에서 주희가 말하는 '주경'[지경 · 거경]과 '궁리'[치지]를 가리키는 것이다. 그러므로 이 문제에 관한 주희의 관점은 단순한 '지행병진설'이 아니라 '주경종지설'(主敬從知說)이라고 정리할 수 있다.

이상에서 보듯이 도덕 인식과 그 실천의 선후 관계에 관한 주희의 입장은 그리 간단하지 않다. 그러나 이상의 논의를 종합해보면, 그의 관점은 한마디로 몸가짐과 행동거지를 삼가고 바르게 하는 경 상태를 바탕으로 하여, 사물의 이치를 궁리하여 치지를 이루고, 이러한 도덕 인식을 힘써 실천하는 '거경 → 치지 → 역행'의 순서로 볼 수 있다. 이는 다음 진술문에 잘 드러나 있다.

159 問 初學於涵養上 雖不下手 而於省察上 可以用功耶 曰 譬之主從 必以涵養爲主 而省察爲從者 然後學者之功始進 如或以涵養爲輕則謬矣(『栗谷全書 二』, 語錄上 231).

> 함양과 치지와 역행 세 가지 중에서, 함양을 머리로 삼아 치지가 뒤 따르고, 이어서 역행이 뒤 따르게 해야 한다. 함양이 이루어지지 않으면 몸과 마음을 주재할 바가 없게 된다. [……] 함양이 이루어진 다음에는 반드시 치지해야 하고, 치지는 또한 반드시 역행으로 이어져야 한다. 도를 인식하고도 이를 힘써 실행하지 않으면 도를 인식하지 못한 것과 다를 바가 없다. 그러나 반드시 이 삼자에 함께 힘을 써야지, 각각 따로 이루려고 해서는 안 된다. 즉 오늘은 몸가짐과 마음가짐을 기르고, 내일은 치지에만 힘쓰고, 또 그 다음 날은 역행에만 힘써야 한다는 말이 아닌 것이다. 요컨대 이 세 가지는 마땅히 모두 경(敬)을 위주로 하여야 한다.[160]

이렇게 '거경(함양) → 치지(궁리) → 역행'의 관계에서 '치지 → 역행'을 따로 떼어서 보면 '선지후행'이 되는 것이고, '거경(함양)'이 '치지'와 '역행' 모두의 바탕이 된다는 면에서 보면 '지행병진'이 되는 것이며, '함양 → 치지'의 측면을 따로 떼어서 보면 '선행후지'가 되는 것이다. 그러나 '함양 → 치지 → 역행'의 전체 구조에서 보면, 주희는 역시 '선행후지'의 입장에 기울어져 있다고 볼 수 있다.

이러한 사실은 그가 도덕 실천을 위주로 하는 『소학』의 공부를 도덕 인식을 목표로 하는 『대학』의 공부보다 앞서 해야 한다고 중시한 데에서 잘 드러난다.[161] 주희는 『소학』의 공부는 함양과 실천을 하게 하는 데 효험이 있고, 이러한 터전 위에서 『대학』의 공부를 통해 앎의 지극함에 이르게 된다는 사실을 논파하고 있다.

---

**160** 涵養致知力行三者 便是以涵養做頭 致知次之 力行次之 不涵養則無主宰 [……] 旣涵養又須致知 旣致知又須力行 若致知而不力行 如不知同 亦須一時並了 非謂今日涵養 明日致知 後日力行也 要當皆以敬爲本(『性理大全 卷四十五』, 學三, 總論爲學之方 715).

**161** 신동은, 2002, pp. 49~53 참조.

> 대체로 옛사람의 교육은 아주 어렸을 때는 효제성경(孝弟誠敬)의 실제적인 것을 가르치고, 좀 자라서는 시서예악(詩書禮樂)의 문예로 넓혀주었는데, 이는 모두 아이들로 하여금 구체적인 개개의 사물과 마주했을 때 각각의 경우에 대해 의리의 소재를 파악하고, 함양과 실천의 공(功)을 이루게 하려는 데 목적이 있었다. 열다섯의 청년이 되어 『대학』을 배울 때면, 쇄소응대(灑掃應對)와 예악사어(禮樂射御) 같은 일에 있어서 함양하고 실천하는 바가 대략적으로나마 작은 성취가 있을 것인데, 이때 이에서 벗어나지 않으면서 격물(格物)을 가르쳐 그 앎을 확충시켜[致知] 주었다. 여기서 치지란 그 이미 알고 있는 바를 근거로 확장하여 아직 알고 있지 못하는 데까지 이르러 그 앎의 지극함을 다하려는 것이다. 이때 천지만물의 이치를 통 털어 꿰뚫는 경지에 이르러서야 앎이 지극함에 이르렀다고 할 수 있는데, 이른바 성의정심(誠意正心)·수신제가(修身齊家)·치국평천하(治國平天下)도 이러한 경지에 이르러서야 그 도를 완전히 발휘하게 된다. [……] 진실로 무릇 『소학』의 성취를 근거로 『대학』을 공부함에 이르러, 『소학』을 통해 이미 함양과 실천의 바탕이 갖추어져 있지 않다면 잡되고 혼란스럽고 어지러운 마음이 일어나기 마련일 텐데, 이 때문에 어찌 편안하게 격물하여 그 앎을 지극하게 할 수 있겠는가?[162]

또한 공자가 말한 '하학상달'(下學上達)에 대한 주희의 해석에서도 그가 '선행후지'의 태도를 갖추고 있었음이 드러난다. 공자는 자신의 학문 자

---

162 蓋古人之敎 自其孩幼而敎之以孝弟誠敬之實 及其少長 而博之以詩書禮樂之文 皆所以使之卽一事一物之間 各有以知其義理之所在 而致涵養踐履之功也 及其十五成童 學於大學 則其灑掃應對之間 禮樂射御之際 所以涵養踐履之者略已小成矣 於是不離乎此 而敎之以格物以致其知焉 致知云者 因其所已知者推以致知 以及其所未知者而極其至也 是必至於擧天地萬物之理而一以貫之 然後爲知之至 而所謂誠義正心 修身齊家 治國平天下者 至是而無所不盡其道焉 [……] 誠欲因夫小學之成以進夫大學之始 則非涵養踐履之有素 亦豈能居然以夫雜亂紛糾之心 而格物以致其知哉(『性理大全 卷四十八』, 學六, 知行 761).

세에 대하여 "아래에서 배워[下學] 위에 도달[上達] 하였다"[163]고 언급한 바 있다. 주희는 여기서의 '하학'(下學)과 '상달'(上達)에 대해 정자의 말을 따라 "무릇 아래로 인간의 일을 배워 익히면 곧 위로 하늘의 이치에 통달하게 된다"[164]는 뜻으로 해석하여, 우선 인간으로서 해야 할 일을 익히고 난 다음에 그 이치를 궁구해야 한다는 의미, 곧 '선행후지'의 입장을 피력한 것으로 받아들였다. 이러한 사실은 이 문제에 대한 다음과 같은 제자와의 문답에서 잘 나타난다.

> 어떤 제자가 "하학과 상달은 본디 서로 마주하고 있는 두 가지 일입니다. 그러나 하학부터 시작한다면, 오히려 큰일을 마주치게 되었을 때 공부할 것이 너무 많지 않겠습니까?"라고 묻자, 주희는 "성현이 사람들을 가르칠 때 아래로 배워야 할 일에 대해서는 많이 말씀하셨고, 위로 도달하는 일에 대해서는 적게 말씀하셨다. 하학 공부를 말씀하시는 것은 반드시 많을수록 좋은 것이다. [……] 아래로 사람의 일에 대하여 이해하지 못하면서, 다만 위로 하늘의 이치를 깨우치려고만 한다면 도대체 아무런 일도 할 수 없을 것이다.[165]

이상의 논의를 종합해보면, 주희를 비롯한 조선조의 퇴계와 율곡 같은 성리학자들은 대체로 '거경(함양) → 궁리(치지) → 역행', 곧 '행 → 지 → 행'의 다층 구조로 도덕 인식과 그 실천의 문제에 접근하고 있었던 것으로 보인다. 그러니 단순히 '선지후행'이냐 아니면 '선행후지'이냐로 나누

163 子曰 不怨天 不尤人 下學而上達 知我者 其天乎(『論語』, 憲問 37).

164 程子又曰 學者須守下學上達之語 乃學之要 蓋凡下學人事 便是上達天理 然習而不察 則亦不能以上達矣(『論語集註』).

165 問 下學與上達固相對是兩事 然下學却當大段多著工夫 曰 聖賢教人 多說下學事 少說上達事 說下學工夫要多也好 [……] 不去理會下學只理會上達 卽都無事可做(『性理大全 卷四十五』, 學三, 總論爲學之方 718~719).

기는 힘들 것 같다. 그러나 구태여 양자 중 하나를 택해야 한다면, 그들은 '선지후행'보다는 '선행후지'의 자세를 더 중시하였다고 볼 수 있을 것이다.

### (2) 현대 사회심리학에서의 '지-행' 문제에 관한 논쟁: 태도와 행동의 관계를 중심으로

내적인 인식과 외적인 행동 사이의 관계에 대한 현대심리학의 연구는 주로 사회심리학자들에 의해 태도(態度, attitude)에 관한 연구를 중심으로 이루어져왔다. 초기의 사회심리학은 사회학자인 로스(E. A. Ross)와 심리학자인 맥두갈(W. McDougall)이 1908년에 『사회심리학』이라는 표제를 붙인 책을 각각 출판한[166] 이래 주로 사회학자들에 의해 연구되어왔다. 이들은 개인의 사회행동을 실증적으로 검증하려고 하기보다는 실증적 접근이 힘든 집단심(集團心)이나 본능(本能) 같은 근본적인 원리에 의해 설명하려고 하였으므로, 실증과학을 지향하는 심리학자들의 구미에 맞지 않았기 때문이었다. 그러다가 플로이드 올포트(Floyd H. Allport)가 1924년 『사회심리학』을 출판하여[167] 이 양자를 비판하고 사회행동을 실증적 근거에서 연구할 수 있다는 사실을 밝힘으로써 사회심리학 연구의 중심이 심리학자들의 손으로 넘어오게 되었는데,[168] 태도의 문제는 심리학자들에 의해 탐구된 사회심리학의 가장 중심적인 연구 문제였던 것이다.[169]

---

**166** Ross, E. A., 1908; McDougall, W., 1908.

**167** Allport, F. H., 1924.

**168** 정양은, 1981, pp. 35~42 참조.

**169** Murphy, G., Murphy, L. B.와 Newcomb(1937)은 일찍이 사회심리학에서의 실험연구들을 다룬 첫 교과서에서 "아마도 사회심리학의 전체 영역 내에서 태도만큼 거의 중심적인 위치를 차지해온 단일개념은 없을 것"(p. 889)이라고 진술하고 있으며, Jones(1998)도 시대에 따라 연구 주제가 달라져오기는 하였지만 "태도의 연구는 사회심리학과 거의 동의어로 여

태도에 관한 연구가 그렇게 오랫동안 사회심리학자들의 관심을 끌어온 배경에는 이것이 개인의 사회행동을 유발하는 원동자(原動者)라는 생각이 놓여 있다. 즉 어떤 대상에 대한 개인의 행동은 그가 그 대상에 대해 가지고 있는 태도의 함수로 이해할 수 있다는 것이다. 이러한 관점은 태도에 대한 정의(定義) 자체에서 연유한다. 태도에 관한 연구를 사회심리학의 핵심 문제로 끌어올린 고든 올포트(Gordon W. Allport)에 따르면 "태도란 해당 대상과 상황에 관련된 개인의 반응에 직접적이거나 역동적인 영향을 미치는 심적이고 생리적인 준비상태로서 경험을 통해 형성된 것"[170]이다.

이러한 태도는 인지적 요소인 신념(belief), 감정적 요소인 평가(evaluation) 및 행동적 요소인 의도(behavioral intention)로 구성되어 있다는 것이 태도 연구자들의 공통된 의견이다. 즉 태도는 대상에 대한 신념에 기초한 호 · 불호(好 · 不好) 또는 찬성 · 반대의 평가로서, 그 대상에 대한 개인의 행동 의도를 유발하는 내적인 상태라는 것이다. 따라서 개인이 내적으로 가지고 있는 태도가 경험을 통해 먼저 형성되고, 이어서 이와 일치되는 행동을 그 대상에 대해 실행하게 된다는 것이 태도 연구자들의 기본 전제였다. 이렇게 보면 전통적으로 태도의 개념 속에는 '선지후행'의 관점이 스며들어 있었다고 생각할 수 있다.

그러나 일단의 연구자들은 이러한 '태도 → 행동'의 관점과는 달리 특정 대상에 대한 자기 행동을 관찰한 후 이를 기초로 자신이 그 대상에 대해 어떤 태도를 가지고 있는지를 추론하게 되는 경우도 있다고 주장한다.

겨져 왔을 정도였다"(p. 27)고 기술하고 있다. 이렇게 "태도에 관한 연구는 사회심리학의 최초의 관심사였을 뿐만 아니라 계속 사회심리학의 심장부에 가장 가까이 머물러 있었으며"(Myers, 2010. p.124), "사회심리학 및 사회과학계 전체에서 태도의 개념만큼 그렇게 오랫동안 보편적인 영향력을 끼쳐온 개념도 없을 것이다"(Fabrigar & Wegener, 2010, p. 177).

**170** Allport, G. W., 1935, p. 810.

즉 '태도 → 행동'이 아니라 '행동 → 태도'의 공식이 성립할 수도 있다는 것이다. 이들은 '선행후지'의 관점에서 태도를 이해하려고 한다고 생각할 수 있다. 이러한 관점을 제시하는 대표적인 학자가 벰(Daryl J. Bem)인데, 그는 이러한 입장을 '자기지각이론'(自己知覺理論, Self-Perception Theory)[171]으로 체계화하고 있다. 그는 당시에 '태도 → 행동' 관점의 이론들을 지도하고 있었던 페스팅어(Leon Festinger)의 '인지부조화이론'(認知不調和理論, Cognitive Dissonance Theory)[172]을 비판하면서 자신의 관점을 전개하고 있다. 여기서는 이 두 이론적 관점을 비교함으로써 '지-행'의 관계 문제가 갖는 심리학적 함의를 살펴보기로 하겠다.

**페스팅어의 선지후행의 관점** 페스팅어의 인지부조화이론은 형태주의심리학(形態主義心理學, Gestalt Psychology)의 균형이론(均衡理論, balance theory) 또는 일관성이론(一貫性理論, consistency theory) 계열의 이론 중 가장 영향력이 큰 이론이었다.[173] 이 이론이 발표된 후 벰에 의한 비판이 나오기까지 10여 년 동안 모든 사회심리학 잡지에는 이 이론에 관한 논문이 실리지 않는 적이 없을 정도로 심리학자들의 각광을 받았으며, 그런 점에서 인지부조화이론은 당시 사회심리학의 중심 이론이었다.[174]

인지부조화이론은 두 가지 기본 전제를 가지고 출발한다. 우선 사람들은 자신이 가지고 있는 인지 내용들 사이에 균형 또는 일관성을 유지하려는 경향성 또는 동기를 가지고 있다는 것이다. 페스팅어는 이러한 균형/일관성 상태를 조화(consonance) 상태라고 부른다. 그런데 인지 내용들 사

171 Bem, D. J., 1967, 1972.
172 Festinger, L., 1957.
173 Taylor, S. E., 1998, p. 68.
174 Bem, 1967, p. 183.

이에 균형/일관성이 깨져 부조화(dissonance) 상태가 조성되면, 개인 내에 불쾌한 긴장이 유발되어[arousal] 이를 해소하고 균형/일관성의 상태, 곧 조화상태로 되돌아가려는 동기[dissonance-reduction motive]가 생성되고, 결국은 그에 상응하는 행동을 취하게 된다는 것이다.

이 이론은 '부조화 → 불쾌한 긴장 유발 → 부조화해소 동기 생성 → 부조화해소 행동 수행'이라는 일련의 계열을 상정한다는 점에서, 기본적으로 동기이론 계열에 속한다. 그러므로 부조화의 크기가 클수록 이를 해소하려는 동기도 커지고, 결과적으로 그러한 행동의 강도도 강해진다고 예측한다. 인지부조화이론에 관한 연구들은 다양한 부조화 상황(선택 결정 상황, 태도-행동 불일치 상황, 신념과 일치하지 않는 정보를 접한 상황 등)에서 부조화의 크기에 따라 과연 이를 해소하려는 행동의 크기가 달라지는지를 검증하는 패러다임을 주축으로 하여 진행되었다.

이런 부조화 상태가 유발되는 대표적인 상황이 강제적 순종(forced compliance)에 의해 태도와 일치하지 않는 행동을 한 경우이다. 개인이 어떤 대상에 대해 가지고 있는 기존 태도와 일치하지 않는 행동을 하게 되면, 개인 내에 불쾌한 긴장이 유발되고, 이는 양자를 일치시키려는 동기를 생성하게 되어, 결국 태도를 변화시켜 행동과 일치시키려고 하거나 아니면 행동을 변화시켜 태도와 일치시키려고 한다는 것이 이 이론의 예측이다. 그런데 이때 이미 한 행동을 돌이킬 수 없을 경우에는, 해당 대상에 대한 태도를 변화시킬 수밖에 없게 될 것이다. 이 이론을 검증한 연구 중 가장 유명한 페스팅어와 칼스미스(Carlsmith)의 연구[175]가 다루고 있는 것은 바로 이러한 문제이었다.

이 실험은 3단계로 진행되었다. 우선 1단계에서 대학생 참가자들에게

**175** Festinger, L., & Carlsmith, J. M., 1959.

아주 지루한 일(나무 손잡이를 계속 돌리는 일, 실패에 실을 계속 되감는 일, 나무 못 말판에 나무못을 끼웠다 뺐다 하는 일 등)을 1시간 동안 하게 하였다. 다음 2단계에서 실험자는 참가자들에게 밖에서 이 실험에 참가하기 위해 기다리고 있는 대기자에게 이 실험과제가 중요하고 아주 재미있는 일이라고 말해달라는 요구를 하였다. 그 이유는 원래 이 실험의 목적은 실험에 참가하는 사람들이 실험과제에 대해 가지고 있는 선입견(재미있는 과제 또는 재미없는 과제)이 과제수행에 미치는 효과를 알아보고자 하는 것인데, 밖에서 기다리고 있는 사람은 재미있는 일이라는 선입관을 가지도록 설계되어 있다고 설명하였다. 원래 이 역할은 실험보조자가 하도록 되어 있었으나, 그가 사정상 못나오게 되었으므로 이 역할을 대신해달라는 설명을 첨가하였다. 이 설명과 함께 이 일을 하는 대가로 한 집단에게는 1달러($1 집단)를, 다른 또 한 집단에게는 20달러($20 집단)를 지급하겠다고 약속하였다. 모든 참가자들이 기꺼이 수락하여, 밖에 있는 대기자에게 이 실험과제가 아주 재미있다고 이야기하였다. 그런 다음 마지막으로 3단계에서 그들이 실제로 1단계에서 수행한 과제가 얼마나 흥미 있었는지, 그리고 앞으로 비슷한 실험에 참여할 용의가 있는지를 측정하였다. 즉 '재미없는 일 수행(재미없다는 태도 형성) → 태도와 일치하지 않는 행동 수행(재미없는 일에 대해 타인에게 재미있다고 이야기함) → 태도 측정'의 단계로 실험이 진행되었으며, 2단계의 일을 하는 대가로 1달러 또는 20달러를 받기로 되어 있었다.

전통적인 강화이론(强化理論, reinforcement theory)의 예측대로라면, 보상을 많이 받는 집단($20 집단)이 적게 받는 집단($1 집단)보다 태도 변화의 크기가 더 커야 한다. 즉 $20 집단이 $1 집단보다 1단계에서 수행한 과제가 더 흥미 있었고, 앞으로 이러한 실험에 참가할 용의도 더 많다고 응답해야 한다. $20 집단이 태도와 반대되는 행동을 하는 것에 대한 보상을 더 많이 받도록 되어 있었기 때문이다. 그러나 페스팅어와 칼스미스가 얻어 낸 결과는 정반대였다. $1 집단이 $20 집단보다 과제에 대한 흥미도를 더 높게 평정하였을(+1.35 대 −0.05) 뿐만 아니라, 앞으로 비슷한 실험에 참여할 의도도 더 높게(+1.20 대 −0.25) 평정하였던 것이다.

페스팅어와 칼스미스는 이 결과가 인지부조화이론을 강력하게 지지해 주는 것으로 해석하였다. 즉 $1 집단의 참가자들은 1달러라는 작은 보상이 본래의 태도와 반대되는 행동을 한 것을 정당화(正當化, justification)하기에는 턱없이 부족하므로, 태도−행동의 불일치로 인한 부조화가 유발되었고, 따라서 이를 해소하기 위한 동기에서 이미 한 행동을 없었던 일로 할 수는 없으므로 원래의 태도를 변화시키게 되었다는 것이다. 이를 '불충분 정당화 효과'(insufficient justification effect)라고 한다. 그러나 $20 집단의 참가자들은 20달러라는 돈은 태도와 일치되지 않는 행동을 한 것에 대해 스스로 정당화하기에 충분히 커다란 양의 보상이므로, 태도와 반대되는 행동을 한 후에도 부조화가 존재하지 않거나 부조화가 존재한다고 하더라도 충분한 크기의 보상에 의해 이미 해소되었으므로, 본래의 태도를 변화시킬 필요가 없었다는 것이 그들의 설명이었다.

이 실험은 당시 지배적인 영향을 미치고 있던 강화이론의 예측과는 반대되는 결과를 얻어냄으로써 많은 연구자들의 관심을 유발하였으며, 그렇지 않았으면 그렇고 그런 균형/일관성이론의 하나로 끝나고 말았을 인지부조화이론에 찬란한 명성을 안겨준 획기적인 연구이었다. 이 연구는 특정한 방향으로 태도를 형성시키거나 변화시키기 위해서는 보상의 크기를 무조건 크게 할 필요가 없다는 시사점을 던져줌으로써, 강화이론에 치명타를 안겼다. 즉 본래의 태도와 반대되는 행동을 유발한 후에는 보상의 크기를 적게 줌으로써 자신의 행동에 대한 정당화를 할 수 없게 하는 것이 태도 형성 또는 변화를 유발하는 효과적인 방법이 된다는 것이다.

이렇게 이 이론은 '내적인 태도 → 행동 유발'이라는 전제에서 출발하는 이론이어서, '선지후행설'의 논지를 충실하게 따르고 있다. 그러나 위의 실험을 통해 보면, 이 이론은 '행동 유발 → 행동에 대한 불충분 정당화(insufficient justification) → 태도 변화'의 결과를 산출하여 '선행후지설'의 논지를 드러내고 있기도 하다.

**벰의 선행후지의 관점** 사회심리학자인 벰은 위에서 제시된 페스팅어와 칼스미스의 '불충분 정당화 효과'는 인지부조화이론에서 제시하는 바와는 달리 동기의 개념을 배제하고도 충분히 설명할 수 있다는 관점을 제안하였다. 그는 자기지각이론을 제시하여, 사람들은 다른 사람의 행동을 관찰해서 그 사람의 태도와 감정 및 성격 특성이나 능력에 대한 지식을 형성하듯이, 자기 자신에 대한 지식(특정 대상에 대한 태도나 감정 및 자신의 성격 특성이나 능력 등)도 자신의 행동을 관찰하고 이에 대한 추론을 통해 얻어지게 된다고 주장하였다. 특히 이런 지식을 낳게 되는 내적인 단서가 약하거나 애매할 때, 그리고 자신의 행동의 원인을 설명하기 곤란할 때 사람들은 제삼자와 같은 처지에 놓이게 됨으로써, 자신의 내적 상태(태도 · 감정 · 성격 · 능력 등)를 자신의 행동으로부터 추론할 수밖에 없게 될 것이라는 주장이 이 이론의 골자이다.

벰은 이러한 관점에 입각해서, 위의 실험 결과는 흥미 없는 일에 대한 선행 태도의 존재나 태도－행동 불일치로 인한 부조화해소 동기의 생성을 가정하지 않고도 설명할 수 있다고 보았다. 즉 행위당사자가 아니라 제삼자의 관점에서 보면, 어떤 사람(행위자)이 어떤 일에 대해 1달러라는 적은 돈을 받기로 하고 재미있는 일이라고 말하는 것을 목격한 경우, 관찰자는 행위자가 받기로 한 보상($1)에서 그 원인을 찾기 힘들므로 행위와 일치되는 태도의 추론("이 사람은 본래 이 일을 재미있다고 생각한 것임에 틀림없어")을 할 것이다. 그러나 그런 행동을 하기에 충분히 큰 보상인 20달러를 받기로 하고 그런 행동을 한 것을 목격한 경우에는, 그 큰 보상에 그런 행동의 원인을 돌리는 추론("이 사람은 많은 돈에 현혹되어 그런 행동을 한 것임에 틀림없어. 그러니까 이 사람의 진짜 태도는 아마도 재미없다는 것 아닐까?")을 할 것이다. 이러한 행동 관찰과 그 원인에 대한 추론으로부터 행위자의 태도를 결과적으로 도출해내는 경향이 페스팅어와 칼스미스 실험에 참가한 사람 자신에게서도 나타났을 것이라고 벰은 상정하였다.

벰은 이러한 가정을 실증적으로 검증해내고 있다.[176] 그는 실험참가자들에게 페스팅어와 칼스미스의 실험 절차를 자세히 설명하여 녹음기로 들려주었다. 그리고 난 다음, 이 실험에 참가한 사람들이 1단계에서 했던 일에 대해 가지고 있는 태도를 추론해보게 하였다. 그랬더니 벰의 실험참가자들은 페스팅어와 칼스미스의 실험에 참가했던 참가자들의 태도를 페스팅어와 칼스미스의 실험 결과와 똑같이 추론해내고 있었다. 즉 벰의 실험참가자들은 페스팅어와 칼스미스의 $1 집단 참가자들은 그 일에 대해 본래 흥미 있어 했다고 추론한 반면, $20 집단 참가자들은 그 일에 대해 별로 흥미 있어 하지 않았다고 판단(+0.52 대 −1.96)했던 것이다.

이렇게 제삼자의 행동을 관찰하고 이에 대한 원인을 찾는 과정을 통해 그의 태도를 추론하게 되는 과정은 자기 자신의 태도에 관한 추론에서도 그대로 드러난다는 것이 벰의 자기지각이론의 주장이다. 이러한 사실은 벰의 이론을 검증하는 한 연구[177]를 통해 확증되고 있다. 이 연구에서는 미국의 보통 대학생들에게 24개의 종교 관련 행동('예배 참석' · '종교단체에의 기부' · '종교서적 독서' 등)에 대해 '예' 또는 '아니오'라고 응답하게 하였다.

---

**176** Bem, 1967.
**177** Salancik, G. R., & Conway, M., 1975, 연구 1.

이때 실험참가자들을 무선적으로 '친종교 집단'과 '반종교 집단'으로 나누었다. '친종교 집단'에게는 친종교 관련행동에 대해서는 '가끔'이라는 말을 넣어 문항(예: "나는 가끔 예배에 참석한다")을 작성하고, 반종교 관련행동에 대해서는 '자주'라는 말을 넣어 문항(예: "나는 종교단체에 기부를 자주 하는 것은 아니다")을 작성하여 응답케 함으로써, 전체적으로 '예'라는 응답이 83% 정도가 되게 하였다. '반종교 집단'에게는 반대로 친종교 관련행동에 대해서는 '자주'를(예: "나는 예배에 자주 참석한다"), 반종교 관련행동에 대해서는 '가끔'을(예: "나는 보통은 종교단체에 기부를 많이 하지만, 가끔씩은 기부하지 않는다") 넣어 작성한 문항을 제공하여, '아니오'라는 응답이 83% 정도 되게 하였다. 설문지를 작성한 다음 참가자들에게 "당신은 얼마나 종교적인 사람입니까?"와 같은 문항에 응답하게 하여, 자신의 종교에 대한 태도를 평가해보게 하였다.

실험 결과 '친종교 집단'의 참가자들이 '반종교 집단'의 참가자들보다 자신이 종교에 대해 더 긍정적인 태도를 가지고 있는 것(1.74 대 0.35)으로 평정하였으며, 종교에 대한 호감도도 더 높은 것으로(3.07 대 1.00) 보고하였다. 이 실험의 결과는 '친종교 집단'의 참가자들은 종교 관련행동에 대해 자신이 '예'라는 응답을 압도적으로 많이 한 것으로 보아 "나는 종교에 대해 긍정적인 태도를 가지고 있음에 틀림없어"라고 추론하고, '반종교 집단'의 참가자들은 자신이 종교 관련행동들에 대해 '아니오'라는 응답을 많이 한 것으로 보아 "나는 종교에 대해 그리 긍정적인 태도를 가지고 있는 것은 아님에 틀림없어"라고 추론한 데에서 나온 것이라고 해석할 수 있다.

이렇게 특정 대상에 대한 자신의 태도와 감정은 그 대상과 관련된 자신의 행동을 관찰하여 추론한 결과 알게 된다는 것이 자기지각이론의 주장이다. 마치 우리가 다른 사람의 특정 대상에 대한 태도와 감정을 그의 행동 관찰을 통해 추론하는 것과 똑같은 과정을 거쳐 스스로의 태도와 감정도 확인하게 된다는 것이다. 이러한 벰의 자기지각이론은 페스팅어의 인지부조화이론처럼 특정 대상에 대한 기존 태도의 존재를 전제하지 않는다는 점, 그리고 부조화해소 동기를 상정하지 않고도 '불충분 정당화 효과'를 설명할 수 있다는 점에서 과학 이론에서 요구되는 절약의 원칙(어떤 현상을 설명하기 위해 이론적 가정이 적을수록 좋은 이론이라는 원칙)에 부합되는 것이었고, 따라서 인지부조화이론에 대한 강력한 도전자로 등장하였다.[178]

이러한 자기지각이론은 "자신의 태도나 감정에 대한 내적인 단서가 약하거나 애매할 때, 그리고 자신의 행동의 원인에 대한 설명이 불분명할 때"[179]라는 몇 가지 한계가 붙기는 하지만, 태도와 행동의 관계를 '행동 → 태도'로 설정함으로써 '선행후지설'의 논지를 드러내고 있다.

**인지부조화이론과 자기지각이론의 시사점** 앞에서 인지부조화이론은 선행 태도의 존재를 전제로 하여, 이에 일치되는 행동을 하려는 경향이 인간에게 갖추어져 있다고 가정하고 있음을 보았다. 이러한 관점은 이 이론이 '태도 → 행동'의 관계를 설정하는 '선지후행설'에 근거하고 있음을 드러내는 것이다. 그러나 인지부조화이론의 경우에도 태도와 불일치하는 행동을 한 후 자기 행동에 대해 충분히 커다란 정당화가 되지 않는 장면에서는 행동에 맞추어 태도가 변화되는 '불충분 정당화 효과'가 얻어지고 있다. 이러한 경우에는 '행동 → 태도'의 관계가 성립되는 것으로[180]

---

**178** Taylor, S. E., 1998, p. 72.

**179** Bem, 1972, p. 2.

**180** Myers(2010)는 이를 "attitudes-follow-behavior"라고 표현하여(p. 151), '불충분 정당화 효과'는 '선행후지'를 드러내는 것이라고 보고 있다.

'선행후지설'이 적용됨을 드러내는 것이다. 이에 반해 자기지각이론은 선행 태도의 존재를 가정하지 않는 관점에서, 행동을 통해 태도가 추론된다는 철저한 '선행후지설'의 입장을 견지하고 있다.

인지부조화이론에서도 '불충분 정당화 효과'에 대해서는 '선행후지설'에 기울어져 있다는 사실에 기대해서 보면, 인지부조화이론과 자기지각이론이 상호 모순되는 이론인 것만은 아니라고 생각할 수 있다. "인지부조화이론은 인간이 분명하게 규정된 태도와 반대되는 행동을 한 경우에 성공적으로 적용된다: 그러한 경우에 인간은 긴장을 느끼고, 따라서 그러한 긴장을 해소하기 위해서 기존 태도를 조정하게 된다. 그러므로 인지부조화이론은 태도변화(attitude change)를 잘 설명하는 이론이다. 반면에 개인의 태도가 잘 형성되어 있지 않은 장면에서는, 자기지각이론이 잘 적용된다: 그러므로 자기지각이론은 태도형성(attitude formation)을 잘 설명하는 이론이다. 인간은 행동하고 이에 대해 추론하면서, 그의 미래 행동을 지도할 태도를 발전시키는 것이다."[181]

이렇게 보면, 태도의 형성 장면과 태도불일치 행동을 한 후의 태도의 변화 장면에서는 '행동 → 태도'의 관계, 곧 '선행후지'의 관점이 성립되고, 이러한 점에서 자기지각이론과 인지부조화이론은 같은 입장을 드러내는 것이다. 그러나 인지부조화이론에서는 태도불일치 행동이 나타날 가능성을 강제된 순종과 같은 특수한 경우로 한정하거나, 이 경우에도 태도불일치 행동에 대한 정당화를 할 수 없는 '불충분 정당화'($1 집단의 경우)의 상황으로 한정하고, 이를 충분히 정당화할 수 있는 '충분 정당화'($20 집단의 경우)의 상황에서는 여전히 '태도 → 행동'의 관계, 곧 '선지후행'의 관점에서 태도와 행동의 관계를 이해하려는 입장을 보인다.

---

**181** Myers, 2010, p. 151.

이러한 이해의 관점에 서서 '행동 → 태도 → 행동 → 태도'의 이중적 계열로 이해할 경우, 자기지각이론은 앞의 두 항목의 관계를 다루어 '선행후지설'의 입장을 드러내고, 인지부조화이론은 중간의 두 항목의 관계에 초점을 맞추어 태도와 행동의 관계를 볼 때는 '선지후행설'에 기울어져 있다가, 강제된 순종에 따라 태도불일치 행동을 한 경우에는 뒤의 두 항목에 기울어져 다시 '선행후지설'의 입장을 띠게 되는 것이라고 정리할 수 있을 것이다. 이렇게 인지부조화이론과 자기지각이론은 마치 주희와 퇴계 및 율곡이 '거경(함양) → 궁리(치지) → 역행'의 계열로 도덕 인식과 그 실천의 관계를 정리한 것과 마찬가지의 이론적 관점에서 태도와 행동의 관계를 개념화하고 있는 것으로 추론해볼 수 있지 않을까?

이러한 추론은 '지－행'의 관계를 '선지후행'으로 보든 아니면 '선행후지'로 보든 간에, "그런 공리공론(空理空論 ?)이 도대체 인간에 대한 실증적 이해를 도모하는 심리학의 연구와 무슨 관련이 있다는 말인가?"라는, 필자의 유학심리학 구축 작업에 대한 일반인과 심리학자들의 비판에 대응하는 하나의 좋은 응답이 될 수 있지 않겠느냐 하는 것이 필자의 생각이다. 실증적 연구라고 해서 그 배경에 놓여 있는 지도적 이론의 배경이 없이 진공관 속에서 이루어지는 것은 아닐 테니까 말이다.

## 3. 성인교육과 도의 확고한 인식: 『대학』을 중심으로

『대학』은 본래 『예기』 49편 중 제42편으로 들어 있던 것인데, 한(漢)·당(唐) 시대에는 그리 존중되지 않다가, 북송(北宋) 시대에 와서 『예기』 제31편인 『중용』과 함께 『예기』에서 따로 떼어 다루어지게 된 경전이다. 특히 이는 정호(程顥)와 정이(程頤) 형제가 『논어』·『맹자』·『중용』과 대등하게 다뤄 연구와 검토를 한 이래, 남송(南宋)의 주희가 이에 주해를 붙여 『대학장구』를 출판하고, 이를 위의 세 책과 함께 '사서'(四書)로 합편하여 높인 이래, 유학의 기본 경전으로 받아들여져 왔다.

『대학』의 주석으로는 『예기』 원문에 편입되어 있는 한대 정현(鄭玄, 127~200)의 주(注)와 당대 공영달(孔穎達, 547~648)의 소(疏)가 있는데, 이를 고주(古註)라고 하여 신주(新註)라고 불리는 송(宋)대의 주, 특히 주희의 『대학장구』와 구별한다. 주희의 신주는 『예기』 고본(古本)에 나오는 『대학』의 순서를 새로 세우고, 주희 스스로 빠졌다고 생각하는 부분을 보충해 넣은 것인데, 이에 대해 반론이 많았으며, 특히 명(明) 대에 왕수인(王守仁, 호 陽明, 1472~1528)이 『예기』 고본과 고주를 기초로 『대학고본방석』(大學古本旁釋)을 지어, 주희와는 다른 해석을 하고 있다.[182]

이러한 여러 주석 가운데 가장 널리 받아들여져 온 것은 주희의 신주 계통이었다. 특히 조선조의 성리학계에서는 이를 정통한 주로 인정해왔다. 주희의 『대학장구』에서는 『대학』을 「경」(經) 1장과 「전」(傳) 10장으로 구분하여 제시하고 있는데, 「경」에서는 『대학』 전체의 기본 내용을 삼강령(三綱領)과 팔조목(八條目)으로 제시하고, 「전」에서는 이들 각각을 설명하는 형식으로 구성되어 있다. 이 중 삼강령은 이상적 인간의 특징을 진술한 것이고, 팔조목은 이상적 인간에 도달하는 단계를 서술한 것으로 볼 수 있다.[183]

182 차주환, 1985, pp. 400~404.

183 『대학』의 이상적 인간형론 부분에 관한 설명은 저자의 선행 연구(조긍호, 2006, pp. 409~411, 419~420; 2008, pp. 247~251)의 내용에 새로운 자료와 관점을 첨가하여 수정한 것이다.

### 1) 『대학』에서 추구하는 목표: 수기치인지도(修己治人之道)의 인식과 실천

주희 이후 성리학에서 『소학』이 아동교육의 교재이었다면, 『대학』은 청년기 이후 성인교육의 핵심교재였다. 『소학』에서 '주경'(主敬)을 통해 몸가짐과 행동거지를 삼가 바르게 하고[敬身], 일상생활과 대인관계의 도리를 익히며[明倫], 바른 배움의 자세를 확립하여[立教] '함양'한 바탕 위에서, 나이 열다섯의 청년기가 되면 "이러한 사람으로서 해야 할 일의 이치를 드러내어 밝힘으로써 사군(事君)과 사친(事親) 등의 일을 행해야 하는 방도를 자세히 강구하여 밝게 깨우치게 하는 『대학』"[184]의 공부로 나아가야 한다는 것이 주희 및 퇴계 · 율곡 같은 성리학자들의 '선 『소학』, 후 『대학』'의 관점인 것이다.

이렇게 『대학』 교육은 사람이 그 도리[人倫]를 행해야 하는 까닭과 그것을 마땅히 행해야 하는 방도를 밝게 깨달아[도덕 인식] 이를 일상생활에서 실행하게 하는 것[도덕 실천]을 목표로 하고 있다. 퇴계는 이를 다음과 같이 진술하고 있다.

> (『대학』에서 목표로 삼는) 치지란 (『소학』에서 이룬) 경(敬)을 위주로 하여 온갖 일이나 사물에 대하여 '그 마땅한 바'[所當然]와 '그러한 까닭'[所以然]을 궁구하여, 오래 깊이 반복하고 완색해서 몸으로 체인(體認)함으로써 그 지극함을 다하는 것이다.[185]

여기서 사물의 그러한 까닭, 곧 소이연(所以然)을 체인한다는 것은 도덕

184 小學是事 如事君事父兄等事 大學是發明此事之理 就上面講究委曲所以事君事親等事是如何(『小學』, 小學集註總論).

185 臣請先以致知一事言之 [……] 敬以爲主 而事事物物 莫不窮其所當然與其所以然之故 沈潛反覆玩索體認 而極其至(『退溪全書 一』, 疏, 戊辰六條疏 185).

인식이 지극함에 이르는 일을 말하고, 마땅히 그러한 바, 곧 소당연(所當然)을 체인한다는 것은 사람으로서 마땅히 해야 할 일을 인식하여 이를 실천함에 이름을 말하는 것이다. 이렇게 보면 『대학』은 인륜의 근거를 밝히는 데에 머물지 않고 이의 일상적 실천에도 그 목표를 두고 있는 교재임을 알 수 있다. 즉 성리학자들의 '함양(주경) → 치지 → 역행'의 관계에서 뒤의 두 가지, 곧 '치지 → 역행'에 초점을 맞추고 있는 것이 『대학』이라고 볼 수 있는 것이다.

그런데 여기서 『대학』에서 제시하고 있는 도란 『소학』의 그것보다는 상당히 넓은 개념으로 제시되고 있다는 점을 염두에 두어야 한다. 『소학』에서 함양해야 할 것은 대체로 개인으로서의 몸가짐과 마음가짐 및 행동거지를 삼가고 바로 하는 일에 국한되고 있다. 그러나 『대학』에서 인식하고 실천해야 할 도로 제시되고 있는 것은 이러한 수기(修己)의 도에만 머무르는 것이 아니라, 이를 인의의 도를 실천함으로써 주변 사람들을 편안하게 하고 온 천하에 도를 실현하는 치인(治人)의 도에까지 확장되고 있다. 즉 『대학』은 '수기치인지도'(修己治人之道)를 인식하고 실천할 것을 목표로 삼는 성인교육의 교재인 것이다. 주희는 『대학장구』에 붙인 「서」(序)에서 이러한 사실을 분명히 하고 있다.

> (누구나 나이 여덟 살에 『소학』을 공부하여 함양한 후에) 열다섯이 되면 [……] 태학(太學)에 입학시켜 『대학』의 궁리(窮理) · 정심(正心)과 수기 · 치인의 도를 가르쳤다.[186]

여기서 사물의 이치를 궁구하는 궁리와 마음을 바르게 하는 정심은 수

186 及其十有五年 [……] 皆入大學 而敎之以窮理正心修己治人之道(『大學』, 大學章句序).

기의 한 조목들이라는 관점에서 보면, 『대학』은 '수기치인지도'의 인식과 실천을 목표로 하는 교재임을 알 수 있다. 이러한 사실은 "유학의 학문은 내성(內聖)을 본질로 삼고, 외왕(外王)은 그 공능의 표현으로 보아"[187] 군자 통치(君子統治)를 이상으로 내세운다는 관점에서 볼 때 당연한 일이다. 그러므로 『대학』은 군자가 되는 일과 그러기 위해 해야 할 일을 제시하고 있는 경전이라고 할 수 있다.

본래 '군자'(君子)는 계급 개념이 강한 용어였다. 군자통치라는 유가 이념의 전통에서 이는 치자(治者) 계층, 곧 사대부(士大夫) 계층을 일컫는 말로 많이 사용된다.[188] 그러나 『논어』에서 군자는 총 107회 중 8회 정도만, 『맹자』에서는 81회 중 20회 정도만, 그리고 『순자』에서는 총 270회 중 15회 정도만 치자나 치자 계층을 가리키는 말로 사용되고 있을 뿐,[189] 대부분은 '덕을 이룬 이상적 인간'을 가리키는 말로 사용되고 있다. 특히 『논어』에서는 군자와 대립하는 말로 주로 '소인'(小人)을 지칭하여, 군자는 덕을 이룬 사람이지만 소인은 그렇지 못한 사람으로 제시되고 있어서,[190] 선진유학 시대부터 이미 군자가 통치자의 의미보다는 이상적 인간을 지칭하는 의미로 쓰이고 있었음을 드러내고 있다. 이렇게 "군자와 소인은

---

**187** 蔡仁厚, 1984, p. 456.

**188** 『論語』에서 君子가 治者나 치자 계층을 가리키는 용법으로 사용되는 것은 대략 8회 정도이고(顔淵 19; 憲問 28, 45; 微子 10; 子張 10; 堯曰 2), 『孟子』에서는 직접 統治者(梁惠王下 14; 公孫丑下 9; 離婁下 2; 盡心上 13; 盡心下 27)를 가리키기도 하고, 民(公孫丑下 9), 小人(滕文公上 2; 滕文公下 5; 離婁下 22), 野人(滕文公上 3; 萬章上 4), 庶民(離婁下 19; 盡心下 27), 衆人(告子下 6)과 대비하여 치자 계층을 가리키는 말로 사용되는 경우가 대략 20회 정도 된다. 『荀子』에서도 君子가 治者 자신 또는 그 계층을 가리키는 말로 사용되는 경우가 대략 15회 정도(修身; 39~40; 儒效 11~12; 王制 5, 19; 富國 10~11; 君道 1, 4; 致士 17)된다(『論語引得』, 『孟子引得』, 『荀子引得』 참조).

**189** 『論語引得』, 『孟子引得』, 『荀子引得』 참조.

**190** 예: 『論語』, 爲政 14; 里仁 11, 16; 顔淵 16, 19; 子路 23, 26; 憲問 7, 24; 衛靈公 1, 20, 33; 陽貨 4(『論語引得』 참조).

오직 그 개인의 정신적 자각 여하에 달려 있는 것이요, 반드시 계급적 구분에 있는 것은 아니다. 정신적 자각의 입장에서 보면 상층 계급에도 '소인'이 있고, 하층 계급에도 '군자'가 있음은 역사와 현실이 증명하는 사실"[191] 이라는 것이 초창기부터 유학자들의 기본 입장이었던 것이다.

그러나 '내성외왕'(內聖外王), 곧 군자통치의 이념이 지향하는 것은, 유학을 공부하는 사람들이 누구나 치자가 되거나 치자 계층에 속하게 될 수 있는 것은 아닐지라도 모두 군자나 성인이 되기 위해 노력해야 하지만, 이미 치자 자신인 군주는 스스로 군자의 도를 익혀 성현의 도를 현실정치에서 실현하기 위해 노력해야 한다는 관념이다. 이러한 관점에서 성리학자들은 군주가 배워야 할 학문의 기초를 『대학』에서 찾았다. 율곡이 『성학집요』를 찬술하고 당시 군주인 선조(宣祖)에게 올리는 글[進箚]에 이은 「서」(序)에서 "성현의 천 가지 계책과 만 가지 교훈이 『대학』에서 벗어나지 않으니, 『대학』은 바로 성인이 되는 학문[聖學]의 요체"이므로, "배움의 근본과 다스림의 차례가 『대학』에 찬연히 갖추어져 있는 바, 군주에게는 더욱 중요한 것으로 참으로 제왕의 도에 들어가는 지침이 된다"[192] 고 밝혀, 『성학집요』가 『대학』을 기초로 하여 찬술된 것임을 분명히 하고 있다.[193]

이렇게 『대학』은 성리학자들이 군자, 곧 이상적 인간이 되는 학문의 기초 교재로 중시한 경전이다. 이 책에는 군자의 세 가지 책무와 이를 이루는 차례와 방법이 제시되고 있어, 도덕 인식과 도덕 실천이 유학적 삶의

---

**191** 이상은, 1976, p. 79.

**192** 先正表章大學以立規模 聖賢千謨萬訓皆不外此 此是領要之法 [……] 爲學之本 爲治之序 粲然有條 而歸重於人主之身 誠帝王入道之指南也(『栗谷全書 一』, 聖學輯要, 序 420).

**193** 율곡은 『聖學輯要』 「序」에서 이 책의 각 篇, 각 章이 『大學』의 순서를 따라 편찬된 것임을 밝히고 있다(『栗谷全書 一』, 聖學輯要, 序 421 참조).

핵심 목표라는 사실을 분명히 드러내고 있는 것이다.

### 2) 삼강령(三綱領): 이상적 인간의 세 가지 특징

『대학』 첫머리의 삼강령에는 '큰 배움'[大學]의 도를 다음과 같이 세 가지로 제시함으로써, 이상적 인간이 지향해야 할 바의 삶의 자세를 세 가지로 정리하고 있다.

> 대학의 도는 자기가 갖추고 태어난 본래의 착한 덕을 드러내어 밝히는 데[明明德] 있고, 사람들을 친애하는 데[親民] 있으며, 지극한 선에 머무르는 데[止於至善] 있다.[194]

이렇게 『대학』에서는 대학의 도를 깨우쳐서 실천하는 이상적 인간의 특징을 '지어지선'(止於至善) · '친민'(親民) · '명명덕'(明明德)의 세 가지로 들고 있다. 여기서 '지어지선'은 도덕적 · 인격적 수양을 이룬 상태를 말하는 것으로, 이상적 인간의 여러 특징의 기초가 되는 것이다. 이는 공자가 말하는 '수기이경'(修己以敬)의 상태에 해당되는 것이라고 볼 수 있다.

이어서 '친민'은 일상생활에서 지선(至善)에 머물러 도덕적 · 인격적 완

---

194 大學之道 在明明德 在親民 在止於至善(『大學』, 經): 여기서 둘째 구절을 '親民'이라고 읽은 것은 古註와 『大學』 古本 및 王陽明의 독법(小島毅, 2004, pp. 124~137)을 따른 것이다. 朱熹의 新註에서는 程子의 전통을 따라 이를 '新民'이라고 읽어, "백성들을 새롭게 한다"라고 풀이하고 있다. 그러나 王陽明의 주장에 따라 親民이 옳다고 하는 측에서는 i) 원본에 따라 親民으로 읽어도 文義에 어긋남이 없다, ii) 이것은 『大學』 三綱領의 첫머리에 나오는 중요한 부분인데, 첫머리부터 틀린 글자를 쓸 리가 없다 등의 전거를 대고 있다(권덕주, 1998, p. 16). 필자는 이러한 논리 이외에 이를 이상적 인간의 특징을 진술한 문장으로 볼 경우, 이는 공자의 '修己以安人'에 해당하는 것으로 보는 것이 타당하다는 입장에서, 이를 '親民'으로 읽고자 한다. 또한 여기서의 '民'을 新註에서는 '백성'의 뜻으로 풀고 있으나, 필자는 『詩經』 大雅 生民篇의 厥初生民 時維姜嫄의 예를 따라 보통의 여러 '사람'을 가리키는 뜻으로 풀어, 修己以安人의 '人'과 같은 뜻으로 보고자 한다.

성을 이룬 다음, 이를 주변 사람들에게 확대하고 베풂으로써, 그들과의 사이에 친애함과 조화를 이룬 상태를 말하는 것이라고 해석할 수 있다. 이렇게 본다면, 이는 공자가 말하는 '수기이안인'(修己以安人)의 상태를 의미하는 것이라고 생각할 수 있을 것이다.

다음으로 '명명덕'은 자기의 착한 본성을 미루어 밝게 드러냄으로써, 온 천하의 사람들로 하여금 도덕 및 모든 일의 기초가 스스로에게 내재되어 있음을 깨달아 알도록 하는 상태를 말하는 것이라고 해석할 수 있다.[195] 따라서 이는 공자의 '수기이안백성'(修己以安百姓)에 해당되는 특징이라고 볼 수 있을 것이다.

이렇게 보면, 『대학』의 삼강령에서도 공·맹·순의 군자론·성인론과 일관되는 특징으로 이상적 인간의 상태를 그리고 있는 것으로 추론할 수 있다. 즉, 『대학』의 도를 배우고 실천하는 유학적 인간은 도덕적·인격적 완성을 이루어 이를 굳게 지키고[止於至善], 이러한 수양 결과를 일상생활에서 실천하여 사람들과의 사이에 친애함과 조화를 이루며[親民], 더 나아가 온 천하의 사람들로 하여금 스스로가 도덕 주체라는 사실을 밝게 깨닫도록 하는 사회적인 사명을 다하는[明明德] 사람인 것이다.

이상에서 보듯이, 『대학』에서는 개인적으로 삼가 바른 몸가짐과 행동거지를 함양하는 일에 머물지 않고, 다른 사람에 대한 관심과 배려를 주

---

195 新註에서는 '明明德'을 스스로의 至德을 닦아 일신을 수양하는 일, 즉 공자의 '修己以敬'을 가리키는 것으로 해석하고 있다. 그러나 여기서는 이를 온 천하의 사람들로 하여금 스스로의 至德을 밝게 깨달아 알도록 인도하는 '修己以安百姓'의 상태를 가리키는 것으로 보고자 한다. 이는 이 구절에 이어 八條目을 제시하는 구절이 "古之欲明明德於天下者 先治其國 欲治其國者 先齊其家 [……]"로 시작되어, 明明德이 治國보다 넓은 平天下를 대신하는 말로 쓰이고 있다는 점에서 그 근거를 찾을 수 있다. 이 구절에 이어서 八條目을 제시한 구절은 "[……] 家齊而后國治 國治而后天下平"으로 끝나고 있는데, 이는 앞의 古之欲明明德於天下者가 곧 古之欲平天下者의 뜻임을 알 수 있게 하는 증거가 되는 것이다.

위 사람에게로 확장하고, 또 그들과 몸담아 함께 살아가고 있는 터전인 사회에 대한 책임을 자임하고 이를 완수하는 데까지 확대하여야 하는 것이 이상적 인간인 군자의 바른 삶의 자세임을 제시하고 있다. 『대학』의 「전」(傳) 1~4장에서는 이러한 삼강령의 근거에 대해 논술하고 있다.

### 3) 팔조목(八條目): 이상적 인간이 되는 길

『대학』의 경(經)에는 앞에 논의된 삼강령 이외에 수양의 단계론을 제시한 팔조목(八條目)이 제시되고 있다.

> 옛날에 자기가 가진 밝은 덕을 온 천하에 밝게 드러내고자 하는 사람은 먼저 자신의 나라를 다스렸고, 자기의 나라를 다스리고자 하는 사람은 먼저 자신의 집을 가지런히 하였으며, 자기의 집을 가지런히 하고자 하는 사람은 먼저 자신의 덕을 닦았다. 자기의 덕을 닦고자 하는 사람은 먼저 자신의 마음을 바로잡았고, 자기의 마음을 바로잡고자 하는 사람은 먼저 자신의 뜻을 참되게 하였으며, 자기의 뜻을 참되게 하고자 하는 사람은 먼저 자신의 지식을 넓혔다. 이렇게 지식을 넓히는 것은 사물의 이치를 궁구하는 데 달렸다. 그러므로 사물의 이치를 구명한[格物] 후에야 지식이 극진하게 되고, 지식이 극진하게 된[致知] 후에야 뜻이 참되어지고, 뜻이 참되어진[誠意] 후에야 마음이 바로잡히고, 마음이 바로잡힌[正心] 후에야 덕이 닦여지고, 덕이 닦여진[修身] 후에야 집이 가지런해지고, 집이 가지런해진[齊家] 후에야 나라가 다스려지고, 나라가 다스려진[治國] 후에야 천하가 화평하여지는[平天下] 것이다.[196]

**196** 古之欲明明德於天下者 先治其國 欲治其國者 先齊其家 欲齊其家者 先修其身 欲修其身者 先正其心 欲正其心者 先誠其意 欲誠其意者 先致其知 致知在格物 物格而后知至 知至而后意誠 意誠而后心正 心正而后身修 身修而后家齊 家齊而后國治 國治而后天下平(『大學』, 經).

이것이 『대학』에 나오는 유명한 '격물(格物) → 치지(致知) → 성의(誠意) → 정심(正心) → 수신(修身) → 제가(齊家) → 치국(治國) → 평천하(平天下)'의 수양의 팔조목이다. 이는 마슬로우(Abraham H. Maslow)의 동기위계설(動機位階說)[197]과 같은 논리적 구조를 가지고 있는 이론체계이다. 즉, 하위 단계의 욕구가 충족되어져야 그 다음 단계의 욕구가 출현한다는 것이다. 『대학』에서는 격물이 가장 하위의 욕구이고, 평천하가 최상위의 욕구라고 보는 셈이다.

여기서 '격물 → 치지 → 성의 → 정심 → 수신'까지는 '수기이경'의 단계, '제가'는 '수기이안인'의 단계, 그리고 '치국 → 평천하'는 '수기이안백성'의 단계를 가리키는 것이라고 볼 수 있다. 이렇게 보면, 『대학』에서도 『논어』·『맹자』·『순자』 등에서와 마찬가지로 자기수양[修己]으로부터 비롯하여, 대인관계에서의 조화의 달성[安人]을 거쳐, 사회적인 책무의 자임과 완수[安百姓]의 경지에 이르는 것으로 이상적 인간상의 발달 단계를 그리고 있다고 하겠다.

이를 앞의 삼강령과 결부시켜 보면, '격물 · 치지 · 성의 · 정심 · 수신'은 '지어지선'에 이르는 방법론이고, '제가'는 '친민'에 이르는 방법론이며, '치국 · 평천하'는 '명명덕'에 이르는 방법론이라고 해석할 수 있을 것이다. 또 '격물 · 치지'는 도의 인식[궁리]을 목표로 하는 것인데 반해, '성의 · 정심 · 수신'과 '제가' 그리고 '치국 · 평천하'는 각각 '지어지선'과 '친민' 그리고 '명명덕'을 이루는 실천의 요목들이라고 볼 수도 있을 것이다.

이러한 관점에서 보면, 『대학』의 팔조목은 '치지 → 역행'의 순서로 '지'와 '행'의 관계에 접근하려고 한다고 정리할 수 있다. 여기서 '격물'이 '치지'를 통해 도를 인식하는 방법이고, '성의 · 정심 · 수신 · 제가 · 치국 ·

---

197 Maslow, A. H., 1954.

평천하'가 '역행'하여 도를 실천하는 방법이다. 물론 주희와 퇴계 및 율곡 같은 성리학자들은 격물 이전에 '주경'(主敬)을 통한 '함양'이 선행되어야 한다는 사실을 암묵적으로 전제하고 있지만 말이다.

## 4. 선비의 삶과 도덕 실천: 인심도심설과 거경(居敬)사상을 중심으로

퇴계는 "마음을 다잡는 공부, 곧 심학(心學)의 요체는 인심(人心)에 속하는 사람의 욕구를 억제하고[遏人欲] 도심(道心)에 속하는 천리를 보존하는[存天理] 두 가지에 불과하다"[198]고 보아, '알인욕'(遏人欲)·'존천리'(存天理)를 마음을 다잡고 군자가 되는 학문[聖學]의 기초라고 보고 있다. 이러한 공부의 핵심은 일상생활에서 경 상태를 유지하는 '거경'(居敬)을 근거로 하여 이루어져야 한다는 것이 성리학, 특히 퇴계와 율곡 같은 조선조 성리학자들의 일관된 주장이다. 일상생활에서 거경을 통해 알인욕·존천리를 실현하는 군자가 되고자 노력하는 사람들이 바로 선비들이다. 조선조의 선비들이 지향했던 삶의 자세는 바로 이렇게 거경에 머물러 '인심'을 억제하고 '도심'을 간직하고자 하는 것이었다.

여기서 사람의 이기적 욕구를 억제하는 '알인욕'과 본래의 선심(善心)을 간직하는 '존천리'는 모두 일상생활에서 수행해야 할 도덕 실천의 두 가지 요목에 해당한다고 볼 수 있다. 이렇게 보면 조선조 성리학자들이 지향했던 삶의 자세는 곧 도덕 실천의 문제에 집중되어 있었다고 볼 수 있다. 이러한 맥락에서 조선조 선비들의 삶의 자세와 그들이 지향했던 도덕 실천

198 『退溪全書 二』, 書, 答李平叔 259.

의 내용을 이해하기 위해서는 그들이 제시했던 '인심도심설'(人心道心說)과 '거경(居敬)사상'을 이해하여야 한다.[199]

### 1) 인심도심설(人心道心說): 알인욕(遏人欲)과 존천리(存天理)

성리학자들의 인심도심설을 파악하려면, 우선 선진유학자들의 동기/욕구설을 살펴보아야 한다. 공자 · 맹자 · 순자 같은 선진유학자들의 동기론은 공통적으로 다음과 같은 세 가지 특징을 갖는 것으로 요약할 수 있다. 첫째, 사람은 생물적 동기 · 감각 추구 동기 · 이기적 동기 · 사회적 동기 · 도덕적 동기와 같은 다양한 동기들을 지니고 있는데, 이 가운데 도덕적 동기만이 사람이 스스로 통제할 수 있는 동기이기 때문에, 인간의 가장 중핵적인 동기는 도덕적 동기이다. 둘째, 도덕적 동기 이외의 나머지 동기들의 충족 여부는 외적 조건에 의존되는 것일 뿐만 아니라, 이러한 동기의 충족으로 말미암는 쾌락은 사람으로 하여금 욕구의 바름을 잃게 하고 불선(不善)으로 이끄는 폐단이 있기 때문에, 이는 절제되거나 제어될 필요가 있다. 셋째, 도덕적 동기는 사람이 스스로 통제할 수 있는 가장 중핵적인 동기일 뿐만 아니라, 욕구 위계에서 가장 상위에 있는 동기이기 때문에, 나머지 동기들이 이에 따라 제어됨으로써, 하위 동기들의 폐단에서 벗어나 동기의 승화가 이루어지는 것이 바람직하며, 이것이 바로 이상적 인간이 되는 길이다.[200]

이러한 선진유학자들의 동기/욕구론은 성리학자들의 '인심도심설'로 그대로 이어지고 있다. 그러나 성리학자들은 선진유학자들보다 생물적 ·

---

199 이 절은 저자의 선행 연구(조긍호, 2003a, pp. 457~469; 2007a, pp. 404~418)의 내용에 새로운 자료와 관점을 첨가하여 수정한 것이다.

200 선진유학자들의 동기/욕구론은 자자의 선행 연구(조긍호, 2003a, pp. 424~455; 2007a, pp. 364~403) 참조.

이기적 동기들의 '향악성'(向惡性)을 더욱 강조함으로써, 도덕적 동기에 의한 이의 철저한 통제를 중시하는 엄격한 자세[201]를 굳게 지니고 있었던 것으로 보인다.

성리학의 인심도심설은, 순(舜)이 우(禹)에게 선위하면서 해주었다는 "인심은 오직 위태롭고 도심은 오직 은미하니, 오로지 정밀하고 전일하여, 진실로 그 중도를 잡으라"[202]는 『서경』(書經) 「대우모」(大禹謨)편의 말을 주희가 『중용장구』(中庸章句)의 「서」(序)에서 인용하고, 이에 다음과 같은 해설을 붙이면서 비롯되었다.

---

**201** 선진유학자들은 생물적 · 이기적 동기의 '向惡性'을 전제하고, 이러한 바탕 위에서 도덕적 동기에 의한 제어를 주장한다. 그러나 그들은 생물적 동기나 이기적 동기가 생물적 존재인 인간에게 어쩔 수 없는 필요악이어서, 이를 철저히 배격해야 한다는 입장을 취하지는 않는다. 그들은 "생존 동기의 충족은 도덕적 동기의 충족과 마찬가지로 사람의 삶에서 소중한 것"(所重民食喪祭: 『論語』, 堯曰 1)이라고 보아, 多欲을 경계하여 寡欲(養心莫善於寡欲: 『孟子』, 盡心下 35)과 節欲 · 道欲(凡語治而待去欲者 無以道欲 而困於有欲者也 凡語治而待寡欲者 無以節欲 而困於多欲者也: 『荀子』, 正名 19~20)을 주장했지, 無欲과 去欲을 주장하지는 않았던 것이다. 곧 생물적 · 감각적 동기나 자기이익을 보전하려는 동기는 생존을 위해 필요한 것이므로, 이런 욕구를 가지고 있다는 사실 자체가 아니라 이런 욕구가 많아서[多欲] 이에 이끌림으로써(『孟子』, 告子上 15), 이의 노예가 되는 것[以己爲物役](『荀子』, 正名 26~27)이 위험한 일이라는 것이다.

그러므로 욕구 추구에서 오는 이해득실을 잘 숙고해서(『荀子』, 不苟 17; 正名 24) 所欲과 所不欲, 所爲와 所不爲를 분별함으로써(『荀子』, 天論 25), 항상 바랄 일만을 바라고 할 일만을 행하는 것(『論語』, 爲政 4; 『孟子』, 離婁下 8; 盡心上 17)이 바로 寡欲 · 節欲 · 道欲의 요체라고 선진유학자들은 보고 있는 것이다. 인간의 욕구에 대해 가지는 선진유학자들의 이러한 유연함은 뒤에서 보듯이 욕구의 완전한 배격[遏人欲]을 주장하는 성리학의 엄격한 경직성과는 다소 거리가 있는 것으로 보인다.

그러나 이러한 거리가 양자의 이론 사이의 근본적인 차이를 가져오는 것은 아니고, 다만 정도의 차이만이 있을 뿐이다. 인간 욕구의 철저한 부정을 강조하는 도교 · 불교와 경합하면서 儒學的 形而上學 체계의 정립에 몰두했던 性理學者들이 이러한 엄격성을 지향했던 것은 시대적 요청에 부응했던, 어찌 보면 당연한 논리적 귀결이라고 할 수 있을 것이다.

**202** 人心惟危 道心惟微 惟精惟一 允執厥中(『書經』, 虞書, 大禹謨 15): 이는 蔡沈(1167~1230)의 『書經集傳』의 편차에 따른 『書經』 중 虞書의 大禹謨篇 15장을 가리킨다. 앞으로 『書經』의 인용은 이 예를 따른다.

인심은 오직 위태롭고 도심은 오직 은미하니, 오로지 정밀하고 전일하여, 진실로 그 중도[中]를 잡으라. [……] 이를 논해보면, 마음이 허령(虛靈)함과 지각(知覺)함은 하나일 뿐이지만, 인심과 도심이 다름이 있음은, 인심은 부여받은 신체적 조건[形氣]의 사사로움에서 나오고, 도심은 천명에 따른 본성[性命]의 바른 데서 비롯되어, 지각되는 바가 같지 않기 때문이다. 그러므로 인심은 위태롭고 편안하지 않으며, 도심은 미묘하여 보기 어렵다. 그러나 몸[形]을 갖지 않은 사람이 없으므로, 비록 성인과 같은 상지(上智)라고 하더라도 인심이 없을 수 없으며, 또한 본성[性]을 가지고 있지 않은 사람이 없으므로, 비록 아주 어리석은 하우(下愚)라고 하더라도 도심이 없을 수 없는 것이다. 그리하여 이 두 가지가 가슴속에 섞여 있는데도 이를 다스릴 방도를 알지 못하면, 위태로운 인심은 더욱 위태롭게 되고 은미한 도심은 더욱 은미하게 되어, 천리(天理)의 공변됨이 끝내 사람 욕구[人欲]의 사사로움을 이기지 못하게 될 것이다. 여기서 정밀함[精]은 두 가지를 살펴서 섞이지 않게 하는 것이고, 전일함[一]은 본심의 바름을 지켜 떠나지 않게 하는 것이다. 그러니 이를 일삼아 좇아서 잠시라도 그침이 없게 함으로써, 반드시 도심으로 하여금 항상 몸의 주인이 되게 하고 인심은 매번 도심의 명령을 듣게 하면, 위태로운 인심은 안정되고 은미한 도심은 밝게 드러나서, 움직이고 고요히 머무르고 말하고 행동하는 것이 모두 넘치거나 모자라는 착오가 없게 될 것이다.[203]

이 해설에 대해 율곡은 "이 말은 요 · 순 · 우가 서로 전해준 '마음을 다

203 人心惟危 道心惟微 惟精惟一 允執厥中 [……] 蓋嘗論之 心之虛靈知覺 一而已矣 而以爲有人心道心之異者 則以或生於形氣之私 或原於性命之正 而所以爲知覺者不同 是以或危殆而不安 或微妙而難見耳 然人莫不有是形 故雖上智不能無人心 亦莫不有是性 故雖下愚不能無道心 二者雜於方寸之間 而不知所以治之 則危者愈危 微者愈微 而天理之公 卒無以勝夫人欲之私矣 精則察夫二者之間而不雜也 一則守其本心之正而不離也 從事於斯 無少間斷 必使道心常爲一身之主 而人心每聽命焉 則危者安 微者著 而動靜云爲 自無過不及之差矣(『中庸』, 中庸章句序): 이는 주희의 『中庸章句』의 편차에 따른 序를 말한다. 앞으로 『中庸』의 인용은 이 예를 따른다.

잡는 법'[心法]으로, 만세의 성학(聖學)의 연원이어서, 지금까지 유학자들의 주석이 많았지만, 그 가운데에서 주희의 설이 가장 정밀하고 확실하다"[204]라고 하여, 『중용장구』의 「서」에 붙인 주희의 해설을 인심도심설을 세우는 바탕으로 삼고 있다. 퇴계도 "인심은 곧 욕구에 눈을 뜬 것이고, [……] 도심은 곧 의리(義理)에 눈을 뜬 것이다. 이 두 가지는 서로 다른 두 마음은 아니지만, 실로 형기(形氣)에서 나오게 되면 모두 인심이 아닐 수 없고, 성명(性命)에 근원을 두게 되면 곧 도심이 되는 것이다"[205]라고 하여, 주희의 해설을 받아들이고 있다.

앞의 인용문에서 주희가 주장하는 요점은 공 · 맹 · 순과 마찬가지로 도심의 권장과 함양, 인심의 억제와 통제, 그리고 정일(精一)함을 통한 동기 승화의 세 가지이다. 이러한 세 가지 요점은 조선조 성리학의 동기/욕구론인 '인심도심설'로 그대로 이어지고 있는 것이다.

### (1) 도심의 권장과 도덕 실천: 연계성 · 조화성의 추구

인심도심설이 기대고 있는 첫 번째 논거는 '인심'은 사람의 생물적 특성에서 나오는 '이기적 동기'[形氣之私]의 근거이고, '도심'은 사람의 본성에 뿌리를 두고 있는 바른 '도덕적 동기'[性命之正]의 근거로서, 이 두 가지는 성인과 어리석은 사람을 가릴 것 없이 사람이면 누구나 다 가지고 있다는 주장이다. 이러한 사실을 퇴계는 "인심은 욕구에 눈을 뜬 것이고, 도심은 의(義)와 리(理)에 눈을 뜬 것"[206]이라고 하여, 인심은 생물적 동기와

---

**204** 人心惟危 以下十六字 乃堯舜禹傳授之心法 萬世聖學之淵源 先儒訓釋雖衆 獨朱子之說最爲精確(『栗谷全書 一』, 聖學輯要, 修己上, 窮理章 453).

**205** 人心卽覺於欲者 [……] 道心卽覺於義理者 此非有兩樣心 實以生於形氣 則皆不能無人心 原於性命 則所以爲道心(『退溪全書 一』, 聖學十圖, 心學圖說 208).

**206** 『退溪全書 一』, 聖學十圖, 心學圖說 208.

이기적 동기의 근원이고, 도심은 도덕적 동기의 근원임을 주장하고 있다. 이러한 사실을 율곡은 다음과 같이 더욱 분명하게 제시하고 있다.

> 사람의 정(情)이 발동할 때에는, 도의(道義)를 위해서 발동하는 경우가 있다. 예를 들면, 어버이에게 효도를 하려고 하거나, 군주에게 충성하려고 하거나, 어린 아이가 우물에 빠지려는 것을 보고 측은해하거나, 옳지 않은 일을 보고 부끄러워 싫어하거나, 종묘를 지날 때에 공손하고 삼가는 것 등이 이런 종류로서, 이를 도심이라고 한다. 이에 비해, 몸의 쾌락을 위해서 발동하는 경우가 있다. 예를 들면, 배고프면 먹을 것을 바라고, 힘들면 쉬기를 바라고, 정기가 성하면 여자를 생각하는 것 등이 이런 종류로서, 이를 인심이라고 한다.[207]

이밖에도 율곡은 "무릇 좋은 소리 · 색깔 · 냄새 · 맛에 대한 욕구를 인심이라고 하고, 인의예지(仁義禮智)에 대한 지향을 도심이라 한다"[208]거나 "군주에게 충성하고 어버이에게 효도하는 것 같은 종류는 도심이고, 배고프면 먹기를 바라고 추우면 옷 입기를 바라는 것 같은 종류는 인심이다"[209]라는 등으로 똑같은 생각을 여러 곳에서 표현하고 있다.

이 가운데에서 "도심은 순전히 천리(天理)일 뿐이어서, 이에는 선(善)만 있고 악(惡)은 없지만, 인심에는 천리도 있고 인욕(人欲)도 있어서, 이에는 선도 있고 악도 있다"[210]는 것이 이들의 생각이다. 이렇게 도심이 순수한

---

**207** 情之發也 有爲道義而發者 如欲孝其親 欲忠其君 見孺子入井而惻隱 見非義而羞惡 過宗廟而恭敬之類 是也 此則謂之道心 有爲口體而發者 如飢欲食 寒欲衣 勞欲休 精盛思室之類 是也 此則謂之人心(『栗谷全書 一』, 說, 人心道心圖說 282).

**208** 夫聲色臭味之類 所謂人心也 仁義禮智之類 所謂道心也(『栗谷全書 一』, 聖學輯要, 修己上, 窮理章 453).

**209** 忠於君 孝於親之類 道心也 飢欲食 寒欲衣之類 人心也(『栗谷全書 二』, 語錄上 231~232).

**210** 道心純是天理 故有善而無惡 人心也 有天理也 有人欲 故有善有惡 如當食而食 當衣而衣 聖

선[純善]인 까닭은 도심이 곧 인성(人性)의 중핵인 사단(四端)이기 때문이다.[211] 따라서 선악 혼재 상태인 인심[생물적 · 이기적 동기]보다 순선 상태인 도심[도덕적 동기]이 중핵적인 인간의 동기 상태가 되어야 한다는 것이 조선조 성리학자들의 관점이었는데, 이 점은 선진유학자들의 견해와 동일한 것이다.

이렇게 성리학자들의 관점에서 도심은 곧 순선(純善)인 사단과 같은 것이다. 퇴계는 "도심은 마음의 본체를 가지고 말하여, 시종(始終)과 유무(有無)를 관통하는 것이고, 사단은 마음의 단서를 가지고 말하여, 마음이 발현되는 데에 나아가 그 단서를 가지고 말한 것이다"[212]라고 하여, 사회적 대상인 다른 사람을 대상으로 도심이 발하여 나타난 정(情)이 곧 사단임을 지적하고 있다. 사단은 대인관계에서 다른 사람[측은 · 사양]이나 도덕규범[수오 · 시비]을 지향 대상으로 하여 나타나는 사회적 정서이다.[213] 그

---

賢所不免 此則天理也 因食色之念 而流而爲惡者 此則人欲也(『栗谷全書 一』, 說, 人心道心圖說 282).

**211** 退溪와 栗谷은 道心이 곧 純善인 四端이라고 본다는 점에서는 생각이 같다. 그러나 양자의 人心과 七情의 관계에 대한 생각은 다르다. 즉, 退溪는 人心은 곧 七情이라고 보는 데 반해(人心七情是也 道心四端是也: 『退溪全書 二』, 書, 答李宏仲問目 226; 人心爲七情 道心爲四端 [……] 二者之爲七情四端固無不可: 『退溪全書 二』, 書, 答李平叔 259), 栗谷은 七情에는 본래 四端이 포함되므로, 따라서 이에는 人心과 道心이 섞여 있다고 본다(四端不能兼七情 而七情則兼四端: 『栗谷全書 一』, 書, 答成浩原 192; 若七情則已包四端在其中 不可謂四端非七情 七情非四端也 [……] 七情之外 更無四端矣 然則 四端專言道心 七情合人心道心而言之也: 『栗谷全書 一』, 書, 答成浩原 199; 七情則人心道心善惡之摠名也 [……] 四端卽道心及人心之善者也 [……] 論者或以四端爲道心 七情爲人心 四端固可謂之道心矣 七情豈可只謂之人心乎 七情之外無他情 若偏指人心 則是擧其半 而遺其半矣: 『栗谷全書 一』, 說, 人心道心圖說 283). 이러한 양자의 차이에 대해서는 한덕웅(1994, pp. 123~127; 1999. pp. 197~204, 218~222) 참조.

**212** 道心以心言 貫始終而通有無 四端以端言 就發見而指端緖(『退溪全書 二』, 書, 答李平叔 259).

**213** 조긍호, 2007a, pp. 311~315: 조선조 성리학자들의 핵심 論辨 중의 하나였던 四端七情說은 그들의 人心道心說과 논리적으로 밀접한 관련성을 가지고 있다. 四端七情說에서도 四端의 권장, 七情의 억제 및 정서의 승화를 강조하여, 道心의 권장, 人心의 억제 및 동기의 승

러므로 도심은 사회관계에서 다른 사람을 목표 대상으로 하여 나타나는 동기와 정서의 본체가 되는 마음 상태라고 볼 수 있다. 율곡은 "도심은 군주에게 충성하고, 어버이에게 효도하려는 종류의 마음"[214]이라고 하여, 이러한 사실을 직접 표현하고 있다.

이렇게 보면, 도덕적 동기가 인간의 가장 중핵적인 동기이고, 그 근원인 도심이 실생활에서 함양되고 권장되어야 할 마음의 본체라는 인심도심설의 주장은 인간을 '사회적 관계체'로 파악하는 유학자들의 견해에서 직접 도출되는 것이라고 할 수 있다. '도덕적 동기'는 타인에 대한 관심과 배려를 가지고 그들의 안녕에 이바지하려는 행동의 근거가 되는 '타인지향의 동기'이다. 따라서 이러한 동기 상태를 간직하게 되면, 일상생활에서 언제나 타인과 연계되어 있는 자신을 인식하고, 그들과 조화로운 관계를 유지하려는 태도로 살아가게 될 것이다. 이러한 맥락에서 보면, '도덕적 동기와 그 근거인 도심의 권장'이라는 유학적 동기이론의 첫 번째 특징은, 동아시아 집단주의 사회인이 일상생활에서 타인과 맺는 '연계성'의 인식과 '조화성'의 유지를 위해 힘을 쏟도록 유도하게 될 것이 분명하다.

이렇게 도덕적 동기의 근거인 도심을 권장하는 성리학자들의 동기이론은 인간이 사회생활에서 수행해야 할 도덕 실천의 한 가지 요목이 바로 '도심의 함양'임을 말하고 있는 것이다. 이러한 도심은 곧 다른 사람에 대한 관심과 배려 그리고 도덕규범에 대한 인식과 실행으로 드러나며, 실생활에서 타인에 대한 연계의식을 가지고 그들과 조화로운 관계를 유지하

---

화를 주장하는 人心道心說과 같은 이론적 구조를 보이고 있다. 그런 점에서 四端七情說도 성리학의 도덕실천론의 한 유형으로 볼 수 있으나, 이 책에서는 人心道心說이 갖는 도덕실천의 함의가 더 크다고 보아 人心道心說을 위주로 진술하였다. 四端七情說의 심리학적 함의에 대해서는 저자의 선행 연구(조긍호, 2007a, pp. 310~320) 참조.

**214** 『栗谷全書 二』, 語錄上 231~232.

려고 노력하는 일로 드러나게 되는 것이라고 볼 수 있다. 따라서 나 자신보다 다른 사람 및 도덕규범을 앞세우는 태도가 조선조 성리학자들의 기본적인 삶의 태도이며, 이것이 바로 그들의 도덕 실천의 제일의 요목인 것이다.

#### (2) 인심의 억제와 도덕 실천: 자기 억제의 추구

인심도심설에 따르면, 인심이란 사람의 생물적 특징에서 나오는 이기적인 욕구[形氣之私]의 근원이다. 이를 퇴계는 “인심은 욕구에 눈을 뜬 것”[215]이라거나, “인심이란 사람 욕구[人欲]의 근본이고, 인욕(人欲)이란 인심이 흘러내린 것”[216] 또는 “인심이란 말은 이미 도심과 상대해서 성립되는 것으로, 자기 몸의 이기적 측면에 속하는 것”[217]이라고 하여, 인심이 생물적 동기와 이기적 동기의 근원임을 확실히 하고 있다.

이렇게 ‘인심’은 ‘생물적 · 이기적 동기의 근원’으로서, 이를 추구하면 여러 가지 폐단에 빠지게 되므로, 이를 억제하고 도덕적 동기의 근원인 도심을 보존하도록 해야 한다는 것이 인심도심설의 주장이다. “사람이 착하지 못하게 되는 것은 욕구의 꾐을 받게 되기 때문인데, 욕구의 꾐에 빠졌음에도 이를 알지 못하면, 천리(天理)[도덕적 동기 · 도덕성의 근거]가 모두 없어져도 돌아올 줄 모르거나”[218] 그 본심을 잃어서 뜻을 빼앗기는 지경[219]에 빠지고 마는 것이다. 이런 까닭에 인심을 억제하고 도심을 보존해야 하는

---

**215** 『退溪全書 一』, 聖學十圖, 心學圖說 208.

**216** 人心者 人欲之本 人欲者 人心之流(『退溪全書 二』, 書, 答僑姪問目 307).

**217** 人心之名 已與道心相對而立 乃屬自家體段上私有底(『退溪全書 二』, 書, 答李平叔 259).

**218** 甚哉 慾之害人也 人之爲不善 欲誘之也 誘之而弗知 則至於滅天理而不反(『栗谷全書 一』, 聖學輯要, 修己中, 矯氣質章 467).

**219** 欲如口鼻耳目四肢之欲 雖人之所不能無 然多而不節 未有不失其本心者 [……] 凡百玩好皆奪志(『栗 谷全書 一』, 聖學輯要, 修己中, 養氣章 469).

데, 퇴계는 이를 다음과 같이 간결하게 표현하고 있다.

> 대체로 마음을 다잡는 공부[心學]의 방법은 비록 많지만, 그 요점을 종합해서 말하면, 사람의 욕구를 억제하고[遏人欲] 천리를 보존하는[存天理] 두 가지에 불과하다. [……] 여기서 욕구를 억제하는 일은 인심(人心)의 측면에 속하는 것이고, 천리를 보존하는 일은 도심(道心)에 속하는 것이라고 할 수 있다.[220]

이것이 퇴계의 유명한 알인욕(遏人欲) · 존천리(存天理)의 입장인데, 이는 본래 『성학십도』(聖學十圖)의 「심학도설」(心學圖說)에서 제시된 것이다.[221] 율곡도 "평상시에 엄숙하고 삼가함으로 자신을 지켜서, 생각이 떠오를 때마다 그것이 어디에서 연유하고 있는지를 잘 살펴야 한다. 그래서 만일 그것이 생물적 · 이기적 욕구[人心]에서 발동되었음을 알게 되면, 힘을 다하여 이를 이기고 다스려서, 이것이 자라나지 않도록 해야 한다. 그런데 만일 그것이 인의예지[道心]에서 발동되었음을 알게 되면, 한결같이 이를 간직하고 지켜서, 변하거나 옮겨가지 않도록 해야 한다"[222]라고 말하여, 똑같은 견해를 밝히고 있다. 이러한 관점을 그는 "대체로 인심은 마구 자라나도록 해서는 안 되며, 이를 절제하고 단속하는 일을 중히 여겨야 하고, 도심은 마땅히 간직하고 길러내야 하며, 이를 미루어 나가고 넓히는 일을 아름답게 여겨야 한다"[223]라고 표현하고 있기도 하다.

---

**220** 大抵心學雖多端 總要而言之 不過遏人欲存天理兩事而已 [……] 凡遏人欲事當屬人心一邊 存天理事當屬道心一邊 可也(『退溪全書 二』, 書, 答李平叔 259).

**221** 自精一擇執以下 無非所以遏人欲而存天理之工夫也 [……] 愼獨以下 是遏人欲處工夫 戒懼以下 是存天理處工夫(『退溪全書 一』, 聖學十圖, 心學圖說 208).

**222** 惟平居莊敬自持 察一念之所從起 知其爲聲色臭味而發 則用力克治 不使之滋長 知其爲仁義禮智而發 則一意持守 不使之變遷(『栗谷全書 一』, 聖學輯要, 修己上, 窮理章 453).

**223** 大抵人心不可滋長 而節約爲貴 道心宜保養 而推廣爲美也(『栗谷全書 二』, 語錄上 232).

이렇게 인심이란 인간의 생물적 존재 특성에 바탕을 둔 이기적 욕구의 근원이어서, 이러한 욕구의 꾐을 받게 되면, "도심[天理]이 모두 없어져도 돌아올 줄 모르고 불선을 저지르게 되거나",[224] "뜻을 빼앗기게 되는"[225] 폐단에 빠진다고 성리학자들은 본다. 그런 까닭에 생물적 · 이기적 욕구의 근원인 이러한 인심은 철저히 억제해야 한다[遏人欲]는 것이 성리학자들의 주장인데, 이 점도 선진유학자들의 관점과 동일한 것이다.

이렇게 생물적 · 이기적 욕구를 통제하고 조절할 수 있는 것은, 사람은 성덕을 지향하는 삶의 과정에서 모든 도덕성의 원천이 스스로에게 갖추어져 있다는 사실을 인식하여, 스스로에게서 모든 일의 책임을 찾는 능동적 주체성을 지닌 '덕성 주체'이기 때문에 가능한 것이다. 곧 도덕적 완성을 통해 지극한 선의 상태에 도달하는 것이 덕성 주체인 스스로의 책임이듯이, 생물적 · 이기적 욕구에 휘둘려 불선해지는 것도 역시 개인의 책임이므로, 능동적이고도 주체적으로 이러한 욕구를 억제하고 통제할 수 있게 되는 것이다. 이렇게 보면, 인간을 '능동적 주체자'로 파악하는 유학사상의 관점에서 '이기적 욕구와 생물적 욕구의 억제'를 통한 성덕(成德)의 지향이라는 성리학의 특징이 직접 도출되고 있는 것이다.

이렇게 생물적 · 이기적 욕구의 근거인 인심을 억제하는 성리학자들의 욕구이론은 도심의 권장 이외에 인간이 사회생활에서 수행해야 할 도덕 실천의 또 다른 요목이 바로 '인심의 절제'에 있음을 말해주고 있다. 이러한 인심은 다른 사람에 대한 관심과 배려보다 자기 자신을 앞세움으로써, 인 · 의 · 예 · 지의 근거가 되는 측은 · 수오 · 사양 · 시비지심의 싹이 자라나지 못하게 하여 사람을 악으로 이끄는 근원이다. 따라서 인간을 악으로

224 『栗谷全書 一』, 聖學輯要, 修己中, 矯氣質章 467.
225 『栗谷全書 一』, 聖學輯要, 修己中, 養氣章 469.

이끄는 근원인 생물적 · 이기적 욕구를 억제함으로써 덕성 주체로서의 자신을 굳게 지켜나갈 수 있다는 것이 조선조 성리학자들이 주장한 알인욕의 진정한 의미이며, 이것이 그들의 도덕 실천의 또 하나의 요체인 것이다.

### (3) 동기의 승화와 도덕 실천: 개과(改過)와 자기개선의 추구

성리학자들은 생물적 · 이기적 욕구의 근원인 인심의 폐단에서 벗어나는 일은 단순히 이를 억제하거나 절제하는 일에만 머물러서는 안 되고, 도심으로 이를 제어함으로써 도심의 주재가 이루어지도록 해야 한다고 주장한다. 퇴계는 "인심이란 도심과 상대해서 성립하는 것으로, 사람 몸의 이기적 측면에 속한 것이다. 이렇게 인심은 이미 이기적인 한 방향에 떨어져 있는 것이기 때문에, 다만 도심의 명령을 들어서, 도심과 하나가 되도록 해야 한다. 도심과 혼연일체가 되지 못하면 여전히 인심으로 남아 있을 수밖에 없다"[226]라는 말로 이러한 논점을 전개하고 있다. 율곡은 이러한 주장을 다음과 같이 좀 더 적극적으로 표현하고 있다.

> 마음을 다스리는 사람은, 어떤 생각이 발동할 때 이것이 도심임을 알게 되면, 이를 넓혀서 채워야 한다. 그러나 이것이 인심임을 알게 되면, 정밀하게 잘 살펴서 반드시 도심을 가지고 이를 제어함으로써, 인심이 항상 도심의 명령을 따르도록 해야 한다. 이렇게 되면, 인심도 또한 도심이 될 것이다. 이렇게 되면 천리가 어찌 보존되지 않으며, 인욕이 어찌 끊어지지 않겠는가?[227]

---

**226** 人心之名 已與道心相對而立 乃屬自家體段上私有底 蓋旣曰私有 則已落在一邊了 但可聽命於道心而爲一 不得與道心渾淪爲一而稱之(『退溪全書 二』, 書, 答李平叔 259).

**227** 治心者 於一念之發 知其爲道心 則擴而充之 知其爲人心 則精而察之 必以道心節制 而人心常聽命於道心 則人心亦爲道心矣 何理之不存 何欲之不遏乎(『栗谷全書 一』, 說, 人心道心圖說 282~283).

율곡은 이렇게 인심이 도심에 의해 제어되어 도심과 하나가 되면, "이(理)와 의(義)[도덕적 동기]가 항상 보존되고, 물욕(物欲)[생물적 · 이기적 동기]이 뒤로 물러날 것이니, 이로써 만사를 응대하면, 중도[中]에 맞지 않는 일이 없게 될 것"[228]이라고 주장하고 있다.

이렇게 도심에 따른 인심의 제어가 이루어져서 인심 또한 도심이 될 수 있는 것은 인심과 도심이 서로 다른 두 마음이 아니기 때문이다. 퇴계는 이를 "인심은 욕구에 눈을 뜬 것이고 [……] 도심은 의리(義理)에 눈을 뜬 것이지만, 이는 두 가지 종류의 마음이 있다는 말은 아니다"[229]라고 표현하고 있다. 이렇게 인심과 도심이 서로 다른 마음인 것이 아니라, 다만 인심과 도심은 선악 혼재이냐 아니면 순선(純善)이냐 하는 정도의 차이를 나타낼 뿐이어서,[230] 순선인 도심 상태로 승화되는 일이 가능한 것이다. 이러한 사실을 율곡은 다음과 같이 진술하고 있다.

> 마음은 본래 하나인데, 도심이 되기도 하고 인심이 되기도 하는 것은 타고난 본성[性命]의 바름에서 나왔느냐 아니면 신체적 조건[形氣]의 사사로움에서 나왔느냐 하는 차이에서 연유하는 것이다. [……] 이러므로 인심과 도심은 서로를 겸할 수 없고[不能相兼], 서로 처음과 끝이 되는 것이다[相爲終始]. [……] 직접 타고난 본성[性命]의 바름에서 나온 도심일지라도, 이것을 따라 선(善)으로 완성시키지 못하고 여기에 이기적인 욕구[私意]가 개재되면, 처음에는 도심이었다고 하더라

228 夫如是則理義常存 而物欲退聽 以之酬酌萬變 無往而非中矣(『栗谷全書 一』, 聖學輯要, 修己上, 窮理章 453).

229 人心卽覺於欲者 [……] 道心卽覺於義理者 此非有兩樣心(『退溪全書 一』, 聖學十圖, 心學圖說 208).

230 方寸之中 初無二心 至於發處 有此二端 故發道心者氣也 而非性命則道心不生 原人心者理也 非形氣則人心不生 此所以或原或生公私之異者也 道心純是天理 故有善而無惡 人心也 有天理也 有人欲 故有善有惡(『栗谷全書 一』, 說, 人心道心圖說 282).

도 끝내는 인심이 되고 말 것이다. 이에 비해, 신체적 조건[形氣]에서 나온 인심이라고 하더라도, 바른 이치[正理]를 거스르지 않으면, 도심과 어그러지지 않을 것이다. 이때 혹시 바른 이치를 거스르는 일이 있다고 하더라도, 잘못을 알아서 제압함으로써 그 욕구를 따르지 않게 되면, 처음에는 인심이었다고 하더라도 끝내는 도심이 되는 것이다.[231]

여기서 인심과 도심이 "서로 처음과 끝이 된다"는 것은 이 둘 사이의 위계구조를 말한 것이다. 따라서 도심에 따라 인심을 제어하게 되면, "자아중심적이고 개체지향적인 인심"이 "상호의존적이고 대인관계 지향적인 도심"[232]으로 통합되는 동기의 승화가 이루어진다는 것이 퇴계와 율곡의 주장인 것이다.

이렇게 인심이 도심에 의해 제어되어 하나로 통합됨으로써 동기와 욕구의 승화가 이루어져서, 무슨 일을 하든지 도덕적인 본성에서 어긋나지 않는 상태에 이르는 것이 성리학자들이 도덕 실천의 궁극처로 지향하고 있는 지점이라고 볼 수 있다. 이 상태에서는 인심에 휘둘려 잘못을 저지르지 않게 될 것이고, 따라서 개과(改過)와 자기개선(自己改善)이 이루어질 것이다. 이렇게 도덕 실천을 통해 동기와 욕구의 승화가 이루어질 수 있다는 관점은 인간을 '무한한 가능체'로 보기 때문에 가능해진다. 즉 인간은 무한한 가능체로서 타인에 대한 관심과 배려[道心]를 통해 생물적 · 이기적 욕구 상태[人心]에서 벗어남으로써 '동기와 욕구의 승화'를 이루고,

231 心一也 而謂之道 謂之人者 性命形氣之別也 [……] 是故人心道心不能相兼 而相爲終始焉 [……] 今人之心 直出於性命之正 而或不能順而遂之 間之以私意 則是始以道心 而終以人心也 或出於形氣 而不咈乎正理 則固不違於道心矣 或咈乎正理 而知非制伏 不從其欲 則是始以人心 而終以道心也(『栗谷全書 一』, 書 答成浩原 192).

232 한덕웅, 1994, p. 37.

결과적으로 '자기개선'을 이룰 수 있는 존재라고 유학자들은 상정한다. 이와 같은 맥락에서 볼 때, 조선조의 성리학자들이 개념화하는 도덕 실천의 궁극적인 지향처는 바로 '동기와 욕구의 승화'에 있다고 할 수 있을 것이다.

### 2) 거경(居敬): 궁리(窮理)와 역행(力行)의 바탕

성리학자들이 이렇게 사람의 욕심을 버리고[遏人欲] 천리를 보존함으로써[存天理] 동기의 승화를 이루는 방법으로 제시하는 것이 경 상태에 머무르는 '거경'(居敬)이다. 『중용장구』「서」에 붙인 『서경』「대우모」편의 해설에서 주희는 이를 "정밀하게 살피고, 마음을 한결같이 하는 일[精一]"에서 찾고 있는데, 이러한 정일(精一)이 곧 거경의 상태에 해당된다.[233] 말하자면, 거경은 인심을 제어하고[遏人欲] 도심을 보존하는[存天理] 바탕인 것이다.

이러한 "경(敬)은 마음의 주재로서, 온갖 일의 근본이 되는 것"[234]이어서, "경은 성인이 되고자 하는 학문[聖學: 유학 전체를 가리킴]의 처음이자 마지막이 되는 요체"[235]라는 데 퇴계와 율곡의 생각이 일치하고 있다. 이러한 거경은 성학(聖學)의 또 하나의 방법으로서 사물의 이치를 깊이 탐구하는 궁리(窮理)의 근본이 되기 때문에[236] 성학의 처음이자 마지막이 된다는

233 윤사순, 1997, pp. 267~271.

234 敬者一心之主宰 而萬事之本根也(『退溪全書 一』, 聖學十圖, 大學經 203); 蓋心者一身之主宰 而敬又一心之主宰也(『退溪全書 一』, 聖學十圖, 心學圖說 208); 爲學莫如先立其主宰 日 何如可以能立其主宰乎 日 敬可以立主宰(『退溪全書 四』, 言行錄一, 論持敬 175).

235 敬之一字 豈非聖學始終之要也哉(『退溪全書 一』, 聖學十圖, 大學經 203); 敬爲聖學之始終 豈不信哉(『退溪全書 一』, 聖學十圖, 敬齋箴 210); 敬者聖學之始終也(『栗谷全書 一』, 聖學輯要, 修己上, 收斂章 431).

236 敬以爲主 而事事物物 莫不窮其所當然與其所以然之故 [……] 至如敬以爲本 而窮理以致知 反躬以踐實 此乃妙心法 而傳道學之要(『退溪全書 一』, 疏, 戊辰六條疏 185~186); 持敬是窮

것이다.[237]

그렇다면, 어떻게 해야 경 상태에 머무를 수 있게 되는가? "유학에서 경이라는 개념이 본격적으로 내세워져 문제시된 것은 송 대의 정이(程?)부터"[238]인데, 그와 그의 제자들은 거경의 구체적인 방법을 다음과 같이 네 가지로 제시하고 있다.

> 어떤 사람이 "경 상태를 이루려면 어떻게 힘을 써야 합니까?"라고 물었다. 이에 대해 주희는 "정자(程子)는 일찍이 '마음을 하나에 집중시켜서 다른 곳으로 흩어지지 않도록 해야 한다'[主一無適]고 하였고, 또한 '몸가짐을 정돈하여 가지런히 하고, 마음을 엄숙하게 지녀야 한다'[整齊嚴肅]고도 하였다. 그리고 그 문하생인 사씨(謝氏)는 '항상 똑똑하게 각성 상태에 머무르는 일'[常惺惺法]이라고 말하였고, 또한 윤씨(尹氏)는 '마음을 거두어들여 다른 생각이 그 속에 들어오지 못하게 하는 일'[其心收斂 不容一物]이 그 요체라고 말하였다"라고 대답했다. 요컨대, 경(敬)이란 한 마음의 주재자요, 만사의 근본인 것이다. 그 힘써 행해야 할 방도[居敬의 방도]를 알게 되면, 『소학』이 경(敬)에 바탕을 두지 않고는 배움의 처음이 될 수 없음을 깨닫게 되고, 『소학』이 경을 바탕으로 하기 때문에 배움의 처음이 된

理之本(『栗谷全書 一』, 聖學輯要, 修己上, 收斂章 431); 大抵敬字 徹上徹下 格物致知 乃其間節次進步處 又曰 今人皆不肯於根本上理會 如敬字只是將來說 更不做將去 根本不立 故其他零碎工夫無湊泊處(『栗谷全書 一』, 聖學輯要, 修己上, 收斂章 433~434).

237 敬者聖學之始終也 故朱子曰 持敬是窮理之本 未知者非敬無以知 程子曰 入道莫如敬 未有能致知而不在敬者 此言敬爲學之始也 朱子曰 已知者非敬無以守 程子曰 敬義立而德不孤 至于聖人 亦止如是 此言敬爲學之終也(『栗谷全書 一』, 聖學輯要, 修己上, 收斂章 431); 蓋此心旣立 由是格物致知 以盡事物之理 則所謂尊德性而道問學 由是誠意正心以修其身 則所謂先立其大者而小者不能奪 由是齊家治國以及乎天下 則所謂修己以安百姓 篤恭而天下平 是皆未始一日而離乎敬也 然則敬之一字 豈非聖學始終之要也哉(『退溪全書 一』, 聖學十圖, 大學經 203).

238 김성태, 1989, p. 5.

> 다는 사실을 깨닫게 되면, 『대학』이 경을 바탕으로 해서라야 배움의 마지막이 된다는 사실을 알게 될 것이다. 그러니 경이란 그 하나로서 배움의 처음과 끝을 꿰뚫고 있다는 사실을 의심하지 말아야 한다.[239]

이 인용문에서는 '주일무적'(主一無適) · '정제엄숙'(整齊嚴肅) · '상성성법'(常惺惺法) · '불용일물'(不容一物)의 네 가지가 대표적인 경 공부의 방법으로 제시되고 있다. 퇴계는 이밖에도 여러 곳에서 이 네 가지 경 공부의 방법에 대해 언급하고 있으며,[240] 율곡도 이 네 가지 경 공부의 방법을 받아들이고 있다.[241]

이러한 거경의 상태는 앞에서 보았듯이, 궁리의 근본이어서 사물의 이치를 올바로 이해하게 하는 기능과 함께 이렇게 깨달은 도를 일상생활에서 실천하여 도덕적 완성을 이루게 하는 등 다양한 기능을 갖는다. 이에 대해 퇴계와 율곡은 각각 다음과 같이 언급하고 있다.

> 경을 간직하는 것[持敬]은 생각과 배움을 함께 달성하고[兼思學], 움직이거나 정지해 있는 기거동작이 일관되며[貫動靜], 마음과 행동이 합일되고[合內外], 드러

---

**239** 或曰 敬若何以用力耶 朱子曰 程子嘗以主一無適言之 嘗以整齊嚴肅言之 門人謝氏之說 則有所謂常惺惺法者焉 尹氏之說 則其心收斂 不容一物者焉云云 敬者一心之主宰 而萬事之本根也 知其所以用力之方 則知小學之不能無賴於此以爲始 知小學之賴此以始 則夫大學之不能無賴於此以爲終者 可以一以貫之而無疑矣(『退溪全書 一』, 聖學十圖, 大學經 203).

**240** 蓋心者一身之主宰 而敬又一心之主宰也 學者熟究於主一無適之說 整齊嚴肅之說 與夫其心收斂 常惺惺之說 其工夫也盡而優 入於聖域而不難矣(『退溪全書 一』, 聖學十圖, 心學圖說 208); 敬之爲說者多端 何如不陷於忘助之病乎 日 其爲說雖多 而莫切於程射尹朱之說矣(『退溪全書 四』, 言行錄一, 論持敬 175).

**241** 程子又日 主一之謂敬 無適之謂一 [……] 程子日 整齊嚴肅則心自一 一則無非僻之干矣 嚴威儼恪 非敬之道 但敬須從此入 上蔡謝氏日 敬是常惺惺法 和靖尹氏日 敬者 其心收斂 不容一物之謂 或問 三先生言敬之異 朱子日 譬如此室 四方皆入得 若從一方入至此 則三方入處皆在其中矣(『栗谷全書 一』, 聖學輯要, 修己中, 正心章 476).

난 것과 숨어 있는 것이 일치하게[一顯微] 만드는 도이다.[242]

대개 도(道)의 묘한 것은 헤아릴 수가 없고 정해진 바가 없으나, 오직 경(敬)하면 능히 엉겨 모여서 이 이치가 항상 있게 된다. 마음을 경하게 하면 능히 엉겨 모여서 덕이 마음에 있게 되고, 용모를 경하게 가지면 능히 엉겨 모여서 덕이 용모에 있게 되며, 귀 · 눈 · 코 · 입에 이르기까지 모두 그렇지 않은 것이 없다. 그러나 경하지 않으면, 마음이 방일하여 온몸이 해이하게 이지러져서, 비록 사람의 형체를 갖추고 있다 해도 실제로는 혈기를 가진 살덩어리일 뿐으로, 사물과 전혀 다를 바가 없게 된다. 이렇게 경이란 덕을 모으는 근본이고, 인간의 본성을 완성하고 실천하는[踐形盡性] 요체인 것이다.[243]

이렇게 퇴계와 율곡은 거경(居敬)의 기능을 유학적 도덕실천론의 핵심 위치에 올려놓고 있다. 한마디로 경 상태는 주의 분산 없는 주의 집중의 인지적 기능[主一無適 · 不容一物][244]과 함께, 실생활에서 도에 합치하는 목표를 선택하고 이에 적합한 행동을 활성화하는 동기적 기능[整齊嚴肅 · 常惺惺法][245]도 지니는 심적 자기조절의 전체 과정에 해당한다고 볼 수 있다. 거경(居敬)의 기능을 이렇게 '심적 자기조절'이라고 보면, 경이 생물적 · 이기적 동기[人心]를 제어하고 도덕적 동기[道心]를 발양시키는 기능을 한다는 사실은 쉽게 이해된다. 이를 율곡은 다음과 같이 진술하

---

**242** 持敬者 又所以兼思學 貫動靜 合內外 一顯微之道也(『退溪全書 一』, 箚, 進聖學十圖箚 197).

**243** 蓋道妙莫測 靡有攸定 惟敬則能凝聚得此理常在 如心敬則能凝聚得德在心上 貌敬則能凝聚得德在貌上 以至耳目口鼻之類 無不皆然 或有不敬 則心君放逸 而百體解弛 雖曰有人之形 而其實塊然血氣之軀 與物無以異矣 此敬之一字 乃聚德之本 而爲踐形盡性之要也(『栗谷全書 一』, 聖學輯要, 修己中, 正心章 477).

**244** 김성태, 1989, pp. 160~181.

**245** 한덕웅, 1994, pp. 91~96.

고 있다.

경 상태에서는 안으로 욕구가 싹트지 않고, 밖으로 사물의 유혹이 들어오지 못한다. [……] 경은 사람의 욕구[人欲]를 대적하는 방도로서, 사람이 항상 경 상태에 있게 되면, 천리가 스스로 밝아지고, 사람의 욕구는 위로 떠오르지 못하게 되는 것이다.[246]

이렇게 경(敬)에 힘입어 생물적 · 이기적 욕구[人欲]를 제어할 수 있기 때문에 "악을 버리고 선을 따르는 일은 역시 경을 위주로 하는 일[主敬]과 도에 대한 올바른 이해[明理]에 달려 있을 수밖에 없는 것이다."[247] 이렇게 욕구 통제의 기능을 통해 "경은 온갖 사악함을 다 이기게 되므로,"[248] 거경(居敬)은 곧 도심을 발양하고 인심을 억제하여 동기와 욕구를 승화시키는 직접적인 방도가 된다는 것이 바로 조선조 성리학자들의 입장이었던 것이다. 이러한 점에서 거경은 '도덕적 실천의 근거'이다.

그러나 거경은 또한 궁리(窮理)의 바탕이 된다는 점에서 '도덕 인식의 근거'이기도 하다. 이러한 사실을 율곡은 다음과 같이 진술하고 있다.

대개 경(敬)은 위아래로 두루 통하는데, 격물치지(格物致知)는 이 경 안에서 차례를 밟아 나아가야 한다. 지금 사람들은 모두 근본적으로 이해하기를 즐겨하지 아니하고, 경을 입으로만 떠들 줄 알고 이를 붙들어 매어둘 줄을 알지 못한다. 그리하여 근본이 서 있지 않기 때문에, 기타 사소한 공부는 어디에 힘을 쏟아야 할

---

246 敬則內欲不萌 外誘不入 [……] 敬所以抵敵人欲 人常敬則天理自明 人欲上來不得(『栗谷全書 一』, 聖學 輯要, 修己中, 正心章 476).

247 其欲去惡而從善 亦在主敬與明理而已(『退溪全書 二』, 書, 答金而精 94).

248 敬勝百邪(『栗谷全書 一』, 聖學輯要, 修己中, 正心章 476).

지 모르게 된다.[249]

이렇게 거경은 도덕 실천의 바탕이 됨은 물론 궁리를 통해 치지를 이루는 도덕 인식의 바탕이기도 하다는 것이 성리학자들의 공통된 견해이다. 즉 도덕 인식[窮理]과 이의 실천[力行]은 경 상태에 머무르는 거경을 통하지 않고는 이루어질 수 없다는 것이 성리학자들의 한결같은 입장인 것이다.

이상에서 보았듯이, 사람은 거경을 통해 도덕 인식의 지극함에 이르고, 나아가 이를 통해 생물적 · 이기적 욕구의 근원인 인심을 제어하고, 도덕적 동기의 근원인 도심을 확충함으로써, 인심이 도심의 명령을 따라 도심의 상태로 변모되는[250] 동기의 승화, 곧 도덕 실천의 지극함에 이를 수 있는 존재라는 것, 그리고 이러한 동기의 승화가 곧 자기 수양과 자기개선의 바탕이라는 것이 성리학자들의 핵심 주장이다. 이렇게 거경을 통해 인심이 도심으로 변화됨으로써 동기의 승화가 이루어질 수 있다는 유학자들의 생각은, 인간을 항상 자기개선을 지향하는 과정 속의 존재, 곧 '무한한 가능체'로 파악하는 관점에서 직접 도출되는 것이다. '도덕 주체'이자 '사회적 관계체'인 인간의 완성은 그가 갖추고 있는 도덕 실천력, 곧 '가능체'로서의 존재 특성에서 연유하는 것이다.

249 大抵敬字 徹上徹下 格物致知 乃其間節次進步處 又曰 今人皆不肯於根本上理會 如敬字只是將來說 更不做將去 根本不立 故其他零碎工夫無湊泊處(『栗谷全書 一』, 聖學輯要, 修己上, 收斂章 433~434).

250 『退溪全書 二』, 書, 答李平叔 259; 『栗谷全書 一』, 書, 答成浩原 192; 說, 人心道心圖說 282~283.

## 5. 유학적 사회관계론 종합

앞 장에서 선진유학자들의 사회관계론을 공자와 맹자 및 순자의 도덕실천론을 중심으로 하여 논의하고, 이어서 이 장에서는 성리학자들의 사회관계론을 남송의 주희와 조선조의 대표적인 성리학자인 퇴계와 율곡의 관점을 중심으로 하여 살펴보았다. 공자와 맹자 및 순자는 기원전 6세기에서 3세기에 활동한 학자들이고, 주희는 기원후 12세기, 그리고 퇴계와 율곡은 16세기에 문명(文名)을 떨친 학자들이었다. 그러므로 선진유학자들과 성리학자들 사이에는 최소한 1,500년에서 2,000년 이상의 시간 차이가 개재하고 있다. 또한 그들 사이에는 각각 춘추(春秋) · 전국(戰國)의 혼란한 봉건제후국의 시대와 강력한 중앙집권국의 시대에 삶을 영위하였다는 차이도 있다.

그러나 이러한 현실적인 차이에도 불구하고 선진유학자들과 성리학자들은 내성외왕(內聖外王)이라는 유학적 가치를 현실세계에서 실현하려는 꿈을 가지고 있었다는 공통점이 있다. 주희에 의해 완전한 체계가 갖추어진 신유학, 곧 성리학은 선진유학의 체계를 부정한 것이 아니었다. 그들은 다만 그들의 독특한 이기론(理氣論)과 성정론(性情論)을 통해 선진유학이 결여하고 있던 형이상학적 특징을 보완하려고 하였을 뿐이었다. 성리학자들은 선진유학사상의 핵심인 인성론 · 군자론 · 도덕실천론 · 수양론의 체계를 자기들의 이기론이나 성정론의 관점에서 재해석하려고 할 뿐, 그 기본적인 내용은 충실하게 물려받고 있었던 것이다. 그러므로 성리학자들의 도덕실천론은 선진유학자들의 그것을 그대로 물려받았다고 할 수 있다.

성리학자들이 선진유학자들을 여전히 존숭하고 그들의 이론을 그대로 물려받고 있다는 사실은, 그들이 맹자의 '도통설'(道統說)을 그대로 이어받아 공자를 요 · 순 · 우 · 탕 · 문 · 무 · 주공을 이은 성인으로 추앙하고 있다[251]는 점에서 드러난다. 율곡은 『성학집요』의 마지막 「성현도통」(聖賢道統)편에서 복희(伏羲) · 신농(神農) · 황제(黃帝) · 요 · 순 · 우 · 탕 · 문 · 무 · 주공같이 "성인의 덕으로 백성을 가르치는 군주[君師]의 지위에 올라, 수기치인의 지극함을 다한 성인"[252]에 이어, "도통은 공자에 이르러 집대성되어 공자는 만세(萬歲)의 스승이 되었는데, 공자 이후에는 도가 개인에게서 이루어졌을 뿐 (그가 군주의 지위에 오르지 못하였으므로) 그 시대에 행해지지는 않았다"[253]고 하여 공자를 성인의 반열에 올리고 있으며, 맹자 역시 '도통을 전한 사람'으로 성인으로 추존하고 있다.[254] 율곡은 "맹자에게서 끊긴 도통을 이어 크게 밝힌 사람이 주희"라고 보아 주희의 신유학 완성의 공을 기리고 있기도 하다.[255] 성리학자들은 이렇게 공자와 맹자를 성인의 도통을 이은 사람으로 존숭하여, 그들의 유학을 그대로 이어받고 있는 것이다.

이러한 신유학의 체계는 그것이 제시된 이후 동아시아 사회를 지배한 지도이념이었으며, 특히 조선조에서는 500여 년 동안 교조적으로 성리학의 체계에 집착하였다. 그러므로 성리학의 도덕실천론은 19세기말에 이르기까지 동아시아 사회의 정통 사회관계론이었으며, 그 뿌리는 선진유학자들의 도덕실천론에 있는 것이다.

---

**251** 『孟子』의 맨 마지막인 「盡心下」편 38장에서 맹자는 儒學의 聖人의 계보를 堯 · 舜 · 禹 · 湯 · 文 · 武 · 周公 · 孔子로 제시하고 있다.

**252** 道統 自伏羲至於周公 以聖人之德 居君師之位 修己治人 各極其至(『栗谷全書 二』, 聖學輯要, 聖賢道統 65).

**253** 道統 至於孔子而集大成 爲萬歲之師 由孔子以下 道成於己 不能行於一時(『栗谷全書 二』, 聖學輯要, 聖賢道統 68).

**254** 道統之傳 至於孟子而中絕(『栗谷全書 二』, 聖學輯要, 聖賢道統 71).

**255** 道統之傳 [……] 至朱子而大著(『栗谷全書 二』, 聖學輯要, 聖賢道統 77).

### 1) 선진유학과 성리학의 도덕실천론 대비 : 교육론을 중심으로

유학사상에 있어서 '교육'은 군자와 성인이 사회적 책임을 수행하는 두 가지 활동 중의 하나이다. 나머지 하나는 정사(政事)에 참여하여 군주를 도와 '인정'(仁政)을 펼치도록 하는 일이다. 그러나 정사에 참여할 기회는 쉽게 주어지는 것이 아니다. 그러므로 가르침을 베푸는 일이 유학자들이 사회적 책무를 실현하는 중심적인 일로 부각된다. 즉 군자와 성인이 도덕실천을 하는 주요 방안이 바로 교육 활동인 것이다. 이러한 맥락에서 유학자들이 그토록 교육을 중시하는 까닭을 이해할 수 있다.

선진유학자나 성리학자를 막론하고 유학자들은 사람은 모두 인의예지의 선성(善性)을 본유적으로 갖추고 있기 때문에, 누구나 모두 요 · 순 같은 성인이 될 수 있는 가능성을 보유하고 있다고 여긴다. 그렇기 때문에 그들은 교육의 대상을 전혀 가리지 않고 예의를 갖추고 배우겠다고 찾아오는 사람에게는 누구에게나 교육을 베풀었다. 그들은 교육 대상자들의 재질에 따라 각자에게 알맞은 가르침의 방법을 택하여 가르침으로써[因材施教], 스스로가 도덕의 주체임을 깨달아 일상생활에서 도덕을 실천하게 만들려고 노력하였던 것이다.

유학자들은 인간을 다른 사람과의 연계 속에서 파악하여, 다른 사람에 대한 관심과 배려를 모든 덕의 원천이라고 받아들인다. 사람의 도리[人倫]는 이러한 관계 속의 타인에 대한 관심과 보살핌에서 비롯된다는 것이 유학자들의 관점이다. 이러한 맥락에서 유학자들은 바른 도리를 먼저 깨달은 군자에게는 아직 이를 깨닫지 못한 사람들을 가르쳐서 그들로 하여금 사람의 바른 도리를 깨닫게 만들 책임이 주어져 있다고 본다. 그들은 교육을 사회적 존재로서의 군자의 의무라고까지 간주하는 것이다.

유학자들은 인간은 스스로 모든 도덕의 기초를 본유하고 있는 '덕성의 주체'라고 간주한다. 또한 모든 사람은 누구나 이러한 사실, 곧 모든 도덕의 기초가 스스로에게 갖추어져 있다는 사실을 인식하고 이를 일상생활의 대인관계에서 실천함으로써 군자나 성인 같은 이상적 인간의 상태에 도달할 수 있는 '가능성'을 갖추고 있는 존재라는 것이 유학자들의 생각이다. 따라서 '도덕 인식과 이의 실천'이 유학자들에게 있어서 교육의 목표로 부각된다.

이러한 교육의 목표를 이루기 위해서는 널리 배우고 예로써 몸을 단속하는 일에 힘써야 한다는 것이 유학자들의 입장이다. 공자는 이러한 교육의 방법을 '박문 · 약례'(博文約禮)라고 표현하고 있고, 맹자는 '박학 · 반약'(博學反約), 순자는 '박학 · 참기'(博學參己)라고 표현하고 있다. 성리학자들도 경 상태에 머물러 사물의 이치를 궁구하는 일[居敬窮理]을 도덕 인식과 그 실천을 이루는 방법으로 제시하고 있다는 점에서는 선진유학자들과 마찬가지이다.

그러나 선진유학자들과 성리학자들이 의견의 일치를 보이지 못하는 유일한 점은 도덕 인식과 도덕 실천의 선후(先後) 문제에 대해서이다. 선진유학자들은 '박문 · 박학'을 '약례 · 반약 · 참기'에 앞세우는 '선지후행'의 관점에 기울어져 있다. 그러나 성리학자들은 학자마다 약간씩의 차이는 있으나 대체로 도덕 실천에 해당하는 '거경'을 도덕 인식에 해당하는 '궁리'보다 앞세우는 '선행후지'의 관점에 기울어져 있다. 물론 그들도 '거경 → 궁리 → 역행'의 확장론을 제시하여, '선행후지'와 '선지후행' 관점의 결합을 시도하고 있기는 하다. 그러나 성리학자들의 입장은 '선행후지'에 더 기울어져 있는 것이 사실이다.

도덕 인식과 그 실천의 선후 관계에 대해 선진유학자들과 성리학자들의 입장이 이렇게 서로 다른 것으로 추정되는 가장 큰 이유는 아마도 『논어』 · 『맹자』 · 『순자』 같은 선진 시대의 저술 속에는 아동교육의 내용이 언급되어 있지 않은 반면, 성리학자들은 아동교육의 교재와 청년기 이후의 성인교육의 교재를 엄격하게 구분하고 있다는 사실에서 찾을 수 있을 것이다. 선진 시대라고 해서 아동교육을 등한시했던 것은 아니겠지만, 그 교재가 남아 있지 않으므로 그 시대에 아동교육에서 중시했던 내용이 무엇이었는지를 알기는 어렵다. 그 대신 공·맹·순의 저술에는 성인기 이후에 스승과의 문답을 통해 사람의 도리와 그 근거를 인식하는 일에 관한 기록이 위주가 되어 있어서, 그들이 '선지후행'을 강조했다고 추론할 뿐인 것이다.

그러나 성리학자들은 '선『소학』, 후『대학』'의 순서로 교육을 진행하여, 아동기에는『소학』을 통해 바른 몸가짐과 마음가짐 및 일상생활과 대인관계에서의 행동거지를 익히게 하고, 청년기 이후에『대학』을 배워 도덕의 본유성과 이를 실천해야 하는 근거에 대한 인식을 도모했던 것이다. 물론 성리학자들도 청년기 이후의 교육에서 도덕 인식에만 머물지 않고, 이를 힘써 실천하는 일[力行]을 병행하고 있다. 이렇게 아동교육까지 염두에 두고 보면 '선행후지'이지만, 청년기 이후의 교육에서는 성리학자들도 선진유학자들과 마찬가지로 '선지후행'의 관점을 제시하고 있는 것이다.

이상에서 보듯이, 유학자들의 일상적 도덕 실천 활동의 핵심인 교육에 대한 선진유학자들과 성리학자들의 관점은 마치 부절(符節)을 맞춘 듯이 일치하고 있다. 이러한 사실은 성리학자들이 선진유학자들의 이론을 전적으로 수용하고 있음을 드러내고 있다. 1,500년에서 2,000년 가까운 세월의 차이에도 불구하고, 12~16세기의 동아시아 성리학자들은 선진유학의 체계를 그대로 받아들여 삶의 지표로 삼고 있었음이 분명한 것이다. 이러한 맥락에서 보면, 선진유학자들의 도덕실천론은 성리학자들에게 그대로 전수되고 있다고 추론할 수 있다.

### 2) 도덕 인식과 실천의 통합: 습여성성(習與性成)

선진유학자들과 성리학자들이 도덕 인식과 그 실천의 선후 관계에 대해 의견이 엇갈리고 있기는 하지만, 양자 공히 이 두 가지의 통합을 강조하고 있다는 사실에 대해서는 의심의 여지가 없다. 즉 도덕 인식만 하고 이를 실천하지 않아도 된다거나, 도덕 실천만을 행하고 그 인식은 등한히 해도 된다고 그들이 보고 있는 것은 아니다.

공자는 학문의 방법을 "널리 글을 배우는 일"[博學於文] 과 "예로써 몸을 단속하는 일"[約之以禮]의 두 가지로 제시하고 있는데,[256] 여기서 박문(博文)은 도덕 인식 활동을 말하는 것이고, 약례(約禮)는 도덕 실천 활동을 말하는 것이다. 이렇게 공자는 도덕 인식과 그 실천이 하나로 통합되는 것이 바른 배움을 이루는 방법이라고 보고 있다. 그는 인(仁)에 대한 제자들의 물음에 대해 대체로 인의 본체[仁體]를 가지고 응답하지 않고 인의 쓰임과 실천[仁用]을 가지고 응답함으로써[257] 도덕 인식과 실천이 결합되어야 한다는 입장을 드러내고 있다. 즉 공자는 "무릇 인(仁)이란 내가 서고자 하면 남을 먼저 서게 해주고, 내가 이루고자 하면 남이 먼저 이루게 해주는 일"이어서, "가까이 자기 몸에서 취해서 남에게로 미루어나가 실천하는 일이 인을 행하는 방도"[258]라고 하여, 인의 인식뿐만 아니라 이러한 인식이 자기 몸 가까이에서부터의 실천과 통합되어야 함을 강조하고 있는 것이다.

---

256 子曰 博學於文 約之以禮 亦可以弗畔矣夫(『論語』, 雍也 25; 顔淵 15); 顔淵喟然嘆曰 [……] 夫子循循然善誘人 博我以文 約我以禮(子罕 10).

257 공자는 仁에 대한 樊遲(雍也 20; 顔淵 22; 子路 19), 子貢(雍也 28; 衛靈公 9), 顔淵(顔淵 1), 仲弓(顔淵 2), 司馬牛(顔淵 3) 및 子張(陽貨 6)의 물음에 대해 모두 각자의 부족한 점을 감안하여 일상생활에서 실천해야 할 요목을 제시해줌으로써, 仁은 그 본체의 인식이 중요한 것이 아니라 인식과 실천의 통합이 중요함을 강조하고 있다.

258 子曰 [……] 夫仁者 己欲立而立人 己欲達而達人 能近取譬 可謂仁之方也已(雍也 28).

맹자도 널리 배워[博學] 도를 인식하는 일과 자기 몸에 돌이켜 단속함으로써[反約] 도를 실천하는 일을 배움의 방도로 중시하고 있다.[259] 그는 "스스로 깨달아 도를 인식한 다음에, 이에 편안하게 거하고 이를 깊이 활용하여 실천함으로써, 좌우 가까이에서 항상 그 근원을 파악하는 일과 연계되어야 한다"[260]고 주장하여, 도의 인식과 실천의 통합을 강조하고 있다. 순자도 '박학'을 통한 도의 인식과 '참기'(參己)를 통한 도의 실천을 배움의 방안으로 제시하면서,[261] 도의 밝은 인식[察道]과 도덕 실천[行道]이 통합되어야 도를 체득한 사람[體道者]이 된다[262]고 주장한다.

선진유학자들은 이와 같이 도의 인식과 실천이 따로 행해지는 것이 아니라, 이 둘이 함께 어우러져야 함을 강조한다. 이러한 입장은 성리학자들에게 그대로 이어지고 있다. 이러한 사실을 퇴계는 다음과 같이 진술하고 있다.

> 경(敬)으로 근본을 삼아 일마다 그 '마땅히 해야 할 바'[所當然]와 '그러한 까닭'[所以然]의 이치를 궁구하여, 오래 깊이 반복해서 이를 체인(體認)하게 되면 그 지극한 데에 이르게 될 것이다. [……] 이렇게 경을 위주로 하여 이치를 궁구함으로써 치지[窮理以致知]에 이르고, 자기 몸을 반성하여 이를 실천하는 것[反躬以踐實], 이것이 바로 마음을 바로잡는 법식이고 도학(道學)을 전하는 요체이다. [……] 이러한 도덕 인식[眞知]과 도덕 실천(實踐)은 마치 차의 두 바퀴가 하나라도 없으면 나갈 수 없으며, 사람의 두 다리가 서로 의지하여 나아가는 것과 같다.[263]

---

**259** 이 장의 주 80(『孟子』, 離婁下 15: p. 661) 참조.

**260** 君子深造之以道 欲其自得之也 自得之 則居之安 居之安 則資之深 資之深 則取之左右逢其原 故君子欲其自得之也(離婁下 14).

**261** 이 장의 주 83(『荀子』, 勸學 2: p. 662) 참조.

**262** 心知道 然後可道 可道然後能守道 以禁非道 [……] 知道察 知道行 體道者也(解蔽 11~13).

**263** 敬以爲主 而事事物物 莫不窮其所當然與所以然之故 沈潛反覆 玩索體認 而極其至 [……] 至

퇴계는 이 인용문에서의 소이연(所以然)과 소당연(所當然)을 각각 주희의 말을 인용하여, 전자는 "사물이 그렇게 된 이치"를 말하는 것이고, 후자는 "사람으로서 반드시 해야 하는 일"을 말하는 것이라고 보아, 소이연은 '도덕 인식'을 가리키고, 소당연은 '도덕 실천'을 말하는 것이라고 보고 있다.

> 천하의 사물은 반드시 각각이 '그렇게 된 까닭'[所以然之故]과 그 '마땅히 해야 할 일'[所當然之則]이 있는 법이다. 이것이 하늘의 이치이다. [……] 마땅히 해야 할 일은 마치 군주는 아랫사람들에게 어질게 대하여야 하고, 신하는 군주를 공경해야 한다는 것과 같은 것이다. 그렇게 된 까닭은 군주가 어째서 아랫사람들에게 어질게 대하여야 하고, 신하는 어째서 군주를 공경해야 하는가와 같은 것으로, 이 양자는 모두 하늘의 이치[天理]가 그렇게 만든 것이다.[264]

이 두 인용문에서 드러나듯이, 궁리를 통하여 모든 일의 '그렇게 된 까닭'을 밝게 인식하고, 역행을 통하여 모든 일에 대하여 '마땅히 해야 할 일'을 실천하는 것, 그렇게 함으로써 도의 인식과 실천의 통합을 이루는 일이 군자가 행해야 할 '거경'의 요체라는 것이 성리학자들의 입장이다. 이렇게 선진유학자들이나 성리학자들은 모두 '도덕 인식과 실천의 통합'을 군자의 삶의 목적으로 설정하고 있다는 점에서 공통성을 보인다.

앞에서 『소학』 교육의 목표는 도덕 실천과 도덕 인식이 함께 자라고 이

---

如敬以爲本 而窮理以致知 反躬以踐實 此乃妙心法而傳道學之要 [……] 抑眞知與實踐 如車兩輪闕一不可 如人兩脚相對互進(『退溪全書 一』, 疏, 戊辰六條疏 185~186).

264 天下之物 必各有所以然之故 與所當然之則 所謂理也 朱子曰 所當然之則 如君之仁 臣之敬 所以然之故 如君何故用仁 臣何故用敬云云 皆天理使之然(『退溪全書 二』, 書, 論所當然所以然是事是理 4).

루어지게 하는 '습여지장'(習與智長)과 '화여심성'(化與心性)에 있음을 살펴보았다. 즉 바른 습관을 근거로 해서 도덕적 인식이 자라나게 하고, 외적 행동의 변화를 통해 본래의 선심이 완성되기를 도모하는 것이 아동기부터의 교육의 목표라는 것이 유학자들의 관점이다. 이렇게 인식과 실천의 합일을 이루는 일은 교육의 목표이자 유학적 삶의 목표로 부각되는 것이다.

『서경』(書經)에는 늙은 재상인 이윤(伊尹)이 어린 군주인 태갑(太甲)에게 "이러한 불의(不義)는 습관이 되어 성품처럼 굳어지게 됩니다[習與性成]. 나는 도를 따르지 않는 사람을 가까이 하지 않겠습니다"[265]라고 말하여, 어린 군주의 불의를 훈계하는 내용이 나온다. 여기서 '습여성성'(習與性成)은 주희의 「소학서제」(小學書題)에 나오는 '습여지장'이나 '화여심성'과 같은 말이다. 다만 '습여성성'이 좀 더 포괄적인 의미를 담고 널리 쓰이고 있을 뿐이다.

『서경』에서 이 말은 "나쁜 습관이 본성처럼 굳어진다"는 뜻으로 쓰이고 있다. 그러나 이 말은 『논어』 「안연」편 1장에서 안연이 공자에게 인(仁)에 관해 묻자 공자가 "자기의 이기적인 욕구를 극복하고 예의 체계로 돌아가는 것[克己復禮]이 인을 행하는 길"이라고 대답한 데 대해, 안연이 다시 그 세목(細目)을 묻자 공자가 "예가 아니면 보지 말고, 예가 아니면 듣지 말며, 예가 아니면 말하지 말고, 예가 아니면 움직이지 말아라"[266]라고 응답한 데 대해, 정이천(程伊川)이 붙인 '사물잠'(四勿箴)에서 사용해서 유명해진 용어이다.

---

**265** 伊尹曰 玆乃不義 習與性成 予不狎于不順(『書經』, 商書, 太甲上 9).

**266** 顔淵問仁 子曰 克己復禮爲仁 一日克己復禮 天下歸仁焉 爲仁由己 而由人乎哉 顔淵曰 請問其目 子曰 非禮勿視 非禮勿聽 非禮勿言 非禮勿動 顔淵曰 回雖不敏 請事斯語矣(『論語』, 顔淵 1).

정이천의 '사물잠'의 '동잠'(動箴)에서는 "도리를 따르면 여유롭게 되고, 욕망을 따르면 위태롭게 된다. 급박하고 구차한 때에도 잘 생각하고, 두려워하고 조심하여 스스로를 잘 간직하라. '습관이 성품과 더불어 이루어지면'[習與性成] 함께 성현의 경지에 도달하리라"[267]라고 하여, '습여성성'을 수양을 습관화하여 도를 실천하면 성품처럼 굳어져서 자신도 성현이 될 것이라는 말로 쓰고 있다.

이후로 조선조 유학자들의 문집(文集)에는 '습여성성'이라는 말이 매우 많이 등장하는데, 그 용례를 보면 대부분 '사물잠'과 같은 맥락으로 쓰이고 있다. 이렇게 유학자들은 도덕 인식과 도덕 실천을 통해 외적 행동 습관과 내적 성품이 하나로 어우러지면 성현의 상태로 변모된다고 보아 '습여성성'을 유학적 삶의 목표로 설정하고 있는 것이다.[268] 물론 이러한 인간의 변모와 본래의 착한 성품의 완성은 도의 인식보다는 거경을 통한 도덕 실천의 습관화를 전제로 하고 있음은 두 말할 나위도 없이 자명한 사실이다. 이런 점에서 유학자들의 도덕실천론은 그들의 수양론의 이론적 전제가 되고 있는 것이다.

---

267 順理則裕 從欲惟危 造次克念 戰兢自持 習與性成 聖賢同歸(程伊川의 四勿箴 중 動箴: 朱熹는 『論語集註』의 「顔淵」편 1장의 註에서 四勿箴을 인용하고 있다).

268 필자는 본래 이 절의 제목을 "도덕 인식과 실천의 통합: 지행합일"이라고 붙이고 있었다. 그러나 2012년 2월 24일에 있었던 SSK 연구(좌장: 姜正仁 교수) 중간발표회의 토론을 할 때 李相益 교수(부산교육대학교)가 '知行合一'은 陽明學의 핵심 개념으로, 필자의 이 책은 性理學에 토대를 두고 있는 것일 뿐만 아니라, 知行合一에서는 도덕 인식과 실천을 통한 인간의 변화라는 의미를 실리기 힘드니, 그보다는 성리학의 전통적인 용어인 '習與性成'이라는 용어로 바꾸는 것이 좋겠다는 제안을 해주었을 뿐만 아니라, 2월 26일에는 장문의 편지를 통해 여기서 진술한 내용을 보내주었다. 필자는 이 제안을 받아들여 이 절의 제목을 "도덕 인식과 실천의 통합: 습여성성"이라고 바꾸고, 그 내용도 대폭 이에 맞게 수정하였다. 이 책에서의 '習與性成'에 관련된 내용은 전적으로 李 교수와의 토론과 그의 편지에 힘입은 것이다. 이 자리를 빌려 李相益 교수에게 심심한 감사의 인사를 드린다.

### 3) 유학적 사회관계론의 핵심 : 관계의 조화 추구와 역할의 쌍무적 수행

이상에서 보듯이 성리학자들은 거경에 바탕을 둔 궁리와 역행을 통해 도덕 실천을 해야 하는 까닭[所以然之故]을 분명히 인식하고, 사람으로서 마땅히 해야 할 일[所當然之則]을 일상생활의 대인관계에서 실천해야 습관이 성품으로 굳어지는 '습여성성'(習與性成)이 이루어진다고 본다. 이것이 성리학자들의 도덕실천론의 핵심 요지이다. 그렇다면, 그들은 사람들이 일상생활에서 도덕 실천을 해야 하는 까닭을 무엇이라고 보는가? 그리고 그들은 이를 실천하는 과정에서 마땅히 해야 할 일은 무엇이라고 규정하는가?

#### (1) 도덕 실천의 목표: 사회관계의 조화 추구

퇴계는 주희의 말을 인용하여 "마땅히 해야 할 바의 일은 사람의 도리가 실제로 갖추어져 있는 곳을 말하고, 그렇게 행해야 할 바의 까닭은 이에서 더 나아가 그러한 도리의 근원이 되는 머리"[269]라고 보아, 전자는 사람으로서 마땅히 해야 할 일을 가리키고, 후자는 그렇게 행해야 하는 이유 또는 그것이 지향하는 목적을 가리키는 것이라 보고 있다. 그렇다면 사람의 도리, 곧 인륜을 실천해야 하는 까닭은 무엇인가? 율곡은 『격몽요결』의 「거가」(居家)장에서 부부관계를 예로 들어 이 문제에 대해 다음과 같이 진술하고 있다.

> 반드시 남편은 화(和)하여 의(義)로써 어거하고, 아내는 순(順)하여 바름[正]으로써 이어받아, 부부 사이에 예와 공경함을 잃지 않은 후에야 집안일이 잘 다스려

269 所當然之則 則理之實處 所以然之故 乃其上一層理之源頭也(『退溪全書 二』, 書, 論所當然所以然是事是理 4).

> 진다. 만일에 서로 예를 잃고 희롱하다가 하루아침에 갑자기 서로 공경하려고 한다면, 부부 사이의 조화는 이루어지기가 힘들 것이다. 그러므로 모름지기 아내와 서로 근신하여 반드시 구습을 버리고 점차로 예로 들어가야 한다. 만일 아내가 남편의 말과 몸가짐이 한결같이 바른 데에서 나오고 있다는 사실을 알게 되면, 반드시 서로 믿고 따라 부부 사이에 조화가 이루어질 것이다.[270]

이와 같이 부부 사이에 마땅히 지켜야 할 도리를 지키게 되면 두 사람 사이에 조화가 이루어져, 서로 믿고 공경하게 됨으로써 집안일이 순조롭게 진행된다고 율곡은 본다. 이것이 바로 부부 사이에 예를 지켜야 하는 까닭이라는 것이 율곡의 생각이다. 즉 대인관계에서 서로 마땅히 해야 할 사람의 도리를 수행해야 하는 까닭은 그렇게 해야 둘 사이에 조화가 이루어져 공경하게 됨으로써 인륜의 질서와 조화가 이루어진다는 것이다. 이러한 사실을 율곡은 『성학집요』 「총설」(總說)의 말미에서 다음과 같이 거듭 강조하고 있다.

> 중화를 다하는 공(功)이 한 가정에 머무르면 곧 한 가정의 천지가 안정되고, 만물이 생육될 것이며, 명덕(明德)도 한 가정 내에서 밝혀질 것이다. 한 가정 안에 어찌 따로 천지와 만물이 있겠는가? 다만 부자(父子)와 부부(夫婦)와 형제(兄弟)가 각각 그 역할을 바르게 행하면 이것이 천지가 안정된 기상이며, 자효(慈孝)와 우공(友恭)과 창수(唱隨)하는 것이 각각 제대로 이루어지면 이것이 만물이 생육되는 기상이다. 중화를 다하는 공이 한 나라에 머무르면 곧 한 나라의 천지가 안정되고 만물이 생육될 것이며 명덕이 한 나라에서 밝혀질 것이고, 그것이 천하에

270 必須夫和而制以義 妻順而承以正 夫婦之間不失禮敬 然後家事可治也 若從前相狎 而一朝遽欲相敬 其勢難行 須是與妻相戒 必去前習 漸入於禮可也 妻若見我發言持身一出於正 則漸相信而順從矣(『栗谷全書 二』, 擊蒙要訣, 居家章 88).

> 미치게 되면 곧 천하의 천지가 안정되고 만물이 생육될 것이며 명덕도 천하에서 밝혀질 것이다.[271]

이상에서 보듯이 대인관계에서 인륜을 실천해야 하는 까닭은 바로 그렇게 해야 사람들 사이에 조화로운 관계가 형성되어, 각 관계에 질서가 바로잡힐 뿐만 아니라 추구하는 바의 일도 제대로 이루어진다는 것이 성리학자들의 관점이다. 즉 사회관계에서 추구하는 목표는 바로 사회관계의 조화와 질서의 추구라고 성리학자들은 보고 있다. 이러한 입장은 앞 장에서 살펴본 공자와 맹자 및 순자 같은 선진유학자들의 관점과 일치하는 것이다.

#### (2) 도덕 실천의 내용: 사회관계에서 요구되는 역할의 수행

그렇다면 사회관계에서 사람이 마땅히 수행해야 할 도덕 실천의 내용은 무엇인가? 이에 대해서 성리학자들도 선진유학자들과 마찬가지로 부자 · 군신 · 부부 · 장유 · 붕우의 각 관계에서 각자에게 요구되는 역할을 충실히 수행하는 일이라고 본다. 율곡은 이를 다음과 같이 진술하고 있다.

> 사람이 이 세상에 살면서 배우지 않으면 사람다운 사람이 될 수 없다. 이른 바 배운다는 것은 이상한 별개의 사건이나 사물을 말하는 것이 아니다. 이는 다만 어버이 된 사람은 마땅히 자애로워야 하고, 자식 된 사람은 마땅히 효도해야 하며,

---

271 致中和之功 止於一家 則一家之天地位 萬物育而明德明於一家 一家豈別有天地萬物乎 只是父子夫婦兄弟 各正其分 是天地位氣象 慈孝友恭唱隨 各盡其情 是萬物育氣象 止於一國 則一國之天地位 萬物育而明德明於一國 及於天下 則天下之天地位 萬物育而明德明於天下矣(『栗谷全書 一』, 聖學輯要, 總說 426).

> 신하 된 사람은 마땅히 충성해야 하고, 부부 된 사람들은 마땅히 직분을 나누어 해야 하며, 형제 된 사람들은 마땅히 우애로워야 하고, 아랫사람 된 사람은 마땅히 어른을 공경해야 하며, 친구 된 사람들은 마땅히 믿음이 있도록 해서, 일상생활을 영위할 때 일에 따라 각각 그 마땅한 바를 행하는 것일 뿐이다.[272]

이렇게 각각의 사회관계에서 각자에게 부여된 역할을 충실히 수행함으로써 각 관계에서 요구되는 질서와 조화가 이루어지도록 해야 하는 것이 사람으로서 마땅히 해야 할 일이라는 주장은 성리학자들의 한결같은 관점이다.

성리학자들은 아동기에 『소학』에서 배워야 할 핵심적인 내용을 몸가짐과 행동거지를 삼가고 바르게 하는 '경신'과 배움의 자세를 갖추는 '입교', 그리고 부모와 자식 간의 친애함, 군주와 신하 간의 의로움, 남편과 아내 간의 분별함, 어른과 아이 사이의 순서지킴 및 친구들 간의 신뢰로움 같은 오륜의 기초인 '명륜'의 세 가지로 정리하고 있는데, 이 중 '경신'은 46개 장, '입교'는 13개 장에서 제시되고 있을 뿐인 데 반해 '명륜'은 무려 108개 장에서 제시되고 있다. 뿐만 아니라 '계고'와 '가언' 및 '선행' 편에서도 '명륜'에 관한 실증 예들이 압도적으로 많이 제시되고 있어서[273] 성리학자들이 오륜의 기초를 익히는 일을 얼마나 중시하고 있었는지를 짐작하게 한다.

주희는 이렇게 인간관계에서 각자에게 부여된 역할을 수행하는 일은

---

272 人生斯世 非學問無以爲人 所謂學問者 非異常別件事物也 只是爲父當慈 爲子當孝 爲臣當忠 爲夫婦當別 爲兄弟當友 爲少者當敬長 爲朋友當有信 皆於日用動靜之間 隨事各得其當而已(『栗谷全書 二』, 擊蒙要訣, 序 82).

273 이 세 편을 합하여 '입교'는 26개 장, '경신'은 73개 장에서 제시되고 있을 뿐인 데 반해, '명륜'은 모두 117개 장에서 성현의 행적과 아름다운 말씀 및 착한 행실의 실증 예가 제시되고 있다(『小學』, 「小學集註總目」 참조).

가까이 가족관계에서 부모에게 효도하고 형제에게 우애롭게 하는 일로부터 시작해야 한다고 본다. 그는 이러한 사실을 다음과 같이 진술하고 있다.

> 사람이 해야 할 일을 다 한다는 것은 효제(孝弟)를 다하는 일을 말하는 것이다. 무릇 자기 한 몸으로부터 미루어 말하자면, 내 몸이란 부모로부터 말미암아 혈기를 받아 태어난 것이다. 그러므로 사람의 할 일을 다 한다는 것은 자기 몸을 삼가 존중하는 것이고, 자기 몸을 삼가 존중하는 것은 능히 자기 부모를 공경하는 일이 된다. 사람으로서 할 일을 다 하지 못하면 자기 몸을 삼가 존중하지 못하게 되고, 자기 몸을 삼가 존중하지 못하면 자기 부모를 공경하지 않는 것이 된다. 사람이 할 바를 다 하는 일이 효제에서부터 출발한다고 함은 이를 일러 말하는 것이 아니겠는가? 정자는 "사대부가 군주로부터 직분을 받아 그 책임을 다하려고 기약하는 것은, 마치 부모로부터 몸을 받아 자기가 할 일을 다 해야 하는 것과 마찬가지이거늘, 어찌 사람으로서 할 일을 다 하지 않을 수 있겠는가?"라고 말하였다.[274]

이렇게 인륜을 다하는 것이 부모와 형제 사이에서 요구되는 역할을 충실히 수행하는 일로부터 시작하는 것은, 오륜 중 부모-자식과 형제 사이의 관계는 "천륜(天倫)의 친속(親屬)"[天屬]이지만, 나머지(부부 · 군신 · 붕우 사이의 관계)는 "타인들 사이의 결합"[以人合者]이기 때문이라는 것이 주희의 관점이다. 그는 이를 다음과 같이 기술하고 있다.

> 사람에게 큰 윤리가 다섯 가지가 있는데, 옛날 성현들로부터 이 오륜은 모두 하

---

**274** 盡其道謂之孝弟 夫一身推之 則身者資父母血氣以生者也 盡其道者 則能敬其身 敬其身者 則能敬其父母矣 不盡道 則不敬其身 不敬其身 則不敬父母 其斯之謂歟 程子曰 今士大夫受職於君 期盡其職 受身於父母 安可不盡其道(『性理大典 卷五十三』, 學二, 人倫 809).

> 늘이 펴낸 것으로 사람이 만든 것이 아니라고 여겼다. 그러나 지금 살펴보건대, 이 중에서 부모-자식과 형제 사이의 관계는 '하늘이 낳은 친속'[天屬]이지만, 나머지 세 가지는 '타인끼리 결합한 관계'[以人合者]이다. 이에 대해서는 의심이 있을 수도 있을 것이다. 그러나 남편과 아내는 천속(天屬)이 그로 말미암아 이어지는 관계이고, 군주와 신하는 천속이 그에 의존하여 완전하게 되는 관계이며, 붕우는 천속이 그에 의존하여 바르게 되는 관계이다. 그러므로 이 세 가지는 인도(人道)의 기강(紀綱)으로 사람으로서 해야 할 표준을 세운 것으로서, 그 어느 것도 단 하루라도 없어서는 삶을 영위할 수 없다. 이 세 가지는 비록 타인끼리 결합한 관계일지라도 실제로는 천리(天理)에 따라 그렇게 결합한 것이어서 반드시 서로 결합하지 않을 수 없는데, 이들은 모두 하늘이 펴낸 것으로 사람이 만든 것이 아니기 때문이다.[275]

이렇게 하늘의 질서 그 자체인 오륜의 각 관계에서 수행해야 할 일들은 각각 별개의 것이 아니라 서로 밀접하게 연관되어 있어서, 어느 하나만을 수행하고 다른 것은 버려둘 수 있는 성질의 것이 아니라는 점이 성리학자들의 견해이다. 이러한 사실을 주희는 오륜 중 가장 경시하기 쉬운 붕우 사이의 관계를 예로 들어 설명하고 있다.

> 군신·부자·형제·부부의 관계에서 서로 그 해야 할 일을 다 실천하여 어그러짐이 없도록 하려면, 붕우 사이에 서로 선(善)을 행하도록 독려하여 그 인(仁)을

275 人之大倫別有五 自昔聖賢皆以爲天之所敍 而非人之所能爲也 然以今考之 則有父子兄弟爲天屬 而以人合者居其三焉 是則若有可疑者 然夫婦者 天屬之所由以續者也 君臣者 天屬之所賴以全者也 朋友者 天屬之所賴以正者也 是則所以紀綱人道 建立人極 不可一日而偏廢 雖或以人而合 其實皆天理之合然 有不得不合者 此其所以爲天之所敍 而非人之所能爲也(『性理大典 卷五十三』, 學二, 人倫 811).

> 이루도록 돕지 않는다면, 그 누가 그렇게 할 수 있겠는가? 그러므로 붕우 사이의 관계는 인륜에 있어서 그 형세가 가벼운 것 같으나 그 연관된 바가 매우 중하고, 그 정분이 소원한 것 같으나 그 관계된 바가 지극히 친밀하며, 그 할 일이 작은 것 같으나 맡은 바가 매우 크니, 이는 옛 성인이 도를 닦는 가르침을 세울 때에 반드시 붕우 관계를 중하게 여겨 감히 소홀하게 하지 않았던 까닭이다.[276]

이 인용문에서 보듯이, 오륜 각각에서 수행해야 할 일들은 서로 깊은 연관성을 가지고 있다는 것이 성리학자들의 관점이다. 이러한 사실은 주희가 "군신 사이에 직분의 수행을 다하려고 하는 데에는 부모-자식 사이에서 그 할 일을 다함으로써 자기 몸을 삼가고 존중할 뿐만 아니라 부모를 공경하는 일을 바탕으로 삼아야 된다"[277]고 언급하고 있다는 점에서도 잘 드러나고 있다. 이렇게 성리학자들도 공자와 맹자 및 순자 같은 성리학자들과 마찬가지로, 인간 삶의 기반인 대인관계에서 각자에게 부여된 역할을 충실히 수행하는 일을 도덕 실천의 핵심 내용으로 간주하고 있는 것이다.

---

276 必欲君臣父子兄弟夫婦之間 交盡其道而無悖焉 非有朋友以責其善輔其仁 其孰能使之然哉 故朋友之於人倫 其勢若輕而所繫爲甚重 其分若踈而所關爲至親 其名若小而所職爲甚大 此古之聖人修道立教 所以必重於此 而不敢忽也(『性理大典 卷五十三』, 學二, 人倫 811): 『小學』, 「小學集註總目」의 明倫 중 明朋友之教에도 朱子의 이 말이 인용되고 있다.

277 『性理大典 卷五十三』, 學二, 人倫 809.

# 제4부
# 종합 고찰

지금까지 제1부에서는 서구 개인주의 문화의 이념적 바탕인 자유주의 사상이 서구 사회에서 태동된 역사적 배경과 자유주의사상에서 인간을 파악하는 인간관에 이어, 동아시아 집단주의 문화의 기반인 유학사상의 발전 과정과 유학사상에서의 인간관을 대비하여 고찰한(제1장) 다음, 두 문화권의 인간관의 차이로부터 개인주의와 집단주의 문화에 살고 있는 현대인들의 심성과 행동의 제반 차이를 개관하는 문화차 개관의 기본틀을 정립하고, 이를 기초로 두 문화권 사람들이 사회관계 행동에서 보이는 실제적인 차이들을 현대 사회심리학자들이 전개한 문화비교연구의 결과들을 통해 개관해보았다(제2장). 이러한 문화차 개관을 통해 서구 개인주의 문화와 동아시아 집단주의 문화의 이념적 배경은 각각 자유주의와 유학사상이라는 사실과 함께, 이 두 문화권 사람들이 보이는 사회관계 행동의 제반 차이는 이 두 문화권에서 인간을 파악하는 관점의 차이로부터 직접 도출되는 것이라는 사실을 확인할 수 있었다.

이어서 제2부에서는 우선 17~18세기의 홉스와 로크 및 루소 같은 자유주의자들의 사회계약론을 그들 저술의 개관을 통해 살펴보고(제3장), 이를 현대 사회과학자들이 제시한 대표적인 사회관계론인 사회교환이론과 대비하여 봄으로써(제4장), 서구 개인주의 사회의 사회관계론이 자유주의자들의 사회계약론을 이론적 뿌리로 하여 배태되고 있다는 사실을 고찰하였다.

다음으로 제3부에서는 공자와 맹자 및 순자 같은 선진유학자들이 제시하고 있는 도덕실천론의 대강을 살펴보고(제5장), 이를 12~16세기 성리학자들의 관점과 대비하여 봄으로써(제6장), 동아시아 집단주의 사회의 사회관계론이 선진유학자들의 도덕실천론을 기반으로 하고 있다는 사실을 확인하였다.

이제 제4부에서는 이러한 연구 결과들을 종합적으로 검토해보고(제7장), 이를 토대로 하여 서구 자유주의를 기반으로 하여 전개되고 있는 현대심리학에서 탐구되고 있는 사회관계 영역의 연구문제와는 다른 특유의 연구문제들을 유학사상을 바탕으로 하여 도출해봄으로써(제8장), 새로운 심리학의 가능성을 탐색해보고자 한다.

# 제7장
# 동·서 인간관, 사회관계론 및 사회관계 행동의 비교

이상에서 서구 개인주의 문화와 동아시아 집단주의 문화의 제반 차이는 근본적으로 각각의 이념적 기반인 자유주의와 유학사상에서 인간을 파악하는 관점의 차이로부터 비롯된다는 사실을 고찰해보았다. 인간을 개체성·합리성·완비성을 주축으로 하여 이해하려고 하는 것이 자유주의의 특징이라면, 유학사상은 사회성·도덕성·가변성을 주축으로 하여 인간을 파악하려고 하는 이론체계이다. 이렇게 인간을 파악하는 입장의 차이는 두 문화권에서 사회관계를 이해하는 관점의 차이를 유발하며, 결과적으로 각 문화권에 살고 있는 현대인들의 특유한 사회관계 행동의 차이를 낳는다는 것이 이 책에서 밝혀보려는 기본적인 문제였다.

이 장에서는 지금까지의 연구 결과를 종합하여, 이러한 문제에 대한 해답을 도출해보기로 하겠다. 이를 위해 우선 자유주의와 유학사상의 인간관의 차이와 두 문화권에서 제시되어온 사회관계이론을 직접 대비해본 다음, 개인주의와 집단주의의 인간관과 사회관계이론의 관계 그리고 두 문화권의 사회관계론과 현대 두 사회인들이 실제로 보이는 사회관계 행동의 정합성에 대해 살펴보기로 하겠다.

이러한 대비를 통해 이 두 문화권에서 제시되어온 대표적인 사회관계론은 자유주의와 유학사상에서 인간을 파악하는 입장의 차이로부터 직접 도출되는 것이라는 사실과 함께, 두 유형의 사회관계론의 차이는 곧바로 이 두 문화권에 살고 있는 현대인들의 실제적인 제반 사회관계 행동의 차이와 연결되고 있다는 사실을 확인할 수 있을 것이다.

## 1. 동 · 서 인간관의 차이

13~14세기 이탈리아에서 태동된 르네상스는 중세의 신(神)중심의 세계관에서 탈피하여 그리스 · 로마 시대의 세계관으로 복귀하고자 한 복고적인 문예부흥 운동이었다. 르네상스 시대 서구인들이 회복하고자 했던 것은 신과 대립된 인간중심의 세계관, 인간능력의 핵심을 이성에서 찾으려는 이성중심의 인간관, 그리고 인간을 포함한 세계의 모든 사물이 그 자체 변치 않는 본질적 속성을 갖추고 있다는 안정적 실체관 등이었다. 르네상스 운동은 한마디로 세계와 인간의 재발견을 통해 개체의 개성과 합리적 선택을 중시하는 혁신운동이었던 것이다. 이러한 르네상스운동은 개인의 양심과 종교의 자유를 부르짖고 등장한 16세기 종교개혁 운동과 이어져, 17세기에 들어서면서 자유주의사상으로 발전함으로써 개인의 자유와 자연권 사상이 태동하는 밑거름이 되었다. 이러한 자유주의사상이 서구 사회에 개인주의 문화가 태동되는 기반이 되었는데, 이러한 맥락에서 서구 개인주의 사회의 지배적인 인간관은 바로 르네상스 시대의 인간관(개성존중 · 이성존중 · 실체적 인간이해)을 바탕으로 하고 있는 것이라고 볼 수 있다.

서구에서 르네상스 운동이 벌어지던 비슷한 시기에 동아시아에서 태동된 신(新)유학도 남북조(南北朝)와 수(隋)·당(唐) 시대 유학에 차용된 불교와 도교의 영향을 제거하고, 유학의 새로운 형이상학체계를 통해 선진(先秦) 시대의 순수한 유학의 체계로 돌아가고자 한 복고운동이었다. 그러나 신유학자들은 공자와 맹자 등 선진 시대 창시자들의 사상을 획기적으로 변화시키려고 했던 것이 아니라, 그들의 이론체계를 자신들이 창안한 이기론(理氣論)을 통해 새롭게 해석하려고 하였을 뿐이었다. 따라서 신유학자들은 선진유학자들이 사회성·도덕성·가변성을 주축으로 하여 인간을 이해하고자 하는 관점을 충실히 이어받고 있다. 이러한 유학의 체계를 이념적 기반으로 하여 발전된 동아시아 집단주의 사회의 지배적인 인간관은 따라서 선진유학자들의 인간이해의 입장을 바탕으로 하고 있는 것이다.

여기서 서구의 '개체성' 중심의 인간파악의 관점은 동아시아의 '사회성' 중심의 인간파악의 관점과 대가 되고, 서구의 '합리성'(이성) 중심의 인간관은 동아시아의 '도덕성' 중심의 인간관과 대를 이루며, 서구의 '실체설'(불변성) 중심의 인간이해는 동아시아의 '가변성' 중심의 인간이해의 관점과 대를 이루어, 두 문화권의 지배적인 문화유형인 개인주의와 집단주의의 기본 골격을 형성하고 있다고 추론할 수 있다.[1]

### 1) 인간의 존재 의의: 개체성 대 사회성

서구 사회에 개인주의 문화를 배태시킨 자유주의사상과 동아시아 집단주의 문화의 기반이 되고 있는 유학사상의 핵심적인 차이는 인간의 존재 의의를 어디에서 찾을 것인가의 문제이다. 르네상스와 종교개혁을 바탕으로 하여 발전한 자유주의는 인간의 존재 의의를 상호 분명한 경계를 가

1 이러한 대비는 필자의 선행 저술(조긍호, 2007a, pp. 135~140)을 기초로, 제1장의 3절과 표 2 및 제2장의 1절과 표 3의 내용을 요약 정리한 것으로, 경우에 따라서는 선행 저술의 내용을 그대로 따오기도 하였다.

진 독립적인 개인의 '개체성'에서 찾으려는 입장을 기초로 하여 성립되고 있는 사상체계이다. 이 체계에서는 사회란 독립적이고 평등한 개체들의 집합체 그 이상도 그 이하도 아니라고 본다. 즉 인간의 존재 의의는 각 개인의 개체성을 주축으로 하여 드러나게 된다고 보는 것이 자유주의의 기본 입장이다.

이에 비해 오랫동안 동아시아 사회의 이념적 바탕이 되어왔던 유학사상은 인간의 존재 의의를 인간 존재의 '사회성'에서 찾으려고 하는 이론체계이다. 인간은 사회관계 속의 존재로서 이러한 관계를 떠나서는 그 존재 의의 자체가 상실된다고 보는 것이 유학사상이다. 이 체계에서는 사회란 개체들의 집합체가 아니라, 개인들이 맺고 있는 관계들을 단위로 하여 구성되는 커다란 유기체라고 본다. 따라서 인간의 존재 의의는 각자가 타인과 맺는 관계, 곧 상호의존성을 핵으로 하는 사회성 속에서 드러나게 된다고 보는 것이 유학사상의 기본 입장이다.

자유주의 이념에서 개인 존재를 파악하는 관점은 무엇보다도 개인을 '자유의 보유자'로 인식하는 것이다. 17세기 이래 서구 사회에서는 개인이 신앙의 자유, 양심의 자유, 표현의 자유, 정치적 자유, 경제적 자유 및 사생활의 자유 같은 여러 자유를 보유하고 있다는 개인적 자유의 관념이 지배해왔으며, 이러한 생각이 자유주의 이념의 토대가 되고 있다. 자유주의가 추구해온 최고의 이념은 이와 같이 개인적 자유의 확보에 있었는데, 이러한 관념의 배후에는 자연권 사상이 놓여 있다. 곧 개인은 생명 · 재산 · 행복 추구에 대한 기본권을 천부적으로 부여받고 있으며, 이러한 기본권을 행사하거나 보호하기 위한 필수적인 장치가 바로 개인적 자유라는 것이다. 이러한 자유의 관념에는 개인이 그 어느 누구의 부당한 간섭이나 제재도 받지 않고, 자기에게 가장 유리하거나 적합하거나 또는 타당한 신앙 · 양심 · 사상 · 도덕률 · 정치 및 경제 체제를 자율적으로 선택할 수 있다는 독립성과 자율성에 대한 신념이 바탕에 깔려 있다.

자유의 보유자로 개인을 파악하는 관점은 곧 개인의 '독립성'과 '자율성'을 중시하는 삶의 태도를 낳게 되며, 결국 독립성과 자율성을 높이 평가하고, 이를 일상생활에서 추구하는 심리적 · 행동적 경향을 촉발하게 된다. 이러한 개인 존재의 독립성과 자율성에 대한 강조는 개인의 사회행위의 원동력을 자유의 보유자인 개인이 갖추고 있는 독특한 내적 속성(성격 · 능력 · 욕구 · 감정 따위)에서 찾는 입장을 낳게 된다. 따라서 개인주의 사회에서는 주의의 초점이 개인 존재 및 그의 내적 속성에 쏠리게 마련인 만큼, 결과적으로 개인주의 사회인이 보이는 자기중심적인 심리와 행동의 특징이 유발되는 것이다.

자유의 보유자로 개인 존재를 인식하는 자유주의 이념과는 대조적으로, 유학사상은 인간을 '사회적 관계체'로 보는 입장에서, 개인 존재를 사회관계 속에 내포된 '역할 · 의무 및 타인에 대한 관심과 배려의 복합체'로 간주하는 관점을 굳게 지니고 있다. 유학사상에서는 사회를 이루는 기본 단위는 부자 · 군신 · 부부 · 장유 · 붕우 같은 사람들 사이의 관계라고 본다. 이러한 관점을 바탕으로 각 관계에서 관계 당사자들에게 요구되는 쌍무적인 역할과 의무의 수행을 통해 관계의 조화와 질서가 달성되고, 그렇게 되면 조화롭고 평화로운 이상사회가 이루어진다고 여긴다. 유학사상에서는 사회행위의 원동력을 개인이 처한 사회관계 속의 역할과 의무에서 찾게 되며, 결과적으로 이러한 역할과 의무의 근거인 관계 당사자들 사이의 상호연계성이나 상대방에 대한 관심과 배려를 중시하게 된다.

이렇게 개인 존재를 역할 · 의무 · 배려의 복합체로 간주하는 관점은 관계 당사자들 사이의 '연계성'과 '조화성'을 중시하는 삶의 태도를 낳으며, 결국 상호연계성과 조화성을 높이 평가하고, 이를 일상생활에서 추구하는 심리적 · 행동적 경향을 낳는다. 이러한 관계 당사자들 사이의 연계성과 조화성의 강조는 자기 자신보다는 관계를 맺고 있는 상대방이나 집단이, 그리고 자기의 내적 속성보다는 공적 규범과 상황적 요구가 주의의 초점으로 부각되게 할 것이고, 결과적으로 집단주의 사회인이 보이는 타인 또는 집단중심적인 심리와 행동의 특징으로 연결되는 것이다.

인간의 존재의의를 이렇게 개인의 개체적 특성에서 찾을 것이냐 아니면 상호의존적인 관계 속의 사회적 특성에서 찾을 것이냐 하는 관점의 차이는 사회관계에서 무엇을 '주의의 초점'으로 잡을 것이냐 하는 차이를 낳게 되고, 사회관계에서 상응하는 중시 내용의 차이를 유발하게 된다. 이러한 두 문화권의 주의의 초점 차원의 차이는 앞의 제1장의 [표 2]와 제2장의 [표 3]의 첫 행(行)에 정리되어 있다.

제2장의 [표 4]에는 이 차원에서 나타나는 두 문화권 사람들의 사회관계 행동의 차이가 정리되어 있는데, 이는 [표 3]에서 제시된 주의의 초점 차원의 문화차 개관의 기본틀에서 예측하는 바대로의 것들이었다. 이러한 사실은 '주의의 초점' 차원에서 나타나는 개인주의와 집단주의 사회의 사회관계 행동의 특징적인 차이들([표 4])은 이 두 사회에서 개인 존재를 각각 '자유의 보유자'와 '역할 · 의무 · 배려의 복합체'로 보는 차이, 곧 인간의 존재 의의를 '개체성'과 '사회성'을 주축으로 개념화하는 차이에서 연유하는 것임을 드러내고 있는 것이다.

### 2) 인간의 고유한 특성: 합리성 대 도덕성

서구 자유주의와 동아시아 유학사상의 또 다른 핵심적인 차이는 동물과 달리 인간만이 독특하게 갖는 고유한 특성을 무엇으로 보느냐 하는 입장의 차이이다. 서구에서는 고대 그리스 시대로부터 인간의 심성 또는 영혼을 지성 · 감성 · 욕구의 세 가지 요소로 구분하여 보는 '삼분체계론'이 지배해왔다. 이 세 가지 요소 중에서 욕구와 감성은 인간뿐만이 아니라 다른 동물들도 갖추고 있는 특성이지만, 지성(이성)은 인간만이 갖추고 있는 특성으로서 다른 동물은 갖추고 있지 못하다고 간주하는 것이 서구의 전통이었다. 그러므로 인간이 갖추고 있는 삼 체계 중에서 이성이 가장 우월한 특성이라는 '이성우월주의'의 관점으로 인간을 이해하려는 것이 고대로부터 면면히 이어져온 서구 철학의 특징이었다.[2] 이러한 전통은 자유주의자들도 그대로 이어받고 있는데, 이렇게 서구 사회에서는 '이성 주체'로서의 인간의 '합리성'을 인간의 고유한 특성으로 중시하고 있는 것이다.

이에 비해 동아시아 유학사상에서는 인간의 심성은 지성 · 감성 · 욕구의 세 요소 이외에 도덕성으로 이루어져 있다는 '사분체계론'으로 이해한다. 이 중에서 나머지 요소들은 동물들도 갖추고 있으나, 도덕성은 인간에게만 고유한 특성이므로, 인간은 도덕성을 주축으로 하여 파악해야 하는 존재라는 '덕성우월주의'가 유학자들이 인간을 이해하는 기본 관점이었다.[3] 이러한 입장은 선진유학자들뿐만 아니라 신유학자들에게로 이어져온 유학사상의 전통으로, 유학사상은 인간의 본유적인 도덕성을 중핵으로 하여 성립되고 있는 이론체계이다. 이렇게 동아시아 사회에서는 인간을 '덕성 주체'로 개념화하여, 타인/집단에 대한 관심과 배려를 동물과 다른 인간의 고유한 특성으로 강조하는 것이다.

자유의 주체로 개인을 파악하는 입장에 이어 자유주의의 이념은 개인을 자신의 행복과 만족을 추구하는 존재, 곧 이기적인 정열과 욕망에 따라 활동하고 행동하는 존재라고 보는 전제 위에 성립하고 있다. 이렇게 사람들 모두가 이기적인 욕망을 추구하다보면, 필연적으로 욕구 충돌이 빚어질 수밖에 없다. 개인이 본래부터 지닌 이성의 힘이 빛을 발휘하게

2 서구의 '삼분체계론'과 '이성우월주의'의 전통에 대해서는 필자(조긍호, 2008, pp. 168~193) 참조.

3 유학사상의 '사분체계론'과 '덕성우월주의'에 대해서는 필자(조긍호, 2008, pp. 107~168) 참조.

되는 것은 이 지점에서라고 자유주의자들은 본다. 곧 '이성의 주체'로서 개인들은 욕구 충돌에서 오는 파국을 피하고, 그러면서도 최대한 각자의 이익을 보장하는 선에서 욕구를 조정하는 체제를 만들기로 합의하게 되고, 그 결과 나타난 것이 사회계약에 의한 국가체제라는 것이다. 이렇게 국가와 사회는 개인의 이성의 산물이라는 것이 자유주의자들의 생각이다. 이러한 이성은 자신에게 유익한 것을 합리적으로 계산하고 선택하는 능력으로 드러난다.

그러므로 이성 주체로 개인 존재를 파악하는 자유주의 입장에서는 인간의 '합리성'을 강조하게 되며, 이성의 힘에 대한 강한 신뢰가 삶의 신조로 부각된다. 그 결과 이성의 주체인 인간이 외부 환경 세계를 통제할 수 있다고 믿고, 결국 '외부 환경을 통제의 대상으로 보는 태도'를 갖게 된다. 그리하여 이들은 이성 주체인 자기를 적극적으로 표출하고, 자기에게 이익을 가져올 수 있는 요인(자기의 장점이나 긍정적 특성 · 능력 · 감정 들)을 확장시키려고 노력하며, 자기의 현재와 미래를 과도하게 낙관적으로 인식하는 경향을 띤다. 따라서 이들에게는 개인주의 사회인이 보이는 바와 같은 적극적인 '자기주장'을 높이 평가하는 심리와 행동의 특징이 두드러지게 되는 것이다.

이성 주체로 개인 존재를 인식하는 자유주의 이념과는 대조적으로, 유학사상에서는 인간의 능동성과 주체성이 타인에 대한 관심과 배려라는 덕성에서 최대로 드러난다고 본다. 유학사상에서는 인간을 '능동적이고 주체적인 존재'로 파악하는 관점을 가지고 있는데, 이들에게 능동성과 주체성이란 인의예지(仁義禮智) 같은 도덕의 근거가 개인에게 본래부터 갖추어져 있다는 사실을 자각하고, 이를 실생활에서 실행하는 일을 뜻한다.

그러므로 유학자들에게 인간의 능동성과 주체성은 모든 일의 책임을 도덕 주체인 자기에게서 구하는 태도와 직접 연결되고 있으며, 따라서 자기의 이기적이고 사적인 욕구와 감정을 억제하는 일이 인간의 능동성과 주체성을 발휘함으로써 삶의 목표인 도덕적 완성을 이루는 지름길이 된다고 본다. 그 결과 유학사상에서는 통제의 대상을 '덕성 주체'인 자기 자신에게서 찾음으로써, '겸양'과 '자기억제'를 강조하게 되며, 이러한 경향은 결과적으로 집단주의 사회인이 보이는 자기은폐적인 심리와 행동의 특징을 낳는 배경이 되고 있는 것이다.

동물과 다른 인간의 고유한 특성을 이렇게 합리성의 근거인 이성에서 찾을 것이냐 아니면 타인/집단에 대한 관심과 배려의 근거인 도덕성에서 찾을 것이냐 하는 입장의 차이는 통제의 대상을 환경세계라고 볼 것이냐 아니면 자기의 사적인 욕구와 감정이라고 볼 것이냐 하는 차이를 낳게 되고, 사회관계에서 상응하는 중시 내용의 차이를 유발하게 된다. 이러한 두 문화권의 통제의 대상 차원의 차이는 앞의 제1장의 [표 2]와 제2장의 [표 3]의 가운데 행(行)에 정리되어 있다.

제2장의 [표 5]에는 이 차원에서 나타나는 두 문화권 사람들의 사회관계 행동의 차이가 정리되어 있는데, 이는 [표 3]에서 제시된 '통제의 대상' 차원에서 나타나는 개인주의와 집단주의 사회의 사회관계 행동의 특징적인 차이들([표 5])은 이 두 사회에서 개인 존재를 각각 '이성 주체'와 '덕성 주체'로 보는 차이, 곧 동물과 다른 인간의 고유한 특성을 '합리성'과 '도덕성'을 주축으로 개념화하는 차이에서 연유하는 것임을 드러내고 있는 것이다.

#### 3) 인간의 변이가능성: 완비성 대 가변성

서구 자유주의와 동아시아 유학사상에서 인간을 파악하는 관점의 세 번째 차이는 인간을 고정 불변의 실체로서 이해하느냐 아니면 끊임없이 변화하는 과정 속의 가변체로 인식하느냐 하는 것이다. 세계를 이루고 있는 개별적인 대상들은 그 자체로 고정적이고 불변적인 속성을 지니고 있으며, 따라서 그 세계에 살고 있는 사람들도 역시 저마다 '고정적이고 불변적이며 안정적인 속성을 갖춘 존재'라고 보는 것은 고대 그리스 시대 이래 서구 문명의 전통이었다. 자유주의 사상가들은 사람은 누구나 스스로의 행동을 주도할 수 있는 불변적이고 안정적인 내적 속성을 완비하고 있으며, 또한 이를 개발하여 자기실현을 이룰 수 있는 자율성을 갖추고 있다는 점에서 인간은 평등하고, 그러한 내적 속성들은 각 개인에게 특유하다는 점에서 인간은 존엄하다고 보았다. 즉 그들은 인간의 평등성과 존엄성의 근거를 누구나 안정적인 속성을 갖추고 있는 실체라는 사실, 곧 인간의 '완비성'에서 찾으려고 하였던 것이다.

이에 비해 유학은 성덕(成德)을 지향하는 체계로서, 인간이란 가르침[敎]과 배움[學]을 통해 누구나 덕을 이룰 수 있는 '무한한 가능성'을 갖추고 있는 존재라고 파악하는 입장을 바탕으로 하여 성립한다. 인간은 선인(先人)들이나 도를 이룬 사람들의 가르침을 따라 배움으로써 자기성찰과 자기개선을 이루어내고, 그럼으로써 현재의 불완전한 소인(小人)의 상태에서 장차 이상적인 군자 · 성인의 상태로 변화될 수 있는 가변적인 존재이며, 인간의 삶은 이러한 궁극적인 성덕의 상태를 지향해가는 과정이라고 유학자들은 본다. 곧 개인은 '가변적이고 과정적인 존재'이지, 절대로 불변적이거나 고정적인 존재로 볼 수 없다고 유학자들은 간주하는 것이다.

이렇게 자유주의의 이념에서 개인 존재를 파악하는 세 번째 관점은 개인을 안정적이고 고정적이며 불변하는 실체로 인식하는 것이다. 모든 사물이 고정적 속성을 갖추고 있으며, 이러한 속성은 안정적이어서, 시간이나 상황에 따라 변화하지 않는다고 생각하는 것은 고대 그리스 시대부터 이어온 서구 문화의 전통이었던 것이다. 이러한 세상사에 대한 인식은 사람에 대한 이해에도 그대로 이어져왔는데, 특히 자유주의자들은 모든 개인은 자기만의 독특한 내적 성향(성격 · 능력 · 동기 들)을 완비하고 있으며, 이는 다른 사물들과 마찬가지로 '고정적이고 안정적이며 불변적인 실체'라고 본다. 곧 개인은 고정적인 성격 특성과 능력 및 동기 들을 갖추고 있으며, 이러한 고정적 속성들은 시간과 상황에 따라 달라지지 않는 '안정성'과 '불변성'을 띤다는 것이다.

이렇게 개인 존재를 고정적 · 안정적 · 불변적 실체로 파악하는 입장은 현대 서구인들에게 그대로 이어져서, 개인의 성격과 능력은 시간과 상황이 달라져도 변화하지 않는다는 '실체설적 신념체계'를 강하게 드러낸다. 따라서 개인의 내적 성향들 사이, 외적 행동들 사이, 그리고 내적 성향과 외적 행동 사이에는 어떠한 경우에도 안정적이고 불변적인 일관성이 존재하는 것으로 파악하는 경향을 보인다. 그 결과 이들에게는 '안정성'과 '일관성'을 추구하는 심리와 행동의 특징이 강하게 나타나며, 자기발전이란 자신이 갖추고 있는 안정적인 장점을 찾아내어 확충하는 '장점확충'을 통해 이루어지는 것으로 본다.

고정적이고 안정적이며 불변적인 실체로 개인 존재를 인식하는 자유주의 이념과는 대조적으로, 유학사상에서는 인간을 '가능체'로 보는 관점에 따라 개인을 '가변적이고 과정적인 존재'로 간주하게 된다. 성덕을 지향하는 체계인 유학사상은 일상생활에서 가르침과 배움을 통해 누구나 덕을 이룰 수 있는 가능성을 갖추고 있다고 여긴다. 배움을 통해 사람은 불완전한 소인의 상태에서 덕을 이룬 군자와 성인의 상태로 변화될 수 있다는 관점에 따라, 개인을 가변적이고 과정적인 존재로 파악하는 것이 유학사상의 특징인 것이다. 인간을 관계 속의 존재로 파악하는 유학사상에서는 맺고 있는 관계의 양상에 따라 달라지는 역할과 의무에 맞추어 스스로를 변화시키는 '가변성'을 강조하기도 한다.

이렇게 인간을 고정적이고 불변적인 존재가 아니라 과정적이고 가변적인 존재라고 보는 유학사상의 관점에서는 자기의 단점을 확인하고 수용하며, 배움을 통해 이를 개선함으로써 자기향상을 이룰 수 있다고 보아, 인간의 '자기개선'을 강조한다. 개인 존재의 가변성과 자기개선을 강조하는 이러한 유학사상의 입장은 현대 동아시아인들에게도 그대로 이어져서, 개인의 성격과 능력은 시간과 상황에 따라 역동적으로 변화될 수 있다는 '증가설적 신념체계'를 강하게 드러낸다. 따라서 자기의 부정적 요인(단점과 부정적 특성 · 감정 들)도 무난히 수용하고, 이를 개선하는 일을 가치 있게 여기며, 성취 장면에서 능력보다는 노력을 높이 평가하는 경향을 낳게 된다. 그 결과 이들에게서는 상황에 따른 행위 가변성을 중시하고 자기의 단점을 수용하고 고치려는 심리와 행동의 특징이 강하게 나타나는 것이다.

과거－현재－미래의 시간적 연속성 상에서 인간의 현재적 상태를 과거로부터 물려받아 미래로 이어져갈 안정적 실체로 받아들일 것이냐 아니면 인간을 무한한 변화 과정 속의 존재라고 볼 것이냐 하는 관점의 차이는 자기발전의 통로를 기존에 갖추고 있는 장점의 확충 과정에서 찾을 것이냐 아니면 자기의 단점을 찾아 이를 고쳐나가는 자기개선의 관점에서 찾을 것이냐 하는 차이를 낳게 되고, 결과적으로 사회관계에서 상응하는 중시내용의 차이를 유발한다. 이러한 두 문화권의 변이가능성 차원의 차이는 앞의 제1장의 [표 2]와 제2장의 [표 3]의 마지막 행(行)에 정리되어 있다.

제2장의 [표 6]에는 이 차원에서 나타나는 두 문화권 사람들의 사회관계 행동의 차이가 정리되어 있는데, 이는 [표 3]에서 제시된 '자기향상 방안'의 차원에서 나타나는 개인주의와 집단주의 사회의 사회관계 행동의 특징적인 차이들([표 6])은 이 두 사회에서 개인 존재를 각각 '고정적 · 불변적 실체'와 '과정적 증가체'로 보는 차이, 곧 인간을 '안정성 · 일관성'과 '가변성 · 유연성'을 주축으로 개념화하는 차이에서 연유하는 것임을 드

러내고 있는 것이다.

### 4) 동 · 서 인간관의 차이와 문화차 개관의 기본틀 종합

이상에서 서구 개인주의와 동아시아 집단주의 사회의 이념적 기초인 자유주의와 유학사상에서 인간을 파악하는 관점의 차이를 인간의 존재 의의의 출처, 동물과 다른 인간의 고유한 특성 및 인간의 시 · 공간적 변이가능성의 세 측면에서 고찰해보고, 이어서 이러한 관점의 차이로부터 두 문화권 사람들의 현실적 제반 차이를 개관해볼 수 있는 문화차 개관의 기본틀이 도출된다는 사실을 고찰하였다.

인간의 존재 의의를 '자유의 보유자'로서의 개인 존재가 갖는 '개체성'에서 찾으려는 개인주의 사회에서는 행위원동력으로서의 개인이 '주의의 초점'으로 부각되고, 결과적으로 이 사회에 살고 있는 사람들은 개인의 '독립성'과 '자율성' 및 '독특성'을 강조하고 삶의 과정에서 이를 추구하려고 한다. 이에 비해 인간의 존재 의의를 '사회적 관계체'로서의 인간의 '사회성'에서 찾으려는 유학사상에서는 개인에게 영향을 미치는 타인과 집단이 '주의의 초점'으로 부각되고, 따라서 이 사회에 살고 있는 사람들은 개인 사이의 '연계성'과 타인에 대한 '배려성' 및 사람들 사이의 '조화성'을 중시하고 이를 추구하려는 강한 지향성을 보인다.

다른 동물과 다른 인간의 고유한 특성을 '이성 주체'로서의 인간의 '합리성'에서 찾으려는 개인주의 사회에서는 '통제의 대상'을 환경세계로 보아 환경세계를 자기에게 맞추어 변화시키려고 하고, 결과적으로 이 사회인들은 '자기주장'과 '자기고양'을 강조하고 추구하려고 한다. 이에 반해 인간만이 갖는 고유한 특성을 '덕성 주체'로서의 인간의 '도덕성'에서 찾으려는 집단주의 사회에서는 '통제의 대상'을 자기 자신이라고 보아 자기의 사적인 욕구와 감정을 드러내지 않으려고 하고, 따라서 이 사회인들은 삶의 과정에서 '자기억제'와 '겸양'을 강조하고 추구하려는 강한 경향성을 띤다.

인간을 현재의 제반 특성을 완비하고 있는 '완비체'로 보아 불변적 실체로 개념화하여 받아들이는 개인주의 사회에서는 '자기향상의 방안'을 개인이 갖추고 있는 다양한 '장점들을 찾아 확충'하는 일에서 찾게 되고, 결과적으로 이 사회인들은 시간적 · 상황적 변이에도 불구하고 변치 않는 '안정성'과 '일관성'을 강조하고 추구하려고 한다. 이와는 대조적으로 인간을 시 · 공간의 변화에 따라 달라질 수 있는 '과정적 존재'라고 보는 증가설적 신념체계에 따라 파악하는 집단주의 사회에서는 자기의 단점을 찾아 고쳐나가는 '자기개선'이 자기향상의 길이라고 보고, 따라서 인간의 '가변성'과 '유연성'을 강조하고 높이 평가한다.

이러한 사실들은 제1장의 [표 2]와 제2장의 [표 3]에서 제시되고 있는데, 여기서 이 두 표를 결합하여 위의 사실들을 종합적으로 정리하면, 다음의 [표 7]과 같다.

**[표 7] 두 문화권의 인간관과 문화차 개관의 기본틀 종합**

| 구분 | 개인주의<br>(개인중심적 인간관) | 집단주의<br>(집단중심적 인간관) |
|---|---|---|
| <u>인간의 존재 의의</u> | <u>개체성</u> | <u>사회성</u> |
| 인간존재의 규정 | 자유의 보유자 | 사회적 관계체 |
| 주의의 초점 | 자기 | 타인/집단 |
| 강조점 | 독립성 · 자율성 · 독특성 | 연계성 · 배려성 · 조화성 |
| <u>인간의 고유한 특성</u> | <u>합리성</u> | <u>도덕성</u> |
| 인간존재의 규정 | 이성의 주체 | 덕성의 주체 |
| 통제의 대상 | 환경세계 | 자신의 사적 욕구 · 감정 |
| 강조점 | 자기주장 · 자기고양 | 자기억제 · 겸양 |
| <u>인간의 변이가능성</u> | <u>완비체</u> | <u>가변체</u> |
| 인간존재의 규정 | 실체설 | 증가설 |
| 자기향상 방안 | 장점확충 | 자기개선 |
| 강조점 | 안정성 · 일관성 | 가변성 · 유연성 |

## 2. 동 · 서 사회관계론의 차이

현대 서구 개인주의 사회의 대표적 사회관계론인 사회교환이론은 17~18세기 자유주의자들의 사회계약론에서 이론적 근거를 찾을 수 있고, 동아시아 집단주의 사회의 사회관계론은 유학사상의 도덕실천론을 바탕으로 하고 있다. 이 두 사상적 배경은 사회구성의 기본단위와 인간존재의 기본 특성에 대한 이해에 차이를 보이고 있으며, 이러한 차이로부터 사회관계의 목표와 사회관계 유지의 규범 같은 사회관계의 기본 특징에 대한 견해차가 도출된다.

### 1) 사회구성의 기본단위: 평등한 개인과 상황 속의 관계

자유주의자들과 유학자들은 사회구성의 기본단위에 대한 관점에서 차이를 보인다. 홉스와 로크 및 루소 같은 자유주의자들은 사회가 형성되기 이전의 자연상태를 상정하고, 이 자연상태에서의 인간의 존재 특성에 대한 이론적 가정에 기초해서 사회 형성의 근거를 도출해내려고 한다. 이러한 자연상태에 대한 가정은 이들이 제시하는 사회계약론이 도출되는 이론적 바탕이다. 사회계약론자들은 자연상태에서 인간은 누구나 평등한 자유의 주체로서, 모든 사람이 자기의 생명과 재산에 대한 평등한 권리를 가지고 있다고 전제한다. 그들은 독립적이고 평등한 자유의 주체로서의 개인들이 자발적으로 합의하여 사회계약을 맺음으로써 사회가 형성된다고 주장한다. 즉 사회의 기본적인 구성단위는 평등한 개인들이라는 것이다.

이러한 입장은 현대 서구 개인주의 사회의 교환이론가들이 그대로 이어받고 있다. 교환이론가들은 모든 사회적 상호작용은 평등한 개인들 사이의 교환의 과정으로 분석할 수 있다고 전제한다. 이렇게 사회적 상호작용을 교환의 관점으로 이해하는 배경에는 교환당사자인 개인들이 서로 평등하고 자발적인 선택의 주체라는 관념이 놓여 있다. 즉 교환이론가들도 평등한 자유의 주체로서의 개인들의 자발적인 교환행동이 모든 사회 행위의 근원으로서, 사회는 바로 이러한 평등한 개인들을 기본단위로 하여 구성된다고 보는 것이다.

사회란 바로 이렇게 상호 평등한 자유와 권리의 주체들로 구성되는 집합체이므로, 사회의 이해를 위해서는 그 구성인자로서의 개인들의 속성의 이해가 우선되어야 한다는 것이 사회계약론자들로부터 이어지는 개인주의 사회의 기본 신념이다. 사회계약론이 자연상태의 인간의 속성에 대한 전제로부터 도출되는 배경에는 바로 이렇게 사회구성의 기본단위를 상호 독립적이고 평등한 개인으로 간주하는 관념이 놓여 있는 것이다.

이에 비해 유학사상에서는 그 창시자인 공자로부터 인간은 다른 사람들과 맺는 사회관계 속의 존재로서, 사회관계를 떠나서는 그 존재 의의 자체가 상실된다고 본다. 개인이 이렇게 관계를 형성하고 있는 가장 기본적인 사람들이 부모 · 형제 · 부부 같은 가족들이다. 이 이외에 붕우와 군신 같은 관계는 이러한 가족관계의 연장선상에서 이해할 수 있다. 그러므로 유학자들은 개인을 그 속에 포함하고 있는 이러한 관계들, 그 중에서도 특히 모든 사회관계의 원형인 가족관계가 사회를 이루는 기본단위라고 본다.

이러한 입장은 공자 · 맹자 · 순자 같은 선진유학자들만의 생각은 아니다. 12세기의 주희와 16세기의 퇴계와 율곡 같은 성리학자들도 사람을 대인관계 속의 존재로 개념화하여 인식함으로써, 사회란 오륜과 같은 관계를 주축으로 하여 구성되고 있음을 강조하고 있다. 그들은 아동기로부터 교육의 핵심을 이러한 인간관계를 조화롭게 유지하기 위해 각자가 해야 할 일을 충실히 수행하는 일에서 구하고 있는데, 이러한 사실은 그들이 선진유학자들을 이어받아 사회구성의 기본단위를 사람들 사이의 관계에서 찾고 있다는 사실을 여실히 보여주는 것이다.

사회를 이루는 기본단위를 이렇게 상호 독립적이고 평등한 개인이 아니라 개인들로 이루어진 집합적 관계들이라고 보게 되면, 사회의 이해를 위해서는 그 구성단위인 관계의 속성을 이해하는 일로부터 비롯해야 한다는 관점이 나온다. 유학의 이론체계가 개인적 속성의 분석에 초점을 맞추지 않고, 오륜과 같은 관계적 속성에 치중하고 있는 것은 바로 이러한 배경에 연원이 있는 것이다.

이렇게 사회구성의 기본단위를 평등하고 독립적인 개인이라고 보느냐(개인주의) 아니면 다른 사람과 맺는 관계라고 보느냐(집단주의) 하는 차이는 두 문화권에서 제시되는 사회관계론에 차이를 가져오는 요인으로 작용한다. 사회구성의 기본단위에 대한 인식의 차이로부터 사회관계론에서 다루어야 할 내용의 차이들이 도출될 것이기 때문이다.

### 2) 인간존재의 기본특성: 합리적 계산자와 타인/집단에의 배려자

사회구성의 기본단위에 대한 인식의 차이와 더불어 문화권에 따른 사회관계론의 차이를 가져오는 또 다른 요인은 인간의 기본특성에 대한 견해의 차이이다. 홉스 · 로크와 루소 같은 사회계약론자들은 정도의 차이가 있기는 하지만, 자유와 이성을 주축으로 하여 인간을 이해하려는 공통점이 있다. 그들은 혼란한 자연상태(홉스와 루소) 또는 개인의 재산권보호에 취약성을 내포하는 자연상태(로크)에서 평화로운 사회상태로 이행하기 위한 사회계약을 자발적으로 체결하게 되는 근거는 자유의 주체로서의 인간이 이성을 갖춘 합리적 계산자라는 사실에서 도출된다고 간주한다.

그들은 자연상태에서 인간이 갖추고 있는 이성은 인간에게 고유한 합리적 계산능력이라고 개념화한다. 즉 개인에게 널려 있는 다양한 선택지 중에서 자기의 생명과 재산 및 자유를 지켜낼 수 있는 가장 유리하고도 합리적인 방안을 선택할 수 있는 능력은 그가 본유적으로 갖추고 있는 이성으로부터 나온다는 것이다. 그들은 자연상태의 혼란이나 취약성으로부터 개인에게 가장 유리한 방안을 합리적으로 계산하여 나오게 되는 최종적인 결과가 바로 사회계약을 통한 사회의 설립이라고 본다.

이렇게 이성을 통한 합리적 계산을 사회행위의 근거로 보는 관점은 현대 교환이론가들에게 그대로 이어지고 있다. 교환이론가들은 보상과 부담을 주고받는 교환의 과정에서 개인들은 자기에게 가장 유리한 행동을 계산하고, 사회교환의 장면에서 이를 추구하게 된다고 가정한다. 즉 사회적 교환의 과정이란 각자가 자기에게 가장 유리한 결과가 이루어지도록 하는 합리적 계산의 과정으로 개념화할 수 있다는 것이 교환이론가들의 주장인 것이다.

이와는 대조적으로 공자 · 맹자 및 순자와 같은 유학의 창시자들은 인간을 인간답게 만드는 속성은 다른 동물들과는 달리 인간이 본유적으로 갖추고 있는 도덕성에서 찾을 수 있다고 본다. 덕성의 주체로서 인간은 본유적으로 다른 사람과 소속집단원에 대한 관심을 가지고 그들을 자기 자신과 마찬가지로 배려하고자 하는 존재라는 것이 유학자들의 관점이다. 공자에게 있어서 모든 덕의 핵심인 인(仁)은 곧 타인에 대한 관심과 배려를 말하는 것이며, 맹자는 곤경에 빠진 사람을 보고 측은하게 느끼는 마음이나 남에게 양보하는 마음 같은 덕의 기초가 인간에게 본유적으로 갖추어져 있다고 주장한다.

유학자들은 인간은 이렇게 타인에 대해 관심을 가지고 그들을 자신처럼 배려하고자 하는 존재로서, 이러한 타인에의 관심과 배려가 사회행위의 기반으로 작용한다고 본다. 선진유학자들의 이러한 입장은 성리학자들에게 그대로 이어지고 있다. 그들은 아동기부터 교육을 통하여 부모 ·

형제 · 친구 같은 사람들에 대한 관심과 배려를 어떻게 행동으로 옮겨 드러낼 것인가를 함양해야 한다고 본다. 이와 같이 유학자들은 인간이 본유적으로 갖추고 있는 타인에 대한 관심과 배려를 사회관계가 형성되는 기초라고 간주하는 것이다.

이렇게 사회행위의 근거를 이성에 기초한 합리적 계산에서 찾느냐(개인주의) 아니면 덕성에 기초한 타인에 대한 관심과 배려에서 찾느냐(집단주의) 하는 차이도 두 문화권에서 제시되는 사회관계론에 차이를 가져오는 요인으로 작용한다. 인간의 기본특성에 대한 인식의 차이로부터 사회관계에서 추구해야 할 목표와 사회관계 유지의 규범에 대한 인식이 달라지기 때문이다.

**3) 사회관계의 목표: 자기이익 최대화와 사회관계의 조화**

이상에서 대비해본 사회구성의 기본단위와 인간의 기본 특성에 대한 서구와 동아시아 사회의 지배적인 관점의 차이는 두 문화권에서 특유의 사회관계론이 제시되는 배경으로 작용한다. 사회계약론자들은 사회구성의 기본단위는 자유의 주체로서의 평등한 개인이라고 본다. 그리고 자유의 주체로서의 개인은 이성 능력을 가진 합리적 계산자이기도 하다는 것이 그들의 관점이다. 그들은 자유의 주체로서 개인들은 삶의 과정에서 자기이익을 최대화하려는 이기적 관심을 가지고 있으며, 합리적 계산을 통해 다양한 선택지 가운데에서 자기이익을 최대로 보장해줄 수 있는 방안에 따라 행동하게 된다고 가정한다. 이렇게 자기이익의 최대화를 도모하는 과정에서 나오는 것이 사회계약을 통해 사회를 형성하기로 합의하는 것이라는 주장이 그들이 제시하는 사회계약론의 핵심이다.

이렇게 사회관계의 목표를 자유와 이성의 주체로서의 평등한 개인이 자기이익을 최대화하려는 데에서 찾으려는 관점은 현대 서구 사회과학자들의 사회교환이론에 그대로 이어지고 있다. 사회교환론자들은 이기적 욕구 추구에 관심이 큰 개별적이고 독립적인 개인을 사회구성의 궁극적 단위라고 보아 사회관계를 보상과 부담을 주고받는 교환의 관점에서 이해한다. 이들은 사회관계를 이기적 존재인 개인이 자기와 똑같이 평등하고 독립적인 타인과 보상과 부담을 주고받는 거래를 하는 것이라고 본다. 따라서 각 개인은 이러한 거래 관계 속에서 각자가 추구하는 이익을 최대화하려고 노력하며, 결국 최대의 개인적인 이익의 추구가 바로 사회관계의 기본 목표라고 보는 것이 교환이론의 관점이다. 이렇게 교환이론의 관점은 바로 인간을 쾌락추구적이며 이기적인 존재라고 보는 데에서 출발하여, 이러한 이기적 존재인 개인들이 사회관계를 통해 각자의 이익의 최대화를 도모하려 하는 것이 사회관계의 기본 목표라고 간주하는 것이다.

이와는 대조적으로, 유학자들은 사회적 관계체로서의 사람들이 다른 사람과 맺는 관계가 사회구성의 기본단위가 된다고 본다. 또한 덕성의 주체로서 인간은 이러한 관계를 통해 하나의 단위로 묶여진 다른 사람에 대한 관심을 가지고 그들을 우선적으로 배려하려는 존재이기도 하다는 것이 그들의 관점이다. 이렇게 관계 상대방에 대한 관심과 배려를 통해 일상생활에서 도덕성을 실천하는 것이 사회관계의 핵심이라는 도덕실천론이 유학자들이 제시하는 사회관계론이다. 공자의 복례론, 맹자의 여인위선론 및 순자의 군거화일론은 바로 일상적 도덕 실천을 사회관계의 핵심이라고 보는 유학사상의 사회관계론인 것이다.

도덕적 관심에 따라 선화(善化) 가능성이 큰 존재인 사람들 사이의 관계를 사회구성의 궁극적인 단위라고 인식하는 유학사상에서는 사회관계의 목표를 이기적인 자기이익의 추구에서 찾지 않고, 조화로운 사회관계의 형성에 두는 사회관계론이 도출된다. 유학사상에서 도덕적 지향성은 다른 사람에 대한 관심과 그들에 대한 우선적 배려를 핵심으로 하는 것이다. 그러므로 유학사상에서는 자기보다는 관계를 맺고 있는 타인이 관심의 초점으로 부각되며, 그와 조화로운 관계를 맺는 것이 사회생활에서 추구하는 중심적인 일이 될 수밖에 없다. 공자가 주장하는 예의 체계로 돌아가는 복례(復禮), 맹자가 말하는 다른 사람과 함께 선을 이루는 여인위선(與人爲善), 그리고 순자가 제시하는 더불어 모여 살면서 조화롭게 통일을 이루는 군거화일(群居和一)은 모두 조화로운 사회관계의 형성을 목표로 하는 도덕실천론의 체계들인 것이다.

12~16세기의 성리학자들은 이러한 선진유학자들의 도덕실천론을 그대로 물려받고 있다. 그들은 일상생활에서 인심(人心)을 억제하고 도심(道心)을 간직하는 자기억제를 사회관계의 조화를 이룰 수 있는 기초 과정이라고 보아, 사회관계의 조화를 강조한다. 또한 그들은 거경(居敬)을 도덕실천을 위한 삶의 자세로 강조하여, 항상 경 상태에 머물러 자기 자신을 성찰함으로써 다른 사람에 대한 관심과 배려를 강화하고 관계의 조화를 꾀할 수 있다고 보는 것이다. 즉 성리학자들도 조화로운 사회관계의 형성을 인간의 도덕 실천의 목표로 설정하고 있는 것이다.

이렇게 서구와 동아시아 사회에서 제시되고 있는 사회관계론에서는 각각 자기이익의 최대화와 사회관계의 조화를 사회관계의 목표로 설정하는 차이를 보이고 있다. 이러한 사회관계의 목표는 두 종류의 사회관계론의 제1명제라고 볼 수 있다.

#### 4) 사회관계 유지의 규범: 공정한 교환과 역할의 쌍무적 수행

이러한 사회관계 형성의 목표에 관한 명제에 이어, 모든 사회관계론의 이론적 초점은 이러한 사회관계의 목표를 달성하기 위하여 현재의 사회관계를 지속하고 유지할 필요가 생기는데, 이렇게 사회관계를 유지하고 지속하는 데 필요한 규범은 어떠한 것인가에 관한 것이다. 이러한 사회관계 유지의 규범이 사회관계론들의 두 번째 핵심 명제를 형성한다.

사회계약론자들은 자연상태의 혼란함이나 취약성으로부터 벗어나 사회를 형성하기로 하는 사회계약을 체결할 때, 계약의 당사자들은 자기들이 자연상태에서 가지고 있던 무제한적인 권리를 사회에 양도하는 대신 사회로부터 안전과 평화를 보장받는 교환을 하는 것이라고 개념화한다. 이러한 사회계약은 계약자들의 측면에서는 자기들의 권리를 동등한 만큼씩 새로 구성되는 사회에 양도한다는 점에서 공정성을 전제로 하고 있을 뿐만 아니라, 계약자인 개인들과 계약의 결과 생성되는 사회 사이에도 권리와 안전 및 보호를 맞바꾸는 교환이 이루어지고 있다는 점에서 공정한 교환을 전제로 하고 있는 것이다. 이처럼 사회계약론자들은 사회의 형성과 유지의 근거를 공정한 교환에서 찾고 있다.

사회계약론의 현대판 전개인 사회교환이론의 관점에서는 이기적인 존재인 개인들은 모두 자신의 이익을 최대화하려고 하므로, 이들이 모이게 되면 필연적으로 이들 사이에 갈등이 야기된다고 본다. 자기이익의 최대화를 추구하는 사람들 사이에 야기되는 이익 갈등은 마치 사회계약론자들이 전제하는 자연상태와 같은 상황을 조성한다는 논리이다. 따라서 이 이론의 관점에서는 이러한 갈등의 회피를 위한 규정을 상정할 필요가 생기는데, 여기서는 이를 교호성(交互性) 규범(reciprocity norm) 또는 공정성(公正性) 규범(fairness norm)으로 제시하고 있다. 즉, 교환이론에서는 상호간의 공정한 교환을 통해 성원들 사이에 야기될 수 있는 갈등을 해소함으로써, 사회관계의 유지가 가능하게 된다고 간주하고, 결과적으로 사회에서는 이러한 규범을 발전시켜서 사회화 과정을 통해 성원들에게 강요하게 된다고 보는 것이다.

이와는 대조적으로, 도덕적 관심에 따라 선화(善化) 가능성이 큰 존재인 사람들 사이의 관계를 사회구성의 궁극적인 단위라고 인식하는 유학사상에서는 사회관계의 목표를 조화로운 사회관계의 형성에 두고, 이러한 사회관계의 유지 규범을 사람들 사이의 관계에 내포되어 있는 각자의 역할을 충실히 수행하는 것에서 찾으려고 한다. 유학사상에서 도덕적 지향성은 다른 사람에 대한 관심과 그들에 대한 우선적 배려를 핵심으로 한다. 그러므로 유학사상에서는 자기보다는 관계를 맺고 있는 타인이 관심의 초점으로 부각되며, 그와 조화로운 관계를 맺는 것이 사회생활에서 추구하는 중심적인 일이 될 수밖에 없는 것이다. 이렇게 다른 사람과 조화로운 관계를 형성하고 유지하기 위해서는 각자가 자기에게 부여된 역할을 충실히 수행하는 일이 핵심적으로 중요해진다. 이는 공자의 정명론(正名論)으로부터 비롯된 유학의 전통이다.

이렇게 하나의 단위로 결합한 관계(예: 부모-자식, 군주-신하, 남편-아내, 형-아우, 친구-친구) 속에서 각자에게 부여된 역할을 충실히 수행하는 것이 조화로운 관계를 이루는 일이 될 뿐만 아니라, 일단 이루어진 조화로운 관계를 유지하는 관건이기도 하다는 것이 공자로부터 이어지는 유학사상의 핵심적인 주장이다. 이러한 공자의 정명론은 맹자의 진도론(盡道論)과 순자의 수분론(守分論)의 바탕이 되고 있으며, 성리학자들에게도 그대로 이어지고 있다. 성리학자들은 아동기의 교육의 핵심은 조화로운 관계의 형성과 유지를 위해 각 관계에서 요구되는 역할을 삶의 과정에서 수행하는 데에 있다고 강조함으로써, 공자로부터 이어지는 정명론의 체계를 답습하고 있는 것이다.

이상에서 보듯이 서구와 동아시아 사회에서 제시되고 있는 사회관계론에서는 각각 공정한 교환과 사회관계 속에 내포되고 있는 역할의 인식과 수행을 사회관계 유지의 규범으로 설정하는 차이를 보이고 있다. 이러한 사회관계 유지의 규범 체계는 두 종류의 사회관계론을 구성하는 제2명제이다.

### 5) 동 · 서 사회관계론의 차이 종합

지금까지 논의한 사회계약론에 토대를 두고 있는 서구의 사회교환이론과 선진유학과 성리학에 토대를 두고 있는 도덕실천론의 차이는 [표 8]과 같이 정리할 수 있다.

[표 8] 사회관계론의 동 · 서 대비

| 구분 | | 사회교환이론 (사회계약론) | 도덕실천론 (선진유학 · 성리학) |
|---|---|---|---|
| 기본 전제 | 사회구성의 기본단위 | 평등하고 독립적인 개인 | 사람 사이의 관계 |
| | 인간존재의 기본특성 | 합리적 계산자 | 타인/집단에 대한 배려자 |
| 기본 명제 | 사회관계의 목표 | 자기이익의 최대화 | 사회관계의 조화 |
| | 관계 유지의 규범 | 공정한 교환 | 역할의 쌍무적 수행 |

* 출처: 조긍호, 2008, p. 398, 표 4를 약간 수정함.

[표 8]에서 보는 대로 교환이론은 두 가지의 기본 명제를 축으로 하여 구성되고 있다. 즉, 이기적인 존재인 독립체로서의 개인이 사회관계를 통해 자기의 이익을 최대화하려고 한다는 사회관계의 목표를 규정한 명제와 공정한 교환을 통해 상호 간의 이익 갈등을 해소하려고 한다는 사회관계의 유지 규범에 관한 명제이다. 인간의 사회관계를 이해하는 이러한 조망에서는 이기적 본성을 가지고 있는 상호 평등하고 독립된 개인이 자기의 이익 극대화를 위해 어떤 행동을 선택하고 결정하는지 하는 문제와, 서로 간의 이익 갈등을 필연적으로 내포하는 사회관계가 어떻게 형성되고 유지되는지 하는 문제에 관심을 기울이게 된다. 교환이론의 관점에서는 전자의 문제는 합리성을 기초로, 후자의 문제는 공정성을 기초로 하여 접근하려고 한다고 생각할 수 있으며, 전자는 합리적 의사결정에 관한 연구를, 후자는 분배정의 및 친교관계 형성과 유지에 관한 연구를 이끌게 되었다고 볼 수 있을 것이다.

이에 비해 유학사상에서는 사람과 사람 사이의 관계를 사회구성의 기본단위로 인식하여, 이러한 관계의 융합이나 조화롭게 통일된 관계를 형성하는 것을 사회관계의 목표로 본다. 그리고 이러한 관계의 융합이나 조화로운 관계는 모두 사회관계 속에 내포된 역할의 분명한 인식과 충실한 수행을 통해 이루어지는 것으로 여긴다. 이러한 관계중심적인 관점에서는 복례(공자), 여인위선(맹자) 및 군거화일(순자)의 방안으로서 사회관계에 내포되어 있는 역할의 정확한 인식과 이의 충실한 수행의 문제가 연구주제로 떠오르게 되는 것이다.

## 3. 동 · 서 인간관과 사회관계론

지금까지 동 · 서 인간관의 차이와 사회관계론의 차이를 종합적으로 대비해보았다. 서구 개인주의 사회에서는 자유주의사상을 모태로 하여 인간의 존재 의의를 자유의 보유자로서의 개인의 개체성에서 찾고, 인간의 합리성을 여타 동물과 다른 이성 주체로서의 인간의 기본 특성이라고 여기며, 인간은 모든 내적 속성을 완비하여 시 · 공간적으로 불변하는 안정성과 일관성을 띠는 실체로 간주한다. 이에 비해 동아시아 집단주의 사회에서는 유학사상을 기반으로 하여 인간의 존재 의의를 사회적 관계체로서의 개인의 사회성에서 찾고, 인간의 도덕성을 여타 동물과 다른 덕성 주체로서의 인간의 기본 특성이라 여기며, 인간은 무한한 가능성을 보유하고 있어 시 · 공간적인 변이에 따라 가변성과 유연성을 띠는 과정적 존재로 간주한다.

이러한 인간관의 차이는 두 문화권에서 제시하는 사회관계론의 차이를 유발한다. 이기적 욕구 추구에 관심이 큰 개별적이고 독립적인 개인을 사회구성의 궁극적 단위라고 보는 서구 개인주의 사회에서는 사회관계를 보상과 부담을 주고받는 교환의 관점에서 이해한다. 교환이론에서는 사회관계를 이기적 존재인 개인이 자기와 똑같이 평등하고 독립적인 타인과 보상과 부담을 주고받는 거래를 하는 것이라고 본다. 따라서 각 개인은 이러한 거래 관계 속에서 각자가 추구하는 이익을 최대화하려고 노력하며, 결국 최대의 개인적인 이익의 추구가 바로 사회관계의 기본 목표라고 보는 것이 교환이론의 관점이다. 이렇게 교환이론의 관점은 바로 인간을 쾌락추구적이며 이기적인 존재라고 보는 데에서 출발하여, 이러한 이기적 존재인 개인들이 사회관계를 통해 각자의 이익의 최대화를 도모하려고 하는 것이 사회관계의 기본 목표라고 간주하는 것이다.

교환이론가들은 이렇게 사회관계를 통해 각자가 자기이익을 최대화하려고 하면 필연적으로 사회구성원들 사이에 이익 갈등이 빚어질 수밖에 없다고 개념화하고, 이러한 이익 갈등을 제거하고 사회관계를 유지하기 위한 규범의 체계를 제2의 명제로 제기할 수밖에 없게 된다. 그들은 사회관계를 보상과 부담을 주고받는 교환의 관계라고 보는 입장에서 관계 당사자들 사이의 공정한 교환을 사회적인 갈등을 피하고 사회관계를 유지할 수 있는 규범으로 제시한다.

이와는 대조적으로, 동아시아 유학사상에서는 사람들과 맺는 관계들이 사회구성의 궁극적 단위를 이룬다고 이해한다. 유학자들은 인간은 덕성의 주체로서 모든 덕성의 핵심은 타인과 소속집단원에 대한 관심과 배려에 있다고 보아, 사회관계란 하나의 단위로 결합된 관계 상대방에 대해 관심을 가지고 그들을 우선적으로 배려함으로써 일상생활에서 도덕성을 실천하는 과정으로 이해한다. 따라서 유학사상에서는 이러한 타인/집단에 대한 관심과 배려를 통해 조화로운 관계를 형성하는 것을 사회관계의 목표라고 본다.

유학사상에서는 이러한 조화로운 관계의 유지를 위해서는 상호 관계 속에 내포되어 있는 각자의 역할을 분명히 인식하고 이를 일상생활 속에서 수행해야 한다고 개념화한다. 다양한 사회관계 당사자들이 각 관계에서 각자에게 요구되는 역할을 쌍무적으로 수행하는 것은 조화로운 관계의 형성을 위해서뿐만 아니라 이의 유지를 위해서도 필수적으로 요청되는 도덕률이라는 것이 유학자들의 관점인 것이다.

이상에서 보듯이, 동 · 서 인간관의 차이는 그들이 제시하는 사회관계론에 상응하는 차이를 유발하고 있다. 인간의 존재 의의를 '개체성'에서 찾느냐(개인주의) 아니면 '사회성'에서 찾느냐(집단주의) 하는 차이는 '사회구성의 기본단위'를 무엇으로 잡게 되느냐 하는 차이를 유발한다. 인간의 고유한 특성을 '합리성'이라고 보느냐(개인주의) 아니면 '도덕성'이라고 보느냐(집단주의) 하는 차이는 '사회관계의 목표'를 무엇으로 설정하느냐 하는 차이를 유발한다. 그리고 시 · 공간적인 차원에서 인간의 '불변성'을 전제하느냐(개인주의) 아니면 '변화가능성'을 전제하느냐(집단주의) 하는 차이는 '사회관계 유지의 규범'을 무엇으로 보느냐 하는 차이를 유발한다.

#### 1) 인간 존재 의의의 출처와 사회구성 기본단위의 관련성

서구 개인주의의 이론적 배경인 자유주의사상에서는 인간의 존재 의의를 개인이 갖는 개체성에서 찾으려고 한다. 자유주의사상가들은 개인은 자유의 보유자로서 스스로의 생명과 재산 및 그에게 속한 모든 것을 아무의 간섭도 받지 않고 마음대로 추구하고 처분할 수 있는 자율성을 갖는다고 주장한다. 개인은 다른 사람과 분명한 경계를 가진 독립성과 평등성을 갖추고 있으며, 스스로의 판단에 따라 독자적으로 스스로의 자유를 추구할 수 있는 권리의 주체라는 것이 자유주의자들의 관점이다. 그러므로 삶의 제반 장면에서 인간의 관심과 주의는 자기 자신에게 집중될 수밖에 없으며, 다른 사람들과 분명히 구획된 독립적인 존재로서의 스스로의 독특성을 추구하는 일이 기본적인 삶의 자세로 부각된다.

바로 이렇게 인간의 독립성과 자율성 및 독특성을 강조하는 입장에 서면, 사회를 구성하는 기본단위를 상호 평등하고 독립적인 개인으로 간주하는 관점이 자연스럽게 도출되며, 결과적으로 자유주의자들은 사회란 독립적이고 평등한 개인들의 집합체일 뿐이라고 보는 것이다. 이러한 맥락에서 서구 개인주의 사회의 대표적인 사회관계론인 사회교환이론에서 사회구성의 기본단위를 독립적이고 평등한 개인이라고 전제하는 논리적 근거를 찾을 수 있다.

이와는 대조적으로, 동아시아 집단주의의 이론적 배경인 유학사상에서는 인간의 존재 의의를 인간의 사회성에서 찾으려고 한다. 유학자들은 인간은 부모-자식이나 형-아우 같은 관계 속의 존재로 태어나서 이러한 관계 속에서 살아가고 있는 사회적 관계체로서, 이러한 사회관계를 떠나서는 인간의 존재 의의 자체가 상실된다고 본다. 이렇게 인간은 사회관계 속에서 서로 연계성을 가지고 상호의존하면서 살 수밖에 없는 존재라는 것이 유학자들의 관점이다. 그러므로 삶의 여러 장면에서 인간의 관심과 주의는 함께 관계를 맺고 있는 다른 사람이나 소속집단원에게 기울어질 수밖에 없으며, 결과적으로 그들과 자신의 유사성을 추구하는 삶의 자세를 갖추게 된다.

바로 이렇게 인간의 상호의존성과 연계성 및 유사성을 강조하는 입장에 서게 되면, 사회를 구성하는 기본단위를 서로 결합하여 하나의 단위를 형성하는 사람 사이의 관계로 간주하는 관점이 자연스럽게 도출되며, 결국 유학자들은 사회란 이러한 관계들을 부분으로 하는 복잡한 유기적 전체라고 본다. 이러한 맥락에서 유학자들의 사회관계론인 도덕실천론에서 사회구성의 기본단위를 사람들 사이의 관계라고 전제하는 논리적 근거를 찾을 수 있다.

### 2) 인간의 고유한 특성과 사회관계 목표 설정의 관련성

자유주의자들은 인간을 이성의 주체라고 규정하여 여타의 동물들과는 다른 인간의 배타적인 특성을 이성의 능력에서 찾는다. 이러한 이성은 인간 행위의 합리성의 근거로서, 이렇게 보면 인간과 동물의 차이는 합리적 계산능력의 소유 여부에서 찾을 수 있다는 것이 자유주의자들의 관점이며, 인간을 이성 주체라고 개념화하는 것은 곧 인간을 합리적 계산자라고 규정하는 것과 같은 의미가 된다. 자유의 주체로서의 개인이 쾌락적이고 이기적인 관심에서 자기이익을 추구할 때, 자기에게 최대의 이익을 가져다줄 수 있는 가장 유리한 가능성을 계산하여 선택할 수 있게 하는 근거가 바로 이성의 능력이라는 것이 자유주의자들의 주장인 것이다.

이성의 주체로서 개인은 자기이익의 추구 과정에서 스스로가 합리성과 자율성을 갖추고 있다고 가정하기 때문에 환경세계와 타인을 자기에게 맞추어 유리하게 변화시키는 통제력을 개인이 보유하고 있다고 여긴다. 그러므로 개인주의 사회에서는 환경세계와 타인을 통제의 대상으로 보며, 환경세계와 개인을 자기에게 맞추어 변화시키는 과정에서의 적극적인 자기주장과 자기고양을 강조하고 중시한다. 이 사회에서 이러한 적극적인 자기주장과 자기고양을 강조하는 것은 그렇게 함으로써 자기이익을 최대로 확보할 수 있기 때문이다.

이러한 맥락에서 개인주의 사회의 대표적인 사회관계론인 사회교환이론에서 이성의 주체로서 보상과 부담을 교환하는 과정에 참여하는 개인들이 이러한 교환을 통해 자기이익의 최대화를 도모하는 것을 사회관계의 목표로 설정하고 있는 배경을 이해할 수 있다. 즉 이성의 주체로서 개인은 합리적 계산을 통해 사회관계에서 자기이익을 최대화할 수 있는 교환을 하려 한다고 교환이론가들은 상정하는 것이다.

이에 비해 유학자들은 인간을 덕성의 주체라고 규정하여, 여타의 동물과는 다른 인간의 고유한 특성을 도덕성에서 찾는다. 덕성은 기본적으로 함께 관계를 형성하는 타인과 집단원에 대한 관심과 배려에서 드러난다는 것이 유학자들의 관점으로, 인간을 덕성의 주체라고 개념화하는 것은 곧 사람은 누구나 다른 사람과 집단에 대해 관심을 가지고 그들을 우선적으로 배려하는 존재라고 규정하는 것과 같은 의미가 된다.

유학자들은 타인과 집단에 대한 우선적인 배려는 자기의 사적인 욕구와 감정을 억제하는 일로부터 비롯된다고 본다. 그들에게 있어 개인의 통제력은 자기억제력에서 드러나게 되는 것으로, 유학자들은 일상생활의 과정에서 환경세계나 타인을 자기에게 맞추어 변화시키려고 하기보다는 자기의 욕구와 감정을 상황이나 집단의 요구에 맞추어 억제하는 것을 통제의 핵심이라고 여겨 중시하게 된다. 이러한 과정에서 자기를 드러내려 하지 않고 겸양의 자세를 갖추는 것을 높이 평가하며, 이러한 자기억제와 겸양은 조화로운 사회관계를 형성하는 밑바탕이라고 유학자들은 주장한다. 이렇게 자기를 억제하고 겸양의 자세로 사람들과 조화로운 관계를 형성하는 것이 바로 일상적 도덕 실천의 길이라는 것이 유학자들이 펴는 도덕실천론의 핵심적인 주장이다.

이러한 맥락에서 유학사상의 대표적인 사회관계론인 도덕실천론에서 덕성의 주체로서 관계 상대방에 대해 관심을 가지고 그들을 우선적으로 배려하는 사람들이 이러한 과정을 통해 조화로운 관계를 형성하는 것을 사회관계의 목표로 설정하고 있는 배경을 이해할 수 있다. 즉 덕성의 주체로서 사람들은 자기들의 삶의 기반인 타인과의 조화로운 관계를 추구하며, 이것이 모든 사회관계의 목표가 된다는 것이 유학자들의 주장인 것이다. 조화로운 관계의 형성을 통해서라야 일상적 도덕

실천이 가능해져서, 각 관계(예: 부모-자식 · 군주-신하 · 남편-아내 · 형-아우 · 친구-친구)에 고유한 질서(예: 친애함 · 의로움 · 직분의 분별 · 자애롭고 공손함 · 신뢰함)가 확립됨으로써 평화로운 사회가 이룩될 수 있을 것이기 때문이다.

### 3) 인간의 변화가능성 인식과 사회관계 유지 규범의 관련성

서구 사회에서는 고대 그리스 시대부터 인간은 성격이나 능력 같은 내적 속성들을 완비하여 갖추고 있는 실체로서, 인간이 갖추고 있는 이러한 내적 속성들은 시간이나 상황의 변화에 따라 변화하지 않는 불변성을 띤다는 관점으로 인간을 이해해왔다. 그러므로 서구인들은 인간 존재의 시 · 공간적인 연속성을 가정하여, 과거 · 현재 · 미래의 시간 차원에서나 상황의 변이라는 공간 차원에서 안정성과 일관성을 유지하는 일을 강조하고 중시한다. 그들은 시 · 공간적으로 안정성과 일관성을 유지하지 못하는 것은 개인의 정체성에 위협이 되는 것으로 받아들여, 일상생활의 과정에서 개인이 안정성을 잃고 비일관적으로 행동하는 것은 심각한 부적응의 증상이라고 간주한다.

이렇게 인간을 제반 속성의 완비체로 가정하여 강한 실체설적 신념체계에 따라 개념화하여 받아들이는 서구인들에게 있어 스스로에게서 찾아지는 부적 특성과 감정은 자기개념을 부정적으로 이끄는 원천이 되기 때문에, 그들은 자기의 부적 특성은 가능하면 외면하려고 하고 정적인 감정을 유지하려고 노력한다. 그리하여 서구인들은 자기발전은 자기가 갖추고 있는 장점들을 자꾸 찾아내어 확충하는 데서 이루어질 수 있다고 상정한다.

서구인들은 개인의 안정성과 일관성을 추구하는 데 그치지 않고, 사회 자체의 안정성과 일관성도 중시한다. 그들은 사회가 운용되는 원칙도 안정성과 일관성을 기반으로 해야 한다고 보고, 누구에게나 또 언제나 일관되는 원칙을 적용하여야 한다고 여긴다. 누구나 동일한 행위 원칙을 보편적으로 준수할 것을 요구하는 것이다. 이러한 보편원칙 추구의 전형은 17~18세기 자유주의자들의 사회계약론에서 찾아볼 수 있다. 이러한 전통은 사회계약론을 모태로 하고 있는 현대 사회교환론자들에게도 그대로 이어지고 있다.

사회관계 형성의 목표에 관한 명제에 이어, 사회교환론자들의 이론적 초점은 집단이 형성됨으로써 발생하게 되는 이익 갈등과 분쟁을 어떻게 조정하여 사회관계를 유지하게 되는가에 관한 데로 모아진다. 이러한 사회관계 유지의 규범이 사회교환론의 두 번째 핵심 명제를 형성한다. 교환이론의 관점에서는 이기적인 존재인 개인들은 모두 자신의 이익을 최대화하려고 하므로, 이들이 모이게 되면 필연적으로 이들 사이에 갈등이 야기된다고 본다. 따라서 이 이론의 관점에서는 이러한 갈등의 회피를 위한 규정을 상정할 필요가 생기는데, 그들은 이를 공정한 교환의 원칙에서 찾는다. 교환이론에서는 상호간의 공정한 교환을 통해 성원들 사이에 야기될 수 있는 갈등을 해소함으로써 사회관계의 유지가 가능하게 된다고 간주하고, 이는 누구에게나 적용되는 결코 변경할 수 없는 보편원칙이라고 보는 것이다. 따라서 사회에서는 이러한 규범을 발전시켜서 사회화 과정을 통해 성원들에게 강요함으로써, 이의 보편적인 적용을 통해 이익 갈등을 해소함으로써 사회관계의 유지를 도모하려고 한다는 것이 교환이론의 골자이다.

이와는 대조적으로, 유학사상에서는 인간을 상황과 관계 속의 존재로 간주하므로, 개인이 처해 있는 상황과 관계가 달라지면 개인 자신의 존재기반이 달라진다고 본다. 인간은 다양한 상황과 관계에 따라 달라지는 가변체이므로, 상황과 관계가 달라지는 데도 불구하고 항상적인 일관성을 유지하는 것은 지나치게 고지식한 것으로, 바람직한 삶의 태도가 아니라는 것이 유학자들의 관점이다. 그들은 상황에 따라 적합하게 변화하는 유연한 적응을 높이 평가하고 중시한다.

이렇게 인간을 상황에 따른 가변체로 가정하여 강한 증가설적 신념체계에 따라 개념화하여 받아들이는 동아시아인들은 자기의 부적인 특성이나 감정은 자기개념을 부정적으로 이끄는 원천이라고 인식하지 않는다. 이러한 부적인 특성이나 감정은 개인의 노력 여하에 따라 얼마든지 고칠 수 있다고 여기기 때문이다. 그러므로 이 사회인들은 자기발전이란 자기의 단점을 찾아 이를 변화시켜가는 자기개선을 통해 이루어진다고 상정한다.

이와 같이 상황에 따른 인간의 가변성을 전제로 하는 동아시아 유학사상에서는 상황과 관계의 변이에 따라 요구되는 다양한 역할을 인식하고, 이를 실생활의 과정에서 수행하는 데에서 사회관계의 조화 유지의 근거를 찾는다. 그들에게 있어 항상 똑같은 일관적인 행위양식을 견지하는 것은 오히려 관계의 조화를 깨뜨리는 원천이 된다. 그러므로 동아시아 사회에서 사회의 안정과 조화는 변화하는 상황과 관계에 따라 자신에게 요구되는 적합한 역할을 분명하게 인식하고 수행하는 데서 이루어지고 유지될 수 있는 것이다. 예를 들면, 한 개인은 자기 부모와의 관계 상황에서는 자식의 역할을 수행할 것이 요구되지만, 자기 자식과의 관계 상황에서는 부모의 역할을 수행할 것이 요구된다. 이러한 맥락에서 유학자들은 상황과 관계의 변이에 따라 적합한 역할을 인식하고 수행하는 것이 사회관계의 갈등을 피하고 조화를 유지하는 핵심 규범이라고 주장하는 것이다.

#### 4) 동 · 서 인간관과 사회관계론 종합

이상에서 보듯이, 동 · 서 사회관계론에서 제시하는 사회구성의 단위에 대한 기본 전제와 사회관계의 목표 및 사회관계 유지의 규범에 관한 두 명제는 두 사회에서 인간을 파악하는 세 관점의 차이로부터 직접적으로 연역되는 것이다.

인간의 존재의의를 '개체성'에서 찾을 것이냐(자유주의) 아니면 '사회성'에서 찾을 것이냐(유학사상) 하는 입론의 차이는 사회구성의 기본단위를 평등하고 독립적인 '개인'으로 보느냐(교환이론) 아니면 사람들 사이의 '관계'로 보느냐(도덕실천론) 하는 차이를 직접 유도하고 있다. 이렇게 사회구성의 기본단위에 대한 동 · 서 사회관계론의 인식의 차이는 그 이론적 모태인 자유주의와 유학사상에서 인간의 존재 의의를 어디에서 찾느냐 하는 관점의 차이로부터 직접 도출되는 것이다.

여타 동물과는 다른 인간의 고유한 특성을 이성 주체로서의 인간의 '합리성'에서 찾느냐(자유주의) 아니면 덕성 주체로서의 인간의 '도덕성'에서 찾느냐(유학사상) 하는 관점의 차이는 인간을 '합리적 계산자'라고 보느냐 아니면 '타인/집단의 배려자'라고 보느냐 하는 차이를 유발하여, 결국 사회관계에서 추구하는 목표를 '자기이익의 최대화'로 상정하느냐(교환이론) 아니면 '조화로운 관계의 형성'으로 상정하느냐(도덕실천론) 하는 차이를 유도하고 있다. 이렇게 사회관계의 목표에 관한 동 · 서 사회관계론의 입장의 차이는 그 사상적 배경인 자유주의와 유학사상에서 인간의 고유한 특성을 무엇으로 개념화하느냐 하는 입론의 차이로부터 직접 도출되는 것이다.

인간존재의 시 · 공간적인 '불변성'을 전제로 인간을 실체설적 신념체계에 따라 바라보느냐(자유주의) 아니면 인간존재의 상황 간 '가변성'을 전제로 인간을 증가설적 신념체계에 따라 바라보느냐(유학사상) 하는 가정의 차이는 '안정성과 일관성'을 중시하느냐 아니면 '가변성과 유연성'을 중시하느냐 하는 차이를 유발하여, 결과적으로 사회 갈등을 해소하고 사회관계를 유지하기 위한 규범을 보편적인 '공정교환의 규범'에서 찾을 것이냐

(교환이론) 아니면 상황에 따라 가변적인 '역할의 충실한 수행'에서 찾을 것이냐(도덕실천론) 하는 차이를 유도하고 있다. 이렇게 사회관계의 유지 규범에 관한 동 · 서 사회관계론의 차이는 자유주의와 유학사상에서 인간의 변화가능성을 부정하고 배척하느냐 아니면 인정하고 받아들이느냐 하는 관점의 차이로부터 직접 도출되는 것이다.

이러한 고찰을 배경으로 하여 보면, 동 · 서 사회관계론은 그 이념적 배경인 자유주의와 유학사상에서 인간을 파악하는 관점과 직접적인 관련성을 가지고 있음이 확실하다. 이러한 동 · 서 인간관과 사회관계론의 관련성을 정리하여 제시하면 [표 9]와 같다.

[표 9] 동 · 서 인간관과 사회관계론 종합

| 구분 | 개인주의<br>(자유주의사상) | 집단주의<br>(선진유학 · 성리학) |
|---|---|---|
| 인간의 존재 의의 | 개체성 | 사회성 |
| 인간존재의 규정 | 자유의 보유자 | 사회적 관계체 |
| 주의의 초점 | 자기 | 타인/집단 |
| 추구 특성 | 독립성 · 자율성 · 독특성 | 연계성 · 상호의존성 · 유사성 |
| 사회구성의 기본단위 | 평등하고 독립적인 개인 | 사람 사이의 관계 |
| 인간의 고유한 특성 | 합리성 | 도덕성 |
| 인간존재의 규정 | 이성 주체<br>(합리적 계산자) | 덕성 주체<br>(타인/집단 배려자) |
| 통제의 대상 | 환경세계 · 타인 | 자신의 사적 욕구 · 감정 |
| 추구 특성 | 자기주장 · 자기고양 | 자기억제 · 겸양 |
| 사회관계의 목표 | 자기이익 최대화 | 사회관계의 조화 |
| 인간의 변화가능성 | 완비체 | 가변체 |
| 인간존재의 규정 | 실체설 | 증가설 |
| 자기향상 방안 | 장점확충 | 자기개선 |
| 추구 특성 | 안정성 · 일관성 | 가변성 · 유연성 |
| 관계 유지의 규범 | 공정한 교환 | 역할의 쌍무적 수행 |

## 4. 동 · 서 사회관계론과 사회관계 행동

앞에서 제2장에서 제시된 문화차 개관의 기본틀([표 3])은 자유주의와 유학사상에서 추론되는 인간관의 차이(제1장의 [표 2])에서 직접 도출되고 있다는 사실([표 7])을 고찰하고, 이어서 두 문화권의 대표적인 사회관계론의 차이를 대비([표 8])한 다음, 이러한 두 문화권의 사회관계론은 각각의 인간관의 차이로부터 직접 도출되고 있다는 사실([표 9])을 확인해보았다.

앞의 제2장에서는 문화차 개관의 기본틀에 따라 현대 서구인과 동아시아인들이 실제로 보이는 세 차원에서의 사회관계 행동의 차이(제2장의 [표 4] · [표 5] · [표 6])를 확인한 바 있다. 이제 여기에서는 이러한 두 문화권의 현대인들이 보이는 사회관계 행동과 두 문화권의 사회관계론 사이의 관련성을 검토해보기로 하겠다. 두 문화권에 살고 있는 현대인들이 실제로 드러내는 사회관계 행동들이 각각의 사회관계론에서 예측되는 내용들과 정합성을 갖는다면, 이 책에서 논의한 두 사회관계론은 동 · 서 문화권의 대표적인 이론체계로서 실증적인 근거를 갖는다고 확실히 말할 수 있을 것이다.

### 1) 사회구성의 기본단위와 사회관계 행동의 문화차

앞에서 서구의 사회교환이론과 동아시아 도덕실천론에서는 각각 독립적이고 평등한 개인 또는 사람들이 하나의 단위로 결합되는 관계를 사회구성의 기본단위로 규정하는데, 이러한 차이는 인간의 존재 의의를 '자유의 보유자'로서의 개인의 '개체성'에서 찾느냐 아니면 '사회적 관계체'로서의 인간의 '사회성'에서 찾느냐 하는 인간이해의 관점의 차이로부터 직접 도출되는 것임을 논의하였다. 이렇게 사회구성의 기본단위를 '개인' 또는 '개인 사이의 관계'로 서로 달리 상정하게 되면, 두 문화권 사람들이 실제 사회관계에서 보이는 행동에 이에 상응하는 차이가 나타날 것이라고 예측할 수 있다. 즉 개인주의 사회에서는 다양한 사회관계의 상황에서 개인의 개체적 특성에 초점을 맞추어 행동을 할 것이고, 집단주의 사회에서는 사람들 사이의 관계적 속성에 초점을 맞추어 행동하게 될 것이다.

**주의의 초점 차원의 기본적인 차이** 개인주의 사회인들은 자기와 타인 사이의 유사성 판단을 할 때 자기를 참조 기준으로 삼아 판단함으로써 자기가 타인과 유사한 정도보다는 타인이 자기와 유사한 정도가 더 높다고 판단한다. 이에 비해 집단주의 사회인들은 타인이 자기와 유사한 정도보다는 자기가 타인과 유사한 정도가 더 높다고 판단한다. 이러한 사실은 개인주의자들은 타인보다 '자기를 참조 기준'으로 삼아 사회관계를 판단하고, 집단주의자들은 자기보다 '타인을 참조 기준'으로 삼아 사회관계를 판단함을 의미하는 것이다.

그리하여 개인주의자들은 내집단원들끼리는 서로 독특하다고 인식하고 외집단원들끼리는 서로 유사하다고 인식하는 경향을 보이지만, 집단주의자들은 외집단원들끼리 유사하다고 생각하는 정도보다는 내집단원들끼리가 더 유사하다고 인식하는 경향을 유발한다. 게다가 개인주의자들은 자기의 개인적 속성에 기초한 '사적 자의식' 수준이 높고 내집단 성원의 자격에 수반되는 공적 자의식 수준은 낮은 반면, 집단주의자들은 '공적 자의식' 수준이 사적 자의식 수준보다 높은 경향을 보인다.

이러한 사실들은 개인주의 사회에서는 사회를 구성하는 기본단위를 독립적인 개인이라고 보므로 개인으로서의 자기가 주의의 초점으로 부각되고, 집단주의 사회에서는 사회구성의 기본단위를 사람들 사이의 관계라고 인식하므로 관계 상대방이 주의의 초점으로 부각됨을 의미하는 것이다.

이러한 맥락에서 개인주의 사회인들은 자기의 정적(正的) 특성을 사실 이상으로 과장하여 독특하게 지각하는 '허구적 독특성의 지각 경향'이 크지만, 집단주의 사회인들은 자기와 내집단원과의 유사성을 과장하여 지각하는 '유사성 지각 경향'이 크다는 사실이 나타나는 배경을 이해할 수 있다. 개인주의자들은 자기를 초점으로 삼아 세상사와 다른 사람과의 관계를 바라보므로 자기와 다른 사람과의 차이를 부각하여 인식하게 되지만, 집단주의자들은 다른 사람이나 소속집단을 초점으로 하여 세상을 바라보므로 자기와 다른 사람들의 유사성을 부각하여 인식하게 되는 것이다.

이러한 결과들은 두 문화권에서 인간의 존재의의를 개인의 개체성과 사회성 가운데 어느 것에서 찾으려고 하느냐 하는 관점의 차이에서 발생하는 것인 동시에, 이에서 비롯되는 사회관계론의 차이, 곧 사회구성의 기본단위를 개인으로 규정하느냐 아니면 개인 사이의 관계로 규정하느냐 하는 차이에서 유발되는 것이라고 볼 수 있다. 사회구성의 기본단위를 개인으로 규정하게 되면 지각의 과정에서 주의와 관심이 개인에게 기울어지겠지만, 이를 타인과 맺는 관계로 규정하게 되면 관계상대방인 타인 및 이들과 이루는 집단의 속성에 관심과 주의가 집중될 것이기 때문이다.

**주의의 초점 차원의 사회관계 행동의 구체적인 차이** 사회구성의 기본단위에 관한 인식의 차이에 수반되는 이러한 주의의 초점의 차이는 개인주의와 집단주의 사회인의 사회관계 행동에 이에 상응되는 제반 차이를 유발한다. 개인주의 사회에서는 개인을 초점으로 하여 세상사를 바라보므로 개인이 가지고 있는 독립성 · 자립성 · 자기주장성 같이 타인과 구별되는 개인적 존재를 드러내는 '개체성'의 특성을 중시하고, 대인관계 장면에서 이런 특성의 보유자를 친교대상자로 선호하는 경향을 보인다.

이에 비해 타인과 집단을 초점으로 하여 세상사를 인식하는 집단주의 사회인들은 동정심이나 따뜻한 마음 또는 타인 사정 이해성과 같이 사람들 사이의 연계성이나 상호의존성을 드러내는 '배려성'의 특성을 중시하고, 이런 특성의 보유자를 친교대상자로 선호하는 경향을 보인다.

사회구성의 기본단위에 대한 인식의 차이에서 비롯되는 이러한 사회관계 행동의 차이는 두 문화권 사람들이 조직 장면에서 드러내는 행동에 잘 드러나고 있다. 어떤 중요한 목표를 달성하고자 하는 성취동기는 모든 문화에 보편적인 동기이기는 하지만, 성취의 목표를 무엇으로 잡느냐 하는 점은 두 문화권에서 확실한 차이를 보여주는 것으로 밝혀지고 있다. 개인주의 사회에서 성취동기는 '개인지향 성취동기'의 형태를 띠어, 성취 그 자체 또는 개인적 이익과 발전을 위한 노력의 원천이 된다. 이에 비해 집단주의 사회에서 성취동기는 '사회지향 성취동기'의 형태를 띠어, 가족과 같은 중요한 타인의 기대와 집단의 복지에 부응하거나 집단적 자존감의 증진을 위한 노력의 원천이 된다.

문화권에 따른 이러한 성취 목표의 차이는 이 두 문화권 사람들의 '작업동기'와 '작업관련행동'의 차이로 그대로 이어져, 개인주의 사회에서는 개인의 성취 결과가 드러나지 않는 장면에서 노력을 덜 쏟아 집단작업의 성과가 개인작업의 성과보다 떨어지는 경향을 보이지만, 집단주의 사회에서는 개인의 성취 결과가 드러나지 않더라도 집단작업을 할 때 열심히 노력하는 경향을 보인다.

'체면작업'과 관련된 행동에서도 두 문화권 사람들의 주의의 초점의 차이가 잘 드러난다. 개인주의 사회에서 체면작업은 '자기체면의 유지'에 집중되는 경향을 보인다. 그러나 집단주의 사회에서 이는 자기체면의 유지뿐만이 아니라 상호작용 '상대방의 체면유지'와 상호작용 당사자 모두의 '공동체면의 유지'를 고려하는 폭넓은 작업이 된다. 이러한 사실들은 모두 개인이 사회를 이루는 기본단위로 인식되느냐 아니면 개인은 사회를 이루는 기본단위를 이루는 하나의 부분으로 인식되느냐 하는 차이에서 비롯되는 주의의 초점의 차이를 통해 이해될 수 있다.

개인주의 사회인들 사이의 '공손표현'은 체면유지라는 도구적 기능을 갖는 '의도적 공손성'의 경향을 띠는 데 비해, 집단주의 사회인들 사이의 공손표현의 주 기능은 상호작용 당사자들 사이의 관계의 지수화라는 '분별공손성'의 형태를 더 많이 띤다는 사실도 사회관계에서의 주의의 초점이 자기 자신인지 아니면 관계상대방인지 하는 차이를 반영하는 것이다.

사회구성의 기본단위를 개인이라고 볼 것이냐 아니면 사회적 관계라고 볼 것이냐 하는 데 따르는 주의의 초점의 차이는 '의사소통의 양식'과 집단규범에의 '동조행동'의 문화권 간 차이를 유발하기도 한다. 개인주의 사회인들은 개인을 사회구성의 기본단위로 보기 때문에 의사소통 과정에서 상호작용하는 당사자들을 상황이나 맥락과 분리하여 받아들임으로써 '저(底)맥락적인 의사소통'을 하게 되고, 따라서 전달하고자 하는 내용에 초점을 맞추어 정확하게 표현하려고 애쓴다. 이렇게 '직접표현'이 대화의 주 양식이 되므로 개인주의 사회에서는 말재주와 '다변'을 높이 평가한다. 그러나 집단주의 사회에서는 화자(話者)나 청자(聽者) 모두 상대방을 하나의 단위로 결합한 관계 속의 존재로 인식하기 때문에 대화의 내용이 그들이 함께 놓여 있는 상황의 맥락에 크게 의존하는 '고(高)맥락적인 의사소통'의 양상을 띤다. 이 사회에서는 전달하고자 하는 내용이 상황적 단서 속에 이미 들어 있는 경우가 많으므로 '간접표현'이 대화의 주 양식이 되고, '과묵함'을 높이 산다. 이러한 의사소통양식의 차이도 사회구성의 기본단위를 개인과 관계로 보는 차이에서 연유하는 것이라고 볼 수 있다.

또한 개인주의 사회에서는 개인의 모든 행동규범은 사회구성의 기본단위로서의 자율적인 행위자 자신에게서 나온다고 보므로, 개인의 의견과 집단의 의견이 다를 때 집단의견에 동조하는 경향이 비교적 약하다. 그러나 집단주의 사회에서는 개인은 집단 속의 존재로서 집단의 규범을 내면화하여 받아들이는 경향이 강하고, 따라서 개인의 의견과 집단의 의견이 다를 때 집단의 의견에 동조하는 경향이 높다. 개인주의자들에게 집단압력에의 동조는 개인의 나약함을 드러내는 것으로 인식되지만, 집단주의자들에게 동조는 관계 속의 존재로서의 개인이 집단에 화합하는 자연스러운 일인 것이다. 이러한 '동조행동'의 차이도 사회구성의 기본단위를 개인으로 보는지 아니면 집단과 관계라고 보는지 하는 차이에서 연유하는 것이라고 볼 수 있다.

사회구성의 기본단위에 대한 인식의 차이로부터 도출되는 두 문화권의 사회관계 행동의 차이를 정리하여 제시하면 [표 10]과 같다.

[표 10] 사회구성의 기본단위와 사회관계 행동의 문화차

| 구분 | 개인주의<br>(사회교환이론) | 집단주의<br>(도덕실천론) |
|---|---|---|
| 사회구성의 기본단위 | 독립적이고 평등한 개인 | 사람 사이의 관계 |
| 기본과정: 주의의 초점 | | |
| 참조기준 | 자기 | 타인/집단 |
| 자기인식 | 자기독특성 과장 | 타인과의 유사성 과장 |
| 사회관계 행동 | | |
| 친교대상자 | 개체성 특성 보유자 | 배려성 · 의존성 특성 보유자 |
| 성취목표 | 개인지향성취 | 사회지향성취 |
| 체면작업 | 자기체면유지 | 자기 · 타인 · 공동체면 유지 |
| 공손표현 | 의도적 공손성 | 분별공손성 |
| 의사소통양식 | 저맥락 의사소통<br>(직접표현 · 다변) | 고맥락 의사소통<br>(간접표현 · 과묵함) |
| 동조행동 | 약함<br>(개인적 규범 선호) | 강함<br>(내집단규범 내면화) |

### 2) 사회관계의 목표와 사회관계 행동의 문화차

자유주의사상을 토대로 하여 발전해온 서구 개인주의 사회에서는 사회구성의 기본단위를 독립적이고 평등한 자율적인 개인으로 볼 뿐만 아니라 인간을 이기적 욕구와 합리적 계산능력을 갖춘 '이성의 주체'로 상정함으로써, 이 사회인들은 모든 개인은 사회관계에서 이기적 관심과 합리적 계산을 통해 개인적인 사적 이익을 최대화하려고 노력하는 존재라고 본다. 이렇게 '개인적 이익의 최대화'를 사회관계의 목표로 설정하는 것이 개인주의 사회의 대표적인 사회관계론인 사회교환이론의 제1명제를 이룬다.

이에 비해 유학사상을 이념적 바탕으로 하여 발전해온 동아시아 집단주의 사회에서는 사회구성의 기본단위를 '덕성 주체'로서의 인간이 다른 사람들과 맺는 관계라고 인식할 뿐만 아니라 사회행동의 원동력을 함께 사회를 구성하는 관계상대방과 집단에 대한 관심과 배려에서 찾음으로써, 이 사회인들에게 있어서는 다른 사람들과 조화로운 관계를 형성하는 것이 사회관계의 목표로 부각된다. 이렇게 다른 사람들과 '조화로운 관계를 형성'하는 것이 집단주의 사회의 대표적 사회관계론인 도덕실천론의 제1명제이다.

**통제의 대상 차원의 기본적인 차이** 이와 같이 사회관계의 목표를 개인적 이익의 최대화 또는 조화로운 관계의 형성으로 보는 관점의 차이는 두 문화권 사람들의 제반 사회관계 행동에 상응하는 차이를 유발할 것이다. 즉 개인주의 사회인들은 제반 사회관계에서 자기이익의 최대화를 위해 무엇이 자기의 이익을 확보하는 합리적인 방안인지를 우선적으로 고려함으로써, 이러한 목표의 달성을 위해 상황과 타인을 자기에게 맞추어 통제하고 자기를 적극적으로 드러내는 경향을 강하게 보일 것이다. 그러나 집단주의 사회인들은 타인/집단원들과 조화로운 관계를 형성하는 데 일차적인 관심을 쏟음으로써, 이러한 목표의 달성을 위해 자기의 욕구와 감정을 억제하려는 경향을 강하게 보일 것이다.

사회관계의 목표에 대한 두 문화권의 관점의 차이는 통제의 개념에 대한 두 문화권 사람들의 인식의 차이를 낳는다. 개인주의 사회에서는 자기 이익의 확보를 위해 환경세계와 타인을 자기에게 맞추어 변화시키는 것을 통제의 핵심이라고 여겨, 사회관계에서 능동성 · 도전 및 저항의 극복 같은 외부지향적 행동을 중시하고, 결과적으로 타인과 외부의 현실을 자기에게 맞추어 변화시키는 '일차통제'를 통해 보상을 얻으려는 경향을 띤다. 이들은 순전히 운에 의해 결정되는 일일지라도 스스로가 관여되고 있으면 외부 환경세계를 자기가 통제하고 있다고 믿는 경향이 높으며, 이러한 '통제력의 착각'이 정신건강에 긍정적인 영향을 미친다고 받아들인다. 이들에게 있어서 이러한 환경세계에 대한 통제감은 '개인효능감'을 높이는 근거로 작용하고, 이는 그들의 자기존중감의 핵심이 된다.

이와는 대조적으로, 집단주의 사회에서는 조화로운 관계의 형성을 위해 이에 장애가 될 수 있는 사적인 욕구나 감정을 억제하는 일을 통제의 핵심이라고 여겨 수동성 · 양보 및 자기 내부로의 침잠 같은 내부지향적 행동을 중시하고, 결과적으로 자기 내부의 속성을 상황과 환경의 요구에 맞추어 변화시키는 '이차통제'를 통해 보상을 얻으려고 한다. 이들에게 있어서는 통제력 착각 같은 경향은 거의 나타나지 않으며, 타인들과 함께 사태를 관리할 때 느끼는 유능감인 '집단효능감'이 자기존중감의 근거로 작용한다. 즉 이들은 자기도 가치 있는 사람이라는 확인을 소속집단원들이 자기를 받아들이고 있다는 수용감에서 찾으려고 하는 것이다.

사회관계의 목표를 무엇으로 잡느냐 하는 데에서 빚어지는 이러한 통제행동의 차이는 두 문화권 사람들의 자기표현의 양상에 상응하는 차이를 유발한다. 개인주의 사회인들은 환경이나 타인이 아니라 자기 자신이 통제력의 주축이라고 간주하기 때문에 사회관계에서 적극적으로 자기를 드러내는 '자기주장성'이 강하다. 개인주의 사회에서는 어려서부터 개인이 느끼고 있는 감정을, 그것이 비록 사회관계의 조화를 해치는 것일지라도, 적극적으로 솔직하게 표현하도록 사회화한다. 따라서 개인주의 사회에서는 '외향성'이 전형적인 성격특성으로 부각되며, 성취 결과에 대한 귀인에서도 자기의 능력을 고양하여 귀인하는 '자기고양편향'이 강하게 나타난다.

그러나 집단주의 사회에서는 자신의 욕구와 감정, 특히 그것이 집단의 조화를 해칠 가능성이 있는 경우에는 이를 적극적으로 억제하는 일을 통제의 핵심이라고 여기기 때문에 사회관계에서 자기의 감정이나 속내를 잘 드러내려고 하지 않는다. 이 사회에서는 어려서부터 자기를 드러내지 않도록, 특히 자기를 드러내는 일이 타인이나 집단에 해를 끼치거나 조화를 깨뜨릴 가능성이 있을 때에는 더욱더 이를 감추도록 사회화한다. 결과적으로 집단주의 사회에서는 '내향성'이 전형적인 성격유형으로 부각되며, 성취 결과에 대해서도 자기의 성공에 대해서는 타인의 도움에 귀인하고 자기의 실패에 대해서는 자기의 능력이나 노력부족에 귀인하는 '겸양편향'이 강하게 나타난다.

이러한 결과들은 인간의 고유한 특성을 이성 · 합리성 또는 도덕성 가운데 어느 것에서 찾느냐 하는 입장의 차이에서 비롯되는 사회관계론의 목표의 차이에서 유발되고 있는 것이다. 사회관계의 목표를 자기이익의 최대화라고 규정하면 자기를 통제력의 근거라고 인식하여 적극적으로 자기를 표출함으로써 자기의 이익을 확보하려고 노력하겠지만, 이를 조화로운 관계의 형성에 두게 되면 조화로운 관계를 해칠 가능성이 있는 자기 욕구와 감정을 억제하는 일을 통제의 핵심이라고 여겨 좀처럼 자기를 드러내려고 하지 않을 것이기 때문이다.

**통제의 대상 차원의 사회관계 행동의 구체적인 차이** 사회관계의 목표에 관한 인식의 차이에 수반되는 이러한 통제의 대상과 자기표현 양상의 차이는 두 문화권 사람들의 여러 사회관계 행동에 이에 상응하는 차이를 유발한다. 개인주의 사회에서는 자기이익의 추구에 사회관계 행동의 관심이 집중되고, 집단주의 사회에서는 조화로운 관계 형성에 집중된다는 사실은 조직 장면에서의 사회관계 행동의 차이에서 잘 드러난다.

개인주의 사회인들은 개인의 '자율성'과 '자기이익의 추구' 및 개인의 '업무수행 능력'을 조직원에 대한 평가의 중요한 원칙으로 강조하는 반면, 집단주의 사회인들은 '조직원 사이의 조화'와 그들에 대한 '개인적인 배려' 및 '조직체에 대한 헌신과 충성'을 조직원에 대한 평가의 중요한 원칙으로 받아들인다. 또한 개인주의 사회인들은 자신뿐만 아니라 다른 조직원들의 '자기주장을 독려'하는 것을 중요한 조직시민행동으로 받아들이는 데 비해, 집단주의 사회인들은 '조직원 사이의 조화의 추구'와 '조직에의 헌신'을 조직시민행동으로 중요시한다.

이러한 배경에서 개인주의자들은 조직 장면에서 조직이 추구하는 과제를 성공적으로 수행하여 개인적 이익을 보장해주는 '과제중심적 지도자'를 좋은 지도자로 선호하는 경향이 강한 데 비해, 집단주의자들은 조직원 각자를 개인적으로 배려하여 조직원 사이의 조화를 우선시하는 '가부장적인 지도자'를 선호하는 경향을 보인다는 사실이 이해된다. 개인주의 사회에서는 '개인이익'을 부각시키는 광고가 주류이고 이러한 광고의 설득력을 높이 평가하지만, 집단주의 사회에서는 집단의 조화와 '집단이익'을 부각시키는 광고가 주류이고 설득력도 더 높은 것으로 받아들여진다는 선호 광고의 차이도 같은 맥락에서 이해할 수 있다.

공동작업의 성과를 분배할 때 개인주의자들은 각자의 기여도에 따라 분배하는 '형평분배'를 공정한 분배의 원칙으로 선호하는 경향이 높고,

집단주의자들은 성원들에게 똑같이 분배하는 '균등분배'를 공정분배의 원칙으로 선호한다는 결과도 두 문화권에서 강조하는 사회관계의 목표의 차이를 반영하는 것으로 볼 수 있다. 형평분배는 조직 전체의 생산성을 높이는 효과를 가져와 결과적으로 개인의 이익을 중시하는 분배원칙임에 반해, 균등분배는 조직 전체의 조화 수준을 높이는 데 기여하는 분배원칙이기 때문이다.

사회관계의 목표를 자기이익의 최대화에서 찾느냐 아니면 관계의 조화에서 찾느냐 하는 관점의 차이는 두 문화권에서 대인간 이익 갈등을 어떻게 해결하려 하느냐 하는 갈등해결 전략의 차이에서 잘 드러난다. 개인주의 사회에서는 대인간 갈등을 직접적인 '대결과 경쟁'을 통해 해결하려고 하여 어느 한쪽이 이기거나 지거나 하는 승 · 패로 결론이 나는 경우가 많지만, 집단주의 사회에서는 제삼자를 통한 '중재와 타협'을 갈등해결의 기본 전략으로 받아들여 갈등당사자 양측의 대립을 적절히 조정하는 결론이 유도되는 경우가 다반사이다. 이렇게 개인주의 사회에서는 갈등 장면에서 각자의 이익에 대한 관심이 반영되는 '성과지향'에 따라 갈등을 해결하려고 하지만, 집단주의 사회에서는 갈등 장면에서 적대감해소나 분열회피 같은 '관계지향'에 따라 갈등을 해결하려는 자세를 갖게 된다. 즉 개인적 이익의 추구와 관계의 조화 추구라는 관심의 차이가 갈등해결 행동의 두 문화권 간 차이를 유발하고 있는 것이다.

이러한 사회관계의 목표에 대한 입장의 차이는 또한 두 문화권 사람들의 친교행동의 차이를 유발하기도 한다. 개인주의 사회에서는 자기를 적극적으로 드러내는 '외향성'이 전형적인 성격유형으로 부각되고 성취 장면에서도 자기고양적 귀인 양상이 두드러지게 나타나므로, 이 사회인들은 외향적인 사람과 '자기고양자'를 친교대상자로 선호한다. 그런 사람과의 친교가 결과적으로 자기에게 유리한 성과를 가져다줄 것이기 때문이다. 이렇게 개인주의자들의 관심은 대체로 자기이익의 확보에 집중되어 있기 때문에, 이들은 다수의 사람들과 친교관계를 맺지만 그리 깊은 관계로까지 발전되지는 못한다.

그러나 집단주의 사회에서는 자기를 잘 드러내지 않는 '내향성'이 전향적인 성격유형으로 부각되고 성취 장면에서도 겸양편향을 높이 평가하므로, 내향적이고 '겸손한 사람'을 친교대상자로 선호한다. 그런 사람과의 친교를 통해 관계의 조화를 이루기가 수월하기 때문이다. 이렇게 집단주의자들의 관심은 조화로운 관계의 형성에 집중되어 있기 때문에, 이들은 소수의 사람들과 매우 깊은 관계를 형성하는 경향이 강하다. 이러한 친교행동의 차이도 사회관계의 목표의 차이에서 연유하는 것이라고 해석할 수 있다.

사회관계의 목표를 규정한 제1명제의 차이로부터 유발되는 두 문화권의 사회관계 행동의 차이를 정리하여 제시하면 [표 11]과 같다.

**[표 11] 사회관계의 목표와 사회관계 행동의 문화차**

| 구분 | 개인주의<br>(사회교환이론) | 집단주의<br>(도덕실천론) |
|---|---|---|
| 사회관계의 목표 | 자기이익 최대화 | 사회관계의 조화 |
| 기본과정: 통제의 대상 | | |
| 통제행동 | 일차통제 | 이차통제 |
| 자기표현양식 | 적극적 자기표출<br>(자기고양편향) | 자기표출억제<br>(겸양편향) |
| 사회관계 행동 | | |
| 조직체-조직원 관계 | 조직체이익 강조 | 조직원배려 강조 |
| 조직시민행동 | 자기주장 독려 | 조화추구 · 조직에의 헌신 |
| 선호지도자 | 과제중심적 지도자 | 가부장적 지도자 |
| 선호광고 | 개인이익 · 성공 강조 | 내집단이익 · 조화 강조 |
| 분배규범 | 형평규범 선호 | 균등규범 선호 |
| 갈등해결양식 | 경쟁 · 대결 양식 | 중재 · 타협 양식 |
| 친교대상자 | 외향성 · 자기고양자 선호 | 내향성 · 겸양편향자 선호 |
| 친교행동 | 다수와 피상적 관계 | 소수와 밀접한 관계 |

#### 3) 사회관계 유지 규범과 사회관계 행동의 문화차

사회관계의 목표에 관한 제1명제에 이어 사회관계의 유지에 관한 규범이 사회관계론들의 제2명제로 제시된다. 개인주의 사회인들은 사회관계의 목표를 개인적 이익의 최대화에서 찾으므로 이들의 사회관계에서는 필연적으로 성원 사이에 이익 갈등이 유발된다. 그러므로 어떻게 이러한 이익 갈등을 해소하고 사회관계를 유지할 것이냐가 관심의 초점으로 부각되는데, 사회교환이론에서는 이를 '공정한 교환'의 규범을 통해 해결하려고 한다. 즉 보상과 부담을 주고받는 과정에서 공정성의 원칙에 따라 교환을 하는 것이 사회관계를 유지할 수 있는 관건이라는 것이다. 이와는 대조적으로, 사회관계의 목표를 조화로운 관계의 형성에 두는 집단주의 사회인들은 관계를 형성하여 하나의 단위를 형성하는 성원 각자가 각 상황에서 자기에게 요구되는 '역할을 충실히 수행하는 일'이 관계를 깨뜨리지 않고 조화를 유지하는 핵심이라고 여긴다.

개인주의 사회인들이 사회관계의 유지 규범으로 제시하는 공정교환의 원칙은 상황이나 관계의 변이에도 불구하고 불변하는 보편성을 띠는 것이다. 즉 개인주의자들은 공정교환 원칙의 '상황불변성'과 '보편성'을 전제하여 이 원칙이 언제 어디서나 일관되게 안정적으로 적용되어야 한다고 생각한다. 이에 반해 집단주의 사회인들이 조화로운 관계의 유지를 위해 개인이 수행해야 한다고 제시하는 역할들은 개인들 사이의 관계의 내용과 상황이 변화함에 따라 달라지는 것이다. 즉 집단주의자들은 인간의 '상황가변성'을 전제하고 상황과 관계의 속성의 변이에 따라 적절하게 변화하는 '유연성'을 바람직하게 받아들인다.

**변화가능성 차원의 기본적인 차이** 자유주의사상에서는 인간 존재는 제반 내적 속성을 완비하여 갖추고 있는 실체라고 받아들인다. 개인의 성격이나 능력 같은 내적 속성은 안정적이고 불변적인 것이며, 개인의 행위를 지배하는 원칙들도 고정적이고 일관적인 속성을 근거로 한다는 것이 개인주의 사회인들이 보유하고 있는 '실체설적 신념체계'의 내용이다. 그러므로 이들은 내적 속성들(예: 어떤 대상에 대해서 가지고 있는 다양한 의견과 감정) 사이에 또는 내적 속성(예: 태도 및 의견)과 외적 행동 사이에 '일관성'을 추구하려는 강한 동기를 갖추고 있다.

이에 비해 유학사상에서는 인간존재는 무한한 가소성을 지니고 항상 변화 과정 속에 있다고 여긴다. 개인의 성격이나 능력 같은 내적 속성도 변화할 수 있으며, 인간의 존재 의의의 출처인 사람들 사이의 관계의 내용도 상황에 따라 부단히 달라진다는 것이 집단주의 사회인들이 보유하고 있는 '증가설적 신념체계'의 내용이다. 그러므로 이들에게서는 내적 속성들 사이 또는 내적 속성과 외적 행동 사이에 일관성을 추구하려는 동기는 거의 나타나지 않는다. 그들은 일관성보다는 유연한 '가변성'을 높이 평가하는 것이다.

개인주의 사회인들이 인간존재의 불변성을 가정하는 관점은 그들이 개인의 자기존중감을 스스로가 갖추고 있는 정적(正的) 속성에서 찾으려는 경향을 유발한다. 그들은 자기의 부적(負的) 속성은 가능하면 부정하거나 외면하려고 하고, 자기에게 갖추어져 있는 '정적 측면을 찾아 확충하는 일'을 자기향상의 기본 방안으로 받아들인다.

그러나 집단주의 사회인들이 인간존재의 가변성을 가정하는 관점은 그들로 하여금 스스로의 부적인 특성과 감정도 무난하게 자기체계 속에 받아들이도록 유도한다. 그들은 개인의 노력 여하에 따라 개인이 갖추고 있는 단점도 수정하여 개선할 수 있다고 여긴다. 그러므로 그들은 자기의 '단점을 찾아 이를 개선하는 일'이 자기발전을 이룰 수 있는 방안이라고 간주한다.

인간의 변이가능성에 대한 이러한 두 문화권의 인식의 차이는 두 문화권에서 설정하고 있는 사회관계의 유지 규범의 보편성에 대한 관점의 차이를 유발한다. 즉 개인주의자들이 상정하는 공정교환의 원리는 언제 어디서 누구에게나 보편적으로 적용되어야 하는 원칙인 반면, 집단주의자들이 사회관계에서 수행해야 할 것으로 상정하는 역할의 내용은 관계나 상황에 따라 달라지는 것이지 보편적이거나 불변적인 것이 아니다. 이러한 차이는 두 문화권 사람들의 사회관계 행동에 상응하는 여러 차이를 유발하고 있다.

**변화가능성 차원의 사회관계 행동의 구체적인 차이** 이렇게 인간의 변이가능성에 대한 두 문화권의 인식의 차이는 세상사와 이를 지배하는 법칙에 대한 관점의 차이로 이어진다. 개인주의 사회인들은 사회와 세계도 불변적이고 보편적인 원칙의 지배를 받는 것이어서 항상성과 일관성을 띤다고 본다. 이에 비해 집단주의자들은 인간은 상황과 관계 속의 존재이므로 상황과 관계의 내용이 달라지면 인간의 행동과 사회를 지배하는 원칙도 달라질 수 있는 것으로 인식한다. 행위 원칙의 불변성과 가변성에 대한 두 문화권 사람들의 차이는 계약에 대한 인식과 성취요인에 대한 관점의 차이에서 잘 확인된다.

개인주의 사회인들은 개인과 개인 사이, 개인과 조직체 사이 또는 조직체와 조직체 사이에 체결된 '계약'의 내용은 일단 계약이 체결되고 나면 아무리 상황이 바뀌더라도 '변경될 수 없다'고 본다. 계약은 계약이어서 보편적으로 적용되어야 한다는 것이다. 그러므로 개인주의 사회에서는 일단 맺어진 계약의 내용이 사후에 조정되는 경우는 거의 없다. 그러나 집단주의 사회인들은 개인과 개인, 개인과 조직체 또는 조직체와 조직체 사이에 체결된 계약의 내용은 상황이 달라지면 적합하게 '수정될 수 있다'고 생각한다. 계약이 체결된 배경 상황이 달라지면 그 내용 또한 적합하게 달라지는 것이 당연한 일이라는 것이다. 그래야 계약 당사자 사이에 조화로운 관계가 유지될 수 있을 것이기 때문이다. 그리하여 집단주의 사회에서는 상황의 변화에 따라 계약 내용을 조정하는 일이 흔하게 벌어진다.

행위 원칙의 불변성과 가변성에 대한 두 문화권 사람들의 인식의 차이는 성취 장면에서도 잘 드러난다. 개인주의 사회에서는 상황에 따라 달라질 수 있는 노력보다는 상황에 따라 달라지지 않는 안정된 속성인 '능력'이 성취의 핵심요인이라고 본다. 그리하여 이 사회인들은 성취란 [능력×노력]의 '승산모형'에 따라 결정되는 것이어서, 능력이 부족하면 아무리 열심히 노력한다고 해도 성취 결과가 달라지지 않는다고 생각한다. 그들은 자기나 타인의 성공에 대해서는 능력의 탁월성에서 원인을 찾고, 실패에 대해서는 능력의 부족에서 원인을 찾는 경향이 강하다.

이와는 대조적으로, 집단주의 사회에서는 상황에 따라 달라질 수 있는 '노력'이 성취의 결과를 좌우하는 기본요인이라고 본다. 게다가 그들은 능력도 고정 불변의 것이 아니라 노력의 여하에 따라 증진될 수 있다고 여긴다. 이 사회인들은 성취란 [능력+노력]의 '가산모형'에 따라 결정되는 것이어서, 능력이 부족하다고 해도 열심히 노력하면 성취 결과가 달라질 수 있다고 생각한다. 그들은 자기나 타인의 성공에 대해서는 열성적인 노력에서 원인을 찾고, 실패에 대해서는 노력의 부족에서 원인을 찾는 경향이 강하다.

두 문화권 사람들에게서 나타나는 성취에 대한 이러한 인식의 차이는 친교대상자의 선호 과정에서도 상응하는 차이를 유발한다. 개인주의 사회인들은 '유능성'을 친교대상자 선택의 중요한 기준으로 받아들인다. 그들은 노력형의 사람보다는 유능한 사람을 친교대상으로 선호하며, 성취 결과가 노력에 좌우되는 사람보다는 능력에 따라 달라지는 사람을 더 좋아한다. 이에 반해 집단주의 사회인들은 열심히 노력하는 사람을 친교대상자로 선호한다. 그들은 유능한 사람보다는 '노력형'의 사람을 더 좋아하며, 성취 결과가 능력에 좌우되는 사람보다는 노력에 따라 성취 결과가 달라지는 사람을 친교대상자로 선호한다. 게다가 집단주의 사회인들은 자신의 성취 결과를 노력에 귀인하는 사람을 능력에 귀인하는 사람보다 더 유능하고, 더 신뢰로우며, 겸손하다고 평가하여 존중하는 경향을 보이기도 한다.

이러한 계약과 성취요인에 대한 인식의 차이 및 이로부터 유발되는 친교행동의 차이들은 모두 사회행위를 지배하는 원칙의 불변성과 가변성에 대한 관점의 차이를 드러내는 것으로 해석할 수 있다. 이러한 사회관계 행동의 차이는 사회관계 유지의 규범을 보편적인 공정교환의 규범 또는 가변적인 역할의 쌍무적 수행에서 찾는 차이와 연계되어 있는 것이다. 사회관계의 유지 규범을 규정한 제2명제의 차이로부터 유발되는 두 문화권의 사회관계 행동의 차이를 정리하여 제시하면 [표 12]와 같다.

[표 12] 사회관계 유지 규범과 사회관계 행동의 문화차

| 구분 | 개인주의<br>(사회교환이론) | 집단주의<br>(도덕실천론) |
| --- | --- | --- |
| 관계 유지의 규범 | 공정한 규범<br>(보편적 일관성) | 역할의 쌍무적 수행<br>(상황적 가변성) |
| 기본과정: 변이가능성 | | |
| 변화에 대한 신념 | 실체설<br>(일관성추구동기 강함) | 증가설<br>(일관성추구동기 약함) |
| 자기향상 방안 | 장점확충<br>(부적 특성 수용도 낮음) | 단점개선<br>(부적 특성 수용도 큼) |
| 사회관계 행동 | | |
| 계약에 대한 인식 | 불변성 | 조정가능성 |
| 성취요인 | 안정적 능력 | 가변적 노력 |
| 성취모형 | 승산모형(능력×노력) | 가산모형(능력+노력) |
| 성취귀인 | 능력귀인 | 노력귀인 |
| 친교대상자 | 유능성 보유자 | 노력형 |

### 4) 동 · 서 사회관계론과 사회관계 행동 종합

앞에서 서구 개인주의 사회의 대표적인 사회관계론인 사회교환이론은 그 이론적 모태인 자유주의사상에서 제시하고 있는 세 차원의 인간파악의 입장으로부터 직접 도출되고 있음을 확인하였다. 즉 인간을 '자유의 보유자'로 파악하여 개인의 '개체성'에서 인간의 존재 의의가 나오는 것으로 보는 관점으로부터는 사회구성의 기본단위를 '평등하고 독립적인 개인'으로 상정하는 사회교환이론의 기본전제가 도출되고, 여타 동물과는 다른 인간의 고유한 특성을 '이성 주체'로서의 인간의 '합리성'에서 찾는 관점으로부터는 사회관계의 목표를 '자기이익의 최대화'라고 여기는 사회교환이론의 제1명제가 도출되며, 인간을 내적 속성들을 완비하고 있는 '실체'로 보아 행위 원칙의 '보편성'을 가정하는 관점으로부터는 사회관계 유지의 규범을 보편성을 띠는 '공정교환의 원칙'으로 규정하는 사회교환이론의 제2명제가 도출되고 있다.[4]

이와는 대조적으로 동아시아 집단주의 사회의 대표적인 사회관계론인 도덕실천론은 그 이념적 기반인 유학사상에서 제시하고 있는 인간파악의 입장으로부터 직접 도출되고 있음이 확인되었다. 즉 인간을 '사회적 관계체'로 파악하여 인간의 '사회성'에서 인간의 존재 의의가 나오는 것으로 보는 관점으로부터는 '사람들 사이의 관계'를 사회구성의 기본단위로 설정하는 도덕실천론의 기본전제가 도출되고, 여타 동물과는 다른 인간의 고유한 특성을 '덕성 주체'로서의 인간의 '도덕성'에서 찾는 관점으로부터는 사회관계의 목표를 '조화로운 사회관계의 형성'이라고 여기는 도덕실천론의 제1명제가 도출되며, 인간을 가변적인 '과정적 존재'로 인식하는 관점으로부터는 사회관계 유지의 규범을 상황가변적인 '역할의 충실한

4 [표 9]의 가운데 칸 참조.

수행'에서 구하는 도덕실천론의 제2명제가 도출되고 있다.[5]

이렇게 동·서의 사회관계론은 두 진영의 인간관의 차이로부터 연역되는 것이었다. 제2장에서는 동·서 두 문화권에 살고 있는 현대인들이 다양한 사회관계의 장면에서 실제로 보이는 행동들은 개인주의와 집단주의 문화 발전의 이념적 모태인 자유주의와 유학사상의 인간관의 차이로부터 예측할 수 있는 바대로의 것이라는 사실이 밝혀졌다.[6] 즉 두 문화권의 사람들은 실제로 자기 문화의 이념적 기반인 자유주의와 유학사상에서 인간을 파악하는 관점의 차이로부터 연역되는 차이를 그대로 보이고 있었던 것이다.

이와 같이 동·서의 인간관의 차이로부터 각각의 대표적인 사회관계론이 도출되고 또한 이러한 인간관의 차이로부터 두 문화권의 현대인들의 사회관계 행동의 실적적인 차이가 연역되는 것이라면, 두 문화권 사람들에게서 나타나는 사회관계 행동의 차이는 각각의 사회관계론에서 예측하는 바대로의 것이 된다는 사실이 논리적으로 추론된다.

앞의 [표 10]·[표 11]·[표 12]에서는 이러한 추론이 경험적 근거를 갖고 있음이 확인되고 있다. 즉 동·서 문화권에 살고 있는 현대인들은 각각의 사회관계론에서 예측하는 바대로의 사회관계 행동을 실제로 보이고 있는 것이다. 이러한 사실은 개인주의 사회와 집단주의 사회의 대표적인 사회관계론인 사회교환이론과 도덕실천론은 두 문화권 사람들의 사회관계 행동을 유도하는 실증적인 정합성을 갖고 있는 이론체계임을 여실히 드러내주고 있다고 하겠다.

**5** [표 9]의 오른쪽 칸 참조.

**6** 제2장의 [표 4]·[표 5]·[표 6] 참조.

# 제8장
# 새로운 심리학의 가능성: 유학심리학 체계의 모색

심리학은 인간이 살아가면서 얻게 되는 심적 경험의 내용과 그 과정 및 이의 행동적 표출에 대해 객관적으로 탐구하여 그 법칙성을 찾아내는 것을 목적으로 하는 학문이다. 그러므로 심리학은 연구되고 있는 사회에서 실제로 삶을 영위하고 있는 사람들을 대상으로 하여 탐구될 수밖에 없으며, 따라서 해당 사회에서 인간을 파악하는 입장이 달라짐에 따라 다루어지는 내용이 달라질 수밖에 없을 것이다.

서구에서 발달한 현대심리학은 서구인이 가지고 있는 인간파악의 관점을 그대로 반영하고 있는 것이다. 이러한 맥락에서 서구인의 인간관에 기초를 두고 진행된 현대심리학은 서구의 문화특수적인 심리학이지 그것이 글자 그대로 보편심리학이 되는 것은 아니라고 볼 수 있다. 지금까지 살펴본 바와 같이, 서구와 다른 입장에서 인간을 파악하는 동아시아의 관점에 서면, 서구에서 발달한 것과는 다른 심리학의 내용이 도출될 수밖에 없을 것이기 때문이다. 동아시아인의 삶의 경험에 바탕을 둔 새로운 심리학이 요청되는 까닭이 바로 여기에 있다.

이 장은 이 책의 결론에 해당되는 것으로서, 이상에서 고찰한 바와 같이 서구와 동아시아에서 인간을 파악하는 관점이 달라짐에 따라 사회관계를 파악하는 이론체계가 달라지고, 그에 상응하여 두 사회인들이 사회관계의 장면에서 실제로 드러내는 행동에 차이를 보인다면, 서구에서 서구인의 인간관을 바탕으로 하여 발달한 현대심리학과는 달리 동아시아에서 동아시아인의 인간관을 바탕으로 한 새로운 심리학의 체계를 구성할 수 있는 가능성이 있다는 사실을 살펴보고자 한다.

이를 위해 우선 서구 사회의 대표적인 사회관계론인 사회교환이론의 문제점을 동아시아 사회의 대표적인 사회관계론인 도덕실천론의 관점에서 고찰하여 그 보완책을 모색해보고, 이어서 범위를 더 넓혀서 현대 서구심리학이 갖는 일반적인 문제점에 대한 보완책을 유학사상의 인간관을 바탕으로 모색해봄으로써 새로운 유학심리학 체계를 구축할 수 있는 가능성을 탐색해본 다음, 유학의 도덕실천론에서 도출되는 새로운 연구문제를 도출해보기로 하겠다.

## 1. 서구 사회관계론의 문제점과 그 보완책

서구 개인주의 문화의 배경에는 고대 그리스 시대부터 면면히 이어져 오다가 르네상스와 종교개혁 이후 17세기에 들어서 절정에 이른 자유주의사상이 놓여 있다. 자유주의사상의 영향을 받아온 서구 개인주의 사회인들은 사회란 평등하고 독립적인 개인들로 구성되는 집합체라고 보아, 사회나 집단보다 개인을 주의의 초점으로 부각시켜 개체적 존재로서의 개인의 독립성 · 자율성 · 독특성을 신장하고 고양시키는 것을 중시하고, 일상생활에서 개인의 독립성과 독특성을 솔직하게 표출하는 적극적인 자기주장을 권장하며, 개인의 안정성과 일관성이 안정된 사회를 이루는 기초라고 간주하여 중시하는 삶의 태도를 지니고 있다.

서구인들이 보이는 이러한 개인주의적인 삶의 모습은 전통적으로 이 사회에서 인간과 세상사를 파악하는 배경으로 작용해온 자유주의사상의 인간관에서 직접 도출되는 것이다. 자유주의자들은 사회를 이루는 기본 단위인 개인을 '자유의 보유자'라고 보아 개인이 하는 모든 사회행위의 원천을 개인의 속성 자체에서 찾으려고 하므로, 인간의 존재 의의를 타인과 분명한 경계를 이루는 독립적인 존재로서의 '개체성'에서 구한다. 또한 그들은 인간은 하나의 동물체로서 이기적 · 쾌락적 욕구에 의해 지배되기는 하지만, '이성의 주체'로서 합리적 계산을 통해 욕구 충족을 도모하는 존재이어서, 이러한 '합리성'이 인간과 여타 동물을 구분 짓는 인간만의 고유한 특성이라고 간주한다. 뿐만 아니라 자유주의자들은 인간은 모든 행위의 원천인 내적 속성들을 완비하여 갖추고 있는 '완비적 실체'이어서, 상황의 변이에도 불구하고 불변하는 '안정성'을 갖는다고 상정한다.

이 사회에서 개인은 "자유의 보유자이기 때문에 스스로의 자율적인 선택과 독특성을 중시하게 되고, 스스로가 이성의 주체로서 합리성의 원천이기 때문에 적극적인 자기주장을 강조하게 되며, 안정적인 실체이므로 자기의 신념이나 행동 체계들 사이에 일관된 안정성을 추구하는 삶의 태도를 갖추게 되는 것이다."[1]

서구와는 대조적으로 동아시아 집단주의 문화의 배경에는 고대 중국에서 발원한 이후 한국과 일본 등 주변국으로 전파되어 이들 사회를 오랫동안 지배해온 유학사상이 놓여 있다. 유학사상의 영향을 받아온 동아시아 집단주의 사회인들은 사회란 사람들이 결합하여 형성한 다양한 관계/집단들로 구성된다고 보아, 개인보다 관계와 집단을 주의의 초점으로 부각

1 조긍호, 2008, p. 499.

시켜 개인 사이의 연계성과 상호의존성 및 조화로운 관계의 형성을 중시하고, 일상생활의 과정에서 개인의 사적인 욕구와 감정을 드러내지 않는 자기억제를 권장하며, 사회의 안정은 그 구성단위로서의 관계의 안정을 기초로 성립된다고 여겨 상황과 관계의 변이에 따른 인간의 가변성을 중시하는 삶의 태도를 지니고 있다.

동아시아인들이 보이는 이러한 집단주의적인 삶의 모습은 기본적으로 이 사회를 오랫동안 지배해왔던 유학사상의 인간관에서 직접 나오는 것이다. 유학자들은 인간은 다른 사람과 맺는 관계 속에서 살아가는 '사회적 관계체'라고 보아 사회행위의 근본적인 원동력을 개인이 타인과 맺는 관계나 개인이 처하게 되는 상황의 속성에서 찾으려고 하므로, 인간의 존재 의의를 상호의존적으로 연계되어 있는 '사회성'에서 구한다. 또한 그들은 인간은 '덕성의 주체'로서 관계상대방에 대해 관심을 가지고 그들을 우선적으로 배려하려는 존재라고 간주하여, 이러한 '도덕성'이 인간과 여타 동물을 구분 짓는 인간의 고유한 특성이라고 여긴다. 뿐만 아니라 유학자들은 인간은 상황과 관계의 변이에 따라 변화할 수 있는 가능성을 갖춘 '가변체'로서 상황과 관계가 달라지는 데 따라 적합하게 스스로를 조정하는 '유연성'을 본유하고 있다고 상정한다.

이 사회에서는 이렇게 "사회적 관계체로 인간을 인식하므로 사람들 사이의 연계성과 상호의존성 그리고 조화성의 추구를 강조하게 되고, 덕성 주체로 인간을 파악하므로 스스로를 통제의 대상으로 보아 스스로에게서 모든 책임을 구하는 자기억제를 중시하게 되며, 사람을 무한한 가변체라고 생각하므로 자기향상을 위해 자기개선을 지향하는 태도를 간직하게 된다."[2]

---

**2** 조긍호, 2008, pp. 500~501.

지금까지 고찰해보았듯이, 서구 사회와 동아시아 사회에서 인간을 파악하는 관점이 이렇게 서로 다르고, 이에 따라 삶의 과정에서 중시하고 강조하는 내용이 달라짐에 따라, 두 문화권에서 제시되는 대표적인 사회관계론의 내용에도 차이를 보이고 있다. 이들 사회관계론에서는 사회구성의 기본단위, 사회관계의 목표 및 관계 유지의 규범의 측면에서 완전히 다른 체계를 제시하고 있는 것이다. 이제 여기에서는 서구 사회교환이론이 갖는 이 세 측면의 문제점을 동아시아 도덕실천론을 기준으로 하여 비판적으로 논의해보고자 한다. 이러한 고찰을 통해 서구의 사회교환이론의 맹점이 부각될 수 있을 것이고, 이를 바탕으로 통합적이고도 보편적인 사회관계론이 추구해야 할 점들을 도출해볼 수 있을 것이다.

#### 1) 개체적 독립성 중시와 사회적 존재 특성의 무시

현대 서구의 대표적인 사회관계론인 사회교환이론들에서는 사회를 구성하는 기본단위를 평등하고 독립적인 개인이라고 간주하는 전제에서 출발한다. 사회교환이론가들은 서구 사회의 오랜 전통인 자유주의사상의 영향을 받아 사회에 대한 개인의 우선성을 강조하여, 사회란 개인들의 산술적 총계에 불과한 하나의 허구라고 인식한다. 그들은 사회는 평등하고 독립적인 자유의 주체로서의 개인들의 자발적인 협약, 곧 사회계약에 의해 형성된 결과물일 뿐이라는 사회계약론의 교의를 충실히 따르고 있는 것이다.

이렇게 사회교환이론가들은 사회보다 개인을 우선시하기 때문에 사회의 이해를 위해서는 개인에 대한 이해가 선행되어야 한다고 믿는다. 즉 개인의 행동 원리에 대한 이해를 바탕으로 하지 않고서는 사회행위에 대한 이해를 할 수 없다는 것이다. 이러한 관점은 호만스의 기본적 사회행동이론에서 잘 드러나고 있다. 그는 모든 사회행위는 본질적으로 개인의 가장 기본적이고도 단순한 행동의 원칙에 근거하여 이루어지는 것이라 보고, 이를 조작적 행동주의의 학습원리에서 찾으려고 하였다. 즉 인간의 행동은 그 행동의 결과 얻어지는 보상의 함수로서, 사람은 누구나 자기에게 보상을 가져다주는 방향으로 행동한다는 것이다. 이것이 가장 기본적인 사회행동의 원리로서, 모든 사회관계 행동도 이 원리에 따라 이해할 수 있다는 것이 호만스의 관점이다.

티보와 켈리의 상호의존성이론이나 월스터 등의 형평이론도 이러한 강화의 원리를 핵으로 하여 사회관계의 복잡한 행동들을 이해하려는 이론체계들이다. 이렇게 사회교환이론가들은 복잡한 사회관계의 행동들을 가장 단순한 사회관계인 두 사람 사이의 관계로 환원하여 이해하려고 하고, 또 이자관계의 행동원리는 개체로서의 개인의 가장 기본적인 행동원리인 보상의 원리(강화의 원리)로 환원하여 이해하려는 환원주의에 입각하여 이론을 전개하고 있는 것이다.

이러한 교환이론가들의 입장은 독립적이고 평등한 개인의 개체성에서 인간의 존재 의의를 찾으려는 자유주의자들의 인간이해의 관점에서 나오는 필연적인 결과이다. 그러나 인간 삶의 의의가 과연 이러한 개체적 존재 특성에서만 나오는 것인가? 사회생활을 해야 한다는 것은 인간 삶의 필수적인 조건이 아닌가? 공동체적인 삶은 인간에게 아무런 의미를 주지 못하는 짐일 뿐인가? 이러한 물음에 생각이 미치면, 개인 존재의 개체성에서 모든 사회관계 행동의 원리를 찾으려는 서구 사회교환이론의 입장은 지나친 단견 같아 보인다.

서구 자유주의자들과는 대조적으로 유학자들은 인간의 존재 의의를 사회적 관계체로서의 인간의 사회성에서 찾으려고 한다. 유학사상에서는 사회란 사람들 사이의 관계나 이러한 관계들의 원형인 가족과 같은 일차집단을 기본단위로 하여 구성되는 것으로 전제한다. 유학자들은 이러한 관계를 떠나서는 인간의 존재 의의 자체가 상실된다고 보아, 인간의 사회적 존재 특성을 개체성보다 우선시킨다. 따라서 이들은 개인이 다른 사람과 결합하여 맺는 관계의 특성으로부터 사회행동의 원리를 찾으려고 한다.

이러한 사회적 관계 특성은 곧 공동체 지향의 도덕성이다. 그리고 이러한 도덕성을 일상생활의 과정에서 실천하는 것이 곧 인간의 사회적인 삶의 핵심이다. 이러한 맥락에서 유학사상에서 도출되는 사회관계론이 곧 도덕실천론으로 귀결되는 근거를 이해할 수 있다. 공자는 개인의 사적 욕구나 감정을 극복하고 사회생활의 규범체계인 예로 돌아가는 것[克己復禮]이 사회관계의 핵심이라고 보고 있다. 공자에 이어 맹자는 사회관계에서 다른 사람과 더불어 선을 이루는 일[與人爲善]을 주축으로 하여 사회관계를 정리하고 있으며, 순자는 함께 모여 살면서 조화롭게 통일을 이루는 일[群居和一]을 사회관계의 핵심이라고 보고 있다.

여기서 한 가지 살펴보아야 할 점은 유학자들이 인간의 존재 의의를 사회성에서 찾으려고 한다고 해서 그들이 인간의 개체성을 도외시하거나 무시하는 것은 아니라는 사실이다. 그들은 오히려 도덕적 주체로서의 개인의 자발성을 인간의 사회성의 근거로 보고 있다. 이러한 사실은 유학의 창시자인 공자가 유학의 이상적 인간상인 군자(君子)에 대해 논의하면서, 군자의 제일 조건을 '자기를 닦는 일'[修己]로 잡고 있다는 사실에서 잘 드러난다. 공자의 이런 관점은 다음의 인용문에서 잘 드러나고 있다.

> 자로가 군자에 대해 여쭙자, 공자는 "군자는 자기를 닦음으로써 삼가는 사람이다"[修己以敬]라고 대답하셨다. 자로가 "그것뿐입니까?" 하고 여쭙자, 공자는 "군자는 자기를 닦음으로써 사람들을 편안하게 해주는 사람이다"[修己以安人]라고 대답하셨다. 자로가 거듭 "그것뿐입니까?" 하고 여쭙자, 공자는 "군자는 자기를

닦음으로써 온 백성들을 편안하게 해주는 사람이다[修己以安百姓]. 자기를 닦음으로써 온 백성들을 편안하게 해주는 일은 요 · 순도 이를 오히려 어렵게 여겼다"고 대답하셨다.[3]

이 인용문에서 보듯이, 공자는 수기(修己)를 군자가 되는 기초라고 보고 있다. 다만 이러한 수기는 자기의 개체성에 머물러서는 안 되고, 안인(安人)과 안백성(安百姓), 곧 다른 사람들과 사회에 대한 관심과 책임으로까지 확대되어야 한다는 것이 공자의 관점이다. 즉 자기는 사회관계 속의 존재이므로, 사회관계는 개인의 개체성이 실현되는 근거이자 바탕이 된다는 것이 공자의 입장이며, 이러한 맥락에서 인간의 사회성을 개체성보다 우선시하는 근거가 도출되는 것이다.

이러한 공자의 관점은 맹자와 순자 같은 선진유학자들에게 이어지고 있으며, 어떤 점에서 신(新)유학자들은 선진유학자들보다 인간의 사회성을 개체로서의 개인의 자발성에서 구하려는 입장을 더욱 강화하고 있다고도 볼 수 있다. 드 배리(Wm. Theodore de Bary)는 주희의 신유학사상에 내포되어 있는 개인주의와 자유주의적인 요소를 강조하여, "개인의 중시, 자기의 양심을 행사해야 할 의무, 전통을 창조적으로 해석해내는 개인의 자주성 인정 같은 신유학적 가치들이 서구의 자유주의 전통에서의 가치들과 크게 다르지 않다"[4]고 보고 있다.

드 배리는 유학사상에서 강조하는 '자기억제'[克己]가 개인의 개체성에 대한 억압이나 무시의 태도를 반영하는 것이 아니냐는 비판에 대해, "어떤 경우에서든지 신유학에서 말하는 '자기억제'는 방임적 · 해방적 의미

---

3 子路問君子 子曰 修己以敬 曰 如斯而已乎 曰 修己以安人 曰 如斯而已乎 曰 修己以安百姓 修己以安百姓 堯舜其猶病諸(『論語』, 憲問 45).

4 de Bary, 1983/1998, p. 53.

를 지닌 자유주의에 입각해서가 아니라, 이기적 자아를 극복하고 그것을 주체적 · 자율적으로 다스린다는 자유주의의 고전적 의미에 입각해서 '자유주의적'이라고 할 수 있다"면서, "자기억제는 자기가 지닌 잠재적인 능력들을 해방시켜 올바른 방향으로 발전시켜 나간다는 의미"[5]라고 적극적으로 해석하고 있다. 그는 유학자들은 '자기'의 도덕적 · 정신적 생활에 대해 끊임없이 민감하게 주의를 기울이는 태도를 강조했다고 보면서, "그런 태도에서 '자기'는 반드시 타인들과 연관되어 있는 '자기'이며, 한 개인의 삶은 인간 존재 전체의 삶의 과정들 속에서 그 의의를 발견하는 삶일 수밖에 없다"[6]고 갈파한다.

이렇게 유학사상에서는 인간의 사회성 속에 그의 개체성의 개념을 내포하고 있다고 볼 수 있다. 유학자들이 인간의 사회성을 강조한다고 해서 그들이 절대로 개인의 개체성과 자발성을 부정하거나 무시하는 것은 아닌 것이다. 이러한 맥락에서 서구 사회관계론이 인간의 사회적 존재 특성을 무시하는 문제점에서 벗어나는 길은 유학의 도덕실천론을 그들의 이론체계 속에 적극적으로 받아들이는 일로부터 시작된다고 추론해볼 수 있다.

### 2) 쾌락적 이기성 중시와 도덕적 관심의 무시

서구 자유주의사상에서는 자유의 주체로서의 개인은 생물체적 욕망의 담지자이기도 하여, 이기적 욕구의 충족을 통한 쾌락의 추구가 개체로서의 개인적 삶의 가장 근본적인 추진력이라고 본다. 사회계약론자들은 아무런 인위적 제약을 받지 않는 자연상태에서의 인간의 삶은 개인 존재가

**5** de Bary, 1983/1998, pp. 66~67.
**6** de Bary, 1983/1998, p. 73.

가지고 있는 이기적 욕구의 무제한적이고도 자유로운 추구의 과정에 의해 지배되고 있다고 전제함으로써 이러한 견해를 드러내고 있다.

이러한 이기적인 생물체적 욕구는 인간뿐만 아니라 동물들도 갖추고 있는 것이다. 그러므로 이기적 욕구의 무제한적인 추구는 모든 동물에게 기본적으로 나타나는 행위양식이다. 인간이 자유와 생물체적 욕구의 담지자이기만 하다면 인간과 동물의 차이는 사라지고 만다. 그렇다면 여타 동물과는 다른 인간만의 독특한 특성은 어디에서 찾을 수 있는가? 자유주의자들은 이를 인간만이 갖추고 있는 이성의 능력에서 찾는다. 그들에 따르면, 이성의 능력은 계산능력을 기초로 하는 합리성의 기반이다. 즉 이성 능력을 통한 합리적 계산자라는 사실이 인간과 여타 동물의 차이를 낳는 인간만의 고유한 특성이라는 것이 자유주의자들의 견해이다.

인간이 이성의 주체라는 관점은 인간이 자유의 주체이기도 하다는 관점과 결합하여, 개인들은 자기이익의 추구 과정에서 자신에게 가장 유리한 결과를 가져다줄 수 있는 방안을 합리적으로 계산하고 선택하여 추구하는 자율성을 갖추고 있다는 결론으로 이어진다. 그리하여 자유주의자들은 인간의 삶이란 자기이익의 최대화를 목적으로 하여 합리적으로 이러한 목적을 추구하는 과정이라고 규정하는 것이다.

이러한 자유주의자들의 견해는 현대 서구의 사회관계론자들에 의해 그대로 답습되고 있다. 사회교환론자들은 모든 사회관계는 상호작용 당사자들이 보상과 부담을 주고받는 교환의 관계라고 개념화하여 받아들인다. 이러한 교환의 과정에서 각자는 교환을 통해 얻게 되는 자기의 이익을 최대화하려고 하고, 이것이 사회관계의 목표로 부각된다는 것이 교환론자들의 주장이다. 즉 그들은 자기들 이론의 제1명제를 형성하는 사회관계의 목표를 자기이익의 최대화에서 찾는 것이다.

사회교환이론들 중에서 모든 사회관계의 목표는 개인적 이익의 최대화에 있다는 사실을 가장 직접적으로 제시하고 있는 것은 월스터 등의 형평이론이다. 형평이론은 네 개의 명제로 구성되어 있는데, 제1의 명제가 사회관계의 목표를 제시하는 명제이다. 이는 "사람들은 교환을 통해 자신이 얻는 성과(O)[7]를 최대화하기 위해 노력할 것"[8]이라는 내용으로, 사회관계의 목표를 개인이익의 최대화에서 구하는 관점을 직접 드러내고 있다. 이러한 입장은 다른 사회교환이론들에서도 공통적으로 드러난다.

호만스의 기본적 사회행동이론에서 제시되고 있는 여섯 개의 명제들은 모두 개인이익의 최대화가 교환당사자들의 모든 사회관계 행동의 목표라는 사실로 집약된다. 특히 그가 제시하는 제6의 합리성 명제는 교환의 장면에 놓여 있는 다양한 행동선택지 중에서 개인들은 자기에게 가장 커다란 이익을 가져다줄 수 있는 선택지를 선택하여 행동한다고 보아[9] 이러한 관점을 직접 표현하고 있다. 티보와 켈리의 상호의존성이론에서도 한 개인이 교환을 통해 얻게 되는 성과(O)의 크기는 그러한 교환이 가져오는 보상(R)의 크기에서 그러한 교환에 들인 부담(C)의 크기를 뺀 값 [O = R − C]으로 계산되는데, 누구나 이를 최대화하기 위해 노력한다는 것이 그들의 이론의 핵심 명제이다.

이러한 교환이론가들의 입장은 합리적 계산능력인 이성에서 동물과 다른 인간의 고유한 특성을 찾으려는 자유주의자들의 인간이해의 관점에서

7 교환에서 실제로 얻는 '성과'(O)는 그 교환이 가져오는 '보상'(R)에서 이에 투입하는 '부담'(C)을 뺀 값[O = R − C]으로 계산된다.

8 Walster, E. E. et al., 1976, p. 2; 1978, p. 6.

9 호만스의 제6명제는 "다양한 선택지 중에서 개인은 각 선택지가 가져올 수 있는 가치(V)와 그러한 결과를 얻을 수 있는 확률(p)을 곱한 수치가 가장 커지는 선택지를 선택하여 행동하게 될 것"(Homans, 1974, p. 43)이라는 것이다. [V×p]가 최대가 되는 선택지가 개인에게 최대의 유용성을 갖게 되어, 결과적으로 자기이익의 최대화에 기여할 것이기 때문이다. 인간 행동의 합리성이란 이렇게 합리적 계산(다양한 [V×p]의 계산)을 중핵으로 하는 것이라는 자유주의자들의 관점이 그의 이론에 잘 드러나고 있다.

나오는 필연적인 결과이다. 그들은 사람들은 무엇이 자기에게 최대의 이익을 가져다줄 것인지를 계산하고 이에 따라 행동하는 것을 합리성이라고 간주하고, 이러한 합리적 계산에 근거를 둔 최대이익의 추구를 사회관계의 목표로 설정하는 것이다. 그리하여 교환론자들의 이론에서는 계산과 비교의 과정이 핵심적인 위치를 차지한다. 그러나 합리성을 그러한 계산 과정으로 환원하여 이해하는 것이 타당한가? 인간의 고유한 특성을 그러한 계산의 과정에서 찾는다면, 동물의 행동과 인간의 행동은 다만 그러한 계산이 포함되느냐의 여부에서 달라진다는 사실을 전제로 하는 것인데, 과연 그러한가? 즉 인간과 동물의 행동은 자기이익 추구라는 목표에서는 동일하고, 다만 그 과정의 복잡성에서만 차이가 있는 것인가? 이러한 물음을 고려해보면, 사회관계의 목표를 개인이익의 최대화라고 보는 서구 사회교환이론의 입장은 너무나 허술한 전제에서 출발하고 있는 것같이 보인다.

인간의 고유한 특성을 이성 주체로서의 인간의 합리성에서 찾으려는 서구 자유주의와는 대조적으로, 동아시아 집단주의 문화의 이념적 기반인 유학사상에서는 이를 덕성 주체로서의 인간의 도덕성에서 찾으려고 한다. 이러한 도덕성의 핵심은 함께 관계를 맺고 있는 타인과 더불어 몸담아 살고 있는 사회에 대한 관심과 배려에서 드러난다는 것이 유학자들의 견해이다. 공자는 자기 사상의 중추인 인(仁)을 다양하게 규정하고 있는데, 그 핵심은 다음과 같은 다른 사람에 대한 우선적인 배려이다.

> 무릇 인(仁)이란 자기가 서고자 하는 곳에 남을 먼저 세워주고, 자기가 이루고자 하는 일을 남이 먼저 이루도록 해주는 일이다. 능히 자기에게서 취해 남에게로 미루어 갈 수 있으면, 인을 행하는 방도라고 이를 만하다.[10]

자공(子貢)이 "죽을 때까지 행해야 할 만한 것을 한마디 말로 표현할 수 있겠습니까?"라고 여쭙자, 공자께서 "그것은 자기를 미루어 남에게까지 미쳐가는 일[恕]이다. 자기가 바라지 않는 일은 남에게 베풀지 말아야 한다"라고 대답하셨다.[11]

이 인용문들에서 표현되고 있듯이, 인간이란 누구나 똑같은 것을 이루고 싶어 하거나 피하고 싶어 하므로, 사회관계에서 나보다 남을 먼저 배려하여 내가 이루고 싶은 일이 있으면 나보다 남이 먼저 이루도록 배려해 주고, 내가 하고 싶지 않은 일은 남에게 시키지 않는 것, 이것이 바로 도덕성의 핵심이라는 것이 공자의 주장이다. 맹자는 곤경에 빠진 사람을 불쌍하게 여기는 측은지심이나 남에게 사양하고 양보하는 사양지심같이 타인에 대한 배려심은 인간에게 본유적으로 갖추어져 있다는 사실을 분명히 하고 있다.[12]

이러한 타인과 사회에 대한 관심과 배려가 인간을 동물과 다르게 만드는 인간만의 고유한 특성이라는 관점을 확대하여, 유학자들은 사회관계의 목표를 다른 사람과 조화로운 관계를 형성하는 일에 둔다. 다른 사람을 우선적으로 배려하게 되면 그 사람과 조화로운 관계가 형성될 수 있을 것이기 때문이다. 이러한 사실은 순자의 다음 진술문에 잘 표현되고 있다.

무릇 귀(貴)하기로는 천자가 되고 부(富)하기로는 천하를 차지하는 것, 이것은 사람의 성정으로 똑같이 바라는 것이다. 따라서 사람의 욕구에만 따르면, 그 세(勢)는 용납할 수가 없고, 자원은 넉넉할 수가 없다. 그러므로 선왕이 그것을 위해 감안해서 예의를 제정하여, 각자의 몫과 할 일[分]을 나누었다. 그리하여 귀천의 등

---

**10** 夫仁者 己欲立而立人 己欲達而達人 能近取譬 可謂仁之方也已(『論語』, 雍也 28).

**11** 子貢問曰 有一言而可以終身行之者乎 子曰 其恕乎 己所不欲 勿施於人(衛靈公 23).

**12** 『孟子』, 公孫丑上 6; 告子上 6.

급, 장유의 차이, 지혜로운 사람과 어리석은 사람[智 · 愚], 유능한 사람과 무능한 사람[能 · 不能]의 구분[分]이 있도록 하여, 사람들로 하여금 모두 자기의 일을 하도록 맡기고, 각각 그 합당함[宜]을 얻도록 하였다. 그런 뒤에 보수[穀祿]를 많거나 적게 하고, 후하거나 박하게 하는 알맞음[稱]이 있도록 하였다. 이것이 대체로 '더불어 모여 살면서 조화롭게 통일을 이루는 길'[群居和一之道]이다.[13]

이 인용문에서 순자는 다른 사람을 배려하여 함께 예의 규범을 실천하면 조화로운 관계가 형성될 수 있다고 강조한다. 즉 타인에 대한 배려를 기초로 하여 일상생활에서 도덕성을 실천하게 되면 사회관계에 조화와 통일이 이루어지며, 이것이 사회관계의 목표라고 순자는 주장하는 것이다.

조화로운 사회관계가 형성되면 합리적 계산의 과정을 거치지 않고도 모든 사람 사이에 통일이 이루어져 사회관계의 목표가 달성되고, 결과적으로 자기의 이익도 그 속에서 찾아질 것이라고 유학자들은 주장한다. 그들은 "각기 다른 위치에 놓인 사람들 사이에서 성립하는 인간관계는 그들 사이의 차이를 뛰어넘어 공동으로 삶을 영위하는 존재로서의 근본적인 상호유대를 지향해야 한다"[14]고 보아, 조화로운 관계의 형성이 개인 사이의 차이를 뛰어넘어 모두의 이익을 보장하는 길도 된다는 사실을 강조하는 것이다.

이렇게 진정한 개인의 이익은 공동의 이익 속에서 찾아질 수 있다는 것이 유학자들의 관점이다. 이러한 '공익과 사익의 일치'[公私一體]라는 개념

---

**13** 夫貴爲天子 富有天下 是人情之所同欲也 然則從人之欲 則勢不能容 物不能贍也 故先王案爲之制禮義以分之 使有貴賤之等 長幼之差 知賢愚能不能之分 皆使人載其事 而各得其宜 然後慤祿多少厚薄之稱 是夫群居和一之道也(『荀子』, 榮辱 39~40): 『荀子集解』에서는 知賢愚에서 知는 智로 읽어야 하고, 賢은 원문에서 삭제되어야 하며, 慤祿은 穀祿이 되어야 한다고 본다.

**14** de Bary, 1983/1998, p. 80.

은 신유학자들에게서 더욱 강조되는 관념이다. 주희는 여대균(呂大均)이 기초한 '여씨향약'(呂氏鄕約)을 중시하여, 향약이 공익과 사익을 일치시키는 대표적인 사회관계의 체계라고 보고 있다. 여씨향약의 네 조항—유덕한 행위를 서로 권장하고 북돋움[德業相勸], 잘못된 행위를 바로잡도록 서로 타이르고 훈계함[過失相規], 올바른 예절과 풍속 안에서 서로 사귐[禮俗相交], 곤궁과 재난에 빠졌을 때 서로 도와 함께 극복해 나감[患難相恤]—은 인간 상호간의 관심과 배려를 통해 지역공동체의 질서 안에 자발성을 중시하는 원리를 구현함으로써 조화로운 관계를 이루어, 공동체 성원 모두의 복지와 이익을 증진시키는 사회관계의 체계라는 것이 주희의 생각이었다.[15]

이렇게 유학사상에서는 동물과 다른 인간의 고유한 특성을 도덕성에서 찾아 타인과 사회에 대한 관심과 배려를 강조하고, 이를 통해 타인들과 조화로운 관계를 이루는 일을 사회관계의 목표로 삼는다. 그들에 의하면 이렇게 조화로운 관계가 형성되면 관계당사자들 모두의 이익이 증진된다고 보아, 이것이 개인적 이익을 보장하는 길이 된다고 본다. 서구 사회교환론의 관점에서처럼 사회관계의 목표를 자기이익의 최대화에서 찾아, 인간은 다만 이 과정에서 자기에게 가장 유리한 선택지를 계산하여 추구한다는 측면에서 동물과 다를 뿐이라고만 본다면, 동물과 질적으로 다른 인간의 특징이 부각되지 않을 뿐만 아니라, 공동체의 공익 추구의 근거를 찾기 힘들게 되어, 자기이익 추구에 혈안이 된 혼란한 자연상태가 언제든지 재연될 것이라는 우려를 금할 수 없을 것이다.

그러나 유학사상에서처럼 인간의 특성을 타인과 사회에 대한 관심이라는 도덕성에서 찾고, 이러한 타인 배려를 통해 조화로운 사회질서를 구축하는 것을 사회관계의 목표로 잡게 되면, 공익과 사익의 일치가 목표 상

15 de Bary, 1983/1998, pp. 74~78.

태로 부각됨으로써, 서구 사회관계론이 안게 되는 위에서와 같은 문제점에서 탈피할 수 있게 될 것이다. 이러한 맥락에서 서구 사회관계론의 체계 속에 유학적 도덕실천론의 관점을 통합할 필요성이 도출되는 근거를 만날 수 있다.

#### 3) 보편적 일관성 중시와 상황가변성의 무시

사회교환이론에서는 교환관계 속에서 상호작용을 하는 각자가 자기이익의 최대화를 추구하는 것을 사회관계의 목표라고 규정함으로써, 관계 당사자들 사이에 필연적으로 이익 갈등이 빚어질 수밖에 없다고 본다. 그러므로 이들 이론에서는 이러한 이익 갈등을 어떻게 해소하여 사회관계를 유지할 것인가 하는 것이 중요한 문제로 등장하게 된다. 교환이론가들은 사회는 성원들 사이에 개재하는 이러한 이익 갈등을 제거하여 사회관계를 유지하기 위한 규범체계를 개발하고, 이의 준수를 사회 성원들에게 강제하게 된다고 가정하여 이러한 문제점을 해결하려고 한다. 이것이 사회관계 유지의 규범에 관한 사회교환이론들의 제2명제를 형성하는데, 그들은 이를 공정한 교환의 규범으로 구체화하고 있다. 즉 보상과 부담을 주고받는 교환의 과정에서 공정하게 주고받는 공정성의 규범을 통해 성원들 사이의 이익 갈등이 해소되어 사회관계가 유지될 수 있다고 가정하는 것이다.

이렇게 공정 교환을 사회관계 유지의 기본 규범으로 설정하는 교환이론가들의 관점은 자유주의 사회계약론자들의 입장을 그대로 물려받고 있는 것이다. 사회계약론자들은 각자가 자신의 생명과 재산 또는 이익을 추구하는 무제한적인 자유와 권리를 갖추고 있는 자연상태의 혼란과 취약성에서 벗어나기 위해 개인들은 자기들의 자연권을 사회에 양도하고, 그 대신 사회로부터 안전과 평화를 보장받기로 하는 계약을 체결함으로써 사회를 형성하게 된다고 가정한다. 즉 계약을 체결하는 자연상태의 개인들 사이에 그리고 개인들과 계약 체결로 형성되는 사회 사이에 공정한 교환이 이루어지고, 이것이 사회 형성과 유지의 근거가 된다는 것이 사회계약론자들의 관점인 것이다.

이들 사회계약론자 및 사회교환론자들이 규정하는 공정 교환의 규범은 보편성을 띠는 일반원칙으로서, 상황의 변이에도 불구하고 누구에게나 똑같이 적용되어야 한다는 것이 그들의 생각이다. 이러한 보편원칙에 대한 선호는 인간을 불변적 실체로 개념화하여 이해하는 자유주의사상의 입장으로부터 직접 도출되는 것이다. 자유주의자들은 인간을 제반 특성을 완비하여 갖추고 있는 존재라고 보므로, 인간 행동의 일관성과 안정성을 중시하기 때문이다.

그러나 인간의 사회관계가 보상과 부담의 공정한 교환을 통해서만 유지되는 것인가? 이러한 공정 교환의 원칙이 모든 인간관계에 보편적이고도 일관되게 적용되어야만 하는 것인가? 공정 교환의 원칙은 모르는 사람들 사이 또는 이익의 교환관계에서는 잘 통용되는 것일지라도, 모든 사회관계의 기초인 부모-자식이나 부부 사이에서도 이 원칙이 관계 유지의 유일한 규범이 될 수 있을까? 이러한 공정 교환 규범의 준수를 성원들에게 요구하기 위해서는 외적인 강제력이 필수적으로 요청될 텐데, 이러한 외적 강제력의 효과가 어느 정도나 지속성을 가질까? 이러한 문제에 생각이 미치면, 서구심리학의 대표적인 사회관계론인 사회교환이론은 사회관계의 좁은 측면만을 보고 있는 단견이라는 느낌을 떨쳐버리기 힘들다.

서구 자유주의자들과는 대조적으로 유학자들은 사회적 관계체로서 인간은 처해 있는 상황과 맺고 있는 관계의 내용이 달라짐에 따라 변화할 수 있는 가변체라고 간주한다. 따라서 유학자들은 상황과 관계의 양상이 달라지는 데 맞추어 유연하게 따라 변하는 상황가변성을 적응의 핵심이라고 여겨 강조한다. 즉 인간을 다른 사람과 맺는 관계 속의 존재로 이해하는 유학사상에서는 맺고 있는 관계의 양상에 따라 달라지는 역할과 의무에 맞추어 스스로의 행동을 조정할 것을 요구한다. 예를 들면, 자기 부모와의 관계에서는 자식의 역할을 수행해야 하고, 자기 자식과의 관계에서는 부모의 역할을 수행해야 조화로운 관계가 유지되지, 부모에게나 자식에게나 똑같은 행동으로 일관하게 되면 관계의 조화가 깨지게 되고 말 것이라는 것이 유학적 사회관계론의 요체인 것이다.

유학자들은 이렇게 상황과 관계의 양상에 따라 다르게 요구되는 역할을 바르게 인식하고 수행하는 것은 관계상대방에 대한 관심과 배려에서 나오는 행동이어서, 일상생활에서 도덕성을 실천하는 길이라고 여긴다. 그러므로 유학사상의 사회관계론인 도덕실천론에서는 사회관계 유지의 규범을 관계와 상황에 따라 달라지는 역할의 인식과 수행에서 찾는다. 이러한 관점은 공자의 정명론(正名論)으로부터 이어지는 유학사상의 전통이다. 공 · 맹 · 순의 다음과 같은 진술은 이러한 사실을 잘 드러내고 있다.

> 제(齊) 나라 경공(景公)이 공자께 정사(政事)에 대해 묻자, 공자께서는 "군주는 군주의 역할을 다하고, 신하는 신하의 역할을 다하며, 부모는 부모의 역할을 다하고, 자식은 자식의 역할을 다하는 것입니다"라고 대답하셨다.[16]

> 군주다운 군주가 되려면 군주가 해야 할 일을 다 해야 하고, 신하다운 신하가 되려면 신하가 해야 할 일을 다 해야 한다.[17]

---

**16** 齊景公問政於孔子 孔子對曰 君君 臣臣 父父 子子(『論語』, 顔淵 11).
**17** 欲爲君 盡君道 欲爲臣 盡臣道(『孟子』, 離婁上 2).

사람은 모여서 사회생활을 하지 않을 수 없다. 모여 살면서 역할의 나눔이 없으면 서로 다투게 되고, 서로 다투면 혼란해지며, 혼란해지면 서로 흩어져 사회생활을 하지 못하게 되고, 서로 흩어져 사회생활을 하지 못하게 되면 힘을 모으지 못해 약해지며, 약하게 되면 사물과의 경쟁에서 그들을 이길 수 없게 된다.[18]

이 인용문들에서 드러나듯이, 유학자들은 각자가 맺고 있는 관계에 따라 요구되는 자기의 역할을 명백히 인식하여 수행하는 것이 사회관계의 질서와 조화를 이루는 요체라고 주장한다. 그런데 이러한 역할의 수행은 관계당사자 모두가 쌍무적으로 해야 하는 것이지, 어느 일방에게만 요구되는 것은 아니다. 흔히 유학은, 예를 들면 부모—자식의 관계에서 자식의 일방적인 효도만을 강조하는 것으로 받아들여, 불평등 관계의 윤리규범의 체계인 것으로 인식하는 경향이 있는데, 이는 유학을 잘못 이해하고 있는 것이다. 유학사상은 인간관계를 평등한 관계로 상정하되 각자의 역할이 다른 것으로 인식할 뿐, 절대로 상·하나 주·종의 불평등 관계로 설정하고 있는 것은 아니다. 그러므로 사회관계에서 요구되는 역할을 관계당사자들이 쌍무적으로 수행하여야 조화로운 관계가 유지되는 것이지, 어느 일방만이 이를 수행하는 것은 관계의 조화를 깨는 첩경이라고 보는 것이 유학자들의 관점이다. 순자는 이러한 사실을 다음과 같이 직접적으로 표현하고 있다.

남의 부모[人父] 노릇하는 방법은 자식들에게 너그럽게 베풀되 예를 지키는 것이고, 남의 자식[人子] 노릇하는 방법은 부모를 경애하면서 그들에게 지극히 공손한 것이다. 남의 형[人兄] 노릇하는 방법은 아우에게 자애로우며 우애를 보여주

**18** 故人生不能無群 群而無分則爭 爭則亂 亂則離 離則弱 弱則不能勝物(『荀子』, 王制 21).

> 는 것이고, 남의 아우[人弟] 노릇하는 방법은 형을 공경하여 굽히고 어긋나지 않는 것이다. [……] 이러한 역할 수행의 도를 한쪽만 지키면 둘 사이의 관계가 혼란스럽게 되지만[偏立而亂], 양쪽이 다 지키면 두 사람 사이의 관계에 조화와 질서가 이루어지게 될 것이니[俱立而治], 잘 상고해보아야 할 것이다.[19]

이 인용문에서 부모－자식 · 형－아우의 관계를 남의 부모[人父]와 남의 자식[人子], 남의 형[人兄]과 남의 아우[人弟]의 관계로 표현하고 있다는 사실에 주의를 기울일 필요가 있다. 이는 인간관계란 부모－자식이나 형－아우 같은 가족관계일지라도 개체로서의 상대방과의 관계를 전제로 하는 것으로, 각자가 해당 관계에서 수행해야 할 역할이 일반적인 관점에서 정리될 수 있는 것이라는 사실을 강조하기 위한 표현법이라고 생각할 수 있다. 이렇게 보면 이 인용문은 각자의 역할을 충실히 수행해야 모르는 사람 사이에서도 조화로운 관계가 유지되는 것처럼, 부모－자식이나 형－아우 같은 가까운 관계에서도 조화로운 관계 유지의 핵심 방안은 각자의 역할의 쌍무적인 수행에서 찾아야 한다는 사실을 강조하고 있는 것이다.

이렇게 각자가 자기의 역할을 충실히 수행하게 되면 "각기 다른 위치에 놓인 사람들 사이의 차이를 뛰어넘어 공동으로 삶을 영위하는 존재로서의 근본적인 상호유대를 지향"[20]하게 된다는 것이 유학자들의 관점이며, 이는 신유학자들에게도 그대로 이어지고 있는 유학의 전통이다. 유학자들은 각 관계에서 요구되는 역할의 쌍무적인 수행을 통해 서로에 대한 애정을 돈독하게 키워나감으로써, 서로의 차이를 인식하고 그것을 극복하

---

**19** 請問爲人父 日寬惠而有禮 請問爲人子 日敬愛而致文 請問爲人兄 日慈愛而見友 請問爲人弟 日敬詘而不苟 [……] 此道也 偏立而亂 俱立而治 其足以稽矣(君道 5): 『荀子集解』에 따라 人子句의 文은 恭, 人弟句의 苟는 悖로 보았다.

**20** de Bary, 1983/1998, p. 80.

는 일을 사회관계의 갈등을 해결하는 바람직한 방법이라고 여긴다.

사회관계 유지의 방안을 다양한 관계에서 요구되는 역할의 쌍무적 수행에서 찾는 관점은 도덕 주체로서의 인간의 자발성을 전제로 하는 것이다. 즉 타인에 대한 관심과 배려에서 나오는 자발성에서 조화로운 사회 유지의 근거를 찾으려는 입장이 유학적 도덕실천론의 근간이다. 관계 속의 역할 수행이 상대방에 대한 배려에서 나오는 자발적인 것이고, 이를 통해 상대방에 대한 애정이 돈독해지게 된다면, 이는 항구적인 지속성을 가지는 관계 유지의 규범으로 자리매김할 수 있을 것이다.

그러나 공정 교환의 규범 준수에서 사회관계 유지의 근거를 찾는 사회교환이론은 결국 규범의 준수에 대한 외적인 강제를 필수적으로 요구하게 된다. 이러한 사실은 형평이론에서 잘 드러나는데, 형평이론의 제2명제는 사회는 형평 규범을 준수하는 성원에게는 보상을 해주지만, 이를 어기는 사람에게는 처벌을 함으로써, 공정 교환의 규범을 준수할 것을 성원들에게 강요하게 된다는 것이다.[21] 그렇다면, 외적인 강제력이 작용하지 않거나 약한 상황에서 공정 교환의 규범이 계속 준수될 것이라는 보장을 할 수 없게 될 것이라고 생각할 수 있다.

이러한 맥락에서 본다면, 원만한 사회관계의 유지를 공정한 교환의 규범에서 찾는 것보다는 역할의 쌍무적 수행에서 찾는 것이 지속성을 갖는 더 효과적인 방안이라고 추론할 수 있다. 여기에서 유학사상을 서구의 사회관계론의 체계 속에 받아들여야 할 필요성이 도출된다. 그러나 이를 위해서는 "결국 (유학사상처럼) '개인'이나 '자기'라는 것을 사람과 사람 사이의 관계 속에서 이해해야 할 필요가 있다. '개인' 또는 '자기'를 극단적인 개인주의의 관점에서 고립적 · 원자적인 것으로 파악하기보다는 관계

**21** Walster, E. E., et al., 1976, p. 2; 1978, p. 9.

적 · 상호인격적(interpersonal)인 개념으로 파악하는 것"[22]이 바람직한 사회관계론의 정립을 위해 우선적으로 요청되는 것이다.

#### 4) 서구 사회관계론의 문제점과 그 보완책 종합

이상에서 서구와 동아시아의 대표적인 사회관계론인 사회교환이론과 도덕실천론을 사회교환이론을 주축으로 하여 대비해보고, 이로부터 사회교환이론의 문제점을 도출해보았다. 사회교환론자들은 개인을 타인과 분명하게 구분되는 독립적이고 평등한 자유의 주체라고 보는 자유주의사상에 바탕을 두고 있으므로, 이러한 독립적이고 평등한 개인이 사회를 구성하는 기본단위라는 전제에서 출발한다. 자유주의자들은 개인의 존재 의의를 그가 갖추고 있는 독특한 개체성에서 찾는다. 이러한 관점에서 서구의 이론가들은 사회관계의 제반 행위를 전적으로 개인의 특성에 환원하여 이해하려 함으로써, 인간 삶의 공동체적 특성을 무시하는 경향을 띤다. 그러나 인간의 삶은 같은 사회 속에 살고 있는 다른 사람들과의 관계 속에서 이루어지는 것이라는 사실을 염두에 두고 보면, 이렇게 인간의 사회적 존재특성을 무시하는 경향은 사회관계를 비롯한 인간의 삶을 사회적 존재로서의 인간의 특성을 감안하는 폭넓은 맥락에서 이해하지 못하게 한다는 문제점을 갖는다.

이러한 문제점을 해결하기 위한 보완책은 인간의 삶의 의의를 사회적 관계체로서의 인간 존재의 사회성에서 찾아, 사회를 구성하는 기본단위를 사람들 사이의 관계라고 인식하는 유학적 사회관계론인 도덕실천론을 그들의 이론체계 속에 받아들이는 데서 찾아볼 수 있을 것이다. 흔히 유학은 개인의 개체성과 자발성을 억제하거나 도외시하는 이론체계로 알려

**22** de Bary, 1983/1998, p. 82.

지고 있으나, 이는 잘못된 생각이다. 유학은 개체성과 자발성을 무시하는 체계가 아니라, 개체성의 실현을 위한 바탕을 인간의 사회적 존재 특성에서 찾으려고 할 뿐이다. 이렇게 보면 인간의 개체성과 사회성은 절대로 상호 배타적인 것은 아니라고 볼 수 있다. 이러한 맥락에서 사회교환론과 도덕실천론은 서로를 자신의 체계 속에 받아들여 인간의 개체성과 사회성을 공히 아우르는 이론적 통합을 이루어내야 할 필요성이 도출된다.

자유주의사상에서는 인간을 자유의 주체이자 이성의 주체라고 여김으로써, 개인의 이기적인 자기이익 추구의 과정에서 합리적 계산에 따라 자기에게 가장 유리한 선택지를 선택하여 행동하는 것이 인간의 특징이라고 본다. 이렇게 자유주의자들은 인간 행동의 합리성에서 인간의 고유한 특성을 찾으려고 하는 것이다. 사회교환론자들은 이러한 견해를 받아들여, 사회관계의 목표를 합리적 계산을 통한 자기이익의 최대화라고 규정한다. 이러한 관점은 인간과 동물의 차이를 사회관계에서 추구하는 목표에서가 아니라(동물도 생물적 욕구 충족의 최대화를 도모하기는 마찬가지이다), 이러한 목표의 추구 과정에서 합리적 계산을 동원하느냐의 여부에서 찾으려는 입장이다. 이는 인간과 동물은 다만 복잡성에서만 차이를 보일 뿐이라고 전제한다는 문제점을 갖는다. 이렇게 사회관계의 목표가 자기이익의 최대화일 뿐이라면, 인간은 사회생활에서 다른 사람이나 공동의 이익에는 전혀 관심이 없는가? 그렇다면 과연 사회생활 자체가 가능하기는 한 것일까?

유학사상에서는 인간과 동물의 차이를 인간만이 도덕성을 갖추고 있다는 사실에서 찾는다. 도덕성이란 기본적으로 타인과 사회에 대한 관심과 배려에서 드러나는 것이다. 이렇게 보면, 인간과 동물의 근본적인 차이는 함께 사회를 구성하는 다른 개체들에 대해 관심을 가지고 그들을 우선적으로 배려할 수 있느냐 아니면 자기이익의 추구에만 골몰할 뿐이냐 하는 점에서 나타난다는 것이 유학사상의 관점이다. 인간은 다른 사람에 대해 관심을 가지고 그들을 배려할 수 있는 존재이므로 타인들과 조화로운 관계를 형성하려고 하고, 이것이 인간의 사회관계의 특징이자 목표가 된다는 것이 유학자들의 생각이다.

이러한 관점은 "그렇다면 사회관계에서 개인들은 남의 이익만을 앞세우고 자기이익의 추구는 도외시한다는 말이냐" 하는 점에서 비판을 받는다. 그러나 유학자들은 다른 사람들과 맺게 되는 관계에 조화가 이루어지면, 개인의 이익과 공익이 일치하게 된다고 본다. 그러므로 조화로운 관계의 형성은 곧 자기이익을 보장하는 길이기도 하다는 것이다. 이러한 맥락에서 고찰해보면, 자기의 이익만을 중시하고 관계 상대방인 타인을 무시하는 서구 사회교환이론의 문제점을 보완하는 방안은 인간 존재의 도덕성을 강조하는 유학의 입장을 도입함으로써 찾아질 수 있을 것이라고 추론할 수 있다.

사회교환이론에서는 자기이익의 최대화를 사회관계의 목표로 부각시킴으로써, 모든 사회관계에서는 필연적으로 성원들 사이에 이익 갈등이 빚어져 관계 해체의 위험이 초래될 것이라고 전제한다. 결과적으로 사회교환이론에서는 성원들 사이의 이익 갈등을 해소하고 원만한 사회관계를 유지하기 위한 규범을 설정할 필요성이 도출된다. 교환이론가들은 이를 공정한 교환의 규범에서 찾는다. 즉 사회는 보상과 부담을 주고받는 과정에서 공정성의 규범을 개발하고, 보상과 처벌의 체계를 통해 이의 준수를 사회 성원들에게 강요함으로써 관계 해체의 위험을 해소하려고 한다는 것이다. 이러한 관점은 사회가 갖는 외적인 강제력을 통해 관계 유지를 꾀하려고 한다는 문제점을 갖는다. 사회관계가 과연 인간의 자발성을 통해 유지될 수는 없는 것인가?

이와는 대조적으로, 유학사상에서는 인간은 상황과 관계의 양상이 달라짐에 따라 유연하게 변화하는 가소적인 존재라고 본다. 유학자들은 이러한 인간의 상황가변성을 전제함으로써, 사회적 관계체로서의 인간은 상황과 관계의 변이에 따라 달라지는 역할을 인식하고, 이를 관계당사자들이 쌍무적으로 수행함으로써 조화로운 관계가 유지되는 것이라고 주장한다. 그들에 의하면, 이렇게 상황과 관계의 양상에 따라 변화하는 역할의 인식과 수행의 근거는 관계상대방에 대한 관심과 배려에 기반을 두는 도덕적 주체성에서 도출된다. 즉 조화로운 관계의 유지는 인간의 도덕적 주체성에서 나오는 자발성을 근거로 가능해진다는 것이다. 이러한 맥락에서 보면, 보편적인 공정 교환의 규범 준수에 요구되는 외적인 강제력을 전제하지 않아도 사회관계 유지의 방안이 도출될 수 있다. 그것은 인간의 도덕주체성을 강조하는 유학적 도덕실천론을 사회교환이론 체계에 도입하는 일이다.

앞에서 서구의 사회관계론이 가지는 세 가지 문제점—개체적 독립성을 중시함으로써 인간의 사회적 존재 특성을 무시한다는 점, 생물체로서의 쾌락적 이기성을 중시함으로써 인간의 도덕적 특성을 무시한다는 점, 보편적 일관성의 원칙을 중시함으로써 인간의 상황가변성과 내적 자발성을 무시한다는 점—에서 벗어나는 길은 인간존재의 사회성 · 도덕성 · 상황가변성을 강조하는 유학의 도덕실천론을 그들의 이론체계에 받아들이는 길밖에 없다는 사실이 분명해졌다. 이 두 이론이 보완적으로 통합되어 하나의 이론체계를 형성하는 것만이 각각의 이론이 갖는 고유한 한계를 극복하고, 인간의 사회관계를 좀 더 폭넓고 깊게 이해하는 지름길이 될 수 있을 것이다. 이상의 논의를 정리하여 표로 제시하면 다음 쪽과 같다.

[표 13] 사회교환이론의 문제점과 그 보완책

| 구분 | 사회교환이론의 문제점 | 도덕실천론을 통한 보완책 |
|---|---|---|
| 사회구성의 기본단위 | 독립적이고 평등한 개인<br>개체성 과장 | 사람들 사이의 관계<br>관계체로서의 특성 고려 |
| 사회관계의 목표 | 자기이익의 최대화<br>쾌락적 이기성 과장<br>합리적 계산 과장 | 사회관계의 조화<br>조화를 통한 공익 · 사익의 일치<br>도덕적 지향성 고려 |
| 관계 유지의 규범 | 공정 교환의 규범<br>규범의 일관성 강조<br>외적 강제력 도입의 필요성 | 역할의 쌍무적 수행<br>상황가변성 고려<br>도덕주체의 자발성 고려 |

## 2. 서구심리학의 문제점과 유학심리학의 이론적 지향

앞에서 서구 개인주의 사회의 대표적인 사회관계론인 사회교환이론의 문제점을 동아시아 집단주의 사회의 대표적 사회관계론인 도덕실천론을 기반으로 하여 비판하고, 그 보완책을 모색해보았다. 이러한 논의들은 두 사회의 이론적 기반인 자유주의와 유학사상의 인간관의 차이를 주축으로 하여 이루어졌다. 여기에서는 범위를 넓혀 서구심리학의 문제점과 그 보완책을 유학사상의 인간관을 중심으로 고찰해봄으로써, 새로운 유학심리학 체계를 도출할 수 있는 가능성을 탐색해보기로 하겠다.[23]

23 이 부분은 필자의 선행 저술(조긍호, 2008, pp. 501~513)의 내용을 기초로 하였는데, 경우에 따라서는 이 책의 내용을 거의 그대로 옮기기도 하였다.

빌헬름 분트(Wilhelm Wundt, 1832~1920)와 윌리엄 제임스(William James, 1842~1910) 같은 거장들에 의해 19세기 말엽 철학으로부터 독립하여 과학적 심리학이 창시된 이후, 서구심리학은 객관적 · 과학적 연구를 통해 인간 행동과 심리 과정에 관해 괄목할 만한 연구 성과를 축적해왔다. 이러한 연구들의 배경에는 데카르트의 심신이원론(心身二元論)에 근거한 근대적 과학관이 놓여 있었다. 그러나 최근에는 근대적 과학관에 기초하여 지나치게 경험주의와 객관주의에 몰두하여 심리학의 연구가 이루어지는 데 대한 비판들이 많이 제기되고 있다.[24]

이러한 비판들 중 대표적인 것은 지나친 개인중심주의, 기계론적 환원론(還元論), 그리고 과거 및 현상중심주의 등을 들 수 있다. 현대 서구심리학이 안고 있는 이러한 문제점들은 서구인이 보유하고 있는 인간관과 직접 또는 간접적으로 관련을 가지는 것들이다. 즉, '개체성'을 중심으로 인간을 이해하는 서구인의 관점은 심리학의 연구를 지나치게 '개인중심주의'에 경도되게 하였고, '합리성'을 중시하여 인간을 이해하는 입장은 심리학의 연구가 '기계론적 환원론'에 의해 주도되도록 하는 데 어느 정도 영향을 미쳤다. 그리고 인간의 '실체성'을 강조하는 관점은 '과거 및 현상중심주의'에 빠지게 만들었다.

앞에서 선진유학자들의 인간 파악의 기본 입장은 서구인들의 그것과 매우 다른 것임을 살펴보았다. 그들은 개체성보다는 사회성을, 합리성보다는 도덕성을, 그리고 실체성보다는 가소성을 강조하여 인간을 이해하려고 하는 것이다. 이러한 선진유학의 인간 파악의 기본 입장으로부터 전통적 심리학이 가지고 있는 문제점들에 대한 반성을 도출해볼 수 있을 것

---

**24** 이러한 비판들에 대해서는 민경환(1986, pp. 233~267), 이정모(1994, pp. 21~61; 1997, pp. 155~180; 2006, pp. 7~33; 2007, pp. 1~38), Gergen, K. J.(1973, pp. 309~320) 참조.

이다. 현대 서구심리학이 가지는 문제점들은 일정 부분 그들의 인간관으로부터 연유하는 것이기 때문이다.

우선 '사회적 관계체'로 인간을 파악하는 선진유학자들의 입장을 통해서는 서구심리학의 지나친 '개인중심주의'에 대한 반성을, 인간을 '능동적인 덕성 주체'로 보는 입장을 통해서는 전통적 심리학의 '기계론적 환원론'에 대한 반성을, 그리고 '무한한 가능체'로서의 존재로 인간을 보는 입장을 통해서는 지나친 '과거 및 현상중심주의'에 대한 반성을 이끌어낼 수 있을 것이다.

#### 1) 개체중심성의 탈피와 사회성의 지향

전통적 심리학은 인간의 사회적 존재로서의 특성을 도외시하고, 지나치게 추상화된 원자적(原子的) 존재로서의 개인(abstracted atomistic individual)을 대상으로 해왔다. 곧 실제적인 생활인이 아니라 실제로는 존재하지 않는 상상적인 원자(imaginary atom)로서의 개인을 상정하고, 다시 말하면 사회적 존재 특성을 모두 사상(舍象)해버리고 남는 껍데기만을 다루어왔던 것이다. 이는 미국식의 개인주의적 생활태도와 지나친 자연과학의 모방 및 과도한 보편성의 추구에 그 까닭이 있었던 것으로 보이지만,[25] 근본적으로는 인간을 개체성을 기반으로 하여 이해하려는 자유주의의 인간관으로부터 직접적으로 도출되는 연구의 태도였다고 볼 수 있다.

서구 개인주의의 사상적 배경이 되어온 자유주의는 "개인을 사회제도 및 사회구조에 앞서는 것으로 보아, 사회보다 더 현실적이고 더 기본적인 것"으로 여기는 신념체계이다. 곧 자유주의는 사회의 존재론적 구성단위

---

25 민경환, 1986, pp. 238~242; Burr, 2002, pp. 1~24; Gergen, K. J., 1973, 1982, 1985, 1994; Sampson, 1983, pp. 95~110.

를 서로 독립된 개체로 살아가는 개인이라고 보는 신념체계로서, 이렇게 "개인이 사회보다 우선하고, 개인이 사회보다 더 진실하다"고 여김으로써, "논리상 사회는 개인들의 산술적 총계에 불과한 하나의 허구"[26]라고 인식한다. 이와 같이 자유주의의 세계관에서는 움직일 수 없는 중심점을 개인에게 두고 있고, 그렇기 때문에 자유주의는 개인보다 사회를 앞세우는 어떤 종류의 사회이론에 대해서도 한결같이 대항해왔던 것이다.

개인의 개체성을 인간의 존재 의의의 출처로 보는 이러한 관점에서는 타인과 다른 개인의 독특성을 사실 이상으로 과장하여 인식하는 경향을 낳는다. 그리하여 서구심리학에서는 개인 사이의 제반 차이가 중요한 연구 문제로 부각된다. 환경 자극에 대한 개인의 반응 양식의 차이인 '성격'(性格, personality)에 대한 서구심리학자들의 정의 자체 속에 이러한 개인차를 중시하는 관점이 잘 드러나 있다. 초기의 대표적인 성격이론가인 고든 올포트(Gordon W. Allport, 1897~1967)는 성격을 "환경에 대한 개인의 독특한 적응을 결정하는 개인 내의 정신신체적 체계들의 역동적 조직"[27]이라고 정의하여 적응 양식의 개인차를 성격의 핵심요인이라고 보는 입장의 효시를 열고 있으며, 또 다른 대표적인 성격학자인 길포드(J. P. Guilford)는 성격을 "한 개인의 고유한 특성 패턴"[28]이라고 정의하여, 올포트를 이어 성격이 개인차를 기반으로 하는 개념임을 분명히 하고 있다. 개체성을 중시하는 연구 경향이 낳은 또 다른 연구의 문제로는 '지능'(知能, intelligence)과 '적성'(適性, aptitude) 같은 지적 능력의 개인차에 관한 연구들을 들 수 있다.[29]

**26** 노명식, 1991, pp. 31, 43.

**27** Allport, G. W., 1937, p. 48.

**28** Guilford, J. P., 1959, p. 5.

**29** 지적 능력의 개인차에 대한 관심은 Francis Galton(1812~1911)이 1869년에 출판한

이러한 적응 양식과 지적 능력의 '개인차'와 이를 측정하는 도구(성격검사 · 지능검사 · 적성검사 등)를 개발하기 위한 연구들은 초창기 심리학의 핵심적인 연구주제들이었으며, 오늘날까지도 심리학자들의 중요한 연구주제가 되어 있다. 또한 심리학에서 실험 연구들의 자료를 분석하는 통계 방법들은 동일한 자극에 대한 개인들의 반응의 차이의 크기인 '변산'(變散, variance)의 개념을 핵으로 하고 있다는 사실은[30] 심리학자들이 개인차를 얼마나 중시하고 있는지에 대한 단적인 예가 된다고 볼 수 있다.[31]

이렇게 개인의 개체성을 중시하는 사상적 맥락에서 서구인들은 개인의 특성을 통해 사회의 특성을 이해할 수 있다고 생각하는 전통이 강하였다고 볼 수 있다. 그들은 개인은 모든 원인을 스스로 갖추고 있는 존재이며, 따라서 자율적인 주체로서의 개인의 행동과 심리를 이해하여 종합해내면 곧 사회의 이해에 도달할 수 있다고 보는 입장을 견지하고 있었다.[32] 바로 이러한 태도가 서구심리학에서 개인중심적인 연구의 전통을 형성하였다고 볼 수 있다.

그러나 인간에게서 사회적 존재 특성을 제거하고 추상화시키게 되면,

---

*Hereditary Genius*(London: Macmillan)에서부터 비롯되어, 1905년에 이미 Alfred Binet(1857~1911)와 그 제자인 T. Simon이 현대적인 지능검사를 제작하고 있을 정도로, 성격의 개인차에 대한 관심보다 오래된 역사를 가지고 있다.

**30** 실험조작을 가한 집단들 사이의 차이가 '독립변인'(independent variable)의 실험조작에 의한 차이인지 아니면 우연에 의해 유발된 차이인지를 분석하는 대표적인 방법인 '변량분석'(變量分析, analysis of variance)은 기본적으로 집단 간 차이의 변산과 개인 간 차이의 변산 사이의 비율을 통해 집단평균 간의 '차이검증'을 하는 방법이다.

**31** 물론 '차이검증'과 함께 통계적 분석 방법의 양대 축을 이루는 '상관분석'의 방법은 유사성을 분석하는 방법으로 생각할 수 있으나, 상관관계란 두 사상(事象) x와 y에 대한 여러 사람의 반응 사이의 관계를 분석하는 것으로, 사람들 사이의 유사성이 아니라 기본적으로 x, y 두 사상 간의 유사성을 나타낼 뿐이다. 이러한 상관분석의 방법은 실험심리학자들에 의해 차이검증에 대한 보조적인 연구 방법으로 받아들여져온 것이 사실이다. 상관분석을 통해서는 인과관계를 추론할 수 없기 때문이다.

**32** Burr, 2002, pp. 4~10.

실제로는 그런 사람은 어디에도 존재하지 않는다. 이는 단지 심리학자들의 상상 속에서만 존재할 뿐이며, 이런 빈껍데기들을 실험실에 모아 놓고 실증적인 실험이나 관찰을 한다고 해서 실제적인 인간 이해, 특히 사회행동의 이해에는 별로 도움이 되지 않을 것이다. 하이더(F. Heider)가 심리학, 특히 사회심리학의 나아갈 방향을 '일상심리학'(日常心理學, naive psychology) 또는 '상식심리학'(常識心理學, common-sense psychology)이라고 규정한 것[33]은 바로 이러한 이유에서 일 것이다.

유학자들은 인간 존재를 사회적 관계망(關係網) 속에서 파악한다. 그들은 사회란 개인들로 구성되는 것이 아니라 다른 사람과 맺는 관계로 구성된다고 보아, 인간을 관계 속의 존재로 규정함으로써, 개체성보다는 사회성을 주축으로 하여 인간을 이해한다. 이러한 관점은 순자의 다음 진술에서 집약적으로 드러나고 있다.

> 군주와 신하, 부모와 자식, 형과 아우, 남편과 아내의 관계는 처음이자 마지막이고, 마지막이자 처음으로서, 천지와 더불어 이치를 같이 하고, 만세를 통하여 영구히 지속되는 것이다. 그러므로 무릇 이를 일러 '위대한 근본'[大本]이라고 한다.[34]

이 인용문에서 보듯이, 사람들 사이의 관계가 사회를 구성하는 기본단위로, 이는 어디에서나 그리고 언제나 통용되는 위대한 원칙이라는 것이 유학자들의 근본적인 입장이다. 인간은 이러한 관계를 떠나서는 존재할 수 없는 관계 속의 존재라고 유학자들은 보는 것이다.

---

**33** Heider, 1958, pp. 4~7.

**34** 君臣父子兄弟夫婦 始則終 終則始 與天地同理 與萬歲同久 夫是之謂大本(『荀子』, 王制 19~20).

그러므로 인간의 존재 특성과 의의는 부자 · 군신 · 장유 · 부부 · 붕우 같은 사회관계 속에서 찾아질 수밖에 없으며, 따라서 인간 행위 또는 인간 완성의 당위 규범인 인의(仁義)의 핵심은 바로 이러한 관계에서의 자연적인 조화와 질서의 추구에서 구할 수밖에 없다는 것이 유학사상의 기본 입장으로 부각된다. 이러한 관점을 맹자는 다음과 같이 표현하고 있다.

> 인(仁)의 핵심은 부모를 모시는 것이고, 의(義)의 핵심은 형을 따르는 것이며, 지(智)의 핵심은 이 두 가지를 깨달아 이를 버리지 않는 것이고, 예(禮)의 핵심은 이 두 가지를 조절하고 아름답게 꾸미는 것이다.[35]

> 인간이 선천적으로 갖추고 있는 배우지 않고도 행할 수 있는 도덕적 행위능력을 '양능'(良能)이라고 하고, 생각하지 않고도 알 수 있는 도덕적 인식능력을 '양지'(良知)라고 한다. 인간에게 이 두 가지 능력이 선천적으로 갖추어져 있다는 사실은 누구나 어려서부터 자기 부모를 사랑할 줄 알고, 조금 자라서는 누구나 자기 형을 공경할 줄 안다는 사실에서 드러난다. 부모에게 친애하는 것[親親]이 바로 인(仁)이고, 어른을 공경하는 것[敬長]이 바로 의(義)이다. 인의란 다른 데 있는 것이 아니라, 바로 부모를 친애하고 어른을 공경하는 마음을 천하에 미루어 나가는 데에 있을 뿐이다.[36]

이렇게 친친(親親)과 경장(敬長)이 인의의 핵심이라고 본 것은 부모－자식과 형－아우 등 가족관계에서의 자연스러운 조화와 질서에서 인의의

35 仁之實 事親是也 義之實 從兄是也 智之實 知斯二者弗去是也 禮之實 節文斯二者是也(『孟子』, 離婁上 27).

36 人之所不學而能者 其良能也 所不慮而知者 其良知也 孩提之童 無不知愛其親也 及其長也 無不知敬其兄也 親親 仁也 敬長 義也 無他 達之天下也(盡心上 15).

근거를 찾는 것이며, 인의의 궁극적 실현을 극기복례(克己復禮)[37]와 인민(仁民) 및 애물(愛物)에서 찾는 것[38]은 가족이라는 좁은 관계에서 뿐만 아니라 모든 사회관계에서의 자연적인 조화와 질서의 추구를 인간행위의 전범으로 보고 있는 것이다.

인간의 존재 의의의 출처를 개체성이 아니라 사회성에서 찾으려는 유학사상의 관점에서는 개인의 독특성을 가능하면 억제하고, 함께 관계를 형성하는 사람들 사이의 유사성과 연계성을 강조하는 경향이 강하다. 그러므로 이러한 입장에 서면, 심리학 연구의 초점이 '개인차'의 연구로부터 집단의 '공통성'이나 집단원들 사이의 '유사성'과 '연계성'으로 옮겨져야 할 것이다. 물론 이는 심리학을 '개인의 심리 내용과 행동의 연구'라고 보는 서구심리학의 개념 규정 자체의 변화를 전제로 해야 하고, 그렇다면 "그것이 심리학이냐" 하는 비판을 받을 수도 있을 것이다. 그러나 인간의 심리 내용과 행동은 개인 사이의 차이에서 기인하는 측면도 있지만, 인간 모두 또는 한 집단원들의 공통성과 유사성에서 기인하는 측면도 있다는 사실은 무시할 수 없는 사실이 아닌가?[39]

이러한 유학사상의 관점에서 보면, 사회관계를 제거해버린 추상화된 인간존재란 그 자체 상정할 수 없는 것이다. 따라서 전통적인 심리학의 지나친 개인중심주의를 타당한 연구 방향이라고 보기는 힘들다. 샘프슨(E. E. Sampson)도 이러한 점을 지적하여, "인류 역사에 대한 심리학의 가

37 『論語』 顔淵 1.

38 『孟子』 盡心上 45.

39 서구심리학이 지나치게 '개인차' 중심으로 전개되어 왔다는 전제 아래, 유학사상에 기반을 두고 인간의 '공통성'의 분석을 위한 심리학을 탐구할 필요가 있으며, 이 두 관점이 보완적으로 통합되어야 참된 '보편심리학'이 될 수 있을 것이라는 사실은 故 李秀遠 교수(전 한양대학교)의 지론이었다. 필자는 학부 초년생 시절에 대학원생이던 그의 이런 주장에 깊은 감동을 느꼈고, 그것이 필자가 유학심리학의 연구에 뛰어든 하나의 요인이 되었다.

장 중요한 기여는 추상화된 원자적 개인의 분석으로부터 [……] 개인 중심에서 벗어난 관계 속의 대상(decentered subject in relation)의 이해로 [……] 그 자체 급격한 변혁을 하는 데에서 찾아질 수 있을 것"[40]이라고 진술하고 있다.

이러한 맥락에서 고찰해보면, 현대 서구심리학이 안고 있는 지나친 '개인중심주의'의 문제점을 탈피하기 위해서는 인간의 존재의의를 사회적 관계체로서의 인간의 사회성에서 찾는 유학사상을 심리학의 연구 내용 속에 받아들여야 한다는 당위성이 도출된다. 그렇게 하여 지나친 개체중심성에서 탈피하고 '사회성을 지향'함으로써, 사회과학으로서의 심리학의 본래의 면목을 회복하여 다른 분야의 사회과학과 어깨를 나란히 할 수 있을 것이다.

### 2) 기계론적 환원론의 탈피와 도덕적 주체성의 지향

전통적인 서구심리학은 기계론적 인간관에 입각하여 인간의 반성적 능력을 무시하고, 인간을 단지 수동적인 피동체로만 파악해온 한계를 노정하고 있다.[41] 이러한 비판은 현대심리학 자체에서도 특히 인본주의(人本主義, humanistic psychology)를 표방하는 학자들에 의해 제기되어왔던 것이다.

인본주의를 부르짖는 심리학자들은 기존의 심리학을 지배해왔던 입장을 행동주의(行動主義, behaviorism)와 정신분석학(精神分析學, psychoanalysis)이라고 보고, 이 두 세력이 모두 '기계론적 환원론'(mechanistic reductionism)에 입각하여 인간을 이해하려는 오류에 빠져 있

---

**40** Sampson, 1983, p. 140.
**41** Harré, 1984; Harré & Secord, 1972.

다고 지적한다. 즉, 행동주의자들은 인간을 환경 자극의 피동적인 수용체라고 보는 입장에서, 자극-반응 관계(stimulus-response relationship; S-R 관계)에 따라 인간 행동을 파악함으로써, 모든 행동의 원인을 환경 자극의 함수로서 파악하는 기계적인 '환경환원론'(環境還元論)에 빠지고 말았다는 것이다. 물론 신(新)행동주의에서 유기체 변인(有機體 變因, organismic variable)을 삽입하여 S-O-R 관계의 연구로 그 입장을 변경시키기는 하였지만, 궁극적으로 환경 자극에서 인간 행동의 원인과 근거를 찾으려고 했다는 점은 같은 것이다. 또한 정신분석학 체계에서는 인간 행동의 원인을 전적으로 성욕과 같은 무의식적인 생물적 욕구에서 구함으로써, 역시 기계적인 '생물학적 환원론'(生物學的 還元論)에 빠지고 말았다.

이렇게 보면, 행동주의와 정신분석학은 레빈(Kurt Lewin)의 유명한 공식, B = f(P, E), 곧 인간의 행동은 개인적 요인(P)과 환경적 요인(E)의 상호작용의 함수라는 공식에서,[42] 어느 한쪽만을 강조하는 입장에 서 왔다고 할 수 있다. 행동주의는 과도하게 환경 요인만을 행동의 원인으로 강조해왔고, 정신분석학은 과도하게 개인적 요인, 그 중에서도 생물학적인 욕구만을 강조해왔던 것이다.

이와 같이 전통적 심리학은 인간의 행동을 포함하는 자연현상의 원인을 설명하는 원인 상태로 아리스토텔레스가 제시한 네 요인—질료인(質料因, material cause), 형상인(形相因 , formal cause), 작용인(作用因, efficient cause), 목적인(目的因, final cause)— 가운데,[43] '질료인'(정신분석학의 경우)과 '작용인'(행동

---

**42** Lewin, 1935, p. 79.

**43** '질료인'은 물체 자체의 질료적 속성에서 그 원인을 찾는 것이다. 인간의 생물적 속성에서 행동 원인을 찾으려는 정신분석학은 이 요인을 중심으로 설명하려는 입장을 취한다고 볼 수 있다. '형상인'은 물체가 놓여 있는 본질적인 상황에서 원인을 찾는 것이다. 사물들 사이의 관계 구조에서 원인을 찾으려는 입장이 이에 속한다. '작용인'은 어떤 현상의 선행사건에서 원인을 찾으려는 것이다. 행동주의자들이 환경 자극에 대한 반응으로 인간의 행동을 분석하려

주의의 경우)만을 중심으로 하여 인간 행동을 이해하려고 하였기 때문에 '기계적 결정론'에 빠지고 말았다고 볼 수 있다. 이러한 점은 거의 모든 전통적 심리학이 안고 있었던 문제점이라고 할 수 있다. "그러나 과연 이러한 가정(질료인과 작용인만을 원인으로 인정하는 기계적 결정론의 가정)이 타당한가에 대하여 이의가 제기될 수 있다. [……] 인간의 심리현상, 특히 심리적 현상들을 인간의 행위로 간주하게 될 때 목적과 의도의 개념을 포함시키지 않고서도 충분한 설명이 가능한가에 대하여는 심각한 의문이 제기"[44]되는 것이다.

전통적인 서구심리학이 이러한 기계론적 환원론에 빠지게 된 것은 합리성을 기반으로 하여 인간을 이해하려는 서구인의 입장에서 어느 정도 기인된 바가 크다. 그들은 인간 행동의 설명 체계를 인간 자신의 내적 속성(질료인)과 환경 세계에서 주어지는 선행 자극(작용인)에서 찾으려는 관점을 가장 합리적이라고 보는 견해를 견지해왔던 것이다. 예컨대, 미래의 목적에서 원인을 찾으려는 것은 '선행사건이 후행사건의 원인'이라는 보편적 원리를 위배하는 것이어서, 합리성에 어긋나는 것으로 받아들였던 데서 그 까닭의 일단을 찾아볼 수 있을 것이다. '선행사건이 후행사건의 원인'이라는 원리는 사물의 세계나 동물의 세계에는 매우 잘 적용되는 보편적이고 합리적인 것이기 때문에, 이에서 벗어나서 '후행 목적이 선행 행동의 원인'이라는 사실을 인정하기 어려웠을 것이다.

이러한 기계론적 환원론에서 벗어나는 길은 인간이 동물과는 질적으로 다르다는 전제에서 출발할 수밖에 없다. 서구인들이 여타 동물과 다른 인

---

는 시도가 작용인에서 원인을 찾는 대표적인 관점이다. '목적인'은 행위가 지향하는 미래의 목적에서 원인을 찾는 것이다. "[……] 하기 위해서"가 대표적인 목적인이다. 이에 대해서는 Barnes(1982/1989, pp. 100~109) 참조.

44 이정모, 1994, p. 25.

간만의 배타적이고 고유한 특성이라고 보는 것은 이성의 능력이다. 서구 자유주의자들에게 "이성은 본질적으로 자기이익을 가장 효과적으로 추구할 수 있는 계산능력"을 말하는 것이다. 이성은 개인이 가진 서로 다른 욕망들이 경쟁할 때, 그리고 개인의 욕구가 타인의 욕구와 충돌할 때 "가장 경제적인 방법으로 최대의 만족을 얻는 방법을 가르친다."[45] 자유주의자들에게 있어 이성은 욕구 충족을 위한 합리적 계산을 제일의 기능으로 하는 능력이다. 이렇게 서구인들이 동물과 다른 인간의 특성이라고 간주하는 이성 능력은 합리적인 방안 강구의 능력일 뿐이라는 한계를 가지고 있다. 그러므로 이성의 능력은 합리적 계산을 통해 인간행위를 주도하는 기능을 갖는 것일 뿐, 인간 행동의 근본적 원인을 환경자극이나 생물학적 욕구에 환원하여 이해하려는 관점을 근본적으로 변화시킬 수 있는 가능성을 이성의 능력에서 찾을 수는 없다. 즉 합리적 방안의 강구가 이성의 기능일 뿐, 환경이나 생물적 특성에 환원하여 인간을 기계적으로 파악하려는 관점 자체를 수정할 수 있는 힘을 이성에서 찾을 수는 없는 것이다.

계몽사상으로 이어진 자유주의에서는 인간의 이성에 대해 초기의 자유주의자들보다 더 적극적이고 낙관적인 관점을 밝히고 있다. "이 흐름의 자유주의자들에게 있어서 이성은 계산능력보다 더 높은 차원의 것으로서, 개인생활과 사회생활을 그 이성의 이상(理想) 위에 수립할 수 있다고 믿는다."[46] 그들은 "개인이나 사회는 이러한 합리적 이성의 기능에 힘입어 불합리하거나 비합리적인 정열 · 욕망 · 증오 · 편견 · 습관 · 전통의 굴레에서 벗어나게 되고, 인류의 진보와 행복에 보편적으로 적용할 수 있는, 또 가장 많이 공헌할 수 있는 일반적 · 보편적 원리들을 자연과 인간

---

**45** 노명식, 1991, p. 41.
**46** 노명식, 1991, p. 42.

성에 대한 합리적 이해를 바탕으로 하여 체계적으로 끌어내게 된다고 믿는다. 이렇게 이성은 인간과 자연 및 인류 사회를 지배하는 보편적 원리를 발견해낼 수 있는 과학적 탐구의 근거"[47]라는 것이 자유주의자들의 신념이다. 이러한 신념에 기초하여 서구의 현대심리학자들이 밝혀낸 인간의 심리와 행동에 대한 보편적 이해양식이 바로 기계론적 환원론이었다. 그러므로 이성의 능력과 그에 따른 합리성을 여타 동물과 다른 인간의 고유한 특성으로 규정하는 입장으로부터는 기계론적 환원론이 갖는 문제점을 치유할 수 있는 방안이 도출되기 힘든 것이다.

이와는 대조적으로, 유학자들은 인간과 동물의 차이를 인간만이 도덕성을 갖추고 있다는 사실에서 찾는다. 맹자는 인간은 인의예지의 근거가 되는 사단(四端)을 갖추고 있다는 점에서 다른 동물과 다르며, 순자는 변(辨)과 의(義) 같은 도덕성을 갖추고 있다는 점에서 동물과 다르다고 본다. 그들은 이러한 사실을 다음과 같이 직접 표현하고 있다.

> 곤경에 빠진 사람을 불쌍하게 여기는 마음[惻隱之心], 자기의 옳지 않음을 부끄러워하고 남의 옳지 않음을 미워하는 마음[羞惡之心], 남에게 사양하는 마음[辭讓之心], 옳고 그름을 가리려는 마음[是非之心]이 없으면 사람이 아니다. 불쌍히 여기는 마음은 인(仁)의 시초이고, 부끄러워하고 미워하는 마음은 의(義)의 시초이며, 사양하는 마음은 예(禮)의 시초이고, 옳고 그름을 가리려는 마음은 지(智)의 시초이다. 사람이 이 네 가지 도덕성의 시초[四端]를 갖추고 있다는 사실은 마치 사람에게 팔다리 등 몸이 갖추어져 있는 것과 마찬가지이다.[48]

47 조긍호, 2006, pp. 434~435.

48 無惻隱之心 非人也 無羞惡之心 非人也 無辭讓之心 非人也 無是非之心 非人也 惻隱之心 仁之端也 羞惡之心 義之端也 辭讓之心 禮之端也 是非之心 智之端也 人之有是四端也 猶其有四體也(『孟子』, 公孫丑上 6).

사람이면 누구나 측은지심 · 수오지심 · 공경지심 · 시비지심을 갖추고 있다. 측은지심은 인이고, 수오지심은 의이며, 공경지심(이는 사양지심과 같은 것이다)은 예이고, 시비지심은 지이다. 인의예지의 도덕성은 외부로부터 사람에게 스며들어온 것이 아니고, 사람이 본디부터 갖추고 있는 것이다. 다만 이러한 사실을 깨닫지 못하고 있을 뿐이다.[49]

사람이 사람 된 까닭은 단지 사람들이 다른 동물들과는 달리 두 발로 직립하여 서고, 또 몸에 털이 없기 때문만은 아니다. 이는 사람이 옳고 그름을 가려[辨] 도덕적으로 행동할 수 있기 때문이다. 무릇 새나 짐승들에게도 부모와 자식의 관계는 있지만 부모와 자식 사이의 친애함은 없으며, 수컷과 암컷은 있지만 남녀 사이의 분별함은 없다. 그러므로(옳고 그름을 가려 도덕적으로 행동하는 것은 본디부터 갖추어져 있는 사람의 본성이므로) 사람의 도리에 옳고 그름을 가려 도덕적으로 행동하지 않을 수가 없는 것이다.[50]

물과 불 같은 무생물에게는 자연적인 기(氣)는 있지만, 생명[生]은 없다. 풀과 나무 같은 식물들에게는 생명은 있지만, 지각 능력[知]은 없다. 새와 짐승 같은 동물들에게는 지각 능력은 있지만, 도덕성[義]은 없다. 사람에게는 기도 있고, 생명도 있고, 지각 능력도 있으며, 또한 더 나아가 도덕성도 갖추어져 있다. 그러므로 사람은 천하에서 가장 귀한 존재인 것이다.[51]

---

49 惻隱之心 人皆有之 羞惡之心 人皆有之 恭敬之心 人皆有之 是非之心 人皆有之 惻隱之心 仁也 羞惡之心 義也 恭敬之心 禮也 是非之心 智也 仁義禮智非由外鑠我也 我固有之也 弗思耳矣(告子上 6).

50 人之所以爲人者 非特以其二足而無毛也 以其有辨也 夫禽獸有父子 而無父子之親 有牝牡 而無男女之別 故人道莫不有辨(『荀子』, 非相 9~10).

51 水火有氣而無生 草木有生而無知 禽獸有知而無義 人有氣有生有知 亦且有義 故最爲天下貴也

유학자들은 이와 같이 여타 동물과 다른 인간의 고유한 특성을 도덕성에서 찾는다. 더 나아가서 유학자들은 인간은 이렇게 스스로가 갖추고 있는 도덕성을 인식하여 실생활의 과정에서 실천할 수 있는 능력을 갖추고 있다고 본다. 곧 인간에게는 도덕적 인식능력[良知 · 知]과 도덕적 행위능력[良能 · 能]이 본유적으로 갖추어져 있다는 것이다.[52] 인간의 마음에 갖추어져 있는 인식능력과 행위능력은 이러한 도덕성을 인식하여 실천하려는 의지를 말하는 것으로, 이를 통해 덕성 주체로서의 자기인식을 확고히 함으로써 군자와 성인의 상태에 이르는 것이 모든 사람의 삶의 기본적인 동인(動因)이자 목적이라는 것이 유학자들의 공통적인 견해이다.

인간에게 갖추어져 있는 도덕적 인식능력과 도덕적 행위능력의 핵심적 기능은 바로 도덕적 주체성을 말하는 것이며, 이러한 도덕적 주체성을 통해 모든 것을 자기에게 돌이켜 구하는[反求諸己] 태도를 견지함으로써, 도덕적 주체 인식을 명확하게 할 수 있게 되는 것이다. 이러한 점에서 보면, 인간과 다른 동물의 차이를 합리적 이성에서만 구하여 인간을 단지 환경 자극의 피동적 수용체로만 보거나, 생물적인 욕구 체계에 의해 지배되는 존재로만 봄으로써 기계론적 환원론에 의해 인간을 이해하려는 전통적 심리학의 입장은 타당한 것이라고 보기 힘든 것이다.

인간에게 갖추어져 있는 도덕성은 다른 사람에 대한 관심과 배려에서 드러난다. 공자는 자기 사상의 핵심인 인(仁)이 바로 '타인과 사회에 대한 관심과 배려'라고 보아, 도덕성의 근거를 사회적 존재 특성에서 구하고 있다. 그는 인이란 "자기가 하려 하지 않는 것을 남에게 베풀지 않는 일"[53]이라거나, "자기가 서고자 하면 남을 먼저 세워주고, 자기가 이루고자 하

(王制 20).

**52** 『孟子』 告子上 15; 『荀子』 正名 3.

**53** 仲弓問仁 [……] 己所不欲 勿施於人(『論語』, 顔淵 2).

면 남이 먼저 이루게 해주는 일",[54] 또는 "남을 사랑하는 일",[55] 그리하여 "어려운 일은 남보다 먼저 하지만, 그 대가는 남보다 나중에 받는 일"[56]이어서, "개인의 사욕을 이기고 예(禮)로 돌아가는 것이 인을 행하는 일"[57]이라고 제시함으로써, 타인에 대한 관심과 배려가 인, 곧 도덕성의 중핵이라고 보고 있는 것이다.

이렇게 도덕성의 핵심을 타인과 사회에 대한 관심과 배려에서 찾고, 이러한 사람들 사이의 연계성과 상호의존성을 사회행위의 근본적인 원동력이라고 보는 입장에 서면, 인간 행동의 근거를 환경 자극이나 생물적 욕구에 환원하여 이해하려는 기계적 환원론에서 탈피할 수 있을 뿐만 아니라, 결과적으로 인간 행동의 원인을 '작용인'(환경 자극)과 '질료인'(생물학적 욕구)에서만 찾으려는 좁은 관점에서도 탈피할 수 있을 것이다. 아리스토텔레스가 제시하는 '목적인'은 행위가 지향하는 미래의 목적에서 원인을 찾는 것이다. 타인에 대한 관심과 배려가 사회행위의 원동력이라고 보는 유학사상의 관점은 현재의 행동을 타인과 사회의 복지라는 미래 상태에 대한 관심에서 찾으려는 태도를 낳는다고 볼 수 있다. 이러한 태도는 아리스토텔레스가 말하는 '목적인'을 염두에 두고 인간 행동을 바라보는 입장을 반영하는 것이다.

쉘러(M. Scheler)는 인간과 동물의 근본적인 차이를 인간만이 반성적 능력을 갖추고 있다는 데에서 찾는다.[58] 이 반성의 능력은 인간에게 자신의 관찰자로서의 자격을 부여하고, 동시에 인간이 생물학적인 충동에 의해서만 움직이지 않고 적절한 행동을 선택하여 수행하는 내적인 자유, 즉

---

**54** 夫仁者 己欲立而立人 己欲達而達人 能近取譬 可謂仁之方也已(雍也 28).

**55** 樊遲問仁 子曰 愛人(顔淵 22).

**56** 樊遲 [……] 問仁 曰 仁者先難而後獲 可謂仁矣(雍也 20).

**57** 顔淵問仁 子曰 克己復禮爲仁 一日克己復禮 天下歸仁焉(顔淵 1).

**58** Scheler, 1928.

행위 주체성을 누릴 수 있게 해주는 것이다.[59] 이러한 반성적 능력은 바로 인간의 도덕성에 근거를 두고 있다는 것이 유학자들의 관점이다. 스스로가 도덕성의 주체라는 사실에 대한 자각으로부터 모든 일의 책임을 자기에게로 돌이켜 구하는 태도[反求諸己]가 나오는 것이기 때문이다.[60]

이러한 맥락에서 고찰해보면, 현대 서구심리학이 안고 있는 '기계론적 환원론'의 문제점을 탈피하기 위해서는 인간의 고유한 특성을 인간의 선천적 도덕성에서 구하는 유학사상을 심리학 연구의 배경으로 받아들여야 할 필요성이 도출된다. 그렇게 하여 기계론적 환원론에서 탈피하여 인간의 '도덕적 주체성을 지향'함으로써, 인간의 능동적 존재 특성을 고려하여 폭넓은 인간이해를 꾀하는 심리학이 가능해질 수 있을 것이다.

### 3) 결정론적 수동성의 탈피와 가변적 미래성의 지향

전통적인 서구심리학을 지배해왔던 연구의 태도는 모든 현상에는 원인이 있으며, 이러한 원인은 시간적으로 선행하는 것이 원칙이라는 '연역적-인과율적 설명이론'에 기반을 두고 있었다.[61] "이 설명이론에서는 어떤 현상을 관찰하고, 그 현상이 왜 일어났는가를 밝히기 위해 선행사건을 찾고, 그 선행사건이 일어나면 반드시 어떤 후행현상이 뒤따른다는 한 예를 찾고, 이에서 일반적으로 보편적 법칙을 추론하여 설명하고, 그러한 보편적 법칙이 형성된 이후에는 특수 예들이 이 보편적 법칙에서 연역적으로 도출될 수 있다는 논리에 의해 설명하는 것이다."[62]

---

59 Mead, 1934.

60 愛人不親 反其仁 治人不治 反其智 禮人不答 反其敬 行有不得者 皆反求諸己 己身正而天下歸之(『孟子』, 離婁上 4); 同遊而不見愛者 吾必不仁也 交而不見敬者 吾必不長也 [……] 失之己而反諸人 豈不亦迂哉(『荀子』, 法行 21~22).

61 이정모, 1994, pp. 25~26; 1997, pp. 160~163.

62 이정모, 1997, p. 161.

이렇게 현재의 행동과 심리현상의 원인을 과거의 사건과 경험에서 찾으려는 태도는 기본적으로 심리학을 과거지향적인 학문으로 만들었다. 즉, 심리학의 연구를 '과거결정론'(過去決定論)의 오류에 빠지게 하였던 것이다. 전통적인 심리학에서 이러한 과거결정론의 오류를 범하고 있는 대표적인 조류는 행동주의와 정신분석학의 체계였다.

행동주의는 자극-반응(S-R) 관계에 대한 학습 경험에 의해 현재의 개인을 이해할 수 있다고 봄으로써, 현재의 개인행동을 과거 학습사(學習史) 또는 강화사(强化史)를 통해 이해할 수 있다는 과거결정론에 빠지고 있다. 또한 정신분석학, 특히 프로이트의 입장도 개인의 현재의 행동 및 성격체계는 5~6세 경, 곧 남근기(男根期, phallic period)까지의 욕구 충족의 양상에 의해 결정된다는 과거결정론에 빠지고 있다.

인본주의 심리학자들은 행동주의와 정신분석학의 과거결정론을 비판하면서, '여기서 현재'(here and now) 경험하는 주관적 체험을 강조한다. 1950~1960년대의 인지혁명(認知革命, cognitive revolution)을 거쳐 1970년대 이후 위세를 떨치고 있는 인지주의 심리학의 입장도 이렇게 현상적 인식을 강조하는 것이라고 볼 수 있다. 곧 객관적 환경조건 자체보다는 이에 대한 현상적인 주관적 체험 또는 인식이 개인행동의 결정 요인이라고 보는 입장인 것이다. 이렇게 보면, 지금까지의 심리학은 인간 행동의 원인을 전적으로 과거 경험에서 찾거나 또는 현재의 자극 조건이나 이에 대한 현상적 체험 및 인식에서 찾아왔다고 볼 수 있다. 즉, 지나치게 '과거 및 현상 중심주의'에 기초하여 인간 행동을 이해하려고 해왔던 것이다.

서구의 심리학자들이 이렇게 과거 및 현상중심주의에 빠져 있었던 배경에는 그들이 '고정적 실체'로 인간을 이해하려고 하였다는 사실이 놓여 있다고 볼 수 있다. 인간을 포함하는 모든 존재를 고정적 · 불변적 · 안정적 실체로 인식하는 경향은 고대 그리스로부터 서구 문화의 전통이 되어왔다. "이렇게 고정적 불변적인 심리적 속성이 개인에게 원천적으로 부여되어 있다는 사실은 개인을 단순히 그러한 속성들의 담지자로서 파악하는 개인에 대한 추상적 관념(abstract individual)을 산출한다."[63] 이렇게 스스로의 행동과 제반 심리적 경향의 원천이 되는 내적 성향을 본유적으로 갖추고 있는 고정적 · 불변적 · 안정적인 실체로 개인 존재를 인식하는 개인에 대한 추상적 관념은 개인주의의 기본 요소의 하나이다. 개인은 이러한 고정적인 내적 속성을 태어날 때부터 갖추고 있거나, 아주 어렸을 때부터 학습한다는 것이 자유주의자들의 관점이다. 즉, 개인의 고정적이고 불변적인 내적 속성은 생물학적으로 갖추어져 있는 특성이거나 과거 경험에 의해 습득되는 특징이라는 것이다. 그러므로 개인의 내적 속성에서 그의 행동의 원인을 찾으려는 서구인의 기본적인 관점[64]은 필연적으로 과거 및 현상 회귀적인 태도를 낳을 수밖에 없는 것이다.

그러나 선진유학에서는 인간을 '무한한 가능체'로 파악한다. 사람은 누구나 요 · 순 · 우 같은 성인이 될 수 있는 가능성을 갖추고 있는 존재이다. 이러한 사실을 순자는 다음과 같이 직접 표현하고 있다.

> 무릇 우(禹) 임금 같은 성인이 우 임금이 될 수 있었던 까닭은 그가 인의(仁義) 같은 도덕성과 사회규범 및 올바른 도덕 원칙을 일상생활에서 실천하여 행할 수 있었기 때문이다. 그러므로 도덕성과 사회규범 및 올바른 행위 원칙에는 이를 인식하여 알 수 있고, 또 이를 일상생활에서 실천해낼 수 있는 이치가 갖추어져 있는 법이다. 길거리의 보통 사람들에게도 누구에게나 도덕성과 사회규범 및 올

---

**63** Lukes, 1973, p. 73.

**64** L. Ross와 Nisbett(1991, pp. 119~144)는 개인의 내적 속성에서 행동의 원인을 찾으려는 이러한 경향을 '일상적 성향주의'(lay dispositionism)라고 부르면서, 이를 서구심리학의 특징 가운데 하나로 보고 있다.

> 바른 행위 원칙을 깨달아 알 수 있는 바의 바탕이 갖추어져 있을 뿐만 아니라, 이러한 도덕성과 사회규범 및 올바른 행위 원칙을 일상생활에서 실천할 수 있는 바의 능력이 본디부터 갖추어져 있다. 그러므로 사람은 누구나 다 우 임금 같은 성인이 될 수 있는 가능성을 갖추고 있음이 분명한 것이다.[65]

이렇게 누구나 성인이 될 수 있는 가능성을 갖추고 있다는 점에서 본다면, 인간 행동의 동인(動因)을 과거와 현재에서만 찾을 수는 없다고 볼 수 있다. 과거와 현재보다는 미래의 가능태(可能態)를 지향하는 데에서 인간의 독특한 특성을 찾으려고 하는 것이 유학자들의 기본 입장인 것이다. 이러한 관점을 직접적으로 밝히고 있는 사람은 순자이다. 그는 인간을 '현실태'(現實態, actuality)와 '가능태'(potentiality)의 이중적 존재로 인식한다.[66] 이러한 사실은 순자가 도덕 인식과 도덕 실천을 설명하면서, 각각 지(知)와 능(能) 한 글자를 가지고 가능태와 현실태의 두 가지로 개념화하고 있다는 사실에서 잘 드러난다.

> 알 수 있는 근거가 사람에게 갖추어져 있는데, 이를 일러 도덕적 인식능력[知]이라고 한다. 이러한 인식능력이 외부 대상과 합치하여 얻어진 결과를 지식[知]이라고 한다. 도덕을 실천할 수 있는 근거가 개인에게 갖추어져 있는데, 이를 일러 도덕 실천능력[能]이라고 한다. 이러한 도덕 능력이 외부 대상과 합치하여 실천한 결과를 도덕 실천[能]이라고 한다.[67]

---

**65** 凡禹之所以爲禹者 以其爲仁義法正也 然則仁義法正 有可知可能之理 然而塗之人也 皆有可以知仁義法正之質 皆有可以能仁義法正之具 然則其可以爲禹明矣(『荀子』, 性惡 13).

**66** 이에 대해서는 김승혜(1990, pp. 236~239)와 졸저(조긍호, 1998a, pp. 228~230) 참조.

**67** 所以知之在人者 謂之知 知有所合 謂之智 所以能之在人者 謂之能 能有所合 謂之能(正名 3): 『荀子集解』에서는 知有所合 謂之智의 智를 知의 誤字로 보고 있다.

여기서 인식 근거[知]와 도덕 실천의 근거[能]는 인간에게 본유적인 가능태를 의미하고, 그 작용 결과인 지식[知]과 도덕 실천[能]은 현실태를 의미하는 것이다. 이렇게 순자는 지(知)와 능(能) 한 글자로 가능태와 현실태를 모두 지칭하고 있는데, "여기서 중요한 것은 순자가 가능태보다 현실태를 중시하여서, 가능태로서의 인간의 인식능력과 행위능력에 대해서는 직접적인 언급이 별로 없는 대신에, 사려와 선택을 통해 이루어지는 위(僞), 곧 인간의 도덕적 행위 및 인격 형성에는 지대한 관심을 표명했다는 것이다."[68] 즉, 인간은 가능태(현재의 상태)를 현실태(미래의 상태)로 만들어 가야 하는 존재라는 것이다.

물론 유학자들도 인간 생활에서 과거나 현재에 전적으로 의존되어 있는 측면이 없다고 보는 것은 아니다. 유학자들도 이기적 · 감각적 욕구의 충족은 현재의 자극 조건에 달려 있다고 본다.[69] 그러나 이러한 것은 동물적 생존과 관계가 있는 것으로 인간만의 독특한 특성은 아니다. 스스로가 갖추고 있는 선단(善端)을 주체적으로 자각하고, 이의 체득과 구현을 위한 능동적인 노력을 하는 데에 인간 존재의 특이성이 있는 것이다. 맹자는 이러한 능동적 도덕 인식과 실천의 중요성에 대해 다음과 같이 거듭 강조하고 있다.

> 삶[生: 생존 욕구] 또한 내가 바라는 것이고, 의(義: 도덕적 지향성) 또한 내가 바라는 것이다. 그런데 이 두 가지를 함께 얻을 수 없다면, 삶(생존 욕구)을 버리고 의(도덕적 지향성)를 취해야 한다. 삶 또한 내가 바라는 것이지만, 삶보다 더 간절하게 바라는 것[義]이 있으므로, 구차하게 삶을 얻고자 하지 않는 것이다. [……] 만일

---

68 김승혜, 1990, p. 237.

69 『論語』 述而 11; 顔淵 5; 『孟子』 告子上 15; 盡心下 24; 『荀子』 天論 24~25; 正名 8.

> 사람이 바라는 것 가운데 삶보다 더 큰 것이 없다면, 누구라도 무릇 삶을 보장해 줄 수 있는 일이라면, 무엇이라도 해보려고 하지 않겠는가? [……] 이렇게 삶보다 더 간절하게 바라는 것이 있는데 [……] 오직 어진 사람만이 이러한 마음을 갖는 것은 아니다. 사람은 누구나 다 이러한 마음을 가지고 있지만, 오직 어진 사람만이 이러한 마음을 잃지 않고 간직하는 것이다.[70]

> 무릇 자기 자신에게 사단이 갖추어져 있다는 사실을 깨달아 이를 넓혀서 채울 줄 알게 되면, 가히 불이 처음 타오르고 샘물이 처음 흘러나오는 것과 같을 것이니, 진실로 이를 채울 수 있으면 천하를 보전할 수도 있을 것이지만, 이를 채우지 못하면 부모를 섬기기에도 부족할 것이다.[71]

이와 같이 유학자들은 인간에게 있어서는 현재의 조건이나 현상적인 체험보다는 미래의 가능태를 인식하고, 이를 지향하는 것이 중요하다고 여긴다. 따라서 이러한 관점에서 보면, 인간 행동의 결정 요인을 과거의 경험 또는 생득 조건이나 현상적 인식에서만 구하는 것은 타당한 입장이 되지 못한다고 하겠다. 이러한 입장은 맹자의 다음과 같은 진술에서 잘 드러나고 있다.

> 그러므로 하늘이 요(堯)와 순(舜) 같은 사람에게 큰 임무를 내리고자 하면 먼저 그들의 마음과 정신을 괴롭히고, 그들의 근골을 수고롭게 만들며, 몸을 굶주림

---

**70** 生亦我所欲也 義亦我所欲也 二者不可得兼 舍生而取義者也 生亦我所欲 所欲有甚於生者 故不爲苟得也 [……] 如使人之所欲莫甚於生 則凡可以得生者 何不用也 [……] 是故所欲有甚於生者 [……] 非獨賢者有是心也 人皆有之 賢者能勿喪耳(『孟子』, 告子上 10).

**71** 凡有四端於我者 知皆擴而充之矣 若火之始然 泉之始達 苟能充之 足以保四海 苟不充之 不足以事父母(公孫丑上 6).

에 시달리게 하고, 그들의 몸에 걸칠 옷도 없게 하며, 또 그들이 하는 일을 어긋나게 만든다. 이는 하늘이 그들에게 시련을 주어 마음을 분발시키고 인내성을 키워서, 그들이 전에는 하지 못하던 경지까지 할 수 있도록 능력을 증대시켜주기 위해서인 것이다.[72]

이 구절에서 함축되고 있듯이, 현재의 자극 조건이 문제가 아니라 이를 통해 얻어지거나 달성될 수 있는 가능태를 인식하고, 이를 위해 주체적으로 노력하는 것이 올바른 삶의 태도라고 유학자들은 보고 있는 것이다.[73] 따라서 이러한 관점에서 보면, 인간 행동의 결정 요인을 과거나 현상적 인식에서만 구하는 것은 타당한 입장이 되지 못한다고 하겠다.

이러한 맥락에서 고찰해보면, 현대 서구심리학이 안고 있는 '과거 및 현상중심적 결정론'의 문제점을 탈피하기 위해서는 인간의 변화가능성과 상황가변성을 상정하는 유학사상을 심리학의 연구 내용 속에 받아들여야 할 것이다. 그렇게 하여 결정론의 함정에서 탈피하여 인간을 '미래지향적으로 바라봄'으로써, 인간의 존재확대를 도모하는 가능성을 열어갈 수 있을 것이다.

#### 4) 유학심리학의 이론적 지향

앞에서 서구 개인주의 문화의 이념적 기반인 자유주의사상의 인간관을 바탕으로 하여 현대 서구심리학의 연구 경향이 갖는 문제점을 진단하고,

---

72 故天之將降大任於是人也 必先苦其心志 勞其筋骨 餓其體膚 空乏其身 行拂亂其所爲 所以動心忍性 曾益其所不能(告子下 15).

73 공자도 『論語』 「憲問」편 8장에서 "아끼고 사랑한다면 수고롭게 하지 않을 수 있겠느냐? 마음을 다하여 보살피고자 한다면 깨우쳐주지 않을 수 있겠느냐?"(子曰 愛之 能勿勞乎 忠焉 能勿誨乎)라고 하여, 같은 입장을 피력하고 있다.

이러한 문제점을 보완할 수 있는 대안을 동아시아 집단주의 문화의 이념적 기반인 유학사상의 인간관을 바탕으로 하여 모색해보았다.

자유주의사상에서는 사회구성의 기본단위를 개인이라고 보아 인간의 존재의의를 독립적인 개인의 개체성에서 찾는다. 그러므로 자유주의사상의 영향을 지속적으로 받아온 개인주의 사회에서는 개인의 독특성을 중시하고 이를 과장하려는 경향을 띤다. 서구의 심리학자들이 개인 사이의 적응 양식과 능력의 차이 및 이의 측정의 문제에 지대한 관심을 보이는 까닭을 이러한 맥락에서 이해할 수 있다. 이렇게 서구심리학자들은 심리학을 개인 심리 내용과 행동에 대한 과학적 탐구로 정의할 만큼 지나친 개체중심주의에 기울어져 있는 것이다.

이러한 서구심리학의 지나친 '개체중심성'이 지니는 문제점은 인간의 사회성에서 그 존재의의를 찾으려고 하는 유학사상의 관점을 심리학에 받아들임으로써 보완할 수 있을 것이다. 유학사상에서는 사회구성의 기본단위를 사람들 사이의 관계라고 보는데, 따라서 유학사상의 영향을 오랫동안 받아온 동아시아 집단주의 사회에서는 사람들 사이의 연계성과 유사성을 강조하여 받아들인다. 유학사상을 기반으로 하여 구성될 심리학은 이렇게 사람들 사이의 유사성과 연계성 같은 사회적 존재 특성을 심리학 연구의 출발점으로 삼게 됨으로써, 강한 '사회성 지향의 심리학'이 될 수 있을 것이며, 이를 통해 지나친 개체중심주의에 빠져 있는 서구심리학의 문제점을 치유할 수 있을 것이다.

전통적인 서구심리학은 인간의 행동을 환경 자극이나 생물학적 욕구체계에 환원하여 이해하려는 지나친 '기계론적 환원론'에 의해 주도되고 있다. 이러한 경향은 인간이 여타 동물과 다른 고유한 특성을 이성 주체로서의 합리성에서 찾으려는 자유주의 사상의 인간관에서 기인되는 것으로 볼 수 있다. 인간의 행동을 지배하는 보편적인 법칙을 인간과 대립하는 실체인 환경 세계와 인간 활동의 원천인 생물체적 특성에서 찾는 것이 가장 합리적인 연구의 태도를 낳는 것으로 받아들여졌기 때문이다.

그러나 동아시아 집단주의 문화의 배경인 유학사상에서는 인간의 고유한 특성을 도덕적 주체성에서 찾는다. 유학자들은 도덕성이란 다른 사람과 사회에 대한 관심과 배려의 체계라고 보고, 이러한 타인/집단에 대한 주체적인 관심과 배려가 인간 활동의 원동력이라고 여긴다. 이러한 도덕적 주체성을 심리학의 연구에 받아들이면 인간의 이성적 측면보다 도덕적 측면에 대한 연구가 심리학의 핵심 연구 영역으로 부각될 것이다. 이렇게 유학심리학의 체계는 '도덕적 주체성을 지향하는 심리학'이 됨으로써, 이를 통해 기계론적 환원론에 기울어져 인간을 환경과 욕구의 영향하에 놓여 있는 피동적 존재로 이해하는 현대 서구심리학의 문제점을 보완하는 방안이 도출될 수 있을 것이다.

현대 서구심리학은 인간의 심리와 행동의 원인을 과거의 학습사나 과거의 발달사에서 찾으려는 강한 '과거결정론'의 경향을 띠거나, 아니면 현재의 현상적 인식에서 찾으려는 강한 '현상결정론'의 경향을 보이고 있다. 이는 인간을 고정되고 안정적인 내적 속성을 갖추고 있는 실체로 개념화하여 받아들이는 자유주의의 인간이해의 관점으로부터 직접 도출되는 경향이다. 행동의 동인으로서의 이러한 내적 속성은 개인에게 생물학적으로 갖추어져 있는 것이거나 아니면 과거에 경험을 통해 학습한 것이기 때문에, 개인의 현재의 행동은 대체로 과거 상태에서 원인을 찾을 수밖에 없다는 것이 서구 심리학자들의 관점인 것이다.

이와는 대조적으로 유학사상에서는 인간을 무한한 가능성을 갖추고 있는 상황가변적인 과정 속의 존재로 본다. 유학자들에 의하면, 인간은 자기의 노력에 따라 스스로가 갖추고 있는 도덕성을 인식하고 이를 일상생활 속에서 실천함으로써 도덕적인 완성을 이룰 수 있는 가능체로서의 존재이다. 그러므로 개인은 절대로 과거 상태에 의해서가 아니라 미래적인 완성가능성의 지배를 받는 존재이며, 인간의 행동은 대체로 이러한 미래의 가능성에 대한 기대에서 기인되는 것으로 이해할 수 있다는 것이 유학자들의 관점이다. 이러한 맥락에서 보면 인간에 대한 과거결정론의 이해의 문제점에서 벗어나는 길은 미래의 가능성을 연구 초점으로 삼는 유학사상의 관점을 심리학의 연구에서 받아들일 필요성이 도출된다. 유학사상을 모체로 하여 구성될 유학심리학은 이렇게 강한 '미래지향성을 특징으로 하는 심리학'이 될 것이다.

이상에서 보듯이, 현대 서구심리학이 가지고 있는 세 가지 문제점—지나친 개체중심성, 기계론적 환원론, 결정론적 수동성—을 탈피하고 구축될 유학심리학은 사회성과 도덕적 주체성 및 가변적 미래성을 지향하는 심리학이 되어야 할 것이다. 앞에서 논의된 현대 서구심리학의 문제점과 새로운 유학심리학이 지향하는 바를 각각의 인간이해의 관점을 기초로 하여 정리하면 [표 14]와 같다.

**[표 14] 서구심리학과 유학심리학 대비**

| 구분 | 서구심리학<br>(자유주의사상) | 유학심리학<br>(유학사상) |
|---|---|---|
| 인간의 존재 의의 | 개체성 | 사회성 |
| 관심 내용 | 개인의 독특성 | 사람들 사이의 연계성 |
| 연구 경향 | 개체중심주의 | 사회성 지향의 심리학 |
| 인간의 배타적 특성 | 합리성 | 도덕성 |
| 관심 내용 | 합리적 법칙 | 타인/집단 배려 |
| 연구 경향 | 기계적 환원론<br>(환경환원론 · 생물학적 환원론) | 도덕적 주체성 지향의 심리학 |
| 인간의 변이가능성 | 불변적 실체 | 가변적 과정체 |
| 관심 내용 | 과거의 강화사 · 발달사 | 미래의 가능성 |
| 연구 경향 | 과거 및 현상결정론 | 가변적 미래지향의 심리학 |

## 3. 새로운 연구문제의 도출

이상에서 현대 서구심리학의 문제점을 고찰해보았는데, 이들은 서구의 현대심리학이 발달하는 이론적 바탕이 되어왔던 자유주의사상의 인간파악의 관점과 깊은 관련성을 맺고 있는 것이었다. 자유주의사상가들은 인간을 독립적이고 평등한 자유의 주체라고 전제하므로, 사회란 이러한 개인들을 기본단위로 하여 구성되는 집합체일 뿐이라고 인식한다. 그러므로 서구인들은 사회나 집단보다는 개체로서의 개인에게 초점을 맞추어 인간의 삶과 세상사를 받아들이게 되고, 따라서 그들이 전개하는 심리학은 인간의 사회성을 도외시하는 개체중심성을 띨 수밖에 없었다. 이에 반해 동아시아 사회를 오랫동안 지배해왔던 유학사상에서는 인간을 사회적 관계체라고 파악하여 인간의 존재의의를 사회성에서 찾으려고 한다. 유학자들은 사회란 사람들 사이의 관계를 기본단위로 하여 구성되는 통합적인 유기체라는 관점을 전개함으로써, 인간의 사회성을 개체성보다 앞세우는 태도를 견지한다. 이러한 배경에서 그들은 인간에 대한 이해는 이러한 관계적 특성의 이해를 통해 이루어져야 한다고 본다. 그러므로 현대 서구심리학이 빠져 있는 지나친 개체중심주의의 덫에서 벗어나기 위해서는 인간의 사회성을 강조하는 유학적 관점을 심리학의 연구 속에 끌어들여야 할 필요성이 있다.

자유주의사상에서는 인간을 독립적이고 평등한 자유의 주체일 뿐만 아니라 이성의 주체이기도 하다고 파악하고, 이성 능력을 통한 합리적 계산 능력이 인간과 동물 사이의 근본적인 차이를 만들어낸다고 여긴다. 이러한 맥락에서 서구인들은 인간의 행동을 지배하는 합리적 법칙을 찾아내는 데 몰두하게 되고, 이것이 서구심리학의 특징을 형성하고 있다. 그들은 대체로 인간의 행동을 지배하는 합리적 법칙을 환경 자극이나 생물체적 욕구에 환원하여 이해하려는 강한 기계론적 환원론의 경향을 보인다. 이와는 대조적으로 유학사상에서는 인간을 덕성의 주체라고 파악하여, 인간과 동물의 차이를 도덕성의 본유 여부에서 찾으려고 한다. 이러한 도덕성은 타인과 사회에 대한 주체적이고 자발적인 관심과 배려로 표출된다는 것이 유학자들의 관점이다. 이러한 맥락에서 보면, 서구심리학의 기계론적 환원주의가 빠지고 있는 수동적 인간이해의 문제점에서 벗어나기 위해서는 도덕적 주체성을 강조하는 유학의 관점을 심리학의 연구 내용 속에 통합할 필요성이 도출된다.

또한 자유주의사상에서는 인간을 제반 내적 속성을 완비하여 갖추고 있는 실체로 인식하여, 인간 행위의 안정성과 일관성을 중시한다. 이러한 입장을 이어받은 서구인들은 현재의 인간을 지배하는 법칙을 각자가 태어날 때부터 갖추고 있는 속성이나 과거의 경험을 통한 학습의 결과에서 찾으려는 경향이 강하며, 이러한 태도는 심리학의 연구를 지나치게 과거결정론에 경도되도록 하는 문제점을 낳고 있다. 이에 반해 유학사상에서는 인간을 처해 있는 상황이나 타인과 맺는 관계에 따라 달라지는 가변체로 인식하여, 인간 존재의 미래지향성을 강조한다. 그러므로 서구심리학이 지나친 과거결정론의 문제점에서 벗어나기 위해서는 유학사상의 관점을 그들의 이론체계 속에 도입하는 일이 요청된다.

이상에서 분명해졌듯이, 현대 서구심리학이 안고 있는 '개체중심주의', '기계적 환원론' 및 '과거결정론'의 문제점에서 탈피하는 길은 인간의 사회적 존재특성, 도덕적 주체성 및 미래지향성을 강조하는 유학적 인간이해의 관점을 심리학의 연구 속에 받아들여야 할 것이다. 이렇게 유학사상의 인간이해를 주축으로 하여 구축될 심리학은 '사회성 지향의 심리학' · '도덕적 주체성 지향의 심리학' · '가변적 미래지향의 심리학'이 됨으로써, 서구의 현대심리학과 보완적으로 통합될 필요가 있다. 그렇게 되어야 글자 그대로 '보편심리학'의 꿈이 이루어질 수 있을 것이다.

이러한 맥락에서 여기에서는 이 책의 마지막 결론으로서 사회관계의 측면에서 유학사상에 바탕을 두고 도출되는 몇 가지 연구 내용에 대해 살펴보기로 하겠다. 이는 '역할심리학의 문제' · '분배정의의 문제', 그리고 '작업동기와 보상체계의 문제'들이다.

### 1) 역할심리학의 문제

유학은 지행합일(知行合一)을 지향하고 있는 이론체계이다. 유학자들은 스스로가 도덕 주체라는 사실에 대한 인식과 자기 수련을 통한 도덕적 완성에 그치지 않고, 이를 일상생활에서 실행하는 것이 사회적 관계체인 인간이 그 존재 의의를 달성하는 길이라고 본다. 실생활에서 도덕을 실천하여 사회관계의 조화를 달성함으로써 이상적인 공동체를 이룰 수 있게 된다는 것이다. 이렇게 도덕실천론은 바람직한 사회생활의 양태란 어떠한 것인지에 관한 유학자들의 이론체계라고 볼 수 있다. 이러한 도덕실천론에서는 사회관계에서 인간이 추구해야 할 것은 무엇이며, 사회관계를 유지하기 위해 해야 할 일이 무엇인지 하는 문제에 관한 심리학적 함의를 이끌어낼 수 있다.[74]

유학사상에서 도덕실천의 전형은 군자와 성인 같은 이상적 인간상의 상태에 이른 사람들의 사회적인 삶의 양태에서 찾을 수 있다. 공자의 복례론(復禮論), 맹자의 여인위선론(與人爲善論) 및 순자의 군거화일론(群居和一論)은 군자와 성인의 사회적인 삶의 양상을 통해 일상적 사회관계의 모습을 제시하려 한 유학적 사회관계론의 체계들이다.

---

74 이 절의 도입부와 항목 (2)는 선행 저술(조긍호, 2008, pp. 543~551)의 내용을 재정리하여 거의 그대로 옮겼다.

서구의 현대 사회심리학에서 사회관계를 보는 기본틀은 모든 대인관계를 교환의 관점에서 보는 합리적 계산자모형(計算者模型)[75]이다. 이 모형은 정보·도움·보상·애정 들을 주고받는 교환을 통해 사람들은 자기의 이익을 최대화하려는 이기적 존재라는 기본 전제에서 출발한다. 이것이 사회관계의 목표를 구성하는 명제이다. 곧 사회관계의 궁극적인 목표는 이러한 사회관계를 통해서 자기이익을 최대화하는 데 있다는 것이다.

이렇게 자기이익 최대화를 꾀하는 과정에서는 필연적으로 관계당사자들 사이에 이익 갈등이 빚어질 수밖에 없으므로, 이를 해소하고 원만한 관계를 유지하기 위해서 공정한 교환의 규범이 필요하게 된다. 이것이 관계 유지를 위한 규범을 구성하는 명제인데, 이 관점에서는 사회관계를 통해 얻게 될 이익과 부담의 철저한 계산과 공정한 교환을 강조한다.[76] 이렇게 교호성(交互性)과 공정성(公正性)의 원칙을 바탕으로 한 합리적 계산의 과정으로 사회관계를 개념화하는 것이 현대 사회심리학에서 전개하는 사회관계론의 핵심이다.

이렇게 '자기이익 추구 → 이익과 부담의 철저한 계산 → 공정하고 교

---

75 보통 '사회교환이론'(social exchange theory)이라고 통칭되는 이 관점은, 한 개인의 사회행동을 분석하는 거대 이론인 "학습이론과 의사결정이론의 두 가지를 토대로 구축"(Taylor, S. E. et al., 2003, p. 10)되어, 둘 이상의 사람의 관계를 분석하는 데 사용되어온, 현대 사회심리학의 가장 기본적인 이론체계 가운데 하나이다(Brehm, S. S., 1992, p. 157; Emerson, 1992, pp. 30~31; Shaw & Constanzo, 1982/1985, p. 90). 이러한 "교환의 관점은 (심리학뿐만 아니라) 사회과학 전체에 걸쳐 광범위하게 연구자들의 관심을 사로잡아온 이론틀이다"(Gergen, K. J. et al., 1980, p. viii). 4장에서 논의되었듯이 현대 사회과학에서 제시된 대표적인 사회교환 관점의 이론들에는 Blau(1964), Homans(1961), Thibaut와 Kelley(1959), Walster, E. E. 등(1978)의 이론들이 있다.

76 자유주의 이념에서 "이성은 본질적으로 자기이익을 가장 효과적으로 추구할 수 있게 하는 계산 능력"(노명식, 1991, p. 41)을 의미하므로, 이 모형에서 전제하는 이성에 근거를 둔 합리성의 추구란 곧 자기이익에 대한 철저한 계산을 의미하는 것이다. 앞에서 '사회교환이론'을 '합리적 계산자모형'이라고 이름붙인 것은 바로 이러한 맥락에 그 까닭이 있다.

호적인 교환에 따른 관계 유지'의 과정으로 사회관계를 개념화하는 사회교환이론들은 기본적으로 개인주의 사회에서 인간을 파악하는 기본 관점을 잘 따르는 데서 나오는 것이다. 개인주의의 이념적 바탕인 자유주의 사상체계에서 개인 존재를 자유의 보유자, 이성 주체, 그리고 안정적 실체라고 개념화하고 있다는 사실은 이미 보아온 바와 같다. 이러한 관점에서는 개인이 자기의 사적 소유와 이익을 확대할 수 있는 자유와 권리(재산권)를 갖추고 있고, 이를 위해 이성에 바탕을 둔 합리적 계산에 따라 자기에게 가장 유리한 방안을 선택할 수 있으며, 자기이익 최대화라는 안정적 목표를 일관성 있게 추구하는 존재라고 본다. 이러한 관점이 바로 합리적 계산자 모형에 따른 사회교환이론의 논리적 바탕이 되고 있는 것이다.

이와는 대조적으로, 유학사상에서 개념화하는 인간은 기본적으로 관계를 맺고 있는 타인에 대한 관심을 가지고, 그들을 우선적으로 배려하는 도덕성을 갖추고 있는 존재이다. 이러한 관점에서는 사람들 사이의 관계에서 요구되는 질서와 조화를 추구하는 것이 사회관계의 목표라고 전제하는 사회관계론이 도출될 수밖에 없다. 사회관계는 일상생활에서 도덕성을 실천하는 장(場)이기 때문이다. 이는 상호 독립적인 개인이 아니라, 사람들 사이의 관계가 사회구성의 기본단위라고 보는 데서 필연적으로 유추되는 관점인 것이다.

이러한 입장에 서게 되면, 독립적인 개인 사이의 공정한 교환을 통한 이익 추구가 사회관계의 목표가 아니라, 일상생활에서 자기를 다하고 타인에게까지 도덕실천을 미루어가는 충서(忠恕)의 통합(공자),[77] 특정 관계 당사자들[君臣 · 父子 · 夫婦 · 長幼 · 朋友] 사이에서 요구되는 기본적인 조화[親 · 義 · 別 · 序 · 信]의 추구와 달성(맹자)[78] 및 함께 모여 살면서 조화롭게

77 『論語』, 里仁 15.

통일을 이루는 일[群居和一](순자)[79]과 같이 조화로운 사회관계를 이루는 것이 사회관계의 목표로 부각된다.

나아가 유학사상에서는 이러한 조화의 달성은 각 관계에 본유적으로 내포되어 있는 역할의 수행을 통해 이루어진다고 보아, 역할 수행을 사회관계 유지의 핵심 규범으로 여긴다. 이것이 이른바 "군주는 군주의 역할을 다하고, 신하는 신하의 역할을 다하며, 부모는 부모의 역할을 다하고, 자식은 자식의 역할을 다해야 한다"[80]는 정명론(正名論)의 체계인 것이다. 맹자와 순자도 공자의 정명론 체계를 이어받아, 역할 수행이 관계 유지의 핵심 규범이라고 보고 있다. 맹자는 추기급인(推己及人)과 여민동지(與民同之)를 통해 이루어지는 여인위선(與人爲善)이 사회생활의 목표로서, 이는 각자의 역할 수행을 통해 관계 융합이 이루어져야 가능한 일임을 주장하고 있다.[81] 순자도 사회관계의 조화와 통일은 관계 속에 내재한 역할을 명료하게 인식하고[明分] 이를 수행[守分]하는 데서 이루어진다고 봄으로써, 공자의 정명론을 이어받고 있다.[82]

이렇게 공자·맹자·순자가 제시하는 사회관계론은 모두 관계 속에 내재하고 있는 역할의 인식과 그 수행의 문제로 집약되고 있다. 이러한 역할의 인식과 수행은 사회관계 유지의 규범이 될 뿐만 아니라, 사회관계가 추구하는 목표인 사회관계의 조화 달성을 이루는 전제이기도 한 것이다. 이러한 맥락에서 보면, 관계 속에 내재한 '역할의 인식과 그 수행의 문제'가 유학사상의 사회관계론에 바탕을 두고 정립될 유학심리학에서 탐구해

78 『孟子』, 滕文公上 4.
79 『荀子』, 榮辱 39~40.
80 『論語』, 顔淵 15.
81 『孟子』, 離婁上 2.
82 『荀子』, 富國 2~3; 君道 5.

야 할 중요한 연구 문제로 떠오르게 되는 것이다.

(1) 역할의 연구: 과연 심리학의 문제일 수 있는가?

이상에서 보듯이, 유학자들의 사회관계론에서 도출되는 연구주제는 사회관계 유지의 규범인 역할의 인식 및 수행과 관련된 '역할심리학'의 문제이다.[83] 이 문제는 선진유학의 사회관계론에서 도출되는 핵심주제라고 볼 수 있다. 그러나 이러한 역할의 문제는 지금까지 사회학자들의 관심사였지 심리학자들의 관심 대상은 아니었다. 역할의 문제가 사회학자들의 관심의 표적이 되어왔다는 사실은 사회학자가 사회학의 관점에서 정리한 사회심리학 교과서에서 현대 사회학적 사회심리학의 기본이론체계를 네 가지로 잡고 있는데(상징적 상호작용론 · 사회교환이론 · 사회비교이론 · 역할이론),[84] 역할이론이 그 중의 하나에 들고 있다는 사실에서 잘 드러난다.

이에 비해 심리학자가 심리학의 관점에서 정리한 사회심리학에서 현대 심리학적 사회심리학의 기본이론체계를 여섯 가지로 보고 있는데(동기이론 · 학습이론 · 인지이론 · 의사결정이론 · 사회교환이론 · 사회문화적 관점),[85] 이 중에 역할이론은 들어 있지 않다. 이렇게 현대심리학에서 널리 사용되고 있는 사회심리학의 교과서에서는 역할의 문제가 전혀 다루어지지 않거나,[86] 기껏해야 '성역할'(sex role)의 관점이나[87] 의사소통구조(communi-

83 이 항목은 선행 저술(조긍호, 2008, pp. 399~402)의 내용을 거의 그대로 옮겼다.

84 Rosenberg, M., & Turner, 1992.

85 Taylor, S. E., Peplau, & Sears, 1994, 1997, 2000, 2003: 이 중 '사회교환이론'은 2000년의 10판과 2003년의 11판에서 '상호의존성이론'이라고 기술하여, 교환 당사자들 사이의 상호관계에 초점을 맞추는 표현으로 바꾸고 있으며, 10판부터는 '진화사회심리학'(evolutionary social psychology)을 첨가하여, 일곱 가지 이론적 관점으로 모든 사회행동을 아울러 설명하고 있다.

86 Jones & Gerard, 1967; Baron, R. A., & Byrne, 1997; Aronson, 1988.

87 Raven & Rubin, 1983; Taylor, S. E. et al., 2003.

cation structure)와의 관련에서[88] 간단히 언급되고 있을 뿐인 것이다. 그러나 최근에 심리학적 사회심리학에서도 문화가 주요한 연구주제로 등장하면서 '사회적 역할'(social role)의 문제가 문화비교연구의 주된 개념틀의 하나로 제기되고 있는데,[89] 이는 이제 심리학자들도 서서히 역할의 문제에 관심을 갖기 시작했음을 시사하는 현상이라고 하겠다.

지금까지 심리학자들이 역할의 문제를 도외시해왔던 것은 '사회적 역할'이란 것이 개인의 심리적인 내용 속에 있는 것이 아니라, 객관적인 현실로서 제반 사회의 규정(social prescriptions) 속에 존재하는 것, 곧 개인 속에 내재하는 것이 아니라, 개인 밖에 외재하는 것이라는 생각이 배경에 깔려 있었던 것이 아닌가 싶다. 그러나 유학자들에 따르면, 역할의 문제는 사회구성 다음에 필요한 사회제도의 한 가지로 생겨나는 것이 아니라, 인간 존재가 본래부터 지닌 특성이다. 개인 존재는 역할의 연쇄망을 벗어나서는 존재할 수 없을 뿐만 아니라, 역할의 인식과 실천은 곧 도덕성의 인식 및 실천과 통하는 인간의 본질적 특성이기 때문이다.

이렇게 역할의 문제를 유학사상에서처럼 개인 존재에 내포되어 있는 존재의 근거 자체라고 봄으로써, 이를 개인의 심리 내용 속의 본유적인 개념으로 인식하게 되면, 이는 중요한 심리학적인 연구대상으로 떠오르게 될 것이다. 이러한 사실은 '성역할'의 문제도 제도적으로 엄격하게 구분되어 상호 불가침의 관계였던 남성의 일과 여성의 일이 사회로 진출하는 여성의 수가 급증함으로 인해 그 경계가 모호해졌고, 그 결과 성역할을 생물학적 성[sex]에 의해서가 아니라 사회문화적으로 형성[gender]되거나 각자가 받아들인 심리 내용 속의 개념으로 인식하기 시작한 이후에 본

**88** Raven & Rubin, 1983.

**89** Taylor, S. E. et al., 2003, pp. 10~13.

격적으로 심리학적 조명을 받기 시작한 것으로 볼 수 있다는 시사에서[90] 그 개연성의 일단을 찾아볼 수 있을 것이다.

순자도 역할 구분의 근거이며 예의 체계인 도에 대해 "마음이 도를 인식한[知道] 연후에야 도를 옳은 것으로 받아들이게 되고[可道], 그런 후에야 도를 지키고[守道] 도가 아닌 것을 금할 수[禁非道] 있게 된다"[91]고 봄으로써, 예에 의한 역할 구분의 규범이 개인의 심리적인 인식과 수용을 전제로 하여 실제에 실행될 수 있는 것임을 시사하고 있다. 그는 또한 "올바름[義]을 바른 것으로 받아들여서 이를 행하는 것이 바로 도덕적 행위"[92]라고 여김으로써, 예의의 실행은 이의 개인 내적 인식을 근거로 함을 말하고 있다.

이런 진술들은 모두 예(禮)의 개인 심리 내용으로의 전화(轉化)가 바로 화성(化性)이라는 사실[93]과 결부시켜 보면, 예의 체계인 역할과 몫의 구분이 바로 개인 심리적 문제가 됨을 말하는 것으로 볼 수 있다. 이렇게 되면 역할의 문제는 바로 심리학적 연구 문제가 되는 것이며, 따라서 선진유학자들에게서 도출되는 역할과 예(禮)의 문제는 사회학의 문제가 아니라 심리학의 문제로 떠오르게 되는 것이다. 그러므로 사회적 존재인 인간의 상호관계의 형성과 유지 과정을 포괄적으로 이해하기 위해서는 사회적 역할 인식과 그 수행의 문제에 대한 탐구가 앞으로 사회심리학에서 본격적으로 전개될 필요가 있으며,[94] 이것이 바로 공자 · 맹자 · 순자 같은 선진

---

**90** Taylor, S. E. et al., 2003, pp. 335~369.

**91** 『荀子』, 解蔽 11.

**92** 正義而爲 謂之行(正名 3).

**93** 조긍호, 1995, pp. 10~12; 蔡仁厚, 1984, pp. 392~398.

**94** 이수원(1993, 1994)은 이미 '역할'이 개인 내의 심리 내용에 근거를 두고 있음을 밝혀내고, 이로부터 파생되는 외계 인식의 틀인 '조망'이 사회행동의 근거임을 제시함으로써, 이러한 연구의 새로운 가능성을 보여주고 있다.

유학자들의 사회관계론이 현대 사회심리학에 던져주는 중요한 시사점이라고 볼 수 있을 것이다.

#### (2) 역할심리학 도출의 배경

개인은 이기적 존재이든 아니면 도덕적 존재이든, 모여서 사회생활을 하지 않을 수 없다. 사회관계를 형성하고 유지해야 하는 것은 인간 삶의 기본 조건인 것이다. 사회관계를 형성하는 것은 사회관계의 목표 설정과 관련되는 문제이고, 사회관계를 유지하는 것은 사회관계의 갈등 해소와 관련되는 문제이다.

서구 개인주의 사회와 같이 사회관계를 교환의 관계로 파악하느냐 아니면 유학사상에서와 같이 도덕 실천의 과정으로 파악하느냐에 따라, 사회관계를 통해 이루어야 할 목표에 대한 관점의 차이가 빚어진다. 사회관계를 통해 이루고자 하는 목표에 대한 인식의 차이는 궁극적으로 동·서양 진영에서 전개될 사회관계론의 모습을 근본적으로 다르게 만든다.

또한 사회관계를 유지하는 데는 개인의 자유의 제한 같은 개인에 대한 제약이 따르게 마련이다. 그러므로 사회관계론에서는 이러한 제약을 극복하고 사회관계를 유지하는 데 필요한 규범들을 설정할 수밖에 없는 것이다.

서구의 사회교환이론에서는 사회관계의 목표를 개인이익의 최대화라고 보고, 그 과정에서 필연적으로 빚어지는 이익 갈등을 공정한 교환의 규범에 따라 해소함으로써 사회관계가 유지된다고 본다. 이에 비해 유학의 도덕실천론에서는 사회관계의 목표를 조화로운 사회관계를 형성하고 유지하는 데에서 찾고, 이는 사회관계에서 각자에게 요구되는 역할을 명확하게 인식하고 수행하는 데에서 이루어진다고 본다. 즉 유학적 도덕실천론에서는 관계 속에서 요구되는 역할의 인식과 실천이 핵심적인 연구 문제로 부각되는 것이다.

**사회관계의 목표** 개인주의의 배경이 되고 있는 자유주의의 체계에서는 개체성 · 합리성 · 실체성을 기반으로 하여 인간을 이해하려고 한다. 이러한 맥락에서 서구인들은 사회관계를 안정적이고 고정적인 내적 속성을 갖추고 있는 독립적이고 개별적인 개인들이 합리적 선택을 통한 계약과 거래를 하는 것이라고 본다. 이러한 계약과 거래를 통해 정보 · 보상 · 도움 · 애정 등을 주고받는 교환을 하는 것이 사회관계의 핵심이라는 것이다.

사회교환이론의 핵심 전제는 상호 평등하고 독립적인 개인들이 사회구성의 기본단위이며, 사람들은 교환의 관계를 통해 자기이익을 최대화하려는 욕구를 가지고 있다고 보는 것이다. 이성의 주체로서 개인들은 합리적인 선택을 통해 교환 관계에서 자기에게 이익을 가져오는 행위는 계속 수행하고, 부담을 지우는 행위는 하지 않으려 한다고 가정된다. 서구인들은 상호 독립적이며 이익 추구적인 개인 사이의 계약과 교환의 과정을 통해 각자가 자기이익을 최대로 보장받을 수 있다고 여긴다. 이렇게 서구의 교환이론에서는 인간을 쾌락추구적인 존재로 보아, 사회작용에서 얻게 되는 자기이익의 최대화에서 사회관계의 목표를 찾는 것이다.

이와는 대조적으로, 유학사상에서는 사회관계를 다른 사람들에 대한 관심과 배려를 실천하는 장(場)이라고 본다. 서로에 대해 관심을 가지고 있는 개인들이 서로를 배려하는 것이 사회관계의 바람직한 모습이라는 것이다. 그러므로 사회관계란 도덕 주체로서의 자기가 다른 사람과 사회에 대한 책임을 수행하기 위한 활동의 공간이라는 의미를 갖는다.

공자는 자신의 도가 자기를 다하는 충(忠)과 자기를 타인에게까지 미루어가는 서(恕)로 관통되어 있다고 하여, 충서의 통합을 사회관계의 목표로 제시하고 있다. 곧 도덕성의 인식과 실천을 사회관계의 목표로 부각시키고 있는 것이다. 그는 이러한 목표가 사회관계에서 모든 사람이 각자의 역할을 충실히 수행함으로써 이루어진다고 보는 정명론을 편다. 맹자는 사회관계의 목표를 대인관계에서 조화를 달성하는 일[五倫] 및 일상생활에서 다른 사람들과 함께 선을 이루는 일[與人爲善]로 잡고, 이러한 목표는 각자가 자기의 역할을 다하는 데서 이루어진다고 보고 있다. 순자도 조화롭고 통일된 사회관계를 이루기 위해서는 역할의 정확한 인식과 수행이 전제되어야 한다고 본다.

이와 같이 유학의 도덕실천론에서는 조화로운 관계의 형성을 사회관계의 목표로 잡고 있는데, 이는 해당 관계 속에서 각자에게 요구되는 역할을 인식하고 수행하는 데서 이루어지는 것이라고 전제한다. 여기에서 사회관계와 관련하여 역할심리학의 문제가 유학심리학의 핵심 연구 주제로 부각되는 근거를 만나게 된다.

**사회관계 유지의 규범** 서구의 사회교환이론에서는 개인들이 사회관계를 통하여 각자의 이익을 최대화하려고 노력하게 된다고 전제한다. 그러나 한 사회가 보유하고 있는 자원에는 한계가 있는 것이 보통이고, 공동작업을 통해 이루어내는 성과도 제한되어 있게 마련이다. 이러한 상황에서 상호작용을 하고 있는 각자가 자기이익의 최대화를 위해 경쟁하다보면, 그들 사이에 필연적으로 이익 갈등이 빚어질 수밖에 없게 된다. 그러므로 이러한 이익 갈등을 최소화하고, 사회관계를 유지하기 위한 규범이 필요하게 되는 것이다.

사회교환이론에서는 관계당사자들 사이에 이득과 부담의 공정한 교환이 이루어져야 사회관계가 유지될 수 있다고 본다. 곧 합리적 계산에 따른 공정성의 추구가 사회적 갈등을 해소하고 두 당사자들을 계속 기존의 관계 속에 묶어두는 핵심이라는 것이다. 그러나 이러한 공정한 교환은 관계 유지의 최소 충족 요건일 뿐이다. 공정한 교환이 이루어지면 관계가 깨지지 않을 뿐, 그에 만족하게 되거나 또는 그 관계가 더 강화되는 것은 아니다.

이러한 맥락에서 교환이론들에서는, 공정한 교환을 통한 관계 유지에 대해서와 마찬가지로, 관계의 만족도에 영향을 미치는 요인들에 대해서도 관심을 쏟는다. 티보와 켈리의 '상호의존성이론'이 그 대표적인 예인데, 이 이론에서는 개인이 교환 관계에서 얻은 자기 성과의 마땅함(deservingness)을 평가하는 '비교수준'이 관계의 만족도를 판단하는 기준이 된다고 보아 중시한다. 비교수준보다 높은 성과는 만족을 가져오지만, 낮은 성과는 불만을 유발한다는 것이다. 이렇게 사회교환이론에서는 '공정성'을 관계 유지의 규범으로, 자기가 얻는 성과가 자기의 노력에 비해 '마땅한 정도'를 관계의 만족도를 판단하는 기준으로 제시하고 있다.

이와는 대조적으로, 유학사상에서는 관계 속에 내재한 역할을 충실히 수행하는 것이 관계를 지속하게 만들 뿐만 아니라, 이를 더 강화하기도 한다고 본다. 공자의 '정명론', 맹자의 '진도론', 순자의 '명분 · 수분론'은 사회관계에서 자기에게 부여되어 있는 역할을 분명하게 인식하고 수행하는 일이 사회관계를 조화롭게 유지하는 핵심이라고 보는 이론들이다. 한 걸음 더 나아가 순자는 "그러므로 역할과 몫을 나누지 않는 것은 사람의 커다란 재앙이고, 역할과 몫을 나누는 것은 천하의 근본적인 이익"[95]이라고 진술하여, 역할의 명확한 인식과 수행이 천하를 근본적으로 이롭게 하는 일이 된다고까지 표현하고 있다.

여기서 역할 수행과 관련하여 한 가지 더 살펴보아야 할 것은, 이러한

**95** 故無分者 人之大害也 有分者 天下之本利也(『荀子』, 富國 7).

역할의 수행이 쌍무적으로 이루어져야 한다는 사실이다. 곧 부모가 자기의 역할을 다하는 것과 자식이 자기의 역할을 다하는 것이 함께 이루어져야 부모와 자식 사이에 친애함이라는 조화와 질서가 이루어지지, 어느 한쪽만의 역할 수행에 따라서는 이루어지지 않는다고 유학자들은 보고 있는 것이다. 유학자들은 서로 하나의 단위를 이루는 사람들의 쌍무적인 역할 수행을 강조하여, 예를 들면 항상 군주와 신하[君臣], 부모와 자식[父子]의 동시적이고도 쌍무적인 역할 수행을 부각시키고 있다.[96] 이러한 사실을 가리켜 순자는 "역할 수행의 길은 한쪽만 자기 역할을 수행하면 어지러워지지만, 양쪽이 모두 자기 역할을 수행하면 사회관계에 질서가 이루어지게 될 것"[97]이라고 진술하고 있다. 이렇게 보면, 유학자들은 교환물의 공정성이 아니라, 쌍무적인 '역할 수행의 공정성'을 강조하고 있었던 것이라고 생각할 수 있다. 요컨대, 추구하는 공정성의 내용이 다른 것이지, 유학사상이라고 해서 공정성을 완전히 외면하는 것은 아니라는 말이다.

이렇게 유학의 도덕실천론에서는 조화로운 사회관계를 유지하기 위한 규범도 관계 속의 역할의 인식과 쌍무적인 수행에서 구한다. 사회관계 속에서 요구되는 역할을 동시에 함께 수행하는 것은 조화로운 사회관계를 형성하는 요체일 뿐만 아니라, 사회관계의 조화를 유지하는 관건이기도 하다는 것이다.

#### (3) 역할심리학의 연구 문제들

이렇게 유학자들은 역할의 인식과 수행이 사회관계의 목표(복례를 통한

---

**96** 『論語』, 顔淵 11; 『孟子』, 離婁上 2; 『荀子』, 君道 5 등.
**97** 此道也 偏立而亂 俱立而治(『荀子』, 君道 5).

충서의 통합·여인위선·군거화일)를 이루기 위한 전제가 된다고 보아, 역할의 문제를 중시하고 있다. 그렇다면, 역할의 인식과 수행이 복례를 통한 충서의 통합·여인위선·군거화일이라는 사회관계의 목표, 더 나아가서는 인간 삶의 목표를 이룰 수 있는 전제가 되는 까닭은 무엇인가? 이러한 역할의 정확한 인식은 어떻게 해서 이루어질 수 있는가? 역할의 인식과 수행 사이의 관계는 어떠한가? 역할의 인식이 그대로 그 충실한 수행으로 이루어지는 것은 아닌데, 역할의 충실한 수행에 개재하는 요인에는 어떠한 것들이 있는가? 한 개인이 동시에 다양한 역할을 수행할 경우, 역할 사이에 개재하는 갈등은 어떻게 해결할 것인가? 앞으로 유학사상에 토대를 두고 정립될 유학심리학은 역할의 인식과 수행을 둘러싸고 있는 이와 같은 문제들을 집중적으로 탐구해야 할 것이다.

이러한 여러 문제들은 사람들에게 주어져 있는 역할의 종류에는 어떤 것들이 있으며, 그러한 역할들이 인간에게 주어져 있는 근거는 무엇인가 하는 문제로부터 탐구해야 할 것이다. 그것이 분명해져야 역할의 인식이 명확해지고, 그러한 바탕 위에서 역할의 충실한 수행이 이루어질 수 있을 것이기 때문이다.

**역할의 유형과 그 부여 근거** 유학자들 가운데 역할의 문제에 대해 집중적으로 논의하고 있는 사람은 순자이다. 그는 이러한 역할을 귀천(貴賤)으로 대표되는 '사회등급', 장유(長幼)로 대표되는 '사회윤리', 그리고 지·우(智·愚)와 능·불능(能·不能)으로 대표되는 '사회직분'의 차이로 나누고 있다. 이러한 사실은 다음과 같은 진술문에 잘 나타나 있다.

> 사람이 욕구를 무한정 좇게 되면, 자연의 형세는 이를 다 충족시킬 수 없고 물자는 부족하기 마련이다. 그러므로 선왕이 이를 감안해서 예의를 정해, 각자의 역

> 할과 이에 따른 몫을 나누어주었다. 그리하여 귀천의 등급, 장유의 차이, 지혜와 능력의 나뉨이 있도록 하여, 사람들로 하여금 모두 그 해야 할 역할을 맡아 수행하도록 함으로써, 각각 그 합당함을 얻도록 하였다. [……] 이것이 바로 '사회생활을 하면서 조화롭게 통일을 이루는 길'이다.[98]

> 역할의 나뉨이란 무엇을 말하는가? 귀천에 등급이 있게 하고, 장유에 차이가 있게 하며, 빈부에 가벼움과 무거움이 있게 하여, 모두가 각각의 알맞음을 누리게 하는 것을 말한다.[99]

이 인용문들에서 표현되고 있듯이, 순자는 귀천과 같이 사회제도에 수반되는 신분(身分) 상의 역할, 장유와 같은 사회윤리 상의 역할, 능력과 지능의 차이에 따른 사회직분 상의 역할을 인간의 세 가지 역할의 유형으로 구분하고 있다. 다음의 진술을 보면 이러한 역할의 유형이 좀 더 분명하게 드러난다.

> 가정과 조정 및 군대의 의례가 예에 의해 하나로 통일된다. 사회적 신분과 그에 따른 역할의 실천도 예에 의해 통일되고, 군신 · 부자 · 형제 같은 사회윤리적 역할 실천도 예에 의해 통일되며, 사 · 농 · 공 · 상 같은 사회직분의 역할 실천도 예에 의해 통일된다.[100]

---

98 從人之欲 則勢不能容 物不能贍也 故先王案爲之制禮義以分之 使有貴賤之等 長幼之差 智愚能不能之分 皆使人載其事 而各得其宜 [……] 是夫群居和一之道也(榮辱 39~40).

99 曷謂別 曰 貴賤有等 長幼有差 貧富輕重 皆有稱者也(禮論 2): 「富國」편 5쪽에도 禮者貴賤有等 長幼有差 貧富輕重 皆有稱者也라는 말이 나오고 있어, 순자가 사회등급 · 사회윤리 · 사회직분의 세 가지를 역할 구분의 3요소로 중시하고 있음을 드러낸다.

100 故喪祭朝聘師旅一也 貴賤殺生與奪一也 君君臣臣父父子子兄兄弟弟一也 農農士士工工商商一也(王制 20).

여기서 가정과 조정 및 군대의 의식(儀式)은 역할의 구분과 실천을 의미하는 것이 아니므로 제외하고 보면, 순자는 귀천의 '사회적 신분', 군신 · 부자 · 형제(장유)의 '사회윤리', 각자의 능력에 따른 사 · 농 · 공 · 상의 '사회직분'의 세 가지를 사회적 역할의 근거로 제시하고 있다고 할 수 있다. 이 중에서 사회윤리 상의 역할은 사람이 태어날 때부터 갖추고 있는 것이다. 인간은 이러한 관계 속에서 태어나서 살아가기 때문이다. 이러한 관점에서 이는 인간에게 부여되어 있는 가장 기본적인 역할이라고 볼 수 있으며, 이러한 맥락에서 공자와 맹자는 사회윤리 관계의 역할을 가장 중시하고 있는 것이다.[101] 사회적 신분에 따른 역할은 타고나는 것이 아니라 개인의 도덕적 수양의 결과에 따라 주어지는 것이다. 이는 유학의 군자론과 성인론의 핵심적 요지로서, 도덕적 자기수양이 사회신분에 따른 역할의 차이를 유발하는 근거이다. 시회직분에 따른 역할의 차이도 개인이 개발한 능력의 차이를 근거로 하는 것이다.[102]

이러한 맥락에서 보면, 인간에게 주어지는 다양한 역할은 사회윤리 관계에서 주어지는 것이어서 개인이 하기에 따라 달라지지 않는 항구적인 역할과 개인의 도덕적 수양에 따라 달라지는 사회신분(등급) 상의 역할 및 개인의 능력 개발의 결과에 따라 달라지는 사회직분 상의 역할로 나눠진다는 것이 순자를 비롯한 유학자들의 역할관이라고 하겠다.[103]

101 공자는 正名論(『論語』, 顔淵 11)을 통해서, 맹자는 五倫說(『孟子』, 滕文公上 4)과 盡道論(離婁上 2) 및 推己及人說(梁惠王上 7)에서 사회윤리관계에서의 역할의 인식과 수행을 강조하고 있다.

102 論德以定次 量能以授官 皆使其人載其事 而各得其所宜(『荀子』, 君道 12); 德以敘位 能以授官(致士 19).

103 이에 대해서는 다음 절의 "유학사상과 분배정의의 문제" 중 "역할 구분의 근거: 덕과 능력에 따른 형평" 부분에서 자세하게 논의될 것이다.

**역할 수행의 효과** 계속 언급해온 대로, 유학자들은 사회관계에서 자기에게 요구되는 역할을 분명하게 인식하고 이를 실생활 장면에서 수행하는 일은 사회관계의 조화와 통일을 이루는 핵심이라고 여긴다. 그러므로 유학자들에게 있어 사회관계에서 역할을 구분하는 일은 사회생활이 이루어지는 기반이 된다. 이러한 사실을 순자는 다음과 같이 진술하고 있다.

> 사람은 사회생활을 하지 않을 수 없다. 그런데 사회생활을 하면서 역할의 나뉨이 없으면 서로 다투게 되고, 서로 다투면 혼란해지며, 혼란해지면 곤궁하게 된다. 그러므로 사회관계에서 역할의 나뉨이 없는 것은 사람에게 커다란 재앙이 되고, 역할을 나누는 것은 천하에 근본적인 이익을 가져온다.[104]

이렇게 사회관계에서 역할을 나누어 각자가 각자의 역할을 수행하는 것은 천하의 통의(通義)로서 사회의 근본이 된다. 이렇게 역할을 나누는 것은 온 천하 사람들을 두루 잘 기르는 방편이라는 것이 유학자들의 관점이다.

> 해야 할 역할이 똑같게 되면 두루 미치지 못하고, 세력이 가지런하면 통일되지 못하며, 사회생활을 하면서 누구나 똑같은 일을 하면 서로 영향을 미치지 못하게 되므로 필요한 것을 얻지 못한다. [……] 세력과 지위가 나란하고, 하고 싶은 것과 싫어하는 것이 같은데 자원이 풍부하지 못하면, 반드시 다투게 된다. 다투면 혼란해지고, 혼란해지면 곤궁해진다. 선왕(先王)은 이러한 혼란을 싫어하여,

104 人之生不能無群 群而無分則爭 爭則亂 亂則窮矣 故無分者 人之大害也 有分者 天下之本利也(『荀子』, 富國 6~7).

> 예의를 제정해서 각자의 역할을 나누어주었다. 그리하여 사회직분과 신분의 차이가 있게 함으로써, 서로 겸하여 마주 대하기에 충분하게 하였다. 이렇게 역할을 나누는 것이 바로 천하 사람들을 고루 기르는 근본인 것이다.[105]

이렇게 역할의 구분은 사회생활을 영위하는 근본이기 때문에 각자가 자기에게 주어져 있는 역할을 충실히 수행하는 것은 사회생활을 조화롭게 통일시키는 유일한 길이 된다. 이는 사회윤리나 사회신분 상의 역할 수행에서 뿐만 아니라, 사회직분 상의 역할 수행의 경우에도 마찬가지이다.

> 농민은 힘을 다해 농사일에 맡은 역할을 수행하고, 상인은 세밀하게 살펴 재물을 늘이는 역할을 수행하며, 여러 기술자들은 도구와 그릇을 만드는 역할을 충실히 수행하고, 사대부 이상 공후(公侯)에 이르기까지는 누구나 어짊과 후덕함 및 지혜와 능력으로써 관직에서 맡은 역할을 충실히 수행해야 한다. 그렇게 되면 '지극한 평화'[至平]가 이루어진다.[106]

이 인용문에서 기술되고 있듯이, 각자가 자기에게 주어져 있는 역할을 충실히 수행하게 되면 조화로운 사회관계가 형성됨으로써, 지극히 평화로운 사회를 이룰 수 있게 된다는 것이 유학자들의 관점이다. 즉 조화로운 사회관계의 형성과 유지는 오로지 각자가 자기에게 주어져 있는 사회

---

**105** 分均則不偏 勢齊則不壹 衆齊則不使 [……] 勢位齊 而欲惡同 物不能澹 則必爭 爭則亂 亂則窮矣 先王惡其亂也 故制禮義以分之 使有貧富貴賤之等 足以相兼臨者 是養天下之本也(王制 5~6).

**106** 農以力盡田 賈以察盡財 百工以巧盡械器 士大夫以上至於公侯 莫不以仁厚知能盡官職 夫是之謂至平(榮辱 40).

윤리 · 사회신분 · 사회직분 상의 역할을 충실히 수행함으로써만 가능해진다는 것이다.

**역할 수행의 점진적 확대** 한 개인에게 주어져 있는 사회윤리와 사회신분 및 사회직분 상의 다양한 역할 사이에 갈등이 있거나 그 수행의 선후 문제가 발생할 때 유학자들은 이러한 문제를 어떻게 풀려고 하는가? 이 문제에 대해 유학자들은 도덕실천의 점진적 확대론을 통해 제시하고 있다.

공자는 [충(忠) → 서(恕)][107]의 확대, 맹자는 [친친(親親) → 인민(仁民) → 애물(愛物)][108]의 확대, 그리고 순자는 [지도(知道) → 가도(可道) → 수도(守道) → 금비도(禁非道)][109]의 확대를 도덕실천의 확대론으로 제시하고 있다. 이는 모두 도덕실천은 [도덕적 자기수양 → 조화로운 대인관계의 형성 → 사회적 책무의 자임(自任)과 수행]의 단계로 확대되어야 함을 의미하는 것이다. 즉 유학자들은 자기수양에 머무르지 말고, 이러한 도덕적 주체 인식을 다른 사람과의 관계와 사회적 책무의 자임의 단계에까지 확대하는 것이 군자의 도덕 실천의 자세라고 보고 있는 것이다.

이러한 도덕 실천의 확대론은 역할 수행의 확대론을 전제로 성립하는 이론체계라고 볼 수 있다. 앞에서 논의한 사회윤리 관계는 사람이 태어나는 바탕으로, 가족관계가 그 근간이 되는 것이다. 사회신분 관계는 도덕적 자기수양의 결과 갖추어지는 역할의 체계이고, 사회직분 관계는 능력의 개발 결과에 따라 주어지는 역할의 체계이다. 그러므로 사회윤리 관계가 사회신분이나 사회직분의 관계보다 선행되는 가장 기본적인 사회관계

---

**107** 『論語』, 里仁 15; 衛靈公 23.

**108** 『孟子』, 盡心上 45.

**109** 『荀子』, 解蔽 11.

를 이루는 것이며, 따라서 사회윤리 관계의 역할 수행이 나머지 역할의 수행보다 선행되어야 하는 것이다. 이러한 사실은 도덕 원칙에 관한 유학자들의 관점에 잘 드러나고 있다.

유학자들은 인간은 타인 및 집단과 맺는 관계 속에서 존재 의의를 찾을 수밖에 없다고 봄으로써, 자기확대를 비전으로 하는 타인 및 집단에 대한 배려에서 도덕성의 본질을 찾는다. 유학자들은 인간에게서 사회성을 제거해 버리면 인간은 존재 의의 자체를 상실하게 된다고 본다. 이러한 관점에서 개인의 권리와 객관적인 정의의 원칙은 절대적이거나 보편적인 것이 아니라 이차적인 중요성을 가질 뿐이며, 이보다는 관계 상대방에 대한 관심과 배려 및 책임감이 더 중요하게 된다. 이들에게 있어서 객관적인 행위 원칙인 정의의 원칙은 절대적이거나 보편적인 것이 아니라 이차적인 중요성을 가지는 것일 뿐이며, 이보다 대인관계에서의 상대방에 대한 배려와 책임감이 더 중요하다는 사실을 공자는 다음과 같이 제시하고 있다.

> 섭공(葉公)이란 사람이 공자에게 "우리 무리에 정직하게 행동하는 사람이 있습니다. 그는 자기 아버지가 남의 양을 훔치자, 관가에 고발하여 이를 증거하였습니다"라고 말씀드렸다. 이에 대해 공자께서는 "우리 무리의 정직한 사람은 이와 다릅니다. 아버지는 자식을 위하여 숨겨주고, 자식은 아버지를 위하여 숨겨줍니다. 정직함은 바로 이러한 가운데에 있는 것입니다"라고 말씀하셨다.[110]

이 인용문에서 드러나듯이, 객관적인 정의의 원칙보다 부모-자식 사

110 葉公語孔子日 吾黨有直躬者 其父攘羊 而子證之 孔子日 吾黨之直者異於是 父爲子隱 子爲父隱 直在其中矣(『論語』 子路 18).

이의 윤리가 더욱 중요하며, 구태여 정의의 원칙을 내세우지 않아도 사람들 사이의 관계가 바로 정립되면, 저절로 바른 행위가 이루어진다고 보는 것이 공자의 입장이었다. 사람들 사이의 관계 윤리, 즉 타인에 대한 배려와 책임이 객관적이고 보편적인 행위 원칙보다 우선한다고 공자는 보고 있는 것이다.

물론 이 인용문에서 공자가 객관적인 정의 원칙을 무시하는 것이 옳다고 보는 것은 아니다. 다만 객관적 원칙보다는 모든 행위 원칙의 출발 원천으로서의 대인관계, 그 중에서도 특히 부모-자식 사이의 관계에서 서로 간에 배려하고 상대방의 복지에 대해 책임을 지려고 하는 자세가 더욱 중요함을 역설하고 있을 뿐인 것이다. 대인관계에서 서로 간의 배려와 책임이 도외시되거나 무시되면, 객관적인 행위 원칙의 도출 근거 자체가 사라지게 된다고 공자는 보고 있었던 것이라고 생각할 수 있다. 이렇게 다른 사람에 대한 배려와 책임감에서 도덕성의 근거를 찾으려 하는 것이 '배려의 도덕성'(the morality of caring)으로, 동아시아 집단주의 사회에서는 이러한 관점에서 도덕성을 개념화하고 있다.[111]

이렇게 배려의 도덕성은 도덕성의 출처를 대인관계에서의 타인에 대한 관심과 배려 및 책임감에서 찾으려고 하는 입장이다. 개인이 스스로의 권리나 자유 또는 이익보다는 관계를 맺고 있는 타인에 대한 배려와 책임을 우선시하는 데에서 도덕성이 나오게 된다고 보는 것이 집단주의 사회의 특징이다. 즉, "집단주의 사회에서 개인의 욕구와 권리에의 관심은 사회적 의무보다 부차적이며, 개인 간의 근본적인 상호의존성에서 나오는 대인 간 책임감은 강력한 도덕적 '선'으로 경험되는 것이다."[112]

---

**111** 조긍호 · 이재영, 2007; Fiske, A. P. et al., 1998; Gilligan, 1982; Miller, J. G., 1994, 1997a, b; Miller, J. G., & Bersoff, 1992, 1994.

**112** Fiske, A. P. et al., 1998, p. 941.

이러한 맥락에서 보면 부자 · 부부 · 형제 같은 가족관계에서 비롯되는 사회윤리 관계에서의 역할 수행이 사회신분이나 사회직분 등 다른 모든 역할 수행보다 선행되어야 한다는 것이 유학자들의 관점이다. 그것이 바로 개인의 도덕 실천의 근거이자 도덕적 자기수양의 본질을 이루는 것이기 때문이다.

### 2) 분배정의의 문제

"진리가 사상체계의 제일덕목이라면 정의는 사회제도의 제일덕목"[113] 이라고 표현될 정도로 정의의 문제는 인류 역사를 통하여 가장 중시해온 문제였는데, 아리스토텔레스 이후 정의에 대한 탐구는 주로 '분배정의'의 문제로 집중되어왔다. 분배정의란 한 사회가 보유하고 있는 유한한 자원이나 공동작업의 성과를 성원들에게 어떻게 분배하는 것이 정의로운가 하는 문제이다. 이때 정의의 기준은 '공정성'이다. 즉 사회 성원들이나 공동작업자들에게 사회자원이나 공동작업의 성과를 공정하게 분배해주는 것이 바로 정의의 핵심이라는 것이다. 그렇다면 어떻게 분배하는 것이 공정한 분배인가? 정의로운 분배원칙의 선호는 문화에 따라 달라지는가?[114] 그리고 유학자들은 분배정의에 관해 어떠한 입장을 가지고 있었는가?

#### (1) 분배정의의 원칙과 그 선호조건

다양한 분배 상황에서 사람들이 사용하는 공정한 분배원칙의 종류에 대해서는 학자들마다 의견이 분분하지만,[115] 이러한 여러 분배원칙 중에

**113** Rawls, 1971, p. 3.

**114** 이 절의 앞부분은 필자의 선행 논문(조긍호, 1992, pp. 127~182)을 참고하였으며, 경우에 따라서는 그 내용 중 해당 부분의 일부를 그대로 옮겨오기도 하였다.

**115** Mikula, 1980; Greenberg, J. & Cohen, 1982.

서 가장 보편적이고 또 인류 역사를 통하여 가장 널리 적용되어온 것은 형평원칙(equity principle) · 균등원칙(equality principle) · 필요원칙(need principle)의 세 가지이다.[116] 이러한 세 가지 분배원칙은 유한한 자원이나 공동작업의 성과를 분배하는 양식에서 차이가 있을 뿐만 아니라, 각각에 따라 분배가 이루어졌을 때 집단이나 그 성원들에게 미치는 효과의 면에서도 차이가 있기 때문에, 상황에 따라 선호되는 분배원칙이 달라진다.

**분배의 세 원칙과 그 효과** '형평원칙'은 투입이나 기여의 크기에 비례하여 성과를 분배하는 원칙이다. 따라서 투입이나 기여가 큰 사람은 큰 몫을 분배받게 되고, 그것이 작은 사람은 작은 몫만을 분배받게 된다. 이러한 형평원칙에 따른 분배는 성원들로 하여금 더 많은 성과를 얻기 위하여 더 열심히 집단목표를 추구하도록 동기화하기 때문에[117] 집단생산성이 제고된다는 긍정적 효과를 가져온다. 그러나 이러한 형평원칙에 따른 분배는 집단 내에 경쟁적 분위기를 조성하고,[118] 집단목표와 소속감에의 흥미를 상실하게 하거나[119] 동료에 대해 적대감을 느끼게 하는 등 인간관계의 긴장을 야기하며,[120] 기여량에 기초한 권위 · 지위 · 권력의 분할이 나타나 더 강력한 성원은 다른 성원보다 자신의 이익에 배타적으로 유리하게 작용하는 요인을 투입요인으로 상정하도록 영향력을 행사함으로써 부익부 빈익빈의 현상이 초래되어[121] 집단원 사이의 조화가 깨어지는 부작용을 유발한다.

116 Deutsch, 1974, 1975; Leventhal, 1976; Mikula, 1980; Schwinger, 1980.
117 Leventhal, 1976.
118 Schwinger, 1980.
119 Lawler, 1971.
120 Deutsch, 1975; Mikular & Schwinger, 1978.
121 Walster, E. E., & Walster, G. W., 1975.

'균등원칙'은 투입이나 기여의 크기에 상관없이 모든 성원에게 똑같이 성과를 분배하는 원칙이다. 이러한 균등원칙에 따라 자원이나 성과를 분배하게 되면, 성원들 사이의 지위평준화가 이루어짐으로써 상대적 박탈감이 최소화되고,[122] 성원들 사이의 유사성이나 공동운명이 강조되므로 집단성원들 사이에 유대감과 조화가 증진될 뿐만 아니라 협동적 활동이 늘어난다.[123] 그러나 유대감과 지위균등 보장책의 일환으로 집단이 경쟁을 금지하는 비공식적인 규범을 만들어 결국은 집단생산성이 감소하는 결과가 초래되기도 하고,[124] 자기 능력껏 기여하지 않는 성원에 의해 집단이 착취당할 가능성도 배제할 수 없으며,[125] 또한 성원들 사이의 지위평준화에 모든 성원 특히 고지위의 성원들이 동의하지 않을 때 불만족과 긴장관계가 조성될 수도 있다.

'필요원칙'은 성원 각자의 필요에 따라 자원이나 성과를 분배하는 원칙이다. 따라서 분배될 자원이나 성과에 대한 필요가 크거나 급박한 성원은 그렇지 않은 성원보다 더 큰 몫을 받게 된다. 이러한 필요원칙에 따른 분배에 의해 개인은 자기의 생존 또는 발전에 급박한 필요를 충족시킬 수 있으므로 성원 각자의 발전과 복지가 증진되며,[126] 또한 필요원칙의 사용은 성원들 각자에 대한 긍정적 관심의 표현이므로 성원들 사이에 친밀관계가 조성된다.[127] 뿐만 아니라 필요원칙에 따른 분배는 사회의 부족한 자원을 보호하고 낭비를 방지하는 목적에도 기여할 수 있다.[128] 그러나

**122** Leventhal, Karuza, & Fry, 1980.

**123** Deutsch, 1975; Leventhal, 1976; Mikula, 1980; Schwinger, 1980.

**124** Burnstein & Katz, 1972; Sampson, 1969.

**125** Schwinger, 1980.

**126** Leventhal, 1979; Mikula, 1980.

**127** Mikula & Schwinger, 1978.

**128** Leventhal et al., 1980.

이러한 필요원칙에 따른 분배는 많은 필요를 느끼는 궁핍한 사람의 의존성을 장기화하여 성원들 사이의 기존 차이를 강조함으로써 긴장을 고조시킬 수도 있으며,[129] 또한 성원들이 자기의 몫을 늘이기 위해 그 필요를 과장하는 경우 집단이 새로운 양식으로 착취당할 가능성도 배제할 수 없다. 게다가 누군가가 이런 식으로 행동할 수도 있다는 의심은 사회관계에 치명적이 될 가능성도 있다.[130]

**특정 분배원칙의 선호조건** 이상에서 보듯이, 각 분배원칙은 그 각각을 적용하였을 때 얻어지는 효과에 차이가 있다. 이러한 효과들은 크게 두 가지로 나누어볼 수 있다. 그 하나는 과제수행 또는 경제적 생산성과 관련된 측면의 효과이고, 또 하나는 성원들 사이의 사회 · 정서적 유대와 관련된 측면의 효과이다.[131] '과제수행' 또는 '경제적 생산성'의 측면에서 가장 효과적인 분배원칙은 형평원칙이다. 균등원칙이나 필요원칙은 생산성 제고와는 무관하거나 경우에 따라서는 역효과를 가져오게 된다. '사회 · 정서적 관계'의 측면에서 세 원칙은 특이한 차이를 보인다. 형평원칙은 경쟁적 적대관계를 조성하게 된다. 이에 비해 균등원칙은 유대감이 강하며 조화로운 협동관계를 창출하고, 필요원칙은 상대방의 발전과 복지에 관심을 갖는 친밀관계를 조성하는 데 기여한다.

이러한 세 분배원칙의 효과에 비추어보면, 어떤 분배원칙이 어떤 경우에 선택될 것인지가 드러난다. 즉 특정 상황에서 어떤 분배원칙이 선호되느냐 하는 것은 주로 그 분배 상황에서 집단과 그 성원들이 추구하는 목표가 무엇인지 그리고 성원들 사이의 관계가 어떠한지에 의해 결정되는

**129** Leventhal, 1976; Mikula, 1980.

**130** Lerner, M. J., & Miller, D. T., 1978.

**131** Mikula, 1980.

것이다. 이 분야의 연구자들은 대체로 이러한 분배원칙들이 집단과 개인이 추구하는 최종 목적을 달성하기 위한 수단으로서의 기능을 하는 것으로 봄으로써, 주어진 조건에서 요구되는 목적 달성을 위한 수단으로서 분배원칙이 결정된다고 보는 수단적 선호론의 관점을 견지하고 있다.[132]

이렇게 '수단적 선호론'은 공정분배를 집단이 추구하고 있는 최종 목적을 위한 수단으로 보는 입장으로서, 특정 분배 상황에서 가능한 여러 분배원칙 중 어느 것을 선택하여 분배하려고 하느냐 하는 결정은 전적으로 각 분배원칙의 효과가 집단이 추구하는 최종 목적에 얼마나 부합하느냐 하는 데 달려 있다고 본다. 그리하여 경제적 생산성의 제고가 제일 목표인 집단에서는 형평원칙이, 조화로운 사회관계의 형성과 유지가 제일 목표인 집단에서는 균등원칙이, 그리고 각 성원의 발전과 복지의 증진이 제일 목표인 집단에서는 필요원칙이 지배적인 분배정의의 원칙으로 선호될 것이라는 사실에 대체로 동의하고 있다. 즉 이들은 각 분배원칙의 적용 효과 그 자체가 그 선호조건을 내포하고 있다[133]는 입장에서 연구를 진행시켜왔던 것이다.

그러나 여러 분배원칙들은 그 적용 효과에서 차이가 있을 뿐만 아니라, 그 적용을 위한 전제조건이나 각 원칙의 특정 상황에의 적합성 등에서도 차이가 있으므로, 이들도 포괄적으로 고려해야 분배원칙의 선호조건을 통합적으로 이해할 수 있다.[134] 예를 들면, 형평원칙이 적용되기 위해서는 각 성원의 기여도가 신뢰 있게 측정될 수 있어야 하고, 필요원칙이 적용되기 위해서는 각 성원이 느끼는 필요의 특성과 강도 및 급박성 등에

**132** Deutsch, 1975; Leventhal, 1976, 1980; Leventhal et al., 1980; Mikula, 1980; Sampson, 1975; Schwinger, 1980.

**133** Deutsch, 1975.

**134** Mikula, 1980; Schwinger, 1980.

관한 유용한 정보가 얻어져야 한다. 그러나 균등원칙을 적용하기 위해서 필요한 선행조건은 없다. 따라서 균등원칙은 형평원칙이나 필요원칙보다 그 적용을 위한 전제조건이 훨씬 단순하므로, 원칙의 결정에 시간 제약이 있다든지 성원 간의 의사소통에 부담이 많이 따른다든지 하는 경우에 더 많이 선호되는 분배원칙이 될 수도 있다.[135]

또한 형평원칙은 분배된 재화가 독립적인 작업에 의해 획득되고 그 양이 각 성원의 기여의 크기에 연관되어 있는 상황, 즉 주로 경제적 지향을 가진 사회관계에서 적합한 분배원칙이다. 이에 비해 균등원칙은 성원들 간의 유대감과 조화성을 향한 기본 지향을 가진 사회관계나 성원 간에 유사성이 높은 사회관계에 적합한 분배원칙이고, 필요원칙은 성원들의 필요충족이 전적으로 분배되는 재화에 의존하고 있어서 분배자가 피분배자의 복지에 책임을 지고 있는 상황, 즉 성원 간에 친밀한 정서적 관계가 오래 지속되는 가족과 같은 관계에서 적합한 분배원칙이다.[136]

이러한 점들을 고려해보면, 특정 분배 상황에서의 분배원칙의 선택은 각 분배원칙을 적용하는 데 필요한 전제조건의 확인, 각 분배원칙이 현재의 분배 상황에 내재한 사회관계에 적합한지의 확인 및 각 분배원칙이 설정된 집단의 분배목표를 달성할 가능성이 있는지의 확인 등 아주 복잡한 의사결정 과정을 통해 이루어지는 것이라는 사실을 확인할 수 있다.[137]

이상에서 본 바와 같이, 수단적 선호론에서는 분배원칙의 선택은 기본적으로 분배 상황에서 집단이 추구하는 목표에 직접적으로 연관되어 있다고 본다. 즉 분배원칙의 선호는 집단이 설정한 목표에 따라 달라지며, 선호되는 분배원칙은 이러한 목표 달성의 도구로 볼 수 있다는 것이 수단

**135** Austin & Hatfield, 1980.
**136** Mikula, 1980; Schwinger, 1980.
**137** Mikula, 1980.

적 선호론의 입장인 것이다. 이러한 관점에서 이 분야의 연구들에서는 대체로 "형평원칙은 집단의 생산성을 극대화하려 하거나 주어진 과제가 협동이 요구되지 않는 경우에 선호되고, 성원 사이의 사회 · 정서적 관계와 조화를 극대화하고 개인 간의 갈등을 극소화하려 할 때는 균등원칙이 선호되며, 개인 간의 관계가 친밀하고 분배자가 피분배자의 안녕과 복지에 책임이 있는 경우에는 필요원칙이 선호된다"[138]는 사실이 밝혀지고 있는 것이다.

#### (2) 문화유형과 분배원칙 선호도의 차이

앞에서 살펴본 것처럼, 분배원칙의 선호가 집단의 성원들이 사회관계를 통해 추구하는 목표에 따라 달라지는 것이라면, 사회를 보상과 부담을 주고받는 평등하고 독립적인 개체들로 구성되는 것이라고 인식하여, 이러한 개인들 사이에 형성되는 사회관계에서 각자가 자기이익을 최대로 추구하는 것을 사회관계의 목표라고 개념화하여 받아들이는 서구 개인주의 사회인들은 각자의 기여도에 따라 비례적으로 성과를 분배하는 형평규범을 공정한 분배원칙으로 선호할 것이라고 예측할 수 있다. 그렇게 해야 자기가 기여한 만큼의 성과를 얻을 수 있을 것이고, 그 결과 자기의 기여도를 높이기만 하면 그에 따라 최대의 성과를 분배받을 수 있을 것이기 때문이다.

이와는 대조적으로, 타인에 대한 관심과 배려의 주체인 사람들 사이의 관계를 사회구성의 기본단위라고 인식하여, 사람들 사이에 조화로운 관계를 형성하는 것을 사회관계의 목표라고 개념화하여 받아들이는 동아시아 집단주의 사회인들은 모든 성원들에게 균등하게 분배해주는 균등규범

---

**138** 장성수, 1987, p. 13.

을 공정한 분배원칙으로 선호할 것이라고 예측할 수 있다. 이러한 분배원칙을 통해서라야 성원들 사이의 유대감이 강화되어, 결과적으로 조화로운 관계를 형성할 수 있을 것이기 때문이다.

분배원칙의 선호에 대한 많은 문화비교연구의 결과들에서는 이러한 예측이 사실로 확인되고 있다.[139] 강한 개인주의적인 가치체계를 가지고 생활하고 있는 미국인들은 공동작업의 성과를 분배할 때나 직장에서 봉급을 책정할 때 개인의 기여도에 따라 차등적으로 지급하는 형평원칙에 따른 분배를 공정한 분배원칙으로 선호하는 경향을 보인다.[140] 개인별 기여도를 엄격하게 계산하여 이에 따라 보상의 액수를 산정하는 엄격한 성과연동 개인별 보상체계는 '과학적 경영관리'의 전통을 따르는 미국식 경영관리의 기본인 것이다.[141]

이에 비해 동아시아인들은 집단작업의 성과를 성원들 사이에 균등하게 분배하려는 경향이 미국인들보다 강하다. 중국인과 일본인들은 미국인들보다 내집단 성원들에게 분배할 때는 특히 균등분배원칙에 따라 성과를 분배하려고 한다. 이는 분배자의 기여도가 내집단의 다른 성원(피분배자)보다 큰 경우에도 예외 없이 나타난다. 그러나 외집단 성원들에게 분배할 때에는 중국인과 일본인들도 형평원칙에 따른 분배를 하려는 경향을 보인다. 하지만 중국인과 일본인들은, 미국인과 비교해보면, 외집단 성원들에게 분배할 때에도 엄격하게 기여도에 따라 나누는 경향이 줄어들어, 내－외 집단에게 분배된 결과의 차이는 미국인에 비해 작아진다.[142]

이러한 결과는, 특히 내집단 성원들과의 분배에서 그것이 자기에게 불

---

**139** 이에 대해서는 제2장의 제2절에서 "주의의 초점 차이에 따른 사회관계 행동의 문화차"를 진술할 때(pp. 186~190) 이미 논의한 바 있다.

**140** Erez, 1997; Gerhart & Milkovich, 1992.

**141** Erez, 1997, pp. 213~217.

**142** Bond, Leung, K., & Wan, 1982; Leung, K., & Bond, 1984.

리할지라도 균등분배를 선호하는 경향은 집단주의 사회인들이 집단의 조화를 이루는 수단으로 분배규범을 선택하는 경향이 있다는 사실을 잘 드러내는 것이다. 집단주의 사회인들이 외집단과의 관계에서도 기여에 따른 엄격한 형평원칙을 지키지 않아 두 집단의 차이를 줄어들게 만든다는 사실은 사람들 사이의 관계를 중시하는 문화적 가치관을 반영하는 것이라고 볼 수 있다.

집단주의 사회에서는 이렇게 집단의 조화를 도모하는 균등원칙에 따른 분배자를 공동작업의 동료로서나 상사로서 선호하는 경향을 보인다. 한국인들은 균등분배자를 형평분배자보다 동료나 상사로서 더 좋아하는 데 반해, 미국인들은 형평분배자를 균등분배자보다 동료나 상사로서 더 선호하는 경향을 보이는 것으로 밝혀지고 있다.[143] 이러한 결과도 집단주의 사회에서 성원들 사이의 조화를 중시하는 경향이 강함을 드러내준다. 그러므로 집단주의 사회인들은 공동작업의 성과를 분배할 때 각자의 기여도를 엄격하게 따지지 않고 모두에게 균등하게 분배함으로써 집단 성원들 사이의 격차를 줄이려고 하며, 결과적으로 이러한 분배를 통하여 집단의 조화를 이루려고 한다. 그리하여 집단주의 사회인들은 이렇게 집단 성원들을 배려하고 집단의 조화를 도모하는 사람을 사회적으로 높이 평가하게 되는 것이다.

#### (3) 유학사상과 분배정의의 문제

동아시아 집단주의 사회에서 이렇게 집단의 조화를 꾀할 수 있는 균등분배원칙을 선호하는 경향이 강하게 나타나는 것은 유학사상의 영향이기도 하다. 유학사상에서 형평원칙을 분배원칙으로 받아들이지 않는 것은

143 Leung, K., & Park, 1986.

아니었지만, 유학자들이 형평보다 더 우선적인 분배원칙으로 강조한 것은 사람들 사이의 조화로운 관계의 형성이나 어렵고 곤궁한 사람을 우선적으로 보살피기 위한 균등원칙이나 필요원칙이었다.

**공자: 주급(周急)과 환불균(患不均)** 공자는 분배의 제일 원칙을 급박하게 필요로 하는 사람을 주휼(賙恤)해주는 것이라고 보아 '필요원칙'에서 찾고 있다. 공자의 이러한 입장은 다음과 같은 진술에서 잘 드러나고 있다.

> 공자께서는 "군자는 궁핍하여 급하게 필요로 하는 사람을 돌보아주지[周急] 부유한 사람에게 계속 대어주지는 않는다"라고 말씀하셨다. 원사(原思)가 공자의 가신(家臣)이 되어 공자가 곡식 구백을 봉록으로 주니, 그가 사양하고 받지 않자, 공자께서는 "사양하지 말고 받아 두었다가 네 이웃과 마을의 필요한 사람에게 나누어 주거라" 하고 말씀하셨다.[144]

이 인용문에서 드러나듯이 공자는 급박하게 필요한 사람에게 재물을 나누어 주는 '주급'(周急), 곧 '필요분배'를 재화 분배의 기본원칙으로 제시하면서, 자기가 그렇게 할 뿐만 아니라 남에게도 이러한 태도를 권장하고 있다. 공자의 이러한 관점은 그 제자들에게도 이어져, 노(魯)나라의 군주인 애공(哀公)의 신하가 된 유약(有若)과 애공의 다음과 같은 대화에서도 드러나고 있다.

144 子曰 [……] 君子周急 不繼富 原思爲之宰 與之粟九百 辭 子曰 毋 以與爾隣里鄕黨乎(『論語』, 雍也 3).

애공이 "흉년이 들어 재용이 부족하니 어찌 했으면 좋겠는가?"라고 묻자, 유약이 "왜 소산의 10분의 1을 세금으로 거두어들이는 철법(徹法)을 시행하지 않습니까?"라고 대답하였다. 그러자 애공이 "이미 10분의 2를 세금으로 거두어들이는데도 부족한데, 어떻게 철법을 쓸 수 있겠는가?"라고 응답하자, 유약이 "백성들이 풍족하다면 군주께서는 누구와 더불어 부족하실 것이며, 백성들이 부족하다면 군주께서 누구와 더불어 풍족할 수 있겠습니까?"라고 대답하였다.[145]

이 인용문에서 유약은 백성들이 궁핍할 때는 세금을 줄여주고 백성들이 풍족할 때는 세금을 늘여 받는 방식, 곧 군주의 필요에 따라서가 아니라, 백성들의 필요에 따라 세금을 신축적으로 거두는 것이 국가를 운영하는 옳은 방안임을 분명히 하고 있다. 이는 나의 필요에 의해서가 아니라 상대방의 필요에 맞추어 분배하는 필요분배를 강조한 것으로, 사람들 사이에 조화가 이루어지도록 분배와 거출을 하는 것이 가장 좋은 정사의 요체임을 지적한 것이다.

그러나 공자가 필요분배만을 유일한 분배양식으로 제시하고 있는 것은 아니다. 그는 사람들 사이에 조화가 이루어지도록 하는 균등분배도 좋은 분배양식이라고 보았으며, 이를 사회를 안정되게 유지하는 기초라고 인식하였다.

나는 "나라와 집안을 거느리는 사람은 재화의 부족을 걱정하지 말고 고르지 못함을 걱정해야 하며[患不均], 가난함을 걱정하지 말고 안정되지 못함을 걱정해야 한다[患不安]"고 들었다. 대체로 균등하면 가난한 사람이 없게 되고[均無貧], 조화

145 哀公問於有若曰 年饑用不足 如之何 有若對曰 盍徹乎 曰 二吾猶不足 如之何其徹也 對曰 百姓足 君孰與不足 百姓不足 君孰與足(顔淵 9).

를 이루면 부족하지 않게 되며[和無寡], 안정되면 나라나 집안이 무너지지 않는 법이다[安無傾].[146]

이는 '균등분배'가 사회관계를 조화롭게 하여 사회의 안정을 이루는 기초임을 역설한 것이다. 여기서 고르게 분배하는 균(均)이 성원들에게 똑같은 양을 분배하는 균등분배를 말하는 것인지 아니면 각자의 필요에 상응하여 빠짐이 없이 골고루 분배하는 것, 즉 필요분배를 말하는 것인지는 알 수 없다. 어느 경우이든 분명한 것은 공자는 자원 분배의 목표를 성원들 사이의 조화에 두고 있다는 사실이다.

공자는 "군자는 의(義)에 밝고, 소인은 이(利)에 밝아서"[147] "이익을 함부로 좇다보면 (사람들 사이의 조화가 깨어져) 남의 원망을 많이 받게 된다"[148]고 보아, 이익 추구를 타기하는 입장을 취하였다. 이렇게 그는 필요나 균등에 의한 분배를 권장하고, 형평분배는 사회관계의 조화를 깨뜨릴 위험이 있는 것이라고 하여 경계하였던 것이다. 그러나 "공자는 (분배 결과의 고르지 않음을 걱정하는) '환불균'(患不均)의 문제를 제기하기는 하였으나, 어떻게 고르게 분배하는가 하는 방법을 제시하지는 못하였다."[149] 이 문제에 대해 비교적 명확한 방법을 제시하고 있는 것은 맹자와 순자이다.

**맹자: 보부족(補不足)과 과욕(寡欲)** 맹자는 필요에 따른 분배를 어진 정사[仁政]를 베푸는 핵심이라고 보았다. 그는 부족한 자원을 보충해주는 '보부족'(補不足)이 사회의 안정을 이루어 백성의 삶을 평화롭게 이루는 요

**146** 丘也聞 有國有家者 不患寡而患不均 不患貧而患不安 蓋均無貧 和無寡 安無傾(季氏 1).

**147** 子曰 君子喻於義 小人喻於利(里仁 16).

**148** 子曰 放於利而行 多怨(里仁 12).

**149** 정인재, 1992, p. 53.

체라고 보아 군주에게 적극 권장하고 있다. 그는 천자(天子)가 자신이 다스리고 있는 경내를 두루 돌아다니는 순수(巡狩)의 목적은 바로 백성들의 살림을 살펴 부족한 것을 보충해주는 데 있다고 보아, 다음과 같이 진술하고 있다.

> 천자는 천하를 순수하면서, 봄에는 경작하는 상태를 살펴서 부족한 것을 보충해주고[補不足], 가을에는 수확하는 상태를 살펴서 부족한 것을 도와주어야 한다[助不給].[150]

이렇게 부족한 것을 보충해주는 데에도 순서가 있다는 것이 맹자의 생각이다. 그는 남에게 의지하지 않으면 살아가기 힘든 사람들을 우선적으로 배려하여 그들의 필요를 최우선적으로 충족시켜주어야 사회에 조화와 안정이 이루어질 수 있다고 보았다. 이러한 사람들 중 대표적인 것이 노인과 어린아이 및 보살펴줄 사람이 없는 홀아비 · 과부 · 고아 · 독거노인[鰥寡孤獨] 들이다.

> 우리 집 노인을 노인으로 대접하여 남의 노인에게로 미쳐가고, 우리 집 어린아이를 어린아이로 보살펴 남의 어린아이에게로 미쳐가야 한다. 이렇게 하면 천하는 손바닥 위에 놓고 다스리듯이 쉽게 다스려질 것이다. [……] 그러므로 은혜를 미루어나가면 천하를 보전할 수 있지만, 은혜를 미루어나가지 않으면 자기 처자식도 보전할 수 없을 것이다. 옛사람들이 보통 사람보다 크게 뛰어났던 까닭은 다른 데 있는 것이 아니다. 이는 그 해야 할 일을 잘 미루어 나간 데 있을 따름이다.[151]

**150** 春省耕而補不足 秋省斂而助不給(『孟子』, 梁惠王下 4; 告子下 7).
**151** 老吾老 以及人之老 幼吾幼 以及人之幼 天下可運於掌 [……] 故 推恩 足以保四海 不推恩 無

늙어서 아내가 없는 남자를 홀아비[鰥]라고 하고, 늙어서 남편이 없는 여자를 과부[寡]라고 하며, 늙어서 자식이 없는 사람을 독거노인[獨]이라고 하고, 어려서 부모가 없는 아이를 고아[孤]라고 한다. 이 네 종류의 사람은 천하의 곤궁한 백성으로서 어디 가서 하소연할 데가 없는 사람들이다. 주(周)나라의 창시자인 문왕(文王)은 정사를 펴고 인(仁)을 베푸시되 반드시 이 네 종류의 사람들에게 먼저 하셨다. 『시경』(詩經)에 이르기를 "부자들은 어디에서나 괜찮지만, 이 곤궁하고 외로운 이들은 항상 애달프다"고 하였다.[152]

이와 같이 맹자는 노인 · 어린아이 · 홀아비 · 과부 · 고아 · 독거노인[老 · 幼 · 鰥 · 寡 · 孤 · 獨]같이 남에게 의지하여 살아갈 수밖에 없는 사람들이 가장 재화의 부족을 많이 느낄 것이므로, 이들의 부족분을 우선적으로 보충해주는 일이 사회를 조화롭고 안정되게 만드는 최선의 방책이라고 여겨, '필요원칙'을 공정한 분배의 핵심으로 삼고 있다.

여기서 한 가지 고찰해볼 것은 제5장에서 제시되고 있듯이 유학적 이상사회인 대동(大同)사회는 노 · 유 · 환 · 과 · 고 · 독 · 폐질자(廢疾者)도 보통의 젊은 사람과 마찬가지로 보호를 받는 사회로 그려지고 있다는 사실이다.[153] 이러한 맥락에서 유학사상은 필요원칙에 따른 분배를 통해 사회의 조화와 안정을 꾀하려고 하는 이론체계라고 볼 수 있다. 즉 유학에서 보는 이상적 분배규범은 '필요분배'의 원칙인 것이다.

이러한 대동사회는 온 천하의 사람들이 천하를 공공의 것으로 여기는 천하위공(天下爲公)의 사회이기 때문에, 현능(賢能)한 성인의 교화를 받아

以保妻子 古之人所以大過人者 無他焉 善推其所爲而已矣(梁惠王上 7).

152 老而無妻曰鰥 老而無夫曰寡 老而無子曰獨 幼而無父曰孤 此四者 天下之窮民而無告者 文王發政施仁 必先斯四者 詩云 哿矣富人 哀此煢獨(梁惠王下 5).

153 『禮記』, 禮運 290.

누구나 이러한 곤궁하고 불쌍한 사람들을 자기보다 먼저 보살피는 일을 자연스럽게 행하게 되는 사회이다. 그러나 이러한 요(堯)·순(舜)의 시대가 지나고 사람들이 천하를 개인의 집안일처럼 여기는 천하위가(天下爲家)의 소강(小康)사회에 이르러서는 개인의 이기심이 작용하게 되어, 구체적으로 사람 사이의 도리[人倫]를 가르치지 않으면 노·유·환·과·고·독 같은 불쌍하고 곤궁한 사람을 우선적으로 배려하지 않게 되었다.[154] 그리하여 상(庠)·서(序)·학(學)·교(校) 같은 교육기관을 설립하여 사람들에게 인륜을 가르치고[155] 사회제도를 완비하고 사회규범을 설정하게 되었다. 이렇게 보면 유학의 체계를 통해 현실에서 실현되는 이상사회가 바로 소강사회인 것이다.

이러한 소강사회에서는 사회를 집안일처럼 여기는 천하위가의 사회이므로, 부모-자식·남편-아내·형-아우 같은 가족관계가 인륜의 기초가 된다. 그러나 소강사회라고 해서 인간의 생활이 가족관계에서만 이루어지는 것은 아니다. 그리하여 소강사회에서는 가족관계의 규범을 군주와 신하나 친구들 사이의 관계까지로 확대함으로써, 오륜(五倫)의 기본적인 인간관계의 규범을 설정하여 실생활에서 준수하도록 요구하게 되었다.

> 사람에게는 지켜야 할 도리가 있는데, 배불리 먹고 따뜻한 옷을 입으면서 편안히 거처하기만 하고 가르침을 받지 않으면 새나 짐승과 비슷해지게 된다. 성인이 이를 걱정하여, 설(契)로 하여금 사람들을 가르치는 사도(司徒)를 삼아 인륜을 가르치게 하였으니, 이는 부자유친(父子有親)·군신유의(君臣有義)·부부유별(夫婦有別)·장유유서(長幼有序)·붕우유신(朋友有信)의 다섯 가지이다.[156]

154 『禮記』, 禮運 290.

155 設爲庠序學校 以敎之 庠者養也 校者敎也 序者射也 夏曰校 殷曰序 周曰庠 學則三代共之 皆所以明人倫也(『孟子』, 滕文公上 3).

이렇게 소강사회에서는 이미 이기심이 만연하고 있으므로, 가족관계를 중심으로 하는 인간관계의 규범을 가르쳐야 다른 사람들을 배려하고 그들과 조화로운 관계를 형성하게 될 수가 있게 된다는 것이 맹자의 주장이다. 즉 이러한 인륜을 배워 익혀 남들을 자기처럼 배려함으로써 남의 필요에 응하여 자원을 분배하게 되고, 그렇게 함으로써 조화로운 사회관계를 형성할 수 있게 된다는 것이다. 이와 같이 공자와 맹자는 모두 필요분배를 조화사회를 이루기 위한 기본적인 분배원칙으로 강조한다는 공통점을 가지고 있다.

앞에서 공자는 고르게 분배하는 일의 중요성을 강조하기는 하였지만, 그렇게 할 수 있는 방법을 제시하지는 못하였음을 지적하였다. 맹자는 이를 이기적인 욕구를 줄이는 일에서 찾고 있다. 대동사회에서는 근본적으로 남을 나보다 먼저 배려하는 천하위공의 사회이므로 그럴 리가 없지만, 남보다 자기 가족을 앞세우는 천하위가의 소강사회에서는 이기적인 욕구가 존재하므로 각자의 필요에 따라 자원을 분배하다보면 자원이 모자라는 경우가 생길 것이므로, 누구나 자기 본성의 선함을 깨달아 욕구를 줄이는 것이 모두의 필요를 고루 충족시키는 근본이 된다는 것이다. 그러므로 필요에 따른 분배를 골고루 실현하기 위해서는 각자의 욕구를 줄이는 '과욕'(寡欲)이 최선책이라는 것이다.

> 마음을 기르는 데에는 욕심을 줄이는 것[寡欲]보다 더 좋은 일은 없다. 그 사람됨이 욕심이 적으면, 본래의 착한 마음을 간직하지 못하는 바가 있다고 하더라도 그런 경우가 드물게 마련이고, 반대로 그 사람됨이 욕심이 많으면, 어쩌다가 본

---

**156** 人之有道也 飽食煖衣 逸居而無教 則近於禽獸 聖人有憂之 使契爲司徒 教以人倫 父子有親 君臣有義 夫婦有別 長幼有序 朋友有信(滕文公上 4).

래의 착한 마음을 간직하는 수가 있다고 하더라도 그런 경우 또한 드물게 마련이다.[157]

이렇게 욕심을 줄이는 일이야말로 본래의 착한 마음을 간직하여 다른 사람을 나보다 앞서 배려함으로써, 그의 필요에 따라 자원을 분배하여 사회관계의 조화를 이룰 수 있는 최선의 방책이라는 것이 맹자의 주장이다. 그렇다면 맹자는 필요원칙만을 강조하고 균등원칙이나 형평원칙은 온통 부정하고 있는가? 그렇지는 않다. 맹자도 백성들에게 토지를 분배하는 데에는 정전제(井田制), 곧 '균등원칙'을 적용하여야 한다고 본다.

무릇 인정(仁政)은 반드시 토지의 경계를 다스리는 일로부터 시작되나니, 경계를 다스림이 바르지 못하면 정지(井地)가 균등하지 않게 되고, 그렇게 되면 그 소출이 공평하지 못하게 된다. 이런 까닭에 폭군과 탐관오리들은 반드시 그 경계를 다스리는 일을 태만히 하는 법이니, 경계를 다스리는 일이 바루어지면 토지를 나누어 그 소출을 제정하는 일은 앉아서도 저절로 정해질 것이다. [……] 사방 1리(里)를 1정(井)으로 하는데, 1정은 모두 구백 무[畝: 토지의 크기를 나타내는 단위]이다. 이에 정(井)자를 그어 9등분하고, 한가운데를 공전(公田)으로 하여 여기에서 나오는 소출을 세금으로 국가에 바치며, 나머지를 여덟 집이 하나씩 나누어 백무씩을 사전(私田)으로 한다. 여덟 집이 함께 공전을 가꾸고, 공전의 일이 끝난 다음에 각자의 사전을 돌보게 한다.[158]

---

**157** 養心莫善於寡欲 其爲人也寡欲 雖有不存焉者寡矣 其爲人也多欲 雖有存焉者寡矣(盡心下 35).

**158** 夫仁政必自經界始 經界不正 井地不均 穀祿不平 是故 暴君汚吏必慢其經界 經界旣正 分田制祿 可坐而定也 [……] 方里而井 井九百畝 其中爲公田 八家皆私百畝 同養公田 公事畢然後 敢治私事(滕文公上 3).

맹자는 이렇게 토지는 균등원칙에 따라 분배하는 것을 기본으로 하고 있다. 이것도 사회에 조화와 안정을 가져오기 위한 방안이다. 이상에서 보듯이 맹자에게 있어서도 공동작업의 성과와 한 사회가 보유하고 있는 토지와 같은 유한자원을 분배할 때는 사회 성원들 사이의 조화와 안정을 이룰 수 있는 분배원칙이 최우선적인 원칙으로 선택되고 있는 것이다.

**순자: 보빈궁(補貧窮)과 균편(均偏)** 순자도 공자나 맹자와 마찬가지로 가난하고 의지할 곳 없는 사람들의 필요를 채워주는 '보빈궁'[補貧窮]을 군주가 최우선적으로 해야 할 일이라고 보고 있다.

> 다섯 종류의 신체장애자[五疾: 귀머거리 · 절름발이 · 양쪽 다리를 다 못 쓰는 가람 · 손발 없는 사람 · 난쟁이]들을 국가가 수용하고 양육하여, 재능에 따라 할 수 있는 일을 시키고, 관청에서 베풀어 입히고 먹여주는 등 모든 사람을 빠짐없이 양육하여야 한다. [……] 무릇 이러한 일을 일러 '하늘같은 덕'[天德]이라고 하는데, 이것이 바로 군주다운 정사[王者之政]인 것이다.[159]

> 말이 수레를 보고 놀라면 군자가 수레 안에서 편안할 수 없는 것처럼, 서민이 정사에 대해 놀라면 군자가 그 지위에 편안하게 거할 수 없다. 말이 놀라면 그를 진정시키는 것이 가장 좋은 방법이듯이, 서민이 정사에 대해 놀라면 그들에게 은혜를 베푸는 것이 가장 좋은 방법이다. 곧 현자를 발탁하고 독실하고 공경스러운 사람을 등용하여, 부모에 대해 효도하고 형제에게 우애롭게 하는 도리를 진작시키고, 고아와 과부 같은 의지할 데 없는 사람을 수용하며[收孤寡], 가난하고

159 五疾上收而養之 材而事之 官施而衣食之 兼覆無遺 [……] 夫是之謂天德 是王者之政也(『荀子』, 王制 2).

> 궁핍한 사람의 필요를 우선적으로 채워주어야 한다[補貧窮]. 이렇게 하면 서민들이 정사에 대해 안심하게 될 것이고, 서민들이 정사에 대해 편안함을 느껴야 군자가 편안하게 지위를 보전할 수 있다. [……] 그러므로 남의 군주 된 사람이 편안하고자 하면, 정사를 고르게 하고 백성들을 사랑하는 일[平政愛民]밖에 다른 도리가 없는 것이다.[160]

이렇게 장애자[五疾]나 의지할 데 없는 사람[孤寡] 및 가난하고 곤궁한 사람[貧窮]을 우선적으로 배려하고 그들의 필요를 앞장서서 채워주면, 백성들 누구나가 군주가 자기들을 고루 보살핀다고 믿게 되어, 위아래 사람들 사이에 신뢰가 조성됨으로써 조화로운 사회가 이루어질 수 있다는 것이 순자의 생각이다. 이러한 맥락에서 순자는 이렇게 백성들의 필요를 고루 채워주는 일을 예법(禮法)의 핵심[樞要]이라고 보아, 다음과 같이 진술하고 있다.

> 위에 있는 군주는 아래 백성들을 지극히 아끼고 사랑하며, 예로써 그들을 다스려, 군주가 백성들 보기를 마치 어린아이 보살피듯 해야 한다. 정치적 명령이나 제도 및 아래 백성들을 대하는 데 있어서 비록 고아 · 독거노인 · 홀아비 · 과부 같이 의지할 곳 없는 사람에게라도 이치에 맞지 않는 것은 털끝만큼도 가해지지 않도록 해야 한다. 그렇게 되면 백성들이 군주 친애하기를 마치 친부모에게 하듯 하며, 죽인다고 할지라도 배반하지 않는다. 이렇게 군주와 신하, 윗사람과 아랫사람, 귀한 사람이나 천한 사람, 어른이나 어린아이 가릴 것 없이 서로 아끼고 사랑하는 것을 올바른 도리의 표준으로 삼으면, 누구나 그 규범 안에서 스스로

**160** 馬駭輿 則君子不安輿 庶人駭政 則君子不安位 馬駭輿 則莫若靜之 庶人駭政 則莫若惠之 選賢良 擧篤敬 興孝悌 收孤寡 補貧窮 如是則庶人安政矣 庶人安政 然後君子安位 [……] 故君人者欲安 則莫若平政愛民矣(王制 6~7).

> 살펴 자기의 역할을 다하게 될 것이다. 이것은 모든 군주들이 다 같이 지켜온 바로서, '예법의 핵심'[禮法之樞要]이다.[161]

순자도 이렇게 의지할 데 없고 궁핍하며 불쌍한 사람들의 필요를 우선적으로 채워준 근거 위에서 사회의 자원을 성원들에게 고루 분배할 것을 강조하고 있다. 그렇게 하는 것이 어느 한쪽에 치우치지 않고 두루 모두에게 미침으로써 사회의 조화를 이룰 수 있는 분배의 요체라고 순자는 보고 있는 것이다.

> 남의 군주 노릇하는 방법은 예를 표준으로 하여 나누고 베풀어, 고르게 두루 미치게 하되[均徧] 어느 한쪽에 치우치지 않게 하는 일이다.[162]

그러나 이렇게 급박하게 필요한 사람의 수요에 맞추고 또 모든 사람에게 고르게 분배하려다 보면, 사회의 한정된 자원으로는 이루 다 충당할 수 없을 것이다. 순자도 이러한 점을 자주 지적하고 있다. 즉 "사람들은 같은 물건을 두고 서로 가지고 싶어 하기도 하고 또 싫어하기도 하며, 욕구는 많고 자원은 부족하게 마련인데, 자원이 부족하면 반드시 서로 다투게 된다."[163] 그렇게 되면 조화로운 사회의 형성이라는 본래의 분배목표에서 어긋나게 된다. 이러한 문제를 어떻게 해결할 것인가?

순자는 누구나 똑같은 욕구를 가지고 있고 또 욕구가 많다는 것은 인간

---

**161** 上莫不致愛其下 而制之以禮 上之於下 如保赤子 政令制度 所以接下之人百姓 有不理者如豪末 則雖孤獨鰥寡 必不加焉 故下之親上 歡如父母 可殺而不可使不順 君臣上下 貴賤長幼 至于庶人 莫不以是爲隆正 然後皆內自省 而謹於分 是百王之所同也 而禮法之樞要也(王覇 25).

**162** 請問爲人君 曰 以禮分施 均徧而不偏(君道 5).

**163** 欲惡同物 欲多而物寡 寡則必爭矣(富國 2); 勢位齊 而欲惡同 物不能澹 則必爭(王制 6).

의 기본적인 생물체적 조건이라고 본다. 그러므로 맹자처럼 욕구를 줄이는 과욕(寡欲)이 이러한 문제를 해결하는 방법이 될 수는 없다는 것이 순자의 입장이다. 그는 이를 욕구를 바르게 인도하는 '도욕'(道欲)과 욕구 추구의 방법을 절제하는 '절욕'(節欲)에서 구하고 있다.

> 무릇 나라를 잘 다스리는 일[治]에 대해 말하면서 사람들의 욕구가 모두 없어지기를 기다리는 것은 욕구를 바르게 인도해 줌[道欲]이 없이 욕구가 있다는 사실에 곤란해 하는 것이다. 무릇 나라 다스리는 일에 대해 말하면서 사람들의 욕구가 적어지기를 기다리는 것은 욕구의 추구를 절제하는 법[節欲]을 가르쳐줌이 없이 욕구가 많다는 사실에 곤란해 하는 것이다. [……] 욕구는 충족되던 충족되지 못하던 간에 일어나게 마련이지만, 사람이 구하는 것은 가능한 바를 좇는다. 충족되지 못할지라도 욕구가 일어나는 것은 하늘[天]로부터 자연적으로 받은 바이기 때문이고, 가능한 바를 좇는 것은 마음[心]으로부터 나온 것이기 때문이다. [……] 마음이 가능하다고 여겨 추구하는 것이 이치에 맞으면, 비록 욕구가 많다고 해도 나라가 잘 다스려지는데 무슨 해가 되겠는가? [……] 마음이 가능하다고 여겨 추구하는 것이 이치에 맞지 않으면, 비록 욕구가 적다고 해도 어찌 혼란스러움[亂]에만 그칠 것인가? 그러므로 나라가 잘 다스려지느냐 아니면 그렇지 못하냐 하는 것[治亂]은 마음이 가능하다고 여겨 추구하는 것이 무엇이냐에 달려 있는 것이지, 사람이 본성적으로 바라는 바가 얼마나 많으냐 또는 적으냐에 달려 있는 것이 아니다. [……] 욕구란 비록 다 채우지는 못할지라도 이에 가까이 갈 수는 있고, 다 없애지는 못할지라도 구하는 바를 절제할 수는 있는 것이다.[164]

---

**164** 凡語治而待去欲者 無以道欲 而困於有欲者也 凡語治而待寡欲者 無以節欲 而困於多欲者也 [……] 欲不待可得 而求者從所可 欲不待可得 所受乎天也 求者從所可 所受乎心也 [……] 心之所可中理 則欲雖多 奚傷於治 [……] 心之所可失理 則欲雖寡 奚止於亂 故治亂在於心之所可 亡於情之所欲 [……] 欲雖不可盡 可以近盡也 欲雖不可去 求可節也(正名 19~22).

이 인용문에서는 생물체적 · 이기적 욕구의 추구를 절제하는 일[節欲]과 예의 체계에 의해 생물체적 · 이기적 욕구가 올바르게 방향을 잡도록 인도하는 일[道欲]을 욕구의 폐단에서 벗어나는 방법으로 제시하고 있다.[165] 이렇게 욕구 추구의 방법을 절제하는 '절욕'(節欲)과 욕구를 올바르게 인도하는 '도욕'(道欲)을 통해 욕구의 바름을 얻고, 그럼으로써 사람들로 하여금 혼란에서 벗어나 바른 몸가짐의 상태로 나아가게 하는 것, 이것이 자원 부족에서 빚어지는 혼란을 탈피하고 조화로운 사회를 형성할 수 있는 방법이라는 것이 순자의 주장인 것이다.

**이익 추구의 타기와 형평분배원칙의 배척** 이렇게 유학자들은 필요원칙과 균등원칙을 공동작업의 성과와 유한한 사회의 자원을 분배하는 기본원칙으로 제시하고 있다. 그렇다면 그들은 형평원칙은 분배원칙으로 인정하지 않고 있는가? 공자는 자주 군자와 소인을 대비해서 군자는 덕을 이룬 사람이고 소인은 그렇지 못한 사람임을 말하여,[166] 소인이 군자의 다스림을 받는다는 사실을 시사하고 있는데, 이도 형평원칙을 제시한 것으로 볼 수는 없는가?

---

165 이밖에도 修身 29, 40; 不苟 4; 榮辱 37, 39; 儒效 19; 王制 7; 彊國 7; 正論 32 등에서 절욕(節欲)과 도욕(道欲)에 대해 논술하고 있다.

166 『論語』에서 공자는 모두 16개 장에 걸쳐 君子와 小人을 대비하여 논하고 있다: 爲政 14(君子周而不比 小人比而不周); 里仁 11(君子懷德 小人懷土 君子懷刑 小人懷惠); 里仁 16(君子喻於義 小人喻於利); 述而 36(君子坦蕩蕩 小人長戚戚); 顔淵 16(君子成人之美 不成人之惡 小人反是); 顔淵 19(君子之德風 小人之德草 草上之風 必偃); 子路 23(君子和而不同 小人同而不和); 子路 25(君子易事而難說也 [……] 小人難事而易說也); 子路 26(君子泰而不驕 小人驕而不泰); 憲問 7(君子而不仁者有矣夫 未有小人而仁者也); 憲問 24(君子上達 小人下達); 衛靈公 1(君子固窮 小人窮斯濫矣); 衛靈公 20(君子求諸己 小人求諸人); 衛靈公 33(君子不可小知而可大受也 小人不可大受而可小知也); 陽貨 4(君子學道則愛人 小人學道則易使也); 陽貨 23(君子有勇而無義 爲亂 小人有勇而無義 爲盜).

맹자는 "무릇 사물이 서로 같지 않은 것은 사물의 본질"[167]이라는 관점에서, "대인(大人)이 할 일이 있고, 소인(小人)이 할 일이 있다. [……] 그러므로 어떤 사람은 마음을 써서 일을 하고, 또 어떤 사람은 힘을 써서 일을 하나니, 마음으로 일하는 사람은 남을 다스리고, 힘으로 일하는 사람은 남의 다스림을 받는 법이다. 남을 다스리는 사람이 남을 먹여주고, 남의 다스림을 받는 사람이 남에게 얻어먹는 것은 천하의 공통된 의리인 것이다"[168]라고 피력하고 있는데, 이는 형평분배의 규범에 대해 언급하고 있는 것이라고 볼 수 있지 않을까?

순자는 "오로지 가지런하기만 한 것은 가지런한 것이 아니다"[169]라거나 "들쭉날쭉하면서도 가지런하고, 굽으면서도 순조롭고, 같지 않으면서도 하나로 통일되어 있는 것, 이것을 일러 인륜(人倫)이라고 한다"[170]라는 관점에서, "군자는 덕으로 아랫사람들을 기르고, 소인은 힘써 윗사람을 섬긴다. 힘이란 덕의 부림을 받는 법이다"[171]라거나, 더 나아가 "어린 사람이 어른을 섬기고, 천한 사람이 귀한 사람을 섬기며, 불초(不肖)한 사람이 현명한 사람을 섬기는 것, 이것은 천하에 통용되는 의리이다"[172]라고 진술하여, 사람들 사이의 차이를 강조하고 있다. 이것은 형평분배의 규범을 지적하고 있는 것이라고 볼 수 없는가?

이렇게 소인은 군자와 대인을 섬기고 그들의 다스림을 받는 사람이라면 군자와 소인 사이에 분배의 불균등이 있는 것이 현실이고, 그렇다면

---

**167** 夫物之不齊 物之情也(『孟子』, 滕文公上 4).

**168** 有大人之事 有小人之事 [……] 故曰 或勞心 或勞力 勞心者 治人 勞力者 治於人 治於人者 食人 治人者 食於人 天下之通義也(滕文公上 4).

**169** 維齊非齊(『荀子』, 王制 6).

**170** 斬而齊 枉而順 不同而一 夫是之謂人倫(榮辱 41).

**171** 君子以德 小人以力 力者德之役也(富國 10).

**172** 少事長 賤事貴 不肖事賢 是天下之通義也(仲尼 49).

각자의 수양의 정도에 따른 형평분배를 유학자들도 인정하고 있다고 볼 수 있을 듯하다. 그러나 공자 · 맹자 · 순자는 한결같이 사적인 이익을 추구하는 자세를 타기하는 입장을 취하고 있다.[173]

공자는 군자는 사람의 도리를 밝게 깨닫고 있어서 사회관계에서 인의의 도를 실천함으로써 사람들을 널리 포용하고 그들 사이에 조화를 이루기 위해 노력하지만, 소인은 자기의 생물체적 · 이기적 욕구를 충족시키기에 급급하여 사람들 사이의 조화를 깨뜨릴 뿐이라고 본다.[174] 그런데 생물체적 · 이기적 동기의 충족 여부는 외적 조건에 달려 있어서 인간이 스스로 통제할 수 없다는 것이 공자의 생각이다.[175] 이렇게 이기적 욕구는 스스로 통제할 수 없기 때문에, 이러한 욕구에 가려지면 강직하지 못하게 되거나,[176] 사물의 이치에 어두워 의혹에 사로잡히게 되거나,[177] 무엇이든지 하지 않는 일이 없이 마구 덤비게 되거나,[178] 다른 사람의 원망을 많이 받게 되거나,[179] 일이 제대로 이루어지지 않거나,[180] 인륜을 크게 어지럽히는[181] 폐단에 빠지게 된다.

이와 같이 사적인 자기이익의 추구는 그 충족 여부가 외적 조건에 달려 있어서 스스로가 통제할 수 없을 뿐만 아니라, 이러한 이기적 욕구를 무

---

**173** 유학자들이 사적 이익의 추구를 타기하는 관점과 그 까닭에 대해서는 필자의 선행 저술(조긍호, 2007a, pp. 364~418) 참조.

**174** 『論語』 爲政 14; 里仁 11, 16; 子路 23; 憲問 24; 衛靈公 1 등에서 공자의 이러한 견해가 잘 드러나고 있다.

**175** 子曰 富而可求也 雖執鞭之士 吾亦爲之 如不可求 從吾所好(『論語』, 述而 11); 死生有命 富貴在天(顔淵 5).

**176** 子曰 棖也慾 焉得剛(公冶長 10).

**177** 愛之欲其生 惡之欲其死 旣欲其生 又欲其死 是惑也(顔淵 10).

**178** 其未得之也 患得之 旣得之也 患失之 苟患失之 無所不至矣(陽貨 15).

**179** 子曰 放於利而行 多怨(里仁 12).

**180** 無見小利 [……] 見小利 則大事不成(子路 17).

**181** 欲潔其身而亂大倫(微子 7).

분별하게 추구하다보면 도덕적 수양, 대인관계, 외계 인식 및 일 처리 같은 삶의 전체 과정에서 많은 문제를 일으키는 폐단에 빠지게 되므로, 이러한 욕구들은 될 수 있는 대로 제어하고 통제하는 것이 바른 삶의 자세라는 주장이 공자의 입장이다.

맹자도 다른 사람에 대한 배려의 근거가 되는 도덕적 동기를 제외한 나머지 욕구들은 사람이 스스로 통제할 수 없기 때문에,[182] 이러한 욕구에 가려지면 욕구의 바름[正]을 잃게 된다고 본다. 그리하여 이러한 생물체적 · 이기적 욕구에 가려지게 되면, 아무것이나 마구 먹고 마시거나,[183] 방탕 · 편벽 · 사악 · 사치한 일을 마구 저지르게 되고,[184] 또한 남의 것을 빼앗지 않으면 만족하지 못한다.[185] 이렇게 도덕적 동기를 미루어두고 이기적 욕구만을 추구하다보면, 마음의 걱정거리를 풀어버리지 못하여,[186] 인생과 국가를 망치기도 한다.[187] 이와 같이 이기적 욕구만을 추구하는 것은 사물에 가려서 이에 이끌림으로써,[188] 자기의 도덕적 수양에 방해가 될 뿐만 아니라, 삶의 전체 과정을 그르치는 폐단에 빠지게 되는 것이다.

이러한 맥락에서 맹자는 국가를 다스리는 데 있어서도 이익의 추구를 앞세우면, 사회의 성원들이 모두 이익의 추구에 혈안이 됨으로써, 사회의 조화가 깨지고 혼란에 빠지게 될 것이라고 보아, 『맹자』의 첫머리인 「양혜왕상」(梁惠王上)편 1장에서 다음과 같이 진술하고 있다.

**182** 孟子曰 求則得之 舍則失之 是求有益於得也 求在我者也 求之有道 得之有命 是求無益於得也 求在外者也(『孟子』, 盡心上 3).

**183** 飢者易爲食 渴者易爲飮(公孫丑上 1); 飢者甘食 渴者甘飮 是未得飮食之正也 飢渴害之(盡心上 27).

**184** 苟無恒心 放僻邪侈 無不爲已(梁惠王上 7; 滕文公上 3).

**185** 苟爲後義而先利 不奪不饜也(梁惠王上 1).

**186** 人悅之 好色 富貴 無足以解憂者 惟順於父母 可以解憂(萬章上 1).

**187** 是君臣父子兄弟 終去仁義 懷利而相接 然而不亡者 未之有也(告子下 4).

**188** 耳目之官 不思而蔽於物 物交物 引之而已矣(告子上 15).

> 맹자가 양(梁)나라 군주인 혜왕(惠王)을 뵙자, 왕이 "선생께서 천리를 멀다하지 않고 오셨으니, 장차 우리나라를 이롭게 할 방도가 있겠습니까?"라고 물었다. 이에 대해 맹자는 "왕께서는 하필 이익에 대해서 말씀하십니까? 역시 인의가 있을 따름입니다. 왕께서 어떻게 하면 내 나라를 이롭게 할까 하시면, 대부(大夫)들은 어떻게 하면 내 집안을 이롭게 할까 하고, 그 밑의 서민들은 어떻게 하면 내 몸을 이롭게 할까 할 것입니다. 이렇게 위아래가 서로 이익을 취하려고 하면 나라가 위태롭게 될 것입니다. [……] 진실로 의(義)를 뒤로 돌리고 이익을 앞세운다면, 남의 것을 빼앗지 않고는 만족하지 않을 것입니다"라고 대답하였다.[189]

같은 생각을 맹자는 다른 곳에서 "남의 신하 된 사람이 이익을 생각하여 그 군주를 섬기고, 남의 자식 된 사람이 이익을 생각하여 그 부모를 섬기며, 남의 아우 된 사람이 이익을 생각하여 그 형을 섬긴다면, 이는 군주와 신하, 부모와 자식, 형과 아우가 끝내는 인의를 버리고 이익만을 생각하여 서로 대하는 것이니, 이렇게 하고서도 망하지 않은 나라는 지금까지 한 나라도 없었다"[190]고 표현하고 있다. 이와 같이 맹자는 사회관계에서 이익만을 추구하면 관계의 조화가 깨어져 자신뿐만 아니라 사회 자체도 혼란스럽게 될 것이라고 주장하여, 이익 추구를 타기하고 있는데, 이러한 맥락에서 맹자는 이익을 줄이는 '과욕'(寡欲)을 사회관계의 조화를 이루는 방법으로 강조하는 것이다.[191]

순자도 공자나 맹자와 마찬가지로 생물체적 · 이기적 욕구들은 도덕적

---

**189** 孟子見梁惠王 王曰 叟不遠千里而來 亦將有以利吾國乎 孟子對曰 王何必曰利 亦有仁義而已矣 王曰何以利吾國 大夫曰何以利吾家 士庶人曰何以利吾身 上下交征利 而國危矣 [……] 苟爲後義而先利 不奪不饜(梁惠王上 1).

**190** 爲人臣者懷利以事其君 爲人子者懷利以事其父 爲人弟者懷利以事其兄 是 君臣父子兄弟終去仁義 懷利以相接 然而不亡者未之有也(告子下 4).

**191** 盡心下 35.

동기와는 달리 스스로 통제할 수 없는 동기들이기 때문에,[192] 이러한 욕구들을 제한 없이 추구하면 천하의 온갖 폐해가 이로부터 일어나게 된다[193]고 순자는 본다. 도덕적 동기[義]를 앞세우고 이기적 욕구[利]를 뒤로 돌리면 영화롭게 되지만, 이기적 욕구를 앞세우고 도덕적 동기를 뒤로 돌리는 것은 치욕을 불러오는 일이며,[194] 이렇게 되면 욕구에 가려 큰 이치에 어둡게 됨으로써,[195] 의혹에 빠진 채 무슨 일을 해도 즐겁지 않고,[196] 무엇이 화인지 복인지도 모르게 된다.[197] 또한 사물의 노예가 되어[以己爲物役][198] 날로 퇴보하게 됨으로써,[199] 인륜도 저버리고,[200] 아무 일이나 마구 하는 소인이 되고 마는[201] 것이다. 그리하여 만일 군주가 이렇게 이기적 욕구만을 추구하면 난세가 되고,[202] 나라를 상하게 하여,[203] 결국에는 망하게 된다[204]고 순자는 보고 있다.

이와 같이 순자도 사회관계에서 이익 추구를 배척하는 태도를 강조하며, 욕구의 추구를 절제하는 '절욕'(節欲)과 욕구를 올바르게 인도하는 '도

---

**192** 若夫心意修 德行厚 知慮明 生於今而志乎古 則是在我者也 故君子敬其在己者 而不慕其在天者 [……] 君子敬其在己者 而不慕其在天者 是以日進也(『荀子』, 天論 28~29).

**193** 天下害生縱欲(富國 2).

**194** 先義而後利者榮 先利而後義者辱(榮辱 25).

**195** 蔽於一曲 闇於大理(解蔽 1).

**196** 以欲忘道 則惑而不樂(樂論 7).

**197** 離道而內自擇 則不知禍福之所託(正名 25).

**198** 故欲養其欲 而縱其情 [……] 夫是之謂以己爲物役(正名 26~27).

**199** 小人錯其在己者 而慕其在天者 是以日退也(天論 29).

**200** 人情何如 [……] 妻子具 而孝衰於親 嗜欲得 而信衰於友 爵祿盈 而忠衰於君 人之情乎 人之情乎甚不美 又何問焉(性惡 15).

**201** 唯利所在 無所不傾 如是則可謂小人矣(不苟 17).

**202** 故義勝利者爲治世 利勝義者爲亂也(大略 20).

**203** 大國之主也 而好見小利 是傷國(王覇 33).

**204** 挈國以呼功利 不務張其義 齊其信 唯利之求 [……] 如是則 [……] 國不免危削 綦之以亡(王覇 5~6).

욕'(道欲)을 통해 욕구의 바름을 얻고, 그럼으로써 혼란에서 벗어나 바른 몸가짐의 상태로 나아가는 것, 이것이 사회관계를 조화롭게 하는 요체라고 주장하는 것이다.[205]

이상에서 보듯이 유학자들은 사회관계에서 개인적인 이익을 추구하는 것은 사회관계의 조화를 해치는 결과를 초래하기 때문에, 자기이익의 확보와 최대화를 목표로 하는 형평원칙이 작업성과와 사회의 자원을 분배하는 공정한 방법이 될 수는 없다고 본다. 그들이 제시하는 바람직한 분배의 원칙은 사회관계에 조화를 가져올 수 있는 '필요원칙'과 '균등원칙'인 것이다.[206]

**역할 구분의 근거: 덕과 능력에 따른 형평** 그렇다면 앞에서 보았던 군자 및 대인과 소인의 차이는 공동작업의 성과와 한정된 사회의 자원을 분배하는 과정에서의 차이를 유발하는 것이 아니라, 사회적 역할을 구분하는 근거가 되는 것이라고 보아야 할 것이다. 즉 군자와 대인은 사회와 소인들을 다스리는 직책을 맡게 되고, 소인은 그들의 다스림을 받음으로써 조화로운 사회를 함께 이루어가야 할 직책을 떠맡게 된다는 것이 군자와 소인의 대비를 통해 유학자들이 전달하고자 하는 요지인 것이다.

공자는 군자는 덕을 밝게 깨달아 항상 덕을 생각하는 사람이고, 소인은 이익에 밝아서 항상 이익과 재산을 생각하는 사람이라고 보는데,[207] "정

---

**205** 正名 19~22.

**206** 필자는 선행 저술(조긍호, 1998a, pp. 291~297)에서 공자는 '균등원칙'을 공정분배의 규범으로 제시하고 있으나, 순자가 제시하는 공정분배의 규범은 '형평원칙'이라고 제안한 바 있다. 그러나 이는 분배의 원칙과 역할 구분의 원칙을 혼동한 때문이었다. 순자를 포함해서 유학자들은 모두 '역할 구분의 원칙'으로는 수양의 정도에 따른 '형평의 원칙'을 강조하고 있으나, '분배의 규범'으로는 '필요와 균등의 원칙'을 따라야 한다고 주장하고 있는 것이다.

**207** 『論語』, 里仁 11, 16.

사란 덕을 기반으로 하는 것"이므로 다스리는 직책은 군자에게 주어져 있고 "마치 북극성이 제자리를 지키고 있으면 뭇 별들이 그를 향하여 벌리어 서듯이"[208] 소인들은 군자의 다스림을 따라야 한다고 보아 이러한 입장을 제시하고 있다.

공자는 군자가 다스리는 직책을 맡는 것은 수양을 통하여 덕을 이루었기 때문이지 태어날 때부터의 출신성분에 의해 결정되는 것은 아니라고 보았다. 즉 덕을 이루어 군자가 되면 누구나 다스리는 직책을 맡을 수 있다는 것이다. 그는 이러한 사실을 "얼룩소의 새끼라고 하더라도 색깔이 붉고 또 뿔이 제대로 났다면, 비록 그 어미가 얼룩소라고 하여 산천의 제사에 희생(犧牲)으로 삼지 않고자 할지라도, 제사를 받는 산천의 신(神)이 그대로 버려두겠는가?"[209]라는 비유를 통해 암시하고 있다. 즉 도덕적 수양의 정도에 따른 형평이 사회적 역할 구분의 근거가 되어야 한다는 것이 공자의 입장인 것이다.

맹자도 대인은 마음을 쓰는 사람이고 소인은 힘을 쓰는 사람인데, 마음을 쓰는 사람은 남을 다스리고 힘을 쓰는 사람은 남의 다스림을 받는다고 하여,[210] 역할 구분의 근거를 대인(군자)이냐 소인이냐에 두고 있다. 그는 "사람의 몸에는 귀한 것도 있고 천한 것도 있으며, 큰 것도 있고 작은 것도 있는데, 작고 천한 것[생물체적 · 이기적 욕구의 기관인 耳目之官]으로 크고 귀한 것[도덕성의 기관인 心]에 해를 끼쳐서는 안 된다. 그 작은 것을 기르는 사람은 소인이 되고, 그 큰 것을 기르는 사람은 대인이 된다"[211]고 보아,

**208** 子曰 爲政以德 譬如北辰居其所 而衆星共之(爲政 1).

**209** 子謂仲弓曰 犁牛之子騂且角 雖欲勿用 山川其舍諸(雍也 4).

**210** 『孟子』, 滕文公上 4.

**211** 體有貴賤 有小大 無以小害大 無以賤害貴 養其小者爲小人 養其大者爲大人(告子上 14); 從其大體爲大人 從其小體爲小人(告子上 15).

개인의 수양의 정도에 따라 남을 다스리는 직책을 갖게 되느냐 아니면 남의 다스림을 받는 직책을 갖게 되느냐가 구분된다고 본다.

맹자는 대인이 되느냐 소인이 되느냐 하는 것은 태어날 때부터 정해져 있는 것이 아니라, 누구나 대인과 군자가 될 수 있다고 보았다.[212] 그는 교육을 통해 누구나 덕을 쌓으면 대인과 군자가 될 수 있다고 보았는데, "맹자가 가르침을 베푸는 데 있어서, 가는 사람을 좇지 않고 오는 사람은 거절하지 않았으며, 배우겠다고 찾아오는 사람은 누구나 받아들일 뿐"[213] 이었다. 그러므로 배움을 통해 쌓은 덕의 정도가 사회적 역할 구분의 근거가 되어야 한다는 것이 맹자에게서도 드러나고 있는 유학의 전통인 것이다.

이러한 입장은 순자에게도 이어지고 있다. 그는 각 개인이 후천적으로 이룬 현실태인 덕(德)과 능(能)을 기준으로 하여 사회적 직분이 나누어져야 한다고 보아, 다음과 같이 진술하고 있다.

> 각 사람의 덕에 비추어서 차례를 정하고, 능력을 헤아려서 관직을 수여함으로써, 모든 사람으로 하여금 각자의 일을 하도록 맡기고, 각각 그 마땅한 바를 얻도록 해야 한다.[214]

또한 그는 다른 곳에서 "덕은 반드시 그 지위에 알맞게 하고[稱], 지위는 보수에 알맞게 하며, 보수는 그 공로에 알맞게 해야 한다"[215]거나, "그

---

**212** 曹交問曰 人皆可以爲堯舜 有諸 孟子曰 然(告子下 2).

**213** 夫子之設科也 往者不追 來者不拒 苟以是心至 斯受之而已矣(盡心下 30).

**214** 論德而定次 量能而授官 皆使其人載其事 而各得其所宜(『荀子』, 君道 12).

**215** 德必稱位 位必稱祿 祿必稱用(富國 5: 『荀子集解』에서는 맨 마지막의 用을 庸으로 보아 勳으로 해석하고 있다).

능력을 기준으로 올바른 원칙에 알맞도록 하면[稱義] 두루 미치게 될 것"[216]이라고 표현하고 있기도 하다. 이렇게 순자는 후천적으로 인위적인 노력[僞]에 의해 이루어낸 현실태로서의 덕과 능력의 수준에 따라 사회적 역할과 직분을 부여해주는 것이 중요하다는 사실을 지적하는 것이다.

**투입요인 상정의 문제** 여기서 그 성격은 좀 다른 문제이지만, 서구의 분배정의 이론가들이 제시하는 형평분배 규범에서 가장 중요한 문제는 무엇을 투입요인으로 잡을 것이냐 하는 문제인데, 그들이 성과와 직접 관련되는 것으로 상정하는 투입의 요인과 유학자들이 역할과 직분의 부여를 위한 투입요인으로 상정하는 것이 과연 같은 것인지 아니면 다른 것인지를 고찰해볼 필요가 있다.[217] 만일 동아시아 사회에서도 형평분배를 공정분배 규범의 하나로 받아들일 경우, 이것이 서구와 동아시아의 분배행동의 차이를 나타내는 중요한 요인으로 작용할 수 있을 것이기 때문이다.

사회학자인 호만스는 개인의 투입에 비례해서 성과를 분배하는 형평분배가 공정한 분배의 원칙이라고 보고 있는데, 이때 노력과 수행 같은 사회적 교환관계에서의 개인의 기여도(contribution)와 성 · 인종 · 결혼 여부와 같은 개인의 사회적 속성(social attributes)이 모두 투입요인으로 작용할 수 있다고 보았다.[218] "이 두 유형의 투입요인의 핵심적인 차이는 노력과 수행 같은 기여도는 나이나 성 또는 직위 같은 사회적 속성보다 투입-성과 관계에 대한 더욱 직접적인 지표가 된다는 데 있다. 기여도는 교환관계로부터 얻어지는 이득의 직접적인 측정치가 될 수 있지만 [……] 개인

**216** 其能以稱義徧矣(君道 13).
**217** 이 문제에 대해서는 필자의 선행 저술(조긍호, 1998a, pp. 295~297) 참조.
**218** Homans, 1961, 1974.

의 사회적 속성은 교환관계로부터 얻어지는 성과와 직접 관련이 없어서, 이 경우 투입－성과 관계는 간접적일 수밖에 없다."[219] 이러한 까닭에 심리학자들은 개인의 사회적 속성은 도외시하고, 교환의 당사자들이 교환관계에 투입하는 시간이나 노력과 같은 기여도만을 변화시켜 분배정의의 문제를 다루어왔다.[220] 이러한 심리학적 연구들은 암묵적으로 교환의 당사자들의 능력과 같은 요인들은 모두 동등하다는 전제에서 연구를 진행해온 것으로 볼 수 있으며, 이러한 점에서 서구심리학에서 전개된 형평분배의 투입요인과 유학자들의 그것은 커다란 차이를 보이고 있다.[221]

앞에서도 지적하였듯이, 유학자들은 각 개인의 덕과 능력을 투입요인으로 삼아 역할과 직분을 나누어야 한다고 본다. 이는 개인의 수양의 정도에 따라 달라지는 것으로, 개인 사이의 역할과 직분에 차이를 가져오는 유일한 근원이라는 것이 유학자들의 의견이다. 순자는 "군자는 덕으로 아랫사람을 거느리고, 소인은 힘써 일하여 윗사람을 섬기므로, 힘이란 덕의 부림을 받게 마련이며,"[222] "군자는 사물을 부리지만, 소인은 사물에 부림을 당하기 마련"[223]이라고 본다. 이러한 군자와 소인의 차이는 바로 후천적으로 이룬 현실태인 덕과 능력의 차이에 있으므로, 오로지 이를 투입요인으로 하여서만 사회적 역할이 구분된다는 것이 유학자들의 입장인 것이다. 이러한 관점은 순자의 다음과 같은 지적에서 잘 드러나고 있다.

길거리에 있는 백성들 누구라도 선을 쌓고 이를 온전히 다 이루면 성인(聖人)이

---

**219** Cook & Yamagishi, 1983, p. 103.

**220** 예: Farkas & Anderson, 1979.

**221** 이는 高在弘 교수(경남대학교)와의 의견교환으로부터 시사 받은 것임.

**222** 『荀子』, 富國 10.

**223** 君子役物 小人役於物(修身 29).

될 수 있다. 스스로 노력한 다음에 얻어지고, 스스로 실천한 다음에 이루어지며, 스스로 쌓기를 거듭한 다음에 높아져서, 스스로 온전하게 된 사람이 성인이다. 그러므로 성인이란 선천적으로 타고난 사람이 아니라, 후천적으로 노력하고 쌓기를 거듭하여 스스로 이루어낸 사람이다. 마찬가지로 김매고 밭가는 일을 익히고 쌓으면 농부가 되고, 끌로 뚫고 대패로 깎아내는 일을 익히고 쌓으면 목수가 되고, 물건을 사고파는 일을 익히고 쌓으면 상인이 되고, 예의를 익히고 쌓으면 군자가 되는 것이다. [……] 이와 같이 사람이 몸가짐을 삼가고 행동거지를 바르게 하여 크게 예의를 쌓고 익히면 군자가 되지만, 타고난 성정대로 하고 배우지 않으면 소인이 된다. 군자가 되면 항상 평안하고 영화롭지만, 소인이 되면 항상 위험하고 욕된 것이다.[224]

이렇게 후천적인 노력에 따른 덕과 능력의 차이를 사회직분과 역할을 구분하는 유일한 투입요인으로 삼아야 한다는 것이 유학자들의 입장이고, 따라서 이는 교환관계에서의 능력의 동질성을 전제하는 형평이론가들의 형평분배의 원칙과는 크게 다른 것이다.

서구의 이론에서도 사회학자들은[225] 성 · 인종 같은 사회적 속성을 주 투입요인으로 삼는 형평분배를 분배원칙으로 삼아왔다.[226] 이러한 사회적 속성은 개인이 태어날 때부터 갖추고 있는 차이에 근거하는 것이다. 그러나 유학자들이 직분과 역할 구분의 근거로 삼는 덕과 능력은 후천적으로 개인이 인위적인 노력에 의해 성취한 것이지 태어날 때부터 갖추고

---

**224** 涂之人百姓 積善而全盡 謂之聖人 彼求之而後得 爲之而後成 積之而後高 盡之而後聖 故聖人也者 人之所積也 人積耨耕而爲農夫 積斲削而爲工匠 積反貨而爲商賈 積禮義而爲君子 [……] 故人知謹注錯 愼習俗 大積靡 則爲君子矣 縱情性而不足問學 則爲小人矣 爲君子則常安榮矣 爲小人則常危辱矣(儒效 36).

**225** 예: Homans, 1961, 1974; Jasso & Rossi, 1977.

**226** Cook & Yamagishi, 1983.

있는 것이 아니다. 순자는 이를 "오늘날의 사람들도 스승과 법도의 감화를 받고, 문식과 배움을 쌓고 익히며, 예의를 행하면 군자가 되지만, 태어난 욕구와 감정대로 따르고, 함부로 방자하게 굴며, 예의에 어긋나게 행하면 소인이 된다"[227]거나, "비록 왕이나 귀인 또는 사대부의 자손이라고 할지라도 예의에 힘을 쓰지 않으면 서인으로 신분을 낮추고, 비록 서인의 자손이라 할지라도 문식과 배움을 쌓고 몸가짐과 행동거지를 바르게 하여 예의에 힘쓴다면 재상이나 사대부로 끌어올려야 한다"[228]고 표현하고 있다. 이는 인위(人爲)의 결과로 성취한 덕과 능력만을 투입요인으로 삼아야 한다는 유학자들의 입장을 잘 나타내는 것으로, 생득적인 사회적 속성[歸屬特性]을 주 투입요인으로 보려는 서구 사회학의 입장과 유학자들의 차이가 바로 이러한 점에서 극명하게 드러나고 있는 것이다.

### 3) 작업동기와 보상체계의 문제

어떤 조직체이든지 구성원들의 작업동기(work motivation)를 끌어올림으로써 그 조직체가 의도하고 있는 목표를 달성하거나 조직체 전체의 생산성을 높이려고 한다. 전통적으로 조직 장면에서는 이러한 목적을 이루기 위해 인사선발 · 작업조건 · 목표설정 · 수행평가 · 승진 · 직원교육 등의 측면에서 각각의 조직에 적합한 다양한 방안을 모색해왔다. 이러한 방안들 가운데 "조직원들의 행동을 자극하고 그들에게 영향을 미치는 가장 일반적인 방법은 보상체계를 이용하는 방식이다."[229]

대부분의 사람들은 하나의 조직체에 소속되어 일을 하고 그 대가로 봉

**227** 今之人化師法 積文學 道禮義者 爲君子 縱性情 安恣睢 而違禮義者 爲小人(性惡 2~3).

**228** 雖王公士大夫之子孫也 不能屬於禮義 則歸之庶人 雖庶人之子孫也 積文學 正身行 能屬於禮義 則歸之卿相士大夫(王制 1~2).

**229** Jex & Britt, 2008/2011, p. 322.

급을 받아 생활한다. 그러나 봉급은 조직원들이 생계를 유지하는 수단이기만 한 것은 아니다. 이는 자존심의 근거가 되기도 하며, 조직에 대한 불만족을 유발하는 중요한 요인이 되기도 한다. 봉급의 크기나 봉급체계의 공정성에 대한 인식은 조직원들의 사기(士氣)에 영향을 미쳐, 조직에 대한 몰입이나 헌신을 높이기도 하고 경우에 따라서는 이를 낮추기도 하는 등 작업동기의 직접적인 요인으로 작용한다.

이러한 봉급을 책정하고 지급하는 방식은 다양하지만, 가장 널리 사용되는 것은 조직원 각자의 수행성과에 기초하여 보수의 액수를 책정하는 '성과연동제'(performance-based pay system)와 조직체에 몸담아 봉사한 시간의 길이에 따라 보수를 책정하는 '연공서열제'(seniority-based pay system)이다. 성과연동제는 조직원 각자가 조직에 기여한 정도에 따라 보수의 액수를 차등지급하는 방식으로, 기본적으로 '형평규범'에 따라 봉급을 결정하는 방식이다. 이에 비해 연공서열제는 조직에 근무한 시간의 길이에 따라 봉급의 액수가 달라지므로, 누구든지 근무한 시간의 길이가 같으면 똑같은 액수를 지급받는 체제이어서 어떻게 보면 '균등규범'의 성격이 강한 봉급책정 방식이다.

대체로 공동작업의 성과를 형평규범에 따라 분배하게 되면 조직체 전체의 생산성 수준이 향상되는 정적(正的) 효과가 유발되고, 균등규범에 따라 분배하게 되면 조직원 사이에 조화가 이루어지는 효과가 유발된다는 사실이 밝혀져왔다. 이러한 맥락에서 생각해보면, 개인의 이익추구를 강조하는 서구 개인주의사회에서는 성과연동제에 따라 봉급을 책정하고, 관계의 조화를 강조하는 동아시아 집단주의사회에서는 연공서열제에 따라 봉급을 책정하는 경향이 강할 것이라고 예측할 수 있다. 즉 개인주의사회에서는 개인 수행의 성과, 곧 조직에 기여한 바에 따라 보상을 해주어야 작업동기가 높아져 열심히 일하게 될 것이고, 그렇게 해야 조직체 내에서 자기이익의 최대화라는 사회관계의 목표를 이룰 수 있을 것이다. 이에 비해 집단주의사회에서는 누구에게나 똑같은 조건인 근무연수에 따라 보상을 지급해주어 조직체(회사)가 각자를 보호해준다는 느낌을 가져야 작업동기가 높아져 열심히 일하게 될 것이고, 결과적으로 조화로운 관계 형성이라는 사회관계의 목표를 이룰 수 있을 것이다.

(1) 작업동기와 보상체계의 관계

'문화구성주의'의 논지에 따르면,[230] 사회 전반의 문화체계와 개인의 심성체계는 상호구성적인 영향을 끼친다. 곧 모든 사회는 저마다 가지고 있는 문화적 자기관(개인을 상호독립적인 존재로 보느냐 아니면 상호의존적인 존재로 보느냐 하는 견해)에 일치하는 다양한 사회적 상황을 산출해내고, 사회화 압력들을 통해 성원들이 이에 합치되는 자기관을 가지도록 유도한다. 이러한 사회화 과정을 거쳐 해당 문화의 자기관에 조율된 다양한 심리 내용과 경향을 갖추게 된 성원들은, 이러한 문화적 자기관에 부합하는 행동과 신념체계를 통해 해당 문화의 자기관에 합치하는 상황을 조성함으로써, 문화의 조형에 기여하는 것이다. 이렇게 문화구성주의에서는 개인을 둘러싸고 있는 사회적 상황의 특징과 개인의 심리 과정 사이에는 밀접한 상응관계가 있다고 봄으로써, 개인 심리 기제의 문화적 근거와 문화 형성의 개인 심리적 배경, 곧 문화와 개인 심리의 상호구성적 관계를 밝혀내는 이론적 틀을 제공하고 있는 것이다.

문화는 특정 집단의 사람들이 그럴 만한 이유와 목적을 가지고 반복하는 일관되고 통합적인 행위 및 의미체계이다. 그리고 동기 과정은 특정

---

**230** Fiske, A. P. et al., 1998; Gergen, K. J., & Davis, K. E., 1985; Gergen, K. J., & Gergen, M. M., 1988; Kitayama et al., 1995, 1997; Markus & Kitayama, 1994a, b.

목표를 지향하는 일관되고 통합적인 행위의 계열이다. 이렇게 보면, 문화와 동기는 일관되고 통합적인 목표지향성이라는 공통성을 가지고 있다고 볼 수 있고,[231] 따라서 동기는 전적으로 문화에 따라 구성된다고 생각할 수 있는 것이다.[232]

이러한 맥락에서 보면, 하나의 조직체 내에서 조직원들의 작업동기를 높여 생산성을 향상시키기 위한 전략은 해당 사회의 문화적 가치관과 밀접한 관련성을 가지지 않을 수 없다. 일반적으로 조직원들의 작업동기를 높이기 위한 대표적인 방안으로 사용하는 것이 일에 대한 대가를 지급하는 것이다. 그렇다면 작업동기의 증진 방안으로서의 효율적인 보수체계는 문화의 내용과 관련되지 않을 수 없을 것이다. 이러한 문제를 살펴보기 위해 우선 보수체계와 작업동기의 관련성에 대한 심리학적 연구부터 고찰해보기로 하자.

**작업동기에 관한 논의** 어떻게 하면 조직체를 구성하는 성원들의 '작업동기'를 높임으로써 조직의 생산성을 향상시킬 수 있을까 하는 것은 모든 조직체가 안고 있는 핵심적인 문제이다.[233] 서구의 심리학계에서 이 문제에 대해 관심을 가지고 처음으로 연구하기 시작한 것은 일찍이 20세기 초엽 미국과 영국의 공장에서 태업(怠業)이 만연하고 있었다는 배경이 놓여 있다. 이 문제에 관심을 가지고 최초로 연구하기 시작한 사람은 테일러(F. W. Taylor)[234]인데, 그는 '일'(work)과 '놀이'(play)를 철저히 구분하는 서구의 전통적인 입장에서 사람들은 본래 일하기를 싫어하고 즐거운 놀

231 Munro, 1997, pp. 12~14.
232 Kashima, Y., 1997, pp. 16~17.
233 이에 관해서는 다카하시 노부오(高橋伸生) (2004/2007, pp. 124~185) 참조.
234 Taylor, F. W., 1903, 1911.

이에 탐닉하는 경향이 있다고 보았다.[235] 그러므로 종업원들의 태업을 줄이고 그들에게 일을 시키기 위해서는 일하는 환경을 최적화하고 일의 성과에 대해 충분한 보상을 해주어야 한다는 것이 그의 생각이었다.

그는 이러한 전제에서 공원들의 태업을 줄여 작업생산성을 향상시키기 위해서는 작업조건의 과학적 분석을 통해 최적의 작업환경을 제공해 줌으로써 작업생산성을 높이고, 이어서 향상된 작업성과에 따라 보상을 지급하는 체제로 변화시키면 문제가 해결될 것이라고 보았다. 그리하여 그는 '동작연구'(motion study)와 '시간연구'(time study)를 통해 작업단위를 세분하고 작업시간과 휴식시간의 배치를 달리하여 작업생산성이 최대로 늘어나는 조건을 과학적으로 찾아낸 다음, 늘어난 만큼의 성과와 연동하여 보상을 지급하는 방안을 해결책으로 제시하였다. 이것이 유명한 '과학적 경영관리'(scientific management)의 기법이다.

이후 테일러의 생각에 따라 여러 작업 분야에서 과학적 경영관리 운동이 벌어졌는데, 작업조건의 변화나 생산성에 연동된 급여제도가 장기적으로 생산성의 향상에 기여하는 것은 아니라는 결과들이 밝혀져 과학적 경영관리 운동에 적신호가 켜졌다. 즉 작업조건이나 성과와 연동된 보상체계만으로는 작업생산성을 향상시키는 데 한계가 있다는 사실이 인식되기 시작하였던 것이다. 이러한 인식을 가져온 대표적인 사건은 이른바 '호손효과'(Hawthorne effect)의 발견이었다.

1924년부터 1932년 사이에 하버드대학교의 연구팀에 의해 웨스턴 일렉트릭 회사(Western Electric Company)의 호손공장(Hawthorne Plant)에서 실시된 일련의 시간-동작 연구의 결과, 작업조건의 변화에 상관없이 생산성이 지속적으로 올라가는 현상이 밝혀졌다. 예를 들면, 1927년 4월부터

**235** 다카하시 노부오, 2004/2007, pp. 132~143; Taylor, F. W., 1903, ch. 2.

1932년 중반까지 5년 동안 23기에 걸쳐 실시했던 장기연구에서는 심지어 맨 나중에 원래의 작업조건으로 복귀하여도 생산성이 향상되고 있었다. 이를 '호손효과'라고 하는데, 이러한 결과들은 작업생산성을 작업조건이나 외적 보상체계의 함수로만 인식하는 테일러의 과학적 경영관리의 가설이 잘못되었음을 여실히 드러내는 결과로 해석되었다. 이 계획에 참여했던 연구자들은, 이러한 효과는 연구의 대상이 되었던 사람들이 "회사에서 자기들을 주목하고 있다"고 생각하여, "자기들이 회사 안에서 중요한 사람들"이라고 인식한 결과 나타난 것이라고 해석하였다.[236] 이들의 해석은 작업 외적인 조건보다는 작업자 자신의 내적 인식과 작업자들 사이의 인간관계가 작업수행 성과에 직접적인 영향을 미친다는 사실을 암시하는 것이다.

호손효과의 발견 이후에 조직심리학 분야의 연구자들은 작업생산성은 작업환경이나 보상체계 같은 작업 외적인 조작만으로는 설명할 수 없다는 인식을 하게 되었다. 이러한 인식을 기초로 한 대표적인 연구로 허츠버그(Frederick W. Herzberg)의 "이요인(二要因)이론"(two-factor theory), 맥그리거(Douglas McGregor)의 "X-Y이론" 및 데시(Edward L. Deci)의 "내재적(內在的) 동기이론"(intrinsic motivation theory)을 들 수 있다.

허츠버그와 그 동료들은 미국 피츠버그에 있는 9개 회사의 기술자와 회계담당자 약 200명에게 자신의 직무에 대해서 예외적으로 좋은 느낌을 받아 만족했을 때와 반대로 예외적으로 나쁜 느낌을 받아 불만족했을 때를 상세히 진술하도록 하고 그 결과를 분석하여, 자기가 하는 직무에 대해 만족감을 유발하는 요인과 불만족을 유발하는 요인이 다름을 발견하였다. 종업원들에게 만족감을 유발하는 요인은 일의 달성, 달성에 대한

**236** Mayo, 1933; Roethlisberger, 1941; Roethlisberger & Dickson, 1939.

승인, 일 그 자체, 책임 및 승진과 같은 것으로, 이러한 요인이 갖추어져 있으면 직무만족도가 높아졌으나 이러한 요인이 갖추어져 있지 않다고 해서 직무에 대한 불만족이 높아지는 것은 아니었다. 그들은 이를 '작업동기요인'(work motivation factor)이라고 불렀다. 이에 비해 종업원에 대한 관리 · 감독 · 급여수준 · 작업조건 등은 직무불만족과만 관련이 있을 뿐, 이러한 요인이 개선된다고 해서 직무만족도가 높아지는 것은 아니었다. 그들은 이를 '위생요인'(hygine factor)이라고 불렀다. 그들의 이러한 요인 이론은 여러 연구에서 반복 검증되고 있다.[237]

여기서 테일러의 과학적 경영관리에서 다루고 있는 요인들은 모두 위생요인으로, 직무에 대한 불만족을 유발하는 요인일 뿐이어서 작업동기와는 직접적인 관련이 없는 요인이고, 작업동기를 높이는 요인들은 자기가 하고 있는 일에 대한 근로자의 인식과 그 일에 대해 근로자가 느끼는 보람과 책임감 같은 근로자 자신의 요인이라는 사실을 주목해보아야 한다. 즉 작업동기를 높이는 일은 작업 외적인 요인의 조작을 통해서는 이루어지기 힘들다는 것이 허츠버그의 주장으로, 작업조건의 설계와 성과연동 보상체계의 도입만 가지고는 조직원의 작업생산성을 향상시킬 수 없다는 사실이다.

허츠버그가 종업원들의 반응을 통해 작업동기요인의 중요성을 밝혔다면, 맥그리거는 경영자들의 경영방침의 분석을 통해 같은 관점을 제시하고 있다. 맥그리거는 많은 경영자들의 경영방침을 수집하고 그 내용을 분석하여, 경영자들의 경영방침이 두 가지 대조되는 유형으로 분류된다는 사실을 밝혀내었다. 그 하나는 테일러의 과학적 경영관리법의 배경에 놓여 있는 것으로, 인간은 천성적으로 일을 하기 싫어하여 가능하면 놀고먹

---

**237** Herzberg, 1966; Herzberg, Mausner, & Synderman, 1959.

으려 한다고 보는 유형이다. 맥그리거는 이를 'X이론'이라 부르고 있는데, 이러한 입장의 경영자들은 종업원들에게 조직목표 달성에 충분한 노력을 기울이도록 하기 위해서는 감독체제의 강화, 작업조건의 변경, 성과연동 보상체계의 도입과 같은 경영방침을 채택해야 한다고 주장한다. 또 하나는 인간은 천성적으로 일을 싫어하지 않으며, 일에 몸과 마음을 쓰는 것은 오락이나 휴식의 경우와 같이 자연스러운 것이라고 보는 유형이다. 그는 이를 'Y이론'이라고 부르는데, 이러한 입장의 경영자들은 외적인 처벌이나 감독이 일을 열심히 하게 만드는 요인이 아니라 일에 대한 책임과 일로 인해 얻는 보람을 느끼도록 해주는 일이 중요하다고 주장한다.[238]

말하자면 X이론의 경영자들은 작업동기의 존재 자체를 부정하는 입장인 데 반해, Y이론의 경영자들은 인간에게 작업동기가 본유적으로 갖추어져 있다고 보는 입장이다. 이러한 이론에 근거해서 맥그리거는 X이론의 명령과 통제에 의한 경영을 반대하고, Y이론에 기초하여 작업동기를 중시하는 경영을 해야 한다고 주장하였다.[239]

허츠버그와 맥그리거에서 한 걸음 더 나아가 데시는 해당 활동 이외에는 명백한 보상이 전혀 없어서 사람들이 본래 흥미를 느끼는 일(내재적으로 동기부여된 활동)을 수행한 대가로 이에 대해 외적인 보상을 해주면, 그 일에 대해 본래 가지고 있던 흥미와 관심이 줄어든다는 이론을 제시하여, 외적 보상이 부정적 효과를 가질 수도 있다는 사실을 주장하였다.[240] 그는 "내재적으로 동기부여된 활동이란 인간이 그것에 종사함으로써 자신을 유능하고 자기결정적이라고 감지하도록 하는 행동"[241]이라고 정의

---

**238** McGreger, 1960.
**239** McGreger, 1960, p. 49.
**240** Deci, 1971, 1975.
**241** Deci, 1975, p. 107.

하고, 이런 활동에 대해 외적 보상이 주어지면 '자기결정감'(自己決定感, sense of self-determination)과 '유능감'(有能感, sense of competency)이 저해되기 때문에 '내재적 동기'가 감소하게 된다고 보았다.

이러한 외적 보상의 내재적 동기 감소효과에 대해서는 많은 이론적 대립이 있었다.[242] 이 분야의 88개 선행 논문을 사후종합분석(meta-analysis)한 어떤 연구에서는 외적 보상이 내재적 동기의 감소효과를 가져오지 않았다고 주장하고 있는 데 반해,[243] 50개의 선행 논문을 사후종합분석한 어떤 연구에서는 외적 보상에 의한 내재적 동기의 감소효과가 현저한 것으로 밝혀지기도 하였다.[244] 선행 연구의 결과들을 종합하여 데시는 외적 보상의 두 가지 측면을 구분하는 수정이론을 제시하였다. 즉 외적 보상은 그것을 제공함으로써 받는 자의 행동을 통제하는 '통제적 기능'과 보수를 받는 자에게 자기의 유능성에 대한 정보를 전달하는 '정보적 기능'을 수행할 수 있는데, 만약 받는 자의 입장에서 통제적 측면이 보다 두드러지면 자기결정감을 약화시켜 내재적 동기가 감소되지만, 정보적 측면이 두드러지면 자기결정감과 유능감이 강해지므로 내재적 동기가 감소되지 않는다는 것이다.[245]

여기서 문제는 외적 보상이 어떤 경우에는 통제적 기능을 하게 되고, 어떤 경우에는 정보적 기능을 하게 되는가 하는 것이다. 이는 외적 보상이 작업성과에 의해 직접 결정되느냐 아니면 그렇지 않느냐 하는 점에 따라 달라진다. 즉 외적 보상의 크기가 작업성과에 따라 달리 지급되면 통제적 측면이 두드러져서 내재적 동기의 감소효과가 나타나지만, 그렇지

---

**242** 이에 대해서는 장재윤 · 구자숙(1998, pp. 39~77) 참조.

**243** Cameron & Pierce, 1994.

**244** Tang & Hall, V. C., 1995.

**245** Deci & Ryan, 1985.

않으면 정보적 기능이 두드러져서 내재적 동기의 감소효과가 나타나지 않는다는 것이다.[246]

이상의 이론전개 과정에서 보듯이, 서구의 조직심리학자들은 20세기 초반만 해도 일과 놀이를 엄격하게 구분하여 인간의 작업동기를 인정하지 않는 입장에서, 작업생산성을 향상시키기 위해서는 외적 보상을 작업성과와 연동하여 지급하는 방안을 추천하고 있었다. 그러나 20세기 중반 이후에는 인간의 작업동기를 인정하는 입장으로 방향 선회를 하여, 작업생산성을 높이기 위한 방안을 작업자 자신의 내적 요인에서 찾으려는 경향을 띠고 있으며, 외적 보상을 작업성과와 직접 연계시키는 방안이 가져올 수 있는 효과가 다양할 수 있다는 사실에 눈뜨기 시작하였다고 볼 수 있다.

**작업동기 증진 방안으로서의 보수체계: 문화적 차이** 호프스테드의 문화차원분석의 연구는 전세계 66개국에 걸친 117,000명의 IBM회사 직원들에게 '작업관련가치' 조사를 통해 이루어진 것이었다.[247] 그러므로 이 연구는 기본적으로 조직심리학 장면과 밀접한 관련을 가지고 있으며, 이 연구 이후 사회심리학에서와 마찬가지로 조직심리학 분야에서도 문화차에 따른 제반 조직행동의 차이를 비교하는 연구들이 진행되어왔다.

호프스테드가 제시한 문화 분류의 네 차원 중에서 이 분야의 연구자들이 특히 주목한 것은 '개인주의–집단주의'의 차원과 '권력거리'(조직 내의 상위자와 하위자의 권력의 불평등의 지표)의 차원이었는데,[248] 그 중에서도 대부분의 연구에서 문화 간의 차이를 유발하는 대표적인 차원은 개인주

---

**246** 다카하시 노부오, 2004/2007, pp. 180~183.
**247** Hofstede, 1980, 1983, 1991.
**248** Erez, 1997, p. 203.

의-집단주의의 차원이었다.[249] 그리하여 이들 연구들에서는 개인주의와 집단주의 문화유형에 따라 보상분배 · 목표설정(goal-setting) · 의사결정 · 직무충실화(job enrichment) · 품질관리체계(quality improvement system) 등의 측면에서 작업동기를 향상시키기 위한 전략이 어떻게 달라지는가 하는 연구들이 이루어져왔다.

"작업동기에 관한 문화기초적 접근들은 다양한 동기화 전략들이 가지는 의미를 평가하는 데 있어서 문화적 가치들을 고려하자는 것이다. 사람들에게 동기를 부여하는 요인은 문화에 따라 달라진다는 것이 이러한 접근의 기본전제이다. 따라서 보상체계 · 직무설계(job design) · 의사결정 · 목표설정 과정 · 품질관리계획 등이 문화적 가치와 상응하게 세워졌을 때, 조직체의 목표를 달성하고자 하는 종업원들의 동기를 최대로 끌어올릴 수 있을 것이다. 왜냐하면 그런 조건에서라야 종업원들의 자기개념 속에 표상되고 있는 문화적 가치와 일치하는 '자기가치감'(self-worth)의 향상과 '안녕감'(well-being) 추구의 욕구가 충족될 수 있을 것이기 때문이다. 이와는 대조적으로 종업원들에게 동기를 부여하고자 하는 관행들이 그들의 문화적 가치와 상응하지 않으면, 이러한 동기부여 전략은 종업원들의 동기를 끌어올리지 못하여 그들의 수행과 행동에 긍정적인 효과를 미칠 수 없을 것이다."[250] 작업동기와 관련된 문화기초적 연구들 중에서 이 책의 내용과 가장 관련이 깊은 것은 문화유형에 따른 보상체계의 차이 문제이다.

앞에서 서구 개인주의 사회인들은 공동작업의 성과를 각자의 기여도의 크기의 차이에 따라 차등적으로 지급하는 형평분배를 공정한 분배규범으

**249** Triandis, 1994.
**250** Erez, 1997, p. 235.

로 선호하지만, 동아시아 집단주의 사회인들은 성원들에게 똑같이 분배하는 균등분배를 공정한 분배의 규범으로 선호하는 경향이 높다는 사실을 논의하였다. 개인주의 사회인들은 사회관계의 목표를 보상과 부담을 주고받는 교환의 과정을 통해 각자가 자기이익을 최대화하는 데에서 찾으므로, 기여도에 비례하여 분배하는 형평분배의 규범이 각자의 이익을 최대화하는 데 유리하다고 판단하지만, 집단주의 사회인들은 사회관계의 목표를 조화로운 사회의 형성과 유지에 두므로, 성원들 사이의 차이가 적어질수록 성원 사이의 조화로운 관계가 이루어질 가능성이 크다고 판단하기 때문이었다.

이러한 맥락에서 개인주의 사회의 조직체들은 종업원들의 보수를 그들의 작업수행성과와 연동하여 지급하여야 종업원들의 작업동기가 높아질 것이라고 보아, 성과연동제를 기본적인 보상체계로 설정하는 경향이 높을 것이라고 예상할 수 있다. 실제로 미국의 기업체들에서는 성과연동제에 따라 보수를 책정하는 것이 일반적인 경향이다.[251] 이러한 경향은 회사의 이익을 인센티브로 종업원들에게 지급하는 경우에도 작업팀(team)별 인센티브 체제보다는 개인별 인센티브 체제를 채택하는 회사가 훨씬 많다는 사실에서도 드러난다. 1990년에 1,000개의 미국회사의 인센티브 지급체제를 조사한 연구에서는 20%의 회사가 개인별 체제를 채택하고 있었으나, 팀별 체제를 채택하는 회사는 12%에 불과한 것으로 나타났다.[252] 개인주의 사회에서는 이러한 성과연동제와 개인별 인센티브 제도에 따라 보수를 지급하는 것이 보수의 공정성 지각을 높일 뿐만 아니라,[253] 직무만족도와 임금만족도도 높이는 효과를 보이는 것으로 밝혀지

**251** Erez, 1997, pp. 213~217.

**252** Lawler, Mohrman, & Ledford, 1992.

**253** Schay, 1988.

고 있다.[254]

이에 비해 동아시아 집단주의 사회의 조직체들은 종업원들의 작업동기를 높이기 위해서는 그들의 보수를 각자의 성과와 연동시키기보다는 작업팀의 성과와 연결시키거나 연공서열과 연동시키는 방안을 채택하는 경향이 높다. 성과급제를 시행하고 있는 우리나라 28개 기업에 종사하는 630명의 근로자들을 대상으로 조사한 연구에서는 성과급의 비중과 지각된 분배정의 간에 상관이 전혀 없는 것($r$ = 0.01)으로 나타나, 우리나라에서는 성과연동적 차등보수 지급이 분배정의의 지각과는 아무런 관련성이 없으며, 작업동기의 증진효과도 없는 것으로 밝혀지고 있다.[255]

미국과 중국의 관리자들이 부하직원들에게 보너스를 차등적으로 지급할 때 작업성과 · 동료와의 관계 · 상사와의 관계 그리고 개인적 필요라는 네 가지 기준 중에서 어느 것을 더 중시하는지를 비교한 연구에서, 미국인 관리자들은 작업성과를 가장 강조하지만, 중국인 관리자들은 작업성과는 덜 강조하는 대신 개인적 필요를 중요하게 고려한다는 사실이 밝혀졌다.[256] 이는 집단주의 사회에서는 보수의 책정이나 보상의 분배과정에서 집단원들 사이의 조화를 매우 중요하게 고려한다는 사실을 의미하는 것이다.

집단주의 사회에서 성원들 사이의 조화로운 관계를 중시하는 경향은 관리자들에게서만 나타나는 것이 아니라 종업원들 사이에서도 나타난다. 미국과 일본의 8,000여 명에 이르는 기업체 종업원들을 비교한 연구에 따르면, 동종업계의 임금과 비교하여 과다보상(overpayment)을 받은 경우 미국과 일본의 종업원 모두 조직몰입(organizational commitment)과 임금만

**254** Jenkins, G. D., Jr., & Lawler, 1981.
**255** Chang, E., & Hahn, 2006.
**256** Zhou & Martocchio, 2001.

족 수준이 높았고 이직(離職) 의도는 낮았다. 그러나 일본 종업원들에게서 나타난 보상수준과 조직몰입 및 임금만족도와의 관련 정도는 미국의 종업원들에 비해 유의미하게 낮았다. 이 연구에서 더욱 중요한 결과는 같은 회사의 종업원들과의 비교에서 나타났다. 같은 회사의 종업원들과의 비교에서 과다보상을 받으면 미국 기업의 종업원들과는 반대로, 일본 기업의 종업원들은 사기와 조직몰입이 저하되고, 이직 의도는 증가하며, 상당한 심리적 불편감을 경험하는 것으로 나타났던 것이다.[257] 이러한 결과는 일본과 같은 집단주의사회에서는 사회비교 과정이 중요하게 작용하여, 내집단 구성원들 간의 차별적 보상이 그들 사이의 관계의 조화를 손상케 하기 때문에 심리적인 불편감을 유발하는 것이라고 해석할 수 있다.

이상에서 보듯이, 독립적이고 평등한 개인의 개체성을 중시하여 각자의 자기이익 최대화를 강조하는 개인주의 사회에서는 성과연동제를 기본적인 보수체제로 받아들이고, 이렇게 보수와 보상을 지급할 때 작업동기가 향상되는 효과가 나오지만, 성원들 사이의 상호의존성을 중시하여 조화로운 관계의 형성을 강조하는 집단주의 사회에서는 연공서열제 같은 균등보상체계를 기본적인 보수체계로 받아들이고, 이렇게 보수와 보상이 지급될 때 작업동기가 높아지는 효과가 유발되는 것이다.

(2) 성과연동제와 연공서열제 대비

지금까지 지속적으로 서구 개인주의 사회인들과 동아시아 집단주의 사회인들이 추구하는 사회관계의 목표가 다르다는 사실을 논의해왔다. 개인주의 사회인들은 사회관계를 보상과 부담을 주고받는 교환의 관계라고 인식하므로, 이러한 교환에서 얻게 되는 성과를 높이려고 노력하게 되고,

**257** Levine, 1992.

따라서 자기이익의 최대화가 사회관계의 목표로 부각된다. 그러므로 하나의 조직체에 소속된 조직원들은 독립적이고 평등한 개체들로서 서로를 각자의 이익최대화를 도모하는 경쟁자로 보게 되어, 성원 사이에 경쟁이 격화될 가능성이 높아진다. 그 결과 조직체 내에서 각 성원들은 각자의 성과에 따라 보상을 지급하는 체제를 선호하게 될 것이고, 그렇게 될 때 누구나 높은 보상을 받기 위해 열심히 노력하게 됨으로써 조직체 전체의 생산성이 향상될 가능성이 커진다. 그러므로 개인주의 사회의 조직체들은 성원들의 작업동기를 높이기 위해 외적 보상을 개인의 작업수행성과와 연동시키는 경향을 강하게 보인다.[258]

이와는 대조적으로, 집단주의 사회인들은 사회관계란 타인과 소속집단에 관심과 배려, 곧 도덕성을 실천하는 과정으로 인식하므로, 소속집단 성원들과 조화로운 관계를 형성하는 것이 사회관계의 목표로 부각된다. 그러므로 집단주의 사회인들은 소속집단 성원들과의 연계성과 상호의존성 및 유사성을 중시하게 되고, 그들과 조화로운 관계가 형성될 때 작업동기가 높아지고 결과적으로 작업수행의 성과도 향상될 가능성이 높아진다. 이 사회에서 조직체 내의 각 성원들은 서로의 작업수행 성과는 상대방과의 상호의존적인 노력의 결과라고 인식함으로써, 소속집단 성원들 사이의 조화를 유지하기에 적합한 균등분배를 분배원칙으로 선호하게 될 것이고, 그렇게 될 때 작업동기가 높아져 집단 전체의 수행성과도 향상될 것이다. 따라서 집단주의 사회의 조직체들은 성원들의 작업동기를 높이기 위해 보상을 개인의 연공서열과 연동시키는 경향을 강하게 보인다.[259]

---

**258** Erez, 1997; Erez & Eden, 2001; Jenkins, J. D., Jr., & Lawler, 1981; Lawler et al., 1992; Schay, 1988.

**259** Bento & White, L. F., 1998; Chang, E., & Hahn, 2006; Erez, 1997; Leung, K., & Bond, 1984; Leung, K., & Park, 1986; Zhou & Martocchio, 2001.

문화구성주의의 논지에 따르면, 이렇게 문화유형에 따라 선호되는 보수체계가 달라지므로 해당 사회의 문화적 명제와 일치하는 보수체계를 따르는 것이 종업원들의 작업동기를 효율적으로 증진시키고 조직의 효과성을 향상시키는 지름길이 될 것이라고 볼 수 있다. 그렇다면 해당 사회의 문화적 명제와 일치하지 않는 보수체계를 도입하면 어떻게 될까? 이 문제에 대해서는 일본의 대표적인 정보기술(IT: Information Technology) 회사인 후지쯔(富士通)의 사례가 교훈을 줄 수 있다.

**후지쯔의 사례가 주는 교훈** 1980년대 후반만 하더라도 후지쯔는 연매출 1조 엔, 경상이익 1,000억 엔을 달성하여 일본의 IT산업을 이끌던 초일류의 거대기업이었다. 당시 일본의 다른 기업들이 일본 내에서 사업을 강화하고 있을 때 "후지쯔는 이미 글로벌 체제를 구축하여 유럽과 미국에 진출했다. 미국의 암달(Amdahl Cooperation), 영국의 ICL 등을 매수하여 산하에 두었으며, 해외에서 1,000억 엔 규모의 사업—영국의 국립우편시스템 등—을 연달아 수주했다. 일본 기업이 일본이 아닌 외국 기업으로부터 대규모 시스템을 수주하는 일은 그때까지만 해도 들어본 적이 없었다."[260] 당시 일본인들은 IT 업계의 초대거인인 "IBM을 무너뜨릴 수 있는 기업이 만약 있다면 전 세계에서 후지쯔밖에 없다"[261]고 들떠 있을 정도였다.

그 이전까지 연공서열제를 보수체계의 근간으로 삼고 있던 후지쯔는 1993년에 일본 기업 중 최초로 성과연동제를 받아들이고 연공서열제를 폐지하였다. 거품경제 붕괴의 여파로 인해 1992년에 처음으로 경영 적자

---

**260** 조 시게유키(城繁幸), 2004/2005, p. 39.
**261** 조 시게유키, 2004/2005, p. 38.

를 기록하자, "이것을 우려한 후지쯔의 경영진은 해마다 규모가 축소되어 가는 컴퓨터와 그 주변 환경의 변화를 연구하기 위해 미국의 실리콘 밸리에 시찰단을 파견"하였는데, "그들은 그곳에서 일본인 기술자보다 더 맹렬하게 일하는 엔지니어들과 그들의 높은 노동의욕을 지탱하는 성과급이라는 시스템을 보았다."[262] 실리콘 밸리의 성공 원인이 이 성과연동제라는 보수체계에 있다고 판단한 후지쯔 경영진들은, 종업원들의 작업동기를 고취시켜 생산성을 높임으로써 회사의 부진을 탈피하기 위해, 1993년 이 제도를 전격적으로 받아들이기로 하였던 것이다.

그러나 결론부터 이야기하자면 후지쯔의 성과연동제 도입은 대실패였으며, 현재 후지쯔는 이 제도를 폐지하고 과거의 연공서열제로의 복귀를 심각하게 검토하고 있는 실정이다. 우선 기업의 수익률의 측면에서 1993년과 1994년에 각각 380억 엔과 390억 엔의 적자를 기록했으며, 1995~2001년 사이에는 400억 엔 정도의 흑자와 136억 엔의 적자를 보는 등 들쭉날쭉하다가, 결정적으로 2002년에는 3,825억 엔, 2003년에는 1,220억 엔의 적자를 기록하여 회사 전체가 흔들렸으며, 자회사의 대거 매각과 종업원들의 대량 해고 사태에 직면하였다. 후지쯔의 주가(株價)도 잘나갈 때는 1주당 5,000엔까지 나갔으나, 2002년에는 500엔 이하로 곤두박질하였다. 후지쯔의 IT 시스템을 발주하였던 많은 기업들이 대량으로 계약을 취소하고 거액의 손해배상을 청구하는 사태가 빈발하였으며, 고객만족도 조사에서도 동종업계의 최하위 수준으로 떨어졌다. 종업원들의 사기도 급전락하였고, 1990년대 중반만 해도 후지쯔에 입사하고자 하는 대학졸업자들이 장사진을 이루었으나, 2000년대에 들어서서는 기피기업이 되고 말았다. "게다가 사업의 효율성이 향상되기는커녕 인건비만

---

**262** 조 시게유키, 2004/2005, p. 17.

20% 이상 상승했다. 몇 년 전까지만 해도 애사심이 넘치던 직원들이 각종 잡지나 인터넷에서 회사를 신랄하게 비판하였다."[263]

불과 10년도 되지 않는 짧은 기간 동안에 최우량기업에서 불량기업으로 떨어진 까닭이 무엇일까? 그 원인을 전적으로 성과연동제의 도입으로만 돌릴 수는 없겠지만, 가장 큰 원인은 역시 문화적 명제에 맞지 않는 보수체계를 아무런 준비도 없이 도입한 데서 찾을 수밖에 없을 것이다.[264] 성과연동제는 종업원 각자가 매년 상 · 하반기 별로 자신의 성취목표를 직속상사와 협의하여 정하고, 회사는 그 성취 정도를 기말에 평가하여 그 성과에 따라 보수를 책정하고 지급하며, 그 결과를 승진결정에 반영하는 방식이다. 이때 평가는 SA, A, B, C, E의 5등급으로 이루어지는데, 후지쯔에서는 그 비율을 각각 10%, 20%, 50%, 20% 미만의 상대평가로 하고, E는 거의 없도록 하였다. 그런데 이렇게 자율적인 목표설정과 성과의 평가 과정이 일본문화에 맞지 않는 것이 문제의 원인이었다는 것이다.

우선 목표설정에서 종업원들이 단기적인 업적에만 주의를 기울일 뿐 장기적인 혁신에는 주의를 기울이지 않음으로써, 회사의 신제품 개발과 같은 혁신이 전혀 이루어지지 않았다. 그러므로 외부로부터의 항의나 제품에 대한 불만제기 등 새로 발생하는 문제에 대해서는 아무도 나서려 하지 않아 책임을 지는 사람이 없게 되었다. 또 평가 과정의 공정성이 전혀 담보되지 않아 종업원 모두의 신뢰를 잃었다. 게다가 같은 부서 내의 다른 종업원들과도 과도한 경쟁에 휘말리게 됨으로써 회사 전체에 위화감이 팽배하게 되었으며, 평가부서에 근무하는 사람들의 전횡도 심각한 수준에 이르게 되었다. 한마디로 조직체 전체의 조화가 완전히 깨어지고 말

**263** 조 시게유키, 2004/2005, p. 40.
**264** 다카하시 노부오, 2004/2007; 조 시게유키, 2004/2005.

았던 것이다.

이러한 후지쯔의 실패는 일본문화의 특징을 무시하고, 서구의 제도를 아무런 준비도 없이 무분별하게 받아들인 결과였다. 그리하여 연공서열제가 무너진 상황에서 성과연동제의 부작용이 계속 나타나자, 종업원들이 회사가 자기들을 보호해주는 곳이라는 인식을 상실하게 되어, 입사한 지 3년 이내에 신입사원의 1/3이 회사를 떠나는 사태를 유발하고 말았던 것이다.[265] 이러한 후지쯔의 실패 경험은 어느 사회에서나 통용되는 유일하게 좋은 보수체계는 있을 수 없으며, 종업원들의 작업동기를 증진시키기 위해서는 해당 사회의 문화적 명제에 맞도록 보수체계를 달리하는 것이 좋다는 사실을 웅변해주는 사건인 것이다.

**성과연동제와 연공서열제의 장 · 단점** 일반적으로 조직원 각자의 성과와 보수를 연동시키는 제도는 더 많은 보수를 받기 위해 열심히 일하려는 작업동기를 증진시킴으로써, 조직 전체의 생산성을 향상시키게 된다고 알려져왔다. 그러나 성과연동제가 작업동기의 증진과 연계되기 위해서는 몇 가지 고려해야 할 점이 있다.

우선 내재적 동기이론에서 주장하듯이, 물질적 보상이 일의 결과에 연결되지 않고 작업자의 유능감이나 자기결정감과 연결되도록 하여야 한다. 보상이 일의 결과에만 연결되고 만다면, 작업자의 내재적 동기가 감소되어 자기 일에 대해 흥미를 상실하고, 일에 태만하게 될 가능성이 높아질 것이다. 또한 성과연동제는 각자의 작업성과에 대한 정확하고 공정한 평가가 전제되어야 한다는 사실을 항상 염두에 두어야 한다. 성과에 대한 평가기준이 사전에 구성원 모두의 동의 하에 결정되어야 할 것이고,

**265** 조 시게유키, 2006/2008, p. 31.

평가 과정이 공개적으로 이루어져야 하며, 평가 결과에 대해 이의가 있을 경우 이를 시정할 수 있는 공정한 방안이 마련되어 있어야 한다.[266]

개인을 독립적이고 평등한 존재로 보는 서구 개인주의 사회에서는 이러한 공정한 절차가 비교적 수월하게 이루어질 가능성이 있다. 누구나 이성의 주체로서 적극적으로 자기를 주장하고 불만이 있을 경우에는 솔직하게 이를 표현하여 해소하는 방안을 강구하기 쉬울 것이기 때문이다. 그러나 인간을 사회적 관계체로 보아 상호연계성과 의존성을 강조하고 조화로운 관계를 이루는 것을 중시하는 동아시아 집단주의 사회에서는 사회의 조화를 위해 자기를 가능하면 드러내지 않으려는 경향이 강하기 때문에, 평가과정에서 생긴 불만을 솔직하게 표현하지 못하기 쉽다. 아무래도 동아시아 집단주의사회에서는 개개인의 성과 평가는 상당히 낯선 개념인 것이다.

성과와 연동하여 보수를 지급하게 되면, 집단원 사이에 경쟁이 만연되어 집단의 조화가 깨지게 되기 쉽다. 후지쯔의 실패 사례가 이러한 단점을 잘 대변해준다. 또한 성과연동제의 보수체제 하에서는 최고위직(CEO)과 일반 종업원 사이의 보수의 격차가 늘어날 가능성이 커진다. 비즈니스 위크지(Business Week)의 조사에 따르면, 미국의 경우 1990년에 기업들의 이익은 평균 7%가 감소하였으나, CEO의 평균 연봉은 $1,952, 806으로 오히려 늘어났다.[267] 또한 1980년부터 1990년 사이에 일반 종업원들의 보수는 53% 증가하고, 기업의 이익은 78% 늘어난 데 비해, CEO들의 보수는 무려 212%나 급증하였다. 이 격차는 1990년부터 1992년에 더 심해졌는데, 1992년의 경우 일반 사무직의 평균연봉이 $24,411, 교사의 평균

---

**266** Greenberg, J., 1986.
**267** Business Week, May, 1991, pp. 52~76.

연봉이 $34,098, 엔지니어의 평균연봉이 $58,240인 데 비해, CEO들은 평균 $3,842,247의 연봉을 받고 있었다.[268] 이러한 소득 격차의 심화는 조직원들 사이뿐만 아니라 사회 전체의 조화를 깨뜨리는 심각한 요인이 되고 있는 것이다.

흔히 연공서열제는 개인의 성과와 보수를 연결 짓지 않으므로 개인의 작업동기를 낮추어 작업의욕을 저해함으로써, 필연적으로 조직 전체의 생산성을 낮추는 부정적인 결과를 초래한다고 알려져 왔다. 연공서열에 따라서만 보수체계가 달라지므로, 조직구성원 모두가 열심히 일하지 않고 적당히 시간만 채우려 하게 되기 때문이라는 것이다. 게다가 창의적이고 혁신적이지만 위험이 수반되는 발상을 하려고 하지 않아, 회사 전체가 정체된 조직이 되기 쉽다는 문제점이 지적되기도 한다. 이러한 경향은 특히 한창 생산성과 창의성이 높은 젊은 사람들의 일할 의욕을 빼앗아, 젊은이들로 하여금 기회만 있으면 다른 직장으로 옮겨가려는 생각을 하게 만들어 문제를 더욱 복잡하게 만들 가능성이 높다는 것이다.[269]

그러나 연공서열제는 기본적으로 조직체에 근무한 시간의 길이를 기준으로 하여 보수를 책정하는 체제로, 근무 시간이 같으면 동일한 보수를 지급받게 되므로 균등분배를 근간으로 하는 제도이다. 그러므로 동료 종업원들 사이의 차이가 거의 없게 되므로 조직원들 사이에 불화와 시새움 등으로 인한 갈등이 줄어들기 때문에, 조직원들 사이에 조화로운 관계가 형성되기 쉽다는 장점을 가진다. 뿐만 아니라 동아시아 사회에서 통용되는 연공서열제 하에서는 좀처럼 종업원들을 해고하려고 하지 않는 종신고용의 성격을 강하게 띠어, 종업원들이 자기의 장래에 대해 안정적인 기

**268** Business Week, April, 1993, pp. 38~39.
**269** 조 시게유키, 2006/2008.

대를 할 수 있다는 장점도 있다. 게다가 연공서열제는 급여제도 자체에 연령별 생활비 보장급적인 성격이 강하기 때문에 어느 정도 까지는 연령과 함께 급여수준이 향상하므로, 종업원들의 생계를 회사가 책임지는 측면도 있다. 따라서 연공서열제에 따라 보수를 책정하는 조직에서는 종업원들의 조직체에 대한 충성심과 자기가 하는 일에 대한 만족도가 높아지는 효과도 있다. 이것이 바로 일본을 비롯한 동아시아 사회에서 짧은 시간 동안에 눈부신 경제성장을 이루게 된 중요한 배경요인의 하나가 되어왔음을 부인하기 어렵다.[270]

또한 연공서열제는 한 조직체에 근무한 연수(年數)가 일정한 정도에 이르면 상위 직위로 승진하는 제도로서, 일의 내용 자체에 지속적인 차이가 생기는 제도이다. 따라서 연공서열제의 본질은 "급여로 보상하는 시스템이 아니라 차기 일의 내용으로 보상하는 시스템"이다. 이처럼 연공서열제는 "일의 내용이 그대로 동기부여로 직결되어 효과를 발휘하는 시스템으로 내재적 동기이론에서 볼 때 가장 자연스러운 급여 모델"[271]이라고 볼 수 있다. 즉 연공서열제는 직무수행과 보수 사이의 직접적인 연계를 끊고, 직무수행과 차기의 새로운 일을 연결함으로써 조직원들의 내재적 동기를 지속적으로 유발하고 강화하는 효과를 발휘하는 제도라는 것이다.

물론 이러한 연공서열제가 일본을 비롯한 동아시아 경제발전에 중요한 일익을 담당해왔다는 사실을 부인할 수 없다고 하더라도, 이것이 적용되기 위해서는 조직체의 계속적인 성장이 담보되어 있어야 한다는 한계를 갖는다.[272] 조직체가 계속 성장하고 있어야 상위직의 수가 늘어 함께 입사한 사람들이 거의 함께 승진할 수 있을 뿐만 아니라, 신입사원을 계속

**270** 연공서열제의 효과에 대해서는 다카하시 노부오(2004/2007, pp. 18~65) 참조.

**271** 다카하시 노부오, 2004/2007, p. 14.

**272** 조 시게유키, 2004/2005, p. 123.

충원하여 그 팀을 꾸려나갈 수 있을 것이기 때문이다. 그러므로 경제성장이 답보 상태에 있거나 둔화 또는 뒷걸음치고 있는 상태에서는 연공서열제가 갖는 제반 장점이 사라질 가능성이 높다. 이것이 이 제도가 갖는 최대의 문제점이다.

그러나 중국을 제외하고는 경제성장이 답보상태에 머물고 있는 오늘날에도 동아시아 사회인들은 아직 연공서열제에 대한 선호도가 강하다. 일본에서 2005년도 신입사원을 대상으로 한 의식조사에서 그들이 선호하는 직장으로 연공서열제를 유지하고 있는 기업을 꼽은 비율이 42.8%를 넘어, 과거 10년간 최고를 기록하고 있다.[273] 일본과 한국의 젊은이들 사이에서 기본적으로 연공서열제의 보수체계를 간직하고 있는 공무원을 선호하는 비율이 상당히 높다는 현실도 이러한 사정을 잘 반영하고 있다.

### (3) 서구인과 동아시아인의 일에 대한 인식과 보상체계의 차이

제2장에서 문화유형에 따른 조직행동의 차이를 논의하면서 개인주의 사회에서는 성취의 목표가 개인에게 집중되고 결과적으로 작업동기도 강한 '개인지향성'을 띠지만, 집단주의 사회에서는 성취의 목표가 집단에 집중되고 작업동기도 타인에 대한 배려 같은 '사회지향성'을 강하게 띤다는 사실을 논의하였다. 그러므로 조직 상황에서 개인주의 사회인들은 개인의 자기이익을 우선시하는 경향이 강하게 나타나지만, 집단주의 사회인들은 조직체 전체에 대한 배려와 조직원들 사이의 조화를 우선시하는 경향이 강하게 나타난다.

**문화유형과 일에 대한 태도의 차이** 이러한 사실은 14개국에 걸친

---

**273** 조 시게유키, 2006/2008, p. 30.

15,000여 명의 중간관리급 이상의 경영자들에 대한 조직관련 행동에 대한 조사 결과에서 확인되었다.[274] 이 조사에서 미국을 비롯한 서구 개인주의 사회의 경영자들은 90% 이상이 개인의 성과가 드러나고 개인의 자율성이 보장되는 직업(A)을 개인별 성과가 드러나지 않고 공동작업을 위주로 하는 직업(B)보다 선호하였으나, 일본 같은 집단주의사회의 경영주들은 50% 이상이 B를 선호하였다. 성과연동제가 개인별 성과의 평가를 전제로 하는 제도라는 점에서 보면, 이는 개인주의 사회인들은 성과연동제를 보수체계로 선호하지만, 집단주의 사회인들은 연공서열제를 보수체계로 선호하는 경향을 보인다는 사실과 부합되는 결과이다.

이 조사에서 서구의 경영자들은 평생 한 직장에서 근무하는 것(A)과 직장을 자주 옮기는 것(B) 중에서 B가 더 바람직하다고 평정한 비율이 90% 이상이나 되었으나, 일본의 경영자들은 60% 이상이 A가 더 바람직하다고 평정하였다. 또한 이 조사에서 15년 동안 훌륭하게 근무한 어떤 직원의 지난 1년 동안의 업무실적이 나빴고 앞으로 나아질 가능성도 없는 상황이라면, 미국인과 캐나다인은 75%가 그를 해고하는 것이 옳다고 응답한 반면, 한국인 · 싱가포르인과 일본인은 각각 80%와 75% 이상이 그를 해고해서는 안 된다고 응답하고 있다. 성과연동제가 개인의 측면에서는 자기의 이익 추구를 위한 이직과 전직의 자유를 전제로 하고, 조직체의 측면에서는 조직이 요구하는 성과를 내지 못하는 직원을 해고할 수 있는 자유를 전제로 하는 제도이고, 연공서열제는 종신고용의 성격이 강한 제도라는 점에서 보면, 이러한 결과도 개인주의 사회인들은 성과연동제를 보수체계로 선호하지만, 집단주의 사회인들은 연공서열제를 선호한다는 사실과 부합되는 것이다.

---

**274** Hampden-Turner & Trompenaars, A., 1993.

이러한 '일에 대한 인식'의 문화차는 성인에게서만 나타나는 것은 아니다. 이러한 차이는 1983년에 18~24세 사이의 청소년을 대상으로 한 11개국(한국 · 일본 · 필리핀 · 미국 · 영국 · 독일 · 프랑스 · 스위스 · 스웨덴 · 유고 · 브라질)에 걸친 국제비교 조사연구에서도 드러나고 있다. 이 조사에서 봉급 인상/승진의 방법에 대한 선호도에서 한국과 일본의 청소년들은 각각 46.5%와 41.9%가 연공서열제를 선택하고 능력급제를 선택한 비율은 44.4%와 38.7%이었으나, 미국과 영국의 청소년들 중 연공서열제를 선택한 비율은 각각 17.7%와 15.8%에 불과하였으나, 능력급제를 선택한 비율은 무려 77.3%와 77.2%에 이르렀다.[275] 이 조사에서 전직(轉職) 경험이 없었던 청소년은 일본 70%, 한국 50.2%로 동아시아에서는 그 비율이 높았으나, 미국의 청소년의 경우 전직경험이 없었던 비율은 30%에도 못 미쳐, 동아시아 집단주의사회의 청소년들이 한 직장에 오래 머무르는 경향이 높음을 보여주고 있다.[276] 이러한 결과들은 동아시아 청소년들은 성인들과 마찬가지로 평생직장의 개념이 강하여 연공서열제를 승진과 봉급 결정의 주된 요인으로 선호하는 경향을 보이지만, 미국을 비롯한 서구의 청소년들은 성과연동제를 선호하고 이직/전직에 대해서도 매우 자연스럽게 받아들임을 나타내준다.

이 조사에서 흥미 있는 결과는 근로의 의미와 당위성에 대한 동아시아와 서구 청소년들의 인식의 차이이다. 일을 하는 이유를 "(가) 돈을 벌기 위해, (나) 사회의 일원으로서의 역할을 다하기 위해, (다) 자기 자신의 발전을 위해"라는 선택지 중에서 선택하게 하였더니, [표 15]와 같은 결과가 얻어졌다.

---

**275** 한국갤럽조사연구소, 1985, pp. 146~148.
**276** 한국갤럽조사연구소, 1985, pp. 140~142.

[표 15] 문화유형에 따른 청소년들의 근로의미에 대한 인식차

| 구분 | 개인주의사회 (미국 · 영국 · 독일 · 프랑스 · 스위스 · 스웨덴) | 집단주의사회 (한국 · 일본) |
|---|---|---|
| 돈을 벌기 위해 | 71.9% | 48.5% |
| 사회일원으로서의 역할수행 | 18.1% | 33.7% |
| 자기 자신의 발전을 위해 | 6.4% | 16.1% |

* 출처: 한국갤럽조사연구소, 1985, p. 153의 표 3-7-1 개작

[표 15]에서 보듯이 서구 청소년들은 압도적으로(71.9%) 일을 하는 이유를 돈을 벌기 위한 것으로 보고, 사회 일원으로서의 역할수행이나(18.1%) 자기발전(6.4%)에서 그 까닭을 찾는 사람은 극소수이지만, 한국과 일본 같은 동아시아의 청소년들은 돈을 벌기 위한 목적을 드는 사람(48.5%)이 절반에도 미치지 못하고, 사회 일원으로서의 역할수행(33.7%)이나 자기발전(16.1%)을 근로의 목적으로 보고 있는 청소년이 상당수에 이르고 있다. 이러한 문화권 간 차이는 "일하지 않아도 편히 살 만한 충분한 돈이 있을지라도 계속 일을 하겠다"는 응답자가 한국과 일본에서는 78.2%에 이르지만, [표 15]의 서구 6개국 청소년들은 평균 66.8%만이 그러한 응답을 하고 있다는 사실에서도 드러나고 있다.[277]

또한 직장과 직장 이외의 생활 중 어느 곳에서 더 삶의 보람을 느끼는지 선택하게 한 물음에서 한국과 일본의 청소년은 직장을 선택한 비율이 37.2%, 직장 이외의 생활을 선택한 비율이 47.9%로서 두 선택지의 선택 비율 사이의 차이가 상대적으로 작아, 일을 하면서 느끼는 보람도 상당히 큰 것으로 인식하고 있었다. 그러나 서구 6개국(미국 · 영국 · 독일 · 프랑스 · 스위스 · 스웨덴)의 청소년들은 직장에서 삶의 보람을 느낀다는 비율(23.3%)

277 한국갤럽조사연구소, 1985, pp. 153~157.

은 직장 밖에서 더 삶의 보람을 느낀다는 비율(63.1%)의 1/3 수준에 머물고 있다.[278]

이러한 결과들은 동아시아 집단주의 사회의 청소년들이 서구 개인주의 사회의 청소년들보다 일 자체에 대해 더욱 긍정적인 가치관을 가지고 있음을 드러내는 것이라고 해석할 수 있다. 동아시아의 청소년들은 일을 하는 것이 인간의 천성에 맞는다고 생각하는 맥그리거의 Y이론적 태도를 가지고 있는 사람이 많은 반면, 서구의 청소년들은 일이란 생계를 위해 어쩔 수 없이 하는 것이라는 X이론적 태도를 가지고 있는 사람이 많다고 볼 수 있는 것이다. 바로 이러한 차이가 서구의 사회에서 성과연동제를 선호하고, 동아시아 사회에서 연공서열제를 선호하는 경향을 낳는 배경으로 작용하고 있다고 하겠다.

서구인들이 '일'과 '놀이'를 엄격하게 구분하고, 될 수 있으면 일을 피하고 놀이를 즐기려는 X이론적 사고에 경도되어 있는 경향은 역사가 상당히 오래되었다는 것이 정설이다. "서구 문명의 모태가 된 그리스 · 로마의 철학자들은 일은 안 할수록 좋은 것이라고 강조하였는데, 이는 당시 사람들의 사고방식을 반영한 말이었다. [……] 아리스토텔레스에 따르면 오직 일하지 않는 사람만이 행복할 수 있었다. [……] 제정 로마 시대에는 성인 남자의 20%가 일을 하지 않았다. 그들은 한가로운 삶을 더없이 뿌듯하게 여겼다. [……] 육체적 노력으로 이해되었던 일이 숙련된 활동으로, 인간의 독창성과 창조성을 구현하는 활동으로 인식되기 시작한 것은 (산업혁명으로 인한) 기술 혁신의 부산물 덕이었다. 칼뱅이 활동하던 시대에 이미 '노동윤리'는 진지한 성찰의 대상이 되었다. 훗날 마르크스가 고전적 노동관을 뒤집어, 오직 생산활동을 통해서만 인간의 잠재력을 구현할 수 있

**278** 한국갤럽조사연구소, 1985, pp. 138~140.

다고 부르짖은 것도 바로 이런 맥락이었다. 그러나 마르크스의 주장은 오직 여가만이 인간을 자유롭게 한다는 아리스토텔레스의 주장과 정면으로 배치되는 것은 아니다. 다만 19세기에 들어와서 일에 창조의 기능이 강화되었을 따름이었다."[279]

이렇게 서구인들은 일을 놀이보다 부정적으로 인식하기 때문에, 일을 할 때 집중력과 몰입을 느끼면서도 행복감이나 일을 하고자 하는 의욕은 느끼지 못한다. 미국에서 성인과 10대를 대상으로 하루 중 일을 할 때와 여가생활을 할 때 느끼는 행복감과 일 또는 놀이 의욕 · 집중력 및 몰입의 경험을 대비해보았더니, 일을 할 때는 여가생활을 즐길 때보다 집중력과 몰입의 경험이 높은 것으로 나타났다. 그러나 행복감은 여가생활을 할 때는 매우 높았으나 일을 할 때는 거의 느끼지 못하였으며, 따라서 일을 하고자 하는 의욕은 매우 적었으나 여가생활을 하고자 하는 의욕은 매우 높다는 결과가 확인되었다.[280] 또한 미국인들은 일을 하고 있을 때는 다른 어떤 것(예: 놀이)을 하기를 바라지만, 여가생활을 하고 있을 때는 다른 것(예: 일)을 하고자 하는 반응이 매우 적었다. 이러한 결과는 서구인들이 "일에 대한 문화적 고정관념 속에서 일을 강요 · 제약 · 자유침해라고 생각하기 때문이다."[281]

그러나 동아시아 집단주의의 이론적 배경인 유학사상에서는 누구나 자기가 할 일에 열심일 것을 강조하여, 근면의 가치를 높이 드러내고 있다. 즉 유학자들은 일을 하는 것이 인간의 천성이자 본분이라고 생각하고 있었던 것이다. 공자는 스스로를 배우기를 좋아하는 호학자(好學者)와[282] 가

**279** Csikszentmihalyi, M., 1997/2003, pp. 68~70.
**280** Csikszentmihalyi, 1997/2003, p. 53, 표 2.
**281** Csikszentmihalyi, 1990, p. 53(홍숙기, 1994, p. 131에서 재인용).
**282** 子曰 十室之邑 必有忠信如丘者焉 不如丘之好學也(『論語』, 公也長 25).

르치기를 게을리 하지 않는 사람[誨人不倦者][283]이라고 자평하여, 일에 대한 근면을 강조하고 있다. 그는 "어떤 일에 대해 알기만 하는 것은 그것을 좋아하는 것보다 못하고, 좋아하기만 하는 것은 즐겨 하는 것보다 못하다"[284]고 하여, 모든 일을 함에 있어서 그 자체에 대해 내재적인 흥미와 즐거움을 가지고 근면하게 수행할 것을 권면하고 있다. 곧 모든 일은 그 자체 속에 즐거움의 요소를 가지고 있으므로, 무슨 일을 하던지 그 즐거움을 찾아 열심히 하여야 한다는 것이 공자의 관점이었던 것이다. 이러한 맥락에서 공자는 근면하게 자기가 해야 할 일을 즐겨 행해야 한다는 사실을 여러 곳에서 언급하고 있는데,[285] 그 중에서 백미는 낮잠 자는 제자를 꾸짖은 다음의 내용이다.

> 재여(宰予)가 낮잠을 자자, 공자께서 "썩은 나무에는 조각을 할 수 없고, 거름흙으로 거칠게 쌓은 담장에는 흙손질을 할 수 없는 법이다. 재여에 대해서는 꾸짖을 가치도 없구나. 내가 처음에는 남에 대하여 그의 말을 듣고 그의 행실을 믿었으나, 이제는 남에 대하여 그의 말을 듣고 나서도 다시 그의 행실을 살펴보게 되었다. 나는 재여 때문에 이 버릇을 고치게 되었노라" 하고 꾸짖으셨다.[286]

이렇게 자기가 할 일에 대해 내적인 즐거움을 느껴 열심히 하는 태도의 중요성에 관한 공자의 입장은 맹자와 순자에게도 그대로 이어지고 있다.

---

**283** 子曰 若聖與仁 則吾豈敢 抑爲之不厭 誨人不倦 則可謂云爾已矣(述而 33).

**284** 子曰 知之者不如好之者 好之者不如樂之者(雍也 18).

**285** 子曰 默而識之 學而不厭 誨人不倦 何有於我哉(述而 2); 葉公問孔子於子路 子路不對 子曰 女奚不曰 其爲人也發憤忘食 樂而忘憂 不知老之將至云爾(述而 18); 子在川上曰 逝者如斯夫 不舍晝夜(子罕 16).

**286** 宰予晝寢 子曰 朽木不可雕也 糞土之墻不可杇也 於予與何誅 子曰 始吾於人也 聽其言而信其行 今吾於人也 聽其言而觀其行 於予與改是(公冶長 9).

맹자는 도를 깨닫는 과정에서 가장 중요한 것은 몸과 마음을 한결같이 하여 근면하게 자기에게 주어진 일을 열심히 하는 '전심치지'(專心致之)를 기반으로 하여야 한다고 강조하고 있다.[287] 순자는 농부 · 상인 · 기술자 · 관리 들이 각자에게 주어진 일에 최선을 다해 열심히 하는 것이 지극한 평화[至平]에 이르는 길임을 지적하고 있다.[288] 순자는 이러한 일에 대한 즐거움과 근면성 및 성실성의 중요성을 다른 곳에서도 여러 번 강조하고 있다.

> 농부는 농토를 분담하여 농사일에 열중하고, 상인은 재화를 분담하여 판매하는 일에 열중하며, 온갖 공인은 자기 일을 분담하여 열심히 하고, 사대부는 직무를 분담하여 최선을 다하고, 제후는 영토를 나누어 지키는 일에 열중하며, 삼공(三公)은 방략을 총괄하여 최선을 다해 의논한다. [……] 나가거나 들어오거나 이와 같아서, 천하에 평화롭고 고르지 않은 곳이 없고, 다스려지지 않은 곳이 없게 하는 것, 이것이 모든 군주가 실천해온 것이고, '예법에 따른 큰 나눔'[禮法之大分]인 것이다.[289]

> 잘 다스려지는 나라에는 각자의 직분이 이미 정해져 있으므로, 군주와 신하 및 기타 모든 관리에 이르기까지 모두가 각기 자기의 직분에 대하여 들은 것만 삼가 지켜나갈 뿐, 듣지 못한 자기 직분 밖의 일은 들으려고 하지 않고, 각기 자기의 직분에 대하여 본 것만 삼가 지켜나갈 뿐, 보지 못한 자기 직분 밖의 일은 보

287 맹자의 '전심치지'의 중요성에 대한 강조는 필자의 선행 저술(조긍호, 2008, pp. 430~432) 참조.

288 『荀子』, 榮辱 40.

289 農分田而耕 賈分貨而販 百工分事而勸 士大夫分職而聽 建國諸侯之君 分土而守 三公總方而議 [……] 出若入若 天下莫不平均 莫不治辨 是百王之所同也 而禮法之大分也(王霸 16~17, 25~26).

> 려고 하지 않는다. 이와 같이 각자의 직분에 대하여 보고 듣는 것이 참으로 가지런하고 바르다면, 비록 먼 산간벽지에 사는 사람일지라도 누구나 다 자기의 본분을 소중히 여기며 나라의 제도에 안심하여[敬分安制], 그 윗사람에게 감화를 받지 않는 사람이 없을 것이다. 이것이 바로 잘 다스려지는 나라의 징표인 것이다.[290]

이와 같이 유학자들은 각자에게 맡겨진 바의 각자가 할 일을 자기의 본분으로 여겨, 다른 곳에는 관심을 두지 말고, 자기가 할 일에 대해 즐거움을 가지고 최선을 다하는 것이 사회생활의 조화와 평화를 이루는 기초라고 여겨 중시하고 있다. 이러한 유학사상의 영향은 동아시아인들에게 일을 인간의 천성으로 여기는 태도와 근면성의 가치를 내면화하여, 일에 대해 긍정적인 자세를 갖도록 유도하게 되었던 것이라고 볼 수 있다. 그리하여 동아시아인들은 청소년 때부터 서구인들보다 일 하는 데에서 보람을 느껴 열심히 일하는 자세를 갖추게 되는 것이다.

**세계화와 문화적 가치관의 융합** 문화는 "세계 속에서 대상과 사건들의 확인 및 설명을 가능하게 하는 개념구조(conceptual structure)인 도식들(schemas)"[291]의 거대한 집합체로서, 문화적으로 조성된 인지도식의 체계를 '문화모형'(cultural models)이라고 한다.[292] 이러한 "문화모형은 세계를 명명하고 기술할 뿐만 아니라, (의식적 · 무의식적인) 목표를 설정하고, 이에 따른 욕구를 유발 또는 포괄하기 때문에 동기적인 힘(motivational force)을

---

**290** 治國者 分已定 則主相臣下百吏 各謹其所聞 不務聽其所不聞 各謹其所見 不務視其所不見 所聞所見 誠以齊矣 則雖幽閒隱辟 百姓莫敢不敬分安制 以化其上 是治國之徵也(王覇 28~29).

**291** D'Andrade, 1992, p. 28.

**292** Quinn & Holland, 1987, p. 3.

가진다."[293] 곧 문화모형은 어떤 상황에서 어떻게 행동해야 하는지에 대한 개념구조인 도식으로 전수되는데, 이러한 도식은 다양한 사회 상황에서 "자율적인 목표(autonomous goals)의 기능을 수행"할 수 있기 때문에, "행위를 촉발하는 잠재력을 가지며",[294] 따라서 해당 문화모형이 요구하는 동기와 제반 심리과정이 산출된다. 이렇게 다양한 원망(願望)과 목표 획득의 전략체계인 동기는 개인이 그 속에서 성장해온 문화와 사회 집단을 통해서 사회적으로 구성되고 내면화된 심리 내용 및 과정이다.[295]

이러한 인간 행동의 '문화구속성'은 전적으로 각 문화에서 지배적인 인간관과 자기관의 차이에서 비롯된다.[296] '문화적 자기관'은 한 사회에서 특징적인 자기체계(self-system)로서, 자기 자신 그리고 자기와 타인 및 집단 사이의 관계를 조감하고 해석하는 인지도식이다. 따라서 이러한 문화적 자기관은 동기적 기능을 갖는다. 집단주의 사회의 '상호의존적 자기관'은 타인과 맺는 관련성이나 연계를 증진시키는 행위를 하도록 동기화하고, 개인주의 사회의 '독립적 자기관'은 개인의 자기 규정적인 내적 속성, 곧 능력이나 개인적 특성 및 욕구를 표출하는 행위를 하도록 동기화한다.[297]

이러한 관점에 서면, 한 사회 내에서 가장 효율적인 조직경영을 위한 방침, 곧 작업자들의 작업동기를 증진시키기 위한 보수체계의 적용 등의 전략 수립은 필연적으로 해당 사회의 '문화적 명제'와 일치하는 것이어야 한다. 그러나 지난 20세기 후반부터 인간이 살고 있는 지구의 환경은 '세

---

**293** Strauss, C., 1992, p. 3.

**294** D'Andrade, 1992, p. 29.

**295** D'Andrade, 1992, p. 28~37; Munro, 1997, pp. 12~14; Strauss, C., 1992, pp. 4~9.

**296** Kitayama et al., 1997; Markus & Kitayama, 1994a, b.

**297** Markus & Kitayama, 1991a, pp. 239~245.

계화'(globalization)의 흐름을 타고 크게 바뀌고 있다. 이제 고립된 문화 전통을 고수하는 삶은 더 이상 존재할 수 없게 되었다. 21세기에 들어선 현재, 전 세계에 걸친 작업환경과 조직경영의 분야에는 이전 시기와 비교해서 커다란 변화가 야기되고 있다.

"우선 과업설계(task design)가 개인 수준에서 팀 수준으로 이행되고 있다. 그 결과 개인수준에서나 팀 수준에서 작업동기에 미치는 팀의 영향에 대해 더욱 철저한 분석이 요구되고 있다. 둘째, 세계화가 진행되면서 조직체들이 덜 집중화되는 대신, 더욱 분산적 · 국제적으로 되는 경향이 있다. 이러한 변화는 리더십에서뿐만 아니라 종업원 개인 수준에서도 부여되는 자율성과 책임성의 수준이 증가될 것을 요구하고 있다. 마지막으로 국제적 기업, 국제적 인수합병 및 국제적 합작투자와 연합이 더 이상 예외적인 현상이 아니라 보편적인 현상이 되어, 작업현장에서 문화적 복수주의(cultural pluralism)가 대세를 이루어가고 있다."[298]

이러한 모든 추세는 오늘날의 작업현장에 거대한 변화를 불러오고 있다. 어느 사회에서든 기업경영에서 더 이상 어느 하나의 문화적 명제에만 맞출 수 없게 된 것이다. 세계화가 몰고 올 문화적 영향에 대해서는 '동질화론자'(전 세계가 서구의 가치로 동질화될 것이라는 견해), '양극화론자'(서로 다른 문화 사이의 차이가 더욱 두드러져서 양극화될 것이라는 견해), 그리고 '혼융화론자'(서로의 문화가 갖는 장점을 수용하여 자신들의 문화 내용과 결합함으로써 문화의 혼융현상이 나타날 것이라는 견해)들의 견해가 대립되고 있다.[299] 논리적으로는 이 중에서 혼융화가 대세를 장악하여 동 · 서의 문화가 서로에게 한 걸음씩 다가감으로써, 상대방을 인정하고 수용하는 자세가 바람직할 것

**298** Erez & Eden, 2001, p. 2.

**299** '세계화'와 그것이 미치는 영향에 관해서는 필자의 선행 저술(조긍호, 2007a, pp. 453~477) 참조.

으로 보인다. 이는 작업동기와 보수체계 등 경영방침의 분야에서도 마찬가지이다.

그러나 이 중에서 어떤 결과가 빚어질 것인지는 현재로서는 예측하기 힘들다. 다만 분명한 것은 이러한 세계화가 더욱 대규모적으로 그리고 더욱 모든 인간 삶의 분야에서 진행될 것이라는 사실이다. 이러한 배경에서 절실하게 필요한 것은 어느 하나의 문화적 관점에서 탈피하여 균형적인 시각으로 문화현상을 바라보는 일이다. 그러나 아직까지는 유감스럽게도 '서구중심주의'의 시각이 지배하고 있다고 해도 과언이 아니다.[300]

우리의 관점에서 사회 전반에 걸쳐 아직도 맹위를 떨치고 있는 서구중심주의에서 탈피하기 위해서는, 한국 · 일본 · 중국을 주축으로 하는 동아시아인과 미국을 중심으로 하는 서구인의 심리적 · 행동적 차이와 그 사상적 배경에 대해 정확하게 이해하는 일이 우선적으로 요구된다. 현상에 대한 정확한 이해를 통해서라야 그 문제점의 해결을 위한 올바른 방안이 강구될 수 있을 것이기 때문이다. 이 책은 이러한 목적을 위해 집필된 것이다. 그러나 서구의 이론에 경도되어 논의를 전개하고 있는 것을 보면, 필자 자신이 아직 서구중심주의의 미망에서 벗어나지 못하고 있는 것 같아 아쉬울 따름이다.

**300** '서구중심주의'의 내용과 이러한 시각이 가지고 있는 문제점 및 이를 극복하기 위한 시도들에 대해서는 강정인(2004a) 참조.

## 참고문헌

### 유학경전 관련 자료


光成文化社 刊 (1975). 『性理大全』. 서울: 광성문화사.

大東文化研究院 刊 (1971). 『栗谷全書』(1~2권). 서울: 成均館大學校 출판부.

大東文化研究院 刊 (1971). 『退溪全書』(1~5권). 서울: 成均館大學校 출판부.

民族文化推進會 編 (1976). 『국역 퇴계집』(수정판). 서울: 경인문화사.

民族文化推進會 編 (1997). 『국역 율곡집』(중판). 서울: 솔.

成百曉 譯註 (1997). 『論語集註』. 서울: 傳統文化研究會.

成百曉 譯註 (1998). 『大學 · 中庸集註』. 서울: 傳統文化研究會.

成百曉 譯註 (1998). 『書經集傳』(상 · 하). 서울: 傳統文化研究會.

成百曉 譯註 (1999). 『孟子集註』. 서울: 傳統文化研究會.

楊倞 (818). 『荀子注』. (服部宇之吉編. 『漢文大系』 卷十五. 東京: 富山房. 1972).

王夢鷗 註譯 (1969). 『禮記今註今譯』. 臺北: 臺灣商務印書館.

王先謙 (1891). 『荀子集解』. (服部宇之吉編. 『漢文大系』 卷十五. 東京: 富山房. 1972.)

葉采 (1248?). 『近思錄集解』. (이광호 역주. 『근사록집해』(I · II). 서울: 아카넷. 2004.)

李相玉 譯著 (1993). 『禮記』(上 · 中 · 下). 서울: 명문당.

李珥 (1575?). 『小學集註』. (成百曉 역주. 『小學集註』. 서울: 전통문화연구회. 1993.)

張基槿 譯 (1980). 『孟子新譯』. 서울: 汎潮社.

鄭長澈 譯解 (1992). 『荀子』(惠園東洋古典 19). 서울: 惠園出版社.

趙岐 (130~201?). 『孟子章句』. (服部宇之吉編. 『漢文大系』 卷一. 東京: 富山房. 1972.)

朱熹 (1177). 『論語集註』. (京城書籍組合編. 『原本備旨 論語集註』. 서울: 太山文化社. 1984.)

朱熹 (1177). 『孟子集註』. (京城書籍組合編. 『原本備旨 孟子集註』. 서울: 太山文化社. 1984.)

朱熹 (1177). 『大學集註』. (京城書籍組合編. 『原本備旨 大學 · 中庸』. 서울: 太山文化社. 1984.)

朱熹 (1177). 『中庸集註』. (京城書籍組合編. 『原本備旨 大學 · 中庸』. 서울: 太山文化社. 1984.)

朱熹 · 呂祖謙 (1187). 『小學』. (윤호창 역. 『小學』. 서울: 홍익출판사. 2009.)

蔡沈 (1209). 『書經集傳』. (成百曉 역주. 『書經集傳』. 서울: 전통문화연구회. 1998.)

何晏 (248). 『論語集解』. (服部宇之吉 編. 『漢文大系』 卷一. 東京: 富山房. 1972.)

Harvard-Yenching Institute (1940). 『論語引得』. HYI Sinological Index Series, Supplement 16. Cambridge, MA: Harvard University Press.

Harvard-Yenching Institute (1940). 『孟子引得』. HYI Sinological Index Series, Supplement 17. Cambridge, MA: Harvard University Press.

Harvard-Yenching Institute (1950). 『荀子引得』. HYI Sinological Index Series, Supplement 22. Cambridge, MA: Harvard University Press.

### 심리학 및 기타 관련 자료

강정인 편역 (1993). 『홉스의 이해』. 서울: 문학과지성사.

강정인 (2004a). 『서구중심주의를 넘어서』. 서울: 아카넷.

강정인 (2004b). 「초기 자유주의사상에 나타난 서구중심주의: 로크의 재산권 이론을 중심으로」. 강정인. 『서구중심주의를 넘어서』 (제6장. pp. 177~222). 서울: 아카넷.

강정인 (2005). 「율곡 이이의 경장론과 개념의 혁신: 대동 · 소강 개념을 중심으로」. 『율곡학연구』 (한림대학교 한림과학원 율곡학연구소), 제1집, pp. 227~250.

강정인 (2010). 「율곡 이이의 정치사상에 나타난 대동 · 소강 (小康) · 소강 (少康): 시론적 개념 분석」. 『한국정치학회보』, 제44집 1호, pp. 5~30.

강정인 · 문지영 편역 (1995). 『로크의 이해』. 서울: 문학과지성사.

강정인 · 문지영 (1996). 「존 로크의 생애와 사상: 『통치론』을 중심으로」. 강정인 · 문지영 역. 『통치론』 (pp. 233~251). 서울: 까치.

고병익 (1996). 『동아시아의 전통과 변용』. 서울: 문학과지성사.

郭沫若 (1945). 『十批判書』. 重慶: 科學出版社. (조성을 역. 『중국고대사상사』. 서울: 까치. 1991.)

권덕주 (1998). 「대학 해제」. 김시준 역해. 『대학 · 중용』 (혜원동양고전 3. pp. 8~35). 서울: 혜원출판사.

길희성 (1998). 「철학과 철학사: 해석학적 동양철학의 길」. 한국철학회 1998년도 춘계학술발표회 주제논문.

김경호 (2008). 『인격 성숙의 새로운 지평: 율곡의 인간론』. 경기: 정보와 사람.

김병곤 (2007). 「토머스 홉스: 동의에 의한 절대주의」. 강정인 · 김용민 · 황태연 편. 『서양 근대 정치사상사: 마키아벨리에서 니체까지』 (pp. 195~226). 서울: 책세상.

김석근 (2000). 「현대 일본 사회와 유교: 로고스와 파토스의 거리」. 성균관대학교 유학 · 동양학부 편. 『동아시아의 유교문화와 미래적 전망』 (pp. 51~68). 서울: 성균관대학교 유학 · 동양학부.

김성기 (2000). 「동아시아에 있어서 유교의 현황과 미래」. 성균관대학교 유학 · 동양학부 편. 『동아시아의 유교문화와 미래적 전망』 (pp. 33~50). 서울: 성균관대학교 유학 · 동양학부.

김성태 (1989). 『경과 주의』 (증보판). 서울: 고려대학교 출판부.

김승혜 (1990). 『원시유교』. 서울: 민음사.

김영인 (2006). 『맹자와 루소의 인성론 비교연구』. 경기: 한국학술정보.

김영한 (1975). 「서평: Steven Lukes (1973), *Individualism*」. 『서양사론』, 16집, pp. 107~114.

김영한 (1989). 『르네상스 휴머니즘과 유토피아니즘』. 서울: 탐구당.

김영한 (1998). 「휴머니즘」. 김영한 편. 『서양의 지적 운동 II』 (pp. 11~32). 서울: 지식산업사.

김용민 (2004). 『루소의 정치철학』. 경기: 인간사랑.

김용민 (2007). 「장 자크 루소: 자연의 창조적 회복을 주장한 문명비판론자」. 강정인 · 김용민 · 황태연 편. 『서양 근대 정치사상사: 마키아벨리에서 니체까지』 (pp. 373~410). 서울: 책세상.

김용환 (2005). 『리바이어던: 국가라는 이름의 괴물』. 서울: 살림.

김충렬 (1982). 「동양 인성론의 서설」. 한국동양철학회 편. 『동양철학의 본체론과 인성론』 (pp. 169~184). 서울: 연세대학교 출판부.

김태영 (2002). 『유교 문화의 돌연변이 일본』. 서울: 보고사.

김형효 (1990). 『맹자와 순자의 철학 사상: 철학적 사유의 두 원천』. 서울: 삼지원.

김혜숙 (1995). 「귀인상황의 공개성과 (집단)자아존중이 자기고양귀인과 집단고양귀인에 미치는 영향」. 『한국심리학회지: 사회』, 9 (1), pp. 45~63.

김혜숙 (1997). 「귀인상황의 공개성과 집단자아존중이 경쟁상황에서의 과제수행 결과에 대한 귀인에 미치는 영향」. 『아주사회과학논총』 (아주대학교 사회과학연구소), 12, pp. 1~19.

김혜숙 · 유주란 (1995). 「자기고양귀인과 집단고양귀인이 귀인자에 대한 인상에 미치는 영향」. 『한국심리학회지: 사회』, 9 (2), pp. 51~67.

나은영 · 민경환 (1998). 「한국문화의 이중성과 세대차의 근원에 관한 이론적 고찰 및 기존 자료 재해석」. 『한국심리학회지: 사회문제』, 4 (1), pp. 75~93.

나은영 · 차재호 (1999). 「1970년대와 1990년대 간의 한국인의 가치관 변화와 세대차 증감」. 『한국심리학회지: 사회 및 성격』, 13 (2), pp. 37~60.

노명식 (1991). 『자유주의의 원리와 역사: 그 비판적 연구』. 서울: 민음사.

다카하시 노부오(高橋伸生) (2004). 『성과주의의 허상』. (정경진 역. 서울: 오즈컨설팅. 2007.)

勞思光 (1967). 『中國哲學史: 古代篇』. 臺北: 三民書局. (정인재 역. 『중국철학사: 고대편』. 서울: 탐구당. 1986.)

牟宗三 (1979). 『名家與荀子』. 臺北: 學生書局.

문지영 (2007). 「존 로크: 자유주의의 사상적 토대」. 강정인 · 김용민 · 황태연 편. 『서양 근대 정치사상사』 (pp. 266~303). 서울: 책세상.

민경환 (1986). 「사회심리학의 방법론 논쟁」. 김경동 · 안청시 편. 『한국 사회과학 방법론의 탐색』 (pp. 233~267). 서울: 서울대학교 출판부.

민경환 (2002). 『성격심리학』. 서울: 법문사.

민문홍 (2003). 「루소와 자유주의사상」. 이근식 · 황경식 편. 『자유주의의 원류: 18세기 이전의 자유주의』 (pp. 321~354). 서울: 철학과현실사.

민석홍 (1984). 『서양사개론』. 서울: 삼영사.

박완규 (2007). 『리바이어던: 근대 국가의 탄생』. 경기: 사계절.

박우룡 (1998). 「자유주의」. 김영한 편. 『서양의 지적 운동 II』 (pp. 65~110). 서울: 지식산업사.

박준철 (1998). 「프로테스탄티즘」. 김영한 편. 『서양의 지적 운동 II』 (pp. 33~64). 서울: 지식산업사.

박혜경 (2011). 「허위독특성 편향의 문화차: 문화와 자기고양에 대한 재고」. 『한국심리학회지: 사회 및 성격』, 25 (2), pp. 127~142.

서병훈 (2003). 「로크의 정치사상」. 이근식 · 황경식 편. 『자유주의의 원류: 18세기 이전의 자유주의』 (pp. 200~227). 서울: 철학과현실사.

小島毅 (2004). 『朱子學と陽明學』. 東京: 放送大學 出版會. (신현승 역. 『사대부의 시대: 주자학과 양명학 새롭게 읽기』. 서울: 동아시아. 2004.)

신동은 (2002). 『소학의 실천교육 원리와 현대적 의의』. 미간행 박사학위논문. 연세대학교.

辻本雅史 (1998). 「일본의 전통유학과 대학」. 성균관대학교 대동문화연구원 편. 『동아시아의 유학전통과 대학』. 서울: 성균관대학교 대동문화연구원.

안신호 · 김진 · 이상희 (1991). 「한국에서의 성취동기와 경제성장 간의 관계」. 한국심리학회 편. 『1991년도 한국심리학회 연차대회 발표논문집』 (pp. 391~397). 서울: 한국심리학회.

안신호 · 이승혜 · 권오식 (1993). 「정서의 구조: 한국어 정서단어 분석」. 『한국심리학회지: 사회』, 7 (1), pp. 107~123.

윤사순 (1997). 『한국 유학 사상사론』. 서울: 예문서원.

윤이흠 · 박무익 · 허남린 (1985). 「종교인구조사의 방법론 개발과 한국인의 종교성향」. 장병길 교수 은퇴기념논총 발간위원회 편. 『한국 종교의 이해』 (pp. 343~371). 서울: 집문당.

윤진 (2003). 『헬레니즘』. 서울: 살림.

이광세 (1998). 『동양과 서양: 두 지평선의 융합』. 서울: 길.

이극찬 (1985). 「로크의 생애와 정치사상」. 이극찬 역. 『통치론 · 자유론』 (pp. 12~28). 서울: 삼성출판사.

이기동 (2003). 「일본 유학을 통해 본 일본 문화의 뿌리」. 홍윤식 편. 『일본 문화의 뿌리를 찾아서』 (pp. 55~98). 서울: 솔.

이만영 · 이흥철 (1990). 「형용사 서술의미의 구조에 관한 연구: 정서관련 어휘를 중심으로」. 『한국심리학회지: 실험 및 인지』, 2, pp. 118~138.

이상은 (1976). 『유학과 동양문화』. 서울: 범학도서.

이상익 (2001). 『유가 사회철학 연구』. 서울: 심산문화.

이수원 (1993). 「사회적 갈등의 인지적 기제: 사회적 자아중심성」. 『한국심리학회지: 사회』, 7 (2), pp. 1~23.

이수원 (1994). 「사회적 자아중심성: 타인이해에서 성향주의의 원천」. 『한국심리학회지: 일반』, 13 (1), pp. 129~152.

이승환 (1998a). 「후기 근대 유학담론의 두 유형: 뚜웨이밍(杜維明)과 에임스(Roger Ames)를 중심으로」. 『동아연구』 (서강대학교 동아연구소), 35, pp. 363~416.

이승환 (1998b). 『유가 사상의 사회철학적 재조명』. 서울: 고려대학교 출판부.

이승환 (1999a). 「문화심리학과 자아형성」. 한국심리학회 · 한국 사회 및 성격심리학회 편. 『한국심리학회 1999년도 하계 심포지움 자료집: 문화와 심리학』 (pp. 21~33). 서울: 한국 사회 및 성격심리학회.

이승환 (1999b). 「"아시아적 가치"의 담론학적 분석」. 이승환 외. 『아시아적 가치』 (pp. 313~336). 서울: 전통과 현대.

이승환 (2000). 「"아시아적 가치" 논쟁과 유교 문화의 미래」. 『퇴계학』, 11, pp. 197~226.

이승환 (2004). 『유교 담론의 지형학』. 서울: 푸른숲.

이용철 (2006). 『루소: 분열된 영혼』. 경기: 태학사.

이정모 (1994). 「심리학의 개념적 기초의 제 문제(I): 과학이론의 재구성과 인지주의 심리학 연구의 의의」. 『한국심리학회지: 일반』, 13 (1), pp. 21~61.

이정모 (1997). 「심리학 방법론의 개념적 재구성」. 한국심리학회 편. 『동양심리학의 모색』 (한국심리학회 1997년도 추계심포지움 자료집. pp. 155~180). 서울: 한국심리학회.

이정모 (2006). 「마음 개념의 재구성과 심리학 외연의 확장: 인지과학적 접근과 심리학의 미래」. 한국심리학회 편. 『변화하는 심리학의 지평과 교육』 (한국심리학회 창립

60주년 특별심포지움 자료집. pp. 7~33). 서울: 한국심리학회.

이정모 (2007). 「심리학의 개념적 기초의 재구성(II): 인지과학적 접근에서 본 '마음' 개념의 재구성과 심리학 외연의 확장」. 『한국심리학회지: 일반』, 26 (2), pp. 1~38.

이종훈 (1994). 「로맨티시즘」. 김영한 · 임지현 편. 『서양의 지적 운동』 (pp. 467~504). 서울: 지식산업사.

이태일 · 최현 (2002). 「루소의 생애와 사상」. 이태일 · 최현 역. 『사회계약론 · 인간불평등기원론』 (pp. 342~354). 서울: 범우사.

이환 (1999). 「해설」. 이환 역. 『사회계약론』 (pp. 181~219). 서울: 서울대학교 출판부.

張其昀 (1984). 『中華五千年史: 戰國學術編』. 臺北: 華岡書城. (中國文化研究所 譯. 『中國 思想의 根源』. 서울: 文潮社. 1984.)

장석만 (1999). 「'근대문명'이라는 이름의 개신교」. 『역사비평』 (역사문제연구소), 봄호 (통권 46호), pp. 255~268.

장성수 (1987). 『집단응집성이 분배원칙 선호에 미치는 영향』. 미간행 박사학위논문. 서울대학교.

장성수 · 이수원 · 정진곤 (1990). 「한국인의 인간관계에 나타난 분배정의에 관한 연구」. 『교육논총』 (한양대학교 한국교육문제연구소), 3, pp. 217~265.

장재윤 · 구자숙 (1998). 「보상이 내재적 동기 및 창의성에 미치는 효과: 개관과 적용」. 『한국심리학회지: 사회 및 성격』, 12 (2), pp. 39~77.

정양은 (1970). 「감정론의 비교연구: 사회적 감정을 중심으로」. 『한국심리학회지』, 1 (3), pp. 77~90.

정양은 (1981). 『사회심리학』. 서울: 법문사.

정양은 (1988). 「조직에서의 인간관계」. 『사회심리학 연구』, 4 (1), pp. 1~13.

정연교 (1993). 「로크의 동의 개념에 관한 소고」. 한국사회윤리연구회 편. 『사회계약론 연구』 (pp. 61~86). 서울: 철학과현실사.

정영숙 (1994). 「어머니에 대한 배려가 자기통제에 미치는 효과」. 미간행 박사학위논문. 서울대학교.

정영숙 (1995). 「두 유형의 사회적 기대가 자기통제에 미치는 효과」. 『한국심리학회지: 사회』, 9 (1), pp. 85~97.

정영숙 (1996). 「어머니에 대한 배려가 아동의 과제수행 열심도에 미치는 효과」. 『한국

심리학회지: 사회』, 10 (1), pp. 159~170.

정인재 (1992). 「중국사상에서의 사회적 불평등: 순자의 예론을 중심으로」. 김영한 · 정인재 · 길희성 · 최재현 · 조긍호. 『불평등사상의 연구』 (pp. 49~74). 서울: 서강대학교 출판부.

조경욱 (2000). 「일본 사회의 “이에”(家) 의식에 나타난 효와 조상 숭배」. 『동양사회사상』, 3집, pp. 211~236.

조긍호 (1990). 「맹자에 나타난 심리학적 함의(I): 인성론을 중심으로」. 『한국심리학회지: 사회』, 5 (1), pp. 59~81.

조긍호 (1991). 「맹자에 나타난 심리학적 함의(II): 교육론과 도덕실천론을 중심으로」. 『한국심리학회지: 사회』, 6 (1), pp. 73~108.

조긍호 (1992). 「사회적 불평등의 인지와 그에 대한 반응: 사회정의에 대한 심리학적 접근」. 김영한 · 정인재 · 길희성 · 최재현 · 조긍호. 『불평등사상의 연구』 (pp. 127~182). 서울: 서강대학교 출판부.

조긍호 (1993). 「대인평가의 문화간 차이: 대인평가 이원모형의 확대 시론」. 『한국심리학회지: 사회』, 7 (1), pp. 124~149.

조긍호 (1994). 「순자에 나타난 심리학적 함의(I): 천인관계론에 기초한 연구 방향의 정초」. 『한국심리학회지: 사회』, 8 (1), pp. 34~54.

조긍호 (1995). 「순자에 나타난 심리학적 함의(II): 인성론을 중심으로」. 『한국심리학회지: 사회』, 9 (1), pp. 1~25.

조긍호 (1996a). 「문화유형과 타인이해 양상의 차이」. 『한국심리학회지: 일반』, 15 (1), pp. 104~139.

조긍호 (1996b). 「삶의 질과 주관적 안녕: 비교 문화적 고찰」. 『사회과학연구』 (서강대학교 사회과학연구소), 5, pp. 229~283.

조긍호 (1997a). 「문화유형과 정서의 차이: 한국인의 정서 이해를 위한 시론」. 『심리과학』 (서울대학교 심리과학연구소), 6 (2), pp. 1~43.

조긍호 (1997b). 「한국인의 주관적 안녕과 정서의 조절」. 『사회과학연구』 (서강대학교 사회과학연구소), 6, pp. 27~86.

조긍호 (1997c). 「순자에 나타난 심리학적 함의(III): 예론을 중심으로」. 『한국심리학회지: 사회 및 성격』, 11 (2), pp. 1~27.

조긍호 (1998a). 『유학심리학: 맹자 · 순자 편』. 서울: 나남출판.

조긍호 (1998b). 「순자에 나타난 심리학적 함의(IV): 수양론을 중심으로」. 『한국심리학회지: 사회 및 성격』, 12 (2), pp. 9~37.

조긍호 (1999a). 「문화유형에 따른 동기의 차이」. 『한국심리학회지: 사회 및 성격』, 13 (2), pp. 233~273.

조긍호 (1999b). 「선진유학에서 도출되는 심리학의 문제」. 최상진 · 윤호균 · 한덕웅 · 조긍호 · 이수원. 『동양심리학: 서구심리학에 대한 대안 모색』 (pp. 31~161). 서울: 지식산업사.

조긍호 (2000). 「문화유형과 동기의 차이: 한국인의 동기 이해를 위한 시론」. 『한국심리학회지: 사회 및 성격』, 14 (2), pp. 83~122.

조긍호 (2002). 「문화성향과 허구적 독특성 지각 경향」. 『한국심리학회지: 사회 및 성격』, 16 (1), pp. 91~111.

조긍호 (2003a). 『한국인 이해의 개념틀』. 서울: 나남출판.

조긍호 (2003b). 「문화성향과 통제 양식」. 『한국심리학회지: 사회 및 성격』, 17 (2), pp. 85~106.

조긍호 (2005). 「문화성향에 따른 유사성 판단의 비대칭성」. 『한국심리학회지: 사회 및 성격』, 19 (1), pp. 45~63.

조긍호 (2006). 『이상적 인간형론의 동 · 서 비교: 새로운 심리학의 가능성 탐색 I』. 서울: 지식산업사.

조긍호 (2007a). 『동아시아 집단주의의 유학사상적 배경: 심리학적 접근』. 서울: 지식산업사.

조긍호 (2007b). 「동아시아 집단주의와 유학사상: 그 관련성의 심리학적 탐색」. 『한국심리학회지: 사회 및 성격』, 21 (4), pp. 21~53.

조긍호 (2008). 『선진유학사상의 심리학적 함의』. 서울: 서강대학교 출판부.

조긍호 · 김소연 (1998). 「겸양편향자의 선호 현상」. 『한국심리학회지: 사회 및 성격』, 12 (1), pp. 169~189.

조긍호 · 김은진 (2001). 「문화성향과 동조행동」. 『한국심리학회지: 사회 및 성격』, 15 (1), pp. 139~165.

조긍호 · 김지용 · 홍미화 · 김지현 (2002). 「문화성향과 공감 및 고독의 수준」. 『한국심

리학회지: 사회 및 성격』, 16 (3), pp. 15~34.

조긍호 · 명정완 (2001). 「문화성향과 자의식의 유형」. 『한국심리학회지: 사회 및 성격』, 15 (2), pp. 111~139.

조긍호 · 이재영 (2007). 「문화성향, 성역할 정체감 및 도덕적 지향성」. 『한국심리학회지: 사회 및 성격』, 21 (1), pp. 105~126.

조 시게유키(城繁幸). (2004). 『후지쯔 성과주의 리포트』. (윤정원 역. 서울: 들녘. 2005.)

조 시게유키(城繁幸). (2006). 『젊은이는 왜 3년 만에 그만두는가?』. (이상준 역. 서울: 도전과 응전. 2008.)

조지형 (1998). 「개인주의」. 김영한 편. 『서양의 지적 운동 II』 (pp. 203~230). 서울: 지식산업사.

조혜인 (1998). 「유교와 포스트모더니즘: 베버 유교관의 지양을 통한 전향적 대화」. 『동아연구』 (서강대학교 동아연구소), 35, pp. 301~361.

주명철 (1994). 「계몽주의」. 김영한 · 임지현 편. 『서양의 지적 운동』 (pp. 373~404). 서울: 지식산업사.

중앙일보 (1998). 10월 29일자 9면. 「자율 · 창의가 21세기 이끈다: 각국 교육개혁 바람」.

震檀學會 편 (1967). 『韓國史: 朝鮮後期篇』. 서울: 을유문화사.

陳來 (1987). 『朱熹哲學研究』. 北京: 中國社會科學出版社. (이종란 · 이상성 · 이종상 역. 『주희의 철학』. 서울: 상지사. 2008.)

진석용 (2008). 「토머스 홉스의 정치철학: 평화를 위한 이성의 변론」. 진석용 역. 『리바이어던』 (제1권, pp. 475~505; 제2권, pp. 439~469). 경기: 나남.

차경호 (1995). 「한국, 일본 및 미국 대학생들의 삶의 질의 비교」. 한국심리학회 편. 『삶의 질의 심리학』 (pp. 113~144). 서울: 한국심리학회.

차재호 · 정지원 (1993). 「현대 한국 사회에서의 집합주의」. 『한국심리학회지: 사회』, 7 (1), pp. 150~163.

차주환 (1985). 「대학에 대하여」. 한상갑 역. 『맹자 · 대학』 (pp. 399~404). 서울: 삼성출판사.

차하순 (1963). 「Renaissance Individualism의 개념」. 『사양사론』, 4집, pp. 50~74.

蔡錦昌 (1989). 『荀子思想之本色』. 臺北: 唐山出版社.

蔡仁厚 (1984). 『孔孟荀哲學』. 臺北: 學生書局.

최공웅 · 최진원 (2009). 「토머스 홉스의 생애와 사상」. 최공웅 · 최진원 역. 『리바이어던』 (pp. 670~696). 서울: 동서문화사.

최상진 (1995). 「한국인의 통제 유형」. 임능빈 편. 『동양사상과 심리학』 (pp. 535~543). 서울: 성원사.

최상진 (2000). 『한국인 심리학』. 서울: 중앙대학교 출판부.

최영진 (2000). 「90년대 한국사회의 유교담론 분석」. 성균관대학교 유학 · 동양학부 편. 『동아시아의 유교문화와 미래적 전망』 (pp. 20~32). 서울: 성균관대학교 유학 · 동양학부.

馮友蘭 (1948). *A Short History of Chinese Philosophy*. 臺北: 雙葉書店. (정인재 역. 『중국철학사』. 서울 : 형설출판사. 1977.)

한국갤럽조사연구소 (1985). 『한국과 세계 청소년의 의식』. 서울: 한국갤럽조사연구소.

한규석 (1991). 「사회심리학 이론의 문화특수성: 한국인의 사회심리학 연구를 위한 고찰」. 『한국심리학회지: 사회』, 6 (1), pp. 132~155.

한규석 (2002). 『사회심리학의 이해』 (개정판). 서울: 학지사.

한규석 · 신수진 (1999). 「한국인의 선호가치 변화: 수직적 집단주의에서 수평적 개인주의로」. 『한국심리학회지: 사회 및 성격』, 13 (2), pp. 293~310.

한덕웅 (1994). 『퇴계심리학』. 서울: 성균관대학교 출판부.

한덕웅 (1999). 「한국 유학의 심리학」. 최상진 · 윤호균 · 한덕웅 · 조긍호 · 이수원. 『동양심리학: 서구심리학에 대한 대안 모색』 (pp. 163~286). 서울: 지식산업사.

한덕웅 (2000). 「대인관계에서 4단7정 정서의 경험」. 『한국심리학회지: 사회 및 성격』, 14 (2), pp. 145~166.

한덕웅 (2003). 『한국유학심리학: 한국유학의 심리학설과 유교문화에 관한 심리학적 접근』. 서울: 시그마프레스.

현상윤 (1949). 『조선유학사』. 서울: 민중서관.

홍숙기 (1994). 『일과 사랑의 심리학』. 서울: 나남.

홍숙기 (2004). 『성격심리』 (상, 수정판). 서울: 박영사.

黃公偉 (1974). 『孔孟荀哲學證義』. 臺北: 幼獅書店.

黑住眞 (1998). 「일본사상사와 유학」. 경상대 개교 50주년 기념 남명학연구소 국제학술

심포지움 발표 논문.

Abrahamson, H. A. (1970). Homans on Exchange. *American Journal of Sociology, 76*, pp. 273~275.

Adair, W. L., Okumura, T., & Brett, J. M. (2001). Negotiation Behavior When Cultures Collide: The United States and Japan. *Journal of Applied Psychology, 86*, pp. 371~385.

Adams, J. S. (1963). Toward an Understanding of Inequity. *Journal of Abnormal and Social Psychology, 67*, pp. 422~436.

Adams, J. S. (1965). Inequity in Social Exchange. In L. Berkowitz (Ed.), *Advances in Experimental Social Psychology* (Vol. 2, pp. 267~299). New York: Academic Press.

Adams, J. S., & Freedman, S. (1976). Equity Theory Revisited: Comments and Annotated Bibliography. In L. Berkowitz & E. Berkowitz (Eds.), *Advances in Experimental Social Psychology* (Vol. 9, pp. 43~90). New York: Academic Press.

Alexander, C. N., & Knight, G. W. (1971). Situated Identities and Social Psychological Experimentation. *Sociometry, 34*, pp. 65~82.

Alexander, C. N., & Lauderdale, P. (1977). Situated Identities and Social Influence. *Sociometry, 40*, pp. 225~233.

Allik, J., & McCrae, R. R. (2004). Toward a Geography of Personality Traits: Patterns and Profiles Across 36 Cultures. *Journal of Cross-Cultural Psychology, 34*, pp. 13~28.

Allport, F. H. (1924). *Social Psychology*. Boston, MA: Houghton Mifflin.

Allport, G. W. (1935). Attitudes. In C. Murchinson (Ed.), *A Handbook of Social Psychology* (pp. 798~844). Worchester, MA: Clark University Press.

Allport, G. W. (1937). *Personality: A Psychological Interpretation*. New York: Holt, Rinehart & Winston.

Allport, G. W. (1968). The Historical Background of Modern Social Psychology. In

G. Lindzey & E. Aronson (Eds.), *The Handbook of Social Psychology* (2nd ed., Vol. 1, pp. 1~80). Reading, MA: Addison-Wesley.

Ambady, N., Koo, J., Lee, F., & Rosenthal, R. (1996). More than Words: Linguistic and Non-linguistic Politeness in Two Cultures. *Journal of Personality and Social Psychology, 70*, pp. 996~1011.

Arieli, Y. (1964). *Individualism and Nationalism in American Ideology*. Cambridge, MA: Harvard University Press.

Aronson, E.. (1988). *Social Animal* (2nd ed.). New York: Freeman. (윤진 · 최상진 역. 『사회심리학』. 서울: 탐구당. 1990.)

Asch, S. E. (1951). Effects of Group Pressure on the Modification and Distortion of Judgments. In H. Guetzkow (Ed.), *Groups, Leadership and Men* (pp. 177~190). Pittsburgh, PA: Carnegie.

Asch, S. E. (1956). Studies of Independence and Conformity: A Minority of One Against a Unanimous Majority. *Psychological Monographs, 70* (9, Whole No. 416).

Austin, W., & Hatfield, E. (1980). Equity Theory, Power, and Social Justice. In G. Mikula (Ed.), *Justice and Social Interactions* (pp. 25~61). New York: Springer-Verlag.

Averill, J. R. (1982). *Anger and Aggression: An Essay on Emotion*. New York: Springer.

Bagozzi, R. P., Wong, N., & Yi, Y. (1999). The Role of Culture and Gender in the Relationship Between Positive and Negative Affect. *Cognition and Emotion, 13*, pp. 641~672.

Bakan, D. (1966). *The Duality of Human Existence*. San Francisco, CA: Jossey-Bass.

Bandura, A. (1977). Self-efficacy: Toward a Unifying Theory of Behavioral Change. *Psychological Review, 84*, pp. 191~215.

Bandura, A. (1997). *Self-efficacy: The Exercise of Control*. New York: Freeman.

Barker, E. (1962). Introduction. In E. Barker (Ed.), *Social Contract: Essays by Locke,*

*Hume, and Rousseau*. New York: Oxford University Press. (바커, 어네스트. 「사회계약론」. 강정인 · 문지영 편역. 『로크의 이해』. 서울: 문학과지성사. 1995. pp. 9~58.)

Barnes, J. (1982). *Aristotle*. Oxford: Oxford University Prass. (문계석 역. 『아리스토텔레스의 철학』. 서울: 서광사. 1989.)

Barnlund, D. C. (1975). *Public and Private Self in Japan and the United States*. Tokyo, Japan: Simul Press.

Baron, R. A., & Byrne, D. (1997). *Social Psychology* (8th ed.). Boston, MA: Allyn & Bacon.

Bem, D. J. (1965). An Experimental Analysis of Self-persuation. *Journal of Experimental Social Psychology, 1*, pp. 199~218.

Bem, D. J. (1967). Self-perception: An Alternative Interpretation of Cognitive Dissonance Phenomena. *Psychological Review, 74*, pp. 183~200.

Bem, D. J. (1972). Self-perception Theory. In L. Berkowitz (Ed.), *Advances in Experimental Social Psychology* (Vol. 6, pp. 1~62). New York: Academic Press.

Bento, R. F., & White, L. F. (1998). Participants' Value and Incentive Plans. *Human Resource Management, 37*, pp. 47~59.

Berns, L. (1973). Thomas Hobbes. In L. Strauss & J. Cropsey (Eds.), *History of Political Philosophy* (2nd ed.). Chicago, IL: The University of Chicago Press. (번즈, 로렌스. 「토마스 홉즈」. 강정인 편역. 『홉스의 이해』. 서울: 문학과지성사. 1993. pp. 159~195.)

Berry, J. W., Poortinga, Y. H., Segall, M. H., & Dasen, P. R. (1992). *Cross-cultural Psychology: Research and Applications*. New York: Cambridge University Press.

Bierstedt, R. (1965). Review of Blau's Exchange and Power in Social Life. *American Sociological Review, 3*, pp. 137~162.

Binet, A., & Simon, T. (1905). New Methods for the Diagnosis of the Intellectual Level of Subnormals. *Annals of Psychology, 11*, p. 191.

Blau, P. M. (1964). *Exchange and Power in Social Life*. New York: Wiley.

Block, J., & Colvin, C. R. (1994). Positive Illusions and Well-being Revisited: Separating Fiction from Fact. *Psychological Bulletin, 116*, p. 28.

Blumenthal, E. P. (1977). Models in Chinese Moral Education: Perspectives from Children's Books. *Dissertation Abstracts International, 37*, pp. 6357A~6358A.

Bond, M. H. (1988). *The Cross-cultural Challenge to Social Psychology*. Beverly Hills, CA: Sage.

Bond, M. H. (1994). Into the Heart of Collectivism: A Personal and Scientific Journey. In U. Kim, H. C. Triandis, C, Kagitcibasi, S. C. Choi, & G. Yoon (Eds.), *Individualism and Collectivism: Theory, Method, and Applications* (pp. 66~76). Thousand Oaks, CA: Sage.

Bond, M. H. (2002). Reclaiming the Individual from Hofstede's Ecological Analysis—A 20-year Odyssey: Comment on Oyserman et al. (2002). *Psychological Bulletin, 128*, pp. 73~77.

Bond, M. H., & Cheung, T. S. (1983). College Students' Spontaneous Self-concepts: The Effect of Culture Among Respondents in Hong Kong, Japan, and the United States. *Journal of Cross-Cultural Psychology, 14*, pp. 153~171.

Bond, M. H., Chiu, C. K., & Wan, K. C. (1984). When Modesty Fails: The Social Impact of Group-effacing Attributions Following Success and Failure. *European Journal of Social Psychology, 14*, pp. 335~338.

Bond, M. H., & Forgas, J. P. (1984). Linking Person Perception to Behavior Intention Across Cultures: The Role of Cultural Collectivism. *Journal of Cross-Cultural Psychology, 15*, pp. 337~352.

Bond, M. H., Hewstone, M., Wan, K. C., & Chiu, C. K. (1985). Group-serving Attributions Across Intergroup Contexts: Cultural Differences in the Explanation of Sex-typed Behaviors. *European Journal of Social Psychology, 15*, pp. 435~452.

Bond, M. H., & Hwang, K. K. (1986). The Social Psychology of Chinese People. In M. H. Bond (Ed.), *The Psychology of Chinese People* (pp. 213~266). New

York: Oxford University Press.

Bond. M. H., Leung, K., & Wan, K. C. (1982). The Social Impact of Self-effacing Attributions: The Chinese Case. *Journal of Social Psychology, 118*, pp. 157~166.

Bond, M. H., & Smith, P. B. (1996). Culture and Conformity: A Meta-analysis of Studies Using Asch's (1952b, 1956) Line Judgement Task. *Psychological Bulletin, 119*, pp. 111~131.

Brehm, J. W. (1956). Post-decision Changes in Desirability of Alternatives. *Journal of Abnormal and Social Psychology, 52*, pp. 348~389.

Brehm, S. S. (1992). *Intimate Relationship* (2nd ed.). New York: McGraw-Hill.

Briggs, J. (1970). *Never in Anger: Portrait of an Eskimo Family*. Cambridge, MA: Harvard University Press.

Briley, D. A., Morris, M., & Simonson, I. (2000). Reasons as Carriers of Culture: Dynamic vs. Dispositional Models of Cultural Influence on Decision Making. *Journal of Consumer Research, 27*, pp. 157~178.

Brown, J. D. (1986). Evaluations of Self and Others: Self-enhancement Biases in Social Judgment. *Social Cognition, 4*, pp. 353~376.

Brown, J. D., & Taylor, S. E. (1986). Affect and the Processing of Personal Information: Evidence for Mode-activated Self-schemata. *Journal of Experimental Social Psychology, 22*, pp. 436~452.

Brown, P., & Levinson, S. D. (1987). *Politeness: Some Universals of Language Usage*. Cambridge, England: Cambridge University Press.

Bruneau, T. J., & Ishii, S. (1988). Communicative Silence: East and West. *World Communication, 23*, pp. 17~46.

Burckhardt, J. (1860). *The Civilization of the Renaissance in Italy*. Berlin. tr. by S. G. C. Middlemore. London. 1955.

Burns, E. M., Lerner, R. E., & Meacham, S. (1984). *Western Civilizations* (10th ed.). New York: Norton. (박상익 역. 『서양문명의 역사』 (I~IV). 서울: 소나무. 2003.)

Burnstein, E., & Katz, S. (1972). Group Decisions Involving Equitable and Optimal

Distributions of Status. In C. G. McClintock (Ed.), *Experimental Social Psychology*. New York: Holt, Rinehart & Winston.

Burr, V. (2002). *The Person in Social Psychology*. New York: Taylor & Francis.

*Business Week* (1991, May). pp. 52~76.

*Business Week* (1993, April). pp. 38~39.

Cameron, J., & Pierce, W. D. (1994). Reinforcement, Reward and Intrinsic Motivation: A Meta-analysis. *Review of Educational Research, 64*, pp. 363~423.

Chan, S. K. C., Bond, M. H., Spencer-Oatey, H., & Rojo-Laurilla, M. A. (2004). Culture and Relationship Promotion in Service Encounters: Protecting the Ties That Bind. *Journal of Asia-Pacific Communication, 14*, pp. 245~260.

Chang, E., & Hahn, J. (2006). Does Pay-for-performance Enhance Perceived Distributive Justice for Collective Employees? *Personnel Review, 35*, pp. 397~412.

Chang, W. C., Chua, W. L., & Toh, Y. (1997). The Concept of Psychological Control in the Asian Context. In K. Leung, U. Kim, S. Yamaguchi, & Y. Kashima (Eds.), *Progress in Asian Social Psychology* (Vol. 1, pp. 95~117). Singapore: Wiley.

Chang, W. J. (1983). *The Prediction of Junior High-school Students' Sociometric Status from Some Psycho-social Variables*. Unpublished doctoral dissertation. University of Oregon.

Chen, C., & Stevenson, H. W. (1989). Homework: A Cross-cultural Examination. *Child Development, 60*, pp. 551~561.

Cheung, F. M. (1986). Psychopathology Among Chinese People. In M. H. Bond (Ed.), *The Psychology of Chinese People* (pp. 171~212). Hong Kong: Oxford University Press.

Cheung, F. M., Cheung, S. F., Leung, K., Ward, C., & Leong, F. (2003). The English Version of the Chinese Personality Assessment Inventory. *Journal of Cross-Cultural Psychology, 34*, pp. 433~452.

Cheung, F. M., Leung, K., Fan, R., Song, W. Z., Zhang, J. X., & Zhang, J. P. (1996). Development of the Chinese Personality Assessment Inventory (CPAI). *Journal of Cross-Cultural Psychology, 27*, pp. 181~199.

Chien, M. (1977). Factors Related to Peer Interaction Among School Children in Urban and Rural Areas. *Psychological Testing, 24*, pp. 32~40.

Chinese Culture Connection (1987). Chinese Values and the Search for Culture-free Dimensions of Culture. *Journal of Cross-Cultural Psychology, 18*, pp. 143~164.

Chiu, C., Hong, Y., & Dweck, C. S. (1997). Lay Dispositionism and Implicit Theories of Personality. *Journal of Personality and Social Psychology, 73*, pp. 19~30.

Choi, I. (2002). *Who Trusts Fortune Telling? Self-concept Clarity and the Barnum Effect*. Unpublished manuscript. Seoul National University. Seoul, Korea.

Choi, I., Choi, K. W., & Cha, J. H. (1992). *A Cross-cultural Replication of Festinger and Carlsmith (1959)*. Unpublished manuscript. Seoul National University. Seoul, Korea.

Choi, I., & Choi, Y. (2002). Culture and Self-concept Flexibility. *Personality and Social Psychology Bulletin, 28*, pp. 1508~1517.

Choi, I., & Nisbett, R. E. (1998). Situational Salience and Cultural Differences in the Correspondence Bias and Actor-observer Bias. *Personality and Social Psychology Bulletin, 24*, pp. 949~960.

Choi, I., & Nisbett, R. E. (2000). The Cultural Psychology of Surprise: Holistic Theories and Recognition of Contradiction. *Journal of Personality and Social Psychology, 79*, pp. 890~905.

Choi, I., Nisbett, R. E, & Norenzayan, A. (1999). Causal Attribution Across Cultures: Variation and Universality. *Psychological Bulletin, 125*, pp. 47~63.

Choi, S. C., & Lee, S. J. (2002). Two-component Model of Chemyon-oriented Model of Behaviors in Korea: Constructive and Defensive Chemyon. *Journal of Cross-Cultural Psychology, 33*, pp. 332~345.

Chung, Y. E. (1994). Void and Non-conscious Processing. In G. Yoon & S. C. Choi (Eds.), *Psychology of the Korean People: Collectivism and individualism* (pp. 3~14). Seoul: Dong-A.

Cialdini, R. B., & De Nicholas, M. E. (1989). Self-presentation by Association. *Journal of Personality and Social Psychology, 57*, pp. 626~631.

Cialdini, R. B., & Trost, M. B. (1998). Social Influence: Social Norms, Conformity, and Compliance. In D. T. Gilbert, S. T. Fiske, & G. Lindzey (Eds.), *The Handbook of Social Psychology* (4th ed., Vol. 2, pp. 151~192). Boston, MA: McGraw-Hill.

Clark, M. S., & Mills, J. (1979). Interpersonal Attraction in Exchange and Communal Relationships. *Journal of Personality and Social Psychology, 37*, pp. 12~24.

Clark, M. S., & Mills, J. (1993). The Difference Between Communal and Exchange Relationships: What Is and Is Not. *Personality and Social Psychology Bulletin, 19*, pp. 684~691.

Cohen, R. L., & Greenberg, J. (1982). The Justice Concept in Social Psychology. In J. Greenberg & R. L. Cohen (Eds.), *Equity and Justice in Social Behavior* (pp. 1~41). New York: Academic Press.

Colvin, C. R., & Block, J. (1994). Do Positive Illusions Foster Mental Health? An Examination of the Taylor and Brown Formulation. *Psychological Bulletin, 116*, pp. 3~20.

Conroy, M., Hess, R. D., Azuma, H., & Kashiwagi, K. (1980). Maternal Strategies for Regulating Children's Behavior: Japanese and American Families. *Journal of Cross-Cultural Psychology, 11*, pp. 153~172.

Cook, K. S., & Yamagish, T. (1983). Social Determinants of Equity Judgment: The Problem of Multidimensional Input. In D, M. Messick & K. S. Cook (Eds.), *Equity Theory: Psychological and Sociological Perspective*. New York: Praeger.

Cooper, J., & Fazio, R. H. (1984). A New Look at Dissonance Theory. In L. Berkowitz (Ed.), *Advances in Experimental Social Psychology* (Vol. 17, pp. 229~266). Orlando, FL: Academic Press.

Cousins, S. (1989). Culture and Selfhood in Japan and the U. S. *Journal of Personality and Social Psychology, 56*, pp. 124~131.

Crocker, J. (1982). Biased Question in Judgement of Covariation Studies. *Personality and Social Psychology Bulletin., 8*, pp. 214~220.

Csikszentmihalyi, M. (1990). *Flow: The Psychology of Optimal Experience*. New York: Harper Perenial.

Csikszentmihalyi, M. (1997). *Finding Flow*. New York: Brokman, Inc. (이희재 역. 『몰입의 즐거움』. 서울: 해냄. 2003.)

D'Andrade, R. G. (1992). Schemas and Motivation. In R. G. D'Andrade & C. Strauss (Eds.), *Human Motives and Cultural Models* (pp. 23~44). New York: Cambridge University Press.

Das, V. (1992). Moral Orientations to Suffering: Litigation, Power and Healing. In L. Chen, A. Kleinman, & N. Ware (Eds.), *Health and Social Change in International Perspectives*. Beverly Hills, CA: Sage.

Davis, M. H., & Stephan, W. G. (1989). Attributions for Exam Performance. *Journal of Applied Social Psychology, 10*, pp. 235~248.

Davis, W. B. (1987). Religion and Development: Weber and the East Asian Experience. In M. Weiner & S. P. Huntington (Eds.), *Understanding Political Development* (pp. 221~280). Boston, MA: Little, Brown and Co.

de Barry, Wm. T. (1983). *The Liberal Tradition in China*. Hong Kong: The Chinese University of Hong Kong Press. (표정훈 역. 『중국의 "자유" 전통』. 서울: 이산. 1998.)

Deci, E. L. (1971). The Effecrs of Externally Mediated Rewards on Intrinsic Motivation. *Journal of Personality and Social Psychology, 18*, pp. 105~115.

Deci, E. L. (1975). *Intrinsic Motivation*. New York: Plenum.

Deci, E. L., & Ryan, R. M. (1985). *Intrinsic Motivation and Self-determination in Human Behavior*. New York: Plenum.

Deuchler, M. (1992). *The Confucian Transformation of Korea: A Study of Society and Ideology*. Boston, MA: Harvard University Press. (이훈상 역. 『한국 사회의

유교적 변환』. 서울: 아카넷. 2003.)

Deutsch, M. (1974). *Awakening the Sense of Injustice: Myth, Reality and Ideal*. Toronto: Holt, Rinehart & Winston.

Deutsch, M. (1975). Equity, Equality and Need: What Determines Which Value Will Be Used as the Basis of Distributive Justice? *Journal of Social Issues, 31*, pp. 137~149.

DeVos, G. A. (1973). *Socialization for Achievement: Essay on the Cultural Psychology of the Japanese*. Berkeley, CA: University of California Press.

Diener, E., & Diener, M. (1995). Cross-cultural Correlates of Life Satisfaction and Self-esteem. *Journal of Personalty and Social Psychology, 68*, pp. 653~663.

Diener, E., & Larsen, R. J. (1993). The Experience of Emotional Well-being. In M. Lewis & J. M. Haviland (Eds.), *Handbook of Emotion* (pp. 405~415). New York: Guilford.

Diener, E., Suh, E., Smith, H., & Shao, L. (1995). National and Cultural Difference in Reported Subjective Well-being: Why Do They Occur? *Social Indicators Research, 34*, pp. 7~32.

Doi. T. (1986). *The Anatomy of Self: The Individual Versus Society*. Tokyo: Kodansha.

Dollard, J., & Miller, N. E. (1950). *Personality and Psychotherapy*. New York: McGraw-Hill.

Doob, L. W. (1980). The Inconclusive Struggles of Cross-cultural Psychology. *Journal of Cross-Cultural Psychology, 11*, pp. 59~73.

Dore, R. (1973). *British Factory—Japanese Factory*. London: Allen & Unwin.

Dülmen, R. v. (1997). *Die Entdeckung des Individuums 1500~1800*. Frankfurt am Main: Fischer Taschenbuch Verlag. (최윤영 역. 『개인의 발견: 어떻게 개인을 찾아가는가 1500~1800』. 서울: 현실문화연구. 2005.)

Dumont, L. (1970). *Homo Hierarchicus*. Chicago, IL: University of Chicago Press.

Dunn, J. (1984). *Locke*. Oxford: Oxford University Press. (던, 존. 「로크의 사상」. 강정인 · 문지영 편역. 『로크의 이해』. 서울: 문학과지성사. 1995. pp. 61~176.)

Durkheim, E. (1927). *Les Règles Méthode Sociologique*. Paris: Librairie Félix Alcan.

Dweck, C. S. (1991). Self-theories and Goals: Their Role in Motivation, Personality, and Development. In R. A. Dienstbier (Ed.), *Perspectives on Motivation: Nebraska Symposium on Motivation, 1990* (pp. 199~235). Lincoln, NB: University of Nebraska Press.

Dweck, C. S., Hong, Y., & Chiu, C. (1993). Implicit Theories: Individual Differences in the Likelihood and Meaning of Dispositional Inference. *Personality and Social Psychology Bulletin, 19*, pp. 644~656.

Dweck, C. S., & Leggett, E. L. (1988). A Social-cognitive Approach to Motivation and Personality. *Psychological Review, 95*, pp. 256~273.

Early, P. C. (1989). Social Loafing and Collectivism: A Comparison of the United States and the People's Republic of China. *Administrative Science Quarterly, 34*, pp. 565~581.

Early, P. C. (1993). East Meets West Meets Mideast: Furthur Exploration of Collectivistic and Individualistic Work Groups. *Academy of Management Journal, 36*, pp. 319~348.

Early, P. C. (1994). Self or Group? Cultural Effects of Training on Self-efficacy and Performance. *Administrative Science Quarterly, 39*, pp. 89~117.

Edwards, W. (1954). The Theory of Decision-making. *Psychological Bulletin, 51*, pp. 380~417.

Ekeh, P. P. (1974). *Social Exchange Theory: The Two Traditions*. Cambridge, MA: Harvard University Press.

Ekman, P. (1972). Universals and Cultural Differences in Facial Expression of Emotions. In J. K. Cole (Ed.), *Nebraska Symposium on Motivation, 1971* (Vol. 19, pp. 207~283). Lincoln, NB: University of Nebraska Press.

Ekman, P. (1982). *Emotions in the Human Face* (2nd ed.). Cambridge, England: Cambridge University Press.

Emerson, R. M. (1992). Social Exchange Theory. In M. Rosenberg & R. H. Turner (Eds.), *Social Psychology: Sociological Perspectives* (pp. 30~65). New

Brunswick, NJ: Transaction Publishers.

Erez, M. (1997). A Culture-based Model of Work Motivation. In P. C. Early & M. Erez (Eds.), *New Perspectives on International Industrial/Organizational Psychology* (pp. 293~242). San Francisco, CA: The New Lexingron Press.

Erez, M., & Eden, D. (2001). Introduction: Trends Reflected in Work Motivation. In M. Erez, U. Kleinbeck, & H. Thierry (Eds.), *Work Motivation in the Context of a Globalizing Economy* (pp. 1~8). Mahwah, NJ: Erlbaum.

Fabrigar, L. R., & Wegener, D. T. (2010). Attitude Structure. In R. F. Baumeister & E. J. Finkel (Eds.), *Advanced Social Psychology: The State of the Science* (pp. 177~216). New York: Oxford University Press.

Farkas, A. J., & Anderson, N. H. (1979). Multidimensional Input in Equity Theory. *Journal of Personality and Social Psychology, 37*, pp. 879~896.

Farth, J. L., Early, P. C., & Lin, S. C. (1997). Impetus for Action: A Cultural Analysis of Justice and Organizational Behavior in Chinese Society. *Administrative Science Quarterly, 42*, pp. 421~444.

Farth, J. L., Zhong, C. B., & Organ, D. W. (2004). Organizational Citizenship Behavior in the People's Republic of China. *Organization Science, 15*, pp. 241~253.

Festinger, L. (1957). *A Theory of Cognitive Dissonance*. Stanford, CL: Stanford University Press.

Festinger, L., & Carlsmith, J. M. (1959). Cognitive Consequences of Forced Compliance. *Journal of Abnormal and Social Psychology, 58*, pp. 203~210.

Fischhoff, B. (1975). Hindsight≠Foresight: The Effect of Outcome Knowledge on Judgment Under Uncertainty. *Journal of Experimental Psychology: Human Perception and Performance, 1*, pp. 288~299.

Fisher, R., & Smith, P. B. (2003). Reward Allocation and Culture: A Meta-analysis. *Journal of Cross-Cultural Psychology, 34*, pp. 251~268.

Fiske, A. P. (1990). *Making Up Society: The Four Elementary Relational Structures*. New York: Free Press.

Fiske, A. P. (2002). Using Individualism and Collectivism to Compare Cultures—A Critique of the Validity and Measurement of the Constructs: Comment on Oyserman et al. (2002). *Psychological Bulletin, 128*, pp. 78~88.

Fiske, A. P., Kitayama, S., Markus, H. R., & Nisbett, R. E. (1998). The Cultural Matrix of Social Psychology. In D. T. Gillbert, S. T. Fiske, & G. Lindzey (Eds.), *The Handbook of Social Psychology* (4th ed., Vol. 2, pp. 915~981). Boston, MA: McGraw-Hill.

Frager, R. (1970). Conformity and Anti-conformity in Japan. *Journal of Personality and Social Psychology, 15*, pp. 203~210.

Friend, R., Rafferty, Y., & Bramel, D. (1990). A Puzzling Misinterpretation of the Asch Conformity Study. *European Journal of Social Psychology, 20*, pp. 29~44.

Gabrenya, W. K., Latané, B., & Wang, Y. (1983). Social Loafing in Cross-cultural Perspective: Chinese on Taiwan. *Journal of Cross-Cultural Psychology, 14*, pp. 368~384.

Gabrenya, W. K., Wang, Y., & Latané, B. (1985). Social Loafing on an Optimizing Task: Cross-cultural Differences Among Chinese and Americans. *Journal of Cross-Cultural Psychology, 16*, pp. 223~242.

Galton, F. (1869). *Hereditary Genius: An Inquiry Into Its Laws and Consequences*. London: Macmillan.

Geen, R. G. (1991). Social Motivation. *Annual Review of Psychology, 42*, pp. 377~399.

Geen, R. G. (1995a). *Human Motivation: A Social Psychological Approach*. Pacific Grove, CA: Brooks/Cole.

Geen, R. G. (1995b). Social Motivation. In B. Parkinson & A. M. Colman (Eds.), *Emotion and Motivation* (pp. 38~57). London: Longman.

Geen, R. G., & Shea, J. D. (1997). Social Motivation and Culture. In D. Munro, J. F. Schumaker, & S. T. Carr (Eds.), *Motivation and Culture* (pp. 33~48). New York: Routledge.

Geertz, C. (1975). *The Social History of an Indonesian Town*. Westport, CT: Greenwood.

Gelman, R., & Williams, E. M. (1997). Enabling Constraints for Cognitive Development and Learning. In W. Damon (Series Ed.), D. Kuhn, & R. Siegler (Vol. Eds.), *Handbook of Child Psychology: Vol. 2. Cognition, Perception, and Language* (5th ed., pp. 575~630). New York: Wiley.

Gergen, K. J. (1973). Social Psychology as History. *Journal of Personality and Social Psychology, 26*, pp. 309~320.

Gergen, K. J. (1982). *Toward Transformation in Social Knowledge*. New York: Springer.

Gergen, K. J. (1985). Social Constructionist Inquiry: Context and Implications. In K. J. Gergen & K. E. Davis (Eds.), *The Social Construction of the Person* (pp. 3~18). New York: Springer.

Gergen, K. J. (1994). *Realities and Relationships: Soundings in Social Construction*. Cambridge, MA: Harvard University Press.

Gergen, K. J., & Davis, K. E. (Eds.). (1985). *The Social Construction of the Person*. New York: Springer.

Gergen, K. J., & Gergen, M. M. (1988). Narrative and the Self as Relationships. In L. Berkowitz (Ed.), *Advances in Experimental Social Psychology* (Vol. 21, pp. 17~56). New York: Academic Press.

Gergen, K. J., Greenberg, M. S., & Willis, R. H. (1980). Introduction. In K. J. Gergen, M. S. Greenberg, & R. H. Willis (Eds.), *Social Exchange: Advances in Theory and Research* (pp. vii~xi). New York: Plenum.

Gerhart, B., & Milkovich, G. T. (1992). Employee Compensation: Research and Practice. In M. D. Dunnette & L. M. Hough (Eds.), *Handbook of Industrial and Organizational Psychology* (2nd ed., Vol. 3, pp. 481~570). Palo Alto, CA: Consulting Psychologists Press.

Giles, H., Coupland, N., & Wiemann, J. M. (1992). "Talk Is Cheap, but My Word Is My Bond": Beliefs About Talk. In K. Bolton & H. Kwok (Eds.), *Sociolinguistics*

*Today: Eastern and Western Perspectives*. London: Routledge.

Gilligan, C. (1982). *In a Different Voice: Psychological Theory and Woman's Development*. Cambridge, MA: Harvard University Press.

Goethals, G. R., Messick, D. M., & Allison, S. T. (1991). The Uniqueness Bias: Studies of Constructive Social Comparison. In J. Suls & T. A. Wills (Eds.), *Social Comparison: Contemporary Theory and Research*. Hillsdale, NJ: Erlbaum.

Goffman, E. (1955). On Face-work: An Analysis of Ritual Elements in Social Interaction. *Psychiatry, 18*, pp. 213~231.

Goffman, E. (1961). *Asylums*. Garden City, NY: Anchor Books.

Gough, J. W. (1976). Introduction. In J. W. Gough (Ed.), *John Locke's The Socond Treatise of Government and a Letter Concerning Toleration*. Oxford: Basil Blackwell. (고프, 존. 「로크의 정치사상」. 강정인 · 문지영 편역. 『로크의 이해』. 서울: 문학과지성사. 1995. pp. 177~231.)

Graham, J. L., Mintu, A. T., & Rodgers, W. (1994). Explorations of Negotiation Behaviors in Ten Foreign Cultures, Using a Model Developed in the United States. *Management Science, 40*, pp. 72~95.

Gray, J. (1995). *Liberalism*. London: Open University Press. (손철성 역. 『자유주의』. 서울: 이후. 2007.)

Greenberg, J. (1986). Determinants of Perceived Fairness of Performance Evaluations. *Journal of Applied Psychology, 71*, pp. 340~342.

Greenberg, J., & Cohen, R. L. (1982). Why Justice?: Normative and Instrumental Interpretations. In J. Greenberg & R. L. Cohen (Eds.), *Equity and Justice in Social Behavior* (pp. 437~469). New York: Academic Press.

Greenberg, J., Pyszczynski, T., & Solomon, S. (1982). The Self-serving Attributional Bias: Beyond Self-presentation. *Journal of Experimental Social Psychology, 18*, pp. 56~67.

Greenfield, P. M. (2000). Three Approaches to the Psychology of Culture: Where Do They Come From? Where Can They Go? *Asian Journal of Social*

*Psychology, 3*, pp. 223~240.

Gudykunst, W. B. (Ed.). (1993). *Communication in Japan and the United States*. Albany, NY: State University of New York Press.

Gudykunst, W. B., Matsumoto, Y., Ting-Toomey, S., Nishida, T., Kim, K., & Heyman, S. (1996). The Influence of Cultural Individualism-collectivism, Self-construals and Individual Values on Communication Styles Across Cultures. *Human Communication Research, 49*, pp. 104~111.

Gudykunst, W. B., Yoon, Y., & Nishida, D. (1987). The Influence of Individualism and Collectivism on Perceptions of Communication in Ingroup and Outgroup Relationships. *Communication Monographs, 54*, pp. 295~306.

Guilford, J. P. (1959). *Personality*. New York: McGraw-Hill.

Halévy, É. (1901-4). *The Growth of Philosophical Radicalism*. tr. by M. Morris (new ed.,), London. 1934.

Hall, C. S., & Lindzey, G. (1978). *Theories of Personality* (3rd ed.). New York: Wiley. (이상로 · 이관용 역. 『성격의 이론』. 서울: 중앙적성출판부. 1987.)

Hall, D. L., & Ames, R. T. (1995). *Anticipating China: Thinking Through the Narratives of Chinese and Western Cultures*. Albany, NY: State University of New York Press.

Hall, E. T. (1966). *The Hidden Dimension*. New York: Doubleday Anchor Books.

Hall, E. T. (1976). *Beyond Culture*. Garden City, NY: Doubleday Anchor Books.

Hamilton, V. L., Blumenfeld, C., Akoh, H., & Miura, K. (1990). Credit and Blame among American and Japanese Children: Normative, Cultural, and Individual Differences. *Journal of Personality and Social Psychology, 59*, pp. 442~451.

Hampden-Turner, C., & Trompenaars, A. (1993). *The Seven Cultures of Capitalism: Value Systems for Creating Wealth in the United States, Japan, Germany, France, Britain, Sweden, and the Netherlands*. New York: Doubleday.

Han, S. P., & Shavitt, S. (1994). Persuation and Culture: Advertising Appeals in Individualistic and Collectivistic Societies. *Journal of Experimental Social Psychology, 30*, pp. 326~350.

Harré, R. (1984). *Personal Being*. Cambridge, MA: Harvard University Press.

Harré, R. & Secord, P. F. (1972). *The Explanation of Social Behavior*. Oxford: Blackwell.

Hasegawa, T., & Gudykunst, W. B. (1998). Silence in Japan and the United States. *Journal of Cross–Cultural Psychology, 29*, pp. 668~684.

Hayashi, C. (1988). *National Character of the Japanese*. Tokyo: Statistical Bureau, Japan.

He, W., Chen, C, C,, & Zhang, L. H. (2004). Reward Allocation Preferences of Chinese Employees in the New Millenium: The Effects of Ownership Reform, Collectivism and Goal Priority. *Organization Science, 15*, pp. 221~231.

Heath, A. (1976). *Rational Choice and Social Exchange: A Critique of Exchange Theory*. Cambridge, UK: Cambridge University Press.

Heelas, P. (1986). Emotion Talk Across Cultures. In R. Harré (Ed.), *The Social Construction of Emotions* (pp. 234~266). Oxford, England: Blackwell.

Heider, F. (1958). *The Psychology of Interpersonal Relations*. New York: Wiley.

Heine, S. J., Kitayama, S., Lehman, D. R., Takata, T., Ide, E., Leung, C., & Matsumoto, H. (2001). Divergent Consequences of Success and Failure in Japan and North America: An Investigation of Self–improving Motivations and Malleable Selves. *Journal of Personality and Social Psychology, 81*, pp. 599~615.

Heine, S. J., & Lehman, D. R. (1995). Cultural Variation in Unrealistic Optimism: Does the West Feel More Invulnerable Than the East? *Journal of Personality and Social Psychology, 68*, pp. 595~607.

Heine, S. J., & Lehman, D. R. (1997). The Cultural Construction of Self–enhancement: An Examination of Group–serving Biases. *Journal of Personality and Social Psychology, 72*, pp. 1268~1283.

Heine, S. J., Lehman, D. R., Markus, H. R., & Kitayama, S. (1999). Is There a Universal Need for Positive Self–regard? *Psychological Review, 106*, pp. 766~794.

Helson, H. (1948). Adaptation-level as a Basis of Quantitative Theory of Frames of Reference. *Psychological Review, 55*, pp. 297~313.

Hermans, H. J. M., & Kempen, H. J. G. (1998). Moving Cultures: The Perilous Problems of Cultural Dichotomies in a Globalizing Society. *American Psychologist, 53*, pp. 1111~1120.

Herzberg, F. (1966). *Work and the Nature of Man*. London: Staples Press.

Herzberg, F., Mausner, B., & Synderman, B. B. (1959). *The Motivation to Work*. New York: Wiley.

Hess, R. D., Chang, C. M., & McDevitt, T. M. (1987). Cultural Variations in Family Beliefs About Children's Performance in Mathematics: Comparisons Among People's Republic of China, Chinese-Americans, and Caucasian-American Families. *Journal of Educational Psychology, 79*, pp. 179~188.

Hewstone, M., Bond, M. H., & Wan, K. C. (1983). Social Facts and Social Attributions: The Explanation of Intergroup Differences in Hong Kong. *Social Cognition, 2*, pp. 142~157.

Hilgard, E. R. (1987). *Psychology in America: A Historical Survey*. San Diego, CA: Harcourt Brace Jovanovich.

Hjelle, L. A., & Ziegler, D. J. (1981). *Personality Theories: Basic Assumption, Research, and Applications* (2nd ed.). New York: MaGraw-Hill. (이훈구 역. 『성격심리학』. 서울: 법문사. 1983.)

Ho, D. Y. F. (1976). On the Concept of Face. *American Journal of Sociology, 81*, pp. 867~884.

Ho, D. Y. F. (1979). Psychological Implications of Collectivism: With Special Reference to the Chinese Case and Maoist Dialectics. In L. H. Eckensberger, W. J. Lonner, & Y. H. Poortinga (Eds.), *Cross-cultural Contributions to Psychology* (pp. 143~150). Lisse, Netherlands: Swets & Zeitlinger.

Ho, D. Y. F. (1986). Chinese Patterns of Socialization: A Critical Review. In M. H. Bond (Ed.), *The Psychology of Chinese People* (pp. 1~37). Hong Kong: Oxford University Press.

Hobbes, T. (1651). *Leviathan, or The Matter, Form, and Power of a Commonwealth Ecclesiatical and Civil.* Editted by W. Molesworth (1839~1845), *The English Works of Thomas Hobbes* (Vol. 3). London: John Bohn. (진석용 역. 『리바이어던 I · II』. 경기: 나남. 2008.)

Hobbes, T. (1651). *Leviathan, or The Matter, Form, and Power of a Commonwealth Ecclesiatical and Civil.* Edited by A. R. Waller (1904), Cambridge: Cambridge University Press. (최공웅 · 최진원 역. 『리바이어던』. 서울: 동서문화사. 2009.)

Hofstede, G. (1980). *Culture's Consequences: International Differences in Work-related Values.* Beverly Hills, CA: Sage.

Hofstede, G. (1983). Dimension of National Cultures in Fifty Countries and Three Regions. In J. B. Deregowski. S. Dziurawiec, & R. C. Annis (Eds.), *Explorations in Cross-cultural Psychology* (pp. 335~355). Lisse, Netherlands: Swets & Zeitlinger.

Hofstede, G. (1991). *Cultures and Organizations: Software of the Mind.* London: McGraw-Hill. (차재호 · 나은영 역. 『세계의 문화와 조직』. 서울: 학지사. 1995.)

Hofstede, G. & Bond, M. H. (1988). The Confucius Connection: From Cultural Roots to Economic Growth. *Organizational Dynamics, 16*, pp. 4~21.

Hofstede, G, & McCrae, R. R. (2004). Personality and Culture Revisited: Linking Traits and Dimensions of Culture. *Cross-Cultural Research, 38*, pp. 52~88.

Hogan, R. (1983). A Socioanalytic Theory of Personality. In M. Page & R. Dienstbier (Eds.), *Nebraska Symosium on Motivation, 1982* (pp. 55~89). Lincoln, NB: University of Nebraska Press.

Holloway, S. D. (1988). Concept of Ability and Effort in Japan and the United States. *Review of Educational Research, 56*, pp. 327~345.

Holloway, S. D., Kashiwagi, K., Hess, R. D., & Azuma, H. (1986). Causal Attributions by Japanese and American Mothers and Children About Performance in Mathematics. *International Journal of Psychology, 21*, pp. 269~286.

Holmberg, D., Markus, H. R., Herzog, A. R., & Franks, M. (1997). *Self-making in*

*American Adults: Content, Structure and Function*. Unpublished Manuscript. University of Michigan.

Holtgraves, T. (1997). Styles of Language Use: Individual and Cultural Variability in Conversational Indirectness. *Journal of Personality and Social Psychology, 73*, pp. 624~637.

Holtgraves, T., & Yang, J. N. (1990). Politeness as Universal: Cross-cultural Perceptions of Request Strategies and Influences Based on Their Use. *Journal of Personality and Social Psychology, 59*, pp. 719~729.

Holtgraves, T., & Yang, J. N. (1992). Interpersonal Underpinnings of Request Strategies: General Principles and Differences Due to Culture and Gender. *Journal of Personality and Social Psychology, 62*, pp. 246~256.

Holyoak, K. J., & Gordon, P. C. (1983). Social Reference Points. *Journal of Personality and Social Psychology, 44*, pp. 881~887.

Homans, G. C. (1961). *Social Behavior: Its Elementary Forms*. New York: Harcourt, Brace, Jovanovich.

Homans, G. C. (1974). *Social Behavior: Its Elementary Forms* (rev. ed.). New York: Harcourt, Brace, Jovanovich.

Homans, G. C. (1982). Forword. In J. Greenberg & R. L. Cohen (Eds.), *Equity and Justice in Social Behavior* (pp. xi~xvii). New York: Academic Press.

Hong, Y., Chiu, C., & Kung, T. M. (1997). Bringing Culture Out in Front: Effects of Cultural Meaning System Activation on Social Cognition. In K. Lenng, U. Kim, S. Yamaguchi, & Y. Kashiman (Eds.), *Progress in Asian Social Psychology* (Vol. 1, pp. 139~150). Singapore: Wiley.

House, R. J., Hanges, P. J., Javidan, M., Dorfman, P. W., Gupta, V., & GLOBE associates (2004). *Leadership, Culture and Organizations: The GLOBE Study of 62 Nations*. Thousand Oaks, CA: Sage.

Hsu, F. L. K. (1971). Psychological Homeostasis and Jen: Conceptual Tools for Advancing Psychological Anthropology. *American Anthropologist, 73*, pp. 23~44.

Hsu, F. L. K. (1983). *Rugged Individualism Reconsidered*. Knoxville, TN: University of Tennessee Press.

Hsu, F. L. K. (1985). The Self in Cross–cultural Perspective. In A. J. Marsella. G. A. DeVos, & F. L. K. Hsu (Eds.), *Culture and Self: Asian and Western Perspective* (pp. 24~55). New York: Tavistock.

Hui, C. H., Triandis, H. C. (1986). Individualism and Collectivism: A Study of Cross–cultural Researchers. *Journal of Cross–Cultural Psychology, 17*, pp. 225~248.

Hui, C. H., & Triandis, H. C., & Yee, C. (1991). Cultural Difference in Reward Allocation: Is Collectivism the Explanation? *British Journal of Social Psychology, 30*, pp. 145~157.

Inkeles, A. (1969). Making Men Modern: On the Causes and Consequences of Individual Change in Six Developing Countries. *American Journal of Sociology, 75*, pp. 208~225.

Inkeles, A., & Smith, D. H. (1974). *Becoming Modern: Individual Changes in Six Developing Countries*. Cambridge, MA: Harvard University Press.

Iwao, S. (1988, August). *Social Psychology's Models of Man: Isn't It Time for East to Meet West?* Invited Address to the International Congress of Scientific Psychology. Sydney, Australia.

Iyengar, S. S., & Lepper, M. R. (1999). Rethinking the Value of Choice: A Cultural Perspective on Intrinsic Motivation. *Journal of Personality and Social Psychology, 76*, pp. 349~366.

Izard, C. E. (1971). *The Face of Emotion*. New York: Appleton–Century–Crofts.

Izard, C. E. (1977). *Human Emotions*. New York: Plenum.

Jahoda, M. (1958). *Current Concepts of Positive Mental Health*. New York: Basic Books.

Jasso, G., & Rossi, P. H. (1977). Distributive Justice and Earned Income. *American Sociological Review, 42*, pp. 639~651.

Jenkins, G. D., Jr., & Lawler, E. E. III. (1981). Impact of Employee Participation in

Pay Plan Development. *Organizational Behavior and Human Performance, 28*, pp. 111~128.

Jex, S. M., & Britt, T. W. (2008). *Organizational Psychology: A Scientist-practitioner Approach* (2nd ed.). New York: John Wiley & Sons. (박영석 · 서용원 · 이주일 · 장재윤 역. 『조직심리학』. 서울: 시그마프레스. 2011.)

Ji, L., Su, Y., & Nisbett, R. E. (2001). Culture, Prediction, and Change. *Psychological Science, 12*, pp. 450~456.

Jones, E. E. (1985). Major Developments in Social Psychology During the Past Five Decades. In G. Lindzey & E. Aronson (Eds.), *Handbook of Social Psychology* (3rd ed., Vol. 1, pp. 47~107). New York: Random House.

Jones, E. E. (1990). *Interpersonal Perception*. New York: Freeman.

Jones, E. E. (1998). Major Developments in Five Decades of Social Psychology. In D. T. Gilbert, S. T. Fiske, & G. Lindzey (Eds.), *The Handbook of Social Psychology* (4th ed., Vol. 1, pp. 3~57). Boston, MA: McGraw-Hill.

Jones, E. E., & Gerard, H. B. (1967). *Foundations of Social Psychology*. New York: Wiley.

Jones, E. E., & Nisbett, R. E. (1972). The Actor and the Observer: Divergent Perceptions of the Causes of Behavior. In E. E. Jones, D. E. Kanouse, H. H. Kelley, R. E. Nisbett, S. Valins, & B. Weiner (Eds.), *Attribution: Perceiving the Causes of Behavior* (pp. 79~94). Morristown, NJ: General Learning Press.

Jourard, S. M., & Landsman, T. (1980). *Healthy Personality: An Approach from the Viewpoint of Humanistic Psychology* (4th ed.). New York: Macmillan.

Jung, C. G. (1923/1971). Psychological Types. In Read et al. (Eds.), *The Collected Works of C. G. Jung* (Vol. 6, pp. 1~495). Princeton, NJ: Princeton University Press.

Kagitcibasi, C. (1990). Family and Socialization in Cross-cultural Perspective: A Model of Change. In J. Berman (Ed.), *Cross-cultural Perspectives: Nebraska Symposium on Motivation, 1989* (pp. 135~200). Lincoln, NB: University of Nebraska Press.

Kagitcibasi, C. (1994). A Critical Appraisal of Individualism and Collectivism: Toward a New Formulation. In U. Kim, H. C. Triandis, C. Kagitcibasi, S. C. Choi, & G. Yoon (Eds.), *Individualism and Collectivism: Theory, Method, and Applications* (pp. 52~65). Thousand Oaks, CA: Sage.

Kagitcibasi, C. (1996). *Family and Human Development Across Cultures: A View From the Other Side*. Hillsdale, NJ: Erlbaum.

Kagitcibasi, C. (1997). Individualism and Collectivism. In J. W. Berry, M. H. Segall, & C. Kagitcibasi (Eds.), *Handbook of Cross-cultural Psychology* (2nd ed., Vol. 3, pp. 1~49). Boston, MA: Allyn & Bacon.

Kagitcibasi, C., & Berry, J. W. (1989). Cross-cultural Psychology: Current Research and Trends. *Annual Review of Psychology, 40*, pp. 493~531.

Kao, H. S. R., & Ng, S. H. (1997). Work Motivation and Culture. In D. Munro, J. F. Schumaker, & S. C. Carr (Eds.), *Motivation and Culture* (pp. 119~132). New York: Routledge.

Karau, S. J., & Williams, K. D. (1993). Social Loafing: A Meta-analytic Review and Theoretical Integration. *Journal of Personality and Social Psychology, 65*, pp. 681~706.

Kashima, Y. (1997). Culture, Narrative, and Human Motivation. In D. Munro, J. F. Schumaker, & S. C. Carr (Eds.). *Motivation and Culture* (pp. 16~30). New York: Routledge.

Kashima, Y., & Kashima, E. (1998). Culture and Language: The Case of Cultural Dimensions and Personal Pronoun Use. *Journal of Cross-Cultural Psychology, 29*, pp. 461~486.

Kashima, Y., Siegel, M., Tanaka, K., & Kashima, E. (1992). Do People Believe Behaviors Are Consistent with Attitudes? Toward a Cultural Psychology of Attribution Processes. *British Journal of Social Psychology, 31*, pp. 111~124.

Kelley, H. H. (1979). *Personal Relationships: Their Structure and Processes*. Hillsdale, NJ: Erlbaum.

Kelley, H. H., & Thibaut, J. W. (1978). *Interpersonal Relations: A Theory of*

*Interdependence*. New York: Wiley

Kersting, W. (1992). *Thomas Hobbes zur Einführung*. Junis Verlag GmbH. (전지선 역. 『홉스』. 경기: 인간사랑. 2006.)

Kim, H., & Markus, H. R. (1997). Deviance or Uniqueness, Harmony or Conformity? A Cultural Analysis. *Journal of Personality and Social Psychology, 77*, pp. 785~800.

Kim, M. S. (1994). Cross-cultural Comparisons of the Perceived Importance of Interactive Constraints. *Human Communication Research, 21*, pp. 128~151.

Kim, M. S., Hunter, J. E., Miyahara, A., Horvath, A. M., Bresnahan, M., & Yoon, H. J. (1996). Individual Versus Culture-level Dimensions of Individualism-collectivism: Effects on Preferred Conversational Styles. *Communication Monographs, 63* (1), pp. 29~49.

Kim, U. (1994). Individualism and Collectivism: Conceptual Clarification and Elaboration. In U. Kim, H. C. Triandis, C. Kagitcibasi, S. C. Choi, & G. Yoon (Eds.), *Individualism and Collectivism: Theory, Method, and Applications* (pp. 19~40). Thousand Oaks, CA: Sage.

Kim, U. (1995). *Individualism and Collectivism: A Psychological, Cultural and Ecological Analysis*. Nordic Institute of Asian Studies (NIAS) Report Series, No. 21. Copenhagen, Denmark: NIAS Books.

Kim, U., & Choi, S. C. (1993). Asian Collectivism: Indigenous and Comparative Perspectives. 중앙대학교 사회과학연구소 편. 『한국적 심리학의 탐색』 ('93 사회과학 연구소 국제학술세미나 자료집. pp. 1~28). 서울: 중앙대학교 사회과학연구소.

King, A. Y. C., & Bond, M. H. (1985). The Confucian Paradigm of Man: A Sociological View. In W. S. Tseng & D. Y. H. Wu (Eds.), *Chinese Culture and Mental Health* (pp. 29~46). New York: Academic Press.

Kitayama, S. (2002). Culture and Basic Psychological Processes—Toward a System View of Culture: Comment on Oyserman et al. (2002). *Psychological Bulletin, 128*, pp. 89~96.

Kitayama, S., & Karasawa, M. (1995). Self: A Cultural Psychological Perspective. *Japanese Journal of Experimental Social Psychology, 35*, pp. 113~165.

Kitayama, S., & Markus, H. R. (1995). Construal of Self as Cultural Frame: Implications for Internationlizing Psychology. In N. R. Goldberger & J. B. Veroff (Eds.), *The Culture and Psychology Reader* (pp. 366~383). New York: New York University Press.

Kitayama, S., Markus, H. R., & Kurokawa, M. (1994). *Cultural Views of Self and Emotional Experience: Does the Nature of Good Feelings Depend on Culture?* Unpublished manuscript. Kyoto University. Kyoto, Japan.

Kitayama, S., Markus, H. R., & Lieberman, C. (1995). The Collective Construction of Self-esteem: Implications for Culture, Self and Emotion. In J. Russel, J. Fernandez-Dols, T. Manstead, & J. Wellenkamp (Eds.), *Everyday Conceptions of Emotion: An Introduction to the Psychology, Anthropology, and Linguistics of Emotions* (pp. 523~550). Dordrecht, Netherlands: Kluwer.

Kitayama, S., Markus, H. R., Matsumoto, H., & Norasakkunkit, V. (1997). Individual and Collective Processes of Self-esteem Management: Self-enhancement in the United States and Self-criticism in Japan. *Journal of Personality and Social Psychology, 72*, pp. 1245~1267.

Kitayama, S., Markus, H. R, Tummala, P., Kurokawa, M., & Kato, K. (1990). *Culture and Self-cognition.* Unpublished manuscript. University of Oregon.

Kitayama, S., Palm, R., Masuda, T., & Carroll, J. (1998). *Interdependent and Independent Modes of Cultural Participation: Coping With Earthquake Risks in Japan and the United States.* Unpublished manuscript. Kyoto University. Kyoto, Japan.

Kleinman, A. (1988). *Rethinking Psychology: From Cultural Category to Personal Experience.* New York: Free Press.

Kluckhohn, C. (1956). Toward a Comparison of Value Emphasis in Different Cultures. In L. D. White (Ed.), *The State of the Social Sciences* (pp. 116~132). Chicago, IL: University of Chicago Press.

Koo, J. (1995). *Politeness Theory: Universals and Specificity*. Unpublished doctoral dissertation. Harvard University.

Korten, F. F. (1974). The Influence of Culture and Sex on the Perception of Person. *International Journal of Psychology, 9*, pp. 31~44.

Kravitz, D., & Martin, B. (1986). Ringelmann Rediscovered: The Original Article. *Journal of Personality and Social Psychology, 50*, pp. 936~941.

Kubany, E. S., Gallimore, R., & Buell, J. (1970). The Effects of Extrinsic Factors on Achievement-oriented Behavior: A Non-Western Case. *Journal of Cross-Cultural Psychology, 1*, pp. 77~84.

Kuhlen, R. G., & Lee, R. J. (1943). Personality Characteristics and Social Acceptability in Adolescence. *Journal of Educational Psychology, 34*, pp. 321~340.

Kunda, Z. (2000). *Social Cognition: Making Sense of People*. Cambridge, MA: MIT Press.

Kwan, V. S. Y., Bond, M. H., & Singelis, T. M., (1997). Pancultural Explanation for Life Satisfaction: Adding Relationship Harmony to Self-esteem. *Journal of Personality and Social Psychology, 73*, pp. 1038~1051.

Lam, S. S. K., Hui, C., & Law, K. S. (1999). Organizational Citizenship Behavior: Comparing Perspectives of Supervisors and Subordinates Across Four International Samples. *Journal of Applied Psychology, 84*, pp. 594~601.

Langer, E. J. (1975). The Illusion of Control. *Journal of Personality and Social Psychology, 32*, pp. 311~328.

Langer, E. J., & Roth, J. (1975). Heads I Win, Tails It's Chance: The Illusion of Control as a Function of the Sequence of Outcomes in a Purely Chance Task. *Journal of Personality and Social Psychology, 32*, pp. 951~955.

Latané, B., Williams, K. D., & Harkins, S. G. (1979). Many Hands Make Light the Work: The Causes and Consequences of Social Loafing. *Journal of Personality and Social Psychology, 37*, pp. 822~832.

Laurent, A. (1993). *Historie de l'Individualisme*. Paris: Presses Universitaires de

France. (김용민 역. 『개인주의의 역사』. 서울: 한길사. 2001.)

Lawler, E. E., III. (1971). *Pay and Organizational Effectiveness: A Psychological View*. New York: McGraw-Hill.

Lawler, E. E., III, Mohrman, S. A., & Ledford, G. E., Jr. (1992). *Employee Involvement and Total Quality Management: Practices and Results in Fortune 1,000 Companies*. San Francisco, CA: Jossey-Bass.

Lebra, T. (1976). *Japanese Patterns of Behavior*. Honolulu, HI: University of Hawaii Press.

Lee, F., Hallahan, M., & Herzog, T. (1996). Explaining Real-life Events: How Culture and Domain Shape Attributions. *Personality and Social Psychology Bulletin, 22*, pp. 732~741.

Lee, H. O., & Boster, F. J. (1992). Collectivism-individualism in Perceptions of Speech Rate: A Cross-cultural Comparison. *Journal of Cross-Cultural Psychology, 23*, pp. 377~388.

Lee, H. O., & Rogan, R. G. (1991). A Cross-cultural Comparison of Organizational Conflict Management Behaviors. *International Journal of Conflict Management, 2*, pp. 181~199.

Lefcourt, H. M. (1966). Internal Versus External Control of Reinforcement: A Review. *Psychological Bulletin, 65*, pp. 206~220.

Lerner, M. J. (1982). The Justice Motive in Human Relations and the Economic Model of Man: A Radical Analysis of Facts and Fictions. In V. Derlega & J. Grzelak (Eds.), *Cooperation and Helping Behavior: Theories and Research*. New York: Academic Press.

Lerner, M. J., & Miller, D. T. (1978). Just World Research and the Attribution Process: Looking Back and Ahead. *Psychological Bulletin, 85*, pp. 1030~1051.

Leung, K. (1997). Negotiation and Regard Allocation Across Cultures. In P. C. Early & M. Erez (Eds.), *New Perspectives on International Industrial/Organizational Psychology* (pp. 640~675). San Francisco, CA: New Lexington.

Leung, K., & Bond, M. H. (1982). How Americans and Chinese Reward Taskrelated Contributions: A Preliminary Study. *Psychologia, 25*, pp. 2~9.

Leung, K., & Bond, M. H. (1984). The Impact of Cultural Collectivism on Reward Allocation. *Journal of Personality and Social Psychology, 47*, pp. 793~804.

Leung, K., & Park, H. J. (1986). Effects of Interactional Goal on Choice of Allocation Rules: A Cross-national Study. *Organizational Behavior and Human Decision Processes, 37*, pp. 111~120.

Leventhal, G. S. (1976). The Distribution of Rewards and Resources in Groups and Organizations. In L. Berkowitz & E. Walster (Eds.), *Advances in Experimental Social Psychology* (Vol. 9, pp. 91~131). New York: Academic Press.

Leventhal, G. S. (1979). Effects of External Conflicts on Resource Allocation and Fairness Within Groups and Organizations. In W. G. Austin & S. Worchel (Eds.), *The Psychology of Intergroup Relations* (pp. 237~251). Monterey, CA: Brooks/Cole.

Leventhal, G. S. (1980). What Should Be Done With Equity Theory: New Approaches to the Study of Fairness in Social Relationship. In I. J. Gergen & R. H. Willis (Eds.), *Social Exchange: Advances in Theory and Research* (pp. 27~55). New York: Plenum.

Leventhal, G. S., Karuza, J. Jr., & Fry, W. R. (1980). Beyond Fairness: A Theory of Allocation Preferences. In G. Mikula (Ed.), *Justice and Social Interaction* (pp. 167~218). New York: Springer-Verlag.

Levine, D. I. (1992). What Do Wage Buy? *Administrative Science Quarterly, 38*, pp. 462~483.

Levinson, J. D., Peng, K. P., & Wang, L. (2004). *Let's Make a Deal: Understanding the Cultural Basis of Contract Formation*. Paper Presented at International Congress of Psychology. Beijing. August.

Levy, R. I. (1984). The Emotions in Comparative Perspective. In K. R. Scherer & P. Ekman (Eds.), *Approaches to Emotion* (pp. 397~412). Hillsdale, NJ: Erlbaum.

Lew, S. K. (1977). Confucianism and Korean Social Structure. In C. S. Yu (Ed.), *Korean and Asian Religious Tradition* (pp. 151~172). Toronto, Canada:

University of Toronto Press.

Lew, W. J. (1983). Personality Traits of Hong Kong Secondary School Teachers. *Chinese University Education Journal, 11*, pp. 36~46.

Lewin, K. (1935). *A Dynamic Theory of Personality*. New York: McGraw-Hill.

Lewis, M. (1993). Self-conscious Emotions: Embarrassment, Pride, Shame, and Guilt. In M. Lewis & J. M. Haviland (Eds.), *Handbook of Emotions* (pp. 563~573). New York: Guilford.

Li., J., Wang, L., & Fischer, K. W. (2004). The Organization of Chinese Shame Concepts. *Cognition and Emotion, 18*, pp. 767~797.

Liu, I. M. (1986). Chinese Cognition. In M. H. Bond (Ed.), *The Psychology of Chinese People* (pp. 73~105). Hong Kong: Oxford University Press.

Locke, J. (1690). *Two Treatises of Government*. Edited by P. Laslett (1952), Cambridge: Cambridge University Press. (강정인 · 문지영 역. 『통치론: 시민정부의 참된 기원, 범위 및 그 목적에 관한 시론』. 서울: 까치. 1996.)

Lonner, W. J.. & Adamopoulos, J. (1997). Culture as Antecedent to Behavior. In J. W. Berry, Y. H. Poortinga, & J. Pandey (Eds.), *Handbook of Cross-cultural Psychology* (2nd ed., Vol. 1, pp. 43~83). Boston, MA: Allyn & Bacon.

Luce, R. D., & Raiffa, H. (1957). *Games and Decisions*. New York: Wiley.

Lukes, S. (1973). *Individualism*. New York: Harper & Row.

Lutz, C. (1988). *Unnatural Emotions: Everyday Sentiments on a Micronesian Atoll and Their Challenge to Western Theory*. Chicago, IL: University of Chicago Press.

Maehr, M. (1974). Culture and Achievement Motivation. *American Psychologist, 29*, pp. 887~896.

Maehr, M., & Nicholls, J. (1980). Culture and Achievement Motivation: A Second Look. In N. Warren (Ed.), *Studies in Cross-cultural Psychology* (Vol. 2, pp. 221~267). New York: Academic Press.

Mahbubani, K. (1995). The Pacific Way. *Foreign Affairs, 74: 1* (Jan./Feb.), pp. 100~111.

Maine, H. (1963). *Ancient Law*. Boston, MA: Beacon.

Mann, L. (1988). Culture and Conformity. In M. H. Bond (Ed.), *The Cross-cultural Challenge to Social Psychology* (pp. 184~187). Newbury Park, CA: Sage.

Marks, G. (1984). Thinking One's Abilities Are Unique and One's Opinions Are Common. *Personality and Social Psychology Bulletin, 10*, pp. 203~208.

Markus, H. R., & Kitayama, S. (1991a). Culture and the Self: Implications for Cognition, Emotion, and Motivation. *Psychological Review, 98*, pp. 224~253.

Markus, H. R., & Kitayama, S. (1991b). Cultural Variation in the Self-concept. In J. Strauss & G. R. Goethals (Eds.), *The Self: Interdisciplinary Approaches* (pp. 18~48). New York: Springer.

Markus, H. R., & Kitayama, S. (1994a). A Collective Fear of the Collective: Implications for Selves and Theories of Selves. *Personality and Social Psychology Bulletin, 20*, pp. 568~579.

Markus, H. R., & Kitayama, S. (1994b). The Cultural Construction of Self and Emotion: Implications for Social Behavior. In S. Kitayama & H. R. Markus (Eds.), *Emotion and Culture: Empirical Investigations of Mutual Influence* (pp. 89~130). Washington, DC: American Psychological Association.

Markus, H. R., Mullally, P. R., & Kitayama, S. (1997). Self-ways: Diversity in Modes of Cultural Participation. In U. Neisser & D. Jopling (Eds.), *The Conceptual Self in Context* (pp. 13~61). New York: Cambridge University Press.

Maslow, A. H. (1954). *Motivation and Personality*. New York: Happer & Row. (2nd ed. in 1970.)

Matsui, T., Kakuyama, T., & Onglatco, M. L. (1987). Effects of Goals and Feedback on Performance in Groups. *Journal of Applied Psychology, 72*, pp. 407~415.

Matsumoto, D. (1989). Cultural Influence on the Perception of Emotion. *Journal of Cross-Cultural Psychology, 20*, pp. 92~105.

Matsumoto, D. (2000). *Culture and Psychology: People Around the World* (2nd ed.). Belmont, CA: Wadsworth.

Matsumoto, D., & Ekman, P. (1989). American-Japanese Cultural Differences in the

Recognition of Universal Facial Expression of Emotion. *Motivation and Emotion, 13*, pp. 143~157.

Matsumoto, D., Kudoh, T., Scherer, K., & Wallbott, H. (1988). Antecedents of and Reactions to Emotions in the United States and Japan. *Journal of Cross–Cultural Psychology, 19*, pp. 267~286.

Mayo, E. (1933). *The Human Problems of an Industrial Civilization*. New York: Macmillan.

McAdams, D. P. (2001). *The Person: An Integrated Introduction to Personality Psychology* (3rd ed.). Orlando, FL: Harcourt College Publishers.

McArthur, L. Z., & Baron, R. M. (1983). Toward an Ecological Theory of Social Perception. *Psychological Review, 90*, pp. 215~247.

McClelland, D. C. (1961). *The Achieving Society*. Princeton, NJ: Van Nostrand.

McClelland, D. C. (1963). Motivational Patterns in Southeast Asia with Special Reference to the Chinese Case. *Social Issues, 19*, pp. 6~19.

McClelland, D. C. (1985). *Human Motivation*. Glenview, IL: Scott, Foresman.

McClelland, D. C., Atkinson, J. W., Clark, R. A., & Lowell, E. L. (1953). *The Achievement Motive*. New York: Appleton–Century–Crofts.

McDougall, W. (1908). *Social Psychology*. Boston, MA: Houghton Mifflin.

McGregor, D. (1960). *The Human Side of Enterprise*. New York: McGraw–Hill.

Mead, G. H. (1934). *Mind, Self and Society*. Chicago, IL: University of Chicago Press.

Meade, R. D., & Barnard, W. A. (1973). Conformity and Anti–conformity Among Americans and Chinese. *Journal of Social Psychology, 89*, pp. 15~24.

Meade, R. D., & Barnard, W. A. (1975). Group Pressure on American and Chinese Females. *Journal of Social Psychology, 96*, pp. 137~138.

Mikula, G. (1980). Introduction: Main Issues in the Psychological Research on Justice. In G. Mikula (Ed.), *Justice and Social Interactions* (pp. 13~23). New York: Springer–Verlag.

Mikula, G., & Schwinger, T. (1978). Intermember Relations and Reward Allocation.

In H. Brandstätter, J. H. Davis, & H. Schuler (Eds.), *Dynamics of Group Decision*. Beverly Hills, CA: Sage.

Miller, J. G. (1984). Culture and the Development of Everyday Social Explanation. *Journal of Personality and Social Psychology, 46*, pp. 961~978.

Miller, J. G. (1986). Early Cross-cultural Commonalities in Social Explanation. *Developmental Psychology, 22*, pp. 514~520.

Miller, J. G. (1991). A Cultural Perspective on the Morality of Beneficence and Interpersonal Responsibility. *International and Intercultural Communication Annual, 15*, pp. 11~23.

Miller, J. G. (1994). Cultural Diversity in the Morality of Caring: Individually-oriented Versus Duty-based Interpersonal Moral Codes. *Cross-Cultural Research., 28*, pp. 3~39.

Miller, J. G. (1997a). Throretical Issues in Cultural Psychology. In J. W. Berry, Y. H. Poortinga, & J. Pandey (Eds.), *Handbook of Cross-cultural Psychology* (2nd ed., Vol. 1, pp. 85~128). Boston, MA: Allyn & Bacon.

Miller, J. G. (1997b). Cultural Conceptions of Duty. In D. Munro, J. F. Schumaker, & S. C. Carr (Eds.), *Motivation and Culture* (pp. 178~192). New York: Routledge.

Miller, J. G. (2002). Bringing Culture to Basic Psychological Theory—Beyond Individualism and Collectivism: Comment on Oyserman et al. (2002). *Psychological Bulletin, 128*, pp. 97~109.

Miller, J. G., & Bersoff, D. M. (1992). Cultural and Moral Judgement: How Are Conflicts Between Justice and Interpersonal Responsibilities Resolved? *Journal of Personality and Social Psychology, 62*, pp. 541~554.

Miller, J. G., & Bersoff, D. M. (1994). Cultural Influences on the Moral Status of Reciprocity and the Discounting of Endogenous Motivation. *Personality and Social Psychology Bulletin, 20*, pp. 592~602.

Miller, J. G., Bersoff, D. M., & Harwood, R. L. (1990). Perceptions of Social Responsibilities in India and the United States: Moral Imperatives or Personal

Decision? *Journal of Personality and Social Psychology, 58*, pp. 33~47.

Miller, J. G., & Luthar, S. (1989). Issues of Interpersonal Responsibility and Accountability: A Comparison of Indians' and Americans' Moral Judgement. *Social Cognition, 3*, pp. 237~261.

Miller, N. E., & Dollard, J. (1941). *Social Learning and Imitation*. New Haven, CT: Yale University Press.

Mills, J., & Clark, M. S. (1982). Exchange and Communal Relationships. In L. Wheeler (Ed.), *Review of Personality and Social Psychology* (Vol. 3, pp. 121~144). Beverly Hills, CA: Sage.

Misumi, J. (1985). *The Behavioral Science of Leadership: An Interdisciplinary Japanese Research Program*. Ann Arbor, MI: University of Michigan Press.

Miyake, K., Campos, J., Kagan, J., & Bradshaw, D. L. (1986). Issues in Socioemotional Development. In H. Stevenson, H. Azuma, & K. Hakuta (Eds.), *Child Development and Education in Japan* (pp. 239~261). New York: Freeman.

Mizokawa, D. T., & Ryckman, D. B. (1990). Attributions of Academic Success and Failure: A Comparison of Six Asian-American Ethnic Groups. *Journal of Cross-Cultural Psychology, 21*, pp. 434~451.

Morling, B. (1997). *Controlling the Environments and Controlling the Self in the United States and Japan*. Paper Presented at the Second Conference of the Asian Association of Social Psychology. Kyoto.

Morling, B., Kitayama, S., & Miyamoto, Y. (2002). Cultural Practices Emphasize Influence in the U. S. and Adjustment in Japan. *Personality and Social Psychology Bulletin, 28*, pp. 311~323.

Morris, M. W., & Peng, K. (1994). Culture and Cause: American and Chinese Attributions for Social and Physical Events. *Journal of Personality and Social Psychology, 67*, pp. 949~971.

Moscovici, S. (1985). Social Influence and Conformity. In G. Lindzey & E. Aronson (Eds.), *The Handbook of Social Psychology* (3rd ed., Vol. 2, pp. 437~412).

New York: Random House.

Mullen, B., & Riordan, C. A. (1988). Self-serving Attributions in Naturalistic Setting: A Mata-analytic Review. *Journal of Applied Social Psychology, 18*, pp. 3~22.

Munro, D. (1997). Levels and Process in Motivation and Culture. In D. Munro, J. F. Schumaker, & S. C. Carr (Eds.), *Motivation and Culture* (pp. 3~15). New York: Routledge.

Murphy, G., Murphy, L. B., & Newcomb, T. M. (1937). *Experimental Social Psychology* (rev. ed.). New York: Harper.

Myers, D. G. (1987). *Social Psychology* (2nd ed.). New York: McGraw-Hill.

Myers, D. G. (2010). *Social Psychology* (10th ed.). New York: McGraw-Hill.

Myers, D. G., & Diener, E. (1995). Who Is Happy? *Psychological Sciences, 6*, pp. 10~19.

National Center for Educational Statistics. (2010). http://nces.ed.gov/programs/digest/d09/tables/dt09_418.asp

Needham, J. (1969). *Science and Civilization in China* (3 Vols.). Cambridge, England: Cambridge University Press. (이석호 · 이철주 · 임정대 역. 『중국의 과학과 문명』. 서울: 을유문화사. 1986.)

Newcomb, T. M. (1961). *The Acquaintance Process*. New York: Dryden.

Nisbett, R. E. (2003). *The Geography of Thought: How Asians and Westerners Think Differently……and Why*. Thousand Oaks, CA: Sage.

Nisbett, R. E., Peng, K., Choi, I., & Norenzayan, A. (2001). Culture and Systems of Thought: Holistic vs. Analytic Cognition. *Psychological Review, 108*, pp. 291~310.

Norenzayan, A., Choi, I., & Nisbett, R. E. (2002). Cultural Similarities and Differences in Social Inference: Evidence From Behavioral Predictions and Lay Theories of Behavior. *Personality and Social Psychology Bulletin, 28*, pp. 109~120.

Norman, W. T. (1963). Toward an Adequate Taxonomy of Personality Attributes: Replicated Factor Structure in Peer Nomination Personality Ratings. *Journal of*

*Abnormal and Social Psychology, 66*, pp. 574~583.

Oatley, K., Keltner, D., & Jenkins, J. M. (2006). *Understanding Emotions* (2nd ed.). Cambridge, MA: Blackwell.

Oetzel, J. G., & Ting-Toomy, S. (2003). Face Concerns in Interpersonal Conflict: A Cross-cultural Empirical Test of the Face Negotiation Theory. *Communication Research, 30*, pp. 599~624.

Oetzel, J. G., Ting-Toomy, S., Masumoto, T., Yochi, Y., Pan, X. H., Takai, J., & Wilcox, R. (2001). Face and Facework in Conflict: A Cross-cultural Comparison of China, Germany, Japan, and the United States. *Communication Monographs, 68*, pp. 235~258.

Ofshe, L., & Ofshe, R. (1970). *Utility and Choice in Social Interaction*. Englewood Cliffs, NJ: Prentice-Hall.

Organ, D. W. (1994). Organizational Citizenship Behavior and the Good Soldier. In M. G. Rumsey, C. B. Walker, & J. H. Harris (Eds.), *Personnel Selection and Classification* (pp. 53~67). Hillsdale, NJ: Erlbaum.

Oyserman, D., Coon, H. M., & Kemmelmeier, M. (2002). Rethinking Individualism and Collectivism: Evaluation of Theoretical Assumptions and Meta-analyses. *Psychological Bulletin, 128*, pp. 3~72.

Oyserman, D., Kemmelmeier, M., & Coon, H. M. (2002). Cultural Psychology, a New Look: Reply to Bond (2002), Fiske (2002), Kitayama (2002), and Miller (2002). *Psychological Bulletin, 128*, pp. 110~117.

Pateman, C. (1975). Sublimation and Reification: Locke, Wolin and the Liberal Democratic Conception of the Political. *Politics and Society, 5: 4*, pp. 441~467. (페이트만, 캐롤. 「승화와 물상화: 로크, 월린 그리고 "정치적인 것"에 대한 자유 민주주의의 개념화」. 강정인 · 문지영 편역. 『로크의 이해』. 서울: 문학과지성사. 1995. pp. 235~281.)

Peng, K., & Nisbett, R. E. (1999). Culture, Dialectics and Reasoning About Contradition. *American Psychologist, 54*, pp. 741~754.

Petri, H. L. (1996). *Motivation: Theory, Research, and Applications* (4th ed.). Pacific

Grove, CA: Brooks/Cole.

Pittman, T. S. (1998). Motivation. In D. T. Gilbert, S. T. Fiske, & G. Lindzey (Eds.), *The Handbook of Social Psychology* (4th ed., Vol. 1, pp. 549~590). Boston, MA: McGraw-Hill.

Pruitt, D. G., & Carnevale, P. J. (1993). *Negotiation in Social Conflict*. Pacific Grove, CA: Brooks-Cole.

Quattrone, G. A. (1986). On the Perception of Group Variability. In S. Worchel & W. G. Austin (Eds.), *The Psychology of Intergroup Relations* (Vol. 2, pp. 25~48). Chicago, IL: Nelson-Hall.

Quinn, N., & Holland, D. (1987). Culture and Cognition. In D. Holland & N. Quinn (Eds.), *Cultural Models in Language and Thought* (pp. 1~40). Cambridge: Cambridge University Press.

Raven, B. H., & Rubin, J. Z. (1983). *Social Psychology* (2nd ed.). New York: Wiley.

Rawls, J. (1971). *A Theory of Justice*. Cambridge, MA: The Belknap Press.

Redding, G., & Wong, G. Y. Y. (1986). The Psychology of Chinese Organizational Behavior. In M. H. Bond (Ed.), *The Psychology of Chinese People* (pp. 267~295). Hong Kong: Oxford University Press.

Reeve, J. (2005). *Understanding Motivation and Emotion* (4th ed.). Hoboken, NJ: Wiley.

Rhee, E, Uleman, J. S., Lee, H. K., & Roman, R. J. (1995). Spontaneous Self-descriptions and Ethnic Identities in Individualistic and Collectivisitic Cultures. *Journal of Personality and Social Psychology, 69*, pp. 142~152.

Rietbergen, P. (1998). *Europe: A Cultural History*. New York: Routledge. (김길중 · 이인기 역. 『유럽: 문화사』 (상 · 하). 서울: 지와 사랑. 2003.)

Robinson, M. (1991). Confucianism in Twentieth Century Korea. In G. Rozman (Ed.), *The East Asian Region*. Princeton, NJ: Princeton University Press.

Roethlisberger, F. J. (1941). *Management and Morale*. Cambridge, MA: Harvard University Press.

Roethlisberger, F. J., & Dickson, W. J. (1939). *Management and the Worker*.

Cambridge, MA: Harvard University Press.

Rosenberg, M. (1965). When Dissonance Fails: On Eliminating Evaluation Apprehension from Attitude Measurement. *Journal of Personality and Social Psychology, 1*, pp. 28~42.

Rosenberg, M. & Turner, R. H. (Eds.) (1992). *Social Psychology: Sociological Perspectives*. New Brunswick, NJ: Transaction Publishers.

Rosenberg, S., & Sedlak, A. (1972). Structural Representations of Implicit Personality Theory. In L. Berkowitz (Eds.), *Advances in Experimental Social Psychology* (Vol. 6, pp. 235~297). New York: Academic Press.

Ross, E. A. (1908). *Social Psychology: An Outline and a Source Book*. New York: MacMillan.

Ross, L., & Nisbett, R. E. (1991). *The Person and the Situation: Perspectives of Social Psychology*. New York: McGraw-Hill.

Rothbaum, F., Weisz, J. R., & Snyder, S. S. (1982). Changing the World and Changing the Self: A Two-process Model of Perceived Control. *Journal of Personality and Social Psychology, 42*, pp. 5~37.

Rotter, J. B. (1966). Generalized Expectancies for Internal Versus External Control of Reinforcement. *Psychological Monographs, 80* (1, Whole No. 609).

Rotter, J. B. (1975). Some Problems and Misconceptions Related to the Construct of Internal Versus External Control of Reinforcement. *Journal of Consulting and Clinical Psychology, 43*, pp. 36~67.

Rousseau, J.-J. (1750). *Discours sur les Sciences et les Arts*. (김중현 역. 『학문과 예술에 대하여 외』. 경기: 한길사. 2007.)

Rousseau, J.-J. (1755). *Discours sur l'Origine et le Fondaments de l'Inégalitéparmi les Hommes*. (이태일 · 최현 역. 『사회계약론 · 인간불평등기원론』. 서울: 범우사. 2002.)

Rousseau, J.-J. (1762). *Émile, ou de l'Éducation*. (김중현 역. 『에밀』. 경기: 한길사. 2008.)

Rousseau, J.-J. (1762). *Du Contrat social*. Edited and Translated by V. Gourevitch

(1997), *The Social Contract and Other Later Political Writings*. Cambridge: Cambridge University Press.

Russell, B. (1959). *Wisdom of the West: A Historical Survey of Western Philosophy in Its Social and Political Setting*. London: Crescent Books. (이명수 · 곽강제 역. 『서양의 지혜: 그림과 함께 보는 서양철학사』. 서울: 서광사. 2003.)

Ryff, C., Lee, Y., & Na, K. (1995). *Through the Lens of Culture: Psychological Well-being at Midlife*. Unpublished manuscript. University of Michigan.

Salancik, G. R., & Conway, M. (1975). Attitude Inferences From Salient and Relevant Cognitive Content About Behavior. *Journal of Personality and Social Psychology, 32*, pp. 829~840.

Sampson, E. E. (1969). Studies of Status Congruence. In L. Berkowitz (Ed.), *Advances in Experimental Social Psychology* (Vol. 4, pp. 225~270). New York: Academic Press.

Sampson, E. E. (1975). On Justice as Equality. *Journal of Social Issues, 31*, pp. 45~64.

Sampson, E. E. (1977). Psychology and the American Ideal. *Journal of Personality and Social Psychology, 32*, pp. 762~782.

Sampson, E. E. (1983). *Justice and the Critique of Pure Psychology*. New York: Plenum.

Sampson, E. E. (1989). The Challenge of Social Change for Psychology: Globalization and Psychology's Theory of the Person. *American Psychologist, 44*, pp. 914~921.

Sanchez-Burks, J., Lee, F., Choi, I., Nisbrtt, R. E., et al. (2003). Conversing Across Cultures: East-West Communication Styles in Work and Non-work Contexts. *Journal of Personality and Social Psychology, 85*, pp. 363~372.

Sastry, J., & Ross, C. E. (1998). Asian Ethnicity and the Sense of Personal Control. *Social Psychology Quarterly, 61*, pp. 101~120.

Schay, B. W. (1988). Effects of Performance-contingent Pay on Employee Performance. *Public Personnel Management, 17*, pp. 237~250.

Scheler, M. (1928). *Die Stellung des Menschen im Kosmos*. Darmstadt.

Schmutte, P. S., Lee, L. Y., & Ryff, C. D. (1995). *Reflections on Parenthood: A Cultural Perspective*. Madison, WI: University of Wisconsin Press.

Schwartz, B. (1986). *The Battle of Human Nature: Science, Morality and Modern Life*. New York: Norton.

Schwartz, J. M., & Smith, W. P. (1976). Social Comparison and the Inference of Ability Difference. *Journal of Personality and Social Psychology, 34*, pp. 1268~1275.

Schwartz, S. H. (1994). Beyond Individualism-collectivism: New Cultural Dimensions of Values. In U. Kim, H. C. Triandis, C. Kagitcibasi, S. C. Choi, & G. Yoon (Eds.), *Individualism and Collectivism: Theory, Method, and Applications* (pp. 85~119). Thousand Oaks, CA: Sage.

Schwinger, T. (1980). Just Allocation of Goods: Decisions Among Three Principles. In G. Mikula (Ed.), *Justice and Social Interactions* (pp. 95~125). New York: Springer-Verlag.

Sedikides, C., & Brewer, M. B. (Eds.) (2001). *Individual Self, Relational Self, Collective Self*. Philadelphia, PA: Psychology Press.

Seligman, M. E. P. (1975). *Helplessness: On Depression, Development, and Death*. San Francisco, CA: Freeman. (윤진 · 조긍호 역. 『무기력의 심리』. 서울: 탐구당. 1983.)

Shaw, M. E., & Constanzo, P. R. (1982). *Theories of Social Psychology* (2nd ed.). New York: McGraw-Hill. (홍대식 역. 『사회심리학이론』. 서울: 박영사. 1985.)

Shedler, J., Mayman, M., & Manis, M. (1993). The Illusion of Mental Health. *American Psychologist, 48*, pp. 1117~1131.

Shikanai, K. (1978). Effects of Self-esteem on Attribution of Success-failure. *Japanese Journal of Experimental Social Psychology, 18*, pp. 47~55.

Shklar, J. N. (1973). General Will. In P. P. Winer (Ed.), *Dictionary of the History of Ideas* (Vol. 2, p. 275). New York: Charles Scriber's Son.

Shweder, R. A. (1993). The Cultural Psychology of the Emotions. In M. Lewis & J.

M. Haviland (Eds.), *Handbook of Emotions* (pp. 417~431). New York: Guilford.

Shweder, R. A., & Bourne, E. J. (1984). Does the Concept of the Person Vary Cross-culturally? In R. A. Shweder & R. A. LeVine (Eds.), *Culture Theory: Essays on Mind, Self, and Emotion* (pp. 158~199). New York: Cambridge University Press.

Singelis, T, M., Bond, M. H., Sharky, W. F., & Lai, S. Y. (1999). Unpackaging Culture's Inluence on Self-esteem and Embarrassability: The Role of Self-construals. *Journal of Cross-Cultural Psychology, 30*, pp. 315~341.

Singelis, T. M., Triandis, H. C., Bhawuk, D. D., & Gelfand, M. (1995). Horizontal and Vertical Dimensions of Individualism and Collectivism: A Theoretical and Measurement Refinement. *Cross-Cultural Research, 29*, pp. 240~275.

Singh, R. (1981). Prediction of Performance from Motivation and Ability: An Appraisal of the Cultural Difference Hypothesis. In J. Pandey (Ed.), *Perspectives on Experimental Social Psychology in India* (pp. 31~53). New Delhi, India: Concept.

Sinha, J. B. P. (1980). *Nurturant Task Leader*. New Delhi, India: Concept.

Smith, P. B., Bond, M. H., & Kagitcibasi, C. (2006). *Understanding Social Psychology: Living and Working in a Changing World*. London: Sage.

Snyder, C. R., & Fromkin, H. L. (1980). *Uniqueness: The Human Pursuit of Difference*. New York: Plenum.

Snyder, M., Stephan, W. G., & Rosenfield, D. (1976). Egotism and Attribution. *Journal of Personality and Social Psychology, 33*, pp. 435~441.

Srull, T. K., & Gaelick, L. (1983). General Principles and Individual Differences in the Self as a Habitual Reference Point: An Examination of Self-other Judgments of Similarity. *Social Cognition, 2*, pp. 108~121.

Stevenson, H. W., & Lee, S. Y. (1996). The Academic Achievement of Chinese Students. In M. H. Bond (Ed.), *The Handbook of Chinese Psychology* (pp. 124~142). New York: Oxford University Press.

Stevenson, H. W., Lee, S. Y., & Stigler, J. W. (1986). Mathematics Achievement of Chinese, Japanese, and American Children. *Science, 231*, pp. 693~699.

Stevenson, H. W., & Stigler, J. W. (1992). *The Learning Gap*. New York: Summit Books.

Stigler, J. W., Smith, S., & Mao, L. (1985). The Self-perception of Competence by Chinese Children. *Child Development, 56*, pp. 1259~1270.

Strauss, C. (1992). Models and Motives. In R. G. D'Andrade & C. Strauss (Eds.), *Human Motives and Cultural Models* (pp. 1~20). Cambridge: Cambridge University Press.

Strauss, L. (1963). *The Political Philosophy of Hobbes*. Chicago, IL: The University of Chicago Press.

Suh, E., & Diener, E. (1995). Subjective Well-being: Issue for Cross-cultural Research. 한국심리학회 편. 『삶의 질의 심리학』 (pp. 147~165). 서울: 한국심리학회.

Takata, T. (1987). Self-depreciative Tendencies in Self-evaluation Through Social Comparison. *Japanese Journal of Experimental Social Psychology, 27*, pp. 27~36.

Takata, T., & Hashimoto, H. (1973). Effects of Insufficient Justification upon the Arousal of Cognitive Dissonance: Timing of Justification and Evaluation of Task. *Japanese Journal of Experimental Social Psychology, 13*, pp. 77~85.

Tang, S., & Hall, V. C. (1995). The Overjustification Effect: A Meta-analysis. *Applied Cognitive Psychology, 9*, pp. 365~404.

Tawney, R. H. (1938). *Religion and the Rise of Capitalism*. Harmondsworth: Penguin Books.

Taylor, F. W. (1903). *Shop Management*. New York: Harper & Bros.

Taylor, F. W. (1911). *The Principle of Scientific Management*. New York: Harper & Bros. (Reissued in 1967 by W. W. Norton & Co., New York.)

Taylor, S. E. (1983). Adjustment to Threatening Events: A Theory of Cognitive Adaptation. *American Psychologist, 38*, pp. 1161~1173.

Taylor, S. E. (1998). The Social Being in Social Psychology. In D. T. Gillbert, S. T. Fiske, & G. Lindzey (Eds.), *The Handbook of Social Psychology* (4th ed., Vol. 1, pp. 58~95). Boston, MA: McGraw-Hill.

Taylor, S. E., & Brown, J. D. (1988). Illusion and Well-being: A Social Psychological Perspective on Mental Health. *Psychological Bulletin, 103*, pp. 193~210.

Taylor, S. E., & Brown, J. D. (1994a). Positive Illusion and Well-being Revisited: Separating Fact From Fiction. *Psychological Bulletin, 116*, pp. 21~27.

Taylor, S. E., & Brown, J. D. (1994b). "Illusion" of Mental Health Does Not Explain Positive Illusions. *American Psychologist, 49*, pp. 972~973.

Taylor, S. E., & Fiske, S. T. (1975). Point of View and Perceptions of Causality. *Journal of Personality and Social Psychology, 32*, pp. 439~445.

Taylor, S. E., & Fiske, S. T. (1978). Salience, Attention, and Attribution: Top of the Head Phenomena. In L. Berkowitz (Ed.), *Advances in Experimental Social Psychology* (Vol. 11, pp. 249~288). New York: Academic Press.

Taylor, S. E., Peplau, L. A., & Sears, D. O. (1994). *Social Psychology* (8th ed.). Englewood Cliffs, NJ: Prentice-Hall.

Taylor, S. E., Peplau, L. A., & Sears, D. O. (1997). *Social Psychology* (9th ed.). Upper Saddle River, NJ: Prentice-Hall.

Taylor, S. E., Peplau, L. A., & Sears, D. O. (2000). *Social Psychology* (10th ed.). Upper Saddle River, NJ: Prentice-Hall.

Taylor, S. E., Peplau, L. A., & Sears, D. O. (2003). *Social Psychology* (11th ed.). Upper Saddle River, NJ: Prentice-Hall.

Tesser, A. (1988). Toward a Self-evaluation Maintenance Model of Social Behavior. In L. Berkowitz (Ed.), *Advances in Experimental Social Psychology* (Vol. 21, pp. 181~227). San Diego, CA: Academic Press.

Thibaut, J. W., & Kelly, H. H. (1959). *The Social Psychology of Groups*. New York: Wiley.

Thibaut, J. W., & Kelly, H. H. (1986). *The Social Psychology of Groups: With a New*

*Introduction by the Authors* (Transaction ed.). New Brunswick, NJ: Transaction Books.

Ting-Toomey, S. (1988). A Face Negotiation Theory. In Y. Y. Kim & W. B. Gudykunst (Eds.) *Theory in Intercultural Communication* (pp. 213~235). Newbury Park, CA: Sage.

Ting-Toomey, S. (Ed.). (1994). *The Challenge of Facework: Cross-cultural and Interpersonal Issue*. Albany, NY: State University of New York Press.

Tönnies, F. (1887/1957). *Community and Society* (C. P. Loomis. Trans.). East Lansing, MI: Michigan State University Press.

Triandis, H. C. (1988). Collectivism Versus Individualism: A Reconceptualization of a Basic Concept of Cross-cultural Psychology. In G. K. Verma & C. Bagley (Eds.), *Cross-cultural Studies of Personality, Attitudes and Cognition* (pp. 60~95). London: Macmillan.

Triandis, H. C. (1989). The Self and Social Behavior in Differing Cultural Contexts. *Psychological Review, 96*, pp. 506~520.

Triandis, H. C. (1990). Cross-cultural Studies of Individualism and Collectivism. In J. J. Berman (Ed.), *Cross-cultural Perspectives: Nebraska Symposium on Motivation, 1989* (pp. 41~133). Lincoln, NB: University of Nebraska Press.

Triandis, H. C. (1994a). Theoretical and Methodological Approaches to the Study of Collectivism and Individualism. In U. Kim, H. C. Triandis, C. Kagitcibasi, S. C. Choi, & G. Yoon (Eds.), *Individualism and Collectivism: Theory, Method, and Applications* (pp. 41~51). Thousand Oaks, CA: Sage.

Triandis, H. C. (1994b). *Culture and Social Behavior*. New York: McGraw-Hill.

Triandis, H. C. (1994c). Major Cultural Syndromes and Emotion. In S. Kitayama & H. R. Markus (Eds.), *Culture and Emotion: Empirical Studies of Mutual Influence* (pp. 285~306). Washington, DC: American Psychological Association.

Triandis, H. C. (1995). *Individualism and Collectivism*. Boulder, CO: Westview.

Triandis, H. C. (1996). The Psychological Measurement of Cultural Syndromes.

*American Psychologist, 51*, pp. 407~415.

Triandis, H. C. (1997). Cross-cultural Perspectives on Personality. In R. Hogan, J. Johnson, & S. Briggs (Eds.), *Handbook of Personality Psychology* (pp. 439~464). San Diego, CA: Academic Press.

Triandis, H. C. (2000). Dialectics Between Cultural and Cross-cultural Psychology. *Asian Journal of Social Psychology, 3*, pp. 185~195.

Triandis, H. C., Bontempo, R., Villareal, M. J., Asai, M., & Lucca, N. (1988). Individualism and Collectivism: Cross-cultural Perspectives on Self-ingroup Relationships. *Journal of Personality and Social Psychology, 54*, pp. 323~338.

Triandis, H. C., & Gelfand, M. J. (1998). Converging Measurement of Horizontal and Vertical Individualism and Collectivism. *Journal of Personality and Social Psychology, 74*, pp. 118~128.

Triandis, H. C., Leung, K., Villareal, M. J., & Clark, F. L. (1985). Allocentric Versus Ideocentric Tendencies: Convergent and Discriminant Validation. *Journal of Research in Personality, 19*, pp. 395~415.

Triandis, H. C., McCusker, C., & Hui, C. H. (1990). Multimethod Probes of Individualism and Collectivism. *Journal of Personality and Social Psychology, 59*, pp. 1006~1020.

Trompenaars, F. (1993). *Riding the Ways of Culture*. London: Economist Books.

Tu, Wei-Ming (1985). Selfhood and Otherness in Confucian Thought. In A. J. Marsella, G. A. DeVos, & F. L. K. Hsu (Eds.), *Culture and Self: Asian and Western Perspective* (pp. 231~251). New York: Tavistock.

Tu, Wei-Ming (1996). *Confucian Tradition in East Asian Modernity*. Cambridge, MA: Harvard University Press.

Tuck, R. (1989). *Hobbes*. Oxford: Oxford University Press. (턱, 리차드. 「홉즈」. 강정인 편역. 『홉스의 이해』. 서울: 문학과지성사. 1993. pp. 7~157.)

Tversky, A. (1977). Features of Similarity. *Psychological Review, 84*, pp. 327~352.

Valentine, J. (1997). Conformity, Calculation, and Culture. In D. Munro, J. F. Schumaker, & S. C. Carr (Eds.), *Motivation and Culture* (pp. 97~116). New

York: Routledge.

Verkuyten, M., & Masson, K. (1996). Culture and Gender Differences in the Perception of Friendship by Adolescents. *International Journal of Psychology, 31*, pp. 207~217.

Walster, E. E., Berscheid, E., & Walster, G. W. (1976). New Directions in Equity Research. In L. Berkowitz & E. Walster (Eds.), *Advances in Experimental Social Psychology* (Vol. 9, pp. 1~42). New York: Academic Press.

Walster, E. E., & Walster, G. W. (1975). Equity and Social Justice: An Essay. *Journal of Social Issues, 31*, pp. 21~43.

Walster, E. E., Walster, G. W., & Berscheid, E. (1978). *Equity: Theory and Research.* Boston, MA: Allyn & Bacon.

Watson, D. C, & Tellegan, A. (1985). Toward a Consensual Structure of Mood. *Psychological Bulletin, 98*, pp. 219~235.

Weber, M. (1904/1905). *The Protestant Ethic and the Spirit of Capitalism.* tr. by T. Parsons, London. 1930. (박성수 역. 『프로테스탄티즘의 윤리와 자본주의 정신』. 서울: 문예출판사. 1996.)

Weiner, B. (1979). A Theory of Motivation for Some Classroom Experiences. *Journal of Educational Psychology, 21*, pp. 3~25.

Weiner, B. (1986). *An Attributional Theory of Emotion and Motivation.* New York: Springer.

Weiner, B. (1991). Metaphors in Motivation and Attribution. *American Psychologist, 46*, pp. 921~930.

Weinstein, N. D. (1980). Unrealistic Optimism about Future Life Events. *Journal of Personality and Social Psychology, 39*, pp. 806~820.

Weisz, J. R., Rothbaum, F. M., & Blackburn, T. C. (1984). Standing Out and Standing In: The Psychology of Control in America and Japan. *American Psychologist, 39*, pp. 955~969.

Weldon, E. (1984). Deindividuation, Interpersonal Affect and Productivity in Laboratory Task Groups. *Journal of Applied Social Psychology, 14*, pp.

469~485.

Wheeler, L., Reis, H., & Bond, M. H. (1989). Collectivism-individualism in Everyday Social Life: The Middle Kingdom and the Melting Pot. *Journal of Applied Social Psychology, 57*, pp. 79~86.

White, R. W. (1959). Motivation Reconsidered: The Concept of Competence. *Psychological Review, 66*, pp. 297~333.

Wiggins, J. S. (1992). Agency and Communion as Conceptual Coordinates for the Understanding and Measurement of Interpersonal Behavior. In W. M. Grove & D. Cicchetti (Eds.), *Thinking Clearly about Psychology* (pp. 89~113). Minneapolis, MN: University of Minnesota Press.

Williams, T. P., & Sogon, S. (1984). Group Composition and Conforming Behavior in Japanese Students. *Japanese Psychological Research, 26*, pp. 231~234.

Witkin, H. A., & Goodenough, D. R. (1977). Field Dependence and Interpersonal Behavior. *Psychological Bulletin, 84*, pp. 661~689.

Wolin, S. (1960). *Politics and Vision*. Boston. MA: Little, Brown. (월린, 셸던. 「홉즈: 규칙의 체계로서의 정치사회」. 강정인 편역. 『홉스의 이해』. 서울: 문학과지성사. 1993. pp. 197~275.)

Yamagishi, T. (1988). Exit From the Group as an Individualistic Solution to the Free-rider Problem in the United States and Japan. *Journal of Experimental Social Psychology, 24*, pp. 530~542.

Yamauchi, H. (1988). Effects of Actor's and Observer's Roles on Causal Attributions by Japanese Subjects for Success and Failure in Competitive Situations. *Psychological Reports, 63*, pp. 619~626.

Yamauchi, H. (1990). Actor and Observer Attributions by Japanese Subjects for Success and Failure in Non-competitive Situations. *Psychologia, 33*, pp. 212~219.

Yang, C. F. (1988). Familism and Development: An Examination of the Role of Family in Comtemporary China Mainland, Hong Kong, and Taiwan. In D. Sinha & H. S. R. Kao (Eds.), *Social Values and Development: Asian*

*Perspectives* (pp. 93~123). London: Sage.

Yang, K. S. (1981). Social Orientation and Individual Modernity Among Chinese Students in Taiwan. *Journal of Social Psychology, 113*, pp. 159~170.

Yang, K. S. (1982). Causal Attributions of Academic Success and Failure and Their Affective Consequences. *Acta Psychologica Taiwanica, 24*, pp. 65~83.

Yang, K. S. (1986). Chinese Personality and Its Change. In M. H Bond (Ed.), *The Psychology of the Chinese People* (pp. 106~170). Hong Kong: Oxford University Press.

Yang, K. S., & Bond, M. H. (1985). Dimensions of Chinese Person Perception: An Emic Approach. In C. Chiao (Ed.), *Proceedings of the Conference on Chinese Modernization and Chinese Culture* (pp. 309~325). Hong Kong: Chinese University Press.

Yang, K. S. & Liang, W. H. (1973). Some Correlates of Achievement Motivation Among Chinese High School Boys. *Acta Psychologica Taiwanica, 15*, pp. 59~67.

Yoshida, T., Kojo, K, & Kaku, H. (1982). A Study on the Development of Self–presentation in Children. *Japanese Journal of Educational Psychology, 30*, pp. 30~37.

Yoshizaki, S., Ishii, S., & Ishii, K. (1975). The Effects of Reward Magnitude and Choice Freedom on Opinion Change. *Japanese Journal of Experimental Social Psychology, 15*, pp. 35~44.

Yu, A. B. (1996). Ultemate Life Concerns, Self and Chinese Achievement Motivation. In M. H. Bond (Ed.), *The Handbook of Chinese Psychology* (pp. 227~246). New York: Oxford University Press.

Yu, A. B., & Yang, K. S. (1994). The Nature of Achievement Motivation in Collectivistic Societies. In U. Kim, H. C. Triandis, C. Kagitcibasi, S. C. Choi, & G. Yoon (Eds.), *Individualism and Collectivism: Theory, Method, and Applications* (pp. 239~250). Thousand Oaks, CA: Sage.

Yu, E. S. H. (1974). Achievement Motive, Familism, and Hsiao: A Replication of

McClellad-Winterbottom Studies. *Dissertation Abstracts International, 35*, p. 593A.

Zebrowitz, L. A. (1990). *Social Perception*. Pacific Grove, CA: Brooks/Cole.

Zhang, Y. C., Kohnstamm, G., Slotboom, A. M., Elphick, E., & Cheung, P. C. (2002). Chinese and Dutch Parents' Perception of Their Children's Personality. *Journal of Genetic Psychology, 163*, pp. 165~178.

Zhou, J., & Martocchio, J. J. (2001). Chinese and American Managers' Compensation Award Decisions: A Comparative Policy-capturing Study. *Personnel Psychology, 54*, pp. 115~145.

## 사항

### ㄱ

## ㄹ

ㅁ

**ㅈ**

**ㅋ**



**ㅌ**

**ㅎ**

## 인명(국한문)

### ㄱ

ㄴ



ㄷ

ㅂ

### ㅊ

## ㅎ

## 인명(구미어문)

### A



### B

## C

## D

## E



## F



## G

## H

## L

## N



## O



## P

## Q



## R



## S

T



U



V



W

## Y



## Z

## 고전 장 · 쪽

**『論語』**

p. 232: 727

p. 240: 668

p. 255: 668